문명 이야기

윌 듀런트

왕수민·박혜원 옮김

신앙의 시대
4-1

THE STORY OF CIVILIZATION VOLUME IV.: THE AGE OF FAITH
by Will Durant

Copyright © 1950 by Will Durant
All rights reserved.

Korean Translation Copyright © 2013 by Minumsa

This Korean edition is published by arrangement with
Simon & Schuster, Inc., New York through KCC.

이 책의 한국어판 저작권은 KCC를 통해 Simon & Schuster, Inc.와 독점 계약한 (주)민음사 에 있습니다.
저작권법에 의해 한국 내에서 보호를 받는 저작물이므로 무단 전재와 무단 복제를 금합니다.

THE STORY
OF
CIVILIZATION

문명 이야기

Ⅳ–Ⅰ

The Age of Faith

월 듀런트
WILL DURANT

왕수민·박혜원 옮김

신앙의 시대
4-1

민음사

THE AGE OF FAITH

들어가는 글

　이 책 『신앙의 시대』가 지닌 목표는 서기 325년부터 1300년까지의 중세 문명 이야기를 가급적 빠짐없이 그리고 가급적 공평하게(지면 및 편견의 한계를 무릅쓰고) 서술해 내는 데 있다. 이를 위해 이 책이 취한 방법론은 총체적 역사학으로서, 한 문화 혹은 한 시대의 모든 국면을 두루 살피되 그것을 하나의 전체적 그림 또는 전체적 서사에 담아내는 것이다. 중세에는 나름의 고유함을 지닌 문명만 자그마치 넷이었는데(비잔티움 문명, 이슬람 문명, 유대 문명, 서유럽 문명), 이들 문명마다 경제, 정치, 법률, 군사, 도덕, 사회, 종교, 교육, 과학, 의학, 철학, 문학, 예술의 면면을 다 다루려다 보니 필자로서는 글에 통일성과 간결성을 갖추기가 여간 어려운 게 아니었다. 그나마 네 문명이 한데 만나 서로 맞붙었던 십자군 전쟁 덕에 내용에 통일성이 어느 정도 마련될 수 있었다. 독자라면 여기서부터 벌써 머리가 지끈거리는 건 물론 책의 어마어마한 양에도 식겁할 테지만 그래도 이 정도인 것이 다행이다. 애초 원고는 그 분량이 현재 출간본의

1.5배에 달했으니 말이다.* 그러니 만큼 이 책에 실린 내용들은 전부 중세 시대를 제대로 이해하는 데 있어서 꼭 필요한 내용, 혹은 이야기의 생동감과 맛깔스러움을 살리는 데 없어서는 안 될 내용들이라 할 수 있다. 그럼에도 불구하고 일반 독자들의 눈에는 여전히 군더더기로 비칠 내용이 남아 있는 만큼(본문 중에서 글자 크기가 작은 부분), 그런 부분들은 빼놓고 읽더라도 크게 해될 일은 없을 것이다.

이번에 나오게 될 책 두 권은 『문명 이야기』에서도 제4권을 구성하는 내용이다. 이에 앞서 제1권 『동양 문명』(1935)에서는 기원전 330년경 알렉산드로스 대왕에게 정복당하기까지의 이집트 및 근동 지역 역사를 다루는 한편, 현재에 이르기까지의 인도, 중국, 일본 역사를 살펴본 바 있다. 그리고 제2권 『그리스 문명』(1939)에서는 기원전 146년 로마인의 정복을 당하기까지 헬라스 및 근동 지역이 거친 노정과 그간의 문화를 기록해 보았다. 제3권인 『카이사르와 그리스도』(1944)에서는 로마 제국 및 그리스도교 신앙을 태동 단계에서부터 개관함과 동시에, 근동 지역에 관해서는 기원전 146년부터 서기 325년 니케아 공의회가 있기까지의 역사를 다루었다. 이 책 『신앙의 시대』에서는 그 뒤를 이어 1321년 단테가 사망하기까지 백인들이 주로 어떤 삶을 살았는지 연구하였다. 그리고 앞으로 나오게 될 제5권 『르네상스』에서는 4권에 이어 1321년부터 1648년까지의 이야기가 다뤄질 텐데, 계획대로라면 1955년에 출간될 예정이다. 제6권 『이성의 시대』는 오늘날 우리가 살고 있는 시대에까지 이야기가 이어질 것으로 보이며, 1960년이면 출간 준비가 완료될 것이다. 그러나 이때쯤이면 필자도 노망에 들 것인 만큼, 남북 아메리카에 대해서까지 총체적 관점을 취해 보는 특권은 아무래도 포기하지 않을 수 없을 것이다.

문명의 역사를 구성하는 이들 각 부분은 저마다 독립된 단위를 구성하게끔 만들어져 있기는 하나, 그래도 전편인 『카이사르와 그리스도』의 내용에 익숙

---

* 책 중간중간에 주석 번호가 빠져 있는 것도 시간을 얼마 못 남기고 막판에 내용을 삭제했기 때문이다.

한 독자들이 이 『신앙의 시대』에서도 그 줄거리를 잡아 나가기가 보다 쉬울 것으로 여겨진다. 중세는 시기별로 크게 넷으로 나뉘는데, 그 중에서도 우리가 보통 관심을 덜 갖게 되는 이야기, 즉 비잔티움 문명과 이슬람 문명으로 서두를 연 것은 연대의 순서상 어쩔 수 없는 일이었다. 그리스도교 독자들이 이 책을 읽는다면 아마 이슬람 문명을 논하면서 이토록 많은 지면을 할애한 것에 놀라움을 금치 못할 것인 반면, 이슬람 학자들의 경우에는 중세의 그 찬란한 이슬람 문명을 이 정도로만 대강 간추려 놓은 것에 개탄을 금치 못할 것이다. 한편 내가 이 책에서 줄기차게 노력한 부분이 있다면 그것은, 어느 한쪽에도 치우치지 않게 되도록 공평무사한 태도를 유지하는 것과, 나아가 각각의 신앙과 문화를 그 나름의 관점에서 바라보려 한 것이었다. 그러나 이런 나의 노력에도 불구하고 이 책에는 편견이 여전히 살아남아 있을 터, 소재 선택과 지면 할당의 문제에서만도 벌써 편견은 작용하기 때문이다. 피부라는 감옥에 갇혀 있기는 몸뚱이나 지성이나 마찬가지인 셈이다.

나는 총 세 번에 걸쳐 이 책의 초고를 매만졌는데, 그때마다 번번이 실수가 발견되었다. 지금도 남아 있는 실수가 한두 개가 아닐 터, 책의 전반적 완성도를 높이는 데 역점을 맞추려다 보니 내용을 부분 부분까지 섬세하게 손보지는 못한 까닭이다. 그 오류를 잡아 나갈 기회가 마련된다면 나로서는 더없이 반가운 일일 것이다.

아울러 다음의 분들에게 마음 깊이 감사를 전하는 바이다. 뉴욕 아시아 연구소에 재직 중인 일제 리히텐슈타터(Ilse Lichtenstadter) 박사는 이 책에서도 특히 이슬람 문명에 관한 장들을 읽어 봐주었고, 미국 유대교 신학대학의 버나드 맨델바움(Bernard Mandelbaum) 박사는 중세 유대교도에 관한 부분들을 자세히 살펴봐 주었다. 또 콜롬비아 대학의 린 손다이크(Lynn Thorndike) 교수가 양해해 준 덕에 그가 번역해 놓은 알렉산더 네캄(Alexander Neckham)의 글들을 책에 실을 수 있었고, 콜롬비아 대학 출판부의 경우에는 에드워드 G. 브라운(Edward G. Browne)의 『페르시아 문학사』 번역문 일부를 책에 실을 수 있도록 양해해 주었다. 또 로스앤젤레스 공공 도서관(특히 할리우드 분원)과 국회 도서관을 이용한 덕분에 집필과 관련하여 다방면의 책들을 대출해 읽어 볼 수 있었다. 로즈 메리 드위트(Rose Mary DeWitte) 양은 5만 개에 이르는 주석 내용을 일일이 타이핑해 주는 수고를 해 주었고, 제임스 L. 화이트 헤드(James L. Whitehead) 박사와 에드워드 홉킨(C. Edward Hopkin) 박사 그리고 윌 듀런트 여사는 그들의 풍부한 학식으로 이 책의 소재를 분류하는 데 많은 도움을 주었다. 메리 코프만(Mary Kaufman)과 플로라 코프만(Flora Kaufman) 양 역시 집필 작업에 여러 모로 도움을 주었다. 마지막으로 고도의 숙련된 솜씨로 초고 내용을 타이핑해 준 에디스 디게이트(Edith Digate) 여사에게 감사의 말씀을 전한다.

이 시리즈의 전작에서 늘 그랬듯 이번 책 역시 헌사는 나의 아내 에이리얼 듀런트에게 돌아가야 마땅할 것이다. 이제껏 37년간을 내 곁에 있으면서 한결같이 나를 인내해 주고, 또 지켜 주고, 이끌어 주고, 영감을 불어넣어 주었으니 그녀에게는 이 문명 이야기 시리즈의 헌사를 모두 다 바쳐도 아마 모자랄 것이다. 하지만 정작 아내는 다른 이들에게 헌사를 써 주길 원하니 아내의 청에 따라 이번 책은 내 딸과 사위 그리고 손자에게 바치는 바이다.

윌 듀런트
1949년 11월 22일

이 책을 읽는 방법

일반 독자들은 읽기가 더 수고스럽겠지만, 책의 분량을 조금이라도 줄이고자 전문적 내용은 바로 이 단락과 같이 글자 크기를 줄여 놓았다. 되도록 많이 줄였음에도 책 분량은 여전히 엄청나고, 작은 크기의 글자로 이 지루한 내용들을 전달하는 게 도리가 아니라는 사실에는 변함이 없다. 부디 한 번에 한 장(章) 이상은 읽지 말기 바란다. 글자 크기를 줄이고 들여쓰기 한 문단은 인용문이다. 본문의 위 첨자 숫자는 권말의 주석 번호를 가리킨다.

들어가는 글　5

비잔티움 제국의 전성시대: 325~565년

1장 배교자 율리아누스: 332~363
1. 콘스탄티누스 황제의 유산　25
2. 그리스도교도와 이교도　33
3. 새로운 카이사르　39
4. 이교도 황제　45
5. 여행의 끝　55

2장 야만족의 승리: 325~476
1. 위협받는 국경 지대　59
2. 구원자 황제들　65
3. 이탈리아의 상황　71
4. 홍수처럼 밀려드는 야만족　84
5. 로마의 몰락　94

3장 그리스도교의 발전: 364~451　101
1. 교회의 구성　102
2. 이단들　105
3. 서방의 그리스도교 세계　112
　로마　112
　성 히에로니무스　114
　그리스도교의 투사들　121
4. 동로마 그리스도교 세계　126
　동로마의 수도사　126

　동로마의 주교들　133
5. 성 아우구스티누스　139
　탕자 아우구스티누스　139
　신학자 아우구스티누스　143
　철학자 아우구스티누스　151
　총대주교 아우구스티누스　156
6. 교회와 세계　159

4장 유럽의 형성: 325~529
1. 영국의 탄생　169
2. 아일랜드　173
3. 프랑스의 서막　178
　고대 갈리아 지역, 그 최후의 나날　178
　프랑크족　184
　메로빙거 왕조　192
4. 서고트족과 스페인　197
5. 동고트족과 이탈리아　201
　테오도리크　201
　보에티우스　204

5장 유스티니아누스: 527~565
1. 황제 유스티니아누스　211
2. 테오도라　217
3. 벨리사리우스　220
4. 유스티니아누스 법전　227

5. 황제 신학자   233

6장 비잔티움 문명: 326~565

1. 일과 부(富)   239
2. 과학과 철학   244
3. 문학   249
4. 비잔티움 예술   253
    이교 신앙의 흔적   253
    비잔티움 시대의 예술가들   256
    성 소피아 성당   258
    콘스탄티노플에서 라벤나까지   262
    비잔티움 제국의 예술   264

7장 페르시아: 224~641

1. 사산 왕조   271
2. 사산 왕조의 통치자들   282
3. 사산 왕조의 예술   294
4. 아랍인의 정복   300

이슬람 문명: 569~1258년

8장 마호메트: 570~632

1. 아라비아   307
2. 메카 시절의 마호메트   320
3. 메디나 시절의 마호메트   329
4. 승리자 마호메트   337

9장 코란

1. 형식   345
2. 교리   348
3. 윤리   354
4. 종교와 국가   358
5. 코란의 토대   362

10장 이슬람의 검: 632~1058

1. 마호메트의 후계자들   369
2. 우마이야 가의 통치   380
3. 압바스 가의 통치   387
    하룬 알 라시드   387
    압바스 왕조의 몰락   394
4. 아르메니아   402

11장 이슬람 세계의 모습: 628~1058

1. 경제   405
2. 신앙   414
3. 민족   431
4. 통치   441
5. 이슬람 사회의 도시들   447

12장 동(東)이슬람의 사상과 예술: 632~1058

1. 학문   463
2. 과학   472
3. 의학   483
4. 철학   491

5. 신비주의와 이단　507
6. 문학　517
7. 예술　533
8. 음악　550

13장 서(西)이슬람: 641~1086
1. 아프리카 점령　557
2. 아프리카에서의 이슬람 문명　566
3. 지중해의 이슬람　573
4. 스페인의 이슬람　578
　칼리프와 에미르　578
　무어인 치세의 스페인 문명　591

14장 이슬람의 웅대함과 쇠망: 1058~1258
1. 동방의 이슬람　617
2. 서방의 이슬람　627
3. 이슬람 예술 일별　633
4. 우마르 하이얌의 시대　644
5. 사디의 시대　654
6. 이슬람의 과학　664
7. 알 가잘리와 종교의 부흥　671
8. 아베로이스　677
9. 몽골족의 침입　687
10. 이슬람교와 그리스도교　693

유대 문명: 135~1300년

15장 탈무드
1. 추방　703
2. 탈무드를 만든 사람들　708
3. 율법　712
　신학　712
　의식　717
　탈무드의 윤리　722
4. 삶과 율법　729

16장 중세의 유대인들: 565~1300
1. 동방의 공동체들　733
2. 유럽 공동체　738
3. 그리스도교 국가에서의 유대교도의 삶　746
　정부　746
　경제　748
　도덕　753
　종교　759
4. 반유대주의　764

17장 유대인의 지성과 감성: 500~1300
1. 학문　779
2. 탈무드의 모험　789
3. 유대인의 과학　792
4. 유대 철학의 부흥　796
5. 마이모니데스　801

6. 마이모니데스 전쟁   811
7. 카발라   814
8. 해방   818

문예   909
대공(大公)들의 봉기   915

암흑기: 566~1095년

18장 비잔티움 세계: 565~1095
1. 헤라클리우스   823
2. 우상 파괴주의자들   827
3. 변화무쌍한 제국   831
4. 비잔티움 제국의 삶   837
5. 비잔티움의 르네상스   845
6. 발칸 지역   855
7. 러시아의 탄생   860

20장 북방의 부흥: 566~1066
1. 잉글랜드   919
   알프레드와 데인족   919
   앵글로색슨 문명   923
   정복 사이 기간   934
2. 웨일스   939
3. 아일랜드 문명   941
4. 스코틀랜드   950
5. 고대 스칸디나비아인들   952
   왕들의 전설   952
   바이킹 문명   956
6. 독일   965
   권력의 구성   965
   독일 문명   971

19장 서방의 몰락: 566~1066   867
1. 이탈리아   868
   롬바르드족   868
   이탈리아의 노르만족   871
   베네찌아   873
   이탈리아 문명   877
2. 그리스도교 스페인   880
3. 프랑스   884
   카롤링거 왕조의 시작   884
   샤를마뉴   886
   카롤링거 왕조의 쇠퇴   902

21장 그리스도교의 대립: 529~1085
1. 성 베네딕트   975
2. 그레고리우스 대교황   979
3. 교황의 정치   987
4. 그리스 정교회   991
5. 그리스도교의 유럽 정복   995
6. 바닥에 떨어진 교황권   1007
7. 교회 개혁   1013
8. 동방의 대분립   1017

9. 그레고리우스 7세 힐데브란트　　1019

22장 봉건 제도와 기사도: 600~1200

1. 봉건 제도의 기원　　1031
2. 봉건 조직　　1033
　노예　　1033
　농노　　1035
　마을 공동체　　1040
　영주　　1043

　봉건 교회　　1049
　왕　　1050
3. 봉건 법률　　1053
4. 봉건 전쟁　　1058
5. 기사도　　1062

주　　1075
연대표　　1110

산타 마리아 마조레 성당 내부
로마

하기아 소피아 성당 내부
콘스탄티노플

산 비탈레 성당 내부
라벤나

석조 돋을새김 조각 세부
타크 이 부스탄
아시아 연구소의 양해로 게재

대(大)모스크 안뜰
다마스쿠스
메트로폴리탄 미술관의 양해로 게재

바위의 돔
예루살렘

석재 돋을새김 조각
시리아 므샤타

엘 아즈하르 모스크 안뜰
카이로

알 아크사 모스크의 목재 설교단
예루살렘

모스크 내부
코르도바

알함브라 궁전에 자리한 사자의 안뜰
그라나다

성 마르코 성당 정면
베네찌아

두오모 성당 광장, 세례당, 대성당, 기울어진 탑의 모습
피사

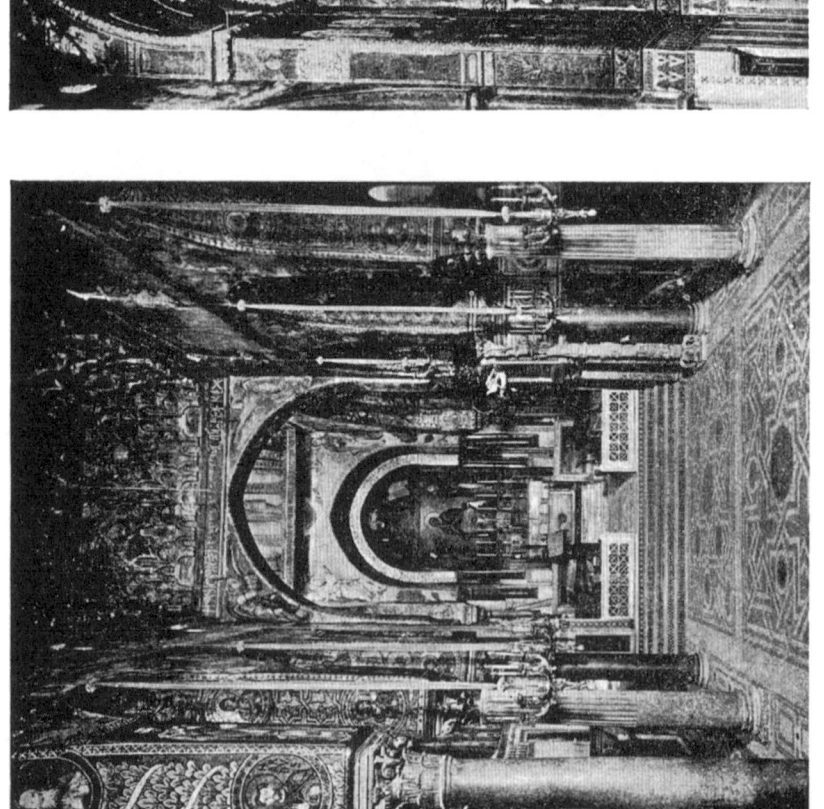

대성당의 후진(後陣)
몬레알레

카펠라 팔라티나
팔레르모

비잔티움 제국의 전성시대

325~565년

THE AGE OF FAITH

1장   배교자 율리아누스 332~363

1. 콘스탄티누스 황제의 유산

때는 335년, 콘스탄티누스 황제는 죽을 때가 온 걸 알자 아들과 조카를 불러 모았다. 그러고는 광대한 제국의 땅을 나누어 주고 다스리게 했는데 어리석게도 자기가 총애하는 순서에 따랐다. 장남 콘스탄티누스 2세에게는 서브리튼, 갈리아, 스페인을 주었고, 차남 콘스탄티우스에게는 소아시아 동부, 시리아, 이집트를 주었으며, 막내아들 콘스탄스에게는 북아프리카, 이탈리아, 일리리쿰, 트라키아, 그리고 새 수도와 옛 수도(콘스탄티노플과 로마)를 함께 물려주었다. 두 조카에게는 아르메니아와 마케도니아, 그리스가 돌아갔다. 첫 그리스도교도 황제 콘스탄티누스는 로마의 군주정을 복구하고 로마의 신앙을 하나로 통일시키는 데 자기 일생을, 나아가 수많은 다른 사람의 목숨까지 바친 인물이었다. 그런 그가 죽자(337년) 그 모든 위업이 송두리째 흔들렸다. 콘스탄티누스에게 있어 제위 계승 문제는 여간 해결이 어려운 게 아니었다. 재위 기간이 얼마 되지 않는 까닭에 그는 신성한 제권(帝權)을 미처 확립하지 못한 상태였고, 그 상태로 단독 후계자를 정해 제위를 물려주었다간 나라가 평화로울 리 없었다. 따라서 아들들 사이에 내란이 일어나게 하느니, 애초부터 통치권을 나누어 그들에게 물려주는 것이 더 바람직하리라 여겼던 것이다.

하지만 결국 내란이 터졌고, 암살로 상황은 간단하게 정리되었다. 군대는 콘스탄티누스의 아들들 외에는 그 누구의 통치권도 인정하지 않았다. 그리하여 죽은 황제의 일가친척 중 남자들은 모조리 숙청을 당했다. 단 조카였던 갈루스와 율리아누스만은 목숨을 부지할 수 있었다. 골골 앓던 갈루스는 젊은 나이에 죽을 게 뻔했고, 율리아누스는 이제 겨우 다섯 살이었다. 전통에 따라, 또 암미아누스의 승인에 따라 제위 계승자로 인정받고 이 모든 극악한 짓을 저지른 콘스탄티우스도 차마 그 어린것까지 죽이지는 못했다.[1] 그러면서 콘스탄티우스는 동양 세계와 서양 세계에 끼어 고대의 마라톤 전쟁 이후로 단 한 시도 전쟁이 그칠 날이 없었던 페르시아를 다시 손에 넣었고, 형제의 난이 일어나 왕자들이 서로 죽고 죽이는 것을 가만히 앉아 지켜보았다. 그리하여 유일하게 황제로 남게 되자(353년) 콘스탄티노플로 돌아와 다시 하나로 통일된 제국을 다스렸다. 황제는 청렴했으나 융통성이 없었고, 열심이었으나 무능력했으며, 의심이 너무 많아 행복하지 못했고, 너무 잔혹해서 사랑받지 못했으며, 위대하다 하기엔 허영심이 너무 많았다.

콘스탄티누스 황제가 노바 로마(Nova Roma, 새로운 로마라는 뜻-옮긴이)라 불렀던 도시, 황제의 살아생전에는 황제의 이름으로 불렸던 도시는 기원전 657년경 그리스의 이주자들이 보스포루스 해협에 처음 세운 것이었다. 그 후 이곳은 근 천 년의 세월 동안 비잔티움으로 알려지게 되고, '비잔틴'이란 말이 대대로 살아남아 비잔티움이 이룩한 문명과 예술을 가리키게 되었다. 이제까지 지구상에서 이 비잔티움만큼 수도로서 오랜 명맥을 유지한 곳은 없다. 1807년 맺어진 틸지트 조약에서 러시아는 자국 강물의 흐름 때문에 진군을 못하자 반드시 비잔티움을 손에 넣으려 했지만, 나폴레옹은 이곳을 세계의 제국이라 부르며 넘겨주려 하지 않았다. 동양과 서양을 잇는 관문을 언제든지 닫아 버릴 수 있는 요충지가 바로 여기다. 여러 대륙의 상업이 한데 모여 수백 개 도시 국가의 생산품이 쌓이는 곳도 여기요, 군대가 떡하니 버티고 서서 페르시아의 신사들과 동쪽의 훈족, 북쪽의 슬라브족, 서쪽의 야만족들을 쫓아 버릴 수 있는 곳도 바로 여기다. 거센 물결이 삼면에서 굽이치기 때문에 군대는 한쪽에만 방벽을 튼튼히 쌓으면 방어를 다 하는 셈이었다. 한편 골든 혼(Golden Horn, 보스포루스 해협의 후미로 이곳은 물결이 잔잔하다.)은 함대나 상선에게는 공격과 폭풍우를 피하는 안식처였을 것이다. 그리스인들은 보스포루스 해협의 이 후미를 케라스(Keras, '뿔')라 불렀는데, 아마도 그 모양새 때문인 듯하다. '황금'은 후대에 덧붙여진 말로, 이 항구에 엄청난 양의 물고기와 곡식과 교역품이 쌓여 있었다는 뜻이리라. 백성 중에 그리스도교도가 압도적으로 많았던데다, 주민 대다수가 동양의 군주제와 복잡한 의례에 익숙했던 만큼, 그리스도교도 황제는 로마 시대만 해도 거만한 원로원과 이교도 백성 때문에 누리지 못하던 군주로서의 위엄을 마음껏 누릴 수 있었을 것이다. 로마를 집어삼키려고 이민족의 물결이 끊임없이 들이닥치는 가운데서도 로마 제국은 이곳에 자리를 잡고 천 년의 긴 세월을 살아남았다. 로마의 새 수도를 무너뜨리려고 고트족, 훈족, 반달족, 아바르족, 페르시아인, 아랍인, 불가리아인, 러시아인들이 차례로 달려들었지만 번번이 실패했다. 이 천 년의 세월 동안 콘스탄티노플이 함락당한 것은 딱 한 번, 십자가보다 황금에 조금 더 정신이 팔려 있던 십자군의 손에 의해서였다. 마호메트가 등장하고서 무슬림 세력이 아시아, 아프리카, 스페인을 싹쓸이하는 동안에도 비잔티움은 800년 동안이나 무슬림 세력을 막아 냈다. 그리스 문명이 줄기차게 살아남아서 자기가 고대에 만든 보물들을 바로 이곳에 끈질기게 간직해 두었다가, 마침내는 르네상스 이탈리아를 비롯해 서양 세계에 전수해 주리라고 그 누가 생각할 수 있었을까.

    324년 11월, 콘스탄티누스 대제는 측근의 신하들과 기술자 그리고 성직자들을 대동하고 순행에 오른다. 머릿속으로만 그리던 자기 수도가 어디까지 펼쳐져 있는지 그 끝까지 가 보기 위해 비잔티움 항구를 떠나 수도를 에워싼 언덕을 넘은 것이다. 순행이 한도 끝도 없이 길어지자 깜짝 놀라는 사람들을 보고 황제는 말했다. "나는 계속 앞으로 나아갈 것이다. 내 앞에 서서 행차하시는 보이지 않는 하느님, 그분이 이젠 됐다 여기실 때까지."[2] 황제는 그 어떤 행동도, 그 어떤 말도 서슴지 않았기 때문에 백성들은 (나라에 충성하는 것처럼) 황제의 계획도 신심을 다해 떠받들었고, 그리스도교 교회도 황제의 계획에 고분고분 따랐다.

"하느님의 명령에 복종하기 위해"[3] 황제는 수천 명의 인부와 예술가를 동원해 도시에 성벽과 요새를 쌓고, 관청, 궁전, 주택을 지었다. 또 분수와 주랑(柱廊) 현관을 만들고, 제국에 속한 수많은 도시에서 멋대로 가져온 유명한 조각품들을 늘어놓아 광장과 거리를 아름답게 꾸몄다. 그리고 성난 민심을 달래기 위해 화려하고 널찍하게 경기장을 지어 백성들이 게임과 도박으로 열정을 발산하게 했는데, 이 정도의 어마어마한 규모의 경기장을 볼 수 있는 건 쇠퇴기의 로마뿐이다. 황제가 새로운 로마를 동로마 제국의 수도로 봉헌한 것이 서기 330년 5월 11일의 일이었고, 그 후로는 해마다 성대한 행사를 열어 그날을 기념했다. 이로써 이교도 신앙은 공식적으로 막을 내리고, 그 무엇도 신앙에 대적할 수 없는 중세 시대가 그 서막을 연다. 영적인 전쟁에서는 동로마 제국이 물질적으로 앞서 있는 서로마 제국을 이긴 셈이었으며, 그리하여 앞으로 천 년 동안 서양의 영혼을 지배하게 된다.

콘스탄티노플은 수도가 된 지 200년 만에 세계에서 가장 부유하고, 가장 아름다우며, 가장 문명화된 도시로 우뚝 서서 천 년 동안 그 자리를 유지한다. 337년만 해도 5만 명이던 도시 인구는 400년에는 약 10만 명으로 불어났고, 500년에는 거의 100만에 육박했다.[4] (450년경에 작성된) 한 공식 기록에 따르면 당시 콘스탄티노플에는 황궁이 다섯 개, 왕비와 후궁들이 머무는 별궁이 여섯 채, 고관대작을 위한 궁궐이 세 채나 있었으며, 대저택이 4388개,

대로가 322개, 주랑 현관이 52개나 있었다. 거기다 상점이 1000여 개, 오락 시설이 100여 개에 달했으며, 호화로운 목욕탕, 눈부시도록 아름답게 장식된 교회도 한두 개가 아니었다. 웅장한 광장은 고전 시대의 예술품을 한 자리에 모아 놓은 박물관이나 다름없었다.[5] 주변의 물살을 뚫고 봉긋 솟아 있는 콘스탄티노플의 두 번째 언덕에는 콘스탄티누스 광장이 자리 잡고 있었다. 타원형의 이 광장은 양쪽에 나 있는 아치형의 개선문을 통해 드나들게 되어 있었다. 광장의 둘레를 각종 주랑 현관과 조각상들이 장식했고, 광장의 북쪽에는 원로원 의사당이 위풍당당하게 서 있었다. 광장 중앙에는 그 유명한 반암(斑巖) 기둥이 꼭대기에 아폴로 조각상을 단 채 120피트 높이로 우뚝 솟아 있었는데, 페이디아스(Pheidias, 그리스 최고의 조각가로 손꼽히는 인물 - 옮긴이)가 직접 제작한 작품으로 알려져 있다.*

이 광장을 기점으로 메세(Mese, 중앙 길)가 널찍하게 뻗어 나왔고, 길 양옆에는 궁궐과 상점이 줄지어 늘어서 있는 한편 키 높은 주랑이 그늘을 만들어 주었다. 이 길은 도시를 관통해 서쪽으로 쭉 뻗어 아우구스테움까지 이어진다. 가로가 1000피트, 세로가 300피트에 달하는 이 광장은 콘스탄티누스의 어머니 헬레나 아우구스타의 이름을 딴 것이었다. 이 광장의 북쪽에 첫 번째 성 소피아 성당(신성한 지혜의 교회라고도 한다.)이 우뚝 솟아 있었고, 동쪽에는 제2 원로원 의사당이, 남쪽에는 황제의 본궁과 엄청난 규모의 공중목욕장 제오시포스가 서 있었는데, 이 목욕장 안에 있는 대리석 및 청동 조각상만 수백 개에 달했다. 광장의 서쪽 끝에는 밀리온(Milion, 이정표라는 뜻)이라 불리는 아치형의 기념물이 서 있었고, 바로 여기를 기점으로 도시의 웅장한 도로들이 방사형으로 뻗어 나가 각 지방들을 수도와 엮어 주었다. 뿐만 아니라 아우구스테움의 서쪽에는 대경기장이 있었다. 대경기장과 성 소피아 사원 사이에 신성한 궁전이라 불렸던 황궁의 건물들이 죽 늘어서 있고, 대리석으로 이루어진

---

* 오랜 세월 풍파에 시달리고 화재까지 겹치면서 까맣게 그을리고 때가 타 버렸고, 그래서 지금은 '불타 버린 기둥'이라 알려져 있다.

단지를 150에이커에 달하는 정원과 주랑 현관이 빙 둘러싸고 있었다. 도시 근교에는 귀족들이 사는 대저택들이 여기저기에 자리 잡고 있었다. 구불거리고 사람들로 북적이는 좁아터진 골목길에는 상인들의 가게와 일반 백성들의 개인 주택 혹은 공공 거주지가 자리하고 있었다. 중앙 길의 서쪽 끝은 (콘스탄티누스 성벽을 거쳐) 마르모라 해의 "황금 관문"으로 통했다. 마르모라의 해안 삼면에는 궁궐이 줄지어 늘어서서 넘실대는 물결에 비치는 영광스러운 제 모습을 감탄에 젖어 바라보았다.

  콘스탄티노플의 최고위층은 대부분 로마인이었고, 나머지 계층 중에는 그리스인이 압도적으로 많았다. 하지만 이들 그리스인도 하나같이 로마인임을 자처했다. 공식적인 나라말은 라틴어였지만, 일상어로는 계속해서 그리스어가 사용되더니, 7세기에 이르자 통치자들도 라틴어 대신 그리스어를 쓰게 되었다. 고관대작과 원로원 의원들 아래 계급은 도시와 시골의 별장을 철에 따라 오가며 지내는 지주 귀족들 차지였다. 이들에게서 멸시를 받았지만 부(富)에서만큼은 지주와 어깨를 나란히 했던 무역상들은 콘스탄티노플과 내륙 지방에서 생산된 물품을 가져다 세계 각지의 물품과 맞바꾸어 돈을 벌었다. 무역상들 아래에는 제국이 커 감에 따라 그 수가 점점 불어 가던 행정 관리들이 있었다. 그 아래를 각양각색의 직종을 가진 상인 및 장인들이 차지했다. 그 아래에는 공식적으로는 자유민이지만 투표권이 없어 소요를 잘 일으키던 다수의 노동자들이 있었는데, 보통 때에는 굶주림과 치안 요원들의 힘에 제어를 받았으며, 경주와 게임, 매일 8만인분에 달하는 곡식 혹은 빵으로 달래면 얌전해지곤 했다. 그리고 제국이라면 어느 곳이나 다 마찬가지로 신분 계층의 맨 밑바닥은 노예들 차지였다. 그나마 비잔티움 제국의 노예들은 카이사르 시대의 로마보다 그 수가 적었고, 콘스탄티누스가 법전을 편찬하고 교회의 힘이 부드럽게 작용한 덕에 전보다 더 인간적인 대우를 받을 수 있었다.[6]

  비잔티움 제국의 자유민들은 이따금 고된 일거리를 손에서 놓고 대경기장으로 와자지껄 몰려들곤 했다. 가로 560피트에 세로 380피트에 달하는 거대한 원형 경기장은 적게는 3만 명에서 많게는 7만 명까지 관객이 들어찼다. 경기장 둘레에는 타원형의 해자가 둘러쳐져 있어 관객들을 보호해 주었고, 경기 중간중간 밖으로 나와 대리석 난간이 달리고 시원하게 그늘이 진 총 2766피트 길이의 산책로를 걸어 다니며 쉴 수도 있었다.[7] 이 산책로의 스피나(spina, 중추라는 뜻)에는 조각상들이 낮은 담장을 이루어 경기장 절반 길이로 결승점에서 결승점까지 이어져 있었다. 스피나의 한가운데에는 이집트에서 가져온 투트모세 3세의 오벨리스크가 서 있었고, 남쪽에는 청동 뱀 세 마리가 하나로 꼬여 있는 기둥이 우뚝 솟아 있었다. 이 기둥은 원래 플라타이아 전투(기원전 479년)에서의 승리를 기념해 델포이에 세웠던 것이었다. 이 두 기념물은 아직도 원형 경기장에 그 모습 그대로 서 있다. 원형 경기장에는 황제의 특별석(Kathisma)도 있었으며, 5세기에는 이를 리시포스(Lysippus, 기원전 4세기의 그리스 조각가 – 옮긴이)의 옛날 작품인 도금 입힌 청동 말 네 마리로 장식하기도 했다. 비잔티움 제국에 커다란 국가 행사가 있을 때면 바로 이곳 대경기장에서 각종 행차와 육상 경기, 곡예, 동물 사냥 및 격투, 이국적인 짐승들 전시회가 열렸다. 그리스의 전통과 그리스도교의 감수성이 결합한 덕에 콘스탄티노플에서 즐긴 오락은 로마 시대의 오락보다 잔혹하지 않았다. 로마의 이 새로운 수도에서 검투사 경기가 있었다는 이야기는 그 어디서도 찾아볼 수 없다. 그렇긴 해도 경기 내용은 스물네 마리의 말과 전차가 펼치는 경주가 주종을 이루었고, 이때의 흥분은 로마의 휴일을 떠들썩하게 했던 열기만큼이나 강렬했다. 기수와 전차는 그들이 모시는 주인에 따라 서로 다른 색깔의 옷을 입고 청군, 녹군, 홍군, 백군의 총 네 팀으로 나뉘었다. (도시의 전 주민이 총 출동한 거나 다름없는) 관객들 역시 마찬가지 방식으로 네 팀으로 나뉘었다. 주류 세력이었던 청군과 녹군은 대경기장에서는 말[言]로 싸웠지만, 이따금 길거리에서 칼을 들고 싸우기도 했다. 일반 백성들이 자기 심정을 말로 표현할 수 있는 기회는 이런 경기에서밖에 없었다. 백성들은 통치자가 은덕을 베풀어야 한다는 백성의 권리를 주장하기도 하고, 개혁을 요구하기도 했으며, 횡포를 일삼는 관료들을 비방하기도 하고, 때로는 황제에게 직접 분노를 쏟아 내기도 했다. 높은 곳에 안전하게 자리 잡은 황제의 옥좌는 황궁으로 피신할 수 있는 안전한 통로와 연결되어 있었다.

그러나 이때 외에는 일반 백성은 정치적으로 무력한 존재였다. 디오클레티아누스의 법전을 계승한 콘스탄티누스의 법령은 어느 모로 보나 제왕 중심적이었다. 콘스탄티노플과 로마에 있는 두 곳의 원로원이 법률을 심의하고, 제정하고, 판결을 내릴 수는 있었다. 하지만 그럴 때도 언제나 황제의 거부권을 통과해야만 했고, 원로원의 입법 기능은 황제 고문회가 좌지우지하는 형편이었다. 황제는 간단한 칙령 한 마디로 언제든 자기 맘대로 법을 만들 수 있었고, 따라서 황제의 뜻이 곧 최고의 법이나 다름없었다. 황제가 보기에 민주주의는 실패한 작품이었고, 민주주의는 제국의 승리를 도와줘 놓고도 결국엔 그 제국의 손에 파괴를 당한 꼴이었다. 민주주의로 도시를 통치할 수 있을지는 몰라도, 다양한 도시 국가를 다스릴 수는 없었다. 민주주의야말로 자유를 방종으로, 방종을 혼란으로 변질시킨 장본인이었고, 민주주의 속에서 탄생한 계급과 내분은 급기야 지중해 세계 전체의 경제적, 정치적 생명에 위협을 가하는 지경까지 갔다. 디오클레티아누스와 콘스탄티누스가 내린 결론에 따르면 질서를 회복할 수 있는 길은 단 하나, 고위직은 귀족 가문과 총독에게만 맡기고 관직도 세습이 아닌 임명을 통해 얻게 하는 것이었다. 이때 임명권을 가진 사람은 모든 책임과 권력을 한 손에 쥐고 있는 사람, 바로 황제 자신이었다. 행사에서 범접할 수 없는 위엄을 가지는 사람도, 동양의 화려한 의례를 만끽하는 사람도, 교회의 즉위식, 신성화, 뒷받침이라는 그 모든 놀라운 특권을 몸에 걸칠 수 있는 사람도 황제뿐이었다. 이러한 체제가 정당화된 데에는 상황 탓이 컸겠지만, 이렇게 체제가 굳어지다 보니 이따금 고분고분한 측근들의 조언에 귀를 기울이거나 갑작스러운 죽음이 두려울 때 말고는 황제를 막아설 수 있는 것이 아무것도 없었다. 덕분에 그 어디보다 능률적인 행정 기관 및 사법 기관이 탄생하게 되었고, 이를 바탕으로 비잔티움 제국은 천 년의 명맥을 유지할 수 있었다. 하지만 그 대가로 정치는 정체되어 제국 내의 백성들은 위축되었고, 궁정에는 음모가 들끓었으며, 환관들이 설쳐댔고, 제위 계승 다툼이 끊이지 않았다. 그러다 궁정 개혁이 일어나면 이따금 능력 있는 자에게 옥좌가 돌아갔으나, 덕 있는 자에게 돌아가는 일은 거의 없었으며, 원칙 없는 모험가나, 정권 쟁탈을 일삼는 파벌의 우두머리나, 바보 같은 황족에게 돌아가는 일이 너무 잦았다.

2. 그리스도교도와 이교도

서기 4세기의 지중해 세계는 종교가 나라의 그르칠 수 없는 대사(大事)였기 때문에, 교회가 교리 문제로 엄청난 소란에 휩싸이자 신학 문제가 아무리 수수께끼 같아도 나라가 나서지 않을 수 없었다. (325년에) 니케아 공의회는 끝났지만 아타나시우스와 아리우스의 대논쟁은 아직 끝난 게 아니었다. 공개적이든 비공개적이든 아리우스를 편드는 주교들이 아직도 많이 남아 있었다.(동로마 제국의 주교는 대다수가 그랬다.)[8] 이들은 그리스도가 하느님의 아들이라고는 생각했지만, 그리스도가 하느님과 한 몸이라거나 하느님처럼 영원한 존재라고는 보지 않았다. 콘스탄티누스 황제는 니케아 공의회의 결의를 받아들여 아리우스를 유배시킨 장본인이었지만, 나중에 그를 사적인 회의에 참석시켰을 때는 (331년) 그가 이단자라고는 전혀 생각되지 않아 다시 복직시키고 아리우스파를 다시 교회에 들이라 명했다. 여기에 아타나시우스가 반기를 들고 나서자, 동로마의 주교들은 티레에서 공의회를 열어 아타나시우스의 알렉산드리아 교구직을 박탈했다.(335년) 아타나시우스는 갈리아에서 2년간 유배 생활을 해야 했다. 한편 아리우스는 다시 콘스탄티누스 황제를 찾아가 자신이 니케아 신조를 따른다고 공언하면서 황제가 모든 걸 이해하는 것은 무리라는 애매모호한 단서를 달았다. 콘스탄티누스 황제는 그를 믿고 콘스탄티노플의 대주교였던 알렉산데르를 시켜 아리우스를 한 종파로 받아들이게 했다. 교회 역사가인 소크라테스는 이 대목에서 우리에게 차마 눈 뜨고 못 볼 끔찍한 일화를 전한다.

그 일이 일어난 건 토요일이었다. 원래 아리우스는 다음 날 신도들과 모임을 갖기로 되어 있었다. 하지만 천벌이 내려 그의 무시무시한 소행을 단죄했다. 그가 황궁을 나서서 …… 콘스탄티누스 광장의 반암 기둥에 이르렀을 때, 갑자기 불한당들이 그를 덮치더니 그의 배를 사정없이 갈랐다. …… 배 밖으로 창자가 쏟아져 나오기 무섭게 피가 철철 쏟아지기 시작했고, 연이어 소장까지 남김없이 밖으로 나왔다. 뿜어져 나오는 피 속에서 비장과 간도 일부 못 쓰게 되면서 그는 그 자리에서 곧 숨을 거두었다.[9]

하필이면 그런 때에 아리우스가 죽음을 당했다는 소식에 콘스탄티누스 황제는 아리우스가 정말 이단이 아니었을까 하는 의구심이 들기 시작했다. 바로 이듬해 황제는 목숨을 거두며 세례식을 받았는데, 막바지의 의심에도 불구하고 의식을 집전해 준 황제의 친구이자 고문이었던 니코메디아의 주교 에우세비우스는 공교롭게도 아리우스파였다.

콘스탄티우스는 신학의 문제를 아버지보다 더 심각하게 받아들였다. 예수의 부성(父性) 문제를 나름대로 탐구한 끝에 아리우스파의 견해를 택한 콘스탄티우스 황제는 그리스도교 제국 전역에 그 관점을 적용시키는 것이 자신의 도리라 여겼다. 이로써 콘스탄티누스 황제가 사망하면서 알렉산드리아 교구에 복직되었던 아타나시우스는 다시 한 번 유배를 당하게 된다.(339년) 교회 공의회는 황제의 명에 따라 소집되고 또 그의 뜻에 좌우지되었기 때문에 그리스도와 아버지 하느님의 유사성만 인정했을 뿐 동질성은 인정하지 않았다. 니케아 신조를 끝까지 따르려 했던 성직자들은 자기 교회에서 쫓겨났고, 성난 군중들에게 몰매를 맞기도 했다. 이후 반세기 동안 그리스도교는 유니테리언파 (Unitarian, 18세기에 등장한 이신론(理神論)으로서, 니케아 공의회에서 공언된 성육신 교의와 삼위일체설을 따르지 않는다는 특징이 있다. - 옮긴이) 같은 입장을 띠고 그리스도의 신성성을 포기하는 것처럼 보였다. 이 시절 아타나시우스는 절치부심하고 있었다. 나라 안 권력자들은 모조리 그의 반대편에 섰고, 심지어 그가 맡았던 알렉산드리아 교구의 신도조차도 그에게 등을 돌렸다. 그는 목숨을 건지기 위해 다섯 번씩이나 알렉산드리아 교구에서 도망쳐 나와 낯선 땅을 떠돌아다녀야 했다. 반세기 내내(323~373년) 아타나시우스는 끈질긴 외교술과 물 흐르듯 거침없는 비판을 동원해 니케아 신조를 고수했고, 니케아 공의회에서 자신의 주도하에 내렸던 신조의 정의를 그대로 지키려 했다. 그래서 리베리우스 교황이 무릎까지 꿇는데도 그는 꼼짝도 하지 않았다. 결국 그리스도교 교회의 삼위일체 교리는 아타나시우스 덕분에 존재하게 된 셈이었다.

아타나시우스는 로마의 교황 율리오 1세를 찾아가 자기 처지를 알렸다. (340년) 율리오는 아타나시우스를 알렉산드리아 교구에 복직시켜 주었다. 하지만 동로마의 주교들이 안티오크에서 공의회를 열어(341년) 율리오에게는 복직 권한이 없다고 선포하고는 아리우스파였던 그레고리를 알렉산드리아 주교직에 임명했다. 하지만 그레고리가 알렉산드리아에 도착하자 경쟁 파벌에서 서로 죽고 죽이는 살육전을 일으켜 많은 사람들이 목숨을 잃는 사태가 발생했다. 아타나시우스는 더 이상의 유혈 사태는 막아야 한다며 스스로 교구직에서 물러났다.(342년)[10] 콘스탄티노플에서도 비슷한 싸움이 일어나 걷잡을 수 없는 지경까지 번졌다. 콘스탄티우스가 정통 충성파인 바울을 밀어내고 그 자리에 아리우스파였던 마케도니우스를 들이자, 바울의 지지자들이 군대에 항거하면서 3000명이 목숨을 잃었던 것이다. (342~343년의) 이 2년 동안 그리스도교도들 손에 학살당한 그리스도교들의 숫자는 실로 엄청나서, 로마 역사상 이교도의 박해로 숨을 거둔 그리스도교인들을 전부 합친 것보다도 더 많았던 것으로 보인다.

그리스도교도들은 거의 모든 면에서 분열을 보이면서도 단 한 가지에 대해서만큼은 뜻을 모았으니, 바로 이교도들의 사원을 폐쇄하고 그들의 재산을 몰수해야 하며, 옛날에 그리스도교가 당했던 그대로 나라에서 이교와 그 숭배자들을 총검으로 다스려야 한다는 것이었다.[11] 콘스탄티누스 황제는 생전에 이교도들이 드리는 제사나 의식을 싫어하기는 했어도 금하기까지는 하지 않았다.

하지만 콘스탄스는 죽음의 위협까지 무릅쓰고 이교도 의식을 금지시켰으며, 콘스탄티우스도 제국 내의 이교도 사원을 모두 폐쇄하고 이교도 의식도 일절 금할 것을 명했다. 황제의 명에 따르지 않은 자들은 재산을 몰수당하고 목숨이 날아갔다. 이 칙령을 따르지 않았다가 가혹한 처벌을 면치 못한 건 지방 행정관들도 마찬가지였다.[12] 하지만 그리스도교가 물밀듯이 퍼져가는 가운데서도 이교도 신앙은 망망대해의 조그만 섬처럼 살아남아 명맥을 유지해 갔다. 그중에서도 아테네, 안티오크, 스미르나, 알렉산드리아, 로마 등 연륜이 깊은 도시에서는 이교도 무리를 심심찮게 찾아볼 수 있었으며, 귀족층과 학교에서 자못 위세를 떨쳤다. 올림피아에서는 테오도시우스 1세의 치세(379~395년)까지 계속 경기가 열렸으며, 엘레우시스에서도 계속 곡식의 여신 데메테르를 기리는 제전이 거행되다 서고트족 왕 알라리크가 쳐들어와 396년에 신전이 박살 나고서야 자취를 감추었다. 또 아테네에 지어진 학교들에서는 플라톤, 아리스토텔레스, 제논의 학설을 부드럽게 해석해 사람들에게 계속 가르치고 있었다. (국법을 어긴 에피쿠로스는 무신론자와 다름없는 사람으로 취급받았다.) 콘스탄티누스도 그리고 그의 아들도, 느슨하게나마 아테네 대학을 구성하고 있던 학자들과 교수들에게는 계속해서 봉급을 주었다. 아테네에는 수사학의 기교를 배우려고 법률가와 연설가들이 여전히 구름처럼 몰려들고 있었다. 여기에 이교도 소피스트들은(소피스트란 지혜로운 선생님을 뜻한다.) 주머니에 돈 있는 자에게라면 얼마든지 자기 재능을 내어 보였다. 그중에서도 프로하에레시우스는 모든 아테네인들이 좋아하고 또 자랑스러워하는 인물이었다. 젊은 시절 가난뱅이 처지로 아테네에 왔던 그는 한동안 다른 학생과 한 침대를 쓰고 한 망토를 걸치는 궁핍한 생활을 했지만 결국 수사학에서 자타 공인 최고의 위치까지 올랐고, 여든일곱의 나이에도 여전히 얼마나 잘생기고 활기가 넘치고 언변에 능했던지 그의 제자 에우나피우스는 그를 "늙지도 않고 죽지도 않는 신"으로 생각할 정도였다.[13]

하지만 4세기를 주름잡은 소피스트는 뭐니뭐니 해도 리바니우스였다.

(314년에) 안티오크에서 태어난 그는 아테네에 가서 공부를 하겠다는 포부를 품고 따뜻한 어머니 품을 눈물을 머금은 채 떠나와야 했다. 고향에 그대로 남아 있었더라면 양갓집 규수를 아내로 맞아 부자가 될 수 있었을 텐데도 그는 아테네에서 피어오르는 연기라도 볼 수 있다면 여신의 손길은 얼마든지 뿌리치겠노라고 선언했다.[14] 그는 아테네의 교사들을 예언자로 의지하기보다는 지적 자극제로 활용했다. 그러면서 중구난방인 교사들과 학교들 틈에서 독학을 해 나갔다. 콘스탄티노플과 니코메디아에서 한동안 교편을 잡았던 그는 고향 안티오크로 다시 돌아왔고(354년), 거기서 학교를 하나 세웠는데 40년 동안 로마 제국에서 사람들이 가장 많이 찾고 또 명성도 제일 높은 학교가 된다. (그가 단언하는 바에 따르면) 그의 명성이 얼마나 대단했던지 사람들은 그의 강연 서론을 노래로 만들어 길거리에서까지 부르고 다녔다고 한다.[15] 암미아누스 마르켈리누스, 성 요한 크리소스토무스, 성 바실리우스 모두 그의 제자였다. 그는 그리스도교 제국 황제들이 베풀어 주는 호의를 마음껏 누리면서도, 이교주의를 방어하는 연설을 하고 글을 썼으며 이교도 사원에서 제사도 지냈다. 안티오크의 제빵사들이 파업을 일으켰을 때는 노사 양측 모두에서 그를 중재자로 선택하기도 했다. 또 안티오크가 테오도시우스 1세에 대항해 반란을 일으켰다가 징계를 받고 황제 앞에 그 사정을 아뢸 때도 도시에서는 그를 사절로 지명했다.[16] 리바니우스는 절친하게 지내던 이교도 황제 율리아누스가 암살을 당해 이교도 부활이 완전히 막을 내린 뒤에도 근 30년을 더 살았다.

4세기의 이교도 신앙은 다양한 양식을 취하고 있었다. 미트라교, 신플라톤주의, 스토아 철학, 견유학파가 명맥을 이어 갔으며, 지방에서는 저마다 신을 정해 두고 제사를 모셨다. 미트라교는 입지를 잃은 뒤였지만, 신플라톤주의는 종교에서나 철학에서나 여전히 막강한 힘을 끼치고 있었다. 플로티누스는 신플라톤주의에 그림자 형상이라는 것을 부가하여, 삼위일체의 영혼이 모든 실재를 하나로 묶어 주며, 중간에 매개하는 신성인 로고스가 창조의 작업을 행했다고 설명했다. 또 영혼은 신성한 반면 물질은 천박하고 악하며, 존재에는 다양한 영역이 있고 이 사이에는 눈에 보이지 않는 계단이 있다고 말했다. 영혼은 이 계단을 통해 하느님으로부터 멀어져 인간 세계로 떨어지기도 하고 인간 세계를 벗어나 하느님 곁으로 올라가기도 한다. 이러한 신비주의적 사상은 사도 바울과 요한에게도 족적을 남겼으며, 그리스도교도들 사이에서도 이를 모방한 사상이 많이 나왔을 뿐 아니라, 상당수의 그리스도교 이단에 사상적 틀이 되기도 했다.[17] 시리아 칼키스 태생의 이암블리코스는 신플라톤주의 철학의 신비주의에 기적도 포함시켰다. 이 신비한 체험을 겪음으로써 그는 감각을 벗어난 것까지 지각하게 되었을 뿐 아니라, (황홀경 속에서 하느님과 접촉함으로써) 마법을 부리고 미래를 내다볼 줄 아는 신성한 힘까지 손에 넣게 되었다. 이암블리코스의 제자인 티레의 막시무스는 이 신비적인 힘에다 경건하면서도 물 흐르듯 유장한 이교도 신앙을 접목시켜 율리아누스의 혼을 쏙 빼놓는다. 그리스도교도들이 예배에 우상을 활용하는 이교도의 방식을 비웃었을 때, 막시무스는 이런 방어 논변을 펼쳤다.

만물의 아버지이자 창조주인 하느님은 태양이나 달보다 오래되셨고, 시간과 영원성 그리고 존재의 모든 흐름보다 위대하셔서 그 어떤 입법자도 이름을 붙일 수 없고, 그 어떤 목소리로도 말할 수 없으며, 그 어떤 눈으로도 볼 수 없습니다. 그러나 그분의 본질을 알 수 없는 우리로서는 소리와 이름과 그림의 힘이라도, 금은보석, 산천초목, 굽이치는 물살과 우뚝 솟은 산봉우리의 힘이라도 빌려야 합니다. 그렇게 해서 우리는 그분을 알고자 염원하며, 이 세상에 존재하는 모든 아름다운 것들에서 툴게나마 그분의 본성을 부여합니다. …… 그리스인들은 페이디아스의 예술품으로 하느님을 기억하고, 이집트인들은 동물을 숭배하며 하느님을 떠올리며, 또 어떤 이들은 강물이나 불을 바라보며 하느님을 생각합니다. 이렇듯 저마다 각양각색인 것이 어찌 화낼 일입니까. 그렇게 해서 하느님께 눈 돌리고, 하느님을 기억하며, 하느님을 사랑하면 그만인 것을.[18]

리바니우스와 막시무스는 이상과 같은 유장한 논변을 통해서 율리아누스의 마음을 그리스도교에서 이교 쪽으로 돌릴 수 있었다. 자기들의 제자가 마침내 옥좌에 오르자 막시무스는 만사를 제치고 콘스탄티노플로 달려갔고, 리바니우스는 안티오크에서 승리감과 기쁨에 젖어 소리 높여 노래를 불렀다. "새 생명이 우리에게 다시 찾아왔도다. 행복의 숨결이 온 땅을 휘감고 있네. 인간의 형상을 하신 하느님, 진정한 하느님이 이 세상을 다스리시네."[19]

3. 새로운 카이사르

플라비우스 클라우디스 율리아누스가 콘스탄티노플의 황족으로 태어난 건 332년이었으며, 콘스탄티누스 황제가 그의 삼촌이었다. 율리아누스의 아버지, 큰형, 그리고 사촌들 대부분은 콘스탄티누스의 아들들이 제위에 오를 때 벌어진 대규모 숙청에서 목숨을 잃은 터였다. 율리아누스는 니코메디아로 보내져서 그곳의 주교인 에우세비우스에게서 교육을 받았다. 그리스도교 신학을 과하게 받아들였던 것인지 그는 성인이 되려는 기미마저 보였다. 일곱 살이 되어서는 마르도니우스와 고전 문학을 공부하기 시작했다. 이 나이 지긋한 환관이 호메로스와 헤시오도스에게 품고 있던 열정은 제자에게 그대로 전해졌고, 이로써 율리아누스는 놀랍고도 즐거운 마음으로 그리스 신화가 선사하는 밝고 환상적인 세계 속에 들어갈 수 있었다.

그러다 341년에 율리아누스와 그의 형 갈루스는 어찌 된 영문인지도 모른 채 카파도키아로 유배당하는 신세가 되었고, 거기서 6년간을 마켈룸의 성에서 거의 꽁꽁 갇혀 있다시피 했다. 유배가 풀리고 나서 율리아누스는 한동안은 콘스탄티노플에 가서 살 수 있었지만, 그를 곁에 두고 황제의 마음은 편치가 못했다. 젊은 그가 한창때의 생기와 성실함, 그리고 위트로 사람들에게서 너무 많은 인기를 모았던 것이다. 그는 다시 니코메디아로 보내졌고, 여기서 그는 철학을 공부하게 된다. 이때 율리아누스는 리바니우스의 강의가 듣고 싶었지만, 그건 나라에서 금하는 일이었다. 그럼에도 그는 나름대로 방법을 써서 리바니우스의 강연 내용을 한 글자도 빼놓지 않고 필기해 오도록 했다. 이제 그는 잘생기고 감수성 예민한 어엿한 17세의 청년으로 자라 있었다. 열일곱이면 철학의 위험한 유혹에 넘어갈 정도로 충분히 성숙한 나이였다. 철학과 자유로운 사고가 그에게는 무엇보다 큰 매력으로 다가왔지만 그때까지만 해도 그리스도교 신앙과 교회에 대한 믿음은 여전히 흔들리지 않았다. 아리우스파와의 논쟁으로 교회가 추문과 분열에 시달리고, 동방 교회와 서방 교회가 서로에게 파문을 선고하며 갈가리 찢긴 상태였어도 말이다.

351년에 이르자 갈루스가 카이사르(Caesar, 나중에 황제에 오를 후계자를 가리킨다.) 자리에 올라, 안티오크를 다스리는 임무를 맡게 되었다. 황제 자리를 노린다는 의심에서 자유로워진 율리아누스는 니코메디아부터 페르가몬을 거쳐 에페소스까지 두루 돌아다니며 에데시오스, 막시무스, 크리산티오스 밑에서 철학을 배웠고, 이들을 통해 마침내 이교 쪽으로 비밀 개종을 하게 된다. 그러던 354년의 어느 날, 콘스탄티우스 황제는 밀라노에서 재판을 열고 있던 중 돌연 갈루스와 율리아누스 모두를 소환했다. 알고 보니 갈루스가 자기 권력을 지나치게 휘두르고 있었고, 아시아 속주들에 얼마나 잔혹한 전제 정치를 일삼았는지 콘스탄티우스가 다 놀랄 지경이었다. 황제 앞에서 재판을 받은 갈루스는 갖가지 유죄를 선고받고 그 자리에서 참수를 당했다. 그 후 율리아누스는 몇 달 동안 감시를 받으며 이탈리아에서 지내야 했다. 그러다 마침내 의심 많은 황제에게 자신은 정치는 한 번도 생각해 본 적이 없으며, 철학만이 자신의 유일한 관심사임을 확실히 해 두었다. 기껏 철학자를 상대하면 된다는 생각에 콘스탄티우스는 안심해서 그를 아테네로 유배시켰다.(355년) 죽을 각오까지 했던 율리아누스에게 이교도 학문과 종교, 사상의 근원지로의 유배는 오히려 반가운 일이었다.

율리아누스는 플라톤의 목소리가 울려 퍼지던 관목 숲에서 공부하며 아테네에서 6개월 동안 행복한 나날을 보냈다. 그러는 동안 테미스티오스를 비롯해 사람들 기억에서는 잊혀져도 죽지는 않는 철학자들과 친분을 맺고, 배움에 대한 열정으로 그들을 즐겁게 했으며, 우아하고 겸손한 행동으로 시민들의 마음을 사로잡았다. 천 년의 문화를 간직해 온 이 세련된 이교도들을 율리아누스는 이제까지 자신이 만났던 사람들과 비교해 보지 않을 수가 없었다. 니코메디아에서 늘 자기 곁을 지켰던 근엄한 신학자들이나, 자신의 아버지와 형들 그리고 수없이 많은 사람을 죽이고도 어쩔 수 없었다고 생각하는 그 신심 깊은 정치가들과 말이다. 그러고서 그는 결정을 내렸다. 잔혹하기로 따지면 그리스도교도들이나 짐승이나 똑같다고.[20] 유명한 신전들이 무너져 내리고, 이교도 사제들이 축출을 당하고, 그들의 재산이 환관과 정치 당파에게 돌아갔다는 소식에 율리아누스는 눈물을 흘렸다.[21] 엘레우시스에서 열리는 비밀 의식에 참가하기로 남몰래 결정을 내린 것도 아마 이때인 듯하다. 이교도의 윤리에 따르면 배교를 숨기는 것은 충분히 용납될 수 있는 일이었다. 그의 비밀을 알고 있는 친구들과 스승들 역시 그가 개종했다는 사실을 밝히는 데 동의하지 않았다. 콘스탄티우스 황제가 그 사실을 알았다간 그를 언제 순교자로 만들어 버릴지 모를 일이었기에, 율리아누스가 황제가 되어 자신들에게 봉급과 신을 되돌려줄 날이 오기만을 손꼽아 기다렸다. 이후 10년 동안 율리아누스는 겉으로는 그리스도교 신앙을 모시는 데 한 치의 빈틈도 보이지 않았고, 심지어는 교회의 공개 석상에서 성서를 낭독하기까지 했다.[22]

이렇게 노심초사하며 개종 사실을 숨기던 와중에 밀라노에서 열리는 황제의 재판에 출두하라는 2차 소환 명령이 날아들었다. 율리아누스는 갈 엄두가 나지 않았지만, 황후 에우세비아가 자신이 법정에서 잘 이야기해 두었으니 전혀 걱정하지 말라는 전언을 보내 왔다. 가서 보니 놀랍게도 콘스탄티우스는 율리아누스를 자기 여동생인 헬레나와 결혼시켜 카이사르의 칭호를 부여하고, 갈리아 통치를 맡기는 것이었다.(355년) 부끄럼 많던 젊은 독신자는 그때까지 줄곧 철학자의 망토만 걸치고 다닌 터라 영 어색한 심정으로 장군의 제복과 결혼 생활의 의무를 받아들였다. 하지만 그의 당황스러운 마음은 그게 끝이 아니었다. 서로마 제국에 몇 차례 내전이 일어나 군대가 거의 파괴되다시피 했고 게르만족이 그 틈을 타서 라인 강의 로마 속주로 쳐들어와 로마 군대를 패퇴시켰던 것이다. 그러고는 로마의 오래된 식민지인 콜로냐를 약탈하고, 44개의 다른 마을들을 점령하고, 알자스 주민들을 모두 포로로 잡은 뒤 갈리아 지역으로 40마일이나 진군해 들어온 터였다. 이 새로운 위기가 닥치자 콘스탄티우스는 어디 한번 직접 나랏일도 해 보고 전쟁에도 나가 보라는 심정으로 평소 자신이 의심하고 미워했던 놈을 부른 것이었다. 콘스탄티우스는 율리아누스에게 360명으로 이루어진 근위대를 하나 주고는 갈리아 지역의 군대를 재정비하라는 임무를 맡기고, 그를 알프스 산맥 너머로 보냈다.

 그해 겨울을 율리아누스는 론 강의 비엔나에서 보내며 몸소 군사 훈련을 받고 열성을 다해 전쟁 기술을 익혔다. 그러고는 356년 봄에 랭스에서 군대를 모아 게르만족 침략자들을 내쫓고 콜로냐를 되찾았다. 율리아누스는 상스에서 알레만니족(이 부족에게서 독일의 이름이 나왔다.)에게 포위된 채 무려 30일 동안 공격을 받았지만, 그걸 물리치고 주민과 군대를 먹여 살릴 식량을 확보함으로써 적군의 인내심을 동나게 만들었다. 남쪽으로 이동한 그는 스트라스부르 근처에서 알레만니족의 주력 부대를 만나자 초승달 모양으로 대열을 만든 후 기막힌 전술과 용맹을 발휘하여 숫자가 훨씬 많았던 적군을 상대로 압도적인 승리를 거두었다.[23] 갈리아 지역은 이제 한숨 놓게 되었지만, 북쪽에서는 살리 프랑크족이 뫼즈 계곡을 계속 약탈하고 있었다. 이에 율리아누스는 출사표를 던지고 살리 프랑크족을 상대로 승리를 거두어 이들을 라인 강 너머로 다시 몰아내고 승리를 안은 채 갈리아의 수도 파리로 당당히 돌아왔다. 감격에 젖은 갈리아 주민들은 또 한 분의 카이사르 황제가 나셨다며 젊은 카이사르를 환영했고, 그의 병사들 사이에서는 벌써부터 머지않아 그가 황제가 되었으면 좋겠다는 소리가 흘러나왔다.

 그후 율리아누스는 5년 동안을 갈리아에 더 머물면서 황폐해진 땅에 다시 주민들을 이주시키고, 라인 강의 방어 시설을 재정비했다. 또 경제적 착취와 정치적 부패가 일어나지 않도록 막고, 속주의 경제를 다시 활성화시켜 정부의 재정 상태를 튼실하게 만들고, 동시에 세금까지 내렸다. 사람들은 사색하기를 좋아해 불과 얼마 전까지만 해도 손에서 책을 놓을 줄 모르던 이 젊은이가 마치 마법이라도 부린 것처럼 훌륭한 장군에, 정치가에, 공정하면서도 인도적인 재판관으로 변모한 것이 그저 놀라울 뿐이었다.[24] 율리아누스는 고소를 당한 사람이라도 그가 유죄로 입증되기 전까지는 무죄로 간주해야 한다는 원칙을 세웠다. 한번은 나르보넨시스의 전 총독이던 누메리우스가 횡령 혐의로 고소를 당했다. 그는 혐의를 부인했고, 모든 혐의점을 요리조리 피해 갔다. 증거 부족이란 말에 부아가 치밀 대로 치민 재판관 델피디우스가 언성을 높여 말했다. "카이사르 저하, 피고인이 부인하는 것만으로 무죄가 된다면 도대체 누가 유죄가 된단 말입니까?" 그러자 율리아누스가 대답했다. "고소를 당한 것만으로도 유죄가 된다면 도대체 누가 무죄가 될 수 있단 말이오?" 암미아누스에 따르면 "이것은 황제의 인간적인 측면을 보여 주는 수많은 사례 중 하나에 불과했다."[25]

그의 개혁은 적도 많이 만들어 냈다. 그의 원칙주의를 두려워한, 혹은 그의 인기를 질투한 관료들은 콘스탄티우스에게 비밀 서신을 보내 율리아누스가 결국 제위를 찬탈하려 한다는 죄를 씌웠다. 이에 율리아누스는 황제를 대대적으로 찬양하는 글을 써서 응수했다. 율리아누스에 대한 의심을 아직도 걷고 있지 못하던 콘스탄티우스는 율리아누스와 함께 충성스럽게 일하고 있던 갈리아의 지방 장관 살루스트를 불러들였다. 한편 (암미아누스의 말을 믿어도 된다면) 황후 에우세비아는 슬하에 자식은 없고 질투심이 많은 사람이었다. 그녀는 시종들을 돈으로 매수해 율리아누스의 아내가 아기를 갖거든 낙태 약을 먹이라고 일러두었다. 하지만 정작 헬레나의 아들은 그녀가 아기를 낳던 도중 산파가 태아의 탯줄을 몸에 너무 바짝 붙여 자르는 바람에 과다 출혈로 죽고 말았다.[26] 이러저러한 일로 근심 걱정에 싸여 있던 와중에 율리아누스는 콘스탄티우스 황제로부터 갈리아에 주둔하고 있는 그의 군대 중 정예 멤버를 페르시아와의 전쟁에 내보내라는 명을 받는다.(360년)

콘스탄티우스의 이 명령이 사실 터무니없는 것만은 아니었다. 실제로 샤푸르 2세가 메소포타미아와 아르메니아의 환수를 요구하고 나섰기 때문이다.(358년) 콘스탄티우스 황제가 이를 거절하자 샤푸르는 아미다(터키 쿠르디스탄의 디야르베키르)를 포위하고 그곳 주민들을 인질로 잡았다. 그러자 콘스탄티우스 황제는 그를 상대로 전쟁을 벌이기로 하고 율리아누스에게 갈리아 지역의 군대에서 병사 300명씩을 차출해 황제의 특사에게 넘기라고 명령을 내렸던 것이다. 율리아누스는 반대를 하면서, 이 병사들은 알프스 이북에서 복무한다는 조건으로 징집된 것임을 내세웠다. 나아가 갈리아의 병력을 그렇게 다 빼 버렸다가는 갈리아 지역이 무사하지 못할 것이라고 우려를 나타냈다. (그 말이 맞다는 걸 입증이라도 하듯 6년 후 게르만족은 갈리아 지역으로 침략해 들어오는 데 성공한다.) 하지만 그러면서도 율리아누스는 병사들에게 특사에게 복종하라고 명했다. 병사들은 율리아누스의 명령을 거부하고 그의 궁전을 에워싼 뒤 그를 아우구스투스(Augustus, 황제에게 붙이는 칭호)라 부르며 계속 갈리아에 남아 있게 해 달라고 간청했다. 율리아누스는 다시 한 번 특사에게 복종할 것을 권했다. 그래도 병사들은 뜻을 굽히지 않았다. 율리아누스는 옛날 카이사르가 그랬던 것처럼 이미 주사위는 던져졌다고 생각하고는 황제 칭호를 받아 들고 제국과 자기 목숨을 걸고 싸움에 나섰다. 갈리아 지역을 떠나지 않겠다던 군대는 율리아누스를 제위에 앉히기 위해서라면 콘스탄티노플까지 함께 하겠다며 따라 나섰다.

반란 소식이 날아들었을 때 콘스탄티우스는 킬리키아에 있었다. 페르시아와 전쟁을 벌이느라 1년이 더 흐르는 사이 잘못하다 제위를 잃어 제국을 잃을 판이었다. 그러자 그는 샤푸르와 휴전을 맺고 군대를 돌려 사촌이 다가오고 있는 서쪽을 향했다. 율리아누스가 대동한 부대는 소규모였다. 그는 중간에 시르미움(벨그라데 근처)에 멈춰서는 마침내 만방에 자신이 이교도임을 선포했다.

그러고는 막시무스에게 열광적인 어조로 편지를 썼다. "이제야 여러 신들을 공개적으로 떳떳이 모실 수 있게 됐습니다. 저를 따르는 병사들도 모두 열심히 우리 신을 모시고 있습니다."[27] 마침 행운의 여신이 손이라도 내민 것인지 그를 일촉즉발의 상황에서 구해 주었다. 콘스탄티우스 황제가 타르수스 근처에서 열병으로 목숨을 잃은 것이다. 그의 나이 50세였다. 한 달 후 율리아누스는 콘스탄티노플에 입성했고, 그 어떤 반대도 없이 제위에 올라 사랑하는 사촌의 죽음을 애달파 하는 사람처럼 온 정성을 다해 콘스탄티우스의 장례를 치러 주었다.

4. 이교도 황제

이제 율리아누스는 서른한 살이 되어 있었다. 그를 자주 만났던 암미아누스는 그의 외양을 이렇게 묘사한다.

> 황제의 키는 중간 정도였다. 머리칼은 곱게 빗질한 것처럼 부드럽게 찰랑거렸고, 덥수룩한 턱수염은 끝을 뾰족하게 다듬었다. 이글거리며 밝게 빛나는 두 눈은 황제가 얼마나 예리한 지성을 지녔는지 말해 주고 있었다. 눈썹은 가늘었으며, 코는 일자로 곧게 뻗어 있었고, 약간 큰 입은 아랫입술이 도톰했다. 두꺼운 목은 앞으로 기울어 있었으며, 어깨는 떡 벌어져 있었다. 머리끝부터 발끝까지 균형이 잘 잡혀 있어서 힘이 세고 달리기도 잘 했다.[28]

한편 율리아누스 자신이 묘사하는 자화상에는 이런 아부가 넘치지 않는다.

> 자연은 내 얼굴을 그렇게 잘생기게 만들어 놓지도 않으셨고, 그렇다고 넘치는 젊음의 생기를 주지도 않으셨다. 그것도 모자라 나는 스스로의 괴팍한 성미를 못 이기

고 잘나지 못한 얼굴에 기다란 턱수염까지 붙여 놓았다. …… 이가 내 수염 속을 헤집고 다니는 것쯤은 얼마든지 견뎌 낼 수 있다. 숲 속에서 야생 동물이 뛰어노는 것이라 생각하면 되니까. …… 내 머리는 언제나 부스스하다. 머리나 손톱은 잘 깎지 않고, 손가락은 잉크로 검게 물들지 않은 날이 거의 없다.[29]

율리아누스는 화려하게 치장하고 다니는 궁정 사람들 틈에서 철학자처럼 소탈하게 차려 입고 다니는 자신을 자랑스럽게 여겼다. 또 콘스탄티우스 황제를 수발했던 환관과 이발사, 첩자들은 당장에 궁정에서 몰아냈다. 아내가 젊은 나이에 세상을 뜬 후 다시는 결혼을 하지 않겠다고 서약을 하면서는 환관이 전혀 필요가 없었다. 또 이발사 한 사람이면 궁정 관료 전체의 머리와 수염을 충분히 매만져 줄 수 있다고 생각했다. 요리 역시 누구라도 준비할 수 있는 가장 소박한 음식만을 먹었다.[30] 한 마디로 이 이교도는 생활하고 옷을 입는 것이 꼭 수도사 같았다. 아내와 사별하고 나서는 그 어떤 여자와도 육체적 관계를 가진 적이 없는 것으로 보인다. 잠도 난방이 되지 않는 방 안의 딱딱하고 볼품없는 침대에서 잤다.[31] 그것도 모자라 "추위를 견디기 위해서는 거기에 익숙해져야 한다."면서 겨울 내내 황궁의 모든 방에 난방을 하지 않았다. 외설적인 무언극이 공연되는 극장도 멀리했으며, 백성들에게도 경기장에 가지 말라며 말렸다. 엄숙한 행사가 열릴 때에는 잠시 참석하기도 했지만, 경기장에서 사람들이 너나없이 경쟁하는 것을 보면 얼마 안 있어 자리를 뜨곤 했다. 처음에 사람들은 그의 고결한 인품과, 깨끗한 금욕주의와, 나라의 허드렛일과 위기에 발 벗고 나서는 모습에 감명을 받았다. 그러면서 그를 트라야누스 같은 훌륭한 장군이자, 안토니누스 피우스 같은 훌륭한 성인이자, 마르쿠스 아우렐리우스 같은 철학자 왕이라 추켜세웠다.[32] 로마가 그리스도교 국가가 되고 나서 30년 동안 그리스도교 황제밖에 모르던 콘스탄티노플 시민들과 제국의 국민들이, 어떻게 이 젊은 이교도 황제를 그토록 반갑게 받아들일 수 있었는지 우리로서는 그저 놀라울 뿐이다.

원로원의 전통과 특권을 겸손하게 인정해 주는 율리아누스의 모습은 원로원 의원들을 즐겁게 했다. 집정관들을 맞을 때면 몸소 자리에서 일어났으며, 황제 놀이를 할 때면 십중팔구 원로원 및 백성의 하인이나 대리인을 자청했다. 한 번은 잘 모르고 원로원의 특권을 침해한 일이 있었는데, 스스로 금화 10파운드의 벌금을 물면서 자신도 동료 시민들과 똑같이 공화국의 법과 양식에 따르겠다고 선언했다. 그는 꼭두새벽부터 늦은 밤까지 행정 잡무에 매달렸으며, 공부를 하기 위해 떼어 둔 오후의 잠깐을 빼고는 한 번도 쉬지 않았다. 전하는 이야기에 따르면 소식(小食)을 하는 덕분에 그의 몸과 머리는 대단히 예민하고 민첩해서, 금새 이 일을 끝내고 다른 일을 하고 금방 이 방문객과 일을 보고 또 다른 방문객을 만나곤 했다. 그 덕에 세 명의 비서는 매일같이 녹초가 되었다고 한다. 그는 판사의 직을 수행하는 데 누구보다 부지런했고 또 흥미를 보였다. 그는 복잡한 변론을 보란 듯 펼쳐 보였으며, 반대편 재판관들의 의견이 일관될 때는 품위 있게 굴복할 줄도 알았다. 그가 법정에서 공평무사하게 결정을 내리는 것에 사람들은 모두 감동하지 않을 수 없었다. 율리아누스는 가난한 사람들에게 물리는 세금도 감면했으며, 옛날부터 지방 속주에서 새 황제에게 하나씩 올리던 황금 왕관도 마다했고, 밀려 있던 아프리카의 공물도 탕감해 주었다.[33] 또 의료 시술 자격 요건을 한층 강화시켜 엄격하게 시행했다. 장군으로서 거둔 승리도 대단했지만 행정관으로서 거둔 성공은 그것을 능가했다. 암미아누스는 이렇게 말한다. "폐하의 명성은 차츰차츰 퍼져 나가 온 세상을 가득 메웠다."[34]

이처럼 왕성한 활동을 펼치는 가운데 통치에 대한 그의 열정은 다름 아닌 철학에서 나오는 것이었고, 옛날식의 종교 의식을 복원해야 한다는 목적을 단 한시도 잊지 않았다. 황제는 명령을 내려 이교도 신전을 다시 수리해서 문을 열게 했고, 몰수한 재산도 되돌려주었으며, 예전처럼 통상적인 수익도 보장해 주었다. 또 당대의 내로라하는 학자들에게 편지를 띄워 황궁에 내빈으로 머물면서 자신과 함께 살자고 했다. 막시무스가 그 부름에 응하여 콘스탄티노플에 도착했을 때는 원로원 연설을 중간에 그만두고 뛰쳐나가 옛 스승을 맞았으며, 그의 내방이 영광이라는 듯 좌중에 그를 소개했다. 막시무스는 황제가 학문에 푹 빠져 있는 점을 이용해 복장과 장신구 등으로 요란하게 사치를 부리고 다녔다. 그러다 나중에 율리아누스 황제가 죽었을 때는 어떻게 그토록 단기간에 당치도 않은 부를 손에 넣었는지에 대해 모진 심문을 받아야 했다.[35] 그러나 정작 율리아누스 황제는 그러한 부조리를 전혀 눈치채지 못했다. 학자들의 잘못된 행실도 학문에 대한 그의 사랑을 꺾어 놓지 못할 정도로 그의 열정은 대단했다. 그는 에우메니우스에게 이렇게 쓰기도 했다. "한가할 때 그 무엇에도 방해받지 않고 철학을 공부하는 것, 그것보다 인간들에게 더 이로운 것이 있다고 말하는 사람이 있다면, 그는 스스로 망상에 빠진 채 다른 사람까지도 망상에 빠뜨리려고 하는 자이다."[36]

그는 책을 사랑해서 전쟁터에까지 이동식 도서관을 세웠으며, 콘스탄티누스 황제가 만든 도서관도 대규모로 확장 공사를 했고, 그 외에 여러 개의 도서관을 새로 세웠다. 그는 이렇게 썼다. "말에 열정을 가진 자가 있는가 하면, 새에 열정을 가진 자도 있고, 야생 동물을 좋아하는 자들도 있다. 하지만 어린 시절부터 나는 책을 손에 넣고자 하는 열정에 사로잡혔다."[37] 자신이 정치인이면서 작가인 것을 자랑스럽게 여겼던 율리아누스 황제는 루키아노스 식의 대화법이나 리바니우스 스타일의 연설법, 키케로의 작품만큼이나 신선하고 매력적인 글, 그리고 정식 철학 관련 글들을 활용해 자신의 정책들을 정당화시키곤 했다. 「왕의 아들에게 바치는 찬송가」에서 황제는 자신의 새로운 이교주의에 대해 상세히 밝혀 놓았으며, 「갈릴리 사람들을 논박함」이란 에세이에서는 자신이 왜 그리스도교를 저버렸는지 그 이유를 밝히고 있다. 그는 고등 비평 식으로 성경을 살펴보고는, 복음서들은 서로 앞뒤가 맞지 않아서 내용이 전반적으로 신뢰성이 떨어진다고 썼다. 요한복음서는 4대 복음서의 나머지 문헌들(마가복음, 누가복음, 마태복음)과 서사나 신학 면에서 뚜렷한 차이를 보인다. 거기다 창세기의 창조 이야기는 다수의 신을 가정하고 있다.

창세기의 이 전설들 하나하나가 뭔가 비밀스러운 해석을 요하는 신화가 아닌 한, 여기에는 하느님에 대한 불경이 가득 차 있다고 나는 믿어 의심치 않는다. 첫 번째로 창세기에 등장하는 하느님은 아담의 배우자로 창조된 이브가 인류 타락의 원인이 되리라는 사실을 모르고 있다. 둘째로, 창세기에서 하느님은 (선악을 알아야 인간의 사고에 일관성이 생기는데도) 인간에게 선과 악에 대해 알려 주지 않으려 하며, 인간이 생명의 나무에서 열매를 따 먹고 영생을 얻을까 시기를 하고 있다. 이는 신으로서 너무 인색하고 시기심 많은 것 아닌가. 당신네들의 신은 왜 그토록 질투심이 많아서 아버지가 아이들에게 씌운 죄까지 앙갚음을 하려 드는가? …… 전능하다는 신이 왜 악마와 천사와 인간에게 그토록 분노를 터뜨리는가? 하느님의 행동을 리쿠르고스를 비롯해 로마인들의 죄인에 대한 온화한 행동과 한번 비교해 보라. (이교주의와 마찬가지로) 구약 성경에서도 동물을 제물로 바치는 것을 인정하고 또 요구하고 있다. 왜 당신들은 하느님이 유대인에게 내린 율법을 받아들이지 않는가? …… 옛날의 율법은 …… 시간과 공간상 제약이 있다고 당신들은 주장한다. 하지만 모세경을 보면, 율법은 시간을 가리지 않고 언제나 적용된다고 모세가 이르는 부분이 열 군데도 아니고 만 군데나 되지 않는가.[38]

이교주의를 복원시키려고 노력하던 율리아누스는 각종 이교가 예배나 교리 면에서 공존이 불가할 정도로 판이할 뿐 아니라, 믿기 힘든 기적이나 신화에 그리스도교보다도 훨씬 더 많이 물들어 있다는 사실을 깨닫게 되었다. 나아가 그는 종교의 윤리적 교리를 거창한 신화나 전설이나 의례로 포장하지 않으면, 그 어떤 종교도 일반인들의 영혼을 사로잡거나 움직일 수 없다는 사실을 깨달았다. 그는 신화가 그토록 오래되고 널리 퍼져 있다는 사실에 감탄하지 않을 수 없었다. "신화가 맨 처음 만들어진 때가 언제인지는 그 누구도 알지 못하리라. …… 이 세상에서 처음으로 기침을 한 사람이 누군지 밝힐 수 없는 것처럼."[39] 결국 그는 다양한 신화를 인정하기로 하고, 배우지 못한 사람들의 마음속에 윤리를 주입시킬 때 신화를 이용하는 것을 허용했다.[40] 율리아누스 자신이 직접

키벨레의 신화를 다시 끄집어내어 그 위대한 어머니신이 어떻게 검은 돌의 형상을 하고 프리기아에서 로마까지 오게 되었는지 이야기하기도 했다. 사람들은 율리아누스의 이야기를 들으면서 그가 돌의 신성성이나 돌의 이동으로 인한 효험을 의심하고 있으리라고는 추호도 생각지 못했다. 하지만 율리아누스는 영적인 관념을 전달하기 위해서는 감각적 상징을 사용해야 한다는 사실을 알게 된 것이었다. 철학자가 이성과 빛에 헌신하듯 사람들에게는 종교적으로 헌신할 대상이 필요하다고 보고 미트라교의 태양 숭배를 채택했다. 모든 생명의 근원이자, 인류에게 무수한 축복을 내려 주는 헬리오스 왕 태양에게 찬송가를 하나 지어 바치는 것쯤은 시인 황제 율리아누스에게는 어려운 일도 아니었다. 그는 이 세상을 창조해 지금 이 순간까지 떠받쳐 주고 있는 태양이야말로 진정한 로고스(거룩한 말씀)라고 이야기했다. 율리아누스는 최고의 원칙이자 최초의 원인인 태양은 물론, 옛날 이교도 교리에 등장하는 이루 헤아릴 수 없이 많은 신들과 마귀들까지 숭배의 대상으로 삼았다. 그의 생각에 포용력 있는 철학자라면 그 어떤 존재라도 받아들이지 못할 이유가 없었다.

그렇다고 율리아누스를 이성을 신화로 대체해 버린 자유사상가라고 생각하면 오산이다. 그는 무신론을 믿는 자는 금수나 다를 바 없다고 깎아내렸으며,[41] 어떤 경전에 나와 있는 것이든 교리는 초자연적인 것이라고 가르쳤다. 그래서인지 이제까지 인간이 지은 작품 중 율리아누스가 태양신에게 바친 찬송가만큼 앞뒤가 안 맞는 것도 찾기 힘들다. 그는 신플라톤주의의 삼위일체설을 받아들였으며, 플라톤이 말한 창조적 원형인 이데아를 하느님의 마음과 동일한 것으로 보았고, 그런 이데아들이 매개체인 로고스(지혜)가 되어 만물을 탄생시킨다고 생각했다. 또 물질적 세계와 육체는 악한 장애물로서 선한 것을 보지 못하게 하고 영혼이 감옥에서 해방되지 못하게 막는다고 여겼다. 자비와 선, 그리고 철학을 통해 영혼은 비로소 스스로를 자유롭게 해방시켜 영적인 실체와 법칙을 사유하는 경지에 오르게 되며, 나아가 로고스와 혼연일체가 되고 종국에는 궁극적인 신 자신 속으로 완전히 빠져들게 된다는 것이다. 율리아누스가 보기에 다신론에 등장하는 신들은 인격적인 존재가 전혀 아니었다. 세간에 유행하던 의인화된 신들의 형상을 율리아누스는 받아들일 수 없었다. 하지만 일반인들이 철학자들처럼 추상적인 사고를 하거나, 성인들처럼 신비한 환상을 보기가 쉽지 않다는 점은 그도 잘 알고 있었다. 공개적으로나 개인적으로 그는 옛날식의 제사를 지냈으며, 신들에게 어찌나 많은 제물을 바쳤던지 추종자들도 그가 잔혹하게 동물을 학살하는 것만큼은 부끄럽게 여길 정도였다.[42] 페르시아와 전쟁을 치르는 동안에도 그는 옛날 로마 장군들처럼 정기적으로 점을 쳤으며, 자기가 꾼 꿈의 해몽에도 정성스레 귀를 기울였다. 그는 또한 막시무스가 갖고 있었다던 주술적인 힘도 믿었던 것으로 보인다.

개혁가들이 다 그렇듯이 율리아누스도 당시 세상에 윤리적 쇄신이 필요하다고 생각했다. 그리고 그러한 윤리적 쇄신을 위해 그는 단순히 외부적인 법령만 제정한 것이 아니라 사람들 내면의 마음속으로 들어가는 종교적 접근법까지 마련했다. 율리아누스는 엘레우시스와 에페소스에서 열리던 비밀 의식이 상징하는 바에 가슴 깊이 감동을 받아 오던 터였다. 새롭고 보다 고귀한 삶에 대한 열망을 불러일으키는 데에는 그보다 더 훌륭한 의식은 없을 걸로 보였다. 발심과 헌신을 다짐하는 이 장대한 의식을 그는 극소수의 귀족층만이 아니라 백성 대다수가 함께 누리길 바랐다. 리바니우스에 따르면 "그는 황제보다는 사제로 불리길 더 바랐다."[43] 그리스도교 교회가 갖고 있는 위계질서와, 교회에 헌신하는 성직자들과 여성들, 그리고 그리스도교가 내거는 자비심의 교리가 사람들을 설득해 하나로 뭉치게 하는 것이 율리아누스는 부러웠다. 결국 그는 자신이 그토록 뿌리 뽑아 파괴해 버리고 싶어하던 종교의 나은 면들을 흉내 내는 것이나 다름없었다. 그는 이교도 사제직에 새로운 피를 수혈하고, 자신을 수장으로 삼는 이교 교회를 조직했다. 그리고 자기 밑의 사람들에게 그리스도교 사목 단체보다 더 열심히 나서서 사람들을 교화시키고, 빈민들에게 구호품을 나누어 주고, 이방인들에게 환대를 베풀고, 모범적으로 선한 삶을 살라고 채근했다.[44] 그는 모든 도시에 이교 신앙을 가르치고 알리는 학교를 설립했다. 그가 이교 사제들에게 쓴 다음 글은 마치 프란시스가 동료 수도사들에게 쓴 글을 연상시킨다.

그대들이 내게 어떤 행동 양식을 바란다면, 그대들 역시 나를 그렇게 대하라. 그대들만 좋다면 우리 이런 협정을 맺도록 하자. 그대들과 관련된 모든 일에 대해 나는 앞으로 내 의견을 밝힐 테니, 그대들도 똑같이 내 말과 행동에 관련된 모든 일에 대해 그대들의 의견을 밝히라. 내 생각에 우리에게는 이렇게 상부상조하는 것보다 더 값진 일은 없을 걸로 보인다.[45] 우리는 우리가 가진 모든 돈을 모든 사람들과 나누어야 하며, 선한 사람이나 노약자나 가난한 사람들에게는 더욱 후하게 나누어 주어야 한다. 더불어 역설적으로 들리겠지만 심지어 나는 악한 사람에게도 우리의 옷과 음식을 나누어 주는 것이 진정한 신앙인의 자세라 주장하는 바이다. 우리는 그것을 한 사람의 인간에게 주는 것이지, 그의 도덕적 됨됨이에 주는 것은 아니기 때문이다.[46]

사실 이교도라고 해도 율리아누스 황제는 교리만 안 따랐지 어느 모로 보나 그리스도교도다웠으며, 그의 글에서 한물간 신화를 걷어내 보면 사실 그가 지녔던 사랑스러운 성품 상당 부분도 어린 시절 주입받았던 그리스도교 윤리에 뿌리를 두고 있지 않나 생각된다. 그렇다면 자신을 키워 준 이 종교를 황제는 어떻게 대했을까? 우선 설교, 예배, 수행의 자유는 완전히 허용하고, 콘스탄티우스 황제 때 유배를 당했던 주교들을 다시 불러들였다. 하지만 그리스도교 교회는 국고의 보조를 일절 못 받게 하였으며, 그리스도교도는 학교의 수사학, 철학, 문학 교수 자리에 앉히지 못하게 했다. 이 과목들을 진정으로 알고 가르칠 수 있는 것은 오로지 이교도들뿐이라고 생각해서였다.[47] 그때까지만 해도 그리스도교 성직자들은 세금 납부와 부담스러운 노역을 면제받고, 주교들은 공직의 관료들에게 제공되던 편의 시설을 마음대로 이용할 수 있었는데 율리아누스 황제는 이를 모두 금지시켰다. 또 교회에 유산을 헌납하지 못하게 했으며, 그리스도교도는 정부의 관직을 얻을 수 없도록 했다.[48] 그리고 선대 황제의 재위 시절에 그리스도교도들이 이교도 신전에 입혔던 피해를 하나도 빼놓지 말고 완전히 배상해 줄 것을 명했다. 뿐만 아니라 이교도 신전의 땅을 불법으로 탈취해서 지은 그리스도교 교회는 다시 허물 수 있도록 했다. 이 거침없는 논리에 혼란과 불만, 반란이 일자 율리아누스는 어떻게든 그리스도교도들의 편을 들려고 애썼지만, 법을 바꾸려고는 하지 않았다. 그는 철학자에게나 어울리는 혹독한 풍자를 할 줄도 알아서, 어떤 그리스도교도가 잔뜩 얻어맞고 괴로워하자 "성경에서는 불행이 찾아와도 인내심을 잃지 말고 참으라고 하지 않았던가."라고 말했다.[49] 그리스도교도들이 황제가 제정한 법령에 모욕과 폭력으로 맞서면 엄중하게 처벌을 받았던 반면, 이교도들은 그리스도교도들에게 폭력과 모욕을 일삼아도 관대한 처우를 받았다.[50] 알렉산드리아의 이교도 주민들은 옛날에 아리우스파 주교인 게오르그가 아타나시우스의 교구직을 맡았던 것에 아직도 마음의 앙금이 남아 있던 터였다. 그러던 와중 게오르그가 미트라교의 제사를 풍자하는 공개 행진을 벌여 주민들을 자극하자, 사람들은 그를 붙잡아 갈가리 찢어 죽였다. 그리고 나서서 그를 방어하는 그리스도교도들이 거의 없었음에도 불구하고, 잇따라 벌어진 소요 사태에서 많은 그리스도교도들이 목숨을 잃거나 부상을 입었다.(362년) 율리아누스는 폭도들을 처벌하고자 했지만, 고문 위원들이 알렉산드리아의 주민들에게 강력한 항의 서한을 보내는 것이면 충분하다고 황제를 설득했다. 아타나시우스는 이제 은둔 생활을 끝내고 다시 감독직을 맡아 일을 시작한 참이었다. 황제는 어떻게 이런 일이 일어났는데도 가만있었느냐고 항의를 하면서 감독직에서 물러나라고 명했다. 나이 지긋한 고위 성직자는 황제의 뜻에 순순히 따랐다. 하지만 이듬해 황제가 죽자, 무적의 갈릴리인의 상징으로 통하던 총대주교는 다시 감독직에 올랐다. 그리고 나서 10년 후 여든 살의 나이에 무수한 영광과 상처를 안은 채 그도 세상을 떴다.

하지만 결국 율리아누스의 계획을 무너뜨린 건 열정에 불탔던 율리아누스 자신의 고집이었다. 황제에게서 상처를 받은 무리들은 교묘하게 버티며 싸움을 계속해 나간 반면, 황제가 총애한 사람들은 무관심한 태도를 보였다. 이교주의는 영적인 면에서는 죽은 것이나 다름없었다. 이제 이교는 젊은이들에게 아무 자극이 되지 못했고, 슬픔을 위로해 주지 못했으며, 내세에 대해 아무 희망도 안겨 주지 못했다. 이교로 개종했다며 찾아오는 이들이 더러 있기는 했지만, 대부분이 정치적 출세나 황제의 황금을 노린 사람들이었다. 또 공식적인 제사를 복원한 도시도 더러 있었지만 그것은 황제가 은덕을 베푼 데 대한 일종의 보답이었다. 키벨레 여신의 본고장인 페시누스에서 황제는 주민들에게 뇌물까지 주어 가며 위대한 어머니신을 모시게 했다. 이교도들 중에는 떳떳하게 쾌락을 누리는 것을 이교주의로 해석하는 사람이 많았다. 그래서 율리아누스 황제가 예수 그리스도보다도 더 고행자처럼 사는 걸 보고 실망을 금치 못했다. 얼핏 보면 자유사상가 같아도 황제는 로마 제국에서 둘째가라면 서러울 만큼 신심이 깊었고, 그의 친구들조차도 그렇게까지 종교에 헌신하는 건 다른 이에게 민폐라 생각할 정도였다. 아니면 회의론자들이었던 그들은 황제 앞에서는 장단을 맞춰 주면서도, 속으로는 그가 모시는 한물간 신이나 정성스러운 제사를 영 내켜 하지 않았다. 제단에 동물을 바치는 관습은 동로마에서는 거의 종적을 감춘 상태였고, 서로마 제국에서도 이탈리아를 제외한 나머지 외곽에서는 더 이상 제물을 바치지 않았다. 이제 사람들은 제단에 동물 바치는 것을 부끄럽고 부도덕한 일로 여겼다. 율리아누스는 자신이 취한 일련의 정책에 헬레니즘이란 이름을 붙였는데, 살아남아 있는 그리스 것이라면 모조리 질색하던 이탈리아의 이교도들이 그 말에 반감을 나타냈다. 또 율리아누스 황제는 철학적인 논변에 의지하는 부분이 너무 많았으나, 그것이 신앙심의 밑바탕에 자리한 감정에까지 가닿은 적은 단 한 번도 없었다. 그가 한 일들은 오로지 교육받은 사람들이나 이해할 수 있었으며, 이들마저 너무 배운 사람들이라 그의 신앙을 받아들이지 못했다. 그의 교리는 갖가지 신앙을 억지로 짜 맞춘 듯해서, 사람들이 품은 희망이나 아름다운 환상에 전혀 뿌리를 내리지 못했다. 그가 죽기 전에도 이미 실패는 뻔한 것이었다. 그리고 황제를 그토록 사랑하고 애도하던 군대는 제위를 이을 사람으로 그리스도교도를 골랐다.

5. 여행의 끝

율리아누스가 죽기 전에 마지막으로 꾸었던 원대한 꿈은 알렉산드로스(알렉산더)와 트라야누스에 버금가는 위업을 쌓는 것이었다. 그는 페르시아의 수도에 로마의 깃발을 꽂아 페르시아가 앞으로 영원히 로마 제국의 안녕을 더 이상 위협하지 못하게 하고자 했다. 그리하여 그는 열성을 다해 군대를 조직하고, 장교들을 선발하고, 국경 지대의 요새를 정비하고, 승리의 이정표가 되어 줄 도시 곳곳에다 보급품을 마련해 두었다. 그러고는 362년 가을에 친히 안티오크까지 가서 자기 군대를 불러 모았다. 안티오크의 상인들은 도시에 군인들이 물밀듯 들어오는 것을 보고 이때다 하며 물건 가격을 올렸다. 사람들은 "모든 것이 넘쳐 나는데 무엇 하나 비싸지 않은 것이 없다."며 불평을 했다. 율리아누스는 경제 쪽의 인사들을 불러서는 상인들이 너무 수익을 밝히지 않게 해달라고 간청했다. 그들은 황제 앞에서는 그러마고 약속을 해 놓고는 실행에 옮기지 않았다. 결국 율리아누스가 "모든 물품에 공정한 가격을 매겨 모든 사람들에게 고지했다." 황제는 물품 가격을 내리기 위해 시리아 및 이집트의 다른 도시들에서 무려 40만 모디우스(modius, 마른 곡식의 부피를 재는 단위로, 약 9리터에 해당한다. – 옮긴이)의 곡물을 들여와야 했던 것으로 보인다.[51] 황제가 정한 가격으로는 도저히 수익이 나지 않는다는 상인들의 항의가 빗발쳤고, 결국 이들은 타지에서 들여온 곡물을 몰래 사들여 자기가 갖고 자신들이 가지고 있던 것은 다른 도시에다 팔았다. 안티오크는 돈은 넘쳐 나는데 정작 먹을 건 하나도 없는 도시가 되었다. 이내 주민들은 이게 다 율리아누스가 중간에 끼어들었기 때문이라고 황제를 험담했다. 안티오크의 재담꾼들은 황제의 턱수염과 죽은 신들에게 열심히 제사 지내는 그의 모습을 웃음거리로 만들었다. 이에 황제는 「미소포곤(Misopogon)」('턱수염을 싫어하는 자'라는 뜻)이라는 글을 써서 응수했는데, 도저히 황제가 썼다고 생각되지 않을 정도로 뛰어난 기지와 감각이 빛을 발한다. 그는 자기 턱수염에 대해 유감을 비꼬듯이 표현하고는, 불손하고, 경솔하고, 낭비하고, 부도덕하며 그리스의 신들에게 무관심한 안티오크 사람들을 호되게 꾸짖는다. 한편 다프네라 불리던 유명한 공원이 있었는데, 한때 아폴로 신의 신성한 사원이던 이곳을 사람들은 오락 휴양 시설로 바꿔 놓은 터였다. 율리아누스는 오락 시설을 없애고 이곳을 다시 사원으로 만들라고 명했다. 하지만 복원 작업이 마무리되지도 않았을 때 화재가 일어나 건물은 전소되고 말았다. 그리스도 교도가 불을 지른 거라고 생각한 율리아누스는 안티오크 성당을 폐쇄시켜 버리고 성당의 재산까지 압수했다. 이 과정에서 목격자 몇몇이 고문을 당했고, 사제 한 사람은 죽음까지 당했다.[52] 안티오크에서 황제가 위안을 얻은 일은 딱 하나였으니, 리바니우스와 "이성의 향연"을 벌인 것이었다.

드디어 군대는 출정 준비를 마쳤고 363년 3월 율리아누스는 전쟁을 개시했다. 그는 군대를 이끌고 유프라테스 강과 티그리스 강을 건넜다. 군대는 퇴각하는 페르시아군을 쫓아갔으나, 페르시아군이 도망가면서 들녘을 태워 버리는 바람에 당황해서 혼비백산하는 지경에 이르기도 했다. 병사들은 굶어 죽을 뻔한 고비를 몇 번이고 넘겨야 했다. 이 진 빠지는 전쟁 통에 황제는 자신이 가진 최고의 면모를 보여 주었다. 그는 병사들과 모든 고초를 함께해서, 병사들처럼 눈곱만큼 먹고, 더위와 물길을 뚫고 걸어서 행군했으며, 전투가 벌어질 때마다 제일선에 나서서 싸웠다. 그가 잡은 포로 중에는 젊고 아름다운 페르시아 여성들도 있었는데, 황제는 그 누구도 이들을 욕보이지 못하게 했다. 장군으로서의 그의 탁월한 지휘 아래 그의 군대는 마침내 크테시폰의 관문까지 진군하여 공성전(攻城戰)을 펼쳤다. 하지만 군량을 보급받지 못하는 바람에 마지막에는 퇴각할 수밖에 없었다. 이에 샤푸르 2세는 페르시아 귀족 두 명을 골라서 그들의 코를 베어 내고는 그들에게 율리아누스 황제에게 가라고 일렀다. 페르시아 왕의 극악무도함을 못 이기고 율리아누스에게 도망쳐 온 것처럼 속여서 그를 사막으로 끌어들일 심산이었다. 페르시아 귀족들은 왕의 명령에 그대로 따랐고, 그들 말을 그대로 믿은 율리아누스는 물 한 모금 없는 불모지로 군대를 이끌고 20마일이나 들어갔다. 그러다 덫에 걸린 걸 알아차리고 병사들을 돌리려는 찰나 페르시아 군대가 공격해 왔다. 율리아누스의 군대가 공격을 막아 내자 페르시아군은 달아나 버렸다. 율리아누스는 무기를 지니지 않았다는 사실도 잊은 채 페르시아군을 쫓기에 바빴다. 그때 창이 날아들어 그의 옆구리에 박혀 간을 관통했다. 말에서 떨어진 그는 막사로 이송되었고, 앞으로 불과 몇 시간밖에 살지 못할 거라는 말을 듣게 되었다. 리바니우스는 황제를 죽인 창은 아마도 그리스도교도 병사가 던졌을 거라 추측했으며, 전하는 바에 따르면 로마 황제가 죽었을 때 페르시아 병사 중에 약속했던 보상금을 달라고 샤푸르에게 요구한 사람은 없었다고 한다. 소조메노스를 비롯한 그리스도교도들 중에도 리바니우스의 견해에 동의하는 사람들이 있는데, 이들은 "하느님과 그리스도교를 위하여 그토록 용감한 행동을 한" 그 암살자에게 찬사를 아끼지 않는다.[53] 암미아누스의 이야기에 따르면 율리아누스 황제는

> 막사 안에 누워서 비탄에 잠긴 채 슬퍼하는 사람들에게 이렇게 말했다. "드디어 때가 왔소, 친구들. 이 몸이 이승을 떠날 수 있는 때가. 자연의 부름에 따라 다시 자연의 품에 안길 수 있다는 것이 난 얼마나 기쁜지 모르오." …… 그 자리에 있던 사람들이 하나같이 울음을 터뜨리자 황제는 죽음에 직면해서도 위엄을 잃지 않은 채 그들을 꾸짖었다. 군주가 부름을 받고 하늘과 별들과 하나가 되려는데 어찌 슬퍼하느냐며. 그러자 좌중이 쥐 죽은 듯 조용해졌고, 황제는 영혼의 고귀함에 대해 막시무스 그리고 프리스쿠스와 현학적인 대화를 나누었다. 그때 갑자기 옆구리의 상처가 쩍 벌어졌고, 폐에 피가 차면서 숨을 쉴 수 없게 되었다. 황제는 찬물을 달라고 하여 벌컥벌컥 들이켜더니 조용히 숨을 거두었다. 황제의 나이 서른둘이었다.*[54]

사면초가 상황에서 벗어나지 못하고 있던 군대에는 사령관이 절실했고, 그

---

* 율리아누스가 "갈릴리인이여, 결국은 당신이 이겼도다."라고 외치며 죽었다는 이야기는 5세기의 그리스도교 역사가 테오도레트의 글에 처음 나온다. 하지만 오늘날 역사학계에서는 하나같이 이 이야기를 근거 없는 전설이라 본다.[55] (여기서 말하는 갈릴리인은 예수 그리스도를 가리킨다고 한다. ―옮긴이)

리하여 군부 지도자들이 황제로 선택한 것이 근위대 대장으로 있던 요비아누스였다. 이 새 황제는 페르시아와 평화 조약을 맺으며 약 70년 전 디오클레티아누스가 손에 넣었던 총독령 다섯 곳 중 네 곳을 다시 페르시아에 내주었다. 제위에 오른 요비아누스는 그 누구도 박해하는 일은 없었지만, 이교도 신전으로 들어가던 국가 지원금을 곧장 그리스도교 교회 쪽으로 돌렸다. 안티오크의 그리스도교도들은 공개 행사를 열어 이교도 황제의 죽음을 축하했다.[56] 하지만 승자가 된 그리스도교 지도자들은 신도들에게 지난 세월 그리스도교가 받았던 상처는 넓은 마음으로 잊으라고 설교했다.[57] 헬레니즘은 이후 1100년의 세월을 기다린 후에야 다시 한 번 전성기를 누릴 수 있었다.

THE AGE OF FAITH

2장

야만족의 승리
325~476

1. 위협받는 국경 지대

사실 페르시아는 1만 마일에 이르는 로마 제국의 국경에서 일부분만을 차지할 뿐이었다. 따라서 문명에 때 묻지 않은 부족이 문명의 결실에 눈독을 들일 경우, 백여 개 나라로 구성된 로마 제국은 지점과 시점을 불문하고 침략을 받을 수 있었다. 그중에서도 무엇보다 골머리를 썩였던 이들이 페르시아인이었다. 이들은 날이 갈수록 세력이 약해지기는커녕 오히려 강해지고 있었다. 그러더니 얼마 안 가 천 년 전에 다리우스 1세가 손에 넣었던 영토를 거의 다 손에 넣었다. 페르시아 영토의 서쪽에는 아랍인들이 자리 잡고 있었는데, 당시만 해도 거의 알거지나 다름없던 베두인족이 대다수였다. 촌티 나는 이 유목민들이 나중에 로마 제국을 반이나 손에 넣고 페르시아까지 전부 차지하리라고 당대에 과연 누가 생각할 수 있었을까. 아무리 지혜로운 정치가라도 코웃음을 칠 일이었다. 로마 제국의 아프리카 속주 남쪽에는 에티오피아족, 리비아족, 베르베르족, 누미디아족, 무어족이 자리 잡고서 로마 제국의 방어 체계나 기강이 무너지기만을 눈이 빠지게 기다리고 있었다. 험준한 산맥이 가로막고 삼면이 바다로 둘러싸여 있는 스페인도 후방에 안전하게 자리 잡고서 길이길이 제국의 영토로 남아 있을 걸로만 보였다. 이 땅이 4세기에 게르만족의 영토가 되고, 8세기에는 마호메트의 땅이 되리라고는 아무도 생각 못했다. 한편 갈리아 지역은 이제 로마인들이 이탈리아보다 더 자랑스레 생각하는 땅이 되어 있었다. 이탈리아보다 질서 정연하고 부가 넘쳤을 뿐 아니라, 라틴어 시나 산문도 더 많이 나왔다. 하지만 근처엔 튜턴족이 있었고 튜턴족 여자들은 땅이 열매를 맺는 것보다도 자식들을 잘 생산해서 갈리아 지역 사람들은 이 번식력 좋은 종족에 맞서 세대가 거듭될 때마다 스스로를 지켜 내지 않으면 안 되었다. 로마의 속주 브리타니아는 서쪽과 북쪽에서는 스코트족과 픽트족, 그리고 동쪽이나 남쪽에서는 노르웨이족 또는 색슨족 해적에게서 위협을 받고 있었으나 이곳을 지켜 줄 수 있는 병력은 소규모에 불과했다. 노르웨이의 해안가는 해적들 소굴이 줄지어 자리 잡고 있었다. 이곳 사람들은 전쟁보다 농사일을 더 힘들어했으며, 낯선 해안을 침략하는 것은 주린 배를 채우고 무료함을 달랠 수 있는 고귀한 일이었다. 남부 스웨덴과 근방의 섬에서는 고트족이 고향을 되찾겠다고 나선 터였다. 아마도 이들은 비스툴라 지역의 토착민이었던 듯하다. 어찌 되었건 간에 이들은 서고트족과 동고트족으로 나뉘어, 서고트족은 남쪽의 다뉴브 강 쪽으로 내려갔고 동고트족은 드니에스테르와 돈 강 사이에 정착을 했다. 혈기 왕성한 부족들이 비스툴라 강, 다뉴브 강, 라인 강으로 둘러싸인 유럽의 심장부에 들어오면서 유럽은 지도를 새로 그리고 나라의 이름을 새로 갖게 된다. 튀링겐족, 부르군트족, 앵글족, 색슨족, 주트족, 프리슬란트족, 게피다이족, 콰디족, 반달족, 알레만니족, 수에비족, 롬바르드족, 프랑크족이 그 대표적 예에 속한다. 이토록 다양한 인종이 물밀 듯 들이닥치고 있었지만 제국은 브리타니아 말고는 이들을 막아 낼 방벽을 따로 만들어 두지 않은 상태였고, 간혹 도로나 강을 따라 지어진 요새나 성채만이 로마 제국의 국경(limes)을 나타내 주고 있었다. 제국 외부의 출산율이 높아지는 가운데 제국 내부의 생활 수준은 점점 올라갔고, 그 결과 마치 오늘날의 북미처럼 로마 제국은 타민족의 이민 혹은 침략을 당연한 운명으로 받아들이게 되었다.

우리는 게르만족을 야만족으로 부르는 버릇이 있는데 이는 고쳐져야 마땅할 거 같다. 그리스인과 로마인들이 게르만족을 '바르바리(barbari)'라는 말로 부른 것은 물론 칭찬의 뜻은 절대 아니었다. '바르바리'는 산스크리트어 '바르바라(varvara)'에서 갈라져 나온 걸로 보이는데, 몽매하고 글자를 모르는 촌뜨기라는 뜻이기 때문이다.[1] '바르바리'란 말은 베르베르어에도 다시 한 번 나타난다. 하지만 게르만족이 야만족이었다면 5세기 동안 무역과 전쟁을 통해 로마와 접촉할 리 있었겠는가. 4세기쯤에는 게르만족이 글쓰기를 받아들이고 안정된 법으로 나라를 통치한 지 벌써 오래 된 참이었다. 메로빙거 왕조 시대의 프랑크족만 제외한다면, 성 윤리도 로마나 그리스인들보다 게르만족이 더 중요하게 생각했다.* 문화 민족이 지닌 교양이나 우아함은 찾아볼 수 없었지만, 이들은 용기와 이해심과 정직의 덕목을 유감없이 발휘해 로마인들을 부끄럽게 만들었다. 이들이 잔혹한 건 사실이었지만, 잔혹하기로 따지면 로마인들도 만만치 않았다. 자백이나 증언을 위해 로마법이 자유민 고문을 허용한다는 걸 처음 알았을 때 게르만족은 꽤나 큰 충격을 받았을 것이다.[3] 게르만족은 사회가 다 혼란스러워 보일 정도로 개인주의적 성향이 강했던 반면, 로마인들은 이제 사회성과 평화에 단단히 길들여진 상태였다. 상위 계급으로 올라갈수록 게르만족은 문학과 예술을 알아보는 심미안을 보여 주었다. 스틸리코, 리키메르 등

---

* 여기서 우리가 주요 전거로 삼을 수 있는 문헌은 도덕주의자였던 타키투스의 저술뿐이다.(『게르마니아』, 18-19) 하지만 서기 756년경에 씌어진 보니파키우스 주교의 서신도 참고할 수 있다. "옛날 작센 지방에서는 아버지와 함께 사는 처녀나 남편의 보호 아래 있는 유부녀가 간통의 죄를 범하면, 스스로 목 졸라 죽게 하여 불에 태웠고, 정부(情夫)는 그녀의 무덤 위에서 목매달게 했다. 그렇지 않으면 여자의 옷을 허리춤까지 잘라 내고 정숙하다는 평을 받는 부인이 채찍으로 때리고 칼로 찔러 반신불수로 만들어 놓았다."[2] 성 윤리를 확립하기 위해 이토록 극단의 방법까지 사용한 것이다.

을 비롯한 여러 게르만인들은 로마의 문화생활에 완전히 발을 들여서, 황제 심마쿠스가 재밌게 읽었노라고 고백할 정도의 라틴어 글을 쓰기도 했다.⁴ 일반적으로 로마 제국 침략자들은(특히 고트족) 충분히 교양 있는 사람들이어서 로마 문명이 자기들 문명보다 뛰어나다며 동경할 줄 알았고, 그래서 로마 문명을 애써 파괴하기보다는 자기들 것으로 만들려 했다. 그래서 2세기 동안은 로마 제국을 침략하기보다는 로마가 쓰지 않는 제국 내의 땅에 들어가게 해 달라고 허가를 구하는 선에 그쳤다. 그리고 로마 제국의 경계를 지켜 내는 데에도 적극적으로 동참했다. 이런 사실에도 불구하고 우리가 4~5세기의 게르만족을 계속 야만족이라 부른다면 그건 단순히 관습의 편의에 굴복하는 것에 지나지 않는 바, 여기에 이상의 단서를 달고 사과를 표한다.

다뉴브 강 남쪽과 알프스에서는 몸집이 불어 가던 부족들이 벌써부터 평화적인 이민을 통해(심지어는 황제의 권유를 받고) 제국 내로 들어온 터였다. 로마는 아우구스투스 황제 때부터 제국 근처에 사는 야만족들을 국경선 안으로 들여 공지를 메우는 정책을 시행하고 있었다. 자손 생산과 군 복무에 더 이상 관심이 없는 로마인들로는 국경 지대를 다 채울 수 없었기 때문이다. 이 정책은 아우렐리우스, 아우렐리아누스, 프로부스 황제 때도 채택되었다. 그러다 4세기 말에 이르자 발칸 반도와 갈리아 지역 동쪽에는 게르만족이 압도적으로 많게 되었다. 그 사정은 로마 군대도 마찬가지였다. 그리고 정계와 군부의 고위직 상당수를 튜턴족이 차지하게 되었다. 전만 해도 그렇게 들어온 이민족 구성원들을 제국이 로마인화시키더니, 이제는 이민족들이 로마인들을 야만인화하기 시작했다.⁵ 야만족 스타일로 모피 코트를 입고 머리를 치렁치렁하게 기르는 로마인들이 생겨나기 시작했다. 급기야 바지를 입는 사람까지 생겨나자 노한 황제는 바지를 입지 말라는 칙령을 내렸다.(397년, 416년)⁶

대대적인 야만족의 침공이 시작될 기미는 저 멀리 몽골 분지에서부터 나타나기 시작했다. 우랄알타이족의 한 분파인 훈족은 서기 3세기에는 발카시 호수와 아랄 해 북쪽에 터를 잡고 있었다. 요르다네스에 따르면 그들은 생긴 모습이 주 무기였다고 한다.

그들은 무시무시한 용모만으로 사람들에게 엄청난 두려움을 불러일으켰다. 실제로 싸워 봤다면 전투 기술은 별 볼 일 없었을 텐데도 사람들은 지레 겁을 먹었다. 적들은 그들의 거무튀튀한 피부색을 보고 공포에 질려 달아났다. 그들은 …… 머리라기보다는 보기 흉한 혹 같은 것을 달고 다녔으며, 두 눈도 바늘구멍만 했다. 이들은 자식을 낳으면 태어난 그날부터 아이들에게 잔혹하게 굴었다. 사내아이가 태어나면 칼로 뺨을 도려내는데, 젖을 먹기 전부터 고통을 참고 견디는 법을 알아야 하기 때문이다. 그래서 남자들은 어른이 되어도 턱수염이 없었으며 칼에 베인 상처가 얼굴을 장식했다. 키가 작은 이 훈족은 몸놀림이 빨랐으며, 말을 잘 탔고, 어느 때고 활을 쏠 준비가 되어 있었다. 또 어깨는 떡 벌어졌고, 힘을 잔뜩 준 목을 자부심 넘치는 듯 늘 꼿꼿이 세우고 다녔다.[7]

이들에게는 전쟁이 일이었고, 가축들 풀 먹이는 것은 여가였다. "그들은 말 등이라는 나라에서 산다."라는 속담이 있을 정도였다.[8] 활과 칼로 무장하고 용기에 속도까지 갖춘 그들은 자신들이 살던 땅이 황폐해지고 동쪽에서 적들이 압박해 오자 355년경 러시아 땅으로 들어와 알라니족을 꺾고 그들을 자기 부족에 편입시켰다. 그러고는 볼가 강을 건너(372년?) 우크라이나에서 완숙한 문명을 거의 이룬 동고트족을 공격했다. 당시 백 살의 나이를 넘긴 동고트족의 왕 에르마나리크는 용감히 싸웠으나 패배한 후 자기 손으로 목숨을 끊었다는 얘기가 전해진다. 동고트족은 여러 분파로 나뉘어 훈족에게 항복하고 그들 밑으로 들어간 사람들이 있었는가 하면, 일부는 서쪽으로 도망가 다뉴브 강 북쪽에 있는 서고트족의 땅으로 들어갔다. 서고트족 군대는 드니에스테르 강에서 진군해 오는 훈족과 마주쳤으나 거의 전멸되다시피 했다. 살아남은 서고트족은 다뉴브 강의 로마 당국자를 찾아가 다뉴브 강을 건너서 모에시아와 트라키아에 살게 해 달라고 간청했다. 발렌스 황제는 그들의 입국을 허용하되 무기를 모두 넘겨받고 서고트족 젊은이들을 볼모로 잡는다는 단서를 달았다. 제국의 관리들 및 병사들은 서고트족이 강을 건너오자 부끄러운 줄도 모르고 물건을 닥치는 대로 빼앗았으며, 소녀와 소년들을 데려다가 노예로 만들었다. 하지만 이민자들이 부지런히 뇌물을 갖다 바친 덕에 무기는 그대로 가지고 있을 수 있었다. 로마인들이 그들에게 판 음식 가격은 터무니없이 비싸서, 배고픔에 허덕이는 고트족이 고기 한 덩이나 빵 한 덩이를 얻으려면 은화 10파운드나 노예 한 명을 내어 주어야 했다. 그러다 결국에는 굶어 죽지 않기 위해 자기 자식을 노예로 팔아 버리는 고트족까지 생겨났다.[9] 고트족 사이에서 반란의 기미가 보이자 로마 장군은 고트족의 우두머리였던 프리티게른을 불러 잔치를 벌였다. 그 자리에서 그를 죽여 버릴 속셈이었다. 이 자리를 무사히 빠져나온 프리티게른은 죽기 아니면 살기로 싸워 보자고 고트족을 선동했다. 그들은 굶주림과 분이 다 풀릴 때까지 물건을 약탈하고 마을을 불태우고 사람들을 죽여 트라키아를 초토화시켰다. 발렌스는 황급히 달려와 하드리아노플 평원에서 고트족과 마주쳤다. 하지만 황제의 병력은 열세였던데다 병사들 대부분이 고용된 야만족 용병이었다.(378년) 암미아누스가 전하는 결과에 따르면 "로마군은 594년 전에 있었던 칸나이 전투 이후 가장 참혹한 패배를 맛봤다."[10] 고트족 기병은 로마 보병을 상대로 압도적 우위를 보였고, 이때부터 14세기까지 기병을 활용한 전술과 전략은 전쟁 기술에서 최고의 위치를 차지했다. 고트족과의 전쟁으로 로마군의 3분의 2가 죽었고, 발렌스 황제 자신도 심각한 부상을 입었다. 고트족은 황제가 피신해 있던 오두막에까지 불을 질렀고, 황제와 그를 수발하던 시종들은 화염 속에서 목숨을 잃었다. 승리를 거둔 고트족 무리는 내친 김에 콘스탄티노플까지 진격해 갔지만, 발렌스의 미망인 도미니카가 만든 방어선을 뚫지는 못했다. 동고트족과 훈족은 이 틈에 방비가 허술해진 다뉴브 강을 건너 서고트족에 합류했고 이들은 흑해부터 이탈리아의 국경 지대에 이르는 발칸 반도 일대를 마음껏 약탈했다.

2. 구원자 황제들: 364~408년

이 절박한 위기 속에서도 로마 제국은 멈추지 않고 유능한 통치자들을 계속 배출했다. 요비아누스가 죽자 군대와 원로원에서는 발렌티니아누스에게 제위를 넘겨주었다. 무뚝뚝하고 그리스어를 모르는 이 군인은 옛 로마 시대의 베스파시아누스 황제를 연상시켰다. 발렌티니아누스는 원로원의 동의를 구해 남동생 발렌스를 동로마의 황제로 임명하고, 자신은 얼핏 봐도 더 위험한 서로마를 선택했다. 그는 이탈리아와 갈리아의 국경 지대에 다시 요새를 세우고, 로마 군대의 힘과 기강을 다시 다잡았으며, 로마 영토를 야금야금 침범해 들어오고 있던 게르만족을 다시 라인 강 건너편으로 몰아냈다. 또 자신의 거점인 밀라노에서 시대 개혁적인 법령을 반포해 영아 살해를 금지시키고 학교를 설립했으며, 로마의 국가 의료 정책을 확대 시행했다. 또 세금을 감면했으며, 새로운 통화를 내놓고, 정치 부패를 억제했으며, 만인에게 교리와 예배의 자유를 허용했다. 하지만 그런 그에게도 과오와 결점은 있었으니, 그는 적에게는 몸서리쳐질만큼 잔혹했다. 또 역사가 소크라테스의 말을 믿어도 된다면, 유스티나와의 결혼을 인가받기 위해 중혼(重婚)을 합법화하기까지 했다.(발렌스의 아내가 유스티나의 미모를 침이 마르도록 칭찬한 것이 화근이었다.)[11] 또한 발렌스가 너무 일찍 죽어버린 건(375년) 비극이 아닐 수 없었다. 그의 아들 그라티아누스는 서로마 제국의 제위를 물려받고 1~2년 동안은 아버지처럼 착실하게 생활하더니 곧 연회와 사냥에 빠져 지냈다. 나랏일은 뒷전으로 밀려나 부패한 관료들 손에 넘어갔고 이들은 관직과 판결을 모두 돈에 팔아넘겼다. 그러자 막시무스 장군이 황제에게 반란을 일으켰고, 그라티우스의 후계자이자 이복형제인 발렌티니아누스 2세를 쫓아내겠다며 이탈리아를 침공했다. 하지만 동로마 제국에서 새로 황제 자리에 오른 테오도시우스 1세가 군대를 이끌고 서로마로 와서 제위 찬탈자를 몰아내고 어린 발렌티니아누스를 밀라노의 황제 자리에 확실히 앉혀 놓았다.(388년)

스페인 출신이었던 테오도시우스는 스페인, 브리타니아, 트라키아에서 장군으로서 커다란 두각을 나타냈던 인물이었다. 고트족이 로마인과의 싸움에서 승리했을 때 그는 고트족과 맞서 싸우기보다는 자기 군대로 들어오라며 설득했고, 인내심이 부족하기는 했지만 누구보다 지혜롭게 동부 지역의 속주를 통치한 바 있었다. 어떻게 사람이 잘생긴 외모와 위풍당당한 체격, 불같은 성질과 자비로운 마음을 동시에 가지고 인도적으로 법을 제정하면서 정통 신학에까지 충실할 수 있는지 동로마 제국 사람들은 그저 신기할 뿐이었다. 언젠가 그가 밀라노에서 겨울을 보내고 있을 때였다. 그 당시만 해도 로마 제국에서 흔하게 일던 소요가 테살로니카에서 일어났다. 테살로니카의 지방 총독이던 보테리크가 시민들이 좋아하던 전차(戰車) 기수를 사회적 문란을 일으켰다는 이유로 감옥에 집어넣은 일이 있었다. 시민들은 기수의 방면을 요구하고 나섰다. 보테리크가 거부하자 군중은 총독 근위대를 제압하고는 보테리크와 그의 참모들을 죽여 시신을 갈가리 찢어 버렸다. 군중들은 잘린 팔다리를 승리의 상징으로 내걸고 길거리를 행진했다. 이 폭동 소식이 전해지자 테오도시우스는 화가 머리끝까지 치밀었다. 그는 비밀 명령을 내려 테살로니카의 주민 전체에 벌을 내리도록 했다. 황제의 명에 따른 신하들은 경기를 보여 준다며 테살로니카 주민들을 대경기장으로 불러들였다. 주민들이 모이자 매복해 있던 병사들이 덮쳐 남녀나 어린아이 가릴 것 없이 7000명을 닥치는 대로 살해했다.(390년)[12] 테오도시우스는 자신이 지나쳤다 싶어 첫 명령을 다소 완화한 두 번째 명령을 보냈지만 때는 이미 너무 늦어 있었다.

황제의 이 가차 없는 응징에 로마 세계는 충격에 빠졌고, 당시 밀라노 교구를 금욕주의적 그리스도교 신앙에 따라 엄격하게 관리하고 있던 암브로시우스는 황제에게 서한을 보냈다. 테오도시우스가 자기가 저지른 죄를 온 백성 앞에서 사죄하지 않으면 앞으로 황제가 참석한 자리에서 자신이 예배를 집전하는 일은 없을 거라고 했다. 황제는 내심 후회는 하고 있었지만 공개적으로 그런 망신을 당해 가면서 황제의 위엄을 무너뜨리고 싶지는 않았다. 예배일이 되어 황제는 성당 안으로 들어가려고 했지만 암브로시우스가 직접 나서서 길을 막아섰다. 결국 몇 주 동안 성당 진입이 수포로 돌아가자 테오도시우스도 두 손을 들었다. 그는 제국을 상징하는 모든 휘장을 몸에서 떼어 내고 부끄러운 참회자의 모습으로 성당에 들어가서는 자신의 죄를 용서해 달라고 하늘에 빌었다.(390년)

테오도시우스가 다시 콘스탄티노플로 돌아갔을 때 약관의 젊은이였던 발렌티니아누스 2세는 갖가지 문제에 휘말려 거기서 빠져나오지 못하는 무능한 군주인 것으로 드러났다. 황제 측근의 참모들은 황제를 속여서 더러운 손에 권력을 쥐곤 했다. 발렌티니아누스의 군사 교육을 맡았던 이교도 프랑크족 아르보가스트는 갈리아에서 황제의 권력을 행사할 정도였다. 이 사실을 안 발렌티니아누스는 자신의 권위를 주장하기 위해 비엔나로 갔다가 거기서 암살을 당하고 만다.(392년) 이후 야만족은 막후 실력자로 권력을 행사하며 여러 명의 황제를 옹립하는데, 아르보가스트가 선두에 나서서 쉽게 주무를 수 있는 유약한 학자를 황제로 내세웠다. 그렇게 해서 서로마 제국의 황제가 된 에우게니우스는 그리스도교도였으나, 이탈리아의 이교도 무리들과 친분이 아주 두터워 암브로시우스는 그가 또 한 명의 율리아누스가 되지 않을까 두려웠다. 테오도시우스는 제위의 정통성과 정교를 복원한다는 명분으로 고트족, 알라니족, 카프카즈족, 이베리아족, 훈족을 이끌고 다시 한 번 서로마로 진군했다. 이때 그를 따랐던 장군 중 고트족의 가이나스는 나중에 콘스탄티노플을 탈취하고, 반달족 장군 스틸리코는 로마를 방어하게 되며, 고트족의 알라리크는 스틸리코가 방어하던 로마를 약탈하게 된다. 아퀼레이아 근방에서 벌어진 이틀간의 전투에서 아르보가스트와 에우게니우스 황제는 동로마군에게 지고 말았다.(394년) 에우게니우스는 자기 병사들에게 항복을 한 뒤 그들 손에 살해되었다. 그리고 아르보가스트는 스스로 목숨을 끊었다. 테오도시우스는 열한 살이던 자기 아들 호노리우스를 불러 서로마 제국의 황제로 삼고, 열여덟 살이던 아들 아르카디우스는 동로마 제국의 공동 황제로 삼았다. 그리고 난 후 연이은 전쟁에 진이 빠진 테오도시우스는 그만 밀라노에서 생을 마감하고 만다.(395년) 그의 나이 50세였다. 테오도시우스가 몇 번이고 합쳐 놓으려 했던 로마 제국은 다시 둘로 나뉘었고, 이후 유스티니아누스 황제 치세의 잠깐을 제외하고는 단 한 번도 다시 통일되지 못했다.

테오도시우스의 아들들은 온실의 화초처럼 귀하게 자라 연약하기 짝이 없었다. 제위에 오른 그들은 누구보다 훌륭한 뜻을 품었고 윤리 의식도 그만큼 높았지만 폭풍우를 헤쳐 가는 키잡이는 되지 못했다. 이들은 얼마 안 가 국정 장악력을 잃었고, 대신들에게 행정 및 정책을 전부 떠넘겨 버렸다. 동로마 제국에서는 탐욕스럽고 부패한 루피누스가 실권을 쥐었고, 서로마 제국에서는 능력은 있지만 양심은 없는 스틸리코가 실권을 쥐었다. 398년에 이 반달족의 귀족은 호노리우스와 자신의 딸 마리아를 혼인시켜 황제의 장인이 되는 동시에 나중에 태어나는 손자를 황제로 만들고자 했다. 하지만 결혼을 시켜 놓고 보니 호노리우스는 열정도 없고 지력도 떨어지는 것으로 드러났다. 그는 궁전에서 기르는 새들에게 한가롭게 모이나 주며 시간을 보냈고, 마리아는 결혼하고 10년 동안 숫처녀로 지내다가 결국 죽고 말았다.[13]

테오도시우스 황제는 살아생전 고트족과 평화롭게 지내기 위해 그들을 전쟁 용병으로 고용하고, 매년 동맹의 명목으로 보조금을 지불했다. 하지만 그 뒤를 이은 황제는 더 이상은 보조금을 대주려 하지 않았고, 그러자 스틸리코는 자신이 이끌고 있던 고트족 군대를 해산시켜 버렸다. 군대가 해산되자 일을 싫어하는 게으른 고트족은 돈과 모험을 맛보고 싶어 안달이 났고, 그 무렵 마침 고트족의 새로운 우두머리가 된 알라리크는 전쟁에서나 외교술에서나 로마인보다 한 수 위의 실력을 발휘했다. 그는 자신을 따르는 무리들에게 남자 중의 남자인 자랑스러운 우리 고트족이 약해 빠진 로마인들과 그리스인들에게서 돈을 받고 일을 해야 하느냐며, 우리의 용기와 우리의 무기로 숨이 꺼져 가는 로마 제국의 한 덩이를 차지하고 우리의 나라를 세우자고 했다. 그리하여 알라리크는 테오도시우스가 숨을 거둔 바로 그해에 트라키아에 있던 고트족 병력을 거의 다 데리고 그리스로 쳐들어갔다. 그들은 테르모필라이의 협로를 지날 때까지 아무 제지도 당하지 않았다. 그러면서 도중에 군역을 할 수 있는 남자를 만나면 노소를 불문하고 모조리 죽이고, 여자들은 노예로 만들었으며, 펠로폰네소스를 쑥대밭으로 만들고, 엘레우시스에 있는 데메테르 신전을 부숴 버렸다. 금품을 넉넉히 받는다는 조건으로 아테네만은 남겨 두었는데, 그러면서 아테네에서 옮겨 올 수 있는 재물은 거의 몽땅 가져와 버렸다.(396년) 위기에 빠진 도시 아테네를 구하려고 스틸리코가 달려왔지만 때는 이미 너무 늦어 있었다. 스틸리코는 귀신같은 책략으로 고트족을 사면초가의 상황에 몰아넣었으나, 아프리카에서 반란이 일어나는 바람에 어쩔 수 없이 고트족과는 휴전 협정을 맺고 다시 서로마로 돌아가야 했다. 알라리크는 아르카디우스와 동맹을 맺었고, 아르카디우스는 그가 이끄는 고트족이 에피로스에 머물도록 허락했다. 그러고 나서 4년 동안 로마 제국에는 평화가 깃들었다.

반은 그리스도교 주교이면서 반은 이교도 철학자이기도 했던 키레네의 시네시우스가 사치를 사랑하는 콘스탄티노플 황실의 고관대작들을 앞에 두고 연설을 한 것이 바로 이때였다. 그는 난관에 빠진 그리스와 로마가 어떤 대안을 선택해야 하는지를 박력 있고도 명확하게 설명했다. 로마 시민들은 더 이상 군대에 가려 하지 않는 상황에서, 제국의 변경을 위협하는 사람들을 용병으로 고용해 그들 손에 계속 로마의 방어를 맡기면서 어떻게 제국이 죽지 않고 살아남기를 바랄 수 있겠는가? 그는 이제 사치와 안락한 생활을 내던지고 강제 징병 제도를 만들어서 로마 시민들이 직접 조국과 자유를 위해 싸워야 한다고 주장했다. 그러면서 아르카디우스와 호노리우스 황제가 제국 내에서 활개 치고 다니는 야만족 무리를 일망타진해 흑해, 다뉴브 강, 라인 강 너머의 그들 본거지로 다시 쫓아 버릴 것을 촉구했다. 궁정 관료들은 기막힌 연설이라며 시네시우스에게 우레와 같은 갈채를 보냈다. 하지만 그러고 나서는 다시 연회를 즐겼다.[14] 그러는 동안 알라리크는 에피로스의 무기 제조업자들을 구워삶아 고트족이 쓸 창, 검, 투구, 방패를 넉넉히 마련해 두었다.

401년 그는 이탈리아를 침공해 가는 곳마다 약탈을 일삼았다. 수천 명의 피난민들이 밀라노와 라벤나로 쏟아져 들어왔고, 피난 물결은 로마에까지 이어졌다. 농지를 떠날 수 없던 농민들은 성벽 내의 마을에서 잠시 몸을 피했던 반면, 부자들은 들고 갈 수 있는 재산은 모조리 싸 들고서 코르시카, 사르디니아, 시칠리아를 향해 미친 듯이 길을 떠났다. 스틸리코는 물밀 듯 들어오는 고트족을 막아 내기 위해 속주 주둔군을 데려다 군대를 조직했다. 그러고는 402년의 부활절 아침 고트족이 폴렌티아에서 예배를 드리느라 잠시 약탈을 멈춘 사이 불시에 그들을 덮쳤다. 싸움은 승패를 판가름할 수 없을 정도로 팽팽했다. 알라리크는 퇴각을 하되 그 방향을 무방비 상태의 로마 쪽으로 잡았다. 호노리우스가 엄청난 양의 뇌물을 주면 그때 못 이기는 척 이탈리아를 떠날 셈이었다.

  한편 겁 많은 황제는 알라리크의 군대가 밀라노 쪽으로 점점 밀어닥친다는 소식을 듣고 자신의 거점을 옮기기로 했다. 그래서 좀 더 안전한 피난처를 물색해 찾은 곳이 라벤나였다. 라벤나는 습지와 석호가 육로를 막아 주고 모래톱이 바닷길까지 막아 주어 난공불락의 요새나 다름없었다. 하지만 야만족 라다가이수스가 알라니족, 콰디족, 동고트족, 반달족 무리 20만 명을 이끌고 알프스 산맥을 넘어와 당시 한창 자라나고 있던 도시 플로렌티아를 공격하면서 새 거점 역시 풍전등화의 상황이 되고 말았다. 스틸리코는 비교적 적은 병력만으로 이 대규모의 잡탕 무리를 무찌르며 자신이 뛰어난 장군임을 또 한 번 입증해 보였고, 라다가이수스를 포박해 호노리우스 앞에 대령했다. 이로써 이탈리아는 다시 한 번 숨통이 트이게 되었고 궁전의 귀족들, 주교들, 환관들, 애완동물들, 장군들은 다시 일상으로 돌아가 전처럼 다시 사치를 부리고, 부패를 일삼고, 반역을 꾀했다.

  궁정 관리인이었던 올림피우스는 스틸리코를 질투하며 그를 믿지 못했다. 그는 알라리크가 잡힐 뻔하다가도 몇 번이고 탈출한 건 이 위대한 장군이 눈감아 주는 덕분이라며 분개했고, 스틸리코가 게르만족 출신이기 때문에 게르만족 침략자들에게 남몰래 동정심을 느끼리라고 생각했다. 올림피우스는 스틸리코가 알라리크와 내통하여 뇌물을 주었거나 주기로 약속했다고 주장했다. 호노리우스는 23년 동안 로마 군대를 이끌며 대승을 거두고 절체절명의 위기에서 몇 번이고 서로마를 구해 준 스틸리코를 물러나게 하는 것이 영 내키지 않았다. 하지만 이 겁 많은 젊은 황제는 스틸리코가 모략을 꾸며 아들을 제위에 앉히려 한다는 올림피우스의 말을 곧이곧대로 듣고는 스틸리코를 참수시키는 데 동의한다. 올림피우스는 황제의 칙령을 실행하기 위해 곧바로 군대를 보냈다. 스틸리코의 친구들은 황제의 명령에 따르지 말라 했지만, 스틸리코는 그들을 만류하며 칼 앞에 순순히 자기 목을 내놓았다.(408년)

스틸리코가 죽고 몇 달 후 알라리크는 이탈리아에 또다시 발을 들였다.

3. 이탈리아의 상황

4세기가 끝나 가는 즈음의 서로마 제국은 회복과 쇠망, 문예의 부흥과 쇠퇴, 화려한 정치적 위업과 군대의 부패가 동시에 나타나는 복잡한 양상을 연출하고 있었다. 이와 함께 갈리아 지역이 번영을 누리면서 모든 면에서 이탈리아의 주도권을 위협했다. 7000만 명에 이르렀던 로마 제국의 인구 중 갈리아 지역의 인구가 2000만을 넘었던데 비해, 이탈리아 반도의 인구는 좀처럼 600만을 넘지 못했다.[15] 제국의 나머지 인구는 그리스어를 사용하는 동양인들이 차지하고 있었다. 사실 서기 100년 이후부터 로마는 인종적으로는 동양 도시나 다름없었다. 근대 유럽의 국가들이 20세기 중반까지 동양의 나라를 정복하고 식민지로 만들어 그 덕에 먹고 살았던 것처럼, 한때는 로마도 동양 덕분에 먹고 산 적이 있었다. 로마 군대의 병사들이 동양의 속주에서 나던 생산물과 귀금속을 전리품으로 싹 쓸어 와 대저택이며 귀중품 상자에 넣어 두었던 것이다. 하지만 이제 정복은 끝나고 퇴각이 시작된 참이었다. 이탈리아는 울며 겨자 먹기로 인력 및 자원을 스스로 충당하지 않으면 안 되었다. 거기다 엎친 데 덮친 격으로 산아 제한, 기근, 전염병, 무거운 세금, 낭비, 전쟁으로 갖고 있던 자원마저 위험천만으로 줄어든 판이었다. 남의 식량을 축내는 이 식객 같은 반도에서는 단 한 번도 산업이 꽃핀 적이 없었다. 이제는 시장마저도 동로마 제국과 갈리아에 밀리고 있었기 때문에 가게 장사나 가내 수공업을 통해 하루하루 입에 풀칠하는 도시 주민들을 이탈리아는 더 이상 감당할 수가 없었다. 일종의 협동조합 역할을 했던 콜레기아 역시 (군주제하에서는 선거가 좀처럼 없었기 때문에) 자기들의 투표권을 팔지 못해 고생이 이만저만이 아니었다. 제국의 주요 도로를 터는 도적 떼 무리가 늘면서 내부 교역도 고전을 면치 못하고 있었다. 또 한때 대단한 위용을 자랑하던 도로들도(물론 18세기까지만 해도 이들 도로는 여전히 세계 최고 수준이었다.) 망가져서 더 이상 못 쓰는 지경이 되어 가고 있었다.

이제까지 이탈리아 반도가 나름대로 자치를 해 올 수 있었던 것은 중산층이 대들보 역할을 해 주었기 때문이었다. 하지만 경기가 침체되고 재정적 착취를 당하면서 이제는 이들도 힘이 너무 약해져 있었다. 세금 징수를 주업으로 삼는 관리 집단은 몸집이 점점 불어나고 있었고, 이들을 먹여 살리기 위해 세금을 올리지 않을 수가 없었다. 당대의 풍자가들은 "공금 덕분에 먹고 사는 사람들이 세금을 내는 사람보다 더 많다."라며 불만을 토로했다.[16] 그나마 내놓은 세금도 상당 부분을 부패 세력들이 감쪽같이 집어삼켰다. 정부에서는 수백 개의 법령을 만들어 정부의 세입이나 재산 횡령을 어떻게든 막고, 적발하고, 처벌하려 했다. 하지만 여전히 부정한 세금 징수관들이 판을 쳐서 사소한 일에도 과한 세금을 매겨 그 차액을 챙기는가 하면, 돈을 쥐어 주는 부자들에게는 보답으로 세금 부담을 덜어 주었다.[17] 황제들만큼은 정직하게 세금을 걷으려고 여러 가지로 노력했다. 일례로 발렌티니아누스 1세는 도시마다 도시의 수호자를 두어서 세금 징수원들이 말도 안 되는 명목으로 세금을 걷어 가지 못하도록 시민들을 보호했다. 호노리우스는 재정적 곤경에 빠진 도시들에는 세금을 면제해 주었다. 하지만, 우리가 살비아누스의 말을 믿어도 된다면, 황제들의 이런 노력에도 불구하고 몇몇 시민들은 차라리 야만족 왕 밑에서 살겠다며 국경을 넘었다. 야만족 왕들은 아직 세금 징수 기술을 완전히 터득하지 못하고 있었기 때문이다. "우리 눈에는 세금 징수원들이 적군보다 훨씬 더 끔찍하게 보인다."[18] 이런 상황이다 보니 아이를 낳아 키우려는 사람들이 줄어들면서 인구가 감소했다. 경작이 가능한데도 놀려 두는 땅이 수천 에이커에 이르렀고, 이렇게 생겨난 경제적 공백 지대가 도시에 아직 남아 있던 재산과 공모하여 땅에 굶주린 야만족들을 제국 안으로 끌어들였다. 그러자 세금을 감당 못 하거나 집으로 쳐들어오는 침입자와 도둑을 못 막아 내는 지주들이 자기보다 돈이 많거나 힘이 강한 지주에게 땅을 넘겨주고는 그 밑에서 소작을 사는 경우가 많아졌다. 이들은 지주에게 일정량의 생산품이나 노역을 의무적으로 제공하고 대신 생계를 보장받고 평화 시나 전시에 보호를 받았다. 이리하여 봉건 제도가 처음으로 역사에 등장해 이탈리아에서 자리를 잡기 시작하게 되었다.(물론 이후 이탈리아에서 완전한 봉건 제도가 시행된 적은 단 한 번도 없었다.) 그리고 이와 비슷한 과정이 이집트, 아프리카, 갈리아에서도 일어나고 있었다.

한편 노예 제도는 슬슬 쇠퇴해 가고 있었다. 발달한 문명 속에서는 자유민이 능력에 따라 다양한 임금, 수익을 손에 쥐는 것만큼 경제적으로 큰 자극제가 없는 법이다. 이탈리아에서는 전만 해도 노예가 많고 값이 저렴했기 때문에 노예를 부려도 수지가 맞았다. 하지만 로마 군대가 사람을 전리품으로 데려오는 일이 더 이상 없어지면서 노예의 몸값이 올라 버린 데다, 정부의 통치력이 약해진 틈을 타 노예들이 도망쳐 버리는 일도 흔히 일어났다. 그 뿐만 아니라 노예가 병들거나 나이 들었을 때 거둬 주어야 하는 부담까지 있었다. 노예의 몸값이 올라가자 주인은 보다 사려 깊게 대우를 해 줌으로써, 값비싼 재산인 노예를 어떻게든 지키려 했다. 그래도 주인은 여전히 자기 노예의 생사를 어느 정도까지는 좌지우지할 수 있었고,[19] 법에 따라 도망간 노예를 얼마든지 다시 붙잡아 올 수 있었으며, 하인과는 자기 취향이 동하는 대로 남자나 여자 어느 쪽과도 성관계를 가질 수 있었다. 펠라의 파울리누스는 젊은 시절 성생활이 깨끗했다며 이렇게 자부심을 갖는다. "나는 솟구치는 욕구를 억제하고 …… 자유민 여자의 사랑은 절대 받아들이지 않았다. 그저 우리 집에 사는 하녀와 관계하는 것으로 족했다."[20]

이제 부자들 대다수는 소란스러운 도시 생활과 폭도들을 피해 시골에 대저택을 짓고 살았다. 그렇긴 해도 이탈리아에서 생기는 부(富)의 대부분은 여전히 로마로 모여들었다. 이 거대한 도시는 더 이상 수도도 아니었고 황제의 얼굴을 보는 날도 거의 없었지만, 아직도 사회적인 면에서나 지적인 면에서는 서로마의 구심적 역할을 하고 있었다. 또한 로마는 이탈리아의 새로운 귀족층들이 결집하는 요지이기도 했다. 그리고 이 새로운 귀족층들은 옛날처럼 대대로 전해지는 신분 계층에 따라서 형성되지 않았으며, 황제들이 이따금 가진 땅을 기준으로 새로운 인물들을 끌어들이기도 했다. 원로원 의원들은 고유의 특권 일부와 권력의 상당 부분을 잃은 상태였지만 화려한 삶을 과시하며 살았다. 그들은 능력을 갖추고 행정 요직을 차지했으며, 사비를 털어 대중들을 위해 경기를 열어 주기도 했다. 그들의 저택은 값비싼 가구들로 가득 차고, 바삐 일하는 하인들로 정신이 없었다. 카펫 한 장 값이 40만 달러에 이르기도 했다.[21] 심마쿠스와 시도니우스의 서간문과 클라우디아누스의 시를 보면 이들이 살았던 삶의 밝은 면을 감상할 수 있는데, 이들 고관대작들이 사회·문화적으로 어떤 활동을 했고, 국가에는 얼마나 충성스럽게 봉사했으며, 친구들과의 우정은 얼마나 다정했고, 부부간에는 얼마나 정결을 잘 지켰으며, 부모로서는 얼마나 다정다감했는지가 드러나 있다.

하지만 5세기에 마르세유의 한 사제가 이탈리아와 갈리아에 대해 그리고 있는 모습은 그렇게 멋있지만은 않다. 살비아누스가『신의 통치에 관하여』(450년경)에서 제기하는 질문은 아우구스티누스의『신국론(神國論)』이나 오로시우스의『이교도를 반박하는 역사』에서 나오는 질문과 똑같다. 신의 섭리가 신성하고 자비롭거늘 어찌하여 야만족이 침입하는 악행이 벌어질 수 있단 말인가? 살비아누스는 이에 대답하기를, 이러한 고통이 닥치는 건 로마 세계가 경제적 착취를 일삼고, 정치적으로 부패하고, 도덕적으로 해이해진 데 대해 마땅히 벌을 받는 것이었다. 부자가 가난한 사람들을 그토록 무자비하게 억누르는 일은 야만족 사이에서는 찾아볼 수 없다고 그는 단언한다. 로마인들의 마음보다도 야만족의 마음이 한결 부드럽다는 것이다. 따라서 가난한 사람들은 탈것만 있으면 야만족의 통치 아래 살기 위해 떼를 지어 몰려갈 것이다.[22] 우리의 도덕주의자 살비아누스는 지금 로마 제국 사람들은 부자든 가난한 자든, 이교도든 그리스도교도든 하나같이 역사에 전무후무할 정도의 도덕적 타락에 빠져 있다고 이야기한다. 간통과 음주의 악덕은 유행처럼 번지고, 덕과 절제를 비웃는 농담이 헤아릴 수 없이 많고, 하느님을 믿는다는 자들이 그리스도의 이름을 불경스러운 감탄사로 사용하고 있다는 것이다.[23] 우리 제2의 타키투스는 로마인의 이 모든 모습을 게르만족과 비교해 보라고 한다. 그들은 얼마나 건강하고 활기 넘치고 용감하며, 그리스도를 믿는 그들의 신심은 얼마나 소박한가. 그들은 자신들이 정복한 땅의 로마인들을 관대하게 대하고, 서로에게 충성하며, 순결을 지키고 결혼 후에도 정절을 지킨다. 반달족의 두목이었던 가이세리크는 그리스도교 땅이었던 카르타고를 점령했을 때 도시 구석구석에 매음굴이 즐비한 것을 보고 충격을 받았다. 그는 이 소굴의 문을 다 닫고는 창녀들에게는 결혼과 추방의 기회를 줄 테니 하나를 선택하라고 했다. 로마 세계는 지금 육체적으로 타락하고 있을 뿐 아니라, 도덕적인 기상도 전부 잃어버렸는데, 제국의 방어마저도 외국인 용병들에게 맡기고 있다. 이런 겁쟁이 나라가 어떻게 살아남겠는가? 살비아누스는 사치와 향락은 정점에 이르렀는지 몰라도 로마 제국은 "이미 죽었거나, 마지막 숨을 들이쉬고 있는 것"이라고 결론을 내린다. "로마는 웃으며 죽어가고 있다."[24]

정말 끔찍한 풍경이 아닐 수 없는데, 분명 과장된 면이 없지 않을 것이다. 유려한 글이 정확하기까지 한 경우는 별로 없으니까. 지금도 그렇지만 그때 역시 미덕은 아예 자취를 감췄다기보다는 악덕과 불행과 권모술수와 범죄에 잠시 역사의 한 페이지를 넘겨주었을 뿐이었다. 아우구스티누스 역시 도덕이 끝을 가고 있다며 살비아누스만큼 암울한 그림을 그린다. 사람들이 극장에서 한껏 매력을 뽐내는 무희들의 공연을 보러 가서 교회가 텅텅 빈다며 그는 불만을 터뜨렸다.[25] 휴일이면 여전히 범법자들과 포로들을 데려다 죽이는 대중용 경기가 펼쳐졌다. 이런 경기가 얼마나 잔혹했는지는 심마쿠스의 글을 통해 알 수 있다. 한번은 그가 90만 달러를 들여 축하 행사를 열었는데, 검투에 참가하기로 했던 색슨족 검투사들에게서 뒤통수를 맞았다. 검투사 스물아홉 명이 경기가 시작되기 전에 미리 짜고, 한 사람 한 사람 차례로 목을 매 자살해 버린 것이다.[26] 4세기에 로마에는 휴일이 총 175일이 있었다. 이 중 검투 경기가 열리는 날이 열흘이었고, 서커스 공연이 열리는 날은 64일이었으며, 그 나머지 날에는 극장에서 공연이 있었다.[27] 야만족들은 로마인들이 이런 대리 싸움에 사족을 못 쓰는 점을 이용해, 사람들이 검투 경기나 서커스 공연에 푹 빠져 있는 사이에 카르타고, 안티오크, 트리에르를 공격하기도 했다.[28] 그러다 404년 스틸리코가 폴렌티아에서 거둔 의심쩍은 승리를 축하하기 위해 로마에서 검투 경기가 열렸을 때였다. 바닥으로 피가 흐르기 시작한 순간 수도사였던 텔레마코스가 관중석에서 벌떡 일어나더니 검투장 안으로 들어와 검투를 중지시켜 달라고 했다. 화가 난 군중들은 그에게 사정없이 돌을 던져 죽여 버렸다. 하지만 이 장면에 감동을 받은 황제 호노리우스는 검투 경기를 폐지하라는 칙령을 내렸다.* 한편 서커스 공연은 그 후에도 계속 이어지다가 고트족과의 전쟁으로 로마의 재산이 바닥나면서 중단되었다.

   로마가 문화적으로 그토록 바쁜 나날을 보낸 것은 플리니우스와 타키투스 시대 이후에 참 오랜만의 일이었다. 음악은 최고의 절정기에 달해서 암미아누스는[29] 음악 때문에 철학이 완전히 뒤로 밀려나고, 사람들이 다 음악회에 가는 바람에 "도서관은 무덤처럼 썰렁한 곳이 되었다."고 불평을 늘어놓았다. 그러면서 집채만 한 수력 오르간과 전차만 한 리라의 모습을 설명한다. 학교도 군데군데 여러 곳 생겨나서 (심마쿠스의 말에 따르면) 누구에게나 자기 능력을 계발

---

*여기서 우리가 이용할 수 있는 전거는 안티오크의 테오도레트가 쓴 『교회사』가 유일하다. 따라서 이 이야기는 신심에서 지어낸 허구일 수 있다.

할 기회가 있었다.³⁰ 교사들은 나라에서 임금을 받아 학교를 운영하며, 서방의 속주 곳곳에서 몰려든 학생들에게 문법, 수사학, 문학, 철학을 가르쳤다. 이렇게 로마가 활발한 문화 활동을 하는 사이 제국을 둘러싼 야만족들은 끈질기게 전투 기술을 익히는 중이었다. 무릇 모든 문명은 야만성이라는 튼튼한 나무에 맺힌 열매와도 같아서, 야만성의 줄기에서 한없이 멀어지다 보면 결국 툭 떨어지고 만다.

서기 365년경 인구 100만 명의 이 도시에 시리아 출신의 한 그리스인이 찾아온다. 귀족 태생에다 준수한 용모까지 갖춘 그는 바로 안티오크의 암미아누스 마르켈리누스였다. 메소포타미아의 우르시키누스 군단의 참모로 복무한 그는 콘스탄티우스, 율리아누스, 요비아누스 황제 치세 때 전투에 참가해 활약한 바 있었다. 이렇게 발로 뛰는 삶을 산 후 그는 글쓰기 작업에 들어갔다. 동로마에 평화가 찾아오자 그는 은퇴해서 로마로 간 뒤 네르바 황제부터 발렌스 황제 치세의 로마 제국 역사를 집필해 리비우스와 타키투스에 이어지는 작업을 마무리 지었다. 암미아누스는 난해하고도 배배 꼬인 라틴어로 글을 쓰곤 했는데, 마치 독일인이 프랑스어로 글을 쓴 것 같았다. 아무래도 타키투스의 글을 너무 많이 읽고, 그리스어를 입말로 써 온 지가 너무 오래되었기 때문이리라. 그는 자신이 이교도임을 솔직하게 밝혔고 율리아누스 황제를 칭송했으며, 로마 주교들로 인한 사치 풍조를 비꼬았다. 하지만 대체적으로는 공평한 시각을 유지해서, 그리스도교의 여러 가지 좋은 면을 칭찬하고, 율리아누스가 학문의 자유를 제한한 것은 "앞으로 영원히 침묵에 빠져야 할 정도"의 실수라며 비난했다.³¹ 암미아누스는 군인이었지만 당대 둘째가라면 서러울 정도로 높은 교육 수준을 자랑했다. 그는 악마와 마술을 믿었으며, 점술을 극력 반대했던 키케로의 글을 인용하여 점술을 옹호하기도 했다.³² 하지만 강직하고 정직한 성격의 사람이어서 전반적으로 어떤 당파나 사람을 편드는 일 없이 공정한 태도를 취했다. "내 이야기에는 장황한 사기성의 글은 단 한 마디도 없다. 그 어느 것에도 속박받지 않고 사실에만 충실했을 뿐."³³ 그는 압제, 낭비, 과시라면 질색이었고, 그런 기미가 보이는 곳에 대해서는 가차 없이 싫은 내색을 했다. 고전 시대의 진정한 역사가는 사실 그가 마지막이다. 암미아누스의 뒤를 이은 라틴 세계 역사가들은 연대기 작가에 지나지 않으니까.

암미아누스의 눈에는 로마 사람들이 속물근성을 가진데다 부패한 것처럼 보였지만, 똑같은 사람들이라도 마크로비우스의 눈에는 그들이 예를 차리고, 문화를 즐기고, 자선 활동을 펼치는 데 자기 재산을 멋지게 쓰는 사람들로 보였다. 그는 천직이 학자인 사람으로 독서와 조용한 생활을 무엇보다 좋아했다. 하지만 399년에는 황제의 대리인으로 스페인의 통치를 맡기도 했다. 그가 키케로의 『스키피오의 꿈』에 대해 쓴 주석서는 신플라톤주의의 신비주의와 철학을 이해하는 수단으로서 세간에 큰 인기를 끌었다. 하지만 그의 책 중 단연 걸작으로 손꼽히는 것은 『사투르날리아』(사투르누스 축제일이라는 뜻)로, 이 책이 나온 이후 1500년 동안 역사가라면 거의 한 명도 빼놓지 않고 이 책을 인용했을 정도다. "문학의 진수성찬"이라 할 수 있는 이 책에서 작가는 밤낮으로 책을 파고 공부해서 얻은 잡다한 지식을 한 권에 집대성해서 보여 주고 있다. 마르코비우스는 아울루스 겔리우스의 글을 발전시키는 동시에 찢어발긴 셈이었다. 겔리우스 글에 들어 있는 소재를 가져다가 실존 인물들의(프라이텍스타투스, 심마쿠스, 플라비아누스, 세르비우스 등) 가상 대화 형식으로 재구성했기 때문이다. 책 속에서 이들은 질 좋은 포도주에 맛 좋은 음식과 박식한 대화를 곁들여 3일 동안의 사투르누스 축제를 즐긴다. 책 속에서 의사로 등장하는 디사리우스에게 사람들은 의학적인 질문을 몇 가지 던지기도 한다. 이것저것 먹는 것보다 소박하게 먹는 게 더 좋은가?, 여자들은 술을 마셔도 잘 안 취하는데, 왜 늙은 남자들은 마셨다 하면 취하는가?, 여자의 본성은 남자보다 더 차가운가, 아니면 뜨거운가? 이 박식한 사람들은 달력을 두고 토론을 벌이기도 하고, 베르길리우스의 어휘, 문법, 스타일, 철학, 표절을 두고 오랫동안 분석을 하기도 한다. 한편으로 이 책은 고금의 명언을 한데 모아 놓은 작품이기도 하고, 성대한 잔치와 진수성찬을 다룬 글이기도 하다. 저녁에는 좀 더 가벼운 질문들이 오가 이 알은체하는 사람들을 즐겁게 만든다. 왜 사람은 창피하면 얼굴이 빨개지고 무서울 땐 하얗게 질리는가?, 왜 대머리는 머리 꼭대기부터 머리가 벗겨지는가?, 닭이 먼저일까, 아니면 달걀이 먼저일까?[34] 하지만 갖가지 소재가 뒤섞인 가운데서도, 원로원 의원인 프라이텍스타투스가 노예제에 대해 다음과 같이 이야기하는 것처럼 고상한 내용이 등장하기도 한다.

> 나는 사람을 평가할 때 그 사람의 지위가 아닌 그 사람의 품행과 도덕성을 본다. 지위는 우연히 얻어지는 것이지만 품행과 도덕성은 그 사람의 인격에서 나오기 때문이다. …… 우리는 공공 광장이나 원로원에서뿐만이 아니라 우리의 집 안에서도 우리의 친구, 우리의 대천사를 찾아야 한다. 노예를 관대하게 호의로 대하고, 대화에도 끼워 주어야 하며, 때로는 개인적인 모임에까지도 참석시키도록 하자. 우리 조상들은 주인이라고 자만할 것 없고 노예라고 치욕스러울 것 없다고 여기셔서, 주인은 '파테르 파밀리아스(pater familias)' 노예는 '파밀리아리스(familiaris)'라 불렀다.(이는 결국 다 한 가족이라는 뜻이다.) 노예에게 호의를 베풀면 그들은 우리를 두려워하기보다는 그 누구보다도 먼저 나서서 존경해 줄 것이다.[35]

이러한 분위기의 로마 사교계에 394년경 한 시인이 들어오는데, 그가 로마의 장대함을 마지막으로 노래하고 죽으리란 걸 누가 알았을까. 클라우디우스 클라우디아누스는 암미아누스와 마찬가지로 동방 태생이며 그리스어를 모국어으로 썼다. 하지만 라틴어로 그토록 유려하게 글을 쓸 줄 알았던 것으로 보아 어린 나이에 일찍감치 라틴어를 배웠던 게 틀림없다. 그는 로마에 잠시 머물렀다가 밀라노로 가서 스틸리코의 참모직을 하나 얻고, 호노리우스 황제의 비공식 계관 시인이 되어서는 혈통 좋고 돈 많은 여인과 결혼까지 하게 된다. 클라우디아누스는 절호의 기회를 귀신같이 알아보았고, 남들처럼 소박하게 공동묘지에나 묻히는 신세가 될 생각도 없었다. 그는 스틸리코에게는 아름다운 찬가를 지어 바치고, 스틸리코의 경쟁자들에 대해서는 가차 없이 매도하는 시를 썼다. 그러다 400년에 로마로 돌아와 「집정관 스틸리코」라는 작품에서 영원의 도시 로마에 찬가를 바쳤는데, 그 솜씨가 베르길리우스에 버금갈 정도여서 사람들로부터 큰 갈채를 받았다.

> 오로지 신들과만 어깨를 나란히 하는 집정관은 이 대기가 둘러싸고 있는 땅의 그 어느 곳보다도 위대한 도시를 다스리시네. 그 크기는 아무도 눈으로 헤아리지 못하고, 그 아름다움은 어떤 그림으로도 그려 낼 수 없으며, 그 위대함은 어떤 목소리로도 숭배할 수 없네. 이웃 별들 아래서 황금빛 머리를 들어 올리고, 일곱 개의 언덕은 천국의 일곱 지역을 닮았네. 군사와 무기의 어머니 로마는 이 땅 구석구석으로 팔을 뻗어 나가고, 정의를 지킨 최초의 요람이었네. 이 도시 로마는 보잘것없는 씨앗에서 싹을 틔워 이제는 땅의 양 끝까지 그 팔을 뻗치고, 조그만 도시에서 벗어나 태양 빛과 영원히 공존할 정도로 그 힘을 키우게 되었노니. …… 피정복민들을 황후가 아닌 마치 어머니처럼 가슴으로 끌어안는 곳은 여기 로마밖에 없으니, 로마는 인류를 똑같은 이름으로 보호하며, 패한 자들을 불러들여 로마의 시민권을 나누어 주고, 저 멀리에 있는 종족들까지 유대와 애정으로 한데 엮네. 로마의 평화로운 통치 덕에 우리는 이 커다란 세상을 집 삼아 살아가네. 우리는 원하는 곳이면 어디서건 살 수 있고, 무섭기만 하던 야생 동물이 툴레에서는 이제 즐거운 구경거리가 되었네. 로마 덕분에 모든 이들이 너나 할 것 없이 론 강의 물도 마시고 오론테스 강의 물도 벌컥벌컥 들이마시네. 로마 덕분에 우리는 모두 한 민족이 되었네.[36]

클라우디아누스의 시에 감복한 스틸리코는 베르길리우스의 명문(名文)과 호메로스의 힘을 하나로 합쳤다면서, 트라야누스 광장에 함께 모인 자리에서 그를 "가장 영광스러운 시인"의 자리에 올려놓았다. 클라우디아누스는 보답이 돌아올 만한 시를 몇 편 더 지은 후 「프로세르피네의 강탈」이라는 작품에 자기 재능을 쏟아부었다. 그는 이 오래된 이야기를 좀처럼 잊히지 않는 땅과 바다의 풍경으로 풀어내며, 그의 부드러운 어조는 당대 유행하던 그리스풍의 로맨스를 연상시킨다. 그러다 408년 그는 스틸리코가 암살되었고, 장군의 친구들 상당수도 체포되거나 처형되었다는 사실을 알게 된다. 그 이후 그가 어떻게 되었는지는 알 길이 없다.

당시 로마에는 아테네나 알렉산드리아와 마찬가지로 소수파 이교도들이 여전히 상당수 생존해 있었고, 4세기 말엽에 이르러서도 여전히 700개에 달하는 이교도 신전이 서 있었다.[37] 요비아누스와 발렌티니아누스 1세는 율리아누스가 열었던 이교도 신전을 다시 폐쇄하지는 않았던 듯하다. 로마의 사제들도 여전히(394년) 자신들의 신성한 학교에서 만남을 가졌고, 사람들은 여전히 반(半)야만적인 형태의 옛날 의식을 통해 루페르칼리아를 찬양했으며, 사크라 대로(大路)에는 이따금 죽을 줄 알면서 제단으로 억지로 끌려가는 황소의 울음소리가 울려 퍼지곤 했다.

로마의 후기 이교도 중에서 가장 많은 존경을 받은 인물은 베티우스 프라이텍스타투스로 원로원에서 주류 이교도들을 이끌고 있었다. 그가 청렴성, 학식, 애국심, 건전한 가정생활 등의 여러 덕목을 지니고 있다는 것은 누구나 인정하는 바였다. 그를 옛 로마 시대의 카토나 킨키나투스에 비교하는 사람들도 있었다. 한편 역사는 그의 친구가 남긴 서간 때문에 심마쿠스(345~410년)의 이름을 더 잘 기억하고 있다. 심마쿠스의 서간은 귀족 친구의 모습을 어찌나 유쾌하게 그려 내고 있는지 죽기 바로 전날까지 그를 불멸의 존재로 생각할 정도였다. 실제로 프라이텍스타투스의 가문 자체가 불멸인 것처럼 보였다. 그의 조부는 330년에 집정관을 지냈고, 아버지는 364년에 장관을 지냈으며, 프라이텍스타투스 자신은 384년에 장관을, 391년에는 집정관을 지낸 경력이 있었다. 그의 아들도 나중에 집정관이 되고, 손자는 446년에 집정관이 되며, 증손자는 485년에 집정관에 오르고, 고손자 둘 모두 522년에 집정관 자리에 오른 것이다. 그의 재산은 어마어마해서, 로마 근방에 대저택이 세 채나 있었으며, 라티움에 일곱 채, 나폴리 만에 다섯 채가 있었고, 그 밖에 이탈리아 반도 곳곳에 여러 채가 있었다. 그래서 "이탈리아 반도를 종횡으로 누비고 다녀도 어디서건 집처럼 머물 수 있었다."[38] 하지만 이토록 어마어마한 재산에 원한을 품었던 사람은 없었다고 전한다. 가진 재산을 그가 아낌없이 쓸 줄 알았던데다, 평소에 학문에 힘쓰고, 공직에 봉사하고, 도덕적으로 청렴하며, 남모르는 자선 사업을 수도 없이 행하는 등 가진 만큼 선하게 살았기 때문이다. 그와 절친했던 친구 중에는 이교도뿐 아니라 그리스도교도들도 있었고, 로마인뿐 아니라 야만족도 끼어 있었다. 그는 나라보다는 이교도 신앙을 먼저 생각한 사람이었던 듯하다. 그는 자신이 대표하고 또 향유하는 문화가 옛날 종교와 단단히 얽혀 있다고 생각해서, 어느 한쪽이 무너지면 다른 한쪽도 무너지지 않을까 염려했다. 사람들이 옛날식 의식을 정성스레 지내다 보면 로물루스부터 발렌티니아누스까지 끊임없이 이어지는 놀라운 역사의 고리 속에 자기도 하나가 됨을 느낄 수 있었다. 자신의 신들을 지켜 내기 위해 마지막으로 극적인 싸움이 벌어지자 동료 시민들이 퀸투스 아우렐리우스 심마쿠스를 선택한 것도 다 이렇듯 그가 이교도 신앙을 끔찍이 생각했기 때문이었다.

380년 암브로시우스의 유창한 언변에 설복 당한 그라티아누스 황제는 열렬한 정통파의 지지자가 되어, "로마의 인자한 통치를 받는 백성들은 모두" 니케아 신경(信經)을 반드시 따라야 한다고 공언하고는, 다른 신앙을 따르는 자들은 "미치고 정신 나간 자"라며 비난했다.[39] 382년에는 이교도 행사를 비롯하여 이교도의 제단을 지키는 처녀나 신관들에게 더 이상 황실이나 도시의 자금 지원을 받지 못하게 했다. 뿐만 아니라 신전 및 신관 양성 학교의 토지도 모조리 압수해 버렸다. 그리고 기원전 29년에 아우구스투스가 로마의 원로원 의사당에 세운 승리의 여신상도 치우라고 명령을 내렸다. 원로원 의원들이 그 앞에 서서 황제에게 충성을 맹세한 세월이 장장 350여 년이었는데도 말이다. 원로원에서는 심마쿠스가 이끄는 대표단을 보내 그라티아누스 황제에게 승리의 여신상 문제를 재고해 줄 것을 요청했지만, 황제는 그들을 접견도 하지 않은 채 심마쿠스를 로마에서 추방시켜 버렸다.(382년) 383년 그라티아누스 황제는 죽임을 당했고, 희망이 생긴 원로원은 황제의 후계자에게 대표단을 다시 보냈다. 이때 심마쿠스가 발렌티니아누스 2세 앞에서 행한 연설은 유려한 변론의 걸작이라며 사람들에게서 갈채를 받았다. 일련의 종교적 의식들은 사회 질서와 국가의 권위를 안정시키는 데 일조해 온 지가 벌써 천 년인데, 그걸 돌연 중단해 버리는 건 온당치 못한 일이라고 그는 주장했다. "사람이 진리를 찾아가는 데 어떤 길로 가느냐가 뭐가 그리 중요합니까? 사람은 한길로 가서는 절대 위대한 비밀을 알 수가 없습니다."[40]

젊은 나이의 발렌티니아누스 황제는 그의 연설에 감동을 받았다. 암브로시우스가 전하는 바에 따르면 황실 자문단의 그리스도교도들조차 승리의 여신상 복구를 건의했다고 한다. 하지만 외교 문제로 당시 자리에 없었던 암브로시우스는 자문단의 의견을 묵살하고 황제에게 고압적인 서신을 보냈다. 그는 심마쿠스의 주장을 하나하나 짚어 가며, 특유의 강력한 논법으로 반박을 가했다. 그러면서 황제에게 대표단의 청원을 받아들일 경우 파문까지 할 수 있다고 위협을 가했다. "폐하께서 교회에 들어오실 수는 있겠으나, 폐하를 맞는 사제들은 하나도 없을 것입니다. 아니면 사제들이 있더라도 폐하께서 들어오시지 못하도록 막을 것입니다."[41] 황제는 원로원의 청원을 받아들이지 않았다.

393년 이탈리아의 이교도들은 마지막이란 심정으로 모든 걸 다 걸고 혁명을 일으켰다. 반(半)이교도였던 에우게니우스 황제는 테오도시우스의 인가를 거부하고 서로마 제국의 이교도들을 자신의 군대에 넣고 싶어 했다. 그는 승리의 여신상을 복원한 뒤에 자신이 테오도시우스를 물리치고 그리스도교 교회들을 마구간으로 쓸 거라고 떠벌렸다. 심마쿠스의 사위였던 니코마쿠스 플라비아누스는 군대를 이끌고 에우게니우스를 돕겠다고 나섰다가 같이 패배를 당하고 스스로 목숨을 끊고 말았다. 테오도시우스는 로마까지 군대를 이끌고 와서 원로원에 강제하여 모든 형태의 이교 의식을 폐지한다는 법령을 포고하게 했다.(394년) 알라리크가 쳐들어와 로마가 벌집 쑤시듯 약탈을 당할 때, 이교도들은 한때 당당한 위용을 자랑하던 이 도시가 이토록 굴욕을 당하는 것은 다 신들이 능욕을 당하다 못해 노했기 때문이라고 생각했다. 신앙을 두고 전쟁이 벌어지는 통에 로마 시민들 사이의 단합은 깨지고 사기는 꺾이고 말았다. 그리하여 침략의 물결이 정신없이 닥쳐왔을 때도 로마 사람들이 할 수 있었던 일이라곤 서로에게 저주를 퍼부으며 각자의 신에게 따로 기도를 드리는 것뿐이었다.

4. 홍수처럼 밀려드는 야만족

스틸리코가 암살된 뒤의 상황을 간단히 덧붙이자면, 스틸리코를 죽이라는 진언을 올렸던 올림피우스는 스틸리코가 이끌던 야만족 군대의 우두머리를 포함해 그의 추종자 무리 수천 명을 숙청하라 명했다. 알프스 산맥 뒤편에서 호시탐탐 기회를 엿보던 알라리크가 이 순간을 놓칠 리 없었다. 그는 로마인들에게서 받기로 했던 금 4000파운드를 아직 못 받았다고 불평하면서, 대신 고트족의 최고위층 젊은이들을 인질로 주면 앞으로 충성을 하겠다고 맹세했다. 호노리우스 황제가 이를 거절하자 알라리크는 군대를 이끌고 알프스 산맥을 넘어와서 아퀼레이아와 크레모나를 약탈하고, 수장의 숙청으로 로마인에게 원한을 품은 용병 3만 명을 자기편으로 끌어들였다. 그러고는 플라미니아 가도를 따라 로마의 성벽 바로 근처까지 단숨에 밀고 내려갔다.(408년) 이때 은둔 중이던 수도사 단 한 사람만이 알라리크를 도적으로 몰아세우며 막아섰다. 하지만 알라리크가 이 전투는 하느님의 명에 따르는 것이라 하자 그만 말문이 막혀 버리고 말았다. 겁에 질린 원로원은 한니발 장군 시절에 그랬던 것처럼 다들 제정신이 아니었다. 원로원은 스틸리코의 미망인이 알라리크와 공모했다고 보고 그녀를 사형에 처했다. 이에 알라리크는 식량이 들어갈 수 있는 로마의 길이란 길은 모조리 봉쇄해 버렸다. 곧 로마 주민들은 굶주리기 시작했고, 서로를 죽이고 여자들은 아이를 죽여 잡아먹는 지경까지 갔다. 결국 로마는 알라리크에게 사절을 보내 협정을 맺자고 요청했다. 100만 명의 로마인들은 얼마든지 저항할 준비가 돼 있다고 로마 측에서 말하자, 알라리크가 웃으며 대꾸했다. "건초는 두껍게 쌓이면 쌓일수록 한 번에 싹 베어 버리기도 쉽지." 하지만 어느 정도 마음이 누그러진 알라리크는 로마에 있는 금은과 값진 재물은 모조리 가져간다는 조건으로 군대를 철수시켜 주겠다고 했다. "그러면 우리에겐 뭐가 남는단 말이오?" 로마 사절이 물었다. 그러자 알라리크가 비아냥거리듯 대답했다. "당신들 목숨이 남잖소." 로마는 더 저항하는 쪽을 선택했지만 굶주림을 어쩌지 못하고 새로 항복의 뜻을 전했다. 알라리크는 금 5000파운드, 은 3만 파운드, 비단 튜닉 4000벌, 가죽 3000장, 후추 3000파운드를 로마로부터 받았다.

그러는 사이 로마인 주인으로부터 도망쳐서 알라리크 군대로 합류하는 야만족 노예들이 이루 헤아릴 수 없이 많았다. 그리고 그 부분을 벌충이라도 하듯 고트족의 한 수장인 사루스가 알라리크를 버리고 호노리우스 황제에게로 투항했다. 그는 상당수의 고트족 병사들을 함께 이끌고 와서는 야만족의 주력 부대를 공격했다. 알라리크는 이것은 협정 위반이라며 다시 한 번 로마를 포위했다. 로마에 있던 노예가 성문을 열어 주자 고트족이 물밀 듯 쏟아져 들어왔고, 로마는 800년 역사상 처음으로 적의 손에 점령당하는 처지가 되었다.(410년) 3일 동안 로마는 철저하게 약탈을 당했다. 다만 성 베드로 성당과 성 바울 성당만큼은 참변을 피하여 그곳을 성역으로 믿고 찾아온 피난민들도 무사하였다. 하지만 훈족과 노예들로 이루어진 4만 명의 병력은 도저히 통제 불능이었다. 수백 명에 이르는 재력가 집안 남자들이 이들 손에 목숨을 잃었고, 이들 가문의 여자들도 강간을 당하거나 목숨을 잃었다. 거리에 널려 있는 시체를 다 어디다 갖다 묻어야 할지 알 수 없을 지경이었다. 수천 명에 이르는 사람들이 포로로 잡혀갔고, 여기에는 호노리우스의 이복누이인 갈라 플라키디아도 끼여 있었다. 금과 은은 눈에 보이는 족족 가져갔고, 예술품은 녹여서 그 안에 들어 있는 귀금속을 빼 갔다. 그뿐이 아니었다. 그동안 아름다운 조각상이나 도기를 만들어 내느라 가난에 허덕이며 뼈 빠지게 고생했던 노예들이 그때의 원통함을 잊지 못하고 걸작 예술품들을 신이 나서 때려 부쉈다. 3일이 지난 후 알라리크는 흐트러진 군대의 기강을 재정비한 후 이번에는 시칠리아를 정복하기 위해 남쪽으로 군대를 이끌고 내려갔다. 하지만 알라리크는 바로 그해에 열병에 걸려 시달리다가 코센차에서 죽고 말았다. 그의 무덤을 만들 안전하고 널찍한 터를 마련하기 위해 노예들이 부센토 강 부근을 파서 물길을 돌렸다. 그를 묻고 난 후에는 다시 물길을 되돌려 놓았다. 그러고는 알라리크가 묻힌 곳을 숨기기 위해 힘들여 물길을 파고 돌려놓았던 그 노예들을 죽여 버렸다.[42]

알라리크의 뒤를 이어 왕으로 선출된 사람은 알라리크의 처남 아타울프(아돌프라고도 한다.)였다. 그는 이탈리아에서 철군하는 조건으로 두 가지를 내걸었다. 첫째는 플라키디아를 데려가 결혼하겠다는 것이었고, 두 번째는 로마와의 군사 동맹 관계의 자격으로 서고트족에게 나르본, 툴루즈, 보르도 지방을 비롯해 남부 갈리아 지역을 주고 그곳에서 자치를 할 수 있게 해 달라는 것이었다. 호노리우스는 결혼에 반대했지만 플라키디아는 승낙했다. 그러자 고트족의 이 우두머리가 자신은 로마 제국을 무너뜨리기보다는 로마 제국을 지키고 강하게 하는 데 뜻이 있음을 밝혔다. 그는 고트족 군대를 이끌고 이탈리아 밖으로 나간 후 외교술과 무력을 적절히 안배해서 갈리아에 서고트족 왕국을 세웠다. 서고트 왕국은 형식적으로는 로마 제국에 속해 있었고 툴루즈를 수도로 삼았다.(414년) 하지만 1년 후 아타울프는 암살을 당한다. 그를 사랑했던 플라키디아는 영원히 미망인으로 남고 싶어 했지만, 호노리우스 황제가 그녀를 콘스탄티우스 장군에게 하사했다. 콘스탄티우스(421년)와 호노리우스(423년)가 죽자 플라키디아는 아들 발렌티니아누스 3세의 섭정 역할을 맡아 여자임에도 전혀 주눅 들지 않고 25년 동안 서로마 제국을 통치했다.

반달족은 타키투스가 살던 시대부터 벌써 인구도 많고 강력한 나라여서 오늘날 프러시아의 중부와 동부 지방을 차지하고 있었다. 그러다 콘스탄티누스 치세 때에는 남쪽으로 내려와 헝가리까지 진입한 상태였다. 그런 반달족 군대가 서고트족에게 무참히 패배하고 고통을 받자, 남은 반달족 무리가 다뉴브 강을 건너 로마 제국 안으로 들어가게 해 달라고 요청을 해 왔다. 콘스탄티누스는 이를 허락했고, 판노니아에 정착한 이들은 70년 사이에 그 수가 몇 배로 불어나 있었다. 하지만 서고트족의 알라리크가 성공하는 걸 보자 이들에겐 딴마음이 일었다. 알프스 이북에서 이탈리아를 방어하던 로마 군대가 물러나면 풍요로운 서쪽 땅이 보란 듯 텅 비게 되는 것이었다. 결국 406년 반달족, 알라니족, 수에비족으로 뒤섞인 사람들이 대규모 집단으로 라인 강을 건너와 갈리아 지역을 거침없이 약탈했다. 그리고 마인츠까지 습격해서 마구 강탈하고 그곳 주민 상당수를 닥치는 대로 죽였다. 이어 북쪽의 벨기카로 들어가 서로마의 주요 도시 중 하나였던 트리어를 약탈하고 불을 질렀다. 여기서 뫼즈 강과 엔 강을 건너 랭스, 아미앵, 아라스, 투르네를 쑥대밭으로 만들어 놓고는 거의 영국 해협까지 이르렀다. 거기서 그들은 남쪽으로 방향을 틀어 센 강과 루아르 강을 건너 아퀴텐으로 들어갔고, 그 지방의 거의 모든 도시에서 반달족 특유의 흉포성을 유감없이 보여 주었다. 단 엑수페리우스 주교가 초인적인 힘을 발휘해 지켜 낸 툴루즈만은 간신히 재난을 피할 수 있었다. 반달족은 피레네 산맥에서 잠시 멈췄다가 다시 동쪽으로 방향을 틀어 이번에는 나르본을 약탈했다. 갈리아 지역이 그토록 철저하게 짓밟힌 건 전에는 좀처럼 없던 일이었다.

409년이 되자 이들은 10만 군사를 이끌고 스페인으로 들어갔다. 스페인 역시 갈리아 및 동로마와 마찬가지로 로마식 통치가 이루어지면서 과중한 세금과 빈틈없는 행정 체계가 자리 잡은 터였다. 부는 대규모 사유지에 집중되었고 노예와 농노와 가난에 허덕이는 자유민들이 서민층을 이루고 있었다. 하지만 안정과 법의 은덕만으로도 스페인은 로마 속주 중에서 가장 번성한 지역 중 하나가 되어 있었고, 메리다, 코르도바, 세빌, 타라고나는 제국 내에서 가장 부유하고 문화적인 도시로 손꼽히고 있었다. 하지만 난공불락처럼 보이던 이 반도로 반달족, 수에비족, 알라니족이 밀고 내려오더니 2년 만에 피레네 산맥부터 지브롤터 해협에 이르는 스페인 반도 전체를 쑥대밭으로 만들었다. 그런 다음에는 정복을 멈추지 않고 아프리카 해안까지 세를 뻗어 나갔다. 로마 군대로는 도저히 로마 땅을 지켜 낼 수 없었던 호노리우스 황제는 남서부 갈리아 지역에 있던 서고트족을 뇌물로 매수해서 스페인을 되찾아 달라고 했다. 서고트족의 유능한 왕 왈리아는 치밀하게 작전을 짜고 전투를 펼쳐 이 과업을 수행해 냈다.(420년) 이로써 수에비족은 스페인의 북서부로 물러났고, 반달족은 남쪽으로 내려가 안달루시아(안달루시아라는 이름에는 아직도 반달족의 흔적이 묻어 있다.)로 들어갔다. 그리고 왈리아는 약속한 대로 스페인을 다시 황제의 영토로 만들어, 약속을 지킬 줄 모르는 로마의 외교 사절을 부끄럽게 만들었다.

그렇게 정복과 약탈을 일삼고도 여전히 성에 차지 않은 반달족은 아프리카까지 공격해 들어갔다.(429년) 우리가 프로코피우스[43]나 요르다네스[44]의 말을 믿어도 된다면, 당시 반달족을 아프리카로 끌어들인 건 아프리카 총독 보니파키우스였다고 한다. 그가 반달족의 힘을 빌려 라이벌이었던 아이티우스(스틸리코의 후계자)에 대적하려고 했다는데, 전거가 확실치 않다. 당시 상황이 어떠했건 간에 반달족 왕은 작전을 짜내는 능력만큼은 기가 막혔다. 가이세리크는 노예의 사생아였으나 자부심이 강했고, 절름발이었지만 힘이 장사였으며, 섭생의 원칙을 수행자처럼 엄격히 지켰다. 또 싸움에 나서서 주눅 드는 일이 없었으며, 불같이 화를 내는 성미를 가진데다, 원한을 품으면 누구보다 잔혹했다. 하지만 협상과 전쟁에서는 타의 추종을 불허하는 천재적 재능을 발휘했다. 반달족과 알리니족 전사들 및 여자와 아이들로 이루어진 8만 명의 무리가 아프리카에 도착하자, 무어족과 도나투스파 이교도들이 이들에게 합류했다. 무어족은 오랫동안 로마인의 지배에 이를 갈아 오던 참이었고, 도나투스파는 그때까지 정통 그리스도교도들에게서 박해를 받던 터라 이 새로운 통치자가 반갑기만 했다. 로마령 북 아프리카의 인구가 800만 명을 웃돌았건만, 보니파키우스의 소집에 응해 소규모 정규군에 합류한 인원은 터무니없이 적었다. 결국 보니파키우스의 군대는 가이세리크에게 무참히 패배를 당하고 히포로 퇴각했다. 당시 히포 주민들은 노년의 성 아우구스티누스가 사기를 불어넣자 반달족의 침략에 영웅적으로 저항했다. 히포는 무려 14개월 동안 반달족의 포위를 버텨 냈고(430~431년), 가이세리크는 다른 곳에서 출정한 로마 군대와 맞서기 위해 히포에서 철수해야 했다. 이 로마 군대를 반달족 부대가 얼마나 처참하게 쳐부수었던지, 발렌티니아누스는 사절을 보내 반달족의 아프리카 정복을 인정하는 협정을 체결할 수밖에 없었다. 가이세리크는 내내 협정을 잘 지키더니 로마인들이 방심한 틈을 타 이번에는 부유한 카르타고를 급습해서 힘 하나 들이지 않고 그곳을 점령했다.(439년) 귀족들과 가톨릭 성직자들은 가진 재산을 모두 빼앗기고 추방당하거나 노예가 되었다. 반달족은 눈에 보이는 재물은 모두 빼앗았으며, 재물의 은닉 장소를 알아내기 위해 사람들에게 모진 고문을 가하기도 했다.[45]

당시 가이세리크는 아직 젊은 나이였다. 그는 아프리카를 잘사는 곳으로 탈바꿈시키면서 통치자로서의 능력을 유감없이 발휘했지만, 아무래도 전쟁에서 신나게 싸울 때가 가장 행복했다. 그래서 대규모 함대를 만들어 스페인, 이탈리아, 그리스 일대의 해안을 약탈했다. 가이세리크의 기병을 실은 함대가 다음에 어디에 닻을 내릴지는 아무도 모르는 일이었다. 해적들이 서부 지중해를 그토록 거침없이 휘젓고 다닌 일은 이제껏 로마 역사에서 한 번도 없던 일이었다. 마침내 황제는 아프리카에서 나는 곡물 때문에라도 어쩔 수 없이(당시 로마는 물론 라벤나도 아프리카에서 나는 곡물로 먹고 살았기 때문에) 이 야만족 왕과 평화 협정을 맺기로 하고, 심지어는 공주와 결혼까지 시켜 주겠다고 서약했다. 한편 얼마 안 있어 무너질 운명에 처해 있던 로마는 그런 줄도 모르고 여전히 웃고 떠들며 신나게 즐기고 있었다.

훈족이 볼가 강을 건넌 것을 기점으로 야만족의 침입이 한층 거세진 지도 벌써 75년이 지나 있었다. 그간 서쪽으로 이루어진 훈족의 이동은 점진적인 이주의 모습을 띠어서, 알라리크나 가이세리크의 정복도 있었지만, 근대 들어 북미 대륙에 식민지가 조금씩 퍼져 나가는 것과 양상이 비슷했다. 그렇게 그들은 차차로 아래로 내려오며 정착을 하다가 종국에는 헝가리 근처까지 진입해 그곳에 살던 게르만 부족 상당수를 통치하게 되었다.

그러다 433년경 훈족의 왕 루아가 세상을 떠나며 조카였던 블레다와 아틸라에게 왕위를 넘겨주었다. 하지만 블레다는 444년경 죽임을 당하면서(아틸라의 짓이라는 이야기도 있었다.) 아틸라(고트어로 '키 작은 아버지'라는 뜻이다.)가 돈 강에서 라인 강에 이르는 다뉴브 강 북쪽의 다양한 부족들을 통치하게 되었다. 고트족 역사가 요르다네스는 아틸라의 모습을 이렇게 묘사한다. 물론 이 묘사가 얼마나 정확한 것인지 우리로서는 알 길이 없다.

> 그는 여러 나라를 뒤흔들려고 이 땅에 태어난 사람으로, 어디고 할 것 없이 온 땅에 재앙과도 같은 존재였다. 그는 나라 밖에 나 있는 무성한 소문만으로도 인류 전체를 벌벌 떨게 한 인물이었다. 오만한 걸음걸이로 돌아다니고 눈알을 뒤룩뒤룩 굴리는 통에 그 자부심 넘치는 영혼의 힘은 그의 몸동작 하나하나에 그대로 드러났다. 그는 누구보다 전쟁을 사랑했지만, 함부로 나서지는 않았다. 정책은 힘 있게 밀고 나갔으며, 애원하는 자에겐 자비롭게 대했고, 한 번이라도 자신의 보호를 받았던 자들에게도 관대했다. 그는 키가 작은 편이었으며, 가슴이 떡 벌어지고 머리가 컸다. 두 눈은 작았으며, 가늘게 기른 턱수염엔 흰 수염이 많았다. 납작한 코와 거무스름한 피부는 그의 태생이 어디인지를 말해 주었다.[46]

그가 다른 야만족 정복자와 다른 점이 있었다면 무력보다는 간교한 꾀를 더 잘 썼다는 것이다. 그는 백성들이 믿던 야만적인 미신을 활용해 자신을 위대한 존재로 신격화했다. 또 그의 승리가 있기 전에는 그가 얼마나 잔혹한지를 두고 미리 과장된 이야기가 떠돌곤 했는데, 그가 지어내 퍼뜨렸을 공산이 크다. 아틸라는 글을 쓸 줄도 읽을 줄도 몰랐지만, 그렇다고 그의 지적 능력이 떨어지는 건 결코 아니었다. 한마디로 야만인은 아니어서 명예와 정의가 뭔지 알았고, 종종 자신이 로마인보다 도량이 넓다는 걸 증명해 보였다. 그는 소박하게 옷을 입고, 음식을 절제해서 먹었으며, 사치는 자기 아랫사람들이나 부리는 것이라고 생각했다. 아틸라의 신하들은 금은으로 장식된 기구나 마구(馬具), 창검으로 꾸미고 다니는 걸 누구보다 좋아했으며, 거기 새겨진 정교한 장식은 그들의 아내가 기막힌 손재주를 가졌다는 증거이기도 했다. 아틸라 자신은 아내를 여럿 두었으면서도 로마와 라벤나의 일부 상류층에 유행했던 풍토, 즉 일부일처제를 주장하면서 방탕하게 생활하는 것을 못마땅하게 생각했다. 아틸라의 궁전은 평평한 널빤지로 마룻바닥과 벽을 댄 거대한 통나무집이었는데, 나무에 장식을 새기고 윤을 내어 우아하게 꾸몄다. 거기에 카펫과 가죽으로 보강을 해서 한기가 들어오지 못하도록 했다. 그는 커다란 촌락을 수도로 삼았는데 오늘날의 부다(Buda) 지방이 그 자리였던 것으로 보인다.(최근까지만 해도 일부 헝가리인들은 부다를 에첼른부르크(Etzelnburg)라고 불렀는데 아틸라의 도시라는 뜻이다.)

444년이 되었을 때 아틸라는 유럽에서 가장 강한 사나이가 되어 있었다. 동로마 제국의 테오도시우스 2세와 서로마 제국의 발렌티니아누스 모두 평화 유지를 조건으로 그에게 뇌물까지 바칠 정도였다.(제국민들에게는 예속 왕이 제국에 노역을 바친 대가라고 둘러댔지만.) 이제 50만 병력을 출정시킬 능력을 손에 넣은 이상 아틸라 자신이 유럽 전 지역과 근동 지역까지 직접 호령하지 못할 이유가 없었다. 441년 아틸라 휘하의 장군과 군대는 다뉴브 강을 건너 시르미움, 신기두눔(벨그라데), 나이수스(니시), 사르디카(소피아)를 점령한 후 마침내는 콘스탄티노플까지 위협하기에 이르렀다. 테오도시우스 2세는 이들에 맞서 군대를 보냈지만 패배하고 말았고, 동로마 제국은 매년 700파운드씩 바치던 금을 2100파운드로 늘린다는 조약을 맺고서야 평화를 손에 넣을 수 있었다. 447년이 되자 훈족은 트라키아, 테살리, 스키타이(러시아 남부)로 들어와 70개 마을을 약탈하고 수천 명의 사람들을 노예로 잡아갔다. 훈족 병사들이 이때 잡아 온 여자들을 자기 아내로 삼으면서 혼혈 세대가 생겨났고, 이리하여 몽골족의 특징은 저 멀리 바바리아 지방에까지 그 흔적을 남기게 되었다. 훈족의 이 침략으로 인해 발칸 반도는 쑥대밭이 되어 400년 동안이나 원상 복구되지 못했다. 그 이후로는 다뉴브 강도 오랜 기간 동방과 서방을 잇는 주요 교역로 역할을 하지 못했으며, 강 양안의 도시들도 쇠락을 면치 못했다.

동로마 제국에서 자기 성에 찰 만큼 충분히 피 맛을 본 아틸라는 서로마 제국으로 방향을 돌렸는데, 전쟁의 명분으로 댄 구실이 유별났다. 발렌티니아누스 3세에게는 호노리아라는 누이가 있었는데, 그녀를 수발들던 시종과 염문이 나는 바람에 콘스탄티노플로 유배를 와 있던 참이었다. 콘스탄티노플을 어떻게든 벗어나기 위해 그녀는 궁여지책으로 자기가 끼고 있던 반지를 아틸라에게 보내 도움을 요청했다. 이 능구렁이 같은 왕은 나름대로 기지를 발휘한답시고 그것을 청혼의 뜻으로 받아들이기로 결정했다. 그러고는 즉시 서로마 제국에 호노리아와 함께 신부의 지참금으로 서로마 제국의 영토 절반을 줄 것을 요청했다. 발렌티니아누스의 대신들이 반대하자 아틸라는 전쟁을 선포하고 나섰다. 사실 그가 전쟁을 일으킨 실제 이유는 당시 새로 동로마 제국의 황제 자리에 오른 마르키아누스가 아틸라에게 더 이상 공물을 바치려 하지 않았던 데 있었다. 발렌티니아누스 황제 역시 그를 똑같이 따라했던 것이다.

451년 아틸라와 그의 50만 대군은 라인 강으로 행군해 가서 트리어와 메츠를 약탈해 불태우고는 그곳 주민들을 무차별로 학살했다. 갈리아 지역 전체가 두려움에 벌벌 떨었다. 지금 갈리아 땅을 짓밟고 있는 자는 카이사르처럼 교양 있는 전사도 아니었고, 알라리크나 가이세리크처럼 신앙에 믿음이 있는 인물도 아니었기 때문이다. 신앙을 가졌으면서도 말과 행동이 따로 노는 사람들을 벌주기 위해(이교도나 그리스도교도나 다 마찬가지였다.), "하느님의 재앙"이라는 그 악독하고도 무서운 훈족이 쳐들어온 것이다. 이러한 위기가 닥치자 서고트족의 노쇠한 왕 테오도리크 1세가 제국을 구하겠다며 달려왔다. 그는 아이티우스가 이끄는 로마군에 합류했고, 트루아 근방의 카탈라우니아 평원에서 만난 이 대규모 군사들은 역사상 가장 피비린내 나는 전투를 치른다. 전하는 바에 따르면 이 전투에서 죽은 병사만 16만 2000명이었으며, 제국을 구하겠다며 영웅적으로 나선 고트족 왕도 이때 함께 죽었다. 서로마의 승리는 사실 결정적이지는 못했다. 승리를 거둔 서로마 제국 병사들은 너무도 지친 탓에 혹은 의견이 갈렸던 탓에 전열을 잘 정비해 퇴각하는 아틸라를 더 이상 뒤쫓지 못했다. 이듬해 아틸라는 또다시 이탈리아를 침공했다.

이번에 그의 수중에 떨어진 첫 번째 도시는 아퀼레이아였다. 이때 훈족이 이 도시를 얼마나 철저히 파괴했던지 아퀼레이아는 그 이후 다시는 일어서지 못했다. 베로나와 비센차는 그나마 형편이 나았고, 파비아와 밀라노는 가져갈 수 있는 재산은 모두 내어 준다는 조건으로 정복자의 선처를 구했다. 이제 로마로 들어가는 길이 아틸라에게 활짝 열려 있었다. 아틸라의 군대에 맞서는 아이티우스의 병력은 터무니없이 부족했다. 하지만 다행히도 아틸라는 곧바로 로마로 오지 않고 포(Po)에 머물렀다. 로마로 도망 온 발렌티니아누스 3세는 아틸라에게 교황 레오 1세와 원로원 의원 두 명으로 구성된 사절단을 보냈다. 이 사절단과 아틸라가 만났을 때 무슨 일이 있었는지는 아무도 모른다. 교황 레오 1세는 뛰어난 인물로 부각되어 무혈로 끝난 이 승리의 최대 공로자로 인정받았다. 역사는 이즈음 아틸라가 퇴각했다는 사실만 기록하고 있다. 아틸라의 부대 내에 역병이 돌고 있었고 식량은 떨어져 갔는데, 동로마의 마르키아누스가 마침 지원군을 보내오고 있었다.(452년)

아틸라는 훈족 무리를 이끌고 다시 알프스 산맥을 넘어 헝가리에 있는 자기의 수도로 돌아갔다. 하지만 호노리아를 신부로 보내지 않으면 이듬해 봄에 이탈리아로 또 들어올 거라고 엄포를 놓았다. 한편 아틸라는 호노리아와 결혼하지 못한 걸 못내 안타까워하며 일디코라는 젊은 나이의 아가씨를 들여 마음을 달랬는데, 「니벨룽겐의 노래」에 등장하는 크림힐트는 바로 역사에 실존했던 이 아가씨를 토대로 탄생하게 되었다. 아틸라는 결혼을 축하하는 자리를 열어 평소의 그답지 않게 마음껏 먹고 마셨다. 그리고 다음 날 침대의 젊은 아내 곁에서 숨진 채 발견되었다. 간밤에 혈관이 터졌는데 거기서 흘러나온 피가 목구멍을 막아 질식사하고 만 것이었다.(453년)[47] 그의 왕국은 쪼개져서 아들들에게 돌아갔고, 아들들은 영토를 지켜 낼 능력이 턱없이 부족하다는 걸 스스로 증명해 보였다. 형제들 간에 반목이 일었고, 훈족 밑에 있던 부족들은 흐트러진 지도층에 더 이상 충성할 마음이 없었다. 한때는 그리스인들과 로마인, 게르만족과 갈리아인들까지 호령하고, 나아가 유럽의 얼굴과 영혼에 아시아의 징표를 박아 주기까지 한 제국이었건만, 불과 몇 년 만에 산산조각 갈라져 흔적도 없이 사라져 버렸다.

5. 로마의 몰락

플라키디아가 450년에 세상을 뜨자 발렌티니아누스 3세는 제1인자의 자리에 올라서서 마음 놓고 실정을 저지를 수 있었다. 호노리우스 황제가 올림피우스의 말만 듣고 폴렌티아에서 알라리크를 막아 낸 스틸리코를 죽여 버리더니, 이번에 발렌티니아누스 황제는 페트로니우스 막시무스의 말만 듣고 트루아에서 아틸라를 막아 낸 아이티우스를 죽여 버렸다. 발렌티니아누스 황제는 슬하에 아들이 없었는데, 아이티우스가 자기 아들을 황제의 딸 에우도키아와 결혼시키고 싶어 한다는 이야기를 듣자 화가 머리끝까지 났다. 분한 마음에 앞뒤가 안 보인 황제는 아이티우스를 불러들여 자기 손으로 직접 죽여 버렸다.(454년) 이 광경을 보고 궁정의 신하가 아뢰었다. "폐하, 어찌하여 왼팔로 오른팔을 끊어 버리십니까." 그로부터 몇 달이 지났을 때 페트로니우스는 아이티우스의 추종자 두 명을 꾀어 발렌티니아누스 황제를 죽이라고 부추겼다. 암살이 일어났어도 그걸 응징하려고 나서는 자는 아무도 없었다. 선거라는 방식 대신 살인이 황제 선출의 방법으로 묵인돼 온 지가 벌써 오래였기 때문이다. 페트로니우스는 스스로를 황제에 추대하고 제위에 올라, 발렌티니아누스의 미망인인 에우독시아와 강제로 결혼식을 올렸다. 그리고 황제의 딸 에우도키아는 자신의 아들 팔라디우스와 강제로 결혼시켰다. 우리가 프로코피우스의 말을 믿어도 된다면,[48] 이때 에우독시아는 옛날에 호노리아가 아틸라에게 도움을 요청했던 것처럼 가이세리크에게 도움을 구했다. 가이세리크에겐 가만히 앉아 있을 이유가 없었다. 알라리크의 침략을 받았음에도 불구하고 로마는 예전의 풍요를 다시 되찾은 터였으나, 로마 군대는 이탈리아를 지켜 낼 형편이 못 되었기 때문이다. 이 반달족 왕은 무적함대를 이끌고 로마를 향해 닻을 올렸다.(455년) 로마로 쳐들어오는 가이세리크를 막아선 것은 단 한 사람, 무기 하나 없이 지방 성직자들만을 대동했던 레오 교황뿐이었다. 하지만 이번에는 레오의 중재도 정복자를 막아 내지 못했다. 무차별 학살과 고문, 방화는 하지 않겠다는 서약만 받아 냈을 뿐이었다. 로마는 나흘 동안 꼼짝없이 약탈에 시달렸다. 그리스도교 교회는 무사했지만, 나머지 신전에 남아 있던 보물들은 모조리 반달족의 갤리선으로 실려 갔다. 4세기 전 티투스는 솔로몬 신전의 금제 탁자, 대가 일곱 개 달린 촛대와 기타 신성한 그릇들을 가져왔었는데, 이것들도 이때 반달족들이 전리품으로 가져가 버렸다. 황궁에 있던 금은보화와 장식품과 가구들도 모조리 반달족의 수중에 넘어갔고, 대저택에 남아 있던 진귀한 물건들도 반달족이 모조리 싹쓸이해 가 버렸다. 또 포로 수천 명이 노예로 붙잡혀 가면서 남편은 아내와, 부모는 자식과 생이별을 해야 했다. 가이세리크는 에우독시아 황후와 그녀의 두 딸을 데리고 카르타고로 가서 에우도키아는 자기 아들 후네리크와 결혼을 시키고, 황후와 플라키디아(연소(年少) 플라키디아를 말한다.)는 레오 1세 황제의 요청에 따라 콘스탄티노플로 보냈다. 하지만 반달족이 이런 식으로 로마를 약탈한 것은 고대 세계의 전쟁법에 충분히 부합하는 것으로 결코 무분별한 만행이라고는 볼 수 없었다. 기원전 146년 로마인들이 카르타고인들에게 했던 무자비한 짓을 생각하면(카르타고와 로마 사이에 있었던 3차 포에니 전쟁을 말한다. - 옮긴이) 오히려 많이 봐준 셈이었다.

이제 이탈리아는 더 이상 혼란스러울 수 없는 지경까지 가 있었다. 50년 동안 침략과 기근과 역병이 끊이지 않고 닥치면서 수천 가구의 농가가 파괴되고, 노는 땅이 수천 에이커에 달했다. 지력(地力)이 다해서가 아니라 사람의 씨가 말라 버렸기 때문이었다. 성 암브로시우스는(420년경) 볼로냐, 모데나, 피아첸차가 불모지로 변하고 인구가 줄어드는 것을 안타까워했다. 교황 겔라시우스의 이야기에 따르면(480년경), 북부 이탈리아 지역에서도 사람은 그림자도 찾아보기 어려워졌다고 한다. 로마만 해도 단 1세기 만에 150만 명이던 인구가 30만으로 훌쩍 줄어든 상태였다.[49] 이제 대단하다는 도시들은 전부 동로마 제국에 자리 잡고 있었다. 한때 로마 근방에서 커다란 대저택과 기름진 농경지로 풍요를 자랑하던 캄파니아도 제국에서 내팽개쳐진 지 이미 오래였다. 가이세리크가 휩쓸고 지나간 뒤에도 로마에는 부가 어느 정도는 남아 있었고, 이후 테오도리크와 롬바르드족의 치세 때는 로마나 기타 이탈리아 도시들도 어느 정도 부흥을 하게 된다. 하지만 470년에는 농경지나 도시나 원로원 의원들이나 최하층 빈민이나 다 같이 가난에 찌들어 한때 위대함을 뽐내던 종족은 의기마저 꺾였고, 결국 에피쿠로스주의적인 냉소주의에 빠져 모든 신들에게 의구심을 품게 되었다. 단 프리아푸스만은 숭배했는데, 이 신은 소심한 성격에 자식은 없어 삶의 갖가지 의무를 등한시하며, 겁쟁이면서도 성질은 불같아서 항복이라면 모조리 질색하면서도 전쟁에 나가는 것만은 어떻게든 피하는 것이 특징이었다. 이 모든 경제적, 생물학적 쇠망을 거치자 정치적 쇠락이 재빨리 찾아왔다. 귀족들은 행정을 볼 줄만 알았지 통치할 줄은 몰랐으며, 사업가들은 개인적 이득을 챙기기에 혈안이 돼 있어 이탈리아 반도를 구하는 데는 관심이 없었다. 또 장군들은 뇌물을 주고 승리를 손에 넣었던 터라 무기를 들고 싸움에서 이기는 법을 몰랐으며, 관료 집단은 사치와 부패에 절어 헤어날 줄을 몰랐다. 로마라는 아름드리나무는 진작부터 줄기가 썩어 가더니, 드디어 쓰러질 때가 온 것이었다.

말년에 접어들자 로마에서는 황제 자리가 별 볼 일 없는 인물들로 정신없이 뒤바뀌는 상황이 연출되었다. 갈리아의 고트족은 자기네 종족 장군이었던 아비투스를 황제로 옹립했다.(455년) 하지만 원로원에서 그를 황제로 인정할 수 없다고 나섰고, 결국 아비투스는 황제에서 주교 자리로 내려오게 된다. 마요리아누스(456~461년)는 로마의 질서를 회복하려고 용기를 내어 노력했지만, 당시 파트리키우스(총리)직에 있던 서고트족 리키메르의 손에 폐위를 당하고 만다. 그 뒤를 이은 세베루스(461~465년)는 무력하게 리키메르의 손아귀에서 놀아났다. 안테미우스(467~472년)은 반(半)이교도 철학자여서 그리스도교를 믿는 서로마에 받아들여질 수 없었다. 리키메르는 황궁을 포위해 그를 잡은 뒤 죽여 버렸다. 그 뒤를 이어 올리부리우스가 리키메르의 총애를 받으며 두 달 동안 통치를 한 후에(472년), 스스로도 그럴 줄 모른 채 자연사해 버렸다. 글리케리우스(473년)는 제위에 오른 지 얼마 안 되어 폐위를 당했고, 그 후 2년 동안 로마는 율리우스 네포스의 통치를 받았다. 이 무렵에 새로 연합을 구성한 야만족 무리들이 물밀듯이 내려와 이탈리아를 덮쳤다. 한때 아틸라의 밑에서 통치를 받았던 헤룰리족, 스키리족, 루기족 등의 무리가 합쳐진 것이었다. 바로 이때 판노니아 지역 장군이었던 오레스테스는 네포스를 폐위시키고 (아우구스툴루스라는 별명을 가진) 자기 아들 로물루스를 제위에 앉혔다.(475년) 새로이 이탈리아를 침략한 자들은 오레스테스에게 이탈리아의 3분의 1을 떼어 줄 것을 요구했다. 오레스테스가 이를 거절하자 야만족 무리는 그를 죽여 버린 후 로물루스를 밀어내고 그 자리에 자기네 장군 오도아케르를 황제로 옹립했다.(476년) 아틸라 밑에서 장관을 지냈던 에데콘의 아들인 이 오도아케르는 능력 없는 인물이 아니었다. 그는 잔뜩 겁먹은 원로원 의원들을 소집하여, 그 자리에서 새로 동로마 제국의 황제가 된 제논에게 제국의 주권을 넘겨주겠다고 제안했다. 단 오도아케르 자신이 황제의 파트리키우스가 되어 이탈리아를 통치하게 해 달라고 했다. 제논이 이에 동의하면서 서로마 제국 황제의 연보는 여기서 끝을 맺게 된다.

이 사건을 "로마의 몰락"으로 본 사람은 이제까지 아무도 없었던 듯하다. 오히려 저 옛날 콘스탄티누스 황제 시절처럼 로마 제국이 은총 속에서 하나가 되었다고 보는 편이었다. 그런 시각은 로마의 원로원도 마찬가지여서 그들은 이 사건을 기념해 로마에 제논의 동상을 세우기까지 했다. 이탈리아의 군대, 정부, 농부가 게르만족의 영향을 받아 그들에게 거의 동화된 것이나, 이탈리아에 게르만족의 인구가 자연스레 몇 배나 불어난 것은 너무도 오랜 시간에 걸쳐 진행된 일이었기 때문에, 이러한 정치적 결말이 로마 제국 전체를 놓고 봤을 때는 그다지 중대한 변화로 보이지가 않았다. 하지만 사실상 오도아케르는 제논은 거의 신경 쓰지 않은 채 왕으로서 이탈리아를 다스린 거나 다름없었다. 결과적으로는 가이세리크가 아프리카를 정복하고, 서고트족이 스페인을 정복하고, 앵글족과 색슨족이 브리타니아를 정복하고, 프랑크족이 갈리아를 정복한 것처럼 게르만족이 이탈리아를 정복한 셈이었다. 서로마에 이제 위대한 제국은 더 이상 없었다.

야만족의 정복이 빚어낸 결과는 이루 헤아릴 수 없이 많았다. 먼저 경제적으로 야만족 정복은 다시 시골 생활로 돌아가는 걸 의미했다. 농경, 목축, 사냥, 전쟁으로 생계를 꾸려 왔던 야만족들은 도시 번성의 열쇠인 복잡한 상업 기술을 아직 익히지 못한 터였다. 야만족이 승리하면서 서양 문명이 지닌 자치 도시의 성격은 이후 7세기 동안 자취를 감춘다. 둘째로 야만족의 이주로 인종의 혼합이 새롭게 이루어졌다. 이탈리아, 갈리아, 스페인으로는 게르만족의 피가 상당히 많이 흘러들었고, 러시아, 발칸 반도, 헝가리에는 아시아인의 피가 흘러 들어갔다. 하지만 이러한 인종 결합의 신비한 힘으로 인해 이탈리아나 갈리아의 주민들이 갑자기 원기 왕성해진 것은 아니었다. 그보다는 전쟁을 비롯한 갖가지 경쟁을 통해 나약한 개인이나 혈통이 사라져 버렸다고 하는 편이 옳다. 로마가 오랜 기간 안정을 누리면서 사람들은 강인함, 체력, 용기, 남성적인 힘과 같은 기질들은 억눌러 왔었는데 이제는 누구나 그런 기질을 계발하지 않으면 안 되었다. 또 빈곤하다 보니 옛날 도시에서 무료로 배급을 받고 사치를 부리고 할 때보다는 더 건전하고 소박한 생활 습관을 만들지 않으면 안 되었다. 셋째, 정치적으로는 야만족의 정복으로 인해 수준 높았던 군주제 대신 한 차원 낮은 단계의 군주제가 들어서게 되었다. 야만족의 군주제는 개인의 권한은 강화시키는 한편, 법의 힘과 법에 의한 보호는 약화시키는 결과를 초래했다. 그 결과 폭력과 개인주의가 더 심해지는 양상을 띠었다. 넷째, 야만족의 정복으로 인해 내부가 곪을 대로 다 곪아 있던 로마의 체제는 외형까지 풍비박산이 났다. 야만족은 살아 숨 쉬고 있던 하나의 체제를 너무하다 싶을 정도로 잔인하고 철저하게 파괴해 그 흔적조차 말끔히 없애 버렸다. 물론 질서, 문화, 법이라는 재능을 두루 안고 있었던 이 로마의 체계는 이미 기운이 빠질 대로 빠져 노년기의 쇠약함을 면치 못하고 있었던데다, 재활과 성장의 힘마저 잃어버린 상태였지만 말이다. 바야흐로 새로운 시작이 이루어지려는 참이었다. 서로마 제국은 역사의 뒤안길로 사라지고 있었지만, 유럽의 근대 나라들이 속속 태어나고 있었으니까 말이다. 기원전 1000년에 북쪽의 침략자들은 이탈리아로 들어와 그곳 주민들을 복속시키고 그들 속으로 섞여 들었다. 그러고는 그들의 문명을 빌려다가 그들과 함께 800년의 세월에 걸쳐 새로운 문명을 이룩해 냈다. 사실 이 과정은 기원후 400년 동안 똑같이 진행되었다. 역사의 수레바퀴가 완전히 한 바퀴 돈 것이었을까. 원형의 수레바퀴는 시작점과 끝점이 똑같은 법. 하지만 이걸로 완전히 끝은 아니었다. 끝은 언제나 또 하나의 시작이니까.

THE AGE OF FAITH

3장 그리스도교의 발전
　　　　　364~451

　교회는 새로운 문명이 무럭무럭 자라나는 데 젖줄 역할을 해 주었다. 부패와 나약함과 태만 속에 옛 질서가 자취를 감추고 말자, 교회에서 만들어 낸 조직이 일종의 독특한 군대가 되어 다시 생겨난 삶의 안정과 품위를 힘차게 그리고 능란하게 방어하고 나섰다. 그리스도교가 역사에서 행한 중요한 역할은 두 가지를 꼽을 수 있는데, 첫째로는 인격 및 사회 전체의 윤리적 기반을 재정립했다는 것이다. 아무리 사회 질서를 위한다 해도 사회 구성원들이 따르기 싫어하는 사회적 명령이 있기 마련인데, 교회가 여기에 초자연적인 권위와 힘을 불어넣어 사람들이 따를 수 있도록 했다. 두 번째, 거칠기만 한 야만인들의 마음속에 한결 온화한 행동 양식을 주입시켰다는 점이다. 교회가 이런 역할을 하는 데는 그리스도교 교리에 신화와 기적의 이야기들이 자연스레 뒤섞여 있고, 거기에 두려움, 희망, 사랑이 담겨 있었던 점이 주효했다. 이 새로운 종교는 야만적이고 퇴폐한 사람들의 마음을 다잡고, 길들이고, 영감을 불어넣고자 했으며, (그 옛날 그리스의 마법이나 로마의 위엄에 이끌려 사람들이 하나로 묶였던 것처럼) 모든 사람이 하나로 뭉치는 그리스도교 제국을 만들어 내고자 했다. 비록 미신과 잔인함으로 군데군데 얼룩져 있기는 하지만 이를 위한 교회의 노력은 실로 눈물겨워서 그 이야기를 들여다보면 숭고함마저 느껴진다. 그런데 제도나 믿음은 인간 욕구의 소산에 지나지 않는다. 그렇다면 인간의 그 욕구가 무엇인가에 대한 이해가 먼저 이루어지지 않으면 안 될 것이다.

1. 교회의 구성

여러 가지 물질을 가져다 이리저리 구성해 내는 걸 예술이라고 한다면, 로마 가톨릭 교회야말로 인류 역사에서 최고로 손꼽힐 만한 걸작 예술품일 것이다. 1900년의 세월을 거치며 매 세기 고된 위기를 겪었음에도, 교회는 지금껏 신도들을 하나로 결집시켜 왔고, 신도들이 있는 곳이면 지구 끝까지 가서 봉사를 했다. 또 신도들의 마음을 갈고 닦아 주고, 윤리적인 틀을 마련해 주었으며, 생명 잉태를 독려하고, 결혼을 엄숙한 의식으로 승화시켰다. 또 사별의 아픔을 달래 주고, 덧없는 인생을 영원의 드라마로 승격시켜 주었으며, 모든 이단과 반란이 판을 치는 와중에도 살아남아, 산산이 조각나 버린 교회 권력의 밑받침들을 끈질기게도 하나하나 다시 세우고 있다. 그렇다면 교회라는 이 대단한 제도는 어떻게 하여 성장하게 된 것일까?

교회가 생겨난 건 사람들의 영적인 굶주림, 가난에 허덕이고, 전쟁에 신물이 나고, 신비한 일에 놀라고, 죽음이 무서운 사람들의 영적인 굶주림 때문이었다. 교회는 수백만 사람들의 영혼에 죽음도 불사할 신앙심과, 삶을 포기 안 할 희망을 불어넣었다. 이렇게 생긴 신앙심은 사람들에게 그 무엇보다 소중한 것이었다. 그것을 위해서라면 죽음까지 마다하지 않을 정도로. 바로 이러한 견고한 희망의 반석 위에 교회는 세워진 것이었다. 애초에 교회는 신도들의 소박한 모임을 지칭했다.(교회를 뜻하는 라틴어 에클레시아(ecclesia)도 모임이라는 뜻이다.) 각 에클레시아(교회)에서는 프레스비테르(presbyter, 장로, 사제)를 한 사람 이상 선출해 그를 지도자로 삼았고, 낭독자, 복사(服事), 보조 집사, 집사를 한 사람 이상 두어 사제를 돕게 했다. 예배자의 수가 점점 불어나고 교회 일이 한층 복잡해지자 이제 회중들은 각 도시의 사제나 평신도 중에서 에피스코포스(episco-pos, 감독, 주교)를 한 사람 선출해 교회 일을 조율하게 하지 않으면 안 되었다. 이렇게 선출한 주교들마저 그 수가 늘자 이들을 또 감독하고 관계를 조율할 사람이 필요하게 되었다. 그리하여 4세기에 대주교, 총대주교 같은 직책이 등장하게 되는데 지방의 주교와 교회를 관할하는 일을 맡았다. 한편 이 모든 성직자 계급에 대하여 무소불위의 권력을 행사하는 사람들이 있었으니 바로 콘스탄티노플, 안티오크, 예루살렘, 알렉산드리아, 로마의 총대주교였다. 총대주교나 황제가 소집을 명하면 주교들은 교회회의에 참석해야 했다. 이런 회의가 일부 지방 차원에서만 열리면 지방회의라 불렸고, 동로마나 서로마 차원에서 열리면 본회의라 불렸다. 양 차원 모두에서 열릴 땐 총회라 불렸다. 그리고 전 그리스도교인에게 구속력을 가진다고 인정되는 결의가 나왔을 때, 그 회의는 공의회(公議會)로 불렸다. 즉 전 세계 모든 그리스도교도들에게 적용된다는 뜻이었다. 이런 기회를 통해 이따금 전 세계적인 통합성을 보여 주면서 교회는 전 세계라는 뜻을 가진 가톨릭(Catholic)을 그 이름으로 갖게 되었다.

 교회라는 이 조직의 권력은 마침내는 신도들의 믿음과 성직자들의 특권에 의지할 수밖에 없게 되었고, 그러자 교회 생활을 어느 정도 규제할 필요가 생겼다. 그리스도교 신앙이 처음 생겨난 3세기 동안만 해도, 독신 생활이 사제들에게 반드시 요구된 것은 아니었다. 사제 서품을 받기 전에 결혼을 한 사람은 계속 아내를 데리고 살 수 있었다. 다만 성직을 수임한 후에 결혼을 해서는 안 되었다. 또 아내가 둘이거나 미망인, 이혼녀, 혹은 첩과 결혼한 사람은 절대 성직을 받을 수 없었다. 대부분의 사회가 그렇듯 교회도 극단주의자들이 항상 말썽이었다. 이교도들의 문란한 성 윤리가 마음에 안 들었던 일부 그리스도교 열성파들은 성경에 나와 있는 성 바울의 말¹을 근거로 모든 성적인 접촉은 죄로 물들어 있다고 결론을 내렸다. 이들은 결혼이라면 모조리 폄하했으며, 결혼한 성직자를 보면 혐오감에 치를 떨었다. (362년경에 열린) 겐그라 지방회의에서 이러한 입장을 이단이라 비난했음에도 불구하고, 교회는 점차로 사제들에게 독신 생활을 요구하게 되었다. 개별 교회가 물려받는 재산이 점차로 늘어나는 추세였는데, 이따금 결혼한 사제들은 자필 유서를 남겨서 자기 자식들에게 재산을 물려주는 일이 있었기 때문이다. 또 사제가 결혼하면 불륜이나 기타 추문에 휩싸일 때가 더러 있었고, 그로 인해 사제에 대한 신도의 믿음이 약해졌다. 결국 교회는 386년 로마에서 회의를 열어 사제들에게 완전한 독신 생활을 권고하게 된다. 그리고 일 년 뒤 교황 시리키우스는 결혼한 사제들은 성직복을 벗든지, 계속 아내와 살든지 둘 중 하나를 택할 것을 명했다. 히에로니무스, 암브로시우스, 아우구스티누스도 셋이 함께 힘을 합쳐 교황의 이 칙령을 지지했다. 이따금 저항이 있었던 30년이 흐르고 나자 이 칙령은 서로마 제국에서 한때 성공적으로 시행되었다.

이렇게 이상을 지키면서 현실에 존속하는 것 다음으로 교회를 힘들게 했던 중차대한 문제가 있었으니 바로 나라와 상생할 길을 찾는 것이었다. 당시엔 교회 조직과 함께 정부 관료 조직도 나란히 발전했기 때문에 권력 투쟁을 통해서 한쪽이 다른 한쪽에 무릎을 꿇는 것만이 평화를 위한 선결 요건이었다. 동로마 제국에서는 교회가 국가 밑에 서기로 했다. 반면 서로마 제국 교회는 나라와 싸움을 벌였는데 처음엔 독립을 위해, 그리고 나중에는 지배를 위해서였다. 하지만 나라의 밑에 서든 국가와 싸우든, 교회가 나라와 하나가 되려면 그리스도교의 윤리가 대폭 수정되지 않으면 안 되었다. 테르툴리아누스도, 오리게네스도, 락탄티우스도 모든 전쟁은 계율에서 어긋난다고 가르쳐 왔기 때문이다. 하지만 국가의 보호를 받게 된 교회는 이제 국가나 교회 어느 한쪽을 보호하는 일이 반드시 필요하다고 보게 되었고, 그러려면 전쟁은 어쩔 수 없는 일이었다. 물론 교회가 직접 무력을 행사할 수는 없었다. 하지만 무력이 바람직한 방책으로 여겨질 때는 "속권(俗權)"에 도움을 요청해 얼마든지 자기 의지를 관철시킬 수 있었다. 국가나 개인이 돈, 교회당, 땅 등 엄청난 선물을 교회에 헌납하면서 교회는 점점 더 부자가 되었고, 교회는 나라에 교회의 모든 재산권을 지켜 주기를 요구했으며, 나라가 망할 때조차도 교회는 자기 재산을 온전히 지킬 수가 있었다. 야만족 정복자들은 이교도였지만 신앙심이 있어서 교회의 물건을 강탈해 가는 일이 거의 없었다. 말씀의 힘이 순식간에 검의 힘을 따라잡은 셈이다.

2. 이단들

교회는 이단을 무엇보다 싫어해서 이단이 갑자기 불어나 교회가 갈가리 찢기는 걸 어떻게든 막으려 했다. 이단이란 종교회의에서 정한 그리스도교 강령에 어긋나는 교리를 가르치는 것을 말했다. 일단 승자의 위치에 오르고 나자 교회는 더 이상 인내를 설교하지 않았다. 분리나 반란의 움직임이 보이면 국가가 두 눈을 부릅뜨듯, 교회도 믿음의 개인주의를 적의에 찬 눈으로 바라보기 시작한 것이다. 사실 교회도 이단자도 이단의 교설을 순전히 신학적인 면에서만 본 것은 아니었다. 황제의 권력에서 해방되고자 하는 지방의 반란 세력들이 이단적인 교설을 이데올로기의 깃발로 내거는 경우가 많았다. 그런 식으로 단성론파(單性論派)는 시리아와 이집트를 콘스탄티노플로부터 해방시키고자 했으며, 도나투스파는 아프리카를 로마로부터 해방시키고 싶어 했다. 더구나 이제 교회와 국가가 하나가 된 이상, 반란은 곧 둘 모두에 대한 저항을 의미했다. 그리스도교는 민족주의를 반대한 반면, 이단은 민족주의의 수호자였다. 또 교회가 중앙 집권화와 통일을 위해 땀을 흘렸다면, 이단들은 지방의 독립과 자유를 위해 애를 썼다.

아리우스주의는 로마 제국 내에서는 뿌리 뽑힌 상태였지만, 야만족들 사이에서는 유독 득세를 하고 있었다. 그리스도교 신앙이 튜턴족에게 처음 전파된

건 고트족이 서아시아를 침략하고 거기서 잡은 로마인 포로들을 본국에 데려온 3세기 무렵이었다. 카파도키아에서 온 그리스도교 포로의 자손이었던 울필라스(311?~381년)는 다뉴브 강 북쪽에 살던 고트족 사이에서 태어나 그들 손에 길러졌다. 그러다 341년경 아리우스파이면서 니코메디아의 대수도원장이었던 에우세비우스로부터 고트족 주교로 서품을 받았다. 고트족 우두머리였던 아타나리크가 자기 땅에 사는 그리스도교도들을 박해하기 시작하자 울필라스는 아리우스파였던 콘스탄티우스 황제로부터 허락을 얻어 소규모의 고트족 그리스도교 공동체를 이끌고 다뉴브 강을 건너 트라키아로 들어왔다. 개종자들을 가르치고 또 그 수를 늘리기 위해 그는 그리스어 성경을 고트어로 번역하는 일에 끈질기게 매달렸다. 그리하여 『열왕기』를 제외하고 성서를 모두 번역해 냈는데, 『열왕기』에는 전투 이야기가 많아 위험하다고 생각해서였다. 또 고트족에겐 아직 글이 없었던 터라 울필라스는 그리스어를 바탕으로 해서 고트어 자모까지 만들어 냈다. 튜턴족의 언어로 씌어진 문학 작품은 울필라스의 성경이 처음이었다. 울필라스의 헌신적이고 선한 삶에 감화를 받은 고트족은 그의 지혜와 청렴함을 누구보다 신뢰하게 되었고, 그의 아리우스파 그리스도교 신앙을 받아들이면서 문제를 제기하는 사람은 아무도 없었다. 다른 야만족들이 이러한 고트족으로부터 4세기 및 5세기에 걸쳐 그리스도교 신앙을 받아들였고, 또 로마 제국을 침략했던 종족 거의 대부분이 아리우스파였기 때문에, 발칸 반도, 갈리아, 스페인, 이탈리아, 아프리카 등지에 새로 세워진 왕국들도 공식적으로 아리우스주의를 채택했다. 사실 정복을 한 자나 정복을 받은 자나 믿는 바에는 그다지 큰 차이가 없었다. 정통 쪽에서는 그리스도가 그 존재에 있어 성부 하느님과 동일하다고(homoousios) 보았고, 아리우스파는 존재에 있어 그리스도가 성부 하느님과 유사하기만(homoiousios) 할 뿐이라고 보았다. 하지만 이만큼의 차이가 5세기 및 6세기의 정치에서는 그 무엇보다 중요한 문제였다. 야만족의 득세로 한동안 아리우스파가 안정적으로 자리를 지켰으나 오래 지속되지 못했다. 갈리아에서는 정통파를 믿는 프랑크족이 서고트족을 밀어내고 권력을 잡았고, 반달족이 있던 아프리카와 고트족이 있던 이탈리아는 벨리사리우스(동로마 제국의 장군 - 옮긴이)가 점령해 버렸으며, 스페인에서 서고트족을 통치하던 레카레드 왕은(589년) 종족의 신앙을 바꾸어 버렸다. 이 무렵 교회를 소란스럽게 했던 그 수많은 교파(에우노미아파, 아노미아파, 아폴리나리스파, 마케도니아파, 사벨리우스파, 마살리아파, 노바티우스파, 프리스킬리아누스파 등)에 대해 오늘날 우리가 관심을 갖기는 참으로 역부족이다. 애매한 교리 문제로 사람들이 지금껏 목숨을 잃어 왔고, 또 앞으로도 잃을 거라는 사실이 가슴 아플 뿐. 마니교는 그리스도교 이단이기보다는 이 세상을 하느님과 사탄, 선과 악, 빛과 어둠으로 나누는 페르시아의 이원주의에 가까웠다. 마니교는 그리스도교와 조로아스터교를 화해시킬 수 있다고 생각했지만, 양쪽 모두에게서 뼈아픈 냉대만 받았다. 이 세상에 악이 존재하는 문제, 즉 신의 섭리에 따라 통치를 받고 있음에도 왜 이 세상엔 고통이 가득한 것처럼 보이는가 하는 문제를 마니교는 유별나게 솔직히 해결하려 들었다. 그리하여 이 세상엔 선한 존재와 함께 악마의 영혼이 영원히 공존한다는 가정을 하지 않을 수 없다고 생각했다. 4세기를 거치는 동안 마니교는 동로마 제국 및 서로마 제국에서 개종자를 상당수 얻을 수 있었다. 제국의 황제 몇몇은 이에 가차 없이 대처했다. 일례로 유스티니아누스 황제는 마니교 신앙을 일급 범죄로 다루었다. 그러자 마니교는 서서히 자취를 감추었지만, 그 흔적은 바오로파, 보고밀파, 알비주아파 등 후대 이단에 계속 남게 되었다. 385년에는 스페인의 주교였던 프리스킬리아누스가 마니교와 전체 신도의 독신 생활을 설교했다는 혐의를 받았다. 그는 혐의를 부인했지만, 트리어에 끌려가 막시무스 황제 앞에서 재판을 받았고, 두 명의 주교가 그의 고발자로 나섰다. 결국 그는 유죄를 선고받았고, 성 암브로시우스와 성 마르티누스, 그리고 그의 동료 몇 명의 반대가 있었는데도 불구하고 화형에 처해졌다.(385년)

이렇듯 사방에서 이단의 공격이 날아드는 가운데, 교회가 거의 두 손을 들 뻔한 이단이 있었으니, 아프리카의 도나투스파였다. 카르타고의 주교였던 도나투스는(315년) 사제가 죄를 지은 상태에서 성찬식을 올리면 아무 효험이 없다고 주장했다. 성직자의 덕에 너무 많은 것을 거는 건 위험한 일이었기에 교회는 머리를 굴려 도나투스의 이 입장을 인정하지 않는 편을 택했다. 그럼에도 이 이단은 북아프리카 지방에 순식간에 번져 나갔다. 도나투스파는 가난한 자들의 열정을 끌어들였고, 이 움직임은 사회적 반란으로까지 이어졌다. 황제들은 노발대발하며 이 움직임을 진압했다. 도나투스주의를 믿는 곳에는 무거운 세금을 물리고 재산을 몰수했으며, 도나투스파에게는 재산을 매매하거나 증여할 수 있는 권한을 주지 않았다. 또 교회에는 황제의 병사들이 들이닥쳐 사제들을 쫓아냈으며, 그 교회를 정통 교회의 사제들에게 넘겨주었다. 그러자 그리스도교도이면서 공산주의 성향을 지닌 혁명파 무리들이 배회하는 자들이라는 이름으로 활동하기 시작했다. 이들은 빈곤과 노예 제도를 없앨 것을 주장하면서 빚을 탕감 해주고 노예를 풀어 주었으며, 모든 이들이 다시 신화 속 원시인들처럼 평등하게 살 것을 요구했다. 노예가 끄는 마차가 다가오면 이들은 노예는 마차에 앉히고 주인이 마차를 끌게 했다. 보통 때는 도적질하는 걸로 그쳤지만, 상대방의 저항에 심기가 뒤틀리면 정통 교도나 부자들의 눈에다 석회 가루를 쑤셔 넣어 실명시키거나, 곤봉으로 때려죽이기도 했다. 그들을 적대시했던 사람들 이야기가 그렇다. 반대로 자신들이 죽음을 맞으면 이들은 낙원에 갈 거라 확신하며 뛸 듯이 기뻐했다. 종국에 이들은 완전히 광신에 사로잡혀서 이단의 교설에 빠져들었고 종교를 위해 목숨을 버릴 것을 권했다. 그들은 길을 지나는 사람을 붙들어 자기를 죽여 달라고 부탁했다. 나중에 그들의 적대자들마저 이 간청에 따라주지 않았을 때 이들은 스스로 불 속에 뛰어들거나, 벼랑에서 뛰어내리거나, 바다 속으로 걸어 들어갔다.[2] 아우구스티누스가 도나투스파를 소탕하기 위해 온갖 방책을 다 동원하면서 한동안 도나투스파는 자취를 감추는 듯 보였다. 하지만 반달족이 아프리카에 발을 들이자 도나투스파는 다시 그 모습을 대거 드러내, 정통파 사제들을 아프리카에서 쫓아내는 걸 낙으로 삼았다. 그리스도교 세계에는 끈질긴 신앙심으로 무장한 타 분파에 대한 무서운 적개심이 전통처럼 면면히 이어졌고, 따라서 (670년) 아랍인이 쳐들어왔을 때 하나로 뭉쳐 대항할 힘을 갖지 못했다.

교황 펠라기우스 1세가 원죄 교리를 부정하면서 세 대륙의 그리스도교가 소란에 휩싸여 있는 동안, 네스토리우스는 신(神)의 어머니(Mother of God)에 대해 의심을 품으면서 순교를 자초하고 있었다. 네스토리우스의 스승은 몹수에스티아의 테오도르(350?~?428년)로, 성서의 고등 비평 연구는 그가 처음 시작했다 해도 과언이 아니다. 테오도르의 의견에 따르면 『욥기』는 이교도 문헌을 짜깁기해서 만든 시에 지나지 않으며, 『아가서(雅歌書)』는 외설적인 내용이 적나라하게 표현된 결혼 축가에 지나지 않았다. 또 예수를 가리키고 있는 듯한 구약 성경의 예언 상당수도 사실은 예수 탄생 이전의 단순한 사건들을 언급하고 있을 뿐이었다. 나아가 마리아는 신의 어머니가 아니며 예수의 인성(人性)만을 낳으셨을 뿐이라고 그는 말했다.[3] 네스토리우스는 스스로 콘스탄티노플의 감독직에 올라(428년), 유창한 설교로 많은 대중을 끌어모았다. 하지만 서슬 시퍼런 독단적 주장 때문에 여기저기 적이 생겨났고, 성모 마리아를 예우하지 않는 테오도르의 의견에 그도 따르자 적대자들은 이 기회를 놓치지 않았다. 대부분의 그리스도교도들은 그리스도가 신이라면 마리아는 "신을 잉태하신 어머니"라고 생각했다. 하지만 네스토리우스가 보기에 이 말은 뜻이 너무 강했다. 마리아는 신성(神性)을 낳으신 것이 아니라 그리스도 안에 있는 인성을 낳으신 것뿐이라고 그는 말했다. 따라서 마리아는 신의 어머니라기보다 그리스도의 어머니라고 부르는 편이 옳다는 것이다.

그러자 429년에 알렉산드리아의 대주교 키릴로스가 부활절을 맞아 마리아와 관련된 정교의 신조를 공식 발표했다. 마리아는 신을 직접 잉태하신 것은 아니지만 육화(肉化)한 신의 말씀(로고스)을 잉태하신 것으로서, 이는 그리스도의 신성과 인성을 모두 포함한다고 한 것이다.[4] 키릴로스의 서한에 감동을 받은 교황 켈레스티누스 1세는 로마에서 회의를 소집해(430년) 네스토리우스를 주교직에서 파면시켜야 한다고 주장했다. 네스토리우스가 이를 거절하자 교황은 에페소스에서 공의회를 열어(431년) 주교직만 박탈한 것이 아니라 아예 그를 파문시켜 버렸다. 수많은 주교들이 반대하고 나섰지만, 에페소스의 주민들은 거리로 몰려나와 기쁨의 행진을 벌였다. 아마도 그 옛날 로마인들이 모셨던 아르테미스 여신을 성모 마리아와 동일시한 게 틀림없다. 네스토리우스는 주교직에서 물러나 교회의 허락하에 안티오크에서 살게 되었다. 하지만 거기서도 자기 입장을 계속 항변하며 복권을 요구하자 황제 테오도시우스 2세는 그를 리비아에 있는 사막의 오아시스로 추방시켜 버렸다. 네스토리우스는 거기서도 몇 년 동안이나 목숨을 부지했고, 결국 그를 측은히 여긴 비잔티움의 궁정 관료들이 황제로부터 사면을 받아 주었다. 황제의 사절이 그를 발견했을 그는 다 죽어 가는 상태였다.(451년경) 결국 그를 따르는 무리들이 시리아 동부로 찾아와 거기에 교회를 짓고, 에데사에는 공부를 위한 학교를 지었다. 또 성경, 아리스토텔레스와 갈레노스의 저작을 시리아어로 번역해서, 이슬람교도들이 그리스의 과학, 의학, 철학에 친숙해지는 데 커다란 일익을 담당했다. 그러다 제논 황제가 박해를 가해 오자 이들은 페르시아로 들어가 니시비스에 영향력 있는 학교를 세웠다. 이들은 페르시아의 관용 정책 속에서 번성해 갔으며, 발흐와 사마르칸트, 인도와 중국에까지 공동체를 설립했다. 이들 조직은 아시아 전역에 산재한 채로 오늘날까지 살아남아 아직도 성모 숭배를 반대하고 있다.

　이 격동의 시대를 마지막으로 장식한(그래서 가장 중대하다고 손꼽히는) 이단은 콘스탄티노플 근방의 수도원장을 지낸 에우티케스가 주축이었다. 에우티케스는 그리스도 안에는 인성과 신성의 두 가지 본성이 있는 게 아니라, 오로지 신성 하나만 존재한다고 했다. 그러자 콘스탄티노플의 총대주교였던 플라비아누스는 지방 종교 회의를 소집해, 에우티케스의 입장을 단성론파(單性論派) 이단이라고 못 박고는 그를 파문시켰다. 에우티케스는 알렉산드리아와 로마의 주교들에게 도움을 요청했고, 이에 키릴로스의 계승자였던 디오스코라스가 테오도시우스 황제를 설득해서 에페소스에서 공의회가 한 번 더 개최되었다.(449년) 당시는 종교가 정치의 신하이던 때였다. 또 알렉산드리아 교구에서도 콘스탄티노플 교구를 상대로 계속해서 싸움을 벌였다. 그 결과 에우티케스는 파문을 면제받은 반면, 플라비아누스는 토론에서 얼마나 거센 맹공에 시달렸던지 그만 죽고 말았다.⁵ 에페소스 공의회에서는 그리스도의 본성이 둘이라고 주장하는 사람은 모두 파문을 당할 것이라고 발표했다. 이 공의회에 참석하지 못한 로마의 교황 레오 1세는 플라비아누스를 지지한다는 내용의 서한을 사절을 통해 미리 보내 둔 터였다. 하지만 공의회 결과를 대리인들로부터 보고받자 교황은 깜짝 놀랐고, 에페소스 공의회를 "강도 공의회"로 낙인찍으며 거기서 나온 칙령을 인정하지 않았다. 그 후 451년 칼케돈에서 열린 공의회에서는 레오의 서한을 격찬하면서 에우티케스를 비난했고, 이로써 그리스도는 두 가지 본성을 갖는다고 인정받게 되었다. 하지만 이 공의회에서 나온 교회법 28조는 로마 총대주교와 콘스탄티노플 총대주교의 권한이 동등하다고 밝히고 있었다. 교황 레오 1세는 교회의 통합과 권위를 위해서는 반드시 로마 교황의 지상권(至上權)이 확보되어야 한다며 그를 위해 악전고투를 벌여 왔기 때문에 이 조항을 인정하지 않았다. 로마와 콘스탄티노플 사이의 기나긴 경쟁 구도가 막이 오른 것이 이때였다.

혼란은 이것으로 끝이 아니었다. 시리아와 이집트의 그리스도교도 태반이 그리스도라는 한 인물 속에 두 가지 본성이 존재한다는 교리를 받아들이려 하지 않았다. 시리아의 수도사들은 계속해서 단성론파의 이단을 가르쳤고, 정교회의 주교가 알렉산드리아 교구로 부임하자 성(聖)금요일에 그를 교회 안에서 갈가리 찢어 죽였다.⁶ 그 이후로 단성론은 그리스도교를 믿는 이집트와 아비시니아에서 국교로 채택되었고, 6세기까지 시리아 서부와 아르메니아를 휩쓸었다. 한편 메소포타미아와 동부 시리아에서는 네스토리우스의 교설이 힘을 키워 나갔다. 종교적 반란이 성공을 거두면서 정치적인 반란도 힘을 얻었다. 그래서 7세기에 정복자 아랍인들이 이집트와 근동 지방으로 물밀 듯 쏟아져 들어왔을 때, 인구의 절반은 수도 비잔티움의 신학적, 정치적, 경제적 독재에서 드디어 해방된다며 그들을 반가워했다.

3. 서방의 그리스도교 세계

1. 로마

4세기만 해도 로마의 주교들은 최고의 권위를 지닌 교회의 모습을 세상에 연출하지 못했다. 교황 실베스테르(314~335년)는 콘스탄티누스 황제를 개종시킨 주역으로 인정받아서, "콘스탄티누스의 기진(寄進)"이라고 하여 서유럽의 거의 전역에 해당하는 땅을 콘스탄티누스 황제에게서 하사받기도 했다. 하지만 이때에도 교황은 백인들 세계 절반이 자기 차지라는 양 거들먹대지 않았다. 율리우스 1세(337~352년) 때에도 황제가 로마 교구의 지상권을 인정해 주었지만, 교황 리베리우스(352~366년)는 병약해서인지 아니면 나이 때문인지 지상권을 아리우스파였던 콘스탄티우스의 손에 넘겨 버렸다. 콘스탄티우스가 죽자 다마수스와 우르시누스 사이에 지상권을 두고 경쟁이 벌어졌다. 이때 군중들은 로마 민주주의의 전통에 따라 그 어느 때보다 격렬하게 자기가 미는 교황을 지지했다. 그 열기가 얼마나 심했던지 한 교회에서는 논쟁을 벌이던 사람들이 하루에 137명이나 목숨을 잃기도 했다.[7] 이교도로 당시 로마 장관을 지내고 있던 프라이텍스타누스가 우르시누스를 추방시켜 버렸고, 그러자 다마수스가 교황 자리에 올라 18년 동안 즐거운 마음으로 능란하게 교회를 다스렸다. 고고학자였던 그는 로마인 순교자들의 무덤을 아름다운 비문으로 멋지게 장식했으며, (한 불경한 문헌의 표현을 빌리자면) 그는 "귀부인들의 간지러운 귀를 긁어 주는 자"이었다고도 한다. 즉 로마의 부유한 귀부인들을 잘 구슬려 교회에 많은 재물을 바치게 한 것이다.[8]

대(大)교황의 칭호가 앞에 붙는 레오 1세는 교회가 한참 위기를 겪을 때 (440~461년) 교황이 되어, 특유의 용맹과 노련한 정치술로 교황이란 사도직을 높은 위엄과 권력을 갖는 자리로 격상시켰다. 한번은 갈리아의 주교와 논쟁을 벌여 문제를 일으킨 푸아티에의 힐라리우스가 교황의 결정을 따르려 하지 않았다. 레오는 교황으로서 단호한 명령을 전달했고, 황제 발렌티니아누스 3세가 전에 없던 획기적 칙령을 내려 교황에게 힘을 실어 주었다. 로마의 주교가 모든 그리스도교 교회에 대해 권한을 갖는다는 것을 인정하는 내용이었다. 서로마의 주교들은 대체로 이러한 교황의 지상권을 인정한 반면 동로마 주교들은 저항을 하고 나섰다. 콘스탄티노플, 안티오크, 예루살렘, 알렉산드리아의 총대주교들은 로마 교구와 똑같은 권한을 요구했다. 동로마 교회들 사이에 열띤 논쟁이 벌어지는 가운데 로마 주교에 대한 경의는 거의 찾아볼 수 없었다. 여기에 의사소통 및 왕래가 어렵다는 점까지 더해지자 서로마 교회와 동로마 교회의 관계는 더욱더 소원해졌다. 서로마에서는 교회 일뿐만 아니라 세속의 일에 대해서까지도 교황이 최고 수장으로서 점점 더 많은 힘을 행사하게 되었다. 물론 종교 외적인 일에 대해서 교황은 국가 및 행정 장관의 뜻을 따르게 되어 있었고, 7세기까지만 해도 교황으로 선출되려면 황제의 인정을 받아야 했다. 하지만 동로마 교회들이 워낙 멀리 떨어져 있는데다, 서로마 통치자들이 나약한 모습을 보이자 로마에서는 교황이 권력에서 우위를 점하게 되었다. 더구나 야만족이 침략한 마당에 원로원과 황제가 모두 로마를 버리고 달아나자 세속 정부는 그대로 무너져 버렸는데, 교황들은 일절 동요하지 않은 채 자기 자리를 지키자 순식간에 그 어느 때보다 큰 특권을 갖게 되었다. 여기다 서로마의 야만족이 개종을 하면서 로마 교구의 권위와 영향력은 엄청나게 확대되었다.

부유한 귀족 가문들이 이교를 버리고 그리스도 신앙을 가지면서 로마 교회는 로마로 흘러 들어오는 부(富)를 점점 더 많이 차지하게 되었다. 로마의 주교들이 라테라노 궁전에서 황태자처럼 생활하고, 또 황제처럼 갖은 치장을 하고 로마를 돌아다니는 게 암미아누스는 놀라울 뿐이었다.[9] 이제는(400년) 화려하게 지어진 교회들이 로마를 장식하고 있었다. 이어 호화로운 상류층도 형성되었고, 지체 높은 고위 성직자들은 그 속에서 한껏 단장한 여인들과 즐겁게 어울리면서 이들이 유언장을 쓸 때 한몫 거들었다.

대부분의 그리스도교 신도들이 공연, 검투, 게임 등에 잔존해 있던 이교적 의식에 그냥 참여했던 반면, 소수 신도들은 복음서의 말씀에 따라 살기 위해 갖은 애를 썼다. 아타나시우는 로마로 이집트의 수도사 두 명을 데리고 와서 그 본보기를 보여 준 바 있다. 또 안토니우스의 생애를 저술로 남기기도 했으며, 루피누스는 동로마의 수도원이 발전해 온 역사를 책으로 만들어 서로마에 널리 알리기도 했다. 독실한 신자들은 안토니우스, 쉬노우디, 파코미우스의 성스러운 삶에 대한 이야기를 듣고 거기서 많은 영향을 받았다. 그리하여 식스투스 3세(432~440년)와 레오 1세 시절에는 로마에 수도원이 여러 군데 세워졌다. 더불어 집에서 생활은 하면서도 수도원에서처럼 금욕하고 가난하게 사는 신도도 더러 생겨났다. 마르켈라와 파울라, 그리고 멜라니아스 가문은 3대에 걸쳐 자기들이 가진 돈 대부분을 자선 사업에 기부했으며, 병원과 수녀원을 짓고, 동방의 수도사들을 찾아 순례를 다녔다. 그중 일부는 금욕적인 섭생을 너무 엄격하게 따르고 극심한 고행을 실천한 나머지 목숨을 잃기까지 했다. 로마에 남아 있던 이교도 단체들은 그리스도교 신앙의 이런 면이 가정생활과 결혼 제도, 국가의 활력에 해만 끼친다고 불평했다. 이 와중에 누구보다 금욕주의를 옹호하며 논쟁의 한가운데에 서서 집중포화를 받은 인물이 있었으니, 그는 그리스도교 교회가 배출한 가장 위대한 학자이자 가장 출중한 작가였다.

2. 성 히에로니무스

성 히에로니무스는 340년경 아퀼레이아 근방의 스트리도라는 곳에서 태어났다. 그는 달마티아 혈통이었던 것으로 보이는데, 가문에서는 큰사람이 되라며 에우세비우스 히에로니무스 소프로니우스('사람들로부터 존경받는 신성한 이름을 가진 성인'이라는 뜻)라는 이름을 지어 주었다. 트리어와 로마에서 훌륭한 교육을 받은 그는 라틴 고전 문학도 잘 소화했는데 때에는 죄악으로까지 여길 정도로 그것을 사랑했다. 하지만 적극적이고 열정 넘치는 그리스도교도이기도 해서, 루피누스 등의 친구들과 함께 금욕적인 남자 공동체를 아퀼레이아에 만들기도 했다. 이때 공동체 회원들에게 얼마나 완벽한 금욕을 권했던지 오히려 아퀼레이아의 주교로부터 인간에게는 타고난 약점이 있는데 왜 과도하게 조바심을 내느냐며 질책을 받았다. 그러자 히에로니무스는 응수에 나서 주교를 무식하고, 야만적이고, 사악한 사람이라고 몰아세웠다. 주교는 그가 이끄는 세속적인 무리에나 딱 어울리는 사람으로, 미친 듯이 헤매는 돛단배의 어설픈 키잡이나 다름없다는 것이었다.[10] 히에로니무스는 주교에게 대항한 죄로 아퀼레이아를 떠나 그를 따르는 열렬한 신도들과 함께 근동 지방으로 가서 안티오크 근처의 칼키스 사막의 수도원에 들어갔다.(374년) 하지만 건강에 해로운 기후는 이들이 견디기엔 너무 혹독했다. 그중 둘은 결국 목숨을 잃었고, 히에로니무스 자신도 한동안은 사경을 헤매야 했다. 하지만 그는 여기서 무릎 꿇지 않고 수도원을 나온 뒤 사막의 암자에서 은자 생활을 했다. 그러면서 이따금 베르길리우스와 키케로의 글에 다시 빠져들곤 했다.

어디를 가도 그는 장서를 함께 가지고 다녔고, 여인에게 사랑을 느끼듯 아름다운 시와 산문의 매력에서 헤어 나올 수가 없었다. 당시 히에로니무스가 이 문제를 어떻게 생각했는지 그 이야기를 들어 보면 중세적 분위기를 느낄 수 있다. 한번은 그가 잠에 들어 꿈을 꾸었다.

나는 심판관의 심판석 앞으로 질질 끌려 나갔다. 내가 어떤 사람인지를 묻기에 나는 그리스도교도라고 대답했다. 심판을 주재하시는 분이 말씀하셨다. "그대는 거짓말을 하고 있도다. 그대가 키케로 신봉자이지, 어찌하여 그리스도교 신봉자이냐. 그대 보물이 있는 곳에, 그대의 마음 또한 있을지니." 나는 단박에 말문이 막혀 버렸고, 순간 채찍질이 느껴졌다. 그 분이 내게 태형을 명하신 것이었다. …… 결국 보다 못한 구경꾼들이 심판을 주재하시는 분 앞에 무릎을 꿇고서, 내가 젊어서 그런 것이니 실수를 뉘우칠 기회를 달라고 빌었다. 이교도 작가들의 글을 다시 손에 잡기만 해도 극심한 고통이 나를 찾아올 거라면서 말이다. …… 그 경험은 절대 달콤한 꿈도 아니었고, 깨고 나면 잊어버릴 한갓 꿈도 아니었다. …… 꿈에서 깨어난 한참 뒤에도 두 어깨엔 푸르죽죽한 멍 자국이 남아 있는 것만 같았다. 그 뒤로 나는 내가 젊었을 때 인간들이 쓴 책에 빠졌던 일은 잊고, 하느님이 쓰신 책을 훨씬 더 열심히 읽

어 나갔다.¹¹

379년 안티오크로 돌아온 그는 사제로 서임되었다. 382년에는 어느새 로마로 와서 교황 다마수스의 비서 역할을 하게 되었고, 교황은 그에게 신약 성경을 라틴어로 더 매끄럽게 번역해 내라는 임무를 맡긴다. 히에로니무스는 로마에 와서도 계속 갈색 법복과 은자가 입는 튜닉을 걸치고 다녔고, 교황의 관료들이 온갖 사치를 부리는 중에도 금욕적으로 생활했다. 독실한 그리스도교도였던 마르켈라와 파울라는 히에로니무스를 영적 스승으로 여기고 귀족들이 사는 고급 저택으로 부르기도 했는데, 히에로니무스를 비판하는 이교도들은 이걸 보고 히에로니무스가 금욕적인 독신자 생활을 열렬히 추종하기보다는 오히려 여자들과 함께 있는 걸 좋아한다고 생각했다. 이에 히에로니무스는 로마의 상류 사회를 다음과 같이 고금에 두루 통하는 글로 풍자했다.

> 이곳 여자들은 두 뺨을 연지로 물들이고, 눈에는 벨라도나 진액을 바르고, 얼굴엔 분가루를 칠한다. …… 아무리 세월이 흘러도 자신들이 늙었다고 인정하지 않으리라. 남의 머리털까지 빌려다가 자기 머리에 쌓는 사람들이니 …… 그렇게 손자뻘 되는 사람들 앞에서 수줍은 여학생처럼 행동을 한다. …… 이교도 미망인들은 비단 드레스 입은 모습을 여봐란 듯 뽐내고, 반짝이는 보석들로 잔뜩 단장을 하고, 사향 냄새를 풀풀 풍기고 다닌다. …… 그런가 하면 어떤 여자들은 머리를 짧게 자르고 남자들 옷을 입고 다닌다. …… 여자인 게 부끄러워 차라리 환관처럼 보이는 게 더 낫다면서……. 결혼 안 한 여자들은 그것이 아직 수태되지 못한 인간 생명을 죽이는 일임에도 임신을 막기 위해 독한 약을 마신다. 또 죄악을 저질러 생각지도 않게 아기를 갖게 된 사람들은 약을 먹고 아기를 낙태시킨다. 그러면서 기막히게도 이렇게 말하는 여자들이 있다. "순수한 사람에게는 모든 것이 순수한 법이에요. …… 신께서 절 위해 즐기라고 만들어 주신 음식을 왜 먹지 말아야 하죠?"¹²

그리고 로마의 한 귀부인을 이렇게 꾸짖기도 하는데, 그의 눈썰미가 대단하다는 것을 보여 준다.

> 부인이 조끼를 그렇게 째 놓은 건 다 이유가 있어서요. …… 젖가슴은 리넨 천으로 칭칭 감고, 가슴팍은 꽉 조이는 거들로 옴짝달싹 못 하게 만들어 놨소. …… 숄은 그렇게 걸치고 있어도 이따금 벗겨져 새하얀 어깨가 다 드러나지. 일부러 숄을 흘러내리게 해 놓고도 절로 그렇게 된 듯 화들짝 놀라 걷어 올리고 말이오.[13]

히에로니무스의 글에는 도덕주의자의 편견이 묻어남과 동시에, 미문을 만들어 내는 작가, 사소한 일도 크게 부풀리는 변호사의 과장이 엿보인다. 그의 풍자를 보면 유베날리스(1~2세기에 활동했던 로마의 유명한 풍자 시인 - 옮긴이)의 시가 연상되기도 하고, 꼭 지금 우리 시대를 풍자하는 것 같기도 하다. 그건 그렇고 옛날이나 지금이나 사람들의 눈에 여자들이 매력적인 존재로 비친다는 사실은 재미있을 따름이다. 유베날리스가 그랬던 것처럼 히에로니무스도 비난할 대상이 있으면 당파를 따지지 않고 대담하게 공격을 퍼부었고, 교회에 대해서도 마찬가지였다. 그리스도교를 믿는 사람들이 버젓이 첩을 두고 있는 것에 그는 충격을 받았고, 그들이 금욕 생활에 더 열심인 것처럼 가식을 떠는 것을 보고는 더한 충격을 받았다. "'자매를 아끼고 사랑하는' 이 역병은 도대체 어디서 생겨나 교회에까지 발을 들이게 된 것인가? 결혼도 안 한 이 아내들은 도대체 어디에서 왔단 말인가? 생각할수록 기이하기만 한 이 첩들은 한 남자의 전용 매춘부가 아닌가? 이들은 자기 남자 친구들과 한집에서 산다. 같은 방을 쓰는 건 물론, 많은 경우 침대까지 같이 쓴다. 그러면서도 사람들이 뭔가 잘못됐다 생각하면 도리어 음흉하다며 몰아세운다."[14] 그가 교황 밑에서 일하게 된 건 로마의 성직자들의 지지를 얻어서였을 텐데도, 히에로니무스는 그들에게까지 공격의 화살을 겨누었다. 머리를 말고 향수 냄새를 풍기며 상류 사회 모임에 자주 나가는 성직자를 비웃고, 유산(遺産) 사냥을 한답시고 동이 트기 전부터 일어나 아직 잠자리에 들어 있는 여자들을 찾아가는 성직자들을 비아냥거렸다.[15] 성직자는 독신 생활을 엄격히 지켜야 한다고 강력하게 주장했다. 그는 아무 재산도, 욕정도, 자만심도 없는 수도사들만이 진정한 그리스도교인이라고 생각했다. 그는 카사노바까지 감복시킬 정도의 기막힌 언변으로 남자들에게 모든 것을 포기하고 그리스도를 따를 것을 주장했으며, 그리스도교를 믿는 귀부인들에게는 계율에 따라 장남을 하느님께 바칠 것을 청했다.[16] 그리고 지체 높은 아가씨 친구들에게는 수녀원에 들어갈 처지가 못 되거든, 최소한 집에서만이라도 처녀로 생활할 것을 권했다. 그는 결혼을 거의 죄악으로까지 보았다. "내가 결혼을 좋게 생각하는 부분은 하나, 부모들이 자식을 낳아야 처녀가 생기기 때문이다."[17] 그는 "처녀성이라는 도끼로 결혼이라는 나무를 두 동강이 내라고" 권한다.[18] 또 아내를 두었던 베드로보다 독신 사도였던 요한을 더 높이 평가했다.[19] 그가 쓴 가장 흥미로운 편지도 에우스토키움이라는 아가씨에게 순결의 기쁨을 이야기하고 있었다. 그가 결혼 자체를 반대한 건 아니지만, 결혼을 피할 수 있는 자는 소돔(Sodom, 죄악의 장소를 뜻하는 말로, 주민들의 죄악 때문에 하느님이 멸망시켰다고 그리스도교에서는 전한다. - 옮긴이)에서 빠져나올 수 있다고 생각했다. 뿐만 아니라 임신의 고통을 겪지 않아도 되고, 빽빽 울어대는 아기들을 키우지 않아도 되며, 잡스러운 집안일에서도 해방되고, 질투의 고문에서도 자유로워진다는 것이었다. 물론 순결의 길을 걷는 것도 어렵다고 인정은 하면서, 처녀성을 지키기 위해서는 영원히 경계심을 풀지 말아야 한다고 이야기한다.

한 생각 잘못 일으켜서 잃을 수도 있는 것이 순결이다. …… 얼굴이 창백하고 절식을 해서 몸이 깡마른 사람들을 벗으로 삼아야 한다. …… 단식을 생활화하라. 밤이면 밤마다 눈물로 침대를 씻고 눈물로 침대를 적셔야 한다. …… 외따로 떨어진 너의 방을 너를 지키는 수호자로 삼아라. 신랑과의 유희는 너의 내면에서만 즐기도록 하라. …… 그러다 네가 잠이 들면 그분이 벽 뒤로 오셔서 문 사이로 손을 넣으신 후 너의 배를 만져 주실 것이다. 그러면 잠에서 깨어난 너는 잠자리에서 일어나 소리칠 것이다. "사랑이 하고 싶어 죽겠어요." 그러면 그분은 네게 이런 대답을 들려주실 것이다. "열리지 않는 화원, 닫혀 버린 샘물, 막혀 버린 분수, 그것이 나의 누이이자, 아내니라."[20]

히에로니무스가 전하는 말에 따르면 이 편지를 발표하고서 그는 "돌멩이 세례를 받았다."고 한다. 이 괴상한 조언이 불같은 욕망에서 아직 해방되지 못한 남자의 병적인 음란증처럼 보이는 독자들도 있을지 모르겠다. 이 서간이 발표되고 몇 달 후(384년), 금욕주의를 따르던 젊은 블레실라가 죽자, 히에로니무스의 가르침을 그대로 따르다 화를 당했다며 많은 이들이 그를 탓했다. 일부 이교도들은 히에로니무스를 로마의 모든 수도사와 함께 테베레 강물에 던져 넣자고 주장하기까지 했다. 하지만 히에로니무스는 이런 비난에도 끄떡없이, 딸을 잃고 실성한 사람처럼 슬픔에 빠져 있던 블레실라의 어머니에게 위로와 책망이 함께 담긴 편지를 보냈다. 교황 다마수스가 선종한 것이 하필 그해였는데, 그의 뒤를 이은 후계자는 히에로니무스를 교황 비서직에 재임시키지 않았다. 그리하여 히에로니무스는 385년에 블레실라의 어머니 파울라와 그녀의 언니인 에우스토키움을 데리고 영원히 로마를 떠났다. 그러고는 베들레헴에 수도원과 수녀원을 하나씩 지어 수도원 원장은 자신이 맡고, 수녀원의 관리는 처음에는 파울라에게 나중에는 에우스토키움에게 맡겼다. 그리고 수도사와 수녀들이 함께 기도할 수 있는 교회와 성지 순례객들을 위한 숙박소를 만들었다.

이때 히에로니무스는 토굴을 하나 마련해서 책과 서류 등을 그곳에 다 모아 두고는 공부, 글쓰기, 일상 업무 등을 처리했다. 그는 이후 죽을 때까지 34년간을 이곳에서 생활했다. 그러면서 크리소스토무스, 암브로시우스, 펠라기우스, 아우구스티누스와 첨예한 논쟁을 벌였고, 궤변론 및 성서의 해석 문제에 관해 강건한 어조로 50편에 달하는 저작을 쓰기도 했다. 그의 글은 그의 반대파들까지도 열심히 읽을 정도로 훌륭한 것이었다. 그는 베들레헴에 학교를 열어서 라틴어와 그리스어를 비롯해 다양한 과목을 아이들에게 겸손하고 자유롭게 가르쳐 주었다. 이제 성자로 인정받게 된 히에로니무스는 젊은 나이에 손에서 떼었던 고전 작가의 작품들을 다시 읽어도 되겠다는 생각을 하게 되었다. 그리고 동로마 제국에 처음 갔을 때 배우다가 만 히브리어 공부를 다시 시작했다. 18년간 끈질기게 공부한 끝에 그는 성경을 장대하고 감동적인 라틴어로 번역해 내는 데 성공한다.(불가타 성서) 원래 번역 작품이 다 그렇듯 히에로니무스의 번역에도 실수가 있고, 일상어의 "야만성" 때문에 순수성이 훼손된 부분도 있다. 하지만 히에로니무스의 라틴어는 중세 시대 내내 신학과 문학 양면에서 모범적인 양식이 되어 주었으며, 딱딱한 라틴어의 틀에 히브리어의 감성과 상상력을 불어넣어 주었으며, 아름답고 힘 있는 짤막한 경구들을 문학사에 수백 개나 남겨 주었다.* 그의 번역 덕분에 라틴어권 세계는 성경에 그 어느 때보다 친숙해질 수 있었다.

히에로니무스를 성인이라 할 수 있는 부분은 금욕을 실천하며 교회에 헌신하는 삶을 살았다는 점뿐이다. 인격적인 면이나 언행에 있어서 그는 성인이라 하기 힘든 인물이었다. 그토록 위대하다는 사람이 무섭게 분노를 폭발시키고, 허위 진술을 하고, 논쟁을 하며 흉포하게 굴기를 밥 먹듯이 했다는 사실을 알면 안타까울 뿐이다. 그는 예루살렘의 총대주교였던 요한을 가롯 유다나 사탄이라고 부르면서 지옥에서 아무리 벌을 받아도 모자란다고 했다.[21] 또 위풍당당한 풍모의 암브로시우스에겐 "병신이 된 까마귀" 같다고 했다.[22] 또 죽마고우 사이인 루피누스가 곤란해질 걸 알면서도, 교황 아나스타시우스가 오리게네스에게 내린 유죄 판결을 어떻게든 집행하겠다며 죽은 오리게네스를 찾아 이 잡듯이 이단자 사냥을 했다.(400년) 히에로니무스가 이렇게 매몰찬 영혼을 지닌 사람이 아닌, 차라리 육체적인 죄악을 범한 사람이었다면 우리는 인간적

---

* 히에로니무스의 번역은 대부분이 히브리어 원서 또는 그리스어 원서를 직역한 것이지만, 아퀼라, 심마쿠스, 테오도티온의 그리스어 번역본을 군데군데 중역하기도 했다. 1592년과 1907년에 개정을 거친 그의 번역은 지금까지 로마 가톨릭 세계에서는 표준 라틴어 성경으로 통하고 있다. 이 불가타 역본을 영어로 번역한 것이 '두아이 성경(Douai Bible)'이다.

으로 좀 더 동정을 느끼지 않았을까.

히에로니무스의 비판자들은 그에게 벌을 내리려고 구실만 생기면 득달같이 달려들었다. 히에로니무스가 그리스와 라틴 고전을 가르쳤을 땐 이교도라며 몰아세웠고, 한 유대인과 함께 히브리어를 공부했을 때는 유대교로 개종했다는 혐의를 씌웠으며, 책을 낼 때 여자들 앞으로 헌사를 달면 돈을 노리거나 혹은 그보다 불순한 의도가 있는 거라고 말을 늘어놓았다.[23] 그의 노년은 행복하지 못했다. 야만족들이 밀고 내려와 근동 지방으로 들어와서는 시리아와 팔레스타인을 쑥대밭으로 만들어 놓았기 때문이다.(395년) "야만족 손아귀에 들어간 수도원이 얼마나 많으며, 피로 붉게 물든 강 또한 얼마나 많은지!" 그는 슬프다는 듯 이렇게 결론 내린다. "로마가 이룩한 세상이 무너져 내리고 있도다."[24] 더구나 그가 아끼던 파울라와 마르켈라, 에우스토키움을 먼저 저세상으로 떠나보내야 했다. 금욕 생활을 해 온 탓에 목소리도 거의 나오지 않고 몸에 살점이라곤 거의 없었으며, 나이 들어 구부정해진 몸으로 매일같이 밀어닥치는 일을 처리하느라 고생을 해야 했다. 죽음이 임박했을 때까지도 그는 예레미야에 대한 주석서를 쓰고 있었다. 히에로니무스는 좋은 사람이기보다는 위대한 인물이었다. 유베날리스에 필적하는 촌철살인의 풍자가이자, 세네카에 필적하는 뛰어난 문학가, 공부와 신학에 있어서 초인적인 노력을 보여 준 이, 그가 바로 히에로니무스였다.

3. 그리스도교의 투사들

히에로니무스와 아우구스티누스는 다사다난했던 시대의 가장 위대한 인물로서 쌍벽을 이루었지만, 교회에는 이 둘 말고도 인물이 많았다. 초기 중세 시대 교회에서는 "교회의 박사"로 동로마의 아타나시우스, 바실리우스, 그레고리우스 나지안젠, 요한 크리소스토무스, 다마스쿠스의 요한, 그리고 서로마의 암브로시우스, 히에로니무스, 아우구스티누스, 그레고리우스 1세를 꼽았다.

암브로시우스(340?~398년)의 경력은 당시 그리스도교의 힘이 얼마나 컸는지 여실히 보여 주는데, 불과 30년 전만 해도 나랏일에 복무했을 수재들을 교회의 품으로 끌어들인 걸 보면 말이다. 트리어에서 갈리아의 장관 아들로 태어난 암브로시우스는 가문의 내력으로 보면 정치가가 될 수밖에 없는 운명이었다. 그런 만큼 그가 얼마 안 가 북부 이탈리아의 통치를 맡게 되었다는 이야기는 어쩌면 당연한 소리로 들린다. 그는 밀라노에 머물면서 서로마 제국의 황제와 친밀한 관계를 유지했고, 황제 역시 암브로시우스에게서 흔들림 없는 판단력, 과단성 있는 추진력, 조용히 발휘되는 용기 등 그 옛날 로마 선조들의 훌륭한 자질들을 엿보았다. 그러던 어느 날 암브로시우스는 주교 선출 문제로 경쟁 파벌들이 모여 소란을 일으킬 거라는 소식을 듣고 부리나케 그 자리로 달려간다. 암브로시우스가 나타나 몇 마디 하자 애초의 소란은 언제 그랬냐는 듯 가라앉았다. 각 파당들이 주교 후보를 두고 의견 일치를 보지 못할 때 누군가 암브로시우스를 추천했다. 사람들은 암브로시우스를 주교로 선출하는 데 만장일치로 열렬히 동의했다. 이 통치자는 아직 세례도 받지 않았기에 주교 자리를 고사했지만, 교회는 서둘러서 그에게 세례를 받게 하고 부제(副祭)로 서품한 뒤, 이어서 사제 서품까지 하고는 곧 주교의 자리를 주었다. 이 모든 일이 단 일주일 만에 이루어졌다.(374년)[25]

　암브로시우스는 자신이 맡은 새로운 직위에서 정치가의 위엄과 능력을 십분 발휘했다. 또한 정치가로서의 화려한 생활은 모두 포기하고, 타인의 본보기가 되어 소박하게 살아갔다. 가진 돈과 재산은 가난한 사람들에게 주었고, 전쟁 포로의 몸값을 마련하기 위해 자기 교회의 신성한 명판(名板)을 팔기도 했다.[26] 그는 니케아 신경을 강력하게 옹호한 신학자이기도 했고, 아우구스티누스의 개종에 기여할 만큼 뛰어난 연설을 자랑하는 웅변가이기도 했으며, 교회의 가장 초기 시절에 가장 기품 있는 찬송가를 만들어 준 시인이기도 했다. 또 학식과 청렴성을 겸비한 재판관으로서 속세의 궁정에 판치던 부패를 부끄러운 것으로 만들었으며, 외교관으로서 교회나 나라의 어려운 대사(大事)를 책임지고 맡았다. 훌륭한 엄격주의자였던 그는 교황에게 든든한 디딤돌인 동시에 부담스러운 그늘이기도 했다. 또 교회주의자로서 철저히 교회 편에 서서 테오도시우스 대제를 참회시켰으며, 발렌티니아누스 3세의 정책을 좌지우지했다. 이 어린 나이의 황제 곁에는 어머니 유스티나가 있었고, 아리우스파였던 황후는 밀라노에 있던 교회를 아리우스파 사제에게 주려고 했다. 암브로시우스는 교회 건물을 내어 주라는 황후의 명령에 불복하고 신도들을 모아 포위된 교회 안에서 밤낮으로 신성한 "연좌시위"를 벌였다. 아우구스티누스에 따르면, "교회를 사용한 후 찬송가와 노래를 부르는 동방의 관습이 생긴 게 바로 이때부터였다. 슬픔 속에서 오랫동안 이어지는 농성의 지독한 괴로움을 사람들은 노래로 달랬다."[27] 암브로시우스는 황후를 상대로 유명한 전투를 치렀고, 편협함에 대한 승리를 뚜렷이 보여 주었다.

한편 남부 이탈리아의 놀라에서 활동한 파울리누스(353~431년)는 그리스도교 성인으로서 보다 온화한 모습을 보여 주었다. 보르도 지방의 오래되고 부유한 가문에서 태어난 파울리누스는 비슷한 상류층 가문의 규수와 결혼을 했다. 결혼 후에는 시인 아우소니우스 밑에서 공부하고 정계에 입문하여 승승장구하였다. 그런데 느닷없이 "개종"의 계기가 그를 찾아왔고, 그때부터 그는 말 그대로 세상을 등지게 되었다. 그는 가진 재산을 팔아 최저 생계 비용만 남기고 나머지는 모두 가난한 사람들에게 주었다. 그의 아내 테라시아도 남편과 뜻을 같이하여 그의 곁에서 정숙한 "그리스도교 형제"로 살기로 하였다. 당시 서로마에는 아직 수도원 생활이 정착되지 않았기 때문에, 이들은 놀라에 소박한 집을 마련하고 그것을 개인 수도원으로 삼아 거기서 35년을 지냈다. 고기와 와인은 일절 입에 대지 않았으며, 매달 수일을 단식한 채 지내면서 부유한 삶의 번잡함에서 해방된 걸 행복해 했다. 젊은 시절 그와 교우하던 이교도 친구들은(그중에서도 특히 아우소니우스는) 시민으로서의 의무를 저버린 듯한 그의 삶에 이의를 제기했다. 이에 파울리누스는 자기가 있는 곳으로 와서 함께 지고의 행복을 누리자는 말로 대답을 대신했다. 증오와 폭력으로 점철된 시대에 그는 끝까지 관용의 정신을 잊지 않았다. 그의 장례식에는 그리스도교도는 물론 이교도와 유대교도들까지 함께했다.

파울리누스는 멋진 시를 쓸 줄 알긴 했지만, 어쩌다 한번 쓸 뿐이었다. 이 시대 그리스도교의 시각을 가장 잘 표현한 시인은 따로 있었으니, 스페인 출신의 아우렐리우스 프루덴티우스 클레멘스였다.(348~410년경) 클라우디아누스와 아우소니우스는 죽은 신들을 잡다하게 데려다 자기들의 글을 도배했던 반면에, 프루덴티우스는 고대의 운율로 새롭고도 생생한 주제를 노래했다. 순교자들의 이야기를 노래하고, 교회에서 매일같이 불리는 찬송가를 만들었으며, 승리의 여신상을 복구해 달라는 심마쿠스의 청원에 시로 답했다. 호노리우스 황제에게 검투 경기를 자제해 달라며 감동적으로 호소한 것도 바로 그 시에서였다. 프루덴티우스는 이교도들을 미워하지 않았다. 그는 심마쿠스에게도 호의적으로 말했으며, 심지어 이교도 황제 율리아누스에게까지 호의를 보였다. 그리고 동료 그리스도교도들에게는 이교의 예술 작품을 파괴하지 말라고 간청했다. 클라우디아누스처럼 그 역시 로마를 위대한 도시로 생각해서, 로마 덕에 백인(白人) 세상에서는 어디를 가도 똑같은 법의 지배를 받으며 안전하게 다닐 수 있다고 누구보다 기뻐했다. "어디를 가도 우리는 다 같이 로마의 동료 시민이나니."²⁸ 이렇게 로마가 이룬 성취와 지배가 메아리치는 작품은 이 그리스도교도 시인 이후로는 찾아볼 수 없다.

이제 갈리아가 수준 높은 문명의 본거지가 된 것은 로마로서는 겸연쩍은 일이 아닐 수 없었다. 아우소니우스와 시도니우스에 필적하는 문필가의 명성은 4세기 갈리아에서 활동한 위대한 주교들의 차지였다. 푸아티에의 힐라리우스, 랭스의 레미, 오툉의 에우프로니우스, 투르의 마르티누스가 그들이다. 힐라리우스(367년경 사망)는 니케아 신경을 가장 적극적으로 방어한 사람들 중 하나로, 열두 권에 이르는 책을 써서 삼위일체설을 열심히 설명했다. 그리고 푸아티에에 있는 자신의 교구에서는 헌신적인 교회인으로서의 선한 삶을 보여 주었다. 아침 일찍부터 자신을 찾아오는 손님들을 일일이 만나 불평을 들어주고 논쟁을 중재해 주었다. 거기에다 미사도 집전하고, 설교도 하고, 공부도 가르치고, 책과 편지 내용을 구술했으며, 식사 시간에는 경전 낭독에 귀를 기울였다. 또 매일매일 밭 가는 일이나 가난한 사람을 위해

옷 짓는 일 따위의 막노동도 마다하지 않았다.²⁹ 이것이야말로 그가 생각하는 교회 신도로서의 최선의 삶이었다.

성 마르티누스는 누구보다 이름을 많이 남긴 사람이었다. 프랑스에는 그의 이름을 딴 교회가 3675개, 그의 이름을 딴 마을이 425개에 이른다. 성 마르티누스는 316년경 판노니아 지방에서 태어났다. 열두 살에 수도사가 되고 싶다는 생각을 가졌지만, 열다섯 살에 아버지의 강요를 못 이기고 군대에 들어갈 수밖에 없었다. 군대에 있을 때도 그는 유별난 병사였다. 자신의 급료를 가난한 사람들에게 나누어 주는가 하면, 고통 받는 사람들을 도와주었으며, 겸손과 인내를 몸소 실천하는 모습이 마치 군대를 나와 수도원이라도 지을 사람 같았다. 군대에서 5년간 복무한 마르티누스는 자신의 포부가 무엇인지 깨닫고 수도사가 되어 암자에서 살았다. 처음에는 이탈리아에 머물렀다가 나중에는 푸아티에로 옮겨서 자신이 누구보다 좋아했던 힐라리우스 가까이에서 살았다. 371년 투르 지방 주민들은 머리는 산발인 채 누더기를 걸치고 다니는 마르티누스를 자기들의 주교로 삼고 싶어서 안달이었다. 마르티누스는 주민들 뜻을 받아들이되, 주교가 되어서도 수도사처럼 생활하게 해 달라고 했다. 그는 투르에서 2마일 떨어진 마르무티에에 수도원을 하나 짓고 80명의 수도사를 불러 모아 그들과 함께 진정으로 금욕적인 삶을 살았다. 그가 생각하는 주교는 단순히 미사를 올리고, 설교를 하고, 성사를 거행하고, 돈을 걷는 사람이 아니었다. 굶주린 사람을 먹이고, 헐벗은 자에게 옷을 입혀 주고, 아픈 사람을 찾아가고, 불행한 자를 도와주는 것이 주교였다. 갈리아 지역에서는 그를 너무도 사랑해서 구석구석 그의 기적을 전하지 않는 곳이 없을 정도였으며, 심지어 죽은 자를 세 명이나 일어나게 했다는 이야기도 전한다.³⁰ 나중에 프랑스는 그를 프랑스의 수호성인으로 삼았다.

마르티누스가 푸아티에에 수도원을 설립한 것을 기점으로(362년) 이제 갈리아에는 수도원들이 우후죽순처럼 생겨나기 시작했다. 애초에 로마에 수도원의 개념이 들어올 때 아타나시우스의 책 『안토니우스의 생애』가 촉매제가 되었고, 히에로니무스가 은둔자의 삶을 강력하게 주장한 까닭에 서로마 제국에는 처음부터 그 어디보다 열성적이고 고독한 형태의 수도원 제도가 자리 잡게 되었다. 로마의 날씨는 사막보다는 덥지 않지만 수도사들은 뜨거운 태양 아래서 수행하던 이집트 수도사들의 열성을 그대로 따라잡으려고 애썼다. 그래서 수도사 울필라이치는 다리와 발에 아무것도 걸치지 않은 채 트리어의 기둥 위에서 몇 년간을 살았다. 겨울에는 발이 얼어 발가락에서 발톱이 다 떨어지고, 턱수염에는 고드름이 주렁주렁 매달렸다. 투르 근방에 살았던 성자 세노크는 하반신이 움직이지 못할 정도의 좁은 사방의 벽면에 자신을 가두고 그 속에서 몇 년을 살아 사람들로부터 경배의 대상이 되었다.[31] 극단적 수행을 통해 황홀경을 체험하는 것이 안토니우스 식의 수행이었는데, 성 요한 카시아누스는 이를 중화시키기 위해 수도사들의 노동을 중시하는 파코미우스의 사상을 들여왔다. 크리소스토무스의 설교를 듣고 영감을 받은 카시아누스는 마르세유에 수도원과 수녀원을 하나씩 짓고(415년), 서로마 역사상 최초로 수도원 생활에 적합한 섭생법을 저술해 수도원에서 사용하도록 했다. 그가 죽기 전에 (435년) 그의 규칙을 따르는 수도사가 이미 5000명에 이르렀다. 5세기 초반에는 성 호노라투스와 성 카프라시우스가 칸느 건너편에 있는 레렝 섬에 수도원을 하나 지었다. 이 수도원들은 홀로 기도에 몰두하기보다는 사람들이 함께 협력하여 일하고 공부하도록 훈련시켰다. 이 수도원들이 나중에는 신학 학교가 되어 서양의 사상에 심대한 영향을 끼치기에 이른다. 이어 6세기에 성 베네딕트가 갈리아를 관리하게 되면서 성 카시아누스의 전통을 밑바탕으로 역사상 가장 인자한 수도원 제도가 서로마에 자리를 잡는다.

4. 동로마 그리스도교 세계

1. 동로마의 수도사

이제 단순히 신도들의 모임이 아닌 수백만의 삶을 관장하는 기관으로 발전한 이상, 교회도 인간의 약점을 보다 너그러운 시선으로 바라보면서 지상의 기쁨을 어느 정도 용인해 주고 때로는 함께 즐기게도 되었다. 하지만 그런 용인이 그리스도를 저버리는 짓이라 생각하는 이들도 소수 있어서, 이들은 가난, 금욕, 기도를 통해 천국에 갈 수 있다고 굳게 믿고 이 세상을 완전히 떠나서 살았다. 인도의 아소카 왕은 (기원전 250년경에) 근동 지방에 사절단을 파견했는데, 이때 불교의 금욕적 모습이 불교의 교리 및 윤리와 함께 근동에 전해진 듯하다. 그리고 안토니우스와 파코미우스는 이집트의 세라피스나 유대의 에세네 공동체 같은 그리스도교 탄생 이전의 은자들에게서 엄격한 종교 생활의 이상 및 방법론을 전수받았을 걸로 보인다. 많은 이들에게 수도원 제도는 혼란스러운 야만족 침략과 참혹한 전쟁에서 벗어날 수 있는 피난처였다. 수도원이나 사막의 암자에서는 세금을 낼 필요도, 군 복무를 할 필요도, 결혼 생활의 불화에 시달릴 필요도, 힘들게 일할 필요도 없었다. 뿐만 아니라 사제 서품을 받아야만 수도사가 될 수 있는 것도 아니었다. 여기에 평화로운 마음으로 몇 년간 수행을 하면 종국에 영원한 행복이 찾아온다지 않는가.

　수도원 제도가 생기기 딱 좋은 날씨를 가진 이집트에는 은둔자와 수사들이 넘쳐 났다. 이들은 안토니우스가 홀로 지내던 습관이나, 파코미우스가 타벤느에 세웠던 공동체의 생활을 그대로 따랐다. 그 결과 나일 강 양안을 따라 수도원과 수녀원이 줄지어 늘어섰고, 수도사와 수녀의 숫자가 3000명에 이르는 곳도 있었다. 은둔자 중에서도 안토니우스(251~356년경)의 명성이 단연 최고였다. 그는 사람들을 피해 혈혈단신으로 이리저리 떠돌다 마침내 홍해 근처의 콜짐 산에 자리를 잡았다. 하지만 열혈 추종자들이 그를 찾아내서 헌신적 수행을 따라했고, 그의 허락하에 가급적 그의 가까이에 암자를 지었다. 안토니우스가 죽기 전에 사막은 이미 그를 따르는 영적 후계자들로 만원을 이루었다. 안토니우스는 거의 씻지 않은 채로 105세까지 살았다고 한다. 그는 콘스탄티누스 황제의 부름에는 응하지 않았지만, 90세가 되었을 때는 몸소 알렉산드리아까지 가서 아리우스파에 반대하고 아타나시우스를 지지해 주었다. 파코미우스도 안토니우스에 버금가는 명성을 자랑했다. 그는 (325년에) 수도원 아홉 개와 수녀원 한 개를 지었다. 그의 방식을 따르는 수도자들이 얼마나 많았던지 축일에 참가하려고 그의 수도원에 모여든 수도사가 7000명에 이르기도 했다. 이 수도사들은 기도만 한 것이 아니라 일도 했다. 그리고 주기적으로 나일 강을 타고 알렉산드리아까지 가서 자기들 물건을 팔고, 생필품을 사 오고, 교회의 정치적 분쟁에 끼어들었다.

은둔자들 사이에서는 금욕 수행의 최고봉 자리에 오르기 위해 치열한 경쟁이 벌어졌다. 뒤셴 신부의 말에 따르면, 알렉산드리아의 마카리우스는 "누군가가 대단한 금욕 수행을 했다고 하면, 그보다 더한 강도로 수행을 안 하고는 못 배겼다." 이를테면 어떤 수도사들이 사순절(부활절이 되기 전의 40일을 가리킨다. 그리스도교인들은 사순절이 되면 그리스도의 수난을 기억하며 단식 등 절제된 생활을 한다. – 옮긴이)에 조리된 음식을 하나도 안 먹었다고 하자, 마카리우스는 7년 동안 조리된 음식을 하나도 먹지 않았다. 또 어떤 수도사가 잠을 자지 않는 고행을 했다고 하면, 그가 "20일 연속으로 잠을 안 자고 깨어 있기 위해 미친 듯이 애쓰는 모습"을 볼 수 있었다. 한번은 사순절 기간 내내 밤낮으로 서서 지내면서 일주일에 한 번 몇 장의 양배추 잎 외에는 아무것도 먹지 않은 적이 있었는데, 그런 와중에도 일거리로 하고 있던 바구니 짜기를 멈추지 않았다.[32] 그는 여섯 달 동안 습지에서 잠을 자기도 했는데, 독파리들이 있는데도 알몸으로 지냈다.[33] 혼자 지내기의 달인인 수도사들도 있었으니, 세라피온은 깊디깊은 땅 속 동굴의 바닥에 거처를 마련하고 지냈다. 동굴은 하도 깊어서 순례자라도 웬만한 강단 없이는 도저히 들어가지 못했다. 히에로니무스와 파울라가 이곳을 찾았을 때 세라피온은 깡말라서 피골이 상접했다. 옷은 허리에 하나만 두르고 있었으며, 자르지 않은 머리카락이 얼굴과 어깨까지 뒤덮고 있었다. 그의 토굴은 너무 비좁아서 나뭇잎을 엮어 만든 침대와 널빤지 한 장을 겨우 놓을 수 있을 뿐이었다. 한때는 로마의 귀족들 틈에서 살던 그였는데 말이다.[34] 또 잘 때 절대로 눕지 않는 수도사도 있었는데, 베사리온은 30년, 파코미우스는 40년 동안 눕지 않았다고 한다.[35] 또 어떤 이들은 묵언 수행에 뛰어나서 몇 년 동안 단 한 마디 말도 하지 않은 채 지내기도 했다. 어디를 가든 무거운 짐을 지고 다니는 수도사들이 있는가 하면, 팔다리에 쇠고랑을 차고 다니는 수도사들도 있었다. 자신이 몇 년 동안이나 여자 얼굴을 돌 보듯이 했는가를 기록하는 수도사들도 많았다.[36] 은둔자들은 거의 단 몇 가지 음식만 먹고 살았다.(노년까지 그렇게 지내는 사람들도 있었다.) 히에로니무스의 이야기에 따르면 무화과나 보리 빵으로만 연명하는 수도사들도 있었다고 한다. 한번은 마카리우스가 앓아누웠을 때 누군가가 포도를 가져왔다. 포도를 먹는 일만은 어떻게든 피하고 싶었던 마카리우스는 그 사람을 다른 은둔자에게 보냈고, 그 은둔자는 또 다른 은둔자에게 그 사람을 보냈다. 결국 포도를 가져온 사람은 사막을 한 바퀴 다 돈 후에, (루피누스의 단언에 따르면) 포도를 그대로 마카리우스에게 도로 가져왔다고 한다.[37] 동방의 수도사를 보기 위해 각지에서 몰려든 순례자들은 수도사들이 그리스도에 맞먹는 신비한 기적의 힘을 지녔다고 말했다. 수도사들은 신체 접촉이나 말 한 마디로 환자의 병을 낫게 하거나 악마를 쫓아낼 수 있었다. 또 눈짓이나 기도만으로 뱀이나 사자를 길들이고, 악어 등에 타고 나일 강을 건널 수도 있었다. 은둔자들의 유물은 그리스도교 교회에서 가장 소중히 여기는 재산이 되었고, 오늘날까지도 교회의 보물로 간직되고 있다.

한편 수도원의 수도원장들은 수도사들에게 절대적인 복종을 요구했으며, 불가능한 일을 시켜서 초심자를 시험하기도 했다. (전하는 이야기에 따르면) 한 수도원장이 어떤 초심자에게 활활 타오르는 불 속으로 뛰어들라 명했다. 그 사람은 수도원장의 명령에 따라 순순히 불에 뛰어들었는데, 이때 불길이 갈라지면서 무사히 빠져나올 수 있었다고 한다. 또 한 수도사는 수도원장의 지팡이를 땅에 심어 꽃을 피우라는 명을 받았다. 그는 몇 년 동안 매일 2마일이나 떨어져 있는 나일 강까지 가서 물을 길어다가 지팡이에 주었다. 그렇게 만 3년을 보내자 하느님이 그를 불쌍히 여기시어 지팡이에 꽃이 피어나게 하였다.[38] 히에로니무스의 말에 따르면[39] 수도사에게는 일감도 주어졌는데, "일을 하지 않으면 위험한 상상에 빠져 정신이 산만해지기 때문이다." 수도사들은 농사를 짓거나,

정원을 가꾸거나, 매트 또는 바구니를 짜거나, 나무로 신발을 만들거나, 필사를 했다. 고대의 문학 작품 상당수는 이때 이루어진 수도사들의 필사 작업으로 후대까지 보존될 수 있었다. 하지만 대부분의 이집트 수도사들은 글자를 몰랐고, 세속적인 지식을 쓸데없는 것으로 폄하했다.[40] 이들 중에는 청결이 신성에 해가 된다고 보는 사람들도 많았다. 그래서 성녀 실비아는 손 외에는 몸을 전혀 씻지 않았고, 130명의 수녀가 있던 수녀원에서도 목욕을 하거나 발을 씻는 사람은 하나도 없었다. 하지만 4세기 말엽에 이르자 수도사들도 결국 물을 쓰지 않을 수 없었고, 이에 수도원장 알렉산더는 기강 해이를 탄식하면서 수도사들이 "얼굴 한번 씻지 않던" 시절을 사무치게 그리워했다.[41]

수도사와 수녀의 수에서나, 그들이 이룬 기적에서나 근동 지역은 이집트와 쌍벽을 이루는 곳이었다. 예루살렘과 안티오크에는 수도사 공동체나 암자들이 그물망처럼 촘촘히 자리 잡고 있었다. 시리아 사막은 은둔자들로 넘쳐 나서, 꿈쩍 않는 바위에 자기 몸을 사슬로 묶어 놓는 사람이 있는가 하면, 한군데 머무르는 걸 질색해 이 산 저 산 떠돌며 풀을 뜯어 먹는 사람도 있었다.[42] 전하는 이야기에 따르면, 시메온 스틸리테스(390?~459년)는 사순절 40일을 지내는 동안 아무것도 먹지 않는 건 보통이었다. 한번은 사순절 기간 동안 빵과 물만 조금 가지고 사방이 꽉 막힌 곳에 제 발로 갇혔다. 부활절이 되어 담을 헐고 보니 빵과 물은 손도 대지 않은 채였다. 422년경 시메온은 북부 시리아의 칼라트 세만으로 가서 자기 손으로 6피트 높이의 기둥을 만들고 그 위에 올라가 살기 시작했다. 그러면서도 수행이 부족하다며 계속 기둥을 더 높게 만들었고, 종국에는 60피트 높이의 기둥에 영구 거처를 마련하게 되었다. 기둥 맨 꼭대기의 둘레는 고작 3피트 정도밖에 되지 않았으며, 기둥에 달린 난간은 이 성인이 잠을 자는 동안 추락하지 않도록 막아 주었다. 시메온은 이 높은 곳에서 한 번도 내려오지 않고 무려 30년을 살았고, 기둥 위에 선 채로 비바람과 햇빛과 추위에 시달렸다. 제자들은 사다리를 이용해 그에게 음식을 가져다주고 그의 배설물을 치웠다. 시메온은 자기 몸을 기둥에 묶어 두었는데, 시간이 지나자 밧줄이 살 속으로 파고들었고, 썩은 주변의 살에는 고약한 냄새와 함께 벌레들이 들끓었다. 자기 상처를 갉아먹던 벌레들이 몸에서 떨어지면 시메온은 그놈을 제자리에 가져다 놓으면서 이렇게 말했다. "여기 하느님께서 너에게 주신 먹이를 먹어라." 이 드높은 설교단에서 그는 자신을 보기 위해 찾아온 군중들에게 설교를 하고, 야만인들을 개종시키고, 기적 같은 치료를 행했다. 또 그곳에서 교회의 정치에도 참여했으며, 고리대금업자에게 면박을 주어 이자를 12퍼센트에서 6퍼센트로 낮추기도 했다.[43] 그가 높은 곳에서 보여 주는 신앙심은 일종의 유행이 되어서 기둥을 세우고 그 위에서 수행하는 자들이 속속 생겨났고,.그 풍조는 12세기 동안이나 지속되었다. 그리고 철저하게 세속화된 형태로 오늘날까지도 존재한다.

교회에서는 이런 식의 과도한 수행을 찬성하지 않았다. 아마도 이런 식으로 굴욕을 견디고, 극기를 하고, 여자와 세상을 등지는 것에서 오히려 드센 자만심과 영적인 탐욕과 은밀한 욕정을 엿봤기 때문인 것 같다. 금욕주의자들에 대한 기록을 보면 이들이 성적인 환상과 몽상을 겪은 이야기가 수도 없이 등장한다. 수행자의 암자에서는 환상 속의 유혹과 외설적인 생각을 쫓아내려는 수행자의 신음 소리가 울려 퍼지곤 했다. 이들의 믿음에 따르면, 그들 주변의 공기에는 악마가 가득 차 있고 그것들이 공격을 가해 왔다. 도시에서 모든 것을 누리면서 살 때보다 혼자 지낼 때 오히려 고결하게 살기 힘들다는 것을 이들 수행자는 아마 알았을 것이다. 은둔자들이 수행을 하다 미쳐 버리는 일도 심심찮게 있었다. 루피누스의 이야기에 따르면, 어느 날 한 젊은 수도사의 암자에 아름다운 여인이 들어갔다고 한다. 수도사는 그녀의 매력에 굴복해 버렸으나, 그러고 나서 (수도사 생각에) 그녀는 공기 중으로 사라져 버렸다. 수도사는 암자 밖으로 미친 듯이 달려 나와서는 제일 가까운 마을로 달려갔고, 자기 안에 붙은 불을 가라앉히기 위해 공중목욕탕의 난로 속으로 뛰어들었다. 또 다른 이야기에서는 한 젊은 여자가 야생 짐승에게 쫓기고 있다면서 수도사의 암자에 들어가게 해 달라고 간청한다. 수도사는 그녀를 암자 안에 잠시 머물게 해 주었다. 그런데 암자에 머무는 동안 여자는 수도사의 몸에 손을 대게 되었고, 순간 몇 년의 금욕 생활은 무용지물이라도 되는 듯 욕망의 불길이 일어났다. 수도사는 그 여자를 안으려 했지만, 그녀는 어느새 그의 품에서 빠져나와 온데간데없이 사라져 버렸다. 그러더니 기쁨에 들뜬 악마들의 합창이 커다란 웃음소리와 함께 들려와 그의 타락을 비웃었다고 한다. 루피누스의 이야기에 따르면 이 수도사는 그 이후로는 더 이상 수도사로 살지 못했다. 아나톨 프랑스(Anatole France)의 작품 『타이스(Thaïs)』에 등장하는 파피뉴스처럼 그는 자기가 상상한, 혹은 실제로 본 아름다운 여인의 모습을 머릿속에서 몰아내지 못했다. 그는 암자를 떠나 도시의 삶 속에 뛰어들었고, 그 모습을 쫓아 마침내는 지옥까지 갔다.[44]

조직화된 기관이었던 교회는 처음에는 이런 수도사들에 대해 아무 제재도 가하지 않았다. 이들이 성직에서 특정 품계를 가진 적은 거의 없었기 때문이다. 하지만 교회가 수행자들의 훌륭한 행적을 통해 덕을 보게 되자, 수행자들의 과도한 수행을 어느 정도 책임져야 할 필요를 느끼게 되었다. 교회는 수도자의 이상(理想)에 완전히 동의할 수는 없었다. 정절을 지키며 가난하게 사는 건 훌륭한 덕행이었지만, 결혼이나 양육, 재산 등을 죄악으로 비난할 수는 없는 처지였다. 종족 유지는 이제 교회에도 중요한 일이 되어 있었기 때문이다. 일부 수도사들은 자기 마음대로 암자나 수도원을 떠나 구걸을 하면서 마을 주민들을 곤란하게 만들었다. 또 이 마을 저 마을을 떠돌아다니며 금욕주의를 설교하고, 수행자의 진짜 혹은 가짜 유물을 팔거나, 종교 회의를 망쳐 놓거나, 감정 동요가 심한 사람들을 선동하여 이교도 신전이나 신상을 파괴하고, 이따금 히파티아 학파의 제자를 죽이기도 했다. 교회는 이런 식의 독자 행동을 더 이상 용인할 수 없었다. 그리하여 칼케돈 공의회(451년)에서는 수도사 서약을 받을 때 훨씬 더 신중할 것을 명하고, 서약을 철회할 수 없도록 했다. 또 수도원을 짓거나 수도원을 떠날 때는 반드시 해당 교구 주교의 허가를 받도록 했다.

2. 동로마의 주교들

동로마 제국에서 그리스도교 신앙은 (400년이 되자) 이제 거의 완승을 거둔 거나 다름없었다. 콥트*인이라고도 하는 이집트 토착 그리스도교도들이 벌써 주민 대다수를 차지하고서, 수백 개에 이르는 교회와 수도원을 먹여 살려 주었다. 알렉산드리아 총대주교의 권위는 이집트 주교 90명이 인정할 정도로 대단해서, 이집트의 파라오나 프톨레마이오스(고대에 이집트를 지배했던 마케도니아의 왕조 – 옮긴이) 시대의 왕들에 버금갔다. 이러한 총대주교 중에는 교회 편에 선 정치가로서 애정이 전혀 안 가는 인물들도 있었는데, 테오필루스 같은 이들은 세라피스가 지은 이교도 신전과 도서관을 완전히 불살라 버리기도 했다.(389년) 하지만 보다 온유했던 인물도 있었으니, 프톨레마이스의 주교 시네시우스가 그랬다. (365년경) 키레네에서 태어난 그는 알렉산드리아에 있는 동안 히파티아 밑에서 수학과 철학을 배웠다. 시네시우스는 히파티아를 "진정한 철학의 진정한 신봉자"라며 죽는 날까지 그녀의 헌신적인 친구로 남았다. 그러고 나서는 아테네로 가서 자신이 가지고 있던 이교주의를 굳히게 되었으나, 403년 그리스도교도 여인과 결혼을 하면서 그리스도교를 순순히 받아들이게 되었다. 그건 그다지 힘든 일도 아니어서 자신이 신봉하던 신플라톤주의의 세 가지 개념, 즉 일자(一者), 노우스(nous), 정신을 성부, 성령, 성자로 바꾸어 생각하기만 하면 되었다.[45] 시네시우스는 유쾌한 분위기의 서간을 많이 쓰고, 짤막한 철학 관련 글도 몇 편 남겼지만, 「용기를 칭송하며」라는 에세이 말고는 오늘날 사람들이 읽을 만한 게 없다. 410년, 테오필루스는 그에게 프톨레마이스의 주교직을 제안했다. 하지만 시골의 유지가 되어 있던 시네시우스는 이제 야망보다는 돈이 더 많은 사람이었다. 그는 자신은 자격이 안 된다며 주교직을 고사했다. (니케아 신경에서 선결 요건으로 이야기하는) 육체의 부활을 믿지도 않을 뿐더러, 이미 결혼을 했고 아내를 버리고 싶은 마음도 전혀 없었기 때문이었다.

---

* 이집트인을 나타내는 그리스어 'Aigyptos'는 아라비아어 'Kipt'로 전와(轉訛)되었고, 이 'Kipt'가 유럽에 들어오면서 'Copt'라는 말로 바뀌었다.

하지만 교리는 방편일 뿐이라 여겼던 테오필루스는 시네시우스의 이런 결점을 얼마든지 눈감아 줄 수 있었고, 시네시우스가 마음의 결정을 내리기도 전에 이 철학자를 주교로 만들어 버렸다. 시네시우스가 살아생전의 마지막 편지를 히파티아에게 보내고, 살아생전의 마지막 기도를 (하느님이 아닌) 그리스도에게 올린 것은 딱 그다운 행동이었다.[46]

한편 시리아에 있던 이교 신전들은 테오필루스 식대로 정리가 되었다. 황실에서 신전을 폐쇄하라는 명령이 떨어졌던 것이다. 그때까지도 남아 있던 이교도들은 명령에 저항했지만, 자기들이 모시던 신들이 파괴를 당하는데도 하늘이 노하지 않는 것을 보고 패배를 인정할 수밖에 없었다. 그래도 아시아의 그리스도교를 이끌던 지도자들은 이집트 지도자들보다는 정신이 보다 온전했다.* 그중 하나인 대(大)바실리우스는 50년이라는 짧은 생을 살았는데 (329?~379년), 콘스탄티노플에 있는 동안에는 리바니우스 밑에서 수사학을 배우고, 아테네에서는 철학을 공부했으며, 이집트와 시리아를 두루 돌며 은둔자들을 찾아다녔다. 하지만 바실리우스는 안으로만 파고드는 이들의 금욕주의에는 반대였다. 그는 카파도키아 카이사레아 지방의 주교가 되자 자기 식대로 그리스도교 조직을 구성하고, 의례를 변형시키고, 자활이 가능한 수도원 제도를 도입했다. 또 나름의 수도원 규칙도 만들었는데, 그리스-슬라브족 세계에서는 지금까지도 이 규칙이 통용되고 있다. 바실리우스는 자신의 추종자들에게 이집트 은둔자들의 보여 주기 식 고행을 따르려 하지 말고, 유익한 노동을 함으로써 하느님께 봉사하고, 건강과 온전한 정신을 유지하는 데 힘을 쏟으라고 했다. 그의 생각에는 밭을 가는 것이 그 무엇보다 훌륭한 기도였다. 동방 그리스도교 세계에서는 바실리우스의 탁월한 영향력을 오늘날까지도 인정하고 있을

---

* 또 한 명의 시리아 성인인 성 니콜라스는 4세기 리키아의 미라 교구에서 주교직을 조용히 수행한 인물인데, 나중에 자신이 도둑과 어린아이들을 지키는 러시아의 수호성인이 될 줄은 꿈에도 몰랐을 것이다. 이 수호성인은 종국에는 산타클로스라는 네덜란드로 이름을 갖고 전 세계 그리스도교 절반이 믿는 크리스마스 신화에 등장하게 된다.

정도다.

이제 콘스탄티노플에는 이교 숭배의 흔적을 거의 찾아볼 수 없었다. 하지만 그리스도교 자신이 분쟁으로 인해 갈가리 찢긴 상태였다. 아리우스파가 여전히 막강한 힘을 떨치고 있었고, 언제나 새로운 이단이 싹을 틔웠으며, 사람들은 저마다 자기 나름의 신학을 말하고 있었다. 바실리우스의 동생이었던 니아사의 그레고리우스는 380년경에 이런 글을 쓰기도 했다. "이 도시 콘스탄티노플에는 직공이거나 노예이면서 누구 하나 해박한 신학자 아닌 사람이 없어서, 가게에서건 길거리에서건 설교를 하기 바쁘다. 은(銀) 장식을 바꾸려고 세공인을 찾으면, 세공인이라는 자가 와서 성자와 성부가 어떻게 다른지 알려 준다. 또 빵 값을 물어 보면 …… 성자는 성부에 못 미치는 존재란 설명을 듣게 된다. 그리고 목욕탕에 가서 목욕을 할 수 있느냐고 물으면 성자는 무(無)에서 나왔다는 대답이 돌아온다."[47] 테오도시우스 1세의 치세 기간에 시리아인 이삭이 제국의 새로운 수도에 첫 번째 수도원을 세운 것을 계기로 비슷한 기관들이 우후죽순처럼 생겨났다. 그리고 400년이 되자 시리아 수도사들은 콘스탄티노플에 권력과 폭력을 동시에 행사하는 존재가 되어, 총대주교 대 총대주교의 싸움이나 총대주교 대 황제의 싸움판을 한층 더 떠들썩하게 만들었다.

그레고리우스 나지안젠은 콘스탄티노플에 있는 정통 그리스도교도들의 청을 받아들여 그들의 주교가 되면서 그리스도교 분파 사이에 얼마나 살벌한 적의가 존재하는지 실감하게 되었다.(379년) 발렌스 황제가 세상을 떠난 지 얼마 안 된 탓에, 교회 일은 여전히 그의 지지를 받던 아리우스파들이 좌지우지하고 있었고, 성 소피아 성당의 전례도 그들이 주관했다. 그레고리우스는 성당에서 미사를 보지 못하고 친구 집에다 제단을 차리고 신도들을 맞아야 했다. 하지만 그는 낙담하지 않고 자신의 그 소박한 교회에다 아나스타시아(Anastasia, 부활)라는 희망찬 이름을 붙여 주었다. 그레고리우스는 신심도 학식도 매우 깊은 사람이었다. 그와 바실리우스는 동향 친구로 아테네에서 함께 공부를 했으며, 그의 유창한 언변을 따를 사람은 두 번째 후계자뿐이었다. 그레고리우스의 신도 수는 점점 더 불어나서 나중에는 정식 대성당이었던 성 소피아 성당의 신도 수까지도 웃돌았다. 그러자 아리우스파들이 몰려와 돌덩이를 던지며 아나스타시아를 공격했다. 그로부터 18개월 후, 정통파였던 테오도시우스 황제가 화려한 의장과 개선식 행사를 갖추어 그레고리우스를 성 소피아 성당의 정식 주교 자리에 앉혀 주었다. 하지만 교회의 정치 세력이 얼마 안 있어 그의 평화를 깨뜨려 버렸다. 그레고리우스에게 질투를 느낀 주교들이 그의 임명을 무효라고 주장하면서 회의를 열고 그레고리우스가 직접 변론할 것을 요구했다. 하지만 자존심을 버리면서까지 싸울 의향이 없던 그레고리우스는 주교 자리를 사임하고(381년) 카파도키아의 나지안주스로 돌아가서, 8년의 여생을 은사로 묻혀 평화롭게 지냈다.

    그레고리우스의 바로 뒤를 이었던 평범한 후계자가 죽자, 황실에서는 성 소피아 성당에 안티오크의 사제를 불러들였다. 바로 황금의 입이라고도 불렸던 역사의 그 유명한 인물 성 요한 크리소스토무스이다. (345년에?) 귀족 가문에서 태어난 그는 리바니우스로부터 수사학을 흠뻑 주입받았고, 이교도의 문학과 철학에도 익숙한 터였다. 일반적으로 동로마 제국의 주교들이 서로마 제국의 주교들보다 학식도 더 깊고 논쟁도 잘했다. 요한은 칼 같은 지성과 그보다 더 매서운 기질을 지닌 사람이었다. 그는 그리스도교 신앙을 진지하게 받아들여 새로운 신도들을 곤혹스럽게 했다. 당대 사람들이 저지르고 있던 부정의하고 부도덕한 일들을 노골적으로 비난하고 나섰기 때문이다.[48] 극장은 음탕한 여자들의 전시장이자, 신성 모독과 유혹과 간계를 가르치는 학교라고 깎아내렸다. 또 부유한 그리스도교도들에게는 돈이 있으면 그리스도의 명에 따라 가난한 사람들에게 나눠 주어야지, 왜 멋대로 사는 데 쓰느냐고 물었다. 왜 어떤 사람들은 저택을 20채씩 가지고, 목욕탕을 20개나 소유하며, 하인을 1000명이나 두고, 상아로 대문을 만들고, 마룻바닥을 모자이크로 장식하고, 대리석으로 벽을 만들며, 금으로 천장을 치장하는지 도무지 모르겠다고 그는 말했다. 그리고 동방의 무희들을 데려다 잔치를 벌이며 노는 부자들에게는 지옥에 갈 거라고 으름장을 놓았다.[49] 또 자기 밑에서 일하는 성직자들의 나태하고 사치스러운 생활과,[50] 여자들을 사제관으로 데리고 가서 자기 뜻대로 이용하는 행동거지도 꾸짖었다. 그리하여 자기 관할의 성직자 중에서 방탕한 생활이나 성직 매매의 죄가 있는 자 열세 명에게서 성직을 박탈했다. 그는 또 콘스탄티노플의 수도사들도 나무랐는데, 암자에 있는 시간보다 거리에 나돌아 다니는 시간이 더 많다는 것이었다. 크리소스토무스는 자기가 설교한 바는 그대로 실천에 옮기는 사람이었다. 그래서 보통의 동로마 주교들이 한껏 꾸미고 다녔음에도, 그는 교구 수입을 장식에 쓰지 않고 병원을 짓고 가난한 사람들을 돕는 데 썼다. 그만큼 힘이 넘치고, 유창하며, 솔직하게 설교를 하는 사람을 콘스탄티노플은 그때까지 본 적이 없었다. 그의 설교에는 경건하고 추상적인 얘기보다는 그리스도교의 가르침이 주를 이루어서 듣는 사람의 가슴을 뜨끔하게 했다.

지주들보다 더 포악한 자들이 오늘날 어디에 있단 말입니까? 그들이 불쌍한 소작인들을 어떻게 대하는지 한번 보십시오. 야만족들보다 더 야만적입니다. 입에 풀칠하고 살아가느라 하루하루 굶주림과 중노동에 시달리는 자들에게 한 번도 어김없이 가혹한 세금을 매깁니다. 거기다 엄청난 노역의 짐까지 지우지요. …… 추위와 비바람이 몰아치는 겨울에도 쉬지 않고 그들은 사람들에게 일을 시킵니다. 잠도 재우지 않고 소작인을 부려 먹고서는 맨손으로 집에 돌려보냅니다.

주인에게서 받는 고문과 구타, 가혹한 세금과 노역의 고통은 배고픔에 비할 바가 아닙니다. 이 주인이라는 자들이 눈앞의 이득을 위해 소작인들을 부려 먹고 속이는 꼴을 어떻게 일일이 다 말로 할 수 있겠습니까? 방앗간에서 힘들게 곡식을 빻아서 주인을 위해 억지로 불법 눈속임을 해도 그들에게 돌아오는 건 하나도 없습니다. 일한 대가로 쥐꼬리만큼 챙겨 받을 뿐입니다.[51]

그러나 신도들은 주교의 꾸짖음은 좋아했어도, 변화를 좋아하지는 않았다. 여자들은 여전히 향수를 잔뜩 뿌리고 다니고, 부자들은 계속 잔치를 열었으며,

성직자들은 계속 여자 하인들을 두었고, 극장은 외설적인 공연을 멈추지 않았다. 그리고 얼마 안 가 힘없고 돈 없는 자들을 제외한 콘스탄티노플의 모든 계층이 황금 입을 가진 이 주교에게 등을 돌렸다. 당시 아르카디우스 황제의 아내 황후 에우독시아는 콘스탄티노플에서 사치스러운 생활을 하며 화려하게 사는 사람들의 우두머리 격이었다. 요한이 한번은 설교에서 넌지시 자신을 언급하는 듯하자, 황후는 약해 빠진 남편을 닦달해 요한을 심판하는 종교 회의를 열게 했다. 그리하여 403년 칼케돈에서 동로마 주교들이 모여 종교 회의를 열었다. 요한은 자신이 어찌 적들에게서 심판을 받느냐며 출석을 거부했다. 주교들은 요한의 주교직을 박탈했고, 요한은 아무 말 없이 유배를 떠났다. 하지만 콘스탄티노플 사람들 사이에서 너무 거센 반발이 일자, 겁을 먹은 황제는 그를 다시 콘스탄티노플 교구로 불러들였다. 그로부터 몇 달 후 주교는 다시 상류층 사람들을 비방했고, 황후의 지위에 대해서도 몇 마디 비판적 논평을 가했다. 그러자 에우독시아가 또 한 번 그의 추방을 요구하고 나섰다. 그리고 경쟁 교구를 약화시키기 위해 눈에 불을 켜고 있던 알렉산드리아의 테오필루스도 아르카디우스 황제를 부추겼다. 칼케돈 신경의 퇴위 내용이 아직 유효하기 때문에 그 조항을 얼마든지 실행시킬 수 있다는 것이었다. 황제는 군사를 보내 크리소스토무스를 잡아들였고, 그를 보스포루스 해협 건너에 있는 아르메니아의 한 마을로 추방시켜 버렸다.(404년) 이 소식을 듣고 그를 충실히 따르던 추종자들이 폭동을 일으키며 길길이 날뛰었다. 이 와중에 성 소피아 성당과 근방의 원로원 건물이 화재를 입는 사태가 발생했다. 한편 크리소스토무스는 유배지에서 호노리우스 황제와 로마 주교 앞으로 도움을 요청하는 편지를 보냈다. 그러자 아르카디우스 황제는 그를 저 멀리 폰투스에 있는 피티우스 사막으로 보내 버렸다. 사막으로 가는 도중 힘이 빠질 대로 빠진 이 고위 성직자는 코마나에서 생을 마감하고 말았다. 그의 나이 62세였다.(407년) 이렇게 요한이 죽은 후 동로마 제국의 교회는 이따금 아주 잠깐씩을 제외하고는 내내 나라의 종복 역할만 해 오고 있을 뿐이다.

5. 성 아우구스티누스(354~430년)

1. 탕자 아우구스티누스

아우구스티누스가 태어난 북부 아프리카는 여러 혈통과 교설들이 잡다하게 모인 곳이었다. 북부 아프리카에 살던 로마인들의 피엔 카르타고인과 누미디아인의 피가 섞여 들었으니, 아마 아우구스티누스도 마찬가지였을 것이다. 이 북부 아프리카 지역엔 카르타고의 옛날 언어인 페니키아어를 사용하던 사람들이 너무 많아서, 아우구스티누스가 이곳 주교로 있을 때 사제로 임명하는 사람들은 반드시 페니키아어를 할 줄 알아야 했다. 또 이곳에선 도나투스파가 득세를 해서 정통파에 도전장을 던지고 있었고, 마니교는 정통파와 도나투스파 둘 다를 압박하고 있었다. 게다가 주민 대다수가 여전히 이교를 믿었던 것으로 보인다.[52] 아우구스티누스가 태어난 곳은 누미디아의 타가스테란 곳이었다. 그의 어머니 성 모니카는 독실한 그리스도교 신자로, 제멋대로인 아들을 뒷바라지하고 또 아들을 위해 기도를 하는 데 인생의 거의 모든 시간을 바쳤다. 그의 아버지는 수완은 턱없이 부족한데 뜻만 커서, 어머니 모니카는 평생 그러지 않을 거라는 신념 하나로 불성실한 남편을 참고 또 참았다.

아우구스티누스는 열두 살의 소년 시절 마다우라에 있는 학교에 가게 되었고, 열일곱 살에는 카르타고에서 고등 교육을 받았다. 로마 역사에 곧이어 등장하게 되는 살비아누스는 아프리카를 온 세상의 더러운 것들이 모이는 "세계의 오물통"이라고, 그중에서도 카르타고는 "아프리카의 오물통"이라고 불렀다.[53] 사정이 이러하니 모니카는 곁을 떠나는 아들에게 단단히 이렇게 일렀다고 한다.

> 어머니께서는 명령조로, 그 어느 때보다 진지한 노파심을 담아 말씀하셨다. 절대로 망나니짓을 해서는 안 되며, 특히 유부녀는 절대 욕보이면 안 된다고. 하지만 그 시절 어머니 말씀은 내게 여자들 잔소리로밖에는 들리지 않아서, 오히려 그 말을 그

대로 따랐다간 창피할 것 같았다. …… 나는 앞뒤 안 보이는 바보처럼 완전 정반대 짓을 하고 다녔다. 동년배들만큼 뻔뻔스럽게 행동하지 못하면 친구들 사이에서 죄라도 지은 듯 부끄러워졌다. 자기들이 얼마나 방탕한 짓을 저질렀는지 보란 듯 떠벌리는 녀석들이었으니 말이다. 그리고 짐승 같은 짓을 많이 하면 할수록 자랑은 훨씬 더 늘어만 갔다. 나는 단순히 그런 짓을 하는 것뿐만이 아니라, 그런 짓을 자랑하는 것에서도 기쁨을 맛봤다. …… 그리고 나쁜 짓을 할 기회가 없을 때면 패배자라도 된 듯 나 자신이 형편없어 보였기 때문에, 나는 내가 하지도 않은 짓을 했다고 꾸며 대기까지 했다.[54]

아우구스티누스는 라틴어에 뛰어난 재능을 보이는 것으로 드러났고, 그건 수사학, 수학, 음악, 철학에서도 마찬가지였다. "조용하지 못한 나의 마음은 항상 배움을 추구하는 데 여념이 없었다."[55] 그러나 그리스어만큼은 싫어해서 그리스어는 한 번도 끝까지 섭렵한 적이 없고 그리스 문학도 배우지 않았다. 하지만 플라톤에게는 완전히 사로잡혀 그를 "반신(半神)"이라고까지 부를 정도였다.[56] 그리스도교도가 된 뒤에도 그는 플라톤주의자이기를 한 번도 포기하지 않았다. 그가 그리스도교 교회에서 가장 명철한 신학자가 될 수 있었던 것은 이교도일 때 논리학과 철학의 기반을 탄탄히 닦아 놓은 덕분이기도 했다.

아우구스티누스는 학교를 졸업한 뒤 타가스테에서 문법을 가르치고, 그 다음에는 카르타고로 가서 수사학을 가르쳤다. 열여섯의 나이에 이르렀을 때는 "나를 장가보내기 위해 사방에서 난리였다." 하지만 그는 동거를 선호했다. 당시의 이교도 윤리와 로마법은 동거라는 편의를 허용하고 있었다. 아직 세례를 받기 전이었기 때문에 그는 얼마든지 자신이 원하는 바에 따라 윤리를 선택할 수 있었다. 그가 보기엔 동거 제도가 윤리적으로 한층 발전한 것이었다. 하지만 성적으로 문란한 생활을 한 것은 아니고, 동거녀를 한 명 두고 385년에 헤어질 때까지 그녀에게만 충실했던 것으로 보인다. 그런데 아직 열여덟의 나이밖에 되지 않았던 372년, 그는 자신이 한 아이의 아버지가 되어 있다는 사실을 알게 된다. 한때 아우구스티누스는 이 아이를 "내 죄악이 낳은 아들"이라 부르기도 했지만, 보통 때는 아데오다투스(Adeodatus, 하느님이 주신 선물)라 불렀다. 그는 이 아들을 극진히 사랑하게 되어서, 곁에 두고 한 시도 멀리 떨어져 있지 않았다.

스물아홉이 되자 아우구스티누스는 카르타고를 떠나 로마라는 더 큰 세상으로 나가게 된다. 그가 세례를 받지도 않고 죽을까 봐 염려가 되었던 어머니는 그에게 떠나지 말라고 간청했다. 그가 뜻을 굽히지 않자 모니카는 자신도 데려가 달라며 애걸복걸했다. 그는 어머니의 청을 들어주는 척하고는 어머니가 항구의 예배당에서 기도를 드리는 사이 몰래 배를 타 버렸다.[57] 로마에 온 그는 1년 동안 수사학을 가르쳤는데 학생들이 그를 속이고 수업료를 주지 않자, 밀라노에 있는 교사직에 지원을 하게 된다. 심마쿠스는 그를 심사해 본 후 교사 자격을 승인하고 밀라노로 보내 주었다. 당찬 어머니는 결국 밀라노까지 아들을 찾아왔고, 아들을 잘 구슬려서 함께 암브로시우스의 설교를 들었다. 아우구스티누스는 암브로시우스의 설교에서도 감동을 받았지만, 교회의 신도들이 불렀던 찬송가 소리에 훨씬 더 벅찬 감동을 받았다. 어머니 모니카는 이때 아들을 구슬려 설교에 데려갔을 뿐 아니라, 결혼 결심까지 하게 만들어서 서른두 살의 아우구스티누스를 돈 많은 집의 앳된 여자아이와 약혼시킬 수 있었다. 아우구스티누스는 어머니의 뜻에 따라 아이가 열두 살이 될 때까지 2년을 기다리기로 했다. 아우구스티누스는 결혼 준비를 위해 어머니와 함께 밀라노에 와 있던 동거녀를 아프리카로 돌려보냈고, 낙심한 그녀는 실연의 슬픔을 묻으려 수녀원에 들어갔다. 그 후 몇 주간 성욕을 절제하며 홀로 생활해 본 아우구스티누스는 자신이 무력해지는 것을 느끼고 결혼 대신 또다시 동거 생활에 들어가기로 결심한다. 그는 기도했다. "제가 욕정 없는 깨끗한 사람이 되게 하옵소서. 하지만 아직은 때가 아닙니다!"[58]

이렇듯 인생이 한참 전환기를 맞는 가운데 그는 시간을 내어 신학에 파고들었다. 어릴 때 어머니의 소박한 신앙을 접하기는 했었지만, 학교에 들어가서 좀 배우고 나서는 보란 듯 손을 떼었다. 그런 뒤 9년 동안은(374~383년) 마니교의 이원주의를 가장 흡족한 설명으로 받아들여서, 이 세상은 선과 악이 더도 덜도 말고 똑같이 뒤섞여 있다고 생각했다. 그러다 한때는 후기 아카데미아 학파의 회의주의에 푹 빠져 지내기도 했다. 하지만 판단 유예 상태로 오래 머물기에는 그의 감성이 너무 예민했다. 로마와 밀라노에 머물면서는 플라톤과 플로티노스를 공부할 수 있었는데, 이때 신플라톤주의가 그의 철학이나 그 자신에게 깊숙이 파고들어 이후의 그리스도교 신학에서 내내 위세를 떨치게 되는데, 이 위세는 아벨라르 때에 와서 주춤하게 된다. 아우구스티누스에게는 신플라톤주의가 그리스도교로 들어가는 관문이었던 셈이다. 이런 아우구스티누스에게 암브로시우스는 성경을 읽을 때 "문자는 사람을 죽이고, 영혼은 사람을 살린다."는 바울의 말을 가슴에 새기라고 권했다. 성경에 상징적 의미가 들어 있다고 생각하자 조잡하게만 보였던 창세기의 내용이 전혀 새롭게 보였다. 바울의 서간문을 읽어 본 아우구스티누스는 그 속에서 자기처럼 끝도 없이 의문을 품고 또 품었던 한 인간을 만날 수 있었다. 바울의 궁극적 신앙 속에는 플라톤이 말하는 추상적인 로고스만이 아니라, 인간으로 육화한 신성한 말씀이 들어 있었다. 그러던 어느 날 친구 알리피우스와 밀라노의 뜰에 앉아 있는데 누군가의 목소리가 계속 귓전을 울렸다. "책을 들고 읽으라, 책을 들고 읽으라." 아우구스티누스는 다시 바울 전서를 펼쳐 읽어 나갔는데 그 대목은 이러했다. "방탕하거나 술 취하지 말며, 음란하거나 호색하지 말며, 다투거나 시기하지 말라. 주 예수 그리스도를 네 옷으로 삼고, 육신의 정욕을 채우는 데 네 몸을 쓰지 말라." 이 구절로 아우구스티누스의 길고 길었던 감성과 사고의 발달은 완성을 이루었다. 이 묘한 신앙 속에는 철학의 그 어떤 논리에서도 찾아볼 수 없는 한없이 따뜻하고 깊은 무언가가 들어 있었다. 그리스도교 신앙은 그에게 깊은 정서적 만족감을 안겨 주었다. 그리스도교를 통해 지성의 회의주의를 내려놓은 그는 태어나서 처음으로 윤리적 고양과 정신적 평화를 맛볼 수 있었다. 그의 친구 알리피우스도 아우구스티누스와 비슷한 귀의를 할 준비가 되었다고 고백해 왔다. 이들이 종교에 무릎 꿇은 걸 알게 된 모니카는 온 마음을 다해 감사의 기도를 올렸다.

그리하여 387년 부활절 주일에 아우구스티누스와 알리피우스, 아데오다투스 세 사람이 암브로시우스에게서 세례를 받았고, 모니카는 그 모습을 옆에서 행복하게 지켜보았다. 이들 넷은 아프리카로 가서 수도원 생활을 하기로 굳게 다짐했다. 하지만 모니카는 오스티아에서 그만 목숨을 잃었고, 그녀는 죽으면서 넷이 천국에서 다시 만날 것을 믿어 의심치 않았다. 아우구스티누스는 아프리카에 도착하자 얼마 안 되는 집안의 재산을 처분하여 거기서 나온 돈을 가난한 사람들에게 주었다. 그런 뒤에는 알리피우스를 비롯한 친구 몇몇과 종교 공동체를 만들어 타가스테에서 가난하게 금욕 생활을 하면서 공부하고 기도를 드렸다. 서로마에서 가장 연륜이 깊은 남자들의 수도 공동체인 아우구스티누스 수도회는 이렇게 해서 탄생하게 되었다.(388년)

2. 신학자 아우구스티누스

389년에는 아데오다투스마저 세상을 떠났고, 아우구스티누스는 그리스도 안에서 죽은 자들의 영원한 지복(至福)을 아직 믿지 못하는 사람처럼 아들의 죽음을 처절히 슬퍼했다. 저미는 가슴을 달랠 길은 단 하나, 일을 하고 글을 쓰는 것뿐이었다. 그러다 391년 수도원 근방의 히포(지금의 보네 지방)의 주교 발레리우스가 교구 행정을 맡아 달라며 도움을 요청해 왔고, 이 일을 계기로 사제 서품을 해 주었다. 발레리우스는 설교단에 종종 자기 대신 아우구스티누스를 세웠는데, 아우구스티누스의 물 흐르는 듯한 유창한 언변은 그 내용을 이해할 수 없을 때조차도 신도들에게 감동을 주었다. 당시 히포는 인구가 약 4만 명에 이르는 항구 도시였다. 이곳에 가톨릭 교회와 도나투스파 교회가 각각 하나씩 있었고, 여기에 다니는 사람들을 제외한 나머지 주민은 마니교를 믿거나 이교도였다. 그때까지만 해도 히포에서 신학자로 이름을 날리던 인물은 마니교 주교였던 포르투나투스였다. 그러던 차에 아우구스티누스는 도나투스파와 가톨릭 교회가 합심하여 포르투나투스와 신학 논쟁을 벌일 것을 종용 받게 되었다. 아우구스티누스는 그 뜻을 받아들였고 이틀 동안 이 색다른 검투사들은 소시우스 욕장(浴場)을 가득 메운 군중들 앞에서 말로 승부를 겨루었다. 결과는 아우구스티누스의 승리였고, 패배한 포르투나투스는 히포를 떠나 다시는 돌아오지 않았다.(392년)

그로부터 4년이 흐른 뒤 발레리우스는 자신이 이제 늙었으니 후계자를 선출해 달라고 신도들에게 부탁했다. 여기서 만장일치로 선출된 사람이 아우구스티누스였다. 그는 눈물까지 흘려 가며 주교직을 고사했고, 제발 수도원으로 다시 돌아가게 해 달라고 간청했다. 하지만 결국에는 사람들에게 승복하여 남은 일생 34년을 히포의 주교로 살게 되고, 이 오지의 땅에서 온 세상을 움직이게 된다. 아우구스티누스는 부제를 한두 명 고르고, 자신의 수도원에서도 수도사를 두 명 데려다 일을 돕게 했다. 이들은 주교 사제관에서 지내면서 수도사로서의 공동체적인 삶을 살았다. 그래서 그들 중 하나가 죽으면서 상당한 유산을 남겼을 때 아우구스티누스는 약간 어리둥절하기도 했다.[59] 이들은 채식만을 고집했고, 고기는 따로 남겨 두었다가 손님이나 병자가 찾아오면 주었다. 아우구스티누스 자신의 묘사에 따르면, 그는 키가 작고 마른데다, 힘이라곤 전혀 없었다. 폐 질환은 늘 그의 불만거리였으며, 추위를 유난히 고통스러워했다. 그는 신경이 예민하고, 잘 흥분하는 성격에다, 예리하면서도 다소 과민한 상상력과 명철하면서도 융통성 있는 지성의 소유자였다. 끈질기게 교조주의를 추구하고 이따금 편협성을 보이기도 했지만, 살아생전 그는 사랑스러운 면들을 많이 보여 주었던 게 분명하다. 그에게 수사학을 배우러 왔다가 그의 인도에 따라 그리스도교에 입문한 사람이 한둘이 아니었고, 친구 알리피우스 역시 끝까지 그의 뒤를 따랐던 것을 보면 말이다.

아우구스티누스는 평생에 걸쳐 도나투스파에 맞서 싸움을 벌였으나 이때 주교직의 힘을 이용한 적이 거의 없었다. 대신 도나투스파의 지도자들에게 공개 논쟁을 벌이자고 제안했지만, 이를 받아들이는 사람은 눈 씻고 봐도 없었다.

결국 아우구스티누스는 우호적인 회의를 열어 이들을 초청했지만, 도나투스파는 처음에는 침묵으로, 그다음에는 모욕으로, 그런 다음에는 폭력으로 응수했다. 도나투스파에게 공격당한 북아프리카의 가톨릭 주교는 한둘이 아니었고, 아예 아우구스티누스를 죽여 버리려는 시도까지 있었다.[60] 물론 이 대목에서 우리가 도나투스파의 입장을 확인할 길은 없다. 그러다 411년 이 도나투스파 논쟁을 가라앉히기 위해 카르타고에서 공의회가 개최되었다. 도나투스파에서는 279명의 주교를, 그리고 가톨릭 교회에서는 286명의 주교를 보냈지만, 사실 아프리카의 주교들은 그 수준이 교구 사제보다 나을 것이 없었다. 공의회에서 황제의 특사로 온 마르켈리누스는 양측의 입장을 들은 후에 도나투스파는 더 이상 모임을 가져서는 안 되며, 교회를 모두 가톨릭 쪽으로 넘기라고 명령했다. 그러자 도나투스파는 극렬한 폭력으로 맞섰다. 전하는 이야기에 따르면 이때 히포의 사제였던 레스티투투스가 살해당한 것을 비롯해 아우구스티누스의 조력자 한 명은 불구가 되었다. 아우구스티누스는 행정처에서 포고 내용을 실행할 것을 맹렬히 촉구하고 나섰다.[61] "그리스도와 하나가 되되, 그것이 강요로 이루어져서는 절대 안 된다. …… 우리는 오로지 논변을 가지고 싸움을 벌여, 이성의 힘으로 승리해야 한다."던 이전의 견해를 그는 철회했다.[62] 교회가 만인을 이끄는 영혼의 아버지인 만큼, 망나니짓을 하는 아들은 그 본인을 위해서라도 부모가 모질게 매를 들어야 하는 법이라고 그는 결론을 내렸다.[63] "강제력을 행사하지 않아 만인이 수모를 당하느니" 소수인 도나투스파가 고통을 받는 편이 낫다고 생각했던 듯하다.[64] 그러면서도 그는 이단자들을 사형에 처해서는 안 된다고 공직자들에게 거듭해서 청원을 넣었다.[65]

이렇게 도나투스파와 모진 싸움을 벌이고, 자기 교구를 돌봐야 하는 바쁜 생활에도 그는 마음의 나라에 살면서 부지런히 펜을 놀렸다. 그는 거의 매일같이 편지를 썼으며, 이때 남긴 편지의 내용은 가톨릭 신앙에서 아직도 그 영향력이 대단하다. 그의 설교를 모아 놓은 책만도 몇 권이나 된다. 대구(對句)를 이루어야 하는 인위적인 수사법 때문에 더러 맛이 떨어지는 부분도 있고, 글을 모르는 신도들에게 맞추느라 지방의 일시적인 문제들을 단순한 문체로 다룬 것도 있으나, 아우구스티누스가 남긴 글 상당수는 신비한 열정과 깊은 신심에서 우러난 품위 있는 아름다움을 자랑한다. 젊은 시절 여러 학교를 거치며 논리를 익혔고, 마음이 워낙 분주한 탓에 그의 관심사는 교구에서 일어나는 일을 해결하는 데만 머물지 않았다. 이제 그에게 교회의 교리는 황폐하고 소란스러운 이 세상에서 질서와 품위를 떠받드는 훌륭한 기둥이었고, 그래서 글을 몇 편 써 가면서 교회의 교리를 합리성과 화해시키려 각고의 노력을 기울였다. 그즈음 지성인들이 삼위일체설을 한물간 교설로 취급한다는 걸 그도 잘 알고 있었다. 그래서 그는 15년의 작업 끝에 그의 글 중 가장 체계적이라고 손꼽히는 저작 『삼위일체론』을 내놓는데, 하나인 하느님 안에 세 가지 위격(位格)이 존재하는 이유를 인간 경험에서 유추해 내려 노력했다. 하지만 그를 더한 난관에 빠뜨린 문제가 있었으니(아우구스티누스는 평생 이 문제를 붙들고 고민하고 또 논쟁했다.), 어떻게 해야 인간의 자유 의지와 하느님의 예지(豫知)가 조화를 이루느냐 하는 것이었다. 만일 하느님이 모든 걸 아신다면 그분은 앞으로 일어날 일도 상세히 알고 계신다는 뜻이다. 그리고 신은 불변의 존재이기 때문에 하느님이 앞으로 일어날 모든 일에 대해 그리신 그림은 그분이 미리 아신 그대로 필연에 따라 전개될 것이다. 따라서 이 일들은 다 예정된 일이며 번복될 수 없다. 그렇다면 인간은 어떻게 자유로워질 수 있는가? 하느님이 미리 아시는 그 일들을 하지 말아야만 하는 것인가? 또 하느님께서 모든 걸 아신다고 하면 그분은 자신이 창조하신 모든 영혼의 최후 운명까지도 모든 영원 속에서 알고 계신다. 그렇다면 왜 하느님은 지옥에 떨어질 운명을 가진 자들까지 만들어 내셔야 했을까?

아우구스티누스는 그리스도교도가 되고 첫해에 「자유론」라는 글을 쓴 적이 있었다. 그로써 어찌하여 전능하신 하느님의 자비로움과 악이 공존할 수 있는지 그 해답을 모색했다. 이때 그가 얻은 답은 자유 의지에서 악이 생긴다는 것이었다. 하느님은 인간에게 자유를 주실 때 선행을 할 가능성과 악행을 할 가능성을 함께 주셨다. 나중에는 바울이 쓴 서간에서 영향을 받아 아담이 저지른 죄 때문에 악한 성향을 오점으로 안게 되었다고 이야기했다. 이 악한 성향을 극복하고, 오점을 지우고, 구원을 받기 위해서는 아무리 선행을 쌓아도 소용이 없었다. 오로지 하느님께서 아무런 대가 없이 내려 주시는 은총으로만 가능한 일이었다. 하느님께서는 모든 이들에게 이런 은총을 내려 주시지만 많은 이들이 이를 거부한다. 사람들이 은총을 거부할 거라는 걸 하느님은 알고 계셨다. 하지만 이렇게 악행을 저지르고 천벌을 받을 가능성은 도덕적 자유가 주어지는 한 어쩔 수 없이 치러야 하는 대가로, 이것 없이는 인간을 인간이라 할 수 없을 것이었다. 따라서 하느님이 모든 걸 미리 아신다 해도 인간의 자유가 붕괴되는 건 아니다. 하느님은 인간이 자유롭게 선택을 할 거라는 것, 그것을 알고 계신 것뿐이라고 그는 생각했다.[66]

그리스도교에서 말하는 원죄의 교리는 아우구스티누스가 만들어 낸 것은 아니었고, 바울과 테르툴리아누스, 키프리아누스, 암브로시우스에게서 배운 것이었다. 하지만 자신이 살면서 죄에 물들었던 적이 있고 자신을 개종시킨 그 "목소리"가 말한 바도 있던 터라, 아우구스티누스는 인간의 의지는 날 때부터 악으로 기울어지는 경향이 있고 오로지 하느님의 감사한 은총을 통해서만 선을 향하게 된다고 굳게 믿었다. 하지만 인간의 의지가 왜 악의 성향을 띠는지에 대해서는 이브가 죄를 짓고 아담이 사랑한 결과라고밖에는 설명을 하지 못했다. 그의 주장에 따르면 우리 인간은 모두 아담의 자식이기 때문에 그의 죄를 같이 지고 있으며, 사실상 그의 죄악으로 인해 태어난 존재이기도 했다. 그리스도교에서 말하는 원죄란 정욕을 말하는 것이니 말이다. 나아가 정욕은 모든 생식 행위를 여전히 더럽히고 있다. 성교를 해야만 자식을 갖게 된 인류는 "파멸당해 마땅한 집단"이 되었고, 따라서 인류 대부분은 지옥에 떨어지게 되어 있다. 개중에 일부는 구원을 받겠지만, 그것은 하느님의 고통 받는 아들의 은총을 통해서만, 그리고 그리스도를 잉태하시되 아무 죄도 짓지 않으신 성모 마리아를 통해서만 가능하다고 아우구스티누스는 생각했다. "우리는 여자를 통해 파멸의 길로 들어서지만, 여자를 통해 구원의 길에 다시 들어선다."[67]

아우구스티누스는 워낙 글을 많이 쓰고 또 급히 썼기 때문에 과장하여 말하는 적이 한두 번이 아니었고(그는 글을 쓸 때 서기에게 받아 적게 하는 경우가 많았던 것으로 보인다.), 그래서 나중에 내용을 수정하느라 애를 먹곤 했다. 때로 그는 모든 영원 속에서 구원의 은총을 받을 "선택된 자"를 하느님이 임의로 고른다는 칼뱅주의적인 교설을 내비치기도 했다.[68] 그러자 비판가들이 벌 떼처럼 일어나 그를 사정없이 몰아대기에 바빴다. 하지만 그는 한 발도 물러서지 않고 조목조목 끝까지 논쟁에 붙었다. 이때 잉글랜드에서 호적수가 찾아왔다. 자유분방한 수도사 펠라기우스는 인간의 자유를 강력히 옹호하면서 선행이 구원의 힘이 된다고 믿는 사람이었다. 하느님이 진정 인간을 도우시는 건, 그 율법과 계명을 통해서, 성인들의 모범적인 삶과 가르침을 통해서, 세례의 깨끗한 물을 통해서, 그리고 죄를 씻어 주시는 그리스도의 피를 통해서라고 그는 말했다. 인간의 본성을 본래적으로 악하게 만들어 인간의 구원을 일부러 어렵게 만드는 건 하느님이 하실 일이 아니라고 그는 주장했다. 원죄도, 인간의 타락도 없다. 오로지 인간이 죄를 짓고 그에 상응하는 벌을 받을 뿐. 따라서 인간이 죄를 지었다고 해서 그것이 자손에게까지 내려가지도 않는다고 펠라기우스는 말했다.[69] 하느님은 인간을 천국에 보낼지 지옥에 떨어뜨릴지 미리 예정해 놓지도 않으셨고, 누구를 벌하고 누구를 구원할지를 임의로 정하시지도 않는다. 하느님은 우리 운명은 우리 자신에게 맡겨 놓으신 것이다. 인간이 본래 타락했다는 이론은 인간이 지은 죄를 겁쟁이처럼 하느님의 탓으로 돌리려는 것뿐이라고 펠라기우스는 말했다. 인간은 책임을 느끼고, 그렇기 때문에 책임을 진다. "내가 해야 하는 일이라면, 나는 할 수 있다."

펠라기우스는 400년경에 로마로 와서 신앙심이 깊은 가족들과 함께 생활하면서 선한 삶으로 명성을 쌓은 인물이었다. 409년 알라리크를 피해 로마를 도망쳐 나와 처음에는 카르타고에 갔다가 나중에는 팔레스타인에 머물렀다. 아우구스티누스가 보낸 스페인 사제 오로시우스가 그를 찾아갈 때까지만 해도 그는 팔레스타인에서 평화롭게 살고 있었다. 오로시우스는 그의 입장이 히에로니무스와 반대된다고 경고를 주었다.(415년) 동로마 제국에서는 종교 회의를 열어 그의 견해를 정설로 선언했다. 하지만 아우구스티누스의 영향하에 있던 아프리카 종교 회의에서는 이 결과를 반박해 교황 인노켄티우스 1세에게 탄원을 넣었고, 교황은 펠라기우스를 이단으로 공표했다. 여기까지 오자 아우구스티누스는 바라는 바였다는 듯 이렇게 말했다. "판결은 끝났다."*[70] 하지만 인노켄티우스 교황은 임종이 가까웠던 터라 조시무스가 그 뒤를 잊게 되었고, 그는 펠라기우스에게 죄가 없다고 선언했다. 그러자 아프리카 주교들이 들고일어나 호노리우스 황제에게 청원을 넣었다. 황제는 교황의 실수를 정정하겠다고 선뜻 나섰고, 조시무스는 이에 순순히 따랐다.(418년) 그리고 에페소스 공의회가 열려, 신의 은총을 입지 않고도 인간이 선해질 수 있다는 펠라기우스의 견해는 이단이라고 못 박았다.

아우구스티누스 정도의 학식을 가진 사람이면 자가당착에 빠지거나 두리뭉실 넘어가는 부분이 있었을 법도 한데(심지어는 사상에 빠져 과민한 잔혹성을 보일 만도 한데), 그가 그러지 않을 수 있었던 것은 꼬리에 꼬리를 무는 추리로 그의 신학이 형성된 것은 아니었기 때문이었다. 종국에 그의 신학을 형성한 것은 아우구스티누스의 영혼이 직접 겪은 모험들, 그리고 그 자신이 본래 가지고 있던 열정이었다. 그는 지성이 얼마나 약한 것인지 잘 아는 사람이었다. 지성이란 결국 짧은 경험을 가진 개인이 무모한 판단력을 등에 업고 인류 전체의 경험을 평하는 것이 아니든가. 어떻게 40년의 경험으로 40세기를 이해할 수 있다는 말인가? 아우구스티누스는 한 친구에게 이런 내용의 편지를 쓰기도 했다. "공부를 하다 미처 이해하지 못하는 부분이 있더라도, 혹은 성경의 내용이 군데군데 앞뒤가 안 맞고 모순된 것처럼 보이더라도 흥분해서 논쟁으로 풀려고 하지 말게. 그저 마음을 내려놓고 이해할 날을 뒤로 미뤄 둬."[71] 믿음은 반드시 이해에 앞서는 것이었다. "자네가 믿을 수 있다는 사실을 이해하려 하지 말고, 자네가

---

* 이때 아우구스티누스는 "로마가 판결했으니, 판결은 끝났다."고 말했다는데, 현존하는 아우구스티누스의 저작이나 믿을 만한 전승 기록에 실제로 이 말이 들어 있지는 않다.

이해할 수 있다는 것을 믿어야 하네."[72] "성경이 가진 권위는 참으로 높아서, 인간의 모든 지성을 동원해도 따라잡을 수 없네."[73] 하지만 성경을 항상 문자적으로만 해석할 필요는 없었다. 소박한 마음을 지닌 사람들이 이해할 수 있도록 씌어진 것이 성경이고, 영적인 실재를 설명하기 위해서는 (사람들이 실제로 보고 접하는) 현세의 용어를 사용하지 않을 수 없었기 때문이다.[74] 성경에 대한 해석이 갖가지로 엇갈릴 때는 교회 공의회의 결정에 따라야 하는 바, 그것이야말로 교회에서 가장 지혜롭다는 자들이 다 함께 내놓은 지혜이기 때문이다.[75]

하지만 무언가를 이해하는 데는 믿음조차도 충분치 않을 때가 있으니, 반드시 마음을 깨끗하게 하여 주위를 둘러싼 신성한 빛이 우리 안으로 들어올 수 있도록 해야 한다. 따라서 오랜 세월 겸손하고 깨끗하게 지낸 사람만이 진정한 종착점과 종교의 본질에 도달할 수 있으며, 거기가 바로 "살아 계신 하느님이 거하시는 곳"이다. "나는 하느님과 영혼을 알기를 바라고 또 바라노니, 그 외에 무엇이 더 필요한가? 아무것도 필요치 않다."[76] 동방 그리스도교에서는 그리스도에 대한 이야기를 주로 하는데 반해 아우구스티누스의 신학은 "제1자(第一者)"에 대해 이야기한다. 즉 성부 하느님에 대한 이야기와 글이 주를 이루는 것이다. 하지만 그는 하느님에 대해서는 어떤 설명도 하지 않는데, 하느님을 온전히 아는 건 오로지 하느님 자신뿐이기 때문이다.[77] 아마도 "진정한 하느님은 성별도, 나이도, 육체도 가지지 않으셨으리라."고 이야기할 뿐이다.[78] 하지만 우리는 창조를 통해 자기 몸으로 직접 하느님을 알 수 있다. 이 세상에 존재하는 모든 것은 그 구성이나 기능을 볼 때 한없는 기적과 다름없고, 창조하시는 하느님의 지성 없이는 이 세상 모든 것은 존재가 불가능하다. 살아 있는 생명체가 지닌 질서, 대칭성, 리듬은 일종의 플라톤주의적인 신, 즉 미(美)와 지혜를 한 몸에 갖춘 신이 존재함을 알리는 것이다.[79]

아우구스티누스의 말에 따르면 이 세상이 엿새 만에 창조되었다는 걸 꼭 믿어야 하는 건 아니었다. 짐작건대 하느님께서는 형체가 없는 덩어리를 가장 먼저 만드시고 거기에 발생의 질서, 즉 생식 능력을 부여하셨다. 그러자 여기서부터 이 세상 만물이 자연적인 원인에 의해 발전해 나오게 되었다.[80] 아우구스티누스는 (플라톤이 그랬던 것처럼) 이 세상의 사물과 사건들이 하느님의 마음속에 미리 존재한다고 생각했다. "건축가가 건물을 짓기 전에 설계도를 머릿속에 미리 그리고 있듯이" 말이다.[81] 그리고 신성한 마음속에 있는 이 영원의 모형에 따라 창조의 과정이 시간 순서대로 진행되었다고 그는 생각했다.

3. 철학자 아우구스티누스

아우구스티누스 같이 강력한 영향을 끼친 인물을, 그리고 그의 펜 끝에서 나온 그 수많은 작품들을 이토록 짧은 지면에서 제대로 다룬다는 건 아무래도 역부족의 일인 것만 같다. 아우구스티누스는 230편의 작품을 써내 신학과 철학의 거의 모든 문제에 대해 자기 입장을 밝혀 놓았다. 그의 글은 대개 감성이 녹아 있어 문체가 따뜻하며, 풍부한 창의력에서 나온 기발한 구절들로 재기가 번뜩인다. 시간의 본성에 대해서는 주저하는 태도로 오묘하게 논의를 전개시키고 있지만 말이다.[82] 아우구스티누스가 아카데미아 학파를 논박할 때는 데카르트의 "나는 생각한다, 고로 존재한다."의 명제가 연상되기도 한다. 인간이 확실히 알 수 있는 것은 아무것도 없다는 아카데미아 학파의 주장에 아우구스티누스는 이렇게 받아쳤다. "내가 이 순간 살아 있고 또 생각한다는 사실을 그 누가 의심할 수 있다는 말인가? 의심을 한다는 건 곧 살아 있다는 뜻이다."[83] 또 베르그송의 사상이 읽히기도 하는데, 현실의 대상을 오래 접한 지성은 구성주의 유물론자와 다름없다는 베르그송의 불만이 그대로 들리는 듯하다. 또 아우구스티누스는 칸트와 마찬가지로 영혼이야말로 모든 실재 중에서도 가장 직접적으로 알 수 있으며, 관념적인 위치에 존재하는 것이 분명하다고 했다. 물질은 오로지 마음을 통해서만 파악할 수 있으니, 마음을 물질로 환원시킨다는 건 논리적으로 불가능하다고 그는 생각했다.[84] 쇼펜하우어처럼 인간에게 근본적인 것은 지성이 아니라 의지라 말하는 대목도 찾아볼 수 있다. 모든 생식 활동이 그쳐야 이 세상이 한층 발전할 거라는 점에서도 그는 쇼펜하우어와 생각이 같았다.[85]

그의 많은 작품 가운데서도 세계 문학의 고전으로 꼽히는 것이 둘 있다. 그 중 하나가 세계 최초의 자서전이자 가장 유명한 자서전이라 할 수 있는 아우구스티누스의 『고백록』이다.(400년경) 이 작품은 하느님께 직접 회개를 하는 형식으로 되어 있는데, 그 분량이 10만 단어에 이른다. 서두에서 먼저 젊은 날의 죄를 고백하고 이어 개종의 과정을 생생하게 들려주는데, 이따금 하느님께 올리는 열정적 기도가 터져 나온다. 고해를 하다 보면 누구나 위장을 하기 마련이지만, 아우구스티누스가 올린 이 고해에는 온 세상을 깜짝 놀라게 할 만큼의 진심이 담겨 있었다. 고해에서 그는 얼마나 솔직했던지 이렇게까지 적고 있다. (마흔여섯 살에 주교가 되었음에도) "여전히 육욕에 대한 생생한 기억이 돌연 머릿속에 떠오르곤 합니다. …… 잠자리에 들면 그 생각이 저를 엄습해 옵니다. 단지 기분이 유쾌해지는 수준이 아니라, 그 생각을 허용하고 결국에는 백이면 백 그 행위에까지 생각이 미칩니다."[86] 주교라는 신분에서 정신 분석 치료라도 받듯 이렇게 솔직하게 터놓기는 쉬운 일이 아니다. 하지만 아우구스티누스의 고백에서 무엇보다 감동적인 부분은 한 영혼이 어떻게 해서 신심과 평화를 얻게 되었는지 들려주는 부분이다. 그리고 그 감동은 『고백록』의 서두에 벌써 압축되어 있다. "당신은 당신을 위하여 우리를 만드셨습니다. 당신 안에서 쉴 곳을 찾는 순간 우리 마음은 비로소 편안히 쉽니다." 아우구스티누스의 신앙은 이제 흔들림이 없어서 다음과 같이 감동적인 변신론(辯神論)을 노래할 정도였다.

저는 너무 뒤늦게 당신을 사랑하게 되었습니다. 당신께서는 오래된 아름다움을 지니셨으나, 그것은 언제나 새롭습니다. …… 그렇습니다, 하늘과 땅도, 그 안에서 살아가는 만물도, 사방에서 제게 당신을 사랑하라 명합니다. …… 당신을 사랑하게 된 지금 전 무엇을 사랑해야 하나요? …… 땅에게 물으니 땅은 자신은 당신이 아니라고 대답합니다. …… 바다와 그 속의 만물에 물으니 자신들은 하느님 당신이 아니니 자기들 위에서 찾으라고 합니다. 그래서 쏜살같이 지나가는 바람에게 물으니, 공기와 그 속에 함께 사는 만물이 말합니다. 아낙시메네스가 잘못 생각한 거라고, 나는 하느님이 아니라고 합니다. 그래서 저 하늘에, 저 해와 달과 별에게 물으니, 그들 역시 우리는 제가 찾는 하느님이 아니라고 합니다. 저는 이 모든 것들에게 말합니다. …… 그렇다면 내게 하느님에 대해서 말해다오. 너희들이 그분이 아니라면, 그분에 대해 내게 대답해다오. 그러자 우레와 같은 소리로 그들이 합창을 합니다. 그분은 우리를 만드신 분이라네. …… 명쾌히 설명은 못하지만, 당신이 만드신 그 어떤 것도 이들에게는 기쁨이 되지 못한다고 이들은 말합니다. …… 당신의 선물 속에서만 우리는 쉴 수 있기 때문입니다. 당신의 흡족한 기쁨 속에 우리의 평화가 있기 때문입니다.*[87]

아우구스티누스의 『고백록』은 산문으로 된 시나 다름없다. 이에 반해 『신국론』은 역사의 옷을 입은 철학서다. 알라리크가 로마를 약탈했다는 소식이 아프리카까지 들려오고, 그 뒤를 이어 비참한 행색의 피난민들이 수천 명씩 떼를 지어 들어오자, 히에로니무스를 비롯한 여러 인물과 마찬가지로 아우구스티누스 역시 사탄이 내린 비합리적인 재앙과도 같은 사태에 마음의 동요를 느끼지 않을 수 없었다. 수 세기에 걸쳐 사람들이 그토록 피땀 흘려 건설하고 또 숭배한 아름답고 강력한 도시이자, 지금은 그리스도교 왕국의 요새 역할을 하고 있는 로마가 자비로운 신의 은총에도 불구하고 어찌하여 야만인의 약탈에 꼼짝 못하게 되었단 말인가? 로마가 약탈당했다는 소식을 듣자 각처의 이교도들은 벌떼같이 일어나 그리스도교를 헐뜯었다. 로마가 천 년의 기간 동안 세계의 도시로 성장하여 번영을 누릴 수 있었던 것은 옛날 신들이 지켜 준 덕분인데, 그리스도교가 생기고 나서 그 신들이 약탈당하고, 배척을 당하자 더 이상 그 수모를 견디지 못하고 로마를 보호하던 손길을 거두어 버렸다는 것이다. 그러자 상당수 그리스도교도들은 자기들의 믿음에 타격을 받았다. 아우구스티누스에게

---

* 단테가 지은 『신곡』(3장 85행)에도 "그분의 뜻이 우리의 평화"라는 구절이 주제가로 나온다는 사실을 참조하기 바란다.

이는 심각한 도전이었다. 이 무시무시한 두려움을 어떻게든 진정시키지 않으면 그가 애써 이룩한 방대한 신학의 성소(聖所)는 와르르 무너져 내릴 것이었다. 그리하여 그는 자신의 천재성을 모조리 끌어모아서라도 반드시, 이 재앙이 그리스도교의 한순간 잘못으로 찾아온 것이 아님을 로마 세계에 알리겠다고 결심한다. 갖가지 책무와 혼란에 시달리는 와중에도 그는 13년에 걸친 각고의 노력으로 글을 써 냈고, 소량의 원고가 완성될 때마다 책으로 펴냈다.(413~426년) 그래서 책 중간 내용이 서두를 기억 못하고, 결론을 예측 못하는 단점이 생겼다. 그러다 보니 1200쪽짜리의 이 책은 원죄부터 최후의 심판에 이르기까지 모든 주제를 다룬 뒤죽박죽의 에세이 모음집이 되고 말았다. 그나마 깊이 있는 사고와 유려한 문체가 책을 혼란에서 건져 준 덕분에, 『신국론』은 그리스도교 철학 문학사에서 최고의 반열에 오를 수 있었다.

로마 약탈에 대한 아우구스티누스의 첫 번째 대답은 로마가 천벌을 받은 이유는 새로 그리스도교를 들여서가 아니라 이제까지 쌓은 죄가 많기 때문이라는 것이었다. 그는 이교도가 판치던 시절 로마의 분위기가 얼마나 저속했는지 이야기하고, 나아가 살루스트와 키케로의 말을 빌려 로마 정치의 타락상을 지적한다. 한때 로마는 금욕주의를 실천한 국가로서 카토와 스키피오 등이 든든히 떠받치는 곳이었다. 한때는 로마가 법이라는 것을 만들어 세계의 절반에 질서와 평화를 부여했다 해도 과언이 아니었다. 그 영광의 시절엔 하느님도 로마를 어여삐 여겨 찬란한 빛을 내려 주셨다. 하지만 윤리적 타락의 씨앗은 다름 아닌 옛날 로마가 가졌던 종교에 뿌려져 있었으니, 이때 로마가 모셨던 신들은 인간이 가진 성적인 본성을 억누르기보다는 오히려 독려했다. "비르기네우스는 처녀의 허리띠를 풀고, 수비구스는 여자가 남자 밑으로 가게 했으며, 프레마는 여자를 아래로 누르도록 했다. …… 프리아푸스의 경우엔, 그의 짐승같이 거대한 성기 위에 갓 결혼한 신부를 올라타게 하는 것을 종교적 계율로 삼았다!"[88] 로마가 벌을 받는 것은 이러한 신들을 배격하지 않고 숭배했기 때문이었다. 야만인들은 그리스도교 교회나 교회로 피난 온 자들은 건드리지 않으면서도 남아 있는 이교도 신전에는 무자비한 만행을 서슴지 않는다. 상황이 이러할진대, 어찌하여 야만인들을 이교도의 원수를 갚아 주기 위해 온 자들이라 할 수 있겠는가?

아우구스티누스가 내놓은 두 번째 답은 역사 철학적이었다. 즉 역사에 기록된 사건들을 하나의 보편적인 원칙에 따라 설명한 것이다. 그는 플라톤으로부터는 "천국 어딘가에" 존재하는 이상적 상태라는 개념을 빌려 오고, 성 바울에게서는 살아 있는 성인과 죽은 자들의 공동체라는 생각을 빌려 오고,[89] 도나투스파였던 티코니우스로부터는 두 개의 공동체(하느님의 공동체와 사탄의 공동체)라는 개념을 빌려 와,[90] 두 도시를 논하는 책의 밑바탕으로 삼았다. 아우구스티누스에 따르면 속세의 인간들이 살아가는 지상의 도시는 세속적인 일과 기쁨에 몰두한다. 반면에 과거, 현재, 미래의 예배자들이 모인 신성한 도시는 한 분의 진정한 하느님을 모시는 일에 몰두한다. 일찍이 마르쿠스 아우렐리우스도 다음과 같은 고상한 표현을 한 바 있다. "시인은 노래하는도다, 케크롭스가 세운 사랑스러운 도시 아테네를. 그렇다면 그대여, 하느님이 세우신 사랑스러운 도시, 이 세상에 대해서도 말해 주지 않으려오."[91] 물론 이때 아우렐리우스가 말한 세상이란 질서 정연한 우주 전체를 가리키지만 말이다. 아우구스티누스의 말에 따르면 신의 도시는 천사들의 손으로 세워진 것인 반면, 지상의 도시는 사탄의 반란으로 세워진 것이다. "우리 인간은 두 종류로 나뉜다. 즉 인간의 모습에 따라 살아가는 자들이 있는가 하면, 신의 모습에 따라 살아가는 자들이 있다. 하느님의 말씀에 따라 이를 '두 도시' 혹은 공동체라 부르는데, 전자는 하느님이 영원히 통치하시도록 미리 예정되어 있는 반면, 후자는 악마로부터 끝없는 고통을 당하게 되어 있다."[92] 현실의 도시나 제국이라고 해서 반드시 "속세의 도시"가 갖는 성격만 보여 주는 건 아니다. 현실의 도시나 제국도 현명하게 법을 제정하고, 공정하게 판결을 내리고, 교회를 돕는 등 좋은 일을 할 수 있다. 다시 말해 이러한 선행은 하느님의 도시 내에서 일어나는 것이라 할 수 있다. 또 영혼의 도시와 가톨릭교회가 동일한 것도 아니다. 교회라도 속세의 이득을 추구할 수 있고, 교회의 신자가 타락하여 사리사욕을 채우거나 죄악을 저지르면 하느님의 도시에서 속세의 도시로 떨어질 수 있다. 어디가 천상의 도시이고 어디가 속세의 도시인지는 최후의 심판이 찾아와야만 명확히 알 수 있다.[93]

단순히 지상의 영혼뿐 아니라 천상의 존재까지, 나아가 현재의 충실한 그리스도교도뿐만 아니라 예전의 그리스도교 신자까지 교회의 신도 안에 포함시킴으로써, 그리스도교 교회는 하느님의 도시가 될 가능성을 부여받을 수 있었다.(실제로 아우구스티누스는 이따금 그리스도교 교회를 하느님의 도시와 동일시했다.)[94] 나중에 그리스도교 교회는 정치를 할 때 이러한 동일시를 이데올로기적 무기로 받아들여 이용했으며, 신정(神政) 국가의 교리를 아우구스티누스 철학에서 논리적으로 도출해 내기도 했다. 즉 인간으로부터 나온 속세의 권력은 하느님으로부터 나온 교회의 영적인 권력에 굴복해야 한다는 것이었다. 아우구스티누스의 이 책을 계기로 이제 철학으로서의 이교주의는 종적을 감추고, 철학으로서의 그리스도교 신앙이 본격적으로 나타났다. 한마디로 이 저작은 중세 시대의 지성을 명확하게 형식화한 최초의 책이었다.

4. 총대주교 아우구스티누스

그리스도교 신앙을 지키는 늙은 사자 아우구스티누스는 반달족이 쳐들어왔을 때도 여전히 주교 자리에 머물러 있었다. 그리고 자신의 목숨이 다하는 날까지 신학의 검투장에 남아서, 이단들을 쓰러뜨리고, 비판자들에게 반격을 가하고, 이의에 대답해 주고, 갖가지 난관을 헤쳐 나갔다. 이때 그가 정말로 심각하게 고민했던 문제들이 몇 가지 있었는데, 내세에도 여자들은 자기 성별을 그대로 가지는가, 불구자들, 마른 사람이나 뚱뚱한 사람은 그 모습 그대로 태어나는가, 기근 속에 다른 사람에게 잡혀 먹힌 사람은 원래 모습이 복원되는가 하는 것 등이었다.[95] 하지만 아무리 슬프긴 해도 나이 드는 건 그도 피할 수 없는 일이었다. 한번은 누가 그의 건강에 관해 묻자 그가 대답했다. "영혼은 아무 문제

없습니다. …… 하지만 몸이 침대에 꽁꽁 묶여 있지요. 치질이 심해져서 걸어 다니지도, 서 있지도, 앉아 있지도 못합니다. …… 그래도 어쩌겠습니까. 이것마저도 하느님의 기쁨이신데, 잘 지내고 있다 말할 수밖에요."[96]

아우구스티누스는 보니파키우스가 로마를 저버리고 반란을 일으키려 할 때 최선을 다해 말렸고, 그를 다시 로마에 충성하게 만드는 데 한몫했다. 가이세리크가 아프리카로 침략해 들어오는 것을 보자, 많은 주교와 사제들이 아우구스티누스에게 자리를 지킬지 아니면 피난을 갈지 결정해 달라고 요청했다. 아우구스티누스는 자리를 지키라고 명하고, 스스로 본보기를 보였다. 반달족이 히포를 포위했을 때는 굶주리는 주민들에게 감동적인 연설을 해 주고 기도를 올려 끝까지 버틸 수 있도록 기운을 북돋워 주었다. 그러다 포위된 지 세 달째, 그는 72세의 나이로 세상을 떠났다. 당시 그는 어떤 유언도, 어떤 재산도 남기지 않다. 다만 자신의 묘비에 직접 이런 글을 남겼다. "무엇이 그리스도교도의 마음을 단단하게 만들어 주는가? 그것은 다름 아닌, 그리스도교도는 순례자이며, 스스로 다스리는 나라를 갈망한다는 사실이다."[97]

역사 속에서 아우구스티누스만큼 강력한 영향력을 행사한 사람은 찾아보기 힘들다. 물론 동로마 그리스도교에서는 아우구스티누스를 그다지 중요하게 보지 않았는데, 그리스어를 별로 공부하지 않아 그리스 문화와는 철저히 거리가 멀었고, 사고보다 감성과 의지를 중요시하는 그의 사상이 동로마 그리스도교와는 맞지가 않았기 때문이다. 또 동로마 교회는 이미 국가에 무릎을 꿇은 뒤였다. 하지만 아우구스티누스는 서로마에서만큼은 가톨릭 신학에 뚜렷한 흔적을 남겼다. 아우구스티누스 덕분에 교회는 지성과 국가를 넘어서는 최고권을 가지게 되었고, 이는 후에 그레고리우스 7세와 인노켄티우스 3세의 사상적 밑받침이 되었다. 뿐만 아니라 교황들이 황제 및 왕들과 벌인 대규모의 정치적 대결 역시 아우구스티누스의 사상에 그 연원을 둔 것이었다. 아우구스티누스의 사상은 무려 13세기에 이를 때까지 가톨릭 철학을 지배하면서 거기에 신플라톤주의의 색조를 입혔다. 심지어 아리스토텔레스주의자였던 아퀴나스마저도 선구자 아우구스티누스의 뒤를 따랐다. 종교 개혁 시대의 위클리프나 후스, 루터는 기존 교회를 떠나는 길이 곧 아우구스티누스에게로 돌아가는 길이라 생각했다. 칼뱅의 무자비한 교리 역시 천당에 갈 사람과 천벌을 받을 사람을 따로 나누었던 아우구스티누스의 이론을 밑바탕으로 하고 있었다. 아우구스티누스의 사상은 지성인들에게 자극제가 되었을 뿐만 아니라, 머리보다 가슴으로 그리스도교를 믿는 사람들에게도 영감을 불어넣었다. 신비주의자들은 하느님의 환상을 보기 위해 아우구스티누스가 썼던 방법들을 그대로 따르려 했으며, 사람들은 아우구스티누스가 올린 겸손하고 부드러운 기도문 속에서 신앙심을 지켜 나갈 수 있는 양식과 구절들을 찾을 수 있었다. 그리스도교 신앙이 가진 철학적이고 신비주의적인 면을 한데로 합쳐 이 둘 모두를 더욱 키워 냈다는 점, 그리하여 토마스 아퀴나스 뿐만 아니라 토마스 켐피스(Thomas à Kempis)에게까지도 길을 열어 주었다는 점은 아우구스티누스의 숨은 업적으로 봐야 할 것이다.

아우구스티누스가 신앙에서 주관과 감정을 강조하고 지성에 반대한 것은, 이제는 고전 문학이 종말을 고하고 바야흐로 중세 문학의 전성기가 왔음을 알리는 것이기도 했다. 우리가 중세 시대를 제대로 이해하려면 근대의 합리주의를 버리지 않으면 안 된다. 이성과 과학에 대해 가지고 있는 뿌듯한 확신도, 부와 권력과 지상의 낙원을 끊임없이 찾아 헤매는 경향도 모두 버려야만 한다. 그러한 목적들을 모두 허망하게 잃어버린 사람들, 천 년간 이어져 내려오던 합리주의의 끝자락에 서서 전쟁과 가난과 야만족 문화에 자신들이 꿈꾸던 모든 유토피아가 산산조각 나 버린 사람들, 그래서 죽으면 행복해질 수 있다는 희망에서 위안을 찾았던 사람들의 마음이 되어 보지 않고는 중세인을 이해할 수 없다. 현실의 고통에 찌든 이들은 그리스도의 이야기와 모습에 깊은 감명과 위안을 받았고, 그래서 기꺼이 하느님의 자비와 호의에 스스로를 내맡긴 채 하느님은 이 세상에 영원해 존재하시며, 그분의 심판은 피할 수 없으며, 그분 아들의 죽음이 인간의 죄를 대신 씻었다는 믿음 속에서 살아갔다. 성 아우구스티누스는 중세인의 이러한 심경을 그 누구보다도 더 (심마쿠스, 클라우디아누스, 아우소니우스가 살았던 시대임에도 불구하고 그들보다 더더욱) 잘 드러낸 인물이다. 그리스도교 세계를 배경으로 한 신앙의 시대에서 가장 진심 어리고, 가장 유창하며, 가장 힘찬 목소리를 낸 사람을 꼽으라면 단연 아우구스티누스이다.

6. 교회와 세계

아우구스티누스가 이교도 신앙을 반대해서 썼던 글은 이교와 그리스도교 사이에 벌어진 역사적인 대논쟁에 종지부를 찍은 것이나 다름없었다. 자연적 욕구를 마음껏 즐기는 풍조가 아직 남았던 만큼 이교 신앙은 윤리적 면에서는 아직 명맥을 유지하고 있었지만, 종교로서의 이교 신앙은 이제 고대의 의례나 관습의 형태로만 남아 있을 뿐이었다. 그리고 종종 교회는 엄격히 굴지 않고 이런 의례나 관습을 눈감아 주기도 하고 받아들이기도 하고 변형시키기도 했다. 이를테면 여러 신을 숭배하던 이교의 제식은 그리스도교 성인들을 성심성의껏 모시는 의식으로 바뀌어, 소박한 심성을 가지거나 시적 감수성이 풍부한 사람들이 좋아하는 다신교 역할을 충분히 해 주었다. 로마 제국 곳곳에 자리 잡은 이시스 신상(神像)과 호루스 신상은 마리아와 그리스도 신상으로 그 이름이 바뀌었다. 로마의 루페르칼리아 축제와 이시스의 정화 축제는 그리스도의 탄생제로 바뀌었고,[98] 사투르날리아 축제는 크리스마스 행사가 대신하게 되었다. 플로랄리아 축제는 오순절이, 고대의 죽은 자 축제는 위령의 날이,[99] 아티스의 부활은 그리스도의 부활이 대신하게 되었다.[100] 이교도의 제단은 그 주인만 그리스도교 영웅들로 바뀌었고, 향, 등, 꽃, 행렬, 제의(祭衣), 찬송가 등 옛날 제식 속에서 사람들의 오감을 만족시켜 주었던 매개물들을 교회는 나름대로 자기 것으로 만들고 정화해 교회의 의례로 만들었다. 산 짐승을 잔혹하게 죽여 제물로 바치던 관습은 미사를 드리며 영혼을 바치는 것으로 한 차원 승화되었다.

사실 아우구스티누스는 살아생전에 성인 숭배를 반대했던 인물로, 볼테르가 페르네이에 있는 자기 예배당을 헌납하면서 했을 법한 말을 글로 남기기도 했다. "그리스도교 성인들을 신들로 받드는 일은 없도록 하자. 이교도처럼 죽은 자를 숭배하는 것은 그리스도교도로서는 바람직하지 못한 일이니. 성인들을 위해 사원을 짓거나 제단을 만드는 일도 없도록 하자. 대신 성인들의 유물을 가지고 한 분의 하느님께 바치는 제단을 만들도록 하자."[101] 하지만 교회는 현명해서 인기를 누리는 신학에서라면 빠지지 않는 의인화를 받아들일 줄 알았다. 교회는 순교자들의 제사와 교회의 유물들을 처음에는 반대하더니,[102] 시간이 지나자 그것을 활용하게 되었고, 종국에는 남용하게 되었다. 한편 성상(聖像)이나 우상 숭배에는 반대해서 신도들에게 성상이나 우상은 반드시 상징으로만 경의를 표해야 한다고 일렀다.[103] 하지만 이러한 주의에도 아랑곳없이 대중들의 성상에 대한 열기가 끓어올랐고, 결국에는 과도한 수준까지 달아올라 비잔티움 제국에서는 성상 파괴 운동이 일어났다. 교회에서 마술, 점성술, 점복(占卜)을 비판했음에도 불구하고, 고대 문학 작품과 마찬가지로 중세의 문학 작품은 이것들을 소재로 한 내용이 가득했다. 그리하여 곧 사람들과 사제들은 십자가의 상징을 마법 주문처럼 활용해 악마들을 쫓아내기에 이른다. 퇴마 주문은 세례식 중에도 낭송이 되었으며, 악마가 옷이나 장식물에 숨어드는 걸 막기 위해 세례를 받는 사람은 완전히 발가벗은 채로 몸을 성수에 담가야 했다.[104] 옛날 아스클레피오스 신전에서 받을 수 있었던 꿈 치료는 이제 로마의 성 코스마스 성당이나 성 다미아누스 성당에 가면 받을 수 있었고, 얼마 안 있어 그런 치료를 해 주는 곳은 백여 개까지 늘어난다. 그런데 사태가 이렇게 된 까닭은 사제가 사람들을 타락시켜서가 아니라, 사람들이 사제들을 설득했기 때문이었다. 단순한 사람의 영혼을 움직일 수 있는 건 감각과 상상력, 의례(儀禮)와 기적, 신화와 두려움과 희망 같은 것들이기 때문이다. 이런 것들을 제공해 주지 못하면 사람들은 어떤 종교든 거부하거나 변형시켜 버리기 마련이다. 그칠 줄 모르는 전쟁 통에 늘 깊은 슬픔과 빈곤과 질병에 시달리며 잔뜩 겁을 먹은 사람들이 예배당이나, 교회나, 대성당에 가서 도피처와 위안을 찾은 건 어찌 보면 당연한 일이었다. 거기서 신비로운 불빛을 밝히고, 아름다운 종소리를 듣고, 행렬과 축제에 참가하고, 색색의 장엄한 의식을 올리며 마음을 달랬으리라.

한편 교회는 이렇게 대중의 욕구를 맞춰 줌으로써 신도들의 마음속에 새로운 도덕성을 심어 줄 수 있었다. 그 전만 해도 암브로시우스는 늘 로마 행정가의 면모를 발휘해 금욕주의적인 그리스도교 윤리를 확립하려고 애썼고, 그리하여 키케로의 사상을 자기 필요에 맞게 변형시키기도 했다. 그리고 아우구스티누스부터 사보나롤라에 이르기까지 중세의 수많은 그리스도교도들이 극기와 강직함이라는 금욕주의적인 이상을 그리스도교의 윤리적 틀 안에 주입시키기도 했다. 하지만 이런 남성적인 윤리 의식은 당대 사람들에게는 이상이 아니었다. 금욕주의에 길들어 온 지는 이미 충분히 오래였고, 그 남성적인 덕들이 세상의 절반을 피로 물들이는 것을 두 눈으로 똑똑히 목격한 터였다. 따라서 보다 부드럽고 보다 조용한 방식이 절실히 필요했다. 사람들을 감복시켜 함께 안정과 평화 속에서 살아갈 수 있는 그런 덕목들 말이다. 그리하여 유럽 역사상 처음으로 인류의 스승들은 친절, 순종, 겸손, 인내심, 자비심, 순수함, 정숙함, 부드러움 등을 가르치기 시작했다. 교회 안에서 사회적 신분이 낮은 사람들에게서 두드러지고, 여자들 사이에서 흔히 볼 수 있는 이런 자질들이 존경스러운 덕(德)으로 변모되어 윤리를 잃어버린 사람들에게 질서를 되찾아 주고, 길길이 날뛰는 야만인들을 길들였으며, 세상의 폭력성을 어느 정도 진정시켜 주었다.

이때 교회가 대대적으로 개혁을 이룬 분야가 바로 성생활이었다. 이교도 신앙에서는 일부일처에 충실하기 위한 완충제로서 매춘을 용인했던 반면, 교회는 매춘은 일절 용납하지 않고 결혼을 하면 남녀 모두 서로에게만 헌신할 것을 요구했다. 하지만 교회의 노력은 그다지 큰 성공을 거두지는 못했다. 가정 윤리는 어느 정도 향상되었지만, 매춘은 변질된 채 뒷골목으로 숨어들었을 뿐 자취를 감추지는 않았다. 억제하기 힘든 성욕의 본능을 잠재우기 위해 이 새로운 그리스도교 윤리는 정숙을 너무 강조하는 바람에 거기에 집착하게 되었고, 나아가 결혼해 자녀 양육을 하는 것보다 평생 독신으로 살며 금욕하는 것을 이상적인 삶으로 보았다. 교회의 교부들은 어느 정도 시간이 걸려서야 생식을 억제하는 이런 원칙이 사회의 생존에는 부적합하다는 걸 깨닫게 되었다. 그러나 로마 시대의 성생활이 얼마나 방종했던가를 생각해 보면 그리스도교에서 이토록 엄격한 반응을 내놓은 것이 십분 이해가 간다. 당시 그리스와 동방의 일부 사원들에는 매춘 학교까지 있었고, 낙태와 영아 살해가 비일비재했으며, 폼페이의 성벽은 외설스러운 그림들로 장식되어 있었고, 성적 비행이 그리스와 로마에 열풍처럼 번졌다. 또 초기의 황제들은 절제라는 것을 몰랐으며, 카툴루스와 마르티알리스, 타키투스와 유베르날리스의 글에서 볼 수 있는 것처럼 상류층의 성생활도 문란했다. 그러다 마침내 교회가 보다 건전한 시각을 갖게 되었고, 시간이 지나면서 육체의 죄악에 보다 관대한 입장을 취하게 된 것이었다. 그러는 동안 자녀 양육과 가족이라는 개념은 얼마간의 상처를 입지 않을 수 없었다. 그리스도교에서는 이 초기 몇 세기만 해도 부모나 배우자 또는 자식을 버리는 것이, 그리하여 오로지 개인의 구원만 바라고 인간사의 갖가지 책무에서 멀어지는 것이 하느님께 봉사하는 최선의 길(혹은 지옥에서 빠져나올 수 있는 가장 쉬운 길)이라고 생각하는 사람이 너무 많았다. 옛날 이교도 신앙에서는 가정이 사회나 종교를 떠받치는 기본 단위였다. 중세의 그리스도교를 거치며 이 단위가 가정에서 개인으로 바뀐 것은 큰 손실이 아닐 수 없었다.

그렇긴 해도 교회는 장엄한 의식에 따라 결혼을 치르게 하고, 결혼을 계약에서 성사(聖事)로 승화시킴으로써 가족을 단단히 결속시키는 역할을 했다. 또 결혼을 깨뜨려서는 안 될 약속으로 만들어 준 덕분에 아내는 보다 안전해지고 귀한 존재가 된 한편, 절망 속에서도 끝까지 견디고 살아가는 인내심을 갖게 되었다. 그리스도교의 일부 교부들이 여자야말로 죄악의 근원이자 사탄의 도구라고 가르치면서 한동안 여자의 지위가 손상된 적도 있었지만, 성모 마리아를 깍듯이 모시게 되면서 여자의 지위도 다시 어느 정도 올라갈 수 있었다. 교회는 결혼을 한번 호의적으로 받아들이고 나자 다산을 무엇보다 장려하고, 낙태와 영아 살해는 엄격히 금했다. 이 시기에 낙태나 영아 살해가 감소할 수 있었던 것은 아마도 세례를 받지 않고 죽은 아이는 모두 늘 깜깜한 림보(limbo, 천국과 지옥 사이에 있는 곳)로 떨어진다고 교회의 신학자들이 저주를 했기 때문인 듯하다. 374년 발렌티니아누스 1세가 영아 살해를 일급 범죄로 만든 데에도 교회의 영향력이 한몫을 했다.

한편 교회는 노예 제도를 비난하고 나서지는 않았다. 정통이든 이단이든, 로마인이든 야만인이든 그 시대 사람들은 하나같이 노예 제도가 자연스러우며 사라지지도 않을 거라 생각했다. 노예 제도에 반대하는 철학자들이 몇몇 있기는 했지만, 노예를 두고 있기는 그들도 마찬가지였다. 노예 문제에 관해서만큼은 그리스도교도 황제들의 법령이 안토니누스 피우스나 마르쿠스 아우렐리우스의 법령에 비해 크게 나을 것이 없었다. 이교도 율법에서는 자유민 여자가 노예와 결혼을 하면 노예로 만들어 버렸는데, 콘스탄티누스 법령에서는 자유민 여자가 노예와 결혼을 하면 사형시켜 버리고, 그 노예는 산 채로 불태워 죽였다. 또 그라티아누스 황제는 어떤 죄목으로든 자기 주인을 고소하는 노예가 있으면(나라를 뒤엎을 만한 대역죄는 예외였다.), 고발의 정당성 여부에 상관없이 노예를 즉시 산 채로 불태워 버렸다.[105] 교회가 노예 제도를 전쟁법의 일부로 인정한 건 사실이지만, 노예제의 해악을 어떻게든 줄이기 위해서 중세의 그 어떤 기관보다도 많은 노력을 기울였다. 교회는 교부들의 가르침을 통해 모든 인간은 본래 평등하다는 원칙을 공식 선언했다.(이는 아마도 모든 인간이 동등한 법적 권리와 윤리적 권리를 지닌다는 뜻이었으리라.) 그리고 계급이나 서열을 따지지 않고 교회 공동체에 모든 사람들을 받아들임으로써 이 원칙을 실천에 옮겼다. 물론 교회에서도 노예는 사제 서품을 받지 못했지만, 자유민의 경우엔 아무리 가난하더라도 교회 위계질서의 상부까지 올라갈 수 있었다. 이교도 율법에서는 자유민과 노예에 대해 용인되는 권리 침해의 정도가 달랐는데, 교회는 이를 옳지 못한 것으로 보았다. 교회는 노예 해방을 적극 장려해서, 주인이 노예를 해방시켜 주는 것은 죄악을 씻는 길이자, 복을 찬양하는 길이자, 하느님의 심판석에 다가가는 길이라 했다. 교회는 전쟁에서 잡혀 온 그리스도교인들을 노예에서 해방시키는 데에도 많은 돈을 썼다.[106] 그렇지만 중세 시대 내내 노예 제도는 사라지지 않았고, 노예 제도 역시 성직자의 은덕에 의해 사라진 것이 아니었다.

교회가 다른 기관들에 비해 도덕적으로 가장 뚜렷한 특징을 보인 부분이 있다면 그것은 사회 곳곳에 자선을 많이 베풀었다는 것이다. 물론 이교도 황제들도 빈민 가정에 나랏돈을 대주고, 이교도 부호들도 선행을 했다. 하지만 교회의 진두지휘에 따라 이 시절만큼 자선 물품이 대대적으로 나눠진 적은 없었다. 교회는 남는 재산을 빈자들에게 줄 것을 권했으며, 그 과정의 행정적인 일을 도맡았다. 그러다 보니 권력 남용과 공금 횡령이 슬금슬금 이뤄지기도 했지만, 이교도 율리아누스 황제가 질투라도 하듯 열심히 교회의 자선 사업을 따라했던 걸 보면 당시 교회가 자선의 의무를 얼마나 많이 실천했는지 알 수 있다. 교회는 홀로 된 과부와 고아들, 병자와 노약자, 죄수, 자연재해 피해자들을 거두어 주었으며, 심하게 착취를 당하거나 과도한 세금을 내는 사람들이 있으면 중재에 나서서 하층민들을 보호해 주기도 했다.[107] 또 사제들은 주교직에 오르면 자기 재산을 전부 가난한 사람들에게 주었다. 파비올라, 파울라, 멜라니아 같은 여자 그리스도교도들은 자선 사업에 재산을 헌납했다. 또 교회가 직접 나서거나 교회의 부유한 평신도들이 자금을 대어 사상 유례가 없을 만큼 큰 규모로 공공 병원을 지었다. 바실리우스도 유명한 병원을 건립한 바 있으며, 역사상 최초로 카파도키아의 카이사레아에 나병 환자 보호 시설을 만들었다. 또 도보 여행자들이 쉬어 갈 수 있는 제노도키아(xenodochia, 중세의 순례자, 환자 등을 위한 (보호) 시설 - 옮긴이)가 순례지로 통하는 길을 따라 생겨났고, 니케아 공의회에서는 각 도시마다 이를 하나씩 둘 것을 명하기도 했다. 홀로 된 과부들은 자선품을 나누어 주는 일을 맡았고, 이 일을 하며 외로운 삶을 살아가는 새로운 의미를 발견했다. 기근과 역병에 찌든 도시의 병자들을 그리스도교도들이 포기하

지 않고 끝까지 돌봐 주는 것이 이교도들은 그저 존경스러울 뿐이었다.[108]

그렇다면 이 몇 세기의 세월 동안 교회는 인간의 지성을 위해서는 무엇을 했을까? 로마 시대의 학교들이 여전히 살아남아 있었기 때문에, 교회는 지적 발달을 위해서 자신이 뭘 해야 한다고는 생각지 않았다. 대신 지성보다 감수성을 고양시키는 역할을 맡았다. 이런 면에서 보면 이성을 신뢰했던 "고전 시대"에 대항하는 일종의 "낭만적인" 반응으로 그리스도교 신앙이 나왔다고도 할 수 있다. 그렇게 따지면 루소(Rousseau)도 소(小)아우구스티누스에 불과했다. 생존을 위해서는 조직이 필요하고, 조직이 굴러가려면 기본 원칙과 신념에 합의가 필요하며, 나아가 그리스도교 신봉자 대다수가 권위 있는 믿음을 절실히 원한다고 확신하자, 교회는 불변의 교리를 통해 신조를 정의했고, 신조에 대한 의심은 죄악으로 만들어 버렸다. 이때부터 교회는 인간의 거침없는 지성 및 변화무쌍한 사상과 끝도 없는 갈등을 겪게 된다. 교회는 기원, 자연, 운명에 관한 오래된 문제들을 신성한 계시를 통해 해결했다고 선언했다. 락탄티우스는 이런 글을 남겼다.(307년) "성경을 통해 진실에 대한 가르침을 받는 우리는 이제 이 세상이 어떻게 시작되었고 어떻게 끝나는지 알고 있다."[109] 테르툴리아누스는 이보다 약 백 년 앞서서(197년) 그 비슷한 이야기를 하며 철학이 끝났다는 뜻을 내비치기도 했다.[110] 그리스도교는 인간 관심사의 중심축을 현세에서 내세로 이동시키며 역사적 사건에 대해 초자연적인 설명을 내놓았고, 그 결과 자연적인 인과를 따지는 일에는 소홀하게 되었다. 이로써 7세기에 걸쳐 그리스 과학이 이룩해 놓은 성과는 창세기의 우주론과 생물학에 희생을 당하고 말았다.

그리스도교가 문학을 쇠퇴시켰다는 점에 대해서는 어떻게 생각해야 할까? 사악한 다신론과 퇴폐적인 비도덕성에 물든 이교도의 문학에 그리스도교의 교부 대부분이 적대적 태도를 보인 건 사실이다. 그럼에도 불구하고 교부 중에서도 최고로 손꼽히는 인물들은 고전 문학을 사랑했으며, 포르투나투스, 프루덴티우스, 히에로니무스, 시도니우스, 아우소니우스 같은 그리스도교인들은 베르길리우스의 시와 키케로의 산문을 자기들 글의 전범으로 삼았다. 뿐만 아니라 그레고리우스 나지안젠, 크리소스토무스, 암브로시우스, 히에로니무스, 아우구스티누스의 글이 (문학적인 면에서도) 암미아누스, 심마쿠스, 클라우디아누스, 율리아누스 등 동시대의 이교도 명사들보다 뛰어났다. 하지만 아우구스티누스 특유의 산문 양식이 사라져 버리고 나자, 라틴어 글은 대중이 입말로 쓰는 조악한 어휘와 성의 없는 구문이 주를 이루게 되었고, 라틴어 운문도 새로운 형식의 장엄한 찬송가로 거듭나기 전까지는 한동안 엉터리 시 신세를 면치 못했다.

이 무렵의 문화가 퇴보한 것은 기본적으로 그리스도교 때문이라기보다는 야만족의 침입 때문이었다. 즉 종교가 아니라 전쟁이 원인이었던 것이다. 곳곳에 인간의 물결이 넘쳐 나면서 도시, 수도원, 도서관, 학교가 파괴되거나 궁핍해졌고, 따라서 학자나 과학자로 살아가기가 힘들어졌다. 오히려 문명이 무너져 내리는 와중에도 교회가 어느 정도 질서라도 유지해 주지 않았다면 더 처참한 파괴가 이뤄졌을지 모른다. 암브로시우스는 이렇게 말했다. "이 세상이 불안하게 흔들리는 가운데서도 교회는 꿈쩍없이 그 자리를 지켰다. 세상의 사나운 물결도 교회를 흔들지는 못했다. 주위의 모든 것이 아비규환에 휩싸인 가운데, 교회는 고요한 항구가 되어 난파당한 모든 이들이 맘 편히 한숨 돌릴 수 있는 고요한 항구가 되어 주었다."[111] 교회가 역사 속에서 자주 이런 역할을 해낸 건 사실이다.

한때 로마 제국은 고대에 유례가 없을 정도로 과학과 부와 권력을 발전시켰다. 그러다 서로마의 제국이 쇠락하고, 빈곤이 심해지고, 폭력이 난무하자 이제 사람들에게는 고통을 달래 주고 힘겨운 일상을 용기로 버티게 해 줄 새로운 이상과 희망이 필요했다. 권력의 시대는 가고 신앙의 시대가 온 것이다. 이후로 신앙의 시대는 내내 계속되다가 르네상스 시대에 접어들어 부와 자존심이 회복되면서 이성은 신앙을 거부하게 되었고, 천국 대신 유토피아를 꿈꾸게 되었다. 하지만 언제 또다시 이성이 실패를 하여, 아무런 답도 찾지 못한 과학이 양심과 목적은 전혀 개선시키지 못한 채 지식과 권력만 몇 배로 불려 놓는다면,

그리하여 강자가 약자를 착취하는 상황이 변치 않고 계속되어 인간이 꿈꾼 모든 유토피아가 산산 무너져 내린다면, 그때에야 우리들은 이해하게 될 것이다. 그리스도교가 처음 생겨나고 야만인이 유럽을 휩쓸던 그 몇 세기 동안 왜 우리 조상들이 과학과 지식과 권력과 자부심에서 등을 돌리고, 소박한 신앙과 희망과 자선 활동 속에서 무려 천 년 동안이나 삶의 위안을 찾았는지를.

THE AGE OF FAITH

4장

유럽의 형성
325~529

1. 영국의 탄생: 325~577년

　로마의 통치를 받던 시절, 브리타니아에서는 모든 계층이 번영을 누렸으나 안타깝게도 소(小)자작농들만은 예외였다. 대규모로 토지를 소유하는 일이 늘어나면서 소규모 농지 소유는 줄어들 수밖에 없었고, 토지와 하나로 묶여 재산가에게 팔린 자유농민들은 소작농이 되거나 도시의 최하층민으로 전락할 수밖에 없었다. 그래서 브리타니아의 농민 중에는 자기네 나라의 지주 귀족보다 오히려 앵글로·색슨족 침략자들을 지지하는 사람들이 많았다.[1] 한편, 로마 제국령 브리타니아는 나날이 번영을 누리고 있었다. 도시의 숫자는 몇 배로 불어나 점점 그 규모를 키워 갔고, 부도 산더미처럼 쌓여 갔다.[2] 중앙난방 시설과 유리창을 갖춘 집들도 많았다.[3] 대부호들 상당수가 호화로운 대저택을 가지고 있었다. 영국의 직물은 지금까지도 세계 최고 수준을 자랑하는데, 영국의 직공들은 이때부터 이미 뛰어난 제품들을 생산해 외국으로 수출했다. 3세기만 해도 브리타니아는 소규모의 로마 병력으로 충분히 외적을 막고 내부 평화를 다질 수 있었다.

하지만 4, 5세기에는 언제 그랬냐는 듯 사방에서 적이 위협을 가해 왔다. 북쪽에서는 칼레도니아의 픽트족이, 동쪽과 남쪽에서는 노르웨이인들과 색슨족 침략자들이 브리타니아를 가만 내버려 두지 않았다. 서쪽의 적은 하나가 아니어서 웨일스에서는 야성의 켈트족이, 아일랜드에서는 모험심 넘치는 게일족과 스코트족이 브리타니아를 노렸다. 그러더니 364~374년에는 스코트족과 색슨족이 브리타니아 해변을 약탈하는 일이 말도 못하게 많았다. 브리타니아와 갈리아 군대가 달려와 이들을 쫓아낸 것도 결국엔 허사여서 30년 뒤 스틸리코가 또다시 달려와 이들을 소탕해야 했다. 이런 와중에도 막시무스는 381년에, 그리고 참칭황제 콘스탄티누스는 407년에 개인적 용도를 위해 브리타니아에서 로마군을 빼 가 버렸고, 나중에 브리타니아로 돌아온 이들은 이 중에 손에 꼽을 정도였다. 그러자 침략자들이 국경선을 넘어 쏟아져 들어오기 시작했다. 브리타니아는 스틸리코에게 도움을 요청했지만(400년), 스틸리코는 이탈리아와 갈리아 지역에서 고트족과 훈족을 몰아내느라 정신이 없었다. 브리타니아는 호노리우스 황제에게 한 번 더 청원을 넣어 봤지만, 브리타니아의 일은 가급적이면 브리타니아가 알아서 해야 한다는 답이 돌아왔다.[4] 그리하여 베다(Bede)의 말에 따르면 "409년, 로마인들은 더 이상 브리타니아를 통치하지 않게 되었다."[5]

결국 픽트족이 대거 침입해 들어오는 사태가 닥치자, 브리타니아의 지도자였던 보르티게른은 북게르만족 일부를 끌어들여 지원군으로 삼았다.[6] 또 엘베 지역에서는 색슨족이, 슐레스비히에서는 앵글족이, 유틀란트 반도에서는 주트족이 원군이 되어 주기 위해 왔다. 전해지는 이야기에 따르면(전설일 가능성이 커 사실인지는 알 수 없지만), 449년에 브리타니아에 도착한 주트족은 헨기스트와 호르사(수말과 암말이라는 뜻이다.)라는 이름을 가진 두 형제를 우두머리로 삼고 있었다고 한다. 이 혈기 왕성한 게르만족은 픽트족과 스코트족을 물리쳐 주고 나서 그 보답으로 브리타니아 땅을 일부 받았으나, 브리타니아의 군사력이 약한 것을 눈치채고는 본국의 동료들에게 신이 나서 전갈을 띄웠다.[7] 이윽고 초대받지 않은 게르만족 무리가 브리타니아 해변에 상륙했다. 브리타니아 사람들이 버틸 수 있었던 건 뛰어난 기술보다는 용기 덕분이었다. 게르만족은 백 년이 지나도록 게릴라전을 치르며 진군하고 퇴각하기를 몇 번이고 반복해야 했다. 그러다 결국 튜턴족이 더럼에서 브리타니아군을 쳐부수고(577년), 스스로 지배자 자리에 올라 나중에 앵글족 나라(Angle-land, England)라 불리게 되는 곳을 다스렸다. 그 후 브리튼족 대부분이 튜턴족의 지배를 받아들이고 이 정복자들과 피를 섞었다. 그중 뜻을 굽히지 않은 소수 브리튼족은 웨일스의 산악 지대로 퇴각해 계속 싸움을 벌였다. 나머지 일부는 영국 해협을 건넜는데 이들 때문에 브리타니(프랑스의 브르타뉴 - 옮긴이)라는 지방 명칭이 생기게 되었다. 오랜 시간 싸움이 계속되면서 브리타니아의 도시들은 무참히 파괴되었다. 법과 질서는 힘을 잃고, 예술은 자취를 감추었으며, 이 섬나라에서 막 싹트기 시작하던 그리스도교 신앙은 게르만족이 받들던 이교도 신들과 이교도 관습에 완전히 밀려나고 말았다. 브리타니아 지방과 이곳의 언어는 튜턴족의 색채를 강하게 띠게 되었다. 로마의 법과 제도는 사라지고, 로마의 지방 자치 제도 대신 촌락 공동체가 자리를 잡았다. 이때만 해도 영국의 피, 외관, 성격, 문학, 예술에는 켈트족의 특징이 남아 있었으나 영어에서만큼은 거의 그 특징을 찾아볼 수 없게 되었고, 그 결과 독일과 프랑스어의 중간 형태인 오늘날의 영어가 탄생하게 되었다.

    이 고난의 시절에 싸움이 얼마나 치열했는지 알아보려면 역사책을 읽어 보는 것보다, 아서 왕과 그 기사들의 전설을 들여다보고, 그들이 "이교도 무리를 물리치고 그리스도를 지키기 위해" 얼마나 대단한 싸움을 벌였는지 살펴보는 편이 나을 것이다. 웨일스의 수도사인 성 길다스의 역사와 설교가 절반씩 뒤섞인 묘한 책 『브리타니아의 멸망에 관하여』(546년?)를 보면 이 시절 벌어졌던

"바돈 산(山) 포위 공격"에 대한 이야기가 나와 있다. 또 후대의(796년경) 영국 역사가 넨니우스는 아서 왕이 싸웠던 열두 번의 전쟁과 바돈 산에서 있었던 마지막 전투 이야기를 전해 준다.[8] 한편 몬마우스의 제프리(1100?~1154년)는 낭만적인 서사를 세세히 전해 주고 있다. 아서 왕은 아버지 우서 펜드라곤(Uther Pendragon)의 뒤를 이어 브리타니아의 왕이 되자 침략자 색슨족을 물리치고, 아일랜드, 아이슬란드, 노르웨이, 갈리아 지역을 정복한 뒤에, 505년에는 파리를 포위하고, 브리타니아에서 로마인들을 몰아냈다. 그리고 나서는 병사들을 대거 잃어 가며 조카 모드레드가 일으킨 반란을 진압하고 윈체스터 전투에서 모드레드를 죽였다. 하지만 거기서 치명적 부상을 당해 "우리의 주 하느님이 이 세상에 나신 지 542년째 되는 해에" 세상을 떠났다.[9] 한편 맘스베리의 윌리엄(1090?~1143년)은 우리에게 다음과 같은 이야기를 전해 준다.

> 보르티메르(보르티게른의 동생)가 죽자 브리튼족의 힘은 쇠약해졌고, 로마인들의 유일한 구원자인 암브로시우스마저 없었다면 얼마 안 가 완전히 망해 버리고 말았을 것이다. 암브로시우스는 명장 아서의 막강한 힘을 등에 업고 길길이 날뛰는 야만인들을 제압했다. 아서는 가라앉아 가는 나라를 오랜 시간 지켜 내면서, 기백을 잃은 백성들이 전투에 나서도록 힘을 불어넣었다. 마침내 바돈 산 전투가 벌어지자 그는 갑옷에 달고 다니던 성모 마리아상의 힘을 빌려 혼자서 900명의 적군에 맞섰고, 믿을 수 없을 만큼 무시무시한 기세로 칼을 휘둘러 적군을 혼비백산케 했다.[10]

이런 이야기를 곧이곧대로 믿기란 당연히 어려운 일이다. 6세기에 아서라는 걸출한 인물이(실제로 특별한 배경이 있던 건 아니었을 것이다.) 존재했다는 사실을 받아들이는 것으로 만족해야 할 것이다. 그는 아마 성인도 아니었고, 왕도 아니었던 듯하다.[11] 그 외에 아서 왕에 대한 나머지 상상은 트루아의 크레티엥(Chrétien), 유쾌한 작가 맬러리(Malory), 기품 있는 작가 테니슨(Tennyson)에게 맡기기로 하자.

2. 아일랜드: 160~529년

아일랜드인들의 믿음에 따르면(그 믿음을 부정할 근거도 없다.), "안개가 자욱하고 달콤한 과실이 열리는" 그들의 섬은 그리스도 탄생 천 년 전 혹은 그 이전부터 그리스인들과 스키타인들로 북적였고, 초창기 우두머리들은(쿠칼라인, 코노르, 코날) 하느님의 자손들이었다.[12] 페니키아 출신 탐험가 히밀코는 기원전 510년쯤 아일랜드에 발을 디뎠을 때 그곳을 "사람들로 북적이는 비옥한 땅"이라고 묘사했다.[13] 기원전 5세기에 갈리아나 브리타니아에서(혹은 두 곳 모두에서) 켈트족 탐험가들이 길을 떠나 바다를 건너 이곳 아일랜드로 들어온 후 아일랜드에 살던 원주민을 정복한 것으로 보이는데, 이들 원주민에 대해서는 역사에 알려진 바가 전혀 없다. 켈트족은 이때 할슈타트의 철기 문화와 함께 강력한 혈연 조직을 아일랜드에 들여간 듯하다. 씨족에 속해 있던 개인은 자기 씨족에 대한 자부심이 너무 큰 나머지 씨족으로 안정된 나라를 세우기에 이른다. 그리하여 아일랜드에서는 씨족 대 씨족, 왕국 대 왕국의 싸움이 천 년간이나 벌어진다. 씨족이나 왕국 간의 싸움이 없을 때는 씨족 내에서 싸움이 벌어졌다. 이 씨족 내 싸움에서 죽는 사람이 생기면 그 시체의 얼굴을 적군이 몰려오는 방향으로 돌려놓고 선 채로 묻어 전투에 활용했고, 이런 관습은 성 패트릭이 들어온 후에야 아일랜드에서 사라졌다.[14] 아일랜드의 왕 대부분은 전사하거나 암살로 목숨을 잃었다.[15] 더 좋은 유전자를 확보하기 위한 전략이었는지, 아니면 첫 번째 열매는 신의 대리자인 왕이 먹어야 한다는 원칙 때문이었는지 모르겠으나, 아일랜드 전승에 따르면 이 고대의 왕들에게는 초야권이란 것이 있어 신부가 신랑에게 가기 전에 먼저 왕을 찾아가 처녀성을 바쳐야 했다. 콘코바르 왕은 이 의무에 유난히 헌신적으로 임해 세간의 칭송을 얻었다.[16] 각 씨족들은 자기 씨족에 누가 있었고, 혈통이 어떠했으며, 어떤 왕들과 전투가 있었고, 고대 역사는 어떠했는지를 "세상이 시작된 바로 그 날부터" 기록해 두었다.[17]

켈트족은 스스로 통치 계급으로 자리 잡은 뒤에는 자기들 씨족을 다섯 개 왕국(울스터, 북(北)레인스터, 남(南)레인스터, 먼스터, 코놋)으로 나누었다. 다섯 개 왕국의 왕들은 각자 주권을 누렸지만, 미스(Meath)의 타라를 수도로 삼는 데는 다 같이 뜻을 모았다. 모든 왕은 타라에서 즉위식을 가졌고, 왕위에 오르고 나면 곧바로 타라에서 페시(Feis)라는 회의를 열었다. 아일랜드의 유력자들은 페시에 모여, 다섯 개 왕국 모두에 구속력을 갖는 법령을 통과시키거나, 씨족의 혈통을 수정하고 기록하거나, 이를 기록 보관소에 등록시키는 일 등을 했다. 코르막 맥 에어트 왕은 페시를 열기 위해 3세기에 웅장한 규모로 건물을 하나 지었는데, 지금도 이 지역에 가면 그 토대를 볼 수 있다. 또 각 왕국의 수도에서는 1년 또는 3년에 한 번씩 아오나크(Aonach) 또는 파이르(Fair)라 불렸던 지역 회의가 열려, 각 지역 실정에 맞는 법령을 제정하고, 세금을 부과하고, 법정의 역할도 수행했다. 이런 회의 뒤에는 각종 게임이 개최되고 경연이 열렸다. 음악, 노래, 마술, 광대극, 이야기 들려주기, 시 낭송, 그리고 많은 결혼식이 뒤따라 분위기를 띄웠으며, 주민 대다수가 축제 분위기를 함께 즐겼다. 아득한 옛날 얘기라서 한층 멋있게 보이는 면도 있겠지만, 당시 중앙의 통치와 지방의 자치는 거의 이상적인 수준의 조화를 보여 주는 듯하다. 이들 회의는 이후에도 계속 열려 페시는 560년까지, 아오나크는 1168년까지 지속되었다.

우리가 아일랜드 역사에 실존한 것으로 당당히 내세울 수 있는 첫 번째 인물은 서기 160년경 레인스터와 미스를 다스렸던 투아탈이다. 아일랜드 왕 니알은 (358년경) 웨일스로 쳐들어가 어마어마한 전리품을 가지고 돌아왔다. 그는 갈리아 지역까지 쳐들어갔다가 그만 루아르 강에서 (아일랜드인의 손에) 죽음을 당했다. 이후의 아일랜드 왕들은 대부분 그의 자손들에게서 나오게 된다.(오닐 왕조) 성 패트릭이 아일랜드에 온 건 니알의 아들 레어가이르(레어리) 치세가 5년째에 접어들던 해였다. 성 패트릭이 들어오기 전부터 아일랜드인들은 일직선을 다양한 형태로 조합한 문자 체계를 갖고 있었고, 구전으로 전승되던 시가와 전설의 양도 방대했다. 또 도기 제작 및 청동, 황금 공예에 뛰어난 솜씨를 보였다. 이들은 물활론(物活論)에 근거한 다신교를 믿어서 태양과 달을 비롯한 갖가지 자연물들을 숭배했고, 아일랜드 구석구석에는 갖가지 요정과 악마들이 살지 않는 곳이 없었다. 흰 튜닉을 걸치고 다녔던 드루이드교도들은 사제 씨족을 이루어 사람들에게 점을 쳐 주고, 마법 나뭇가지와 바퀴로 태양과 바람을 다스리고, 마법으로 비를 뿌리거나 불을 냈다. 또 부족의 연대기와 시가를 외워 대대로 전승해 주었으며, 하늘의 별을 연구하고, 젊은이들을 가르치고, 왕에게 조언을 해 주고, 재판관 역할을 하고, 법령을 제정하고, 제단에서 신들에게 제물을 바쳤다. 아일랜드인들이 떠받든 신성한 우상 가운데서도 크롬 크루아흐라는 황금 성상(聖像)이 있었는데, 아일랜드인들 모두가 떠받드는 신이었다. 당시 아일랜드인은 어느 집이든 첫째 아이가 태어나면 이 신에게 제물로 바쳤는데,[18] 과도한 인구 증가를 막기 위한 방책이었던 듯하다. 이들은 윤회를 믿으면서도 바다 저 건너편에 천상의 섬나라가 있기를 꿈꿨다. "그곳에는 한 맺힌 울음도 배반도 없고, 모진 고통과 고난도 없나니, 오로지 달콤한 음악만이 귓전을 울린다. 아름다운 시골 풍경을 간직한 이 기적의 땅은 아지랑이 속에서 그 어디에도 비할 수 없는 아름다움을 자랑한다."[19] 한 이야기에 따르면, 코널 왕자는 책에 씌어진 말에 감명을 받아서 이 행복의 나라를 찾기 위해 진주를 채취하는 배에 올라타기도 했다.

패트릭이 아일랜드에 들어오기 약 30년 전에 이미 그리스도교는 아일랜드에 들어와 있었다. 베다가 진위를 입증한 오래된 연대기에 따르면, 431년에 이런 일이 있었다. "팔라디우스는 교황 셀레스티누스에게서 서품을 받고, 아일랜드의 그리스도교도들을 돌볼 초대 주교로 임명되어 그 섬나라로 가게 되었다."[20] 하지만 팔라디우스는 그해가 채 가기도 전에 죽고 말았고, 그리하여 아일랜드를 흔들림 없는 가톨릭 국가로 만드는 영예는 아일랜드의 수호성인에게로 돌아가게 되었다.

성 패트릭은 389년경 서부 잉글랜드 보나벤타라는 마을의 한 중산층 가정에서 태어났다. 로마 시민의 자식이었기 때문에 태어날 때는 로마식으로 파트리키우스라는 이름을 갖게 되었다. 교육을 얼마 받지 못한 그는 자신의 변변치 못한 지식을 부끄럽게 생각했다. 하지만 성경은 얼마나 열심히 공부했던지 어떤 취지의 이야기에도 성경 구절을 줄줄 외워 인용할 수 있을 정도였다. 그러다 열여섯 살이 되던 해에 그는 스코트(아일랜드인) 침략자들에게 잡혀 아일랜드로 가게 되었고 거기서 6년 동안 돼지치기 일을 하며 지내야 했다.[21] 그에게 개종 결심이 찾아온 것은 여기서 외로운 나날을 보내던 때였다. 그 자신의 설명에 따르면 그는 매일 아침 동트기 전에 일어나 매일 같이 밖에 나가 기도를 드렸다. 우박이 쏟아지든, 비가 내리든, 눈이 날리든 한결같이 말이다. 마침내 바다로 나가는 길을 발견한 그는 탈출에 성공했고, 바다에서 사경을 헤매다 선원들에게 구조되어 갈리아 지역으로 가게 되었고, 이때 이탈리아까지도 간 듯하다. 그는 다시 잉글랜드로 돌아와서 부모님과 해후하고 몇 년 동안은 부모님과 함께 살았다. 그런데 무언가가 그를 다시 아일랜드로 돌아오라 부르고 있었다.(아마도 아름다운 시골 생활과 그곳 사람들의 마음 따뜻한 인정이 머리에서 떠나지 않았던 것이리라.) 그는 이를 신의 계시로 받아들였다. 아일랜드인들을 그리스도교도로 개종시키라는 명령이 주어진 거라 생각했다. 그리하여 레렝과 오세르로 가서 성직자가 되기 위한 공부를 하고 사제 서품을 받았다. 아일랜드의 초대 주교로 임명받았던 팔라디우스가 죽었다는 소식이 오세르로 전해지자, 패트릭은 주교가 되어 베드로와 바울의 유품을 가지고 아일랜드로 가게 되었다.(432년)

아일랜드에 도착한 패트릭은 수도 타라의 왕좌에 앉아 있는 레어가이르라는 인물이 이교도이기는 해도 의식이 깨어 있다는 걸 알 수 있었다. 패트릭은 왕을 개종시키는 데는 실패했지만, 대신 아일랜드에서 마음대로 설교를 해도 좋다는 허락을 받아 냈다. 그러자 드루이드교도들이 그에게 대항하고 나서서 주민들에게 자기들이 지닌 마법의 힘을 과시했다. 이에 패트릭은 악마를 몰아내기 위해 아일랜드로 함께 데려왔던 퇴마사들(당시 성직에서 하품을 차지하고 있었다.)의 힘을 이용했다. 패트릭이 말년에 쓴 『고백록』을 보면 그가 성직을 수행하며 절체절명의 순간을 얼마나 많이 겪었는지 알 수 있다. 목숨을 잃을 뻔한 적만도 열두 번이었다. 한번은 일행과 함께 사람들에게 붙들려서 2주일간을 포로로 지내며 죽을 위협에 처하기도 했다. 하지만 그를 잡았던 사람들이 친구들의 설득을 듣고 패트릭을 풀어 주었다.[22] 그리스도교에 전해지는 경건한 전승에 따르면 패트릭이 행한 기적만 백여 개이다. "그는 눈먼 자를 눈 뜨게 하고, 귀먹은 자에게 소리를 들려주었다."고 넨니우스는 말한다.[23] "그는 문둥병 환자의 몸을 깨끗이 낫게 하고, 악마를 몰아냈으며, 몸값을 치러 포로를 풀어 주고, 죽은 자를 아홉 명이나 다시 살리고, 365권에 이르는 책을 썼다." 하지만 아일랜드인들을 개종시킨 힘은 패트릭이 행한 이런 기적보다는 그의 인품에서 나왔던 듯하다. 자기 믿음에 대한 한 치의 흔들림 없는 자신감과, 끝없는 열정으로 성직을 수행하는 그의 모습에 사람들은 감복을 받았던 것이다. 그렇다고 그가 그렇게 참을성이 있었던 것은 아니다. 그는 축복을 잘 내리는 만큼 욕설도 잘 퍼부었다.[24] 하지만 그런 자부심 넘치는 독단성마저도 사람을 설득시키는 힘이 있었다. 아일랜드에서 그는 성직자들을 만들고, 교회를 짓고, 수도원과 수녀원을 세웠다. 또 영적 힘으로 무장한 강력한 수비대를 조직해, 자신이 한번 정복한 곳은 구석구석 철통같이 지켰다. 패트릭은 교회의 나라에 들어오는 것을 최고의 모험처럼 보이게 만들었고, 그의 주위에는 용기와 헌신적 자세를 가진 남녀가 모여들어 인간 구원의 희소식을 전하기 위해 어떤 수모도 마다하지 않았다. 패트릭이 모든 아일랜드인을 개종시킨 건 아니었다. 이교도 신앙과 이교도 시가가 여기저기 살아남아 오늘날까지 그 흔적을 전하고 있으니 말이다. 하지만 (461년) 그가 죽었을 때 한 사람이 나라 하나를 모두 개종시켰다는 말이 나왔으니, 패트릭이 아니면 그 누구에게도 할 수 없는 말이었다.

아일랜드 사람들에 대한 애정으로 둘째가라면 서러울 인물이 또 하나 있었고, 이 여성이야말로 패트릭이 아일랜드에서 거둔 승리를 확실히 못 박는 데 가장 큰 공을 세웠다 할 수 있다. 전하는 바에 따르면, 성 브리지드는 왕과 노예 사이에서 태어났다. 하지만 476년 정식 수녀가 되기 전에 대해서는 명확히 알려진 바가 없다. 성 브리지드는 온갖 고난을 이겨 내고서 "오크나무로 지은 교회"(킬다라(Cill-dara))를 세웠는데, 이 교회가 있던 지역은 아직도 킬데어(Kildare)란 이름으로 불리고 있다. 교회는 얼마 안 가 수도원이자 수녀원이자 학교로 발전해 나갔는데, 패트릭이 아마주에 세웠던 수도원만큼 명성이 높았다. 525년에 그녀가 세상을 떠나자 섬나라 사람 전체가 그녀에게 경의를 표했으며, 지금도 아일랜드 여자 중에는 "게일의 메리"라는 이름을 갖고 있는 사람이 1만 명에 이른다. 그로부터 한 세대가 지난 후 성 루아단은 타라에 저주를 퍼부었고, 그 때문인지 558년에 왕 디아르무이드가 세상을 떠나자 고대의 회관은 텅텅 비게 되었다. 아일랜드의 왕들은 문화적으로는 여전히 이교도 방식을 따랐지만 이때부터 교리상으로는 그리스도교를 믿게 되었다.

3. 프랑스의 서막

1. 고대 갈리아 지역, 그 최후의 나날: 310~480년

갈리아 지역은 4세기와 5세기만 해도 서로마 제국의 속주 중 물질적으로 가장 넉넉하고 지적으로도 가장 발달해 있었다. 토양은 풍성한 생산력을, 공예품은 뛰어난 솜씨를 자랑했으며, 강과 바다는 오가는 교역상들로 북적였다. 나르본, 아를, 보르도, 툴루즈, 리용, 푸아티에, 트리어 같은 지방에는 나라의 지원을 받는 학교들이 한참 전성기를 구가했다. 덕분에 여느 때와는 달리 교사와 연설가, 시인과 현인들에게 정치가만큼 높은 지위와 격투기 선수만큼 우렁찬 박수갈채가 돌아갔다. 당시 갈리아가 유럽에서 내로라하는 문학의 고장으로 꼽힐 수 있었던 데는 아우소니우스와 시도니우스에게 힘입은 바가 컸다.

데키무스 마그누스 아우소니우스는 시인으로서, 갈리아의 화려한 백은(白銀) 시대(Silver Age)를 그대로 보여 주는 삶을 살았다. 그는 310년경 보르도에서 명의(名醫)의 아들로 태어났다. 거기서 교육까지 받은 그는 나중에 6보격(步格) 시를 지어 자기 스승들의 덕을 세상에 널리 알렸는데, 도량이 넓은 사람이었는지 체벌의 기억은 까맣게 잊고 스승의 인자한 웃음만 기억하고 있었다.[25] 젊은 시절 그는 순탄한 길을 걸은데다 보르도에서 교수직까지 얻어 30년간 문법(즉 문학)과 수사학(즉 웅변술과 철학)을 가르쳤고, 나중에 황제 자리에 오르는 그라티우스도 그의 가르침을 받았다. 아우소니우스가 부모님과 일가 어른들, 아내와 자식들에 대해 남긴 글을 보면 진심과 애정이 넘치는 것이 19세기 미국 대학가에서 교편을 잡고 살아가는 사람들의 일상을 보여 주는 듯하다. 그는 자신이 아버지로부터 물려받은 집과 땅 이야기를 즐겁게 하면서, 여기서 말년을 보내고 싶다는 바람을 털어놓는다. 그리고 결혼 초에는 아내에게 이렇게 말하기도 했다. "우리 항상 지금처럼만 삽시다. 우리가 첫사랑을 나누며 서로에게 주었던 그 호칭들을 버리지 말고서 말이오. …… 당신과 나는 앞으로도 계속 젊을 것이고, 당신은 내게 언제까지고 아름다우리다. 그러니 한 해 한 해 해가 가는 걸 헤아리지는 맙시다."[26] 하지만 그러고 얼마 안 있어 이들 부부 사이에 태어난 첫째 아이가 죽고 만다. 몇 년이 지났을 때 그는 애처로운 심정으로 당시의 일을 이렇게 회상했다. "내 첫 아이야, 나와 똑같은 이름을 가졌던 네가 이 세상을 떠났는데 우리가 어찌 슬퍼하지 않을 수 있겠니. 하필 한참 옹알이를 하다 이제 막 말문이 트이려던 때에. …… 우리는 네 죽음이 슬프기만 했단다. 이제 너는 무덤 속의 증조할아버지와 함께 있구나."[27] 그와 행복한 결혼 생활을 하던 아내도 아들 하나와 딸 하나를 남기고 일찌감치 세상을 떴다. 그녀를 잊을 수 없었던 아우소니우스는 이후에 다시는 결혼을 하지 않았다. 말년에 가서 그는 그녀를 잃었을 때의 고통이 얼마나 컸는지, 그녀의 따뜻한 손길과 경쾌한 발소리가 사라지고 나서 집이 얼마나 무거운 침묵에 빠졌는지를 새삼 슬픔에 젖어 이야기했다.

    아우소니우스의 시가 당대 사람들을 즐겁게 했던 데는 다 이유가 있었으니, 그의 시를 읽고 있으면 부드러운 감수성과 시골 풍경과 라틴어의 순수성을 그대로 느낄 수 있었고, 글이 부드럽기가 베르길리우스 수준에 버금갈 정도였다. 후에 시성(諡聖)을 받은 파울리누스는 아우소니우스의 산문을 키케로의 산문에 비교한 바 있으며, 심마쿠스는 아무리 베리길리우스라도 아우소니우스의 「모젤라(Mosella)」만큼 사랑스러운 작품을 남기진 못했다고 평했다. 이 시인이 모젤 강을 사랑하게 된 것은 그라티아누스와 함께 트리어에 있을 때였다. 이 강이 흐르는 곳은 포도밭과 과수원, 대저택, 오곡이 풍성한 논밭이 어우러진 에덴동산이나 다름없다고 그는 이야기한다. 실제로 이 시를 읽고 있노라면 강둑에 돋아난 파릇파릇한 풀이 보이고, 졸졸졸 흘러가는 강물의 노랫소리가 들리는 듯하다. 이렇게 강의 아름다움을 노래하던 시인은 돌연 철두철미한 점강법(漸降法)을 써서 강을 헤엄쳐 다니는 물고기에게 이것저것 소원을 늘어놓기 시작한다. 자기 주변의 친척, 선생님, 학생, 물고기 등을 시에 등장시키려는 이 열정은 휘트먼(Walt Whitman, 자유주의 시의 제일인자이자 창시자로 꼽히는 미국의 시인으로, 서민의 감성을 자유로운 기법으로 노래한 것이 특징이다. - 옮긴이)과 비슷하나, 아우소니우스에게는 다채로운 감정이나 활기찬 철학이 빠져 있다. 30년 동안이나 문법을 가르쳐 온 터라 문학적인 열정 외에는 별로 불태울 것이 없었던 것이다. 그의 시들은 경건하게 우정을 찬미하는 내용이며, 그마저도 칭찬 일색이다. 그처럼 멋진 일가 어른들이나 매력적인 교사들을 본 적이 없는 우리로서는 이러한 영광의 찬가가 그다지 감동적으로 다가오지는 않는다.

발렌티니아누스 1세가 죽자(375년), 그라티아누스는 황제 자리에 올라 자기의 오랜 스승을 곁으로 불러들였다. 그러고는 그와 그의 지인들을 줄줄이 좋은 자리에 앉혀 주었다. 덕분에 아우소니우스는 일리리쿰, 이탈리아, 아프리카, 갈리아의 지방 장관을 고속으로 두루 거친 후, 64세 때 마침내 집정관의 자리에까지 올랐다. 황제는 그가 올린 진언을 듣고 칙령을 내려, 국고를 내어 교육을 발전시키고, 시인 및 의사들의 생활을 도왔으며, 고대 예술을 보호하는 데 사용하였다. 아우소니우스 덕에 심마쿠스는 로마의 장관이, 파울리누스는 속주의 장관이 될 수 있었다. 아우소니우스는 파울리누스가 시성되는 걸 누구보다 슬퍼했지만, 당시 사방에서 위협을 받고 있던 로마 제국으로서는 그런 성인들이 절실히 필요했다. 아우소니우스 역시 그리스도교도였으나, 그리스도교 신앙을 그렇게 심각하게 받아들이지는 않았다. 취향, 작품 내용, 운율 등 어느 모로 보나 그는 쾌락을 즐기는 이교도였다.

이 늙은 시인은 70세가 되자 다시 보르도로 돌아와서 20년을 더 살았다. 이제 할아버지가 된 만큼 젊었을 적 자식 된 도리를 노래하던 그의 시에는 이제 손주에 대한 애정이 담겨 있었다. 그는 시에서 손주에게 이렇게 조언을 한다. "학교에 수없는 매질 소리가 울려 퍼지고 교장이 험상궂은 얼굴을 하고 다녀도 두려워할 것 없다. 그 어떤 비명에도, 그 어떤 매질 소리에도 동요할 것 없다. 학교의 아침 시간은 다 지나가기 마련이니. 교장이 지팡이를 홀(笏)처럼 휘두르고 다니는 건, 자작나무 막대기를 한 아름 들고 다니는 건 …… 다 네 안에 잠자고 있는 두려움을 깨우기 위한 과시용일 뿐이니 겁먹을 것 없다. 네 아버지와 어머니도 어렸을 적 다 그런 일을 겪었단다. 그러고서도 아무렇지 않게 지금까지 살면서 내 평화롭고 고요한 노년에 위안이 되어 주고 있지 않니."[28] 아우소니우스가 그토록 평온한 노년을 살다가 야만족의 물결이 들이닥치기 전에 이 세상을 뜬 것은 천만다행이 아닐 수 없다!

아우소니우스가 4세기 갈리아를 대표한 시인이었다면, 아폴리나리스 시도니우스는 5세기 갈리아를 대표한 산문가였다. 그는 아버지가 갈리아의 장관으로 리옹에 머물던 때(432년) 이 세상에 모습을 드러냈다. 그의 할아버지 역시 아버지와 같은 관직을 역임한 적이 있었고, 그의 어머니는 455년에 황제 자리에 오르는 아비투스와 일가친척 사이였으며, 452년 시도니우스는 아비투스의 딸을 아내로 맞는다. 벌써부터 연줄이 이렇게나 좋았으니 인생이 여기서 보다 나아지길 바라는 것도 쉬운 일은 아니었을 것이다. 신부 파피아닐라는 지참금으로 클레르몽 근방에 있는 호화로운 대저택을 그에게 안겨 주었다. 이후 그는 귀족 친구들과 내왕하는 일로 몇 년을 보냈다. 이 친구들은 교양과 세련미를 갖춘데다, 도박과 게으름이라면 그 누구에게도 지지 않았다.[29] 이들은 시골의 저택에서 지내면서 정치로 손을 더럽히는 일 따위는 거의 하지 않았다. 그래서 고트족이 쳐들어왔을 때 이들은 아무 힘도 못 쓰고 자기들의 호화로운 사치품을 고스란히 내주어야 했다. 당시 귀족층들은 도시 생활을 별로 좋아하지 않았는데, 프랑스와 영국의 재물들은 이때부터 벌써 도시보다는 시골을 더 좋아했던 것이다. 시골에 떡하니 버티고 있던 이 대저택들에는(방이 무려 125개나 되는 저택도 있었다.) 모자이크 마룻바닥, 기둥이 있는 홀, 풍경이 그려진 벽화, 대리석 및 청동 조각상, 거대한 난로와 목욕탕, 정원과 공을 주고받을 수 있는 코트 등 온갖 편의 시설과 아름다운 장식물이 모두 갖춰져 있었다.[30] 그리고 대저택을 둘러싼 숲 속에서는 신사와 숙녀들이 모여 매사냥의 즐거움을 톡톡히 맛보았다. 대저택에는 거의 어김없이 훌륭한 도서관이 하나씩은 있었는데, 고전 시대 이교도 신앙 장서들과 가치가 있는 그리스도교 문헌 일부를 소장하고 있었다.[31] 시도니우스의 친구 몇몇은 장서 수집가이기도 했으며, 로마의 부자들처럼 갈리아의 부자들도 책의 내용보다는 훌륭한 제본을 더 중요하게 생각했으며, 책 겉표지가 선사하는 형식미에서 커다란 만족감을 느끼곤 했다.

   시도니우스는 이러한 상류 사회의 풍속이 지닌 밝은 면을 주로 그려 내고 있다. 즉 서로에 대한 관대함, 예의, 활기, 도덕적 품위 등을 꽉 짜인 시와 노래하는 듯한 산문으로 표현해 내었다. 아비투스가 황제로 즉위하기 위해 로마로 갔을 때 시도니우스도 같이 가게 되었고 거기서 주변의 천거를 받고 황제 즉위를 찬양하는 시까지 쓰게 되었다. 아비투스가 일 년 뒤 폐위를 당하면서 그도 갈리아로 돌아왔지만, 468년에는 어느 틈엔가 다시 로마로 돌아가 고위직에 올라 혼란에 휩싸인 로마를 다스렸다. 그는 이 대혼란을 아무 탈 없이 빠져나왔고 이후 플리니우스와 심마쿠스의 서간 형식을 빌려 갈리아와 로마 상류 사회의 모습을 묘사했는데, 그들에게 결코 뒤지지 않을 정도의 허영심과 기품을 보여 주고 있다. 문학은 이제 이야깃거리가 거의 떨어져 버렸고, 이야기를 풀어 놓는다 해도 이제 남은 건 겉을 꾸민 형식과 장식뿐이었다. 이런 서간물들에서는 고작해야 교육받은 신사들의 침착한 인내심과 속 깊은 이해심을 볼 수 있을 뿐인데, 프랑스 문학이 아직 프랑스어로 쓰어지지 못한 때부터 줄곧 프랑스 문학을 장식해 온 요소이다. 로마가 그토록 사랑했던 품위 있는 "잡담"을 갈리아로 들여온 것이 시도니우스였던 셈이다. 그리고 보면 키케로와 세네카를 선두로 하여, 중간에 플리니우스, 심마쿠스, 마르코비우스, 시도니우스를 거쳐, 끝으로 몽테뉴, 몽테스키외, 볼테르, 르낭, 생트뵈브, 아나톨 프랑스에 이르기까지 하나의 계통이 이어지는데, 한 사람의 지성에서 나온 분신들이라 해도 과언이 아닐 것이다.

시도니우스를 제대로 이해하기 위해서는 그가 훌륭한 그리스도교도에다 용감한 주교였다는 사실을 반드시 덧붙여야만 한다. 469년 그는 그럴 마음이나 뜻이 전혀 없었는데도 주변의 성화를 이기지 못해 결국 평신도 신분에서 클레르몽의 주교직에 오르게 된다. 당시 그리스도교의 주교들은 영적인 스승 역할만이 아니라 국가의 공무까지 맡아봐야 했다. 경험과 부(富)를 갖추었던 암브로시우스나 시도니우스는 그에 적임자였고, 주교직에 올라 박식한 신학자보다 더 능력이 있음을 증명해 보였다. 시도니우스는 신학 지식이 거의 전무했기 때문에 누구를 파문하고 말고 할 것이 없었다. 그런 심판관 역할을 맡는 대신 그는 가난한 사람에게 자기가 가진 은 접시를 주고, 사람들이 저지른 죄악을 거리낌 없이 용서하는 관대함을 보여 주었다. 그가 쓴 서간들을 보면 사람들을 모아 놓고 기도를 드리다가도 중간중간 쉬게 했다는 걸 알 수 있다.[32] 하지만 서고트족의 왕 에우리크가 오베르뉴를 자기 땅으로 만들기 위해 쳐들어오면서, 이 즐겁기만 한 일상도 살벌한 현실 속에 산산이 깨져 버리고 말았다. 고트족은 4년 동안 여름철만 오면 오베르뉴의 거점인 클레르몽을 포위했다. 시도니우스는 외교술과 기도를 동원해 항전했지만 결국엔 실패하고 말았다. 마침내 도시가 함락되자 포로로 잡혀가게 된 그는 카르카손 근방의 요새에 갇혀 있어야 했다.(475년) 그로부터 2년이 지난 후에 그는 감옥에서 풀려나 다시 주교에 복직될 수 있었다. 그 후로 그가 얼마나 더 살았는지는 알 길이 없다. 하지만 마흔 두 살에 그는 이제는 제발 거룩한 죽음이 닥쳐 현생의 고통과 짐을 벗게 되기를 바라고 있었다.[33] 로마 제국에 대한 신념을 잃은 그는 로마 교회가 이룰 문명에 자신의 모든 희망을 걸고 있었다. 시도니우스가 이교도 색채가 강한 시를 썼음에도 그리스도교 교회는 이를 눈감아 주고 그를 시성했다.

2. 프랑크족: 240~511년

시도니우스가 세상을 떠나면서 갈리아에도 이윽고 야만인들이 밤을 몰고 왔다. 하지만 밤이라고 해서 이를 칠흑 같은 어둠으로 과장해서는 안 된다. 이때에도 인간은 여전히 경제적 기술을 유감없이 발휘하고, 상품으로 교역을 하고, 동전을 주조해 내고, 시를 짓고, 예술품을 만들어 냈다. 더구나 남서부 갈리아에 있던 서고트 왕국은 에우리크(466~484년)와 알라리크 2세(484~507년)의 치세에는 질서가 충분히 잡힌데다, 문명화도 충분히 이루었고, 진보적이기까지 해서 시도니우스가 칭찬을 다 할 정도였다.[34] 506년 알라리크 2세는 자기 왕국의 법령을 정리한 『브레비아리움(Breviarium)』('요약집'이라는 뜻이다.)을 발표했다. 이 법전은 비교적 선진적이어서, 로마령 갈리아 지역 주민과 그 정복자 사이의 관계를 합리적으로 규정해 놓고 있다. 남동부 갈리아 지역에 주민을 정착시켜 평화롭게 통치를 하던 부르군트 왕들도 이와 비슷한 법전을 제정했다.(510년) 이로써 11세기 들어 볼로냐 지방에 로마법이 다시 모습을 나타내기 전까지는, 이 고트 법전과 부르군트 법전, 그리고 이와 유사한 프랑크족의 여러 법전들이 라틴 유럽을 다스리게 된다.

역사가 프랑크족에 주목하게 된 건 240년으로, 이때 아우렐리아누스 황제가 마인츠 근방에서 프랑크족에게 패배한 사건이 있었다. 이 리푸아리아 프랑크족(강둑의 프랑크족이란 뜻)은 5세기에 라인 강 서안에 일찌감치 자리를 잡고 있었다. 그러더니 (463년에는) 콜로냐를 함락시켜 자기들의 거점으로 삼았으며, 라인 강 골짜기에 국한되었던 세력을 아헨부터 메츠까지 넓혀 나갔다. 한편 라인 강 동안에 계속 남은 프랑크족도 있었으니, 프랑코니아라는 지명은 이들에게서 유래한 것이었다. 살리 프랑크족의 특이한 이름은 네덜란드에 있는 살라 강(현재의 에이셀 강)에서 유래한 것으로 보인다. 살리 프랑크족은 이 강에서부터 남쪽과 서쪽으로 이동하여, 356년경에 뫼즈 강과 바다, 그리고 솜 강으로 둘러싸인 지역을 차지하게 된다. 이들의 확장은 대개 평화적인 이주를 통해 이루어졌는데, 때로는 인적이 드문 땅에 들어와 살 것을 로마에서 권하기도 했다. 이렇듯 다양한 방법을 이용해 프랑크족은 430년에 이르자 북부 갈리아 지역을 절반이나 차지하게 되었다. 이때 프랑크족이 게르만족의 언어와 이교도 신앙을 들고 들어왔기 때문에, 5세기 무렵 라인 강 아래쪽에 사는 주민들은 더 이상 라틴어를 입말로 쓰지 않았고 그리스도교도 믿지 않았다.

살리 프랑크족은 살리 법전의 서문에서 자기 종족을 이렇게 묘사하고 있다. "영광스러운 살리 프랑크족은 지혜로운 머리로 논의하고, 몸에는 기품이 흐르고, 건강한 기운이 넘치며, 빼어난 용모를 자랑하며, 용감하고, 날래며, 강건하다. …… 로마인들이 목에 잔혹하게 씌워 놓았던 멍에를 거센 몸부림으로 끌러 낸 장본인이 바로 우리 종족이다."[35] 이들은 스스로를 야만인이라 보지 않았으며, 스스로 자유를 얻어 낸 자유민이라고 생각했다. '프랑크(Frank)'라는 말 자체가 '자유로운(free)', '해방된'(영어로 이는 'enfranchised'인데, 여기에도 프랑크족의 흔적이 남아 있다.)이란 뜻이다. 살리 프랑크족은 커다란 키에 금발을 하고 있었다. 머리는 장발로 길러서 머리 꼭대기에서 술 모양으로 묶은 후 말 꼬리처럼 늘어뜨렸다. 남자들은 콧수염은 길렀지만 턱수염은 기르지 않았다. 옷은 튜닉을 입고 허리를 가죽 벨트로 묶었는데 마디마디에 에나멜을 바른 철이 달려 있었다. 살리 프랑크족은 이 벨트에다가 검과 전투용 도끼 같은 무기와, 가위와 빗 같은 화장용품들을 달고 다녔다.[36] 프랑크족은 여자들도 여자들이지만 남자들까지도 보석을 좋아해서 반지와 팔찌, 목걸이 등으로 몸을 장식하고 다녔다. 몸놀림이 좋은 사내들은 한 사람 한 사람이 다 전사였고, 달리는 기술, 높이 뛰어오르는 기술, 창이나 도끼를 목표물에 명중시키는 기술 등을 어렸을 적부터 익혔다. 살리 프랑크족은 용기를 최고의 덕으로 쳐서, 용기를 발휘하기 위해 한 일이라면 살인, 약탈, 강간도 얼마든지 용서가 되었다. 하지만 역사란 것이 워낙 극적인 사건만 골라 다루다 보니, 프랑크족은 싸움만 잘하는 전사라는 그릇된 인상을 갖게 되었다. 사실 당시 프랑크족이 벌인 정복 활동이나 전쟁의 횟수는 오늘날의 우리와 별반 다르지 않고, 우리의 전쟁만큼 광범위하거나 파괴적이지도 않았는데 말이다. 이들이 제정해 놓은 법률을 보면 주민 대부분이 농업과 수공업에 종사했다는 사실을 알 수 있다. 북동부 갈리아 지역은 발달한 농업과 수공업 덕분에 경제적으로 넉넉해져 평상시에는 시골 사회의 평화로움을 유지할 수 있었다.

살리 법전이 제정된 것은 6세기 초반이었는데, 유스티니아누스가 로마법을 완전히 발전시킨 때와 맞아떨어지는 것처럼 보인다. 전하는 이야기에 따르면, 이 법전은 살리족 내의 "덕망 높은 수장 넷"이 만들었고, 백성들이 세 차례 연속으로 회의를 소집하여 법안을 자세히 검토하고 승인했다고 한다.[37] 재판은 주로 면책 선서와 신성 재판에 의해 이루어졌다. 면책 선서란 자격 요건을 갖춘 특정 수의 증인들이 피고의 인간 됨됨이를 보증해 주면, 피고가 증거가 없는 죄목에 대해서는 혐의를 벗게 되는 것을 말한다. 이때 필요한 증인의 수는 저지른 죄가 얼마나 크느냐에 따라 달랐다. 예를 들어 살인 혐의를 받는 자를 풀어 주기 위해서는 72명의 증인이 필요했던 반면, 프랑스 여왕이 불륜으로 의심받을 때는 300명의 귀족들이 모여 그녀 아이가 왕의 자식임을 보증해 주어야 했다.[38] 이러한 면책 선서로도 미심쩍은 점이 남을 때는 신성 재판이 열렸다. 신성 재판의 종류는 여러 가지였는데 먼저 피고의 손발을 꽁꽁 묶어서 강물에 던져 넣는 방식이 있었다. 몸이 가라앉으면 무죄였고, 뜨면 유죄였다.(종교 의식을 통해 강물이 깨끗이 정화된 뒤였기 때문에, 몸이 가라앉지 않으면 죄가 많아 강이 받아들이지 않는 거라고 생각했다.)[39] 아니면 피고에게 맨발로 불 위나 시뻘겋게 달군 쇠 위를 걷도록 시키거나, 달군 쇠를 일정 시간 손에 쥐고 있도록 했다. 그도 아니면 펄펄 끓는 물에 맨팔을 집어넣어 용기 바닥에 있는 물건을 꺼내게 했다. 아니면 피고와 원고 모두에게 양팔을 벌리고 십자가 형태로 서 있도록 했는데, 어느 한쪽이 고통을 못 이기고 팔을 떨어뜨리면 피고의 유·무죄가 결정되었다. 또 성찬식에 쓰이는 빵을 피고에게 먹이는 방법도 있었는데, 그가 유죄라면 하느님이 분명 그를 가만두시지 않을 것이었다. 또 법적 증거에 여전히 합리적인 의구심이 남아 있을 땐 둘 사이에(모두 자유민이어야 한다.) 결투를 벌이게 했다. 이러한 신성 재판 일부는 역사 속에서 이미 연륜이 깊다. 아베스타(조로아스터교의 경전 - 옮긴이)를 보면, 고대 페르시아인들도 펄펄 끓는 물을 가지고 신성 재판을 열었다는 사실을 알 수 있다. 또 서기 100년 이전에 씌어진 마누 법전에는 사람을 물에 담그는 힌두교식 신성 재판에 대한 이야기가 나온다. 소포클레스가 쓴 『안티고네』에도 불과 뜨거운 쇠를 이용한 신성 재판이 등장한다.[40] 셈족은 신성 재판을 불경스러운 것이라 거부하고 로마인들은 단순히 미신으로 치부했던 데 반해, 게르만족은 신성 재판을 완전한 단계까지 발전시킨 셈이다. 한편 그리스도교 교회는 마지못해 신성 재판을 받아들여서는 종교적 의식과 엄숙한 서약으로 단단히 에워쌌다.

결투 재판은 신성 재판만큼이나 오래된 것이었다. 삭소 그람마티쿠스의 설명에 따르면 덴마크에서는 서기 1세기부터 결투 재판이 강제적으로 이루어졌다고 한다. 또 앵글족, 색슨족, 프랑크족, 부르군트족, 롬바르드족 법령을 봐도 범인의 유·무죄를 결정하는 데 결투 재판이 일반적으로 사용되었음을 알 수 있다. 성 패트릭도 아일랜드에서 결투 재판이 행해지는 걸 볼 수 있었다. 한번은 로마의 그리스도교도가 부르군트족의 왕 군도바드에게 결투 재판으로는 싸움 실력을 가늠할 수 있을 뿐이지 유죄 여부를 결정지을 수 없다고 불평을 토로하자, 왕은 이렇게 대답했다. "이 세상에서 일어나는 전쟁과 싸움도 하느님의 판단에 따른다고 하지 않았느냐? 그렇다면 하느님의 섭리로 인해 정의로운 쪽이 승리해야 맞지 않겠느냐?"[41] 야만인들을 그리스도교도로 개종시키는 일은 어렵지 않아서, 세상사를 심판하시는 신의 이름을 하느님으로 바꾸기만 하면 되었다. 사실 우리가 당시 사람들의 입장이 되어 보지 않고는 이런 관습에 대해 함부로 판단을 내리거나 이해를 하면 안 되는 것이, 당시 사람들은 신이 세상 모든 일의 원인이 되며, 부당한 평결을 그냥 눈감고 지나지 않는다는 강한 믿음을 갖고 있었기 때문이다. 신성 재판이나 결투 재판의 과정이 워낙 혹독했기 때문에, 원고는 증거가 불확실할 때는 구태여 고소를 해서 분란을 일으키느니 참는 쪽을 택했고, 피고 역시 어떻게든 신성 재판은 피하기 위해 적정 수준의 합의금을 내놓곤 했다.

당시 형법에는 거의 모든 죄목마다 가격이 정해져 있었다. 즉 죄인은 속죄금이라는 것을 통해 스스로 죄를 지울 수 있었는데, 이 돈의 3분의 1은 나라가 가져가고 나머지 3분의 2는 희생자나 그의 가족이 가져갔다. 이 속죄금의 금액은 희생자의 사회적 계급에 따라 달라졌으며, 범죄를 저지르기 위해서는 경제적으로 여러 가지 사실을 고려에 넣지 않으면 안 되었다. 예를 들어 어떤 남자가 싫다는 여자의 손을 억지로 만지면 15데나리우스를 내야 했다.(2.25달러)* 그가 여자의 위쪽 팔뚝을 만지면 벌금은 35데나리우스로 올라갔다.(5.25달러) 또 억지로 여자 가슴을 만지면 벌금이 45데나리우스였다.(6.75달러)[42] 이는 다른 죄목의 벌금에 비하면 가벼운 편이었다. 로마인이 프랑크족을 폭행하거나 프랑크족의 물건을 훔치면 벌금이 2500데나리우스(375달러), 프랑크족이 로마인을 공격하거나 물건을 훔치면 벌금이 1400데나리우스였으니까 말이다. 그리고 프랑크족을 죽이면 8000데나리우스, 로마인을 죽이면 4000데나리우스였다.[43] 그토록 막강한 위용을 자랑하던 로마인이었건만 정복자의 눈에는 이들의 가치가 한참 떨어져 있었다. 그런데 희생자나 일가친척이 피고가 낸 벌금에 만족을 못하면(이런 일은 다반사로 있었다.) 자기 손으로 복수를 하겠다고 나서기도 했고, 그렇게 하여 피의 복수가 대대손손 이어지곤 했다. 사람들이 복수보다는 법에 의지하도록 초기 게르만인들이 최대한 머리를 쥐어짜내 만든 최선의 방책이 바로 속죄금과 결투 재판이었던 것이다.

살리 법전에서 가장 유명한 구절로는 다음을 들 수 있다. "우리의 땅은 유산

---

* 살리 법전(14조)에서는 데나리우스(denarius)를 솔리두스(solidus)의 40분의 1로 정하고 있다. 당시 1솔리두스에는 금 6분의 1온스가 들어 있었으며, 이는 1946년 미국 달러로 5.83달러에 해당한다. 하지만 중세 시대에는 금이나 통화가 무척이나 귀했기 때문에 본문에 언급된 금액은 오늘날 우리가 생각하는 것보다 훨씬 큰 구매력 혹은 훨씬 더 큰 체벌의 힘을 지녔다고 할 수 있다.

증여 때 절대로 여자에게는 돌아가지 않는다."(59조) 프랑스는 14세기에 영국의 왕 에드워드 3세가 그의 어머니 이사벨라에게 프랑스 왕위를 넘겨주겠다고 했을 때 바로 이 조항에 근거해서 반대를 했고, 이로써 백년전쟁까지 일어나게 된다. 이 조항은 부동산에만 적용이 되었는데, 아마도 남자들의 전투력을 보호하기 위해서 이 조항이 없으면 안 되었던 듯하다. 물론 법전에서는 여자를 죽였을 때는 두 배의 속죄금을 부과했다.[44] 여자는 엄마가 되어 남자를 많이 생산할 가능성이 있다고 보았기 때문이다. 하지만 (초기 로마법과 마찬가지로) 살리 법령에서도 여자는 늘 아버지, 남편, 아들의 감시를 받았다. 아내가 불륜을 저지르면 사형에 처했지만, 남자는 바람을 피워도 아무 벌도 받지 않았다.[45] 또 살리 법전에서는 남편의 변심으로 인한 이혼은 허용했다.[46] 법으로 정해져 있지는 않았지만 관습에 따라 프랑크 왕들은 아내를 여럿 둘 수도 있었다.

프랑크족 왕 중 최초로 이름이 알려진 인물은 클로디오로, 그는 431년에 콜로냐를 침공했다. 결국 아이티우스에게 패하기는 했지만, 이때 클로디오는 저 멀리 서쪽의 솜 강까지 갈리아 영토를 차지할 수 있었고 그렇게 정복한 땅인 투르네를 자기 거점으로 삼았다. 클로디오의 후계자라고 하는 메로베치 (Merovech, 바다의 아들이라는 뜻인 듯하나 확실하지는 않다.)는 전설상의 인물로 보이는데, 메로빙거 왕조의 시조로서 751년까지 프랑크족을 다스렸다고 한다. 메로베치의 아들 힐데리크는 튀링겐족 왕의 아내인 바시나를 유혹했고, 바시나는 힐데리크만큼 지혜롭고, 강하고, 잘생긴 남자는 알지 못한다면서 그에게로 가 프랑크족의 여왕이 되었다. 이 둘 사이에서 나온 자식이 클로비스였고, 클로비스는 프랑스라는 나라를 세워서 이후 열여덟 명의 왕에게 자기 이름을 물려주었다.*

클로비스가 메로빙거 왕조의 왕좌를 물려받은 것은 열다섯 살 때인 481년이었다. 당시 그의 영토는 갈리아의 한 귀퉁이가 전부였다. 라인란트는 다른 프랑

---

* 'Chlodwig', 'Ludwig', 'Clovis', 'Louis' 모두 표기만 다를 뿐 같은 이름이다.

크 부족들이 다스리고 있었고, 남부 갈리아 지역의 서고트 왕국과 부르군트 왕국은 로마가 몰락하면서 이제 완전히 독립을 누리게 된 터였다. 그런데 북서 갈리아 지역이 명목상으로는 로마 지배하에 있었지만 완전히 무방비 상태였다. 클로비스는 여기를 침략해 마을을 포위하고 여러 고위 인사들을 붙잡아 몸값을 받아 냈다. 또 전리품을 팔아 병력과 보급품, 무기 등을 사서 수아송으로 쳐들어가 로마 군대를 쳐부수었다.(486년) 이후 10년 동안 그는 정복지를 꾸준히 넓혀 마침내는 브르타뉴 지방과 루아르 강에까지 발을 들이게 되었다. 이때 클로비스가 갈리아 지역의 민심을 사로잡은 데는 다 이유가 있었으니, 주민들에게는 토지 소유권을 그대로 인정해 주고, 그리스도교 성직자들에게는 그리스도교 교리와 그들이 가진 재산을 존중해 주었다. 493년 그는 그리스도교도였던 클로틸데와 결혼했고, 이교를 믿었던 클로비스는 그녀를 통해 곧 니케아 신경을 따르는 그리스도교도로 전향하게 된다. 그는 갈리아의 구석구석에서까지 고위 관료들을 공들여 초청했고, 주교이자 성인이었던 레미가 랭스 성당에서 그 명사들이 지켜보는 가운데 클로비스의 세례식을 거행해 주었다. 이때 클로비스의 뒤를 따라 세례반(洗禮盤)까지 나아갔던 병사의 수는 3000명에 이르렀다. 지중해까지 가고야 말겠다는 야망에 불탔던 클로비스였기 때문에 프랑스에서 미사 한번쯤은 올려 줄 수 있다고 생각한 모양이었다. 한편 서고트족과 부르군트족이 다스리던 갈리아 지역 사람들은 이제 아리우스파 통치자들이 미덥지 않던 터라, 이 젊은 프랑크족 왕을 비밀리에 또는 공개적으로 편들게 되었다.

알라리크 2세는 갈리아 쪽에서 침략의 물결이 닥쳐오는 것을 보고 말로 잘 달래어 되돌려 보내려 했다. 그는 클로비스를 초청해 회담을 열었고, 둘은 앙부아즈에서 만나 영원한 우정을 약속했다. 하지만 알라리크는 툴루즈로 돌아와서는 프랑크족과 공모를 했다는 이유로 정통파의 주교 몇몇을 체포해 버렸다. 이에 클로비스는 군사 회의를 소집해 이렇게 말했다. "짐이 보기에 이 아리우스파들이 갈리아의 일부를 차지하고 있는 것은 심히 유감스러운 일이 아닐 수 없다. 우리가 하느님의 힘을 빌려 이들을 정복하도록 하자."[47] 알라리크는 분열된 주민들을 동원하여 어떻게든 방어해 보려 애썼지만, 푸아티에 근처의 부이유에서 패배하고 말았고(507년), 결국 클로비스의 손에 목숨을 잃었다. 투르의 그레고리우스는 이렇게 말한다. "클로비스는 보르도에서 겨울을 난 뒤, 툴루즈에 있던 알라리크의 보물을 다 챙겨서는 앙굴렘을 손에 넣기 위해 길을 떠났다. 이때 하느님께서는 그에게 큰 은총을 내리셔서 도시의 성벽이 알아서 무너져 내렸다."[48] 중세기의 연대기 작가 특유의 서술 톤이 벌써부터 나타나기 시작하는 대목이다. 한편 리푸아리아 프랑크족의 연로한 왕이었던 지게베르트는 클로비스와 오랫동안 동맹을 맺고 지내 오고 있었다. 그런 지게베르트의 아들에게 클로비스는 아버지의 죽음으로 생기는 이득을 넌지시 일러 주었다. 그러자 아들은 아버지를 죽였다. 클로비스는 이 부친 살해 소식을 듣고 서로의 우정을 공언하는 전갈과 함께, 자객을 몇 명 보내 아들까지 죽여 버렸다. 이 일이 뜻대로 처리되자 클로비스는 콜로냐로 행군해 가서 자신을 왕으로 받아들여 달라고 리푸아리아 수장들을 설득했다. 그레고리우스의 말에 따르면 "하느님께서는 하루가 멀다 하고 클로비스의 손에 적군들이 무너지게 하셨다. …… 이는 클로비스가 올바른 마음을 갖고 주님 앞을 걸으면서 그분 보시기에 좋은 일들을 행했기 때문이다."[49]

아리우스파는 정복을 당하자 기다렸다는 듯 정통 신앙으로 개종을 했고, 성직자들도 소수를 제외하고는 성직 서열을 그대로 유지할 수 있었다. 포로와 노예와 전리품을 손에 잔뜩 넣고 거기다 축복까지 잔뜩 받게 된 클로비스는 거점을 파리로 옮겼다. 그러고는 4년 뒤 45세의 나이에 세상을 떠났다. 갈리아 지역을 프랑스로 만드는 데 한몫했던 왕비 클로틸데는 "남편이 죽자 투르로 왔고 성 마르티누스 성당에서 봉사를 하며 지냈다. 죽는 날까지 성당에 살면서 그 누구보다 정숙하고 친절한 모습을 보여 주었다."[50]

3. 메로빙거 왕조: 511~614년

클로비스는 살아생전에 아들을 너무 원했던 탓인지 세상을 떠날 때엔 슬하에 아들이 너무 많았다. 왕위를 놓고 형제간에 싸움이 일어나는 것을 막기 위해 클로비스는 자기 왕국을 아들들에게 골고루 나누어 주었다. 이로써 힐데베르트는 파리를 통치하게 되었고, 클로도메르는 오를레앙을, 클로타르는 수아송을, 테오도리크는 메츠와 랭스를 맡아 다스리게 되었다. 그리고 야만인의 에너지를 발휘해 계속해서 정복을 통한 통일 정책을 추진해 나갔다. 그리하여 530년에는 튀링겐을 손에 넣게 되었고, 534년에는 부르군트를, 536년에는 프로방스를, 555년에는 바바리아와 슈바벤을 손에 넣었다. 그러다 다른 형제들보다 명이 길었던 클로타르 1세가 형제들의 왕국을 물려받아 갈리아를 통치하게 되었는데, 프랑스 역사에서 가장 강대한 영토를 자랑했다. 클로타르 1세는 세상을 떠나며 갈리아를 세 부분으로 나누었다. 그리하여 아우스트라시아(Austrasia, 동쪽이라는 뜻)라고 알려진 랭스와 메츠 지역은 아들 지게베르트에게 물려주고, 부르군트 지방은 군트람에게 물려주었다. 그리고 힐페리크에게는 네우스트리아(Neustria, 북서쪽이라는 뜻)라고 알려진 수아송 지방을 물려주었다.

클로비스가 클로틸데와 결혼한 그날부터 프랑스 역사는 남자와 여자 모두가 주인공이었고 거기엔 사랑과 전쟁이 뒤섞여 있었다. 클로비스의 손자 지게베르트는 스페인의 서고트족 왕 아타나길드에게 값진 선물을 보내 딸 브룬힐다를 달라고 청한다. 아타나길드는 프랑크족이 선물을 들고 온다고 해도 벌벌 떨었던지라 지게베르트의 청에 응했고, 브룬힐다는 메츠와 랭스의 대저택에서 왕비로서의 위엄을 뽐냈다.(566년) 이에 힐페리크는 시기심을 억누르지 못했다. 자신에게는 수수한 정실 아내 아우도베라와 포악한 성격을 가진 첩 프레데군다가 전부였기 때문이다. 힐페리크는 아타나길드에게 브룬힐다의 언니를 달라고 청했고, 이에 갈스윈타가 수아송으로 오게 된다. 힐페리크는 그녀를 사랑했는데, 프랑스로 오면서 엄청난 보물들을 가져왔기 때문이었다. 하지만 갈스윈타는 브룬힐다보다 나이가 많았다. 결국 힐페리크는 다시 프레데군다의 품으로 돌아갔다. 이에 갈스윈타가 다시 스페인으로 돌아가게 해달라고 하자, 힐페리크는 그녀를 목졸라 죽였다.(567년) 그러자 지게베르트가 힐페리크를 상대로 전쟁을 선포한 후 싸움에서 승리를 거두었다. 하지만 지게베르트는 프레데군다가 보낸 노예 두 명에게 암살을 당했다. 지게베르트가 죽고 브룬힐다는 포로 신세가 되었으나 탈출에 성공한 후 자신의 어린 아들 힐데베르트 2세를 왕위에 앉히고는 그의 이름을 빌려 유능하게 통치했다.

역사에 등장하는 힐페리크는 "당대의 네로이자 헤롯"으로서, 무자비하고 살인을 일삼으며, 호색한에다 게걸스럽고 돈 욕심이 많은 인물로 그려진다. 이때 우리가 의존할 수 있는 전거는 투르의 그레고리우스가 쓴 글뿐인데, 힐페리크를 자신이 살던 시대의 프레데리크 2세와 비교한 걸 보면 힐페리크의 초상이 왜 그런 식인지 일부 설명이 된다. 그레고리우스가 전하는 바에 따르면 힐페리크는 한 분의 하느님 속에 세 가지 위격이 있다는 사상이나, 하느님이 인간과 비슷하다고 보는 생각에 코웃음만 쳤다고 한다. 또 유대인들과 불명예스러운 논의를 벌이고, 교회가 부를 쌓는 것이나 주교들의 정치적 활동에 반대를 했으며, 교회에 유리하게 작성된 유서를 무효화시키기도 했다. 주교직은 최고 값을 부르는 자들에게 팔아 버렸고, 그레고리우스 자신을 투르 교구직에서 몰아내려 했다고 한다.[51] 반면 시인 포르투나투스는 똑같은 왕임에도 힐페리크를 여러 가지 덕을 골고루 갖춘 사람이자, 공정하고 따스한 통치자, 키케로의 유창한 언변을 가진 인물로 그리고 있다. 하지만 포르투나투스는 힐페리크에게서 모종의 사례를 받고 시를 써 준 것이었다.[52]

힐페리크는 584년 단도에 찔려 목숨을 잃고 마는데, 브룬힐다가 보낸 자객의 소행이었던 듯하다. 그가 갓난아기였던 클로타르 2세를 두고 세상을 떠나자 프레데군다가 네우스트리아를 대신 다스리게 되었다. 그녀는 능수능란하고, 불성실하며, 잔혹하기가 당대의 어느 남자 못지않았다. 프레데군다는 브룬힐다의 목숨을 노리고 젊은 성직자 한 명을 보냈다가 실패하고 돌아오자 그의 손발을 잘라 버렸다. 하지만 이 일화 역시 그레고리우스의 글이 출처라는 점을 염두에 두어야 할 것이다.[53] 한편 이 와중에 아우스트라시아의 귀족들이 클로타르 2세의 부추김에 넘어가 거만한 브룬힐다에 반대한다며 계속해서 반란을 일으켰다. 브룬힐다는 외교술에 암살을 적절히 가미해 이 사태를 최대한 진압했다. 하지만 여든 살에 결국 그녀는 폐위를 당했고, 아우스트라시아의 귀족들은 그녀를 3일 동안 고문하다가 그녀의 머리카락, 손, 발을 말 꼬리에 묶고는 말이 전속력으로 달리도록 호되게 채찍질했다.(614년) 그리하여 클로타르 2세가 세 곳의 왕국을 전부 물려받게 되자 프랑크족의 땅은 다시 한 번 하나가 될 수 있었다.

피로 점철된 이 연대기에 우리는 시도니우스 때만 해도 그토록 세련되고 우아하던 갈리아 지역이 백 년도 지나지 않아 이토록 암울해진 건 다 미개함 때문이라고 탓할 수 있다. 인간이 하느님에 의한 선택에 모든 것을 맡겨서는 안 되는 법이라 탄식하며 말이다. 물론 후일 샤를마뉴 대제 때 그랬던 것처럼 클로비스가 애써 이룩해 놓았던 통일이 후계자들의 손에서 무용지물이 된 건 사실이다. 하지만 이 피비린내 나는 역사 속에서도 최소한 통치는 계속 이어지고 있었고, 부인을 여럿 두고 잔혹한 행동을 일삼는 왕들을 갈리아 사람들 모두가 눈 감아 준 것은 아니었다. 얼핏 보면 전제 정치를 일삼는 것처럼 보여도 군주의 권력은 질투심 많은 귀족들에게 견제를 당하고 있었다. 군주는 귀족들이 행정과 전투를 맡아 주는 대가로 그들에게 땅과 함께 땅에 대한 실질적인 주권을 주었다. 그리고 이 광대한 영지에서 봉건 제도가 싹터서 이후 천 년 동안 프랑스 군주제에 맞서 싸우게 된다. 농노제가 발달하게 되었고, 새로이 터진 전쟁으로 노예제는 다시 한 번 생명이 연장되었다. 생산의 본거지가 마을에서 장원(莊園)으로 넘어가면서 그 크기가 급격히 줄어든 마을은 봉건 영주의 지배를 받게 되었다. 상업은 여전히 활기를 띠고 있었지만, 불안정한 통화와 도적 떼들, 영주의 가혹한 징세가 걸림돌이 되었다. 또 기근과 역병이 기승을 부려 남자들이 열심히 생식 활동을 하여 불려 놓은 인구를 다시 줄여 놓았다.

프랑크족의 수장들은 갈리아의 통치 계급이었던 로마 원로원 의원 중 아직 남아 있던 자들과 혼인 관계를 맺었고, 여기서 프랑스의 귀족 계급이 생겨나게 되었다. 호전적인 귀족들이 정국을 장악했던 때가 바로 이 몇 세기로, 그들은 전투를 좋아하고, 문학은 질색했으며, 길게 턱수염을 기르고 비단 예복 걸치는 걸 자랑으로 여겼고, 이슬람교도는 저리 가라 할 정도로 아내를 많이 두었다.(마호메트는 예외다.) 또 도덕에 엄청난 혐오감을 보였는데, 상류층 사람들이 그러기도 참 힘든 일이다. 이러한 경향은 그리스도교로 개종을 해도 마찬가지였다. 그들에게 그리스도교는 통치 기구인 동시에 대중을 진정시키는 방편으로서 돈만 많이 잡아먹을 뿐이었다. "미개함과 종교가 승세를 잡으면서" 이후 5세기 동안은 야만성이 세를 떨쳤다. 그리하여 암살, 부친 살해, 형제 살해, 고문, 신체 절단, 배반, 불륜, 근친상간 등의 사건들이 터져 통치의 지루한 틈을 달랬다. 전하는 이야기에 따르면 힐페리크는 고트족이었던 시길라를 붙잡았을 때 새하얗게 달군 쇠로 관절 마디마디를 지졌으며, 어깨와 골반에서 사지를 모두 뽑아 버렸다고 한다.[54] 하리베르트는 자매를 정부로 두었는데, 그중 하나는 수녀였다. 다고베르트(628~639년)는 아내를 동시에 셋씩 두기도 했다. 메로빙거 왕조의 왕들이 유난히 자식을 낳지 못했던 것은 도를 넘는 성생활 때문이었던 듯하다. 클로비스의 네 아들 중에 자식이 있었던 사람은 클로타르 하나뿐이었고, 클로타르의 네 아들 중에서도 오직 한 명만이 자식이 있었다. 메로빙거 왕조의 왕들은 열다섯 살이면 결혼을 해서 서른이면 기운이 떨어질 대로 떨어졌고, 스물여덟도 되기 전에 죽는 사람이 많았다.[55] 614년에 이르자 에너지가 바닥나 버린 메로빙거 왕조는 기다렸다는 듯 다른 왕조에게 자리를 넘겨주었다.

이 혼란의 와중에 교육은 간신히 명맥을 이어 갈 뿐이었다. 600년 무렵 학식은 성직자나 즐기는 사치가 되어 있었고, 과학은 거의 자취를 감추었다. 궁정 의사들의 존재로 의학이 아직 사용되었다는 사실을 알 수 있으나, 일반 백성들은 약보다 마법이나 기도가 더 효험이 있다고 보았다. 투르의 주교 그레고리우스(538?~594년)는 종교의 힘을 빌리지 않고 약을 써서 병을 치료하는 것은 죄악이라고 몰아세웠다. 정작 자신이 아플 때는 의사를 불렀지만, 의사가 돌팔이라며 곧 보내 버리고는 성 마르티누스의 무덤에서 가져온 먼지를 물 한 컵에다 타서 마시고 깨끗이 나았다고 한다.[56] 그레고리우스는 당대의 내로라하는 산문 작가였다. 메로빙거 왕조의 왕 몇몇을 개인적으로 알고 지내던 그는 이따금 왕들의 특사 역할을 하기도 했다. 그가 쓴 『프랑크족의 역사』는 허술한 내용에 체계가 없고 편견에 사로잡혀 있으며 미신적인 이야기가 많지만, 후기 메로빙거 왕조 시대의 이야기를 실감나게 그리고 있다. 그는 변조된 형태의 활기차고 직설적인 라틴어를 구사한다. 또 서툰 문법을 부끄럽게 여겨서 최후의 심판의 날에 그 죄 때문에 벌을 받지 않기를 간절히 바랐다.[57] 그는 기적이나 신통한 이야기들을 어린아이처럼 순진하게 믿거나, 주교 특유의 따뜻한 논리로 받아들였다. "우리의 이야기 속에는 성인들이 행한 기적 이야기와 국가가 자행한 학살 이야기가 다 같이 들어 있을 것이다."[58] 587년에는 뱀들이 하늘에서 떨어지고, 마을 한 곳이 건물과 주민들과 함께 갑자기 통째로 사라지는 일이 실제로 있었다고 그는 전한다.[59] 그는 교회를 믿지 않거나 교회에 해를 입힌 사람이 있으면 그 사람의 모든 것을 낱낱이 공격했다. 그러면서도 교회의 충실한 아들들이 벌인 야만적 행동과 배신, 부도덕성에는 일절 토를 달지 않았다. 그레고리우스가 가진 편견은 글 전반에 솔직히 드러나 있으며, 덕분에 그 부분을 무시하고 넘기기도 쉽다. 끝으로 사람을 끌어들이는 소박함이 있다는 것이 그의 글에서 느껴지는 마지막 인상이다.

갈리아 지역의 문학은 그레고리우스를 거치고 나자 종교적인 내용이 주를 이루게 되었고, 언어 및 형식은 야만성을 띠게 되었다. 그럼에도 단 한 사람, 눈부신 문학적 기량을 발휘한 이가 있었다. 그 주인공 베난티우스 포르투나투스(530년경~610년)는 이탈리아에서 태어나 라벤나에서 교육을 받았다. 그리고는 서른다섯의 나이에 갈리아로 와서 주교와 여왕을 찬양하는 글을 썼으며, 그곳에서 클로타르 1세의 아내 라데군다를 정신적으로 흠모하게 되었다. 라데군다가 수도원을 짓자 포르투나투스는 사제가 되어 그 수도원의 신부가 되었고, 종국에는 푸아티에의 주교 자리에까지 올랐다. 그는 당대의 유력자와 성인들을 기려 멋진 시들을 지어 냈는데, 그중 투르의 그레고리우스에게 바치는 시가 스물아홉 편에 이르렀고, 성 마르티누스의 행적을 웅대한 시로 노래하기도 했다. 그러나 그의 작품 중에서 무엇보다 압권은 가슴을 울리는 찬송가로, 토마스 아퀴나스는 그중 하나인 「입을 열어 찬미하세」를 듣고 영감을 받아 비슷한 주제로 훨씬 뛰어난 작품을 만들어 내기도 했다. 또 다른 찬송가 「임금님의 높은 깃발」은 이후 가톨릭 전례에서 빠지지 않고 등장하는 노래가 되었다. 그는 인간의 감성을 시적인 기술로 따뜻하게 녹여낼 줄 알았다. 신선하고 따뜻한 그의 글을 읽고 있으면 잔혹하기만 했던 메로빙거 왕가의 분위기 속에서도 인간적인 상냥함과 성실함, 그리고 나긋나긋한 감성이 살아 있었다는 걸 느끼게 된다.

4. 서고트족과 스페인: 456~711년

앞에서 이미 살펴봤지만, 420년에 갈리아의 서고트족은 반달족에게서 스페인 땅을 빼앗아 로마에 되돌려준 일이 있었다. 그러나 그 땅을 지켜 낼 힘이 이제 로마엔 없었다. 18년이 흐른 후 수에비족이 제국의 북서쪽에 모습을 드러내더니 이베리아 반도를 짓밟기 시작했다. 이에 서고트족이 테오도리크 2세의 치세와(456년) 에우리크 치세(466년) 때 다시 한 번 피레네 산맥을 타고 넘어와 스페인 땅 대부분을 수복했지만, 이번에는 이곳을 자기네 땅으로 삼았고 이후 무어족이 들어올 때까지 스페인 땅은 서고트족이 다스리게 된다.

이 새로운 군주국은 톨레도에 장대하게 수도를 건설하고, 각양각색의 궁정 신하를 모았다. 아타나길드(564~567년)와 레오비길드(568~586년)는 통치자로서 강력한 면모를 발휘해 북쪽에서는 프랑크족의 침략을 막아 내고, 남쪽에서는 비잔티움 제국 군대를 물리쳤다. 아타나길드의 두 딸이 프랑스의 여왕으로서 살인을 당하는 특권을 누릴 수 있었던 것은 다 그의 재산이 많았기 때문이었다. 589년 레카레드 왕은 자기 신앙을 바꾸면서 스페인에 살던 서고트족 대부분의 신앙도 아리우스주의에서 정통 그리스도교로 바꾸어 놓았다. 아마 알라리크 2세 시대의 역사책을 읽은 것이 계기였던 듯하다. 덕분에 이제 주교들이 군주제의 주된 지지 세력으로 나서서 나랏일을 실제적으로 좌우했다. 이들은 톨레도의 다른 궁정 신하들에 비해 교육 수준이나 조직 구성이 월등히 뛰어났기 때문에 함께 국정을 논의하던 다른 신하들을 압도했다. 당시 왕의 권위는 이론상으로는 절대적이었고, 주교를 뽑을 권리도 왕에게 있었지만, 한편으로는 주교들을 비롯한 궁정 신하들의 위원회가 왕을 선출했고 어떤 정책을 추진할지 왕에게 미리 서약을 받아 냈다. 스페인의 서고트족은 성직자의 지도하에 일련의 법령을 공포하기에 이르는데(634년), 야만인들이 만든 법전 중 가장 효율적인 동시에 가장 관대하지 못했다. 재판을 할 때 친구들의 인격 보증 대신 증인이 제시하는 증거를 더 중요시하고, 서고트족에게나 로마인에게나 똑같이 법을 적용했으며, 법 앞의 평등 원칙을 내세운 점은 훌륭했다.[60] 하지만 예배의 자유를 인정하지 않고, 모든 주민에게 그리스도교를 강요했으며, 스페인에 거주하는 유대인이 오랜 세월 모진 고문을 받아도 그냥 내버려 두었다.

설교나 전례에서 라틴어를 사용했던 교회의 영향 때문에 서고트족은 스페인을 차지한 지 백 년도 안 되어 게르만족 언어는 까맣게 잊어버렸고, 이베리아 반도에서 사용된 라틴어 역시 나름대로 스페인어의 남성적인 힘과 여성적인 아름다움에 물이 들게 되었다. 교육은 수도원이나 주교 관구에서 세운 학교들이 담당했는데 대부분이 교회와 관련된 내용이었으나 고전 문학도 일부 가르쳤다. 바클라라, 톨레도, 사라고사, 세빌에는 아카데미가 속속 문을 열었다. 나라에서는 시 창작은 장려했지만, 극작품은 외설적이라 하여(실제로도 외설적이었다.) 금기시했다. 스페인의 고트족이 남긴 문학가 중 후대에까지 이름을 남긴 사람으로는 세빌의 이시도르가 유일하다.(560년경~636년) 스페인에 전하는 한 교훈적인 전설에 따르면, 스페인에 살던 그는 어느 정도 자랐을 때 머리가 나쁘다는 이유로 꾸지람을 듣고 집을 뛰쳐나왔다고 한다. 이리저리 떠돌다 지쳐 버린 그는 우물가에 앉아 쉬게 되었다. 그런데 문득 눈을 들어 보니 돌덩이로 만들어진 우물 한 귀퉁이에 깊게 골이 패여 있는 게 아닌가. 그때 근처를 지나가던 하녀가 설명해 주기를, 두레박을 하도 올리고 내리다 보니 마찰 때문에 그렇게 골이 패였다는 것이었다. 이시도르는 혼자 생각했다. "아무리 무른 밧줄이라도 저렇게 매일 쓰면 돌덩이까지 파고드는구나. 그렇다면 내 머리가 아무리 둔해도 끝까지 인내한다면 뭔가 해낼 수 있을 거야." 그렇게 그는 아버지의 집으로 다시 돌아갔고, 이후 세빌의 주교가 되어 높은 학식을 자랑했다.[61]

이시도르의 삶에 대해서는 알려진 바가 거의 없다. 성실한 성직자로 살며 온갖 잡무를 처리하던 와중에도 그는 짬을 내어 여섯 권이나 되는 책을 썼다. 그러면서 수년에 걸쳐 이교도 문헌 그리스도교 문헌 가릴 것 없이 모든 주제에 대해 잡다하게 글을 발췌해 모았는데, 아마도 어떤 주제에 대한 내용을 잘 기억하기 위해서였던 듯하다. 사라고사의 주교였던 그의 친구 브라울리오는 이 잡문들을 책으로 출간할 것을 권했고, 이시도르는 그 뜻을 받아들여 중세 시대에 가장 큰 영향력을 끼친 책 중 하나를 만들어 내게 된다. 『어원 또는 기원에 대한 20권의 논집』이라는 제목이 붙은 이 책은 현재 8절판으로 그 분량이 900쪽에 달한다. 한마디로 일종의 백과사전인 셈인데, 지금처럼 자음순으로 내용이 정리돼 있지는 않았다. 주요 3학과라고 해서 문법, 수사학, 논리학을 먼저 다룬 후에, 주요 4학과로 대수학, 기하학, 음악, 천문학을 다룬다. 그런 다음에는 의학, 법학, 연대기학, 신학, 해부학, 생리학, 동물학, 우주 지리학, 자연 지리학, 건축학, 관측학, 광물학, 농업, 전쟁, 운동, 선박, 의복, 가구, 가정용품에 대한 이야기가 차례로 이어진다. 더불어 각 주제마다 기본 용어를 정의하고 그 기원을 탐구한다. 한 예로 이 책이 가르쳐 주는 바에 따르면, 인간을 '호모(homo)'라고 하는 건 하느님께서 '후무스(humus, 흙)'를 빚어 인간을 만드셨기 때문이다. 또 무릎을 게누아(genua)라고 하는 건 태아 때에는 무릎이 '게나에(genae, 뺨)'와 맞닿아 있기 때문이다.[62] 마구잡이로 지식을 모으긴 했어도 이시도르는 분명 부지런한 학자였다. 그는 그리스 문학을 상당히 많이 알았고, (중세 시대만 해도 거의 알려지지 않았던) 루크레티우스에 대해서까지 익히 알고 있었다. 또 이교도 문학을 발췌문 형태로 상당히 많이 모아 두었는데, 그의 노력이 없었다면 이 작품들은 다 유실되어 세상의 빛을 보지 못할 뻔했다. 그가 써낸 저작을 들여다보면 과학과 역사는 도덕적 원칙을 내세우기 위해 왜곡되어 있으며, 조금만 관찰하면 금방 바로잡을 수 있는 사실적 오류도 한두 가지가 아니다. 하지만 당대의 무지를 생각하면 그의 저작을 기념비적 작품으로 손꼽지 않을 수 없다.

서고트족이 스페인에 남긴 예술품 중 지금까지 전하는 것은 거의 없다. 톨레도, 이탈리카, 코르도바, 그라나다, 메리다 등의 도시에는 멋진 교회와 궁궐과 공공시설들이 들어서 있었을 텐데 말이다. 고전 양식으로 설계된 이 건물들은 그리스도교의 상징물과 비잔티움 제국의 장식으로 꾸며져 있었다.63 아랍 역사가들이 전하는 이야기에 따르면, 이곳을 정복한 아랍인들은 성당과 궁궐에서 금은보석으로 장식된 왕관을 스물다섯 개나 발견할 수 있었다고 한다. 금박 위에 루비 잉크로 쓴 예배용 시편도 있었으며, 각종 건물과 무기와 창검과 꽃병은 갖가지 보석으로 아름답게 치장하고 있었다. 금은을 상감해 넣은 에메랄드 탁자도 있었는데, 서고트족 부자들은 자신들을 보호해 주는 교회에 이런 값비싼 선물을 헌납하곤 했다.

다른 통치 형태에서도 마찬가지였지만, 서고트족 통치 시절에도 영리하거나 강한 자가 순진하고 불운한 자를 착취하는 일은 끝 모르고 이어졌다. 왕들과 고위 성직자들은 하나로 힘을 합쳐서 장대한 행사를 치르고 갖가지 금기와 공포를 만들고 조장해(세속적으로든 종교적으로든), 일반 대중이 가진 열정을 억누르고 그들의 사상에 재갈을 물렸다. 부의 편중이 심화되어 재산은 몇몇 사람의 수중에만 집중적으로 돌아갔고, 부자와 빈자, 그리스도교와 유대교 사이에 뛰어넘을 수 없는 간극이 생기면서 나라는 세 개로 쪼개지다시피 했다. 그래서 아랍인들이 쳐들어왔을 때 빈자와 유대인들은 그동안 빈곤에 시달리고 신앙이 억압당한 것에 앙갚음이라도 하듯 무너져 내리는 왕권과 교회를 가만히 보고

만 있었다.

평소 골골대던 위티자 왕이 708년 세상을 떠나자 귀족층에서는 위티자의 자식들을 왕위에 앉히는 대신 로데리크에게 왕위를 넘겨주었다. 그러자 위티자의 아들들이 아프리카로 도망가서 무어족 추장들에게 도움을 요청했다. 공격에 대한 확신을 갖지 못한 채 스페인 해안을 침공한 무어족은 스페인이 사분오열되어 방어 자체가 거의 불가능하다는 사실을 알고 711년에 군사력을 완비해서 스페인으로 쳐들어왔다. 이슬람교도 타리크의 군대와 로데리크의 군대는 카디즈에 있는 잔다 호숫가에서 맞붙게 되었다. 이때 서고트족의 병력 일부가 무어족에 투항해 버렸고 로데리크는 자취를 감추고 말았다. 이 이슬람교도들은 승세를 타고 세빌, 코르도바, 톨레도까지 진군해 갔고, 침략자들에게 자진해서 성문을 열어 준 도시만도 한두 군데가 아니었다. 결국 아랍인 장군 무사가 스페인의 수도를 직접 장악하고는(713년) 이제 스페인 땅이 예언자 마호메트와 다마스쿠스의 칼리프 것이 되었음을 선언했다.

5. 동고트족과 이탈리아: 493~536년

1. 테오도리크

아틸라가 세운 훈족 제국은 그가 죽으면서 함께 무너져 내렸고(453년) 덕분에 훈족 밑에 있던 동고트족은 독립을 되찾게 되었다. 그러자 비잔티움 제국의 황제들은 게르만족 야만인들을 서쪽으로 쫓아 달라며 동고트족에게 돈을 주었고, 게르만족이 나가자 보답으로 판노니아 땅을 주면서 테오데미르 왕의 아들 테오도리크를 콘스탄티노플에 볼모로 데려갔다. 테오도리크는 황궁에서 11년을 지내는 동안 별도의 교육 없이도 지적 능력을 갖추게 되었고, 전쟁 및 통치 기술을 단숨에 익혔다. 하지만 글 쓰는 법은 단 한 번도 배우지 않았던 것 같다.[64] 그는 비잔티움 제국의 황제 레오 1세의 총애를 얻었고, 아버지 테오데미르가 죽자(475년) 레오는 테오도리크를 동고트족의 왕으로 인정해 주었다.

하지만 레오의 뒤를 이은 황제 제논은 테오도리크가 비잔티움 제국에 무슨 해라도 입히지 않을까 두려워 그에게 이탈리아를 한번 정복해 보라고 바람을 넣었다. 오도아케르는 전만 해도 동로마 제국 황제들의 힘을 인정했지만 지금은 소 닭 보듯 하고 있었다. 제논은 테오도리크가 이탈리아 땅을 되찾음으로써 비잔티움 제국이 그곳을 다시 다스리게 되기를 내심 바랐다. 꼭 그렇게 되지 않더라도 위험한 부족의 두 우두머리가 신나게 싸우는 동안 자신은 신학을 공부하면 될 터였다. 테오도리크는 제논의 제안을 맘에 들어 했다.(일설에 따르면 테오도리크가 이탈리아 정복을 제안했다고도 한다.) 테오도리크는 전사 2만 명을 이끌고 알프스 산맥을 넘었다.(488년) 이탈리아의 주교들은 오도아케르의 아리우스주의가 탐탁지 않던 터라, 테오도리크가 정통 교회 측 황제의 대표나 다름없다고 생각하고 그를 지지했다. 테오도리크는 5년 동안 이어진 전쟁에서 이 주교들의 힘을 빌려 오도아케르의 끈질긴 저항을 물리치고, 그에게 휴전 협정을 맺자고 제안했다. 오도아케르와 그의 아들을 만찬에 초대한 테오도리크는 그들을 배불리 먹인 뒤에 부자가 방심한 틈을 타 자기 손으로 직접 죽여 버렸다.(493년) 역사상 가장 선진적이라 손꼽히는 테오도리크의 통치는 이렇듯 배반과 함께 그 막을 올렸다.

이후 몇 번의 전투를 치르고 나자 발칸 반도 서부, 이탈리아 남부, 시칠리아 땅까지 테오도리크가 다스리게 되었다. 그는 비잔티움 제국에는 계속 신하의 예를 취하여, 동전에는 반드시 황제의 이름을 새겨 넣었으며, 여전히 로마에 자리 잡고 있던 원로원에도 최대한 공손하게 서신을 보냈다. 테오도리크는 렉스(rex, 왕이라는 뜻)라는 칭호를 썼다. 로마인들이 이 칭호를 극도로 혐오하게 된 이래로는 비잔티움 제국에 속한다고 인정되는 곳의 통치자들이 주로 쓰던 칭호였다. 그러면서도 그는 말기의 서로마 제국이 사용했던 법률과 제도를 그대로 계승하고, 서로마 제국이 남긴 기념물과 외형을 열심히 보호했으며, 자신이 정복한 땅의 주민들이 다시금 질서 잡힌 통치와 경제적 번영을 누릴 수 있도록 자신의 모든 에너지와 지력을 쏟아부었다. 그 일환으로 테오도리크는 치안과 국방의 의무는 고트족에게만 부과했고, 급료를 넉넉히 지급해 볼멘소리가 나오지 않도록 했다. 행정 및 궁정의 업무는 계속 로마인들에게 맡겼다. 테오도리크가 지배하게 된 후에도 이탈리아 땅의 3분의 2는 여전히 로마인들 차지였으며, 나머지 3분의 1을 고트족이 나누어 가졌다. 그런데도 여전히 놀고 있는 농지가 있었다. 이에 테오도리크는 다른 나라에 잡혀간 로마인들을 몸값을 치르고 이탈리아로 데려와 소(小)자작농으로 정착시켰다. 또 폰티네 마르셰에 치수 사업을 실시해 그곳을 경작이 가능한 비옥한 농토로 만들었다. 또 테오도리크는 계획 경제를 신봉하여 「라벤나의 물가 안정에 관한 칙령」을 발표하기도 했다. 물건 값이 구체적으로 얼마로 정해졌는지 그 내용은 알 길이 없고, 테오도리크의 치세 때 물가가 예전의 3분의 1로 떨어졌다는 이야기만 전한다.[65] 하지만 물가가 이렇게 낮았던 건 규제 덕이라기보다 테오도리크가 가져온 평화 때문이었다. 그는 관리의 수와 급료를 줄이고, 교회에 더 이상 국고 지원을 해 주지 않은 대신 백성들에게 낮은 세금을 매겼다. 그렇게 거둬들인 세금으로도 침략자들에게 짓밟힌 로마와 이탈리아를 상당 부분 원상 복구시킬 수 있었으며, 라벤나에는 소박한 궁궐과 성 아폴리나레 교회, 성 비탈레 교회까지 지었다. 베로나, 파비아, 나폴리, 스폴레토 등 여러 이탈리아 도시들은 테오도리크의 통치를 받으며 자신들이 찬란한 전성기 때 뽐내던 건축의 미를 다시 한 번 과시했다. 테오도리크는 아리우스파 신자이면서도 정통 교회가 부를 쌓고 예배를 드리도록 보호해 주었기 때문에, 가톨릭교도이면서 그의 대신을 지낸 카시오도루스는 다음과 같은 명문으로 테오도리크 치세의 종교적 자유 정책을 지지했다. "우리는 그 누구에게도 신앙을 명령할 수 없다. 누구에게건 억지로 신앙을 강요하는 것은 왕의 뜻에 어긋나는 일이기 때문이다."[66] 비잔티움 제국의 역사가 프로코피우스는 30년 뒤 이 "야만족" 왕 테오도리크에 대해 다음과 같은 공평무사한 글을 쓰기도 했다.

테오도리크 왕은 정의를 실현하는 데 있어 극도로 신중했다. …… 지혜롭고 또 용맹스럽기로 그는 최고의 경지에 이르렀다. …… 참칭왕이라는 칭호가 무색하게, 그는 태고 이래로 왕을 자처한 그 누구보다도 진정 참다운 왕이었다. 그의 치세에는 고트족과 로마인 모두 한결같이 그를 사랑했다. 테오도리크는 살아생전에는 그 이름만으로도 적들을 벌벌 떨게 만들더니, 죽으면서는 백성들에게 그만큼 큰 사별의 슬픔과 상실감을 남겼다.[67]

2. 보에티우스

이렇듯 안정되고 평화로운 환경 속에서 이탈리아의 라틴어 문학은 마지막으로 호시절을 누렸다. 플라비우스 마그누스 아우렐리우스 카시오도루스(480?~573년)는 오도아케르와 테오도리크 치세 때 대신을 지낸 인물이다. 테오도리크 왕 밑에서 일할 때는 그의 권유를 받고 『고트족의 역사』를 저술하기도 했는데, 고트족에게도 훌륭한 조상들이 있었고 그들의 영웅적 행동을 통해 여기까지 왔음을 자기 잘난 줄만 아는 로마인들에게 보여 주기 위해서였다. 아무래도 그는 『크로니콘(Chronicon)』을 편찬할 때 보다 객관적인 태도를 유지했던 듯한데, 이 책은 아담에서 시작해 테오도리크로 끝맺는 이 세상의 역사를 연대순으로 다루고 있다. 또 그는 기나긴 정치 여정을 마무리할 때쯤에는 국정을 처리하면서 썼던 서신들과 공문서의 내용을 『바리아에(Variae)』라는 책으로 묶어 출간하기도 했다. 일부 부조리한 내용도 있고, 일부 과장된 내용도 있지만, 상당 부분의 내용이 당시 고관대작들과 그를 다스리던 왕이 얼마나 높은 윤리 의식과 뛰어난 정치적 감각을 갖고 있었는지 생생히 보여 준다. 그러다 540년경에 이르러 자신이 봉직했던 통치 기구가 자신의 눈앞에서 망가지고 무너지는 꼴을 보고는 칼라브리아의 스킬라치에 있던 자기 땅으로 돌아갔다. 거기에 수도원을 두 개 짓고 93세에 생을 마감할 때까지 수도자와 최고 귀족의 모습이 반반 뒤섞인 삶을 살았다. 그는 동료 수도사들에게 필사하는 법을 가르쳐 그리스도교 문헌과 이교도 문헌 모두를 베끼게 했고, 필사 작업을 위한 특별실(이 방을 스크립토리움(scriptorium)이라 불렀다.)을 마련하기까지 했다. 그의 뒤를 이어 다른 종교 기관에서도 필사 작업에 나섰고, 오늘날 우리가 보물처럼 간직하고 있는 고전 시대의 문학 작품 상당수는 카시오도루스 시대 수도사들의 손끝에서 전해진 것이다. 말년에는 『종교 교육과 세속 교육의 교과 과정』이라는 교과서를 하나 썼으며, 마르티아누스 카펠라의 방식에 따라 학과 과정을 주요 3학과와 4학과로 구분했는데, 이는 후에 중세 시대 교육의 표준적인 교과 과정으로 자리 잡는다.

카시오도루스만큼 장수하지는 못했지만 그와 비슷한 여정을 걸은 인물이 있으니 아니키우스 만리우스 세베리누스 보에티우스(475?~524년)가 그 주인공이다. 이 둘은 모두 부유한 로마인 가문에서 태어났고, 테오도리크 밑에서 대신으로 일했으며, 이교 신앙과 그리스도교를 하나로 잇기 위해 각고의 노력을 기울였고, 지루하기만 한 책을 썼다는(이런 책을 사람들은 천 년 동안이나 보물이라도 되는 듯 읽었다.) 공통점이 있었다. 보에티우스의 아버지는 483년에 집정관을 지냈고, 그의 장인인 연소(年少) 심마쿠스는 승리의 여신상 문제로 투쟁을 했던 그 심마쿠스의 자손이었다. 보에티우스는 로마에서 받을 수 있는 최고의 교육을 받고 나서는 이후 18년의 세월을 아테네의 여러 학교를 전전하며 보냈다. 그렇게 해서 이탈리아에 있는 자기의 대저택으로 돌아온 후에는 공부에만 파묻혀 지냈다. 자기 눈앞에서 고전 문학의 숨이 꺼져 가자 어떻게든 다시 살려 내겠다고 마음먹은 보에티우스는 (학자들이 가장 없는 것이 바로 시간임에도) 시간을 따로 내어 유클리드의 기하학, 니코마코스의 산수, 아르키메데스의 역학, 프톨레마이오스의 천문학 등을 알기 쉬운 라틴어로 요약해 정리했다. 또 아리스토텔레스가 지은 『오르가논(*Organon*)』(논리학 관련 글 모음집)과 포르피리우스가 쓴 『아리스토텔레스 범주론 서설』을 번역해 냈는데 이로써 선구적인 문헌과 사상이 마련되어 이후 7세기 동안 논리학을 이끌었고, 이때부터 실재론(實在論)과 유명론(唯名論) 사이에 논쟁이 일어나 오래도록 이어졌다. 보에티우스는 신학에 손을 대기도 했다. 삼위일체설에 관해 소론을 써서 그리스도교의 교리를 방어했으며, 신앙과 이성이 충돌할 때는 신앙을 우선시해야 한다는 원칙을 내세우기도 했다. 사실 보에티우스의 책 중 오늘날 읽을 만한 것은 하나도 없지만, 그의 저작이 중세 사상에 끼친 영향은 과소평가할 수 없을 것이다.

이제까지 자기 가문에서 공직에 봉사해 온 전통을 무시할 수 없었던 보에티우스는 결국 깊디깊은 학문의 세계에서 눈을 돌려 울며 겨자 먹기로 정치 생활의 격랑 속으로 몸을 던진다. 그는 출세 가도를 달렸다. 단숨에 집정관이 되고, 파트리키우스가 되더니 곧 최고위직, 즉 총무 장관의 자리에까지 올랐다.(522년) 평소에 자선을 베풀고 언변이 유창했던 그에게 세간의 이목이 집중되었다. 사람들은 그를 데모스테네스나 키케로에 비교하곤 했다. 하지만 명성은 적을 만드는 법. 궁정에서 일하던 고트족 관리들은 그가 로마인들이나 그리스도교도 주민들에게만 온정을 베푼다며 이를 갈았고, 결국엔 황제가 그를 의심하게 만들었다. 이제 예순아홉의 나이가 되어 몸과 마음이 약해질 대로 약해진 테오도리크는 로마인이 10분의 9에 그리스도교도가 10분의 8을 차지하고 있는 이 나라를 아리우스파인 고트족 가문이 어떻게 안정적으로 다스려 나갈지 늘 고민이었다. 테오도리크가 귀족 계층이나 교회를 적으로 생각한 것도 무리는 아니었던 것이, 이들은 테오도리크가 죽을 날만을 노심초사 기다리고 있었다. 그 와중에 비잔티움 제국의 섭정을 지내고 있던 유스티니아누스는 비잔티움 제국 내 모든 마니교도를 추방하고, 이교도 및 이단은 관료와 장군이 될 수 없다는 칙령을 내렸다.(523년) 이교도에는 아리우스파도 모두 포함되었으나 고트족만은 예외였다. 테오도리크는 이 단서 조항이 그를 무장 해제시키려는 전략이라고 생각했고, 따라서 기회만 있으면 얼마든지 철회될 수 있을 거라 여겼다. 게다가 자신이 그리스도교 교리에 완전한 자유를 허용한 것 치고는 비잔티움 제국의 보답이 너무 보잘것없다는 판단이 들었다. 보에티우스가 삼위일체설을 반(反)아리우스파 입장에서 논했어도 자신은 그를 최고위직에까지 올려 주지 않았던가. 더구나 칙령 발표가 있던 그 523년에 테오도리크는 교황에게 예를 차린다며 순은으로 된 장대한 샹들리에를 성 베드로 성당에 두 개나 선물한 터였다. 하지만 테오도리크도 민심을 건드린 부분이 있었으니 바로 유대인들을 보호해 준 것이었다. 예전에 성난 군중이 밀라노와 제노바, 로마에 있는 유대 교회를 파괴했을 때 그는 공금을 들여 그것들을 다시 지어 준 적이 있었다.[68]

여러 가지 사건이 겹친 이때에 하필이면 원로원에서 음모를 꾸며 그를 폐위시키려 한다는 소문이 테오도리크의 귀에 들어갔다. 소문에 따르면 그 주동자는 원로원의 의장이자 보에티우스의 친구인 알비누스였다. 마음 넓었던 학자 보에티우스는 그 소식에 당장 테오도리크에게 달려가 알비누스는 결백하다고 주장했다. "알비누스가 죄인이면, 저를 비롯해 원로원 의원 전부가 똑같이 죄인입니다." 그러나 대역죄에 연루된 신하 세 명이 보에티우스도 음모에 가담했다고 주장하면서 보에티우스의 서명이 담긴 문서를 제출했다. 거기에는 이탈리아 땅을 비잔티움 제국이 다시 수복해 줄 것을 바라는 내용이 담겨 있었다. 보에티우스는 모든 혐의를 부정하고 문서는 위조된 것이라고 주장했다. 하지만 나중에는 이런 말을 해서 혐의를 인정한 셈이 되고 말았다. "(로마인이 고트 족에게서) 해방되리란 희망, 그런 희망이라도 마음껏 품어 봤으면 소원이 없겠소. 설령 내가 폐하에 대한 모의에 가담했다 해도, 내가 그 사실을 발설하는 일은 없었을 거요."[69] 보에티우스는 체포되어 감옥으로 끌려갔다.(523년)

한편 테오도리크는 비잔티움 제국의 황제 유스티누스에게서 어떻게든 이해를 구해 보려 애를 썼다. 유스티누스에게 보낸 다음과 같은 편지 내용은 철학자 왕으로서의 그의 면모를 유감없이 보여 준다.

백성의 양심에 맡길 문제까지 군주가 통치하려 나서는 것은 하느님만이 가지신 특권을 참칭하는 것이나 다름없습니다. 무릇 나라를 다스리는 주권이란 백성을 정치적으로 통치하는 일에만 한정되는 것이 아니겠습니까. 공공의 평화를 깨뜨리지 않는 한, 통치자가 누군가를 함부로 벌할 권리는 없습니다. 자신과 똑같은 것을 믿지 않는 백성들이 있을 때, 통치자가 그들을 끌어안지 못하고 배척하는 것이야말로 그 무엇보다 위험한 이단이 아닐 수 없습니다.[70]

이에 유스티누스는 자신이 어떤 자의 충성을 믿지 못할 때는 얼마든지 그를 관직에 등용하지 않을 권리가 있으며, 사회의 질서를 유지하기 위해서는 신앙을 통일시킬 필요가 있다고 답했다. 그러자 동로마 제국의 아리우스파 신도들이 테오도리크에게 보호를 요청해 왔다. 테오도리크는 교황 요한 1세에게 콘스탄티노플로 가서 버림받은 아리우스파를 위해 힘을 써 달라고 부탁했다. 교황은 이단을 처단해야 하는 사람이 그런 임무를 맡을 수는 없다며 발을 뺐지만, 테오도리크는 뜻을 굽히지 않았다. 그의 청을 못 이긴 교황은 콘스탄티노플로 가서 융숭한 대접을 받았지만 아무런 성과도 없이 빈손으로 돌아왔다. 그러자 테오도리크는 그에게 반역 혐의를 씌워 감옥에 처넣었고, 교황은 감방에 있다가 1년 뒤 죽고 말았다.[71]

정국이 이렇게 돌아가는 가운데 알비누스와 보에티우스는 왕 앞에 끌려가 재판을 받았다. 둘 모두 유죄 판결을 받고 사형을 언도받았다. 그러자 겁에 질린 원로원에서는 그 둘에게 등을 돌려 그들의 재산을 몰수하고는 사형을 승인했다. 이 와중에도 심마쿠스는 사위를 편들어 변호를 하다 그마저 체포를 당했다. 감옥에 들어간 보에티우스는 이제 중세 시대 가장 유명한 저작 중 하나인 『철학의 위안』 집필 작업에 들어간다. 평이한 산문과 감동적인 운문이 번갈아 이어지는 이 작품은 감옥에서 쓴 것임에도 불구하고 눈물로 호소하지 않는다. 모든 것을 인내하는 금욕주의자의 태도로 오락가락하는 변덕스러운 운명을 체념하듯 받아들이고, 선한 인간들에게 닥치는 수난을 하느님의 자비와 전능과 섭리와 어떻게든 조화시키려는 결연한 의지만 보일 뿐이다. 책에서 보에티우스는 이제까지 자신이 얼마나 큰 은총을 누리며 살았는지 회상한다. 부잣집에 태어나서, 귀족 집안의 장인을 만나고, 정숙한 아내를 둔데다, 자식들은 모범적인 삶을 살지 않았던가. 그 자신도 최고위직까지 올라 유창한 언변으로 원로원 의원들의 심금을 울렸었다.(그때는 원로원 의장 자리를 그의 두 아들이 차지하고 있었기에 한층 자랑스러웠다.) 하지만 그런 최고의 행복이 영원히 지속되는 법은 없는 거라고 그는 스스로에게 되뇐다. 도를 넘은 행복에 균형이라도 맞추려는 듯 운명은 그에게 회심의 일격을 날리고 있었다. 이제까지 그토록 큰 행복을 누렸으니 지금의 이 무시무시한 재난쯤은 얼마든지 견딜 수 있었다.[72] 하지만 그렇게 행복한 순간을 떠올리면 고통이 더욱 파고드는 법이다. 단테가 『신곡』에서 프란체스카의 입을 빌려 노래하는 것처럼, 보에티우스는 자신의 고통을 이렇게 노래한다. "행복했던 옛날의 기억이 지금은 그 무엇보다 날 불행하게 만드는구나."[73] 보에티우스는 (중세의 양식에 따라 만들어 낸 인물인) '철학 부인'에게 진정한 행복은 어디 있는지 묻는다. 그리고 진정한 행복이란 부(富), 명예, 쾌락, 권력에 있지 않다는 것을 알게 된다. 그는 하느님과 하나가 될 때에만 우리는 진정한 행복 혹은 확실한 행복을 얻을 수 있다는 결론을 내리게 된다. "신성(神性)과 하나가 되는 것, 그것이 축복이다."[74] 그런데 묘하게도 이 책에는 불멸을 믿는다는 암시나, 그리스도교 신앙에 관한 언급, 즉 그리스도교 교리를 구체적으로 언급하는 내용은 단 한 줄도 찾아볼 수가 없고, 제논, 에픽테투스, 아우렐리우스 등의 스토아 학파 철학자들이 할 법한 이야기들만 들어 있다. 한마디로 이교도 신앙이 담긴 최후의 저작이 그리스도교도의 손끝에서 나온 셈인데, 막상 죽을 때가 되었을 때 그의 머리에 떠오른 것은 골고다(예루살렘의 언덕으로 여기에서 예수가 십자가에 못 박혔다. - 옮긴이)가 아니라 아테네였던 것이다.

524년 10월 23일이 되자 사형 집행인들이 당도했다. 그들은 보에티우스의 머리통에 끈을 맨 후, 눈알이 머리에서 다 빠져 나올 때까지 끈을 조이고 또 조였다. 그런 다음에는 그의 숨이 끊어질 때까지 몽둥이로 두들겨 팼다. 몇 달 뒤에는 심마쿠스도 사형을 당했다. 프로코피우스에 따르면,[75] 테오도리크 왕은 자신이 보에티우스와 심마쿠스에게 몹쓸 짓을 했다며 회한의 눈물을 흘렸다고 한다. 그러다 526년이 되자 그도 희생자들을 따라 무덤에 묻혔다.

테오도리크가 죽자 그가 이끌어 오던 왕국의 숨도 이내 끊어지고 말았다. 테오도리크가 손자인 아탈라리크를 후계자로 정해 놓고 세상을 떠나긴 했지만, 아탈라리크는 겨우 열 살밖에 되지 않았던 때라 그의 어머니 아말라순타가 실질적인 통치자였다. 여자이면서도 상당한 수준의 교육을 받고 많은 성취도 이루었던 그녀는 카시오도루스와 친구 사이이자 (아마도) 그의 제자였는데, 테오도리크 밑에서 봉직하던 카시오도루스는 이제 그녀 밑에서 나랏일을 도맡아 처리하게 되었다. 그녀의 정책은 로마 방식에 너무 치우치게 되었고, 신하들은 그녀가 왕을 유약하게 만들고 있다며 왕의 고전 시대 공부를 반대했다. 아말라순타는 왕의 공부를 고트족 스승들에게 맡겼다. 하지만 왕은 방탕한 성생활에 빠져들더니 열여덟 살의 나이에 세상을 떠나고 말았다. 아말라순타는 통치권을 자신이 갖는다는 서약을 받아 낸 뒤에 사촌인 테오다하드와 함께 왕위에 올랐다. 하지만 얼마 지나지 않아 테오다하드는 아말라순타를 왕위에서 내쫓고 감옥에 가둬 버렸다. 그러자 그녀는 비잔티움 황제가 된 유스티니아누스에게 로마로 와서 자신을 구해 달라고 청했다. 이렇게 해서 벨리사리우스가 로마에 들어오게 되었다.

THE AGE OF FAITH

5장 유스티니아누스 527~565

1. 황제 유스티니아누스

408년에 아르카디우스가 죽자 동로마 제국의 황제로 일곱 살 난 테오도시우스 2세가 제위에 올랐다. 그의 누나 풀케리아는 테오도시우스보다 두 살이 많아서 동생의 교육을 책임졌는데, 동생은 통치자 체질이 아니라며 늘 걱정이 이만저만이 아니었다. 황제는 자기 업무를 집정관과 원로원에 맡겨 버리고는 자신은 필사본을 만들고 그것을 아름답게 꾸미는 일에 매달렸다. 심지어 황제는 자기 이름으로 된 법전이 나왔는데도 살아생전 단 한 번도 그것을 읽어 보지 않은 것처럼 보인다.

그러다 414년 풀케리아가 열여섯 살이 되어 섭정 자리에 올라 이후 33년 동안 제국을 실질적으로 통치했다. 풀케리아를 비롯한 공주 둘은 스스로 순결을 서약하고 나섰고, 실제로도 이 서약을 끝까지 지키며 살았던 듯하다. 이들은 금욕주의자처럼 소박한 차림을 하고 다녔으며, 단식을 하고 찬송가를 부르고 기도를 올리는 게 일상이었다. 또 병원과 성당과 수도원을 짓고 거기에 각종 물품을 후하게 헌납했다. 궁정의 분위기가 마치 수녀원처럼 바뀌면서, 궁정은 금남 구역이 되어 여자들과 소수의 사제들 말고는 발을 들일 수 없었다. 이런 신성한 분위기 속에서 풀케리아와 그녀의 올케 에우도키아는 대신들과 함께 나라를 잘 다스려 나갔고, 덕분에 동로마 제국은 서로마 제국이 아비규환 속에서 맥없이 무너져 가는 중에도 테오도시우스 2세가 제위에 있던 42년간의 기간 내내 그 어느 때보다 고요한 시절을 만끽할 수 있었다. 한편 이 시절에 우리가 꼭 기억하고 넘어가야 할 일이 하나 있는데, 바로 테오도시우스 법전이 편찬되었다는 점이다.(438년) 콘스탄티누스 황제 이후 제국에서 시행되었던 모든 법률을 모아 법전으로 편찬하라는 임무가 일단의 법관들에게 하달된 것은 429년의 일이었다. 이후 몇 년의 노력 끝에 만들어진 이 법전은 동로마는 물론 서로마에서까지 받아들이게 되었고, 유스티니아누스 황제가 더 대규모의 편찬 작업을 벌이기 전까지 제국의 법령으로 자리를 공고히 했다.

테오도시우스 2세와 유스티니아누스 1세 사이에도 동로마 제국에는 통치자가 많았지만, 당대를 떠들썩하게 만들었을지는 몰라도 지금은 역사의 뒤안길로 사라져 버리고 말았다. 위대한 인물들의 하나같은 불후의 명성이 얼마나 덧없는 것인지를 우리에게 일깨워 준다. 레오 1세(457~474년)는 가이세리크를 상대로 로마 군대 역사상 최대 규모의 해상 선단을 편성해 공격에 나섰으나 무참히 패배하고 선단만 파괴당하고 말았다. 레오 1세의 사위였던 이사우리아의 제논은(474~491년) 재위 시절 단성론파를 잠재우기 위해 황제 입장에서 "통일" 칙령이라고 하는 헤노티콘(Henoticon)을 발표했는데, 오히려 이것이 그리스 정교와 라틴 그리스도교 사이를 더욱 벌어지게 하는 결과를 초래하고 말았다. 그리스도에게는 오로지 하나의 본성만 있다는 것을 황제의 입장에서 공식 선언한 셈이었기 때문이다. 한편 아나스타시우스는(491~518년) 유능하고 용맹스러운데다 선의까지 갖춘 인물이었다. 그는 행정을 지혜롭고 경제적으로 처리하여 재정을 다시 건실하게 만들고, 세금을 줄였으며, 야생 동물을 가지고 경쟁하는 게임을 금지시켰다. 또 마르모라 해에서부터 흑해에 이르기까지 장장 40마일에 달하는 "장벽(長壁)"을 건설해 콘스탄티노플을 난공불락의 요새로 만들어 놓았다. 그 외에도 갖가지 유용한 공공사업에 대해 국고 지원을 늘려 주었으면서도 국고를 32만 파운드에 달하는 금으로(1억 3440만 달러) 채워 나중에 유스티니아누스가 정벌에 나설 수 있는 경제적 발판을 마련해 놓았다. 하지만 제국의 백성들은 그의 근검절약 정책과 단성론파 지지 성향을 못마땅하게 생각했다. 결국 군중들이 궁궐을 포위하고 황제의 참모 셋을 죽이는 사태가 발생했다. 황제는 여든 살 연륜이 아깝지 않게 위엄 있는 모습을 백성들에게 보여 주며, 백성들이 모두 따를 수 있는 후계자를 하나 정해 주면 언제든지 황제 자리에서 내려오겠다고 말했다. 하지만 백성들의 뜻이 하나로 모이기는 불가능했기 때문에 결국 사람들은 그에게 다시 왕관을 써 달라고 간청을 하게 되었다. 그리고 얼마 안 있어 아나스타시우스가 죽자, 배운 것 없는 원로원 의원 유스티누스가 황제 자리를 찬탈했다.(518~527년) 하지만 그는 70대의 느긋한 생활이 너무 편안했던 터라, 제국을 다스리는 일은 섭정으로서 눈부신 재능을 발휘한 조카 유스티니아누스에게 맡겨 버렸다.

유스티니아누스 시대의 역사가이면서 그의 적이기도 했던 프로코피우스는 유스티니아누스의 태생부터가 맘에 들지 않았다. 유스티니아누스는 천한 일리리아인, 즉 고대 사르디카(현재의 소피아 지방) 근방에 살던 농부들(슬라브족이었던 듯하다.)[1] 사이에서 태어났기 때문이다. 그런 그를 삼촌인 유스티누스가 콘스탄티노플로 데려와 고급 교육을 받게 해 준 것이었다. 유스티니아누스는 군대에서 장교로 복무할 때나 유스티누스의 오른팔로 뛰며 9년 동안 보좌할 때나 빼어난 기량을 발휘하더니 유스티누스가 죽자(527년) 삼촌의 뒤를 이어 제위에 올랐다.

어느덧 45세가 된 그는 키와 체구가 중간 정도였고, 수염은 말끔하게 면도를 했으며, 혈색 좋은 얼굴에 곱슬머리였다. 그의 유쾌한 태도와 만면에 띤 미소는 원하는 목적을 이룰 때 여러모로 도움이 되곤 했다. 그는 수도사처럼 절제된 생활을 해서 먹는 양이 지극히 적었고 그마저도 주로 채식을 했다.² 그는 단식하는 일이 잦았고, 단식을 하다 더러 지쳐 쓰러지기도 했다. 하지만 이렇게 단식을 하는 동안에도 그는 일찌감치 일어나 "새벽부터 정오까지, 그리고 정오부터 밤늦게까지" 국정에 매달리는 일상을 멈추지 않았다. 측근들이 쉬고 있을 거라 여기는 동안에도 그는 황제 역할은 물론, 음악가, 건축가, 시인, 법률가, 신학자, 철학자로서의 역할을 제대로 해내기 위해 공부에 몰두했다. 그럼에도 그는 당대 유행하던 미신들을 대부분 믿기도 했다. 그의 마음은 한시도 쉴 줄을 몰라서 늘 커다란 그림과 세부 사항을 그리기에 바빴다. 하지만 그가 체력적으로 강하거나 용맹스러움을 타고난 것은 아니었다. 제위에 오른 초기에 여러 난관에 부딪히자 그는 그만두고 싶어 했으며, 수차례 전쟁을 치렀음에도 몸소 전장에 나간 적은 단 한 번도 없었다. 또 온화한 성격이다 보니 친구들에게 잘 휘둘리고, 그 결과 정책이 이리저리 혼선을 빚었다는 단점이 있었다. 나랏일에 대한 판단을 아내에게 맡겨 버리는 경우도 자주 있었다. 유스티니아누스의 단점을 꼬집는 데 무려 한 권의 책을 할애한 프로코피우스는 그를 "진심이 없고, 교활하며, 위선적인데다, 뒤끝이 있으며, 양다리를 걸치고, 영악한 인물"이라고 표현한다. "거짓으로 어떤 의견을 가진 척하는 데 일가견이 있고, 심지어 그 순간 필요하다 싶으면 눈물까지 짜낼 줄 알았다."³ 하지만 이는 능란한 외교가로서의 모습이 아니었을까. 프로코피우스가 이어서 하는 말에 의하면 "그는 변덕스러운 친구이자, 타협을 모르는 적으로서, 암살과 도적질이면 뭐든지 다 되는 줄 알았다." 물론 유스티니아누스가 이런 식으로 나온 적도 있겠지만, 그는 넓은 도량도 얼마든지 보여 줄 줄 아는 사람이었다. 한번은 장군 프로부스가 황제를 중상(中傷)했다는 혐의를 받고 반역죄로 재판을 받게 되었다. 하지만 유스티니아누스는 재판 결과를 통보받자 그 내용을 갈가리 찢어 버리고는 프로부스에게 이런 전갈을 보냈다. "짐은 나에 대한 그대의 중상 죄를 용서하노라. 부디 하느님께서도 그대의 죄를 용서하셨기를."⁴ 그는 아무 악감정도 가지지 않고 솔직하게 비판을 할 줄도 알았다. 프로코피우스에게는 심히 유감스러운 일이었지만 "이 폭군은 이 세상 그 누구보다도 친근한 사람이었다. 심지어 가진 게 적은 사람이나 이름이 전혀 없는 사람도 얼마든지 황제 앞에 나설 수 있을 뿐 아니라 그와 이야기도 나눌 수 있었다."[5]

그러면서도 유스티니아누스는 궁정의 예식을 디오클레티아누스나 콘스탄티누스 때보다 더 화려하게 만든 장본인이기도 했다. 참칭왕의 뒤를 계승했던 터라 그도 나폴레옹처럼 자신에게 권력의 정통성이 없다는 걸 못내 아쉬워했다. 뿐만 아니라 그에게는 고귀한 가문이나 고귀한 출생에서 오는 특권도 전혀 없었다. 그는 이에 보상이라도 하려는 듯 백성들 앞에 나설 때나 외국 사절을 맞을 때면 그 어느 때보다 장엄한 모습이 연출되도록 옛날식 의례를 복원했다. 또 동양에서처럼 황제를 신처럼 떠받들어야 한다는 생각을 장려해서, 자신의 몸이나 재산에는 "신성한"이라는 말을 붙이도록 했으며, 자신을 알현하러 온 사람들에게는 무릎을 꿇고 자줏빛 예복의 가장자리와 황제의 반장화(半長靴)를 신은 발에 입을 맞추도록 했다.* 또 콘스탄티노플 주교를 시켜 몸에 성유(聖油)를 바르게 하고 왕관을 씌우게 했으며, 머리에는 진주가 달린 띠를 달았다. 화려한 의례로 백성들의 충성심을 이끌어 내겠다고 비잔티움 제국만큼 야단법석을 떤 곳도 없을 정도였다. 그래도 이 정책은 충분히 효과를 발휘했다고 볼 수 있다. 비잔티움 제국에서도 반란이 많이 일어나긴 했지만, 대부분이 궁정 내에서 일어난 쿠데타였기 때문이다. 궁정이 만들어 낸 장엄한 의식이 정작 궁정 내에서는 효과를 못 본 셈이다.

유스티니아누스 황제 시절에는 가장 중대한 반란이 일찌감치 터졌고(532년), 이때 황제는 거의 목숨까지 잃을 뻔했다. 녹색파와 청색파(콘스탄티노플에서는 자신들이 좋아하는 기수들의 옷 색깔에 따라 편을 이렇게 나누었다.)로 나뉘어 말싸움을 벌이던 시민들은 급기야 공공장소에서 치고받고 싸우는 지경까지

---

* 자줏빛 망토는 이미 오래전부터 황제들만이 걸칠 수 있는 의복이 되어 있었다. 따라서 "자주색 옷을 입는다."는 것은 곧 제위에 오르게 되었다는 뜻이나 다름없었다.

갔다. 폭력 사태가 번지면서 수도는 길거리를 나다니는 것조차 위험한 일이 되었으며, 부유한 사람들은 밤에 칼이라도 맞을까 두려워 누추하게 입고 다녀야 했다. 결국 보다 못한 궁정에서 두 파를 모두 진압하고 나섰고, 이 과정에서 주동자 몇몇이 체포를 당했다. 그러자 두 파가 힘을 합치더니 궁정에 대항하고 나섰다. 아마도 이때 원로원 의원 몇몇이 가담한 듯 보이며, 최하층민이 안고 있던 원한이 기폭제가 되어 결국 반란이 일어났다. 사람들은 감옥을 공격해서 그 안에 있는 죄수들을 풀어 주었다. 그리고 도시를 지키던 치안 관리와 궁정 관료들을 죽여 버렸다. 또 방화가 일어나 성 소피아 성당과 황궁 일부를 불태웠다. 군중들은 "니카!(Nika)"(승리라는 뜻)를 소리 높여 외쳤다.(그래서 이 반란을 '니카 반란'이라 부르기도 한다.) 승기에 흥이 오를 대로 오른 군중은 유스티니아누스의 대신들 중에서 특히 인기가 없었던(고압적 정책을 시행한 이들인 듯하다.) 두 명을 해임할 것을 요구했고, 황제는 이에 순순히 따랐다. 그러자 용기백배한 폭도들은 원로원 의원인 히파티우스에게 제위를 넘겨받으라고 부추겼다. 그는 아내의 만류에도 불구하고 사람들의 청을 받아들여 군중의 우레와 같은 박수갈채를 받으며 대경기장에 마련된 황제 자리에 앉았다. 그동안 유스티니아누스는 황궁에 숨어 도망갈 궁리를 하고 있었다. 하지만 왕비 테오도라가 그를 말리고 나섰다. 적극적으로 대항을 하라는 것이었다. 당시 군대를 이끌고 있던 벨리사리우스는 황제의 명을 받고 자신의 군대에서 고트족 대원을 뽑아 대경기장으로 가서는 주민 3만 명을 닥치는 대로 학살했다. 그리고 히파티우스를 체포해 와서는 감옥에서 죽여 버렸다. 유스티니아누스는 해임했던 관료들을 다시 복직시킨 뒤, 음모에 가담했던 원로원 의원들은 모두 용서해 주고, 히파티우스의 자식들에게는 몰수했던 재산을 모두 돌려주었다.[6] 이후 30년 동안 유스티니아누스는 아무 탈 없이 지낼 수 있었다. 하지만 그의 살아생전 그를 진정으로 사랑했던 사람은 단 한 사람뿐이었던 듯하다.

2. 테오도라

프로코피우스는 자신의 『건물에 대하여』라는 책에서 유스티니아누스의 아내를 본떠 만든 조각상에 대해 이렇게 쓰고 있다. "이 조각상은 아름답기는 하지만, 왕비의 아름다움에는 훨씬 못 미친다. 그녀의 사랑스러운 모습은 한낱 인간이 말로 표현하거나 조각에 담아낼 수 있는 것이 아니기 때문이다."[7] 비잔티움 제국에서 최고로 손꼽히는 이 역사가는 어떤 글을 쓰든 왕비 테오도라에 대해 칭찬을 아끼지 않았는데, 단 한 권에서만은 예외였다. 그의 생전에 나오지 않은 관계로 『아네크도타(Anecdota)』('내놓지 않은'이라는 뜻)라는 제목이 붙은 책에서 프로코피우스는 추문으로 얼룩진 왕비의 혼전 생활을 밝혀 놓았는데, 이후 1300년 동안이나 그 진위 여부를 따지는 논쟁이 이어졌다. 『비사(祕史)』라고도 일컬어지는 이 짧은 분량의 글은 적나라한 적의가 그대로 드러나 있고, 완전히 일방적인 태도로 일관하며, 유스티니아누스, 테오도라, 벨리사리우스의 사후 명성을 더럽히는 데 여념이 없다. 하지만 프로코피우스가 이 시대 최고의 권위자로 손꼽히는데다, 그가 쓴 다른 저작들이 정확하고 공정하기 때문에 『아네크도타』를 순전히 날조된 이야기로만 볼 수도 없다. 궁정의 일에 실망하자 분을 못 이기고 이런 식으로 복수를 한 것쯤으로 생각하면 될 것이다. 평소에 왕비를 잘 알고 지내서 그녀에 대해 별다른 험담을 하지 않았던 에페소스의 요한도 왕비를 "매춘부 테오도라"라고 불렀다.[8] 하지만 그 밖의 나머지 혐의에 대해서는 다른 역사가들에게서 프로코피우스의 입장을 지지해 주는 증거를 찾아볼 수 없다. 그녀가 이단을 믿는다고 몰아세운 신학자는 많았지만, 왕비의 비행을 언급한 사람은 하나도 없었다. 그녀가 정말로 비행을 저질렀는데도 신학자들이 이렇게까지 눈감아 주었을 거라 생각하기는 힘들다. 처음 황후 자리에 올랐을 때 테오도라는 그다지 정숙하지 못했으나, 종국에는 황후의 면모를 유감없이 보여 주었다고 결론을 내리는 게 합리적일 듯하다.

프로코피우스가 단언하는 바에 따르면, 테오도라는 곰 조련사의 딸로 태어나 서커스단의 악취를 맡으며 자라났다. 그녀는 배우이자 매춘부로서 외설스러운 무언극을 공연해 콘스탄티노플 시민들에게 충격과 즐거움을 동시에 안겨 주었다. 임신을 하고 나서 몇 번은 아이를 낙태시키는 데 성공했으나 결국엔 사생아를 하나 낳게 되었다. 이후 시리아인이었던 헤케볼루스의 정부가 되었으나 그에게서 버림받고 한동안 알렉산드리아에서 종적을 감추었다. 이후 콘스탄티노플에 다시 모습을 드러냈을 때 그녀는 가난하지만 정직한 여인이 되어 털실 잣는 일로 생계를 이어 갔다. 유스티니아누스는 그녀와 사랑에 빠지게 되어 그녀를 정부로 삼았다가 아내로 맞이한 후 마침내는 황후 자리에까지 올려 주었다.[9] 이상의 서막이 얼마나 진실한 것인지 우리로서는 알 길이 없다. 하지만 황제도 대수롭지 않게 넘긴 부분인데, 우리가 거기에 오래 매달릴 이유가 무엇 있겠는가. 테오도라와 결혼식을 올리고 얼마 안 되어 유스티니아누스는 성 소피아 성당에서 즉위식을 가졌고, 테오도라도 그의 곁에서 황후의 자리에 올랐다. 프로코피우스에 따르면 "이에 무례함을 내보인 사제는 단 하나도 없었다."고 한다.[10]

 그녀의 과거가 어땠건 간에, 테오도라는 국모로서 그 누구도 흠잡을 수 없는 정숙함을 보여 주었다. 물론 돈과 권력을 그 누구보다 탐냈고, 때로는 오만한 성격을 그대로 드러내기도 했으며, 이따금 유스티니아누스의 뜻에 거스르는 목적을 이루기 위해 계략을 쓰기도 했다. 테오도라는 잠도 많았고, 음식과 술을 내키는 대로 실컷 먹는 경향이 있었으며, 사치품이나 보석 그리고 과시하기를 그 누구보다 좋아했으며, 일 년 중 여러 달을 해변에 있는 자신의 궁궐에서 보냈다. 그럼에도 유스티니아누스는 한시도 테오도라에 대한 연정을 잃지 않았으며, 그녀 때문에 자기 계획이 어그러져도 철학자처럼 모든 걸 다 이해한다는 듯 인내했다. 그는 아내를 위하는 마음이 극진해서 이론상으로 자신과 맞먹는 통치권을 그녀에게 주어서 그녀가 실제로 권력을 행사해도 불평할 수 없는 처지였다. 테오도라는 외교 분야의 일과 교회의 정치에 적극적으로 참여했고, 교황과 총대주교를 자기 뜻대로 임명하고 해임했으며, 적대자들은 고위직에서 물러나게 했다. 때로는 남편이 내린 명령을 자기가 취소하기도 했는데, 국익을 위한다는 명목으로 그러는 경우가 많았다.[11] 그녀의 지능은 그녀의 권력에 못지않게 대단했다. 그녀는 프로코피우스의 비난을 살 정도로 잔혹하기도 해서 정적들을 지하 감옥에 가둬 버리거나 몇몇은 죽이기도 했다. 그녀의 뜻을 심각하게 거스르는 자들은 흔적도 없이 사라져 버릴 공산이 컸는데, 이는 오늘날 정치계에서도 마찬가지로 통하는 원칙이다. 하지만 테오도라는 자비가 뭔지도 아는 사람이었다. 테오도라는 안테미우스 총대주교가 이단으로 몰려 유스티니아누스에게 추방을 당하자 그를 자신의 거처에 숨겨 주고 2년 동안이나 보호해 주었다. 하지만 벨리사리우스의 아내가 불륜을 저지를 때는 너무 관대했던 것으로 보인다. 그리고 이를 만회라도 하려는 듯 개심한 매춘부들을 위해 예쁘게 "참회의 수녀원"을 지었다. 매춘부 중 일부는 자신이 참회한 걸 후회하면서 지루해 죽겠다는 말을 몸소 보여 주듯 창문 밖으로 몸을 던졌다.[12] 한편 테오도라는 할머니가 손녀 챙기듯 친구들 결혼을 챙겨서 중매도 많이 섰으며, 때로는 자기 궁궐에서 승진을 하려면 결혼을 해야 한다는 조건을 달기도 했다. 그리고 이상의 인생 여정을 통해 예상되다시피 말년에는 공공 윤리의 엄격한 수호자가 되었다.[13]

마침내 그녀는 신학에까지 관심을 가지게 되어 그리스도의 본성을 두고 남편과 논쟁을 벌이기도 했다. 유스티니아누스는 동로마와 서로마 교회를 다시 하나로 통일시키기 위해 각고의 노력을 기울인 인물이었다. 제국이 통일되려면 먼저 신앙이 하나로 통일되어야만 한다고 그는 생각했다. 하지만 테오도라는 하느님 안에 세 가지 위격이 존재한다는 사실은 어렵지 않게 받아들이면서도 그리스도 안에 두 가지 본성이 존재한다는 사실은 이해하지 못했다. 그리하여 단성론파의 교리를 받아들이게 되는데, 그리스도의 본성에 관해서만큼은 동로마가 서로마에게 양보할 수 없다는 인식이 주효했다. 더불어 이제 동로마 제국의 힘과 부는 야만족과의 전쟁으로 망가지고 있는 서로마의 속주들보다는 아시아, 시리아, 이집트의 부유한 지역에 달려 있다는 판단도 한몫했다. 테오도라는 유스티니아누스의 편협한 정통주의를 중화시키고, 이단을 보호했으며, 교황권에 도전장을 던지고, 독립적인 단성론파 교회가 동로마 제국에서 발전할 수 있도록 비밀리에 후원해 주기도 했다. 그리고 이 문제에 관해서만큼은 황제와 교황에 맞서 끈질기고 가차 없이 대항해 나갔다.

3. 벨리사리우스

유스티니아누스가 통일을 그토록 바란 것은 얼마든지 용서받을 수 있는 일이다. 무언가를 통일시키려는 열정은 정치가는 물론 철학자도 영원히 떨치지 못하는 유혹이기 때문이다. 그리고 그런 식으로 많은 것을 아우르려다 보면 때로는 전쟁 그 이상을 감내해야 하는 법. 유스티니아누스는 반달족으로부터는 아프리카를, 동고트족으로부터는 이탈리아를, 서고트족으로부터는 스페인을, 프랑크족으로부터는 갈리아를, 색슨족으로부터는 브리타니아를 되찾고자 했다. 야만족들을 다시 옛날의 소굴로 몰아내고 로마의 옛 땅 전역에 로마 문명을 복원시키는 것, 로마법을 백인(白人)의 세계만방에 다시 한 번 두루 퍼뜨리는 것, 이를 결코 터무니없는 야망이라고 할 수는 없었다.(물론 그러다 보면 구원하는 자나 구원받는 자나 진 빠지도록 고생을 해야 하기는 하지만.) 유스티니아누스는 이 고상한 목적을 위해 교황권을 두고 벌어지던 동로마와 서로마의 분열을 잠재웠고, 아리우스파, 단성론파 등을 비롯한 각종 이단을 위대한 영혼이 이끄는 한 무리의 양 떼로 만들고 싶다는 희망을 품었다. 이렇듯 전 유럽을 아우르는 사상을 품은 것은 콘스탄티누스 이후로는 처음 있는 일이었다.

유스티니아누스 황제는 곁에 유능한 장군들이 있다는 점에서는 유리했으나, 방편이 부족하다는 것이 문제였다. 그의 백성들은 그가 치르려는 전쟁에 나서려 하지 않았고, 전쟁 비용을 댈 능력도 없었다. 유스티누스의 전임자들이 국고에 차곡차곡 쌓아 놓았던 32만 파운드의 금을 유스티니아누스는 금세 써 버리고 말았다. 이후로는 백성들에게 강제로 세금을 걷어 민심을 잃고, 긴축 정책을 시행해 장군들의 발목을 잡았다. 전 신민(臣民) 징병제는 백 년 전부터 시행되지 않고 있었기 때문에 당시 황실 군대를 구성하고 있던 병사는 거의 대부분이 수많은 부족과 지역 출신의 야만족 용병이었다. 약탈로 생계를 이어 갔던 이들은 재물과 강간만 꿈꾸었다. 그래서 전쟁 통의 급박한 위기 속에서 반란을 일으키기 일쑤였고, 전리품을 챙기느라 다 잡았던 승리를 놓치기도 했다. 이들을 하나로 뭉치게 하거나 고무시킬 수 있는 것은 정기적인 급료와 유능한 장군 이 둘뿐이었다.

벨리사리우스도 유스티니아누스와 마찬가지로 일리리아 농부 출신이었는데, 3세기에 로마 제국을 구했던 발칸 반도의 황제들이(아우렐리아누스, 프로부스, 디오클레티아누스) 생각나는 대목이다. 병사와 군자금이 턱없이 부족한 가운데서도 그토록 많은 승리를 거둔 장군은 카이사르 이후로 그가 처음이었다. 또 전략과 전술에서 그렇게 뛰어난 기량을 발휘하고, 병사들로부터 그렇게 많은 사랑을 받고 또 적들에게 그토록 자비를 보인 사람도 찾아보기 힘들었다. 인류 역사상 가장 위대하다고 손꼽히는 장군들(알렉산드로스, 카이사르, 벨리사리우스, 살라딘, 나폴레옹)은 하나같이 관용을 전쟁의 막강한 동력으로 삼았다는 점이 떠오른다. 다른 위대한 장군들도 마찬가지였지만 벨리사리우스에게는 특유의 감수성과 온화함이 자리 잡고 있어서 피비린내 나는 전쟁만 끝나면 언제든지 군인에서 연인의 모습으로 변모하곤 했다. 유스티니아누스 황제가 테오도라에게 연정을 품었다면, 벨리사리우스는 안토니나라는 여인을 사랑하여 그녀가 바람을 피워도 눈물 어린 분노로 참아 내었으며, 갖가지 이유를 들어 그녀를 전장에 데리고 다녔다.

벨리사리우스가 장군으로서 첫 번째 영예를 안은 것은 페르시아를 상대로 한 전쟁이었다. 두 제국이 평화롭게 지낸 지 150년이 지나고 나자, 중앙아시아와 인도로 가는 무역로를 누가 장악하느냐를 두고 다시금 알력이 생기기 시작했다. 그런데 페르시아를 상대로 눈부시게 활약하며 승리를 거두고 있던 중 갑자기 콘스탄티노플로 들어오라는 명령이 떨어졌다. 유스티니아누스가 호스로우 아누시르반에게 금 1만 1000파운드를 주고 페르시아와 평화 협정을 맺은 것이었다.(532년) 그러고 나서 황제는 벨리사리우스에게 아프리카 땅을 되찾아 오라고 한다. 황제는 동로마 제국의 땅을 영원히 정복하고 있으리라고는 절대 생각지 않았다. 시간이 흐르면 이곳 주민들이 적의를 보일 게 뻔했고, 동부의 변경 지대는 방어하기도 어려웠기 때문이다. 하지만 서로마 제국에 있는 나라들은 벌써 몇 백 년 동안 로마 제국의 통치에 익숙해져 있던 터라, 이단을 믿는 야만족 지배자들을 누구보다 못마땅하게 생각하고 있었다. 또 이들은 평화 시에 세금을 내는 것을 물론 전쟁에 협조하겠다고 약속까지 하고 있었다. 거기다 아프리카에서 추가로 곡식이 들어오면 콘스탄티노플 반대파들에게서 나오는 볼멘소리도 잠재울 수 있을 것이었다.

반달족을 통치하던 가이세리크는 39년을 통치하다 이 세상을 떠난 뒤였다.(477년) 그의 후계자들은 반달족이 살던 아프리카 땅을 다스리면서 옛날 로마인들의 방식을 대부분 되살렸다. 이때 라틴어가 공식 언어가 되면서 시인들은 잊혀진 왕들의 공덕을 아무 감흥도 없는 시로 노래했다. 카르타고에 있던 로마식 극장도 복구가 되었고, 그리스 희극도 다시 무대에 올랐다.[14] 사람들은 고대 예술이 담긴 기념물을 경의 어린 시선으로 바라보았고, 웅장한 새 건물들이 우뚝 솟아났다. 프로코피우스가 묘사하는 바에 따르면, 이때의 반달족 통치 계급은 이따금 야만성에 물들기는 했지만 교양 있는 신사들이었다. 하지만 대부분의 사람들이 전쟁은 안중에 없이 느긋하게 지내는 바람에 이들의 전투 기술은 점점 녹이 슬어 가고 있었다.[15]

533년 6월, 보스포루스 해안에 집결한 500척의 수송선과 92척의 전함은 황제의 명령과 총대주교의 축복을 받은 후 카르타고를 향해 떠났다. 프로코피우스는 벨리사리우스의 참모로 뛰면서 이때 있었던 반달족과의 전쟁을 생생히 기록해 두었다. 단 5000명의 기병만 데리고 아프리카에 도착한 벨리사리우스는 주먹구구식이던 카르타고의 방어 체계를 단숨에 허물고는 몇 달 만에 반달족 지배층을 무너뜨려 버렸다. 하지만 아프리카에서 승리를 거두기가 무섭게 유스티니아누스가 콘스탄티노플에서의 승리를 위해 벨리사리우스를 불러들인 게 화근이었다. 아프리카의 무어족이 언덕을 타고 물밀듯이 내려와 로마군을 공격한 것이다. 다 잡은 승리를 놓칠 뻔했던 벨리사리우스는 때맞춰 아프리카로 돌아왔고, 부대 내의 시끄러운 반란을 잠재운 후 이들을 이끌고 승리를 일구어 냈다. 이후 아프리카의 카르타고는 아랍인들이 쳐들어오기 전까지는 비잔티움 제국의 통치를 받게 된다.

벨리사리우스가 아프리카를 침공한 동안 유스티니아누스는 약삭빠른 외교술을 동원해 동고트족과 동맹을 맺어 두었다. 아프리카에서의 승리가 확실시되자 황제는 이제 프랑크족을 동맹으로 끌어들이는 한편 벨리사리우스에게는 동고트족이 있는 이탈리아를 정복하라 명한다. 이에 벨리사리우스는 투니시아를 작전 기지로 삼아 별 어려움 없이 시칠리아를 손에 넣었다. 536년에는 이탈리아 반도로 들어가 나폴리까지 함락시켰는데, 병사 몇몇이 수도교(水道橋)를 타고 기어가 나폴리에 잠입한 작전이 주효했다. 동고트족의 군사력은 수도 얼마 되지 않은데다 분열되어 있었다. 로마의 시민들은 벨리사리우스를 해방자라며 환영했고, 성직자들은 그를 삼위일체설의 신봉자로 환영했다. 그는 아무런 제지도 받지 않고 로마에 입성할 수 있었다. 테오도리크가 죽은 이후 동고트족에서는 테오다하드와 아말라순타가 함께 왕위에 올랐으나 테오다하드가 아말라순타를 죽여 버리는 일이 발생했다. 그러자 동고트족은 테오다하드를 폐위시켜 버리고 위티기스를 왕으로 선택한 터였다. 위티기스는 병사 15만 명을 모아 로마에 있는 벨리사리우스를 포위했다. 음식과 물을 아껴 먹어야만 하는데다, 매일 하던 목욕마저 못하게 되자, 로마인들은 벨리사리우스의 병사는 고작 5000명밖에 안 되는데도 불구하고 불평을 하기 시작했다. 하지만 벨리사리우스는 뛰어난 지략과 용기를 발휘해 로마를 방어해 냈고, 위티기스는 로마 함락을 위해 1년간 애를 쓰다 라벤나로 돌아갔다. 이후 3년 동안 벨리사리우스는 유스티니아누스 황제에게 추가 병력을 보내 줄 것을 끈질기게 요청했다. 결국 추가 병력이 로마로 왔지만, 인솔 장군들이 벨리사리우스에게 적대적이었다. 라벤나에서 포위당한 채 굶주리고 있던 동고트족은 벨리사리우스가 동고트족의 왕이 되어 준다면 항복하겠다는 뜻을 전해 왔다. 벨리사리우스는 이에 동의하는 척하고 라벤나를 점령한 후 그 땅을 유스티니아누스 황제에게 바쳤다.(540년)

황제는 고마운 마음과 미심쩍은 마음이 동시에 들었다. 벨리사리우스가 승리에 대한 보상으로 전리품을 알아서 두둑이 챙긴데다, 자기 군대로부터 얻는 충성도 너무 사사로웠기 때문이다. 참칭왕의 조카인 자신에게서 제위를 빼앗으려는 것이 아닌가 하는 의구심이 황제에게 들었다. 유스티니아누스는 벨리사리우스를 콘스탄티노플로 불러들였고, 화려하기 짝이 없는 장군 수행단의 모습에 마음이 불편해졌다. 프로코피우스가 전하는 바에 따르면 당시 비잔티움 제국 시민들은 "벨리사리우스가 집을 나서 궁정으로 행차하는 모습을 매일 즐거운 마음으로 구경했다. …… 그가 행차할 때는 마치 떠들썩한 축제 행렬이라도 지나가는 것 같았다. 그가 길을 나서면 늘 반달족, 고트족, 무어족이 몰려와 호위를 했기 때문이다. 더구나 그는 근사한 풍채에다, 키가 크고 얼굴까지 기막히게 잘생겼다. 하지만 행동거지는 아주 온순했고, 태도는 아주 상냥해서, 가난한 사람이나 명성이 전혀 없는 사람처럼 보일 정도였다."[16]

그를 대신해 이탈리아의 사령관으로 임명받은 사람들은 군대의 기강 단속에는 소홀한 채 자기들끼리 언쟁을 벌이기에 바빴고, 결국 동고트족에게 경멸감을 샀다. 그리하여 동고트족은 힘과 판단력과 용기를 두루 갖춘 한 고트인을 왕으로 추대하게 된다. 그렇게 왕위에 오른 토틸라는 절망에 빠진 채 정처 없이 이탈리아를 떠돌던 야만족 무리들을 끌어모아 군대를 조직해 나폴리를 점령하고(543년) 이어 티부르까지 손에 넣더니 로마까지 포위 공격을 감행했다. 그는 넓은 도량과 훌륭한 신앙심으로 모두를 놀라게 했다. 포로가 되었던 이들은 그의 너그러운 대우에 그의 편에서 싸우겠다고 나섰고, 나폴리를 함락시키면서 내걸었던 약속을 얼마나 성심성의껏 지켰던지 사람들은 누가 야만인이고 누가 교양 있는 그리스인인지 헷갈리기 시작했다. 일부 원로원 의원의 아내들이 그에게 잡혀가기도 했으나, 그는 그들을 점잖게 예우해 주다가 풀어 주었다. 한번은 로마인 처녀를 겁탈했다는 이유로 자기 병사에게 사형 선고를 내리기도 했다. 반면 황제의 군대에 복무하는 야만인들은 이런 세심함을 보여 줄 줄 몰랐다. 오히려 파산 직전이었던 유스티니아누스 황제에게서 급료를 못 받고 있던 터라 닥치는 대로 약탈하고 다니는 바람에, 주민들은 질서와 정의가 바로 섰던 테오도리크의 치세를 사무치게 그리워했다.[17]

그러자 벨리사리우스에게 이탈리아를 구하라는 명령이 떨어졌다. 이탈리아에 도착한 벨리사리우스는 혈혈단신으로 토틸라의 전열을 뚫고 완전 포위된 로마 땅으로 들어갔다. 하지만 때는 이미 너무 늦어 있었다. 병사들의 기강은 이미 다 해이해진데다, 장교들은 무능력한 겁쟁이들뿐이었다. 거기에다 반역자들이 스스로 성문을 열어 주면서 1만 명에 이르는 토틸라의 병력이 로마로 들어와 버린 것이다. 벨리사리우스는 군대를 퇴각시키면서 토틸라에게 전갈을 보내 이 역사적인 도시를 파괴하지는 말아 달라고 부탁했다. 토틸라는 이제까지 돈도 먹을 것도 없이 굶주렸던 자기 병사들에게 도시를 약탈해도 좋다고 허락했지만, 주민들에게는 손을 대지 말 것과, 병사들의 정욕에 여자들이 해를 입지 않도록 보호했다. 하지만 로마를 내버려 두고 라벤나로 포위 공격을 간 것이 실수였다. 토틸라가 없는 틈을 타서 벨리사리우스가 다시 로마를 손에 넣었고, 이에 토틸라가 돌아와서 두 번째 포위 공격을 펼쳤지만 이번에는 몰아내는 데 실패하고 만다. 서로마에서 승리를 굳혔다는 생각이 들자 유스티니아누스는 페르시아를 상대로 선전 포고를 하고 벨리사리우스를 동로마로 불러들였다. 그러자 토틸라가 다시 한 번 로마를 점령하고(549년), 시칠리아, 코르시카, 사르디니아를 비롯해 이탈리아 반도 전체를 거의 손에 넣었다. 결국 유스티니아누스는 환관 출신 장군 나르세스에게 "엄청난 양의 돈"을 주면서 새로 군대를 조직해 이 고트족을 이탈리아 반도에서 몰아내라고 명령을 내린다. 나르세스는 뛰어난 기량으로 신속하게 이 임무를 수행해 냈다. 패배를 당한 토틸라는 도망가는 길에 죽고 말았다. 살아남은 고트족은 제국의 허가를 얻어 이탈리아 반도를 무사히 빠져나왔고, 이리하여 18년에 걸친 고트족과의 전쟁은 막을 내리게 되었다.(553년)

이 기간에 이탈리아는 그야말로 철저히 파괴되었다. 다섯 번 함락에 세 번이나 포위를 당했던 로마는 기근과 약탈에 시달렸다. 한때 100만 명에 이르렀던 인구는 이제 4만으로 줄어 있었다.[18] 이 4만 명도 거의 절반이 알거지 신세가 되어 로마 가톨릭 교회의 자선 구호품이 없으면 살아갈 수 없었다. 밀라노는 무참히 파괴를 당해 주민은 하나도 살아남지 못했다. 통치자들의 강제 징수와 군대의 약탈 행위로 파산 상태에 빠진 도시나 마을이 수백 개에 달했다. 농사짓던 땅이 황폐해져 식량 공급도 줄어들었다. 전하는 바에 따르면, 이 18년의 기간 동안 피케눔 한 곳에서만 5만 명이 기근으로 목숨을 잃었다고 한다.[19] 로마에 있던 귀족들은 뿔뿔이 흩어져 버렸다. 전투나 약탈 속에서, 혹은 도망 중에 목숨을 잃은 원로원 의원의 수가 너무 많아서 살아남은 사람들로만 로마 원로원을 계속 운영하기에는 역부족이었다. 그래서 우리는 579년 이후로는 원로원의 이야기를 더 이상 들을 수 없다.[20] 테오도리크가 수리해 두었던 대규모 수도교(水道橋)도 여기저기 부서진 채 방치되면서, 캄파니아는 다시 말라리아가 들끓는 광활한 습지로 변해 버렸고 최근까지도 그 신세를 면치 못했다. 수도교의 힘으로 돌아가던 웅장한 목욕장도 못 쓰게 되어 서서히 퇴물이 되어 갔다. 도시를 장식했던 수많은 조각상은 알라리크와 가이세리크의 침공에는 용케 살아남았으나, 이번에는 이것들을 깨부수고 녹여서 발사대 및 탄환을 만드느라 하나도 남아나질 않았다. 세계의 절반인 서방의 수도 노릇을 하던 로마였건만, 이제는 오직 폐허만이 그 장대함의 흔적을 증명해 주고 있었다. 이제 이탈리아는 동로마 제국의 황제가 잠깐이나마 통치하게 된다. 하지만 승리의 대가는 너무 크고 또 허탈했다. 앞으로 로마는 르네상스가 찾아오기 전까지는 이때 입은 상처에서 온전히 회복되지 못했으니까 말이다.

4. 유스티니아누스 법전

역사가 유스티니아누스가 일으켰던 전쟁은 잊어버렸으면서도 그가 만든 법은 기억하고 있는 건 어쩌면 당연한 일이다. 유스티니아누스 치세에 이르자 테오도시우스가 법전을 편찬한 지도 벌써 백 년이나 지나 있었다. 그러다 보니 여러 가지 상황이 바뀌면서 못 쓰게 돼 버린 규정이 한둘이 아니었고, 새로이 통과된 법령도 많아서 법전에 혼란을 가중시키고 있었다. 또 모순된 법률이 많아 법 집행관이나 궁정 관료들에게 걸림돌이 되고 있었다. 로마의 시민법은 제국을 구성하고 있는 다양한 국가의 법률과 상충하는 경우가 많았다. 동로마 제국에서는 헬레니즘(그리스 문화) 전통을 따르다 보니 옛날 로마의 법령 상당수를 잘못 적용하고 있었다. 그리하여 방대함을 자랑하는 로마법 체계는 논리성을 가진 법전이라기보다는 경험을 모아 놓은 누적물이 되어 있었다.

통일을 염원하던 유스티니아누스에게 이런 혼란은 너무도 못마땅했다. 혼란스러운 법령으로 인해 제국의 틈이 점점 더 벌어지고 있었으니까 말이다. 이에 유스티니아누스는 528년 열 명의 법관을 임명해 법전 편찬 위원회를 구성하고 이들에게 법률 내용을 체계화하고, 명확히 하고, 개혁하라는 지시를 내린다. 이 열 명의 법관 중 가장 왕성하고 막강하게 활동한 이가 트리보니아누스였다. 그는 돈에 잘 매수당하고 무신론자 혐의를 받았으나, 유스티니아누스의 법령 정비 계획이 실현되도록 선봉에 서서 영감을 불어넣고, 조언을 하고, 실행시키는 일을 죽을 때까지 계속했다. 그 첫 번째 결과물로서 다소 성급하게 나온 것이 529년에 발표된 『칙법휘찬(勅法彙纂, *Codex Constitutionum*)』이었다. 이것이 제국 전체의 법령으로 포고되면서, 이전에 나온 모든 법령은(『칙법휘찬』에서 재시행된 것들을 제외하고) 효력을 잃게 되었다. 이 법전은 다음과 같은 말로 서두를 보기 좋게 시작한다.

법을 공부하고자 하는 젊은이들에게 고하노니, 황제의 위엄은 모름지기 무기로

만 장식할 것이 아니라 법으로 무장을 해야 하는 바, 그래야만 전시에나 평시에나 훌륭한 통치가 이루어지리라. 더불어 통치자는 …… 적들에게서 승리를 거두는 일에만 골몰할 것이 아니라, 정의를 실현시키는 데에도 만전을 기울여야 할 것이다.[21]

그러고 나서 법전 편찬 위원회는 두 번째 임무 수행에 나선다. 로마 시대의 위대한 법관들이 내놓은 의견(라틴어로 레스폰사(responsa)라고 한다.) 중에서 여전히 법적인 힘을 지닐 정도의 가치가 있다고 여기는 것들을 모아 체계화하는 작업을 했는데, 그 결과물이 『학설휘찬(學說彙纂, *Digesta* 또는 *Pandectae*)』이었다.(533년) 여기 인용된 내용이나 그에 대한 해석은 이후 모든 판결에 구속력을 갖게 되었다. 반면 나머지 의견은 모두 법적인 권위를 잃게 되었다. 그러면서 옛날 판 레스폰사(responsa) 전집은 더 이상 발행되지 않았고, 그 결과 대부분의 내용을 그 어디서도 찾아볼 수 없게 되었다. 그중 전해지는 일부를 살펴보면, 유스티니아누스 시대의 법전 편집자들은 자유를 옹호하는 의견을 빼 버리기도 하고, 고대 법관들이 내렸던 판결 일부를 황제의 절대 권력과 조화를 이루도록 뻔뻔스럽게 변형시켜 버렸다는 걸 알 수 있다. 한편 트리보니아누스와 그의 동료 둘은 이 주요 작업을 진행시켜 가던 중, 학생들이 읽기에는 『칙법휘찬』의 내용이 너무 어렵다는 사실을 알아차리고 『법학제요(法學提要, *Institutiones*)』란 제목으로 시민법 공식 입문서를 내놓는다.(533년) 알고 보면 이는 서기 2세기 당대의 시민법을 놀라운 기술과 명확성으로 정리해 놓은 가이우스의 『법학제요(*Commentaries*)』를 당시 실정에 맞게 매만져 다시 내놓은 것이었다. 유스티니아누스 사후에는 그가 추가한 법령들이 『신칙법(新勅法, *Novellae*)』이라는 법전으로 출간되었다. 예전 법령집이 라틴어로 씌어진데 반해 이 법전은 그리스어로 씌어져 있었다. 이로써 라틴어는 비잔티움 제국의 법률 용어로서는 영영 자취를 감추게 되었다. 이렇게 출간된 법전들이 한데 통틀어 『시민법 요강(市民法要綱, *Corpus iuris civilis*)』으로 알려지게 되었고, 편하게 유스티니아누스 법전이라 지칭하게 되었다.

유스티니아누스의 법전은 테오도시우스의 법전과 마찬가지로, 그리스도교 신앙을 법제화한 것이었다. 법전의 서두를 보면 먼저 삼위일체론을 선언한 후에, 네스토리우스파, 에우티케스파, 아폴리나리스파를 파문하고 있다. 또 로마 교회가 교회의 수장임을 인정하면서, 모든 그리스도교 단체는 로마 교회의 권위에 따를 것을 명하고 있다. 하지만 이어지는 장(章)에서 곧 교회에 대한 황제의 지배권을 선포한다. 시민법과 마찬가지로 모든 교회법은 황제에게서 나온다는 것이다. 이어서 법전에서는 대주교, 주교, 수도원장, 수도사에 대한 법 조목을 제시한 후에 성직자가 도박을 하거나, 극장에 가거나, 게임에 참가하면 어떤 형벌을 받게 되는지 구체적으로 정하고 있다.[22] 마니교도나 타락한 이단은 사형에 처하도록 되어 있었다. 도나투스파, 몬타누스파, 단성론자 등 정통 교리에 따르지 않는 파들은 재산을 몰수당하는 고통을 감내해야 했다. 또 물건을 사고팔 수도 없었고, 유산을 물려주거나 위탁할 수도 없었다. 공직에 오를 기회도 박탈당했고, 모임을 가져서도 안 되었으며, 그리스도교도가 진 채무에 대해 소송을 제기할 자격도 없었다. 한편 한결 온화한 법령도 있어서 주교에게 감옥을 방문할 권리를 주고, 법의 남용으로 죄수들이 피해를 입지 않도록 주교가 보호해 주도록 했다.

유스티니아누스 법전은 옛날식의 계급 구분을 새로이 했다. 노예 신분에서 해방된 자유민은 더 이상 따로 구분이 되지 않았다. 해방이 되는 그 순간 바로 자유민의 특권을 모두 누릴 수 있게 된 것이다. 이젠 이들에게도 원로원 의원이나 황제의 지위에 오를 수 있는 가능성이 열린 셈이었다. 한편 모든 자유민은 호네스티오레스(honestiores, 명예나 지위가 있는 자)와 후밀리오레스(humiliores, 일반 평민)로 나뉘었다. 디오클레티아누스 황제 이래로 호네스티오레스 사이에 형성되어 왔던 지위의 서열도 법전을 통해 공식화되었는데, 파트리키(patricii), 일루스트레스(illustres), 스펙타빌레스(spectabiles, 우리가 쓰고 있는 'respectable'이 여기에서 나왔다.), 클라리시미(clarissimi), 글로리오시(gloriosi)로 나뉘었다. 이 로마의 법률에는 동양의 요소도 많이 들어 있었다.

유스티니아누스 법전을 보면 노예제에 관한 법령에서는 그리스도교와 금욕주의가 어느 정도 영향을 끼쳤음을 알 수 있다. 이제는 여자 노예를 강간하면 자유민 여자를 강간했을 때와 마찬가지로 사형에 처해졌다. 또 노예라도 주인만 승낙하면 자유민 여자와 결혼을 할 수도 있었다. 교회에서 그랬던 것처럼 유스티니아누스도 노예 해방을 장려했다. 하지만 부모가 극심한 가난에 시달릴 때는 새로 태어난 아이를 노예로 팔 수 있도록 허락했다.[23] 또 법전의 특정 부분에서는 농노를 합법화하여 봉건제의 기반을 마련해 주었다. 또 어떤 농지를 30년 동안 경작한 자유민이 있으면 (후손들도) 영원히 그 땅을 떠나지 못하도록 했다.[24] 이는 농민이 토지를 버리는 일을 막기 위한 방책으로 보면 된다. 농노가 땅을 버리고 달아나거나 영주의 허락 없이 성직자가 될 경우엔 도망간 노예를 붙잡아 오듯이 다시 데려올 수 있었다.

유스티니아누스 법전이 편찬되면서 여자의 지위는 약간 올라갔다. 4세기부터 여자들은 이미 남자들로부터 평생 감시를 받지 않아도 되었고, 남자를 통해서만 유산을 물려준다는 원칙 역시 무용지물이 되어 있었다. 교회는 여자들에게서 유산을 헌납받는 경우가 많았기 때문에, 이런 개혁이 이뤄지는 데 커다란 역할을 담당했다. 유스티니아누스는 이혼에 대해서는 교회의 입장을 적용하려 애를 써서, 부부 중 어느 한쪽이 수녀원이나 수도원에 들어가려 할 때를 제외하고는 이혼을 할 수 없도록 했다. 하지만 이는 당시 관습이나 법에 비춰 봤을 때 처음 시행되는 법 치고는 너무 극단적인 것이었다. 그래서 일반 대중 상당수가 해악이 많아질 거라며 이 법에 반대했다. 그러자 황제는 나중에 추가 법령을 통해 이혼 사유를 보다 다양하게 마련해 놓았고, 이것이 1453년까지 비잔티움 제국의 법령이 되어 (이따금 휴지기도 있었지만) 지속적으로 효력을 발휘하게 된다.[25] 아우구스투스는 독신으로 살거나 자식이 없을 경우 형벌을 부과했는데, 유스티니아누스 법전에서는 이 부분이 사라졌다. 또 콘스탄티누스는 간통을 일급 범죄로 정한 바 있었다.(물론 이 칙령을 시행한 적은 거의 없지만.) 유스티니아누스는 남자들의 간통은 계속 사형에 처한 반면, 여자들은 수녀원에 감금시키는 것으로 형을 낮추었다. 또 아내에게 정부가 있다는 사실을 알고 남편이 세 번의 경고를 했는데도(경고 시에는 증인이 있어야 했다.), 아내가 그의 집이나 혹은 여관 같은 데서 정부라 의심되는 남자와 이야기를 나누고 있는 걸 봤을 댄 그자를 죽여도 벌을 받지 않았다. 결혼하지 않은 여자나 과부가 성관계를 가졌을 때도 이와 비슷하게 엄격한 형벌이 내려졌다.(동거녀나 매춘부는 제외) 강간을 하면 사형에 처하고 재산을 몰수해 해를 입은 여자에게 주었다. 유스티니아누스는 동성애 행위를 하면 사형에 처하도록 했을 뿐 아니라, 죄수를 사형시키기 전에 그를 고문하고, 신체를 절단하고, 대중 앞에서 행진시키는 형벌까지 추가했다. 비정상적인 성행위에 대해 이토록 극단적인 법령이 제정된 데에는 이교도 문명이 저지르는 죄악에 너무 충격에 빠진 나머지 그리스도교가 극렬한 엄격주의로 돌아선 영향이 컸다.

유스티니아누스는 재산과 관련한 법도 결정적으로 변화를 시켰다. 부계 친척들 (즉 남자 혈통 친척들)만 유산을 받을 수 있었던 고대의 특권이 폐지되고, 이제는 직계의 친척들(자식, 손자 등)이 유산을 물려받을 수 있게 되었다. 유스티니아누스 법전은 자선을 위한 헌납이나 유증을 장려했다. 또 교회의 재산은(부동산, 동산, 소작료, 농노, 노예 등 어떤 형태든) 양도가 불가능한 것으로 선언했다. 그 결과 교회의 어떤 구성원도(성직자나 평신도를 가릴 것 없이 그 수가 아무리 많아도) 교회에 속한 것은 그 무엇도 나누어 주거나, 팔거나, 증여할 수 없게 되었다. 레오 1세와 안테미우스가 제정한 이 법령들을 유스티니아누스 법전이 정식 승인하면서 교회가 재산을 늘려 갈 수 있는 법적 기반이 마련되었다. 그리하여 수 세대를 거치자 속세의 재산은 밑 빠진 독에 물 붓듯 새어 나가 버리고, 교회의 재산만 쌓여 갔다. 교회에서는 이자를 금지시키려 시도했으나 실패했다. 채무자가 빚을 갚지 않고 도망가면 체포될 수도 있었지만, 보석이나 재판에 다시 출두한다는 서약을 하면 풀려났다.

이때는 고위 행정관의 명령이 없는 한 그 누구도 구금할 수 없었다. 또 체포를 하고 나서는 반드시 특정 기한 내에 재판을 하도록 시간제한이 있었다. 이 시대에는 법률가의 수가 너무 많아서 유스티니아누스는 이들을 위해 공회당(公會堂)을 따로 지을 정도였다. 이곳 도서관에 소장된 두루마리만 15만 개였다는 사실로 이 건물이 얼마나 컸는지 짐작할 수 있을 것이다. 재판은 황제가 임명한 관리 앞에서 열렸다. 하지만 양측 모두가 합의할 경우 주교의 법정으로 이관해 사안을 다룰 수 있도록 했다. 재판 시에는 항상 판사 앞에 성서가 놓여 있었다. 양측 변호인들은 훌륭한 태도로 자신의 의뢰인을 위해 최선을 다해 변호할 것이며, 의뢰인의 주장이 거짓으로 밝혀지면 변호를 그만둘 것임을 성서 앞에서 맹세해야 했다. 원고와 피고 역시 성서 앞에서 자신의 대의가 정당함을 맹세해야 했다. 당시의 형벌은 가혹하기는 했지만 반드시 시행되는 경우는 별로 없었다. 판사는 여자, 미성년자, 취중 범죄자에 대해서는 형을 감면해 줄 수가 있었다. 구금은 재판을 위해 피고를 억류해 두는 수단으로 활용되었지, 형벌로 활용되는 경우는 별로 없었다. 유스티니아누스 법전이 하드리아누스와 안토니누스 피우스의 법령에 비해 퇴보한 부분도 있었는데, 형벌로서 신체 절단을 용인한 것이었다. 세금 징수원이 보고서를 잘못 작성하거나, 단성론파 문헌을 필사할 경우 손이 잘리는 고통을 당하는 수가 있었다. 죄의 대가를 죄를 저지른 그 부위가 치러야 한다는 원칙에 따른 것이었다. 코나 목을 절단하는 칙령은 유스티니아누스 법전에 자주 등장한다. 후대 비잔티움의 법령에는 실명의 형벌까지 추가되었고, 이는 특히 제위 후계자나 제위에 뜻을 둔 사람의 자격을 박탈하는 수단으로 활용되었다. 자유민의 경우엔 참수의 형식으로 사형이 이루어졌고, 일부 노예들은 십자가형에 처해지기도 했다. 마법사나 탈영병들은 산 채로 화형에 처해졌다. 한편 유죄 판결을 받은 시민은 1차로는 상급 법원에 상고할 수 있었고, 2차로는 원로원에, 마지막으로는 황제에게 상고를 할 수 있었다.

유스티니아누스 법전은 부분적인 내용보다는 전체적인 성과를 봤을 때 대단한 위업으로 평가받을 수 있다. 이 법전이 이전 법전들과 비교해 가장 달랐던 점은 엄격한 정통 교리를 표방했고, 애매한 표현법이 한층 심화되었으며, 복수의 성향이 지극히 강했다는 것이다. 교육받은 로마인이라면 유스티니아누스 시대보다도 안토니누스의 시대의 삶이 더 교양 있었다고 생각했을 것이다. 한마디로 유스티니아누스 황제는 자신이 처한 환경이나 시대를 벗어나지 못한 셈이었다. 모든 것을 하나로 통일시키고 싶다는 야망 속에 그는 당대의 정의나 자비심뿐만이 아니라 그 시대에 횡행하던 미신이나 잔혹함까지도 법전에 넣은 것이었다. (비잔티움 제국의 모든 것이 그렇듯) 유스티니아누스 법전은 보수적인 성격이 강해서 불멸의 운명을 타고난 듯한 문명에게 숨통을 죄는 구속복(拘束服) 역할을 했다. 점점 좁아지는 비잔티움 제국의 영토를 제외하고 유스티니아누스 법전에 복종하는 곳은 이내 사라지게 되었다. 유스티니아누스 법전으로 모진 고통을 당한 이단들은 이슬람교도들이 들어오자 두 팔 벌려 환영했고, 유스티니아누스 법전의 지배를 받을 때보다 코란의 가르침 속에서 더 번영해 나갔다. 롬바르드족의 통치를 받는 이탈리아나, 프랑크족의 갈리아, 앵글로색슨족의 잉글랜드, 서고트족의 스페인 역시 유스티니아누스의 칙령을 무시했다. 그럼에도 불구하고 유스티니아누스 법전은 몇 세대 동안은 잡다하게 모인 민족들에게 질서와 안정을 가져다주었고, 이 법령 덕분에 사람들은 다양한 국경지대와 열 개도 넘는 나라의 길거리를 지금보다도 더 자유롭고 안전하게 왕래할 수 있었다. 유스티니아누스 법전은 끝까지 비잔티움 제국의 법전으로 남았다. 한편 서로마 제국에서 이 법전은 500년 동안 자취를 감추었다가 볼로냐의 법관들 손에 의해 되살아나서 황제 및 교황들에게 받아들여지게 되었고, 질서유지를 위한 뼈대 같은 것이 되어 많은 근대 국가의 조직 속으로 들어갔다.

5. 황제 신학자

이제 유스티니아누스에게 남은 것은 신앙을 하나로 통일시키는 일, 교회를 하나의 일원적인 통치 수단으로 만드는 일뿐이었다. 유스티니아누스의 신심 어린 모습은 단순히 정치적 계산에서 나온 것이 아니라 진심에서 우러난 듯하다. 그는 궁정에 살면서도 테오도라가 허락하는 선에서 수도사처럼 생활했다. 금식을 하고, 기도를 드리고, 두꺼운 신학 책을 파고들고, 교리의 미묘한 부분에 대해 학자, 총대주교, 교황과 논쟁을 벌였다. 프로코피우스가 반역자 이야기를 꺼낸 것은 순전히 이런 맥락에서였다. "유스티니아누스 황제가 호위병도 두지 않은 채 밤늦게까지 접견실에 앉아 다 늙은 사제들과 성경 두루마리를 열심히 넘기는 걸 보고도 이번이 그를 죽일 기회라거나, 그가 정말 두려울 거라고 생각지 못한다면 정신이 온전하다 할 수 없는 것이다."[26] 유스티니아누스가 유스티누스의 섭정으로 통치를 하며 거의 처음으로 권력을 휘둘렀던 것도, 제논 황제의 칙령 때문에 벌어졌던 동로마 교회와 서로마 교회의 틈을 메우기 위해서였다. 유스티니아누스가 교황의 견해를 받아들이자 고트족에 반기를 들었던 이탈리아의 성직자들과 단성론파에 반대했던 동로마의 성직자들이 그를 지지하고 나섰다.

단성론파는 그리스도 안에 오로지 하나의 본성만이 존재한다고 열렬히 주장했던 사람들로, 이집트의 단성론파 숫자는 이집트의 가톨릭교도 숫자에 버금갔다. 알렉산드리아에서는 그 교세가 크게 발전해서 정통 단성론파와 비정통 단성론파로 파가 갈릴 정도였다. 이렇게 갈린 파는 자기들끼리 길거리에서 싸움을 벌였고, 아내들은 지붕에 올라가 물건을 던지며 싸움을 거들었다. 한번은 황제의 무장 세력이 아타나시우스의 교구에 가톨릭 주교를 앉히자 신도들이 주교의 부임 설교에 돌팔매질로 응수했고, 이에 황제의 병사들이 그들을 학살하는 사건이 일어나기도 하였다. 알렉산드리아의 주교직은 가톨릭이 차지하고 있었어도 시골에는 구석구석 이단이 퍼져 있었다. 농부들은 총대주교가 내린 교령이나 황제가 내린 칙령을 무시했고, 아랍인들이 쳐들어오기 백 년 전부터 이미 이집트의 절반은 제국의 손을 벗어나 있었다.

다른 많은 문제에서도 그랬지만 이런 문제에는 이리저리 흔들리는 유스티니아누스보다는 고집 센 테오도라의 뜻이 관철되었다. 그녀는 로마의 부제(副祭)였던 비길리우스를 꾀어 단성론파를 인정해 줄 수 있다면 그를 교황으로 만들어 주겠다고 했다. 그러다 벨리사리우스가 교황 실베리우스를 로마에서 쫓아내게 되었고(537년), 실베리우스는 팔마리아 섬으로 유배를 갔다가 거기서 수모를 당하고 곧 세상을 떠났다. 그러자 황제의 명령에 따라 비길리우스가 교황 자리에 올랐다. 단성론파의 입장이 어떻게든 살아남아야 한다는 테오도라의 생각에 결국 설복당한 유스티니아누스는 「3장령(Three Chapters)」이라는 황제의 신학 문서를 통해 단성론 지지자들을 달래 보려 애썼다. 그러고는 비길리우스를 콘스탄티노플로 불러서 이 문서에 서명할 것을 종용했다. 비길리우스가 마지못해 응낙하자 아프리카의 가톨릭 성직자들이 그를 파문하고 나섰다.(550년) 이에 비길리우스가 응낙을 철회하자 유스티니아누스는 그를 프로콘네소스에 있는 바위로 유배시켜 버렸다. 이에 비길리우스는 다시 서명에 동의하고 로마로 돌아와도 된다는 허가를 얻어 냈지만, 로마로 돌아오는 길에 죽고 말았다.(555년) 황제가 교황권 지배를 위해 그렇게 공개적으로 애쓴 것은 한번도 없던 일이었다. 유스티니아누스는 공의회를 소집해 콘스탄티노플에서 회의를 열었다.(553년) 서로마 주교들은 거의 하나도 참석하지 않은 가운데, 공의회는 유스티니아누스의 신조(信條)를 승인했다. 이에 서로마 교회가 공의회 결과를 거부하면서 동로마 교회와 서로마 교회는 또다시 갈라져 백 년간 분열된 채 지냈다.

결국에는 죽음이 이 모든 논란을 잠재웠다. 548년 테오도라가 세상을 떠난 것은 유스티니아누스에게는 그 무엇보다 큰 타격이었고, 이로써 그가 가지고 있던 용기와 명확한 이상과 강인한 힘은 산산이 부서지고 말았다. 당시 그는 65세였는데 금욕적인 생활과 연이은 위기로 많이 약해진 상태였다. 그는 통치는 신하들에게 맡겨 버리고, 그간 그렇게 애써 왔던 국방 문제도 내팽개친 채 신학 공부에만 빠져 지냈다. 제 명이라고 할 수 없는 이후 17년의 기간은 수없는 재난으로 암울하기만 했다. 유스티니아누스의 이 치세 때에는 지진이 특히 자주 일어나서, 지진에 싹쓸이 당하다시피 한 도시가 열두 곳이나 되었고 이 도시들을 복구하느라 국고는 바닥이 나 버렸다. 542년에는 전염병이, 556년에는 기근이, 558년에는 또다시 전염병이 나라를 덮쳤다. 559년에는 코트리구르 훈족이 다뉴브 강을 건너와 모에시아와 트라키아 지역을 약탈하고, 포로로 수천 명을 잡아갔으며, 주부, 처녀, 수녀 가릴 것 없이 겁탈하고, 여자 포로가 행군 중에 낳은 갓난아기는 개에게 던져 주었다. 이들은 거침없이 행군해 콘스탄티노플 성벽에까지 다다랐다. 겁에 질린 황제는 그때까지 수도 없이 자기 목숨을 건져 주었던 위대한 장군에게 구원을 청했다. 벨리사리우스는 이제 늙어 기운이 없었다. 그럼에도 불구하고 그는 갑옷을 다시 몸에 걸치고 이탈리아에서 자신과 함께 싸웠던 백전노장 300명을 불러 모으고 훈련 안 된 신병을 몇 백 명 모아, 7000명의 훈족 군단을 맞으러 나섰다. 벨리사리우스는 늘 하던 대로 예지와 뛰어난 전술을 발휘해 병사들을 적재적소에 배치하고, 최정예 병사 200명은 근처 숲에 매복시켜 두었다. 훈족이 진군해 오자 벨리사리우스의 매복병들이 훈족의 측면을 치고, 벨리사리우스는 얼마 되지 않는 자기 병력의 선두에 서서 공격에 맞섰다. 야만족은 단 한 명의 로마인에게도 치명적 부상을 입히지 못한 채 방향을 틀어 달아났다. 하지만 콘스탄티노플 시민들은 벨리사리우스가 적을 끝까지 쫓아가 훈족의 우두머리를 포로로 붙잡아 오지 못했다며 불평을 해 댔다. 질투심 많은 황제는 장군을 깎아내리는 시기 어린 중상모략을 귀 기울여 듣고는 그가 반역을 꾀한다고 의심해 그의 무장 사병을 해산시켜 버렸다. 565년 벨리사리우스는 세상을 떠났고, 유스티니아누스 황제는 그의 재산 절반을 몰수해 버렸다.

황제는 벨리사리우스보다 8개월을 더 살다 세상을 떠났다. 그가 말년에 신학에 대해 기울였던 관심은 기이한 결실을 맺고 말았다. 신앙을 수호한다는 명목으로 공부하다 오히려 이단이 되어 버린 것이다. 그는 그리스도의 육신은 썩어 없어지지 않으며, 그리스도가 지닌 인간적 본성은 단 한 번도 썩어 없어지는 육체의 욕구와 핍박을 받은 적이 없다고 발표한 것이다. 황제가 이 오류를 수정하지 않고 죽으면 그의 영혼은 "불지옥에 떨어져 그곳에서 영원히 타게 된다."고 성직자들은 경고했다.[27] 하지만 그는 이 입장을 고수한 채 세상을 떠나, 83년의 생과 38년의 치세를 마감했다.

유스티니아누스의 죽음으로 고대(古代)는 또 한 번 종막을 고했다고 할 수 있다. 동로마 제국과 서로마 제국을 다 함께 생각했다는 점에서, 또 야만족을 몰아내기 위해 분투하고, 광대한 영토를 다시 일원적인 법률로 다스리려 했다는 점에서 그는 진정한 로마의 황제였다. 그리고 이 목적을 그는 상당 부분 이뤘다고 할 수 있다. 유스티니아누스 치세 때 로마는 아프리카, 달마티아, 이탈리아, 코르시카, 사르디니아, 시칠리아 및 스페인 일부를 다시 손에 넣었고, 페르시아인들을 시리아에서 몰아내면서 제국의 영토는 두 배로 넓어졌다. 물론 이단이나 부도덕한 성생활에 대해서는 잔혹할 정도로 엄격한 면이 있었지만, 유스티니아누스 법전은 그 통일성과 명확성과 광범위함으로 볼 때 법의 역사에서 최고의 위치에까지 올랐다고 해도 과언이 아니다. 그의 궁정과 관료 조직 역시 관리의 부패, 가혹한 징세, 일관되지 않은 사면과 형벌로 많은 오점을 남기긴 했어도, 황제의 경제 정책과 통치를 부지런히 실행시켰다는 점에서는 뛰어난 조직이었다. 또 나머지 유럽 대륙이 걷잡을 수 없이 암흑시대로 빨려 들어가는 와중에서도 일종의 질서 체계를 만들어 내(자유를 등한시한 점은 아쉽지만) 유럽 땅의 한 구석에서라도 문명을 온전히 지켜 낸 것은 대단한 일이었다. 유스티니아누스는 산업과 예술의 역사에도 이름을 남겼다. 성 소피아 성당 역시 그가 만든 기념물이다. 유스티니아누스와 동시대를 살았던 정통파 그리스도교도들은 덮쳐 오는 파도를 피해 제국이 또 한 번 목숨을 건져 죽음을 유예받았다고 생각했을 게 분명하다.

하지만 안타깝게도 유예 기간은 잠시였다. 유스티니아누스가 처음 황제 자리에 올랐을 때만 해도 꽉 차 있던 국고는 그가 죽을 때는 텅텅 비어 있었다. 또 그의 군대는 여러 나라를 정복했지만 법이 가혹하고 세금 징수원은 도둑이나 다름없어서 정복하기가 무섭게 제국에서 등을 돌려 버렸다. 게다가 제국의 군대마저 대량 학살당하고, 뿔뿔이 흩어지고, 급료를 제대로 못 받자 그토록 피땀 흘려 정복한 땅을 오랜 기간 지켜 내지 못했다. 얼마 못 가 아프리카 땅은 방치된 채 베르베르족이 차지하게 되었고, 시리아, 팔레스타인, 이집트, 아프리카, 스페인 땅은 아랍인들이, 이탈리아는 롬바르드족이 차지하게 되었다. 유스티니아누스 황제가 죽고 나서 불과 백 년도 안 돼서 비잔티움 제국은 얻은 영토보다 잃은 영토가 더 많게 되었다. 뒤늦게 하는 거만한 생각이지만, 비잔티움 제국이 당시 막 기세를 떨치기 시작하던 국가나 신조들을 하나로 모아 일종의 연합체를 만들었으면 훨씬 나았을지 모르겠다. 이탈리아를 비교적 훌륭하게 통치해 내고 있던 동고트족과 화친을 맺었더라면, 비잔티움 제국을 완충 장치 삼아 고대의 문화가 새로 태어나는 국가들에 풍부히 흘러들 수 있었더라면 얼마나 좋았을까.

유스티니아누스에 대한 프로코피우스의 평가를 우리가 다 받아들일 필요는 없다. 자신의 견해를 스스로가 논박하기도 했으니 말이다.[28] 유스티니아누스는 위대한 통치자였고, 그의 과오는 다름 아닌 자신의 신조를 누구보다 논리적이고 성심성의껏 지키려는 데서 비롯된 것이었다. 그가 사람들을 박해한 것은 확신 때문이었고, 전쟁을 일으킨 것은 로마의 영혼을 지키기 위해서였으며, 시민들의 재산을 몰수한 것은 전쟁을 하기 위해서였다. 이를 위해 편협한 폭력을 사용한 것은 안타까운 일일지만, 원대한 목표를 품었던 데는 경의를 표하지 않을 수 없다. 보니파키우스와 아이티우스가 아니라, 이 유스티니아누스와 벨리사리우스야말로 최후의 로마인이었다.

6장 | THE AGE OF FAITH
비잔티움 문명
326~565

1. 일과 부(富)

비잔티움 제국의 경제는 개인 기업, 국가 규제, 국영 산업이 근대식으로 뒤섞인 형태였다. 유스티니아누스 치세 때는 여전히 소(小)자작농으로 일하는 것이 농업의 기본이었다. 하지만 사유지가 점점 늘어났고, 가뭄이나 홍수, 경쟁이나 무능력, 세금이나 전쟁 때문에 어쩔 수 없이 대지주의 영지에 예속되는 농민이 많아졌다. 땅 속에 묻힌 광물 자원은 원칙적으로 국가 소유였으나, 국가에서 임대받은 개인 기관들이 채굴 사업을 장악했다. 그리스의 광산은 이미 바닥난 상태였지만, 트라키아, 폰투스, 발칸 반도의 오래된 그리고 새로운 광맥에선 채굴이 활발히 이루어졌다. 산업 노동 대부분은 "자의에 의한" 것이었다. 즉 기근을 견디지 못할 때만 노역에 나섰다. 집안일과 직물 산업을 제외하면 직속 노예제는 미미한 역할밖에 수행하지 못했다. 다만 시리아와 (아마도) 이집트, 북아프리카에서는 주요 관개 수로를 관리하기 위해 국가가 강제 노역을 활용했다.[1] 군대, 관료, 궁정에 필요한 재화의 대부분은 정부가 직접 공장을 지어 생산해 냈다.[2]

552년경 중앙아시아에서 온 네스토리우스파 수도사 몇몇이 유스티니아누스에게 비단을 생산해 낼 수 있는 원료를 비잔티움 제국에 가져다주겠다는 솔깃한 제안을 한다. 그리스와 로마가 중국과 인도로 통하는 교역로를 두고 페르시아와 수도 없이 전쟁을 벌였고, 극동으로 가는 북쪽의 길 이름이 "비단길"이었으며, 로마인들이 중국에 세리카(Serica, 비단의 나라)라는 이름을 붙여 주었고, 중국과 인도 사이에 있는 땅이 세린디아(Serindia)라고 불렸던 것만 생각해 봐도 유스티니아누스가 이 제안을 왜 그토록 열렬히 환영했는지 이해할 수 있을 것이다. 수도사들은 중앙아시아로 돌아가 누에의 알을 구해서 돌아왔고, 아마도 이때 뽕나무 묘목도 몇 그루 들여왔던 듯하다.[3] 비단 제조업은 그리스에서 소규모로 이루어지고는 있었지만, 오크, 물푸레나무, 삼나무 잎을 먹고 사는 야생 누에를 이용하고 있었다. 누에알이 들어오면서 비단 제조업은 국가의 주된 사업이 되었고, 시리아와 그리스에서 특히 발전했다. 펠로폰네소스에서는 비단 제조업이 크게 융성해서, 뽕나무(학명, morus alba)의 땅이라는 뜻의 모레아(Morea land)가 이 반도에 새로운 이름으로 붙여질 정도였다. 특정 종류의 비단 제조나 자주색 직물 염색은 콘스탄티노플에서 국영사업으로 운영되었고, 따라서 이 작업들은 궁정 내부 혹은 궁정 근처의 작업장에서 이루어졌다.[4] 값비싼 비단과 염색한 천들은 고위 관료들만 이용할 수 있었으며, 가장 값나가는 천들은 황실 가문 사람들만 걸칠 수 있었다. 비밀리에 사설 제조업체가 생겨나 비특권층에게도 비슷한 제품을 팔았지만, 유스티니아누스는 이 암시장을 무너뜨리는 데 성공한다. 사치스러운 비단이나 염색 천을 특권층만 사용할 수 있도록 한 제한 규정을 대부분 풀어 버린 것이다. 그러고는 경쟁 민간 제조업체는 엄두도 못 낼 싼 가격으로 국영 제조업장의 직물을 상점에 대량으로 공급했다. 그 결과 경쟁자가 사라지자 다시 직물 가격을 올려 버렸다.[5] 유스티니아누스는 디오클레티아누스의 선례에 따라 모든 물가와 임금을 통제하기 위해 갖은 노력을 기울였다. 542년에 전염병이 비잔티움 제국을 휩쓸고 나자, 일할 수 있는 사람이 현저히 줄어들면서 임금이 올라갔고 그러면서 물가가 치솟았다. 1348년 흑사병이 유럽을 휩쓸었을 때 영국 의회에서 조치를 취했던 것처럼, 유스티니아누스도 물가 및 임금에 대해 다음과 같은 칙령을 발표해 고용주와 소비자에게 도움을 주려고 애썼다.

> 하느님의 천벌이 이 땅을 덮친 이래로 상인, 직공, 농부, 선원 들은 탐욕에 물들어 예전에 받던 물건 값이나 임금의 두세 배를 요구하고 있다는 것을 우리는 익히 알고 있다. …… 황궁에서는 예전보다 높은 임금이나 물건 값을 요구하는 모든 행동을 금지하는 바이다. 또 건설, 농업 및 기타 직종에서 활동하는 하청업자들 역시 인부들에게 과거의 통상적 수준 이상의 임금을 지급해서는 안 된다.[6]

이 칙령의 시행 결과가 어땠는지에 대해서는 전해지는 바가 없다.

비잔티움 제국의 가내 수공업과 해외 교역은 콘스탄티누스 치세부터 유스티니아누스 치세 후반을 거치는 동안 활짝 꽃을 피웠다. 비잔티움 제국에 건설된 로마식 도로와 다리는 지속적으로 유지 보수가 되었고, 창의적 돈벌이에 대한 열망에 힘입어 선박이 속속 건조되어 동로마 제국과 서로마 제국에 자리한 백 여 곳의 항구는 배들로 만원을 이루었다. 5세기부터 15세기까지 콘스탄티노플은 세계 최대의 시장이자 해운(海運)의 중심지로서의 지위를 잃지 않았다. 기원전 3세기부터 해상의 패권을 장악해 왔던 알렉산드리아는 콘스탄티노플에 최고 자리를 물려주는 것은 물론, 교역 면에서는 안티오크에도 서열이 밀리고 말았다.[7] 한편 시리아 전역은 상업과 산업이 융성하면서 전성기를 누렸다. 시리아는 페르시아와 콘스탄티노플, 그리고 콘스탄티노플과 이집트 사이에 자리 잡고 있었고, 시리아 상인들은 판단력이 뛰어나고 누구보다 대범해서, 교역의 규모나 기막힌 교역 방식 면에서 그들과 어깨를 겨룰 수 있었던 상대는 기운 넘치는 그리스인들뿐이었다. 비잔티움 문명의 풍습이나 예술에 동양적인 요소가 강하게 나타나는 데에는, 이들 시리아인들이 제국 전역에서 폭넓게 활동한 때문이기도 했다.

비잔티움 제국의 상인들이 시리아에서 중앙아시아로 통하는 옛날 교역로를 지나기 위해서는 제국과 앙숙이었던 페르시아를 거쳐야 했기 때문에 유스티니아누스는 새로운 교역로를 뚫기 위해 애썼고, 그 일환으로 아라비아 남서부의 힘야르족 및 에티오피아의 왕들과 화친을 맺게 되었다. 이들이 비잔티움 제국과 페르시아 사이에 자리 잡고서 홍해의 남쪽 관문을 통제하고 있었기 때문이다. 비잔티움 제국의 상인들은 이들 해협과 인도양을 지나 인도까지 항해해 갔다. 하지만 인도의 항구를 장악하고 있던 페르시아인들이 그곳이 자기 땅이라도 되는 양 자국 영토를 지날 때와 똑같은 통행료를 강요했다. 이 교역로가 소용없게 되자 유스티니아누스는 흑해의 항구를 개발하도록 장려했다. 그리하여 흑해를 따라 늘어서게 된 항구로 물건이 들어왔고, 이 물건들은 배에 실려 콜키스까지 갔고 콜키스에서는 다시 마차에 실려 소그디아나까지 갔다. 중국과 서양의 상인들은 바로 여기서 만나 페르시아의 간섭을 받지 않고 자유롭게 자기들끼리 물건 값을 흥정할 수 있었다. 이 북부 교역로의 이용이 늘자 세린디아는 부와 예술 면에서 중세 시대에 최고의 전성기를 누릴 수 있었다. 한편 서로마에서는 그리스의 교역이 고대의 판로를 계속 유지하였다.

경제가 이렇게 활기를 띨 수 있었던 것은 황제의 통화가 실질적 가치를 지녀 거의 전 세계에서 통용되었기 때문이기도 하다. 비잔티움 제국에서는 콘스탄티누스 황제 때 카이사르가 만든 아우레우스(aureus)를 폐기하고 새로 동전을 주조했다. 솔리두스(solidus) 또는 베잔트(bezant)라고 했던 이 동전에는 황금이 4.55그램 들어 있었는데 이를 1946년의 미국 달러로 환산하면 5.83달러가 된다. 이 정도 가치를 지닌 솔리두스가 나중에 금속으로서나 경제적으로나 그 가치를 잃고 보잘것없는 돈으로 전락했다는 것은 그만큼 물가가 전반적으로 올랐으며, 시간이 흐르면서 통화의 가치가 절하되었음을 여실히 보여 주는 것이었다. 더불어 다른 미덕들과 함께 근검절약의 덕도 분별력 있게 실천하지 않으면 안 된다는 것을 말해 주기도 했다. 비잔티움 제국에서 금융업은 고도로 발달해 있었다. 유스티니아누스가 즉위할 당시 비진티움 제국이 경제적으로 얼마나 번영했는지 알려 주는 근거가 하나 있는데, 바로 그 시대에 책정된 이자율이다. 유스티니아누스는 농부들의 대출 이자율은 최대 4퍼센트, 담보가 있는 개인 대출 이자는 6퍼센트, 상업 대출 이자는 8퍼센트, 해운 사업 투자에 대한 이자는 12퍼센트로 고정시켰다.[8] 이 시대에 이자율이 이 정도로 낮았던 곳은 전 세계에서 비잔티움 제국밖에 없었다. 비잔티움 제국의 원로원 의원 귀족들은 토지 소유를 통해서 부를 축적했고, 거물 사업가들은 위험한 만큼 이득이 커지는 원거리 투기 사업을 통해 재물을 모았는데, 역사에서 이 정도의 부와 사치를 누린 사람들은 로마의 유명 인사 몇몇뿐이었다. 하지만 동로마 제국의 귀족층은 키케로나 유베날리스 시대의 로마 부자들보다 취향이 고상했다. 이들은 이국적인 음식에 게걸스럽게 탐닉하는 일이 없었으며, 이혼률도 낮았고, 상당한 충성심과 근면함을 보이며 나랏일에 복무했다. 비잔티움 제국의 귀족들이 주로 사치를 부린 부분은 화려한 의상이었다. 이들은 예복 가장자리에 모피를 붙이고 전체를 반짝반짝 빛나게 장식했으며, 비단 튜닉은 공들여 염색했고, 옷을 지을 때는 금실을 이용했으며, 자연이나 역사 속 풍경을 옷에 담기도 했다. 그래서 "걸어 다니는 벽화"라 불리는 사람들도 있었다. 한 원로원 의원의 경우, 그가 입는 옷을 통해 그리스도의 일생을 처음부터 끝까지 알 수 있을 정도였다.[9] 계급 피라미드의 꼭대기를 금박처럼 덮고 있던 소수 최상류층의 밑은 늘 세금 때문에 속이 타는 중산층과 따분한 관리들, 그리고 참견을 좋아하는 잡다한 수도사 무리가 차례로 차지하고 있었다. 가장 밑바닥은 물가 체계에 착취당하고 배급품에 위안을 받던 무산(無産) 부랑자들의 차지였다.

비잔티움 제국의 성 윤리와 상업 윤리는 비슷한 경제 발전 수준을 보여 준 다른 문화와 크게 다르지 않았다. 크리소스토무스가 춤은 정욕을 일으키는 것이라며 비난했어도 콘스탄티노플에서 춤은 멈추지 않았다. 교회에서는 배우에게 세례를 해 주지 않는다는 원칙을 여전히 지켜 갔지만, 비잔티움 제국에서는 외설스러운 무언극이 계속해서 무대에 올랐다. 일부일처제와 무미건조한 이야기에 지친 사람들은 이것들에서라도 위안을 받지 않으면 안 되었던 것이다. 프로코피우스의 『비사(祕史)』에 기록된 바에 따르면(신뢰성 있는 자료라고는 절대 볼 수 없지만), 그가 살던 시대에는 "타락하지 않은 여자들이 거의 하나도 없었다."[10] 사람들은 피임법을 열심히 공부하고 또 연구했다. 4세기의 저명한 의사 오리바시우스도 자신이 쓴 의학 개론서의 한 장(章)을 피임에 할애하고 있다. 6세기의 의학서 저술가 아이티우스는 피임을 위해서는 식초와 소금물을 쓰거나, 월경 기간 초나 말에는 성생활을 자제할 것을 권했다.[11] 유스티니아누스와 테오도라는 콘스탄티노플에서 활동하던 남녀 포주들을 추방해 매춘을 없애 보려 했지만, 일시적인 효과만 보았을 뿐이다. 비잔티움 제국에서 여자의 지위는 전반적으로 높은 편이었다. 여자가 법과 관습에서 이렇게 자유롭고, 또 통치에 그토록 막강한 영향력을 행사한 것은 그때까지 한 번도 없던 일이었다.

2. 과학과 철학: 364~565년

그렇다면 종교적 성향이 강해 보이는 이 사회에서 교육, 학습, 문학, 과학, 철학은 과연 어떤 운명을 맞았을까?

기초 교육은 계속 개인 교사의 손에 맡겨졌고, 부모들이 학생 및 수업 기간별로 급료를 지급했다. 테오도시우스 2세 때까지는 독자적으로 활동하던 강사들과, 시(市)나 국가에서 봉급을 받던 교사들이 고등 교육을 담당했다. 리바니우스가 불평한 바에 따르면, 교사들에게 주어지는 급료가 터무니없이 적어서 이들은 배가 너무 고파 빵을 사러 가다가도 외상값을 갚으라는 얘기를 들을까 두려워 발걸음을 돌렸다고 한다.[12] 하지만 에우메니우스처럼 1년에 60만 세스테르티우스(3만 달러?)를 받는 교사들도 있었다고 전해진다.[13] 다른 분야도 마찬가지지만 교육 분야 역시 가장 뛰어난 자와 가장 나쁜 자는 너무 많이 받고, 그 나머지는 받는 것이 너무 적었다. 율리아누스는 이교 신앙을 더 널리 전파하기 위해 국가 고시를 도입하고 모든 교사는 임명을 받도록 했다.[14] 반면 테오도시우스 2세는 이교가 퍼지는 것을 막으려는 정반대 목표를 위해 국가의 허가 없이 대중에게 무언가를 가르치면 형벌을 받게 했다. 그리고 얼마 지나지 않아 국가의 허가는 정통 신앙에 충실히 따르는 자들에게만 주어졌다.

동로마의 큰 학교들은 알렉산드리아, 아테네, 콘스탄티노플, 안티오크에 자리했고, 네 곳의 학교들은 각기 의학, 철학, 문학, 수사학에서 전문성을 자랑했다. 페르가몬의 오리바시우스(325~403년경)는 율리아누스의 주치의를 지낸 사람으로 70권에 이르는 의학 백과사전을 만들었다. 유스티니아누스 치세 때 궁정 의사를 지낸 아미다의 아이티우스도 비슷한 개설서를 썼는데, 눈·귀·코·입·치아에 일어나는 질환을 고대 시대 최고의 솜씨로 분석해 놓은 점이 뛰어나다. 또 이 책에는 갑상선종(甲狀腺腫)과 광견병에 대한 흥미로운 내용과, 편도 절제부터 치질 치료에 이르기까지 외과적인 치료 과정도 다양하게 나와 있다. 의학서를 쓴 사람 중에 가장 독창적이라고 손꼽히는 사람은 트랄레스의 알렉산데르(525~605년경)이다. 그는 장에 생기는 다양한 기생충에 하나하나 이름을 붙이고, 소화 기관의 장애를 정확하게 기술해 놓았으며, 폐 질환을 진단하고 치료하는 법을 전례 없는 치밀함으로 논의했다. 체내 병리학과 치료법을 다룬 그의 책이 시리아어, 아라비아어, 히브리어, 라틴어로 번역이 되면서 그는 그리스도교 왕국에 막강한 영향력을 끼치게 되었으며, 의학 분야에서 그를 능가한 사람은 히포크라테스, 갈레노스, 소라누스 단 세 명뿐이었다.[15] 아우구스티누스가 전하는 바에 따르면 인간의 생체 해부는 5세기부터 시행되었다고 한다.[16] 하지만 매일같이 미신이 의학을 침범해 들어왔다. 의사들은 대부분 천문학을 받아들였고, 일부는 행성의 위치에 따라 다른 처방을 내려 주기도 했다.[17] 아이티우스도 여자가 항문 근처에 어린아이의 치아를 매달고 다니면 피임에 도움이 된다며 이 방법을 권했다고 한다.[18] 마르켈루스는 『의약서』라는 책에서

(395년) 토끼 발을 행운의 부적처럼 달고 다니는 근대의 방법을 이때부터 권하기도 했다.[19] 한편 이 시대는 인간보다도 노새들이 살기 좋은 때이기도 했다. 이 시대 가장 과학적이라 손꼽히는 저작이 플라비우스 베게티우스(383~450년)의『수의학 보감 4권』이었으니까 말이다. 수의학을 거의 창시했다고까지 할 수 있는 이 책은 르네상스 시대에 이를 때까지 줄곧 권위를 잃지 않았다.

화학과 연금술은 알렉산드리아를 그 중심지로 삼아 손에서 손으로 전해졌다. 연금술사들은 대체로 성실한 연구자들이었다. 고대의 그 어떤 과학자들보다도 실험적인 방법론에 충실히 따랐다는 점에서 말이다. 금속 및 합금의 화학을 실질적으로 발달시킨 것이 바로 이들이며, 금을 만들어 내겠다는 이들의 목적이 미래에도 실현되지 않을지는 지금 우리로서는 알 수 없다. 천문학 역시 소박한 믿음을 기반으로 하고 있었다. 당시에는 태양과 달은 물론 하늘의 별들이 이 세상일에 관여한다는 걸 거의 모두가 당연하게 생각했다. 하지만 이런 소박한 믿음을 등에 업고 엉터리 치료법들이 생겨나 사람들에게 마법, 점(占), 행성의 주문(呪文) 등의 이상한 방법을 떠받들게 하기도 했다. 중세 시대의 도시들에서는 오늘날의 뉴욕이나 파리보다 별점이 훨씬 더 유행했다. 성 아우구스티누스가 전하는 이야기에 따르면, 그의 친구 둘은 가축이 태어날 때에도 별자리 위치를 세세히 기록해 두었다고 한다.[20] 어찌 보면 이런 그리스의 유산을 이슬람이 그대로 물려받으면서 아라비아의 천문학과 연금술에는 비합리적인 내용이 많아진 셈이었다.

이 시대 과학계에서 가장 흥미로운 인물은 이교도 수학자이자 철학자였던 히파티아이다. 그녀의 아버지 테온은 알렉산드리아 박물관 교수직을 지낸 마지막 사람으로 기록되어 있다. 그는 프톨레마이오스의『천문학 집대성』에 대한 주석서를 썼으며, 딸이 집필 작업에 함께했다고 밝히고 있다. 수이다스의 말에 따르면, 히파티아는 디오판투스의 저서, 프톨레마이오스의『천문학 원리』, 페르가의 아폴로니오스가 쓴『원뿔 곡선론』에 대해 주석서를 썼다고 한다.[21] 하지만 그녀의 작품은 현재는 유실되어 하나도 전하지 않는다. 그녀는 수학을 공부하다 철학으로 넘어가, 플라톤과 플로티노스 계열의 사상을 바탕으로 자신의 체계를 구축했으며, (그리스도교도 역사가인 소크라테스의 말을 빌리면) "동시대 모든 철학자들을 훨씬 능가하는 기량을 보였다."[22] 알렉산드리아의 박물관에 철학 교수로 임명되었을 때는 그녀의 강의를 들으려고 방방곡곡에서 사람들이 몰려들었다. 히파티아와 사랑에 빠지는 학생들도 있었으나, 그녀는 평생 결혼을 하지 않았던 것으로 보인다. 우리가 수이다스의 말을 믿는다면 결혼은 했으나 계속 처녀로 지냈을 가능성도 있다.[23] 수이다스가 전하는 또 다른 이야기에 따르면(아마도 히파티아를 적대시했던 사람들이 지어낸 듯하다.) 한 젊은이가 자신을 받아들여 달라며 끈질기게 조르자 히파티아는 못 참겠다는 듯 자기 치맛자락을 걷어 올리면서 이렇게 말했다고 한다. "너는 지금 이 불결한 생식의 상징과 사랑에 빠졌다고 하고 있어. 이게 뭐가 아름답니."[24] 히파티아는 철학을 너무도 좋아해서 누구든 플라톤이나 아리스토텔레스의 철학이 어렵다며 질문을 하면 길을 가다가도 멈춰 서서 설명을 해 주곤 했다. 소크라테스의 말에 따르면 "그녀의 침착한 성품과 느긋한 태도는 늘 마음을 갈고닦은 결과였기 때문에, 알렉산드리아의 행정관 앞에 나서는 일이 많았음에도 그녀는 많은 남자들 틈에서 그녀 특유의 고상하면서 겸손한 행동거지를 잃지 않았다. 그녀가 모두에게서 존경받고 또 사랑받은 것은 바로 이 때문이었다."

하지만 정말로 모든 사람이 그녀를 사랑한 것은 아니었다. 알렉산드리아의 그리스도교도들은 그녀를 고까운 눈으로 바라보았다. 그녀가 사람들을 현혹시키는 무신앙론자일 뿐만 아니라, 이교도이면서 알렉산드리아의 장관직을 맡고 있던 오레스테스의 절친한 친구였기 때문이다. 한번은 대주교 키릴로스가 자신의 수도원 추종자들을 선동해 알렉산드리아에서 유대인들을 쫓아내 버리자, 오레스테스는 이 사건을 공정하지만 공격적으로 설명한 서한을 테오도시우스 2세에게 보냈다. 그러자 일부 수도사들이 장관에게 돌팔매질을 하는 사태가 일어났고, 장관은 주동자를 체포해 죽을 때까지 고문을 가했다.(415년) 키릴로스의 지지자들은 오레스테스에게 주된 영향을 끼친 사람이 히파티아라며 그녀에게도 죄를 씌웠다. 그녀만 없으면 장관과 대주교는 얼마든지 화해할 수 있을 거라고 그들은 주장했다. 하루는 한 무리의 광신도가 키릴로스의 교회에서 한 낭독자(reader) 혹은 하위 성직자의 선동에 이끌려 그녀를 마차에서 끌어내리고는 교회로 끌고 가서 입고 있던 옷을 벗겼다. 그런 후 그녀를 벽돌로 때려 죽이고는 시체를 갈가리 찢은 뒤, 야만인처럼 흥청망청 먹고 마시면서 시체 조각들을 불살라 버렸다.(415년)[25] 소크라테스의 말에 따르면 이는 "키릴로스는 물론 알렉산드리아 교회 전체의 얼굴을 완전히 먹칠한 지독하게 비인간적인 행동이었다."[26] 하지만 이 일로 개인적인 형벌을 받은 사람은 없었으며, 테오도시우스 2세의 조치도 수도사들을 공공장소에 가지 못하게 하는 것에 그쳤고(416년 9월), 더불어 이교도들은 모든 공직에 오를 수 없도록 했다.(416년 12월) 이렇게 해서 키릴로스가 완승을 거둔 셈이 되었다.

히파티아가 죽고 나자 철학을 공부하던 이교도 교사들은 아테네라도 가서 신변을 보호하려 했다. 이곳에서는 비그리스도교 교설을 비교적 자유롭게 가르쳐도 해를 당하지 않았다. 아테네에서는 공부를 여전히 삶의 낙으로 삼을 만했고, 공부하는 사람들끼리의 유대감, 독특한 의상, 신입생 신고식, 전반적으로 유쾌한 분위기 등 고등 교육에서 얻을 수 있는 갖가지 위안을 대부분 즐길 수 있었다.[27] 에피쿠로스 학파는 물론 스토아 학파까지도 이제는 자취를 감춘 뒤였지만, 플라톤 학파는 테미스티오스, 프리스쿠스, 프로클루스를 거치며 화려한 쇠퇴기를 즐기는 중이었다. 테미스티오스는(전성기는 380년경) 아리스토텔레스에 대한 주석서를 써서 아베로이스를 비롯한 중세의 여타 사상가들에게 영향을 주게 되는 인물이다. 프리스쿠스는 한때 율리아누스의 친구이자 고문 역할을 해 준 사람으로, 마술을 부려 열을 나게 했다는 죄목으로 발렌스와 발렌티니아누스 1세에게 체포를 당하기도 했다. 이후 그는 아테네로 돌아와 학생들을 가르치다 90세 되던 395년에 세상을 떠났다. 프로클루스(410~485년)는 진정한 플라톤주의자답게 수학을 통해 철학에 다가간 사람이었다. 그는 학자의 인내심을 발휘하여 그리스 철학의 다양한 사상을 하나의 체계로 짜 맞추고, 거기에 피상적으로나마 과학적인 형태를 입혔다. 하지만 그는 신플라톤주의의 신비주의적인 분위기에도 감화를 받은 사람이었다. 그는 사람들이 단식과 정화를 통해 초월적인 존재와 친교 상태에 들어갈 수 있다고 생각했다.[28] 하지만 529년에 유스티니아누스가 아테네의 학교들을 폐쇄하면서 아테네의 활기는 모조리 사라져 버렸다. 이제 아테네에서는 옛날 대가들의 이론을 몇 번이고 재탕해서 내놓을 뿐이었다. 이제 아테네는 자신들이 물려받은 엄청난 양의 지적 유산에 짓눌려 숨이 막힐 지경이었고, 정통의 색채가 덜했던 그리스도교의 신비주의에서만 그나마 잠시 숨을 돌리고 일탈을 맛볼 수 있을 뿐이었다. 유스티니아누스는 철학자들의 학교는 물론 수사학자들의 학교까지 폐쇄해 버렸고, 이교도는 누가 됐든 더 이상 가르칠 수 없게 했다. 그리하여 천년의 역사를 이어 온 그리스 철학은 막을 내리게 되었다.

3. 문학: 364~565년

425년에 테오도시우스 2세는(혹은 그의 섭정들이) 콘스탄티노플의 고등 교육 체계를 재구성하여, 31명의 교사가 가르치는 학교 하나를 정식으로 설립한다. 이 교사들 중 철학에 배정된 사람이 1명, 법학에 배정된 사람이 2명이었고, 나머지 28명은 라틴어와 그리스어 문법 및 수사학을 가르치는 일을 맡았다. 28명의 교사들은 그리스어와 라틴어 문학을 공부시키는 일까지 맡았는데, 여기에 배정된 인원이 이토록 많았던 걸 보면 당시 문학에 대한 관심이 얼마나 활발했는지 알 수 있다. 이 교사들 중 한 명이었던 프리스키아누스 526년경 라틴어 및 그리스어와 관련하여 방대한 양의 『문법』이라는 저작을 써 냈고, 이 책은 중세 시대에 가장 유명한 교본으로 손꼽히게 되었다. 동로마 교회는 이때까지는 이교도의 고전 문학을 필사하는 데 아무런 이의도 제기하지 않았던 것으로 보인다.[29] 반대를 하고 나서는 성인이 몇몇 있기는 했지만, 콘스탄티노플의 학교에서는 비잔티움 제국이 종말을 맞는 그날까지 고대의 걸작들을 충실히 후대에 전수해 주었다. 더불어 양피지 가격이 계속 오르고 있었음에도 불구하고, 책은 물결은 여전히 넘쳐 났다. 450년경에는 (출신지를 알 수 없는) 무사에우스라는 사람이 「헤로와 레안드로스」라는 유명한 시 한 편을 남겼다. 레안드로스가 사랑하는 헤로를 만나기 위해 헬레스폰토스 해협을 건너다가 바다에 빠져 죽고 만다는 이야기로(훗날 바이런(Byron)은 레안드로스를 따라하겠다며 바다에 뛰어들어 헬레스폰토스 해협을 건넜다.), 헤로는 자신이 갇힌 기둥의 발치에 그가 죽은 채 널브러져 있는 걸 보고는

깎아지른 듯한 험한 바위 위에서 몸을 던져 무서운 속도로 떨어져 내렸다
자신의 사랑이 죽었으니 그녀도 바닷물 속에서 죽음을 찾기 위함이었다.[30]

한편 그리스 시 선집의 마지막을 장식할 글들은 비잔티움 궁정에서 일하던 그리스도교도 궁내관(宮內官)들의 손에서 나왔는데, 고대에 유행했던 분위기나 이교도 신들의 관점에서 비춰 보면 이들이 쓴 연애 시에는 우아함이 있었다. 다음은 아가티아스(550년경)의 작품으로 이런 노래가 있었던 덕분에 벤 존슨(Ben Jonson)은 걸작을 써 낼 수 있지 않았을까.

나는 포도주를 좋아하지 않으나 만일에 그대가 포도주를 만든다면
그 한 모금에 슬픔에 빠진 남자도 행복해지리다.
그대가 잔을 내민다면 나는 그 잔을 받으리니
그대가 기꺼이 그 잔에 그대의 입술을 갖다 대면
더 이상 나는 머뭇대거나 주저하지 않고
그 감미로운 포도주 병도 더 이상 마다하지 않으리다.
포도주 잔이 내게 당신의 입맞춤을 전하며
당신을 가졌던 기쁨을 말해 줍니다.[31]

이 시대에 가장 중요한 문학 작품을 쓴 것은 역사가들이었다. 사르디스의 에우나피우스는 지금은 유실되고 없지만 서기 270년부터 400년까지의 기간을 아우른 통사를 썼는데, 이 책은 유스티니아누스를 영웅으로 칭송하면서 후기 소피스트와 신플라톤주의자 스물세 명에 대한 갖가지 소문과 이력을 전해 준다. 콘스탄티노플의 정통 그리스도교도였던 소크라테스는 309년에서 439년까지의 교회사를 저술했다. 히파티아 이야기를 다룬 것에서 알 수 있듯, 이 저작은 상당히 정확하고 전반적으로 공평한 시각을 유지하고 있다. 하지만 역사가 소크라테스의 이야기에는 미신, 전설, 기적의 이야기가 너무 많이 등장하고, 자기 자신과 우주를 구별하기가 너무 어렵기라도 하다는 듯 자기 이야기를 너무 많이 한다는 게 단점이다. 그는 교회의 여러 분파가 평화롭게 지내길 당부하며 책을 끝맺는데 그 내용이 독특하다. 그의 생각에 의하면, 평화가 찾아오면 역사가들은 더 이상 글 쓸 일이 없어지고 그러면 비극을 팔아먹고 사는 이 불쌍한 무리도 사라지리라는 것이었다.[32] 소조메노스가 쓴 『교회의 역사』는 대부분이 소크라테스의 글을 그대로 베껴 쓴 것이며, 팔레스타인 출신의 개종자인 그는 자신의 본보기였던 소크라테스처럼 수도 콘스탄티노플에서 법률가로 활동했다. 법을 공부한 것이 미신을 믿는 데는 아무 제약이 되지 않았던 모양이다. 콘스탄티노플의 조시무스는 475년경에 『로마 제국의 역사』를 저술했다. 그는 이교도였지만, 남의 말을 잘 믿고 비합리적이라는 점에서는 동시대 그리스도교도 경쟁자들에게 뒤지지 않았다. 한편 디오니시오스 엑시구우스(데니스)는 525년경에 그리스도 탄생 연도를 기준으로 해서 연대를 표시하는 새로운 방법을 제시했다. 하지만 라틴 교회는 10세기 전까지는 이 제안을 받아들이지 않았고, 비잔티움 제국은 끝까지 세상이 창조된 때를 기점으로 연대를 매겼다. 그러고 보면 한창 젊었을 적 우리 문명은 참으로 많은 것을 알고 있었던 셈인데, 연대 표기가 바뀌면서 그것이 오늘날 우리에게 전해지지 않은 건 안타까운 일이다.

하지만 이 시대 진정으로 위대한 역사가는 한 사람, 바로 프로코피우스였다. 그는 팔레스타인 카이사레아에서 태어났고(490년), 법률을 공부한 후 콘스탄티노플로 가서 벨리사리우스의 비서 및 법률 고문으로 임명이 되었다. 그는 시리아, 아프리카, 이탈리아의 전장에서 장군을 수행한 후에 함께 콘스탄티노플로 돌아왔다. 그러고는 550년에 『전쟁서(戰爭書)』를 출간한다. 벨리사리우스 장군의 훌륭한 점과 황제의 인색한 면을 직접 목격했던 프로코피우스는 이 책에서 벨리사리우스를 불세출의 영웅으로 만들고 유스티니아누스는 그 그늘에 가리게 했다. 일반 대중은 이 책에 열렬한 환호를 보낸 반면 황제는 침묵으로 일관했다. 이어 프로코피우스는 『비사(祕史)』를 저술해 내게 된다. 하지만 이 책을 비밀리에 출간하고 유통시키는 데 성공해서, 아무것도 모르는 유스티니아누스 황제는 자신의 치세 때 만들어진 건축물에 대한 저술 작업을 프로코피우스에게 맡긴다.(554년) 그리하여 560년 프로코피우스가 펴낸 『건축론』은 황제에 대한 칭송이 너무 넘쳐서 유스티니아누스 눈에는 진심이 아니거나 비꼬는 내용으로 보였을 정도였다. 『비사』는 유스티니아누스가 죽은 후에야(아마도 프로코피우스까지 죽은 후에야) 세상에 모습을 드러냈다. 이 책은 참 재미있는 책이지만(이웃을 험담하는 일이 늘 재미있듯), 더 이상 스스로를 방어할 수 없는 사람들을 글로 공격하는 일이 그렇게 좋게 보이지는 않는다. 무언가를 증명하기 위해 펜을 너무 혹사시키는 역사가는 진실을 왜곡하고 있다고 봐도 좋을 것이다.

프로코피우스는 자신이 직접 경험하지 못한 일에 대해서는 이따금 부정확하게 기술했고, 때로는 헤로도토스의 방식과 철학, 투키디데스의 언변과 포위 공세를 그대로 따랐다. 프로코피우스 역시 당대의 미신을 믿었으며, 갖가지 불길한 계시, 신탁, 기적, 꿈 이야기로 책을 음울하게 만들었다. 하지만 자기가 직접 본 일에 대해 쓸 때는 한 치의 오류도 없었다. 그의 작업은 용기 없이는 할 수 없는 것이었고, 내용 배열은 논리 정연했으며, 이야기에는 사람을 빠져들게 하는 힘이 있었다. 그가 구사한 그리스어는 명료하고 직설적이었으며 고전 시대 분위기가 날 만큼 순수했다.

프로코피우스는 그리스도교도였을까? 대외적으로는 그랬다. 하지만 프로코피우스의 글을 읽다 보면 때때로 그의 스승들이 믿었던 이교 신앙과, 스토아 학파의 운명론과, 아카데메이아의 회의주의가 울려 퍼지는 걸 느낄 수 있다. 그는 운명의 여신에 대해 이렇게 이야기한다.

> 운명의 여신은 성격이 심술궂고 그 뜻을 알 수 없다고 한다. 하지만 내가 보기에 인간은 단 한 번도 운명의 여신이 가진 성격이나 뜻을 헤아린 적이 없으며 앞으로도 영원히 모를 것이다. 그럼에도 불구하고 이 문제에 대해 늘 많은 이야기가 오가고, 끝없이 의견들이 나온다. …… 마치 상대방이 모른다는 걸 증명해야 맘이 편하다는 듯이 …… 내 생각에 하느님의 본성을 파고드는 것은 완전히 정신 나간 짓이다. …… 나는 이 문제들에 관해서는 신중히 입을 다물 생각이다. 그 목적은 단 하나, 오래되고 유서 깊은 신앙을 무너뜨리지 않기 위함이니.[33]

4. 비잔티움 예술: 326~565년

1. 이교 신앙의 흔적

비잔티움 제국이 이룩한 탁월한 업적으로 우리는 발달된 행정 기술과 장식 예술을 꼽는다. 비잔티움 제국은 1100년 동안이나 명맥을 유지했으며, 오늘날까지 건재한 성 소피아 성당을 건축했다.

유스티니아누스 치세 때에 이르자 이교 예술이 종말을 고하면서 많은 예술품들이 파괴되었다. 각종 작품들이 야만인들의 침략과 궁정의 도적질과 신앙 문제 때문에 훼손되고 방치되기 시작했고, 이러한 상태는 14세기까지 계속되다가 페트라르카가 남은 것들만이라도 살려 달라는 청원을 넣기에 이른다. 예술품이 이런 수난을 당한 데는 이교도 신들은 악마이며 이교도 사원이 그 악마들의 거처라는 세간의 믿음이 한몫했다. 그런 믿음이 없었더라도 사람들은 이제 예술품의 각종 자재를 그리스도교 교회나 자기 집 담장을 짓는 데 쓰는 편이 더 낫다고 생각했다. 이교도들까지 이 약탈에 나서는 경우도 많았다. 오히려 그리스도교도 황제들(특히 호노리우스와 테오도시우스 2세)이 옛날 건축물을 보호하기 위해 최선을 다했고,[34] 지각 있는 성직자들은 파르테논 신전, 테세우스 신전, 판테온 신전 등의 건축물을 그리스도교 성당으로 다시 봉헌해 이 유물들을 보호했다.

애초에 그리스도교에서는 예술이 이교 신앙과 우상 숭배, 비도덕성을 조장한다며 달가워하지 않았다. 독신 생활을 장려하는 데에 발가벗은 조각상들이 별 도움이 될 리 없었으니까. 육체가 사탄이 이용하는 도구로 여겨지고 운동선수 대신 수도사의 삶이 이상이 되면서, 해부학은 예술에서 자취를 감추었고 대신 우울한 얼굴로 멋없이 긴 천만 걸치고 있는 조각상과 그림만 남게 되었다. 하지만 그리스도교가 승리를 굳혀 점점 불어 가는 신도들을 수용할 대성당이 필요하게 되자, 각 지역과 나라의 예술적 전통이 다시 제 모습을 드러내 폐허 속에서 다시 건축물이 일어서기 시작했다. 게다가 이 웅장한 건축물들에는 장식이 무엇보다 절실했다. 예배자들이 그리스도와 마리아의 모습을 상상할 수 있으려면, 글자를 모르는 소박한 신도들에게 십자가에 박힌 하느님 이야기를 전해 줄 수 있으려면 그에 걸맞은 조각상과 그림이 필요했다. 그리하여 조각, 모자이크, 회화가 다시 태어났다.

반면 로마에서 생겨난 새로운 예술은 옛날 것과 거의 차이가 없었다. 강건한 구조, 소박한 형태, 기둥을 이용한 바실리카 양식은 이교 신앙에서 그리스도교 신앙으로 그대로 전해졌다. 콘스탄티누스 치세 때의 건축가들은 바티칸 언덕 위에 있는 네로 황제의 원형 경기장 근처에 첫 번째 성 베드로 성당을 설계했는데 길이가 380피트, 폭이 212피트에 이르렀다. 이후 1200년 내내 이 성당은 그리스도교 왕국의 교황이 거하는 성소였으나, 나중에 브라만테가 이것을 허물고 그 자리에다 훨씬 광대한 규모로 성당을 지었고 이것이 오늘날까지 남아 있다. 콘스탄티누스가 그 유명한 사도들의 순교지 위에다 지은 "성벽 밖의 성 바울 성당"은 발렌티니아누스 2세와 테오도시우스 1세에 의해 재건축되었는데, 이것도 규모가 꽤나 커서 길이 400, 폭 200피트에 달했다.* 산타 코스탄자는 콘스탄티누스가 자신의 누이인 콘스탄티아를 기리는 일종의 능묘로 지었는데, 326~330년에 세워진 모습이 상당 부분 남아 있다. 라테라노의 산 조반니 성당, 트라스테베레의 산타 마리아 성당은 콘스탄티누스 때 짓기 시작해서 백 년도 안 되어 재건축되었으며, 그 이후에도 여러 번 보수를 거쳤다. 산타 마리아 마조레 성당은 432년에 이교도 신전을 개축한 것이며, 르네상스 시대의 장식을 제외하면 네이브(nave, 교회 입구에서 안쪽까지 통하는 중앙의 주요한 부분 - 옮긴이)도 그 시절 모습 그대로 남아 있다.

이때부터 시작해서 지금까지 바실리카 양식은 그리스도교 교회가 가장 선호하는 구조였다. 비용이 그다지 많이 들지 않으면서 웅장하고, 소박하고, 구조상의 논리와 강건한 힘 때문에 세대를 거듭하면서도 끊임없이 인기를 누려 왔다. 하지만 바실리카 양식은 다양성과 발전에는 인색했다. 그리하여 유럽 건축가들은 새로운 아이디어를 지닌 바실리카를 찾아 나서기 시작했고, 동로마 제국에서 그것들을 발견할 수 있었다. 이들은 심지어 아드리아 해에 있는 동방의 전초지인 스팔라토에까지 눈을 돌렸다. 디오클레티아누스 황제는 4세기가 시작될 무렵 자신이 후원하던 예술가들에게 명하기를, 실험적인 기술을 얼마든지 써서 이곳 달마티아 해안에다 자신이 쉴 수 있는 별궁을 지으라고 하였다. 그리하여 이들은 유럽 건축사에 혁명이라 할 만한 과업을 완수해 낸다. 이 별궁의 아치는 엔타블러처(entablature, 서양 고전 건축에서 기둥 위에 얹혀 있는 수평 부분 - 옮긴이)를 거치지 않고 기둥에서 곧바로 뻗어 나오는 식이었다. 이로써 비잔틴, 로마네스크, 고딕 양식이 탄생하는 발판이 단번에 마련되었다. 그리고 이 궁전에는 구체적 모양이 들어간 프리즈(frieze, 방이나 건물에서 수평의 띠 모양을 한 소벽(小壁) - 옮긴이) 대신 지그재그 모양의 기묘한 장식이 등장하는데, 고전 시대 사람들의 눈에는 거슬렸겠지만 동방에서는 오래전부터 익숙한 것이었다.

* "성벽 밖의 성 바울 성당"은 1823년 화재로 파괴되었으나 1854~1870년에 옛날식 구상대로 복원되었다. 이 성당은 완벽한 균형미와 웅장한 주랑을 갖추고 있어 인류의 창작물 중 가장 고상한 작품으로 손꼽힌다.

유럽이 동방의 종교뿐만 아니라 (적어도 비잔티움 제국의 경우에는) 동방의 예술에까지 정복당했다는 첫 번째 신호가 바로 스팔라토였다.

2. 비잔티움 시대의 예술가들

그렇다면 유난히 풍부한 색감과 수수한 화려함이 특징인 이 비잔티움 예술은 어디서부터 콘스탄티노플로 들어오게 되었을까? 이는 그리스도교도 병사들이 신앙을 지키기 위해 사투를 벌였던 것만큼이나 고고학자들이 치열하게 매달린 문제였다. 그 결과 승리는 대체적으로 동방으로 돌아갔다. 제조업이 융성하면서 시리아와 소아시아의 힘은 강대해진 반면 야만족의 침략으로 로마의 힘이 약해지면서, 한때 알렉산드로스 대왕과 함께 아시아를 휩쓸었던 헬레니즘의 물결은 썰물처럼 유럽으로 빠져나갔다. 대신 사산 왕조가 지배한 페르시아, 네스토리우스파가 득세했던 시리아, 콥트족이 활동했던 이집트로부터 동방 예술이 물밀 듯 들어와 비잔티움 제국을 덮치더니 이탈리아에까지 이르렀고, 심지어는 갈리아까지 그 영향을 받았다. 그러면서 자연 그대로를 표현해 내던 그리스 예술은 상징적인 장식이 주류를 이루는 동방의 예술에 자리를 내주었다. 동방은 선보다는 색을, 골조가 나무로 된 지붕보다는 둥근 천장과 돔을, 근엄한 소박함보다는 풍성한 장식을, 수수한 토가(toga)보다는 화사한 비단을 더 좋아했다. 디오클레티아누스와 콘스탄티누스가 페르시아 왕을 따라 형식을 활용한 것처럼, 콘스탄티노플의 예술은 이제 점점 야만인의 물이 들어 버린 서로마에서 눈을 거두어 소아시아, 아르메니아, 페르시아, 시리아, 이집트를 더 눈여겨보게 되었다. 여기에 샤푸르 2세와 호스로우 아누시르반이 이끌던 페르시아 군대가 전쟁에서 승리하면서 동방의 모티프와 형식미는 서쪽으로의 행군을 더 재촉할 수 있었던 듯하다. 이 당시 메소포타미아 문화에는 이란, 아르메니아, 카파도키아, 시리아의 요소가 혼합돼 있었고, 에데사와 니시비스가 문화의 중심지로 한창 전성기를 누렸다.[35] 아시아의 여러 요소들은 이 도시의 상인, 수도사, 직공들의 손을 거쳐 안티오크, 알렉산드리아, 에페소스, 콘스탄티노플,

마지막으로는 라벤나와 로마로까지 전해졌다. 이제 건축 세계에선 아치, 천장, 펜덴티브(pendentive)가 주류를 이루면서 고전 시대에 유행하던 도리아, 이오니아, 코린트식 양식은 거의 무용지물이 되었다.

비잔티움 예술가들은 각양각색의 자재들을 자유자재로 다루었다. 프로콘네소스, 아티카, 이탈리아의 채석장에서 대리석을 가져다 쓰는가 하면, 어디라도 이교도 신전이 남아 있으면 그곳에서 기둥과 기둥머리를 닥치는 대로 가져다 썼으며, 햇볕에 바싹 마르는 땅에서는 거의 열매처럼 열리다시피 하는 벽돌을 구해다 썼다. 비잔티움 예술가들이 통상적으로 사용한 것은 회칠한 벽돌이었다. 이것이 있으면 동방의 양식에 필수 불가결한 곡선 형태를 구사할 수 있었기 때문이다. 물론 비잔티움 예술가들이 십자형 설계도로 만족할 때도 많았고, 때로는 성 세르기우스 교회, 콘스탄티노플의 바쿠스 성당, 라벤나의 산 비탈레 성당처럼 바실리카 형식을 과감히 깨 버리고 팔각형 형태의 성당을 만들기도 했다. 하지만 비잔티움 예술가들이 고금의 그 어떤 예술가들도 따라올 수 없을 만큼 뛰어난 실력을 발휘한 분야는 따로 있었으니 바로 다각형의 틀 위에다 원형의 돔을 얹는 방법으로, 원이 정사각형과 결합되도록 하는 기술이었다. 이후로 바실리카 양식은 동로마 제국에서는 거의 자취를 감추게 되었다.

거기다 비잔티움의 건축가들은 이런 대규모의 건축물 안에 십 수 가지 예술이 지녔던 기술을 모조리 활용했다. 하지만 조각상은 좀처럼 쓰지 않았는데, 인간 남녀의 형상을 재현해 내는 일보다는 상징적 형태에서 추상적 아름다움을 만들어 내는 일에 각고의 노력을 기울였기 때문이다. 그렇다고는 하나 비잔티움 조각가들은 분명 뛰어난 재주와 인내심과 깜냥을 지닌 사람들이었다. "귓바퀴" 형태의 이오니아 기둥머리 장식을 코린트 양식의 나뭇잎과 결합시켜 "테오도시우스" 양식을 만들어 냈고, 그것으로 모자란다는 듯이 합성 양식의 기둥머리를 동식물이 나올 법한 무성한 정글처럼 풍성하게 장식해 보는 이의 입을 떡 벌어지게 한 걸 보면 말이다. 하지만 그렇게 한껏 꾸민 장식물은 벽이나 아치를 지지하는 데에는 영 좋지 않았기 때문에 건축가들은 벽(혹은 아치)과 기둥머리 사이에 풀비노(pulvino)라는 아치 굽을 끼워 넣었다. 아치 굽은 꼭대기는 넓은 정사각형인데 하부로 내려올수록 원형에 폭은 좁아진다. 시간이 흐르자 비잔티움 예술가들은 아치 굽에까지 갖가지 꽃을 새겨 넣었다. 정사각형 위에 돔을 올렸을 때 그랬던 것처럼 또 한 번 페르시아가 그리스를 정복한 셈이었다. 하지만 이것으로 끝이 아니어서 화가들에게는 벽을 교훈적인 혹은 무서운 그림으로 장식하라는 임무가 떨어진다. 모자이크 기술자들은 푸른색 혹은 황금색을 밑바탕으로 화사한 빛깔의 정육면체 유리나 돌을 박아, 마룻바닥과 벽, 또는 제단 위, 또는 아치의 스팬드럴(spandrel, 두 개의 아치 사이를 메우고 있는 부분-옮긴이) 등 텅 비어 있어 동방의 눈에 거슬리는 공간들을 장식했다. 보석 세공인들은 예복, 제단, 기둥, 벽에 보석을 박아 넣었고, 금속 세공사들은 군데군데 황금 접시나 은 접시를 끼워 넣었으며, 목공들은 설교단과 성가대 난간에 조각을 새겼다. 직조공들은 구석구석에 태피스트리를 걸고, 바닥에는 러그를 깔고, 제단과 설교단을 자수가 놓인 비단으로 덮었다. 예술이 이토록 풍부한 색감과 이토록 미묘한 상징과 넘쳐 나는 장식을 활용한 것은, 즉 지성을 잠재우고 영혼을 깨우기에 더 없이 좋은 방법을 쓴 것은 이제까지의 역사에서는 한 번도 없던 일이었다.

3. 성 소피아 성당

비잔티움 예술 속에 그리스와 로마 문화, 동방의 요소와 그리스도교가 완전히 녹아들 수 있었던 것은 유스티니아누스의 치세 들어서의 일이었다. 그의 치세 때 니카 반란이 일어난 것을 계기로(네로 황제가 연상되는 대목이다.) 황제에게는 수도를 재건할 기회가 주어졌다. 당시 군중들은 자유에 취해 미쳐 날뛰면서 원로원 건물, 제오시포스 목욕장, 아우구스테움의 주랑(柱廊) 현관, 황궁의 곁채와 총대주교의 성당이었던 성 소피아 성당에 불을 지른 터였다. 옛날 설계도를 이용해 1~2년 만에 재건을 끝낼 수도 있었지만, 황제는 로마보다 더 아름다운 수도를 만들고 세상 그 어느 건축물보다 장엄한 성당을 짓겠다는 일념 하나로 더욱 많은 시간과 돈과 인력을 동원했다. 그리하여 역사상 가장 야심에 찬 건축 계획이 궤도에 오른다. 이 계획에 따라 제국 전역에 요새, 궁궐, 교회, 주랑 현관, 성문들이 솟아올랐다. 콘스탄티노플에서는 황제의 명에 따라 원로원 건물은 백색 대리석으로, 제오시포스 목욕장은 여러 가지 색의 대리석으로 재건되었다. 아우구스테움에는 대리석으로 된 주랑 현관과 산책로가 들어섰으며, 이탈리아 최고의 것과 맞먹는 수도교(水道橋)를 새로 지어 콘스탄티노플로 신선한 물을 끌어들였다. 황제 자신이 거하는 황궁은 화려하고 고급스럽기가 이를 데 없었다. 마룻바닥과 벽면에는 대리석을 이용했고, 천장은 눈부신 모자이크로 장식해 황제의 승전 내용 및 "축제 분위기 속에서 황제를 거의 신처럼 받드는" 원로원 의원들의 모습을 전해 주었다.[36] 또 보스포루스 해 건너편 칼케돈 근처에는 아내 테오도라와 그녀의 궁정 신하들을 위해 여름 별궁을 지어 주었는데, 항구, 광장, 교회, 목욕장이 따로 딸려 있을 정도로 호화로웠다.

황제가 성 소피아 성당을 새로 짓기 시작한 것은 니카 반란이 잠잠해지고 40일이 지난 뒤였다. 사실 이 성당은 성인 소피아를 기리기 위해서가 아니라, 하느님 자신에게서 나온 하기아 소피아(Hagia Sophia), 즉 신성한 지혜 혹은 창조의 로고스를 기리기 위해 만들어진 것이었다. 황제는 현존하는 건축가 중 가장 명성이 높았던 안테미우스와 이시도르를 소아시아의 트랄레스와 밀레토스에서 불러들여 설계와 지휘 감독을 맡겼다. 이들은 전통적인 바실리카 형태를 과감히 내던지고, 중앙에 널찍한 돔이 자리 잡은 설계를 구상해 냈다. 또 중앙의 돔을 떠받칠 때는 벽을 쓰지 않고 거대한 교각을 썼으며, 양 끝에는 반원형 돔으로 버트레스(buttress, 벽을 안정시키기 위하여 외벽 면의 곳곳에 세로로 튀어나오게 만든 장치. 벽 전체를 두껍게 하는 것보다 효과적이며, 장식의 효과도 있어 고딕 건축에서 많이 볼 수 있다.―옮긴이)를 댔다. 이 공사에 동원된 인부만 1만 명이었고, 공사비로 금 32만 파운드가 지출되면서 국고는 텅 비게 되었다. 지시에 따라 지방 장관들은 고대의 기념물 유적에서 가장 양질의 자재를 골라 보내야 했고, 십 수 군데의 지역에서 갖가지 모양과 색상을 지닌 대리석이 수입되었으며, 성당을 장식하는 데도 엄청난 양의 금과 은, 상아, 각종 보석을 쏟아부었다. 유스티니아누스 황제는 몸소 바쁘게 오가며 성당의 설계와 건축에 한몫을 했으며, (황제에게 냉소적으로 아첨했던 역사가의 말에 따르면) 기술적 문제를 해결하는 데에도 적지 않은 역할을 했다고 한다. 몸에는 하얀 리넨을 걸치고, 손에는 홀(笏)을 들고, 머리엔 두건을 쓴 채 황제는 하루가 멀다 하고 공사 현장에 모습을 드러내고는 인부들이 최선을 다해 주어진 시간 내에 일을 마칠 수 있도록 독려했다. 대성당의 공사는 5년 10개월 만에 마무리되어, 537년 12월 26일 황제는 엄숙한 개관 행렬을 준비해 총대주교 메나스와 함께 화려한 대성당으로 행차를 했다. 성당에 들어선 유스티니아누스는 홀로 설교단까지 걸어간 후 두 손을 번쩍 들어 올리고는 이렇게 외쳤다고 한다. "이 위대한 작업을 해야 한다고 내게 영감을 주신 하느님께 영광을! 오, 솔로몬이여! 나는 이제 그대를 넘어섰도다!"

성 소피아 성당의 평면도를 보면 가로 225피트에 세로 250피트의 그리스 십자가 형태이다. 십자가의 각 끝은 저마다 작은 돔이 덮고 있다. 중앙의 돔은 두 변을 교차해서 생겨난 정사각형 평면(100×100피트) 위에 얹혀 있는데, 지면에서부터 돔 맨 꼭대기까지의 높이는 180피트였다. 돔의 직경은 100피트로 로마 판테온 신전의 돔보다 32피트가 짧다. 판테온 신전의 돔은 틀에 부어 만든 한 덩어리의 응고물인데 반해, 성 소피아 성당의 돔은 30개의 틀을 한 점으로 모이도록 세우고 거기에 벽돌을 쌓은 것이어서 힘이 훨씬 약했다.* 성 소피아 성당의 돔의 특별한 점은 크기가 아니라 지지대이다. 판테온 신전처럼 원형 구조물이 돔을 받쳐 주는 게 아니라, 돔의 원형 둘레와 정사각형의 기반 사이에 있는 펜덴티브와 아치가 돔을 받쳐 주는 역할을 했다. 돔을 떠받치는 이 건축상의 문

---

* 558년에 지진이 일어나 중앙의 돔 절반이 깨지면서 성당 안으로 떨어진 일이 있었다. 사망한 이시도르의 아들 이시도르는 지지대의 힘을 강화하여 돔을 다시 올렸는데 이전 것보다 25피트가 높았다. 이 지지대에 균열이 생겼다는 건 현재 성 소피아 성당의 돔이 위태위태하게 유지되고 있음을 말해 준다.

제가 성 소피아 성당에서처럼 이렇게 깔끔하게 해결된 적은 단 한 번도 없었다. 프로코피우스는 이 돔에 대해 묘사하기를, "경탄과 전율이 동시에 이는 역작으로 …… 이 돔은 하부의 석재에 의지하는 게 아니라 하늘에서 내려온 황금 사슬에 매달려 있는 것 같은 모습이다."[37]

성당의 내부에 들어서면 화려한 장식들이 파노라마처럼 펼쳐졌다. 갖가지 색깔의 대리석(흰색, 녹색, 빨간색, 노란색, 자주색, 황금색)이 통로와 벽을 장식했고, 2층으로 된 주랑은 마치 꽃밭처럼 보였다. 기둥머리, 아치, 스팬드럴, 쇠시리, 코니스(cornice)는 고전풍의 아칸서스 잎과 포도 덩굴이 뒤덮도록 정교하게 조각했다. 벽면과 둥근 천장에서는 전례가 없을 정도의 규모와 위용을 자랑하는 모자이크 장식이 아래를 내려다보았다. 또 돔 가장자리에는 마흔 개의 은제 샹들리에가 달려 있어 여러 개인 창문이라도 달린 듯 성당 안을 환하게 비쳐 주었다. 성 소피아 성당이 그 어디보다 널찍해 보이는 건 네이브와 통로가 길게 이어져 있고, 중앙 돔 아래의 공간이 기둥 없이 탁 트인 덕분이다. 설교단은 상아, 은, 귀금속으로 장식해 아름다움을 더했다. 총대주교의 자리는 순은으로 되어 있었으며, 제단 위에 드리워진 금빛과 은빛의 휘장에는 그리스도와 마리아의 은총을 받는 황제와 황후의 모습이 그려져 있었다. 황금빛이 나는 제단은 진귀한 대리석으로 만든 것이었고, 그 위에는 금과 은으로 된 신성한 그릇들이 놓여 있었다. 무굴 제국의 왕들은 거인처럼 대규모 건물을 짓고 보석 세공인처럼 갖가지 보물들로 마무리를 장식해 자신들의 권력을 뽐냈는데, 이 정도 장식이면 유스티니아누스가 그들의 시조라고 봐도 되지 않을까.

성 소피아 성당은 비잔티움 예술의 시작과 절정을 동시에 알려 주는 건축물이었다. 어느 곳에 가도 사람들은 성 소피아 성당을 "대(大)성당"이라 칭했고, 회의적이었던 프로코피우스조차도 경탄해 마지않는다는 글을 남겼다. "기도를 드리기 위해 이 건물 안으로 들어가는 순간 우리는 이것이 사람의 힘으로 만들어진 작품이 아님을 느끼게 된다. …… 우리의 영혼은 자연스레 하늘까지 올라가 깨닫는다. 하느님이 바로 여기 가까이 계시며, 자신의 집으로 손수 선택하신 이 성당에서 기쁨을 누리신다는 걸."*38

4. 콘스탄티노플에서 라벤나까지

성 소피아 성당은 유스티니아누스 황제의 최고 업적으로서, 정복 사업이나 법전 편찬 사업보다도 역사에 더 길이 전해지고 있다. 하지만 유스티니아누스가 지은 성당은 이 말고도 스물네 곳이 더 있었으니, 역사가 프로코피우스는 이렇게 이야기한다. "스물네 개 건축물 중 한 군데만 가 봐도 우리는 황제의 작품이 이것 하나일 거라고, 그의 치세 내에 이 성당 하나를 짓는 데만 모든 노력을 쏟아부었을 거라고 생각하게 된다."[39] 건축에 대한 이 맹렬한 열기는 유스티니아누스 황제가 죽을 때까지 계속되었다. 덕분에 서로마 제국에서는 6세기가 암흑시대의 서막으로 기억되는 반면, 동로마 제국에서 6세기는 건축 역사에서 가장 풍요로운 시기로 기억되고 있다. 에페소스, 안티오크, 가자, 예루살렘, 알렉산드리아, 살로니카, 라벤나, 로마, 크림 반도의 케르치에서부터 아프리카의 스팍스에 이르기까지 곳곳에 수백 개의 성당이 세워져, 그리스도교가 이교를 물리친 것을, 나아가 동방의 비잔티움 양식이 그리스 로마 양식을 압도한 것을 축하했다. 그리스 로마 양식에 전형적으로 나타났던 외부의 기둥과 박공벽(牔栱壁), 프리즈(frieze)는 자취를 감추고 둥근 천장, 펜덴티브, 돔이 주류를 이루게 되었다. 시리아에서는 4, 5, 6세기가 진정한 의미의 르네상스 시대였다. 안티오크, 베리투스(베이루트), 에데사, 니시비스에 세워진 시리아의 학교들에선 수많은 연설가, 법률가, 역사가, 이단자들이 배출되었다. 시리아의 직공들도 모자이크 장식과 직물 제조를 비롯한 모든 장식 예술에서 뛰어난 기량을 보였고, 건축가들은 수십 개의 성당을 세웠으며, 조각가들은 화려한 돋을새김 조각으로 성당을 장식했다.

---

*투르크족은 1453년 콘스탄티노플을 함락시킨 뒤, 성 소피아 성당의 "감동적인 이미지들"은 우상 숭배로 깎아내리면서 모자이크를 회반죽으로 덮어 버렸다. 그러나 최근 터키 정부의 허가에 따라 매사추세츠 주 보스턴 비잔티움 연구회의 연구원 일단이 사상 유례가 없이 뛰어난 이 모자이크 작품을 다시 복원하게 되었다. 투르크 정복자들은 성당을 차지한 것에 대해 참회를 한 것이나 다름없는데, 성당과 완벽히 조화를 이루는 우아한 첨탑 네 기를 주변에 추가로 지어 주었기 때문이다.

알렉산드리아는 도시가 생겨난 이래로 비잔티움 제국 내에서 내내 번영만 누린 도시였다. 알렉산드리아의 창건자는 도시를 세우면서 지중해 세계가 이곳의 항구를 이용하지 않을 수 없으리란 것을, 그래서 알렉산드리아의 교역이 발달할 수밖에 없으리란 것을 잘 알았다. 현재 알렉산드리아에는 고전 시대나 중세 초기의 건축물이 하나도 남아 있지 않다. 그러나 알렉산드리아 각지에 흩어져 있는 금속, 상아, 목공예품 및 초상화를 보면 이들이 무척이나 음란하고 편협했다는 사실과 함께 이들의 풍부한 예술적 재능도 엿볼 수 있다. 콥트교 건축물은 애초에는 로마의 바실리카 양식을 따랐으나 유스티니아누스 치세 때에는 동방의 양식이 지배적이 되었다.

404년 호노리우스가 라벤나를 서로마 제국의 중심지로 만들자, 이곳은 얼마 지나지 않아 건축의 황금기를 맞았다. 갈라 플라키디아의 섭정이 오래 지속되면서 이 도시도 함께 번영을 누렸다. 더구나 라벤나는 콘스탄티노플과 긴밀한 관계를 유지하고 있었기 때문에 동로마의 예술과 양식이 이탈리아의 건축 및 장식 속에 쉽게 스며들 수 있었다. 대각선이 십자가 형태로 교차하는 정사각형을 기반으로 삼아 그 위에 펜덴티브를 올리고 돔을 얹는 전형적인 동방식 설계는 라벤나에서는 450년에 벌써 그 모습을 드러냈다고 봐야 하는데, 플라키디아가 마지막으로 편히 잠든 능묘가 바로 그런 형태였기 때문이다. 능묘 안에는 그리스도를 선한 목자로 묘사한 유명한 모자이크가 아직까지 남아 있어 사람들의 눈길을 끈다. 458년에는 네온 주교가 우르시아나 대성당의 돔형 세례당에 일련의 모자이크 장식을 추가했고, 여기에는 사도 개개인의 초상화가 포함돼 있어 유독 주목을 받았다. 500년경에는 테오도리크가 자신의 밑에서 일하던 아리우스파 주교에게 성 아폴리나리스(라벤나에 그리스도교 공동체를 처음 만들어 유명해진 인물)의 이름을 딴 성당을 하나 지어 주었다. 전 세계적으로 유명한 이 모자이크 장식을 보면 흰색의 기다란 법복을 입은 성인들이 근엄한 모습을 연출해 비잔티움 양식을 벌써부터 보여 주고 있다.

벨리사리우스의 라벤나 정복으로 비잔티움 예술은 이탈리아에서의 승리를 더욱 굳히게 되었다. 산 비탈레 성당은 유스티니아누스와 테오도라 치세 때에 완성되었고(547년), 성당의 장식에 자금을 댄 이들 부부는 그리 매력적이지 않은 자신들의 모습을 성당을 꾸미는 데 이용하도록 허락했다. 모자이크는 어느 모로 보나 황제 부부의 사실적인 초상을 담고 있는데, 자신들의 실제 모습을 후세에 전하도록 허락한 걸 보면 이들은 진실로 용기 있던 사람들임이 분명하다. 장식에 묘사된 통치자들과 교회 성직자들, 그리고 환관들의 모습은 어딘가 딱딱하고 모가 난 듯한데, 이렇게 딱딱한 모습을 정면에서 묘사하는 기법은 고전주의 이전으로의 회귀를 뜻한다.

라벤나의 주교는 산 비탈레 성당을 헌납하고 2년이 지난 뒤에 클라세에 있는 산 아폴리나레 성당을 하느님께 봉헌했다. 클라세는 해안가의 시골 마을로 한때 로마 선단의 아드리아 해 거점으로 활용되기도 했는데, 이곳에서 라벤나의 수호성인을 기리는 두 번째 성당이 나온 것이다. 이 성당은 옛날의 로마 바실리카 양식을 따르고 있지만, 기둥머리 장식에서 비잔티움 양식의 손길을 느낄 수 있다. 성당 기둥머리 장식의 아칸서스 나뭇잎들은 고전 시대와는 다른 양식으로 말리고 꼬여 있는 것이 동방의 바람이 살랑 불고 지나가기라도 한 듯하다. 완벽한 기둥들이 길게 열을 이루고 있는 모습과 다채로운 (7세기의) 모자이크가 주랑을 장식하고 있는 걸 보면, 또 성가대석을 장식하고 있는 사랑스러운 회반죽 현관과 반짝이는 모자이크 별들을 뒤로 한 채 성당 동쪽 끝의 내민 부분에 박혀 있는 보석 십자가를 보면 왜 이 성당이 이탈리아 반도 최고의 성당으로 손꼽히는지, 왜 이곳이 거의 미술관으로서의 대접을 받는지 이해할 수 있다.

5. 비잔티움 제국의 예술

건축이야말로 비잔티움 제국의 예술가들이 내놓은 걸작이었지만, 그 걸작의 주변 혹은 내부에 자리한 십여 가지 예술들도 꽤나 인상적인 수준에 이른 장인(匠人)의 솜씨를 보여 주고 있다. 비잔티움 제국 예술가들은 환조(丸彫) 작품은 선호하지 않았고, 당대의 전반적 분위기도 선보다는 색감을 중시하는 편이었다. 하지만 프로코피우스는 비잔티움 시대의 조각가들이(돋을새김 조각가들을 말하는 듯하다.) 페이디아스나 프락시텔레스와 똑같은 경지에 이르렀다며 극찬을 했다. 또 4, 5, 6세기에 제작된 석관(石棺) 일부에는 사람의 형상을 끌로 조각해 넣었는데 고대 그리스의 우아함이 느껴지는데다, 그 복잡함은 장식이 넘쳐 나는 아시아의 양식과 혼동이 될 정도이다. 상아 조각은 비잔티움인들이 가장 좋아하는 예술이어서, 두 폭 그림, 세 폭 그림, 책 표지, 보석함, 향수 상자, 소형 조각상, 상감(象嵌)에 활용하는 등 수십 가지의 장식 기법으로 애용했다. 그리고 이 공예 기술 속에는 고대 그리스의 기법이 온전히 살아남아 있었다. 과거 그리스인들이 모시던 신과 영웅이 그리스도와 성인들로 바뀌었을 뿐이었다. 라벤나의 우르시아나 대성당에 있는 막시미아누스의 상아 주교좌는(550년경 제작) 비주류 예술이 낳은 훌륭한 성과로 손꼽힌다.

6세기에 들어서자 극동 지방에서는 유화에 대한 실험이 이뤄졌던데 반해,[40] 비잔티움의 회화는 여전히 전통적인 그리스 방식을 고집하고 있었다. 안료를 녹여서 목재 화판이나 캔버스, 혹은 리넨 위에 그리는 납화(蠟畫)와, 안료를 석회와 섞어서 아직 마르지 않은 회반죽 표면에 칠하는 프레스코화, 백반(白礬)을 갈아 푼 물에 안료를 넣고 아교, 풀, 달걀흰자와 섞어서 화판이나 다 마른 회반죽 위에 칠하는 템페라화가 이용되었던 것이다. 비잔티움 시대 화가들은 거리와 심도를 표현할 줄은 알았으나, 보통은 건물이나 차폐물로 배경을 처리해 난해한 원근법 문제를 애써 외면하곤 했다. 초상화도 다수 제작되었으나 현재까지 전해지는 것은 거의 없다. 교회의 벽은 벽화로 장식했는데, 현재 남아 있는 단편들을 보면 서투른 사실주의가 그대로 드러나는데, 손 모양은 조악하고, 몸집은 덜 자란 듯하며, 얼굴은 누렇게 떠 있고, 말도 안 되는 머리 장식을 하고 있는 모습이다.

비잔티움 예술가들은 세부적인 것을 만들어 내는 데 뛰어난 기량을 보였고 또 그것에 열광했다. 현재 비잔티움 시대의 걸작으로 남아 있는 회화는 벽화나 화폭이 아닌 바로 채색 장식인데, 당대에 나온 각종 출판물에 말 그대로 "빛을 주는 작업"(색채를 이용해 화사하게 만드는 것)을 뜻한다.* 당시만 해도 값이 많이

---

* 'miniature(채색 장식)'란 말은 이베리아어 'minium'에서 왔다. 이 말은 원래 스페인에서 로마로 수입되었던 적색의 황화수은을 가리켰으나, 나중에는 책을 장식하는 데 가장 애용된 색상인 주홍색을 의미하게 되었다.

나갔던 책은 다른 귀중품과 마찬가지로 화려한 장식이 더해졌다. 이를 위해 채색 장식가들은 먼저 파피루스나 양피지(羊皮紙) 혹은 송아지 피지(皮紙) 위에다 가는 붓이나 펜으로 밑그림을 그렸다. 그런 다음에는 보통 황금색이나 청색으로 밑바탕을 깔고 자기 색깔을 채워 넣으면서 우아하고 섬세한 형태로 배경이나 귀퉁이를 장식했다. 애초에 이들은 장(章)이나 쪽의 맨 첫 자를 장식하는 선에 그쳤으나, 차차 작자의 얼굴을 그리려는 시도를 하더니 나중에는 본문에 삽화를 넣는 단계까지 갔다. 그러다 기술이 점점 발전하자 종국에는 본문은 안중에 없이 화려한 장식을 만드는 일에 매달렸는데, 기하학적 모티프나 꽃무늬 또는 종교적인 상징을 하나 가지고 계속 변용해서 사용하는 식이었다. 채색 장식가들은 책의 전체 페이지가 장엄한 색과 선으로 가득 차도록 책을 꾸몄는데, 그렇게 되자 마치 본문은 미천하기만 한 것이 고귀한 영역을 침범한 것처럼 보였다.

필사본 장식은 이집트의 파라오 시대나 프톨레마이오스 왕조 때도 있었던 작업으로서, 이것이 그리스와 로마의 헬레니즘 문화로 전해진 것이었다. 현재 로마 교황청에서는 『아에네이드(*Aeneid*)』를, 그리고 밀라노의 암브로시우스 도서관에서는 『일리아드(*Iliad*)』를 보물처럼 고이 간직하고 있다. 두 문헌 모두 4세기 작품으로 추정되는데, 장식은 완전히 고전적인 양식을 띠고 있다. 채색 장식이 이교 신앙에서 그리스도교 신앙으로 넘어가는 과정은 코스마스 인디코플레우스테스가 쓴 『그리스도교 지지학(地誌學)』(547년경)이라는 책에 잘 나타나 있다. 인도까지 항해한 전적 덕분에 인디코플레우테스라는 이름을 얻게 된 그는 지구가 평평하다는 사실을 증명하려고 애를 써서 유명해진 인물이었다. 현존하는 종교 채색 장식 중 가장 오래된 것은 비엔나 도서관에 보관되어 있는 5세기의 『창세기』이다. 자주색의 송아지 피지 스물네 장에다 황금색과 은색으로 본문을 쓰고, 흰색 · 녹색 · 보라색 · 빨간색 · 검은색으로 된 마흔여덟 가지 채색 장식이 들어가 아담의 타락에서부터 야곱의 죽음에 이르는 인간 역사를 그려 놓고 있다. 비잔티움 세계의 도상학(圖像學)이나 그림글에 지배적으로 사용된 모양이나 상징은 메소포타미아와 시리아에서 들어온 것들이었다. 이것들은 비주류 예술에서 수백 가지 형태로 반복되면서 고정적인 틀과 규범으로 자리 잡았고, 그 결과 비잔티움 예술의 지독한 불변성을 탄생시키는 데 한몫했다.

휘황찬란하고 영원한 것을 무엇보다 좋아했던 비잔티움 화가들에게는 모자이크야말로 가장 좋은 예술 수단이었다. 마룻바닥에 모자이크를 깔 때는 이들도 과거의 이집트인, 그리스인, 로마인들처럼 색이 들어간 대리석 타일을 활용했다. 하지만 그 외의 나머지 표면에는 온갖 색조를 지닌 정육면체 유리 또는 에나멜을 사용했다. 조각의 크기는 다양했지만, 8분의 1 제곱인치를 사용하는 것이 보통이었다. 때로는 이 정육면체 조각에 보석들을 섞어서 쓰기도 했다. 모자이크는 손에 들고 다닐 수 있는 간단한 그림이나 성상(聖像)을 만드는 데도 자주 이용되었고, 사람들은 이를 성당이나 집에 세워 두거나 또는 여행 중에 기도나 호신용으로 들고 다녔다. 그렇긴 해도 모자이크 세공사들은 성당이나 궁전의 벽면처럼 보다 넓은 작업 공간을 선호했다. 이를 위해 세공사들은 먼저 화폭 위에 갖가지 색상으로 구상을 한 뒤, 임시 작업으로 그 위에 모자이크 조각을 올려 본다. 세공사가 예술성을 총동원해 각고의 노력을 기울이는 것이 바로 이 단계로, 먼 거리에 있는 다른 사람들 눈에도 그러데이션(gradation, 색을 칠할 때 한쪽은 진하게 칠하고 다른 쪽으로 갈수록 차츰 엷고 흐리게 칠하는 일 – 옮긴이)이 정확하게 전개되고 색상이 잘 융화하도록 모자이크 작품을 이 자리에서 만들어 내는 것이다. 이 작업이 이루어지는 동안 모자이크로 덮을 표면에는 입자가 굵은 시멘트를 일차로 덮고, 이어 입자가 고운 시멘트를 이차로 덮는다. 이제 모자이크 세공사는 자신이 화폭에 짜 놓은 모형에 따라 이 시멘트 틀 안에다가 정육면체 입자를 박아 넣는데, 빛을 잘 담아내기 위해 보통 깎은 면이 앞으로 오게 했다. 모자이크를 만들 때 세공사들이 돔을 선호했던 것은, 다양한 각도와 시점에서 부드럽고 색조가 있는 빛을 다양하게 받을 수 있기 때문이었다. 고딕 양식이 발달시키게 되는 스테인드글라스 기법도 이 힘들고 고된 예술에서 일부 영감을 얻은 것이었다.

5세기 문헌에 이미 착색한 유리에 대한 언급이 나오고 있지만, 그 실례가 전혀 남아 있지 않다. 아마 당시에는 유리에 색을 녹여 넣은 것이 아니라, 유리 외면에 색을 칠한 듯하다.[41] 유리를 자르고 불어 제작하는 기술은 역사에 등장한 지 이제 천 년이 된 참이었고, 유리를 가장 먼저 만들어 썼다고 알려진 시리아가 여전히 유리 세공의 중심지 역할을 하고 있었다. 한편 귀금속과 보석용 원석 세공 기술은 아우렐리우스 시대 이후로 쇠락해 버려서 비잔티움 시대에 나온 보석, 동전, 인장(印章)은 상대적으로 디자인이나 가공 기술이 조악한 편이다. 그럼에도 불구하고 보석 세공사들이 만든 제품은 지위 고하를 막론하고 거의 모든 계층에 팔려 나갔다. 장식은 비잔티움 제국에는 영혼이나 다름없는 것이었기 때문이다. 수도에는 금 세공사와 은 세공사의 작업장이 즐비했고, 황금 보석함, 성배(聖杯), 성(聖)유물함이 제단 곳곳을 장식했으며, 돈 많은 집에서는 그 무거운 은 접시를 식탁에서 사용했다.

고급 직물은 모든 집이(거의 모든 사람이) 어느 정도씩은 가지고 있었다. 당시 직물 분야를 선도한 곳은 이집트로 각종 색깔과 무늬가 들어간 섬세한 직물이 의복, 커튼, 가리개, 덮개 등으로 다양하게 쓰였고, 콥트인들은 직물 제조의 대가들이었다. 이때 나온 이집트의 태피스트리 일부는 그 제조 기술이 고블랭직(織, gobelin, 원래는 15세기 중반 프랑스의 고블랭 가(家, Gobelins)에 창설된 왕실 공장에서 짠 직물을 가리키며, 오늘날에는 일반적으로 고블랭직으로 대표되는 그림 무늬를 넣어 짠 유럽의 직물을 총칭한다. - 옮긴이)과 거의 동일하다.[42] 비잔티움 제국의 직조공들은 비단 브로케이드(여러 가지 무늬를 도드라지게 하여 짜거나 수를 놓은 직물을 아울러 이르며, 색실이나 금실, 은실을 섞어서 꽃 따위의 무늬를 놓은 화려한 견직물이 많다. - 옮긴이)와 비단 자수 제품을 만든 것은 물론, 수의에다 자수를 놓기도 했다.(리넨 천에다 망자의 모습을 사실적으로 그려 넣는 식이었다.) 콘스탄티노플에서는 그 사람이 입은 옷을 보면 그가 누군지 알 수 있었다. 각 계층이 유달리 좋아해서 다른 계층은 못 입게 한 의복이 따로 있을 정도였다. 비잔티움인들이 모인 자리는 분명 공작새가 꼬리라도 펼친 것처럼 화사했을 것이다.

음악은 모든 계층에서 두루 인기를 누렸다. 교회의 전례(典禮)에서도 그 역할이 점점 막중해지면서 사람들의 신앙심 속에 감성이 녹아들게 하는 데도 한몫했다. 4세기에 알리피우스는『음악 입문』이라는 책을 썼는데, 현존하는 부분은 그리스인들이 어떤 기보법을 썼는지 알 수 있는 주요 자료가 되고 있다. 문자로 음을 표시하는 이 방식은 책이 나온 4세기에 네우마(neuma, 중세 서양에서 성가의 악보를 적을 때 쓰던 기호. 주로 그레고리우스 성가의 악보를 적을 때 쓰던 기호를 가리킨다. - 옮긴이)로 대치가 되었으며, 밀라노에서는 암브로시우스가, 갈리아에서는 힐라리우스가, 로마에서는 히에로니무스가 각각 이 방식을 도입한 것으로 보인다. 5세기 말 무렵 로마누스라는 한 그리스인 수도사는 지금까지도 그리스 전례의 일부를 구성할 정도로 훌륭한 찬송가 가사와 곡을 만들었다. 이들 찬송가는 이제까지 나온 그 어떤 찬송가도 따라잡을 수 없는 깊은 감성과 강한 표현력을 자랑한다. 보에티우스는 피타고라스, 아리스토크세누스, 프톨레마이오스의 이론을 정리하여『음악론』이라는 책을 펴냈는데, 옥스퍼드와 케임브리지 대학에서는 이 작은 책을 최근까지도 음악 교과서로 활용한 바 있다.[43]

우리가 동방의 예술을 진정으로 이해할 수 있으려면 직접 동방인이 되어 보는 수밖에는 없을 것이다. 서양의 지성이 보기에 결국 비잔티움 양식은 그리스의 머리와 가슴이 동방의 것을 최고로 치게 되었다는 것이나 다름없었다. 독재적인 통치가 이루어지고, 계급 사이의 위계질서로 사회가 안정적이고, 과학과 철학은 정체되어 발달하지 못하고, 교회가 국가의 지배를 받으며, 신민(臣民)은 종교의 지배를 받는 것 등이 그러하다. 또 거창하게 옷을 차려입고 대대적인 규모로 행사를 여는 것이나, 귀와 눈을 감동시키는 의식을 치르는 것, 최면 효과가 날 정도로 음악이 반복되는 것, 휘황찬란함과 갖가지 색깔로 오감을 압도하는 것, 상상력으로 자연의 사실을 정복한 것, 장식 예술에 밀려 재현 예술이 수면 아래로 가라앉은 것도 비잔티움 양식의 특징이었다. 고대의 그리스 영혼이었다면 이런 것들을 낯설어 하고 못 견뎌 했겠지만, 이제는 그리스 자체가 동방의 일부가 돼 버린 판이었다. 그리스 세계가 아시아 특유의 나른함에 젖어 버린 바로 그때, 페르시아의 활기와 무시무시한 이슬람의 에너지는 다시 되살아나 그리스 세계의 생명을 위협하게 된다.

THE AGE OF FAITH

7장 페르시아 224~641

1. 사산 왕조

유프라테스 강 혹은 티그리스 강 위쪽에 자리 잡은 이 제국은 그리스와 로마의 역사가 펼쳐지는 내내 거의 베일에 싸여 있었고, 유럽과 아시아의 야만족 무리가 세력을 확장해 가는 것을 천 년이나 그저 무심히 지켜보았다. 하지만 이들은 옛 아케메네스 왕조의 영광을 단 한시도 잊지 않은 채, 파르티아 전쟁에서 잃었던 기운을 차츰 되찾아 가는 중이었다. 이 박력 있는 사산 왕조 시절에는 독특하고도 귀족적인 문화가 꽃을 피웠고, 페르시아인들은 이를 얼마나 큰 자부심을 가지고 지켜 갔던지 후일 이슬람의 이란 정복을 페르시아의 르네상스로 탈바꿈시킬 정도였다.

서기 3세기의 이란은 단순히 오늘날의 이란 또는 페르시아만을 의미하지 않았다. "아리아인"의 땅이라는 그 뜻에서도 알 수 있듯이, 당시 이란은 이라크는 물론 아프가니스탄, 발루치스탄, 소그디아나, 발흐까지 포함하고 있었다. "페르시아"란 말은 원래 오늘날의 파르스(Fars) 지방을 가리키는 고대 지명으로 제국의 남동부 일부만을 가리켰다. 하지만 그리스와 로마인들은 제국 전체를 가리키는 말로 페르시아를 사용하였다. 이란은 히말라야 산맥 남동쪽에서부터 카프카즈(코카서스) 산맥 북서쪽까지 이어지는 거대한 방벽이 땅 한가운데를 가르고 있었다. 동쪽에는 불모의 고원 지대가 우뚝 솟아 있고, 서쪽에는 쌍둥이 강에 끼인 푸른 계곡이 자리 잡고 있었다. 두 강이 정기적으로 범람하면 미로처럼 얽힌 용수로(用水路)에 물이 스며들었고, 덕분에 서쪽 페르시아 땅에서는 밀이며 대추야자, 포도 등을 풍성하게 거두어들일 수 있었다. 이 제국에는 이루 헤아릴 수 없이 많은 촌락과 수백 개의 성읍과 수십 개의 도시들이 생겨나 쌍둥이 강 양안이나 그 사이에 줄지어 늘어섰고, 더러는 언덕 뒤에 가만히 숨어 있거나, 사막의 오아시스 주위를 빙 에워싸고 있었다. 그중에서도 엑바타나, 라이, 모술, 이스타크르(한때 페르세폴리스라 불렸던 곳), 수사, 셀레우키아, 그리고 사산 왕조의 보금자리 크테시폰이 대표적이었다.

 암미아누스는 이 시대 페르시아인들을 다음과 같이 묘사한다. "거의가 다 호리호리하고, 피부는 검은 편이었다. …… 멋없는 턱수염은 기르지 않았고, 머리는 덥수룩하게 장발을 했다."[1] 하지만 상류층 사람들은 머리가 덥수룩하지도 다 호리호리하지도 않았다. 이들 중에는 잘생긴 사람들이 많았고, 인내심과 느긋한 기품을 자랑으로 여겼으며, 위험한 운동 경기와 화려한 옷에 뛰어난 감각을 지녔다. 남자들은 터번을 머리에 썼으며, 헐렁한 바지를 입었고, 샌들이나 끈 달린 부츠를 신었다. 부자들은 양모나 비단으로 만든 코트나 튜닉을 걸쳤으며, 허리춤에는 벨트와 칼을 차고 다녔다. 한편 가난한 사람들은 면이나, 털이나, 가죽으로 만든 옷을 입는 것으로 족해야 했다. 여자들은 부츠를 신고 반바지를 입은 뒤 위에는 헐렁한 윗도리와 망토 그리고 길고 낙낙한 예복을 걸쳤다. 검은 머리칼은 이마에서는 둥글게 말고, 뒤는 길게 늘어뜨렸으며, 꽃으로 화사하게 장식을 했다. 색깔과 장식을 좋아한 것은 어느 계층이나 마찬가지였다. 성직자들을 비롯한 열성적인 조로아스터교 신자들은 흰옷을 순결의 상징으로 여겨 즐겨 입었다. 장군들은 붉은색을 좋아했고, 왕들은 붉은색 신발과 파란색 바지, 그리고 원형으로 부풀리거나 짐승이나 새의 대가리가 달린 머리 장식으로 자신이 특별한 존재임을 과시했다. 모든 문명사회가 그렇듯 페르시아 역시 남자들은 옷 입는 것으로 자신을 절반은 완성할 수 있었고, 여자들은 절반 이상이 완성되는 셈이었다.

교육을 받은 전형적인 페르시아인들은 갈리아 사람들처럼 충동적이고, 열성적이며, 활달했다. 물론 나태하게 지내는 경우도 많았지만 순식간에 경계 태세를 갖추곤 했다. 본래가 "불합리하고 터무니없는 말을 잘했으며, 용맹스럽기보다는 교활했고, 멀리서 보고도 두려움에 벌벌 떨게 만들었다."[2] 페르시아인들은 바로 이런 특징들로 적들을 꼼짝 못하게 만들었던 것이다. 가난한 사람들은 맥주를 마셨지만, 그들이 믿은 신들을 비롯한 거의 모든 계층은 포도주를 더 좋아했다. 종교 의식이 열릴 때면 신심 깊고 검약하는 이 페르시아인들은 포도주를 제식에 쏟아붓고는 신들이 와서 마실 때까지 꽤 오래 기다렸다. 그런 다음에는 그 신성한 음료를 자기들이 나누어 마셨다.[3] 이 사산 왕조 시대 페르시아인들의 예의범절은 아케메네스 시대보다는 격이 떨어졌고, 파르티아인보다는 세련되었다고 한다.[4] 하지만 프로코피우스가 전하는 이야기를 들어 보면, 페르시아인들이 그리스인들보다 내내 더 훌륭한 신사적 면모를 지녔다는 인상을 받게 된다.[5] 동로마 제국의 황제들은 페르시아 궁정의 의식과 외교 예절 상당수를 그대로 차용했다. 일례로 경쟁 관계의 통치자들은 서로를 "형제"라 불렀으며, 외교 사절에게는 면책 특권과 나라를 자유롭게 오갈 수 있는 안전 통행증을 마련해 주었다. 또 이들은 관세와 관련하여 조사를 받거나 수수료를 내지 않아도 되었다.[6] 오늘날 유럽이나 미국에서 사용하는 각종 외교 규약들은 페르시아 왕들의 궁정에 그 연원이 있는 셈이다.

암미아누스는 "대부분의 페르시아인들이 성생활에 터무니없이 탐닉했다."고 이야기하면서도,[7] 남색이나 매춘은 그리스 사회에서보다 찾아보기 힘들다고 털어놓았다. 랍비 가말리엘은 페르시아인의 세 가지 덕목을 다음과 같이 칭송한 바 있다. "이들은 음식을 절제해서 먹을 줄 알며, 사생활 및 결혼 생활을 정숙하게 해낼 줄 안다."[8] 결혼과 출산 장려를 위해서라면 모든 방책이 동원되었는데, 전쟁에 필요한 남자들을 충분히 마련해 두기 위해서였다. 이런 점에서 보면 사랑의 신은 비너스가 아니라 마르스(Mars, 군신(軍神))가 되어야 한다. 종교에서는 결혼을 의무적인 사항으로 명했고, 성대한 예식으로 결혼을 축하했으며, 빛의 신인 오르마즈드(아후라 마즈다)가 조로아스터교의 사탄인 아리만과의 대(大)전쟁에서 힘을 얻을 수 있었던 것은 왕성한 정력 때문이라고 가르쳤다.[9] 집안의 가장들은 조상들께 제사를 드렸고, 자식들이 자신의 제사를 잘 모시고 죽은 뒤에도 잘 돌봐 주기를 바랐다. 집안에 아들이 하나도 태어나지 않을 때는 양자를 들였다. 자식들의 결혼은 일반적으로 부모가 주선했으며, 전문 중매쟁이의 소개를 받는 경우도 많았다. 하지만 여자가 부모님 뜻에 따르지 않고 결혼을 하는 것도 가능했다. 또 지참금 제도와 부부 재산 계약이 있어 초기 결혼 생활비와 양육비를 대 주었다. 일부다처제도 허용이 되었으며, 첫째 부인이 불임일 때는 이를 권장하기도 했다. 간통은 어디서나 흔히 있는 일이었다.[10] 남편은 아내가 간통할 경우 이혼할 수 있었고, 아내는 남편이 가족을 버리거나 포악하게 굴 때 이혼할 수 있었다.

사산 왕조 시대에는 첩을 두는 게 가능했다. 고대 그리스의 기녀들이 그랬듯, 당시 페르시아 첩들은 사람 많은 곳을 자유롭게 오갔고 남자들이 벌이는 연회 자리에 얼마든지 나갔다.[11] 반면 정실부인들은 보통 집 안의 자기 방에만 머물러 있어야 했고,[12] 페르시아는 오래된 이 관습을 이슬람에 그대로 물려주었다. 아무래도 이때의 페르시아 여인들이 유난히도 아름다웠기 때문에 그런 식으로라도 남자들의 접근을 막지 않으면 안 되었던 듯하다. 피르다우시가 쓴 『샤나메』(왕들의 책이란 뜻으로, 서기 100년경에 나온 방대한 페르시아어 서사시이다. - 옮긴이)라는 책을 봐도, 남녀 사이에 먼저 나서서 상대방에게 구애하고 유혹하는 쪽은 남자가 아니라 여자이다. 여자들이 지닌 매력이 남자들이 만든 법칙보다 한 수 위였던 셈이다.

자녀 양육 시에는 종교를 믿는 것이 도움이 되었는데, 그러지 않고는 부모로서 권위를 세우는 것이 불가능했을 것으로 보이기 때문이다. 아이들은 자기들끼리 각종 공놀이, 달리기, 체스[13] 등을 하며 재밌게 놀았고, 형이나 누나들이 하는 오락(활쏘기, 말 경주, 폴로, 사냥 등)에도 어릴 때부터 끼어 함께했다. 사산인들은 하나같이 종교와 사랑과 전쟁에는 음악이 빠질 수 없는 법이라 생각했다. 피르다우시는 말하길, 왕궁에서 행사 및 연회가 열릴 때면 "아름다운 여인들의 노랫소리와 음악이 늘 자리를 함께했으며",[14] 리라, 기타, 피리, 뿔피리, 북을 비롯한 갖가지 악기들이 무대를 가득 메웠다. 이 시절 호스로우 파르베즈 왕이 총애했던 바르바드란 가수는 노래를 360곡 지어 두고, 자신의 이 왕실 후견인에게 일 년 내내 매일 밤 노래를 불러 주었다는 이야기가 전한다.[15] 교육 분야에서도 종교는 적지 않은 역할을 담당했다. 초등학교가 세워진 곳부터가 사원 땅이었고, 학생들을 가르치는 일 역시 성직자들이 맡았다. 한편 문학, 의학, 과학, 철학에 대한 고등 교육은 준디샤푸르(Jund-i-Shapur)라는 수시아나의 고등 교육 기관에서 이루어졌다. 영지를 다스리는 추장이나 지방 총독에게 아들이 있으면 왕의 처소 근처에 살면서 왕궁에 딸린 학교에서 왕실의 왕자들과 함께 교육을 받곤 했다.[16]

언어는 과거 파르티아인들이 썼던 인도·유럽어족의 팔라비어가 계속 사용되었다. 이 시대에 탄생한 문학 중 지금까지 살아남은 것은 약 60만 단어뿐인데, 거의 다 종교적인 내용이다. 당시 페르시아 문학도 광범위한 주제를 다뤘을 것이 분명하지만,[17] 문학을 수호하고 전수한 것이 성직자이었고 이들은 세속적인 내용이 사라지게 내버려 두었다. (그리스도교 세계에서 내놓은 중세 초기의 문학들이 종교적 색채가 대단히 강하다고 착각하게 된 것도 아마 비슷한 과정에 의해서였을 것이다.) 사산 왕조의 왕들은 선진적인 자세로 문학과 철학을 후원해 주었으며, 이에 가장 앞장선 사람이 아누시르반이었다. 그의 뜻에 힘입어 플라톤과 아리스토텔레스의 저작이 팔라비어로 번역되어 나올 수 있었고, 준디샤푸르에서는 이들의 사상을 학생들에게 가르칠 수 있었으며, 심지어 왕 자신이 직접 그들의 저작을 읽기도 했다. 유스티니아누스 황제가 아테네의 학교들을 폐쇄해 버리자, 그곳 교사 일곱 명이 페르시아로 피신해 온 적이 있었다. 하지만 얼마 안 있어 그들이 고국을 못 잊고 괴로워하자, 아누시르반은 533년에 유스티니아누스 황제와 조약을 맺었다. 그리스 현자들이 동로마 제국으로 돌아갈 수 있게 허락하되, 이들을 박해하지 말아야 한다는 것이 "야만족" 왕이 당시 내건 조건이었다.

페르시아가 4세기에(혹은 5세기에) 세운 준디샤푸르 학교는 이 깨어 있는 군주의 통치 아래 "당대 지적 활동의 최고 중심지"로 손꼽히게 되었다.[18] 수많은 지역의 학생과 교사들이 이곳으로 몰려들었다. 이곳에서는 네스토리우스파 그리스도교도들도 가리지 않고 받아 주었고, 덕분에 그리스어로 된 의학 및 철학서가 시리아어로 번역돼 들어올 수 있었다. 신플라톤주의자들이 여기에 심어 놓았던 씨앗에서 수피교의 신비주의도 싹텄으며, 인도, 페르시아, 시리아, 그리스의 민간요법도 이곳에서 한데 만나 학파를 이루고 치료법의 꽃을 피웠다.[19] 페르시아의 이론에 따르면, 이 세상은 4대 요소(불, 물, 흙, 공기)로 이루어져 있는데 이 중 하나 이상이 오염되거나 불순해지면 질병이 생기는 것이었다. 온 백성의 건강을 위해서는 부패를 일으키는 물질을 모조리 태워 버려야만 하며, 개개인이 건강하기 위해서는 조로아스터교의 청결 원칙을 철저히 따라야 한다고 페르시아의 의사들과 성직자들은 말했다.[20]

이 시기 페르시아의 천문학에 대해 알 수 있는 사실은 단 하나, 사산인들이 체계적인 달력을 사용했다는 것뿐이다. 이들은 1년을 30일씩 열두 달로 나누었고, 30일로 된 각 달에는 7일짜리 주(週)와 8일짜리 주가 두 번씩 들어 있었다. 그리고 묵은해가 가고 새해가 오기 전 그 사이에 5일을 끼워 넣었다.[21] 점성술과 주술은 어디고 이용되지 않는 곳이 없었다. 무언가 중대한 조치를 취해야 할 때는 반드시 별자리의 위치를 확인했으며, 지상에서 펼쳐지는 모든 일은 선한 별과 악한 별의 싸움에 의해 결정된다고 사람들은 믿었다. (인간의 영혼 속에서 늘 천사와 악마가 싸움을 벌이듯이) 하늘의 별들도 옛날 오르마즈드와 아리만처럼 서로를 상대로 싸움을 벌인다고 페르시아인들은 생각했다.

조로아스터교는 사산 왕조에 들어서면서 예전에 누렸던 권위와 풍요를 다시금 누릴 수 있었다. 성직자들에게는 땅과 함께 십일조가 돌아갔으며, 유럽에서처럼 종교라는 반석 없이는 통치가 이루어질 수 없었다. 페르시아에서는 어딜 가나 볼 수 있던 성직자 계급 마기(Magi)는 대대로 세습이 되었고, 그 우두머리를 '아르키마구스(archimagus)'라 했는데 왕 말고는 그의 권력을 따를 자가 아무도 없었다. 페르시아에서 행해지는 거의 모든 지적 활동을 이 마기들이 좌지우지했고, 죄 지은 자나 반역자가 있으면 이들이 지옥에 갈 거라고 으름장을 놓았으며, 400년 동안 페르시아의 지성과 군중이 옴짝달싹 못하도록 구속한 것도 이들이었다.[22] 물론 이따금은 세금 징수원에게 착취당하지 않도록 시민들을 지켜 주거나, 가난한 사람들이 핍박당하지 않도록 보호해 주는 역할도 했다.[23] 이들 조직은 얼마나 부유했던지 때로는 왕들도 부족한 것이 있으면 엄청난 양을 사원의 곳간에서 빌리곤 했다. 페르시아의 주요 마을에는 불을 모시는 사원이 저마다 하나씩 있었고, (필경 꺼지면 안 되었을) 이 신성한 불꽃은 빛의 신을 상징하고 있었다. 악마인 아리만에게서 영혼을 구할 수 있는 길은 단 하나, 선하게 살면서 청결히 예를 올리는 것뿐이었다. 그리고 이 악마에 맞서 싸우기 위해서는 마기들과 그 마법의 힘을 빌리지 않으면 안 되었다. 그들이 점을 쳐 주고, 주문을 외워 주고, 마법을 부려 주고, 기도를 올려 주어야만 했던 것이다. 이런 도움들에 힘입어 영혼이 신성하고 순수해지면, 그 무섭다는 최후의 심판을 무사히 통과하고 천국에 올라가 영원한 행복을 누릴 수 있었다.

이 정식 종교 곁에 기타 종교도 몇 개 자리를 차지했지만 그리 대단한 입지는 아니었다. 그중 하나인 태양신 미트라는 옛날 파르티아인들에게는 유난히 인기가 높았으나, 이제는 오르마즈드의 오른팔로서 소수에게만 경배의 대상이 되고 있었다. 하지만 그리스도교, 이슬람교, 유대교 신자들이 그랬던 것처럼, 조로아스터교의 성직자들 역시 국교를 끝까지 저버리면 사형에 처할 중죄로 다루었다. 그래서 마니(Mani, 216~276년경)가 부처, 조로아스터, 예수의 뒤를 이어 네 번째로 신성한 가르침을 전하기 위해 왔다며 금욕, 평화, 고요를 내거는 종교를 선포하자, 국가주의자에다 공격적이기까지 했던 마기들은 그를 잡아다 십자가에 못 박아 죽였다. 결국 마니교는 대업을 이루기 위해 페르시아 밖으로 나가지 않으면 안 되었다. 그러나 사산 왕조 시대의 성직자와 왕들은 유대교나 그리스도교에 대해서는 대체로 관대한 태도를 보였다. 이는 로마의 교황들이 이단자에겐 혹독해도 유대교도에겐 어느 정도 선처를 베풀었던 것과 비슷한 양상이었다. 페르시아 제국 서쪽 지방에는 그곳을 망명지로 삼고 살아가는 유대교도들이 꽤 많았다. 그리스도교도 사산 왕조가 권력을 잡았을 때 벌써 확실히 터를 잡은 상태였다.

페르시아는 그리스도교에 관용을 베풀었지만 그것은 숙적인 그리스와 로마가 그리스도교를 정식 종교로 채택하기 전의 일이었다. 그러다 338년 샤푸르 2세가 비잔티움 제국을 상대로 싸움을 벌이던 때였다. 니시비스의 한 그리스도교 성직자가 비잔티움의 국경을 지키기 위해 발 벗고 나서는 일이 벌어졌고,[24] 비잔티움 제국의 승리를 바라는 당연한 마음을 페르시아의 그리스도교도들이 공공연히 드러내자 이윽고 대대적인 박해가 시작되었다.[25] 341년 샤푸르는 자기 제국 내에 있는 그리스도교도는 모조리 죽일 것을 명했다. 그리하여 그리스도교도 마을 전체가 학살을 당하는 사태가 벌어졌고, 사제나 수도사, 수녀들은 이 명령에서 제외된다는 조치에도 불구하고 샤푸르가 세상을 떠날 때까지(379년) 내내 이어진 박해에서 목숨을 잃은 그리스도교도만 1만 6000명에 달했다. 그 후 야즈데게르드 1세(399~420년)는 그리스도교도에게 다시 신앙의 자유를 찾아 주고, 교회를 다시 지을 수 있도록 도와주었다. 422년 페르시아의 주교들은 회의를 열어 페르시아 그리스도교 교회는 그리스 및 로마의 교회와는 상관없는 독립적인 곳임을 선포했다.

페르시아의 기본 뼈대는 종교적인 예배와 논쟁, 통치 기구의 명령과 위기, 나라 안팎의 전쟁이었다. 이 기본 골격 속에서 페르시아 사람들은 밭을 갈고,

가축 떼에 풀을 먹이고, 수공예품을 만들어 내고, 장사 흥정을 하며 몸 안의 힘줄처럼 열심히 움직였다. 백성들에게 농사짓는 일은 종교적 의무가 되어 있었다. 착한 신 오르마즈드가 마침내 악마 아리만을 물리칠 수 있으려면 백성들이 황야를 말끔히 정리하고, 열심히 땅을 일구며, 해충과 잡초를 잡아내고, 황무지를 되살리며, 물줄기를 끌어다 땅에 물을 대는 그런 영웅적 노동을 하지 않으면 안 된다고 했기 때문이다. 사실 페르시아의 농부들에겐 영혼의 위안이 많이 필요했다. 특별한 경우 말고는 대지주 밑에서 소작인으로 뼈 빠지게 일해야 했을 뿐 아니라, 고생해서 거둔 수확물 중 최소 6분의 1에서 최대 3분의 1을 세금 및 소작료로 바쳐야 했으니 말이다. 페르시아인들이 사탕수수로 설탕 만드는 기술을 인도에서 들여온 것은 540년경의 일이었다. 황제 헤라클리우스가 페르시아와의 전쟁에서 승리를 거두었을 때 그는 크테시폰의 왕궁에 설탕 곳간이 마련돼 있는 걸 볼 수 있었다.(627년) 그로부터 14년 뒤 페르시아를 정복한 아랍인들은 사탕수수 재배법을 금세 익혀서는 이집트, 시칠리아, 모로코, 스페인에 알려 주었고, 이로써 사탕수수는 유럽 전역으로 퍼져 나가게 되었다.[26] 동물 사육은 페르시아인들의 특기였다. 아랍의 준마를 제외하면 그 어떤 말들도 페르시아 말의 혈통과 기백, 그 아름다움과 속도를 따라잡을 수 없었다. 페르시아인들은 하나같이 말을 사랑했다. 또 가축 떼나 집을 지켜 주는 데는 개처럼 쓸모 있는 동물이 없었기 때문에, 페르시아인들은 개를 신성한 동물로 받들기까지 했다. 페르시아 고양이의 독특한 특징은 전 세계적으로 유명한 것이었다.

페르시아의 제조업은 사산 왕조 시절을 거치며 가내 수공업에서 도시형 제조업으로 발전해 나갔다. 형성된 길드만 한두 개가 아니었고, 일부 성읍에는 혁명을 외치는 무산자 계급까지 있었다.[27] 중국에서 비단 직조 기술이 들어온 것도 이때였다. 사산인들이 만든 비단은 어딜 가나 사람들이 갖지 못해 안달이었고, 비잔티움 제국, 중국, 일본의 직물 제조 기술은 페르시아 제품을 본으로 삼을 정도였다. 중국 상인들은 이란에 들어오면 중국산 생사(生絲, 누에고치에서 풀어 낸 삶지 않은 명주실 - 옮긴이)를 팔고, 러그나 보석, 연지 등을 사서 돌아갔다. 한편 아르메니아인, 시리아인, 유대인들은 더디게 물물 교환을 하며 페르시아, 비잔티움 제국, 로마를 하나의 상권으로 연결시켰다. 나라에서 도로와 다리를 잘 정비하고 치안에 신경을 쓴 덕에 우편 업무 및 상인들의 교역이 원활히 이루어지면서 크테시폰은 지방 곳곳과 거미줄처럼 연결될 수 있었다. 더불어 페르시아 만에는 항구가 속속 건설되어 인도와의 교역에 속도가 붙었다. 페르시아 정부는 곡물 및 약품 등의 필수품 가격을 규제했고, 매점 및 독점 행위가 일어나지 못하도록 막았다.[28] 당시 페르시아 상류층의 부가 얼마나 대단했는가는 한 호족이 벌인 저녁 잔치 일화로도 알 수 있다. 애초 그는 손님을 천 명 초대했는데 알고 보니 자기 집에는 식사가 500인분밖에 마련되어 있지 않았다. 그는 이웃집에 가서 남은 500인분을 꾸어 와서 잔치를 치렀다고 한다.[29]

페르시아의 호족들은 시골의 사유지에 주로 살면서, 토지와 인력을 체계적으로 착취하는 일에 나서는 한편 자신의 소작인들로 군대를 양성해 나라의 전쟁에도 나섰다. 이들이 전투를 위해 스스로를 훈련시킨 방법은 목표로 정한 사냥감을 열성을 다해 용감무쌍히 뒤쫓는 것이었다. 전쟁이 터지면 늠름한 기마 장교 역할을 맡았고, 후일 봉건 시대 유럽에서처럼 병사와 말을 갑옷으로 무장시켰다. 하지만 군대의 기강을 다잡거나 최신 토목 기술을 포위 및 방어전에 이용하는 데에는 로마군에 한참 못 미쳤다. 이들보다 사회적으로 지위가 높았던 계급은 지방을 다스리는 태수나 궁정 각료를 맡은 대(大)귀족들이었다. 이 시대 페르시아의 행정 관료들은 상당히 유능했던 사람들임에 틀림없는데, 서로마 제국이나 동로마 제국에 비해 세금이 가혹하지 않았음에도 페르시아 국고에는 서로마나 동로마보다 돈이 넘쳐 날 때가 많았다. 626년 호스로우 파르베즈의 금고에는 4억 6000만 달러의 돈이 들어 있었으며, 매년 수입이 1억 7000만 달러에 달했다.[30] 중세 시대 금과 은이 구매력이 얼마나 컸는지 생각하면 어마어마한 양이 아닐 수 없다.

페르시아의 법을 만든 것은 왕과 그의 고문관 그리고 마기들이었으며, 옛날 아베스타 경전을 기초로 했다. 법을 해석하고 집행하는 것은 성직자들 몫이었다. 암미아누스는 페르시아인과 직접 맞붙어 보고서 평하길, 페르시아 판관들은 "진실한 경험과 해박한 법적 지식을 지닌 강직한 사람들이었다."고 말했다.[31] 대체로 페르시아인들은 입 밖에 낸 말은 반드시 지키는 것으로 유명했다. 법정에서의 선서는 엄숙한 종교 의식을 방불케 했다. 선서를 어긴 사람은 법에 따라 엄격히 벌을 받았으며, 지옥에 가서도 영원히 화살, 도끼, 돌 세례를 받을 것이었다. 죄인 색출을 위해 신성 재판이 동원되기도 했다. 의심되는 자가 있으면 쇳덩이 등을 시뻘겋게 달궈 그 위를 걷게 하거나, 활활 타오르는 불 속으로 뛰어들게 하거나, 독이 든 음식을 먹이는 식이었다. 또 영아 살해나 낙태도 금기시해서 엄벌로 다스렸다. 남색을 즐기면 사형에 처해졌고, 남자가 간통을 하면 추방을 당했으며, 여자가 간통을 하면 코와 귀를 도려냈다. 판결에 불만이 있을 시에는 항소할 수 있었고, 사형을 집행하려면 반드시 왕의 검토와 승인이 있어야 했다.

페르시아 왕은 자신의 권력이 신에게서 비롯된다며 왕은 최고권을 지닌 신의 대리자일뿐이라 했으며, 왕으로서 포고를 내릴 때도 신의 훌륭한 모습에 최대한 가깝고자 했다. 시간만 넉넉하다면 왕은 "왕 중의 왕, 아리아인과 비(非)아리아인 모두의 왕, 우주 최고의 통치자, 신의 후계자"란 칭호를 갖다 붙였으며,[32] 샤푸르 2세는 한술 더 떠 "해와 달의 형제, 별들의 친구"라는 말까지 갖다 붙였다. 사산 왕조의 군주들은 절대적 권력을 갖는 것이 원칙이었지만, 궁정 각료들의 조언에 따라 움직였다. 이슬람교도 역사가 마수디는 사산 왕조 시대 왕들이 "탁월한 통치 능력"을 갖고 있다며, "질서 정연하게 정책을 시행하고, 자기들 백성을 따뜻하게 돌보며, 페르시아 땅에 풍요를 가져온" 것을 높이 칭송했다.[33] 이븐 할둔이 전하는 바에 따르면, 페르시아 왕 아누시르반은 이런 말을 한 적이 있다고 한다. "왕은 군대 없이 있을 수 없고, 군대는 국가 재정 없이는 있을 수 없으며, 국가 재정은 조세 없이 있을 수 없고, 조세는 농사 없이는 있을 수 없으며, 농사는 올바른 통치 없이 있을 수 없다."[34] 특별한 일이 없는 한 군주 자리는 아버지가 죽으면 아들이 넘겨받았으나, 왕이 젊은 아들에게 양위해 주기도 했다. 여왕이 군주 자리에 올라 최고 권력을 휘두른 적은 페르시아 역사에서 두 번 있었다. 적자(嫡子)가 없을 때는 귀족과 고위 성직자가 모여 통치자를 골랐는데, 그럴 때도 왕실 가문 사람들 중에서만 선택할 수 있었다.

왕으로서의 삶은 갖가지 의무가 쉴 새 없이 몰아치는 고된 것이었다. 먼저 왕이라면 모름지기 사냥에 겁먹지 말고 나설 수 있어야 했다. 왕이 사냥터로 행차할 때면 한껏 치장한 낙타 열 마리가 대형 비단 천막을 끌었다. 왕의 용상을 져서 나르는 낙타가 일곱 마리였으며, 관료들을 태운 낙타만도 백 마리에 달했다. 이때 수백 명의 무사가 왕의 곁을 호위하기도 했겠지만, 사산 왕조 시대 바위에 남겨진 돋을새김 조각 내용이 믿을 만하다면 결국 왕은 홀로 말 등에 올라타야만 했던 것으로 보인다. 왕은 왕실 정원('paradise'라 불렸던 곳)에 있는 갖가지 야생 동물들, 즉 수사슴, 야생 염소, 영양, 야생 들소, 호랑이, 사자 등에 맨 처음으로 달려들어야 했다. 이렇게 사냥을 마치고 왕궁으로 돌아오면 시종들만 수백 명이 오가고 중간중간 온갖 행사가 정신없이 펼쳐지는 가운데 여러 가지 업무를 대해야 했다. 왕은 보석으로 화려하게 꾸민 무거운 예복을 몸에 걸치고 황금으로 만든 용상에 앉아 있어야 했으며, 너무나도 거추장스러운 왕관은 티 안 나도록 머리에서 조금이나마 띄워 놓지 않으면 얼굴은 돌리기조차 힘들었다. 왕은 이런 상태에서 외교 사절 및 내빈을 맞고, 왕궁 의례를 꼼꼼히 지키고, 판결을 통과시키는 등 각종 일정을 소화했다. 왕을 알현하려는 사람들은 절을 하듯 몸을 엎드려 땅바닥에 입을 맞추어야 했다. 그런 다음에는 왕의 허락이 떨어져야만 몸을 일으킬 수 있었고, 말을 할 때는 왕에게 병을 옮기거나 결례가 되지 않도록 손수건으로 입을 가려야 했다.

2. 사산 왕조의 통치자들

페르시아에 전승되는 이야기에 따르면, 사산 왕조의 시조 사산(Sasan)은 페르세폴리스에서 활동한 성직자였다고 한다. 그의 아들 파파크는 쿠르에서도 서열이 낮은 제후였으나, 어느 날 페르시스 지방 통치자 고지르를 죽이고 스스로 왕의 자리에 올랐고, 그렇게 얻은 권력을 자기 아들 샤푸르에게 물려주었다. 하지만 통치다운 통치를 해보기도 전에 샤푸르가 사고로 목숨을 잃으면서, 동생 아르다시르가 그 뒤를 잇게 된다. 그러나 페르시아 아르사케스 왕조(파르티아 왕조)의 마지막 왕 아르타바누스 5세는 지방에 개창한 이 왕조를 인정하려 들지 않았다. 이에 아르다시르는 아르타바누스 왕과 전쟁을 벌여 그를 왕위에서 끌어내리고(224년) 자기가 왕 중의 왕 자리에 올랐다.(226년) 그는 아르사케스 왕조처럼 느슨하게 봉건 통치를 하지 않고 대신 강력한 왕권을 확립하여 중앙 집권적이면서도 전(全) 방위적인 관료 제도로 나라를 다스려 나갔다. 또 조로아스터교의 신앙 및 위계질서를 전처럼 회복시켜 성직자 계급의 지지를 얻어 낼 수 있었다. 나아가 신민들의 자긍심도 한껏 고취시켰는데, 페르시아 곳곳에 스며든 그리스 문화를 말살하고, 알렉산드로스 대왕의 계승자들에게 다리우스 2세의 복수를 해 줄 것이며, 과거 아케네메스 왕조의 영토를 모두 수복하겠다고 선언했기 때문이다. 그는 약속을 거의 다 지킨 셈이었다. 그의 발 빠른 군사 작전으로 페르시아의 국경은 북동쪽으로는 옥소스 강, 서쪽으로는 유프라테스 강까지 넓어졌다. 아르다시르는 죽을 때가 되자(241년), 아들 샤푸르에게 왕관을 씌워 주며 그리스인과 로마인들을 바다에 처넣으라고 명했다.

샤푸르 1세(241~272년)는 아버지의 박력과 재주를 고스란히 물려받은 인물이었다. 이 시대 바위에 새겨진 돋을새김 조각에서 그는 준수한 외모에 귀족적 풍모를 지닌 사람으로 그려지고 있지만, 이런 작품들은 왕의 모습을 판에 박은 듯 미화하기 마련이다. 샤푸르 1세는 교육을 잘 받은 사람이었고, 그 자신도 배우는 것을 좋아했다. 한번은 소피스트 에우스타티우스가 그리스 외교 사절로 온 일이 있었는데 그와의 대화에 얼마나 흠뻑 빠졌던지 왕은 그만두고 철학자가 될까 생각하기도 했다.[35] 그는 동명이인이었던 샤푸르 2세와는 달리 모든 종교에 완전한 자유를 주었고, 마니교의 창시자 마니도 왕궁에서 설교할 수 있도록 해 주었으며, "마기이든 마니교도이든, 혹은 유대교도이든 그리스도교도이든, 그 누가 어떤 신앙을 가지고 있더라도 제국 내에서 아무 간섭을 받지 말아야 한다."고 선언했다.[36] 그는 또 아르다시르 왕의 아베스타 개정 작업을 계속 추진해 나갔고, 성직자들을 설득해서 페르시아의 성경이나 다름없는 이 책에 속세의 학문을 포함시켰다. 형이상학, 천문학, 의학과 관련된 이 내용들은 대부분 인도와 그리스의 사상을 빌려온 것이었다. 그는 예술에 대해서는 통 큰 후원을 아끼지 않았다. 또 샤푸르 2세나 두 명의 호스로우 왕만큼 위대한 장군은 못 되었지만, 오랜 기간 대를 거듭한 사산 왕조의 왕들 중 그 누구보다도 유능한 행정가였다. 샤푸르에는 새로 수도를 건설하는 한편(이곳의 유적지는 아직도 샤푸르 왕의 이름을 달고 있다.), 카룬 강에 있는 슈시타르에는 고대의 치적으로 남을 대규모 토목 공사를 시행했다. 커다란 화강암 덩어리를 구해다가 강을 막고 댐을 쌓은 것인데, 그렇게 해서 생겨난 다리는 길이가 1710피트에 너비는 20피트에 달했다. 왕은 이 댐을 건설하기 위해 일시적으로 강의 물길을 돌리기도 했으며, 강바닥에는 견고하게 돌을 깔았고, 엄청난 크기의 수문을 만들어 방류량을 조절했다. 전하는 바에 따르면 샤푸르 왕은 로마인 기술자들과 죄수들을 이용해 이 댐을 설계하고 건설했다고 하는데, 최근까지 제 기능을 원활히 수행할 정도로 구조와 설계가 훌륭했다.[37] 샤푸르는 마지못해 전쟁에 눈을 돌려 시리아를 침공했고, 기세를 이어 안티오크까지 진군해 갔지만 로마군에게 패배를 당하고 말았다. 이때 평화 조약을 맺으면서(244년) 전쟁으로 손에 넣었던 모든 땅을 로마에 되돌려주어야 했다. 그는 아르메니아가 로마에 협조한 것을 괘씸하게 여겨 그곳으로 쳐들어가서는 자기 손으로 친(親)페르시아 왕조를 열었다.(252년) 그렇게 오른쪽 측면을 단단히 다져 둔 후, 그는 다시 로마와 전쟁을 일으켜 이번에는 로마군을 쳐부수고 발레리아누스 황제를 붙잡았다.(260년) 그리고는 안티오크를 약탈한 뒤에 수천 명의 포로를 잡아다가 이란에서 강제 노역을 시켰다. 그러자 팔미라를 다스리던 오다이나투스가 로마군과 합세하여 샤푸르를 몰아냈고, 페르시아 왕은 유프라테스 강을 로마와 페르시아의 국경선으로 삼는 데 만족할 수밖에 없었다.

272년부터 302년까지 샤푸르의 뒤를 이어 왕위에 오른 자들은 왕 치고는 평범했다. 호르미즈드 2세(302~309년)는 그렇지 않았음에도 역사가 그를 뒷전에 둔 것은 그의 시대엔 오히려 아무 탈 없이 번영과 평화가 유지됐기 때문이었다. 호르미즈드는 공공건물과 개인 주택 보수에(특히 가난한 사람들의 주택 보수에) 열심히 매달렸는데, 공사비는 전액 국고로 해결했다. 또 사법 기관을 새로 하나 만들어 가난한 이들이 부자에게 쏟아 놓는 불평에 귀를 기울였으며, 왕 자신이 몸소 회의를 주재하기도 했다. 후일 그의 아들이 왕위에 못 오른 것이 부왕(父王)의 이런 범상치 않은 기질에 연유한 것인지는 알 수 없지만, 사정이 어떻든 왕이 죽자 귀족들은 그의 아들을 감옥에 가두고는 그의 아직 태어나지도 않은 아들에게 왕위를 주었다. 그러고는 곧 샤푸르 2세가 나실 거라 확신하며 대대적으로 환영했다. 일을 확실히 하기 위해 그들은 왕비의 자궁 위쪽에다 왕관을 매달아 태아에게 왕관을 씌워 주기까지 했다.[38]

이렇듯 시작부터 순조롭게 왕위에 오른 샤푸르 2세는 아시아 역사에 최장의 치세 기록을 남긴다.(309~379년) 전쟁에 대비한 훈련을 그는 어려서부터 받았다. 그렇게 몸과 의지를 함께 단단히 다진 후 국정과 전쟁 모두를 지휘하게 된 것이 열여섯 살 때였다. 그는 동부 아라비아를 침공해 스무 개 마을을 쑥대밭으로 만들고, 포로 수천 명을 죽였으며, 살아남은 나머지는 부상을 입은 그대로 포박해 노예로 만들어 버렸다. 337년에는 극동으로 가는 교역로를 완전히 장악하기 위한 로마와의 전쟁이 다시 시작되었고, 이 전쟁은 이따금 휴전되기도 했지만 그가 거의 죽을 때까지도 끝날 줄 몰랐다. 오랫동안 질질 끌던 싸움은 로마와 아르메니아가 그리스도교로 개종하자 불꽃이 튀기 시작했는데, 마치 호메로스의 광포한 신들이 싸움에 끼기라도 한 것 같았다. 40년의 세월 속에서 샤푸르 2세가 대적한 로마 황제는 한둘이 아니었다. 먼저 율리아누스는 샤푸르를 크테시폰으로 다시 몰아내는 데까지는 성공했으나, 나중에는 굴욕을 안고 퇴각해야 했다. 요비아누스는 책략에 밀려 억지로 평화 조약을 맺어야 했는데

(363년) 티그리스 강 유역에 있는 로마 땅과 아르메니아 땅 전체를 샤푸르에게 넘긴다는 조건이었다. 샤푸르 2세가 세상을 떠날 때 페르시아의 권세는 하늘을 찌를 듯했고, 사람들이 피땀을 흘려 경작지로 변모시킨 땅만 수십만 에이커에 달했다.

그다음 세기에 접어들자 싸움터는 동부의 국경 지대로 옮겨 갔다. 이 무렵 페르시아 근방에는 동로마 제국 사람들에게는 에프탈족이라고 알려졌던(백훈족(White Huns)이라고 잘못 불리기도 했다.) 우랄알타이계 종족이 살았는데, 이들이 425년경 옥소스 강과 야크사르테스 강 사이의 지역을 점령해 버린 것이다. 사산 왕조의 왕 바흐람 5세(420~438년, 그의 이름 뒤에 붙는 별칭 구르(Gur)는 미친 당나귀라는 뜻으로, 무서운 것 없던 사냥 실력 때문에 생긴 것이다.)가 이들을 물리치는 데 성공했으나, 바흐람이 죽자 에프탈족은 무서운 생식력과 전쟁으로 세를 넓히더니 결국 제국을 세워 카스피 해에서 인더스 강을 아울렀고, 구르한에 수도를 건설해 발흐를 그 중심지로 삼았다. 그러고는 페르시아 왕 페로즈(459~484년)를 왕위에서 끌어내려 죽여 버렸으며, 그 뒤를 이은 발라스(484~488년) 왕에게는 공물을 바치도록 강요했다.

이렇게 동쪽이 위협을 받는 와중에 페르시아는 내부적으로도 혼란에 휩싸였으니, 왕권은 그 권위를 어떻게든 지켜 내기 위해 귀족 및 성직자들에 맞서 안간힘을 쓰고 있었다. 이에 카바드 1세(488~531년)가 생각해 낸 것이, 공산(共産) 움직임을 흥기시켜 귀족 및 성직자들을 이 운동의 주된 공격 대상으로 만들어 그 세력을 약화시켜 보자는 것이었다. 490년경의 어느 날, 조로아스터교의 성직자 마즈다크가 자신은 다음과 같은 오랜 가르침을 설하라고 하느님께서 보낸 사람이라 선언하고 나섰다. 그 가르침이란 인간은 모두 날 때부터 평등하며, 따라서 남보다 더 많이 가질 수 있는 천부의 권리 역시 그 누구에게도 없으며, 사유 재산과 결혼 제도는 인간의 창작물이자 참혹한 실수이며, 모든 재화와 여자는 남자들이 다 같이 공유해야 한다는 것이었다. 그의 적대자들은 이에 맞서서, 그 가르침대로라면 절도, 간통, 근친상간이 사유 재산과 결혼 제도에 반대되는 것으로서 온당함을 갖게 되는 것은 물론, 유토피아에 다가가기 위한 적법한 수단이 될 우려가 있다고 대응했다. 돈 없는 사람들 및 기타 몇몇 사람들이 마즈다크의 이야기를 듣고 좋아하기는 했지만, 왕까지 이 사상을 받아 주었을 때는 아마 마즈다크 자신도 놀랐을 것이다. 이에 마즈다크의 추종자들은 부자들의 저택을 약탈하기 시작했고, 여자들의 방에 들어가 거기서 가장 이름 있고 몸값이 비싼 첩들을 데려다 자신들의 용도대로 활용했다. 그러자 화가 치민 귀족들이 카바드를 감옥에 넣어 버리고는 그의 형제 자마습을 왕위에 앉혔다. 3년 뒤 카바드는 갇혀 있던 "망각의 성"에서 탈출해 인근의 에프탈족에게로 도망쳤다. 에프탈족은 페르시아의 통치자가 뒤를 받쳐 주면 더할 나위 없이 좋겠다고 생각했던 터라, 그에게 군사를 주고 크테시폰을 다시 손에 넣을 수 있게 도와주었다. 자마습은 왕위를 버리고 도망갔고, 귀족들도 자기들 땅으로 줄행랑을 놓으면서, 카바드는 다시 왕 중의 왕 자리에 오를 수 있었다.(499년) 이렇게 하여 권력이 공고히 자리 잡자, 이제는 태도를 바꾸어 마즈다크와 그의 추종자 무리 수천 명을 사형에 처했다.[39] 이때의 공산 운동으로 인해 페르시아에서 노동자의 지위가 올라가기는 한 것 같다. 왜냐하면 이제 국무 회의의 포고에는 제후와 고위 성직자들뿐 아니라 주요 단체 수장들의 서명까지 있어야 했기 때문이다.[40] 카바드는 이어 30년을 더 통치했다. 그 기간에 친구였던 에프탈족과는 싸워서 승리를 거둔 반면, 로마와의 싸움은 결판을 내지 못했다. 그러고는 죽을 때가 되어 둘째 아들에게 왕위를 넘겨주었는데, 그가 바로 사산 왕조에서 최고로 손꼽히는 왕 호스로우 1세이다.

호스로우 1세(Khosru I, '찬란한 영광'이라는 뜻. 531~579년) 한 사람을 동로마 제국 사람들은 코스로에스(Chosroes), 아랍인들은 키스라(Kisra)라고 불렀다. 페르시아인들은 그 뒤에 아누시르반(Anushirvan, '불멸의 영혼'이라는 뜻)이라는 별칭을 붙이기도 했다. 한번은 그의 형들이 음모를 꾸며 그를 폐위시키려 하자 호스로우는 형들을 모조리 사형시킨 것은 물론, 그 아들들도 단 하나만 남기고 다 사형에 처했다. 백성들은 그를 "정의로운 분"이라 불렀는데, 정의와 자비심을 완전히 별개의 것으로 본다면 그에게도 어울리는 칭호일지 모르겠다. 프로코피우스가 묘사한 바에 따르면 그는 "신앙심이 깊은 척 위장하고 자기가 한 약속을 저버리는 데 최고의 대가였다."⁴¹ 하지만 호스로우와 프로코피우스는 서로에게 적이었다. 페르시아 역사가 알 타바리는 호스로우의 "날카로운 통찰력과 해박한 지식, 뛰어난 지적 능력과 용기, 그리고 신중함"을 칭송하면서, 그의 입에서 나왔다는 즉위 연설을 들려주는데 사실인지는 알 수 없으나 잘 지은 글임엔 틀림없다.⁴² 호스로우는 왕위에 올라 통치 기구를 완전히 재편했으며, 서열에는 상관없이 능력을 보고 보좌진을 선발했다. 또 자기 아들의 스승이던 보조르그메흐르를 승진시켜 유명한 재상으로 만들었다. 또 제대로 훈련받지 못한 호족들의 군대를 없애고 기강과 전투 능력을 함께 갖춘 상비군을 양성했다. 보다 공평성을 갖춘 세금 징수 제도를 만들었고, 페르시아의 법률도 하나로 모아 정리했다. 댐과 용수로를 만들어 도시의 물 공급 및 농지의 관개 시설에 물이 원활히 공급되도록 했고, 땅을 경작하겠다고 나서는 사람에게는 소, 농기구, 종자를 공급해 황무지를 다시 농토로 만들었다. 그가 다리와 도로를 건설하고, 보수하고, 보호한 덕분에 상업도 한층 활기를 띠었다. 백성과 나라를 위해 봉사하는 데 그는 누구보다 열심이었고 엄청난 에너지를 쏟아부었다. 호스로우는 백성들에게 결혼할 것을 장려(강제)했는데, 논밭을 매고 국경을 지킬 인원을 충원하려면 페르시아에는 더 많은 인구가 필요하기 때문이었다. 그래서 신부 지참금과 자녀 교육비는 국비로 대 줄 테니 결혼을 하라고 권했다.⁴³ 또 고아들이나 가난한 집 자식들의 생계비와 교육비도 공공 자금으로 해결해 주었다. 배교(背敎)는 사형으로 단죄했지만, 그리스도교도에게만큼은 관용을 베풀어서 그의 궁녀들 중에도 그리스도교도가 있을 정도였다. 호스로우는 곁에 늘 인도와 그리스의 철학자, 의사, 학자를 불러 모았고, 그들과 함께 삶과 통치, 죽음의 문제를 논하는 것이 왕에게는 무엇보다 큰 낙이었다. 한번은 논의 도중 이런 질문이 나오게 되었다. "이 세상에서 가장 큰 불행이 무엇일까?" 한 그리스 철학자가 대답했다. "다 늙어서 가진 것 없이 정신이 흐려지는 것입니다." 한 힌두교도는 이렇게 답했다. "몸은 병들고 마음은 번뇌에 시달리는 것입니다." 한편 호스로우의 재상은 이렇게 답함으로써 좌중의 공손한 박수갈채를 받았다. "저로 말씀드릴 것 같으면, 덕을 채 닦지 못했는데 죽을 날만 뻔히 다가오는 것이 가장 큰 불행입니다."[44] 호스로우는 상당한 규모의 지원금을 들여 문학, 과학, 장학 사업을 뒷받침해 주었으며, 다수의 번역 및 역사 저술 작업에도 자금을 지원해 주었다. 준디샤푸르 학교가 최전성기를 구가한 것도 호스로우의 치세 때였다. 또 외국인의 신변 안전도 철저히 보장해 주어서, 그의 왕궁에는 늘 나라 밖에서 온 독특한 방문객들이 북적였다.

호스로우는 왕위에 오를 때만 해도 로마와 평화롭게 지내고 싶다는 뜻을 대외적으로 피력했다. 유스티니아누스도 마침 아프리카 및 이탈리아 정복을 구상하던 터라 그와 뜻을 함께했다. 그리하여 532년 두 "형제 나라"는 "영구적인 평화 조약"에 서명을 하게 된다. 그러고 나서 이탈리아와 아프리카가 비잔티움 제국의 수중에 떨어지자 호스로우는 농담 반 진담 반으로 페르시아에도 전리품을 챙겨 줄 것을 요구했다. 페르시아와 평화 조약을 맺지 않았으면 비잔티움 제국이 승리하는 일도 없었을 것이라는 이유였다. 유스티니아누스는 호스로우에게 값비싼 선물을 보내 주었다.[45] 그러다 539년 호스로우는 로마를 상대로 전쟁을 선포했는데, 자신과 맺은 조약을 유스티니아누스가 위반했다고 주장했다. 프로코피우스의 말에 의하면 그 주장은 사실로 보인다. 아마도 호스로우는 유스티니아누스의 군대가 아직 서로마 제국에서 정신이 없으니 이참에 공격에 나서는 것이 보다 현명한 결정이라고 생각한 것 같다. 승세를 잡은 비잔티움 제국이 전군을 몰아 페르시아로 들어오는 걸 마냥 기다리고 있을 수만은 없었다. 그뿐이 아니었다. 호스로우가 보기에는 트레비존드의 금 광산이나 바닷물이 드나드는 흑해의 길목 역시 페르시아가 차지해야 하늘이 정한 이치에 맞았다. 그는 시리아로 진군해 들어가서 히에라폴리스, 아파메아, 알레포를 포위했다. 그러고는 주민들은 털끝 하나 건드리지 않은 채 합의금만 두둑이 챙겨서는 안티오크까지 진군해 성 앞에 진을 쳤다. 겁이 없던 안티오크 주민들은 성벽의 총안(銃眼) 밖으로 화살을 쏘고 투석기로 돌을 날린 건 물론, 온갖 야유로 왕의 심기를 뒤틀어 놓았는데 이 전쟁이 국제적으로 유명해진 것도 주민들의 욕설 때문이었다.[46] 격노한 페르시아 군주는 맹공을 퍼부으며 안티오크를 점령했고, 도시의 보물들을 약탈했으며, 대성당을 제외한 안티오크의 건물이란 건물은 모조리 불태워 버렸다. 또 무차별 학살로 주민을 죽이고, 남은 사람들은 페르시아로 보내어 새로 건설된 안티오크에서 살게 했다. 그런 뒤에는 지중해 바다에 들어가 감격에 겨운 채 목욕을 했는데, 한때 그곳이 페르시아 땅의 서쪽 끝이었기 때문이었다. 유스티니아누스 황제는 안티오크를 구하려 벨리사리우스를 급파해 보았지만, 호스로우는 벌써 전리품을 챙겨서는 유유히 유프라테스 강을 건너 버렸고, 신중한 성격의 벨리사리우스 장군은 애써 그의 뒤를 쫓지 않았다.(541년) 이처럼 페르시아와 로마가 전쟁을 벌여도 좀처럼 결판이 나지 않은 데에는 분명 이유가 있었을 것인데, 적국이 바라보이는 시리아 사막이나 타우루스 산악 지대 건너편에 병력을 배치하기가 피차 쉽지 않았다는 사실도 아마 한몫했을 것이다. 오늘날 이들 지역에서 더 커다란 규모의 전쟁이 터진 것은 운송 기술 및 의사소통 기술이 진일보한 덕분이라 하겠다. 이후 호스로우는 로마의 아시아 속주 지역을 세 번 더 침공했다. 그는 재빠르게 군대를 몰고 가 도시를 포위하고는 주민들에게서 몸값과 인질을 확보했고 시골 마을들은 무참히 짓밟았다. 하지만 군대를 퇴각시킬 때는 온화한 모습을 보여 주었다.(542~543년) 545년에 유스티니아누스는 5년간의 휴전을 조건으로 호스로우에게 금 2000파운드(84만 달러어치)를 내주었고, 기간이 종결되자 2600파운드를 내주며 휴전을 5년 더 연장시켰다. 그렇게 30년 동안 전쟁을 벌이던 두 나라의 군주들은 나이가 들자 드디어(562년) 향후 50년 동안은 평화롭게 지내겠다고 굳게 약속했다. 이에 보답하는 차원에서 유스티니아누스는 매년 금괴 3만 개(750만 달러어치)를 페르시아에 주었고, 호스로우는 카프카즈 산맥과 흑해 연안의 분쟁 지역에 대해 더 이상 영유권을 주장하지 않았다.

하지만 호스로우의 전쟁은 이것으로 끝이 나지 않았다. 570년경 아라비아

남서부에 있던 힘야르족이 자신들을 아비시니아 정복자들로부터 해방시켜 달라고 요청해 오자 호스로우가 군대를 보내 주었던 것이다. 하지만 바라던 대로 해방이 이루어졌을 때 그들은 어느새 페르시아의 속주민이 되어 있었다. 한편 아비시니아는 유스티니아누스 치세 때 비잔티움 제국과 동맹 관계였다. 유스티니아누스의 후계자 유스티누스 2세가 보기에, 페르시아가 아라비아에서 아비시니아인들을 쫓아낸 것은 비잔티움 제국에 호의적인 태도라 할 수 없었다. 뿐만 아니라, 비잔티움 제국이 호스로우를 칠 거라면 자신들도 합류할 것이라며 페르시아 동부 국경 지대의 투르크족이 비밀리에 뜻을 전해 왔다. 그리하여 유스티누스는 전쟁을 선포하기에 이른다.(572년) 호스로우는 노년의 나이였음에도 몸소 전장에 나섰고, 다라라는 로마의 국경 도시를 손에 넣을 수 있었다. 하지만 건강이 따라주지 않아 생애 처음으로 쓰디쓴 패배를 맛봐야 했다.(578년) 그러고는 크테시폰으로 퇴각하여 579년 거기서 세상을 떠났는데, 그때 나이가 정확히 몇이었는지는 불분명하다. 호스로우는 48년 동안 페르시아를 통치하면서 크고 작은 전쟁을 수없이 치렀고, 단 한 번을 제외하고는 모두 승리를 거두었다. 그는 페르시아 제국의 영토를 사방으로 넓혀 놓은 인물이었다. 다리우스 1세 이후 페르시아가 이토록 강성한 세력을 떨친 것도 호스로우 덕이었다. 또 그가 구축해 놓은 행정 체계는 무척이나 능률적이어서, 후일 페르시아를 정복한 아랍인들은 이 체계를 손보지 않고 거의 그대로 갖다 쓸 정도였다. 거의 같은 시기를 살았던 유스티니아누스에 비해 호스로우가 군주로서 더 위대했다는 데 대해서는 동시대인들의 평가가 대체로 일치하고 있다. 페르시아의 후손들 역시 세대가 바뀌는 가운데도 하나같이 호스로우를 페르시아 역사에서 가장 강하고 가장 유능한 군주로 손꼽았다.

   호스로우의 아들은 호르미즈드 4세(579~589년)였는데, 어느 날 바흐람 코빈이라는 장군이 그를 왕위에서 끌어내리고 호르미즈드의 아들 호스로우 2세를 왕위에 올려 스스로 그의 섭정을 맡았다.(589년) 호스로우는 어느 정도 나이가 들자 실권을 요구하고 나섰지만 바흐람은 이를 들어주지 않았다. 호스로우는 로마의 시리아 속주로 있던 히에라폴리스로 도망을 갔고, 그리스인 황제였던 마우리키우스는 다시 권력을 찾아 줄 테니 대신 페르시아 제국은 아르메니아에서 손을 떼라고 했다. 호스로우가 이에 따르기로 하면서, 크테시폰 주민들은 로마 군대가 페르시아 왕을 옹립해 주는 전대미문의 사건을 경험했다.(596년)

호스로우 파르베즈('승리를 거두는 자'라는 뜻)의 통치 시절 왕의 권력은 그 어느 때보다 높아져서 크세르크세스 이후로는 그 누구도 필적할 수 없을 정도였지만, 제국이 몰락의 길로 접어든 것도 이때였다. 비잔티움 제국에서 포카스가 마우리키우스를 죽이고 황제 자리를 차지하자, 파르베즈는 친구의 원한을 갚아 주겠다며 참칭 황제를 상대로 전쟁을 선포하고 나섰다.(603년) 이로써 로마와 페르시아 간의 해묵은 싸움이 또다시 시작되었다. 비잔티움 제국이 폭동과 당파 싸움으로 사분오열되자, 페르시아 군대는 그 틈을 타서 다라, 아미다, 에데사, 히에라폴리스, 알레포, 아파메아, 다마스쿠스를 점령해 나갔다.(605~613년) 일이 술술 풀리자 한껏 들뜬 파르베즈는 급기야 그리스도교도를 상대로 성전(聖戰)을 선포하고 나섰고, 이에 2만 6000명의 유대교도가 그의 군대에 합류했다. 이렇게 힘을 합친 그의 군대는 614년 예루살렘을 약탈하고는 9만 명에 이르는 그리스도교도를 무차별 학살했다.[47] 이때 성묘 교회를 비롯한 상당수 그리스도교 교회를 흔적조차 안 남게 불태워 버렸고, 사람들이 그리스도교 유물 중에서 제일 소중히 여기던 예수가 못 박힌 십자가는 페르시아로 가져가 버렸다. 그러고 나서 파르베즈는 새로 황제가 된 헤라클리우스에게 서한을 띄워 신학적인 질문을 던졌다. "세상에서 가장 위대한 신이자 온 땅의 지배자 나 호스로우가, 천하고 어리석은 노예에게 묻는다. 너는 너의 신을 믿는다고 말한다. 그렇다면 왜 그 신은 내가 차지한 예루살렘을 다시 너에게 넘겨주지 않는 것이냐?"[48] 616년 페르시아 군대는 알렉산드리아를 점령했고, 619년에는 다리우스 2세 이후 처음으로 이집트 땅 전체가 왕 중의 왕 수중에 들어갔다. 그러는 사이 또 다른 페르시아 군대는 소아시아로 쳐들어가 칼케돈을 함락시켰다.(617년) 이후 10년 동안 칼케돈은 페르시아인들 차지였는데, 여기서 콘스탄티노플로 가려면 좁다란 보스포루스 해협만 건너면 되었다. 칼케돈에 10년 동안 머무는 사이 파르베즈는 교회들을 무참히 파괴하고 그곳에 있던 예술품과 재물을 페르시아로 가져갔다. 파르베즈가 과중한 세금을 걷어가 버리자 서부 아시아는 알거지나 다름없었고, 이제 불과 30년밖에 남지 않은 아랍인의 정복을 속수무책 기다리는 꼴이었다.

이후 호스로우는 전쟁 지휘권을 휘하 장군들에게 넘겨주고, 자신은 전장에서 물러나 다스타기르드(크테시폰에서 북쪽으로 약 60마일 떨어진 도시)의 호화로운 궁전에 머물며 사랑과 예술에 빠져들었다. 새 수도를 옛 수도보다 더 으리으리하게 만들기 위해 그는 건축가, 조각가, 화가들을 불러들였고, 3000명의 부인 중 자신이 제일 사랑하고 또 제일 아름다웠던 시린의 모습을 조각으로 남기게 했다. 시린이 그리스도교도인 것이 페르시아인들에게는 불만이었다. 그녀가 왕까지 개종시켰다고 주장하는 자들도 있었다. 자세한 내막은 알 수 없으나 호스로우는 성전을 치르는 와중에도 시린이 교회와 수도원을 여러 곳 짓도록 내버려 두었다고 한다. 하지만 전리품 덕에 삶이 풍요로워진데다 노예도 얼마든 구할 수 있었기 때문에 백성들은 왕을 얼마든지 용서할 수 있었다. 그의 방종, 그의 예술, 심지어는 그의 관용 정책까지도. 페르시아가 그리스 및 로마에 최종 승리를 거두었을 때는 오르마즈드가 그리스도를 물리쳤다며 열렬한 갈채를 보냈다. 알렉산드로스 대왕의 발자취가 드디어 빛을 보고, 마라톤, 살라미스, 플라타이아, 아르벨라도 그동안 맺힌 한을 푼 셈이었다.

이제 비잔티움 제국에 남은 것이라곤 아시아 항구 몇 곳, 이탈리아, 아프리카, 그리스에 뿔뿔이 흩어져 있는 영토 몇 군데, 무패를 기록하고 있는 해군, 그리고 페르시아군에게 포위당해 공포와 절망 속에서 몸부림치고 있는 수도뿐이었다. 헤라클리우스가 폐허 속에서 새로 군대를 양성하고 나라를 세우는 데는 10년의 시간이 걸렸다. 기반이 마련되자 그는 칼케돈에서 바다를 건너는 것은 너무 비싼 대가를 치르는 일이라 생각하고, 대신 흑해의 바다를 항해해 아르메니아로 간 후 후방에서 페르시아를 공격했다. 과거 호스로우가 성지 예루살렘을 욕보였던 것처럼, 헤라클리우스도 똑같이 조로아스터의 탄생지 클로루미아를 짓밟고 그곳에 타오르던 꺼지지 않는 신성한 불꽃까지 꺼버렸다.(624년) 호스로우는 헤라클리우스를 막기 위해 몇 번이고 군대를 보냈지만 모두 패배하고 말았고 크테시폰으로 달아났다. 그동안 호스로우의 모욕을 절치부심 참아오던 장군들은 귀족들과 힘을 합쳐 그를 왕위에서 끌어내렸다. 감옥에 갇힌 호스로우는 빵과 물만으로 지내야 했다. 그의 아들 열여덟 명이 그가 보는 앞에서 목숨을 잃었다. 그리고 마침내는 남은 아들 중 하나였던 셰로에가 아버지를 사형에 처했다.(628년)

3. 사산 왕조의 예술

이 시대의 왕들은 샤푸르, 카바드, 호스로우란 이름으로 많은 부를 이룩해 제국의 화려한 위용을 자랑했지만, 안타깝게도 지금까지 온전히 살아남은 것은 하나도 없이 사산 왕조 시대 예술의 잔해만 전할 뿐이다. 하지만 이것들만으로도 탄성이 절로 나는데, 다리우스 대왕부터 압바스 대왕에 이르기까지, 또 페르세폴리스부터 이스파한에 이르기까지 페르시아 예술이 시시각각 변화하며 끈질기게 생명을 이어왔음을 알 수 있기 때문이다.

현존하는 사산 왕조 시대 건축물은 모두 종교와는 상관이 없다. 불의 신전들은 전부 자취를 감추었고 남아 있는 것은 왕궁뿐이다. 이들마저도 외관을 장식하고 있던 회반죽 표면이 떨어져 버린 지 이미 오래여서 지금은 "거대한 동물의 해골"과 다름없는 몰골이다.[49] 왕궁 유적 중 가장 오래된 곳은 일명 아르다시르 1세 궁전이라 부르는 곳으로, 시라즈의 남동쪽에 있는 도시 피루자바드에 있다. 이 궁전의 건축 연대는 베일에 가려져 있으며, 기원전 340년에서 서기 460년 사이에서 다양한 추측이 나오고 있다. 추위와 더위, 도둑질과 전쟁에 시달린 지 1500년이 지났는데도, 홀

위에는 거대한 돔이 아직 그대로 자리 잡고 있다. 왕궁에는 높이 89피트, 너비 42피트의 아치형 입구가 있었고, 양옆으로 170피트 길이의 왕궁 건물이 정면을 본 채 펼쳐져 있었다.(건물 정면이 허물어져 내린 것은 최근 들어서의 일이다.) 직사각형의 중앙 홀에는 스퀸치 아치가 있어 천장의 돔까지 이어졌다.* 페르시아인들은 속이 빈 이중벽을 독특하고도 흥미로운 방식으로 배치해 건물이 돔의 하중을 견디도록 했고, 이중벽의 안쪽 및 바깥쪽 골조는 둥근 천장까지 이어지도록 했다. 이렇게 안쪽 벽과 바깥 쪽 벽을 강화재로 쓴 것 외에도, 이들은 무거운 돌로 붙임 기둥을 만들어 외측 버팀벽으로 썼다. 이러한 건축술은 페르세폴리스에 나타나는 전통적 기둥 양식과는 사뭇 달랐으며, 기술이나 솜씨는 많이 떨어지지만 이때 사용된 양식들이 후에 유스티니아누스의 성 소피아 성당에서 완성을 이루게 된다.

여기서 그다지 멀지 않은 사르비스탄에도 비슷한 유적이 서 있는데 역시 건축 연대는 불분명하다. 이 건물은 아치 세 개가 정면을 장식하며, 거대한 중앙 홀 하나에 곁방이 여러 개 딸려 있다. 또 달걀형 돔과 둥근 천장이 건물을 덮고 있으며, 반구(半球) 모양의 지붕이 버팀벽 역할을 하는데, 고딕 양식 건축물의 버팀벽은 여기서부터 발전한 것으로 보인다. 이 반원형의 돔에서 버팀 역할을 하는 뼈대만 남기고 다른 모든 요소는 제거해 버리자 "새가 날아가는 듯한" 혹은 뼈대만 앙상하게 남은 듯한 버팀벽이 남게 될 것이다.[51] 하지만 사산 왕조의 유물 가운데서도(아랍인들은 페르시아를 정복할 때 사산 왕조의 유물의 수가 너무 많은 것을 보고 겁을 먹었다.) 가장 인상적인 것은 아랍인들이 타크 이 키스라('호스로우 1세의 아치'라는 뜻)라고 불렀던 크테시폰의 왕궁이었다. 서기 638년 한 그리스인 역사가는 "유스티니아누스가 그리스의 대리석과 숙련된 장인들을 보내, 크테시폰에서 멀지 않은 땅에 로마 양식으로 호스로우의 궁전을 짓게 했다."는 이야기를 전하는데 아마도 이 건물을 말하는 듯하다.[52] 이 건물의 북쪽 날개벽이 무너진 것은 1888년의 일이었다. 꼭대기의

---

*스퀸치(squinch)란 일종의 버팀용 아치인데, 건물 꼭대기의 원형(또는 타원형) 돔 가장자리와 그 아래에 있는 다각형 구조물 위쪽 모서리 사이에 끼어 있다. 크레스웰(Creswell)의 의견에 따르면, 이 장치는 페르시아인들에 의해 처음 만들어졌다고 한다.[50]

돔은 사라지고 없지만, 건물을 둘러싼 삼면의 거대한 벽은 105피트의 높이로 우뚝 솟아 있으며, 정면의 벽은 폐쇄형 회랑이 5층으로 쌓여 있는 형태이다. 중앙에 높다랗게 솟은 아치는 역사상 가장 높고 가장 넓은 타원형 아치로 알려져 있는데, 여기로 들어가면 넓이가 115피트×75피트에 이르는 홀이 나온다. 왕궁에 방이 많은 걸 보면 사산 왕조의 왕들은 방을 좋아했던 모양이다. 폐허가 된 왕궁 정면은 로마 건물들의 정면, 그것도 마르켈루스 극장처럼 우아함이 떨어지는 건물을 그대로 닮아 있다. 이 유적지에서는 아름답기보다는 대단하다는 생각이 먼저 들지만, 현재의 잔해를 가지고 과거의 아름다움을 판단할 수는 없는 법이리라.

사산 왕조 시대 유물 중 가장 매력적인 것을 고르라면, 햇빛에 바싹 말라 부서져 내리는 벽돌 때문에 이제는 뼈만 남은 이런 왕궁들보다는 페르시아의 산 중턱 바위에 새겨진 돋을새김 조각을 꼽을 수 있다. 사산인들이 남긴 이 어마어마한 형상들은 아케메네스인들이 벼랑에 남긴 돋을새김 조각의 직계 후손인 셈인데, 일부 작품은 아케메네스 왕조 옆에 나란히 서 있다. 마치 페르시아의 힘이 끊이지 않고 이어졌다는 것을, 사산 왕조 시대 통치자들도 아케메네스 왕조에 못지않았다는 것을 강조라도 하려는 듯하다. 사산 왕조의 조각품 중 가장 오래된 것에는 아르다시르가 적을 쓰러뜨려 그를 짓밟고 있는 모습이 그려져 있다. 작품의 솜씨는 페르세폴리스 근처 나크시 이 루스탐의 작품들이 한결 나은데, 아르다시르, 샤푸르 1세, 바흐람 2세의 치적을 칭송하는 내용이다. 이 작품들의 주인공은 왕들이지만, 작품 속 동물들의 우아함과 대칭성을 따라가기에는 (페르시아인이 남긴 대다수 작품들에서와 마찬가지로) 이들 역시 역부족인 모습이다. 나크시 이 레드제브와 샤푸르에도 비슷한 돋을새김 조각들이 있어, 힘이 넘치는 샤푸르 1세와 바흐람 1, 2세의 초상들을 돌에 담아내고 있다. 케르만샤 근방의 타크 이 부스탄에는 기둥 두 개짜리 아치를 벼랑 깊숙이 새겨 놓았는데, 아치의 내벽 및 외벽을 보면 사냥에 나선 샤푸르 2세와 호스로우 파르베즈를 구경할 수 있다. 여기에 새겨 넣은 살찐 코끼리와 성난 돼지는 돌이 살아 있기라도 한 듯하다. 나뭇잎 하나하나에도 정성을 들였고, 기둥머리 장식에까지 신경을 써서 멋을 부렸다. 물론 이들 조각품은 그리스 것과는 전혀 달라 기품 있는 동작이나 물 흐르듯 하는 부드러운 선은 찾아볼 수 없으며, 개성을 열심히 드러낸 흔적도 없다. 하지만 남성적 활기와 힘을 갖추었다는 점에서는 로마 황궁의 어느 아치 돋을새김 조각과 비교해도 손색이 없다.

이 조각 작품들은 애초에는 색깔이 들어가 있었고, 왕궁의 상징물 역시 그랬을 테지만 지금은 색을 칠했다는 흔적만 남아 있을 뿐이다. 그러나 문헌을 들여다보면 사산 왕조 시절에 회화 예술이 한창 꽃피었음을 분명히 알 수 있다. 예언자 마니는 회화 학교를 하나 설립했다고 전해지며, 피르다우시 글 속의 페르시아 대부호들은 이란 영웅들의 모습으로 자신들의 대저택을 꾸미곤 했다.[53] 여기에 페르시아 시인 알 부흐투리(897년 사망)도 크테시폰 궁전을 장식하고 있던 벽화의 모습을 전한다.[54] 사산 왕조에서는 왕이 죽으면 페르시아 최고의 화가를 불러 왕의 초상화를 그리게 했고, 그렇게 완성된 왕들의 초상화는 왕궁 귀중품실에 차곡차곡 모아 두었다.[55]

회화, 조각, 도기 등 페르시아의 여러 장식 예술에 나타나는 독특한 구상은 사산 왕조의 직물 예술에서도 똑같이 나타나 있었다. 사산인들은 노예 근성과 대가의 솜씨를 동시에 발휘해 비단, 자수, 양단(은실이나 색실로 여러 가지 무늬를 놓고 겹으로 두껍게 짠 고급 비단 – 옮긴이), 다마스크(damask), 태피스트리, 의자 덮개, 차양막, 천막, 러그 등을 짜 냈고, 거기에다 노랑, 파랑, 초록의 포근한 색조로 물을 들였다. 페르시아인들은 (농부와 성직자를 제외하고) 모두가 하나같이 옷을 잘 입어서 자기 신분이 실제보다 높아 보이길 바랐으며, 고가의 좋은 옷이 선물로 오가는 경우가 많았다. 사산 왕조 시대 직물 스물네 개가 세월의 틈바구니를 헤치고 간신히 살아남아 있는데, 모두 현존하는 직물 작품 중에서도 최고의 질을 자랑한다.[56] 심지어 당시에도 사산인들이 만든 직물이라 하면 이집트부터 일본에 이르기까지 누구나 감탄하며 모방하기에 바빴다. 더구나 십자군 원정 때 그리스도교도들은 성인의 유골이 나오면 이교도들이 만든 이 직물로 옷을 해 입히기를 바랐다. 헤라클리우스가 다스타기르드에 있던 호스로우 파르베즈 왕궁을 함락시키고 전리품을 챙겨 갈 때, 그 역시 섬세하게 수놓은 자수 작품과 엄청난 크기의 러그를 가장 소중하게 여겼다.⁵⁷ 그 당시 명성을 누렸던 작품으로는 호스로우 아누시르반이 가지고 있던 "겨울 카펫"을 꼽는데, 왕이 추운 겨울을 잊을 수 있도록 봄과 여름 풍경을 집어넣었다. 이 카펫에다 사산인들은 루비와 다이아몬드를 뒤섞어 들판에 자라나는 꽃과 과일을 그리고, 그 옆에다가는 황금으로 땅을 깐 후에 은으로 된 오솔길을 내고 진주로 시냇물을 흐르게 했다.⁵⁸ 사산인들이 만든 러그를 하룬 알 라시드도 하나 갖고 있었고, 보석이 잔뜩 박혀 있는 그 큼지막한 깔개를 큰 자랑으로 여겼다.⁵⁹ 페르시아인들은 자신이 만든 러그에 사랑 시까지 쓸 정도였다.⁶⁰

사산 왕조의 도기는 실생활용으로 만든 몇 점 말고는 현재 거의 남아 있지 않다. 아케메네스 왕조 시절 페르시아의 도예 기술은 이미 고도로 발달한 상태였다. 사산 왕조가 그 전통을 어느 정도 이어받았을 것은 틀림없는데, 그러지 않았다면 훗날 마호메트의 이란 통치 시절에 그토록 완벽한 도기가 나오지 못했을 것이기 때문이다. 어니스트 페넬로사(Ernest Fenellosa)의 의견에 따르면 당시 에나멜 제조의 중심지는 페르시아였으며, 여기서 전해진 기술이 극동 지방에까지 이르렀다.⁶¹ 또 칠보 그릇 및 그 기법의 기원지에 대해서도 페르시아, 시리아, 비잔티움 제국을 두고 예술사가들 사이에 논쟁이 분분하다.*⁶² 페르시아 금속 세공사들이 사산 왕조 때 만들어 놓은 호리병, 물주전자, 사발, 물잔을 보면 꼭 거인들 물건처럼 커다랗다. 세공사들은 재료를 선반(旋盤, 각종 금속 재료를 회전시켜서 깎아 내도록 만든 판 - 옮긴이) 위에 놓고 돌려 각종 제품을 만들어 냈으며, 조각칼이나 끌로 무늬를 새겨 넣거나 아니면 바깥쪽으로 무늬가 두드러지게 반대쪽 표면을 망치로 두드리는 양각 기법을 썼다. 여기에 그릇의 손잡이나 주둥이에는 수탉부터 사자에 이르기까지 재미난 모습의 동물 형상을 달았다. 프랑스 파리의 국립 도서관에는 그 유명한 '호스로우의 잔(Cup of Khosru)'('솔로몬의 잔'이라고도 알려져 있다. - 옮긴이)이 소장되어 있는데, 원 모양의 크고 작은 크리스털 유리가 방사형으로 늘어서 있고 원 주위를 금박 테두리가 에워싸고 있다. 전승에 따르면 이 잔은 하룬이 샤를마뉴에게 예물을 보

---

*칠보 기법이란 그릇에다 은, 구리, 망간을 덧칠한 후 불꽃이 직접 닿지 않도록 가마의 간접 가열실에서 구워 내는 것을 말한다. 이렇게 하면 도기나 유리 위에 덧바른 금과 은이 한층 도드라져 보인다.

낼 때 딸려 와 현재 프랑스에 있게 되었다고 한다. 여기에 쓰인 상감(象嵌) 기술을 고트족이 배워서 서방에까지 전한 것으로 보인다.[63]

페르시아의 은 세공사들은 은으로 값비싼 접시를 만들어 내는 한편, 금 세공사를 도와 각 계층의 사람들을 각종 보석으로 단장해 주었다. 지금도 (영국 박물관, 레닌그라드의 예르미타시 미술관, 프랑스의 국립 도서관, 메트로폴리탄 미술관에 가 보면) 사산 왕조 시대 은 접시가 몇 개 살아남은 걸 볼 수 있는데, 온통 왕과 귀족이 사냥에 나선 모습뿐이며, 사람보다는 동물을 더 사랑스럽고 훌륭하게 그려 내고 있다. 샤푸르 1세 때 발행된 동전만 봐도 알 수 있듯이, 사산 시대에 만들어진 동전들은 아름답기가 때로는 로마 동전에 버금갈 정도였다.[64] 남아 있기만 했다면 사산 시대의 물건들은 책들까지 예술품의 반열에 올랐을지 모른다. 전승에 따르면 한번은 나라에서 마니의 책을 압수해 공공장소에서 불살랐는데 책 표지의 금가루 및 은가루가 녹아 똑똑 떨어져 내렸다고 한다.[65] 뿐만 아니라 사산인들은 각종 귀금속을 가구에도 활용했다. 호스로우 1세가 갖고 있던 금제 탁자에는 값비싼 원석이 박혀 있었으며, 호스로우 2세가 자신을 구해 준 보답으로 마우리키우스 황제에게 보낸 호박(琥珀) 탁자는 직경이 5피트에다, 다리는 황금이었고, 보석으로 뒤덮여 있었다.[66]

파르티아 왕조 400년 동안 퇴조했던 페르시아 예술을 어떻게든 되살리려고 했던 것이 사산 왕조 예술의 가장 큰 특징이었다. 물론 사산 왕조의 예술은 고상함이나 장엄미에서는 아케메네스 왕조를 못 따라가고, 창의성, 섬세함, 안목 면에서도 페르시아에 건립된 이슬람 왕조를 따라잡지 못했다.(현재 남아 있는 유산만 가지고 이런 판단을 하는 게 무리라는 것은 안다.) 하지만 돋을새김 조각에서 보듯 사산 왕조의 예술에는 그 옛날 남자의 기개가 많이 남아 있으며, 사산 왕조의 예술을 통해 훗날 페르시아 예술에 장식적인 주제가 넘쳐 날 것임도 예측할 수 있다. 사산 왕조 시대 예술은 새로운 아이디어와 양식이라면 선뜻 수용했고, 보는 눈이 있었던 호스로우 1세는 전투에서는 그리스인 장군들을 무참히 쳐부수면서도 그리스인 예술가와 기술자들은 아무렇지 않게 나라 안으로 들여왔다. 그리고 그 빚을 갚기라도 하듯 사산 왕조의 형식과 모티프는 외국으로 수출되어 동방으로는 인도, 투르키스탄, 중국, 서방으로는 시리아, 소아시아, 발칸 반도, 이집트, 스페인에까지 그 영향력을 끼쳤다. 이후 그리스 예술이 고전적 재현보다 비잔티움의 장식 예술을 더 강조하게 된 것이나, 라틴 그리스도교 예술이 나무 천장 대신 벽돌이나 돌로 만든 둥근 천장, 돔, 버팀벽을 선호하게 된 데는, 아마도 사산 왕조 예술의 영향력이 한몫했을 것이다. 사산 왕조 건축물에 널리 쓰인 커다란 입구와 거기 얹힌 둥근 지붕은 이슬람교의 모스크와 무굴 제국의 궁정 및 사원이 그대로 물려받았다. 사실 역사에서 사라지는 것은 없다. 창의적이기만 하다면 아이디어는 언제든 다시 튀어나와 삶의 불꽃을 더욱 환하게 밝혀 주니까.

4. 아랍인의 정복

부왕(父王)을 죽이고 그 뒤를 이은 셰로에는 카바드 2세란 왕명으로 왕위에 올라 헤라클리우스와 평화 조약을 맺었다. 그 대가로 이집트, 팔레스타인, 시리아, 소아시아, 서부 메소포타미아를 비잔티움 제국에 넘겨주고, 전쟁 때 페르시아로 끌려왔던 포로들을 조국으로 돌려보냈으며, 예수가 못 박힌 십자가 유물도 다시 예루살렘에 되돌려 주었다. 헤라클리우스가 기뻐하는 것은 당연했지만 승리감에 너무 취했던 것이 화근이었다. 629년 예수가 못 박힌 십자가를 원래 자리에 되돌려 놓은 바로 그날, 아랍인 무리가 요르단 강 근처의 제국 수비대를 공격하고 나선 것이다. 바로 그해에 페르시아에는 역병이 돌았다. 수천 명이 목숨을 잃은 가운데 카바드 2세마저 역병에 걸려 세상을 떠났다. 조정에서는 당시 일곱 살이던 카바드 2세의 아들 아르다시르 3세를 통치자로 선포했지만, 샤흐르 바라즈라는 장군이 어린것을 죽이고 왕위를 찬탈했다. 그러자 다름 아닌 그의 밑에 있던 병사들이 샤흐르 바라즈를 죽였고, 이들은 그 시체를 끌고 크테시폰 거리를 누비며 이렇게 외쳤다. "왕족의 피가 흐르지 않는데도 감히 페르시아의 왕위에 앉으려는 자는 누구든 이 같은 운명을 면치 못하리라."

언제나 왕보다는 백성들이 왕실에 더 충실한 법이다. 26년간의 전쟁에 기운이 빠질 대로 빠진 왕국은 이제 무정부 상태였다. 전쟁의 승리로 부가 흘러든 것은 좋았지만 그로 인한 도덕적 해이는 이제 사회의 분열로 절정에 달하고 있었다.[67] 왕위에 오르기 위해 4년 사이에 아홉 명의 경쟁자가 싸움을 벌이더니, 암살되거나 도주하거나 자연사하여(왕실에서 좀처럼 일어나지 않는 일이다.) 하나둘 자취를 감추었다. 중앙 정부가 더 이상 통치 능력을 발휘하지 못하자 지방은 물론 대도시들까지 독립을 선언하고 나섰다. 634년 결국 왕위는 야즈데게르드 3세에게 돌아갔는데, 그는 사산 왕조의 후예이기는 했으나 어머니가 흑인이었다.[68]

632년, 새로이 아랍 국가를 세웠던 마호메트가 세상을 떠났다. 그리고 634년, 그의 2대 후계자 칼리프 우마르에게 서한이 한 통 날아들었다. 시리아에서 복무하던 무탄나 장군은 페르시아가 한참 혼란에 빠져 있는 지금 이곳을 정복해야 한다고 했다.[69] 우마르는 지휘관들 중 가장 기량이 출중한 칼리드를 불러 페르시아 정복의 임무를 맡겼다. 당시 아랍 베두인족은 싸움이라면 이골이 난데다 전리품이라면 사족을 못 썼는데, 칼리드는 이들 병력을 이끌고 페르시아 만의 남쪽 연안을 따라 행군해 갔다. 그러고는 페르시아 국경 지대를 다스리고 있던 호르미즈드에게 특유의 전언을 띄웠다. "이슬람을 받아들이면 그대는 안전하리라. 받아들이지 못하겠거든 공물을 바치도록 하라. …… 그대를 치기 위해 한 민족이 이미 길을 떠났노라. 그대는 삶을 사랑하나 우리는 그만큼 죽음도 사랑하노니."[70] 이에 호르미즈드가 일대일 대결을 신청하자, 칼리드는 결투에 응해 호르미즈드를 해치웠다. 이 이슬람교도들은 페르시아인의 저항을 모조리 물리쳐 가며 유프라테스 강까지 이를 수 있었다. 그러나 그 순간 이슬람 본국은 위기에 빠진 다른 아랍 군대를 구해야 한다며 칼리드를 불러 들였고, 대신 그 자리에 무탄나가 증원군을 이끌고 들어왔다. 그는 함선들로 다리를 만들어 유프라테스 강을 건넜다. 이제 겨우 스물두 살이었던 페르시아 왕 야즈데게르드는 코라산을 다스리던 루스탐에게 최고 지휘권을 넘겨주면서, 군사는 얼마든지 모아도 좋으니 반드시 나라를 구하라고 명했다. 페르시아군은 아랍인들과 다리의 전투(Battle of the Bridge)에서 맞붙었고, 그들을 물리치는 듯하자 정신없이 그 뒤를 쫓아갔다. 하지만 전열을 재정비한 무탄나는 제멋대로 돌진해 오는 페르시아군을 엘 보와이브 전투(Battle of El-Bowayb)에서 대파해 살아남은 페르시아군이 거의 없을 정도였다.(624년) 하지만 이슬람 군대의 손실도 만만치 않았다. 무탄나가 부상을 당해 목숨을 잃었던 것이다. 하지만 칼리프는 페르시아에 더 유능한 장군 사아드를 보내면서 3만 명의 병사도 새로 붙여 주었다. 이에 답이라도 하듯 야즈데게르드도 12만 명의 페르시아인을 무장시켜 보내 주었다. 루스탐은 군대를 이끌고 유프라테스 강을 건너 카디시야에 이르렀고, 바로 여기서 아시아 역사에 한 획을 긋는 전투가 벌어져 피비린내 나는 싸움이 꼬박 나흘간 이어졌다. 나흘째 되는 날 한바탕 모래 폭풍이 일더니 페르시아인들의 얼굴을 덮쳤다. 아랍인들은 기다렸다는 듯 이 기회를 잡아, 앞 못 보고 헤매는 적군을 완전히 궤멸시켜 버렸다. 이후 루스탐이 죽자 그의 군대는 뿔뿔이 흩어져 버렸다.(636년) 사아드는 티그리스 강에 이르기까지 아무 저항도 받지 않았고, 강을 건너 마침내 크테시폰에 입성했다.

혹독한 환경 속에서 소박하고 억세게 살았던 아랍인들은 페르시아의 왕궁을 보자 눈이 휘둥그레졌다. 그 웅장한 아치와 대리석 홀, 엄청난 크기의 카펫과 보석 박힌 왕좌가 그들에게는 놀라울 뿐이었다. 페르시아의 전리품을 갖다 나르는 데만 열흘의 시간이 걸렸다. 이런 것들에 발목을 잡혔던지 우마르는 사아드가 더 이상 동쪽으로 진군하지 못하게 막았다. "이라크만으로도 이미 충분하다."[71] 사아드는 순순히 그 뜻에 따라, 이후 3년 동안은 메소포타미아 전역을 아랍의 통치권으로 만드는 일에 매달렸다. 한편 페르시아 북부의 지방 도시에 머물던 야즈데게르는 또 한번 군대를 조직했는데 이번에는 15만에 이르렀다. 우마르는 이에 맞설 병력으로 3만 명의 군사를 보내 주었다. 그리하여 벌어진 나하반드 전투에서 "승리 중의 승리"는 빛나는 지략을 발휘한 아랍인들에게 돌아갔다. 좁은 골짜기에 옴짝달싹 못하게 갇힌 채 아랍인들에게 무차별 학살당한 페르시아인들이 10만에 이르렀다.(641년) 그리고 얼마 안 있어 페르시아 전역이 아랍인의 수중으로 들어갔다. 야즈데게르드는 발호로 도망가 중국에 원군을 간절히 요청했지만 거절을 당했다. 그나마 투르크족이 요청을 들어주어 소규모 병력을 얻을 수 있었지만, 새로 출정하려는 그 순간 보석을 탐낸 투르크족 병사들 손에 목숨을 잃고 말았다.(652년) 이리하여 사산조 페르시아는 그 막을 내리게 되었다.

이슬람 문명

569~1258년

THE AGE OF FAITH

8장

마호메트
570~632

1. 아라비아*

565년에 위대한 제국의 지배자 유스티니아누스가 세상을 떠났다. 마호메트

---

* 유럽인들이 오늘날에 와서 아라비아를 재발견한 이야기를 들여다보면, 19세기에는 과학적인 학문 연구가 전 세계적인 화두였음을 여실히 알 수 있다. 그 시초는 1761~1764년의 일로, 카르스텐 니부어(Carsten Niebuhr)가 덴마크 정부의 후원에 힘입어 아라비아 반도 전역을 여행한 것이다. 그 결실로 출간된 여행기는(1772년) 아라비아의 모습을 전체적으로 담아낸 최초의 책으로 꼽힌다. 그 뒤를 이어 1807년에는 스페인인 도밍고 바디아 이 레블리츠(Domingo Badia y Leblich)가 무어족으로 변장하고 메카를 찾아갔고, 그를 통해 세계는 이슬람교의 성지 순례가 정확히 어떻게 이뤄지는지 처음으로 알게 되었다. 1814~1815년에는 스위스인 요한 루트비히 부르크하르트(Johann Ludwig Burckhardt, 1784~1817년)가 이슬람교도로 변장을 하고는 몇 달 간을 메카와 메디나에서 지냈다. 그러면서 갖가지 박식한 이야기를 전해 주었는데 나중에 아라비아를 여행한 사람들에 의해 모두 사실로 확인되었다. 1853년에는 영국인 리처드 버튼(Richard Burton)이 아프가니스탄 순례자처럼 차려입고 메디나와 메카를 찾아갔으며, 위험천만했던 자신의 여행을 두 권의 책 속에 흥미진진하게 담아냈다. 1869~1870년에는 프랑스인 유대교도 알레비(J. Halévy)가 이 두 순례지를 탐험한 것은 물론, 아라비아 반도에 있던 고대 미네아, 사바, 힘야르 왕조의 비문까지 기록해 왔다. 1875년에는 영국인 찰스 몬터규 다우티(Charles Montagu Doughty)가 순례자용 대형 마차에 올라타고 다마스쿠스에서 떠나는 순례 여행에 올랐으며, 이때의 우여곡절을 담은 『아라비아 사막 여행기』(1888년)는 영국 산문의 백미로 꼽힌다. 1882~1888년에는 오스트리아인인 글라세르(E. Glaser)가 고된 탐험 길에 세 번이나 나서며 아라비아에서 1032개의 비문을 베껴 왔고, 이는 전(前) 이슬람기 아라비아 역사를 알아보는 데 지금까지도 주된 자료로 활용되고 있다.

가 태어난 것은 그로부터 5년 뒤, 4분의 3이 사막으로 뒤덮인 나라의 한 가난한 집안에서였다. 나라엔 인적조차 드물었고, 여기 살던 유목민들은 재산을 다 털어도 성 소피아 성당의 지성소(至聖所) 하나 꾸미지 못할 정도로 가진 게 없었다. 그렇던 유목민들이 불과 백 년도 안 걸려 비잔티움령 아시아를 절반이나 차지하고, 페르시아와 이집트 전역을 손에 넣고, 북아프리카 대부분을 점령한 후에 스페인에까지 진출할 줄 그 시절 누가 꿈이나 꾸었을까. 아라비아 반도가 폭발적인 기세로 지중해 세계를 절반이나 정복하고 나아가 개종까지 시킨 것은 중세 역사에서 가장 기이한 현상으로 손꼽힌다.

아라비아 반도는 세계에서 가장 큰 반도로 북에서 남으로 1400마일, 폭은 1250마일에 이른다. 지리적으로 아라비아 반도는 사하라 사막의 연장선상에 있는 셈인데, 아프리카에서 시작된 기다란 모래 띠는 페르시아를 거쳐 고비 사막까지 죽 이어진다. '아랍(Arab)'이라는 말부터가 '물이 없다.'는 뜻이다. 자연적 지형을 보면 홍해에서 30마일도 채 못 간 곳에 광대한 고원이 1만 2000피트 높이로 우뚝 솟은 형세이고, 고원 동쪽으로는 불모지의 산봉우리들이 걸프 만까지 비탈을 이룬다. 이 반도 한가운데에 풀이 무성한 오아시스와 야자수가 촘촘한 촌락이 몇 개 자리하는데, 사람들은 얕은 샘물에서 물을 구해다 쓰곤 한다. 사막 가운데 점처럼 박힌 이런 곳 주변에는 어느 쪽으로나 모래사막이 수백 마일씩 뻗어 있다. 아라비아 반도에 눈이 내리는 건 40년에 한 번뿐이고, 밤에는 온도가 3도까지 떨어진다. 하지만 낮이면 매일같이 태양이 떠올라 얼굴은 다 태우고 피는 다 졸여 버릴 기세로 이글거린다. 거기다 바람엔 모래가 가득해서 기다란 옷을 입고 머리띠를 두르지 않으면 살점이나 머리카락이 온전할 수가 없다. 하늘은 거의 늘 구름 한 점 없고, 공기는 "샴페인처럼" 그 맛이 청량하다.[1] 연안 지대에는 이따금 폭우가 들이붓는데 여기서 문명의 밑거름이 마련된 셈이다. 이러한 문명의 발상지는 대부분 서부 연안에 자리 잡고 있으며, 메카와 메디나도 서부 헤자즈 지역에 있다. 한편 고대 아라비아의 왕국들은 아라비아 반도 남서쪽에 있는 현재의 예멘 땅에 그 본거지를 두고 있었다.

기원전 2400년쯤 바빌로니아인들이 남긴 한 비문을 보면, 바빌로니아의 통치자 나람신이 마간의 왕을 무찔렀다는 기록이 있다. 당시 아라비아 반도 남서부에는 미네아 왕국이란 나라가 있었는데, 그곳의 수도가 바로 마간이었다. 아라비아인들이 남겨 놓은 비문에는(연대는 기원전 800년으로 거슬러 올라간다) 그 뒤로 미네아를 다스린 왕 스물다섯 명의 이름이 남아 있다. 또 기원전 2300년경의 것으로 추정되는 한 비문을 보면, 현재의 예멘 지역에 사바라는 또 하나의 왕국이 있었다는 것을 알 수 있다. 시바 여왕은 기원전 950년경 솔로몬 왕을 만나러 머나먼 여정에 오른 것으로 유명한데, 그 출발지가 사바 왕국 혹은 아라비아 북부의 식민지였다는 것이 현재의 통설이다. 사바 왕국의 왕들은 마리브라는 곳에 수도를 건설하고, 왕국이 흔히들 그러듯 도시 "방어전"을 펼쳤으며, 마리브 댐처럼(지금도 그 흔적을 확인할 수 있다.) 거대한 관개 시설을 건설하기도 했다. 더불어 엄청난 규모로 성(城)과 신전을 지었으며, 종교에는 아낌없이 지원금을 대 주어 통치의 한 방편으로 삼았다.[2] 사바인들은 자음과 모음을 갖추어서 돌 등에 아름다운 형상의 비문을 새겨 놓았다.(기원전 900년 이전의 것들은 없는 듯하다.) 또 사바인들은 유향(乳香, 열대 식물인 유향수의 분비액을 말려서 만든 수지(樹脂). 노랗고 투명한 덩어리로 약재, 방부제, 접착제 따위로 쓰인다. – 옮긴이)과 몰약(沒藥)도 생산해 냈는데, 아시아 및 이집트의 의례에 빠지지 않고 꼭 쓰이는 것들이었다. 이들은 인도와 이집트 사이의 해상 교역을 통제했을 뿐 아니라, 대상(隊商) 교역로의 최남단도 장악하고 있었는데, 이 길은 메카와 메디나를 거쳐 페트라와 예루살렘까지 통하고 있었다. 인도 및 이집트와의 통상을 아라비아인들이 좌지우지하자 이를 견디다 못한 아우구스투스는 기원전 25년 아일리우스 갈루스에게 군대를 주며 마리브 점령을 명했다. 하지만 로마 군단은 현지인의 잘못된 안내로 길을 헤맸고, 열기와 질병에 병사 10분의 1이 죽으면서 임무 완수에 실패하고 말았다. 하지만 또 한 번의 원정에 나선 로마 군단은 아라비아의 아다나 항구(현재의 아덴)를 점령하는 데 성공했고, 이로써 이집트 및 인도와의 교역로를 로마가 장악하게 되었다. (영국은 오늘날 이 같은 과정을 똑같이 되풀이한 바 있다.)

한편 기원전 2세기에는 힘야르족 일부가 홍해를 건너와 아비시니아를 식민지로 만들고는, 그곳의 토착 흑인들에게 셈족의 문화는 물론 셈족의 피까지 상당 부분 물려주었다.* 아비시니아인들은 이집트와 비잔티움 제국에서 그리스도교, 공예, 예술을 전해 받았으며, 이들이 만든 상선은 바다를 가르고 저 멀리 인도와 실론 섬까지 나아가기도 했다. 아비시니아의 왕 네구스를 주인으로 섬긴 소(小)왕국도 일곱 개나 되었다.** 그러는 동안 아라비아 반도의 힘야르족은 왕 두누와스가 유대교로 개종을 하자 상당수가 그 뒤를 따랐다. 두누와스가 개종의 열정에 불탄 나머지 남서부 아라비아에 있던 그리스도교 신자들을 박해하는 일이 벌어졌고, 아라비아의 그리스도교도들은 동료 그리스도교국에 구원을 요청했다. 그러자 아비시니아인들이 와서 힘야르족을 정복하고는(서기 522년) 아비시니아 왕조를 세웠다. 유스티니아누스가 이 새로운 국가와 동맹을 맺고 친히 나서자, 가만있을 수 없던 페르시아는 쫓겨난 힘야르족 왕을 대신해 아비시니아인들을 몰아내고 예멘 땅을 페르시아의 통치 아래 두었다.(575년) 이 통치는 이후 60년 정도 이어지다 이슬람교도들의 페르시아 정복으로 막을 내렸다.

아라비아 반도 북부에서도 소규모의 아랍 왕국 몇 개가 잠깐씩 영광을 누리다 스러져 갔다. 일례로 가산족은 3세기부터 7세기까지 비잔티움 제국의 분봉(分封) 왕자격으로 아라비아 북서부와 시리아의 팔미라 왕국을 통치했다. 똑같은 기간에 바빌론 근처의 히라에는 라흠 왕조가 세워졌고, 궁정 풍속이나 문화가 반(半)페르시아적이었던 이 왕조는 음악과 시로 유명했다. 이렇듯 아랍인들은 마호메트가 등장

---

* 셈족(Semitic)이라는 명칭은 전설에 그 연원이 있다. 창세기에 보면 셈(Shem)은 노아의 아들인데(창세기, 10장 1절), 셈의 후손으로 불렸던 민족을 셈족이라 한 것이다. 따라서 셈족에 대한 명확한 정의는 없는 셈이다. 일반적으로 시리아, 팔레스타인, 메소포타미아, 아라비아, 아프리카의 아라비아 주민들을 셈족이라 부르는 것은, 이들이 공통적으로 셈어(語)를 사용하고 있기 때문이다. 마찬가지로 고대에 소아시아, 아르메니아, 카프카즈에 살던 민족에다 현재 페르시아, 북인도, 유럽 대부분, 그리고 유럽화한 북미 대륙에 사는 민족 전체를 통틀어 인도·유럽어족이라 부르는 것도 이들이 다 같이 인도·게르만어를 쓰기 때문이다.

** Gibbon, *Decline and Fall of the Roman Empire*, Everyman Library edition, IV, 322. 기번의 주된 업적 중 하나로 손꼽히는 것은 이슬람교가 중세 역사에서 중요하다는 사실을 간파하고 그 정치적 행로를 뛰어난 학식, 정확성, 언변으로 기록해 놓았다는 것이다.

하기 훨씬 이전부터 시리아와 이라크에까지 세력을 뻗어 두고 있었다.

아라비아 남부 및 북부에 있던 이 자잘한 왕국들은 논외겠지만(겉으로만 달랐지 이 왕국들도 내부는 대체로 마찬가지였다.), 이슬람교가 등장하기 전 아라비아의 정치 조직은 원시적인 혈연 체계여서 가족들이 씨족 및 부족 단위로 뭉쳐 활동을 했다. 부족의 이름은 부족민이 누구를 공동의 조상으로 생각하느냐에 따라 달라졌다. 한마디로 바누 – 가산족은 자신들이 "가산(Ghassan)의 자손"이라고 생각하는 사람들이었다. 아라비아는 마호메트가 등장하기 전에는 정치적 영향력이 별로 없던 터라 그리스인들이 성의 없이 붙여 준 이름으로만 그 존재를 알릴 뿐이었다. 그리스인들은 아라비아 반도에 사는 사람들을 전부 통틀어 사라케노이(Sarakenoi, 사라센인)라고 불렀는데, "동부 사람들"을 뜻하는 아라비아어 샤르킨(sharqiyun)에서 온 듯하다. 아라비아는 왕래가 여의치 않았기 때문에 지역이나 부족 단위로 자급자족을 하고 독립생활을 했다. 아랍인들은 자기 부족보다 큰 어떤 집단에도 의무감이나 충성심을 느끼지 않았고, 오히려 부족이 작으면 작을수록 부족민은 강한 충성심을 보였다. 문명의 옷을 입은 사람들이 거짓말, 절도, 살인, 죽음을 마다하지 않는 경우는 오로지 자기의 조국, 종교, 혹은 "혈족"을 위할 때뿐인데, 당시의 아라비아인들은 자기 부족을 위해 그러는 것이 도리라고 생각했다. 부족이나 씨족에는 예로부터 재물, 지혜, 전쟁에서 특출했던 가문이 있었고, 우두머리들이 모여 그런 가문 사람 하나를 수장으로 뽑으면 그가 각 부족이나 씨족을 느슨하게 다스렸다.

마을의 남자들은 그 척박한 땅에서 몇몇 곡식과 채소를 잘도 길러 내었고, 소도 몇 마리 키웠으며, 품종이 우수한 말도 몇 마리 길렀다. 하지만 농사짓거나 가축 기르는 일보다 과수원에서 대추야자, 복숭아, 살구, 석류, 레몬, 오렌지, 바나나, 무화과를 수확하는 일이 더 수지가 맞는다는 것을 알게 되었다. 유향, 백리향(百里香), 재스민, 라벤더처럼 향기 나는 식물을 기르는 사람이 있는가 하면, 고산지에서 피어나는 장미에서 이트르(itr, 장미 기름)를 짜 내는 사람들도 있었다. 이곳 아라비아 반도에는 홍해에서 이루어지는 교역의 본거지라 할 수 있는 항구와 시장이 줄지어 있었으며, 내륙 더 안쪽으로는 널따란 마찻길이 있어 시리아까지 이어졌다. 아라비아는 기원전 2743년의 먼 옛날부터 이집트와 교역을 했다고 전해지며,[3] 인도와의 교역도 그만큼 오래되었으리라 여겨진다. 상인들은 장이 서는 곳을 찾아 이 마을 저 마을로 옮겨 다녔고, 메카 근처 우카즈에서 일 년에 한 번 큰 장이 설 때는 상인, 배우, 설교자, 도박꾼, 시인, 창녀 등이 수백 명씩 모여들었다.

아라비아 반도는 유목민 베두인족이 인구의 6분의 5를 차지하고 있었다. 이들은 철이 바뀔 때마다, 그리고 겨울철엔 비 내리는 곳을 찾아 가축들을 데리고 목초지를 이곳저곳 옮겨 다녔다. 베두인족은 말을 누구보다 좋아했지만, 사막에서는 아무래도 낙타가 최고의 동무였다. 모래 위에서 잘 고꾸라지고 굴러 곧잘 체면을 구기고, 한 시간을 걸어도 고작 8마일밖에 못 가는 동물이지만, 여름에는 5일을 그리고 겨울에는 25일을 물 한 모금 안 마신 채 견뎌 낸다. 또 젖을 짜 마실 수 있고, 낙타 오줌은 발모 촉진제로 쓰이며,* 똥은 땔감으로 쓸 수 있었다. 낙타가 죽으면 연한 살코기를 맛볼 수 있었고, 털과 가죽으로는 옷과 천막을 만들 수 있었다. 이렇듯 다양한 생계 수단을 가지고 사막에 맞서 나간 베두인족은 낙타 특유의 인내심과 지구력, 그리고 말 특유의 영민함과 의기를 지니고 있었다. 이들은 키가 작고 말랐으면서도 몸이 튼튼하고 힘이 세서, 대추야자 몇 개와 우유 몇 모금으로 하루하루를 살아 나갔다. 대추야자로는 술도 만들어 마셨고, 이 술만 있으면 모래 먼지를 박차고 일어나 사랑을 찾아 나섰다. 베두인족은 사랑과 싸움으로 일상의 단조로움을 깼고, 모욕이나 상처를 되갚을 때는 스페인 사람들만큼이나(스페인인 자체가 아랍인의 피를 물려받은 사람들이지만) 재빨랐으며, 자기 일신만이 아니라 자기 씨족을 위해서도 복수에 나섰다. 베두인족은 부족 간 전쟁을 치르는 데 인생의 상당 부분을 보냈다. 따라서

---

* 다우티(Doughty)의 이야기에 따르면, 베두인족 여자들은 "낙타 오줌으로 아기들을 씻기는데 그렇게 하면 벌레가 꼬이지 않는다고 생각한다. …… 그리고 남자나 여자나 모두 이 물에 담갔던 빗으로 그 치렁치렁한 머리를 빗는다."[4]

시리아, 페르시아, 이집트, 스페인을 정복하는 것도 베두인족에게는 늘 해 오던 약탈 공격을 범위만 십분 넓히면 되는 일이었다. 그래도 일 년 중 특정 기간에는 서로 "신성한 협정"을 발효키로 하고, 성지 순례나 교역을 허용했다. 하지만 그 외의 기간에는 사막이 그들 것이라 생각했다. 따라서 협정 기간이 아닌 때 사막을 횡단하거나, 공물을 바치지 않고 사막을 지나가는 사람은 침입자나 다름없었고, 그런 불법 침입자들을 강탈하는 것은 유별나기는 해도 직접 세금을 거두어들이는 한 방법이었다. 베두인족은 도시라면 질색을 했는데, 도시는 법과 장사를 의미했기 때문이다. 그들이 무자비한 사막을 그토록 사랑했던 것도 사막에서는 자유로울 수 있었기 때문이다. 베두인족은 상냥하면서도 흉포했고, 인심이 후하면서도 욕심이 많았으며, 정직하지 못하면서도 신의는 있고, 조심스러우면서도 용감무쌍했다. 아무리 가난했어도 이들은 세상을 향해 나서며 위엄과 자부심을 잃지 않았으며, 순수한 근친계(近親系) 혈통을 큰 자랑거리로 여겨 자기 이름에 혈통을 갖다 붙이는 것을 좋아했다.

베두인족이 단호한 태도로 이의를 일체 용납하지 않은 사실이 한 가지 있었으니, 자기 여자들의 아름다움은 누구와도 비교가 안 된다는 것이었다. 베두인족 여인들의 어둡고, 격렬하고, 넋을 쏙 빼놓는 아름다움은 송시(頌詩)를 수없이 지어 바쳐도 모자랐지만, 안타깝게도 무더운 날씨 속에서는 모든 것이 서둘러 시들 듯 이들의 아름다움도 잠시였다. 마호메트가 등장하기 전에(그 이후에도 사정은 별반 나아지지 않았지만) 아랍 여인들의 일생이란 우상으로 잠깐 숭배받다 평생 고된 잡일에 시달리는 것이었다. 여자아이는 아버지 의향만 있으면 태어나는 즉시 땅에 묻어도 되었다.[5] 아무리 훌륭한 아버지도 딸이 태어나면 한탄이 나왔고, 친구들 볼 낯이 없었다. 사정이야 어떻든 최선을 다한 노력이 실패로 돌아갔다는 뜻이었으니까. 마냥 귀엽기만 한 어린 시절에는 여자들도 몇 년 간은 사랑을 받았다. 하지만 씨족 내 다른 집 아버지가 아이를 신부로 데려가기로 하고 몸값을 지불하면 일고여덟 살의 나이에 그 아들에게로 시집을 갔다. 남자들은 연인이나 부인의 몸과 명예를 지키기 위해서라면 온 세상과도 맞서 싸울 기세였다. 이 열정적인 연인들의 진출로 스페인은 요란한 기사도의 기질과 종자를 일부 물려받기도 했다. 그러나 여신(女神)이었던 여자는 한편 재산이기도 했다. 여자는 아버지, 남편, 혹은 아들이 가진 재산의 일부였고, 다른 재산과 마찬가지로 양도의 대상이었다. 여자는 항상 남자의 종이었지, 그의 동지인 적은 거의 없었다. 남자는 여자에게 자식을(보다 엄밀히 말하면 아들을) 많이 낳을 것을 요구했다. 싸움에 나설 전사를 만들어 내는 것이 여자의 임무였기 때문이다. 여자는 여러 명의 부인 중 하나에 불과할 때가 많았다. 그리고 남자는 언제든 자기 뜻대로 부인을 내쫓을 수 있었다.

그럼에도 불구하고 아랍인들 시에서 여자들의 묘한 매력은 전쟁에 버금갈 정도로 사람들을 노래하게 만드는 주제이자 자극제였다. 전(前)이슬람기 아랍인들은 보통 글을 읽을 줄 몰랐으나, 이들이 말, 여자, 술 다음으로 가장 아끼는 것이 시였다. 아랍인들에겐 과학자도 역사가도 없었지만, 유창한 말솜씨, 아름답고 올바른 어법, 복잡하게 짜인 시에 대한 열정만은 대단했다. 아랍인들의 말은 히브리어와 대단히 유사해서 어형 변화가 복잡하고, 어휘가 풍부하며, 말이 정확히 분화돼 있었다. 그 덕에 당시에는 시의 뉘앙스를, 나중에는 철학의 미묘함을 낱낱이 표현해 내었다. 아랍인들은 연륜이 깊고 풍부한 자신들의 언어에 커다란 자긍심을 느꼈으며, 말이나 글의 미사여구에 옥구슬 굴러가듯 아름다운 음절을 사용하길 좋아했다. 도시든 촌락이든, 장터든 사막의 야영지든, 시인들이 옛날 아라비아의 영웅, 부족, 왕들의 사랑과 전쟁 이야기를 약동하는 운율로 노래하면 사람들은 무엇에라도 홀린 듯 열심히 귀를 기울였다. 아랍인들에게는 시인이 역사가이자, 계보 연구자이자, 풍자가이자, 도덕 선생님이었으며, 신문이자, 신탁이자, 출전 구호였다. 시 경연 대회도 수없이 많았는데, 어떤 시인이 입상을 하면 그 시인의 부족 전체가 영광으로 여기며 자기 일처럼 기뻐했다. 아라비아 최고의 시 경연은 매년 우카즈에 장이 설 때 함께 열렸다. 부족들은 한 달 간 거의 하루도 빼놓지 않고 경연에 시인을 내보내 우열을 가렸다. 대회에 심사 위원이 있지는 않았고, 그저 일반 대중들이 모여 환호하거나 또는 조롱하며 시에 귀를 기울였다. 입상작들은 글로 남겨 화려하게 채색 장식을 했기에 "황금의 노래"라고도 했고, 아랍인들은 이것을 왕가에서 대대로 전하는 보물처럼 소중히 간직했다. 아랍인들은 이것을 무알라카트(Muallaqat, '족자'라는 뜻)라고도 불렀는데, 입상작들을 이집트산 비단에 황금 글자로 적어 메카에 있는 카아바전(殿)의 벽에 걸어 두었기 때문이다.

전(前)이슬람기부터 살아남아 전해지는 무알라카트는 6세기의 작품들로 총 일곱 편이다. 서사체 송시 형식인 이 시들은 운율과 압운법이 몹시 정교하며, 대개가 사랑과 전쟁을 노래하고 있다. 그중 라비드라는 시인이 쓴 시를 보면, 한 병사가 아내를 남겨 두고 전쟁에 나갔다 고향에 돌아왔는데 자신이 살던 오두막은 텅 비어 있고 아내는 다른 남자와 도망가 버렸다는 이야기이다. 라비드의 솜씨를 보면 유려하기가 골드스미스(Oliver Goldsmith, 아일랜드 태생으로 영국의 시인, 수필가, 극작가로 활동했다. - 옮긴이)에 못지않고, 풍부한 표현과 박력은 그를 넘어선다.[6] 아랍의 여자들이 남자들의 전투욕을 불러일으키는 다음과 같은 시도 있다.

> 용기를 내세요! 용기를! 여자들을 지켜 주시는 분들이여! 당신의 칼끝으로 적을 쓰러뜨려 주세요! …… 우리는 새벽별의 딸들, 발밑엔 보드라운 융단이 깔려 있고, 목에는 진주 목걸이가 걸려 있고, 길게 찰랑거리는 머리칼에선 사향 향기가 나지요. 적군에 용감히 맞서는 분들은 이 가슴으로 껴안아 드리겠지만, 겁먹고 도망치는 남자들은 안아 주기는커녕 상대도 않겠어요![7]

임루알카이스가 쓴 송시는 관능적인 내용을 과감하게 노래하고 있다.

> 너무도 아름답도다, 가리개 뒤에 숨은 저 여인, 코끼리 가마에 올라 철통같이 삼엄한 경호를 받고 있구나! 하지만 그녀 역시 날 반기는 눈치네.
> 그녀에게 나는 가네, 천막 밧줄 사이사이를 지나. 그녀의 일가친척이 어둠 속에

진을 치고 있다 날 죽이면 어쩌나, 다들 끔찍한 살육자들인데.

한밤중에 나는 도착했네, 마침 플레이아데스 성단(星團)이 떠올라 밤하늘의 속옷을 동여맨 진주알처럼 반짝거리네.

살금살금 나는 기어 들어가, 그곳에 도착했네. 그녀는 옷가지 하나, 오직 잠옷 하나만 걸치고 나머지는 모두 벗은 채 있었네.

부드러운 목소리로 그녀는 질책하네. 이게 도대체 무슨 계략인가요? 당신은 미친 사람이 틀림없어요. 그것도 단단히 미친 사람.

밖으로 나가네, 우리는 함께. 현명도 해라, 그녀는 우리가 지나온 길에 장식품으로 그림을 그리네, 나란히 난 우리 둘의 발자국이 숨겨지도록.

도망을 가네, 야영지 모닥불 저 너머로. 엿보기 좋아하는 사람들 눈을 피해 멀리 어두컴컴하고 안전한 모래, 거기에 우리는 몸을 눕히네.

땋아 내린 그녀의 머리칼로 나는 그녀를 애무하네. 그녀의 얼굴을 가까이로 끌어오고, 가냘프기만 한 허리, 발찌를 찬 발목을 내 것으로 만드네.

아름다운 그 얼굴, 피부는 붉은빛 하나 없이 기품 있고, 목걸이를 뺀 그녀의 가슴은 유리 표면처럼 부드럽네.

하지만 진주는 아직 순결을 잃지 않았네. 어두컴컴한 물결 사이로 보이네, 바다 저 깊숙한 곳, 닿을 수 없는 곳에서 순수하게 빛나는 그 진주가.

부끄러운 듯 그녀가 몸을 빼자 그녀의 볼과 입술이 보이네, 우즈라의 한 마리 가젤 같은 그 모습······

사슴처럼 쭉 뻗은 그녀의 목, 새하얀 가젤 같네. 도톰해진 입술에는 윤기가 흐르네, 진주를 장식한 것처럼.

어깨 위, 그녀의 풍성한 머리칼이 흘러내리네. 야자수 가지에 잔뜩 매달린 대추야자 열매처럼 새까만 머리칼.

잘록한 그녀의 허리, 무엇을 밧줄로 동여맨들 그렇게 날렵할까. 그녀의 다리는 샘물에 자라난 갈대, 그 줄기가 벗어진 것처럼 부드럽네.

아침이 다 지나도록 그녀는 잠을 자네, 진창에서 헤어 나오지 못하는 사람처럼.

정오가 되어서야 겨우 일어나 길 떠날 채비를 하네.

    부드러운 그녀의 손길, 가느다란 물벌레가 달린 듯한 그녀 손가락, 토비야의 뱀처럼 매끈하네.

    그녀는 밝혀 주네, 밤의 칠흑 같은 어둠을. 아, 외진 오두막에 홀로 매달려 사람들에게 길을 일러 주는 저녁의 등불 같네.[8]

전(前)이슬람기 시인들은 자신이 지어낸 작품을 음악 반주에 맞추어 노래로 불렀다. 음악과 시, 이 두 가지가 하나의 형식으로 합쳐진 셈이었다. 여기에 즐겨 사용된 악기로는 피리, 류트, 갈대 피리, 탬버린을 들 수 있다. 연회가 열릴 때면 기생들이 곧잘 불려 와 노래로 남자들의 흥을 돋우었으며, 선술집에까지도 노래하는 기생이 있었다. 가산족 왕들은 왕궁에 기생 공연단을 두어 왕족의 시름을 달래 주었으며, 624년에 메카군(軍)은 마호메트에 맞서려 진군할 때 기생들도 한 조 데려가 군대 야영지의 분위기를 띄우고 병사들의 승전 의욕을 고취시켰다. 아랍 역사 초반부인 "무지(無知)의 시절"(이슬람교도들은 전(前)이슬람기를 이렇게 부른다.)에도 이미 아랍인들의 노래는 가사가 거의 없는 구슬픈 성악곡이었으며, 고음역대 음조를 너무 고집했기 때문에 한 시간짜리 가극이라도 시 몇 편이면 가사로 충분했다.

    사막의 아랍인들에게는 원시적이면서도 고차원적인 나름의 종교가 있었다. 하늘의 별과 달, 땅 깊숙한 곳에 사는 수많은 신들을 아랍인들은 두려워하고 또 숭배했다. 아랍인들은 천벌을 피하려 이따금 하늘에 자비를 구하기는 했지만, 주변에 들끓는 정령(이슬람어로 '진(jinn)') 중 누구를 달래야 할지 대체로 막막해 하는 편이었다. 그래서 운명을 체념하며 받아들이고, 기도는 남자답게 짧게 올렸으며, 무한자의 개념에 대해서는 어깨를 들썩일 뿐이었다.[9] 이 시기 아랍인들은 사후 세계에 대해서는 거의 생각해 본 적이 없는 듯하다. 다만, 낙타를 먹이도 안 주고 무덤 옆에 묶어 놓는 경우가 더러 있었는데, 낙타가 주인을 따라 곧 저세상으로 가 주어야 주인이 제 발로 낙원을 걸어 다니는 망신을 당하지 않을 것이었기 때문이다.[10] 때때로 인간 제물을 공양으로 바치는 아랍인들이 있었는가 하면, 신성한 돌을 섬기는 도시도 곳곳에 있었다.

이러한 돌 숭배의 중심지가 바로 메카였다. 이곳의 기후는 신성한 도시가 커 가는 데에 전혀 보탬이 되지 못했다. 헐벗은 바위산들이 거의 사방을 둘러싸고 있어 여름이면 찌는 듯한 더위를 피할 방도가 없었기 때문이다. 몹시 더운 날씨 때문에 협곡엔 아무것도 자라지 않는 황무지뿐이었고, 도시 어디에서도 정원 하나 찾아보기 힘들었다. 메카의 성장은 그 입지 덕분이었으니, 정확히 서부 연안 중간에 자리 잡은데다 홍해에서 48마일 거리여서 몇 백 미터씩 이어지는 대상 행렬이 잠시 쉬어 가기 편한 장소였다. 낙타는 때로 천 마리에도 이르렀고, 그들 등에는 남부 아라비아(나아가 인도와 중앙아프리카)에서 이집트, 팔레스타인, 시리아로 오가던 교역품이 실려 있었다. 이 교역을 장악한 상인들은 일종의 합자 회사를 만들어 우카즈에서는 시장을 독점했고, 카아바를 빙빙 돌아 그 안의 검은 돌을 만지는 종교 의식도 이들이 관리해 수지를 남겼다.

카아바(Kaaba)는 정사각형의 구조물을 뜻하며, 영어 'cube(정육면체)'와 일맥상통하는 말이다. 정통 이슬람교도들의 믿음에 의하면 카아바는 총 열 번의 건축(엄밀히 말하면 재건축)을 거친 건물이었다. 첫 번째 카아바는 역사가 동틀 무렵 하늘에서 내려온 천사들이 지었고, 두 번째 건물은 아담이 지었으며, 세 번째 건물은 그의 아들 세스가 지었다고 한다. 네 번째 건물은 아브라함이 (하갈에게서 얻은 자식인) 이스마엘과 함께 지었으며 …… 일곱 번째 건물은 쿠라이시 부족의 수장 쿠사이가 지었다. 여덟 번째 건물은 마호메트 생전에(605년) 쿠라이시 부족 지도자들이 지었고, 아홉 번째와 열 번째 카아바는 이슬람교도들이 681년과 696년에 지었다. 열 번째로 지어진 이 카아바가 원래 모습 거의 그대로 오늘날까지 남아 있다. 카아바는 마지드 알 하람('신성한 모스크'라는 뜻)이라는 거대한 담장식 원형 주랑 거의 한가운데에 자리 잡고 있다. 직사각형의 석조 건물로 가로 35피트, 세로 40피트, 높이는 50피트에 이른다. 이 카아바의 남동쪽 모퉁이에는 신성한 돌이 박혀 있으며, 입을 맞추기 딱 좋도록 땅바닥에서부터 5피트 높이로 솟아 있다. 색은 검붉으며, 모양은 타원형에, 직경은 7인치 정도 된다. 이 돌을 숭배하는 사람들 상당수는 이 돌이 하늘에서부터 내려왔다고 믿고 있으며(아마 하늘에서 떨어진 운석이 아니었을까.), 또 신자들 대부분은 이 돌이 아브라함 시대부터 카아바에 있었다고 생각한다. 이슬람교 학자들은 이 믿음이 나름대로 상징하는 바가 있다고 보는데, 이스라엘에서 버림받은 아브라함의 자손(이스마엘과 그의 자식들) 일부가 쿠라이시 부족의 시조가 되었다는 것이다. 그러면서 다음과 같은 시편 118장 22~23절의 성경 구절을 예로 든다. "건축자가 버린 돌이 집 모퉁이의 머릿돌이 되었나니 이는 야훼께서 행하신 것이요……" 마태복음 21장 42~43절도 같은 맥락으로, 예수는 위에 나온 시편의 그 아리송한 말들을 인용한 후 이렇게 덧붙인다. "그러므로 내가 너희에게 이르노니 하느님의 나라를 너희는 빼앗기고, 하느님 나라의 열매를 맺는 백성이 하느님 나라를 받을 것이니라." 물론 기개 넘치는 이슬람교도들인만큼, 자신들이 그리스도의 뜻을 충실히 따랐다고 나서는 일은 없겠지만.

전(前)이슬람기에는 카아바 안에도 신의 모습을 형상화한 성상이 몇 개 자리하고 있었다. 그중 하나를 알라라 불렀는데, 쿠라이시족의 부족 신이었을 가능성이 높다. 알라의 딸들로서 알 우자, 알 라트, 마나흐라고 불리는 신들도 있었다. 고대 그리스의 역사가 헤로도토스가 알 일 라트(알 라트)를 아랍의 주요 여신으로 언급했던 사실로 미루어 보면, 아랍인들의 이 판테온(만신전(萬神殿))도 역사가 참으로 장구함을 알 수 있다.[11] 쿠라이시 부족은 알라를 가장 높은 신으로 받들어 모셨고, 이런 전통으로 인해 일신론을 향한 디딤돌이 마련된 셈이었다. 메카 주민들은 알라신이 자기들 땅의 본래 주인이라 생각했기 때문에, 수확한 농작물의 10분의 1, 그리고 가축이 처음 낳은 새끼는 반드시 알라신께 바쳤다. 쿠라이시 부족은 (확증은 없지만) 자신들이 아브라함과 이스마엘의 후손임을 내세워 카아바 신전의 신관과 수호관을 임명했고, 신전의 수입도 이들이 관리했다. 또 메카의 민간 행정도 쿠사이의 후손임을 내세운 쿠라이시 부족의 소수 귀족층이 장악했다.

6세기 초반 이 쿠라이시 부족은 두 파로 갈라져 있었다. 그중 하나는 부유한 상인이자 자선가였던 하심이 이끌었고, 다른 하나는 시기심 많은 하심의 조카 우마이야가 이끌었다. 이 둘의 앙숙 관계는 시간이 지나서도 역사의 많은 부분에 결정적 영향을 끼치게 된다. 하심이 세상을 떠나자, 메카의 주요 인사였던 그의 자리는 아들(혹은 그의 동생) 아브드 알 무탈리브에게 돌아갔다. 568년에 아브드 알 무탈리브의 아들 아브드알라가 아미나(그녀 역시 쿠사이의 후손이었다.)라는 여인과 결혼식을 올렸다. 아브드알라는 신부와 함께 사흘을 보낸 후, 장사를 위해 머나먼 여행길에 올랐는데, 귀향길에 그만 메디나에서 죽고 말았다. 남편이 죽고 두 달 후(569년) 아미나는 중세 역사에서 가장 중요한 인물이 될 아이를 낳았다.

2. 메카 시절의 마호메트: 569~622년*

이름만 들으면 누구나 알 법한 조상을 두었음에도, 마호메트는 가문에서 얼마 되지 않는 유산을 물려받았다. 아브드알라가 남긴 것이라고는 낙타 다섯 마리, 염소 떼, 집 한 채, 갓난아기 때 그를 길러 준 하녀가 전부였다. 그의 이름은 "크게 칭송받는 자"라는 뜻으로, 역사적 인물의 도래를 예언한 성경 구절의 내용에 그렇게 잘 들어맞을 수 없었다. 그가 여섯 살이 되던 해 어머니가 세상을 떠나면서, 처음에는 나이 일흔여섯의 조부가 마호메트를 데려다 키워 주었고 나중에는 백부 아부 탈리브 밑에서 자랐다. 이들은 사랑과 정성으로 그를 돌보아 주었지만, 글 읽기나 글쓰기는 애써 가르치려 하지 않았던 듯하다.[12] 당시 아랍인들은 글은 샌님이나 배우는 것이라며 그렇게 높이 치지 않았기 때문이다. 글의 힘을 인정하고 그것을 익힌 사람은 쿠라이시 부족 중에서도 열일곱 명밖

---

* 사실 'Mohammed(마호메트)'와 'Koran(코란)'보다는 'Muhammad(무함마드)'와 'Qur'ân(쿠란)'이라고 표기하는 것이 바람직하지만, 그 표기만 고집하는 것은 현학적 태도일 듯하다.

에 되지 않았다.[13] 따라서 마호메트 자신이 무언가를 직접 썼다는 이야기는 전혀 없으며, 글 쓸 일에는 서기를 이용했다. 하지만 표면적으로 읽고 쓸 줄을 몰랐어도 그것이 역사상 가장 유명하고 가장 힘 있는 아라비아어 책을 만들어 내는 데에는 아무 장애도 되지 않았다. 또 그는 글을 모르고도 사람 관리에 대한 이해가 아주 깊었는데, 교육을 잘 받아도 그 정도 수준에 이르기는 힘들었다.

마호메트의 어린 시절에 대해서는 알려진 바가 거의 없지만, 그와 관련해 사람들이 지어낸 우화는 책으로만 만 권에 이른다. 한 전승에 따르면 열두 살에 그는 아부 탈리브의 마차를 타고 시리아의 보스트라에 간 적이 있었고, 유대교 및 그리스도교에 대한 지식을 어깨 너머로 주워들은 것이 아마 이 여행에서였던 것 같다. 또 다른 전승에서는 그로부터 몇 년 뒤 마호메트가 돈 많은 미망인 카디자의 무역업을 거들기 위해 보스트라에 가는 것으로 그려진다. 그러다 갑자기 훌쩍 스물다섯의 나이로 건너뛴 그는 나이 마흔에 자식까지 여럿 있던 카디자와 결혼을 한다. 이후 카디자가 죽을 때까지 26년 동안 마호메트는 카디자와 일부일처의 상태로 살았다. 이는 돈 많은 이슬람교도에게는 지극히 이례적인 일이었지만, 마호메트와 카디자의 신앙을 받아들인 사람들에게는 아마도 그것이 당연했으리라. 카디자는 마호메트에게 딸 몇 명과(파티마가 이 중 가장 유명하다.) 아들 둘을 낳아 주었으나, 아들은 갓난아기 때 모두 죽고 말았다. 마호메트는 아들을 잃은 슬픔을 달래려고 부모를 여읜 채 홀로 지내던 알리(아부 탈리브의 아들)를 가족의 일원으로 받아들였다. 카디자는 훌륭한 여자이면서, 아내이었고, 상인이었고, 영적 구도를 위해 온갖 우여곡절을 겪는 마호메트를 끝까지 따라주었다. 마호메트는 아내를 여럿 두었지만 최고로 기억하는 아내는 다름 아닌 카디자였다.

파티마와 결혼한 알리는 마흔다섯에 이른 양아버지의 모습을 다음처럼 무턱대고 좋게 그리고 있다.

중간 정도 되는 키는 크지도 작지도 않았다. 얼굴엔 연분홍빛이 감돌았고, 두 눈동자는 검었으며, 풍성하고 빛이 나며 아름다운 머리칼은 어깨에 닿았다. 덥수룩한 턱수염은 가슴까지 길렀다. …… 아버지는 너무도 미남이어서 일단 그분과 함께 있게 되면 누구도 곁을 떠나지 못했다. 나만 해도 배고플 때 그 예언자의 얼굴을 한번만 바라보면 허기가 싹 가셨다. 그분 앞에서는 누구나 자기가 가진 슬픔과 고통을 잊을 수 있었다.[14]

평소 마호메트는 위엄 있게 처신하며 잘 웃지도 않았다. 유머 감각이 신랄했지만 대중 앞에서는 위험해질 것을 알아서 늘 자제했다. 허약한 체질에, 감수성이 예민하고, 늘 불안해 했으며, 우울한 생각에 잘 잠겼다. 흥분하거나 화가 나면 사람들이 다 놀랄 정도로 얼굴에 핏대가 섰다. 하지만 울화가 있어도 그걸 누그러뜨려야 할 때를 잘 알았고, 적이라도 무기를 버리고 죄를 뉘우치면 선뜻 용서해 주었다.

당시 아라비아에는 그리스도교도가 상당수 있었고, 메카에서도 몇몇 찾아볼 수 있었다. 그중 최소한 한 명과 마호메트는 친분이 있는 셈이었다. 카디자의 사촌 와라카 이븐 나우팔이 "히브리어 성경 및 그리스도교 성경 내용을 잘 알던" 사람이었기 때문이다.[15] 아버지가 목숨을 잃은 곳임에도 마호메트는 메디나를 자주 찾았는데, 거기서 유대교도를(메디나 주민 중에는 유대교도가 많았다.) 몇몇 만났던 것으로 보인다. 마호메트는, 코란 곳곳에 고스란히 드러나듯, 그리스도교의 윤리 의식과 유대교의 유일신 신앙이 무엇보다 부러웠고, 강한 신앙심을 기르기 위해 성경이 하느님의 계시임을 믿고 그 내용을 숙지하는 그리스도교와 유대교에 감탄하지 않을 수 없었다. 이들 신앙에 비하면 아라비아는 갖가지 신을 우상처럼 떠받드는데다, 사람들의 윤리 의식은 약하고, 툭하면 부족들끼리 전쟁을 벌이는 가운데 정치적으로 분열되어 있었으니, 마호메트의 눈에는 그 모습이 부끄러울 정도로 미개해 보였을 것이다. 그는 아라비아에 새로운 종교가 필요하다고 느꼈다. 사분오열된 아라비아를 하나의 패기 넘치고 건전한 나라로 통일시켜 줄 그런 종교가. 그러려면 그 종교는 폭력과 복수로 점철된 베두인족 법의 현실에 속박되는 윤리를 제시하기보다는, 신성한 곳에서 비롯되는 명령, 나아가 부정할 수 없는 힘을 가진 명령을 밑바탕으로 윤리를 제시할 수 있어야 했다. 이와 비슷한 생각을 비단 마호메트만 한 것은 아니었던 듯하다. 이런 "예언자들"이 7세기가 시작될 무렵 아라비아 곳곳에 나타났다는 이야기가 들리니 말이다.[16] 구세주를 기다리는 유대교 사상은 이미 상당수 아라비아인들에게 영향을 끼치고 있었고, 이들 역시 하느님이 보낸 사자(使者)가 어서 오기만을 열렬히 바라고 있었다. 아랍의 한 교파였던 하니프파는 진작부터 카아바의 야만적인 성상 숭배를 거부했고, 대신 보편적인 신을 이야기하며 인류가 다 같이 자진해서 그분의 노예가 되어야 한다고 설교했다.[17] 성공적인 종교 창도자들이 다 그렇듯, 마호메트는 당대의 간절한 요구와 바람이 들리고 보이도록 거기에 목소리와 형상을 부여할 줄 안 사람이었다.

　마호메트는 마흔 살에 가까워지면서 종교에 점점 더 심취했다. 메카에서 3마일 떨어진 곳에 는 히라 산이 있었고, 마호메트는 라마단이라는 신성한 달에 접어들면 (때로 가족과 함께) 그 산기슭의 토굴로 들어가 밤낮으로 금식하고 명상하고 기도하며 여러 날을 보내곤 했다. 이슬람교 역사에서 가장 큰 전환점이 되는 그 경험이 찾아온 것은 610년의 어느 날 밤, 마호메트가 그렇게 홀로 토굴에 있을 때였다. 무함마드 이븐 이샤크는 마호메트의 주요 전기 작가로 꼽히며 그가 전하는 한 이야기에 따르면 마호메트는 그날 밤 일을 이렇게 풀어 놓았다고 한다.

　　내가 글이 몇 자 적힌 양단 이불을 덮고 잠이 들어 있을 때였다. 천사 가브리엘이 나타나더니 내게 이렇게 말씀하셨다. "읽어 보아라!" 나는 말했다. "저는 글을 읽을 줄 모릅니다." 그랬더니 그는 날 죽이기라도 할 듯 이불로 몸을 꽉 조였다. 하지만 이윽고 날 풀어 주고는 이렇게 말했다. "읽어 보아라!" …… 내가 큰 소리로 글을 읽자 그는 마침내 내 곁을 떠나갔다. 순간 나는 문득 잠에서 깨어났고 꿈에서 읽은 말들은 내 마음 속에라도 적힌 듯 또렷했다. 토굴을 나와 산을 오르기 시작해 중턱에 이르렀을 때 하늘에서 이런 목소리가 들려왔다. "오 마호메트! 그대는 알라께서 보낸 사자, 나는 천사 가브리엘이다." 무슨 소리인가 싶어 고개를 들어 하늘을 보니, 세상에, 인간 형상을 한 가브리엘이 하늘가를 두 발로 디디고 서 있는 것이 아닌가. "오 마호메트! 그대는 알라께서 보낸 사자, 나는 천사 가브리엘이다."[18]

마호메트는 카디자에게로 돌아와서는 자기가 본 환상에 대해 알려 주었다. 그러자 그녀는 이것이 하늘의 참된 계시라며 마호메트에게 포교에 나설 것을 독려했다고 한다.

그 후 마호메트는 비슷한 환상을 여러 번 보게 된다. 그럴 때면 곧잘 땅바닥에 쓰러져 경련을 일으키거나 기절했고, 얼굴이 흥건해지도록 땀을 뻘뻘 흘렸으며, 심지어 낙타에 타고 있을 때는 낙타까지 동요를 느끼고 어쩔 줄 몰라 했다.[19] 후일 마호메트는 자기 머리가 하얗게 센 것이 환상 경험 때문이라고 말하기도 했다. 계시받는 과정에 대해 알려 달라고 좌중에서 요구하자 마호메트는 답하길, 코란의 전체 내용은 하늘에 있으며[20] 보통은 천사 가브리엘이 한 번에 한 토막씩 그 내용을 자신에게 일러 준다고 하였다.[21] 그 신성한 대화를 어떻게 다 기억하는지 물으면, 대천사가 낱말 하나하나를 반복 암송시킨다고 설명했다.[22] 예언자가 환상을 경험할 때 다른 사람들이 곁에 있어도 그들에게는 천사의 모습이나 목소리가 보이거나 들리지 않았다.[23] 마호메트의 경련 증상이 간질성 발작이었을 가능성도 있다. 그는 경련이 일 때 더러 종소리가 함께 들렸다고 했는데,[24] 간질 발작에는 이렇듯 소리가 함께 들리는 일이 잦기 때문이다. 그러나 보통 혀를 깨문다거나 악력이 사라지는 게 간질병의 현상인데, 마호메트가 그랬다는 이야기는 어디에도 없다. 뿐만 아니라 간질병이 있으면 일반적으로 두뇌의 힘이 약해지지만, 역시 마호메트의 역사 어디에도 그런 이야기는 없다. 오히려 그는 60세에 이를 때까지 사고가 점점 더 명확해졌고, 지도력이나 권력에서도 점점 더 자신감을 보였다.[25] 한마디로 그가 간질이었다는 증거는 결정적이지가 않다.

환상 경험 후 4년 동안 마호메트는 자신이 알라신의 예언자임을, 즉 자신이 신성한 사명을 지고 아랍인들을 새로운 윤리와 유일신 신앙으로 이끌 것임을 갈수록 더욱 공공연하게 선언하고 다녔다. 하지만 난관이 한둘이 아니었다. 새로운 아이디어가 환영을 받으려면 그것으로 곧 물질적 이득이 생길 것을 보장해야 하는 법이다. 거기다 마호메트가 생활하던 공동체 사람들은 대개 회의주의적인 장사치들이었고, 이들은 카아바를 찾는 다신교 순례자들에게서 수익의 일부를 챙기고 있었다. 이런 불리한 상황에서도 그는 어느 정도 성과를 이루었으니, 무서운 지옥을 벗어나 기쁘고 생생한 낙원으로 가는 탈출구를 신도들에게 만들어 준 것이었다. 그는 (부자이건 가난하건, 노예이건 아랍인이건, 그리스도교도이건 유대교도이건) 자신의 이야기를 들으러 오는 모든 사람들에게 자기 집을 개방했다. 이때 몇몇이 그의 열정적이며 박력 있는 언변에 감동받아 신앙을 가지게 되었다. 첫 번째 개종자는 늙어 가고 있던 그의 아내였고, 두 번째는 사촌 알리, 세 번째는 하인 자이드(마호메트는 노예였던 그를 돈을 주고 사고서 노예 신분에서 바로 해방시켜 주었다.)였다. 네 번째는 친척 아부 바크르였는데 쿠라이시 부족 사이에서 지위가 높은 인물이었다. 아부 바크르는 자신 외에 메카의 지도자급 인사 다섯을 이 새로운 종교에 끌어들였다. 바크르와 이 다섯 명의 인사가 예언자의 여섯 "동반자"로 자리매김하게 되고, 이들이 마호메트에 대해 남긴 기억은 훗날 이슬람교 전승에서 가장 숭앙받는 내용이 된다. 마호메트는 카아바를 자주 찾았고 그곳 순례자에게 말을 붙여서는 유일신에 대해 설교했다. 애초에 쿠라이시 부족은 그런 마호메트를 웃으며 참아 주었다. 그가 반은 미쳤다고 하면서, 자기들 돈을 들여 의사를 불러 줄 테니 병을 고치라고도 했다.[26] 하지만 카아바에 드리는 예배를 마호메트가 우상 숭배라며 공격하자, 이제는 수익원을 지키기 위해서라도 발 벗고 나서지 않을 수 없었다. 마호메트는 이들 손에 몸을 다칠 뻔 했으나 백부인 아부 탈리브가 방패막이가 돼 준 덕에 화를 면할 수 있었다. 아부 탈리브는 이 새로운 신앙에 믿음은 전혀 없었지만, 구습에 충실했던 사람이라 자기 씨족이 위험에 처하면 반드시 지켜 주어야 하는 것으로 알았다.

쿠라이시 부족은 자기 씨족의 피를 흘려서는 안 된다는 생각에 마호메트나 자유민 추종자들에게는 폭력을 삼가는 편이었다. 그러나 개종한 노예들을 말리기 위해 나름의 방책을 쓰는 것은 부족의 법도에 어긋나지 않았다. 그리하여 감옥에 갇힌 노예가 한둘이 아니었고, 더러는 머리 가리개나 마실 물도 없이 이글거리는 햇빛 속을 몇 시간씩 나가 있어야 했다. 당시 아부 바크르는 몇 년의 장사로 은 4만 냥을 모아 두고 있었는데, 거기서 3만 5000냥을 들여 개종한 노예들을 힘닿는 데까지 풀어 주었다. 마호메트도 구금을 당하면 신앙을 포기해도 용서받는다는 규정을 만들어 노예들의 고통을 덜어 주려 했다. 마호메트가 노예들도 얼마든지 받아 준 것, 쿠라이시 부족에게는 이 점이 그의 교리보다도 더 못마땅했다.[27] 가난한 개종자들에 대한 박해가 계속 이어지자, 그 가혹함을 보다 못한 예언자는 신도들의 아비시니아 이주를 허락하고 또 그것을 권하기도 했다. 아비시니아의 그리스도교도 왕은 박해를 피해 들어오는 난민들을 따뜻하게 맞아 주었다.(615년)

그로부터 일 년 뒤 바울이 그리스도교로 개종한 만큼 큰 의미를 갖는 사건이 이슬람교의 역사에 일어난다. 우마르 이븐 알 카타브라고 그때까지만 해도 이슬람교를 가장 맹렬히 반대하던 사람이 이 새로운 교리에 무릎을 꿇게 된 것이다. 신체의 강인함이나, 사회적 권력이나, 도덕적 용기 면에서 그는 대단한 사람이었다. 그런 그가 충성을 맹세해 오자 마침 고민에 빠져 있던 신도들은 신앙에 대한 자신감을 되찾았고, 이슬람교의 대의를 지지하는 사람들도 새로이 생겨났다. 이제 사람들은 남모르게 집에 숨어 예배를 드리는 대신 길거리에서 과감하게 설교를 하고 다니기 시작했다. 그러자 카아바의 신들을 지켜 내려는 세력이 연합을 구성하고는 하심파 사람들과는 일체 교류하지 않을 것임을 맹세하고 나섰다. 하심파 사람들이 여전히 마호메트의 방패막이가 되어야 한다는 의무감을 못 버리고 있기 때문이었다. 이에 (마호메트와 그의 가족들을 비롯하여) 하심파 사람들 상당수가 씨족 간 충돌을 피하고자 메카의 한 외딴 지대로 들어

갔다. 거기에서라면 아부 탈리브의 보호를 받을 수 있을 것이었다.(615년) 씨족이 따로 떨어져 사는 이런 상황은 이후 2년 넘게 지속되다가, 쿠라이시 부족 일부가 마음을 누그러뜨리면서 일단락되었다. 그들은 하심파 사람들에게 떠난 집으로 다시 돌아올 것을 청하면서 평화를 맹세했다.

몇 안 되는 개종자들은 더없이 기뻤지만, 마호메트에게 619년은 재앙이 셋이나 겹친 해였다. 먼저 누구보다 든든한 버팀목이던 카디자가 세상을 떠났고, 이어 방패막이이던 아부 탈리브마저 세상을 떠났다. 마호메트는 메카에 더 이상 마음을 둘 수 없던데다 이곳 신도들이 통 늘지 않아 낙심하고 있었다. 그리하여 타이프라고 하는 메카에서 동쪽으로 60마일 떨어진 쾌적한 도시로 거처를 옮기게 된다.(620년) 하지만 타이프가 그를 받아 주지 않았다. 타이프의 지도자들은 메카의 상인 귀족들 심기를 건드리려 하지 않았고, 그곳 주민들은 혁신적 종교라는 말에 지레 겁부터 먹었다. 사람들은 거리 곳곳에서 그에게 야유를 퍼붓고 그의 다리에서 피가 줄줄 흐르도록 돌팔매질을 해댔다. 마호메트는 결국 메카로 돌아와 사우다라는 미망인과 결혼식을 올렸다. 그리고 아부 바크르의 딸 아이샤와도 약혼을 했는데 그의 나이는 쉰, 예쁘장하지만 잘 보채는 아이샤의 나이는 일곱이었다.

그러는 동안에도 마호메트의 환상은 계속되었다. 하루는 밤에 잠을 자는데 기적이 일어나 그를 예루살렘으로 데려가는 것처럼 느껴졌다. 유대교의 유적인 통곡의 벽 앞에는 날개 달린 말 부라크가 그를 기다리고 있었고, 말은 그를 태워 하늘에 데려다 주고는 다시 돌아갔다. 그러고는 또 한 번의 기적이 일어 그는 어느새 다음 날 아침 메카의 자기 잠자리로 무사히 돌아와 있었다. 마호메트가 하늘을 난 이 전설로 인해 예루살렘은 이슬람교에서 세 번째로 신성한 도시가 될 수 있었다.

620년 마호메트는 카아바를 순례하러 온 메디나의 상인들에게 설교를 해 주게 되었다. 이때 마호메트의 이야기를 듣는 이들 태도는 어느 정도 수용적이었는데, 일신론, 신성한 사자(使者), 최후의 심판 같은 이야기를 메디나의 유대교도들로부터 전해 들어 익히 알고 있었기 때문이다. 메디나로 돌아가자 그중 일부가 이 새로운 복음을 친구들에게 상세히 설파했다. 몇몇 유대교도는 마호메트의 가르침이 자기들 교리와 별 차이가 없음을 알아차리고 일단 환영의 뜻을 내비쳤다. 그러던 622년의 어느 날 73명가량의 메디나 시민들이 마호메트를 은밀히 찾아왔고 그에게 메디나에 와서 살 것을 청했다. 마호메트는 자신을 한 가족처럼 열과 성을 다해 지켜 줄 수 있는지 물었다. 그럴 것임을 굳게 맹세하면서도 그들은 마호메트를 지켜 주면 무슨 보답을 받게 되는지 물었다. 천국에 가게 된다고 마호메트는 답해 주었다.[28]

이즈음 메카에서는 우마이야의 손자 아부 수피안이 쿠라이시 부족의 수장 자리에 올랐다. 어려서부터 그의 집안이 하심 가(家) 자손이라면 모조리 적대시하는 분위기였기에 그는 마호메트의 추종자들을 다시금 박해하기 시작했다. 그러다 마호메트가 메카 탈출을 궁리한다는 소문을 어떻게 전해 듣자 두려운 마음이 들었던 모양이다. 메디나에서 기반을 잡은 마호메트가 메카나 카아바의 신상 숭배 의식을 쳐부수러 전쟁을 일으킬지도 모를 일이었다. 그리하여 수피안은 쿠라이시 부족을 획책하여 부족 일당에게 마호메트를 잡아 오라는 임무를 맡기는데, 그를 죽이려는 심산이었던 것 같다. 한편 음모를 전해 듣게 된 마호메트는 아부 바크르와 함께 메카에서 1리그(약 3마일 - 옮긴이) 떨어진 타우르의 한 동굴로 피신했다. 쿠라이시족의 밀사들은 그를 찾으러 메카를 사흘 동안 샅샅이 뒤졌지만 헛일이었다. 그러는 사이 둘은 아부 바크르의 자식들이 가져온 낙타를 타고 밤새 북쪽으로 달아났고, 그렇게 여러 날을 쉬지 않고 200마일의 거리를 이동해 622년 9월 24일 마침내 메디나에 다다를 수 있었다. 메카에서 그를 따랐던 신도 200명은 순례자로 위장한 채 메디나에 미리 도착해 있다가, 메디나의 개종자들과 성문 앞에 나란히 서서 도시로 들어오는 예언자를 환영해 주었다. 그로부터 17년 뒤 칼리프 우마르는 헤지라(Hegira, hijra, '탈출'이라는 뜻)가 일어난 이때가 이슬람교 시대의 공식적 시작이라며, 이날(622년 7월 16일)을 아라비아력의 첫날로 지정했다.

3. 메디나 시절의 마호메트: 622~630년

그때까지만 해도 야스리브로 불리다가 나중에야 메디낫 알 나비(Medinat al-Nabi, '예언자의 도시'라는 뜻)로 이름이 바뀌는 메디나는 아라비아 반도 중앙 고원의 서쪽 변두리에 자리 잡은 도시였다. 메카에 비하면 이곳 기후는 에덴동산이나 다름없어서 수백 개의 정원에, 야자나무 숲, 농장까지 찾아볼 수 있었다. 마호메트가 낙타를 타고 도시로 들어서자 사람들이 잇달아 달려들며 외쳤다. "여기를 밝혀 주세요, 예언자이시여! …… 저희 곁에 머물러 주세요!" 어떤 이들은 아랍인 특유의 고집을 보이며 낙타의 고삐를 잡은 채 놔주지 않았다. 이때 마호메트가 내놓은 대답은 완벽한 처세술을 보여 주었다. "낙타에게 선택권을 주도록 하지요. 낙타를 자유롭게 놔주고 어디로 가는지 한번 봅시다."[29] 이로써 사람들 사이의 시샘이 가라앉았고, 그렇게 정해진 거처는 신이 선택한 땅이라며 신성시되었다. 마호메트는 낙타가 멈춰 선 곳에 모스크를 하나 짓고, 사우다와 아이샤가 살 수 있도록 근처에 집도 두 채 지었다. 그러고서는 나중에 아내를 새로 둘 때마다 방도 늘려나갔다.

메카를 떠나오면서 친인척과는 상당 부분 인연을 끊은 셈이었기 때문에, 이제 마호메트는 혈연적 유대 대신 신정(神政) 국가에 나타나는 종교 중심의 형제애를 이용하려 애쓰게 된다. 마호메트의 신도들은 벌써부터 메카 출신 신도로 이루어진 망명파(무하지른(Muhajirin))와 메디나의 개종자가 주축이 된 조력자파(안사르(Ansar))로 갈려 둘 사이에는 시기심이 팽배했다. 이를 가라앉히기 위해 마호메트는 각 파의 구성원들이 하나도 빠짐없이 상대방 파와 서로 의형제를 맺도록 하고, 모스크에서 예배를 드릴 때도 자신의 신성한 짝과 함께 하도록 했다. 메디나의 모스크에서 첫 예배가 열리는 날, 마호메트는 설교단에 올라 커다란 목소리로 외쳤다. "알라께서 가장 위대하신 신이로다!" 신자들 사이에서도 우레와 같은 소리로 똑같은 선언이 터져 나왔다. 그러고 나서 마호메트는 여전히 등을 신도들 쪽으로 돌린 채 고개를 숙여 기도를 드렸다. 다음엔 뒷걸음질로 설교단을 내려온 후 설교단 발치에서 세 번 엎드려 절을 했는데, 이 순간에도 기도는 계속 이어졌다. 이 부복(俯伏) 자세는 영혼을 알라신에게 복종시키다는 상징으로서, 바로 여기서 이 새로운 종교의 이름 "이슬람(Islam, '복종하다', '화해하다'라는 뜻)"이 생겨났고, 그 신자들에게도 "무슬림(Muslimin 또는 Moslem, '복종하는 자', '신과 화해한 자'라는 뜻)"이라는 이름이 붙게 되었다. 절을 하고 일어난 마호메트는 이제 신도들을 향해 돌아서서 이상의 예배 절차를 앞으로 영원히 지켜 갈 것을 명했다. 그래서 지금까지도 이슬람교도들은 모스크에서건, 사막의 여행길에서건, 아니면 모스크도 없는 낯선 땅에서건 이 형식에 따라 기도를 드리고 있다. 예배 의식은 설교로 마무리 지어졌고, 마호메트는 자신이 새로 받은 계시를 발표한 후 앞으로 일주일 동안 신도들이 어떤 조치나 정책을 시행해야 하는지 지시를 내릴 때가 많았다.

예언자로서의 권위가 마호메트를 메디나의 시정(市政)까지 돌보도록 만든 것이다. 시간이 갈수록 마호메트는 자신의 시간이나 영감을 사회 조직의 현실적인 문제들, 일상 속의 윤리적인 문제들, 심지어는 부족 간의 외교나 전쟁 문제에 할애하지 않으면 안 되었다. 유대교에서와 같이 이슬람교에서도 속세적인 일과 종교적인 일이 따로 구분되지 않았다. 즉 모든 일이 똑같이 종교적 심판의 대상이었고, 따라서 마호메트는 카이사르인 동시에 그리스도인 셈이었다. 하지만 메디나 시민 모두가 그의 권위를 받아들인 건 아니었다. 아랍인 대다수가 냉담한 방관적인 입장에서 이 새로운 교리와 의례를 회의적인 눈초리로 바라보고 있었고, 마호메트가 자신들의 전통과 자유를 파괴하지는 않을까, 그로써 전쟁이 일어나지는 않을까 의심하고 있었다. 메디나의 유대교도 대부분도 여전히 자신들의 신앙을 고수했고, 메카의 쿠라이시족과도 계속 교역이 이어지는 상태였다. 이 유대인들을 끌어들이기 위해 마호메트는 다음과 같이 묘한 협약 내용을 만들어 냈다.

유대교도가 우리 단체에 귀속될 경우 그들은 어떤 모욕과 고통도 받지 않게 보호를 받을 것이다. 나아가 우리의 백성들과 똑같이 우리의 원조를 받고 좋은 관직에 오를 권리를 누리게 될 것이다. …… 이들이 이슬람교도와 함께 하나의 복합 국가를 이루게 될 것이다. 이들은 자신들의 종교 계율을 이슬람교도만큼 자유롭게 지켜 나갈 수 있을 것이며…… 이슬람교도와 함께 모든 적들에 맞서 야스리브를 지켜 낼 것이다.…… 이 내용을 받아들이는 자들 사이에 훗날 논쟁이 일 때에는 항상 예언자의 말을 신의 뜻에 따라 참고토록 할 것이다.[30]

협정은 이내 메디나에 있던 모든 유대교 부족들에게 받아들여졌고, 바누 나디르, 바누 쿠라이자, 바누 카이누카 등 메디나의 주변 지역도 그 움직임에 동참했다.

한편 메카에 있던 200가구가 마호메트를 따라 이주해 오자 메디나에는 식량 부족 사태가 벌어졌다. 마호메트는 이를 해결하기 위해 사람들이 굶주림에 허덕이다 쓰는 계책, 즉 먹을 것이 있을 만한 곳에 가서 가져오는 방법을 택했다. 대상들이 메디나를 지날 때 그들을 노략질하라고 휘하 부관들에게 권한을 준 것인데, 이런 식의 삶의 윤리는 사실 당시의 아랍 부족 사이에서는 흔하게 볼 수 있는 것이었다. 노략질이 성공하면, 노략질 부대가 전리품의 5분의 4를 챙기고, 나머지 5분의 1은 종교 및 자선 활동에 활용하도록 예언자에게 헌납했다. 노략질에 나섰다 죽은 사람의 몫은 미망인에게 돌아갔고, 죽은 사람 자신은 곧바로 천국에 갈 수 있다고 했다. 이런 식으로 장려까지 하자 노략질과 노략질 부대는 우후죽순 늘어났고, 대상들이 안전해야 경제생활을 해 나갈 수 있었던 메카의 상인들은 노략질에 대한 복수를 계획하지 않을 수 없었다. 한번은 메카는 물론 메디나의 여론까지 들끓게 한 노략질이 일어나기도 했다. 아랍인들은 아라비아력의 신성한 달에는 폭력을 유예하는 것이 통례인데, 신성한 달에 해당하는 라자브의 마지막 날 한 남자가 죽임을 당했기 때문이었다. 623년에는 마호메트가 직접 300명의 무장 병력을 이끌고 시리아에서 메카로 길을 떠난 부유한 대상을 잠복 공격할 작정이었다. 당시 대상을 통솔하던 아부 수피안은 마호메트의 공격 낌새를 사전에 눈치채고는 자신은 행로를 변경하는 한편 메카에 사람을 보내 지원을 요청했다. 그리하여 900명의 쿠라이시족 병력이 도착했다. 양편의 자잘한 병력들은 메디나에서 남쪽으로 20마일 떨어진 바데르 와디*에서 맞붙게 되었다. 만일 이 싸움에서 진 쪽이 마호메트였다면 그의 이력은 그 순간 그 자리에서 종지부를 찍고 말았을 것이다. 그러나 마호메트는 직접 병사들을 지휘하여 승리를 거두고는, 그 공을 알라신에게 돌려 자신이 신성한 지도자임을 확인받았으며, 전리품과 포로를 잔뜩 손에 넣고서 메디나로 돌아왔다.(624년 1월) 이때 잡힌 포로 중 과거 메카에서 이슬람교도 박해에 적극 가담했던 인물은 사형을 시키고, 나머지는 몸값을 두둑이 받고 풀어 주었다.[31] 이 와중에도 아부 수피안은 목숨을 건지고 살아남아 복수를 다짐했다. 죽음을 슬퍼하는 메카의 친척들에게 그는 이렇게 말했다. "죽은 친척들을 위한다고 눈물을 흘리지 마시오. 그들 운명을 애도하는 시도 절대 짓지 마시오. …… 언젠가 때가 와서 그대들 손으로 복수할 수 있을 테니. 나 역시 마호메트와 다시 맞붙는 그날까지 입에는 술 한 모금 대지 않고 내 아내도 멀리할 것이오."[32]

한편 승리를 거두고 의기양양해진 마호메트는 통상 전쟁에서나 통용되는 윤리 의식을 보여 주었다. 일례로 맹인 이슬람교도 우메이르가 메디아의 여류 시인 아스마의 방에 멋대로 들어가, 온 힘을 다해 칼로 그녀의 가슴을 찌른 사건이 있었다. 그녀가 예전에 시를 지어 마호메트를 비난했다는 것이 이유였는데 얼마나 힘껏 찔렀는지 시신이 침대에 박혀 버릴 정도였다. 다음 날 아침 모스크에서 마호메트가 우메이르에게 물었다. "그대가 아스마를 죽였는가?" "그렇습니다." 우메이르가 대답했다. "심려를 끼쳐 드린 것은 아닙니까." "그렇지 않다. 염소 두 마리가 서로 머리를 부딪치는 것이 어디 좋아서이겠는가."[33] 또 유대교로 개종한 100세 노인 아파크는 예언자를 풍자하는 글을 썼는데, 자기 집 안뜰에서 잠을 자다가 살해되었다.[34] 세 번째로 죽은 메디나의 시인 카브 이

---

* 와디(wadi)란 여름이면 보통 물이 말라 버리는 강바닥이나 계곡을 말한다.

븐 알 아시라프는 마호메트가 자기 어머니의 신앙이었던 유대교에 등을 돌리자 이슬람교를 버린 사람이었다. 그러고서는 싸움에 진 원수를 갚아야 한다는 시로 쿠라이시족에게 싸움을 부채질했고, 이슬람교도 아내들에게 바치는 서투른 사랑 노래로 이슬람교도들을 화나게 만들었다. 그러자 마호메트가 물었다. "누가 이 눈엣가시 같은 자를 없애 주겠는가?" 그날 저녁 이슬람교도들은 뎅겅 잘린 시인의 목을 예언자의 발밑에 갖다 바쳤다.[35] 이슬람교도 입장에서 이런 식의 처형은 반역을 방지하기 위한 일종의 정당방위였다. 그들에게는 마호메트가 나라의 우두머리였고, 사람들을 단죄할 완전한 권위도 그에게 있었으니까.[36]

메디나의 유대교도들은 이렇게 호전적인 종교가 더 이상 마음에 들지 않았다. 한때 이슬람교의 입발림에 넘어가 이슬람교가 자기들 신앙과 비슷하다고 생각했으나 이젠 아니었다. 유대교 성경을 마호메트가 해석해 놓은 것에도, 유대교의 예언자들이 약속한 메시아가 마호메트라는 주장에도 이제 유대교도들은 코웃음을 칠 뿐이었다. 그러자 마호메트도 가만있지 않았다. 신의 계시에 따르면 유대교도에게는 성경을 더럽히고, 예언자들을 죽이고, 메시아를 거부한 죄가 있다는 것이었다. 애초에 마호메트는 키블라(qibla, 이슬람교도들이 기도를 드릴 때 몸을 향하는 지점)를 예루살렘으로 정했었으나, 624년이 되자 메카와 카아바 신전으로 그 위치를 변경했다. 그러자 유대교도들은 마호메트가 다시 우상 숭배로 돌아갔다며 비난을 퍼부었다. 이맘때쯤 이슬람교도 아가씨 한 명이 메디나에 있던 바누 카이누카 유대교도의 시장에 간 일이 있었다. 이 아가씨가 금 세공사의 가게에 앉아 있는데, 유대교도가 장난기가 발동해서는 그녀의 뒤쪽 치맛자락을 들어 올려서 윗도리에 핀으로 찔러 놓았다. 자리에서 일어나는 순간 몸 뒤쪽이 다 드러나는 창피를 당하자 그녀는 고래고래 소리를 질렀다. 한 이슬람교도가 처녀를 희롱한 유대교도를 죽여 버렸고, 이 이슬람교도는 그 유대교도의 형제 손에 목숨을 잃었다. 이 소식에 마호메트는 추종자들을 결집시킨 후 바누 카이누카 유대교도들을 그들이 살던 구역에다 몰아넣고는 주변을 15일 동안 봉쇄했다. 그렇게 하여 항복을 받아 낸 뒤에는 700명에 이르는 유대교도에게 가진 재산을 모조리 남겨 둔 채 메디나를 떠나라고 명령했다.

아부 수피안의 극기심은 대단하다고밖에 할 수 없는 것이었다. 인간으로서 지키기 힘든 맹세를 한 뒤, 그는 정말로 일 년을 기다려 다시 마호메트와의 싸움에 나섰다. 625년 초 그는 군사 3000을 이끌고 메디나에서 북쪽으로 3마일 떨어진 우후드 언덕으로 갔다. 아부 수피안의 여러 아내를 비롯해 열다섯 명의 여자들도 함께 길에 올라, 슬픔과 복수심이 깃든 격정적 노래로 병사들의 마음을 전투욕으로 불태웠다. 이에 비해 마호메트가 끌어 모은 병력은 천 명뿐이었다. 결국 대패를 당한 것은 이슬람교 쪽이었다. 마호메트는 용감히 맞서 싸웠으나 여러 곳에 부상을 입고 반쯤 정신을 잃은 채 전장에서 실려 나왔다. 아부 수피안의 본처 힌드는 옛날의 바데르 전투 때 아버지, 삼촌, 형제까지 잃은 터였다. 아버지를 죽인 함자라는 자가 죽자, 그녀는 그 간을 꺼내 잘근잘근 씹어 먹었으며, 그의 피부와 손톱으로는 발찌와 팔찌를 만들어 차고 다녔다.³⁷ 마호메트가 다 죽었다 생각한 아부 수피안은 승리감에 젖어 메카로 돌아갔다. 하지만 6개월 뒤 예언자는 기력을 회복하여 바누 나디르 유대교도들을 공격해 들어갔다. 쿠라이시족과 짜고 자기 목숨을 앗아 가려 한 죄를 묻는 셈이었다. 사흘간의 포위전 끝에 마호메트는 이들이 다른 곳으로 이주하도록 허락하고, 각 가정마다 낙타 한 마리에 실을 만큼만 짐을 가져가게 했다. 마호메트는 대추야자가 많이 나던 과수원 일부를 자기가 차지해 살림에 보태고, 나머지 재물은 망명과 교도들에게 나누어 주었다.³⁸ 마호메트에게 메카와의 전쟁은 아직 끝나지 않은 것이었기에, 적대 세력을 미리 측면 진영에서 몰아내 놓는 것이 그로서는 당연한 일이었다.

626년이 되자 아부 수피안과 쿠라이시족이 다시 메디아를 공격해 들어오기 시작했다. 이번 공격에는 병력이 1만 명 동원되고, 바누 쿠라이자 유대교도들에게서 보급품을 지원받았다. 마호메트는 이 병력을 각개 전투로 대적할 수 없다는 걸 알고는 도시를 두르는 참호를 파서 메디나를 방어했다. 쿠라이시족은

20일 동안 포위 공격을 하다가, 이후 비와 바람이 몰아치자 사기만 꺾인 채 자기들 본거지로 돌아가 버렸다. 마호메트는 그 즉시 3000명의 병력을 이끌고 바누 쿠라이자 유대교도들을 공격했다. 마호메트에게 패하면서 이들은 이슬람교와 죽음 둘 중 하나를 택해야 했다. 그들은 죽음을 택했다. 바누 쿠라이자 유대교도 중 싸움에 나선 600명의 남자들이 이슬람교도의 손에 목숨을 잃고 메디나의 장터에 묻혔다. 여자와 아이들은 노예로 팔려 나갔다.

　이 무렵에 이르자 예언자는 이제 유능한 장군으로서 손색이 없었다. 메디나에 10년을 머무는 동안 그가 계획한 전투와 노략질만 65번, 그가 몸소 이끈 싸움만도 27번이었다. 하지만 능란한 외교관으로서의 면모도 겸비했고, 전쟁을 언제까지 지속해 내야 평화를 손에 넣을지도 다 생각해 두고 있었다. 그래도 메카의 고향과 가족들이 그립기는 그도 망명파 신도들과 마찬가지였다. 또 젊은 시절에 따뜻한 보금자리처럼 자신들 신앙을 키워 주었던 카아바를 망명파나 조력자파 모두 다시 찾아가 봤으면 했는데 그 심정 역시 마찬가지였다. 그리스도교의 초기 사도들 생각에 유대교를 형식화하고 개혁한 것이 그리스도교였듯, 이슬람교도들에게도 고대 메카의 의례를 변형시키고 발전시킨 것이 이슬람교였다. 이에 마호메트는 628년에 쿠라이시족을 상대로 평화 협상을 하나 제안하게 된다. 내용인즉슨 맹세코 쿠라이시족 대상들의 안전을 보장할 테니 해마다 메카에서 순례 의식을 온전히 올릴 수 있게 해 달라는 것이었다. 쿠라이시족은 먼저 1년간 평화를 지켜 주어야만 협정에 동의하겠다는 답을 보내왔다. 추종자들의 철석같은 믿음을 깨고 마호메트는 이에 동의했고, 이로써 10년간의 조약이 체결되었다. 실망한 노략질 부대의 마음은 카이바르 유대교도를 공격해 달래 주었다. 메디나에서 북동쪽으로 6일 걸려 도착하는 그들 정착촌에 쳐들어가 재물을 약탈한 것이다. 유대교도들은 온 힘을 다해 방어에 나섰다. 그 분투 중에 93명이 목숨을 잃으면서, 결국 나머지는 마호메트에게 항복해 왔다. 마호메트는 이곳 유대교도들이 계속 자기 땅에 남아 땅을 일구도록 허락해 주면서, 대신 그들이 가지고 있던 재산 전부와 앞으로 농경지에서 나는 수확물의 절반을 정복자인 자신에게 바치도록 했다. 생존자들은 거의 다 목숨을 부지했으나, 족장이었던 키나나와 그의 사촌은 재물을 일부 숨기다 참수를 당했다. 키나나에게는 열일곱 살의 유대교도였던 약혼녀가 있었는데, 마호메트는 그 아이를 데려와 아내를 한 명 더 늘렸다.[39]

629년 평화로운 분위기 속에서 메카에 발을 들인 메디나의 이슬람교도는 총 2000명에 이르렀다. 마호메트의 추종자들이 원을 그리며 카아바 신전을 일곱 바퀴 도는 사이, 쿠라이시 족은 서로의 심기를 긁을 일이 없도록 미리 메카의 언덕 쪽에 물러나 있었다. 예언자는 손에 든 지팡이로 "검은 돌"을 경건하게 어루만지기는 했지만, 곧 추종자들이 따라하도록 이렇게 외쳤다. "이 세상에 신은 오로지 한 분, 알라신뿐이다!" 한때 메카에 살았던 사람들이 그토록 침착한 행동거지와 깊은 충성심을 보이는 것에 메카 시민들은 감동하지 않을 수 없었다. 그리하여 후일 장군이 되는 칼리드와 아므르를 비롯하여 쿠라이시족의 유력 인사 몇몇이 새로운 신앙을 받아들이기로 마음먹었으며, 근처 사막에 살던 몇몇 부족 역시 굳은 신앙을 맹세하며 병력 지원을 제안했다. 메디나로 돌아온 마호메트의 머릿속에는 이제 무력으로 얼마든지 메카를 점령할 수 있겠다는 계산이 섰다.

10년이었던 조약의 유효 기간은 앞으로 8년이 남아 있었지만, 마호메트는 조약을 철회해 버리면서 쿠라이시족과 동맹을 맺은 어떤 부족이 이슬람 부족을 공격했다는 구실을 내세웠다.(630년) 그러고는 1만의 병력을 모아 메카로 행군해 갔다. 마호메트가 막강한 군사력으로 쳐들어온다는 걸 알아차린 아부 수피안은 아무 저항도 않은 채 그가 입성하도록 내버려 두었다. 그러자 마호메트도 넓은 도량을 보여 주어, 두세 명을 제외하고는 메카에 있던 그 어떤 사람에게도 죄를 묻지 않았다. 또 카아바 신전 내부와 둘레의 신상은 파괴해 버렸지만, "검은 돌"만은 남겨 두고 사람들이 여기에 입 맞추는 것도 허락했다. 메카를 신성한 이슬람의 도시로 선포한 그는 이슬람교를 믿지 않는 사람들은 그 신성한 땅에 발도 못 붙이게 했다. 쿠라이시족은 직접적으로 저항할 마음을 버렸다. 이로써 이슬람교의 창도자는 도망치듯 메카를 빠져나와 산전수전을 겪은 지 8년 만에 메카에서 살아가는 모든 생명의 지배자로 군림하게 되었다.

4. 승리자 마호메트: 630~632년

이제 마호메트에게 남은 시간은 2년(이 기간을 마호메트는 대부분 메디나에서 보냈다.), 이때에도 승리는 연달아 그를 찾아왔다. 몇 차례 자잘한 반란을 진압하고 나자 그의 권위와 신조에 무릎을 꿇은 곳은 이제 아라비아 땅 전체를 아울렀다. 당시 아라비아 시인으로서 최고의 명성을 자랑하던 카브 이븐 주헤이르도 마호메트를 비난하는 글을 써내던 때가 언제였냐는 듯 메디나를 몸소 찾아와 마호메트에게 몸을 낮추고 이슬람교로의 개종을 선언했다. 그러고는 그의 용서를 구하며 예언자의 영광을 기리는 시를 한 수 지어 바쳤는데, 그 시가 얼마나 감동적이었던지 마호메트가 걸치고 있던 망토를 벗어 그의 어깨에 다 둘러 줄 정도였다.* 아라비아 땅의 그리스도교도들은 마호메트에게 공물을 얼마간 바치고 그에게서 보호를 받았다. 이때 예배의 자유는 얼마든지 누릴 수 있었지만, 돈을 빌려 줄 때 그 이자를 받을 수는 없었다.[41] 이 시기에 마호메트는 비잔티움 제국의 황제와 페르시아의 왕, 그리고 히라 및 가산 왕국 통치자들에게 새 신앙을 받아들이길 권하며 사절을 파견한 것으로 전하는데, 아마 어떤 답도 듣지 못했을 게 분명하다. 이즈음 페르시아와 비잔티움 제국은 한창 맞붙어 서로를 무너뜨려 갔는데, 그 모습을 마호메트는 한 발 물러나 지켜만 보았다. 그러면서도 이참에 자기의 권세를 아라비아 너머에까지 확장시켜 보겠다는 생각은 전혀 품지 않았던 듯하다.

마호메트의 하루는 통치상의 잡다한 업무로 꽉 차 있었다. 그도 그럴 것이

---

* 이 망토는 나중에 4만 디르함(3200달러)에 무아위야라는 사람에게 팔렸으며, 지금도 오스만 투르크족 사이에 전해지면서 이따금 국기처럼 사용되고 있다.[40]

법의 제정 및 판결과 관련한 세부 사항은 물론 국가, 종교, 군대 조직의 세세한 일들을 자신이 직접 꼼꼼히 챙겼기 때문이다. 이 와중에 크게 우를 범했던 것 중 하나가 달력을 재정비한 일이었다. 원래 아라비아 달력은 유대교 달력과 마찬가지로 음력의 열두 달이 들어 있었고, 3년마다 한 번씩 윤달을 끼워 넣어 태양과 주기를 새로 맞추게 되어 있었다. 그러던 것이 마호메트의 법령에 의해 이슬람력에는 음력으로 열두 달만 있게 하고, 30일짜리 달과 29일짜리 달이 번갈아 나오도록 했다. 그 결과 이슬람력은 계절과 전혀 맞지 않게 되었고, 32.5년마다 한 번씩 그레고리우스력에 비해 1년을 앞서 가게 되었다. 예언자는 법을 만들 때도 그다지 정밀하지 않았다. 마호메트는 법전이나 법률 요람을 펴낸 적이 한 번도 없으며, 입법 체계도 전혀 마련해 두지 않았다. 그저 필요한 상황에 맞추어 칙령을 발표할 뿐이었다. 그러다 모순이 심해지면 새로운 계시를 통해 법령을 매만졌는데 이렇게 되면 예전 계시는 완전히 무용지물이 되었다.[42] 마호메트는 아무리 일상적인 지시를 내릴 때에도 반드시 알라신의 계시 형태를 띠도록 했다. 현실의 하찮은 일에까지 이토록 고상한 형식을 붙이다 보니 마호메트의 계시는 이제 예전만큼 힘이 넘치지도 한 편의 시처럼 아름답지도 않았다. 하지만 그 정도 사소한 대가쯤은 치러야 한다고 생각한 것이, 그래야 자신에게서 나오는 모든 법령이 신의 각인을 받고 외경의 대상이 될 것이기 때문이었다. 또 계시의 형식을 취함으로써 겸손의 미덕을 드러내려 한 것일 수도 있다. 마호메트가 스스로의 무지를 인정한 것은 한두 번이 아니었다. 그는 자신이 신의 선택을 받았다는 사실에 더 반감을 드러냈지, 언제든 자신이 틀릴 수 있다거나 죽을 수 있다는 사실에 대해서는 그다지 반감을 보이지 않았다.[43] 또 자신에게 미래를 점치거나 기적을 행할 능력이 있다고 주장하지도 않았다. 하지만 지극히 인간적이고 개인적인 목적에도 그 계시의 방법을 마다 않고 사용했으니, 수양아들 자이드의 예쁜 아내와 결혼하고 싶은 생각이 들자 알라신의 특별한 메시지가 있었다며[44] 그 욕구를 허락받기도 했다.

마호메트가 열 명의 아내에다 두 명의 첩까지 두었던 것은 서양 세계 눈에는 놀랍고, 재미있고, 또 부럽기만 한 일이었다. 하지만 우리가 몇 번이고 되새길 필요가 있는 사실이, 고대와 중세 초기에는 셈족 남자의 사망률이 높았는데 일부다처제에 힘을 내어 준 탓이 있다는 것이다. 물론 셈족의 입장에서는 일부다처제가 좋은 자식을 얻기 위한 필수 조건으로서 거의 윤리적 의무까지 따랐지만 말이다. 마호메트에게도 일부다처제는 당연한 것이었고, 따라서 결혼 생활을 즐긴 것도 깨끗한 양심이었지 병적인 성욕은 전혀 아니었다. 전거가 불확실한 한 전승에서 아이샤가 하는 이야기에 따르면, 마호메트는 여자, 향긋한 냄새, 기도를 이 세상에서 가장 소중한 세 가지로 꼽은 적이 있다고 한다.[45] 마호메트는 때로 추종자나 친구들의 미망인이 오갈 데 없이 딱한 처지일 때 그들을 배려하여 아내로 맞기도 했다. 또 외교적 차원에서 아내를 들이기도 했는데 하프사와 결혼해 우마르와 연을 맺은 것이나, 아부 수피안의 딸과 결혼해 적을 내 편으로 만든 경우가 그러했다. 아들을 얻으려는 바람이 번번이 좌절되는 바람에 아내로 들인 여자도 몇 있었을 것으로 보인다. 카디자 이후로 그가 얻은 아내들은 하나같이 아이를 낳지 못했고 예언자는 이 점 때문에 놀림거리가 되는 일이 많았다. 카디자가 낳아 준 자식들도 마호메트보다 오래 산 것은 파티마 하나뿐이었다. 그나마 아비시니아의 국왕이 선물로 보내 준 콥트인 노예 마리가 그의 말년에 아들을 하나 낳아 그를 더없이 기쁘게 해 주었지만, 그 이브라힘마저도 15개월 만에 죽고 말았다.

북적북적한 마호메트의 규방에서는 여인들이 툭하면 언쟁을 벌이고, 질투를 하고, 용돈을 요구해 마호메트를 난감하게 만들었다.[46] 마호메트는 아내들의 사치를 다 만족시켜 주지는 않았으며, 대신 그들이 천국에 갈 것임을 약속해 주었다. 한동안은 남편으로서의 본분을 다하기 위해 아내들의 순번을 정해 두고 매일 한 사람씩 돌아가며 하룻밤을 보내기도 했는데, 아라비아의 지배자로 군림하는 마호메트였건만 정작 자기 거처는 따로 없었다.[47] 하지만 차례가 아님에도 불구하고 마호메트가 매력과 생기가 넘치는 아이샤를 찾는 일이 잦아지자 결국 다른 아내들이 분란을 일으켰고, 마호메트는 특별 계시를 통해 이 문제를 매듭짓지 않으면 안 되었다.

너는 네 뜻에 따라 정해진 차례를 미루거나 혹은 당길 수 있으니, 네가 곁에 둔 사람이기만 하다면 네가 그중 누구를 원한다 해도 그것은 결코 죄가 되지 않느니라. 다만, 네가 베풀 적에 그들이 편안한 마음으로 슬퍼하는 일이 없다면, 가급적 그들이 다 같이 기뻐한다면 그 편이 바람직할 것이니라.[48]

마호메트가 마음껏 욕심을 부린 것은 여자와 권력뿐이었다. 그 외 나머지 면에 있어서 그는 단출하고 소탈한 사람이었다. 그는 몇 번이고 거처를 옮기면서도 매번 점토 벽돌로 지은 오막살이에 살았다. 그나마 넓이도 12 혹은 14제곱피트, 높이는 8피트밖에 되지 않았고, 지붕도 야자나무 가지를 인 것이었다. 또 염소나 낙타털로 가리개를 만들어 문으로 썼고, 그 안에는 마룻바닥에 깔린 요 그리고 베개가 전부였다.[49] 또 손수 집안일을 하는 마호메트의 모습이 곧잘 눈에 띄었는데, 손수 자기 옷이나 신발을 수선하기도 하고, 불을 지피기도 하였으며, 바닥을 청소하기도 하고, 마당에서 염소의 젖을 짜기도 하고, 혹은 필요한 물품을 사러 시장을 돌아다니기도 했다.[50] 음식은 손으로 집어 먹었으며, 식사가 끝날 때마다 손에 묻은 음식을 말끔히 핥아 먹었다.[51] 식사는 대추야자와 보리 빵을 주로 먹었으며, 이따금 우유와 꿀을 곁들여 성찬을 즐기기도 했다.[52] 그리고 스스로 정한 금주(禁酒)의 원칙을 잘 지켜 나갔다. 마호메트의 친구들 및 추종자들이 묘사한 바에 따르면, 그는 위대한 자에게는 용기로, 거만한 자에게는 위엄으로, 참모들에게는 관대함으로, 적을 제외한 모든 이들에게는 친절로 대했다고 한다.[53] 아픈 사람이 있으면 몸소 문병을 다니고, 길을 가다 장례 행렬을 만나면 관계를 불문하고 참석했다. 그는 권력을 과시하기 위해 화려한 겉치레로 몸을 꾸미는 일이 없었으며, 고귀함을 나타내는 징표도 지니지 않았고, 노예의 저녁 식사 초대에도 응했으며, 자신에게 시간과 힘만 있으면 노예를 부리지 않고 직접 일을 처리했다.[54] 또 전리품과 신도들의 헌금이 그토록 많이 들어오는데도 자기 가족에게 돈을 쓰는 일은 거의 없었으며(자신에게는 더욱 아꼈다.), 그중 상당 부분을 자선 활동에 썼다.[55]

하지만 남자들이 다 그렇듯 마호메트 역시 허영심이 많았다. 그는 상당 시간을 외모 관리에 할애하곤 했다. 몸에는 향수를 뿌리고, 눈에는 색칠을 했으며, 머리는 염색을 하고, 손에는 "알라의 사자 마호메트"라는 문구가 새겨진 반지를 꼈다.[56] 문서를 결제할 때 이 반지가 사용되었을 가능성도 있다. 음악과도 같은 그의 목소리는 사람이라도 홀릴 듯 아름다웠다. 한편 감각은 고통스러울 정도로 예민해서 악취나, 땡그랑거리는 종소리, 사람들의 시끄러운 잡담 소리를 못 참아했다. 그는 사람들에게 이런 가르침을 전하기도 했다. "늘 행동거지를 얌전히 하고, 목소리는 조용히 낮추어라. 너희들이 내는 소리 중에 가장 지독한 소리가 무엇인지 아는가. 바로 너희 엉덩이에서 나오는 소리이다."[57] 신경질적이고 불안했던 그는 이따금 우울에 빠졌으며, 그러다가도 순식간에 기분이 유쾌해져서 수다를 늘어놓곤 했다. 그의 유머에는 익살맞은 데가 있었다. 걸핏하면 자신을 찾아오는 아부 호라이라에게 마호메트는 이렇게 제안하기도 했다. "오, 아부 호라이라 자네 왔는가! 그런데 우리 이틀에 한 번 보면 어떻겠나. 그럼 자네가 더 좋아질 거 같은데."[58] 마호메트는 인면수심의 전사(戰士)이자, 정의로운 판관이었다. 신의를 저버리거나 잔혹하게 굴 때도 있었지만, 그가 보여 준 자비로운 행동은 이루 헤아릴 수 없이 많았다. 또 당시만 해도, 노려보면 재난이 일어난다고 하는 흉안(凶眼)을 달랜다고 목동의 눈을 멀게 하거나, 망자의 무덤 옆에 낙타를 매어 두는 일이 잦았는데, 마호메트는 이런 야만적인 미신을 더 이상 믿지 못하게 했다.[59] 그에 대한 지인들의 극진한 사랑은 우상 숭배를 방불케 했다. 그의 추종자들은 그가 뱉은 침이나, 이발하고 남은 머리나, 세수한 물 등을 싹 모아 갔는데, 거기 담긴 마법의 힘이 자기 병을 고쳐 줄 거란 기대 때문이었다.[60]

여인들과 사랑하고 적과 전쟁하느라 일이 그토록 많았음에도 그는 나름대로 건강과 에너지를 유지해 잘 버텨 나가고 있었다. 하지만 나이가 쉰아홉에 이르자 그도 쇠약해지기 시작했다. 아마도 1년 전 카이바르족에게서 식사 대접을 받을 때 독이 든 고기를 먹은 듯했다. 그때부터 까닭 없이 신열과 발작에 시달리고 있었기 때문이었다. 아이샤의 이야기에 따르면, 그는 한밤중에 몰래 집에서 나가 묘지를 찾아가곤 했다. 거기서 망자의 용서를 구하며 큰 소리로 기도를 드리고는 그들이 진작 죽은 것을 축하하더라는 것이다. 이제 예순셋의 나이에 이르자 신열은 한층 심해져 심신이 더욱 고달파졌다. 하루는 밤에 아이샤가 두통을 호소했다. 마호메트는 자기도 머리가 아프다며 장난삼아 묻기를, 네가 나보다 먼저 죽으면 알라의 예언자 손에 묻히는 영광을 누릴 테니 네가 먼저 가는 것이 좋지 않겠느냐 하였다. 그러자 아이샤가 평소처럼 톡 쏘며 대답하기를, 마호메트는 자기를 무덤에 묻고 돌아서는 길에 바로 새 신부를 들일 게 뻔하다는 것이었다.[61] 그 후 열은 오르고 내리기를 14일간 반복했다. 세상을 뜨기 3일 전, 마호메트는 병상에서 일어나 모스크 안으로 걸어 들어갔다. 아부 바크르가 자기 대신 사람들을 이끌고 기도드리는 모습이 보이자, 예배 시간 내내 그의 옆에 보잘것없는 사람인 양 조용히 앉아 있었다. 말년에 한참을 고통 받던 마호메트는 632년 6월 7일, 아이샤의 가슴에 머리를 대고 세상을 떠났다.

한 사람의 위대함을 세상에 끼친 영향력으로 따진다고 하면, 마호메트는 역사에 거인으로 남을 인물이다. 날씨는 찌는 듯 덥고 척박한 땅에선 먹을 것도 잘 나지 않아 야만적으로 살아갈 수밖에 없던 아랍인들, 이들을 영적으로 지적으로 한층 성숙시킨 것이 마호메트였고, 그는 어떤 개혁가보다도 완벽하게 성공을 거두었다. 마호메트만큼 자신이 꿈꾸던 것을 현실에 완벽하게 실현시킨 사람도 찾아보기 힘들 것이다. 자신의 목적을 이루면서 그가 종교를 이용한 것은 그 자신이 종교적 인간이기도 했지만, 당시에 아랍인들을 움직일 만한 매개체로 종교만한 것이 없었기 때문이기도 하다. 마호메트는 아랍인들이 품고 있던 상상력, 두려움, 희망에 다가가 말을 걸었고, 아랍인들이 충분히 이해할 만한 언어로 이야기했다. 그가 첫발을 내디딜 때만 해도 아라비아의 여러 부족들은 우상밖에 모르는 사막의 어중이떠중이에 불과했으나, 마호메트가 죽을 때쯤엔 번듯하게 하나의 국가를 이루었다. 마호메트는 광신주의와 미신을 억제하는 동시에 그것을 방편으로 활용하기도 했다. 유대교, 조로아스터교, 아라비아의 토속 신앙 위에 그는 소박하고, 명확하고, 강력한 종교를 건설했을 뿐 아니라, 서슬 퍼런 용기와 민족적 자긍심이 바탕이 된 윤리를 확립했다. 아라비아의 이 종교와 윤리는 당당한 기세로 30년 만에 백 번의 승리를 일구어 냈고, 백 년이 지나자 제국을 이루었으며, 지금까지도 그 패기 넘치는 힘을 이 세상 절반에 그대로 과시하고 있다.

THE AGE OF FAITH

9장   코란

1. 형식

"코란(qur'ân)"이라는 말은 "읽을거리" 또는 "대화"라는 뜻으로서, 이슬람 교도들은 자신들의 신성한 경전 전체를 가리켜 또는 어디든 그 일부를 가리켜 코란이라 한다. 유대교, 그리스도교 성경과 마찬가지로 코란 역시 모음집 형식이며, 정통파 신자들은 신이 코란을 한 글자씩 일일이 일러 주었다고 여기고 있다. 하지만 성경과는 다른 것이, 코란은 거의 한 사람이 써냈다고 봐야 한다는 점이다. 따라서 한 사람의 손에서 나온 책 치고 이 코란만큼 세상에 큰 영향을 끼친 책이 없다는 데에는 누구도 토를 달지 못할 것이다. 마호메트도 세상을 떠나기 23년 전부터 여러 차례 시간을 내어 그 계시 내용을 단편적으로 구술해 두었다. 양피지, 가죽, 야자수 잎, 또는 뼛조각에 서기들이 계시 하나하나를 글로 기록해 두었다가 신도들이 모인 앞에서 그 내용을 낭송해 주었고, 그런 다음

에는 옛날에 내려진 계시와 함께 보관함 여러 곳에 넣어 두었다. 하지만 논리적 순서나 연대순으로 정리되도록 특별히 신경을 쓴 것은 아니었고, 마호메트 생전에 이 단편들을 모아 모음집으로 낸 것도 아니었다. 그래도 문제가 없었던 것은 계시를 전부 암송하는 교도가 여럿 있어서 살아 있는 경전 역할을 해 주었기 때문이었다. 하지만 633년에 이르자 이들 "쿠라(qurra)"는 상당수 세상을 떠나 버렸고 그 자리를 대신 메울 사람이 없었다. 이에 칼리프 아부 바크르는 마호메트의 수석 서기 자이드 이븐 타비트에게 명령을 내리길, "코란을 하나도 빼놓지 않고 모두 찾아내 한 군데로 모으라."고 했다. 이에 자이드는 "야자수 나뭇잎에서, 백석(白石) 서판에서, 그리고 남자들의 가슴에서" 코란의 단편들을 찾아내 모았다고 전승에서 전한다. 자이드가 완성시킨 것을 바탕으로 몇 부의 복사본이 만들어졌다. 하지만 여기에는 모음 표기가 하나도 없던 탓에 그 내용을 갖가지로 해석하는 사태가 빚어졌고, 점점 세를 뻗쳐 가는 이슬람 왕국의 도시 곳곳에 저마다 다른 문헌이 등장하게 되었다. 칼리프 오스만은 혼란 수습 차원에서 자이드와 쿠라이시족 학자 셋을 불러 자이드가 만든 코란의 초고를 개정하게 했다.(651년) 이렇게 해서 코란의 공식 개정판이 나와 다마스쿠스, 쿠파, 바스라에 보급되었다. 그 후로 이슬람 세계는 이 경전 내용에 때 하나라도 묻지 않도록 정성스레 지켜 오고 있다.

 코란이란 책은 그 성격상 내용이 반복되고 무질서해질 수밖에 없다. 코란의 단락을 하나씩 따로 떼어 보면 교리를 전하는 부분, 기도를 올리게 하는 부분, 법령을 발표하는 부분, 적을 비방하는 부분, 일의 절차를 정해 주는 부분, 이야기를 들려주는 부분, 군대를 동원하는 부분, 승리를 선언하는 부분, 조약 내용을 안출하는 부분, 자금 지원을 호소하는 부분, 의례 · 윤리 · 산업 · 교역 · 재정을 규제하는 부분 등 단락마다 분명한 목적을 하나씩 수행하고 있다. 과연 마호메트가 이 단편들을 전부 모아 한 권의 책으로 만들고 싶어 했을지는 우리로서는 확실히 알 수가 없다. 코란에는 어떤 사람이나 때를 반박한 내용이 많아서, 역사나 전승에서 주석을 얻지 않고는 내용 이해가 거의 불가능하다. 이슬람교의 신자가 아닌 한 코란 내용 전체가 즐겁게 읽히리란 기대는 하지 말아야 할 것이다. 코란에 들어 있는 114개의 장(章, '수라(sura)'라고 한다.)은 저술된 순서에 따라 배열돼 있지 않고(저술 시기도 알려져 있지 않다.), 양이 많은 것부터 적은 것 순으로 배열돼 있다. 일반적으로 마호메트가 초기에 받은 계시가 후반 계시에 비해 내용이 짧기 때문에 코란의 역사는 앞뒤가 뒤바뀌어 있는 셈이다. 그래서 지루하고 현실적인 메디나 수라가 먼저 나오고, 시적이며 영혼을 울리는 메카 수라는 나중에 등장한다. 몸에서도 가장 못난 부분인 발부터 내미는 셈이니까, 코란을 손에 잡는다면 뒤쪽부터 읽는 게 좋을 것이다.

코란에서 첫 번째 수라를 제외한 나머지는 모두 알라신(혹은 가브리엘)이 마호메트(또는 그의 추종자, 또는 그의 적)에게 이야기하는 형식을 취하고 있다. 히브리 예언자들도 이런 구성을 취한 바 있으며, 모세 오경에도 이런 형식의 단락이 많이 등장한다. 마호메트가 보기에 윤리가 힘이 있으려면 사람들이 그것을 신에게서 나왔다고 믿어야만 했다. 그렇지 않은 윤리는 사람들이 충분히 복종을 하지 않아 사회에 질서와 활력을 불어넣기 힘들 것이었다. 코란에는 정열적이면서도 장엄하고 웅장한 어조가 등장하는데 신과의 대화 형식에는 이것이 안성맞춤이어서, 때로는 이사야서의 감흥이 나기도 한다. 마호메트는 시와 산문이 반반씩 뒤섞인 이야기체를 사용했다. 코란 전반에 리듬과 운율이 배어 있기는 하나, 규칙적이지는 않다. 또 초반의 메카 수라에는 낭랑한 억양과 독자를 압도하는 문체가 일품이나, 아쉬운 점은 아라비아어에 능숙하고 교리에 진심으로 공감하는 사람만이 그 묘미를 완전히 느낄 수 있다는 것이다. 코란은 가장 순화된 아라비아어로 씌어져 있으며, 생생한 직유(直喩)가 풍성하게 등장하나, 너무 화려하여 서양인의 취향에는 잘 맞지 않는 감이 있다. 하지만 코란이 아라비아에서 나온 첫 번째 산문 작품이자, 최고의 산문 작품이라는 데는 대체로 이견이 없다.

2. 교리*

종교가 윤리적 통치의 한 방식이라는 점, 그것이 종교의 가장 큰 특징이다. 역사가가 되어서는 어떤 종교의 신학이 참인가 하는 문제를 제기할 일이 아니다. 무엇을 전지(全知)하게 알 리 없는 역사가가 무슨 수로 참 거짓을 따지겠는가? 그보다 역사가가 물을 문제는, 어떤 사회적, 심리적 요소들이 결합해 그 종교가 나오게 되었는가 하는 것이다. 또 해당 종교가 본령을, 즉 짐승을 인간으로 탈바꿈시키고, 야만인을 교양 있는 시민으로 변모시키며, 허무한 가슴을 희망 찬 용기와 평화로운 마음으로 채우는 목적을 얼마나 훌륭히 성취했는가도 살펴볼 문제이다. 더불어 인류가 계속 정신적 발달을 이룰 수 있도록 그 종교가 보장해 준 자유는 얼마이며, 또 그 종교가 역사에는 어떤 영향을 끼쳤는지도 살펴봐야 할 것이다.

유대교, 그리스도교, 이슬람교에 깔린 가정에 따르면, 사람들이 건강한 사회를 이루기 위해선 이 우주가 선하게 통치되고 있다는 믿음이 가장 먼저 필요했다. 지금은 악이 판을 치고 있어도 뭔가 자비로운 지성이(그 뜻을 아무리 알 수 없어도) 인도하여 종국에는 우주의 드라마가 정의롭고 숭고하게 끝나리라는 그런 믿음 말이다. 중세의 지성 형성에 나름대로 일익을 담당했던 이들 세 종교는 이 우주적 지성이 다름 아닌 최고의 유일신이라는 데에 의견의 일치를 보았다. 다만 그리스도교는 여기에 더해 하느님이 세 가지 상이한 위격을 가진다고 보았다. 반면 유대교와 이슬람교에서는 이것이 다신교의 위장에 지나지 않는다며 신의 통일성과 단일성을 열성을 다해 강조했다. 코란은 이 주제를 다루는 데 수라 하나를 통째로 할애하고 있다.(112장) 그리고 이슬람교 세계에서는 매일 기도 시간이 되면 모스크의 사원 탑에 무에진(muezzin, 모스크에서 예배 시간을 알리는 사람을 일컫는 말. 종이나 나팔을 사용하는 다른 종교와는 달리 이슬람교에

---
* 앞으로 이어지는 이슬람교 교리의 밑그림에는 코란의 내용을 명확히 전하기 위해 이슬람교 전승 기록을 일부 활용했음을 알려 두는 바이다. 단, 그럴 경우 그것이 전승임을 보통 본문에 밝히고 반드시 주석을 달았다.

서는 사람이 직접 고함을 쳐서 기도 시간을 알렸다. – 옮긴이)이 올라 이 수라를 암송한다.

내용인즉슨, 무엇보다도 알라신은 만물이 태어나고 성장하는 근원적인 힘이자, 이 땅에 내려지는 모든 축복의 기원이라는 것이다.

마호메트의 알라신은 마호메트에게 이렇게 말한다.

> 지금 네 눈에 보이는 불모의 땅, 그곳에 우리가 물을 뿌리면, …… 땅은 기쁨에 겨워 약동하고 온갖 사랑스러운 것들이 고개를 내민다(22장 5절) …… 사람은 자신이 먹는 음식에 대해 생각해 보라. 우리가 하늘에서 소나기를 뿌려 주면 땅이 우묵우묵 파이고 거기서 곡식 낟알이 자라나지 않는가. 그리하여 포도가 열리고 푸른 곡식이 자라고, 올리브 나무와 야자수가 성장해 가고, 정원에는 잎이 무성하게 우거지리니(80장 24~30절) …… 그곳에 열매가 열려 익어 가는 것을 보라. 아, 알라를 믿는 자들은 바로 여기서 놀라운 힘을 느낄지니.(6장 100절)

알라는 권능의 신이기도 해서, "하늘을 번쩍 들어 눈에 안 보이는 어딘가에 받쳐 놓으신 것도 알라신이요, …… 태양과 달에게 지나다닐 길을 명하신 것도 알라신이며, …… 이 땅을 죽 펼쳐서 그 위에다 언덕들을 붙박고 물줄기를 흐르게 하신 것도 알라신이로다."(8장 2~3절) 또 코란에서도 널리 유명한 "옥좌의 시"에서는 이렇게 말한다.

> 알라신! 이 세상에 신은 오로지 한 분, 살아 계시며 영원하신 알라신뿐이로다! 알라신은 졸음에 빠지지도 잠에 드는 일도 없으시니, 이 땅의 모든 것이 그분께 속해 있도다. 알라신의 허락 없이 그 사이에 낄 자 누구인가? 알라신은 만물의 앞에 무엇이 있고 만물의 뒤에 무엇이 있는지 다 아시니. …… 그분의 옥좌는 하늘과 땅 모두를 아우르며, 전혀 피곤한 기색 없이 이 둘을 지켜 내시네. 숭고한 분이시며, 위대한 분이신 알라신이여.(2장 255절)

한편 알라신의 권능과 정의는 늘 한없는 자비와 함께한다. 코란을 보면 9장을 제외한 모든 장이 다음과 같은 엄숙한 구절로 시작되고 있음을 알 수 있다.(정통 이슬람교 경전은 다 이렇게 시작된다.) "사랑과 자비심 넘치는 신의 이름으로 말하노니" 마호메트는 지옥이 무시무시한 곳이라고 엄포를 놓으면서도, 자신이 모시는 알라신이 한없는 자비심을 가졌다고 입에 침이 마르도록 칭송한다.

알라는 전지한 신으로서, 우리가 아무리 비밀스러운 생각을 해도 다 알고 있다. "바로 '우리(We)'가 인간을 만들었나니, 인간의 영혼이 그에게 무엇을 속삭이는지 '우리'는 다 알고 있다. 목덜미의 정맥보다도 그와 더 가까이 붙어 있는 것이 '우리'이므로."(1장 15절) 알라신이 현재와 과거는 물론 미래까지도 다 알고 있는 이상, 모든 것의 운명은 사전에 정해져 있다고 할 수 있다. 만물은 영원을 아우르는 신의 뜻에 따라 그 길이 이미 다 정해져 있어 변할 수 없다. 심지어 각각의 영혼이 최후의 순간에 어떤 운명을 맞게 되는지까지도. 아우구스티누스의 하느님처럼 알라신 역시 누가 구원을 받을지 영원 속에서 알고 있을 뿐 아니라, "자신이 보낸 자를 손수 길 잃게 하시고, 또 그 길 잃은 자를 인도하신다."(35장 8절, 76장 31절) 알라가 불신자들에 대해 한 말을 보면, 야훼가 이집트의 파라오를 모질게 대한 것과 비슷하다. "불신자들의 마음은 우리가 베일로 덮어 버려서, 그들은 코란을 보아도 그 뜻을 이해할 수 없을 것이며 그 심오한 뜻에 귀 기울일 수 없을지니. 심지어 네가 불신자들에게 명하여 그들이 나를 따른다 해도 그들은 절대 나의 인도를 받지 못할 것이니."(18장 58절) (사람들에게 신심을 심어 주려고 한 것이 분명한) 이 말은 그 어떤 종교에 나와도 가혹한 말이 아닐 수 없는데, 마호메트는 불신자들에 대한 이 논리를 아우구스티누스가 무색할 솜씨로 밀어붙인다. 알라가 말하기를, "너희가 우리를 흡족하게만 해 주었다면, 우리는 분명 모든 영혼을 제 방향으로 인도해 주었을 것이니라. 내가 한 다음 말을 너희들은 진실로 받아들여야 할 것이니, 나는 정령(악한 귀신)뿐 아니라 인간도 지옥에 보낼 것이니라."(32장 13절) 알리의 입에서 나왔다고 알려진 한 전승에는 이런 이야기가 전한다. "한번은 우리가 예언자 곁에 둘러앉아 있었다. 예언자께서는 막대기를 드시더니 땅에 이런 말을 적으셨다. '너희들 앉을 자리는 모두 정해져 있으니, 신께서는 너희를 지옥 불에 떨어뜨릴지 낙원으로 보낼지 다 적어 두셨다.'"[1] 이렇게 운명의 예정을 믿음으로써 이슬람교 사상은 숙명론을 두드러진 특징으로 가지게 되었다. 마호메트를 비롯한 이슬람교 지도자들은 병사들에게 용감히 싸울 것을 독려할 때 이 예정설을 이용했는데, 죽을 시간은 이미 모두 정해져 있어 아무리 위태롭게 싸우거나 몸을 사리더라도 죽을 시간이 당겨지거나 미뤄지지는 않기 때문이었다. 이슬람교도들은 이런 믿음을 가지고 삶의 모진 역경과 통과 의례를 성인(聖人)처럼 인고해 나갔다. 하지만 이 믿음에 다른 요인들이 공모한 채 몇 세기가 흐르자 아랍인의 삶과 사상은 비관주의를 떨칠 수 없게 되었다.

코란의 초자연적 세계는 천사와 정령, 악마가 차지하고 있다. 천사들은 알라신의 비서이자 사절로 일하며 인간의 선행과 악행을 낱낱이 기록해 둔다. 정령은 불로 만들어져 있는데, 먹고, 마시고, 성교를 하고, 또 죽는다는 점에서 천사와는 다르다. 정령 중엔 선한 이가 더러 있어 코란에 귀도 기울이지만(72장 8절), 대부분은 악한 자들로서 인간을 못살게 굴며 시간을 보낸다. 악한 정령의 우두머리는 이블리스(Iblis)인데, 한때 대천사였으나 아담에게 절을 하지 않은 죄로 정령이 되었다.

신약 성서에서와 마찬가지로, 코란에서도 윤리의 밑바탕은 벌을 받을 것이라는 두려움과 내세에 보상이 따를 것이라는 희망이다. "이 세상의 삶은 한 편의 연극, 쓸데없는 잡담, 겉치레에 불과하다."(57장 20절) 삶에서 확실한 것은 오직 하나, 죽음뿐이다. 어떤 아랍인들은 죽으면 모든 게 끝이라 생각하기도 했고, 내세를 말하는 이론은 다 "탁상공론으로서 옛날 사람들이 멋대로 지어낸 이야기"(23장 83절)라며 비웃었다. 하지만 코란도 언젠가는 육체와 영혼이 부활하리라고 굳게 믿고 있다.(75장 3~4절) 물론 죽었다 바로 부활하는 것은 아니다. 죽으면 최후의 심판이 찾아올 때까지는 잠들어 있게 된다. 하지만 잠자던 당사자는 이 사실을 미처 모르고 그저 자신이 죽었다 곧바로 깨어난 줄로 안다.

이 만물의 부활이 언제 일어날지는 오로지 알라신만 알고 있다. 하지만 그때가 가까워오면 부활을 예고라도 하듯 몇 가지 징후가 나타난다. 먼저 이런 말세에 이르면 종교에 대한 믿음이 무너지고, 윤리 의식은 희미해져 세상이 혼란에 빠져들게 된다. 또 각종 반란과 선동이 일고 대규모로 전쟁이 터져, 지혜로운 자들은 목숨이 다하기만을 손꼽아 기다린다. 그러다 우레와 같은 나팔 소리가 세 번 울려 퍼지면 마지막 징후가 나타난다. 첫 번째 나팔 소리에는 태양과 달이 온데간데없이 사라지고, 별들이 떨어져 내리며, 하늘이 녹아 없어지고, 건물과 산이 땅으로 풀썩 주저앉으며, 바닷물이 남김없이 말라 버리거나 이글거리는 불꽃으로 변해 버린다.(20장 102절) 두 번째 나팔 소리에는 신의 가호를 받은 몇몇을 제외하고 천사와 정령, 인간을 비롯한 모든 생명체가 흔적도 없이 사라져 버린다. 그리고 40년의 시간이 흐르면 음악의 천사 이스라펠이 찾아와 세 번째 나팔 소리를 낸다. 그러면 죽은 육신이 무덤에서 벌떡 일어나 자기 영혼과 다시 합쳐진다. 이제 구름 속에서 신이 나타나고, 그 곁을 따르는 천사들 손에는 인간의 행동과 말과 생각이 낱낱이 기록된 책이 들려 있다. 이제 사람들은 하나하나 불려 나와 심판을 받는데, 천칭의 한쪽 접시에는 악행을 다른 한쪽에는 선행을 올려놓고 재어 본다. 하늘의 계시를 받았던 예언자들은 메시지를 거부했던 사람과 계시를 믿고 따랐던 자들을 구별해 양편에 각각 엄중한 벌과 선처를 요구한다. 이제 선한 자와 악한 자는 다 같이 알 시라트라는 다리를 건너게 되는데, 머리카락 한 올보다 가늘고 칼끝보다 날카로운 이 다리 아래에는 지옥 구덩이가 아가리를 벌리고 있다. 악한 자와 불신자들은 이 다리를 건너다 지옥 구덩이로 떨어지게 되고, 선한 자는 무사히 다리를 건너 낙원에 발을 들인다. 그러나 이들이 낙원에 갈 수 있는 건 신이 자비를 베푼 덕이지 스스로 선행을 쌓아서가 아니다. 그리스도교의 근본주의자들이 그렇듯, 코란에서는 신자의 선행보다도 올바른 믿음을 더 중요하게 보는 듯하다. 마호메트에게 귀 기울이지 않는 자는 결국 지옥에 떨어질 것이라고 코란에서 엄포를 놓는 구절은 빈번히 등장한다.(3장 10, 63, 131절; 4장 56, 115절; 7장 41절; 8장 50절; 9장 63절 등.)

사람들이 다양한 질과 종류의 죄를 저지르므로 지옥도 총 일곱 단계로 나뉘어 있으며, 거기서 각자 자기가 저지른 죄만큼의 벌을 받는다. 지옥에 떨어지면 불에 타는 더위와 살을 에는 추위를 맛보게 되며, 이글이글 불타는 신발을 신는 것이 가장 가벼운 벌에 해당한다. 또 지옥에 떨어진 자들은 펄펄 끓는 더러운 물만 마시게 된다. 단테는 환상 속에서 코란의 내용을 미리 보기라도 한 것일까.

하지만 단테와 달리 마호메트는 천국의 모습도 지옥 못지않게 생생히 그려주고 있다. 천국에 들어가는 사람들은 선한 신자들, 그리고 알라의 뜻에 따라 싸우다 죽은 이들이다. 그리고 부자보다는 가난한 자들이 500년 먼저 천국에 들어간다. 천국이 자리한 곳은 일곱 번째 천계(天界)의 안 혹은 그 위이다. 천국은 널따란 하나의 정원과도 같아, 맑은 강물에서는 목을 축이고 아름드리 나무 아래서는 더위를 식힌다. 은총을 받고 천국에 간 자들은 양단으로 지은 옷을 입고, 갖가지 보석으로 몸을 치장한다.[2] 그러고는 안락한 소파에 몸을 누이고 아름다운 젊은이들에게서 수발을 받으며, 절을 하듯 몸을 숙인 나무에서는 손에 닿는 대로 과일을 따서 먹는다. 이곳의 땅에는 우유와 꿀과 술이 강물처럼 흐르는데, 신의 구원을 받은 자는 (이승에서는 금기시되던) 술을 은으로 된 술잔에 맘껏 따라 마실 수 있고, 그러고도 숙취에 전혀 시달리지 않는다.[3] 알라신이 자비를 베푼 덕에 천상의 이 잔치에서는 이야기할 일이 전혀 없으며(78장 35절), 대신 처녀들이 곁에 자리한다. "그 어떤 남자나 정령의 손길도 타지 않은 이 여인들은, …… 진홍빛 산호처럼 아름다운데, …… 가슴은 봉긋 솟았으나 눈매는 수줍으며, 두 눈은 둥지에 든 알처럼 또렷하고 맑다."[4] 이 여인들의 몸은 사향으로 만들어져 있으며, 이승의 육체처럼 불완전하거나 추한 부분은 한 군데도 없다. 신의 은총으로 천국에 간 남자는 이런 미녀를 일흔두 명씩 각자 상으로 받는데, 처녀들은 사랑스러운 모습을 간직한 채 늙지도, 지치지도, 죽지도 않아, 남자들의 행복도 사라질 일이 없다.(44장 56절) 신심이 독실한 여자들이 천국에 가면 약간의 혼란이 빚어질 수 있겠으나, 일부다처제에 익숙한 아랍 남자들에게 그쯤은 얼마든지 극복할 수 있는 문제였다. 마호메트는 천국에 가면 이러한 육체적 쾌락 외에 영혼의 기쁨도 느낄 수 있다고 말한다. 구원받은 자 일부는 코란을 암송하며 더 기쁨을 느끼기도 하고, 천국에 간 사람은 모두 알라신의 얼굴을 직접 보는 지고의 행복을 누릴 수 있기 때문이다. "또 이들 곁에는 아이들이 뛰놀며, 아이들 역시 절대로 나이 드는 법이 없다."[5]

이런 계시를 과연 그 누가 거부할 수 있을까?

3. 윤리

탈무드가 그렇듯 코란에서는 법과 윤리가 따로 떨어져 있지 않다. 속세에서 일어나는 일은 모두 종교적인 일에 포함되며, 계율은 어느 것 하나 신의 뜻이 아닌 것이 없기 때문이다. 코란에는 예절과 위생, 결혼과 이혼, 아동, 노예, 동물의 처우 원칙뿐 아니라, 상업과 정치, 이자와 부채, 계약서와 유서, 제조업과 재무, 범죄와 처벌, 전쟁 및 평화의 원칙까지 나와 있다.

마호메트에게 상업은 천한 일이 아니었다. 종교에 입문하기 전에는 그도 장사꾼이었으니까 말이다. 심지어 한 전승에서는 메디나에서 통치하던 시절에도 그가 장사를 했다고 전하는데, 도매가에 물건을 사서 소매가로 팔았고 당연히 이문을 남겨야 한다고 생각했다. 더러는 마호메트 자신이 경매인으로 나서기도 했다.[6] 마호메트의 언설 속에는 상업적인 은유가 수없이 등장한다. 선한 이슬람교도로 살면 속세의 성공이 따른다고 약속하기도 했고(2장 5절), 물건을 싼값에 넘기는 것처럼 신심을 조금만 내면 천국에 갈 수 있다고 말하기도 했다. 한편 거짓말이나 사기를 일삼는 장사꾼들에게는 지옥에 떨어진다고 엄포를 놓았다. 시장에서 독점을 형성하거나, 투기꾼이 "곡식을 사재기했다가 비싼 값에 팔" 경우엔 가차 없는 비난을 퍼부었으며,[7] 사람을 부릴 때는 "일꾼의 땀이 마르기 전에 품삯을 주라."고 명했다.[8] 이자를 금기시해서 주지도 받지도 못하게 했다.(2장 275절, 3장 130절) 마호메트는 부자들에게서 세금을 걷어 가난한 사람을 도왔는데, 그 어떤 개혁가도 따라잡지 못할 정도로 적극성을 보였다. 모든 유서에는 재산 일부를 가난한 사람에게 남긴다는 내용이 반드시 들어가야 했고, 고인이 유서를 남기지 않았을 때는 친자 상속자가 나서서 유산 일부를 기부해야 했다.(4장 8절) 당시의 유력한 종교인들이 다 그랬듯, 마호메트에게도 노예제는 거스를 수 없는 자연의 법칙이었지만, 노예제의 무거운 짐과 쓰라린 아픔은 가급적 줄여 보려고 애를 썼다.[9]

마호메트는 아라비아의 여자들에게도 이와 비슷한 태도를 보여서, 법적으로 남자에게 종속돼 있는 여자의 현실은 순순히 인정하되 그 속에서 여자의 지위를 올려 주려고 노력했다. 남자들은 욕망에서 헤어나지 못하는 처지를 흔히 여자에 대한 거친 말로 분풀이하곤 하는데, 그 점에서는 마호메트도 다르지 않다. 여자야말로 남자에게 닥친 최대의 재난이며, 여자들 대부분은 지옥으로 떨어질 거라 말할 때는 그리스도교 교부들이 무색할 정도다.[10] 또 마호메트 판 살리 법(Salic law)을 만들어 여자의 통치를 금했다.[11] 여자들이 모스크에 오는 것을 허용은 했지만, "여자들은 집에서 기도하는 것이 더 낫다."는 게 그의 생각이었다.[12] 하지만 막상 여자들이 자신의 예배에 참석하면 친절하게 대해 주었고, 심지어 젖먹이 아기를 데려와도 반겨 주었다. 가슴 따뜻해지는 한 전승에 따르면, 마호메트는 설교를 하다 아기 울음소리가 들리면 아기 엄마가 겸연쩍어 할까 염려해 서둘러 설교를 마치곤 했다.[13] 아라비아의 영아 살해에 종지부를 찍은 것도 마호메트였다.(17장 31절) 마호메트는 법적 절차나 재정적 독립성 면에서 아라비아 여자들을 남자와 똑같은 입지에 올려 주었다. 덕분에 여자들도 합법적인 직업을 얼마든지 가질 수 있었고, 돈을 벌 수 있었으며, 유산을 상속받고, 자기 재산은 자기 마음대로 처분할 수 있었다.(4장 4, 32절) 아버지가 아들에게 여자들을 재산처럼 물려주던 아라비아의 관습도 마호메트가 없애 버렸다. 여자들은 남자들의 절반만큼 재산을 상속받게 되었고, 그 상속분을 처분하려면 반드시 그들의 허락이 있어야 했다.[14] 그런데 이상의 의도와는 달리 코란의 다음 구절(33장 33절)은 푸르다(purdah, 남편이나 직계 가족 외에 다른 남자들과 접촉하는 것을 엄격하게 금지하는 아랍의 관습 - 옮긴이)를 정착시키려는 것도 같아 아리송하다. 하지만 "네 집에만 머물 것이며, 네가 입은 아름다운 옷을 자랑하지 말지어다."라고 말하는 이 구절의 주안점은 소박한 옷차림에 있다. 더구나 한 전승에서는 예언자가 직접 "필요한 것이 있을 때는 밖에 나가도 좋다."고 여자들에게 말했다고 한다.[15] 그리고 자기 아내들이 염려된 마호메트는, 추종자들이 아내에게 말을 걸 땐 반드시 커튼 뒤에서 말하도록 했다.[16] 이런 식으로 몇 가지 제약이 따르긴 했지만, 마호메트 시대 때만 해도(그 후 백 년 동안에도) 이슬람교도 여자들은 얼굴을 가리지 않고 마음껏 밖을 돌아다닐 수 있었다.

 윤리는 기후에 의해 그 틀이 일부 짜이기도 한다. 아라비아 반도의 무더운 날씨는 사람들의 성적 욕망이 더 빨리 더 강하게 달아오르도록 부채질했을 테고, 지칠 줄 모르는 더위 속에서 남자들은 뭔가 숨통 트일 만한 게 있지 않으면 안 되었다. 이런 상황에서 만들어진 이슬람교 법전은 혼외정사의 유혹은 줄이되 결혼 성생활의 확률은 높이는 구도였다. 이슬람교에서는 혼전에는 성욕을 엄격히 자제할 것을 명했고(24장 33절), 이를 위해 금식을 권했다.[17] 결혼을 하려면 신랑과 신부가 모두 합의해야 했다. 둘만 합의하면 부모 동의에 상관없이 법적 결혼 관계가 성립되었는데, 단 정식 증인이 합의를 지켜보아야 했고 신랑은 신부에게 지참금을 보내 결혼 의사를 확정지어야 했다.[18] 남자 이슬람교도는 유대교나 그리스도교를 믿는 여자와도 결혼을 할 수 있었다. 하지만 우상 숭배자, 즉 그리스도교도가 아니면서 다신론을 믿는 여자와는 결혼이 금지되었다. 이슬람교는 유대교와 마찬가지로 독신 생활을 죄악으로 보았으며, 결혼이 사람의 당연한 도리이자 신을 기쁘게 하는 길이라고 생각했다.(24장 32절) 마호메트가 일부다처제를 받아들인 건 여러 가지 이유에서였다. 우선 남녀의 높은 사망률에 대비할 수 있었고, 여자의 양육 기간을 줄일 수 있었으며, 생식력이 무더운 날씨 속에서 일찍 소진돼 버릴 때에 대비할 수 있었다. 하지만 아내는 네 명까지만 두도록 했는데, 자신만은 특별히 더 둘 수 있었다. 동거녀는 두지 못하게 했지만(70장 29~31절), 우상을 숭배하는 여자와 결혼할 바에는 동거녀를 두는 편이 낫다고 보았다.(2장 221절)

이렇듯 코란에서는 남자들에게 욕망의 배출구를 상당히 많이 열어 준 터라, 그러고도 간통을 저질렀을 경우 남녀 모두 태형 백 대에 처했다.(24장 2절) 하지만 마호메트가 가장 아끼는 아이샤가 간통을 의심받자 사정이 달라졌다. 빈약한 사실을 근거로 무성한 소문이 끝없이 일어 그녀 이름에 먹칠을 하자 마호메트는 빙의가 된 채 계시를 하나 발표했다. 내용인즉슨, 앞으로 간통을 입증하려면 반드시 네 명의 증인이 있어야 한다는 것이었다. 뿐만 아니라, "고결한 여인을 고소해 놓고 증인 넷을 데려오지 못하는 자는 태형 80대에 처할 뿐 아니라, 이후 그 사람의 증언은 재판에서 절대 받아들여지지 않을 것"(24장 4절)이라고 선언했다. 이후로 간통 고발은 지극히 찾아보기 힘든 일이 되었다.

탈무드가 그랬듯 코란에서도 남자에게 이혼을 허용해 주었고, 거의 모든 것이 이혼 사유가 되었다. 반면 여자는 남편에게 지참금을 돌려주어야 이혼을 할 수 있었다.(2장 229절) 마호메트는 전(前)이슬람기 때처럼 남자들이 마음껏 이혼하도록 허용은 했지만, 신에게는 이혼만큼 불쾌한 것이 없다며 가급적 이혼을 말렸다. 이를 위해 중재자를 지명하도록 했는데 "한 명은 남자의 일가친척 중에서 한 명은 여자의 일가친척 중에서" 고르도록 했다. 그런 다음에는 둘을 화해시키는 데에 온갖 노력을 기울였다.(4장 35절) 이혼이 법적으로 성립되려면 한 달에 한 번씩 연속 3회에 걸쳐 이혼을 선언해야 했다. 또 남편이 아내와 한번 이혼을 하면 (그녀가 다른 남자와 결혼했다 다시 이혼하기 전까지는) 그녀와는 다시 결혼하지 못하도록 했는데, 그러면 남편은 이혼을 신중히 고려할 수밖에 없을 것이었다.[19] 월경 기간에는 남편이 아내를 찾아서는 절대 안 되었다. 이는 월경 기간의 아내를 "깨끗하지 못하게" 여겨서라기보다는, 아내가 자기 몸을 깨끗이 정화하는 의식을 치른 후에 부부 관계를 다시 맺기 위함이었다. 남자에게 여자는 씨앗을 뿌려 일구어야 할 "밭"과 다름없다. 남자는 자식을 얻어야 하는 의무를 지고 있기 때문이다. 아내 된 사람은 남자의 뛰어난 지적 능력을 인정하고, 나아가서는 그의 높은 권위까지 인정해야 한다. 아내는 남편에게 반드시 복종해야만 한다. 아내가 남편에게 반기를 들 경우, 남편은 "아내를 외진 곳의 침대로 쫓아내고 매질을 해야 한다."(4장 34절) "살아서 남편을 즐겁게 한 여자는 죽어서 모두 천국에 간다."(4장 35절)

  아라비아에서나 그 밖의 다른 곳에서나 여자들은 이렇게 법적으로는 무력했으나, 그들의 유창한 말솜씨, 부드러운 마음씨, 아름다운 매력은 법이 무색할 정도로 강한 힘을 발휘했다. 한번은 우마르가 (칼리프 자리에 오르기 전에) 아내의 말투가 남편을 얕잡아 보는 듯하다며 그녀를 심하게 꾸짖었다. 그러자 아내가 큰소리치길, 마호메트에게 시집간 딸 하프사나 다른 부인들도 알라신의 예언자에게 다 이런 말투를 쓴다는 것이었다. 우마르는 그 길로 하프사를 찾아가 딸을 비롯한 마호메트의 부인들에게 불만을 털어놓았다. 하지만 여자들에게서 처신 잘 하라는 이야기만 듣고는 풀이 죽어 집으로 돌아갔다. 마호메트는 이 일의 자초지종을 전해 듣고 한바탕 웃음을 터뜨렸다.[20] 다른 이슬람교도들처럼 마호메트도 이따금 아내들과 언쟁을 벌였지만, 아내들에게 끝까지 애정을 거두지 않았고 여자들에 대해 말할 때도 끝까지 애틋함을 보였다. "이 세상에서 가장 귀한 것, 그것은 바로 고결한 여인이다."라고 말한 적도 있었다.[21] 코란에서는 어머니의 은혜를 재차 깨우쳐, 열 달 동안 임신을 하고 아기를 낳아 24~30개월 동안 정성스레 돌보는 일이 여간 힘들지 않다 하였다.[22] 마호메트의 말에 따르면, "천국은 다름 아닌 어머니의 발치에 있는 것이다."[23]

4. 종교와 국가

  여기 도덕가들이 범하는 가장 커다란 우가 있으니, 조화와 협력을 근사한 것으로 만든 뒤에 그것이 가장 이상적으로 이루어질 통일체(또는 집단)의 크기를 정하려 든다는 것이다. 도덕가들이 보기에 완벽한 윤리는, 각 부분이 가장 큰 통일체(우주, 혹은 우주의 본질적 삶과 질서, 혹은 신)와 최고의 조화와 협력을 보이는 것이다. 그리고 이 차원까지 올라야 종교와 윤리는 비로소 하나가 된다. 그러나 사실 도덕이란 관습의 자식, 강압의 손자에 지나지 않는다. 무력을 갖춘 집단이 아니고서는 도덕에서 협력이 발전해 나올 수 없는 법. 따라서 이제까지의 현실 속 도덕은 집단의 도덕이 아닌 적이 없었다.

마호메트의 윤리는 자신이 태어난 부족의 한계는 뛰어넘었지만, 그가 만든 교리 집단의 테두리에서는 벗어나지 못했다. 메카에서의 승리 이후 그는 부족 간에 더 이상 노략질이 벌어지지 않게 제어했지만, 완전히 없애지는 못했다. 그러나 마호메트로 인해 아라비아 전체에(알게 모르게 이슬람 세계 전체에) 하나라는 의식이 새롭게 싹텄고, 이로써 아라비아인들이 더 넓은 영역에서 서로 협력하고 충성하게 되었다. "신자들은 서로에게 형제와 다름없는 존재이니라." (49장 10절) 비슷한 믿음을 갖게 되자 아라비아 부족 사이에 그토록 강하게 나타나던 계급과 인종 차별도 점차 희미해져 갔다. "흑인 노예가 너의 통치자로 임명되거든 그의 말을 듣고 따르라. 그의 머리털 모양이 건포도처럼 괴상할지라도."[24] 아라비아 반도에 뿔뿔이 흩어져 있던 다양한 종족들이 하나로 뭉쳐 한 국민을 이룰 수 있었던 것은 바로 종교가 지닌 고상한 사상 덕분이었다. 그리스도교와 이슬람교, 이 둘의 가장 빛나는 위업도 바로 이것이다.

하지만 그리스도교나 이슬람교나 신에 대한 사랑이 지고했던 만큼, 신을 믿지 않으려는 모든 자에게 가차 없는 적의를 보였다. "유대교도나 그리스도교도는 친구로 삼지 말지어다. …… 만일 너의 아버지나 형제가 신앙보다도 오히려 불신을 자랑으로 여기거든, 그들 누구와도 친하게 지내지 말지어다."(5장 51, 55절; 9장 23절) 마호메트는 이 원칙들을 해석하며 정도껏 중용의 미덕을 발휘했다. "종교에 폭력이 난무하는 일은 절대 없도록 하라. 이슬람교를 기꺼이 받아들이는 자들은 분명 알라신의 인도를 받을 것이고, 설령 등 돌리는 사람들이 있다 하더라도 네가 할 수 있는 일은 그저 설교뿐이니." "불신자들에게는 유예 기간을 주어라. 일정 기간 동안 그들을 온화하게 대해 주도록 하라."(36장

17절) 하지만 아랍의 불신자들이 평화적으로 복종해 오지 않을 때는 지하드(jihad, 알라신의 이름을 건 성전(聖戰))에 나서야 한다고 마호메트는 설교했다. 그리하여 쿠라이시족과 본격적으로 싸움에 돌입하게 되자 이슬람교도들은 조약상의 "신성한 달"이 지나고 나면 적군의 불신자들을 보이는 족족 죽여 버렸다.(9장 5절) "그러나 우상 숭배자들이 너에게 보호를 청하거든, 그때는 그를 거두어 그가 알라신의 말씀을 들을 수 있도록 하라. …… 그들이 죄를 뉘우쳐 신앙이 뿌리내린다면"(이슬람교를 받아들인다면) "그때 그들에게 마음껏 길을 가게 하라."(9장 5~6절) "싸우지 못하는 늙은이는 죽이지 말 것이며, 어린아이들과 여자들도 죽이지 말라."[25] 이슬람교에서는 사지 멀쩡한 남자는 하나도 빠짐없이 반드시 성전에 참가하도록 하고 있다. "아, 신의 뜻을 위해 싸우는 자를 알라신은 사랑하시니라. …… 내 알라신의 이름으로 맹세하노니, 종교를 위해 싸우려고 아침저녁으로 행군하는 것이 이 세상 삶보다(혹은 이 세상 모든 것보다) 훌륭한 일이니라. 또 60년간 집에 있으면서 남들보다 많이 기도드리는 것보다는 싸움에 나가 전열(戰列) 속에 서 있는 것이 낫느니라."[26] 하지만 전쟁 윤리가 이렇다 해서 전쟁을 두루 선동하는 건 절대 아니다. "너를 적대하며 싸움을 걸어오는 자들에겐 알라신의 방식으로 맞붙어 싸워라. 하지만 먼저 적의를 보이지는 말지어다. 먼저 공격하는 자를 알라신께서는 사랑하지 않으시나니." (2장 90절) 마호메트가 당시 메카를 차지하고 있던 쿠라이시족과 싸운 것은 그리스도교 국가들에서 실천하던 전쟁의 법칙을 그대로 받아들인 것이었는데, 후일 우르바누스 2세도 이와 똑같은 논리에 따라 예루살렘을 차지하고 있던 이슬람교도들과 성전을 벌일 것을 촉구한다.

이론과 실제의 괴리는 종교에 반드시 나타나기 마련이나, 이슬람교는 다른 신앙에 비해 그 간격이 좁은 듯하다. 아랍인들이 육욕이 강하다는 사실을 감안하듯 코란은 일부다처제를 받아들이고 있다. 이 대목만 아니었다면 코란의 윤리는 엄격하기가 크롬웰의 청교도 윤리에 못지않았을 것이다. 또 아랍인들은 원한을 가진 자에게 복수와 앙갚음을 하지 않고는 못 배겼는데, 악을 선으로 대하라는 식의 위선을 떨지 않기는 코란도 마찬가지이다. "누군가 너를 공격하거든, 그 방식을 똑같이 본떠 공격을 가하라. …… 억울하게 고통을 당한 자가 자신을 방어하고 나서는 것은 절대 부끄러운 일이 아니니라."(2장 194절, 42장 41절) 코란의 윤리에서는 보이는 박력은 구약 성서의 박력에 버금간다. 다만 그리스도교가 내용상으로는 여성의 온화한 덕을 강조했다면, 이슬람교의 코란은 끝까지 남자의 강건한 덕을 강조하고 있다. 이제까지 인류 역사에서 강한 남자를 만들기 위해 이슬람교만큼 줄기차게 애를 쓴 종교는 없었고, 그 노력도 대체로 성공을 거두었다. "오, 믿음을 가진 자들이여! 견뎌 내라! 그 누구에게도 지지 말고 견뎌 내라!"(3장 200절) 이 말은 후일 니체가 탄생시킨 자라투스투라의 입에서도 똑같이 흘러나온다.

아랍인들이 지극정성으로 떠받들었던 우상, 그들이 베끼고 장식하는 데 살뜰히 정성과 기술을 들였던 책, 이슬람교가 글을 깨쳤던 수단이자 공부의 핵심과 절정에 다다르는 길이었던 책, 코란은 그렇게 1300년의 세월이 흐르는 동안 수많은 손을 거치며 아랍인들의 기억을 가득 메우고, 그들의 상상력을 불러일으키고, 인격의 틀을 형성해 주었으나, 지성에는 아마 찬물을 끼얹었으리라. 코란이 아라비아의 소박한 영혼들에게 전해 준 신앙은 우상 숭배와 성직 제도를 탈피하고, 신비주의와 종교 의례를 최소한으로 줄여 그 어떤 교리보다도 소박했다. 코란의 메시지를 통해 이슬람교도들의 윤리 및 문화 수준은 한층 높아졌고, 사회는 질서와 통일성을 갖추게 되었으며, 미신과 잔혹성은 점차 자취를 감추었다. 또 노예의 처지가 개선되었고, 하류층 사람들은 품위와 자부심을 갖게 되었으며, 이슬람교도 사이에는 술을 멀리하는 분위기가 형성되었는데 백인 세계에서 이토록 술을 절제한 것은 찾아보기 힘든 일이었다. 코란은 삶에 주어지는 고난과 한계를 묵묵히 받아들이도록 힘이 돼 주었을 뿐 아니라, 아랍인들이 무시무시한 기세로 세상을 향해 뻗어 나가는 자극제가 되어 주었다. 코란에 담긴 다음과 같은 종교의 정의는 정통 그리스도교도나 유대교도도 얼마든지 받아들일 만한 것이 아닌가 한다.

말하건대 올바른 삶이란 이런 것이니라. 하느님을 믿고, 최후의 심판을 믿으며, 천사를 믿고, 신성한 경전을 믿으며, 예언자들을 믿는 사람이 있고, 하느님에 대한 사랑이 우러나 자기 재산을 친척과, 고아와, 가난한 사람과, 나그네와, 걸인에게 나누어 주는 사람이 있으며, 자기 돈을 들여 포로를 풀어 주는 사람이 있노니, 또 하느님께 기도를 올리는 사람이 있고 …… 하느님과 계약을 맺은 뒤에는 그 계약을 충실히 이행하는 사람이 있으며, 온갖 고난과 역경이 닥치고 폭력에 시달려도 참고 견디는 사람이 있노니, 이들이야말로 올바로 살아가는 자들이며 이들이야말로 진정 주(主)를 믿는 자로다!(2장, 177절)

5. 코란의 토대

코란의 형식이 만들어질 때 히브리 예언자들이 본이 된 만큼, 코란의 내용에는 유대교의 교리, 설화, 주제를 각색한 내용이 많다. 유대교도를 거침없이 비방하는 코란이야말로 유대교도를 진심으로 추켜세우는 책인 셈이다. 코란에 깔린 기본 사상(일신론, 계시, 약속, 참회, 최후의 심판, 천국과 지옥 등)은 가장 가까운 기원이 주로 유대교에 있는 것으로 보이며, 형식 및 외관까지도 유대교를 닮아 있다. 다만 이 세상에 메시아가 이미 도래했다고 믿는다는 점에서 코란은 유대교와 행보가 뚜렷이 갈린다. 마호메트는 당대 사람들이 자기 계시를 비방한 이야기를 솔직히 전하고 있다. "그것은 마호메트가 사람들을 속이려 날조한 이야기이며, 그 과정에 다른 사람들도 힘을 합쳤다는데, …… 그들이 아침저녁으로 마호메트에게 구술을 해 주었다."(25장 5절; 16장 105절) 마호메트는 도량이 넓게도 히브리 성경과 그리스도교 성경 역시 하늘에서 내린 신성한 계시라고 보았다.(3장 48절) 하느님이 인간에게 내린 계시는 총 104개인데, 그중 당대까지 남아 있던 것은 모세의 모세오경, 다윗의 시편, 예수의 복음서, 마호메트의 코란 넷뿐이었다. 따라서 마호메트가 보기에, 이 중 어느 하나라도 거부하는 자는 신을 믿지 않는 것이었다. 하지만 앞서 나온 세 가지 계시는 이미 썩을 대로 썩어 더 이상 믿을 수 없었고, 그리하여 이제는 코란이 그 역할을 대신하게 되었다.[27] 이 세상에는 아담, 노아, 아브라함, 모세, 에녹, 그리스도 등 신의 계시를 받은 예언자가 여럿 있었지만, 신이 보낸 마지막 예언자이자 가장 위대한 예언자는 마호메트였다. 그는 아담에서 그리스도에 이르는 성경의 줄거리를 모두 받아들이면서도, 군데군데 이야기를 매만져 신의 거룩함을 지켜 내고 있다. 예를 들어 코란에서는 예수가 십자가에서 죽는 것을 하느님이 손 놓고 지켜보지만은 않는다.(4장 157절) 마호메트는 성경과 코란이 이구동성으로 자신의 신성한 사명을 입증한다고 단언하고 있으며, 성경의 갖가지 구절을[28] 이 세상에 태어나 사도의 임무를 수행하게 되는 자신의 이야기로 해석하고 있다.

창조부터 최후의 심판에 이르기까지 마호메트는 유대인의 사상을 활용하고 있다. 코란에 등장하는 알라는 야훼인 셈이다. "알라(Allah)"는 옛날 카아바에서 모셨던 "al-Ilah"의 줄임말로, 갖가지의 셈족 언어에는 이와 비슷한 말이 다양한 형태로 나타나 신성성을 표현했다. 유대인들이 사용한 엘로힘(Elohim)이나, 그리스도가 십자가에 못 박혔을 때 찾은 엘리(Eli)가 그런 경우이다. 알라와 야훼는 둘 다 자비로운 신이었으나, 무섭도록 단호하고 호전적이기도 했다. 또 인간처럼 울화를 터뜨릴 때가 많았고, 자신 이외의 다른 신은 절대 용납하려 하지 않았다. 유대교는 예배에서 셰마 이스라엘(Shema' Yisrael, 유대인들이 매일 아침저녁으로 예배 때 읊는 기도로, 신명기와 민수기의 성경 구절이 두루 포함된다. – 옮긴이)을 사용해 신의 유일함을 강조하는데, 이슬람교 교리의 서두에도 "신은 알라신 오직 한 분"이라는 이야기가 반복되고 있다. "은혜롭고 자비로운" 알라신을 염송하는 코란의 후렴구를 읽다 보면, 똑같은 내용의 탈무드 후렴구가 자연스레 떠오른다.[29] 알라신을 라흐만(Rahman, '자비로운 분'이라는 뜻)이라 부르는 대목에서는 탈무드 시대에 랍비들이 야훼를 라흐마나(Rahmana)라 칭했던 사실이 떠오르고 말이다.[30] 탈무드에는 "거룩하신 분, 그분을 축복하리로다."라는 말이 잘 등장하는데, 이슬람교의 문헌도 이를 뒤따르기라도 하듯 "알

9장 코란 **363**

라신"(혹은 마호메트), "그분을 축복하리로다."라는 구절이 자주 반복된다. 마호메트는 유대인들에게서 성경을 소개받을 때 탈무드의 내용도 군데군데 알게 된 것이 분명하다. 코란을 읽다 보면 탈무드의 미슈나와 게마라가 자연스레 떠오른다.[31] (탈무드는 크게 미슈나(Mishna)와 게마라(Gemara)로 나뉜다. 200년경에 유대교의 구전 규율을 모아 놓은 것이 미슈나, 500년경에 미슈나를 비롯한 탈무드 경전을 해설해 놓은 것이 게마라이다. – 옮긴이) 천사, 부활, 천국에 대한 코란의 가르침도 구약 성경보다는 탈무드를 본으로 삼고 있다. 코란은 4분의 1이 이야기로 구성되어 있는데, 탈무드의 비율법적인 교훈적 이야기(하가다(Haggadah))에서 그 연원을 찾을 수 있다.[32] 코란의 이야기가 성경의 설명과 다르다 싶을 때는 유대교의 하가다 문학을 찾아보면 되는데, 전(前)이슬람기부터 나와 있던 다양한 형태의 변종 이야기들과 내용이 십중팔구 일치한다.[33]

이슬람교의 여러 예식 절차를 만들 때도 마호메트는 미슈나와 할라카(Halakah, 유대인의 구전 율법)를 참고한 것으로 보이며, 심지어 섭생과 위생의 세세한 원칙도 이를 토대로 정했다.[34] 이슬람교에서는 기도 전의 의례로 반드시 몸을 깨끗이 해야 하고, 물을 구할 수 없을 때는 모래로 손을 씻도록 하고 있는데, 랍비의 전통도 이와 똑같다. 마호메트는 유대교의 안식일 제도도 마음에 쏙 들었다. 단, 이를 받아들이되 나름의 차별화를 꾀해 매주 금요일을 이슬람교도의 기도일로 정했다. 코란에는 모세 율법과 비슷한 면도 있었으니, 돼지와 개에게서 나온 피와 고기는 먹지 못하게 한 것이었다. 또 스스로 생명이 다했거나, 다른 동물에게 죽임을 당했거나, 성상에 제물로 바친 동물의 피와 고기는 일절 먹지 못하게 했다.(5장 3절; 6장 146절) 모세는 낙타의 고기도 먹지 못하게 했지만 코란은 이를 허락하고 있다. 사막에서는 낙타 아니면 고기를 구경 못할 때가 더러 있기 때문이었다. 이슬람교도의 단식 방법은 히브리인들을 본으로 삼았다.[35] 당시 유대교도들은 랍비의 명령에 따라 매일 세 번 기도를 드려야 했다. 기도를 드릴 때는 예루살렘 쪽을 바라봐야 했고, 기도가 끝난 후에는 이마가 땅에 닿도록 엎드려 절했다. 마호메트는 이 규칙들도 이슬람교에 맞게 변용시켰다. 이슬람교의 기본적 기도 내용이 들어 있는 코란 제1장은 유대교의 기도 내용과 다를 것이 없다. 유대교도는 서로 만나면 "숄롬 알레이헴(Sholom aleichem)"이라고 나긋나긋 인사를 건네는데, 이슬람교도들도 그와 비슷하게 "당신에게 평화가 함께하기를"이라는 인사를 건넨다. 마지막으로 코란이 그랬듯 탈무드의 천국에는 영혼의 황홀한 기쁨만이 아니라 육체의 솔직한 쾌락도 존재한다.

유대교 및 이슬람교의 이러한 교리 및 수행법은 어쩌면 셈족 공통의 유산이었을 수도 있다. 그 일부는 유대인들이 바빌로니아 또는 페르시아에서 가져온 것이었고(천사, 악마, 사탄, 천국, 지옥, 부활, 최후의 심판 등), 어쩌면 일부는 페르시아에서 이슬람으로 직접 전해졌을 수도 있다. 그 까닭은 조로아스터교의 종말론이 마호메트의 종말론과 비슷하기 때문이다. 거기서도 사람들은 위험천만한 다리를 건너 아마득한 지옥의 아가리 위를 지나가야 했다. 악한 자는 지옥으로 떨어지고, 선한 자는 천국에 들어가 갖가지 진미를 맛보는데, 영원히 향기롭고 아름다운 천국의 미녀와 사귈 수 있는 것이 가장 큰 낙이다. 마호메트가 유대교의 신학, 윤리학, 의례 그리고 페르시아의 종말론을 가져와 거기다 아랍의 악마론, 순례 의식, 카아바의 종교 의식을 더해 만들어 낸 것이 이슬람교인 셈이다.

하지만 그리스도교에 진 빚은 대수롭지 않은 편이었다. 우리가 코란을 판단 근거로 삼아도 된다면, 그리스도교에 대한 마호메트의 지식은 매우 빈약한 수준이었다. 그가 아는 성경 내용은 다른 이들에게 전해 들은 것이었으며, 페르시아의 네스토리우스파 신학을 정통이라고 알고 있었다. 물론, 최후의 심판이 닥칠 것이니 무서운 줄 알면 참회를 하라고 열심히 설교하는 데서는 그리스도교의 색채가 희미하게 묻어나고 있다. 하지만 예수의 어머니 마리아(히브리어로 미리암(Miriam)이다.)와 모세의 누이 미리암을 혼동했으며, (그리스도교 세계가 마리아를 더욱 숭배하는 것을 보고는 그것을 오해하여) 마리아는 그리스도교도의 여신으로서 성부 및 그리스도와 함께 삼위일체를 이룬다고 여겼다.(5장 116절)

또 예수와 동정녀 탄생에 대한 외전(外典)의 몇 가지 전설도 마호메트는 사실로 받아들이고 있다.(3장 47절; 21장 91절) 그는 예수가 행한 기적을 겸허히 인정하면서도, 자신에게 그런 능력이 있다고는 주장하지 않았다.(3장 48절; 5장 110절) 예수 가현설(假現說)을 신봉하는 듯한 대목도 있는데, 그에 따르면 십자가에 못 박힌 그리스도는 사실 하느님이 가져다 놓은 허깨비이며, 진짜 그리스도는 성한 몸 그대로 하늘로 올라갔다는 것이다. 하지만 마호메트는 예수를 하느님의 아들로 만드는 것만은 주저했다. "하느님께 아들이 있다는 것은 이 세상을 초월한 최고 알라신과는 거리가 먼 이야기이노니."(4장 171절) 그는 "성경을 만든 사람들"에게 이렇게 한다. "우리는 하나로 뜻을 모아야 할 것이니, 그러면 다 같이 알라신 오직 한 분만 모시게 되리라."(3장 64절)

그러나 무엇보다 눈에 띄는 점은 마호메트 자신은 그리스도교도에게 호의적이었다는 사실이다.(물론 그들과 친분을 쌓는 것에는 반대했다.) "이 세상의 그리스도교도와는 화목하게 지내야 하느니라."(31장 15절) 심지어 그는 유대교도와 언쟁을 벌이고 나서도 "신성한 책을 지은 사람들"에게는(즉 유대교도와 그리스도교도) 아량을 베풀 것을 권했다.* 마호메트의 신앙도 광적이기가 여느 신앙 못지않았지만, 시야만큼은 가슴이 시원할 정도로 탁 트여 있었다. 이슬람교도 외의 다른 사람들도 얼마든지 구원을 받을 수 있다고 보고(5장 73절), 이슬람교도에게는 율법(구약 성경), 복음서, 코란을 다 같이 "하느님의 말씀"으로 숭상하라고 명했다. 그러면서도 유대교도는 유대교의 율법에, 그리스도교도는 복음에 순종해야 하는 법이라고 하였다.(5장 72절) 다만 코란을 하느님의 마지막 선언으로 여겨 받아들여 주기를 바랐다. 코란 이전의 계시들은 이미 부패한 데다 악용되고 있으므로, 새로운 계시로 그것들을 통일하고 정화하고, 나아가 결집력과 활력이 있는 신앙을 인류 모두에게 제시해야 한다는 것이었다.

신앙의 시대를 만들고 또 거의 주름잡은 것이 있다면 그것은 성경, 탈무드,

---

* 나중에는 페르시아인들까지 신성한 경전을 지은 사람들로 대우를 받았는데, 이들에게는 아베스타라는 경전이 있었기 때문이다.

코란, 이 세 권의 책이었으니, 로마 제국이 야만으로 되돌아간 마당에 사회와 영혼의 질서를 회복할 길은 이제 초자연적 윤리밖에 없다고 말하는 듯했다. 세 권의 책은 하나같이 셈족의 언어로 씌어져 있고, 유대교의 영향을 압도적으로 받고 있다. 바야흐로 이 신성한 경전들을 둘러싸고 영혼의 경쟁과 피비린내 나는 교리 다툼이 벌어지고, 바로 여기서부터 중세 역사의 드라마가 펼쳐진다.

THE AGE OF FAITH

10장 이슬람의 검
632~1058

1. 마호메트의 후계자들: 632~660년

 마호메트는 생전에 자신의 권력을 누가 물려받을지 정해 두지 않았다. 단, 메디나의 모스크에서 예배를 드릴 때는 아부 바크르(573~624년)의 지휘를 받도록 했다. 약간의 실랑이와 경쟁이 있었지만 결국 이슬람교 지도층은 마호메트가 아부 바크르를 특별히 신임했다고 보고, 그를 이슬람교의 초대 칼리프로 선출했다. 사실 "칼리파(Khalifa, '대표자'라는 뜻)"라는 말은 애초에는 직함이 아니라 호칭이었고, 이 자리에는 "아미르 알 무미닌(amir al-muminin, '신도들의 우두머리'라는 뜻)"이라는 공식 직함이 따로 있었다. 아부 바크르가 칼리프로 선출되자 마호메트의 사촌이자 사위였던 알리는 낙심한 나머지 6개월 동안 신앙을 저버렸다. 알리와 마호메트의 백부였던 압바스도 원통하기는 마찬가지였다. 초대 칼리프 선출에 대한 불만은 실로 대단해서, 이때 일어난 전투만 열 차례가 넘었고, 압바스 왕조까지 창건되었으며, 이슬람 세계는 이때의 분파 갈등으로 오늘날까지도 옥신각신하며 싸우고 있다.

이제 아부 바크르의 나이는 쉰아홉이었다. 그는 마른 체구에 키가 작았으나 힘은 셌으며, 머리숱은 성글었고 하얀 수염은 붉게 물들였다. 소박하고 검소했으며, 온화하면서도 단호했다. 그는 행정 및 재판과 관련된 일을 세세한 잡무까지 몸소 돌보았으며, 반드시 일이 제대로 처리되고 나야 쉬었다. 처음에는 봉급도 받지 않고 일했으나 나중에는 백성들의 강요를 못 이기고 내핍한 생활을 그만두었다. 그러나 결국 유서에서 자신이 받았던 봉급을 새로 세워진 나라에 모조리 환급했다. 아부 바크르의 이 겸손한 태도가 아라비아의 부족들에게는 의지가 약한 것으로 잘못 비친 모양이었다. 겉으로만 마지못해 이슬람교에 귀의했던 아라비아의 부족들은 이제 이 신앙을 무시하고 있었고, 마호메트가 생전에 부과했던 십일조도 내지 않았다. 아부 바크르가 헌금을 요구하자 급기야는 군대를 이끌고 메디나로 쳐들어왔다. 하지만 칼리프는 하룻밤 사이에 뚝딱 병력을 모아서는 동이 트기도 전에 그들을 이끌고 가 반란군을 완파해 버렸다.(632년) 그리고는 아랍 장군 중에서도 가장 출중하고 무자비했던 칼리드 이븐 알 왈리드를 보내 소란스러운 반도를 다시 평정하여 믿음과 참회와 십일조에 충실하도록 했다.

다른 여건들도 많았지만 이러한 내부 분쟁도 아랍인들이 서아시아를 정복하는 데 한몫했을 수 있다. 이슬람교 지도층은 아부 바크르가 칼리프 자리에 오를 때만 해도 아랍인의 기상이 그토록 멀리까지 뻗어 나가리라고는 추호도 생각지 않았던 듯하다. 그저 시리아에서 그리스도교와 비잔티움 제국을 거부하던 아라비아 부족 일부가 황제의 군대와 대치를 하다 도움을 요청해 온 것에 응한 것뿐이었다. 아부 바크르는 이들에게 지원군을 보내 주고, 아라비아 반도 전역에 반(反)비잔티움 정서를 불러일으켰다. 나라 밖에 일이 터지면 나라 안의 결속이 강해지는 원리를 이용한 것이었다. 전투는 일정 기간 내에 끝날 것으로 보였고, 굶주림에 지치고 전투에는 이골이 난 베두인족은 기다렸다는 듯 군대로 모여들었다. 하지만 사막의 이 회의주의자들은 어느덧 자신들도 모르는 사이에 이슬람교를 위해서라면 얼마든지 목숨까지도 내어놓게 된다.

아랍인들의 세력 확장을 일으킨 원인은 여러 가지였다. 우선 갖가지 경제적 원인들이 있었다. 마호메트가 등장하기 이전 세기에 이미 체계적 통치가 무너지면서 아라비아의 관개 시설은 낙후를 면치 못했다.[1] 그러자 토지의 생산력이 떨어져 인구 증가에 위협이 되었고, 결국 경작지가 말라 버리면서 이슬람 군단이 움직이게 된 것일 수 있다.[2] 정치적 원인들도 작용했다. 비잔티움 제국과 페르시아는 전쟁 통에 피차 황폐해질 대로 황폐해져 같이 쇠망의 길로 접어들고 있었다. 속주의 행정과 치안에는 손도 못 쓰면서 세금만 올렸던 것이다. 인종적 유대감도 한몫을 했다. 시리아와 메소포타미아에 퍼져 있던 아랍인 부족들은 아랍인 침략자들의 통치, 나아가 그들의 신앙을 받아들이는 것을 전혀 어렵게 여기지 않았다. 종교적 상황 역시 고려의 대상이었다. 비잔티움 제국이 단성론파, 네스토리우스파 등의 분파를 억압하면서 시리아 및 이집트에 있던 상당수의 비주류 세력이 소외당했는데, 그런 세력은 심지어 황실 근위대에도 있었다. 정복이 진행될수록 종교의 역할은 막중해졌다. 이슬람교 지도자들은 마호메트의 열렬한 사도들이라, 전장에서 싸우는 시간보다 기도를 드리는 시간이 훨씬 더 많았다. 그 광신에 힘입어 그 뒤를 따르는 병사들도 성전에 목숨을 바치면 그 공덕이 "열려라, 참깨!"처럼 천국의 문을 열어 준다고 믿게 되었다. 군대의 사기도 관련이 있었다. 싸움에는 언제나 기다렸다는 듯 나서는 것이 아랍인들의 관습이자 이슬람교의 가르침이었던데 반해, 근동 지방에서는 그리스도교 윤리와 수도원의 영향으로 전투 의욕이 줄어 있었다. 기강이 더 엄격하게 잡힌 곳도, 지휘가 더 일사불란했던 곳도 아랍인 군대 쪽이었다. 아랍인들은 고생이라면 이미 익숙했고, 전쟁에 나가면 전리품이라는 보상이 따랐다. 전투에 나서서도 쫄쫄 굶은 채로 싸울 수 있었고, 사실 이겨야만 밥을 먹을 수 있었다. 그렇다고 이들이 야만적이었던 건 아니다. 아부 바크르도 "올바로 행동하라."고 선언한 바 있었다. "의기를 보여라. 적에게 항복할지언정 차라리 죽음을 택하라.

그리고 자비심을 가져라. 노인이나, 여자나, 어린아이들은 절대 죽여서는 안 된다. 과수, 곡식, 가축에도 손대지 말라. 아무리 적을 대한다 해도 너희들 입으로 한 약속은 반드시 지켜야 한다. 종교에 뜻이 있어 속세를 떠나 홀로 지내는 사람은 귀찮게 하지 말라. 하지만 이들을 뺀 나머지 사람들을 만났을 땐 반드시 이슬람교도가 되든지, 공물을 바치든지 둘 중 하나를 택하도록 하라. 그중 어느 것도 받아들이지 않을 때는 죽이도록 하라."[3] 다시 말해 적들은 이슬람교를 받아들이든지, 칼에 베이든지 둘 중 하나를 선택하는 것이 아니었다. 이슬람교를 받아들이든지, 공물을 바치든지, 칼에 베이든지 셋 중 하나였다. 마지막으로 아랍인들의 침략에는 군사적인 원인이 있었다. 아랍인들이 승승장구하자 군대에는 배가 고프거나 포부가 넘치는 지원병들이 넘쳐 났다. 이들을 위해서라도 새로이 정복할 땅이 있지 않으면 안 되었고, 최소한 음식과 봉급만이라도 마련해 주어야 했다. 덕분에 아랍군은 진격을 시작하자 저절로 탄력이 붙었다. 한번 이기기 시작하자 억지로라도 다시 이길 수밖에 없던 아랍 정복자들은(이들은 로마인보다도 기동성이 뛰어났고, 몽골인보다도 지속성이 좋았다.) 결국 군(軍) 역사상 가장 놀라운 위업을 이루게 된다.

633년 초, 아라비아 반도를 평정한 칼리드 장군에게 한 가지 청이 들어왔다. 국경 지대의 유목 부족이 함께 국경을 넘어 이라크에 있는 인접 세력을 치자고 한 것이다. 칼리드와 그의 병사 500명은 무료함(또는 평화)에 진력나 있던 차에 청을 받아들였고, 2500명의 부족민들과 힘을 합쳐 페르시아 땅으로 쳐들어갔다. 아랍 군대가 이 원정을 감행할 당시 아부 바크르가 동의했는지는 알 수 없다. 다만 그는 원정의 결과를 철학적 차원에서 받아들였던 듯하다. 히라를 함락시킨 칼리드는 전리품을 두둑이 챙겨 칼리프에게 보냈고, 이를 본 칼리프 입에서 그 유명한 말이 흘러나왔다. "이제 자궁은 기력이 다한 게 틀림없다. 그 어떤 여자가 칼리드 같은 인물을 또 낳을 수 있겠는가!"[4] 이제 이 승자들에게 있어 여자는 주된 생각거리일 뿐 아니라 주요 전리품이기도 했다. 에메사를 포위했을 때 아랍의 한 젊은 지휘관이 시리아 여인들의 아름다움을 설파하여 병사들의 전투욕을 불태운 것도 이 때문이었다. 히라가 함락되었을 때 칼리드는 마호메트에게서 한 여인, 즉 케르마트를 약속받았다고 당당히 나서는 자만이 그녀를 차지할 수 있다는 조건을 내걸었다. 케르마트의 가족들은 서글퍼했지만, 정작 그녀는 이 일을 대수롭지 않게 여겼다. "그 바보가 나를 본 건 내가 한창 젊을 때였어요. 그땐 몰랐겠죠. 젊음이 영원하지는 않다는 걸." 아니나 다를까 케르마트를 차지하겠다고 나왔던 병사도 그녀를 보더니 젊음은 한때라며 금만 조금 받고는 그녀를 풀어 주었다.[5]

칼리드가 히라에서의 승리를 채 만끽하기도 전에 칼리프로부터 전갈이 날아들었다. 아랍 군대가 다마스쿠스 근방에서 비잔티움 제국의 어마어마한 대군에게 위협을 받고 있으니 그들을 구하라는 것이었다. 히라에서 다마스쿠스로 가려면 물 한 방울 나지 않는 사막을 꼬박 5일간 행군해야 했다. 칼리드는 여기저기서 낙타를 끌어모아 잔뜩 물을 먹였다. 그리고 행군길에 오른 병사들은 목이 마를 때면 낙타 배를 갈랐고, 말들에게는 낙타 젖을 먹였다. 그렇게 기진맥진한 채로 아랍 주 병력의 진지에 다다랐으니, 다마스쿠스에서 남서쪽으로 60마일 떨어진 야르무크 강이었다. 이슬람 역사가들이 전하는 바에 따르면 바로 여기서 4만(2만 5000?)의 아랍 군대가 24만(5만?)의 적을 상대로 완승을 거두었는데(634년), 아랍인들이 이런 완승을 거둔 적은 역사에 이루 헤아릴 수 없이 많다. 비잔티움 제국의 황제 헤라클리우스는 시리아 전역을 걸고 싸움을 벌였던 바, 이때부터 시리아는 이슬람 제국이 세를 넓히는 근거지가 된다.

한편 칼리드가 병사들을 이끌어 한창 승리를 일구어 내고 있는데 본국에서 급한 소식이 전해졌다. 아부 바크르가 세상을 떠났으며(634년), 새로 칼리프가 된 우마르는 칼리드의 지휘권을 아부 오베이다에게 넘겨주길 바란다는 내용이었다. 칼리드는 이 전갈 내용을 내내 숨기고 있다가 전투에서 이기고 나자 비로소 소식을 전했다. 우마르(본명, 우마르 아부 하프사 이븐 알 카타브, 582~644년)는 아부 바크르를 물심양면 도왔던 인물로, 세평이 워낙 좋아 아부 바크르가 죽어 가면서 그를 후임으로 지명했을 때 아무도 반대하고 나서지 않았다. 하지만 우마르는 친구와는 정반대되는 점이 많았다. 커다란 키에 어깨가 떡 벌어졌고 성격도 열정적이었다. 둘 사이에 닮은 점이라곤 검소하고 소박하다는 것, 머리가 벗어졌다는 것, 수염을 염색했다는 것뿐이었다. 오랜 세월 막중한 책임을 맡아 온 데 힘입어 그는 열정적 기질에 냉철한 판단력을 겸비한, 세상에 보기 드문 인물로 성숙해 있었다. 한번은 무고한 베두인족을 두들겨 팼는데, 그게 실수인 걸 알자 당사자를 찾아가 맞은 만큼 때려 달라고 간곡히 부탁하기도 했다.(물론 하나마나한 일이었다.) 그는 칼 같은 원칙주의자여서 이슬람교도 하나하나가 완벽하게 덕을 실천할 것을 요구했다. 몸에 채찍을 지니고 다니다 코란의 법도에 어긋나는 이슬람교도가 있으면 그것으로 후려칠 정도였다.[6] 전승에 따르면, 그의 아들이 술을 못 끊자 그를 벌주다 죽게까지 만들었다고 한다.[7] 또 이슬람교 역사가들 말을 빌리면, 옷도 윗도리 하나와 망토 하나만 가진 채 그것을 기우고 또 기워 입었다고 한다. 잠은 야자수 잎으로 만든 침대에서 잤는데, 침대라야 걸인의 누더기보다 나을 것이 없었다. 우마르의 관심사는 오직 하나, 글과 무기를 써서 이슬람 신앙을 널리 전파하는 것뿐이었다. 한번은 페르시아 총독이 속국의 예를 갖추려고 우마르를 찾았으나, 이 동방의 정복자는 메디나 모스크의 계단 위에서 걸인들 틈에 끼어 꾸벅꾸벅 졸고 있었다.[8] 이 이야기들이 과연 신빙성 있는 것인지는 확신할 수 없다.

우마르가 칼리드의 지휘권을 박탈한 까닭은 칼리드가 "신의 검"이라 불리면서도 잔혹한 짓을 자꾸만 되풀이해 그의 용감한 기개가 빛을 잃고 있었기 때문이었다. 무적의 장군 칼리드는 강등을 순순히 받아들였고, 그 모습은 싸움터에서 보인 기개보다 더 멋졌다. 즉 아부 오베이다의 처분에 무조건적으로 따르기로 한 것이었는데, 지혜를 갖춘 아부 오베이다라면 전략을 짤 때는 칼리드의 조언을 따라 주고 승리했을 때는 그가 흉포하게 날뛰지 않도록 막아 줄 것이었다. 아랍인들은 말 타는 솜씨가 누구보다 뛰어났다. 따라서 페르시아 및 비잔티움 제국 군대와 붙어 보니 보병은 물론 기병들까지 상대가 안 될 정도였다. 그들이 괴상망측한 전쟁 구호를 외치며 혼을 쏙 빼놓는 책략으로 날렵하게 움직이면 중세 초기의 무기들은 그 어떤 것도 상대가 안 되었다. 게다가 아랍인들은 땅을 고르고 골라 반드시 말 위에서 전술을 구사하기 좋은 평평한 땅에서만 싸움을 벌였다. 그리하여 635년에는 다마스쿠스, 636년에는 안티오크, 638년에는 예루살렘이 이슬람교도의 수중에 들어갔고, 640년에 이르자 시리아 전역이 이슬람교도의 수중에 떨어졌다. 그리고 641년이 되자 페르시아와 이집트 땅까지 이슬람교도에게 정복당하기에 이르렀다. 예루살렘의 총대주교 소프로니우스는 예루살렘을 아랍인들에게 넘겨줄 테니, 칼리프가 몸소 와서 항복 조약을 승인해 달라고 했다. 우마르는 그 뜻을 받아들여 메디나를 떠나 여행길에 올랐는데 행장(行裝)이 이루 말할 수 없이 소박했다. 그가 챙긴 것이라곤 곡식 한 섬, 대추야자 한 자루, 물 호리병 하나, 나무 접시가 전부였다. 우마르가 도착하자 칼리드, 아부 오베이다 등 아랍군의 지휘관들이 나와 그를 맞아 주었다. 우마르는 몸과 말[馬]을 화려한 옷과 장신구로 치장한 그들을 보고 심기가 뒤틀렸고, 결국 땅에서 자갈을 한 움큼 집어 던지며 이렇게 소리쳤다. "썩 물러나거라! 나를 마중 나오는 것들이 어찌 그렇게 잔뜩 치장을 한단 말이냐?" 하지만 소프로니우스를 맞아서는 친절과 예의를 갖추었고, 공물도 바치기 쉬운 것으로 정해 주었다. 나아가 그리스도교도들과 교회에는 손을 대지 않을 것이라고 안심시켜 주었다. 그리스도교 역사가들 말에 따르면, 당시 우마르는 총대주교와 함께 예루살렘을 한 바퀴 둘러보았다고 한다. 그러고는 예루살렘에 열흘 동안 머물면서 모스크를 지을 부지를 골라 두었는데, 이곳에 우마르의 이름이 붙어 널리 유명해졌다. 그러자 예루살렘이 이슬람교의 성채가 되는 것이 아니냐며 메디나 시민들은 전전긍긍했고, 이 사실을 안 우마르는 다시 여행길에 올라 자신의 소박한 수도로 돌아갔다.

 시리아와 페르시아를 확실히 손에 넣게 되자 아라비아에서는 이주의 물결이 일더니 북쪽과 동쪽을 향하기 시작했다. 게르만족이 로마 속주들을 정복했을 때 그곳으로 이주민들이 속속 들어가던 것과 비슷한 양상이었다. 이 대열에 여자들도 동참은 했지만, 아랍인의 정열을 채우기엔 그 숫자가 모자랐다. 그래서 정복자들은 그리스도교도와 유대교도를 첩으로 열심히 데려다 규방을 메웠고, 이들과의 사이에 난 자식도 적출로 인정해 주었다. 그렇게 몸으로 뛰고 머리를 쓴 결과, 644년에 이르자 시리아와 페르시아의 아랍인 인구는 50만에 달했다. 한편 정복지에서는 우마르의 명에 따라 땅을 사거나 개간할 수가 없었다. 아라비아 밖에서도 이들이 계속 군인으로 남았으면 하는 것이 우마르의 바람이었기 때문이다. 나랏돈이 많이 드는 한이 있어도 그들이 군인 본연의 모습을 기필코 지켜 가기를 우마르는 바랐다. 하지만 우마르가 죽고 나자 이 금지령은 지켜지지 않았고, 사실 우마르의 생전에도 그의 후한 성품 때문에 이 명령은 무용지물이나 다름없었다. 전쟁에서 승리해 전리품이 생기면 우마르는 80퍼센트는 군대에 주고, 나머지 20퍼센트는 나라에 주었다. 아라비아의 부가 이렇게 급속히 늘어나자 대다수의 인재가 몰려 있던 소수 주류 세력들이 재화를 대부분 싹쓸이해 갔다. 그렇게 모은 재물로 메카와 메디나에는 쿠라이시족 귀족의 호화로운 대저택이 지어졌다. 곳곳의 도시에는 주베이르의 대저택이 지어졌고, 그의 재산은 말만 1000필에다 노예는 1만 명이었다. 아브드 에르 라흐만은 낙타 1000마리, 양 1만 마리, 재산 40만 디나르(191만 2000달러)에 이르렀다. 사치에 빠진 백성들의 망조를 우마르는 비통한 심정으로 지켜보아야 했다.

　우마르가 페르시아 노예에게 얻어맞고 목숨을 잃은 것은 모스크에서 기도를 드리던 중의 일이었다.(644년) 자신이 점찍었던 아브드 에르 라흐만이 후계자 자리를 고사하자, 죽어 가던 칼리프는 여섯 사람을 지목한 후 그들에게 후계자를 뽑도록 했다. 이들이 고른 건 그 여섯 중 힘이 가장 약한 사람이었다. 그가 자기들 뜻대로 움직여 주기를 바라고 뽑은 것이 아니었을까. 그렇게 하여 칼리프가 된 오스만 이븐 아판은 나이가 지긋하고 호의를 베풀 줄 아는 사람이었다. 그는 메디나에 있던 모스크를 다시 짓고 아름답게 꾸몄을 뿐 아니라, 아라비아의 장군들에게도 지원을 아끼지 않았다. 이제 이슬람 군대는 헤라트와 카불, 발흐와 티플리스, 그리고 소아시아를 지나 흑해에까지 세를 넓혀 가고 있었다. 하지만 하필이면 오스만은 귀족층이던 우마이야 씨족 출신이었고 씨족의 뜻에도 충실히 따랐다. 우마이야족은 이슬람 초기 시절 마호메트에게 가장 거만하게 맞섰던 사람들이었다. 그런 우마이야족이 늙은 칼리프와의 연줄을 이용해 콩고물이라도 얻어먹으려고 벌 떼같이 메디나로 몰려들었다. 오스만은 친지들의 간청을 거절할 성격이 못 되었고, 얼마 안 가 돈벌이 되는 관직 여남은 개가 이들의 손, 금욕하며 소박하게 살던 독실한 이슬람교도들을 비아냥거렸던 자들의 손에 쥐어졌다. 승리를 거두자 마음이 풀어졌는지 당시 이슬람교는 여러 파로 살벌하게 갈려 있었다. 우선 메카의 망명파 대 메디나의 조력자파가 대척을 이루었고, 통치 중심지(메카와 메디나) 대 신흥 이슬람 도시(다마스쿠스, 쿠파, 바스라), 쿠라이시 귀족층 대 베두인족 서민, 알리가 이끌던 하심 가(마호메트의 출신 부족) 대 무아위야(당시엔 시리아의 행정관이 되어 있었지만 마호메트의 숙적이었던 아부 수피안의 아들)가 이끌던 우마이야 가가 서로 대립하고 있었다. 그러다 654년, 이슬람교로 개종한 한 유대교도가 바스라에 나타나더니 혁명적 교리를 설법하고 다니기 시작했다. 내용인즉슨 마호메트는 되살아날 것이고, 마호메트의 적통 계승자는 알리뿐이며, 오스만은 칼리프를 참칭한 자이고, 오스만의 임명을 받은 자들은 신을 안 믿는 폭군들이란 것이었다. 바스라에서 쫓겨나자 이 반란자는 쿠파로 갔고, 쿠파에서마저 쫓겨나자 이집트로 도망쳤다. 이집트에 갔더니 그의 말에 열심히 귀 기울여 주는 자들이 있었다. 500명의 이집트 출신 이슬람교도들은 순례자 자격으로 메디나로 가서 오스만의 퇴임을 요구했다. 요구가 거절당하자 이들은 오스만을 거처하던 궁전에 가두어 버렸다. 그러고는 기어이 그의 방으로 떼 지어 몰려가서는 앉아서 코란을 읽고 있던 오스만을 죽여 버렸다.(656년)

지도층 인사들이 메디나에서 도망치자, 하심파 사람들은 마침내 알리를 칼리프 자리에 올렸다. 젊은 시절의 알리는 겸허한 신심과 불타는 충성심을 지닌 모범적인 인물이었다. 이제 쉰다섯이 된 그는 대머리에 투실투실 살이 찌고, 사근사근 인정이 많았으며, 생각도 조심성도 많은 사람이 되어 있었다. 칼리프가 되고서도 그는 몸을 사렸으니, 그를 둘러싼 정국에서는 이미 종교와 신심이 사라진 채 정치와 음모만이 들끓고 있었기 때문이었다. 오스만의 암살자들을 처벌하라는 요구가 있었을 때도 그는 차일피일 조치를 미루었고 범인들은 그 틈을 타 도망가 버렸다. 칼리프는 오스만의 임명을 받았던 자들에게 관직을 다시 내놓으라고 했다. 하지만 대부분이 거절을 했고, 무아위야는 자리에서 물러나기는커녕 다마스쿠스에 가서 덕지덕지 피 묻은 오스만의 옷과 그를 지키려다 잘려 나간 오스만의 아내의 손가락을 사람들에게 보여 주었다. 쿠라이시족은 우마이야 가가 득세하던 터라 무아위야를 편들고 나섰다. 예언자의 "동반자" 주베이르와 탈하도 반란을 일으켜 알리에게 반기를 들었고, 칼리프 자리에 오를 권리는 자기들에게도 있다고 주장했다. 마호메트의 미망인으로서 자못 당당하던 아이샤도 메디나를 떠나 메카의 반란에 합류했다. 바스라의 이슬람교도들까지 자신들이 반란군 편임을 선언하고 나서자 알리는 쿠파를 찾아가 그곳의 백전노장들에게 처지를 호소하지 않을 수 없었다. 자기편이 되어 준다면 나중에 쿠파를 수도로 삼겠다고 약속했다. 이들이 메디나로 오자 이라크 남부의 코라이바에서 두 군대가 맞붙으면서 이른바 낙타 전쟁이 벌어졌다.(이런 이름이 붙은 까닭은 아이샤가 낙타 안장에 앉은 채 군대에 명령을 내렸기 때문이다.) 주베이르와 탈하는 싸움에서 패배하고 목숨을 잃었다. 사람들은 아이샤를 모든 예우를 갖추어 호위해서 메디나의 고향에 데려다 주었다. 그리고 약속대로 알리는 고대 바빌로니아 근처의 쿠파로 통치 기관을 이전했다.

그럼에도 무아위야는 다마스쿠스에서 또 한 번 반란 세력을 규합했다. 그는 세상 현실에 훤한 사람이었고, 마호메트의 계시도 속으로는 거의 믿지 않았다. 그가 보기에는 치안관들 없이도 싼값에 나라의 질서를 유지시켜 주는 것이 종교였다. 그런데 몇몇 지체 높은 이들이 그런 종교를 빌미로 자신의 세상 사는 즐거움을 방해하려 하고 있었고, 무아위야는 그걸 가만두고 볼 수는 없었다. 쿠라이시 귀족이 옛날 마호메트에게 빼앗겼던 권력과 통치권을 되찾아오는 것, 그것이 무아위야가 알리를 상대로 전쟁을 벌이는 이유였다. 알리가 다시 군대를 모아 무아위야의 군대와 맞붙은 것은 유프라테스 강의 시핀에서였다.(657년) 전세는 알리에게 유리한 상황, 그때 무아위야의 장군 아므르 이븐 알 아스가 병사들의 창끝에 코란을 매달아 들어 올리더니 "알라신의 말씀에"(신성한 경전에 나와 있는 원칙대로 하자는 뜻이었던 듯하다.) 중재를 맡기자고 요청해 왔다. 알리는 자신의 병사들까지 중재를 요청하고 나서자 그 뜻에 따르기로 했다. 양측은 중재자를 선출한 후 6개월의 말미를 주어 이 문제를 결정짓도록 하고 그 사이 군대는 본거지로 돌아갔다.

알리의 병사 중에는 그에게 등을 돌린 자들이 생겨나, 자기들끼리 따로 부대 및 분파를 구성하고 "카리지(Khariji, 이탈자)"라 하였다. 이들 주장에 따르면 칼리프는 민중이 선출하고 또 민중이 퇴출시킬 수 있어야 했다. 개중에는 종교적인 무정부주의자도 있어서 알라신 외에는 그 누구의 통치도 인정하지 않았다.[9] 이슬람교의 새로운 통치 계층이 속세에 찌들고 사치를 일삼는다는 것을 이들은 다 같이 입을 모아 비난했다. 알리는 그들을 설득해 다시 자기편으로 만들려 했지만 허사였다. 카리지파의 신심은 광신의 양상을 띠더니 급기야는 무질서하고 폭력적인 행동을 낳았다. 그러자 알리가 마침내 이들과의 전쟁을 선포하고 나서서 억압을 가했다. 그러는 동안 중재 위원회는 결론에 도달해, 알리와 무아위야 양측 모두 칼리프 자리에 대한 권리를 철회하라고 했다. 알리는 칼리프 자리에서 물러난다고 대표자를 통해 발표했다. 하지만 무아위야 측에서는 아므르가 나서더니 비슷한 발표를 하기는커녕 그를 칼리프로 선언해 버렸다. 이 혼란스러운 와중에 카리지파는 쿠파 근처에서 우연찮게 알리를 만났고 이참에 그의 머리에다 독이 묻은 칼을 찔러 넣었다.(661년) 그 후 알리가 죽은 이곳은 시아파의 성지가 되었다. 시아파는 알리를 왈리(알라의 대리자)라 하여 신성한 존재로 떠받들었고, 그의 묘지는 메카만큼이나 성스러운 순례지로 만들었다.

이라크에서 이슬람교도들이 알리의 계승자로 알리의 아들 하산을 선택하자 무아위야는 병사들을 이끌고 쿠파로 진격해 갔다. 그런 무아위야에게 하산은 항복했고, 그에게서 위로금을 받아 메카에 은신했다. 거기서 수십 번 결혼을 한 후 마흔다섯의 나이에 세상을 떠났는데(669년), 칼리프 혹은 아내가 투기를 못 이겨 독살을 한 것이었다. 이제는 전 이슬람 세계가 무아위야에게 마지못해 충성을 바쳐 왔다. 하지만 스스로의 신변 안전의 문제도 있고, 이슬람교 주민들이나 권력의 중심과 이제 메디나는 너무 떨어져 있었다. 그리하여 무아위야는 다마스쿠스를 수도로 삼는다. 마호메트와의 일전은 결국 아부 수피안의 아들 대까지 와서야 쿠라이시 귀족의 승리로 마감된 셈이었다. 그 후 후계자들의 신정(神政) "공화제"는 사라지고 세습 군주제가 자리 잡았다. 서아시아에서도 페르시아와 비잔티움 제국의 지배가 끝나고 셈족의 통치가 시작되었으며, 아시아에서 천 년이나 지속되던 유럽의 지배도 셈족의 통치로 막을 내렸다. 근동, 이집트, 북아프리카에는 셈족이 세운 통치 기틀이 이후 13세기 동안이나 그 본질을 유지하게 된다.

2. 우마이야 가의 통치: 661~750년

이참에 무아위야란 인물을 속속들이 살펴보기로 하자. 무아위야는 우마르가 그를 시리아의 통치자로 임명했을 때 처음 권력을 손에 쥐었다. 그 다음엔 오스만이 살해당했을 때 추모 세력의 선두에 서면서 권력을 손에 쥐었고, 나중에는 음모를 꾸며 권력을 잡았는데 그것이 얼마나 교묘했던지 무력을 쓸 필요가 거의 없을 정도였다. "나는 채찍만 써도 되는 일에는 칼을 들지 않으며, 혀만 놀려도 되는 일에는 채찍도 쓰지 않는다. 어떤 친구와 머리카락 한 올만큼이라도 얽혀 있을 때 나는 절대 그 줄을 끊지 않는다. 그들이 줄을 당긴다 싶으면 나는 풀고, 그들이 푼다 싶으면 내가 당긴다."[10] 새로 열리는 왕조는 대개 핏빛 살육전을 부르는 법인데, 무아위야는 권좌에 올라 왕조를 연 사람 치고는 피를 덜 흘린 편이었다.

다른 참칭자들이 그랬듯 무아위야도 화려한 장식과 의례를 울타리처럼 둘러쳐야 권좌를 지켜 낼 수 있다고 여겼다. 그래서 본보기로 삼은 것이 비잔티움 제국 황제들이었는데 이들의 애초 본보기는 페르시아의 왕 중의 왕이었다. 키로스(페르시아 제국을 세운 왕-옮긴이) 왕 때부터 오늘날에 이르도록 왕정(王政)이 끈질기게 살아남은 걸 보면 못 배운 백성들을 통치하고 착취하는 데는 왕정이 참 요긴한 모양이다. 무아위야는 자신이 나라를 제대로 다스리고 있다고 여겼다. 그의 치세 들어 아라비아가 번영을 누리는데다, 부족 간의 분란도 가라앉았고, 옥수스 강부터 나일 강까지의 아랍인들이 하나로 힘을 뭉치고 있었기 때문이다. 그의 생각에 칼리프 선출 문제로 다시 아수라장이 되지 않으려면 방법은 단 하나, 세습주의를 택하는 길뿐이었다. 그래서 아들 야지드를 후계자로 선포하고, 그에 대한 충성 서약을 이슬람 세계 전체에 강요했다.

그럼에도 불구하고 무아위야가 세상을 떠난 후(680년) 곧 후계자 전쟁이 일었으니 그가 처음 칼리프가 되었을 때와 똑같았다. 당시 알리의 아들 후세인은 쿠파의 이슬람교도들로부터 전언을 받았다. 쿠파에 와서 그곳을 수도로 삼아 준다면 자신들이 힘껏 싸워 그를 칼리프로 만들어 주겠다는 것이었다. 그리하여 후세인과 함께 그의 가족, 그리고 일흔 명의 헌신적 추종자들이 메카를 떠나 쿠파로 향했다. 하지만 쿠파를 남쪽으로 25마일 남기고 마차는 멈춰 서야 했다. 우베이둘라가 이끄는 야지드의 군사들이 길을 막아선 것이다. 후세인이 항복을 하자고 했음에도 함께 있던 무리들은 싸움을 택했다. 야지드의 군대 쪽에서 화살을 쏘아대기 시작했고, 순간 후세인의 조카 카심이 화살에 맞아 쓰러졌다. 아이는 삼촌의 품에 안긴 채 그대로 숨을 거두었다. 그렇게 후세인의 형제, 아들, 사촌, 조카들이 하나하나 목숨을 잃어 갔다. 후세인과 함께 있던 남자들은 모조리 죽임을 당했고, 여자와 아이들은 그 광경을 공포와 두려움 속에서 지켜보아야 했다. 누군가 후세인의 머리를 우베이둘라에게 갖다 바쳤고, 그는 머리를 지휘봉으로 툭 쳐서 거칠게 뒤집었다. 그러자 그의 부하 한 사람이 나서며 말했다. "살살 다루십시오. 예언자의 손자분이 아닙니까. 알라신의 이름으로 맹세하노니, 마호메트께서는 신성한 입으로 저 입술에 입맞춤까지 하셨단 말입니다!"(680년)[11] 후세인이 숨을 거둔 케르벨라에는 그를 기리는 시아파 사원이 지어졌다. 지금도 이곳에서는 해마다 수난극을 통해 당대의 비극을 재연하여 알리, 하산, 후세인을 추모하고 있다.

한편 아버지 주베이르의 뒤를 이어 아들 아브드알라가 반란을 일으켰다. 야지드는 시리아 군을 끌어다 반란군을 패퇴시킨 후 메카에서 포위전을 펼쳤다. 시리아군의 투석기에서 돌덩이가 발사되어 거침없이 카아바 신전의 신성한 담으로 날아들었고, 그 공격에 검은 돌도 세 동강이가 나 버렸다. 카아바 신전은 불길에 휩싸여 흔적조차 없이 사라져 버렸다.(683년) 그런데 시리아군이 갑작스레 포위를 거두고 물러갔다. 포위전 도중 야지드가 죽어 버린데다, 다마스쿠스에서 지원을 요청해 왔기 때문이다. 그 후 2년간 혼란에 빠지면서 세 명의 칼리프가 권좌에 앉았다가 물러났다. 이때 무아위야 사촌의 아들이었던 아브드 알 말리크가 무자비한 용기를 발휘하며 무질서에 종지부를 찍었다. 하지만 권력을 손에 쥐고 나서는 비교적 온화하고, 지혜롭고, 정의롭게 나라를 다스렸다. 그 밑의 장군 하자지 이븐 유수프는 쿠파의 반란 세력을 잠재운 뒤 다시 메카 포위전에 들어갔다. 이제 아브드알라는 나이가 일흔둘이나 되었음에도 백 세를 넘긴 어머니의 성원에 힘입어 전투에 나가 용감히 싸웠다. 하지만 결국 패하고 목숨을 잃었다. 하자지는 엄포라도 놓듯 그의 머리를 다마스쿠스로 보냈고, 그의 몸은 한동안 교수대에 매달아 놓았다가 그의 어머니에게 보냈다.(692년) 이로써 아라비아에 평화가 깃들자 아브드 알 말리크는 시를 쓰고, 문인들을 후원하고, 여덟 명의 아내를 거두고, 열다섯 명의 아들을 키웠다. 이 중 넷이 칼리프 자리를 계승했으니, 그에게는 왕들의 아버지라는 별호가 붙었다.

20년 동안 아버지가 닦아 놓은 기반 위에 아들 왈리드 1세(705~715년)는 갖가지 위업을 쌓았다. 정복을 위한 아랍인의 행군도 이제 다시 시작이었다. 그리하여 705년에는 발흐, 709년에는 보카라, 711년에는 스페인, 712년에는 사마르칸트가 아랍인 차지가 되었다. 동부 지역에서 이루어진 하자지의 통치는 야만적이기도 했지만 그만큼 창의적 에너지도 넘쳤다. 그가 손을 쓰자 습지에서는 물이 빠졌고, 메마른 농지에는 물이 들어왔으며, 운하 시설은 다시 복구되고 개선되었다. 한때 교사였던 장군은 아라비아 철자법이 영 맘에 안 들자 발음 부호를 도입하여 아라비아어 표기에 일대 혁명을 일으켰다. 한편 왈리드 자신은 전쟁보다도 행정에 훨씬 관심이 많은 모범적 군주였다. 새로 시장을 세우고 도로를 개선해 산업과 교역을 촉진시켰고, 역사상 최초의 나병 환자촌을 비롯해 학교 및 병원 시설들을 지었으며, 노인, 장애자, 맹인들에게 살 집을 만들어 주었다. 메카, 메디나, 예루살렘의 모스크들은 규모를 확장하고 아름답게 꾸몄으며, 다마스쿠스에는 그보다 훨씬 큰 모스크를 지었다.(지금까지도 남아 있다.) 이토록 땀 흘리며 일하는 와중에도 그는 틈을 내어 시를 쓰고, 음악을 만들고, 류트까지 연주했다. 다른 시인이나 음악가의 작품도 참을성 있게 끝까지 들어주었고, 이틀에 한 번씩은 꼭 연회를 베풀어 주었다.[12]

왈리드 1세의 형이자 후계자인 술라이만은(715~717년) 콘스탄티노플 함락을 꿈꾼 사람이었다. 그래서 많은 목숨과 재화를 갖다 바쳤지만 모두 수포로 돌아갔고, 그 후로는 맛 좋은 음식과 못된 여자들에 빠져 지내는 것을 낙으로 삼았다. 후세 사람들 눈에 그가 잘한 일은 단 하나, 칼리프 자리를 사촌에게 넘겨준 것뿐이었다. 그리하여 칼리프가 된 우마르 2세는 우마이야 가 칼리프들이 저지른 불경과 방종을 모두 되갚을 작정이었다. 그는 개인 삶에서도 이슬람 신앙을 더 잘 실천하고 보급시키는 문제에만 골몰했다. 옷차림도 너무 간소하고 누덕누덕 기운 곳이 많아 처음 본 사람은 아무도 그를 왕이라 생각지 못했다. 그는 아내에게 명하기를 장인에게서 받은 값비싼 보석들을 모두 헌납하라 했고, 아내는 순순히 남편 뜻에 따랐다. 규방의 첩들에게는 나랏일만도 너무 바빠 그들을 찾지 못할 테니 원하면 규방을 떠나라 했다. 그때까지 궁정은 여러 시인, 연설가, 학자들에 의지했으나 우마르는 이들을 하찮게 보았다. 단, 학식이 있으면서 신앙심이 가장 독실한 자들을 불러 모아 자신의 고문 및 친구로 삼았다. 또한 다른 나라들과는 평화 조약을 맺었고, 콘스탄티노플에서는 포위 중이던 군대를 철수시켰으며, 우마이야 가 통치에 적대적이던 이슬람 도시들에서도 그곳을 지키던 수비대를 불러들였다. 그의 선대 칼리프들은 사람들이 이슬람교로 개종하는 걸 말리는 편이었는데, 인두세가 줄면 국고가 파탄 나기 때문이었다. 하지만 우마르는 이렇게 말했다. "알라신의 이름으로 맹세하노니, 한 사람도 빼놓지 않고 모두가 이슬람교도가 된다면 그것이 저에겐 기쁨일 것입니다. 그러면 당신이나 저나 먹고살 수 있으려면 손에 흙을 묻혀 가며 직접 땅을 일구어야 할 테지만요."[13] 개종자들에게 할례를 요구하면 너도나도 개종하는 일을 막을 수 있을 것이라고 영리한 고문관들은 생각했다. 하지만 그 조치는 이슬람교의 바울이나 다름없던 우마르의 명에 의해 무효화되었다. 우마르는 오히려 개종을 계속 거부하는 자에게 엄격한 규제를 가했고, 관직에도 오르지 못하게 했으며, 새로 사원을 짓지도 못하게 했다. 이렇게 통치하던 우마르는 채 3년도 안 돼 몸져눕더니 곧 세상을 떠났다.

아브드 알 말리크의 네 아들 중 마지막 칼리프인 야지드 2세(717~724년), 우리는 그를 통해 앞에서와는 또 다른 이슬람 문화의 특징과 관습을 엿볼 수 있다. 우마르 2세가 이슬람교에 지극한 사랑을 보였다면, 야지드는 하비바라는 노예 신분의 소녀를 지극히 사랑했다. 그녀를 사들였던 것은 그가 한창 젊었던 시절, 금 4000냥을 주고서였다. 하지만 당시 칼리프이던 술라이만의 엄명에 따라 어쩔 수 없이 하비바를 노예상에게 돌려보내야 했다. 그러나 하비바의 아름답고 나긋나긋한 모습을 야지드는 단 한시도 잊을 수가 없었다. 그런 야지드가 칼리프 자리에 오르자 아내가 물었다. "당신이 갖고 싶은데 아직 못 가진 것이 이 세상에 있을까요?" 야지드가 대답했다. "있소. 바로 하비바요." 남편의 뜻을 안 마음 착한 아내는 사람을 보내어 하비바를 데려왔다. 그리고 야지드에게 그녀를 선물하고는 규방의 한구석으로 물러나 조용히 지냈다. 어느 날 하비바와 함께 떠들썩하게 연회를 즐기던 자리에서 칼리프는 그녀의 입에다 장난으로 포도 씨를 던져 넣었다. 그런데 그것이 그만 목구멍에 걸렸고 숨이 막힌 하비바는 야지드의 품에 안긴 채 그 자리에서 숨을 거두었다. 그녀를 잃은 슬픔에 야지드도 일주일 후 세상을 떠났다.

그 후에는 히샴(724~743년)이 뒤를 이어 19년 동안 정의롭고 평화롭게 나라를 다스렸다. 행정 체계를 개선시켰고, 나라의 지출을 줄였으며, 국고를 가득 채워 놓고 세상을 떠났다. 하지만 성인군자의 덕을 지닌 것이 통치자에겐 오히려 화가 될 수도 있는 모양이다. 히샴의 군대는 전쟁에 나가 거듭 패배를 당했고, 반란이 들끓었으며, 수도에는 그에 대한 원망만 자자한 채 사람들은 돈을 물 쓰듯 하는 왕이 나타나기만 기다리고 있었다. 그리하여 칼리프 자리에 오른 히샴의 후계자들은 사치스럽게 생활하고 방만하게 통치하며 이제까지 수완을 발휘한 우마이야 왕조의 이름에 먹칠을 했다. 그중 왈리드 2세(743~744년)는 회의적인 비도덕가에 노골적인 쾌락주의자였다. 그는 삼촌 히샴의 사망 소식을 접하자 그 자리에서 기쁨을 감추지 못했다. 그러고는 히샴의 아들을 감옥에 가둬 버리고, 죽은 칼리프의 친인척에게서 재산을 몰수해 버렸다. 그가 제멋대로 통치하며 값비싼 선물로 마구 선심을 쓰는 바람에 국고는 바닥이 나 버리고 말았다. 그의 정적들이 전해 주는 이야기에 따르면, 그는 수영장을 만들어 술로 가득 채우고는 거기서 수영을 했고 갈증이 나면 그 술을 그대로 들이켰다. 또 코란을 과녁 삼아 활쏘기 연습을 했고, 공개 예배를 주재해야 하는 자리에 자기 정부(情婦)들을 보내기도 했다.[14] 결국 이 망나니는 왈리드 1세의 아들 야지드에게 죽임을 당했고, 야지드는 6개월 간 아라비아를 통치하다 세상을 떠났다.(744년) 그 후엔 야지드의 형제 이브라힘이 칼리프로 즉위했으나 자리를 지켜 내지는 못했다. 능력이 출중한 한 장군이 그를 폐위시킨 것이다. 마르완 2세란 이름으로 칼리프에 올라 6년간 비극적인 통치를 한 이 인물이 우마이야 왕조의 마지막 칼리프였다.

우마이야 왕가 칼리프들이 이슬람교를 위해 한 일들은 현실적인 면에서 유익한 것들이었다. 이 우마이야 왕조 때에 정치적 국경선이 아라비아 역사에서 그 어느 때보다 넓었으며, (중간중간 허술한 통치도 있었지만) 우마이야 왕조에 들어서서 새로운 제국에 질서 정연하고 자유분방한 통치가 자리 잡았기 때문이다. 하지만 세습 군주제에서는 왕위 계승이 제비뽑기 식으로 이뤄졌고, 8세기에 들어서는 무능력한 자들이 칼리프 자리에 앉았다. 이들은 국고를 바닥냈고, 행정은 환관들 손에 넘겨 버렸으며, 아랍 특유의 개인주의에 휘말렸다. 사실 이슬람의 힘이 하나로 통일되는 데 십중팔구 걸림돌이 되었던 것이 바로 이 아랍의 개인주의였다. 부족 사이의 해묵은 원한도 당파의 형태로 남아 사라질 줄 몰랐다. 하심 가와 우마이야 가는 알고 보면 그다지 얽힌 것이 없는 사이인데도 서로를 이를 갈며 미워했다. 또 다마스쿠스가 권력의 중심지가 된 것도 아라비아, 이집트, 페르시아에는 원통한 일이었다. 자부심 넘치는 페르시아인들은 자신들이 아랍인보다 못할 것 없고 더 낫다고 생각했기 때문에 시리아의 통치를 더 이상 견딜 수 없었다. 마호메트의 후손들도 마음이 편치 않았으니 이슬람 시대 초창기를 우마이야 가에서 장식한 것은 낯부끄럽기만 한 일이었다. 우마이야 가 사람들이 어떤 자들인가. 그 옛날 예언자에게 끝까지 뻗대며 가장 나중에 개종했던 자들 아닌가. 더구나 우마이야 칼리프들이 보인 방종한 윤리는(아마도 종교적 관용 정책도) 그들에게는 충격적이기만 했다. 알라신께서 어서 구원자를 보내어 이 굴욕적인 통치가 끝나는 날이 오기만을 그들은 기도드렸다.

 적개심 충만한 그들은 앞에 나서 줄 인물만 있으면 얼마든지 하나로 뭉쳐 들고 일어날 판이었다. 그런 그들을 마호메트의 삼촌의 고손자 아부 알 압바스가 이끌고 나섰다. 그는 팔레스타인 한구석에서 은신한 채 각지에서 반란군을 조직했고, 페르시아의 시아파 독립주의자들에게서도 열렬한 지지를 얻어 냈다. 749년에는 쿠파에 가서 자신이 칼리프임을 공식 선언했다. 이윽고 아브드알라(아부 알 압바스의 삼촌)가 이끄는 반란군과 마르완 2세의 군대가 자브 강에서 맞붙게 되었다. 싸움에서 진 쪽은 마르완 2세였고, 일 년 후에는 다마스쿠스가 포위전에 못 견디고 반란군에 항복했다. 반란군은 마르완을 생포해 죽인 후, 그의 머리를 아부 알 압바스에게 가져갔다. 하지만 새로운 칼리프는 마르완의 머리로는 성이 차지 않았다. "나를 죽여 피를 벌컥벌컥 들이켰던들 저들 가슴이 시원해졌겠는가. 이 자의 피를 본 것으로 분노가 사그라지지 않기는 나 역시 마찬가지이다." 그는 알 사파흐('흡혈마'라는 뜻)라는 별호를 자기에게 붙이고는 우마이야 가 왕자들은 한 사람도 남기지 말고 모조리 잡아 죽이라고 명했다. 그렇게 선수를 쳐야 무너진 우마이야 왕조가 다시 일어서지 못할 것이었다. 이제 시리아의 통치자가 된 아브드알라는 이 문제를 우습다는 듯 단칼에 처리해 버렸다. 우마이야 가에 죄를 묻지 않겠다고 하고는, 그 뜻을 확인하는 잔치를 열어 우마이야 가 인사 여든 명을 초대한 것이다. 이들이 저녁을 먹는 사이 아브드알라가 신호를 보냈고, 곧 매복한 병사들이 튀어나와 여든 명을 모조리 죽여 버렸다. 압바스 왕조의 내빈들은 숨진 자들을 카펫으로 덮은 뒤 중단됐던 잔치를 마저 벌였다. 그들의 발아래에 적들의 몸이 깔려 있었고 죽어 가는 자들에게서 신음 소리가 음악처럼 흘러나왔다. 압바스 가 사람들은 이미 죽은 사람들도 가만두지 않았다. 땅속에 묻힌 우마이야 가 칼리프들의 시신을 파내어 살점도 붙어 있지 않은 해골을 채찍질하고 목매달고 불태웠다. 그러고서 남은 재는 바람에 날려 사라지게 했다.[15]

3. 압바스 가의 통치: 750~1058년

1. 하룬 알 라시드

칼리프가 되고 보니 아부 알 압바스 알 사파흐(Abu al-Abbas al-Saffah)의 제국은 어느덧 인더스 강부터 대서양까지 뻗어 있었다. 신드(인도 북서부), 발루치스탄, 아프가니스탄, 투르케스탄, 페르시아, 메소포타미아, 아르메니아, 시리아, 팔레스타인, 키프로스, 크레타, 이집트, 북아프리카 모두가 그의 땅이었다. 그러나 이슬람교령 스페인에서는 그를 칼리프로 인정하지 않았고, 치세 12년째에는 신드마저 그의 통치를 받으려 하지 않았다. 그를 미워하는 다마스쿠스나, 폭동이 일어 불안한 쿠파에서 자리를 잡지 못하자, 알 사파흐는 쿠파 북쪽의 도시 안바르를 수도로 삼았다. 한편 알 사파흐를 칼리프에 올려놓은 인물들이 이제는 나랏일을 맡게 되었는데, 출신으로 따지면 페르시아인이 압도적으로 많았다. 피 맛은 충분히 봤다 싶자 이제 알 사파흐는 이란의 세련되고 도시적인 방식으로 궁정의 문제들을 처리하기 시작했다. 선진적인 예술과 문학, 과학과 철학도 잇따라 들어왔다. 굴욕의 1세기가 지나고 이제는 페르시아인들이 자기들 정복자를 정복해 버린 것이다.

754년 알 사파흐가 천연두에 걸려 세상을 떠났다. 그의 뒤를 이어 이복동생 아부 자파르가 알 만수르('승리를 거두는 자'라는 뜻)라는 별호로 칼리프 자리에 올랐다. 그는 베르베르인 노예의 배에서 난 자식이었다. 압바스 왕조의 칼리프 서른일곱 명 중 노예의 배에서 나지 않은 사람은 셋뿐이다. 이렇듯 노예가 왕의 어머니가 될 수 있었던 것은 노예를 첩으로 받아들여 그 자식도 적출로 인정해 주었기 때문이다. 이슬람 귀족층에는 이런 식으로 기회 균등의 장이 끊임없이 마련되었고, 사랑과 전쟁으로 인한 운명의 부침도 끊이지 않았다. 새 칼리프는 나이 마흔에 키가 크고 호리호리했다. 수염을 기르고 피부는 검었으며 무욕의 생활을 했다. 그 어떤 노예도 여자로 보지 않았으며, 술이나 노래를 친구로 삼지도 않았다. 다만 문학, 과학, 예술에는 아낌없이 후원을 해 주었다. 수완은 대단했지만 양심은 거의 없던 그는 과단성 있는 정치력으로 왕조의 기틀을 다잡았다. 그가 아니었다면 압바스 왕조는 알 사파흐의 죽음과 함께 명이 다하고 말았을 것이다. 그는 부지런히 뛰어다니며 나랏일을 돌보았고, 바그다드에는 화려하게 새 수도를 건설했으며, 정부 조직과 군대도 멀리 내다보고 재조직했다. 또 각 부서의 업무와 행정상의 거의 모든 거래를 꼼꼼히 살피고 있다가, 때가 오면 강압적 조치를 취해 부패한 관료들이(그의 형제도 끼어 있었다.) 횡령 자금을 토해 내 국가에 반납하도록 했다. 국가의 자금을 쓸 때는 한 푼이라도 양심적으로 아꼈기 때문에 친구는 하나도 생기지 않았지만, 덕분에 "10원짜리들의 아버지"라는 별명이 생겼다.[16] 치세가 시작될 당시 만수르는 페르시아를 본떠 비지에(vizier, 고대 이집트 및 근동 지방의 총리에 해당하는 직 – 옮긴이)를 도입했는데, 이후 압바스 왕조의 역사에서 주된 역할을 담당하게 되는 제도이다. 초대 비지에로 임명된 인물은 바르마크의 아들 칼리드였다. 압바스 왕조는 바라마크 가에 비중 있는 역을 맡기고 드라마를 펼쳐 가게 된 셈이었다. 알 만수르와 칼리드는 힘을 합쳐 질서와 번영을 이뤄 냈으나, 그 열매는 시간이 흐른 뒤에야 농익어 하룬 알 라시드의 무릎 위로 떨어진다.

그렇게 22년간 나라를 선하게 다스린 알 만수르는 어느 날 메카로 가는 순례 길에 올랐다가 도중에 세상을 떠나고 말았다. 그의 아들 알 마흐디(775~785년) 대에 오자 이제 칼리프에게는 자비까지 베푸는 여유가 생겼다. 그는 극악한 자들을 뺀 모든 범법자를 사면해 주었으며, 곳곳의 도시를 아름답게 꾸미는 데에도 돈을 아끼지 않았다. 음악과 문학에도 지원을 해 주었고, 제국을 다스리며 상당히 유능한 모습을 보여 주었다. 한번은 반란이 일어났는데 비잔티움 제국이 그 절호의 기회를 놓치지 않고 당시 아랍인이 차지하고 있던 소아시아 영토를 되찾으려 했다. 알 마흐디는 아들 하룬에게 군대를 주어 시간이 오래도록 허락해 주었던 도둑질을 재차 하도록 했다. 비잔티움 제국의 군대를 콘스탄티노플로 몰아낸 하룬은 제국의 수도에까지 위협을 가했고, 황후 이레네는 어쩔 수 없이 매년 7만 디나르(33만 2500달러)를 칼리프에게 바칠 것을 약속하며 평화조약을 맺었다.(784년) 이 싸움 이후 알 마흐디는 젊은 왕자를 계속 "하룬 알 라시드(Harun al-Rashid, 올바른 자 하룬)"라는 칭호로 부르기 시작했다. 원래 알 마흐디는 왕세자를 따로 정해 두고 있었다. 하지만 하룬의 능력이 훨씬 출중하다는 사실이 드러난 만큼, 알 하디 왕자가 왕세자 자리를 동생에게 양보해야 할 것이었다. 하지만 동부 군대를 지휘하던 알 하디는 아버지 청을 거절했고, 바그다드로 돌아오라는 소환 명령에도 응하지 않았다. 알 하디 왕자를 잡기 위해 칼리프는 하룬과 함께 길을 떠났으나, 마흔 셋의 나이로 도중에 죽고 말았다. 바르마크 가문의 야흐야(칼리드의 아들)는 하룬에게 조언하길, 하디를 칼리프로 인정해 주고 그는 왕세자 자리에 앉으라 했다. 하지만 후일 사디(페르시아의 대표적 시인-옮긴이)의 말처럼 "깔개 한 장에서 수도승 열 명은 함께 잠을 잘 수 있어도, 드넓은 왕국에서 왕 두 명이 함께 살 수는 없는 법"이었다.[17] 얼마 안 있어 알 하디는 하룬을 왕궁에서 밀어냈고 야흐야는 감옥에 가두었으며, 자기 아들을 후계자로 선포해 버렸다. 그런데 얼마 안 있어 알 하디가 죽고 말았다.(786년) 들리는 소문에 따르면, 형보다 하룬을 더 아꼈던 어머니가 베개로 그를 질식사시켰다는 것이었다. 그리하여 하룬은 칼리프 자리에 올라 야흐야를 비지에로 임명한 뒤 이슬람 역사에서 가장 유명한 통치를 시작하게 된다.

전설 속에서(특히 『천일야화』에서) 하룬은 쾌활하면서도 교양이 넘치는 군주로 그려지고 있다. 이따금 권력을 멋대로 휘두르며 폭력적이기도 하지만, 도량이 넓고 인간적일 때가 많다. 재미난 이야기를 유독 좋아해 나라의 기록 보관소에 다 기록을 해 두었고, 한 할머니 이야기꾼에게는 재담에 대한 보답으로 이따금 잠자리를 같이 해 주기도 했다.[18] 이 모든 성격이 역사적 사료에도 고스란히 드러나며 흥겹게 노는 성격만은 예외였다. 그런 성격이 역사가들에겐 그리 탐탁지 않았으리라. 역사가들의 초상에서는 이슬람교도로서 신심이 깊고 정통만을 고수하는 모습이 단연 두드러진다. 그는 비이슬람교도들에겐 자유를 엄격히 제한했고, 2년마다 한 번씩 꼭 메카를 순례했으며, 매일 기도할 때마다 절을 백 배씩 올렸다.[19] 그는 술이라면 없어서 못 마셨지만, 대개 특별히 고른 몇몇 친구하고만 사석에서 즐겼다.[20] 그는 아내가 일곱 명에 첩은 여럿이었고, 아들이 열 한 명에 딸은 열네 명이었다. 자식들은 모두 노예의 배에서 나왔는데, 단 하나 예외로 아들 알 에민은 왕비 주베이다가 낳아 주었다. 하룬은 자신이 가진 재물은 어떤 것이든 남에게 후하게 베푸는 사람이었다. 한번은 아들 알 마문이 하룬의 궁녀 하나와 사랑에 빠지자, 칼리프는 왕자에게 그녀를 선물로 주었고 보답으로 시나 몇 편 지어 달라고 했다.[21] 시에 대한 하룬의 애정은 대단히 지극했고, 가끔 가다 사치스러운 선물을 하사해 시인의 넋을 쏙 빼놓기도 했다. 일례로 시인 마르완이 찬양조의 송시(頌詩)를 짤막하게 한 수 지어 바치자 하룬은 상으로 금 5000냥(2만 3750달러)에, 명예의 법복에, 그리스 노예 아가씨들에, 자신이 가장 아끼던 말까지 주었다.[22] 그의 죽마고우도 다름 아닌 방탕자 시인 아부 누와스였다. 그의 오만함에, 그리고 걷잡을 수 없는 부도덕함에 칼리프는 몇 번이고 화가 났다가도, 그의 기막힌 시 한 수에 몇 번이고 마음이 누그러지곤 했다. 바그다드에는 하룬의 부름을 받고 시인, 법률가, 의사, 문법학자, 수사학자, 음악가, 무용가, 화가, 재담가들이 기라성처럼 모여들어 전에 볼 수 없던 관경을 연출했다. 칼리프는 그들이 내놓는 작품에 나름의 안목과 취향으로 평가를 해 주었고, 넉넉하게 보답도 해 주었다. 그러면 예술가들은 찬가를 수없이 지어 다시 그 은혜에 보답했다. 하룬 자신이 시인이자, 학자이자, 불같고 힘 있는 웅변가이기도 했다.[23] 역사상의 궁정에는 항상 지성들이 기라성처럼 모여들었지만 그들 중 누구도 이들만큼 찬란한 빛을 내지는 못했다. 콘스탄티노플의 이레네 황후, 프랑스의 샤를마뉴, 당나라의 현종(엄밀히 말하면 약간 후대)은 하룬과 동시대를 살았으나, 재물, 권력, 화려함, (통치의 장식품인) 문화적 발달이 모든 면에서 하룬이 최고였다.

하룬은 말잔치만 하는 사람도 아니었다. 자신도 행정을 돌보며 함께 땀을 흘렸고, 판관으로서 공정하다는 명성이 자자했다. 또 군주로서의 생활이 전례 없이 방탕하고 과시적이었어도 죽을 때 국고에 남긴 돈이 무려 4800만 디나르(2억 2800만 달러)에 달했다. 전장에서는 몸소 병사들을 이끌었으며, 모든 국경지대를 철통같이 지켜 냈다. 그러나 대체로 행정과 정책은 현명한 야흐야에게 맡기는 편이었다. 칼리프에 즉위하고 얼마 안 있어 하룬은 야흐야를 불러 이렇게 말했다. "내 신민(臣民)들을 통치할 권리를 너에게 주겠다. 네 마음대로 그들을 다스리도록 하라. 네 뜻대로 사람들을 파면하고 임명할 것이며, 네 눈에 적절한 조치로 보이는 일은 모두 시행해 보도록 하라." 그러고는 자기 말이 정말임을 확인이라도 시키려는 듯 반지를 빼서 야흐야에게 건네주었다.[24] 그것은 자신감이 지나치고 경솔한 데서 나온 행동이었으나, 스물두 살의 젊은이였던 하룬은 그 넓은 왕국을 다스리기엔 자신이 아직 부족하다는 판단하에 한 행동이기도 했다. 또 그것은 한때 자신을 가르쳤던 스승이자 아버지라 부르며 따랐던 사람에게, 더구나 자신을 위해 감옥에까지 갇혔던 사람에게 보이는 일종의 감사 표시이기도 했다.

야흐야가 일단 나랏일을 맡자 역사상 최고의 행정가로 손꼽힐 만큼 능력이 뛰어나다는 사실이 드러났다. 다정하고, 도량이 넓으며, 판단력이 뛰어난데다, 지칠 줄 모르는 체력을 지닌 야흐야 덕분에 하룬 정부는 아라비아 역사상 최고의 효율성을 자랑했다. 그는 나라에 질서, 안전, 정의를 확립했고, 도로, 다리, 숙박업소, 운하를 건설했으며, 지역 경제도 내내 활성화시켜 놓았다. 그러면서 세금을 엄격히 징수해 칼리프는 물론 자기 주머니까지 두둑이 채웠는데 그래야 칼리프가 그랬듯 문학과 미술에 후원자 역할을 제대로 해 줄 수 있기 때문이었다. 야흐야의 두 아들 알 파들과 자파르는 아버지로부터 고위 관직을 받고 힘껏 능력 발휘를 해서 보수를 더 두둑이 챙겨 갔다. 말 그대로 이들은 백만장자가 되어 곳곳에 대저택을 짓고는 시인, 광대, 철학자를 불러 모아 그들 나름의 패거리를 이루었다. 하룬은 자파르를 지극정성으로 아꼈고, 세간에서는 둘의 가까운 사이를 수상히 여겨 추문이 돌기도 했다. 그도 그럴 것이, 칼리프가 맞춘 한 망토에는 목덜미 깃이 둘이었다. 자파르와 함께 입으려 만든 옷이었는데 이 옷을 입으면 머리는 두 개에 가슴팍은 넓게 하나로 붙은 꼴이었다. 짐작이지만, 칼리프와 자파르는 남모르게 이 옷을 입고 샴쌍둥이처럼 붙어서 바그다드의 밤거리를 함께 맛보고 다녔던 건 아닐까.[25]

  이렇던 바르마크 가가 왜 느닷없이 실각하게 되었는지 그 정확한 이유는 알수 없다. "바르마크 가가 통치의 전권을 물려받았던 점, 나아가 국가 세입에 너무 집착했던 점"이 실각의 근본 원인이었다고 이븐 할둔은 보고 있다. "그 집착이 얼마나 강했던지 하룬이 푼돈을 요청해도 주지 않을 때가 있었다."[26] 중년으로 접어든 하룬은 육체적 쾌락과 지적인 앎만 추구하는 것으로는 자기 능력이 완전히 발휘되지 않는다는 사실을 알게 되자, 옛날 야흐야에게 전권을 내어 준 것이 후회가 되었을지 모른다. 한번은 하룬이 처형하라고 명한 반역자를 자파르가 도망가도록 슬쩍 눈감아 준 일이 생겼다. 자파르가 반역자에게 베푼 이 호의를 하룬은 절대 잊지 않았다. 한편 하룬의 누이 압바사가 자파르와 사랑에 빠진 이야기는 『천일야화』에 들어가도 좋을 정도다. 당시 하룬은 누이들 몸 안에 흐르는 하심 가의 피를 가급적 깨끗하게 지켜 나가겠다고 맹세한 터였다. 그러려면 남편은 고귀한 아라비아 혈통이 아니면 안 되었는데, 자파르는 페르시아 인이었다. 칼리프는 둘의 결혼을 허락하되 반드시 자신이 있는 자리에서만 둘이 만나도록 했다. 연인들의 이 약속은 얼마 안 가 깨졌고, 압바사는 남들 모르게 자파르의 두 아들을 낳아 메디나에 숨겨 놓고 길렀다. 그런데 하룬의 아내 주베이다가 이 일을 알고 남편에게 고해 바쳤다. 칼리프는 사형 집행인 메스루르를 불러 명하길, 압바사를 죽여 궁 안에다 묻으라 했다. 그러고는 몸소 감독에 나서 명령이 제대로 이행되는지 살폈다. 그 다음에는 자파르의 머리를 베어 자신에게 가져오라 명했고, 이 역시 그대로 실행에 옮겨졌다. 이번에는 자식들 차례였다. 그는 메디나에 사람을 보내 아이들을 데려와서는 이 잘생긴 사내아이들과 함께 오래도록 이야기를 나누며 예뻐해 주었고, 그러고 나서는 죽여 버렸다.(803년) 야흐야와 알 파들은 감옥에 갇히는 신세가 되었다. 가족들과 하인들은 무사히 지낼 수 있었지만 둘은 평생 감옥에 있어야 했다. 야흐야는 아들이 죽고 나서 2년 뒤 세상을 떠났고, 알 파들은 동생이 죽고 나서 5년 뒤 세상을 떠났다. 세간의 소문에 따르면 바르마크 가문의 재산은 무려 3000만 디나르(1억 4250만 달러)에 달했다고 하는데 한 푼도 남김없이 몰수당했다.

그 후 하룬 자신도 오래 살지 못했다. 한동안 그는 일에 빠진 채 밀려드는 슬픔과 회오를 잊으려 했고, 심지어 고된 전쟁도 마다하지 않았다. 마침 비잔티움 제국의 황제 니케포루스 1세가 용감하게도 이레네 황후 때 약속했던 공물을 이제 더 이상 못 바치겠다고, 나아가 지금까지 바쳤던 공물도 모두 되돌려 달라고 요구를 했다. 하룬은 이렇게 답해 주었다. "자비로우신 알라신의 이름으로. 신앙인의 사령관 하룬이 로마인의 개 니케포루스에게. 불충한 어머니의 아들이여, 네 편지는 잘 받아 보았다. 내 대답은 네 두 귀로 듣지 못하리니, 네 두 눈으로 똑똑히 보게 해 주마. 그럼 안녕히."[27] 하룬은 지체 없이 출정하여 북부 변경 라카(Raqqa)의 전략적 새 거점에서 바로 소아시아로 진격해 들어갔다. 군대가 성난 기세로 돌진해 오자 겁먹은 니케포루스는 얼마 안 가 다시 공물을 바치겠다고 약속해 왔다.(806년) 한편 하룬은 샤를마뉴가 비잔티움 제국 붕괴에

한몫할 것이라 보고 사절을 통해 (복잡한 물시계와 코끼리 등) 갖가지 선물을 안겨 주었다.[28]

하룬의 아들 알 에민과 알 마문, 이들은 아버지가 마흔둘밖에 안 됐는데도 벌써부터 후계 자리를 놓고 싸우며 아버지가 돌아가실 날만 손꼽아 기다리고 있었다. 하룬은 왕자들 싸움이 잦아들길 바라며 미리 약속을 해 두었다. 내용인즉슨, 앞으로 티그리스 동쪽 지역은 알마문이 나머지는 알 에민이 물려받는다는 것이었다. 형제 중 하나가 죽게 되면 남은 사람이 나라 땅 전체를 다스리게 될 것이었다. 형제는 이 협약에 서명을 했고, 카아바 신전 앞에서 맹세까지 했다. 그런데 바로 그해(806년)에 코라산에서 심한 반란이 일어났다. 하룬은 복부의 엄청난 통증으로 고생 중이었음에도 두 아들과 함께 난을 진압하러 나섰다. 그러나 이란 동부의 투스 지방에 이르자 더 이상 고통을 참을 수가 없었다. 그곳에서 단말마에 시달리고 있는 사이 반란군의 우두머리 바신이 그의 앞에 끌려왔다. 고통과 슬픔에 거의 넋이 나가 버린 하룬은 이 원정에 나서 목숨까지 잃게 되었다며 바신을 책망하고는 능지처참할 것을 명하고, 형이 집행되는 과정까지 다 지켜보았다.[29] 그리고 그 다음 날 "올바른 자 하룬"은 세상을 떠났다.(809년) 그의 나이 마흔다섯이었다.

2. 압바스 왕조의 몰락

알 마문은 메르브까지 기어코 달려가 반란군들과 협정을 맺었다. 그 사이 알 에민은 바그다드로 돌아와 젖먹이 아들을 후계자로 임명하고 동부의 세 지역을 달라고 알 마문에게 요구했다. 이 요구가 거절당하자 그는 전쟁을 선포하고 나섰다. 알 마문 측에서 타히르 장군이 나서 알 에민의 군대를 물리쳤고, 장군은 바그다드를 포위 공격해 거의 파괴시켜 버렸으며, 알 에민의 머리를 베어 알 마문에게 보냈다.(머리를 베어 보내는 것은 이제 신성한 관습이 되어 있었다.) 알 마문은 그때까지 메르브에 있다가 거기서 자신이 칼리프임을 선언했다.(813년) 하지만 시리아와 아라비아는 그가 페르시아 노예의 자식이라며 계속 거부를 했다. 알 마문이 이슬람의 정식 통치자로 인정받고 바그다드에 입성할 수 있었던 것은 818년에 이르러서의 일이었다.

아브드알라 알 마문은 압바스 왕조의 위대한 칼리프 중의 한 사람으로서 선대의 알 만수르 그리고 알 라시드와 어깨를 견준다. 때로 불같이 화를 내고 잔인무도하게 굴어 하룬의 얼굴에 먹칠을 하긴 했지만, 대체로 그는 온화하고 관대한 성격의 소유자였다. 궁정에서 열리는 회의에 왕국 내 주요 종교(이슬람교, 그리스도교, 유대교, 사비교, 조로아스터교)의 대표자가 모두 참석하였고, 예배와 신앙의 자유는 그의 치세 막바지까지 전면 보장되었다. 한동안 칼리프의 궁정에서는 자유로운 사상을 가져야 예를 다 갖춘 것이었다. 알 마문은 오후에 지식의 향연을 벌이곤 했는데, 그 모습을 마수디는 다음과 같이 묘사한다.

> 알 마문은 매주 화요일이면 사교 모임을 열어 신학과 법률을 주제로 문답 시간을 가졌다. …… 갖가지 카펫이 깔린 방으로 각종 분파의 식자들이 속속 모습을 드러냈다. 이어 먹고 마실 것이 잔뜩 차려진 상이 들어왔다. …… 식사가 끝나면 하인들이 향로를 들여왔고, 손님들은 그것으로 몸에서 나는 냄새를 없앴다. 그런 뒤에야 빈객들은 칼리프를 알현할 수 있었다. 그들과 논쟁을 벌이며 칼리프는 여느 군주처럼 오만하기는커녕, 가급적 공평하고 올바른 태도를 보여 주려 했다. 해 질 무렵 두 번째 식사가 나왔고, 손님들은 그것을 마저 먹고 집으로 돌아갔다.[30]

예술, 과학, 문학, 철학에 대한 지원은 하룬보다는 알 마문 치세 때가 보다 다양하고 안목이 있었으며, 성과도 그때가 훨씬 알찼다. 알 마문은 그리스어 명문장가들의 글을 콘스탄티노플, 알렉산드리아, 안티오크 등지에서 구해다가, 번역가들에게 돈을 대 주고 아라비아어로 옮기게 했다. 바그다드에는 과학 연구소를 설립하고 천문대를 세웠으며, 타드모르(고대의 팔미라)에도 천문대를 세웠다. 의사, 법률가, 음악가, 시인, 수학자, 천문학자들도 칼리프가 내린 포상금 맛을 볼 수 있었다.

알 마문은 마흔여덟의 한창나이에 세상을 떠났다.(833년) 일면으로는 너무 늦게 죽었다고 볼 수 있는데, 그 이유는 권위적 자유주의에 대한 열정이 과해 정교 신앙을 박해할 정도여서 치세 말년에는 민심을 다 잃었기 때문이다. 뒤이어 칼리프가 된 형제 아부 이샤크 알 무타심은 알 마문처럼 덕은 있었으나 특출한 재능은 없었다. 옛날 로마의 황제들이 근위대를 오른팔로 의지했던 것처럼, 그는 4000명의 투르크족 병사들을 데려다 자기 주변을 철통같이 지키게 했다. 로마에서도 그랬지만 얼마 안 가 바그다드에서도 이 친위대가 실질적 왕 노릇을 하게 되었다. 수도의 시민들이 불만을 가질 만했던 것이, 알 무타심의 투르크족 병사들은 바그다드 길거리를 말을 타고 거칠게 누비고 다녔고, 범죄를 저질러도 처벌받지 않았다. 반란이 일어날까 두려워지자 칼리프는 바그다드를 떠나 사마라 북쪽 약 30마일 지점에 왕궁을 지었다. 그 후 이곳을 거처 및 무덤 자리로 삼은 칼리프는 836년부터 892년에 이르기까지 총 여덟 명에 달했다.* 티그리스 강변을 따라 칼리프들이 지어 놓은 거대한 궁전과 모스크가 20마일씩 이어졌고, 그곳에다 왕궁의 관료들도 호화로운 대저택을 지어 벽화, 분수, 정원, 목욕탕으로 꾸몄다. 칼리프 알 무타와킬은 자기의 신심이 대단하다는 걸 보여 주기라도 하듯 대규모 대중 예배용 모스크를 짓는 데만 70만 디나르(332만 5000달러)를 썼다. 새 왕궁(자파리야)을 짓는 데는 그보다 적게 들었지만 액수는 간발의 차였다. 이 왕궁에는 "진주"라는 이름의 궁전과 "기쁨의 홀"이 딸려 있었고, 왕궁 어느 곳이나 주변을 공원과 냇물이 에워싸고 있었다. 이렇듯 대규모 건물을 짓고 그곳을 단장하기 위해서는 돈이 필요했으니, 알 무타와킬은 세금을 올리고 관직을 경매에 붙여 최고가를 부르는 사람에게 팔아넘겼다. 그리고 종교를 지켜 내는 것이 알라신의 뜻이라며 이교도들을 박해했다. 그의 아들은 투르크족 근위대에 아버지를 죽여 달라고 설득했고, 아버지가 죽자 자

---

* 여덟 칼리프란 무타심(833~842년), 와티크(842~847년), 무타와킬(847~861년), 문타시르(861~862년), 무스타인(862~866년), 무타즈(866~869년), 무흐타디(869~870년), 무타미드(870~892년)를 말한다. 무타미드는 왕궁을 다시 바그다드로 옮겨 놓고 얼마 안 있어 세상을 떠났다.

신이 알 문타시르('주의 뜻으로 승리하는 자'라는 뜻)라는 이름으로 칼리프 자리에 올랐다.

칼리프의 지위는 갖가지 외부적 요인들로 인해 허수아비로 전락하는데, 그전에 먼저 칼리프가 제구실을 못하게 만드는 여러 가지 내부적 요인들이 있었다. 우선 술, 색욕, 사치, 태만에 빠져 지내는 세월이 길어지자 피가 묽어진 왕실에서는 잇달아 약골들만 태어났다. 이들은 나랏일은 내팽개치고 규방에서만 희희낙락하며 진을 뺐다. 부와 편의가 늘고, 첩을 여럿 두고, 남색을 즐기면서 통치 계층 역시 제대로 자손을 보지 못했고, 백성들은 군인으로서의 자질이 약해졌다. 이슬람 세계는 여러 지역과 제 부족들의 연합체여서 제각각으로 흩어진 이슬람 세계가 하나로 뭉치려면 강골이 나와 주어야 했다. 하지만 이렇게 기강이 무너질 대로 무너진 상황에서는 어림도 없는 이야기였다. 인종과 영토 문제를 둘러싼 사람들 사이의 악감정은 곪아 터져 거듭 봉기로 이어지고 있었다. 아라비아인, 페르시아인, 시리아인, 베르베르인, 그리스도교도, 유대교도, 투르크족은 다른 건 몰라도 서로가 서로를 경멸한다는 사실만큼은 이구동성으로 인정했다. 근동 지역에서는 관개 시설 때문에 사람 목숨이 왔다 갔다 하고 있었다. 농토를 기름지게 하는 수로는 지속적인 관리와 보수가 필요한 시설이었고, 그 일을 일개 개인이나 가족이 감당할 수는 없었다. 정부가 수로를 제대로 관리 못하고 무방비로 방치하게 되자 기근이 찾아들었다. 하지만 기근이나 전염병 때문에 백성들이 아무리 궁핍한 생활에 시달려도 세금 징수원들이 그냥 지나치는 적은 거의 없었다. 농부, 직공, 상인은 돈을 벌어 놓고도 그것이 정부의 지출과 겉치레로 빨려 들어가는 꼴을 그저 지켜보아야 했으니, 물건을 만들고, 사업을 확장하고, 새로운 분야에 진출할 의욕이 나지 않았다. 결국 경제는 정부를 더 이상 떠받치지 못하는 지경까지 갔다. 세입이 뚝 떨어졌고, 병사들에게 봉급이 충분히 지급되지 못하면서 군대는 통제 불능 상태가 되었다. 그 옛날 로마의 군대를 로마인 대신 게르만족이 채웠던 것처럼, 지금 아라비아의 군대도 아랍인 대신 투르크족이 메우고 있었다. 더구나 알 문타시르 때부터는 칼리프를 올리고 내리고, 지휘하고 죽이는 장본인은 다름 아닌 투르크족 군(軍) 지휘관들이었다. 그 후 압바스 왕조에서는 궁정 음모가 잇따라 터지며 칼리프들이 수도 없이 뒤바뀌는데, 그 피비린내 나는 추악한 이야기를 역사가 다 기억할 필요는 없다.

이렇듯 나라의 중심부가 정치는 뒷전에다 군사력마저 못 키우니 왕국이 사분오열되는 것은 정해진 일이었다. 각 지역을 통치하는 자들은 그저 형식적인 면에서만 수도를 따를 뿐이었다. 머릿속으로는 어떻게 해야 자기 자리를 평생 유지할지, 어떻게 해야 그것을 세습직으로 만들지 그것만 궁리하고 있었다. 756년이 되자 스페인이 독립을 선언하고 나섰고, 788년에는 모로코, 801년에는 튀니스, 868년에는 이집트까지 독립을 선언했다. 이집트 왕은 그로부터 9년이 지나자 시리아까지 자기 것으로 만들어 1076년까지 그 대부분을 다스렸다. 한편 코라산 지방은 타히르 장군과 인연이 있었다. 옛날 타히르 장군이 알 마문을 도운 공으로 코라산을 하사받아 자손 대대로 다스릴 권리를 얻어 놓았기 때문이다. 이슬람 왕국에서 반(半)독립하여 페르시아 땅 대부분을 다스린 것이 바로 이 타히르 왕조였고(820~872년), 그 후에는 사파르 왕조가 페르시아 땅의 통치를 이어 갔다.(872~903년) 929~944년에는 이슬람교 시아파 함단족이 메소포타미아 북부와 시리아를 손에 넣었다. 이들은 모술과 알레포를 문화생활의 화려한 중심지로 만들어 놓았고, 그로써 자신들이 가진 힘을 과시했다. 사이풀 다울라(944~967년)는 그 자신이 시인이기도 했는데 철학자 알 파라비, 아랍인들이 가장 사랑한 시인 알 무타나비를 위해 알레포의 자기 왕궁에 따로 공간을 만들어 주기도 했다. 한편 카스피 해 고지대에는 부와이란 족장이 있었고, 그 아들들이 부와이 가를 세워 이스파한과 시라즈 지방을 차지하더니 마침내는 바그다드까지 함락시켰다.(945년) 그 후 칼리프들은 100년이 넘게 이 부와이 가문이 시키는 대로만 움직여야 했다. 충실한 신도의 우두머리라 불리던 칼리프는 이제 이슬람교에서나 수장이었지, 오그라들어 가는 나라를 이끌어 가는 건 부와이 가문의 에미르(emir)였다. 아두드 알 다울라(949~983년)는 부와이 왕조 역사상 가장 위대한 군주로, 시라즈를 수도로 삼아 이슬람에서 제일 아름답게 가꿔 놓았을 뿐 아니라, 왕국 내 다른 도시에도 돈을 아끼지 않았다. 바그다드 역시 알 다울라와 그 후계자들 대에 와서 하룬 시절에 누렸던 영광을 일부나마 다시 실감할 수 있었다.

874년에는 사만 가(조로아스터교의 귀족층)의 후손들이 사만 왕조를 열어서 트란속시아나(시르다라 강과 옥수스 강 사이를 가리키는 고대의 지명으로, 현재의 우즈베키스탄, 타지키스탄, 카자흐스탄 등지가 포함되었다. - 옮긴이)와 코라산을 999년까지 다스렸다. 과학사 및 철학사에 이 트란속시아나가 큰 영향을 끼쳤음을 우리는 잘 모르는 경향이 있다. 트란속시아나의 보카라와 사마르칸트는 사만 왕조 때에 학문과 예술의 중심지로서 바그다드와 쌍벽을 이룰 정도였는데 말이다. 또 이곳에서 페르시아어의 명맥이 되살아나 위대한 문학이 탄생되어 나왔다. 중세 최고의 철학자라 손꼽히던 아비켄나란 인물도 사만 왕조가 신변을 보호해 주었을 뿐 아니라, 책이 가득한 도서관까지 이용하게 해 주었다. 나아가 중세 시대 최고의 명의 알 라지는 『만수르서(al-Mansuri)』라고 하여 당대 의학을 집대성한 책을 사만 왕조 제후에게 바치기도 했다. 그러다 990년에 투르크족이 보카라를 차지하고서 999년에 사만 왕조를 끝장내 버렸다. 지난 300년 동안에는 비잔티움 제국이 아랍의 팽창을 막으려 분투했는데, 이제는 이슬람교도들이 투르크족의 서진을 막기 위해 분투하고 있었다. 그리고 시간이 지나면 이번에는 투르크족이 물밀듯 들이닥치는 몽골족을 막기 위해 고군분투하게 된다. 이렇듯 인구압 증가로 생계 수단이 부족해지면 주기적으로 대규모의 이주가 일어나는데, 대규모 이주가 한번 일어나면 다른 역사적 사건들은 다 그 그늘에 묻혀 버린다.

962년에는 노예 출신인 알프티긴이란 자가 투르케스탄에 있던 투르크족 용병 무리를 이끌고 아프가니스탄을 침공해 들어왔고, 결국에는 가즈니 지방을 손에 넣어 가즈니 왕조를 세웠다. 원래 알프티긴의 노예였던 수부크티긴은 나중에 그의 사위에 후계자까지 되었고 나라를 다스리는 동안(976~997년) 페샤

와르와 코라산 일부를 손에 넣어 통치권을 넓혀 놓았다. 그의 아들 마흐무드는 (998~1030년) 걸프 만에서 옥수스 강까지 페르시아 전역을 차지했을 뿐 아니라, 열일곱 번이나 전투를 벌여 펀자브 지역을 기어코 제국 안에 편입시켰고, 인도에서 상당량의 재물을 가져와 자기 금고에 집어넣었다. 그러다 약탈에도 넌더리가 나 군대를 해산시키려 했으나 실업 문제 때문에 심히 염려되었다. 그래서 취한 조치가 갖고 있던 많은 재산과 병사 일부를 모스크 건설에 쓰는 것이었다. 한 이슬람교도 역사가는 당시의 이야기를 이렇게 전한다.

> 이 모스크에는 엄청난 규모의 회중석(會衆席)이 있는데, 하느님의 종이 6000명까지 한꺼번에 모여도 서로 전혀 부대끼지 않을 정도였다. 왕은 모스크 근처에다 학교도 하나 지었으며, 학교 안에는 도서관 시설을 갖추어 귀한 책을 구해다 놓았다. …… 학생, 교사, 성직자들이 이 말끔한 건물로 속속 모여들었다. …… 학교에서는 정부의 기부금으로 이들에게 생활비와 온갖 생필품을 대 주었을 뿐 아니라, 매년 혹은 매달 봉급까지 주었다.[31]

마흐무드는 이 학교며 자기 궁정에 알 비루니와 피르다우시 등 최고의 과학자와 시인들을 줄줄이 불러들였고, 피르다우시는 울며 겨자 먹기로 페르시아 최고의 시 작품을 써서 마흐무드에게 바쳐야 했다. 이 30년의 통치 기간 동안 마흐무드 왕조가 세계 최고의 수준을 자랑했던 것은 한두 가지가 아니었다. 그러나 이렇게 공들여 이룩한 제국은 마흐무드가 죽자 7년 뒤 고스란히 셀주크 투르크족의 수중으로 넘어가 버렸다.

이 당시 투르크족이 야만인이었다고 생각하면 오산이다. 앞에서도 말했지만 로마를 정복한 게르만족에게 야만인이란 호칭은 삼가야 하듯, 투르크족 역시 이슬람 세계를 휩쓸 때 이미 야만인 단계를 훌쩍 지나 있었음을 우리는 알아야 한다. 이들 투르크족은 중앙아시아 북쪽에 머물고 있다가 6세기에 바이칼 호의 서쪽으로 이동하며 칸(kahn, chagan)의 지휘에 따라 조직을 재정비했다.

산악 지대에서 단철(鍛鐵)이 발견되는 것으로 보아 투르크족은 단단한 무기를 만들 줄 알았던 것으로 보이며, 그런 무기만큼이나 법령도 혹독해서 반역과 살인은 물론 간통과 비겁함까지 사형으로 다스렸다. 투르크족 여자들은 전쟁에서 사람들이 죽어 나가도 그 결손을 메우고 남을 정도로 생식력이 좋았다. 서기 1000년이 되자 셀주크라는 우두머리의 이름을 딴 투르크족 일파가 투르케스탄은 물론 트란속시아나까지도 지배를 하게 되었다. 가즈니 왕조의 마흐무드는 맞수로 떠오른 이 투르크족 세력을 저지하기 위해 셀주크의 아들을 붙잡아다가 인도의 감옥에 가두어 버렸다.(1029년) 그럼에도 셀주크 투르크족은 한 치의 흔들림 없이 성난 기세로 몰려오더니 준엄한 명장 투그릴 베그의 지휘 아래 페르시아 대부분을 차지했다. 그러고는 아라비아 진출의 포석을 깔았는데, 바그다드의 알 카임 칼리프에게 대표단을 보내 셀주크 투르크족이 그와 이슬람교에 복종하고 있음을 밝힌 것이다. 칼리프는 이 겁 없는 전사들이 자신을 부와이 가의 꼭두각시에서 해방시켜 주기를 바랐고, 그래서 투그릴 베그에게 바그다드에 와서 자기편이 돼 달라고 청했다. 투그릴이 그 청을 받아들여 바그다드로 들어오자(1055년) 부와이 가문은 줄행랑을 쳐 버렸다. 알 카임은 투그릴의 조카와 결혼을 한 뒤, "동방과 서방의 왕" 자리에 투그릴을 앉혔다.(1058년) 아시아에 자리하고 있던 이슬람 소국들은 셀주크 투르크의 말발굽 아래 하나 둘 무릎을 꿇었고, 최고 통치권이 바그다드에 있음을 다시 인정해야 했다. 셀주크 투르크 통치자들은 자신들에게 술탄(sultan, '주인'이라는 뜻)이라는 칭호를 붙였으며, 칼리프들은 종교적인 역할 외에는 아무것도 하지 못하게 했다. 그러나 긍정적인 영향도 있었으니 이로써 정부는 활기와 능력을 새로이 되찾았고, 이슬람교 역시 정통 신앙에 대한 열정을 새로이 불태우게 되었다. 2세기 후의 몽골족과는 다르게, 셀주크 투르크족은 땅을 정복해도 그곳을 파괴하지는 않았다. 오히려 한 차원 높았던 이슬람의 문명을 재빠르게 빨아들였고, 백성들이 뿔뿔이 흩어진 채 숨이 끊어져 가던 나라를 새로운 제국으로 통일시켰으며, 아라비아가 앞으로 벌어질 오랜 대결에서 버티고 살아남도록 힘을 불어넣었다.

그 대결이란 바로 그리스도교와 이슬람교 사이의 싸움, 십자군 전쟁을 말한다.

4. 아르메니아: 325~1060년

1060년이 되자 셀주크 투르크족은 아르메니아에까지 정복의 손길을 뻗쳤다.

아르메니아는 제국들이 만나 서로를 할퀴는 각축장이었고, 그래서 오랜 세월 애꿎게 상처를 입으며 살아야 했다. 그도 그럴 것이, 아르메니아 산악 지대는 수비대가 숨기에 안성맞춤이었고, 계곡 사이에 난 길은 메소포타미아와 흑해를 오갈 수 있어 누구나 눈독을 들였기 때문이다. 그리스와 페르시아는 교역과 전쟁에 고속도로가 되는 이 길을 두고 싸움을 벌였으며, 역사상 그 유명한 크세노폰의 만인대(萬人隊, 고대 페르시아에서 왕위 경쟁 싸움에 고용되었던 용병대 - 옮긴이)도 이 길을 밟고 지나갔다. 여기를 두고 싸우기는 로마와 페르시아, 비잔티움 제국과 페르시아, 비잔티움 제국과 이슬람 국가, 러시아와 영국도 마찬가지였다. 외부적으로 가해지는 이러한 압력 또는 지배 때문에 아르메니아는 파란만장한 세월을 겪었다. 그러나 그 속에서 계속 실질적 독립 상태를 유지했고, 상업 및 농업 경제는 늘 활기를 띠었으며, 독자적 문화를 발달시켜 아르메니아의 교의(敎義), 문학, 예술이 따로 있을 정도였다. 그리스도교를 국교로 처음 채택한 나라도 아르메니아였다.(303년) 아르메니아는 그리스도의 본성에 관한 논쟁에서 단성론파 입장을 취했는데, 무르고 약한 인간의 살을 그리스도가 똑같이 갖고 있을 리 없다고 생각해서였다. 491년이 되자 아르메니아 주교들은 그리스 및 로마 교회와 이별을 했고, 스스로 통치하는 아르메니아 교회를 세우고 스스로 카톨리코스(katholikos, 특정 교회, 특히 자치 교회의 수장들을 일컫는 칭호 - 옮긴이) 뽑아 그 지도에 따랐다. 아르메니아 문학은 내내 그리스어로 씌어지다가, 5세기 초반 메스로브 주교가 아르메니아 글자를 만들어 성경을 아르메니아어로 번역해 냈다. 그 후 아르메니아에는 문학이 풍성하게 꽃을 피웠고, 내용은 주로 종교와 역사를 다루었다.

642년부터 1046년까지의 기간 동안 아르메니아는 명목상으로는 칼리프에게 복종을 했으나, 실질적 면에서는 여전히 독립적이고 열정적인 그리스도교 국가였다. 9세기가 되자 아르메니아에서는 바그라투니 가문이 "왕들 중의 왕"이란 칭호로 왕조를 세웠다. 이들은 수도를 아니(Ani)에 건설했고, 그 후 수 세대 동안 나라를 비교적 평화롭게 잘 발전시켜 나갔다. 그중에서도 백성들에게 큰 사랑을 받았던 군주는 아쇼트 3세(952~977년)였다. 그는 교회, 병원, 수녀원, 구빈원을 곳곳에 지었고, (전하는 바에 따르면) 반드시 가난한 사람이 끼어 있어야 식사 자리에 앉았다고 한다. 나라의 번영이 절정에 이른 것은 그의 아들 가기크 1세(990~1020년, 우리 이름이 괴상하게만 보이기는 필경 아르메니아인들도 마찬가지이리라!) 때였다. 문을 연 학교만 한두 군데가 아니었고, 도시들은 교역으로 풍요를 누리고 예술로 치장을 했다. 문학, 신학, 철학의 중심지로서 카르스는 아니와 어깨를 나란히 했다. 아니에는 웅장한 궁궐들과 대성당도 들어섰는데(980년경), 페르시아와 비잔티움 양식이 오묘하게 뒤섞인 모습이었다. 이 건축물들에 자리한 줄기둥은 둥근 아치만큼이나 눈에 띄는데, 이는 나중에 고딕 예술에도 등장한다. 989년 콘스탄티노플에서는 성 소피아 성당의 둥근 지붕이 지진으로 무너져 내렸는데, 이때 비잔티움 제국 황제가 지붕 복구라는 위험한 대업을 맡긴 사람도 바로 아니에 성당을 지었던 건축가 트르다트였다.[32]

THE AGE OF FAITH

11장 이슬람 세계의 모습
　　　　　　　　628~1058

1. 경제

　문명이란 것은 흙과 넋, 이 둘의 합작품이다. 땅에 재료가 아무리 널려 있다 한들 사람이 열망에 불타 그것을 공들여 탈바꿈시키지 않는 한 문명은 있을 수 없다. 문명의 정면은 늘 궁정과 궁궐, 신전과 학교, 문학, 사치품, 예술품의 차지지만, 그 뒤에는 항상 무거운 짐을 어깨에 진 듯 문명을 떠받치는 사람들이 있다. 숲에서 먹잇감을 잡아 오는 사냥꾼이 그렇고, 또 숲에서 나무를 베어 쓰러뜨리는 나무꾼이 그렇다. 목동들은 풀밭을 찾아 돌면서 가축을 먹여 떼를 불린다. 농부는 땅을 골라 씨를 뿌리고, 그곳에 자라난 농작물을 돌보아 수확을 하며, 과일나무와 덩굴작물을 기르고, 벌집의 꿀을 따고 가축도 키운다. 여자들은 살뜰한 살림살이를 위해 수십 가지 재주를 손에 익히고 수십 가지 일에 신경을 쓴다. 광부는 땅을 파 광물을 찾아내며, 건축가는 집이며, 탈것이며, 선박을 지어 낸다. 직공들 손에서는 각종 물건과 도구들이 만들어져 나오고, 봇짐장수, 가게 주인, 상인들은 물건 만드는 사람과 물건 쓰는 사람 사이를 이어 주고 또 이간질한다. 투자자들은 모은 돈을 쏟아부어 산업을 융성시킨다. 기업가들은 사람들의 근육과, 물질과, 정신에 고삐를 매어 서비스와 재화를 만들어 낸다. 이들은 거친 바다를 쉼 없이 돌아다니는 괴물 리바이어던, 그 뻐르적대는 등 위를 아슬아슬하게 올라타 있는 것이 바로 문명이다.

이슬람 세계에서도 이들 모두는 바삐 움직였다. 남자들은 소, 말, 낙타, 염소, 코끼리, 개를 기르는가 하면, 꿀벌에게서는 꿀을 낙타, 염소, 젖소에게서는 우유를 훔쳐 냈다. 이들이 재배한 곡식, 채소, 과일, 견과, 화초 등은 각양각색으로 수십 가지에 이르렀다. 10세기를 얼마 앞두고는 인도의 오렌지 나무가 아라비아로 전해졌다. 오렌지 나무는 아랍인 손을 거쳐서 시리아, 소아시아, 팔레스타인, 이집트, 스페인 등지에 전해졌고, 이들 국가에서 다시 서유럽 곳곳으로 퍼져 나갔다.[1] 사탕수수와 설탕 가공법 역시 아랍인들이 인도에서 들여와 근동 전역에 전해 주었으며, 근동 지역에 왔던 십자군이 이를 유럽 각국에 들여갔다.[2] 유럽에서 처음 목화를 재배한 것도 아랍인이었다.[3] 어딜 가나 메마른 땅 아라비아에서 이 정도 성과가 날 수 있었던 것은 체계 잡힌 관개 시설 덕분이었다. 칼리프들은 경제는 자유 업체에 맡긴다는 원칙을 고수했지만 관개 시설에 대해서만큼은 예외였다. 대규모의 운하는 국가가 직접 나서서 유지 감독과 재정 지원을 책임졌다. 그리하여 유프라테스 강이 수로를 통해 메소포타미아 땅과 연결되었고, 티그리스 강은 페르시아 땅과 연결될 수 있었다. 그리고 바그다드 땅은 대규모의 운하를 통해 이 쌍둥이 강과 연결되었다. 압바스 왕조 초기의 칼리프들은 습지에 찬 물을 빼내는 데 힘을 썼고, 황폐화한 마을과 버려진 농지도 원상 복구되도록 장려했다. 사만 가 제후의 통치를 받던 10세기에는 보카라와 사마르칸트 사이의 지역이 "네 군데의 지상 낙원" 중 하나로 손꼽히기도 했다.(나머지 세 곳은 페르시아 남부, 이라크 남부, 다마스쿠스 근처 지역이었다.)

아라비아에서는 금, 은, 철, 납, 수은, 안티몬, 황(黃), 석면, 대리석, 보석 등을 땅에서 파내거나 돌덩이에서 채석해 썼다. 진주는 잠수부들이 걸프 만의 바다에 들어가 따 왔다. 나프타기름과 역청(瀝靑)도 아라비아에서는 쓸모 있을 때가 있었다. 하룬 치세 때에 설립된 국가 기록 보관소에 가보면 자파르의 시체를 불태울 때 사용된 "나프타기름과 지푸라기"가 얼마였는지 그 가격을 확인해 볼 수 있다.[4] 산업은 수공예 단계에 머물러 있었다. 물건은 가정이나 직공들의 작업실에서 제작되었고, 산업별로 조합 조직이 갖춰져 있었다. 아라비아에는 공장 시설의 흔적이 거의 발견되지 않고 뚜렷한 기술 발전 사례도 찾아볼 수 없으나, 풍차 시설만큼은 발달돼 있었다. 마수디가 10세기에 남겨 놓은 글을 보면 페르시아와 근동 지방에서 이런 풍차를 봤다는 이야기가 나오기 때문이다. 유럽에서 풍차는 애초에 기미도 없다가 12세기에 들어서 갑자기 모습을 드러내는데, 십자군이 동방의 이슬람교도와 싸우러 갔다 뜻하지 않게 받아 온 또 하나의 선물이었으리라.[5] 아라비아인들은 기계를 만들어 내는 재주가 뛰어났다. 하룬 알 라시드가 샤를마뉴에게 보낸 물시계만 봐도 그랬다. 가죽과 상감 청동으로 만들어진 이 시계는 시가 바뀔 때마다 금속으로 만든 무사(武士) 인형이 문을 열고 나와 시간을 알려 주었다. 인형은 심벌즈 위에 해당 시각만큼 공을 떨어뜨리고는 다시 들어가 문을 닫았다.[6] 아라비아에서는 물품이 생산되는 속도는 더뎠지만, 수공예인들이 완성도 있는 작품 속에서 스스로의 솜씨를 표현했기에 예술의 경지에 다다르지 않은 산업이 거의 없을 정도였다. 페르시아, 시리아, 이집트 직물은 그 기술에 불굴의 장인 정신이 담긴 것으로 유명했다. 모술은 지방 특산 면직물인 모슬린으로 유명했고, 다마스쿠스는 다마스크 직(織) 리넨 산지로서, 아덴은 울 산지로 유명했다. 다마스쿠스는 강철을 정성스레 담금질하여 칼을 만들어 내는 지역으로도 유명했다. 시돈과 티레에서 만들어진 유리는 그 어디에서 만든 것보다 얇고 투명했으며, 바그다드도 유리와 도기 산지로 유명했다. 라이는 도기, 바늘, 머리빗으로 유명했고, 라카는 올리브기름과 비누로 유명했으며, 파르스는 향수와 러그로 유명했다. 이렇듯 서아시아는 이슬람의 통치 아래 산업과 상업이 절정을 누렸으니, 서유럽에서는 산

업과 상업이 이 정도 꽃피려면 16세기나 되어야 했다.[7]

　육로로 무언가를 나르는 일은 주로 낙타, 말, 노새, 사람이 맡았다. 그러나 말은 짐만 나르기에는 너무도 아까운 동물이었다. 아랍인들 문헌에는 이런 말도 있다. "그것을 우리는 말이라 부르지 말지어다. 그것은 우리의 아들이노니. 그것은 달릴 때 폭풍우보다 날쌔며, 전광석화보다도 빠르노니…… 발걸음은 그 얼마나 가벼운가. 그것이 우리 애인의 젖가슴 위에서 춤을 춘다 한들 여인은 다칠 일 없도다."[8] 따라서 아랍인의 교역 시 짐 대부분은 "사막의 배"라 불렸던 낙타의 차지였고, 이 시절에는 4700마리의 낙타가 이끄는 대상들 무리가 이슬람 세계를 거침없이 누비고 다녔다. 바그다드에서는 대규모의 도로들이 방사형(放射形)으로 건설되었다. 이 도로들은 라이, 니샤푸르, 메르브, 보카라, 사마르칸트를 지나 카슈가르와 중국의 변경 지대까지 이어졌다. 바스라를 지나는 도로는 시라즈로 이어졌으며, 쿠파를 지나는 도로는 메디나, 메카, 아덴으로, 모술이나 다마스쿠스를 지나는 도로는 시리아의 해안가로 이어졌다. 도로 곳곳에는 대상용 숙소와 여인숙, 순례객 숙소, 저수조 등이 마련돼 있어 여행객과 가축에게 도움의 손길을 건넸다. 강물과 운하도 내륙 교통에서 많은 부분을 담당했다. 애초에 수에즈 운하 건설을 계획한 것은 하룬 알 라시드였지만, 그는 야흐야의 알 수 없는 반대에 부딪혀(아마 재정상 문제였을 것이다.) 운하 건설을 포기해야 했다.[9] 당시 바그다드의 티그리스 강은 폭이 750피트에 달했는데, 아랍인들은 배를 줄지어 늘어놓고 그 위에 다리를 놓아 강 사이를 연결했다.

　이렇듯 얽힌 동맥을 타고 아라비아의 상업은 분주히 움직였다. 예전만 해도 네 나라로 쪼개져 있던 아라비아, 그곳이 하나의 정부 아래 통일되자 서아시아는 경제적으로 훨씬 유리해졌다. 관세를 비롯해 갖가지 교역 장벽이 사라졌을 뿐 아니라, 언어와 신앙이 통일되어 상품 흐름이 한결 원활해졌기 때문이었다. 더구나 아랍인들은 유럽 귀족들과는 달라서 상인을 멸시하는 일이 없었다. 오히려 이들도 머지않아 그리스도교도, 유대교도, 페르시아인처럼 생산자에서 소비자로 물품을 전하되 양측의 이익을 가급적 줄이는 방법으로 장사를 하기 시작했다. 갖가지 교통수단이 넘쳐 나고, 물물 교환 및 판매가 활발히 이루어지자 아라비아 곳곳의 도시 및 읍락은 성황을 이루었다. 봇짐장수들은 격자무늬 창에 대고 물건을 사라며 소리를 목청껏 외쳐댔고, 가게에서는 물건을 주렁주렁 매달아 두고 왁자지껄 물건 값을 흥정하곤 했다. 크든 작든 시장이 서는 곳에는 상품, 상인, 손님, 시인이 다 같이 몰려들었다. 중국과 인도는 아라비아의 대상을 통해 페르시아, 시리아, 이집트와 하나로 엮일 수 있고, 아랍의 상인들은 바그다드, 바스라, 아덴, 카이로, 알렉산드리아 같은 항구 도시를 통해 먼 바다까지 나아갈 수 있었다. 십자군 전쟁 전에는 지중해의 패권이 오롯이 이슬람 세력 상업의 차지였다. 이슬람 상인들은 이편의 시리아와 이집트, 그리고 저편의 튀니스, 시칠리아, 모로코, 스페인을 부지런히 오가며 장사한 것은 물론, 그리스, 이탈리아, 갈리아 지역에까지 발을 들였다. 그들은 에티오피아를 기점 삼아 홍해를 장악했으며, 그 영향력은 카스피 해를 지나 몽골 지역에까지 이르렀다. 볼가 강 위쪽의 아스트라한부터 노브고로드, 핀란드, 스칸디나비아까지도 이슬람 상인의 세력권이었으며, 독일에는 그 흔적으로 이슬람 동전이 수천 개나 남아 있기도 했다. 한번은 중국이 바스라로 평저선(平底船)을 보내오자 이에 화답하여 페르시아 만에서 인도와 실론을 향해 다우선(삼각형의 큰 돛을 단 아랍식 배 – 옮긴이)을 출항시켰고, 배는 말라카 해협을 거쳐 중국의 해안을 따라 광둥성까지 갔다. 이곳에 이슬람교도와 유대교도들이 식민지를 그럴듯하게 건설해 놓은 것이 8세기의 일이었다.[10] 이토록 활기찬 이슬람의 상업 활동은 10세기, 즉 서유럽 경제가 한없는 수렁에 빠져 있던 때에 절정을 이루었다. 이후 이슬람의 상업 활동은 잠잠해졌지만, 'tariff(관세)', 'traffic(교통)', 'magazine(잡지)', 'caravan(대상)', 'bazaar(상점가)' 등 상당수의 유럽 어휘에 그 자취를 고스란히 남겼다.

    나라에서는 산업과 상업 활동을 자유롭게 풀어 주었으나, 통화는 비교적 안정적으로 마련해 산업과 상업에 힘을 보태 주었다. 초기 칼리프들은 비잔티움 제국과 페르시아에서 화폐를 가져다 썼지만, 695년에 이르자 아브드 알 말리크가 디나르 금화와 디르헴 은화를 주조해 내 이를 통화로 활용했다.* 아랍의 여행가이자 지리학자인 이븐 하우칼의 말에 의하면, 모로코의 한 상인은 (975년경에 이미) 4만 2000디나르를 지급받는다는 내용으로 일종의 약속 어음을 받아 두었다고 한다. 이런 신용 문서를 가리키는 아랍어가 "사크(sakk)"였는데, 수표를 뜻하는 영어 "체크(check)"도 여기서 파생된 말이다. 이 당시 투자가들은 공동으로 자금을 부담하여 바다를 누비는 상선이나 사막의 대상들에게 지원을 해 주었다. 한편 이때는 사람들에게 돈을 빌려 줘도 이자는 받을 수 없었다. 그러나 유럽에서도 그랬듯 채권자는 여러 가지로 정부의 규제를 피해 원금 사용 및 그에 따른 위험에 대해 보상을 받을 수 있었다. 독점은 불법 행위였지만 법에 아랑곳없이 기승을 부렸다. 우마르가 죽고서 백 년도 안 되어 아랍의 상류층은 부를 어마어마하게 끌어모았고, 그 돈으로 저택을 호화스럽게 꾸미고 노예를 수백 명씩 두었다.[11] 바르마크 가의 야흐야는 한때 갖가지 보석이 박힌 진주함을 손에 넣고 싶어 했으나 700만 디르헴(56만 달러)을 부르고도 그것을 사지 못했다. 이슬람교도들이 전하는 수치를 우리가 믿어도 된다면, 칼리프 무크타피는 보석과 향수만 2000만 디나르(9450만 달러) 어치를 남겼다고 한다.[12] 하룬 알 라시드의 아들 알 마문은 부란이라는 여자와 혼인했는데, 결혼식장에서 그녀의 할머니는 진주알을 한 움큼씩 집어 신랑에게 뿌려 주었다. 또 그녀 아버지는 하객들에게 사향으로 만든 공을 던져 주었고, 공을 주운 사람은 그 안에 적힌 소유권 문서에 따라 노예, 말, 땅 등의 각종 선물을 받을 수 있었다.[13] 이븐 알 자사스라는 한 유명한 보석상은 무크타디르에게 1600만 디나르를 몰수당했지만 그러고도 여전히 엄청난 부자였다. 해외 교역상 중에는 400만 디나르 정도의 재산가가 한둘이 아니었고, 시가 1만~3만 디나르(14만 2500달러)의 저택을

---

* 디나르 금화는 (로마의 데나리우스(denarius)에서 유래한 것으로서) 금 65그램(0.135온스)이 들어 있었다. 디나르 1냥은 1947년 현재의 미국의 금 시세로 따질 때 4.72 1/2달러에 해당한다. 이 책에서는 대략 1디나르를 4.75달러로 계산하려 한다. 한편 디르헴 은화는 (그리스의 드라크마(drachma)에서 유래한 것으로서) 은 43그램이 들어 있었고, 미국 돈으로는 가치가 8센트 정도 된다. 당시 통화의 순도가 제각각이었던 사정 때문에, 이 책에서도 환산값이 대략적으로밖에 나올 수 없음을 밝혀 둔다.

소유한 상인들도 수백 명에 달했다.[14]

이슬람 세계의 경제 구조에서 맨 밑바닥을 차지한 이들은 노예였다. 인구 비율로 보면 그리스도교 세계보다는 이슬람 세계에 노예가 많았을 가능성이 크다. 이즈음 그리스도교 세계는 노예제가 사라지고 봉건제가 차차 자리를 잡고 있었으니 말이다. 전하는 이야기에 따르면, 칼리프 무크타디르는 집안일을 돌보는 일에만 환관 1만 1000명을 부렸다고 한다. 무사(Musa)는 아프리카에서 포로 30만 명, 스페인에서 처녀 3만 명을 잡아 와 노예로 팔아넘겼으며, 쿠타이바도 소그디아나에서 10만 명을 잡아 왔다고 전한다. 그러나 동방의 문헌에서 나온 것인 만큼, 이 수치들은 부풀려졌을 가능성이 있다. 코란에 따르면 전쟁이 터졌을 때 이슬람교도는 적군을 포로로 잡을 수 있었고, 자식이 법적으로 노예 신분이 되려면 반드시 양 부모 모두가 노예여야 했다. (그리스도교 세계에서 그리스도교도를 노예로 만드는 일이 없었듯) 이슬람교 세계에서도 이슬람교도는 노예가 되지 않았다. 그럼에도 불구하고 아라비아인들은 노략질을 할 때면 사람들도 잡아다 신나게 사고팔았다. 동부 아프리카 및 중앙아프리카의 흑인, 투르케스탄의 투르크족이나 중국인, 러시아, 이탈리아, 스페인의 백인들이 주된 대상이었다. 노예들의 목숨은 순전히 그를 부리는 이슬람교도 손에 달려 있었다. 그러나 이슬람교도들은 대체로 노예를 온정으로 대했고, 그들의 숙명을 더 비참하게 만들지는 않았다. 오히려 신변 안전의 면에서는 이들이 19세기 유럽의 공장 노동자보다 나았을지 모른다.[15] 농장의 허드렛일이나 읍내에 필요한 단순 막노동은 대개 이 노예들이 맡았다. 가정집에 들어가면 하인이 되었고, 규방에 들어가면 환관과 첩으로 일했다. 대부분의 무희, 가수, 배우들도 노예 신분이었다. 여자 노예와 그 주인 사이에, 또는 자유민 여자와 그녀의 노예 사이에 자식이 나기도 했는데, 이때 자식은 자유민으로 인정이 되었다. 결혼은 노예들도 할 수가 있었고, 노예에게서 난 자식이라도 재능만 있으면 교육받을 길이 있었다. 그저 놀랍기만 한 것은, 이슬람의 지식층 및 정치계를 보면 고위직에 노예의 자식이 참으로 많고, 마무드를 비롯하여 초기 맘루크 왕조 때에는 노예 신분으로 왕이 된 이가 참으로 많았다는 것이다.

아시아의 이슬람 세계에도 착취는 있었지만, 이교도와 그리스도교도, 혹은 이집트의 이슬람교도처럼 무자비한 수준은 절대 아니었다. 적어도 아라비아에서는 농부가 밭에서 한 시도 쉬지 않고 뼈 빠지게 일하면 아사하기 직전에 오두막, 옷 쪼가리 한 장, 먹을 것 정도는 구할 수 있었다. 예나 지금이나 이슬람 세계에서 구걸은 흔한 일이며, 신분을 사칭하여 구걸하는 일도 많다. 그러나 이 가난한 아시아인들에게도 나름의 방어 기술이 있었으니, 바로 일을 천천히 하는 것이었다. 갖가지 수를 써서 게으름을 피우는 데는 이들을 당해낼 자가 거의 없었다. 거기다 구호품도 심심찮게 얻을 수 있고, 최악까지 치달아 노숙자가 된다 해도 잠은 마을에서 가장 좋은 건물, 즉 모스크에서 잘 수 있었다. 그렇긴 했어도 이슬람 치세 때에도 계급 간의 영원한 투쟁은 뭉근히 들끓고 있었고, 그러다 이따금(778년, 796년, 808년, 838년) 폭력적인 반란으로 폭발하기도 했다. 당시 사회가 신정(神政) 일치의 특징을 갖고 있었던 만큼 반란은 보통 종교의 옷을 두르고 있었다. 쿠라미야와 무하이다 같은 일부 분파는 페르시아의 반역자 마즈다크에게서 공산주의 사상을 가져와 내걸었다. 이 중 한 집단은 스스로 수르크 알람(Surkh Alam, '붉은 깃발')이라는 이름을 쓰기도 했다.[16] 그러다 772년경 하심 알 무카나(호라산의 '베일 쓴 예언자')라는 자가 나타나 선언하길, 자신은 신의 화신이며 마즈다크의 공산주의를 부활시키기 위해 이 세상에 왔다고 했다. 그는 주변에 다양한 분파를 끌어모아 상당수의 군대를 물리쳤고, 그 후 14년 동안 페르시아 북부를 다스리다 (786년에) 마침내 적군에게 붙잡혀 목숨을 잃었다.[17] 838년이 되자 하심의 뜻을 계승한다며 바비크 알 쿠라니라는 자가 나타났고, 그는 주변에 무하미라(적군(赤軍))[18] 일당을 모아 아제르바이잔을 점령했다. 이후 22년 동안 이들은 아제르바이잔을 점거하고 있으면서 줄줄이 쳐들어오는 군대를 물리쳤으며, (이슬람 학자 타바리의 주장을 그대로 믿는다면) 적에게 잡히는 신세가 되기까지 바비크가 죽인 병사와 포로의 수는 25만 5500명에 이르렀다. 칼리프 무타심은 바비크가 부리던 사형 집행인을 데려다 바비크의 사지를 하나씩 차례로 자르게 했고, 사지가 잘려 나간 몸뚱이는 왕궁 앞에 떡하니 꽂아 두었다. 그의 머리는 호라산 곳곳의 도시를 돌며 사람들에게 전시되었고,[19] 그것을 통해 (공산주의에서 이야기하는 것과는 달리) 모든 사람은 이 세상에 날 때부터 자유롭지도 평등하지도 않음을 사람들에게 일깨웠다.

이렇듯 동부에서 일어난 여러 차례의 "노예의 난" 중에도 가장 유명한 반란은 알리라는 사람이 주도한 것이었다. 알리는 아랍인으로서 마호메트의 사위가 자기 조상이라고 주장하는 사람이었다. 당시 바스라 근방에는 질산칼륨 채취 작업에 고용된 흑인 노예들이 상당히 많았다. 알리는 이들의 대변자로 나서서 이 노예들이 얼마나 부당한 대우를 받는지 일러 주면서 자신이 앞장설 테니 난을 일으키자고 했다. 그러면 그들에게 자유와 재물을(그리고 노예도) 주겠다고 약속했다. 흑인 노예들은 알리의 제안에 응해 식량과 보급품을 탈취했고, 그들을 제압하려 출동한 군대를 여러 번이나 무찔렀다. 그러고는 자기들 손으로 자치 촌락을 건설해 그 안에 지도층을 위한 궁전이며, 포로를 가둘 감옥이며, 신도들을 위한 모스크까지 지었다.(869년) 일손이 갈급해지자 고용주들은 알리에게 제안하길, 반란군들을 설득해 일터로 돌려보내 주면 1인당 5디나르씩을(23.75달러) 주겠다고 했다. 알리는 거절했다. 주변국에서는 식량 공급을 끊어 반란군을 항복시키려 했지만, 반란군은 막상 보급품이 떨어지자 오볼라라는 마을을 침략해 들어갔다. 이들은 그곳에서 일하던 노예들을 해방시킨 후 그들마저 모조리 반란군으로 끌어들였고, 마을은 샅샅이 약탈한 후 불태워 버렸다.(870년) 득의만만해진 알리는 이제 병사들을 이끌고 다른 도시까지 처러 갔다. 그는 도시 여러 곳을 손에 넣을 수 있었고, 결국에는 바그다드의 관문인 남부 이란 및 이라크까지 장악하게 되었다. 그러자 상업 활동이 멈추면서 수도의 시민들이 굶주리기 시작했다. 871년에는 모할라비라는 흑인 장군이 대규모 반란군을 일으켜 바스라를 점령했다. (우리가 역사가들 말을 믿어도 된다면) 이때 무차별로 학살당한 사람들 수만 30만 명에 이르렀다고 하며, 하심 가 귀족들을 비롯하여 백인 여자와 아이들 수천 명이 흑인 군대의 첩이나 노예가 되었다고 한다. 흑인 장군의 이 반란은 10년이나 이어졌다. 이를 진압하기 위해 정부에서는 대규모의 군대를 파병했고, 반란군에 있던 병사라도 거기서 등 돌리고 나오면 사면과 보상을 받을 수 있도록 했다. 그러자 알리를 떠나 정부군에 가담하는 병사들이 많아졌다. 정부군은 남은 병사들을 포위하고는 끓는 납물에 일명 "그리스 화약"(심지에 나프타기름을 바른 횃불)을 동원해 폭격을 가했다. 마침내 비지에(vizier) 모와파크 휘하의 한 부대가 반란군의 거점 도시를 뚫었다. 그들은 저항 세력을 소탕했고 알리를 죽여서 그의 목을 비지에 앞에 대령했다. 모와파크와 그의 장군들은 알라신께서 자비를 베푸셨다며 무릎을 꿇고 감사 기도를 올렸다.(883년)[20] 동부 이슬람 세계는 14년이나 이어진 이들 반란 때문에 정치 및 경제 구조가 전반적으로 허물어질 위기에 있었다. 이집트 총독 이븐 툴룬은 이 틈을 놓치지 않고 칼리프의 속주 중 가장 부유했던 이집트 땅을 슬쩍 독립 국가로 만들어 버렸다.

2. 신앙

인간의 욕구에는 단계가 있으니 빵과 여자를 얻고 나서는 영원한 구원을 갈망한다. 적당히 배가 부르고 욕정도 어느 정도 해소된 후 잠깐 틈이 날 때 신을 찾는 것이다. 그러나 이슬람교도들은 일부다처제로 살았음에도 상당 시간을 알라신을 찾는 데 할애했고, 윤리, 법, 통치의 기반도 종교에서 찾았다.

이슬람교 교리는 이론상으로는 그 내용이 어느 신앙보다도 단순하다. "이 세상에 존재하는 신은 알라신 단 하나이며, 알라신이 보낸 예언자가 마호메트이다."라는 것이 기본 교리이니까 말이다. 그러나 이렇듯 단순한 신조는 사실 겉모습에 불과하다. 이 교리에서 한발 더 들어가면 이슬람교 신도는 코란과 그 속의 모든 가르침을 받아들여야 하기 때문이다. 그래서 정통 이슬람교도들이 믿고 따라야 했던 건 천국과 지옥, 천사와 악마, 육체와 영혼의 부활, 예정설, 최후의 심판, 이슬람교의 네 가지 계율(기도, 자선, 금식, 순례)뿐만이 아니었다. 이 세상에는 마호메트보다 먼저 나타나 계시의 서곡을 들려준 다양한 예언자들이 있었으니, 이슬람교도들은 이들의 신성한 말씀까지 믿어야 했다. 코란에는 "각 나라마다 사자(使者)와 예언자가 다 따로 나타날지니."(10장 48절)라는 말이 들어 있으며, 일부 이슬람교도는 이러한 사자의 수가 22만 4000명에 이른다고 추산하기도 했다.[21] 그러나 마호메트 생각에 신의 말씀을 전한 것은 오직 셋, 아브라함, 모세, 예수뿐이었다. 이에 따라 이슬람교도들은 구약 성경과 복음서의 내용까지 신성한 말씀으로 받아들여야 했다. 이들 성경이 군데군데 코란과 모순을 보이는 것은 사람들의 손을 타 알게 모르게 더럽혀졌기 때문이다. 그러나 이렇게 성경을 인정했다 해도 앞서 나온 어떤 계시도 코란을 대신할 수는 없었으며, 신이 어떤 사자를 보냈다 해도 마호메트보다 뛰어날 수는 없었다. 이슬람교에서는 마호메트가 한낱 인간이었음을 공식 인정했지만, 그리스도교도들이 그리스도를 떠받든 것만큼이나 마호메트를 열렬히 숭배했다. 한 평범한 이슬람교도는 이렇게 말하기도 했다. "그 분이 살던 때에 나도 살았더라면, 신의 사도이신 그 분이 신성한 발로 땅을 밟으실 일은 없었을 것이오. 이 몸이 그 분을 업고 다니며 원하시는 곳은 어디든 데려다 드렸을 테니까."[22]

그렇지 않아도 복잡한 신앙은 이후 훨씬 더 복잡해진다. 훌륭한 이슬람교도라면 코란을 숙지해야 할 뿐 아니라, 이슬람교 식자(識者)들이 보존해 놓은 예언자의 언행 및 대화 내용을 이슬람교의 전승으로서 구구절절 받아들이고 따라야 했기 때문이다.(마호메트의 언행록은 '수나(Sunna)', 이슬람교 전승 기록은 '하디스(Hadith)'라고 한다.) 코란은 신성한 경전이긴 했으나 답이 명쾌하게 나오지 않는 부분은 있기 마련이었고, 시간이 흐르자 이런 부분에서 교리, 의례, 윤리, 계율의 문제가 하나둘 제기되기에 이르렀다. 때로는 코란의 내용 자체가 애매해 명확한 정리가 필요하기도 했다. 바로 이럴 때 예언자나 그의 "동반자"들이 생전에 무슨 말을 했는지 알아 두면 좋았다. 이러한 전승을 헌신적으로 나서서 모으는 이슬람교도들은 따로 있었다. 이들은 처음 백 년간은 수집한 전승 내용을 굳이 글로 남기려 하지 않았다. 그저 여러 도시에 다양한 하디스 학파를 형성해 하디스를 암송해 주는 공개 강연회를 여는 정도였다. 당시에는 마호메트에게서 직접 전승받았다고 하면 그 하디스를 들으려고 사람들이 스페인이며 페르시아를 찾는 것이 예사였다. 이렇게 해서 코란을 중심으로 하여 일군의 구전 가르침이 형성되었으니, 옛날 미슈나와 게마라가 구전 전승으로서 구약 성서 옆에서 성장한 것과 비슷한 양상이었다. 한편 189년의 먼 옛날, 유대교에서는 예후다 하 나시라는 사람이 유대인의 구전 율법을 모아 글로 정리한 적이 있었는데, 870년 이슬람교에서도 똑같은 작업이 이루어졌다. 알 부카리라는 사람이 이집트부터 투르케스탄의 각지를 돌며 마호메트 관련 구전 전승을 연구한 것이다. 그는 전승 60만 개를 비판적으로 검증했고 그중 7275개를 골라 『사히흐(Sahih)』('정전(正傳)'의 의미)라는 책에 실었다. 이 책을 보면 매 전승마다 꼬리에 꼬리를 무는 전승자(이러한 권위 있는 전승자를 아랍어로는 '이스나드(isnad)'라고 한다.)의 목록이 예언자의 동반자, 또는 예언자 자신에게 거슬러 올라갈 때까지 일일이 다 밝혀져 있다.

　이러한 전승 중에는 기존의 이슬람교 교리에 새로 색을 입힌 것도 많다. 예를 들어 살아생전 마호메트는 자신에게 기적의 힘이 있다고 주장하지 않았으나, 그가 기적을 행했다고 전하는 아름다운 전승은 수백 개에 이른다. 사람 하나를 겨우 먹일 식량으로 많은 이를 배부르게 했다고도 하고, 악마를 쫓아냈다고도 하며, 기도 한 번으로 하늘에서 비를 내리고 또다시 기도 한 번으로 비를 그치게 했다고도 한다. 젖이 안 나는 염소에게서 우유를 짜내기도 했고, 아픈 사람이 그가 입은 옷이나 그의 잘라 낸 머리카락을 만지면 병이 씻은 듯 나았다고도 한다. 이러한 전승 중에는 그리스도교의 영향을 받아 이야기 틀이 형성된 것도 많은 듯하다. 일례로, 실제의 마호메트는 적에게 가차 없는 편이었음에도 불구하고, 마호메트의 전승에서는 적에 대한 사랑이 누누이 강조된다. 또 전승의 주기도문은 그리스도교 복음서에서 그 내용을 가져온 것이며, 이슬람교 전승을 읽다 보면 (그리스도교 복음서에 나오는 우화인) 씨 뿌리는 사람, 결혼식하객, 포도밭 일꾼들의 이야기가 마호메트의 입에서 흘러나오기도 한다.[23] 전승 내용 전반에서도 마호메트는 아내를 아홉이나 두었음에도 훌륭한 그리스도교도인 것처럼 탈바꿈해 있다. 이에 이슬람교 비평가들은 우마이야 가와 압바스 왕조 등에서 선전에 이용하려는 속셈으로 상당수의 하디스를 꾸며 냈다고 불평한다.[24] 일례로, 이븐 아비 알 아우자는 772년 쿠파에서 처형을 당할 때 전승 4000개를 날조했다고 실토하기도 했다.[25] 그래서 몇 안 되지만 일부 회의주의자들은 하디스 수집을 비웃으며, 그것의 근엄한 형식을 빌려다 상스러운 이야기를 지어내기도 했다.[26] 그럼에도 불구하고 하디스가 신앙과 윤리를 하나로 엮어 주는 만큼 이슬람교도로서는 그것을 받아들이는 것이(정본을 무엇으로 삼든) 정통임을 입증받는 뚜렷한 징표가 되었고, 그들에게는 전통주의자를 뜻하는 수니(Sunni)란 이름이 붙여졌다.

한 전승을 보면 천사 가브리엘이 마호메트에게 이렇게 묻는 장면이 있다. "이슬람교가 무엇이더냐?" 이에 마호메트는 다음과 같이 답한다. "알라신과 그 분의 예언자를 믿는 것이 이슬람교입니다. 정해진 형식으로 기도문을 암송하고, 사람들에게 자선을 베풀며, 라마단절에 금식을 지키고, 성지 메카를 순례하는 것이 이슬람교입니다."[27] 이렇듯 이슬람교에서는 기도, 자선, 금식, 순례를 신도가 지켜야 할 "네 가지 계율"로 보고 있다. 여기에 알라신 및 마호메트에 대한 믿음이 더해지면 그것이 "이슬람교를 받치는 다섯 기둥"이 된다.

이슬람교에서 신도들은 기도를 드리기 전 반드시 몸을 깨끗이 해야 했다. 이슬람교도가 하루에 다섯 번 기도를 드려야 했던 점을 생각하면, 말 그대로 독실함 다음으로 청결을 중히 여겼던 셈이다. 모세와 마찬가지로 마호메트에게도 역시 종교는 윤리를 지키는 수단이자 청결을 유지해 주는 방편이었다. 아무리 합리적인 것이라도 그것을 대중이 받아들이려면 신비스러운 형식이 필요하다는 걸 그는 간파하고 있었다. 마호메트는 깨끗하지 못한 사람이 기도를 드리면 신이 귀를 기울이지 않는다며 신도들을 훈계했다. 그래서 기도 전에 양치질까지 하도록 하려 했으나 결국에는 얼굴, 손, 발을 씻는 것으로 타협을 보았다. 마지막 재계(齋戒)를 하고 나서 남자의 경우 성관계를 가졌거나, 여자의 경우 월경을 시작했거나 출산을 했으면, 기도를 하기 전 반드시 목욕을 해야 했다. 무에진(muezzin, 기도 시각을 알리는 사람)은 새벽, 정오 직후, 늦은 오후, 일몰 무렵, 그리고 취침 시간이 되면 사원 탑에 올라 큰 목소리로 다음과 같이 아잔(adhan, '기도 시간을 알리는 육성'을 뜻한다.)을 낭송했다.

알라후 아크바르!(알라신이 제일 위대하도다!) 알라후 아크바르! 알라후 아크바르! 알라후 아크바르! 이 세상에 신은 오로지 알라신 한 분임을 선언하노라. 이 세상에 신은 오로지 알라신 한 분임을 선언하노라. 이 세상에 신은 오로지 알라신 한 분임을 선언하노라. 마호메트가 알라신의 사도임을 선언하노라. 마호메트가 알라신의 사도임을 선언하노라. 마호메트가 알라신의 사도임을 선언하노라. 기도하러 오라! 기도하러 오라! 기도하러 오라! 복 받으러 오라! 복 받으러 오라! 복 받으러 오라! 알라후 아크바르! 알라후 아크바르! 알라후 아크바르! 이 세상에 신은 오로지 알라신 한 분이다.

그야말로 심금을 울리는 소리이리라. 새벽녘에는 나를 잠자리에서 일으키는 고귀한 음성이요, 한낮에 더위에 시달리며 일할 때는 휴식을 권하는 반가운 소리요, 고요한 한밤중에는 거룩한 신에게서 들려오는 장엄한 목소리이니. 수많은 무에진들이 곳곳의 모스크에 올라 외치는 그 소리, 속세의 영혼을 잠시나마 생명 그리고 마음의 신비한 근원과 연결시키는 그 묘한 진언은 낯선 이에게조차 감사한 마음을 절로 들게 한다. 이렇듯 이슬람교도들은 어디에 있든 하루에 다섯 번 정해진 시간이 되면 반드시 하던 일을 손에서 놓아야 한다. 그러고는 몸을 깨끗이 한 후 메카와 카아바 신전 쪽을 바라보고 똑같이 짤막한 기도문을 외우며 똑같이 절을 해야 한다. 태양의 움직임에 맞추어 수많은 사람들이 동시에 일사분란하게 움직이는 모습은 어디서도 보기 힘든 장관이다.

시간과 의지만 있으면 사람들은 언제고 모스크에 들어가 기도를 드리곤 했다. 모스크는 하루 종일 문을 열어 두는 것이 상례였고, 따라서 이슬람교도라면 누구든(정통파이든 이단이든) 그 안에 들어가 재계를 하거나, 휴식을 취하거나, 기도를 드릴 수 있었다. 모스크 한 구석의 회랑에서 교사들은 제자를 가르치기도 하고, 판사들은 재판을 하기도 했으며, 칼리프들은 정책이나 칙령을 발표하기도 했다. 일반 백성들은 그곳에 모여 잡담을 하고, 새 소식을 전해 듣고, 심지어는 사업 관련 협상을 벌이기도 했다. 유대교 회당이나 그리스도교 교회가 그랬듯, 당시에는 이슬람 모스크가 일상의 중심지였고, 공동체도 이곳을 따스한 보금자리로 삼았다. 금요일에는 정오 한 시간 전에 무에진이 사원 탑에 올라 문안 인사(아랍어로는 '살람(salaam)') 올리는 소리가 들려왔다. 이들은 알라신, 마호메트, 마호메트의 가족, 그리고 위대한 동반자들을 차례로 축원한 후 신도들을 모스크로 불러 모은다. 이때 모스크로 예배드리러 가려면 먼저 목욕을 하고, 옷을 깨끗이 차려입고, 몸에서 냄새를 없애야 했다. 미처 준비하지 못한 때는 모스크 뜰에 선 분수대에서 약식으로 재계라도 해야 했다. 남녀는 서로 내외해서 남자들이 모스크에 나갈 땐 여자들이 집에 있었고, 여자들이 나갈 땐 남자들이 집에 있었다. 남자는 원래 흥분을 잘 하는 법이라, 여자들이 차도르를 두른다 한들 그 곁에서는 집중을 못 할 거라 염려해서였다. 이렇게 정식으로 모스크에 예배하러 가면 신도들은 현관에서 신을 벗고 끌신이나 양말을 신고 안으로 들어갔다. 예배당 안이나 (사람이 많을 때는) 모스크 뜰에 들어가서는 서로 어깨를 대고 한 줄 이상으로 늘어서서 미흐라브(mihrab, 이슬람교 사원의 벽감(壁龕))를 바라보았는데, 이 벽감이 키블라(qibla, 메카가 자리한 방향)가 어디인지 일러 주었다. 그러면 모스크에서 기도를 이끌어 주는 이맘(imam)이 코란을 한 단락 낭송하고 짧게 설교를 해 주었다. 그런 후 신도들은 제각각 여러 가지 기도를 낭송하며 정해진 예법에 따라 알라신께 인사드리고, 무릎을 꿇고, 절을 했다. 사실 모스크라는 말도 알고 보면 기도하며 절을 올리는 장소란 뜻이다.* 그런

---

* '모스크(mosque)'라는 말은 아랍어 '마스지드(masjid)'에서 유래했고, 마스지드는 다시 '엎드려 절하다', '숭배하다'라는 뜻을 가진 '사자다(sajada)'에서 유래했다. 이 마스지드를 근동 지방에서는 '무스지드(musjid)'라 발음하고

다음 이맘이 인사, 축원, 기도를 복잡한 순서에 따라 연달아 낭송하면 신도들은 자기 자리에서 묵묵히 그 내용을 들었다. 모스크에서는 찬송가며, 예배 행진이며, 성찬식은 찾아볼 수 없었다. 헌금이나 좌석료도 걷지 않았는데, 종교는 국가와 하나여서 예배 비용은 공공 자금으로 충당이 되었기 때문이다. 이맘의 신분도 성직자가 아닌 평신도였다. 이맘이 된 신도는 스스로의 생계는 속세의 직업으로 계속 유지해 갔다. 다만 모스크 관리인에 의해 특정 기간 이맘으로 임명이 되면 모스크에서 신도들의 기도를 이끌어 주고 근소하게나마 급료를 받았다. 당시만 해도 이슬람교에는 따로 성직자가 없었던 것이다. 이렇게 해서 금요일 예배가 끝나면 이슬람교도들은 이제 자유였고, 자신의 의사에 따라 여느 날처럼 다시 일하러 가는 사람들도 있었다. 이렇듯 서로 각자의 삶으로 돌아가면서도 사람들은 이 예배 시간이 가져다준 숭고한 정화의 의미를 잘 알았다. 이때만큼은 사람들이 경제적 및 사회적 갈등을 뛰어넘어 서로 하나가 되었고, 그렇게 함께 의례를 올리는 사이 이들의 공동체 의식은 자신도 모르게 한결 돈독해지곤 했다.

    이슬람교도가 지켜야 할 두 번째 계율은 타인에게 자선을 베푸는 것이었다. 부자들을 바라보는 마호메트의 시각은 예수만큼이나 비판적이었다. 그래서 일각에서는 마호메트가 당시의 양극화를 계기로 이슬람교를 창시했다고 보기도 한다. 즉 상인 귀족이 사치스럽게 사는 반면에 일반 대중은 궁핍하게 사는 것을 더 이상 보지 못하고 사회 개혁가로서 반란을 일으켰다는 것이다.[28] 그리고 보면 마호메트를 애초에 추종했던 사람들도 대부분 천민 출신이었다. 메디나로 터전을 옮길 때 마호메트가 제일 먼저 한 일도, 메디나 시민이 보유하고 있던 모든 동산(動産)에 연 2.5퍼센트의 세금을 물려 그것으로 빈자들의 고통을 더는 것이었다. 이를 위해 정규직 관리를 따로 두어 세금을 걷어 나눠 주었고, 거둔 세금 일부는 모스크를 짓는 데 쓰기도 하고, 통치 및 전쟁에 들어간 비용

북아프리카에서는 '무스지히드(musghid)'라 발음하는데, 모스크를 뜻하는 프랑스어 및 영어는 이 아프리카의 발음을 바탕으로 그 형태가 만들어졌다.

을 메우는 데에 쓰기도 했다. 물론 전쟁을 치르고 나면 전리품이 보답으로 들어와 가난한 사람들에게 잔뜩 선물을 안겨 줄 수 있었다. 자선과 관련해 우마르 2세는 이런 말을 남기기도 했다. "기도를 통하면 우리는 신에게 반쯤 다가갈 수 있고, 금식을 통하면 우리는 신의 궁전 정문에 이를 수 있으며, 자선을 통하면 우리는 신의 궁전 안에 들어설 수 있다."[29] 이슬람교 전승을 보면 인심 후했던 이슬람교도 이야기를 풍성하게 접할 수 있다. 일례로 하산이란 사람은 일생 동안 세 번이나 가난한 사람에게 자기 재산을 나누어 주었고, 전 재산을 기부한 적도 두 번이나 되었다고 한다.

이슬람교도가 지켜야 할 세 번째 계율은 금식이었다. 이슬람교도라면 통상적으로 술, 짐승 사체, 피, 돼지고기 혹은 개고기는 먹지 말아야 했다. 그러나 마호메트는 모세보다 관대한 편이어서, 금기시되는 음식이라도 꼭 필요할 때는 먹도록 허락했다. 또 맛있는 치즈 속에 하필 먹으면 안 될 고기가 들어 있을 때는 특유의 능청을 떨며 "음식을 집고 알라신의 이름을 한번 부르라."고만 했다.[30] 마호메트는 금욕주의를 바람직하게 보지 않았고, 수도원 제도는 옳지 않다고 보았다. 이슬람교도들은 속세의 쾌락을 즐기되 양심에 거리낌이 없이 절제를 하면 되었다. 그럼에도 불구하고 대부분 종교와 마찬가지로 이슬람교에서도 특정 형태의 금식을 강요했으니, 이는 극기심을 길러 주는 방편이기도 했고 (추측건대) 청결을 유지해 주는 방편이기도 했다. 마호메트가 메디나에 터를 잡고 몇 개월이 지났을 때 그는 해마다 유대교도들이 욤 키푸르(Yom Kippur, 유대교의 속죄일 – 옮긴이) 금식일을 지킨다는 걸 알게 되었다. 그래서 이슬람교 추종자들에게도 이 방법을 적용했는데 그렇게 하면 유대교도들이 이슬람교로 넘어오지 않을까 하는 기대 때문이었다. 그러나 그런 기대는 차츰 희미해졌고, 마호메트는 금식일을 라마단 절이 있는 달로 옮겨 버렸다. 이제 이슬람교도는 29일 동안 낮에는 음식, 음료, 담배를 입에 댈 수 없었고, 다른 성별과의 접촉도 삼가야 했다. 단, 병이 든 환자, 기력이 쇠한 여행객, 영유아 혹은 나이 많은 노인, 젖먹이 등 아이를 둔 엄마는 예외였다. 마호메트가 이를 처음 선포할 때는 단식 있는 달이 마침 겨울이어서 낮이 짧고 밤이 길었다. 하지만 이슬람교에서 사용하는 음력은 자연의 4계절에 비해 주기가 짧았고 그리하여 이슬람교도들은 3년마다 한 번씩 한여름에 라마단을 맞아야 했다. 이때는 해가 길었던 데다, 동쪽의 찌는 듯한 열기 때문에 갈증이 고문으로까지 느껴졌다. 독실한 이슬람교도들은 이 와중에도 금식을 지켜 나갔다. 하지만 매일 밤 금식의 원칙은 깨져서 이슬람교도는 새벽이 오도록 먹고, 마시고, 담배를 피우고, 사랑을 나누었다. 가게며 상점의 문은 밤새도록 열려 있었고 사람들은 그곳에서 먹고 마시며 여흥을 즐겼다. 가난한 사람들은 이 금식 기간에도 평소처럼 일을 해야 했지만, 잘사는 사람들은 낮에 잠을 자두어 이 금식 기간을 수월하게 넘기곤 했다. 금식일이 막바지에 이르면 유달리 신심 깊은 사람들은 라마단의 마지막 10일 밤을 모스크에 가서 보내기도 했다. 알라신이 마호메트에게 코란 내용을 알려 주기 시작한 것이 그 10일 밤 중 하루라고 전해지기 때문이었다. 그 하룻밤은 "천 달[月]의 시간보다 더 가치 있다."고 여겨졌다. 멋모르는 열성 신도들은 라마단의 마지막 10일 중 그 "거룩한 천명(天命)의 밤"이 언제인지 몰라 금식 의례를 10일 내내 철두철미하게 지키기도 했다. 라마단이 끝나고 첫째 날에는 "이드 알 피트르(Id al-Fitr, 금식 종료제)"라는 축제가 열렸다. 이 날이면 이슬람교도들은 깨끗이 목욕하고, 새로 장만한 옷을 입고, 서로를 껴안으며 인사를 나누었다. 또 자선물품 및 선물을 서로에게 주었고, 세상을 떠난 이들의 무덤을 찾아가기도 했다.

이슬람교도가 지켜야 할 네 번째 계율은 메카 순례였다. 성지 순례는 동방이 대대로 따라온 전통이기도 해서, 유대교도들은 유대교의 성지 시온에 한번 가 보는 것이 평생소원이었고, 아랍의 독실한 이교도들은 (마호메트가 나타나기 훨씬 이전부터) 카아바에 가기 위해 머나먼 길을 걷고 또 걸어온 터였다. 마호메트가 이 오랜 관습을 받아들인 까닭은 의례란 것은 믿음보다도 쉽게 변하지 않는다는 사실을 잘 알고 있었기 때문이었다. 여기에 하나 이유를 더 들자면 마호메트 자신이 "검은 돌"을 누구보다 아껴서 그랬는지도 모른다. 마호메트가 이렇듯 오래된 의식에 무릎을 꿇은 것은 아라비아 세계 전체가 이슬람교를 받아들일 수 있도록 문을 활짝 열어 준 것이나 다름없었다. 성상들이 사라진 카아바는 이제 모든 이슬람교도에게 알라신이 머무는 거처였고, 따라서 이슬람교도라면 누구나(병자와 빈자는 그 처지를 배려하는 차원에서 예외로 인정되었다.) "최대한 자주" 메카를 순례해야 한다는 의무가 주어졌고, 머지않아 이는 평생에 한 번은 메카를 방문해야 한다는 의미로 해석이 되었다.[31]

이러한 순례단을 묘사한 여러 글 가운데서도 다우티(Doughty)의 묘사가 단연 압권인데, 순례단이 긴 행렬을 이루어 무섭게 이글거리는 태양과 소용돌이치듯 일어나는 사막의 불길 사이를 초인적인 인내심으로 헤쳐 가는 모습이 생생하게 그려져 있다. 순례단은 한번에 7000명가량이 모여(이보다 많거나 적기도 했다.) 순례 길에 올랐고, 제 발로 걷거나 말, 당나귀, 노새, 또는 멋진 가마에 올라탔으며, 대부분은 낙타의 두 혹 사이에 끼어 몸을 들썩들썩거리며 사막을 건넜다. 그래서 "낙타가 큰 보폭으로 발을 성큼성큼 내디딜 때마다 …… 자신의 의도와는 상관없이 1분에 50번꼴로 메카를 향해 절을 드렸다."[32] 그렇게 진을 빼 가며 이들은 하루에 30마일씩 이동해 갔고, 오아시스에 닿아야 할 때는 하루에 50마일을 이동하기도 했다. 그러다 보니 병이 들거나 뒤처지는 순례객도 한둘이 아니었다. 일부는 죽어 가는 채로 순례 여행을 계속했고, 일부는 순례단에서 버려져 숨어 있던 하이에나에게 바로 잡아먹혔고, 아니면 사막에서 서서히 죽음을 맞아야 했다. 순례길 중간에 메디나가 나오면 순례단은 행진을 잠깐 멈추고 예언자의 모스크에 들러 마호메트, 아부 바크르, 우마르 1세의 무덤들을 둘러보았다. 한 민간전승에 의하면, 미리암의 아들 예수를 위한 묫자리도 이 무덤들 근처에 따로 마련돼 있다고 한다.[33]

드디어 메카가 바라보이면 순례단은 성벽 바깥에다 일단 천막을 쳤다. 이곳 메카는 도시 전체가 하람(haram, 신성한 곳)이었기 때문이다. 순례단은 메카에 들어가기에 앞서 이 천막에서 목욕을 하고, 솔기 없는 기다란 흰옷을 걸쳤다. 그러고는 자기 발로 걷거나 탈것에 올라 수 마일을 일렬로 행진해 메카 내에 자리한 민가를 찾아갔다. 그렇게 해서 메카에 머무르는 동안에는 일체의 논쟁과 성관계는 삼가야 했으며, 죄악이 되는 행동도 일절 저질러서는 안 되었다.[34] 이 신성한 도시 메카는 (순례 의무가 정해진 달이면 특히) 온갖 민족과 인종이 몰려들면서 왁자지껄 북새통을 이루었고, 그렇게 몰려든 사람들은 국적과 계급을 단번에 내던지고 모두가 하나 되어 똑같이 의례를 치르고 기도를 올렸다. 그래서 메카의 모스크라 불리는 거대한 담장 안으로는 한꺼번에 수천 명의 사람들이 쏟아져 들어오곤 했다. 일생일대의 경험을 할 거란 기대에 한껏 부푼 터라, 이들에게는 신전 담장에 자리한 우아한 사원 탑도, 신전 내부를 장식하고 있는 회랑과 줄기둥도 거의 눈에 들어오지 않았다. 단, 이스마엘의 갈증을 달랬다는 성스러운 샘물 젬젬(Zemzem) 앞에서만은 누구나 다 놀랍다는 듯 멈추어 섰다. 순례객은 하나같이 그 물을 맛보았으니, 물맛이 아무리 써도, 물 마신 영향이 그 자리에서 바로 나타나도 아랑곳하지 않았다. 어떤 이는 성스러운 그 구원의 힘을 한 모금씩 매일 맛보겠다며, 나아가 죽음이 찾아올 때를 대비하겠다며, 그 물을 병에 담아 집으로 가져가기도 했다.[35] 신도들은 드디어 담장 한가운데쯤 이르러 두 눈은 휘둥그레지고 숨은 쉬지도 못하는 채 카아바에 한발 한발 다가서게 된다. 이 신전은 축소라도 된 듯 크기가 작고, 천장에 매달린 은빛 등으로 인해 내부가 환하게 빛나며, 바깥쪽에는 정교한 무늬의 고급스러운 천이 벽을 반쯤 드리우고 있다. 그리고 카아바 안의 한 귀퉁이에 바로 그 귀하디귀한 "검은 돌"이 자리하고 있다. 순례객들은 카아바 안을 일곱 바퀴 돈 후, 이 검은 돌에 입을 맞추거나 인사를 드리거나 손으로 어루만진다. (이렇듯 신성한 물건(불, 나무, 메이폴, 예루살렘 신전의 제단 등)을 가운데 두고 그 주위를 여러 차례 도는 것은 오래전부터 전해 내려온 종교 의식이었다.) 긴 여행에 지칠 대로 지치고도 상당수 순례객들은 열성에 들떠 잠을 못 이루니 이들은 메카 모스크의 담장 안에 자리를 잡고 그곳에서 밤을 지새운다. 땅에 러그를 깔고 그 위에 쭈그리고 앉아 이야기 나누고 기도를 올리며, 이곳까지 오게 된 목적을 한없는 놀라움과 기쁨 속에서 되새기는 것이다.

이윽고 둘째 날이 찾아오면 순례객들은 메카 외곽에 자리한 두 언덕을(사파 언덕과 마르와 언덕) 찾아 그 사이를 일곱 번 오가며 내달렸는데, 하가르라는 여인이 아들을 구하려고 미친 듯 물을 찾아다녔던 일을 기리는 의미였다. …… 일곱째 날에는 "참다운 순례"를 자청하는 사람들이 모여 (메카에서 여섯 시간 걸리는) 아라라트 산으로 줄지어 갔고 그곳에 도착해서는 세 시간짜리 설교를 들었다. 산에서 돌아오는 중간에는 무즈달리파의 기도실에 들러 그곳에서 기도를 올리며 밤을 보냈다. 여덟째 날에는 다 같이 미나 계곡으로 몰려가 세 개의 표적(기둥)에 일곱 개의 돌을 던졌다. 이렇게 하는 것은 아브라함과 사탄에 얽힌 믿음 때문이었으니, 아브라함은 아들을 죽여 제물로 바치려 할 때에 사탄이 방해하자 일곱 개의 돌을 던져 악마를 물리쳤던 것이다. …… 열째 날에는 양, 낙타 및 여타 뿔 달린 짐승을 잡아 제물로 바쳤고, 그 고기를 서로 나누어 먹으며 자선을 베풀었다. 이는 마호메트가 생전에 비슷한 제물을 바쳤음을 기리는 것이었는데, 메카 순례에서도 핵심을 차지하는 의식이었다. 그래서 순례 기간 중이 열째 날이 찾아오면 전 세계 이슬람교도가 그 비슷한 공양물을 알라신에게 바치며 이 "제물 축제"를 축하했다. 축제를 마친 순례객들은 이제 단정히 이발을 하고 손발톱을 깎았고 거기서 나온 이물질들은 땅에 묻었다. 이로써 "참다운 순례"는 끝을 맺지만, 신도들은 보통 카아바를 한 번 더 참배하고 나서야 순례단의 막사로 돌아갔다. 막사로 돌아와서는 예전처럼 다시 불경스러운 생활과 옷차림을 했지만, 기나긴 여정을 시작해 다시 집으로 돌아가는 그들의 영혼에는 자부심과 평안이 깃들어 있었다.

 세상도 널리 알고 있는 이 이슬람교의 순례는 여러 가지 목적에 도움이 되었다. 우선 유대교의 예루살렘 순례나 그리스도교의 예루살렘(혹은 로마) 순례가 그렇듯, 이슬람교의 메카 순례도 신도들의 신앙심을 굳건히 다져 주는 역할을 했다. 또 순례가 집단적인 정서적 경험이다 보니 이는 신도가 이슬람의 교리는 물론 동료 신도에게도 유대감을 느끼는 계기가 되었다. 사막의 가난한 베두인족이든, 도시의 부유한 상인이든, 베르베르족이든, 또 아프리카 흑인이든, 시리아인이든, 페르시아인이든, 투르크족이든, 타타르족이든, 인도의 회교도든, 중국인이든 순례에 참가해 이렇게 똑같이 간소한 차림을 하고, 똑같이 기도를 올리고, 똑같이 아랍어를 쓰다 보면 신심이 너와 나의 구별을 없애고 모두를 하나로 뭉쳐 주었다. 이슬람교에 인종 차별이 덜한 것도 아마 순례의 이런 영향 때문인지 모른다. 물론 카아바를 빙글빙글 도는 이슬람 신도들 모습이 비이슬람교도들에겐 미신 숭배처럼 보일 것이다. 그러나 이슬람교도들은 어떤가. 그들은 다른 신앙에 비슷한 관습이 있는 걸 알면 그저 빙그레 미소를 짓는다. 또 예수의 살을 먹는 그리스도교 성찬식을 괴이하게 여기다가도, 결국에는 그것이 신과의 영적 교감 및 유대를 상징한다는 것을 넓은 마음으로 이해할 줄 안다. 종교란 어느 것이나 자기 외 다른 신앙은 모두 미신으로 보는 법이다.

더구나 모든 종교는 그 탄생이 아무리 고상했어도 머지않아 미신적 요소를 하나둘 끌어안을 수밖에 없다. 사람이 삶을 계속 이어 가려 안간힘을 쓰다 보면 몸은 지치고 영혼은 겁먹기 마련, 그렇게 삶에 시달려 멍해지면 마음이 점점 더 미신적 요소에 기대는 것이다. 이슬람교도는 대부분 마법을 믿었고, 마법사의 능력도 거의 의심치 않았다. 마법사는 미래를 점칠 수 있는 사람이자, 숨겨진 보물을 찾아내는 사람, 애정을 마음대로 불러일으키는 사람, 적을 괴롭혀 줄 수 있는 사람, 병을 낫게 해 주는 사람, 흉안(凶眼)을 물리쳐 주는 사람이었다. 마법을 쓰면 사람이 동물 또는 식물로 변한다고, 또 마법을 쓰면 사람이 공간을 순식간에 이동할 수 있다고 당시에는 많은 이들이 믿었다. 사실 「아라비안 나이트(Arabian Nights)」 같은 작품은 이러한 믿음을 기본 뼈대로 삼고 있다 해도 과언이 아니다. 아라비아에는 어느 곳에든 정령이 있어서 힘없는 인간에게 온갖 마법과 주문을 걸었고, 조심성 없는 여자들에게는 원치 않는 아이를 임신시켰다. 그리스도교 세계 절반이 그랬듯, 대부분의 이슬람교도도 부적을 몸에 지니고 다니며 악운을 막으려 했고, 길일과 흉일이 따로 있다고 보았다. 또 꿈을 통해 미래를 알 수 있다고 생각했으며, 때로는 꿈을 통해서 신이 인간에게 말을 건넨다고 믿기도 했다. 또 그리스도교 세계가 그랬듯, 모든 이슬람교도들은 점성술을 당연하게 받아들였다. 하늘의 지도는 모스크의 위치나 이슬람교 축일 날짜를 정할 때만 필요한 것이 아니었다. 사람들은 무엇이건 중요한 일을 도모할 때면 천운이 언제 따를지 알기 위해 하늘의 지도를 살폈고, 각자가 타고난 명리를 알고자 할 때도(즉, 출생 시 별자리에 따르는 그의 품성이나 운명이 어떤지 알고자 할 때도) 하늘의 지도를 살폈다.

 이슬람 세계를 바깥세상에서 바라보면 공통의 의례와 믿음을 기반으로 잘 뭉쳐져 있는 것 같지만, 사실 그리스도교 세계와 마찬가지로 이곳도 여러 분파로 갈라져 시끄럽게 싸워 온 지가 이미 오래이다. 그러한 분파 중에도 하리지파는 전쟁, 금욕주의, 민주주의를 내거는 분파였다. 무르지아파는 이슬람교도가 되면 죽어서 지옥에 끝없이 떨어지는 일이 없다고 주장했으며, 자브리파에서는 자유 의지를 부정하고 절대적 예정설을 옹호했다. 반면 이에 맞서 카다리파는 의지의 자유를 주장했다. 이외에도 갖가지 분파가 있었지만, 모두 나름의 진심과 학식이 있었다 인정하고 각종 분파 이야기는 이쯤에서 접을까 한다. 그러나 역사 속에서 시아파만큼은 반드시 짚고 넘어가지 않을 수 없다. 시아파는 우마이야 왕조를 전복시킨 데다, 이슬람교령 페르시아, 이집트, 인도 땅을 손에 넣었고, 나아가 이슬람교의 문학과 철학에도 심대한 영향을 끼쳤기 때문이다. ('집단', '분파'라는 뜻의) 시아파는 두 건의 살인을 계기로 탄생하게 된다. 즉 알리의 암살과 후세인 및 그 일가족의 몰살이 시아파 탄생의 배경인 것이다. 당시 비주류 이슬람교도 대다수는 이슬람교의 수장 자리는 반드시 마호메트의 후손이 물려받아야 한다고 주장했다. 알라신은 마호메트를 사도로 선택했고 거기에는 필경 알라신의 뜻이 있을 것이니, 예언자의 그 거룩한 영혼과 목적을 얼마큼이라도 물려받은 후손에게만 이 이슬람교를 이끌 자격이 있었다. 따라서 알리를 제외한 이제까지의 칼리프들은 모두 그저 참칭자일뿐이었다. 그래서 알리가 칼리프가 되었을 때 이들은 쾌재를 불렀고, 알리가 살해당했을 때는 탄식에 젖었으며, 후세인까지 죽었을 때는 넋을 잃었다. 그 후 시아파에서는 알리와 후세인을 성인으로 숭배했고, 알리와 후세인의 사원도 카아바와 예언자의 무덤 다음으로 가장 숭배했다. 이때 시아파는 페르시아, 유대인, 그리스도교의 메시아사상과 부처의 보살 개념(중생 구제의 원을 세우고 이 세상에 계속 태어나는 사람)에 영향을 받은 것인지, 알리의 후손들을 이맘('본보기'라는 뜻)이라 생각하게 되었고, 거룩한 지혜의 화신인 이맘들은 무오류성을 지닌다고 여겼다. 그중에도 여덟 번째 이맘으로 리자(페르시아 동북부 마시하드란 도시에 무덤이 있다.)란 자가 있었는데 "시아파 세계의 영광"으로 손꼽히는 인물이다. 그러다 873년 열두 번째 이맘(무함마드 이븐 하산)이 열두 살의 나이에 갑자기 종적을 감추는 일이 일어났다. 당시 시아파에서는 그가 죽었다고 믿지 않았다. 그는 그저 때를 기다리는 것일 뿐, 언젠가 다시 나타나 시아파 이슬람교도를 절대적 힘과 행복으로 이끌어 줄 거라 믿었다.

대부분 종교가 그렇지만, 이슬람교에서도 적개심은 늘 그들 내의 다양한 분파 사이에서 더욱 불탔지, 그 안에 버젓이 자리 잡고 있던 "불신자들"은 오히려 너그러운 대접을 받은 편이었다. 우마이야 칼리프들은 아랍어로 이들을 딤미(Dhimmi, 그리스도교도, 조로아스터교도, 사바인, 유대교도가 이에 해당했다.)라 부르며 오늘날 그리스도교 땅에서는 찾아보기 힘들 정도의 관용을 베풀어 주었다. 딤미들은 이슬람 땅에서 자기들 신앙을 자유롭게 믿을 수 있었고, 교회도 지어 운영해 나갈 수 있었다. 단, 여기엔 두 가지 단서가 따랐다. 우선은 누가 봐도 딤미임을 알 수 있도록 평상시에 벌꿀 색깔 옷을 입어야 했고, 해마다 소득 수준에 따라 1~4디나르(4.75~19달러)의 인두세를 내야 했다. 그러나 이 세금은 군 복무 능력이 있는 비이슬람교도에게만 적용되는 것이어서, 수도승, 여자, 청소년, 노예, 노인, 장애인, 맹인, 극빈자는 세금을 면제받았다. 이 인두세를 내는 딤미들은 군역을 일시(혹은 전면) 면제받을 수 있었고, 공동체 구호금으로 내는 2.5퍼센트의 세금도 면제받았으며, 신변 위협 시 정부의 보호를 받을 수 있었다. 딤미들의 증언은 이슬람교 법정에서는 인정되지 않았으나, 그들끼리 독자적으로 지도자와 판관을 뽑고 또 법을 만들면 얼마든 자치가 가능했다. 딤미들에 대한 관용 정책은 왕조에 따라 그 수위가 달랐다. "후계자" 왕조는 가끔가다 편협하게 굴었던 반면, 우마이야 왕조는 대체로 관용적이었으며, 압바스 왕조는 관용과 편협 사이를 계속 오갔다. 우마이야 왕조의 우마르 1세는 아라비아가 신성한 이슬람의 땅이라 하여 유대교도와 그리스도교도를 전부 몰아냈으며, (의심스러운 한 전승에 의하면) "우마르의 서약"이란 것을 만들어 딤미들의 권리를 전반적으로 제한했다고 한다. 그러나 이 칙령은 (설령 있었다 해도) 현실에서는 거의 무시되었고,[36] 우마르 자신도 이집트의 그리스도교 교회에 대해 옛날 비잔티움 황실처럼 계속 면세 정책을 시행해 나갔다.

아랍인들이 처음 근동에 들어갔을 때만 해도 유대교도들은 그들을 해방자라며 환영했었다. 하지만 그 생각도 잠시, 근동을 아랍인이 정복하자 유대교도는 갖가지 장애를 겪는 것은 물론 이따금 박해까지 받게 되었다. 그러나 이제 그리스도교도와는 동등한 입장이 된 만큼 예루살렘에 살며 예배를 드리는 것은 얼마든지 자유였고, 더구나 이 이슬람교의 통치 시절 유대교도들은 아시아, 이집트, 스페인에서 번영을 누렸으니 그리스도교 통치 시절에는 한 번도 경험하지 못한 일이었다. 한편 서아시아의 그리스도교도들은 아라비아 땅 바깥이기만 하면 자기들 종교로 신앙생활을 하는 데에 아무 제약이 없었다. 시리아 지방에서도 이슬람력으로 3세기에 이를 때까지 그리스도교가 지배적 위세를 떨쳤다. 마문 치세(813~833년)에는 이슬람 세계 내에 그리스도교 교회가 무려 1만 1000개나 있었다고 한다.(유대교 회당과 조로아스터교의 불의 신전도 수백 개에 이르렀다.) 서아시아에서는 이슬람의 통치 때에도 그리스도교 축제가 공공연히 자유롭게 열렸다. 팔레스타인의 그리스도교 교회도 그리스도교 순례객들이 얼마든지 안전하게 참배할 수 있었다.[37] 12세기에 십자군이 들어왔을 때에도 근동 지방에는 그리스도교도 숫자가 상당수에 이르렀으며, 이곳의 그리스도교 공동체는 지금까지도 살아남아 명맥을 이어 가고 있다. 그리스도교 이단자들은 콘스탄티노플, 예루살렘, 알렉산드리아, 혹은 안티오크의 대주교에게서 박해를 받으면 이슬람교 통치 지역으로 피신해 자유와 안전을 보장받았으니, 이곳에서 그리스도교의 이단 논쟁은 도저히 이해 못할 일이었다. 9세기가 되자 안티오크를 다스리던 이슬람교도 총독은 교회에 특별 호위병을 두어 그리스도교 분파가 서로를 무차별 학살하는 일이 없도록 했다.[38] 우마이야 왕조 때에는 회의주의적 분위기를 타고 이슬람 세계 곳곳에 수도원과 수녀원이 우후죽순 생겨났다. 아랍인들은 수도승들의 뛰어난 농사 및 개간 기술에 경탄을 금치 못했고, 수도원에서 만든 포도주에는 찬사를 아끼지 않았으며, 여행을 할 때면 그리스도교 수도원에 들러 쉬면서 그곳의 그늘과 환대를 마음껏 즐겼다. 한때는 이슬람교와 그리스도교의 관계가 얼마나 돈독했던지 그리스도교도들이 가슴께에 십자가 목걸이를 찬 채로 이슬람 모스크에 들어갔고 거기서 이슬람교 친구들과 대화까지 나누었다.[39] 이슬람교 관료들은 일터에 그리스도교 출신을 수백 명씩 두었으며, 그리스도교도들이 고위직에 오르는 일도 다반사여서 이슬람교도들이 다 시기를 할 정도였다. 다마스쿠스의 성 요한도 아버지 세르기우스가 아브드 알 말리크 치세 때 수석 재무 장관 자리까지 올랐으며, 마지막 그리스인 교부였던 성 요한 자신도 다마스쿠스 지방의 의회에서 수장을 맡았다.[40] 일반적으로 당시의 동방 그리스도교도들은 비잔티움 정부나 교회에 비하면 이슬람 통치가 그다지 악독하지 않다고 보았다.[41]

이렇듯 초기에 이슬람교가 관용 정책을 취함에 따라 머지않아 그리스도교도 대부분, 조로아스터교도와 이교도 거의 전부, 그리고 아시아, 이집트, 북아프리카의 유대교도 상당수가 이 새로운 신앙으로 넘어왔다. 그도 그럴 것이 통치층과 같은 신앙을 가지면 세제(税制)의 혜택을 누릴 수 있었고, 전쟁에서 포로로 잡혔을 때도 알라신과 마호메트, 그리고 할례를 받아들이면 노예 신세만큼은 면할 수 있었다. 나중에는 비이슬람교도 중에도 아랍어를 쓰고, 아랍 옷을 입고, 코란에 정해진 계율과 믿음을 지키는 사람들이 차차로 늘어 갔다. 천 년이나 세계를 주름잡고도 헬레니즘이 끝내 뿌리를 내리지 못한 곳에서, 로마인들이 무기로도 토착 신앙을 정복하지 못한 곳에서, 또 반항적인 이단 세력의 온상이 되어 비잔티움 정교가 애를 먹은 곳에서, 그런 곳에서 이슬람교는 개종을 강권하지 않고도 사람들의 믿음과 숭배를 얻어 냈고, 그렇게 이슬람교를 믿게 된 사람들은 전에 믿던 신은 까맣게 잊은 듯 불굴의 충성심까지 바쳐 왔다. 중국, 인도네시아, 인도에서 시작해, 페르시아, 시리아, 아라비아, 이집트를 거쳐, 모로코, 스페인에 이르기까지, 이슬람교는 수십 개 민족의 마음과 소망을 어루만져 주었고, 그들의 윤리 지침이 돼 주고 삶의 틀을 형성했으며, 가슴에는 희망과 자부심을 심어 위안과 힘을 주었다. 그리하여 이슬람교에는 열성적 충성을 바치는 신도가 오늘날에도 전 세계를 통틀어 3억 5000만 명에 이르고, 이들은 온갖 정치적 분열을 겪는 와중에도 이슬람교 속에서는 하나로 뭉치고 있다.

3. 민족

우마이야 왕조 때 아랍 민족은 나라의 귀족이 되어 통치층을 이루었고, 그 덕에 맘 편히 나라의 녹을 먹으며 지낼 수 있었다. 하지만 이러한 특권에는 대가가 따랐으니, 신체 건강한 아랍 남자는 누구나 상시로 군역의 의무를 져야 했다. 정복자 시절의 아랍인들은 타민족과 피가 섞이지 않은 것을(정말 그런지는 알 수 없지만), 그리고 자신들의 언어를 순수하게 지켜 온 것을 무엇보다 자랑으로 여겼다. 또 가계 혈통도 대단히 의식해서 아브드알라 이븐 주베이르(주베이르의 아들 아브드알라)처럼 아버지 이름을 자기 이름 뒤에 갖다 붙이는 경우도 있었다. 때로는 아부 바크르 아마드 이븐 자리르 알 아즈디처럼 출신 부족과 출생지까지 병기해 이름 하나로 자기소개를 다 하기도 했다. 그러다 타지를 정복하고부터 순수 혈통은 이제 허울뿐인 말이었으니, 정복지의 여자들을 첩으로 들여 거기서 난 자식을 아랍인으로 인정했기 때문이었다. 하지만 그러고서도 혈통 및 계급에 대한 아랍인들의 자부심은 여전했다. 아랍인 중에도 상류층 사람들은 길거리를 다닐 때도 말을 탔으며, 하얀 비단옷을 입고 검을 하나씩 차고 다녔다. 반면 평민들은 헐렁한 바지를 입고, 머리에는 터번을 칭칭 둘렀으며, 발에는 끝이 뾰족한 신발을 신었다. 베두인족은 예나 그때나 몸에는 치렁치렁한 긴 옷을 걸쳤고, 머리에는 천을 쓴 뒤 띠를 둘렀다. 속바지를 길게 내어 입는 복식은 예언자가 금지했으나, 과감히 그런 복장에 도전하는 이도 더러 있었다. 보석은 어느 계층이나 좋아하는 것이었다. 여자들은 위에는 딱 달라붙는 상의를 입고, 허리춤에는 밝은색 띠를 두르고, 아래에는 화려한 색깔의 헐렁한 치마를 입어 남자들의 상상력을 자극했다. 머리단장법도 따로 있어서 앞머리를 이마에 내었고, 옆머리는 곱슬곱슬 꼬았으며, 뒷머리는 땋는 식이었다. 때로는 검정색 비단 실타래를 넣어 머리를 부풀리기도 하고, 보석이나 꽃으로 머리를 치장하는 경우도 많았다. 715년 이후부터 여자들은 점차로 밖에 나갈 때는 눈 아래를 천으로 가리고 다녔고, 이로써 어떤 여자든 남자의 흠모를 받을 수 있게 되었다. 아랍 여자들 눈은 나이에 상관없이 치명적으로 아름답기 때문이다. 여자들은 열두 살이면 벌써 성숙했고, 마흔에는 이미 노인이었다. 열둘에서 마흔 사이의 이 여자들은 아랍 시(詩)가 지어져 나오는 주된 원천이었고 또 아랍 인종의 맥을 이어 가는 힘이었다.

    이슬람교도에게 독신주의는 결코 훌륭한 것이 아니었으며, 평생 금욕도 그들이 꿈꾸는 바람직한 이상이 절대 아니었다. 그래서인지 이슬람교 성인 중에는 결혼해서 아이를 둔 이가 대부분이다. 오히려 이슬람교는 독신주의의 정반대로 나아가다 폐단을 만들어 냈고, 결혼 제도도 극단적으로 몰고 갔다. 이슬람교의 계율은 성욕을 배출할 길을 너무도 많이 허용하고 있던 터라, 마호메트와 그 후계자 치세에는 한동안 매춘이 다 자취를 감출 정도였다. 그러나 사막에서 기력이 빠지다 보면 자극이 필요한 법, 더구나 얼마 지나지 않아 나타난 아라비아의 무희들은 사람들 삶에(심지어 결혼한 남자 이슬람교도의 삶에도) 두드러진 역할을 하게 되었다. 이슬람 문학은 남자들의 눈과 귀만 즐거울 내용이었고, 때로는 외설적이기가 그리스도교 땅에 사는 남자들의 일상 대화 못지않았다. 노골적으로 외설을 표현한 책도 일일이 헤아릴 수 없게 많았고, 이슬람 의학 서적은 최음제에 상당한 관심을 쏟기도 했다.[42] 엄한 이슬람교 계율에서는 간통과 남색의 죄를 범한 사람은 사형에 처하게 되어 있었다. 하지만 부가 늘자 윤리는 한결 너그러워져 간통은 태형 30대로 다스렸고, 사회 곳곳에 동성애가 퍼져도 모른 척 눈감았다.[43] 거기다 전문 동성애 계층(아랍어로 '무칸나스(mukhannath)'라고 한다.)까지 생겨났으니, 이들은 여자들의 옷 입는 방식 및 행동을 그대로 따라 했고, 머리를 땋았으며, 손톱은 헤나(henna, 적갈색의 염료로 쓰이는 식물 – 옮긴이)로 물을 들였고, 외설스러운 춤을 추었다.[44] 이에 술라이만 칼리프는 메카의 무칸나스를 거세시키라 명하기도 했고, 알 하디 칼리프는 시녀들의 동성애 사실을 우연히 알게 되었을 때 둘의 목을 그 자리에서 베어 버리기도 했다.[45] 그러나 이러한 억제책에도 불구하고 동성애는 급속히 늘어났고, 알 하디가 죽고 몇 년도 되지 않아 하룬의 왕궁에서도, 하룬이 가장 아끼던 시인 아부 누와스의 노래에서도, 동성애는 이제 비일비재한 일이었다. 결혼 전에는 푸르다(purdah)에 막혀 여자 근처에 얼씬도 못하던 이슬람 남자들은 결혼 후에는 별궁에서 여자들과 과하게 어울리며 비정상적 관계에 빠져들었고, 이슬람 여자들도 평상시에는 친척들 외에는 남자라곤 얼굴도 못 보다가 자기도 모르는 사이 도착적인 관계에 끌려 들어가고는 했다.

페르시아와의 접촉은 이슬람 세계에 남색(男色)과 푸르다 모두가 더욱 깊숙이 파고드는 계기가 되었다. 옛날부터 아랍인들에게 여자들의 매력은 동경의 대상이기도 했지만 동시에 두려움의 대상이기도 했다. 그리고 이렇듯 여자에게 본능적으로 굽히게 되는 자신들의 성향을 스스로 설욕이라도 하려는 듯, 평상시에 남자들은 여자들이 가진 덕이나 지력이 부족하다고 미심쩍어 했다. 일례로 우마르 1세는 "문제가 생겼을 땐 여자를 찾아가 상의하라. 그들이 조언을 해 주면 그 정반대를 실행에 옮기는 것이다."[46] 그러나 마호메트 시절만 해도 이슬람교도들이 여자들을 따로 격리해 두는 일은 없었다. 남자와 여자 모두 서로 왕래를 하기도 하고, 누구 하나 차별받는 일 없이 길거리를 오갔으며, 모스크에서도 함께 기도를 드렸다.[47] 한번은 무사브 이븐 알 주베이르가 아내에게 왜 당신은 한 번도 베일로 얼굴을 가리지 않느냐고 묻자 그녀는 이렇게 대답했다. "알라신께서 (오, 그분의 은총과 기쁨이 영원하시길) 도장을 찍듯 제 몸에 아름다움을 새겨 놓으셨기 때문이에요. 알라신께서 은총을 내리신다는 걸 사람들이 제 아름다운 모습을 보고 실감할 수 있었으면 좋겠어요."[48] 그러나 안타깝게도 왈리드 2세 치세에(743~744년) 규방과 환관 제도가 형태를 갖추었고, 이와 더불어 푸르다도 발전해 갔다. 규방을 나타내는 아랍어 "하림(harim)"은('하람(haram)'도 마찬가지이다.) 원래 "금지된", "신성한"의 뜻을 가진 말이었다. 그러고 보면 아라비아에서 애초에 여자들을 격리시킨 것도 여자들이 월경 또는 출산을 겪을 때 멀리하기 위해서였다. 그와 함께 규방은 아라비아에서 성역과 다름없는 곳이기도 했다. 아내를 둔 이슬람교도 남자들은 동방인들의 불같은 기질을 잘 알았기에 그만큼 자신의 여자를 보호해야 한다고 느꼈고, 여자들을 가두는 것 말고는 간통을 방지할 다른 뾰족한 수를 찾지 못했다. 그 후 여자들은 근방을 다니거나 천을 두르지 않는 한, 자기 발로 길거리를 걸어 다녔다간 지탄을 받기 일쑤였다. 또 여자들끼리 서로 내왕하는 것은 가능했지만 가마에 가리개를 치고 이동하는 것이 상례였다. 더구나 밤에는 가마에 탄 모습도 절대 보이면 안 되었다. 모스크에서는 가리개나 난간 또는 방을 따로 만들어 여자들을 남자들과 격리시켰으며, 그러다 결국 여자들은 모스크에 발도 못 들이게 되었다.[49] (로마 그리스도교에서는 종교야말로 여성이 가지는 두 번째 성(性)적 특징이라고까지 이야기하건만) 이로써 이슬람교에서는 사람들과 모여 예배드리는 종교는 이제 남자들의 전유물이 되었다. 그러나 이보다 훨씬 잔혹한 처사는 여자들에게 물건 사는 낙마저 누리지 못하게 한 것이었다. 여자들은 필요한 물건이 있으면 사람을 보내 상인을 불러와야 했다. 그러면 행상이(보통은 여자였다.) 찾아와서 규방 마루에 짐을 풀고 물건을 보여 주었다. 낮은 계급 사람들 아니면 여자들이 남편과 한 상에 앉는 일도 드물었다. 또 계율상 이슬람교도는 자기 아내, 노예, 가까운 친척 말고는 다른 여자의 얼굴은 볼 수 없게 되어 있었다. 의사도 여자 환자를 다룰 때에 아픈 부위 외의 다른 곳은 볼 수 없었다. 사실 이는 남자들에게는 더없이 편리한 제도였다. 집 안에서는 남자가 자기 혼자뿐이니 최대한 기회를 이용할 수 있고, 집 밖에서는 완전히 자유를 누려도 누가 감시하거나 놀랄 일이 없었기 때문이다. 여자들 쪽에서도 (19세기까지는) 푸르다나 차도르에 반대했다는 증거가 전혀 없다. 오히려 규방에서 여자끼리 모여 살며 각자의 사생활, 안전, 안락을 즐기는 편이었고, 여자들의 격리된 생활 유지를 남편이 조금이라도 게을리한다 싶으면 이를 모욕으로 알고 불같이 화를 냈다.[50] 더구나 겉보기에 감옥처럼 여겨지는 이곳에서도 정실부인들은 역사에까지 활발한 족적을 남겼다. 8세기와 9세기에 하룬의 어머니 카이주란과 하룬의 아내 주바이다는 7세기의 아이샤에 버금가는 영향력과 호방함을 보여 주었으며, 이들이 누린 호화로운 생활은 마호메트의 아내들은 거의 꿈도 꿔 보지 못한 것들이었다.

사회 대부분 계층에서는 여자아이들에게 기도문과 코란 몇 장(章)과 갖가지 집안 살림만 가르쳤지 그 이상의 것은 거의 가르치지 않았다. 다만 상류층 여자들은 상당 수준의 교육을 받았는데, 대체로 개인교사를 두었지만 때로 학교에 다니기도 했다.[51] 여자들이 배운 과목은 시와 음악과 갖가지 바느질이었고, 개중에는 공부를 해서 학자나 심지어 교사가 되는 이도 있었다. 선진적인 자선 활동을 펼쳐 유명해진 여자도 여럿이었다. 여자들은 아라비아의 관습에 맞추어 나름대로 정숙하게 행동하는 법도 익혀야 했는데, 이를테면 목욕을 하다 깜짝 놀랄 일이 생겼을 때는 다른 곳보다 얼굴을 먼저 가린다는 식이었다. 무도회에서 젖가슴을 반이나 드러낸 채 이 남자 저 남자와 껴안고 춤을 추는 유럽 여자들, 아라비아 여자들은 그들의 정숙하지 못한 품행이 그저 놀라울 뿐이었고, 인간들이 저렇게 죄악을 저지르고 있는데도 벼락을 떨어뜨려 죽이지 않으니 신은 참 너그러운 분이라고 감탄했다.[52]

대부분의 문명국이 그렇듯 아라비아에서도 결혼은 보통 부모의 주선하에 이루어졌다. 딸은 성년이 되기 전에는 누가 됐든 아버지가 원하는 사람에게 시집을 가야 했고, 성년이 된 뒤에야 자기 뜻대로 상대를 선택할 수 있었다. 보통 여자아이들은 열두 살이면 시집을 갔고, 열셋 또는 열네 살에는 아이 엄마가 되었다. 아홉이나 열 살에 결혼하는 아이도 있었고, 남자도 열다섯 살이면 벌써 결혼을 했다. 결혼식 전에는 먼저 혼전 (재산) 계약이란 것이 있어서, 신랑이 신부에게 얼마의 지참금을 주겠노라 서약했다. 이 지참금은 결혼 중에도 이혼 후에도 계속 신부의 재산이었다. 한편 신랑이 결혼 전에 신부 얼굴을 볼 수 있는 경우는 좀처럼 없었다. 혼전 계약이 성사되면 그 후 8~10일 동안 결혼식이 열렸다. 결혼식에 성직자가 따로 필요치는 않았지만, 짤막하게나마 식 중간중간 기도를 여러 번 올렸다. 결혼식에는 늘 음악과, 잔치와, 결혼 선물 파티가 빠지지 않았고, 신랑 집과 근방의 길거리에는 색색의 등이 달려 결혼을 축하했다. 이렇듯 여러 가지 행사를 거치고 나면 남편은 이제 신부가 있는 방에 혼자 들어가 이렇게 말하며 아내의 얼굴에 덮인 베일을 들어 올렸다. "제발 따스하고 자비로우신 하느님께 비옵니다."[53]

이 뒤늦은 심사에서 신부가 신랑의 성에 안 찰 경우, 그는 지참금과 함께 아내를 곧바로 부모에게 돌려보낼 수 있었다. 이슬람교의 일부다처제는 아내를 여러 명 한꺼번에 두기보다는 아내를 여러 차례 바꾸는 식일 때가 많았다. 부자나 되어야 아내를 여러 명 두고도 먹고살 수 있었기 때문이다.[54] 이슬람교에서는 이혼이 쉬웠기 때문에 남자들이 몇 번이고 아내를 바꾸는 것이 가능했다. 알리는 그렇게 해서 아내가 200명이었으며,[55] 바그다드의 염색공 이븐 알 테이이브는 85세로 죽을 때까지 그렇게 결혼한 아내가 900명에 이르렀다고 한다.[56] 이슬람교도는 아내뿐 아니라 첩까지 얼마든 두어도 상관이 없었다. 그래서 하룬은 첩 200명으로 만족하고 살았던 반면, 알 무타와킬은 첩이 4000명이었고 하룻밤 안에 그들 모두와 한 번씩 잠자리를 가졌다고 한다.[57] 여자 노예에게 음악과 노래와 남자를 유혹하는 기술을 훈련시킨 후, 이들을 10만 디르헴(8만 달러)에 첩으로 팔아넘기는 노예상도 있었다.[58] 그렇다고 평상시 규방이 사창가 같으리라 생각해서는 안 된다. 첩이라도 아이를 낳아 엄마가 되는 경우가 대부분이었고, 자식을 얼마나 낳았는지 또 아들을 낳았는지가 그들에겐 무엇보다 자랑거리였다. 더구나 주인과 첩 사이에 애틋한 사랑이 싹트는 일도 다반사였다. 정실부인들로서는 남편이 첩 두는 것은 당연한 일이었다. 하룬의 아내 주바이다는 남편에게 선물로 열 명의 첩을 얻어 주기도 했다.[59] 그래서 당시 아라비아에서는 가정집 하나에 미국의 한 시골 마을 아이들을 전부 끌어다 놓은 듯 아이들이 많았다. 왈리드 1세의 한 아들은 아들만 60명이었고, 딸은 그 수를 일일이 헤아릴 수 없었다. 이렇듯 규방이 발달하자 코란이 금한 것임에도 환관 제도가 규방 옆에 붙어 그 기능을 발휘하지 않으면 안 되었다. 여기에 그리스도교도와 유대교도도 환관을 수입하고 환관을 만들어 내는 일에 한몫했다. 칼리프, 비지에(vizier), 대부호들은 비싼 돈을 들여 가며 환관을 사들였고, 머지않아 이 교활한 카스트라토(castrato)들은 이슬람 통치의 여러 측면들을 그들의 미미한 권한으로 좌지우지하기 시작했다. 아랍의 정복이 있고 나서 초기 몇 세기 동안 아랍인들은 규방의 덕을 많이 보았으니, 규방이 있었기에 정복지의 주민에게 인종적으로 흡수되지 않을 수 있었고, 커져 가는 왕국을 다스리는 데 필요한 만큼 아랍인의 숫자를 몇 배로 불릴 수 있었다. 또 제일 유능한 남자가 자유롭게 생식 활동을 한 셈이어서 뛰어난 유전자가 전해진 효과도 어느 정도 있었을 것이다. 하지만 마문이 죽고 나자 일부다처제는 아랍인들의 윤리와 신체를 점점 망치는 원인이 되었고, (먹을 식량보다 먹여야 할 입이 더 빠르게 늘면서) 빈곤과 불만족이 더 늘어나는 원인이 되었다.

여자는 결혼을 하면 남자를 하늘처럼 떠받들어야 하는 위치에 놓였다. 한 번에 한 사람만 남편으로 둘 수 있었고, 이혼을 하려면 상당한 금액의 돈이 있어야 했다. 남편이 불륜을 저질렀는지 아내는 통 알 수 없었을 뿐 아니라, 남편이 저지른 불륜은 도덕적으로 크게 문제되지 않았다. 아내 자신이 불륜을 저지르면 사형에 처해졌지만 말이다. 그러나 이러한 악조건에도 불구하고 아랍 여자들이 불륜을 저지르는 경우는 수없이 많았으니 그저 놀라울 뿐이다. 아라비아 여자들에게는 매도와 숭배, 경시와 억압이 따라다녔지만, 대체로 남자들은 그들을 열렬하고도 애틋하게 사랑해 주었다. 일례로, 아불 아티야는 "나는 삶의 소중한 그 모든 것을, 이 세상의 그 모든 풍요를 기꺼이 다 포기할 수 있다. 그것이 아내를 위한 길이라면."이라고 말하기도 했다.[60] 남자들의 이런 공언은 잦은 일이었으며, 때로는 진심이었다. 이슬람 아내들이 유럽 여자들에 비해 한 가지 유리한 점도 있었다. 아내는 무엇이건 재산을 받았으면 순전히 그녀의 뜻에 따라 그것을 처분할 수 있었다. 남편도 남편의 채권자도, 아내의 재산에 대해서는 그 어떤 권리도 주장할 수 없었다. 규방이 제공해 주는 안전한 환경 속에서 아내들은 실을 잣고, 천을 짜고, 바느질을 하고, 살림을 돌보면, 아이들은 그 곁에서 놀이를 하고, 주전부리를 하고, 저희끼리 떠들며 말썽을 부렸다. 아라비아에서는 아이를 많이 낳는 것이 여자의 도리였는데, 농경 사회이자 가부장 사회였던 만큼 자식이 곧 경제적 자산이었기 때문이다. 여자에 대한 평가는 주로 아이를 잘 낳는가 여부로 달라졌다. 마호메트는 "아내가 아이를 못 낳을 바에는 방 한구석의 낡은 깔개가 더 좋은 법이다."라고 말하기도 했다.[61] 그러나 이런 분위기에도 불구하고 규방에서 낙태와 피임은 예사로 있는 일이었다. 이때 아득한 옛날부터 내려오던 전통 기술을 전해 준 것이 산파였다면, 의사들은 여자들에게 새로운 기술을 제시해 주곤 했다. 알 라지(924년 사망)가 쓴 『경험의 정수(精髓)』라는 책에는 "임신을 하지 않는 여러 가지 방법"이라 하여 피임을 다룬 부분이 따로 있었고, 여기에 기계 및 화학적 방법을 이용한 24가지 피임법이 나열돼 있었다.[62] 이븐 시나(아비켄나, 980~1037년)가 쓴 유명한 『의학 정전(正典)』에도 피임의 비방 20가지가 소개돼 있다.

성윤리를 빼면 마호메트교의 윤리도 그리스도교의 것과 별반 다르지 않았다. 도박이나 술 중독을 나쁘게 보는 경향이 코란에서 더 확실히 나타나기는 하지만, 사람들이 어느 정도 도박과 술에 빠져 지낸 것은 두 문명 어디나 마찬가지였다. 일반적으로 이슬람교도들이 그리스도교도에 비해 훨씬 두각을 나타낸 덕목은 세 가지였는데 상도덕을 중시하고,[63] 약속을 엄수하며, 한번 맺은 조약은 반드시 지킨다는 것이었다.[64] 그래서인지 살라딘(12세기에 3차 십자군 원정에 맞서 이슬람을 이끌었던 이집트 및 시리아의 술탄 - 옮긴이)의 경우, 십자군 사이에서도 자타가 공인하는 제일의 신사로 손꼽혔다. 한편 거짓말에 대한 이슬람교도의 태도는 솔직한 편이었다. 생명을 구하거나, 싸움을 말리거나, 아내 기분을 맞추거나, 이슬람교의 적들을 전쟁에서 속일 목적에서라면 거짓말을 해도 괜찮다고 생각했다.[65] 이슬람교도들의 매너는 형식적이면서도 다정했고, 말[言]에는 칭찬이나 인사성 겉치레가 심했다. 유대교도처럼 이슬람교도들도 서로를 만나면 엄숙한 분위기로 몸을 굽히며 인사를 건넸다. "당신에게 평화가 함께하기를."이라고 누군가 먼저 인사를 하면 "당신에게도 평화, 그리고 신의 자비와 은총이 함께하기를."이라고 답하는 것이 이슬람교도의 도리였다. 이슬람교도들은 어디서나 후하게 친절을 베풀었다. 그러나 청결 유지는 소득이 많아야 가능한 일이었다. 빈자들은 몸에 신경 쓸 겨를 없이 때에 찌들어 산 반면, 부자들은 구석구석 때를 빼고, 손발톱을 다듬고, 향수를 뿌렸다. 코란에 명시돼지는 않았지만 예방적인 위생 관리 차원에서 할례는 당연한 일로 여겨졌고, 따라서 사내아이들은 다섯, 혹은 여섯 살에 수술을 받아야 했다.[66] 개인 목욕탕은 부자들이나 누리는 호사였지만, 공중목욕탕도 넉넉히 마련돼 있었다. 10세기에는 바그다드에만 공중목욕탕이 무려 2만 7000개였다고 한다.[67] 향수와 향은 여자들은 물론 남자들도 애용하는 물품이었다. 아라비아는 예로부터 유향과 몰약이 나기로 유명했으며, 페르시아는 장미(또는 제비꽃, 또는 재스민) 기름이 나기로 유명했다. 그래서 많은 집들에 관목이며, 꽃들이며, 과일나무를 기르는 화단이 딸려 있었고, (특히 페르시아에서는) 인생 그 자체의 향기라 하여 꽃을 무척이나 사랑했다.

그렇다면 이 민족들은 무엇을 하며 무료한 일상을 달래었을까? 연회, 사냥(성적인 의미의 사람 사냥과 동물 사냥 모두를 말한다.), 연애, 시, 음악, 노래를 즐긴 이들이 대부분이었고, 하층민들은 여기에 닭싸움, 줄타기 곡예, 공 던지기 묘기, 마술, 꼭두각시놀이 등 수많은 놀이도 함께 즐겼다. 아비켄나의 『의학 정전』을 보면, 오늘날의 스포츠 및 몸으로 하는 별별 기예를 이슬람교도들은 이미 10세기에 다 즐겼음을 알 수 있다. 권투, 레슬링, 육상, 활쏘기, 창던지기, 체조, 펜싱, 승마, 폴로, 크로케, 역도는 물론 나무망치, 하키 스틱, 방망이로 하는 구기 종목까지 섭렵했다.[68] 아라비아 사회에서는 운에 따라 승부가 나는 게임은 금지를 시켰고, 카드나 주사위를 이용한 놀이도 별로 없었다. 다만 2인 주사위 게임은 널리 인기가 많았고, (마호메트가 사람 형상으로 조각한 말을 지독히 싫어하기는 했지만) 체스도 얼마든지 둘 수 있었다. 경마는 널리 인기를 누리며 칼리프들의 후원까지 받았다. 일설에 따르면 무려 4000마리의 말이 참가한 경마 대회도 있었다고 한다. 옛날부터 이어져 오던 사냥은 대체로 귀족층이 즐기는 스포츠가 되었는데, 사산 왕조에 비해 폭력성이 덜했고 매사냥만으로 끝나는 경우도 많았다. 때로는 사냥에서 잡힌 동물을 데려다 애완동물로 키우기도 했다. 그리하여 개를 키우는 집이 있었는가 하면 원숭이를 키우는 집도 있었다. 몇몇 칼리프들은 사자나 호랑이를 키워 그를 찾아온 신하나 외국 사절에게 위압감을 주기도 했다.

시리아를 정복할 때만 해도 아랍인 부족에게는 야만성이 아직 절반은 남아 있었다. 용감하나 앞뒤를 안 가렸고, 폭력을 일삼았으며, 호색적이었고, 열정적이었으며, 미신에 빠져 있었고, 회의주의적인 태도를 보였다. 이슬람교 덕에 어느 정도 누그러지긴 했지만 이런 기질은 대부분 계속 살아남았다. 그래서인지 칼리프들은 잔인무도한 것으로 역사에 기록돼 있으나 전체적으로 따져 보면 동시대 그리스도교 국가, 비잔티움 제국, 메로빙거 왕조, 노르웨이의 왕들이라고 나을 것이 없었다. 물론 어떤 문명에든 이런 이들이 그 이름에 먹칠을 하는 것만은 사실이지만 말이다. 717년 술라이만은 메카의 순례길에서 조정의 신하들에게 권하길, 최근 전쟁에서 잡은 그리스인 포로 400명을 칼로 한번 베어 보라고 했다. 신하들은 칼리프의 뜻을 받아들였고, 그리하여 칼리프가 신나는 스포츠를 관람하듯 지켜보는 가운데 그리스인 400명의 목이 잘려 나갔다.[69] 알 무타와킬은 칼리프 자리에 오르자 몇 년 전 자신에게 모욕을 주었다며 한 비지에를 감옥에 처넣었다. 감옥에서는 비지에를 몇 주 간이나 한숨도 재우지 않았고 그는 결국 정신이 나가는 지경에 이르렀다. 그러고서는 그를 만 24시간 동안 푹 재웠는데 그가 다시 기력을 회복하자 이번에는 커다란 대못이 줄줄이 박힌 판자 사이에 끼워 넣었다. 그 안에서는 조금이라도 움직이면 몸이 갈가리 찢겨 나갔다. 그렇게 그는 며칠 동안을 고통 속에서 신음하며 죽어 갔다.[70] 물론 이런 만행은 예외에 속했다. 이슬람교도는 일반적으로 예절, 인간미, 관용을 두루 갖춘 사람이었기 때문이다. 신화에 등장하는 이슬람교도는 보통 다음과 같은 모습이었다. 우선 이해와 분별이 빨랐지만, 흥분을 잘 하고 게을렀으며, 우울했다가도 쉽게 기분이 좋아지고 금방 명랑함을 되찾았다. 또 소박한 것에 만족할 줄 알았고, 불행을 묵묵히 참아 낼 줄 알았으며, 만사를 대하는 태도에는 늘 인내와 품위와 자부심이 있었다. 이슬람교도들은 먼 길을 떠날 때는 항상 무덤에서 입을 수의를 가져갔고, 사막의 청소부를 만나 잡아먹힐 때를 늘 대비했다. 사막을 가다 기력이 다하거나 병에 걸리면, 꼼짝 못하게 된 자신은 버리고 다른 이들은 계속 가던 길을 갈 것을 재촉했다. 이제 그는 생애의 마지막 재계를 치른 후 사막에 구덩이를 파내어 무덤 자리를 만든 뒤, 수의로 가져온 천을 자신의 몸에 둘둘 만다. 그러고는 구덩이 안에 가만히 누워 다가오는 죽음을 기다린다. 이윽고 불어오는 바람에 모래가 실려 오면 그는 자연스레 땅속에 묻힌다.[71]

4. 통치

이론상으로 보면 마호메트가 죽고, 이후 30년 동안 이슬람 사회는 (아득히 먼 옛날의 의미지만) 민주공화제였다. 즉 통치자 선출 및 정책 결정 시 자유민 성인 남자들이 다 같이 참여한다는 것을 원칙으로 삼았다. 실제로도 이른바 "신도들의 우두머리" 선출이나 정책 결정 등은 사람들 뜻에 따라 이루어졌는데, 단 이때 사람들이란 메디나의 주요 인사 몇몇을 말하는 것이었다. 생각해 보면 그것은 당연한 일이었다. 인간은 본래 지력도 양심도 다 다르게 타고나기 마련, 따라서 민주주의에서의 권리 행사는 아무리 최선이라 해도 상대적일 수밖에 없다. 더구나 당시 이슬람 사회는 의사소통이 원활치 못했고 학교 교육은 제한적이었으니, 모종의 과두제 성립은 피할 수 없는 일이었다. 나아가 전쟁과 민주주의는 서로 상극인 만큼, 전쟁으로 이슬람교의 세를 넓히려면 1인 통치는 더더욱 불가피했다. 호전적인 제국주의 정책을 밀고 나가려면 일사불란하게 명령이 내려지고 신속하게 의사 결정이 이루어져야 했기 때문이다. 그리하여 우마이야 왕조에 들어서자 이슬람 사회는 노골적으로 군주제가 되었고, 칼리프 자리는 세습이 되거나 아니면 무력의 심판에서 승리한 자에게 돌아갔다.

또다시 이론상으로 보면, 칼리프는 정치적 직위라기보다 종교적 직위였다. 칼리프가 된 사람은 무엇보다도 이슬람교라는 종교 집단을 이끄는 최고 우두머리였고, 따라서 그 이슬람 신앙을 지켜 내는 것이 그에게 주어진 가장 중요한 의무였다. 원칙적으로 칼리프 제도는 신정(神政) 체제, 즉 신이 종교를 통해 나라를 다스리는 체제였다. 그러나 칼리프는 교황도 사제도 아니었고, 자신이 칙령을 새로이 발표할 수도 없었다. 하지만 실질적으로 칼리프는 거의 절대 권력을 누린 것이나 다름없었다. 다른 곳처럼 그의 권력을 제한하고 나서는 회의체나, 세습 귀족이나, 사제들이 없었기 때문이다. 칼리프의 권력을 제한할 수 있는 것은 오로지 코란뿐이었으나, 그마저도 칼리프의 녹을 받는 학자들이 칼리프의 뜻에 따라 코란을 해석하면 그만이었다. 그러나 이런 독재 체제에서도 기회의 평등은 어느 정도 이루어지고 있었다. 양 부모 모두가 노예만 아니면 남자는 누구든 고위직에 올라 출세할 수 있었기 때문이다.

아랍인들이 이곳저곳을 정복해 놓고 보니 정복지의 나라들은 비록 쇠락은 했지만 훌륭한 체계를 갖춰 놓고 있었다. 그래서 아랍인들은 정복지 중에도 시리아에서는 비잔티움 제국의 행정 체계를, 페르시아에서는 사산 왕조의 체계를 가져다 쓰게 되었다. 근동 지역도 아랍인의 통치를 받는다고는 하나 기본적으로는 옛날의 삶의 질서가 그대로 이어지고 있었고, 심지어 그리스 동방 문화는 언어의 장벽을 겅충 뛰어넘고 이슬람의 과학과 철학 속에 들어오더니 이 시절 또 한 번 부흥을 누렸다. 압바스 왕조에 들어서는 중앙, 속주, 지방 통치 체제가 복잡한 형태로 자리 잡기에 이르렀고, 왕족 암살이나 궁중 반란이 거의 없던 덕에 관료층은 이들 체제를 순조로이 운영해 나갔다. 당시 행정부에서 가장 윗자리를 차지한 것은 하지브(hajib, '시종'이라는 뜻)라는 직이었다. 원칙적으로 따지면 하지브는 궁정에서 의례만을 돌보아야 하는 사람이었으나, 칼리프 옹립을 실질적으로 좌지우지하면서 점점 많은 권력을 손에 쥐게 되었다. 비지에(vizier)는 하지브보다 서열은 아래였으나 (만수르 이후) 더 막강한 권력을 가졌고, 정부 관료들을 임명하고 감독하며 나라의 정책을 이끌어 갔다. 정부에서는 각 부 중에도 세금, 회계, 통신, 치안, 우편이 주요하게 여겨졌고, 고충 처리 부서도 있어서 백성들은 사법부나 행정부에서 억울한 일을 당하면 이 기관에 와서 상소(上訴)를 했다. 칼리프가 군대 다음으로 가장 애지중지했던 관청은 조세 수입국이었다. 아라비아 조세 수입국에서는 백성들을 끝까지 쫓아가 세금을 받아 내던 비잔티움 제국 징수원들을 하나부터 열까지 그대로 따랐고, 이로써 국가 경제에서 어마어마한 양의 돈이 물밀듯 흘러나와 정부 및 행정관의 살림살이를 지탱해 주었다. 하룬 알 라시드의 칼리프 시절에는 화폐로 거두어들인 세금만 5억 3000만 디르헴을 넘었고(4240만 달러), 거기에 추가로 들어오는 현물 세입은 그 수량을 다 헤아릴 수 없을 정도였다.[72] 당시 이슬람 사회에 국가 채무는 없었다. 채무는커녕 786년 칼리프의 국고에는 잔고가 무려 9억 디르헴이나 남아 있었다.

페르시아와 로마에서 그랬듯, 아라비아에서도 공공 우편은 정부와 유력자들만 이용할 수 있는 제도였다. 우편은 수도와 속주 사이에 기밀 및 명령이 오갈 때 주로 이용되었으나, 비지에가 지방 관리를 정탐할 때 이용하는 수단이기도 했다. 아라비아 우편국에서는 우편 일정표가 발행되어 나왔다. 상인과 순례객도 구해 볼 수 있던 이 일정표에는 우편이 거쳐 가는 다양한 역의 명칭과 역 사이의 거리가 나와 있었는데, 이 지침표면 당시 아라비아 지리의 기본을 파악할 수 있었다. 또 비둘기를 훈련시켜 편지를 나르게 했으니, 역사상 비둘기를 배달부로 쓴 것은 이때가 처음이었다.(837년) 이 외에도 정부는 여행객들과 상인들에게서 추가로 "첩보"를 얻고는 했고, 바그다드에서는 1700명의 "할머니"들이 스파이로 활동하기도 했다. 그러나 이렇게 감시를 한다 해도 탐관오리들의 부정 축재는 동서양 어디서든 막을 수 없는 일이었다. 로마 시대에도 그랬듯, 속주 총독들은 관직을 얻는 데 든 비용은 물론 관직을 떠나야 하는 슬픔까지도 재임 기간 중에 어떻게든 보상을 받아야 한다고 여겼다.

칼리프들은 관리들이 그렇게 부정 축재해 놓은 돈을 이따금 강제로 토해 내게 했고, 아니면 부정 축재할 수 있는 권리를 새로 임명받은 관리에게 돈을 받고 팔기도 했다. 유수프 이븐 우마르는 이라크를 통치할 때 이런 식으로 전임자들에게서 짜낸 돈이 7600만 디르헴에 이르렀다. 판관들은 급료를 넉넉히 받는 편이었으나, 이들 역시 돈 잘 쓰는 사람에게 흔들리는 수가 있었다. 그래서 (한 전승에서) 마호메트는 판관 중 셋에 둘은 지옥에 떨어질 거라 확신했다고 한다.[73]

드넓은 이슬람 왕국에도 그곳을 다스린 법이 있었는데, 이 법은 스스로 그 근거가 코란에 있음을 밝히고 있었다. 유대교에서도 그랬지만 이슬람교에서 법과 종교는 하나였다. 다시 말해, 모든 범죄는 곧 죄악이었고 모든 죄악은 곧 범죄였다. 그래서 당시에는 법학이 신학의 한 분과로만 여겨졌다. 아랍인이 정복하는 땅이 늘면서 즉흥적으로 만들어진 마호메트의 법률도 점차 많은 부분을 책임져야 했고, 더구나 코란에서 예상치 못한 사례들에서는 법이 난감해 하는 일이 발생했다. 이슬람교 법학자들은 (암묵적으로든 노골적으로든) 이런 난감함을 해결해 주는 전승을 만들어 냈고, 그리하여 하디스가 마호메트의 법을 집행하는 제2의 근거로 이용되기에 이르렀다. 그런데 참으로 유용한 이 전승들을 들여다보고 있으면 무슨 조화인지 그 속에 로마 및 비잔티움 제국의 법 원칙과 판결들이 계속 얼비치는 느낌이다. 유대교의 미슈나와 게마라가 연상되는 것은 더욱 말할 것도 없고 말이다.[74] 법률 관련 전승이 더욱 늘고 복잡해지자 이슬람 사회에서는 변호사가 안정된 고위 직종으로 자리 잡았고, 법 해설과 적용을 전문으로 하는 법학자들은(아랍어로 '파키(faqih)') 10세기에 이르자 거의 성직자 계급과 맞먹는 신성한 권력과 지위를 누리게 되었다. 이 법학자들은 (12세기 프랑스 사회에서처럼) 이슬람 사회의 군주제와 손을 잡았고, 압바스 왕조의 절대 권력에 힘을 보탠 대가로 자기 몫을 두둑이 챙겨 갔다.

이제 정통 이슬람교에는 유명한 법학 학파가 네 곳 형성되기에 이른다. 그중에도 아부 하니파 이븐 타빗은(767년 사망) 유추 해석이라는 것을 도입하여 코란에 기초한 이슬람교 법에 일대 혁명을 일으켰다. 그의 주장에 따르면 이슬람교 법은 애초 사막에 살던 사람들에게 적용되었던 만큼 그것을 산업 사회나 도시에 적용할 때는 문자 그대로 해석할 것이 아니라 유추를 이용해야 마땅했다. 그래서 이러한 주장을 바탕으로 그는 (코란에서 금기시하던) 담보 대출 및 이자를 허용했으니, 800년 전 팔레스타인에서 활약한 힐렐에 비견될 만했다. 하니파는 이렇게 말했다. "법의 원칙이라는 것은 문법이나 논리학의 원칙 같지가 않다. 일반적인 관습을 표현하는 것이 법인만큼, 법이 만들어진 상황이 변하면 함께 변하기 마련이다."[75] 메디나의 보수층에게는 진보적 법률에 담긴 이 자유로운 철학이 달갑지 않았고, 따라서 아라비아 법학자 말리크 이븐 아나스(715~795년)라는 인물에게 이에 강력히 맞서 줄 것을 제안했다. 말리크는 법률 관련 하디스를 1700편 연구한 끝에 자신의 학설을 정립한 사람으로, 그는 전승 대부분이 메디나에서 생겨난 만큼 하디스든 코란이든 메디나에서 형성된 공론을 기준으로 해석하는 것이 옳다고 하였다. 그러나 바그다드와 카이로에 살았던 무함마드 알 사피(767~820년)는 메디나의 공론만으로는 무오류성의 기반이 충분히 마련되지 않는다고 보았고, 이슬람 사회 전체에서 내놓은 일반적 합의가 적법성, 정통성, 진실을 검증하는 최후의 잣대가 되어야 한다고 주장했다. 알 사피의 제자 아마드 이븐 한발(780~855년)이 보기에 스승의 이 기준은 너무 광범하고 모호한 것이었다. 그래서 그는 네 번째 학파를 만들어 법률은 반드시 코란과 전승을 통해서만 정해져야 한다고 원칙을 세웠다. 한발은 무타질라파(派)(그리스의 유산인 합리성과 이성을 중시한 학파로, 이슬람교 신학 역사상 처음으로 합리성을 바탕으로 논리적인 체계를 세웠다. – 옮긴이)의 합리주의가 철학적인 면에서 옳지 않다고 보았고, 알 마문 치세 때에는 정설을 옹호하다 투옥을 당하기도 했다. 그러나 자신의 보수적 입장을 얼마나 용맹스럽게 지켜 냈던지 그가 죽자 바그다드 사람 중에 그의 장례식을 찾지 않은 이가 거의 없을 정도였다.

이런 식의 논쟁이 100년간이나 이어졌지만, 사실 정통 이슬람교의 인정을 받은 이 네 학파는 (원칙에서는 큰 차이를 보였음에도 불구하고) 세부적인 면에서는 의견이 갈리지 않았다. 우선 이 네 학파는 하나같이 이슬람교 법률이 신성한 기원을 가진다고 보았고, 어떤 법이건 이런 신성한 기원을 가져야만 무법으로 날뛰기 마련인 인간을 다스릴 수 있다고 생각했다. 또 네 학파 모두 행동 및 의례를 사소한 부분까지 일일이 규제했는데, 이들만큼 세부적인 면에 치중했던 종교는 아마 유대교밖에 없을 것이다. 그 일례로 이들은 이쑤시개의 올바른 사용법을 정해 놓는가 하면, 결혼 생활에서의 올바른 권리 행사법, 남녀의 올바른 옷차림, 윤리 규범에 맞는 올바른 머리 모양까지 정해 놓을 정도였다. 늘 법도를 따졌던 한 법률가는 수박은 입에도 대지 않았는데, 수박 먹는 법은 코란에도 하디스에도 그 정석이 나와 있지 않다는 것이 이유였다.[76] 이 복잡다단한 법률 조항들이 인간이 발달할 여지를 숨통을 조이듯 억누른 것은 사실일 것이다. 그러나 이토록 엄격한 법률이라도 거기엔 법적 의제(legal fiction, 명백히 진실이 아닌 것을 진실로 가정하거나, 본질이 다른 것을 일정한 법률적 취급에 있어서 동일한 것으로 보고 동일한 효과를 부여하는 일을 말한다. 의회가 법에 정해진 시간 외에 추가로 일정을 진행해야 할 때 법률이나 헌법을 바꾸기보다 시계를 뒤로 돌리는 상황 등이 이에 해당한다. - 옮긴이)와 책임 면제 등의 장치가 있어 흘러가고 약동하는 삶과 어느 정도는 조화를 이룰 수 있었다. 그렇다고는 하나(더구나 진보적인 하니파 법전까지 수용했음에도 불구하고) 마호메트의 법률은 지극히 보수적이고 정통 신앙에만 너무 목을 매는 경향이 있었고 그래서 경제, 윤리, 사상이 자유롭게 발전하지 못한 면이 있었다.

이상의 내용을 단서로는 삼되, 아부 바크르부터 알 마문에 이르기까지 초기 칼리프들의 업적은 우리가 인정하지 않을 수 없으니, 광대한 지역을 아우르며 그곳 사람들 삶에 체계적 질서를 부여했다는 점에서는 역사상 제일 유능한 통치자였다 해도 과언이 아닐 것이다. 몽골족, 마자르족, 또는 노략질을 일삼은 노르웨이족처럼 이들도 얼마든지 정복지를 모조리 파괴해 버리거나 또는 그곳에 있던 것을 모조리 빼앗아 올 수 있었다. 그러나 아랍인들은 세금을 징수하는 데에 그쳤을 뿐이었다. 우마르가 이집트 땅을 정복했을 때만 해도 주베이르는 추종자들에게 이집트 땅을 하사하라고 간언을 하였다. 그러나 칼리프는 그에 따르지 않고 자신의 판단을 밀고 나갔다. "이집트 땅은 이집트 백성의 손에 맡겨 두어라. 그들이 그곳을 돌보아 기름진 땅으로 만들도록."[77] 칼리프들은 곳곳의 나라를 다스리며 그곳의 땅을 측량했고, 그 기록을 체계적으로 보관해 두었다. 또 도로와 운하를 늘려 관리에 힘썼으며, 강에는 홍수 방지용 제방을 쌓았다. 지금은 사막이 절반인 땅 이라크도 다시 한 번 에덴동산 같아졌고, 근래 들어 모래투성이 돌투성이가 된 팔레스타인도 이때는 땅이 기름지고 재물이 넉넉하고 사람들이 붐볐다.[78] 어느 통치에서나 그렇듯 칼리프 통치 시절에도 영리하고 힘센 자가 순진하고 힘없는 자를 착취하는 일은 분명 여전했을 것이다. 그러나 통치자로서 칼리프들은 사람들의 삶과 일을 상당 부분 보호해 주었고, 재능 있는 자에게는 출셋길을 열어 주었다. 또 이들이 다스리는 동안 곳곳의 도시들은 300~600년 동안의 역사에서 전무후무할 번영을 누렸고, 이들의 자극과 지원에 힘입어 교육, 문학, 과학, 철학, 예술이 활짝 꽃을 피웠으니, 이후 5세기 동안 세계에서 문명이 가장 발달한 곳 하면 다름 아닌 서아시아였다.

5. 이슬람 사회의 도시들

서아시아 문명에도 거기에 의미를 만들고 특징을 부여해 준 인물과 작품이 있을 터, 그러나 그것들을 찾아 나서기에 앞서 우리는 먼저 그들이 살아간 환경이 어땠는지 그 모습을 그려 보지 않으면 안 된다. 문명이란 것은 기본은 시골에서 마련되나 형식은 도시에서 갖춰지는 법이다. 도시에 한데 모여 있지 않고는 사람들이 서로를 감상하고 자극할 기회가 없기 때문이다.

애초에 이슬람 사회의 읍락은 인구가 1만도 채 안 되는 그리 크지 않은 마을들이 거의 전부였다. 보통은 노략질이나 포위전에 대비해 좁은 지역을 성벽이 빙 둘러싸고 있었고, 그 안에 마을이 오밀조밀 자리 잡고 있었다. 마을 사이에는 밤이면 등(燈)도 켜지지 않는 깜깜한 흙먼지 길이나 진흙 길이 나 있었고, 마을 외곽에 험상궂게 이어진 성벽 그 안쪽에 조그만 집들이 웅크린 채로 아랍인 삶의 보금자리가 되어 주었다. 읍락에서 가장 귀중한 것들은 모조리 모스크에 몰려 있었다. 하지만 곧 이곳저곳에서 도시들이 쑥쑥 자라났고 그 속에서 이슬람 문명은 미(美)와 지(知)와 행복의 절정을 맛보았다.

이슬람교도들의 가슴에는 메카나 메디나나 모두 신성함으로 와 닿는 도시였다. 메카는 고대 아랍 신전의 터이자 예언자의 탄생지였고, 메디나는 예언자가 메카에서 몸을 피한 후 줄곧 그의 본거지였기 때문이다. 왈리드 2세는 메디나에 있던 초라한 모스크를 웅장하게 다시 지었다. 비잔티움 황제를 압박하고 8만 디나르까지 쥐어 준 끝에, 그는 모자이크용 돌멩이 40마차와 이집트 및 그리스 출신 장인 80명을 얻어 올 수 있었지만, 이슬람교도들은 그리스도교 불신자의 손에 예언자의 모스크가 지어진다며 불만을 표했다. 이렇듯 카아바와 예언자의 모스크가 있는 메카와 메디나였음에도, 우마이야 왕조 시절 두 도시는 세속적 쾌락과 사치에 젖어 든 모습이었다. 이는 초대 칼리프들에게는 경악할 일이었겠지만, 정복을 성공시킨 장본인 쿠라이시족에겐 가슴 뿌듯한 일이었다. 아랍인의 정복에서 나온 전리품은 메디나로 흘러 들어왔고, 주로 메디나 시민들이 나눠 가졌다. 더구나 메카를 찾는 순례객 수는 더욱 엄청나게 불어나 있었고, 이들 손에는 공양물이 그 어느 때보다 넉넉히 들려 있었으니 상업은 순례객들로 엄청난 활기를 띠었다. 신성한 두 도시는 곧 각종 부(富)와 여가 활동과 놀이와 노래가 모여드는 중심지가 되었다. 귀족들이 지어 놓은 궁전이며 교외의 저택에는 하인과 노예가 넘쳐 났다. 또 도시 곳곳에 첩들이 모여들었고, 마시면 안 되는 술이 유통되었으며, 가수들은 악기를 뜯으며 구슬픈 가락을 듣기 좋게 노래했고, 시인들은 전쟁과 사랑 노래를 줄줄이 지어냈다. 타의에 의한 순교자 후세인에게는 딸이 하나 있었는데, 아름답기로 소문난 그녀는 메디나에서 살롱을 열어 시인, 법관, 정치인들을 대접하곤 했다. 그녀가 보여 주는 재치, 매력, 고상한 취향은 이슬람 세계 전체가 본보기로 삼을 만한 것이었다. 남편은 얼마나 여러 차례 바뀌었는지 보석이 잔뜩 한 그녀 손가락으로 다 헤아리지 못할 정도였다. 그녀는 더러 완전히 자유롭게 활동하게 해 줄 것을 조건으로 남편과 결혼하기도 했다.[79] 이렇듯 "삶을 즐기자."라는 우마이야 왕조의 기조가 이슬람을 정복해 버리자, 이슬람에서 제일 신성하다는 두 도시에서도 아부 바크르와 우마르가 만들어 놓았던 금욕주의적 분위기는 이제 사라져 버리고 없었다.

예루살렘도 이슬람교가 신성시하는 도시 중 하나였다. 이곳에는 8세기부터 이미 아랍인들이 넘쳐 나기 시작했다. 아브드 알 말리크 칼리프는 예루살렘의 성묘(聖墓) 교회란 건축물을 보자, 호스로우 파르베즈에게 한번 파괴를 당하고 나서 다시 웅장하게 복원된 그 모습이 무척이나 부러웠다. 그리하여 이집트에서 거둬들인 조세를 몽땅 쏟아부어 이 교회를 뛰어넘을 일련의 건축물을 지어 냈고, 이곳이 바로 이슬람 세계에서 "알 하람 알 샤리프"('받들어야 할 성소')라 알려진 곳이다. 아랍인들은 이 성지의 남쪽 끝에 코란의 한 구절을 따서 "알 마스지드 알 아크사"('머나먼 땅의 모스크')라 불리는 모스크를 지었다. 이 모스크는 746년에 지진으로 파괴되었다가, 785년에 복원이 되었고, 그 후 몇 번의 개조 작업을 거쳤다. 그러나 모스크의 네이브(nave, 교회 입구에서 안쪽까지 통하는 중앙의 주요한 부분 – 옮긴이)는 아브드 알 말리크 시대의 것이 그대로 남아 있고, 기둥들도 부분 유스티니아누스 황제의 예루살렘 바실리카와 시대가 같다. 무카다시는 예루살렘의 이 사원을 보고 다마스쿠스의 대사원보다 더 아름답다 평하기도 했다. 이슬람교에서는 마호메트가 이 성소 어딘가에서 아브라함, 모세, 예수를 만나 그들과 함께 기도를 드렸다고 전해진다. 또 그 근처에서 마호메트는 아브라함이 이삭을 제물로 바치려 했던 그 바위를 보았다고 하며(이스라엘은 이 바위가 있다 하여 세계의 중심으로 여겨진다.), 모세는 이곳에서 계약의 궤를 받았고, 솔로몬과 헤롯도 이곳에 신전을 지었었다 한다. 또 마호메트는 이 바위를 밟고 하늘로 올라간 적이 있었고, 따라서 신심만 있다면 사람들은 이 바위 위에 난 예언자의 발자국을 볼 수 있었다. 그러다 684년 아브드알라 이븐 주베이르의 반란군이 메카를 차지하면서 메카 순례객들의 돈도 이들 수중에 들어가게 되었다. 아브드 알 말리크는 이 신성한 수입을 어떻게 하면 일부라도 자기 쪽으로 끌어올 수 있을지 궁리한 끝에, 이제부터 이슬람교도는 카아바 대신 예루살렘의 이 바위를 성지로 여기고 이곳을 순례해야 한다고 명을 내렸다. 그리하여 칼리프가 고용한 장인들이 이 유서 깊은 돌 위에 시리아와 비잔티움 양식을 뒤섞어 그 유명한 "바위의 돔"을 지어 냈고(691년), 얼마 안 있어 이 건축물은 "이슬람 세계의 4대 기적" 중 세 번째로 손꼽히게 되었다.(나머지 기적으로는 메카, 메디나, 다마스쿠스의 모스크가 손꼽힌다.) 이 건물은 모스크라기보다는 바위를 모시는 사원이었으니, 십자군이 두 번씩이나 이를 "우마르의 모스크"라 부른 것은 실수인 셈이었다. 이 사원을 보면 정방형의 돌덩이 위에 팔각형의 건물이 서 있고, 그 위를 둘레가 528피트에 높이가 112피트인 돔이 덮고 있다. 돔은 목재로 틀을 짠 뒤 그 위에 황동 도금을 입혔다. 우아하게 장식된 건물 입구를 지나(입구의 상인방(上引枋)에는 청동판을 안에서 두드려 만든 아름다운 돋을새김 조각이 달려 있다.) 내부로 들어서면, 동심원으로 연마 대리석 줄기둥이 늘어서 있는데 사이사이에 자리한 줄기둥 탓에 내부에서는 건물의 팔각형 구조는 어느덧 자취를 감춘다. 이곳에 자리한 아름답기만 한 기둥들은 아랍인들이 로마 시대 유적을 가져다 쓴 것이며, 기둥머리는 비잔티움 제국의 것이다. 아치의 스팬드럴(spandrel)을 바라보면 나무를 섬세하게 묘사해 낸 모자이크가 단연 눈에 띄는데 그 솜씨가 얼마나 정교한지 쿠르베(Courbet)가 다 무색할 정도이나, 돔 아래 원통에 장식된 모자이크는 이보다도 훨씬 더 정교하다. 줄기둥의 바깥쪽 코니스(cornice)를 빙 둘러서는 푸른색 타일에 노란색으로 쿠파(Kufa)체(이라크의 옛 도시 쿠파에서 즐겨 쓰던 각진 글씨체)의 글이 적혀 있는데, 1187년에 살라딘이 만든 것으로 아랍풍의 독특한 건축 장식이 아주 근사하게 표현된 경우라 할 수 있다. 덩치는 크지만 볼품은 없는 둘레 200피트의 그 바윗덩어리는 동심원을 이룬 줄기둥의 한가운데에 자리 잡고 있다. 무카다시는 이렇게 썼다.

희붐한 새벽녘 해에서 뻗어 나온 빛줄기가 먼저 둥근 지붕에 와서 부딪치고, 얼마 안 지나 돔 아래 원통이 그 빛을 다시 반사하는 순간, 이 건물은 두 눈을 뜨고도 믿지 못할 놀라운 광경을 연출한다. 이슬람 세계를 다 다녀 보았지만 이만한 장관은 어디서도 보지 못했다. 이교가 번성하던 시절에도 이 "바위의 돔"만큼 장엄한 광경을 연출한 건물이 있었다는 이야기는 듣지 못했다.[80]

아브드 알 말리크는 이 역사적 대작을 성소로 만들어 카아바를 대신하려던 심산이었으나 일은 성사되지 못했다. 만일 그의 뜻대로만 되었다면 예루살렘은 중세 시대에 인간의 영혼을 차지하려 서로 경쟁을 벌인 신앙들 그 셋 모두의 중심지가 되었을 텐데 말이다.

그러나 당시 예루살렘은 팔레스타인 속주 내에서조차 수도가 아니었고, 수도의 영예를 차지했던 곳은 알 라믈라라는 곳이었다. 이렇듯 지금은 가난한 촌 신세를 못 면하는 곳이 이슬람 시대에는 전성기를 꽃피운 경우가 많았다. 985년 무카다시가 남긴 글을 보면, "아카(아크레)는 커다란 도시로 근방을 널찍하게 차지하고 있었다." 1154년 이드리시는 "시돈은 큰 도시로, 곳곳의 정원과 나무가 주변을 둘러싸고 있다."고 하였다. 891년 야쿠비는 "아름다운 도시 티레는 지중해를 향해 불쑥 튀어 나온 바위 위에 건설되어 있다."고 하였으며, 1047년 나시르 이 호스로우는 "그곳에서는 5~6층짜리 건물들이 숙소 노릇을 하며, 깔끔하게 정돈된 시장에 가 보면 이곳의 부가 얼마나 대단한지 실감할 수 있다."고 적고 있다.[81] 북쪽의 트리폴리에는 "멋진 항구가 있어 일천 척의 선박이 머물 수 있었다." 티베리아스는 온천과 재스민 산지로 유명했다. 1224년에 이슬람교도 여행자 야쿠트는 나사렛에 대해 이런 글을 남기기도 했다. "이곳은 미리암의 아들이자 예언자인 이사야가 난 곳이다. 그분께 평화가 깃들기를! …… 그러나 이곳 사람들은 미리암을 부끄럽게 생각하는데, 자고로 처녀가 애를 낳는 법은 절대 없기 때문이라는 것이다."[82] 야쿠비의 말에 따르면 바알베크도 "시리아에서 가장 멋진 도시 중 하나였다."고 하며, 무카다시도 이 도시가 "풍요롭고 쾌적하여 살기 좋다."고 하였다. 시리아의 도시 중에도 다마스쿠스 다음으로 으뜸은 안티오크였다. 이곳은 635년부터 964년까지는 이슬람교도들이 차지했고, 그 후 1084년까지는 비잔티움 제국의 차지였다. 안티오크에 가면 그리스도교의 아름다운 교회가 곳곳에 보이고, 언덕에는 층층이 예쁜 집들이 늘어서 있으며, 정원과 공원에는 초목이 무성하고, 집집마다 물이 졸졸 흐르는데, 이 모습이 마호메트의 지리학자들은 그저 부러울 뿐이었다. 타르수스도 주요 도시로 손꼽혔다. 이븐 하우칼의 추산(978년)에 따르면, 원래 타르수스에는 성인 남자만 10만 명에 이르렀다 한다. 그러나 965년에 동로마 황제 니케포루스가 타르수스를 다시 점령하더니 그곳에 있던 모스크를 다 부수고 코란도 모조리 불살라 버렸다. 알레포는 대상 교역로 두 개가 만나는 길목에 자리한 덕에 부자가 된 도시였다. 무카다시가 남긴 글에 따르면 "사람들로 북적이는 이 도시는 돌로 건설되었다. 양 옆으로 상점이 죽 늘어서 그늘이 드리워져 있는 길거리는, 어느 길로 가든 모스크의 입구와 통하게 되어 있었다." 바로 이 사원에 상아와 목재를 조각해 아름답기로 유명한 미흐라브가 있고, 이곳의 민바르(Minbar, 설교단)도 "더없이 아기자기해 바라보기에 즐겁다." 이 근방에는 학교 다섯 개와 병원 하나, 그리고 그리스도교 교회가 여섯 곳 자리 잡고 있었다. 891년 야쿠비가 남긴 글에 따르면 홈스(Homs, 고대의 에메사)도 "시리아의 도시 중 가장 큰 규모를 자랑했던 곳"으로, 950년 이스타크리는 "이곳의 길거리며 시장 바닥은 돌로 덮지 않은 데가 거의 없었다."고 하였다. 무카다시의 말에 따르면 "아름다운 이곳 여인들은 피부가 곱기로 유명했다."고 한다.[83]

당시는 아랍 제국이 동쪽으로 점점 세를 넓히던 때라, 메카나 예루살렘보다 대륙의 중심부에 가까운 곳이 제국의 수도로는 좋았다. 그리하여 심사숙고 끝에 우마이야 왕조가 선택한 곳이 다마스쿠스였으니, 이곳은 아랍인들이 발을 들일 때 이미 번잡하게 지내 온 지가 수 세기에 이른 곳이었다. 이곳에서는 다섯 개의 물줄기가 모여들어 다마스쿠스의 내륙 지대를 "지상의 낙원"으로 만들어 주었고, 공공 분수대와 공공 목욕탕 수십 개 그리고 정원 1만 2000개에 물을 대 주었다.[84] 그런 뒤 이 물은 길이 12마일에 폭 3마일의 "제비꽃 협곡"이 되어 서쪽으로 흘러 나갔다. 이드리시의 말에 따르면, "다마스쿠스는 신이 이룩한 그 모든 도시 중에도 가장 기쁨이 넘치는 곳이었다."[85] 약 14만의 인구가 북적이는 도시 그 심장부에는 이제 칼리프의 궁전이 우뚝 솟아올랐다. 무아위야 1세가 지은 이 궁전은 황금과 대리석으로 요란하게 치장이 되었고, 바닥이며 벽에는 오색찬란한 모자이크가 깔렸으며, 곳곳에 마련된 분수와 폭포에는 늘 물이 흘러 더위를 식혀 주었다. 다마스쿠스 북쪽에는 대사원이 서 있었다. 이 도시엔 한때 사원만 572개에 달했으나, 다마스쿠스 우마이야 왕조 시절의 유물로는 이 대사원만이 유일하게 살아남아 있다. 로마 제국 시절엔 대사원의 자리를 유피테르 신전이 대신 장식했었고, 신전이 폐허가 되자 테오도시우스 1세는 (379년에) 그 위에 세례 요한 교회를 지었다. 그러다 705년경 왈리드 1세가 그리스도교도들에게 제안하길, 세례 요한 교회를 개조하고 그 위에 모스크를 새로 지어야겠으니 그리스도교도들은 자신이 주는 땅과 자재를 가지고 다마스쿠스 땅 어디든 다른 곳에 성당을 하나 지으라고 했다. 그리스도교도들은 반기를 들면서 칼리프에게 엄포를 놓기를, "우리 그리스도교의 책에는 이 교회를 파괴하는 자는 나중에 목이 졸려 죽게 된다고 씌어져 있다."고 했다. 그러나 이에도 아랑곳없이 왈리드 1세는 성당을 허무는 작업에 몸소 나섰다. 전하는 바에 따르면 이 모스크를 짓는 데에만 제국이 거둬들인 7년치의 토지세가 전부 들어갔고, 그리스도교도의 새 성당을 짓는 자금으로도 상당한 돈이 들어갔다고 한다. 또 모스크를 짓기 위해 인도, 페르시아, 콘스탄티노플, 이집트, 리비아, 투니스, 알제리의 각지에서 예술가와 장인이 초빙되어 왔다. 모스크 건설에 동원된 인부만 1만 2000명이었고, 모스크가 완성되는 데에는 꼬박 8년이 걸렸다. 이렇게 탄생한 대사원에 대해 이슬람교도 여행객들은 이보다 빼어난 건축물은 이슬람 세계에는 또 없다고 하나같이 입을 모은다. 압바스 왕조의 칼리프인 알 마흐디와 알 마문 역시 (우마이야 왕조나 다마스쿠스를 절대 좋아할 리 없음에도) 지상 최고의 건축물로 이곳을 꼽았다. 대사원의 형태를 보면, 우선 총안(銃眼)을 낸 거대한 담이 내부의 줄기둥과 함께 널찍한 대리석 뜰을 사각형으로 둘러싸고 있는 모습이다. 모스크는 이렇게 둘러쳐진 담 남쪽에 자리 잡고 있는데, 정방형의 석재로 지어진 건물을 3기의 사원 탑이 호위하듯 지키고 서 있다.(이 중 하나는 이슬람 세계에서도 연륜이 제일 깊다.) 건물은 설계나 장식이나 모두 비잔티움 양식을 따르고 있고, 성 소피아 성당에서 영향을 받은 흔적이 역력히 드러난다. 건물의 지붕을 이루는 직경 50피트의 돔에는 납판이 덮여 있었다. 가로 429피트로 길게 뻗은 건물은 2층의 하얀 대리석 기둥에 의해 네이브와 여러 개의 통로로 나뉘었다. 대리석 기둥 위에는 황금색 띠를 두른 코린트식 기둥머리가 얹혀 있었고 여기서부터 원형 혹은 말발굽형 아치가 불룩 솟았는데, 이슬람교 건축물에 말발굽형 아치가 사용된 것은 이때가 처음이었다.* 모자이크로 장식된 바닥에는 카펫이 깔려 있었고, 벽면에는 색을 입힌 대리석 모자이크와 법랑을 칠한 타일이 붙어 있었다. 건물의 안쪽 벽면은 아름다운 격자무늬 대리석 여섯 개로 분할이 되어 있었고, 메카를 향해 나 있는 벽면인 미흐라브에는 갖가지 금은보석이 줄줄이 박혀 있었다. 건물의 조명은 채색 유리를 끼운 74개의 창과 1만 2000개에 이르는 램프가 담당하고 있었다. 다마스쿠스의 대사원을 두고 한 여행객은 이렇게 말했다. "이 모스크에 백 년 동안 머무를 수 있는 사람, 또 자신이 본 것을 매일 머릿속에 떠올릴 수 있는 사람이 있다 치자. 그러면 아마 그는 매일 같이 다른 풍경을 머리에 그리게 될 것이다." 한 그리스인 사절은 당국의 허가로 이 대사원에 들어와 보고는 자기 동료에게 이렇게 털어놓았다. "원로원 회의 때 아랍인들이 힘을 떨치는 것은 잠깐일 거라 내가 그랬지. 하지만 여기 와서 아랍인들이 건물 지어 놓은 것을 보니, 앞으로 이들이 대단히 오래 이 세상을 지배할 거란 확신을 떨치지 못하겠네."**[87]

---

* 말발굽형 아치는 기원전 2세기경 인도 나시크의 석굴 사원에 가장 처음 사용된 것으로 알려져 있다.[86] 그 뒤에는 서기 359년 메소포타미아 니시비스의 한 그리스도교 교회에 말발굽형 아치가 사용되었다.

** 다마스쿠스 대사원은 1069년에 화재가 일어나 망가졌다가 후일 복구되었다. 그 후 1400년에 티무르가 대사원을 거의 흔적도 없이 불살라 버렸으나 다시 건축이 되었다. 그러다 1894년에 다시 화재가 나면서 대사원은 심각한 손상을 입었다. 그때부터는 대사원에서 중세의 장식은 찾아볼 수 없게 되었고, 회반죽과 백색 도료가 그 자리를 대신 뒤덮고 있다. 대사원의 한쪽 벽에는 한때 그리스도교 교회 상인방(上引枋)에 걸려 있던 다음과 같은 비문이 아직도 그대로 남아 있다. 이슬람교도들은 이 비문을 단 한 번도 지운 적이 없었다. "오 그리스도여, 당신의 왕국은 영원하고, 당신의 지배는 길이길이 이어집니다."[88]

이제 다마스쿠스에서 북동쪽으로 발걸음을 돌려 사막을 건너 보자. 그러면 유프라테스 강에서 락카라는 도시를 만나게 되는데, 하룬 알 라시드가 왕궁 터로 삼았던 곳이다. 다시 여기서 하트라를 지나 티그리스 강을 건너면 모술이라는 도시가 나온다. 여기에서 북동쪽으로 더 올라가면 타브리즈란 도시가 나오는데, 이곳이 최전성기를 맞으려면 시간이 좀 더 흘러야 한다. 이제 여기서 동쪽으로 발걸음을 돌리면 테헤란(이때만 해도 소규모 읍락에 불과했다.), 담간, 그리고 (카스피 해 동쪽에) 구르간이 연이어 나온다. 10세기 무렵 구르간은 속주의 수도였던 곳으로, 이곳 제후들은 문화를 사랑하는 것으로 유명했다. 그중에도 위용이 제일 대단했던 샴스 알 마알리 카부스는 자기 궁에다 아비켄나의 거처를 마련해 주는가 하면, 그에게 장차 무덤으로 쓰라며 167피트 높이의 거대한 탑을 남겨 주기도 했다. 현재는 군바드 이 카부스라는 이 탑만이 홀로 남아 한때 구르간이 사람과 부가 넘쳐 나던 도시였음을 말해 주고 있다. 이제 북쪽 길을 따라 동쪽으로 발걸음을 돌리면 니샤푸르라는 도시가 나오는데, 우마르 카이얌(11, 12세기에 활동한 페르시아의 시인 – 옮긴이)의 시에 등장해 계속 사람들에게 정조를 불러일으키는 곳이다. 마시하드는 시아파 이슬람교도들의 메카였고, 메르브는 한때 강대한 속주의 수도였다. 그리고 보카라와 사마르칸트도 빼놓을 수 없는데, 칼리프의 세금 징수원들의 손길도 웬만해서 이곳까지는 미치지 못했다. 이제 눈앞을 가로막은 산맥을 넘어가면 그 남쪽에 가즈니란 도시가 자리 잡고 있다. 시인들이 전하는 바에 따르면 마무드의 웅장한 궁궐이 여기에 있었고, "이곳의 탑들은 달이 다 놀랄 만큼 키가 컸다."고 한다. 그중에도 마무드의 "개선문"과 마수드 2세가 만든 보다 화려한 탑이 옛날 그대로 자리를 지키고 서 있다. 이제 여기서 등을 돌려 다시 서쪽으로 향하면, 11세기에 번영을 누렸던 이란 지역의 도시 여남은 개를 만날 수 있으니, 헤라트, 시라즈(정원이 유명하고 모스크도 아름답다.), 야즈드, 이스파한, 카샨, 카스빈, 쿰, 하마단, 키르만샤, 사마나 등이 이에 해당한다. 이라크 지역에서는 바스라와 쿠파 등의 도시가 사람들로 북적였다. 이들 도시들이 있는 곳엔 어디고 눈부시게 빛나는 돔과 사원 탑이 있었고, 학교와 도서관, 궁궐과 정원, 병원과 목욕탕이 있었으며, 그리고 영영 가난을 못 벗는 자들이 살아가는 컴컴하고 좁다란 골목길이 있었다. 이 도시들을 다 돌고 나면 드디어 바그다드이다.

"바그다드에 은총이 내릴지니!"라고 시인 안와리는 소리 높여 노래했다.

지식과 예술의 보금자리, 바그다드 땅 그곳에 은총이 내릴지니
이 세상에 바그다드만한 도시 그 누가 짚어 낼 수 있으랴.
바그다드의 한적한 교외는 하늘에 푸른 천장을 얹은 듯 서로 아름다움을 뽐내고
바그다드의 온화한 날씨는 천국의 산들바람처럼 생명을 불어넣고
바그다드의 밝게 빛나는 돌은 다이아몬드나 루비와도 같구나.
아리따운 처녀들이 티그리스 강둑을 오가는 풍경은 쿨라크보다 아름다우며
사랑스러운 님프들이 가득한 정원은 카슈미르 못지않네.
강물에 떠다니는 수천 대의 곤돌라는
허공에 일렁이는 햇빛처럼 춤추며 반짝이네.[89]

바그다드는 바빌로니아 시대부터 있던 옛날 도시였고, 고대 도시 바빌론도 여기서 그다지 멀지 않았다. 1848년에는 바그다드를 지나는 티그리스 강바닥에서 네부카드레자르(바빌로니아를 다스리던 왕의 이름이다. - 옮긴이)라고 글자가 써진 몇 개의 벽돌이 발견되기도 했다. 바그다드는 사산 왕조 시절에 번영을 누렸으나, 이슬람교의 정복이 있고 나서는 그리스도교 수도원(대부분이 네스토리우스파였다.)의 본거지가 된 터였다. 바로 이곳에서 지내던 수도사들이 알 만수르 칼리프에게 일러 주기를, 바그다드는 여름철에 시원할 뿐 아니라 쿠파와 바스라처럼 모기떼가 괴롭히는 일도 없다는 것이었다. 더구나 통솔이 안 되는 몇몇 도시에는 벌써부터 혁명을 외치는 무산자(無産者)가 넘쳐 나고 있었으니 칼리프 생각에는 이들 도시와 어느 정도 거리를 두는 것이 좋겠다고 여겨졌으리라. 뿐만 아니라 바그다드가 내륙 쪽에 안전하게 자리 잡고 있는 것은 전략적으로 확실히 이점이었다. 그러면서도 바그다드에는 티그리스 강과 주요 운하가

있어 티그리스 및 유프라테스 강의 모든 도시와 계속 교류할 수 있었고, 걸프 만을 통해서는 전 세계 모든 항구와 연결이 될 수 있었다. 그리하여 762년 칼리 프는 하시미야에 있던 자신의 거처와 쿠파에 있던 당시의 통치 기구를 바그다 드로 옮기는 일에 착수했다. 칼리프는 바그다드 땅을 원형의 성벽으로 세 번 둘 러쌌고 거기에 해자까지 한 번 두른 뒤 이곳의 정식 명칭을 바그다드(신의 선 물)에서 메디나트 알 살람(평화의 도시)으로 바꾸었다. 그러고는 칼리프 자신, 그 친척들, 정부 관료가 머물도록 대규모의 벽돌 궁궐들을 짓게 했는데 이에 동 원된 인부만 총 10만 명에 공사 기간은 총 4년이었다. 이렇게 해서 칼리프의 궁 전이 "알 만수르의 원형 도시" 그 한가운데에 우뚝 솟아올랐다. 사람들은 황금 빛 성문을 보고는 이 궁전을 "황금 성문"이라고도 했고, 눈부신 둥근 지붕을 보 고는 "푸른 돔"이라고도 하였다. 알 만수르는 이에 그치지 않고 성벽을 벗어나 티그리스 강이 직접 닿는 서안 땅에다 여름에 지낼 별궁을 지어 그 이름을 "영 원의 궁궐"이라 하였다. 이후 하룬 알 라시드는 이곳을 자신의 거처로 삼아 치 세 대부분을 지냈다. 이 궁궐에 난 창에서라면 수십 척의 아랍 배가 세상 절반 에서 실어 온 물건들을 티그리스 강 부두에 부리는 모습이 그대로 다 바라보이 지 않을까.

768년 알 만수르는 아들 알 마흐디를 독립시킬 양으로 티그리스 강 동안(페 르시아 방면의 땅)에 궁궐과 모스크를 하나씩 지었다. 그 후 이 두 건축물을 중심 으로 루사파라는 외곽 도시가 성장하기에 이르렀고, 선박을 이어 만든 두 개의 다리가 이곳을 칼리프의 원형 도시와 연결시켜 주었다. 하룬 이후에는 칼리프 대부분이 주로 이 루사파에서 생활을 했기에, 머지않아 루사파는 규모나 재력 이나 만수르의 도시를 앞지르게 되었다. 그래서 하룬 이후로는 바그다드 하면 루사파를 의미하는 것이었다. 이 왕궁 터를 중심으로 뻗어 나온 바그다드 시가 지는 티그리스 강 서안이든 동안이든 길이 좁고 구불구불했는데, 그래야 햇빛 을 피할 수 있었기 때문이다. 그 길들은 다시 여러 갈래의 떠들썩한 상점가로 나뉘어 부자들이 모여 사는 주거 지구로 이어졌다. 상점가를 보면 향수 제조,

바구니 짜기, 인형극, 환전, 비단 직조, 서적 판매 등 각 기예(技藝)마다 따로 거리나 시장이 조성되어 있었다. 일반 백성들의 집은 상점 위쪽 또는 상점을 지나 먼 곳에 자리하고 있었다. 부자들 집은 달랐지만 일반인의 주거는 거의 다 굽지 않은 벽돌로 지어졌다. 그렇게 지어진 집은 한 사람이 나서 죽는 동안만큼은 버텼지만 그 이상 오래가지는 못했다. 이 당시 인구가 얼마였는지는 믿을 만한 통계 수치가 없어 정확히 알 수 없다. 아마 80만 명은 되었을 테고, 200만 명에 이르렀다 추산하는 전거들도 있다.[90] 그러나 인구가 정확히 몇 명이었든 10세기 무렵 세계에서 가장 큰 도시 하면 (콘스탄티노플은 빼야 할 수도 있지만) 바로 이곳 바그다드였다. 바그다드에는 사람들로 북적이던 그리스도교 거주 지역도 있었고, 이곳엔 교회와 수도원은 물론 학교까지 갖추어져 있었다. 네스토리우스파, 단성론파, 정통 그리스도교도들은 각자의 비밀 예배당을 이곳에 다 따로 짓고는 거기서 기도를 드리곤 했다. 한편 애초에 알 만수르가 바그다드에 지었던 이슬람교 모스크는 하룬 치세 들어 재건과 증축이 되었고, 재정비된 모스크는 알 무타디드 치세 들어 다시 한 번 재건과 증축을 거쳤다. 물론 바그다드 사람들의 희망을 지탱해 주던 모스크는 이 말고도 분명 수백 개는 더 있었을 것이다.

   빈자들이 천국을 믿는 것으로 삶을 달래었다면, 부자들은 지상의 낙원을 찾는 것으로 삶의 위안을 얻었다. 곧 바그다드 시내며 근방에는 으리으리한 대저택과 궁궐들이 수백 개씩 솟아올랐고, 겉보기에 소박한 이 건물들은 "안에 들어서면 온통 푸른 보석과 황금뿐이었다." 이와 관련해 아불페다(13, 14세기에 활동한 쿠르드족 시인, 역사가, 지리학자이다. - 옮긴이)가 남긴 놀라운 글을 보면 당시 이러한 대궐이 내부를 얼마나 으리으리하게 꾸몄는지 실감할 수 있다. 그가 확언하는 바에 따르면 바그다드의 왕궁에는 바닥에만 2만 2000장의 카펫이 깔려 있었고, 벽에는 3만 8000장의 태피스트리와 1만 2500장의 비단이 걸려 있었다고 한다.[91] 바그다드 동부 도시에서는 칼리프와 그 일가족, 비지에와 정부 수장들이 그들의 거처로 차지한 면적만 1제곱마일에 이르렀다. 한편 바르마크 가의 자파르가 바그다드 남동부에 대저택을 하나 짓자 귀족들이 대거 그를 따라 이동했는데, 이는 자파르의 명을 재촉하는 길이기도 했다. 자파르는 하룬의 질시를 피할 묘책으로 그 대저택을 하룬의 아들 마문에게 주라며 칼리프에게 헌납했다. 하룬은 순순히 선물을 받아들였으나, 그 아들에게 주는 선물이었으니 자파르는 실각할 때까지 이 "자파르의 궁전"에 머물며 마음껏 연회를 베풀었다. 세월이 흐르자 알 만수르와 하룬의 궁전은 무너져 내리기 시작했고, 그 자리를 대신하여 속속 다른 궁궐들이 들어섰다. 그중에도 "플레이아데스의 궁전"은 알 무타디드가 무려 40만 디나르(190만 달러)를 들여 지었는데(892년), 궁전의 마구간의 말, 낙타, 노새만 9000마리였다고 하니 얼마나 큰 궁전이었는지 짐작이 갈 것이다.[92] 알 무크타피는 이 궁 옆에 "왕관의 궁전"을 지었고(902년), 이곳은 정원이 뒤덮은 면적만 9제곱마일에 이르렀다. 알 무크타디르는 자기 차례가 오자 "나무의 홀"이란 곳을 지었다. 그의 궁전에 이런 이름이 붙은 까닭은 궁전 정원 연못에 금은으로 만든 나무 한 그루가 서 있었기 때문인데, 은으로 만들어진 잎사귀와 곁가지에는 은으로 만든 새가 올라앉아 기계 장치의 조종에 따라 노래를 지저귀곤 했다. 그러나 호화롭기로 따지면 부와 이 왕조 술탄들이 단연 으뜸이었으니, 이들은 무이지야 궁전을 짓는 데에만 무려 1300만 디르헴을 쏟아부었다. 917년 일단의 그리스 사절들은 알 무크타디르의 초청을 받고 바그다드의 궁궐에 들어섰을 때 놀라지 않을 수 없었다. 칼리프와 그의 정부(政府)가 쓰는 궁궐만 23개였던 데다, 곳곳에 대리석 기둥으로 이루어진 주랑(柱廊) 현관이 자리하고 있었고, 바닥과 벽은 수없이 많고, 크고, 아름다운 러그와 태피스트리가 장식하고 있었다. 마구간에서는 마부 수백 명이 눈부신 제복을 입고 말을 돌보았고, 황제의 말 등에는 금은으로 만든 안장에 양단으로 짠 안장깔개가 덮여 있었다. 널따란 공원에서는 각양각색의 애완동물과 야생 동물을 만날 수 있었고, 그 자체가 왕궁을 방불케 하는 왕실 유람선은 티그리스 강물에 뜬 채 언제 있을지 모르는 칼리프의 행차를 기다렸다.

바그다드의 상류층은 이렇듯 화려한 대저택에 살면서 사치와 여가, 근심과 음모를 한껏 맛보았다. 이들은 메이단(광장)까지 나가 경마나 폴로 게임을 구경하기도 했고, 나라에서 금지한 술을 몰래 아껴 두었다 마셨으며, 말할 수 없이 먼 곳에서 말할 수 없이 비싼 값에 진귀한 음식들을 사다 맛을 보았다. 또 자신들은 물론 부인들까지 색색의 멋진 비단옷과 황금 양단으로 차려입혔으며, 옷, 머리, 콧수염에는 향수를 뿌렸다. 또 용연향(龍涎香)이나 유향(乳香)을 불에 피워 그 향을 즐겼으며, 머리, 귀, 목, 손목, 그리고 가느다란 발목에는 보석 장신구를 찼다. 당시의 한 시인은 한 아가씨에게 이런 노래를 지어 주기도 했다. "그대의 발찌가 짤랑거리면 그 소리에 나는 넋을 잃는다오."[93] 남자들끼리 사교 모임이 열릴 때면 여자들은 보통 끼지 못했다. 대신 시인, 음악가, 재담꾼에게는 낄 자리가 있었으니 이들이 들려주는 사랑 노래나 사랑 이야기 때문이었을 것이다. 또 늘씬한 노예 아가씨들도 한자리를 차지하고 그곳 남자들이 자신의 노예가 될 때까지 춤을 추었다. 개중에는 시 낭송이나 코란 암송에 귀를 기울이는 점잖은 축들도 있었다. 그런 자들이 일부 모여 "순수의 신도회" 같은 철학 모임을 만들기도 했고, 790년경에는 정통 수니파, 시아파, 하리지파, 마니교도, 연애 시인, 유물론자, 그리스도교도, 유대교도, 사바족, 조로아스터교도가 한 명씩 모여 총 열 명으로 구성된 모임이 만들어졌다고도 한다. 전하는 바에 따르면 서로에게 관대하고, 유머가 넘치고, 서로 예절을 지키며 논쟁하는 것이 이들 모임의 주된 특징이었다고 한다.[94] 전반적으로 이슬람 사회는 그 어디보다 예절을 잘 지키는 곳이었다. 사실 페르시아의 키로스 대왕부터 중국의 이홍장(李鴻章)에 이르기까지, 예절에 있어서는 늘 동양이 서양을 앞질러 왔다. 바그다드에서는 모든 예술과 학문이 나라의 허가만 있으면 탁월한 후원을 받을 수 있었다. 이로써 수많은 학교가 설립되었고 사람들은 거리를 오가며 낭랑하게 시 한 수를 읊조렸으니, 바그다드의 이런 삶은 누가 봐도 부러울 모습이었다.

　이 시절의 평민들 삶에 대해서는 전해지는 바가 거의 없다. 그저 부자들의 이 으리으리한 대저택을 지키고 꾸미느라 평민들이 고되게 애쓰고 땀 흘렸으리라 추측할 뿐이다. 부자들이 문학과 예술, 과학과 철학으로 여흥을 즐겼던 데 비해, 한결 소박한 백성들은 길거리 가수의 노래에 귀를 기울이며 여흥을 즐겼고, 혹은 제 손으로 류트를 뜯으며 노래를 지어 부르기도 했다. 결혼식 행렬이라도 있는 날에는 시끄럽고 냄새 나는 길거리 생활도 그 고단함을 싹 잊을 수 있었다. 축제일이 찾아오면 사람들은 서로서로 이웃집을 찾아다녔고, 손해 안 나게 고심하여 고른 선물들을 지인들과 맞바꾸었다. 이런 날 먹게 되는 음식은 황금 접시에 담겨 나오는 음식 맛에도 비할 것이 아니었다. 바그다드의 위풍당당한 칼리프와 그곳의 으리으리한 모스크는 가난한 이들에게도 큰 영광이었다. 그래서 바그다드에 부과되는 세금을 이들도 몇 푼이라도 나누어 내었고, 수도에 사는 것을 누구보다 떳떳하고 자랑스러워했다. 그러며 내심으로는 세상의 그 어떤 통치자도 자기 자신만 하겠는가 여겼다.

THE AGE OF FAITH

12장 동(東)이슬람의 사상과 예술
632~1058

1. 학문

이슬람교에 전하는 전승대로라면, 대부분의 종교 개혁가와 달리 마호메트는 지식 추구를 동경했고 또 강력히 권하기까지 했다. "지식 구하러 집 떠나는 자, 그는 신의 길을 걷는 자이니 …… 순교자의 피보다도 학자의 잉크가 더 신성한 것이니라."[1] 그러나 이러한 전승들은 자아도취에 빠진 어느 현학자 입에서 나온 듯한 인상을 풍긴다. 어찌 되었건 시리아에서 그리스 문화를 접하자 아랍인들 사이에 그것을 적극 모방해야 한다는 의식이 인 것은 사실이었고, 그리하여 시인에 더하여 학자도 사람들의 존경을 받는 존재가 되었다.

이슬람 사회에서는 아이가 말을 한다 싶으면 바로 교육을 시작했고, 곧장 이 말부터 가르쳤다. "이 세상에 신은 오로지 알라신 한 분임을 선언하노라. 마호메트가 알라신의 사도임을 선언하노라." 노예의 자식 및 여자아이 일부, 그리고 남자아이 거의 모두는(부잣집 남자아이들은 가정 교사를 두어 예외였다.) 여섯 살에 이르면 초등학교에 들어갔다. 초등학교는 보통 모스크 안에 있었고, 때로는 야외의 공공 분수대 근처에 있기도 했다. 수업료는 통상 무료였고, 아니면 지극히 적게 받아 누구든 수업을 들을 수 있게 했다. 일주일에 한 번씩 부모가 학생 1인당 약 2센트씩을 교사에게 주는 수준이었다.[2] 그 외 수업에 들어가는 나머지 비용은 자선가들이 충당해 주었다. 학교에서 가르치는 교과 내용은 단순했다. 먼저 이슬람교 예배를 드리는 데 필요한 기도문을 가르쳤고, 읽기는 코란의 뜻을 해독할 정도만 가르치면 충분했다. 여기에 코란이 곧 신학이자 역사이자 윤리학이자 법학이었으니, 나머지 교육은 그것으로 해결이 되었다. 작문과 산수는 고등 교육에나 들어가야 배울 수 있었는데, 예로부터 동방에서는 글이란 반드시 특별 훈련을 받아야만 쓸 수 있다고 여겼던 것 같다. 더구나 이슬람교도 말에 따르면 구태여 글을 안 배워도 되는 것이, 부득이 글을 써야 할 때는 필경사를 부리면 되기 때문이다.[3] 학교에서는 매일 같이 코란을 일부 암기하고 큰 소리로 낭송했다. 학교에 들어간 학생들은 누구나 코란 전체를 줄줄 외는 것을 공부의 목표로 삼았다. 이 목표를 성취한 학생에게는 하피즈(hafiz, 수료자)라는 칭호를 주고 다 같이 축하를 해 주었다. 여기에 작문, 궁술(弓術), 수영까지 배운 학생에게는 알 카밀(al-kamil, 완성자)라는 칭호가 주어졌다. 학교에서의 주된 공부법이 암기였다면, 면학 분위기를 잡는 주된 방법은 매였다. 보통 체벌이라 하면 야자수 막대기로 학생들 발바닥을 때리는 것이었다. 하룬은 아들 아민이 공부를 배울 때에 그 선생님에게 이렇게 말하기도 했다. "아이에게 너무 엄하게 굴어 아이의 재능을 질식시키지는 마시오. 그렇다고 아이를 너무 풀어 주어 …… 나태함이 몸에 배어서도 안 되오. 가급적 친절하고 다정하게 아이를 다잡아 주되, 간혹 아이가 말을 듣지 않겠거든 무력도 사용하고 엄하게도 구시오."[4]

초등 교육의 주된 목표가 인격 함양이었다면, 중등 교육의 주된 목표는 지식 전달이었다. 이슬람교의 모스크에는 늘 기둥이나 벽면에 등을 기댄 채 웅크리고 앉아 있는 학자들이 있었고, 사람들은 이들에게서 코란의 해석법, 하디스(이슬람교 전승 기록), 신학, 법률 등을 배울 수 있었다. 그러다 언제부터인가 당국이 이들 비공식 교육 상당 부분을 규제, 지원하고 나서면서 마드라사(madrasa, 전문학교)로 운영되기에 이르렀다. 이제 학자들은 사람들에게 신학에 관련된 기본 교과 내용에 더하여 문법, 철학, 수사학, 문학, 논리학, 수학, 천문학까지 가르쳤다. 그중에서도 아랍인들은 문법을 특히 중시했는데, 아랍어야말로 그 어떤 언어보다 완벽에 가까울 뿐 아니라 말을 올바로 쓸 줄 알아야 제대로 된 신사라고 생각해서였다. 이들 전문학교는 무료로 수업을 했고, 더러는 당국이나 자선사업에서 교사의 봉급 및 학생들 경비 모두를 지원해 주기도 했다.[5] 한편 전문 교육에서는 교과서에서 무얼 배우느냐보다 그것을 누가 가르치느냐가 더 중요했다.(코란만은 예외였다.) 즉 전문학교의 사내아이들 교육은 책 공부라기보다 사람 공부였고, 어떤 스승이 이름이 나면 그 지성을 접하기 위해 학생들이 이슬람 세계 이 끝에서 저 끝까지 여행을 떠나기도 했다. 또 고향에서 명망을 높이고 싶은 학자라면 반드시 메카, 바그다드, 다마스쿠스, 카이로에서 대가의 강연을 듣지 않으면 안 되었다. 이슬람 사회에서는 이렇듯 국제적인 학계가 훨씬 수월하게 조직되었는데 (민족은 제각각 다 달랐어도) 이슬람교 학문과 문학과 관련해서는 누구나 아랍어를 썼기 때문이다. 라틴어도 국제어였으나 이 정도로 널리 쓰인 역사가 없다. 당시 사람들은 이슬람교 도시를 찾으면 으레 그 도시 제일의 모스크에 들렀고, 낮이면 거의 아무 때나 그곳에서 학자들 강연을 들을 수 있는 것을 당연하게 여겼다. 이렇듯 이곳저곳 떠돌며 공부하는 학자에게는 마드라사에서 무료로 공부를 가르쳐 주는 경우가 많았고, 일정 기간은 임시 숙소와 음식을 무료로 제공해 주기까지 했다.[6] 이들에게 학위는 따로 없었고, 제자들은 자기 스승에게서 능력을 인정한다는 증표를 얻으면 되었다. 이렇게 해서 제자가 얻는 최후의 영예는 "아다브(adab)"라는 칭호였는데, 신사처럼 매너와 안목이 있고, 우아하고 재치 있게 말하며, 지식을 가지고도 뽐내지 않는다는 뜻이었다.

이슬람교도들은 사마르칸트를 점령했을 때(712년) 중국에서 한 가지를 배울 수 있었는데, 바로 아마를 비롯한 기타 섬유질 식물을 두드려 펄프로 만든 후 그것을 한 장씩 얇게 펴서 말리는 기술이었다. 근동에서 이 기술을 양피지와 가죽 대신 쓰려고 처음 들여왔을 때만 해도 사람들에겐 아직 파피루스의 기억이 남아 있었고, 그래서 아랍인들은 이를 파피로스(papyros, '종이')라 부르게 되었다. 그리하여 이슬람 사회에 종이 제조소가 처음으로 문을 연 것이 794년, 알 파들이란 자가(하룬 치세에 비지에를 지낸 인물의 아들이었다.) 바그다드에 종이 제조소를 지으면서였다. 그 후 아랍인들은 종이 만드는 법을 시칠리아와 스페인에 전해 주었고, 이곳에서 다시 이탈리아와 프랑스로 기술이 전해졌다. 종이를 처음 사용했다고 기록된 연도를 살펴보면, 중국은 서기 105년, 메카는 707년, 이집트는 800년, 스페인은 950년, 콘스탄티노플은 1100년, 시칠리아는 1102년, 이탈리아는 1154년, 독일은 1228년, 잉글랜드는 1309년이었다.[7] 이제 종이만 만들 줄 알면 어딜 가든 책을 만들기가 훨씬 수월해졌다. 야쿠비가 전하는 이야기에 따르면, 그가 살던 시절에만(891년) 바그다드의 서적상이 백 명을 넘었다고 한다. 사람들은 이들의 상점을 중심으로 모여 책을 필사도 하고, 글씨도 장식하고, 장서도 수집했다. 또 학생들의 경우 필사본을 만들고 그것을 서적상에게 팔아 생계를 꾸려 가는 이도 많았다. 이곳에도 10세기에 이미 유명인의 친필 서명을 모으는 서명 사냥꾼이나, 진귀한 필사본을 엄청난 돈을 들여 사들이는 장서 수집가가 있었다고 전해진다.[8] 그러나 작가들은 자기가 써 낸 책이 팔려 나가도 손에 쥐는 것이 없었다. 당시 작가들은 보다 안정적인 직업으로 생계를 꾸려 가며 글을 썼고, 그렇지 않으면 제후나 돈 많은 사람들의 후원에 의지해야 했다. 그래서 당시 이슬람 사회에서는 글을 쓰고 예술품을 만들어 낼 때 돈 또는 혈통 있는 귀족을 염두에 두어 그들의 취향을 맞추려 노력했다.

   이슬람 모스크 대부분에는 도서관이 딸려 있었고, 몇몇 도시에서도 공공 도서관을 세워 상당량의 장서를 갖추고 사람들이 널리 이용할 수 있도록 했다. 950년경 모술에는 민간 자선 사업의 일환으로 도서관이 하나 세워졌는데, 학생들은 여기서 책뿐 아니라 종이도 이용할 수 있었다. 라이에 세운 공공 도서관에는 장서가 얼마나 많았던지 도서 목록이 들어간 커다란 편람만 열 권에 이르렀다. 바스라의 도서관은 학자들이 도서관에서 일할 경우 그들에게 봉급을 대 주었다. 지리학자 야쿠트도 지리학 사전에 들어갈 자료를 모을 때 메르브와 흐와리즘에 3년을 머물며 그곳의 도서관들을 이곳저곳 돌며 일했다. 후일 몽골족에게 파괴를 당할 때 바그다드에 있던 공공 도서관만도 서른여섯 개였다.[9] 여기에 개인 도서관은 그 수를 헤아릴 수조차 없었다. 당시 부자들 사이에서는 책을 많이 수집하는 것이 일종의 유행이었기 때문이다. 한 의사는 보카라의 술탄이 궁궐로 들어와 살라고 했을 때 그의 청을 거절했는데, 자기 도서관을 옮기려면 낙타가 400마리는 필요하다는 것이 그 이유였다.[10] 알 와키디라는 아랍인은 죽으며 600상자의 장서를 남겼고, 이 상자들은 장정 둘은 있어야 들 수 있을 정도로 하나같이 무거웠다.[11] "11세기의 사히브 이븐 압바스 같은 제후들은 아마 유럽 전역의 도서관을 다 합친 것만큼이나 책이 많았을 것이다."[12] 당 현종 시대의 중국이라면 모를까, 8세기, 9세기, 10세기, 11세기의 서양에는 책에 이만큼 대단한 열정을 가진 곳은 그 어디에도 없었다. 당시 이슬람 사회는 문화생활이 절정에 이르러 있었다. 코르도바에서 사마르칸트에 이르기까지의 수백 개 모스크에는 그곳을 떠받치는 기둥 수만큼이나 학자들이 많았고, 이들의 우렁찬 강연에 회랑이 다 쩌렁쩌렁 울릴 정도였다. 또 이슬람 왕국의 도로 곳곳에는 지식과 지혜를 구하러 나선 지리학자, 역사가, 신학자들이 수없이 많아 오가는 사람들의 발길을 붙잡았고, 제후들의 궁궐 수십 곳에서도 사람들이 시를 읊고 철학적 논쟁을 벌이는 목소리가 낭자하게 울려 퍼졌다. 더구나 당시 이슬람 사회에서는 문학과 예술에 지원을 해 주지 않고는 감히 백만장자가 될 꿈도 꾸지 못했다. 머리 회전이 빨랐던 아랍인들은 자신들이 정복한 땅의 옛날 문화도 열심히 빨아들일 줄 알았다. 이때 아랍인들은 정복자로서 넉넉히 관용을 베풀었는데, 그 영향이 컸던지 후일 아랍어가 세계에서 가장 지적이고 문학적인 언어로 탈바꿈했을 때 거기에 공헌한 시인, 과학자, 철학자 중 아랍인 혈통은 단

몇 명에 불과했다.

이 시기의 이슬람 학자들은 나중에 걸출한 아랍 문학이 탄생하도록 그 기반을 단단히 다지는 역할을 했다. 이들이 애써 문법을 가다듬은 덕에 아랍어는 논리와 규범을 갖추었고, 이들이 사전을 펴낸 덕에 아랍어의 풍성한 어휘는 정확한 뜻과 질서를 갖게 되었으며, 이들이 선집, 백과사전, 개론집을 펴낸 덕에 시간에 묻히고 말았을 많은 것들이 보존될 수 있었다. 또 이들이 문헌, 문학, 역사 비평에 남긴 업적도 빼놓을 수 없을 것이다. 그 이름들을 여기에 다 올리지 못하는 것을 아쉬워하며 그 업적에 경의를 표하는 바이다.

이런 학자 중에도 우리 기억에 가장 잘 남는 사람은 아무래도 역사학자들이다. 샹폴리옹(프랑스의 이집트 학자로 그가 로제타석의 상형 문자를 해독해 냄으로써 고대 이집트의 모습을 보다 정확히 파악할 수 있게 되었다. - 옮긴이)이 나타난 후에야 우리가 비로소 파라오 시대 이집트를 제대로 알게 된 것처럼, 아라비아의 이런 역사학자들이 없었다면 우리가 문명을 제대로 알기란 힘들었을 테니 말이다. 우선 이 시기 무함마드 이븐 이샤크(767년 사망)가 써 낸 고전풍의 저작으로『마호메트의 생애』라는 것이 있었다. 이 책은 후일 이븐 히샴에 의해 개정과 증보를 거쳤으며(763년), 현재까지의 아랍어 주요 산문 중(코란은 제외이다.) 가장 오래된 것으로 손꼽힌다. 호기심과 기운이 넘쳤던 학자들은 이외에도 성인, 철학자, 비지에, 법관, 의사, 고위 관료, 연인, 학자의 이야기를 모아 인명사전도 써냈다. 이슬람교도 중에는 세계사 집필에 도전한 사람도 많았으니 이븐 쿠타이바(828~889년)도 그중 하나였다. 그는 대부분의 역사가와 달리 용기 있는 사람이었는데, 어느 국가나 신앙이든 시간의 끝없는 흐름을 먼저 알아야 한다며 자기 신앙을 낮출 줄 알았기 때문이다. 무함마드 알 나딤은 987년『학문 색인집』을 펴냈는데, 지식이 담긴 아랍어 책들을(아랍어 원서이든 번역서이든) 모든 분과를 망라하여 하나도 빼놓지 않고 정리해 놓은 책이었다. 이 책에는 해당 저작을 집필한 필자들의 약력 사항은 물론 그들에 대한 짤막한 비평까지 실려 있었고, 비평을 보면 그들이 어떤 선행과 악행을 했는지 알 수 있었다. 알 나딤이 여기 소개한 책 중에 오늘날까지 그 이름이 전해지는 것은 천 권에 한 권도 안 된다고 하니, 당시 이슬람 사회에 문헌이 얼마나 풍성했는지 대강 짐작이 갈 것이다.[13]

이슬람의 리비우스(고대 로마의 역사가 – 옮긴이)[14]로 꼽히는 이도 있었으니 아부 자파르 무함마드 알 타바리라는 인물이다.(838~923년) 이슬람교도 작가들이 으레 그랬듯 알 타바리 역시 페르시아인이었으며 카스피 해 남부의 타바리스탄 태생이었다. 그는 초반 몇 년 동안은 아라비아, 시리아, 이집트를 떠돌며 가난한 학자로 생활하다 바그다드에 들어오면서 법학자로 자리를 잡았다. 그리고 이후 40년 동안은 방대한 우주의 연대기 집필 작업에 매달린다. 그리하여 나온 것이 『사도(使徒) 및 왕의 연보』라는 책으로서, 우주의 창조부터 913년까지의 일을 기술하고 있다. 그 중 현재 전해지는 내용만 커다란 책으로 열다섯 권이 꽉 차는데, 전하는 바에 따르면 원서는 이보다 열 배는 더 길었다고 한다. 알 타바리는 마치 프랑스 신학자 보쉬에(Bossuet, 17세기에 활동했던 프랑스의 가톨릭 신학자 – 옮긴이)라도 되는 듯 이 세상에는 신의 손이 닿지 않는 일이 없다고 하면서, 저작의 초반부를 신심에 의거해 불합리한 주장으로 가득 메우고 있다. 즉 신이 애초에 "인간을 창조한 것은 그를 시험하기 위해서이며",[15] 원래 하느님은 이 땅에 루비로 집을 만들어 아담에게 주었으나 아담이 죄악을 저지르자 그 집을 다시 지었다고 하였다.[16] 또 알 타바리의 저작에도 성경에서와 같이 유대인의 역사가 등장하고, 그리스도 처녀 수태(마리아가 예수를 잉태한 것은 천사 가브리엘이 마리아의 소매에 입김을 불어넣었기 때문이라는 것)도 그대로 받아들여지고 있으며,[17] 1권의 마지막도 예수의 승천으로 마무리가 된다. 그러나 2권에 펼쳐지는 이야기들은 보다 믿을 만한 것들로, 사산 왕조 시대의 페르시아 역사가 냉철한 어조로 이따금은 실감나게 그려지고 있다. 이 책에서 알 타바리는 연도별로 사건을 설명하는 연대기 서술을 택하고 있는데, 보통은 해당 사건을 직접 접한 사람이 나올 때까지 꼬리에 꼬리를 물며 하나 이상의 하디스를 거슬러 올라가는 식이다. 이러한 방법을 쓰면 사료를 꼼꼼히 기술하게 된다는 장점이 있다. 그러나 다양한 전승을 잘 짜 맞추었어야 이야기에 일관성과 통일성이 생겼을 텐데도 알 타바리는 그런 노력을 전혀 기울이지 않았고, 따라서 그의 역사는 한 편의 공들인 예술 작품보다는 산더미 같은 자료를 그저 부지런히 쌓아만 놓았다는 인상을 들게 한다.

이런 알 타바리를 선대(先代)에서 가장 위대한 인물로 꼽은 사람은 그의 가장 위대한 계승자 알 마수디였다. 아부 을 하산 알리 알 마수디는 바그다드 출신의 아랍인으로서 세상을 두루 여행하여 시리아, 팔레스타인, 아라비아, 잔지바르, 페르시아, 중앙아시아, 인도, 실론을 모두 거쳤고, 그 자신의 주장대로라면 중국해(海)에도 다녀온 적이 있었다. 이렇게 세상을 돌며 주워 모은 지식을 그는 서른두 권짜리 백과사전으로 펴내기에 이르렀는데, 출간을 하고 보니 박학다식한 이슬람 학자조차도 소화하기 버거운 분량이었다. 그래서 내용을 추려 개론서를 냈으나, 이도 양이 어마어마하기는 마찬가지였다. 그리하여 마침내 947년 그는 (자신이 아무리 사명감을 갖고 써도 독자들이 그것을 다 읽을 시간이 없다는 걸 깨달았는지) 작품이 길이길이 살아남게 형식을 가다듬고 거기에 「황금 초원과 보석 광산」이라는 근사한 제목까지 갖다 붙였다. 알 마수디는 지리학이며 생물학, 역사며 관습, 종교며 과학, 철학이며 (중국에서부터 프랑스에 이르는 온 세상의) 문학은 무엇이든 가리지 않고 닥치는 대로 연구했으니, 이슬람 세계의 헤로도토스이자 플리니우스(고대 로마 시대의 인물로 『박물지』라는 대백과전서를 쓴 것으로 유명하다. - 옮긴이)라 할만 했다. 그렇다고 이 방대한 이야기를 그가 핵심만 추려 무미건조하게 진행시킨 것은 아니었다. 그는 때로 정감 있고 느긋하게 글을 쓸 줄 알았고, 이따금 재밌는 이야기도 빼놓지 않았다. 또 그 자신은 종교에 약간 회의적이었으나, 그 의구심을 절대 독자에게까지 강요하지는 않았다. 말년에는 자신이 과학, 역사, 철학에 갖고 있던 각종 견해를 정리하여 『지식의 책』을 펴냈고, 이 책에는 "무기물에서 식물이 나오고, 식물에서 동물이 나오며, 동물에서 인간이 나온다."는 진화의 관점이 피력되어 있었다.[18] 그런데 알 마수디가 이런 견해를 가졌다는 걸 알자 바그다드의 보수층에서 그를 곱게 보지 않은 듯하다. 그 후 타의에 의해 억지로 "내가 태어나고 자랐던 도시를 떠나와야만 했다."고 하니 말이다. 카이로로 거처를 옮기면서도 그는 바그다드를 떠나는 것을 무척이나 애석해 했다. 그는 이렇게 썼다. "지금 이 시대는 무엇이든 떨어 뜨리고 헤뜨려 놓아야 직성이 풀리는 모양이다. …… 사람들이 고향을 사랑하는 마음, 그것으로 하느님께서는 나라를 흥하게 하시거늘. 또 사람이 태어난 곳에 애착을 갖는 것은 그의 사람 된 올바른 도리요, 대대손손 머물러 온 보금자리를 뜨기 싫어하는 것은 그가 고귀한 혈통을 지닌 증거이거늘."[19] 결국 알 마수디는 타지에서 10년 동안 유배 생활을 하다가 956년 카이로에서 숨을 거두었다.

이들 이슬람 역사가들은 자기들이 뜻과 관심이 있는 분야에서는 능력을 십분 발휘하여 뛰어난 기량을 선보인다. 일례로 이들은 지리와 역사를 적절히 조합할 줄 알았고, 인간이 겪는 일이면 무엇이든 자기 일처럼 관심을 가졌다. 동시대의 그리스도교 세계 역사가들과 비교해 봐도 이들 이슬람 역사가들이 훨씬 앞서 있다. 그렇다고는 하나 이들에게도 단점은 있어서 아깝게도 정치와 전쟁 그리고 거추장스러운 수사에 너무 많은 부분을 할애하고 있다. 또 어떤 사건이 있을 때 이들이 그것의 경제적, 사회적, 심리적 원인을 찾아나서는 경우는 거의 없다. 그래서 그 방대한 분량에도 불구하고 역사를 체계적으로 종합해 내고 있다는 느낌이 들지 않으며, 국가, 일화, 인물을 아무렇게나 잡다하게 쌓아 놓는다는 인상이다. 더구나 사료를 성실하게 검토하려는 작업은 거의 하지 않은 채, 마치 그래야 독실한 신도인 것처럼 사슬처럼 이어지는 전승에만 지나치게 의지한다. 이런 전승들은 매 연결 고리마다 오류나 허위가 끼어들 소지가 있는데 말이다. 그래서 이들의 역사는 간혹 아이들이나 읽는 이야기처럼 운명과 기적과 신화로 점철되어 버리고는 한다. 그리스도교 역사가들에게(기번(Gibbon)은 항상 예외이다.) 이슬람 문명이란 중세 역사에서 십자군 전쟁과 함께 잠깐 등장하는 대목일 뿐이듯, 이슬람 역사가에게도 이슬람교 이전의 세계사는 마호메트를 탄생시키기 위한 일종의 서툰 준비 기간에 불과하다. 그러나 우리 서양의 지성이 동방을 올바로 판단한다는 것이 어디 가능이나 하겠는가? 줄기에서 딱 꺾어 내면 곧 시들고 마는 꽃처럼, 아랍어도 번역을 해 놓고 나면 그 아름다움은 벌써 사라져 버린다. 더구나 이슬람 역사가들의 책을 가득 메운 내용은 (그 나라 사람들은 매료시켰겠지만) 서양 독자의 눈에는 그저 생경하기만 하다. 물론 서양 독자들은 미처 모르는 사실로, 앞으로 민족 간 경제 의존도가 높아지면 높아질수록 (쉽지만은 않겠으나) 동양과 서양이 서로를 연구하고 이해하는 일이 더욱 필요해지겠지만.

2. 과학*

이슬람교 삶에 한참 활력이 넘치던 그 시절, 이슬람교도들은 바로 그러한 이해를 위해 노력을 기울였다. 아라비아가 과학과 철학에는 뒤처져 있다는 사실을, 그리고 시리아에 그리스 문화가 풍성하게 살아남아 있다는 사실을 칼리프들이 깨달은 것이었다. 우마이야 왕조의 경우에는 통치자들이 참으로 지혜로웠던 것이, 알렉산드리아, 베이루트, 안티오크, 하란, 니시비스, 준 디 샤푸르 등지의 그리스도교나 사바인 또는 페르시아인 학교를 그대로 두었기 때문이다. 덕분에 이들 학교에는 그리스 과학과 철학의 고전들이 온전히 보존되어 있었고, 시리아어 번역본이 있는 경우도 많았다. 시리아어 및 그리스어를 배우던 이슬람교도들은 곧 이 문헌들에 흥미를 가지게 되었고, 그러면서 네스토리우스파 그리스도교도나 유대교도가 이 책들을 아랍어로 번역해 내기에 이르렀다. 우마이야 왕조와 압바스 왕조 제후들도 득이 많은 이 문화 차용에 더욱 불을 지폈다. 알 만수르, 알 마문, 알 무타와킬 같은 칼리프들은 콘스탄티노플을 비롯한 헬레니즘 도시들에 사절을 파견했고, 때로는 역사 대대로 숙적이던 비잔티움 황제들에게까지 사절을 보내어 그리스어 책들을(특히 의학과 수학 관련 서적을) 구해 오게 했다. 유클리드의 『원론』이 이슬람 세계에 들어온 것도 이때였

---

* 작가라면 누구나 이슬람 과학에 대해 쓸 때는 조지 사턴(George Sarton)에게 빚을 졌음을 잊지 말아야 한다. 그가 써낸 기념비적 저작 『과학사 서설』은 역사학에서도 가장 높은 위업으로 평가받을 뿐 아니라, 이슬람교 문화를 풍성하고 폭넓게 드러냈다는 점에서 그 공로가 이루 말할 수 없이 크기 때문이다. 세계 모든 곳의 학자들은 사턴에게 가급적 모든 편의가 제공되어 그의 작업이 무사히 마무리되기를 바라 주어야 할 것이다.

다. 830년에는 알 마문이 바그다드에 20만 디나르(95만 달러)로 "지혜의 집(Bayt al-Hikmah)"을 설립하여 과학 연구소, 천문대, 공공 도서관을 겸하게 했다. 또 일군의 번역가를 이곳에 상주시켜 일을 시키며 공공 자금으로 봉급을 대 주었다. 이븐 칼둔의 견해에 따르면,[20] 이 기관의 업적 덕에 이슬람 세계는 활기차게 깨어날 수 있었고, 그로써 일련의 원인과(상업의 규모가 커지고 그리스가 재발견된 일) 결과가(아라비아에 과학, 문학, 예술이 꽃을 피운 일) 상호 작용하여 일어난 일은 이탈리아의 르네상스에 비견될 만했다.

번역을 통한 문화의 이 화수분 작업은 750년부터 900년까지 줄기차게 이어졌고, 시리아어, 그리스어, 팔라비어, 산스크리트어의 다양한 문헌이 번역되었다. 한편 이 지혜의 집에도 번역가를 이끈 수장이 있었으니, 네스토리우스파이면서 의사로 일했던 후나인 이븐 이샤크(809~873년, '이삭의 아들 요한'이라는 뜻이다.)라는 인물이었다. 그 자신이 이르기를, 그가 갈레노스 및 갈레노스 학파 저작을 시리아어로 번역해 낸 것만 수십 권, 또 그것을 아랍어로 번역해 낸 것이 39권에 달했다. 갈레노스의 주요 저작 중에는 후나인의 번역 덕분에 간신히 그 내용이 전하는 것들도 있다. 여기에 후나인은 아리스토텔레스의 『범주론』, 『자연학』, 『대윤리학』은 물론, 플라톤의 『국가론』, 『티마이오스』, 『법률』, 히포크라테스의 『아포리즘』, 디오스코리데스의 『약물에 대하여』, 프톨레마이오스의 『사분론(四分論)』, 70인역 구약 성서(현재까지 전하는 가장 오래된 그리스어역 구약 성서로, 번역 작업에 72명의 학자가 참여했다 하여 이러한 이름이 붙여졌다. - 옮긴이)까지 번역해 내었다. 후나인이 책을 번역해 내면 알 마문이 그 무게만큼 황금을 보수로 주었기 때문에 한때는 나라의 국고가 바닥날 지경이었다. 그 후 알 무와타킬은 후나인을 궁정 의사로 임명했다. 칼리프는 적군에게 쓸 양으로 그에게 독약을 만들라 했으나 후나인은 목숨을 위협받으면서까지 이 명을 따르지 않았고 그로써 일 년을 감옥에 갇혀 지내야 했다. 후나인의 아들 이샤크 이븐 후나인도 아버지의 번역 작업에 힘을 보탰으며, 아리스토텔레스의 『형이상학』, 『영혼에 대하여』, 『동물의 생성과 소멸에 대하여』, 그리고 아프로디시아스의 알렉산데르의 주석서 아랍어 번역은 그 자신이 직접 맡아서 하기도 했다.(알렉산데르의 이 주석서는 이슬람 세계에는 일종의 운명적 저작으로, 훗날 이곳 철학에 심대한 영향을 끼치게 된다.)

그리하여 850년에 이르자 수학, 천문학, 약학 분야의 그리스어 고전 대부분이 번역이 마무리되었다. 프톨레마이오스의 유명한 저작 『알마게스트』도 알고 보면 아랍어 번역본에서 그 이름이 온 것이다. 또 페르가의 아폴로니우스가 쓴 『원뿔곡선론』 5~7권, 알렉산드리아의 헤론이 지은 『역학』, 비잔티움의 필로포누스가 지은 『기동력설(氣動力說)』은 현재 아랍어 번역본으로만 그 내용이 전하고 있다. 그런데 언뜻 보아 이상한 일은, 시(詩)나 역사에 그토록 심취하는 이슬람교도였음에도 정작 그리스의 시, 극, 역사 기록학에는 눈길을 주지 않았다는 점이다. 여기엔 까닭이 있었는데 이들 분야에서는 그리스보다 앞서 있던 페르시아 문화를 받아들였기 때문이다. 당시에 플라톤의 사상은(심지어는 아리스토텔레스의 사상까지도) 신플라톤주의의 색채를 띠고 이슬람의 동굴에 들어왔는데, 이는 이슬람 세계에는 물론 인문학에도 재난이 아닐 수 없었다. 다시 말해, 플라톤의 사상은 포르피리우스의 해설을 입은 채 이슬람에 들어왔고, 아리스토텔레스의 사상은 출처도 불분명한 『아리스토텔레스의 신학』이란 책에 (5세기 혹은 6세기에 한 신플라톤주의자가 쓴 책이었다.) 윤색되어 고유의 색을 잃고 말았다. 아랍인들은 이런 책을 아리스토텔레스의 원작이라며 아랍어로 번역을 해낸 것이다. 아랍인들이 플라톤과 아리스토텔레스의 저작이라면 군데군데 부정확하더라도 거의 빼놓지 않고 번역을 한 것은 사실이다. 그러나 이슬람 학자들은 그리스 철학을 들여오며 그 내용을 어떻게든 코란과 조화시키려 했고, 따라서 플라톤과 아리스토텔레스의 원전보다는 신플라톤주의자들의 해석을 더 받아들이는 편이었다. 이슬람 세계에서 아리스토텔레스의 원래 모습을 접할 수 있던 곳은 아리스토텔레스의 논리학과 과학뿐이었던 셈이다.

이집트, 인도, 바빌로니아에서 시작된 과학과 철학, 그것이 그리스와 비잔티움 제국을 거치고 다시 동(東)이슬람과 이슬람령 스페인에 이른 후 또다시 북유럽과 미국에까지 이어지는 모습을 가만히 보면, 역사라는 실타래에서 이 과학과 철학만큼 또렷한 빛을 발하는 실오라기도 없다는 생각이 든다. 그리스의 과학은 반(反)계몽주의와 실정(失政), 빈곤에 시달린 지가 이미 오래라 전 같지 않게 기운이 쇠해 있었으나, 이슬람교도가 발을 들인 시리아에서는 아직 그 생명력을 잃지 않고 있었다. 또 유프라테스 강 상류의 켄 네스레라는 곳에는 세베루스 세보흐트라는 사람이 수도원장으로 지내고 있었는데, 이슬람교의 정복이 이루어지던 바로 그때 천문학을 주제로 그리스어 작품을 한 권 집필 중이었다. 인도 숫자를 언급한 이 책은 인도 이외의 지역에서 십진법 이야기가 나온 첫 문헌으로 알려져 있다.(662년) 아라비아가 물려받은 과학의 유산에는 그리스 것이 압도적으로 많았지만, 그리스 다음으로 영향이 컸던 곳이 바로 인도였다. 773년에는 알 만수르가 친히 명령을 내려 인도의 『시단타(Siddhantas)』(인도의 천문학 논집으로 집필 연대가 기원전 425년까지 거슬러 올라간다.)를 번역하도록 했다. 아라비아 숫자와 '0'의 개념도 아마 이런 번역본에 의지하여 인도에서 이슬람 세계로 넘어온 듯하다.[21] 813년에는 알 흐와리즈미가 자신의 천문학 수치표에 인도 숫자를 사용했고, 825년에는 라틴어 형식에 따라 『인도 숫자에 대한 알 흐와리즈미 논집(Algoritmi de numero Indorum)』을 발간했다. 그리고 얼마 안 있어 사람들은 십진법에 기초한 연산 체계는 모두 알고리즘(algorithm 또는 algorism, '아라비아 숫자')이란 말로 부르게 되었다. 976년에는 무함마드 이븐 아마드가 『과학의 열쇠』란 책을 펴냈는데, 여기서 그는 숫자 계산 시 십의 자리에 아무것도 없을 때는 그 자리에 조그맣게 동그라미를 그려 "열을 맞추어야" 한다고 하였다.[22] 이 동그라미를 이슬람교도들은 "sifr"('아무것도 없는'의 뜻으로 영어 'cipher'도 이 말에서 파생되었다.)라 불렀고, 이 "sifr"를 라틴어 학자들이 "zephy-rum"으로 바꾸어 쓴 것을 이탈리아인들이 다시 "zero"로 줄여 썼다.

대수학을 뜻하는 영어 "algebra"(물론 대수학의 원리는 3세기의 그리스 수학자 디오판투스에게서 이미 발견이 된다.)도 아랍인들 덕분에 생긴 말이었으니, 치밀성을 요하는 이 학문을 아랍인들은 폭넓게 발달시킬 줄도 알았다. 이런 대수학에서 위대한 인물로 손꼽혔던 이가(중세 수학을 통틀어서도 가장 위대한 인물이 아닐까 한다.) 바로 무함마드 이븐 무사였고(780~850년), 카스피 해 동부의 흐와리즘(현재의 키바)에서 태어났다 하여 알 흐와리즈미라 불리기도 하였다. 알 흐와리즈미의 공로가 뚜렷이 나타난 학문을 다섯 가지 정리하면 다음과 같다. 첫째로는 인도 숫자에 관한 저술을 남긴 것을 들 수 있다. 둘째는 천문학의 수치표를 편찬해 낸 것인데, 이슬람령 스페인에서 개정을 거친 이 책은 이후 수백 년 동안 코르도바에서 장안(長安)까지 전 세계 천문학자 사이에서 표준으로 사용되었다. 셋째로는 삼각 함수표를 정리한 것으로서, 역사상 가장 오래된 삼각 함수표로 알려져 있다. 넷째는 알 마문에게 바치기 위해 69명의 다른 학자들과 힘을 합쳐 지리학 백과사전을 만든 것이다. 다섯째로는 『적분 및 방정식 계산』이란 책을 통해 이차 방정식을 해석학 및 기하학으로 해결해 낸 것이다. 이 책은(아랍어 원전은 유실되어 전하지 않는다.) 12세기에 크레모나의 게라르드가 번역해 내었고, 유럽 각지의 학교에서는 이 번역서를 16세기까지 제1교과서로 사용했다. 서양에 "algebra"(아라비아어로 'al-jabr', 대치(代置), 달성)라는 말이 소개된 것도 이때였다. 타비트 이븐 쿠라(826~901년)는 중대한 번역 작업을 한 것은 물론, 천문학과 의학에서도 위업을 이루었으며, 기하학에서는 가장 위대한 이슬람 학자의 반열에 올랐다. 아부 아브드알라 알 바타니(850~929년, 락카 출신의 사바인으로 유럽에는 알바테그누스로 알려져 있다.)는 히파르코스나 프톨레마이오스 때 처음 사용된 삼각법을 확연히 진보시켰는데, 이는 프톨레마이오스의 사각형 해법을 삼각형 해법으로 대치하고 히파르코스의 현(弦, chord) 수치표도 사인(sine) 수치표로 바꾸어 넣으면서 이루어진 일이었다. 또 그는 삼각비도 정리를 하였는데 오늘날 우리가 수학에서 사용하는 수치와 거의 다르지 않다.

    알 마문 칼리프는 일련의 천문학자를 동원하여 하늘을 관측하고 그 결과를 기록하게 했고, 그로써 프톨레마이오스의 학설을 검증하고 태양에서 발견되는 흑점을 연구하고자 했다. 아랍인들은 이때부터 이미 지구는 당연히 둥글다 여겼고, 그리하여 팔미라와 신자르 평원에서 동시에 태양의 위치를 관찰해 두 지점 사이의 끼인 각을 구해 냈다. 그리고 두 지점 사이의 거리는 56과 3분의 2마일로 측정해 냈는데 오늘날 계산에서 불과 0.5마일밖에 초과되지 않은 수치이다. 아랍인들은 이 수치들을 가지고 지구의 둘레가 약 2만 마일에 이른다고 계산해 내었다. 이들 천문학자들은 연구를 진행시켜 나갈 때 과학적 원칙을 철두철미하게 고수했다. 즉 경험이나 실험을 통해 확증되지 않은 것은 그 어느 것도 사실로 받아들이지 않았다. 그중에도 아불 파르가니는 트란속시아나 출신으로 (860년경) 천문학 교과서를 한 권 썼고, 이 책은 유럽과 서아시아에서 무려 700년 동안이나 그 권위를 지켰다. 그러나 이런 아불 파르가니보다도 명성이 훨씬 더 높았던 인물이 알 바타니였다. 그는 천문학 관측을 41년간이나 멈추지 않았고, 광범위함과 정확성 면에서 뛰어난 기량을 자랑했다. 천문학에 사용되는 계수도 그가 정한 것이 많은데, 오늘날 사용하는 수치에 놀라울 정도로 가깝다. 예를 들어 주야 평분시(平分時)(춘분 또는 추분)가 1년에 54.5″ 빨라진다고 보았고, 황도면(黃道面)도 23°55′ 기울어져 있다는 것을 알았다.[23] 한편 바그다드 부와이 왕조의 초기 통치자 시절에 아불 와파라는 이는 왕조의 후원을 받아 달의 3차 황위(黃緯) 변화를 발견했다고 하는데(사딜럿(Sadillot)의 이 견해에는 논쟁의 여지가 있다.), 이는 튀코 브라헤보다 무려 600년이나 앞서는 것이었다.[24] 이들 천문학자들의 연구를 위해 이슬람 세계에서는 값비싼 천문학 장치가 여러 가지 만들어졌다. 그리스인 사이에 명성이 자자했던 아스트롤라베(astrolabe)와 혼천의(渾天儀)는 물론, 반지름 30피트짜리의 사분의(四分儀)에, 반지름 80피트짜리의 육분의(六分儀)까지 만들어져 나왔다. 아스트롤라베는 이슬람교도들 손을 거치며 상당히 발전할 수 있었고, 그것이 10세기에 유럽에 전해져 선원들 사이에서 17세기까지 널리 이용되었다. 아스트롤라베를 설계하고 제작할 때면 아랍인들은 고행을 하듯 열정을 불살랐기 때문에, 이들 손에서는 과학에 쓰는 장비이면서도 하나의 예술 작품이라 부를 만한 것이 탄생하곤 했다.

하지만 아랍인들에겐 하늘의 지도를 그리는 일보다 땅의 지도를 그리는 일이 훨씬 더 중요했다. 이슬람 사회는 농경과 교역으로 먹고사는 곳이었기 때문이다. 840년경에는 술라이만 알 타지르('상인'이라는 뜻)라는 사람이 자기 물건을 짊어지고 극동 지방까지 갔는데, 술라이만의 이 여행을 한 무명작가가 (851년에) 글로 써 내었다. 아랍어 저작 최초로 중국의 이야기를 담은 이 책은 마르코 폴로의 『동방견문록』을 425년이나 앞선 것이었다. 똑같은 9세기에 이븐 호르다드베란 사람도 인도, 실론, 동인도 제도, 중국에 대한 이야기를 글로 써 냈는데, 자신이 직접 보고 들은 것을 바탕으로 한 듯하다. 이븐 하우칼이라는 사람은 인도와 아프리카의 이야기를 글로 써 냈고, 아르메니아와 호라산에서 활동한 아마드 알 야쿠비는 891년 『열국기』를 써 냈다. 야쿠비는 이 책에서 이슬람 세계의 여러 속주 및 도시, 외국 땅 여러 곳에 대해 믿을 만한 이야기들을 전해 주고 있다. 무함마드 알 무카다시는 스페인을 뺀 이슬람 땅 전체를 돌았고, 그 과정에서 산전수전을 수도 없이 겪은 끝에 985년 『이슬람 제국기』를 펴냈다. 이 책은 아랍어 지리학의 최고 걸작으로 손꼽혔으나 이후 알 비루니의 『인도』에 그 자리를 내어 주어야 했다.

아부 알 라얀 무함마드 이븐 아마드 알 비루니(973~1048년)는 이슬람 학자가 얼마나 뛰어날 수 있는지 그 기량을 최고까지 보여 준 인물이었다. 그는 철학자인 동시에 역사가, 여행가, 지리학자, 언어학자, 수학자, 천문학자, 시인, 의사였으니(더구나 이 모든 방면에서 걸출하고도 독창적인 업적을 남겼으니.) 최소한 이슬람의 라이프니츠였으며,[25] 레오나르도 다빈치에 버금갈 만도 했다. 알 흐와리즈미처럼 알 비루니 역시 오늘날의 키바 근방(우즈베키스탄 지방—옮긴이) 태생이었고, 이로써 절정기에 오른 중세 과학의 주도권을 카스피 해 너머 지역이 다시 한 번 넘겨받은 셈이었다. 흐와리즘과 타바리스탄에서는 제후들이 진작부터 알 비루니의 재능을 알아보고 자신들 궁궐에 그의 거처를 마련해 주고 있었다. 흐와리즘에 시인이며 철학자들이 많다는 이야기가 들리자 어느 날 가즈니의 마무드가 흐와리즘의 제후에게 알 비루니와 이븐 시나를 비롯한 여타 학자들을 자신에게 보내 달라 청해 왔다. 제후는 차마 그 청을 거절할 수가 없었고(1018년), 그리하여 싸움과 파괴를 일삼는 인도의 통치자 마무드에게 가게 된 알 비루니는 그곳에서 융숭한 대접을 받으며 평화롭게 공부에 전념하게 된다. 인도에 들어갈 때는 마무드의 종자들이 수행했을 것이나 확실하지는 않다. 여하간 인도에 발을 들인 알 비루니는 몇 년을 머물며 인도의 언어를 익히고 곳곳의 고대 유적지를 탐방했다. 그런 뒤에 마무드의 궁정으로 돌아와서는 그 종잡을 수 없는 폭군의 총애를 한 몸에 받았다. 한번은 북아시아에서 온 방문객이 왕의 심기를 건드린 일이 있었다. 이 세상에는 몇 달이나 해가 지지 않는 땅이 있고 그곳을 자기 두 눈으로 똑똑히 보았다고 이야기한 것이다. 마무드는 감히 왕을 농락한다며 그 자를 당장 감옥에 처넣을 기세였다. 이때 알 비루니가 그런 현상이 있음을 왕에게 잘 설명하면서 방문객은 가까스로 위기를 모면할 수 있었다.[26] 마무드의 아들 마수드도 과학에 나름대로 조예가 있던 터라 알 비루니에게 선물이며 돈을 잔뜩 하사하고는 했고, 알 비루니는 종종 그것들이 필요 이상으로 많다며 다시 국고에 반납하고는 했다.

　알 비루니가 (1000년경) 첫 번째로 내놓은 작품은 지극히 전문적인 책이었다. 『과거의 발자취』라는 제목의 이 책은 역법 및 종교 축일의 내용을 페르시아인, 시리아인, 그리스인, 유대교도, 그리스도교도, 사바인, 조로아스터교도, 아랍인별로 다루고 있었다. 연구가 이 정도로 공평무사하기도 힘든 일로서, 종교에 대한 적의는 이 책에서 한 치도 찾아볼 수 없다. 알 비루니는 이슬람교도로 시아파에 가까웠으며, 미미하나마 불가지론으로 기우는 경향이 있었다. 그러나 페르시아인의 자부심은 그대로여서 사산 왕조의 수준 높은 문명이 아랍인들 손에 파괴된 것은 무척이나 못마땅해 했다.[27] 그러나 그것만 아니면 알 비루니는 어느 모로나 객관적인 학자의 태도를 보여 주었다. 그는 자료 조사에 누구보다 열심이었고, 전승 및 문헌을(복음서도 예외가 아니었다.) 비판적으로 따졌으며, 정확성과 양심을 지켜 가며 내용을 기술했고, 간혹 자신의 무지를 인정할 줄도 알았으며, 끝까지 탐구를 계속하여 진실이 제 모습을 드러내게 하겠다고 다짐을 하기도 했다. 『과거의 발자취』 서문에는 프란시스 베이컨(Francis Bacon)을 연상시키는 다음과 같은 말이 들어 있기도 하다. "우리는 그것들을 머릿속에서 말끔히 몰아내지 않으면 안 된다. …… 우리를 눈멀게 해 진실을 못 보게 하는 그것들은 오랜 관습, 당파심, 사사로운 경쟁심이나 열정 그리고 지배욕이다." 자신의 군주가 인도를 무참히 짓밟는 와중에도 알 비루니는 그곳에서 많은 세월을 보내며 인도의 민족, 언어, 신앙, 문화, 카스트 제도를 연구했다. 그리하여 1030년에는 그의 걸작 『인도의 역사』를 출간하기에 이른다. 그 초반부를 보면 근거 없는 소문과 객관적 목격담이 날카롭게 구별돼 있고, 그때까지 있었던 "거짓말쟁이" 역사가들의 종류가 나열돼 있다.[28] 이 책은 인도의 정치사에는 지면을 거의 할애하지 않으며, 대신 인도의 천문학에는 무려 42장(章), 인도의 종교에는 11장을 할애하고 있다. 『바가바드 기타』는 알 비루니를 완전히 매혹시킨 문헌이었다. 알 비루니가 보기에 베단타 학파, 수피교, 신피타고라스 학파, 신플라톤주의자들의 신비주의에는 무언가 비슷한 부분이 있었다. 그는 인도 사상가의 글을 일부 발췌해 비슷한 그리스 철학자의 글과 비교해 보이기도 하였는데, 그 자신은 그리스 쪽을 선호했다. 그는 이렇게 썼다. "인도에서는 소크라테스 같은 인물이 한 번도 나온 적이 없다. 또 인도에는 논리적 체계가 없어 과학에서 공상을 떨쳐 내지 못했다."[29] 그럼에도 불구하고 알 비루니는 산스크리트어로 된 과학 저작 몇 권을 아라비아어로 번역해 내었고, 빚을 졌으니 갚기라도 한다는 듯 유클리드의 『원론』과 프톨레마이오스의 『알마게스트』를 산스크리트어로 번역해 주었다.

알 비루니의 관심은 학문이라면 거의 미치지 않은 곳이 없었다. 인도 숫자를 중세에 가장 잘 설명해 낸 것도 알 비루니였다. 또 아스트롤라베, 별자리 지도, 혼천의에 대해서도 글을 썼으며, 천문학 수치표를 정리해 마수드 술탄에게 바치기도 했다. 그는 지구가 둥근 것을 당연하게 여겼고, "지구에서는 모든 물체에 인력이 작용해 지구 중심을 향해 끌어당긴다."고 언급을 했다. 거기에 지구가 자전축(自轉軸)을 하루에 한 바퀴씩 돌고, 나아가 태양을 1년에 한 바퀴 돈다는 가설로도(정반대 가설도 유효하지만) 당시의 천문학 자료가 잘 설명이 된다고 이야기했다.[30] 또 인더스 계곡이 지금은 대륙에 자리 잡고 있지만 한때는 바다의 맨 밑바닥이었을 수 있다는 추측도 내놓았다.[31] 그가 보석에 관해 써 낸 광범위한 문헌에는 엄청난 수의 돌과 금속에 대한 이야기가 자연, 상업, 약학의 관점에서 기술되어 있었다. 또 열여덟 개 보석이 저마다 얼마큼의 중력을 받는지 정하고, 거기에서 일반 원칙을 하나 세우기를 물체의 비중(比重, 물리학에서 사용되는 용어로 어떤 물질의 질량과 그것과 같은 체적의 표준물질의 질량과의 비율을 나타낸다. - 옮긴이)은 그것이 물에 들어갔을 때의 부피에 상응한다고 하였다.[32] 또 숫자가 똑같은 양으로 계속 커져 갈 때 그것을 수고스럽게 더할 필요 없이 (인도에 전하는 바둑판 곱셈이나 모래알 곱셈처럼) 곧바로 곱셈 결과를 낼 수 있는 계산법을 찾아내기도 했다. 기하학에서는 여러 가지 정리(定理)를 해결하여 나중에 그 정리들에는 알 비루니의 이름이 붙었다. 또 천문학 백과사전 하나, 지리학 소론 한 편, 천문학, 점성술, 수학을 다룬 개론서도 한 권 펴냈다. 천연 샘과 찬정(鑽井, 투수층의 지하수가 불투수층 사이에 끼어 지층의 압력을 받고 지표로 솟아 나오는 우물 - 옮긴이)에 대해서는 물이 나오는 원리를 연통관(連通管, 둘 이상의 관 아래를 하나로 연결한 관으로, 관에 액체가 들어가면 관의 모양 및 액체의 양에 상관없이 액체의 자유 표면은 늘 같은 높이가 된다. - 옮긴이)의 유체 정역학(流體靜力學)의 원리로 설명해 주었다.[33] 또 마무드의 치세와 통치자 수부크티긴(아프가니스탄 가즈니 왕조의 제5대 왕 - 옮긴이), 흐와리즘 지방에 대해 역사서를 남겼다. 동방의 역사가들은 알 비루니가 "지식을 가진 자의 우두머리"라도 된다는 듯 그에게 "셰이크(Sheik, '족장'이라는 뜻의 아랍어)"라는 별칭을 붙이고 있다. 이렇듯 알 비루니가 동 세대의 이븐 시나, 이븐 알 하이탐, 피르다우시와 함께 다방면에 걸쳐 작품을 쏟아 냈고, 그로써 10세기에서 11세기로 넘어가는 이 시기는 아라비아 역사에서 이슬람 문화의 황금기이자 중세 사상의 절정기로 남게 되었다.[34]

화학이라는 학문은 이슬람교도들이 만들어 낸 것이라 해도 과언이 아니다.

(우리가 아는 바에 의하면) 그때까지 그리스인들은 약간의 제조업적 이용과 애매한 가설 정립을 제외하면 화학에서는 한 발도 나아가지 못한 실정이었다. 반면 이런 때에 아랍인은 정밀한 관찰법을 도입하고, 실험을 통제하고, 꼼꼼히 기록을 남길 줄 알았다. 또 증류기를 만들어 "알렘빅"(alembic, 아라비아어 'al-anbiq') 이라 이름 붙이고, 수없이 많은 물질을 화학적으로 분석하고, 보석 제조술을 정리하기도 했다. 또 "알칼리"와 "산"을 구별하여 둘 사이의 밀접한 관련성을 탐구했으며, 이것들로 수백 가지 약품을 연구하고 제조해 냈다.* 이슬람교도들이 이집트에서 물려받은 연금술은 화학 발전에 그 공이 컸다. 그 까닭은 연금술 덕에 우연이나마 수백 가지 발견이 이루진 데다, 연금술에는 중세의 그 어느 활동에서보다 과학적 방법이 사용되었기 때문이다. 당시 이슬람 과학자 사이에는 거의 공통적인 믿음이 있었는데, 금속은 어느 것이나 근본적으로 종(種)이 같고 따라서 금속끼리는 서로 변환이 가능하다는 것이었다. 이런 믿음을 바탕으로 연금술사들은 철, 구리, 납, 주석 같은 "기본" 금속을 은이나 금으로 바꾸고자 했다. 그러기 위해서는 "철학자의 돌"이란 것을 구해 그 물질을 적절히 다뤄주기만 하면 되었으나, 그것은 사람들이 아무리 찾아 헤매도 한 번도 발견된 적이 없었다. 당시만 해도 그 마법의 약액(al-iksir)이 들었는지 알아내기 위해 혈액, 머리카락, 배설물 등을 가져다 갖가지 시약을 써 보는가 하면, 그것들을 승화시켜 보기도 하고 햇빛에 쪼여 보기도 하고 불에 태워 보기도 했다.[36] 누구든 이 약액만 있으면 자기 생명을 마음대로 연장시킬 수 있을 것이었다. 연금술사 중에도 가장 유명했던 사람은 자비르 이븐 하이얀으로(702~765년), 유럽에는 게비르라는 이름으로 알려져 있다. 쿠파 약제사의 아들이었던 그는 의사로서 병원 일도 하였으나, 증류기와 도가니를 붙들고 지내는 시간이 대부분이었다. 그가 썼다 주장하는 책은 세간에 백 권이 넘었으나, 대체로 이름 없는 작가들

---

* 알코올(Alcohol)은 아랍어이기는 하나, 아라비아에서 만들어지지는 않았다. 알코올이라는 말이 처음 언급된 곳은 9세기 혹은 10세기의 이탈리아 문헌이다.[35] 한편 이슬람교도에게는 'al-kohl'이라 하면 눈썹을 그릴 때 바르는 분을 의미했다.

이 주로 10세기에 쓴 것들이었다. 이 작자 미상의 저작 상당수가 라틴어로 번역되었고, 그것이 유럽에 들어와 화학 발전에 강력한 자극제 역할을 했다. 그러나 10세기가 지나자 다른 학문이 그랬듯 화학 역시 신비주의에 밀려 주춤거렸고, 그 후 거의 300년 동안은 맥 못 추는 채로 세월을 보냈다.

한편 이슬람의 생물학은 이 시기에 이렇다 할 흔적을 남기지 못했다. 아부 하니파 알 디나와리(815~895년)가 디오스코리데스(1세기경에 활동한 로마 제국의 그리스인 식물학자이다. – 옮긴이)의 저작을 바탕으로 『식물서』를 썼으나, 약리학에 여러 가지의 식물만 추가해 놓은 수준이었다. 그나마 이슬람 식물학자들은 접붙이기로 새로운 열매를 만들어 낼 줄 알았다. 일례로 장미 나무와 아몬드 나무를 교배시키자 나무에 진귀하고도 사랑스러운 모습의 꽃들이 피어났다.[37] 오스만 아므르 알 자히즈(869년 사망)는 알 마수디와 비슷하게 진화론을 주창하고 나섰다. 즉 생명체는 사다리를 오르듯 "광물에서 식물로, 식물에서 동물로, 동물에서 인간"으로 한 단계씩 올라간다는 것이다.[38] 이런 진화론은 신비주의 시인 자랄 우드 딘도 받아들였으나, 다만 다음의 한 마디를 덧붙였다. 인간이 전생에 정말로 이들 단계를 모두 거친 것이라면, 내생에서는 이제 천사로 태어나고 결국에는 신으로 태어날 것이라고.[39]

3. 의학

삶에 넌더리를 내면서도 그만큼 삶에 애착을 가지는 것이 인간이다. 그래서 막상 죽음이 닥치면 많은 돈을 들여서라도 어떻게든 죽음을 피하려 애를 쓴다. 시리아에 처음 들어왔을 때만 해도 아랍인이 가지고 있던 의학 지식 및 장비는 원시적인 수준이었다. 그러나 곧 부가 흘러들어 시리아와 페르시아에서도 실력이 한결 나은 의사들이 배출되었고, 때로는 그리스와 인도의 의사들이 들어와 활동하기도 했다. 우선 해부학 상황을 보면, 당시 이슬람 세계에서는 갈레노스의 저작 그리고 부상자만 연구에 활용할 수 있었다. 인간의 시체 해부는 이슬람교 계율에 따라 금기시되었기 때문이다. 그래서 아랍 의학이 제일 약한 면모를 보인 곳이 외과 수술이었고, 제일 강한 면모를 보인 곳이 약제와 장기 치료였다. 이 아랍인들은 먼 옛날부터 쓰던 약제에 용연향(龍涎香), 장뇌(樟腦), 계피, 정향(丁香), 수은, 센나잎, 몰약을 추가시켰고, 시럽(아라비아어로 'sharab'), 줄렙(julep), 장미 향수를 약물 조제용 물질로 새로이 도입했다. 이런 아라비아의 약제였기에 이탈리아에서는 아라비아의 약제 수입을 근동과의 교역에서 중요한 일로 꼽았다. 처음으로 약국과 조제실을 만든 것도, 중세에 약학 관련 학교를 처음 세운 것도, 약리학에 관한 위대한 글들을 여러 편 써 낸 것도 아랍인이었다. 이슬람 의사들은 병을 치료할 때(특히 신열이 날 때) 목욕을 적극 권했는데,[40] 목욕이라도 증기 목욕이어야 효과가 좋았다. 천연두와 홍역의 치료법은 오늘날이라 해도 당시 이슬람 의사들 것보다 나을 것이 별로 없다.[41] 이 당시에도 외과 수술 시에 때로 흡입 마취가 이루어졌고,[42] 환자를 깊은 잠에 빠뜨리기 위해 해시시를 비롯한 마약제가 쓰였다.[43] 역사에 드러나 있는 바에 따르면 이 당시 이슬람 세계에는 병원이 서른네 개 세워져 있었는데,[44] 아마도 페르시아의 학술원이나 준 디 샤푸르의 병원을 본으로 삼았을 것이다. 바그다드에 최초로 병원이 세워진 것은(역사가 아는 바에 따르면) 하룬 알 라시드 치세 때였고, 그 후 10세기 들어 다섯 개 병원이 더 문을 열었다. 전하는 바에 따르면, 918년에는 이들 병원을 감독하는 관리가 따로 있었다고 한다.[45] 이슬람의 병원 중에도 가장 유명한 것은 706년에 다마스쿠스에 세워진 "비마리스탄"이라는 곳이었고, 978년에는 이곳에서 직원으로 일한 의사만 스물네 명이었다. 의학적 지시는 주로 병원에 가야 받을 수 있었고, 국가 고시를 쳐서 국가의 수료증을 받지 않았을 경우 다른 사람에게 약을 처방해 주면 법적으로 문제가 되었다. 약제사, 이발사, 외과의 역시 당국의 규제와 감독을 받는 직업에 속했다. 알리 이븐 이사는 의사이자 비지에로 일하며 의사회를 하나 조직했고, 이들과 함께 이곳저곳을 돌며 아픈 사람들을 돌보아 주었다.(931년) 또 매일 같이 감옥에 가 죄수들을 돌본 의사들이 있었는가 하면, 정신병자를 특별히 따뜻하게 치료해 주는 기관도 있었다. 그러나 이런 이슬람 세계라도 공공 위생 시설은 대부분이 열악함을 면치 못했다. 때문에 동(東)이슬람에서는 400년 사이에 무려 40종류의 전염병이 곳곳을 휩쓸며 지나는 지역을 하나하나 쑥대밭으로 만들곤 했다.

931년 바그다드에는 면허를 가진 의사가 총 860명이었다.[46] 이들은 진료비가 일률적이지 않았고 병원이 왕궁 가까이에 있을수록 진료비도 올라갔다. 지브릴 이븐 바흐티샤는 하룬, 알 마문 그리고 바르마크 가(家)의 주치의였는데 의사로 일하며 모은 재산이 총 8880만 디르헴(710만 4000달러)에 달했다. 전하는 이야기에 따르면 그는 1년에 두 번 칼리프를 사혈하는 것으로만 10만 디르헴을 받았고, 1년 2회 복용하는 설사약을 내어 줄 때도 비슷한 금액을 받았다고 한다.[47] 한 노예 아가씨가 히스테리성 마비 증상을 보였을 때는 사람들이 보는 앞에서 그녀의 옷을 벗기는 척하여 치료에 성공하기도 하였다. 이 지브릴 이후에도 동이슬람에는 유명한 의사들이 연이어 배출되어 나왔다. 유한나 이븐 마사야(777~857년)는 유인원을 해부하여 해부학 연구에 활용한 인물이었고, 번역가 후나인 이븐 이샤크는 『눈에 관한 소론 10편』을 써 냈다. 이 책은 안과학을 체계적으로 정리한 교과서로서는 제일 오래되었다고 알려져 있다. 알리 이븐 이사는 이슬람 안과의 중에도 가장 위대했던 인물로, 유럽에서는 그가 쓴 『안과 의사의 지침』을 18세기까지 교과서로 사용하기도 했다.

이 시대에는 사람 살리는 인덕을 가진 치료사들이 유독 많았지만, 아부 바크르 무함마드 알 라지(844~926년, 유럽에서는 '라제스'라는 이름으로 유명하다.)는 그 사이에서도 단연 두각을 나타낸 인물이었다. 당대의 걸출한 과학자나 시인들이 그랬듯, 그 역시 페르시아인이되 아랍어로 글을 썼다. 테헤란 근방의 라이에서 태어난 그는 바그다드에서 화학, 연금술, 의학을 공부했다. 그가 쓴 책은 총 131권에 이르는데, 절반이 의학에 관한 것이었으나 지금은 대부분이 유실되고 없다. 그중에도 『종합서』라는 책에는 20권의 분량에 의학의 모든 분과가 총망라되어 있었다. 이것이 『리베르 콘티넨스(*Liber continens*)』(총서, 종합서)라는 제목으로 라틴어로 번역되고 나서는, 백인들이 수백 년 동안 이 책만큼 많이 경탄하고 애용한 의학서도 아마 없었을 것이다. 1395년 파리 대학에서는 의사들이 아홉 개의 의학서만큼은 반드시 서재에 빠짐없이 구비했는데 알 라지의 이 책도 그중 하나였다.[48] 그가 써 낸 「천연두와 홍역에 관한 소론」은 직접적 관찰과 임상 분석을 이용한 것으로 역시 걸작으로 손꼽혔다. 이 책은 역사상 최초로 정확성을 기해서 전염병을 다루었을 뿐 아니라, 천연두와 홍역이 서로 다른 병임을 입증하려 노력하였다. 1498년과 1866년 사이에 이 책의 영어 편집본이 40종이나 나온 걸 보면, 그 영향력과 명성이 얼마나 대단했는지 짐작할 만하다. 알 라지의 저작 중에도 가장 유명한 것은 10권 분량의 의학 개론서로, 호라산의 한 제후에게 바친 책이라 하여 『키탑 알 만수리(Kitab al-Mansuri)』('알 만수르에게 바치는 책'이라는 뜻)라는 제목이 붙어 있다. 크레모나의 게라르드는 이를 라틴어로 번역해 내었고, 그중에서도 제9권 『알 만수르에게 바치는 9번째 책』은 16세기까지 유럽에서 교과서로 큰 인기를 누렸다. 알 라지는 새로운 치료법을 도입하여 수은을 연고로 만들어 쓰기도 했고, 수술 부위 봉합에 동물 내장을 사용하기도 하였다. 그때만 해도 의사들은 소변 검사를 무척 신뢰해서 때로는 환자는 보지도 않은 채 소변 검사로 모든 병을 진단하곤 했는데, 알 라지는 소변 검사라면 무조건 믿는 이런 의사들의 태도도 제어했다. 한편 그가 써 놓은 단편들을 보면 그에게도 유쾌한 구석이 있었음을 알 수 있다. 예를 들어 「아무리 유능한 의사라도 모든 병을 고치지는 못하는 사실에 대하여」라는 글이 있는가 하면, 「왜 박학다식한 의사를 밀어내고 일자무식의 의사와 속인(俗人) 그리고 여자들이 더 많은 복을 얻는가」라는 제목의 글도 있다. 당시 알 라지 하면 이슬람 의사 중에도 최고이자, 나아가 중세 시대 최고의 임상의였으니 여기에는 누구도 반대할 사람이 없었다.[49] 알 라지는 빈곤 속에 말년을 살다 82세의 나이에 세상을 떠났다.

    파리 대학에서도 의과대에 가면 이슬람 의사들의 초상화가 둘 걸려 있는데, 바로 라제스와 아비켄나이다. 이슬람 안에서는 최고의 철학자이자 제일 유명한 의사로 손꼽히는 사람이 아부 알리 알 후세인 이븐 시나(980~1037년)이다. 그가 써 놓은 자서전을 보면(아랍 문학에는 자서전이 매우 드물다.) 학자 또는 현인도 중세 시대에는 파란만장한 삶을 살 수 있다는 것을 알 수 있다. 보카라의 환전상이었던 아버지는 아들 아비켄나의 공부를 위해 가정 교사를 따로 두었다. 어느 모로나 과학적이었던 아비켄나가 수피교 특유의 신비주의 기질을 가진 것은 이들의 영향 때문이었다. 이븐 할리칸은 동방인에게서 으레 나타나는 과장된 화법으로 이렇게 말한다. "아비켄나는 코란과 문학 전반을 완전히 섭렵하였고, 신학, 연산, 대수학에 대해서도 어느 정도 지식이 있었다."[50] 한편 의학은 그가 선생님 없이 혼자 공부한 것이었고 어린 나이에 벌써 무료 치료를 해 주기 시작했다. 열일곱 살에는 몸 져 누워 있던 보카라의 통치자 누 이븐 만수르의 건강을 되찾아 주었고, 이를 계기로 궁정의 관료가 되어 책으로 빼곡한 술탄의 도서관에서 지내며 공부에 열을 올렸다. 그러다 10세기 말에 접어들어 사만 왕조가 무너지자 아비켄나는 흐와리즘의 제후 알 마문 밑에서 지내게 되었다. 가즈니의 마무드는 아비켄나와 알 비루니 등 당시 알 마문의 궁정에서 지내던 지성의 등불들을 자신에게 보내 달라고 청했으나 아비켄나는 이에 응하지 않았다. 그리고 대신 친구이자 학자였던 마시히와 함께 사막에 들어가 은신하며 지냈다. 마시히는 사막에서 모래 폭풍을 만나 도중에 목숨을 잃었다. 한편 아비켄나는 힘든 고비를 여러 차례 넘긴 끝에 구르간에 이르렀고, 카부스의 밑에 들어가 그의 궁정에서 지내게 되었다. 마무드는 아비켄나를 찾겠다며 그의 모습을 그려 페르시아 전역에 뿌리고는 그를 잡아 오는 자에게 포상을 내리겠다 하였지만, 아비켄나는 카부스가 든든히 지켜 주고 있었다. 그러나 그런 카부스마저 살해를 당하고 이제 아비켄나는 하마단에 불려가 그곳 에미르(emir)를 치료하게 되었다. 치료가 대성공을 거두면서 아비켄나는 비지에로까지 임명되었다. 그러나 그곳 군대가 아비켄나를 탐탁지 않게 여겨 그를 붙잡아서는 집을 약탈하고 목숨까지 앗아 버리겠다 으름장을 놓았다. 아비켄나는 이들 손에서 도망쳐 나와 한 약제사가 사용하던 공간에 몸을 숨겼다. 그리고 그 안에 갇힌 채로 훗날 자신에게 높은 명성을 안겨 줄 책들을 집필해 나가기 시작했다. 아비켄나는 하마단을 비밀리에 빠져나오려 계획했으나 중간에 에미르의 아들에게 붙잡히고 말았다. 그리하여 수개월을 감옥에서 지내게 되었는데 여기서도 글 쓰는 일은 멈추지 않았다. 이제 감옥에서 다시 한 번 탈출한 그는 수피교 신비주의자로 변장한 채로 이 책의 지면에는 다 싣지 못할 정도로 우여곡절을 수없이 거친 끝에 알라 아드 다울라(이스파한의 부와이 왕조 에미르)의 궁정으로 피신해 그곳에서 융숭한 대접을 받았다. 이곳에서 지내는 사이 아비켄나 주위에는 과학자며 철학자들이 모여들었고, 에미르는 이들을 모아 자신의 주재하에 학술 대회를 여는 것이 낙이었다. 당시의 몇 가지 이야기에 따르면 이 철학자는 학문 탐구는 물론 사랑이 주는 기쁨도 즐겼다고 한다. 그러나 또 다른 일각에서는 그가 밤낮으로 공부와 수업과 공무에만 몰두했다는 이야기도 있다. 이븐 할리칸이 아비켄나의 말이라며 전하는 다음과 같은 충고는 오늘날에도 귀담아 들을 만한 면이 있다. "식사는 하루에 한 끼만 먹도록 하시오. …… 그리고 남자는 정액을 중히 여겨 잘 가지고 있어야 합니다. 생명을 만드는 그 물은 모름지기 여자의 자궁 속에 쏟아야 하는 법입니다."[51] 그동안의 삶에 너무 빨리 진을 빼 버린 탓인지, 아비켄나는 불과 쉰일곱의 나이에 하마단으로 가다 도중에 숨을 거두고 말았다. 그 길에 자리한 그의 묘, 우리는 그곳에서 그를 존경하고 기리는 사람들의 마음을 여전히 찾아볼 수 있다.

이토록 파란만장한 삶을 살면서도 그는 틈틈이 시간을 내어 사무실이나 감옥에서 페르시아어 또는 아랍어로 책을 수없이 써 냈으니, 과학과 철학에서는 다루지 않은 분야가 거의 없었다. 그것도 모자라 시까지도 빼어난 작품들을 써 냈는데, 오늘날까지 전해지는 것이 열다섯 편에 이른다. 그중 하나는 우마르 카이얌의 4행 시집 『루바이야트』에 끼어 들어가 있고, 「하늘에서 내려온 영혼」이라는 작품은 동이슬람의 어린 학생들이 오늘날까지도 줄줄 외고 다닌다. 아비켄나는 유클리드의 저작도 번역했고, 천문 현상도 관측했으며, 오늘날 우리가 아들자(길이나 각도를 잴 때에 보다 정밀하게 재기 위하여 덧붙여 쓰는 자 — 옮긴이)

라 부르는 것과 비슷한 도구를 만들어 내기도 했다. 또 운동, 힘, 진공, 빛, 열, 비중에 대해서도 독창적 연구를 내놨다. 그가 광물을 주제로 쓴 글은 유럽의 지질학 분야에서 13세기까지 주요 전거로 활용되었다. 아비켄나는 산맥 형성에 대해 다음과 같이 이야기하는데 명쾌함이 돋보이는 설명이다.

산맥의 형성 원인은 크게 두 가지로 나눌 수 있을 것이다. 먼저 격렬한 지진에서 보듯 지표면이 융기해 산맥이 형성되는 경우가 있다. 그렇지 않을 때는 물이 산맥을 형성시키기도 한다. 물길이 새로 트이면서 물이 땅을 침식해 들어가고 그것이 계곡이 되는 것이다. 땅 속에 있는 지층은 종류가 여러 가지라 땅이 무른 곳도 있고 단단한 곳도 있다. 무른 곳은 바람이나 물에도 깎여 나가지만 단단한 곳은 바람이나 물을 만나도 온전히 남아 있다. 물론 이 모든 변화가 일어나는 데에는 분명 장구한 세월이 필요할 것이다. …… 그러나 수생 동물의 화석이 남아 있는 산맥이 한두 군데가 아닌 것을 보면, 물도 산맥을 형성시키는 주원인임이 사실로 입증되는 셈이다.[52]

아비켄나의 저작 중에도 그의 가르침을 담은 방대한 규모의 작품이 둘 있다. 우선 "(영혼의) 치유서"라는 뜻을 가진 『키탑 알 쉬파(Kitab al-Shifa)』라는 책은 열여덟 권짜리 백과사전으로서 수학, 물리학, 신학, 경제, 정치, 음악을 두루 다룬다. 다른 하나는 "의학 정전"의 뜻을 가진 『카눈 피 을 티브(Qanun-fi-l-Tibb)』라는 책인데 생리학, 위생, 치료, 약리학을 다루며 이따금 본론에서 벗어나 철학 이야기도 잡다하게 등장한다. 이 『카눈』은 구성이 탄탄하고, 이따금 글의 박력도 느껴지는 것이 특징이다. 그러나 학자의 열정이 넘쳐 분류와 구별에 목맨 것은 저자 자신도 어쩌지 못하는 병이었다. 그가 서두에 던지는 다음과 같은 충고는 책을 집어 드는 사람을 주눅부터 들게 하니, "내게서 가르침을 전수받고 그것을 이롭게 쓰고자 하는 자는 이 책 대부분을 줄줄 욀 수 있어야 한다."고 말한다. 단어가 수십 만 개에 이를 정도로 양이 어마어마한 책을 말이다. 아비켄나는 자연이 정상적인 기능을 못할 때 병이 생긴다 보았고, 따라서 자연을 방해하는 장애물을 치워 내는 기술이 바로 의학이라 여겼다. 아비켄나는 1권에서 주요 질병(증상, 진단법, 치료법)들을 우선적으로 다루고 있다. 그중에는 예방과 위생을 공공 및 개인 차원에서 다루는 장(章)도 있고, 관장, 사혈, 뜸, 목욕, 안마를 치료술로 제시하는 장도 있다. 아비켄나에 따르면 폐와 흉부 나아가 목젖을 발달시키는 데에는 심호흡이(이따금은 고함을 지르는 것도) 무엇보다 좋은 방법이었다. 2권에서는 그리스와 아라비아에 전해지는 각종 약초에 대한 지식을 한데 모아 정리하고 있다. 병리학 각론에 해당하는 3권에서는 흉막염, 축농증, 내장 기능 장애, 성병, 도착증, 신경 질환(사랑도 신경 질환에 포함됐다.)에 대해 탁월하게 논의가 전개된다. 4권에서는 신열, 외과 수술, 미용술(두발 및 피부 관리법)에 대한 논의가 이루어지며, (본격적 의약서인) 5권에는 760가지에 이르는 약제 제조법이 상세하게 설명되어 있다. 이 『카눈』은 12세기에 라틴어로 번역이 되었고, 그러자 알 라지와 심지어는 갈레노스의 저작까지도 밀어내고 유럽 곳곳의 의학교에서 주교과서로 자리를 잡았다. 프랑스의 몽펠리에 학교와 벨기에의 루뱅 학교에서는 17세기 중반이 될 때까지 이 책이 필독서의 지위를 잃지 않았다.

    중세 시대에서 최고의 의학서 집필가를 꼽으라면 아비켄나이고, 최고의 의사 하면 알 라지, 최고의 지리학자 하면 알 비루니, 최고의 광학 전문가 하면 알 하이탐, 그리고 최고의 화학자 하면 아마도 자비르일 것이다. 그런데도 오늘날 그리스도교 세계에 이 다섯 인물의 이름이 거의 알려져 있지 않다는 사실을 보면 이제까지 중세 역사를 바라보는 우리 시각이 얼마나 편협했는가를 알 수 있다. 그러나 중세 시대의 과학이 다 그랬듯, 아랍의 과학은 신비주의에 물들어 있는 경우가 많았다. 또 (광학만은 예외였지만) 아랍의 과학은 독창적 발견이나 체계적 연구보다는 자료를 방대하게 모아 그것을 종합해 내는 데 뛰어난 편이었다. 그러면서도 아랍 과학을 인정하지 않을 수 없는 것이, 근대 지성의 최고 자랑거리이자 무기인 실험적 방법론을 더딘 걸음으로나마 발달시켜 준 것이 바로 아랍의 연금술이기 때문이다. 유럽에서는 자비르가 등장하고 500년이나 지나서야 로저 베이컨(Roger Bacon)이 실험적 방법론을 선언하고 나서고, 더구나 그가 스페인 무어인에게서 얻은 그 깨달음의 빛은 애초에 동이슬람에서부터 타오르고 있던 것이었다.

4. 철학

이슬람은 과학이 발달할 때와 마찬가지로 철학이 발전할 때에도 먼저 그리스도교를 믿던 시리아로부터 이교도 색채가 강한 그리스 유산을 받아들였고, 그렇게 받아들인 유산을 다시 이슬람교를 믿던 스페인을 통해 그리스도교를 믿는 유럽에 되돌려 주었다. 아라비아에서 무타질라파(派)의 지적 혁명이 일어난 것이나 알 킨디, 알 파라비, 아비켄나, 아베로이스가 아랍의 철학을 내놓게 된 배경에는 사실 여러 가지 요소가 함께 자리하고 있다. 다시 말해 가즈니와 페르시아를 통해 들어온 인도의 사상도 한몫을 하였고, 조로아스터교 및 유대교의 종말론도 가볍게나마 영향을 끼쳤다. 또 신의 속성, 그리스도의 본성 및 로고스, 예정설과 자유 의지, 계시와 이성을 두고 그리스도교 이단들이 한동안 근동 지역에서 떠들썩하게 논쟁을 벌인 것도 일조를 하였다. 그러나 (이탈리아의 르네상스에서처럼) 그리스의 재발견, 그것이 일종의 효모가 되어 주지 않았다면 이슬람령 아시아에서 철학적 사상이 그토록 탐스럽게 부풀어 오르는 일은 없었을 것이다. 비록 위작들을 가져다 때로는 엉성하게 번역을 하기도 하였으나 아랍인들은 이 그리스 철학 속에서 새로운 세상이 펼쳐지는 듯한 느낌을 맛보았다. 그리스 철학 속의 인간은 경전에 얽매이지 않고 순전히 자신의 이성으로만 모든 것을 두려움 없이 파헤치는 모습이었다. 더구나 이들이 생각하는 우주는 신의 한순간 기분이나 엄청난 기적에 의해 움직이는 것이 아닌, 만물에 두루 적용되는 장엄한 법칙에 따라 움직이는 것이었다. 그리스 논리학은 아리스토텔레스의 논리학 저작집 『오르가논』을 통해 아라비아에 오롯이 전해졌다.

이제는 이슬람교도들도 사색에 젖을 여유가 생긴 터라, 때마침 만난 그리스 논리학에서 그들은 마치 취하기라도 한 듯 헤어나지 못했다. 그리스의 논리학 그 안에는 사색에 필요한 용어며 장비들이 다 마련되어 있었기 때문이다. 그 후 3세기 동안 이슬람 사람들은 논리학이라는 새로운 놀이에 빠졌고, 자신들이 플라톤 시대의 아테네 청년들이라도 되는 듯 철학의 그 "귀한 즐거움"을 안주 삼아 술잔을 기울이곤 했다. 그러자 얼마 안 가 웅장하게만 쌓여 있던 마호메트의 교리가 통째로 이리저리 흔들리고 우지끈 금이 가기 시작했다. 그 먼 옛날 그리스의 정설들이 소피스트들의 유창한 언변에 하나둘 스러졌던 것처럼, 또 이로부터 한참 뒤 정통 그리스도교 신앙이 백과전서파의 일격과 볼테르 (Voltaire)가 휘갈기는 지혜의 채찍질에 움찔거리며 맥을 못 추었던 것처럼 말이다.

이슬람의 계몽 시대라고도 할 이 움직임은 약간은 별난 논쟁이 그 시발점이었다고 할 수 있었다. 이 논쟁의 핵심 물음은 바로 "코란은 영원불변의 것인가 아니면 만들어진 것인가?"였다. 예로부터 신학자 필론은 로고스가 하느님의 영원한 지혜라 하였고, 요한복음서에서도 그리스도를 로고스(신성한 말씀 또는 이성)와 동일시하며 이렇게 말하였다. "태초에 …… 하느님이 계셨고", "하느님 말씀 없이는 창조되는 이 세상 만물은 그 어떤 것도 만들어질 수 없다."[53] 또 영지주의(靈知主義)와 신플라톤주의에서도 "신성한 지혜"를 창조의 동인(動因)으로 보았고, 유대교에서도 율법 토라를 영원불변의 것으로 믿었다. 이 모든 생각에 힘입어 정통 이슬람교에서도 이들과 유사한 관점을 갖게 되었으니, 알라 신의 마음속에 코란의 내용이 언제나 있되 다만 마호메트가 코란을 계시받은 것은 시간에 구애받는 하나의 사건이라고 하였다. 이슬람 세계에 철학이 처음으로 (757년경) 모습을 드러낸 것은 "무타질라(Mutazilites, 분리자)"라는 학파가 나타나 코란의 영원성을 부정하고 그 세를 키워 가면서였다. 이들은 자신들도 이슬람교의 신성한 경전은 변함없이 숭배하지만, 코란이나 하디스가 이성과 모순될 때에는 코란이나 전승을 우의적(寓意的)으로 해석하는 것이 옳다고 하였다. 나아가 이성과 신앙을 조화시키려는 그러한 움직임에 칼람(kalam, '논리')이라는 이름을 붙였다. 코란을 보면 곳곳에 알라신이 손과 발을 가졌고 또 분노와 증오를 보이는 것으로 나오는데, 그 내용들을 문자 그대로 받아들인다는 것이 이들에겐 터무니없는 일로 비쳤다. 코란을 만들 당시 마호메트에게도 모종의 윤리적 및 정치적 목적은 있었을 테지만, 거기서 비롯된 감상적인 의인화를 교육받은 식자층까지 받아들인다는 것은 이제는 무리라고 그들은 생각했다. 그 까닭은 인간의 지성으로는 신의 진정한 본성 또는 속성은 결코 알 수 없기 때문이다. 이들이 정교 신앙과 뜻이 같았던 부분은 단 하나, 영적인 힘이 모든 실재에 기반이 된다는 믿음뿐이었다. 무타질라파가 정교와 뜻이 갈렸던 부분은 이뿐만이 아니었다. 정교에서는 이 세상 모든 일이 신의 뜻에 의해 완벽하게 예정되어 있고 또 구원받을 자와 지옥에 갈 자도 영원히 아득한 시간부터 임의적으로 정해져 있다고 했는데, 무타질라파가 보기에 이런 주장은 인간의 도덕성과 진취성에 치명적인 해를 끼치는 것이었다.

　무타질라파에서 이슬람 신앙을 이런 식으로 수도 없이 변주해 내자, 알 만수르, 하룬 알 라시드, 알 마문 치세에 들어서는 그 교리가 급속히 퍼져 나가기 시작했다. 애초에 학자와 불신자 사이에서 비밀스레 이야기되던 무타질라파 교리였지만 이제는 칼리프들이 벌이는 잔칫상에 등장했고 종국에는 곳곳의 학교와 모스크 강연회에까지 나타났다. 이제 합리주의는 무시할 수 없는 목소리인 것은 물론, 심지어 일부 지역에서는 그 위세가 정교를 압도할 정도로 대단해졌다. 알 마문은 처음 접하는 이 이성의 활공에 완전히 매료되어 무타질라파를 방어하고 나섰고, 급기야는 무타질라파의 견해가 이슬람 왕국의 공식 신앙이라고 선포까지 해 주었다. 그 일환으로 알 마문은 이슬람교도 사이에 생긴 이 그리스식 최신 사상을 예로부터 전해지던 동방 군주제의 습속에 한데 버무렸고, 또 832년에 들어서는 칙령을 하나 발표하여 코란이 시간에 구애받아 만들어진 것임을 모든 이슬람교도가 빠짐없이 인정하도록 하였다. 여기다 나중에 칙령을 더 발표해 이 새로운 신조를 받아들이지 않을 경우 법정에서 증인으로 서거나 재판관 자리에 오르지 못하게 하였다. 또 추가로 칙령을 내려 모든 이슬람교도에게 자유 의지 교리를 받아들이게 한 것은 물론, 육체의 눈으로는 절대 영혼이 신을 볼 수 없다는 점까지 믿도록 했다. 그리고 종국에는 이러한 신앙 심사와 서약을 거부하는 사람을 중죄인으로 만들어 엄히 다루었다. 알 마문은 833년에 세상을 떠났지만, 이러한 움직임은 그의 후계자 알 무타심과 알 와티크에 의해 계속 이어졌다. 신학자 이븐 한발이 이렇게 자행된 종교 재판을 비난하고 나서자 나라에서는 그를 불러다 신앙 심사를 받게 했다. 한발은 정교의 편에 서서 심사의 모든 질문에 코란을 끌어다 답했다. 결국 그는 매질을 당하다 혼절하고 감옥에 갇히는 신세가 되었다. 그러나 그가 겪은 이 고통으로 한발은 사람들 눈에 순교자이자 성인으로 비치게 되었고, 또 이로써 신앙 강요에 반하는 움직임이 일어 한동안 이슬람 철학계를 압도하게 된다.

한편 이 와중에도 이슬람 철학계에는 처음으로 걸출한 인물이 배출되어 나왔다. 803년 쿠파에서 태어난 아부 유수프 야쿠브 이븐 이샤크 알 킨디는 쿠파 지방을 다스리던 총독의 아들이었다. 그는 쿠파는 물론 바그다드까지 가서 공부를 했고 나중에는 궁정에 들어가 알 마문과 알 무타심 밑에서 봉직하며 번역가, 과학자, 철학자로서 높은 명성을 쌓았다. 이슬람의 지성이 한참 번뜩이던 시절 그곳 사상가들이 으레 그랬듯, 알 킨디 역시 전 분야의 학식을 두루 섭렵한 인물이었다. 그는 연산, 기하학, 천문학, 기상학, 지리학, 물리학, 정치, 음악, 의학, 철학 할 것 없이 학문이라면 가리지 않고 공부했고, 나아가 265편의 작품에 그 내용을 담아내었다. 또 플라톤의 생각과 비슷하게 철학자가 되려는 사람은 모름지기 먼저 수학자가 되지 않으면 안 된다고 하면서, 건강, 의학, 음악의 문제를 수학의 관계성으로 환원해 풀기도 하였다. 또 조류(潮流)를 연구하는가 하면, 낙하 물체의 속도를 정할 수 있는 법칙을 찾고자 하였으며, 빛으로 인한 현상들을 심층 탐구하여 『광학』을 펴냈다.(이 책은 후일 로저 베이컨에게까지 영향을 끼쳤다.) 그가 『그리스도교를 위한 변명』을 써 냈을 때에는 온 이슬람 세계가 충격에 빠지기도 했다.[54] 그리스 사상을 담은 위작 『아리스토텔레스의 신학』을 번역해 낸 것도 알 킨디와 그의 조수였다. 알 킨디는 이 위작에서 커다란 감명을 받았었고, 이 저작이 아리스토텔레스와 플라톤을 화해시킨 것이(즉 둘 모두를 신플라톤주의자로 만들어 버린 것이) 그에게는 그저 기쁘기만 했다. 다시 말해 알 킨디의 철학은 말만 다를 뿐 신플라톤주의를 그대로 옮겨 온 것이었다. 그 역시 영혼에 세 가지 위계가 있다고 보았고(신, 창조적 세계 영혼 혹은 로고스, 로고스의 소산인 인간 영혼), 인간이 영혼을 잘 단련시켜 올바른 앎을 얻으면 자유와 불사(不死)의 경지에도 이를 수 있다고 하였다.[55] 겉으로 알 킨디는 이슬람 정교의 입장을 취하려 각고의 노력을 기울였다. 그러나 그는 분명 아리스토텔레스의 사상을 받아들여 능동 지성과 수동 지성을 구분했으니,[56] 능동 지성은 신성한 것인 반면 수동 지성은 단순히 사고 능력에 불과했다. 아비켄나는 알 킨디의 이러한 구분을 받아들여 아베로이스에게 전해 주었고, 아베로이스는 이 구분을 발전시켜 개인의 불멸을 반대하는 사상까지 나아가면서 이슬람 세계와 대립각을 이루었다. 무타질라파와 한편이나 다름없던 알 킨디는 나중에 무타질라파에 대한 반발이 거세지자 자신의 도서관을 몰수당했고, 하마터면 불사라고 믿었던 자기 목숨까지 잃을 뻔하였다. 그러나 이 험악한 소란 속에도 무사히 살아남은 그는 다시 자유를 되찾았고, 한참 시간이 흐른 873년에 이르러서야 자신의 생을 마감했다.

인간이 이룬 사회 중에도 어떤 곳은 통치, 법률, 윤리 규범이 종교적 교리와 단단히 얽혀 있다. 이런 곳에서는 종교 교리를 조금이라도 공격하고 나서면 그것이 사회 질서 자체를 뒤흔드는 위협적 행위로 비치는 법이다. 이슬람 세계에서는 한동안 갖가지 세력이(그리스 철학, 그리스도교 영지주의, 페르시아의 국수주의, 마즈다크의 공산주의 등) 아랍의 정복에 기가 눌려 있었으나 이즈음 다시 일제히 일어나 활개를 치고 있었다. 이들은 코란을 의심과 조롱의 대상으로 삼았다. 페르시아의 한 시인은 경전 코란보다 자기 시가 더 훌륭하다고 했다가 참수를 당했다.(784년)[57] 그런 코란이 디딤돌이었으니 이제 이슬람교도 얼마 안 가 송두리째 무너져 내릴 것처럼 보였다. 그러나 이런 위기 속에도 세 요소의 힘이 합쳐지자 승리는 정교에게 돌아갔다. 즉 칼리프가 보수 편에 서고, 투르크족이 나타나 정교 수호를 외쳤으며, 백성들로서는 애초 물려받은 믿음에 충성하는 것이 자연스러운 일로 보였던 것이다. 847년에 칼리프 자리에 오른 알 무타와킬에게는 이러한 백성들과 투르크족이 든든한 지지 기반이었다. 당시에 새로이 이슬람교로 개종한 투크족은 페르시아인과는 상극인 데다 그리스 사상에는 문외한이었기에 칼리프가 검으로써 이슬람 신앙을 구하겠다고 하자 그 방침에 전력으로 응하고 나섰다. 알 마문의 정책들은 자유주의를 표방하면서도 자유를 몰랐으니 알 무타와킬은 이것들을 무효로 만들고 또 번복시켜 버렸다. 또 무타질라파를 비롯한 이단들은 공직 및 교육직에서 물러나게 했다. 뿐만 아니라 문학과 철학에서도 이교 사상은 조금도 드러나지 못하게 했으며, 코란이 영원불변의 경전임을 법률로써 다시 못 박았다. 이 당시에는 시아파도 배척을 당하여 케르벨라에 세워진 후세인의 사원이 파괴를 당했다.(851년) 더군다나 알 무타와킬은 우마르 1세가 한때 그리스도교도를 억압하려 발표했다던 칙령을 살려(하룬은 이를 유대교도에게까지 확대 적용했으나 그 당시에는 얼마 안 가 무용지물이 되었다.) 다시 공표했다.(850년) 그리하여 유대교도와 그리스도교도는 남들과 구별되게 다른 색깔 옷을 입지 않으면 안 되었고, 그들이 부리는 노예도 색깔이 들어간 헝겊을 옷에 붙이지 않으면 안 되었다. 또 이동을 할 때에는 당나귀와 노새만 탈 수 있었으며, 대문에는 악마 목상을 달아 두어야 했다. 뿐만 아니라 그리스도교 행사가 열려도 공공장소에 십자가를 높이 매달 수 없고, 이슬람 학교에서도 그리스도교도나 유대교도에게는 그 어떤 교육도 해 주지 않았다.[58]

그러나 그 후 한 세대를 거치면서는 합리주의에 대한 반발이 한결 수그러졌다. 정교 신학자 중에는 논리학이 던지는 도전장을 과감히 받아드는 이도 있어서 전통 신앙의 진리를 합리적 이성을 통해 증명해 보이려고까지 하였다. 이들 무타칼리문(mutakallimun, ‘논리학자’라는 뜻)은 이슬람 세계의 스콜라학파라 할 만했다. 이들은 또 이슬람교 교리를 그리스 철학과 융화시키려 노력했으니, 12세기에 마이모니데스(스페인 출신의 유대인 철학자이자 율법학자 - 옮긴이)가 유대교를 그리스 철학과 융화시키려 한 것이나, 13세기에 토마스 아퀴나스가 그리스도교를 그리스 철학과 융화시키려 한 것과 일맥상통했다. 바스라 출신의 아불 하산 알 아샤리(873~935년)라는 인물은 무타질라파 교리를 10년간 가르치다 40세에 들어서자 노선을 반대로 틀었다. 이제 그는 무타질라파의 논리라는 무기를 들고 거꾸로 그들에게 공격을 가했고, 보수파 입장에서 격한 논변을 줄줄이 쏟아 내어 교리 전쟁에서 옛날 교리가 승리를 거두는 데 막강한 힘을 보탰다. 더욱이 마호메트의 예정설을 받아들인 데 있어서는 추호도 흔들림이 없어서, 이 세상에서 일어나는 모든 행위와 사건은 신이 미리 정해 놓은 것임을, 나아가 신이 그것들의 제1원인임을 굳게 믿었다. 또 신은 모든 법과 윤리를 초월해 있으며, 나아가 "군주의 자리에서 자신이 창조한 이 세상 만물을 다스리는 것으로서 자신이 뜻한 바를 세상 만물에 행하는 것"이라 하였다. 따라서 "신이 이 세상 만물을 지옥에 보낸다 하여도 그것은 전혀 잘못된 일이 아닐 것이다."[59] 그러나 이렇듯 신앙을 지적 논쟁으로 따지고 드는 걸 모든 신학자가 좋아한 것은 아니었다. "빌라 카이프(Bila kayf)"라 하여 "방법을 물을 것 없이 그저 믿으라."라고 외치는 신학자도 많았기 때문이다.[60] 이제 대부분의 신학자에게 종교의 근본적 문제는 더 이상 논쟁거리가 되지 못했다. 오히려 교리의 근본적 부분들은 자명한 이치로서 당연한 것이었기에 현학자처럼 교리의 사소한 부분에만 매달릴 뿐이었다.

한때 바그다드를 휘저은 철학의 열정은 이렇게 가라앉는 듯했으나, 사실은 규모가 작은 궁궐로 그 무대만 옮겨진 것뿐이었다. 제후였던 사이풀 다울라는 알레포에 집을 한 채 마련해 무함마드 아부 나스르 알 파라비에게 주었는데, 알 파라비는 투르크족 최초로 이슬람 철학계에 이름을 떨친 인물이었다. 투르케스탄에서도 파라브 지방에서 태어난 알 파라비는 바그다드와 하란 지방을 거치며 그리스도교 스승 밑에서 논리학을 배웠다. 그러면서 아리스토텔레스의 저작『자연학』을 40번,『영혼에 관하여』를 200번 읽었으나, 바그다드에 머물 당시 이단이라며 거친 공격을 당했다. 그러자 그는 수피교를 받아들여 수피교도 차림으로 다니며 제비가 하늘을 날 듯 유유자적하게 삶을 살았다. 이븐 할리칸의 말에 따르면, "이 세상을 살아가는 일에 알 파라비만큼 무심한 사람은 또 없었다. 그는 입에 풀칠하는 일이나 살 집을 마련하는 일에는 조금의 노력도 절대 기울이지 않았다."[61] 한번은 사이풀 다울라 제후가 얼마큼의 돈이면 먹고살겠는지 알 파라비에게 물었고 이에 알 파라비는 하루 4디르헴(2달러)이면 족할 것 같다고 하였다. 제후는 알 파라비가 죽을 때까지 평생 그만큼의 용돈을 대주었다.

알 파라비의 저작 중에 지금까지도 전해지는 것은 총 39권으로, 아리스토텔레스의 저작을 다룬 주석서가 상당수이다. 그중에도 『학문의 백과사전』은 당대까지 문헌학, 논리학, 수학, 물리학, 화학, 경제학, 정치학에 쌓여 있던 지식을 요약하여 정리한 책이었다. 또 알 파라비는 그리스도교 세계의 스콜라 철학자들이 조만간 던지게 될 질문, 즉 "보편자(속(屬), 종(種), 또는 특질)와 각각의 개별자는 별개로 존재하는가?"라는 질문에 단호히 부정적 답을 내놓았다. 이슬람의 나머지 철학자와 마찬가지로 알 파라비 역시 『아리스토텔레스의 철학』이란 책에 속아 넘어갔으니, 그의 책에도 철저한 현실주의자 아리스토텔레스는 어느덧 신비주의자로 탈바꿈해 있다. 알 파라비는 인생을 충분히 오래 산 덕이었는지 말년에는 정교의 믿음에 푹 빠져 지냈다. 젊을 때만 해도 신학적 불가지론을 언명한 입장이었으나,[62] 노년에 들어서는 불가지론을 성큼 벗어나 신이 가진 모습을 상세히 그려 내기까지 하였다.[63] 또 아리스토텔레스의 갖가지 증명들을 가져다 신의 존재를 입증해 내기도 하였는데, 이로부터 3세기 후 아퀴나스가 서양에서 해낸 작업과 무척이나 비슷했다. 즉 그 역시 연쇄적으로 일어나는 우연적 사건들을 지성이 파악할 수 있으려면 반드시 궁극적이고 필연적인 존재가 필요하다고 보았고, 여러 가지 원인이 연쇄적으로 이어질 때는 반드시 제1원인이 있다고 보았으며, 연쇄적으로 이어지는 움직임에는 반드시 그 자신은 움직이지 않는 제1의 운동자가 있어야 하고, 또 다수가 있으려면 반드시 단일이 필요하다고 하였다. 나아가 달성하기는 여간 어렵지만 철학에는 궁극적 목적이 있으니 바로 그 제1원인이 무엇인지 아는 것이었고, 그러한 앎에 다가가는 최선의 길이란 바로 영혼을 깨끗이 맑히는 것이었다. 한편 불멸성에 관해서도 알 파라비는 아리스토텔레스와 입장이 비슷해서 그것은 자신에게 난해한 문제라는 듯 애써 논의를 피했다. 알 파라비는 950년 다마스쿠스에서 생을 마감했다.

그의 유작 중 오늘날 우리 눈에도 독창성이 돋보이는 작품은 단 하나, 『이상향의 도시』라는 책이다. 그 서두를 펼쳐 보면 이 세상을 지배하는 자연법칙이 설명되는데, 유기체가 저마다 나머지 유기체를 상대로 영원히 싸움을 벌인다는 대목은 홉스(Hobbes)의 "만인의 만인에 대한 투쟁"을 연상시킨다. 결국 요는, 살아 있는 모든 것에겐 살아 있는 다른 모든 것이 자신의 목적 달성을 위한 수단으로 보인다는 것이다. (알 파라비 말에 따르면) 일부 회의주의자들은 여기서 한 발 더 나아가 주장하기를, 피차 경쟁은 피할 수 없는 바 결국 지혜로운 자란 남을 이용해 자신의 뜻을 이루는 자, 나아가 스스로의 요구를 가장 온전히 실현시키는 자이다. 그렇다면 이런 정글의 법칙이 지배하는 세상에서 인간 사회는 어떻게 등장할 수 있었을까? 알 파라비의 설명을 그대로 믿는다면, 당시 그러한 질문을 제기한 이슬람교도 중에는 루소주의자도 있고 니체주의자도 있었다. 즉 일부는 사회가 애초에 개별 구성원 간의 합의를 통해 생겨났고, 그것이 살아남는 과정에서 관습이나 법률을 통한 제약을 어느 정도 받아들였다고 보았다. 반면 이러한 "사회적 계약"을 역사에 없는 것이라며 비웃은 자들도 있었으니, 사회(또는 국가)는 정복이 일어날 때에 그리고 강자가 약자들을 억지로 규합할 때에 생기는 것이었다. 그리고 그러한 국가까지도 하나의 정치 기관으로서 서로 경쟁을 벌인다고 니체주의자는 말하였다. 패권, 안보, 권력, 부를 두고 나라 사이에 다툼이 이는 것은 당연한 일이었고, 따라서 전쟁 역시 당연하고 불가피했다. 그리고 자연의 법칙 속에 여실히 드러나듯, 결국 막판에는 힘만이 유일한 정의(正義)가 되는 법이다. 이러한 견해에 알 파라비 자신은 반대여서, 그는 함께 힘을 모아 시기, 권력, 갈등보다는 합리성, 헌신, 사랑에 바탕을 둔 그러한 사회를 건설해 나가자고 동지들에게 호소하였다.[64] 종반에 가서는 책을 무난히 마무리 지으려는 듯 통치 체제로는 강력한 신앙에 기반을 둔 군주제가 바람직하다는 말을 남겼다.[65]

이 알 파라비의 2대째 제자 하나가 970년경 학자들을 모아 바그다드에 모임을 만들었고(현재 그 모임의 이름은 창시자의 출신지 이름을 따 '시디지스타니 학회'라고만 알려져 있다.), 사람들은 여기 모여 여러 가지 철학 문제들을 함께 논의했다. 이때 학회에서는 회원의 출신국이나 종교에 관해서는 일절 묻지 않았다. 모임은 주로 논리학과 형이상학에 몰두하여 타 분야엔 관심이 없었던 듯 보이나, 이런 모임이 존재했다는 사실 자체가 수도 바그다드에 아직 지적 욕구가 남아 있다는 뜻이었다. 그러나 역사에 이들보다 더 뜻 깊은 순간과 족적을 남긴 이들은 따로 있었다. 983년 바스라에 결성된 과학자 및 철학자의 모임으로, 시디지스타니 학회와 비슷했으나 남자들만 비밀리에 들어갈 수 있는 곳이었다. 이들 "성심(또는 순수)의 형제단"은 칼리프의 입지가 약해지고, 백성들은 빈곤에 허덕이며, 윤리 의식은 땅에 떨어진 당시 세태를 그냥 두고 볼 수가 없었다. 이들은 도덕적, 영적, 정치적 측면에서 이슬람 사회에 일대 쇄신이 이뤄지길 간절히 바랐고, 이를 위해 그리스의 철학, 그리스도교의 윤리, 수피교의 신비주의, 시아파의 정치술, 이슬람교의 계율을 하나로 융합하여 쇄신의 기반을 마련하고자 했다. 이들에게 우정이란 서로의 능력과 덕을 모아 한데 힘을 합치는 것이었으니, 다른 이에게 없는 또는 그들에게 필요한 자질을 각자 가지고 와 모임에 내놓으면 되었다. 이들 생각에는 진실이란 것도 각자 생각할 때보다는 여럿이 함께 머리를 맞댈 때 모습을 더 잘 드러냈다. 형제단은 남들 모르게 은밀히 모임을 가졌고 함께 모인 자리에서는 자유, 포용력, 예절이 뭔지를 유감없이 보여 주며 삶의 근본 문제를 하나도 빠짐없이 논의해 나갔다. 그리하여 종국에는 51편의 작품까지 내놓게 되었는데 그들끼리의 생각과 협업이 담긴 결정체이자 과학, 종교, 철학을 아우르는 개론서였다. 1000년경 스페인의 한 이슬람교도는 근동 지방을 여행하다 이들의 작품에 각별한 관심을 갖게 되었고 그리하여 한 편씩 작품을 수집하여 잘 보존해 두었다.

1134쪽에 달하는 이 작품집에는 조류, 지진, 식(蝕), 음파 등의 갖가지 자연 현상이 과학적으로 설명되어 있다. 이 작품집은 천문학과 연금술을 전면 수용하고 있었고, 이따금 마법이나 숫자 점(占) 이야기도 여담처럼 재밌게 곁들였다. 이슬람 사상가의 저작이 거의 다 그렇듯 이 책에서도 신학은 영지주의와 신플라톤주의를 표방하고 있다. 즉 이 세상에는 제1원인(신)이 있어 그로부터 능동 지성(로고스, 이성)이 나온다고 보았고, 다시 이 능동 지성으로부터 몸과 영혼이 존재하는 세상이 나온다고 하였다. 한편 물질로 이루어진 이 세상 만물 그것을 형성시키고 움직이는 힘은 영혼이다. 그리고 영혼은 모두 불안에 시달리나 능동 지성(세계 영혼)과 다시 만나는 순간에는 불안이 사라진다고 하였다. 그래서 개별 영혼은 세계 영혼과 하나가 되어야 하는 바 그러려면 영혼이 절대적으로 순수한 상태여야 한다. 우리가 윤리를 지키는 것은 그것이 영혼을 순수하게 맑히는 기술이기 때문이요, 우리가 과학, 철학, 종교를 배우는 것은 그것이 영혼을 정화시키는 수단이기 때문이다. 나아가 우리가 영혼을 맑히고자 할 때 반드시 본으로 삼아야 할 인물이 있으니, 앎을 위해 혼신을 다한 소크라테스, 모든 이에게 선을 베푼 그리스도, 겸허한 성인의 모습을 보여 준 알리(Ali)가 바로 그들이다. 지성이 앎을 통해 자유로워지면 반드시 깨달아지는 것이 있다. 코란이 하나의 상징임을 알아 자유롭게 재해석할 수 있게 되고, 나아가 코란을 철학과도 화해시킬 수 있다는 것이다. 그러면서 "코란에 조악한 표현이 사용된 것은 문명을 모른 채 살아온 사막 사람들을 이해시키기 위한 것이다." 라고 하였는데,[66] 아랍인의 자부심에 페르시아인이 매섭게 일격을 가하는 대목이다. 그러나 51편에 달하는 이 작품집의 제일 큰 기여는 현재 우리가 아는 압바스 시대 이슬람의 사상을 가장 온전하고 일관되게 표현했다는 점이다. 바그다드의 정통파 지도자들은 이 책들이 이단이라 하여 1150년에 가져다 불살랐지만, 작품집은 세간에 계속 돌면서 이슬람 및 유대 철학 구석구석에 영향을 끼쳤다. 알 가잘리, 아베로이스, 이븐 가비롤, 유다 할레비는 물론,[67] 철학자 시인 알 마아리도 이 작품집에서 영향을 받은 사람이었다. 그리고 또 한 명, 짧은 생애를 살며 혼자 종합 작업을 이룬 인물이 있었다. 그가 이룬 업적은 다수가 협업해 탄생시킨 종합 작업에 비해도 그 규모와 깊이가 절대 뒤지지 않았으며, 합리성 면에서는 오히려 더 출중한 실력을 보여 주었다.

이븐 시나(아비켄나), 그는 과학자이자 의학계에서도 세계적 대가였으나 그것에 만족하지 못했다. 과학자가 철학을 거치지 않으면 결코 완벽할 수 없다는 것을 스스로 잘 알았던 게 틀림없다. 그 자신의 이야기에 따르면, 그는 아리스토텔레스의 『자연학』을 40번이나 읽었지만 도통 이해를 못하다가, 알 파라비가 쓴 주석서를 읽고서야 비로소 그 뜻을 이해하게 되었다고 한다. 그는 너무도 기쁘고 또 감사한 마음이 들어서 한달음에 길거리로 달려 나가 여기저기 다니며 신나게 적선을 했다.[68] 아비켄나는 아리스토텔레스를 죽는 그 순간까지 최고의 철학 모델로 여겼다. 라틴어권에서는 훗날 "철학자 중 철학자(the philosopher)" 하면 곧 아리스토텔레스를 칭하는 것이 되는데, 아비켄나는 『카눈』에서부터 이미 아리스토텔레스를 그렇게 부르고 있었다. 아비켄나의 저작 중에도 그 자신의 철학을 상세히 기술한 책이 『키탑 알 쉬파』, 그 내용을 요약 정리한 책이 『나자트(*Najat*)』이다. 아비켄나는 논리학에 천부의 재능을 타고난 사람으로, 개념에 대한 정확한 정의(定義)를 무엇보다 강조했다. 그리고 "보편자, 즉 일반 개념(인간, 덕, 빨강)이 개별자와 별개로 존재하는가?" 하는 질문에 다음과 같이 고전적인 중세 시대 대답을 내놓았다. (1) 보편자는 개별자가 있기 "이전에도(ante res)" 존재한다. 원형에 따라 만물이 만들어지는 플라톤의 철학에서처럼, 만물은 신의 머릿속에 먼저 존재하기 때문이다. (2) 보편자는 개별자 "안에도(in rebus)" 존재한다. 보편자는 개별자 안에서 그 모습을 드러내기(개별자 하나하나가 보편자의 실례가 되기) 때문이다. (3) 보편자는 개별자가 있은 "이후에도(post res)" 존재한다. 보편자는 추상적인(추상화된) 관념 형태로 인간의 머릿속에 남기 때문이다. 그러나 보편자가 자연계에 존재할 때는 개별자와 따로 떨어져 있지 않다. 이러한 보편자의 문제는 그리스도교 세계에도 역시 나타나 백 년간 대논쟁을 불러오기도 했는데, 결국 아벨라르와 아퀴나스가 내놓은 대답은 아비켄나와 똑같았다.

아닌 게 아니라, 서양의 이 철학 기조를 총칭하여 라틴어권 사상가들은 스콜라 철학이라 했는데 이미 200년 전 아비켄나는 그것의 축약판이라 할 만한 형이상학을 내놓은 것이었다. 그의 형이상학 서두를 보면 먼저 "물질과 형상", "4대 원인", "우연과 필연", "다자와 일자"에 대한 아리스토텔레스 및 알 파라비의 사상을 그 자신의 말로 성심성의껏 풀어내고 있다. 그런 다음에는 어떻게 하여 필연적이고 불변하는 일자에서 우연적이고 무상한 다자(순간순간 존재했다 사라지는 현실의 수많은 것들)가 나올 수 있었는가 하는 골치 아픈 문제에 골몰한다. 아비켄나는 이 문제를 플로티노스와 비슷하게 해결하고자 하였으니, 다자와 일자 사이에는 능동 지성이 존재하고 이것이 영혼의 형태로 천상, 물질 세계, 인간 세계에 두루 퍼져 있다고 가정한 것이다. 여기에 더하여 불변하는 신이 어떻게 비창조에서 창조로 나아갈 수 있는가 하는 난점이 생기자, 그는 아리스토텔레스가 그랬듯 물질 세계는 영원하다는 믿음으로 문제를 해결하려 하였다. 그러나 이런 설명이 무타칼리문(논리학자)의 성에는 차지 않을 것임을 알고 스콜라 철학이 애용한 다음과 같은 구분으로 타협점을 모색했다. 즉 신이 이 세상에 앞서 있다는 것은 시간의 면에서가 아니라 논리의 면(즉 위계, 본질, 원인의 차원)에서이다. 이 세상이 존재하기 위해서는 그것을 떠받치는 힘이 한시도 없으면 안 되는데, 그 힘이 바로 신이라는 것이다. 아비켄나는 또 신을 제외한 모든 실체는 우연적 속성을 가진다고 하였다. 신 이외의 모든 것은 그 존재가 불가피하지도 필수적이지도 않다. 이렇듯 우연적인 것들은 존재에 원인을 필요로 하고, 따라서 인과 관계의 사슬을 거슬러 올라가 필연적인 존재로까지 나아가지 않으면 그 존재를 설명할 수가 없다. 필연적인 것은 그 본질이나 의미에 늘 존재를 내포하며, 다른 모든 것들은 이 필연적인 것을 앞서서 가정하지 않는 한 그 존재가 설명되지 않는다. 스스로의 본질을 통해 존재하는 것은 신뿐이다. "신이 존재한다."는 것은 없어서는 안 될 사실로, 이러한 제1원인 없이는 존재하는 모든 것이 애초에 존재를 시작할 수도 없었을 것이기 때문이다. 나아가 물질은 모두 우연적 속성을 지니므로(즉 물질은 그 본질에 존재를 수반하지 않으므로), 신이 물질적 존재일 리는 없다. 또 이상의 이유들로 미루어 보아 신은 단일한 일자의 존재이다. 나아가 창조된 존재 안에 지성이 있는 것을 보면, 그것을 만들어 낸 창조주 안에도 틀림없이 지성이 있을 것이다. 이 "최고의 지성"은 모든 일을(과거, 현재, 미래) 시간이나 순서에 구애받지 않고 한눈에 바라볼 수 있다. 또 모든 일은 시간에 속박받지 않는 신의 생각 속에서 일순간 일어났다 사라진다. 그러나 모든 행위나 사건에 신이 항상 직접적 원인이 되는 것은 아니다. 사물은 저마다 그 안에 자리한 목적론에 따라 발전해 나가기 때문이며, 사물이 어떤 목적과 운명을 지녔는가는 그들 안에 이미 다 적혀 있다. 따라서 악이 나타나는 것은 신의 책임이 아니다. 우리가 자유 의지를 누리는 대가로 생겨나는 것이 악이며, 나아가 일부에게는 악인 것이 전체에게는 선일 수도 있다고 아비켄나는 이야기하였다.[69]

한편 영혼은 우리 내면의 제일 직접적인 인식을 통해 그 존재를 입증할 수 있다. 영혼이 정신적 작용인 이유도 똑같으니, 이는 우리 인식을 통해 그저 알아진다. 우리가 하는 생각과 우리가 가진 신체 기관은 분명 서로 다르지 않은가. 이런 영혼은 몸 안에 자리해 자율적 운동이나 성장을 일으키는 원동력이 된다. 그런 의미에서 보면 하늘의 별에도 영혼은 있는 셈이다. "생명에 두루 존재하는 원동력, 그것이 모습을 드러낸 것이 우리의 온 우주이다."[70] 몸은 덩그러니 혼자 있어서는 아무것도 일으키지 못한다. 그 안에 영혼이 들어 있어야 몸의 모든 움직임이 일어나는 것이다. 또 영혼과 지성은 제1원인과 비슷하게 저마다 자유와 창조력을 어느 정도 갖는데, 그 까닭은 바로 이 제1원인에서부터 영혼이 나오기 때문이다. 순수한 영혼은 생이 끝나면 다시 세계 영혼에게 돌아가 그것과 하나가 되며, 이 둘의 합일 속에 선한 자에게 내리는 복이 있다고 아비켄나는 말하였다.[71]

역사 속에는 늘 일반 백성의 신앙과 철학자의 합리성 이 둘을 융화시키려는 노력이 줄기차게 있어 왔지만, 그 작업을 아비켄나만큼 훌륭하게 이뤄 낸 사람은 또 없었다. (옛날에 루크레티우스가 그랬듯) 철학을 지키기 위해 신앙을 파괴시키는 것을 그는 바라지 않았고, (뒤이어 등장하는 알 가잘리가 그랬듯) 종교를 지키기 위해 철학을 파괴시키는 것도 그가 바라는 일이 아니었다. 그는 어떤 문제를 다루든 가급적 코란에서 벗어나 순전히 이성만을 활용하려 하였고, 영감에 대해서도 현실적인 분석을 내놓았다.[72] 그러면서도 일반 백성에게 예언자가 필요함을 인정했으니, 누구나 이해하고 감화받는 형식 및 우화로 예언자가 쉽게 이야기를 해야 사람들이 윤리 법칙을 받아들일 것이기 때문이었다. 예언자를 신의 사자라 하는 것도 바로 이런 점 때문이니, 사회 및 윤리 발전의 초석을 마련해 주고 그것을 유지시켜 주는 것이 이들이다.[73] 마호메트가 육체의 부활을 설교한 것도, 또 때로 물질 세계의 용어를 빌려 천국을 설명한 것도 같은 맥락에서였다. 물론 철학자라면 어찌하여 육체가 불멸한다는 것인지 당연히 의심을 가질 것이다. 하지만 마호메트가 사람들에게 순전히 영적인 천국의 모습을 가르쳤다면, 누가 그의 말에 귀를 기울였을 것이며, 또 어떻게 사람들이 힘을 합쳐 그 강력하고도 기강 잡힌 나라를 이루었을 것인가. 신을 숭배하되 영적인 사랑으로 신을 받드는 자들, 그들이 인류 가운데서도 가장 뛰어나다. 그러나 이들은 일반 대중 앞에서는 그런 숭배를 보이는 법이 없고, 자신의 제자 중에서도 가장 성숙한 이들에게만 그 모습을 내보인다고 아비켄나는 이야기하였다.[74]

아비켄나의 『쉬파』 그리고 『카눈』은 중세 사상이 극치에 달했음을 보여 주는 작품으로, 인류 지성사에도 종합서의 걸작으로 남을 명저이다. 아리스토텔레스의 저작 상당수가 플라톤의 뒤를 따랐듯, 아비켄나의 저작도 상당 부분 선구자 아리스토텔레스와 알 파라비의 뒤를 따르고 있지만, 이는 충분히 이해할 일인 바 미친 사람이 아닌 이상 완전히 독창적인 사상을 내놓기는 힘들기 때문이다. 또 우리의 서툰 판단력으로 보면 아비켄나도 이따금 터무니없는 말들을 늘어놓는 것 같은데, 사실 플라톤이나 아리스토텔레스도 그러기는 마찬가지이다. 세상에 정말로 바보 같은 소리가 어디 있을까마는, 간혹 철학자들의 글 속에선 그런 것들이 찾아지는 것도 같다. 여기에 아비켄나는 불확실한 것을 인정하는 태도나 비판 정신 그리고 알 비루니처럼 탁 트인 개방성은 보여 주지 못했고, 그래서 실수도 그만큼 많았다. 하지만 짧은 생에서 종합이라는 과업을 이루려면 그 정도 대가는 어쩔 수 없었으리라. 아비켄나는 경쟁자들을 훨씬 능가하는 재주도 많아서, 명확하고 생동감 넘치는 문체를 구사할 줄 알았고, 생생한 일화와 그럴듯한 시구를 통해 추상적인 사상을 쉽고 명료하게 만들 줄 알았으며, 과학 및 철학의 각종 분야를 타의 추종을 불허할 정도로 광범위하게 다룰 줄 알았다. 이런 아비켄나의 영향력은 실로 대단했으니, 스페인까지 그 힘이 미쳐 아베로이스와 마이모니데스의 사상적 틀을 형성시킬 정도였다. 나아가 그 힘은 라틴어권 그리스도교 세계까지 흘러들어 가 대(大)스콜라 철학자들의 사상 형성에도 도움을 주었다. 놀라운 사실은, 알베르투스 마그누스(13세기에 주로 활동한 독일의 스콜라 철학자 – 옮긴이)나 토마스 아퀴나스의 사상도 아비켄나에 연원을 둔 부분이 많다는 것이다. 그리하여 로저 베이컨은 아비켄나를 "아리스토텔레스 이후 철학계의 최고 권위자"라 칭하기도 했다.[75] 아퀴나스 역시 형식적 예만 안 갖추었을 뿐이지 아비켄나를 언급할 때면 플라톤에게 하듯 커다란 존경을 표하곤 했다.[76]

동이슬람 세계의 철학은 아비켄나와 운명을 같이했다 해도 과언이 아니었다. 아비켄나가 각고의 노력을 들여 이슬람 철학을 절정에 올려놓은 것도 잠시, 그가 죽자 셀주크 투르크족은 정통을 강조하고 나섰고, 신학자들은 겁에 질린 신앙주의(종교적 진리는 이성이 아니라 믿음에 의해서만 파악된다는 입장 – 옮긴이)를 외쳤으며, 알 가잘리는 위풍당당한 신비주의를 들고 나오니, 이로써 사색적 토론은 종결에 붙여졌다. 이 300년 동안에도 아라비아에는 문화가 만개했으나 그에 대한 우리 지식이 너무도 빈약한 것은 유감스러운 일이 아닐 수 없다. 당시의 과학, 문학, 철학을 다룬 아랍어 필사본은 분량이 수천 권에 이름에도 이슬람 세계 곳곳의 도서관에 숨어 그 모습을 드러내지 않고 있다. 콘스탄티노플만 해도 도서관 딸린 모스크가 서른 개에 이르러 풍성한 장서를 자랑하지만 이제까지 세상을 접한 책은 고작 몇 권뿐이다. 카이로, 다마스쿠스, 모술, 바그다드, 델리에도 대규모로 장서들이 수집돼 있지만 이곳들에는 도서 목록조차 없다. 마드리드 근방의 에스코리알이란 곳에도 엄청난 규모의 도서관이 있는데 과학, 문학, 법학, 철학 분야의 이슬람 필사본에 대해서는 목록 정리가 거의 안 되어 있는 형편이다.[77] 결국 우리가 이 시절 이슬람에 대해 아는 지식이란 현재까지 남은 이슬람 유산의 파편에 불과하고, 현재 남은 유산 역시 애초 만들어졌던 문화유산에 비하면 파편에 불과하니, 이들 페이지에서 접하는 이슬람 문화는 그야말로 빙산의 일각에 불과한 것이다. 사람들의 기억에서 반쯤은 잊힌 이 유산을 언젠가 학자들이 철두철미하게 살피는 날이 온다면, 아마도 그때는 동이슬람의 10세기가 인류 지성사에서 또 한 번의 황금기로 손꼽히게 되리라.

5. 신비주의와 이단

철학과 종교 이 둘은 경지가 더 갈 데 없게 높아지면 결국 만나게 되니, 둘은 어느 것이든 정점에 서면 우주적 합일을 생각하기 때문이다. 가만히 보면 영혼은 논리학의 맹공에는 끄떡도 없다. 그러나 영혼은 형이상학의 활공을 펼치기엔, 그래서 다자에서 일자로 날아가고 더불어 우연에서 법칙으로 날아오르기엔 날개의 힘이 턱없이 부족하다. 그러나 이런 영혼도 저 높은 곳에 다다를 길은 있으니 바로 신비주의의 힘을 빌려 개별 자아를 세계 영혼 속에 푹 빠져들게 하는 것이다. 무한자의 개념 앞에서는 과학이나 철학도 쩔쩔 매고, 인간의 짧고 유한한 이성도 눈앞이 캄캄한 듯 비틀거리지만, 영혼만큼은 그것을 뛰어넘어 신의 발등 위를 훌쩍 올라타는 수가 있는 것이다. 물론 그러려면 뼈를 깎는 수행을 해야 하고, 남을 위해 모든 걸 내어 줄 수 있어야 하며, 전체를 위해 부분은 무조건 희생시켜야 하지만 말이다.

이슬람 신비주의의 뿌리는 여러 군데서 찾을 수 있다. 힌두교 고행자들의 금욕주의는 물론, 이집트 및 시리아의 영지주의, 후대 그리스인들의 신플라톤주의적 사변, 곳곳에 널려 몸소 고행 생활을 하던 그리스도교 수도사 모두 이슬람 신비주의가 생겨나는 데 영향을 주었다. 그리스도교 세계에서도 그랬듯, 이슬람 세계에도 독실한 신심을 유난히 내세우는 몇몇 신자들이 있었으니 이들은 종교가 경제적 이해나 관례에 따르는 것에 극구 반대했다. 그래서 칼리프, 비지에, 상인들의 사치스러운 생활도 못마땅해 해서 예전 아부 바크르와 우마르 1세 때처럼 소박한 분위기로 돌아가길 권했다. 뿐만 아니라 신과 자신 사이를 중간에서 가로막는 것이 있으면 무엇이든 염증을 내었고, 심지어는 모스크에서 치러지는 엄숙한 의식까지도 신비한 경지에 못 들게 하는 방해물로 여겼다. 그 신비한 경지에 들어야 홍진(紅塵)을 깨끗이 털어 낸 영혼이 신을 직접 접하고, 나아가 신과의 합일에까지 이룰 수 있는 것인데 말이다. 이러한 움직임이 가장 활발히 일어난 곳은 페르시아였다. 페르시아가 인도와 가까웠던 데다, 그리스도교 영향을 받은 준 디 샤푸르도 페르시아에 있었고, 529년에 일단의 그리스 철학자들이 아테네에서 도망쳐 오면서 신플라톤주의의 전통이 페르시아에도 확립된 때문이었다. 이슬람 신비주의자들은 대개 스스로에게 "수피(Sufi)"란 칭호를 붙이곤 했는데, 울로 소박하게 옷을 지어(아랍어로 이를 '수프(suf)'라 한다.) 입고 다녔기 때문이다. 그러나 수피의 뜻은 이뿐만이 아니었고, 순진한 광신도, 무아경의 시인, 범신론자, 고행자, 허풍선이, 아내가 많은 남자 등의 뜻도 품고 있었다. 이들 수피의 교리는 때에 따라 또 장소에 따라 뒤바뀌기 일쑤였다. 이런 수피교의 견해를 아베로이스는 이렇게 설명했다. "수피교도들 견해에 따르면, 신의 존재는 우리 스스로의 마음 그 안에서 알 수 있는 것이다. 이렇듯 마음으로 신을 알려면 먼저 일체의 육체적 욕망을 떠나 간절한 목표에 마음을 집중시킬 수 있어야 한다고 그들은 말했다."[78] 그러나 실제로는 내면의 마음뿐 아니라 외부 대상을 통해서 신에게 도달하려 한 수피교도들도 많았다. 우리 눈에 무언가가 완벽하고 또 사랑스러운 것은 그 안에 신이 깃들어 있거나 또는 신의 힘이 작용해서이니, 한 신비주의자는 이렇게도 말했다. "오, 신이시여, 당신은 언제나 하나이며 이 세상에 당신 같은 분은 또 없습니다. 컹컹 짖는 동물의 울음소리에서도, 파르르 떠는 나뭇가지에서도, 졸졸 흐르는 시냇물에서도, 즐겁게 지저귀는 새소리에서도, 휑하니 이는 바람결에서도, 우르릉 치는 천둥소리에서도, 이 모든 것 속에서 저는 항상 당신의 증거를 느낍니다."[79] 이런 신비주의자의 견해에 따르면, 개별자가 현실에 존재하기 위해서는 그 안에 반드시 신성이 깃들어 있어야만 한다. 즉 개별자 안에 든 신성, 그것만이 유일한 실체라는 이야기이다. 따라서 신은 곧 만물이니, 알라는 신(神) 중에서도 유일하게 존재할 뿐 아니라, 만물을 통틀어서도 유일하게 존재한다고 이들은 생각하였다.[80] 이렇게 생각하면 결국에는 영혼 하나하나가 신 아닌 것이 없다. 이런 논리에 완전히 경도된 신비주의자는 "신과 나는 곧 하나이다."라는 주장을 서슴없이 하기 마련이다. 그리하여 아부 야지드도 (900년경) "내가 곧 신이다."라거나, "나 말고는 어디에도 신은 없으니 나를 숭배하라."고 말하였다.[81] 후세인 알 할라지도 "내가 사랑하는 그분은 바로 나 자신이다."라거나, "내가 사랑하는 그분은 바로 나이니 …… 노아의 민족을 물에 빠뜨려 죽게 한 것도 나이며 …… 내가 바로 진리이다."라고 말하였다.[82] 나라에서는 허위 사실을 유포한다며 할라지를 잡아들여 수백 대의 곤장을 쳤고, 끝내는 화형을 시켜 죽였다.(922년) 그러나 할라지의 추종자들은 그가 순간 잠시 사라졌을 뿐 다시 나타나 그들과 이야기를 나누었다 주장했고, 수피교도 중에도 그를 성인으로 여겨 누구보다 소중히 받드는 사람이 많았다.

한편 수피교도는 힌두교도와 비슷해서 사람들이 정해진 수행의 길을 밟아야만(즉 몰두, 명상, 기도의 정화 훈련을 어느 정도 거쳐야만) 신비로운 방식으로 신을 접할 수 있다고 믿었다. 나아가 초심자라면 수피교의 대가 또는 스승을 만나 그에게 오롯이 복종해야 했고, 수행자라면 누구나 일체의 사사로운 욕구를(심지어 구원이나 신비한 합일에 대한 욕구까지도) 완전히 떨쳐야 했다. 그래서 완벽에 이른 수피교도는 신이 그저 신이기에 그를 사랑할 뿐 그 어떤 보상도 바라지 않는다. 아불 카심은 이렇게 말하기도 했다. "우리에겐 선물도 소중하지만, 그 선물을 주는 분이 더 소중하지 않겠는가."[83] 그러나 말은 그랬어도 수피교도에게도 수행의 목적이 있었으니, 보통 사물을 진정 아는 데서 수행의 의미를 찾았고, 때로는 수행을 초자연적 신통력을 얻는 일종의 교과 과정으로 여기기도 하였다. 그러나 무엇보다 수행하면 신과의 합일에 이르는 길과 거의 다름없었다. 그리고 이렇게 신과의 합일에 들어가 스스로의 개별 자아를 완전히 잊은 사람, 그를 수피교도들은 아랍어로 "알 인사누 을 카밀(al-insanu-l-Kamil, 완벽한 자)"이라 불렀다.[84] 이 경지에 이르면 어떤 법에도 얽매이지 않게 되고, 심지어는 순례의 의무까지도 벗어던질 수 있다. 그래서 수피교 게송에는 이런 구절이 있기도 했다. "모든 이들의 눈이 카아바를 향하네. 하지만 우리의 눈은 사랑하는 그분 얼굴을 향한다네."[85]

수피교도들은 11세기 중엽까지만 해도 세상을 등지지 않았었고, 더러는 가족과 자식을 두기도 했다. 심지어 이때의 수피교도들은 독신 생활에도 큰 도덕적 의미를 부여하지 않았다. 당시 아부 사이드의 말에 따르면, "믿음을 가지고도 얼마든지 사람들에 섞여 그 사이를 오가고, 또 그들과 함께 밥 먹고 잠을 자며, 시장에 가서는 물건을 사고팔고, 나아가 결혼을 하여 사회생활을 할 수 있으니, 그러면서도 한순간도 절대 신을 잊지 않는다면 그가 바로 진정한 성인이다."[86] 그래서 당시의 수피교도들은 검소한 생활 방식, 독실한 신심, 정적주의(靜寂主義, 인간의 능동적인 의지를 최대로 억제하고 권하여 이끄는 신의 힘에 전적으로 의지하는 경향 - 옮긴이)를 보인다는 것에서만 남들과 구별될 뿐이었고, 그 모습은 초기 퀘이커교도와 무척 닮아 있었다. 수피교도들은 거룩한 스승이나 본이 되는 인물이 있으면 이따금 그를 중심으로 모이곤 했고, 아니면 기도를 드리거나 서로를 자극해 수행에 전념하기 위해 집단 모임을 갖기도 하였다. 데르비시(dervish, 수피교 결사 조직의 하나로 이들은 기도문을 암송할 때 빙글빙글 돌며 춤을 추는데, 그로써 최면 상태와 황홀경에 빠지는 것이 주목적이다. - 옮긴이)의 군무도 10세기에 벌써 그 모습을 갖추었는데, 훗날 수피교 역사에서는 이들이 실로 막중한 역할을 하게 된다. 당시 수피교도 중에도 은둔자로 생활하거나 자기 몸을 고문하는 사람들이 몇몇 있었지만, 이때만 해도 수피교에서 고행은 권하는 사람도 실제 하는 사람도 드물었다. 한편 날이 가자 초창기 이슬람교에서는 찾아볼 수 없던 성인들이 수피교에서는 하나둘 늘어 가기 시작했다. 수피교의 가장 초창기 성인 중에도 여인이 한 명 있었으니 바스라의 라비아 알 아다위야라는 인물이었다.(717~801년) 그녀는 어린 시절 노예로 팔려 갔으나 어느 날 기도를 드리는 사이 그녀 머리에서 빛이 뻗어 나왔고, 그 광경을 목격한 주인은 그녀를 자유의 몸으로 풀어 주었다. 자유의 몸이 됐지만 그녀는 결혼은 마다한 채 극기와 자선을 몸소 실천하며 살았다. 한번은 사람들이 그녀에게 사탄을 증오하냐고 묻자 그녀는 이렇게 대답했다. "저는 하느님을 사랑하는 데 바쁘니 사탄은 미워할 틈이 없습니다." 다음과 같은 수피교의 유명한 속담도 전승에는 그녀의 말이라고 전한다. "오, 신이시여! 금생에 당신이 제게 내려주신 모든 것은 당신의 적들에게 주십시오. 그리고 내생에 당신이 제게 주실 모든 것 또한 당신의 친구들에게 베푸십시오. 저는 당신 한 분이면 족하기 때문입니다."[87]

그러면 그 많았던 수피교도 중에도 성인이자 시인이었던 아부 사이드 이븐 아빌 하이르(967~1049년)라는 인물에 대해 한번 살펴보도록 하자. 호라산의 마이하나 태생이었던 그는 생전에 아비켄나가 누군지 잘 알았다. 일설에 의하면 그는 아비켄나를 두고 "내 눈에 보이는 것을 잘 아는 사람"이라 말했다고 하며, 철학자 아비켄나 역시 그를 두고 "내가 아는 것을 볼 줄 아는 사람"이라고 말했다고 한다.[88] 젊은 시절에 그는 신을 욕하는 불경한 글들을 탐독했으며, (그 자신의 주장에 따르면) 전(前)이슬람기에 나온 시를 3만 편이나 줄줄 외고 다녔다고 한다. 그러다 26세에 접어든 어느 날 코란 6장 9절을 내용으로 한 아부 알리의 강연을 듣게 된다. "알라의 이름을 부르라! 그리고 그 이름을 부른 뒤에는 사람들이 무슨 말을 헛되이 하며 희희낙락 떠들든 괘념치 말지어다." 당시의 일을 아부 사이드는 이렇게 회상한다. "이 말이 귓전에 울리는 순간, 내 가슴의 문이 활짝 열렸고 나 자신의 존재는 까맣게 잊혀졌다." 아부 사이드는 가지고 있던 책을 모조리 모아서는 그 자리에서 불살라 버렸다. 그 후 종종 그는 이렇게 말하였다. "수피교에 입문하려면 첫째로 밟아야 할 단계가 있다. 집에 있는 잉크병과 책은 모두 깨 버리고 찢어 버릴 것이며, 어떤 종류든 가진 지식을 모조리 잊어 버려야 한다." 그는 집에 있던 예배실에 암자를 마련했고 그 안에 들어가 두문불출하였다. "나는 '알라! 알라! 알라!'만을 거듭 되뇌며 7년을 그곳에 앉아 있었다." 이슬람 신비주의자들에게는 이렇게 신의 신성한 이름을 거듭 부르는 것이 파나(fana, 자아를 완전히 잊은 경지)에 들어가는 가장 좋은 길이었다. 수행을 하는 동안 아부 사이드는 여러 가지 모습으로 고행을 몸소 실천해 보였다. 윗도리는 늘 똑같은 것을 걸쳤고, 반드시 입을 떼야 할 때 말고는 한 마디 말도 하지 않았으며, 하루 종일 아무것도 먹지 않다가 해 질 녘에야 겨우 빵 한 조각만 먹었다. 누워서 잠을 자는 일도 절대 없었고, 암자 벽에다는 자기 몸만 딱 들어갈 높이와 너비로 구멍을 파서 거기에 스스로를 가뒀고 그 안에서는 아무 소리도 들리지 않게 귀까지 틀어막았다. 때로는 한밤중에 밖으로 나와 밧줄을 몸에 묶고 우물 속에 거꾸로 매달려서는, 그 자세로 코란을 처음부터 끝까지 암송하고 나서야 우물 밖으로 나왔다.(그의 아버지 증언에 따르면 그러했다.) 다른 수피교도들에게는 종복을 자처하여 탁발을 해다 그들에게 주었고, 그들이 쓰는 암자와 변소도 청소해 주었다. "언젠가 모스크 안에서 정좌를 하고 있을 때였다. 한 여인이 지붕 위로 올라가 나에게 오물을 던지는 바람에 나는 쓰레기로 범벅이 되었다. 그러나 그때에도 내 안에서는 이런 목소리가 들려왔다. '너는 주 하느님만 계시면 충분하지 않느냐?'" 40세에 이르러 "완전한 빛"을 얻게 된 아부 사이드는 그때부터 설교를 시작했고 주위에는 열성적 청중들이 몰려들었다. 믿기 힘드나 그 자신의 주장에 따르면, 그런 청중 중에도 일부는 은총을 받겠다면서 그가 싼 똥을 얼굴에 덕지덕지 바르기도 했다.[89] 또 아부 사이드는 데르비시들이 머물 수도원을 건립하고 그곳에서 쓸 규칙들을 제정함으로써(이는 후일 비슷한 수피교 단체가 생겼을 때 본보기가 되었다.) 수피교에 자기 발자취를 확실히 남겨 두었다.

아우구스티누스와 비슷하게 아부 사이드도 사람은 선행을 통해서가 아니라 오로지 신의 은총을 통해서만 구원을 얻을 수 있다고 가르쳤다. 그러나 천국은 구원과는 전혀 상관이 없었고 그에게는 영혼의 해방이 곧 구원이었다. 구원의 길에 오르면 인간을 가로막고 있는 여러 개의 문들을 신이 하나씩 차례로 열어 준다. 그 첫 번째가 참회의 문이고,

그다음은 확신의 문이다. 인간은 이 문에 들어서서는 그 어떤 모욕과 굴욕도 참고 견디게 되는 바, 신이 나를 데려와 이 문을 지나가게 했음을 내가 확신하기 때문이다. …… 그다음으로 신은 인간에게 사랑의 문을 열어 준다. 그러나 이 문에 들어서서도 인간의 머릿속에는 "내가 사랑한다."는 생각이 아직 남아 있다. …… 신이 인간에게 합일의 문을 열어 준 때에야 …… 그는 세상 만물이 그분임을, 세상 모든 일이 그분에 의한 것임을 느끼게 된다. …… 이제는 "나"라는 말도, "나의 것"이란 말도 쓰면 안 된다는 걸 그는 알게 된다. …… 그러면 차차 욕망들이 떨어져 나가 그는 자유롭고 고요한 상태가 된다. …… 자아를 네 손으로 죽여라. 그렇지 않으면 그것에서 벗어날 길은 없을지니. 너의 자아가 신과 너 사이를 멀어지게 하니, 자아는 "누가 나를 못살게 굴었다. …… 그러니 내가 그렇게 한 것은 정말 잘한 일이었다."는 식으로 말하기 때문이다. 이런 말들은 모두 다신론이나 다름없다. 이 세상 모든 것은 창조주에 의지하여 존재하지, 의지하는 것은 아무것도 없기 때문이다. 이 같은 사실을 너는 반드시 알고 있으라. 그리고 그 사실을 네 입으로 선언하고 나서는 절대 거기서 흔들리지 말지어다. …… 흔들리지 않는다는 것은 "하나"를 선언한 뒤에는 두 번 다시 "둘"은 말하지 않는다는 뜻이다. …… "알라!"의 이름의 부르라, 그리고 거기서 흔들리지 말라.[90]

힌두 사상과 에머슨(Emerson)주의가 혼합된 듯한 수피교의 이러한 교리는 수피교의 수많은 4행시 중 다음과 같은 한 수에도 똑같이 드러나는데, 이 시는 아부 사이드가 지었다고 하나 확실치는 않다.

내가 묻기를 "당신의 아름다움은 어디에 속한 것입니까?"

그분은 답하시길 "나는 홀로만 존재하니 그것은 나에게 속해 있다.

사랑하는 것, 사랑받는 것, 사랑 그 자체 모두가 하나 되어 내 안에 있고

아름다움, 거울, 그것을 보는 눈 모두 하나 되어 내 안에 있다."[91]

당시에 수피교는 교회가 따로 없었던지라 무아경에 이른 이런 영웅들이 성인으로 따로 추대받는 일은 없었다. 대신 이들은 대중의 환호 속에서 비공식적으로 성인의 지위를 누릴 뿐이었다. 이렇듯 일반 백성들은 당연시하는 성인 숭배를 코란은 우상이라며 금하는 편이었으나, 12세기에 접어들자 일반 백성들의 정서가 코란의 입장을 압도하기에 이르렀다. 그리하여 초창기에 숭배받은 성인이 이브라힘 이븐 아담(8세기?)이었고, 그는 리 헌트(Leigh Hunt, 18, 19세기에 활동한 영국의 비평가이자 시인 – 옮긴이)의 작품에도 아보우 벤 아뎀이란 이름으로 등장한다. 대중들이 상상하기에 이런 성인들은 기적 같은 힘을 지니고 있었으니, 예지력, 독심술, 텔레파시의 비법을 이들은 알고 있을 것이었다. 또 이런 성인들은 불이나 유리도 아무렇지 않게 삼킬 수 있고, 불구덩이도 무사히 뚫고 지나갈 수 있으며, 물 위를 걸을 수도 있고, 하늘을 날 수도 있으며, 아득히 먼 거리를 눈 깜짝할 사이에 이동할 수도 있다고 사람들은 생각했다. 아부 사이드도 당시의 기막힌 독심술 이야기를 전하는데, 오늘날 신화집에 끼어 있어도 무색하지 않게 놀라운 내용들이 많다.[92] 몇몇 철학자들의 가정처럼 종교는 애초 성직자들이 만들어 낸 것인지도 모른다. 그러나 하루하루 시간이 가면 이제는 일반 백성들의 욕구, 정서, 상상력이 종교를 만들고 또 뒤바꾸는 법이다. 예언자들이 주창했던 일신론도 점차로 일반 대중이 좋아하는 다신론으로 바뀌고 말이다.

정통 이슬람에서는 수피교까지도 이슬람의 울타리 안에 받아들여 주었을 뿐 아니라, 표현과 신앙의 자유까지 상당히 넉넉히 보장해 주었다. 그러나 현실성 있는 이러한 정책이 어느 이단에나 적용된 것은 아니어서, 이단이 혁명적인

정치성을 품고 있거나 무정부주의적인 윤리 또는 법을 설교할 때에는 받아들이지 않았다. 당시 이슬람 세계에는 정치성과 종교성이 절반씩 뒤섞인 반란이 자주 일었는데, 그중에도 영향력이 제일 컸던 것이 "이스마일라(Ismaila)" 반란이었다. 나중에도 이야기되겠지만 이슬람교 시아파에는 독특한 교리가 있었다. 즉 알리의 후손 가문에서는 각 대(代)를 신성한 존재의 화신인 이맘이 이끌어야 했고(12대까지 실제로 그랬다.), 이맘은 자기 뒤를 이을 후계자를 각자 정해야 했다. 6대 이맘 자파르 알 사디크는 원래 장남 이스마일을 자신의 후계자로 정해 두고 있었다. 그런데 이 이스마일이 술에 빠져 지낸다는 소문이 근거 없이 돌았다. 자파르는 이스마일을 후계자 자리에서 내리고 대신 슬하의 다른 아들인 무사를 7대 이맘으로 선택했다.(760년경) 그러나 시아파 일각에서는 후계자 철회를 불가로 못 박고서는 7대 이맘이자 마지막 이맘으로 계속 이스마일(또는 그의 아들 무함마드)을 받들었다. 그 후 백 년 동안 이들 "이스마일파"는 그 세력이 보잘것없었다. 그러다 아브드알라 이븐 카다가 자청하여 우두머리가 되고 나서 세력이 커지더니 급기야는 이슬람 각지에 선교사를 보내 "7대 이맘" 교리를 설파하기에 이르렀다. 이슬람교에서 개종해 이 종파에 들어가기 위해서는 먼저 비밀 엄수를 서약해야 했고, 또 종파의 대스승 다이 드 두아트에게 절대 복종을 맹세해야 했다. 이들의 가르침은 대중적인 것과 밀교적(密敎的)인 것 두 가지로 나뉘었다. 우선 이들 가르침에 따르면 이스마일파로 개종하여 입회의 9단계를 다 거치면 개종자의 눈을 가리고 있던 장막이 모두 사라져 탈림(Talim), 즉 비밀의 교리(신이 곧 만물이다.)가 드러나게 될 것이며, 종국에는 모든 교리와 계율까지 초월하게 될 것이었다. 그러나 한편으로 입회 8단계에서는 최고의 존재에 대해서는 그 무엇도 알 수 없을 뿐 아니라, 나아가 그에게 어떤 예배도 드릴 수 없다고 가르치기도 하였다.[93] 이 이스마일파로 빨려 들어간 세력 중에는 과거 공산주의 운동의 잔존 세력도 많았으니, 이스마일파의 교리대로라면 마흐디(Mahdi), 즉 구세주가 나타나 이 땅에 평등, 정의, 형제애의 왕국을 건설해 줄 것이기 때문이었다. 독특한 특징을 지닌 이들 형제단은 이슬람 세계에서 곧 막강한 세력으로 자리 잡았다. 이들은 결국 북아프리카와 이집트를 장악하여 그곳에 파티마 왕조를 열었고, 9세기 후반에는 이들이 일으킨 운동 때문에 한때 압바스 왕조가 붕괴의 위기에 처하기도 하였다.

874년 우두머리 아브드알라 이븐 카다가 세상을 떠났고, 이제는 함단 이븐 알 아쉬라스(세간에는 카르마트란 이름으로 유명했다.)라는 이라크 출신 농부가 이스마일파의 우두머리가 되어 그들을 이끌게 되었다. 이들은 카르마트가 이끄는 동안 그 기세가 얼마나 등등해졌던지, 한때 아시아에서는 이스마일파 대신 우두머리의 이름을 따 카르마타파라 부를 정도였다. 이 카르마트가 품은 나름의 복안 그것은 아랍 왕조를 무너뜨리고 다시 페르시아 제국을 건설하겠다는 것이었다. 그래서 그는 자신과 같은 지사 수천 명을 비밀리에 결집시켰고, 이들에게 재산과 수입의 5분의 1씩을 공공 자금으로 모아 대사에 쓰자고 설득했다. 카르마트파는 겉으로는 그저 신비주의 종교 단체로만 보였으나, 또다시 일어난 사회적 혁명의 기운이 여기로 흘러들고 있었다. 이들은 재산과 여자를 공유해야 한다는 원칙에 찬동했을 뿐 아니라,[94] 노동자들을 규합하여 조합을 조직했고, 만인 평등의 교리를 설파했던 것이다. 또 코란의 내용은 하나의 상징이니 자유사상에 따라 해석해야 한다는 입장을 취하였다. 정교에서 정한 의례나 단식일도 이들은 무시했으며, 사원이나 돌에 예배를 드리는 자를 보면 "멍청이"라며 비웃었다.[95] 899년이 되자 이들은 페르시아 만 서쪽 해안에 독립국을 하나 건설할 수 있었고, 900년에는 칼리프의 군대를 맞아 대승을 거두었으니 칼리프 병사들 중에서 목숨을 건진 자가 거의 없을 정도였다. 924년에는 바스라는 물론 쿠파까지 쳐들어가 약탈을 하였고, 930년에는 메카로 쳐들어가 이슬람교도 3만 명을 학살한 후 전리품을 잔뜩 안고 돌아왔다. 이들은 카아바 신전을 덮은 막과 신성한 돌까지도 전리품으로 챙겨 왔다.* 그러나 연이은 성공과 과도한 폭력 탓인지 이들의 움직임은 제 풀에 시들해졌고, 재산과 질서를 지

---

* 신성한 돌은 파티마 왕조 알 만수르 칼리프의 명에 의해 951년 제자리로 돌아왔다.

켜 내기 위해 사람들도 하나로 뭉쳐 이들에게 맞섰다. 하지만 이스마일파의 전통은 다음 세기에도 끊어질 줄 몰랐으니, 알라무트의 이스마일파(해시시의 힘을 빌려 암살을 벌이는 암살단)가 그들의 교리와 폭력적인 방식을 그대로 물려받은 것이다.

6. 문학

당시 이슬람 세계에서는 삶과 종교가 극(劇)처럼 펼쳐졌는데, 정작 그들의 문학에서는 극을 찾아볼 수 없다. 예나 지금이나 극이라는 형식은 셈족의 기질에 좀처럼 안 맞는 모양이다. 그리고 다른 곳의 중세 문학도 마찬가지지만, 이 시대 이슬람 문학에서도 소설은 좀처럼 찾아볼 수 없다. 당시만 해도 대부분의 글은 귀로 듣는 것이었지 조용히 앉아 읽는 것은 아니었기 때문이다. 더구나 당시 이슬람 세계에는 허구적 이야기를 좋아한 사람은 있었어도, 줄거리를 복잡하고 장구하게 짜낼 정도로 집중력을 발휘한 사람은 없었다. 그러나 이곳에서도 짧은 이야기들은 연륜이 오래되어 이슬람교 탄생 때부터 아니, 아담이 날 때부터 있었다. 학자들은 그런 이야기들을 절대 문학으로 쳐 주지 않았지만, 이슬람교도들은 누구라도 짧은 이야기를 시작하면 어린아이들처럼 넋이 나가 거기에 열심히 귀를 기울이곤 했다. 이들이 즐겨 듣던 이야기 중에도 제일 인기가 많던 것이 비드파이의『우화집』, 그리고『천일야화』였다.『우화집』은 6세기에 인도에서 페르시아로 들어와 팔레비어로 번역된 것이 8세기에 들어 아랍어로 번역되었다.『우화집』의 산스크리트어 원본이 어느 새엔가 유실되면서 세상에는 이 아랍어 번역본이 전해졌고, 후일 40개 언어로 번역이 되기에 이르렀다.

알 마수디(597년 사망)가 쓴『황금 초원』[96]을 보면, 당시 이슬람 세계에는 페르시아어로 된『하자르 아프사나(Hazar Afsana)』(천 개의 이야기)라는 책과, 그 아랍어 번역본『알프 라일라 와 라일라(Alf Laylah wa Laylah)』가 있었다. 역사는

『천일야화』이야기가 여기서 처음 나왔다고 알고 있다. 알 마수디의 설명을 보면 이 책이 오늘날 우리가 읽는『아라비안나이트』와 대동소이한 구성을 하고 있었음을 알 수 있다. 물론 이렇게 갖가지 이야기를 줄지어 늘어놓기 좋아하는 형식은 인도에 이미 오래전부터 있었지만 말이다. 사실 동방에는 사람들 입에서 입으로 돌고 도는 이런 이야기가 수도 없이 많았다. 더욱이 선집을 만들 때면 저마다 다 다른 이야기를 집어넣었을 테니, 어쩌면 알 마수디가 알던 책 속에는 오늘날 우리들이 읽는 편집본 이야기가 하나도 안 들어 있었을 수도 있겠다. 1700년이 되고 얼마 안 지났을 때, 프랑스의 동양학자 앙투안 갈랑은 완성이 덜 된 아랍어 필사본 한 권을(아무리 빨라도 1536년 이후에 만들어진 작품이었다.) 시리아로부터 전해 받았다. 그 속에 기발한 상상력과 이슬람교도의 일상 구석구석이 담긴 걸 보자(이따금 등장하는 외설적인 부분에도 눈길이 가긴 했을 것이다.) 갈랑은 이 책에 완전히 매료되어 1704년 파리에서 첫 번째 유럽 번역본『천일야화(Les mille et une nuits)』를 출간하기에 이르렀다. 책은 누구도 예상하지 못할 만큼 대성공을 거두었고, 유럽의 모든 언어로 번역본이 출간되어 나왔다. 이제는 나이와 국적을 막론한 모든 유럽의 아이들이 "신밧드의 모험", "알라딘의 램프", "알리 바바와 40인의 도적"을 이야기하고 다니기 시작했다. 성경을 제쳐 놓고 보면(알고 보면 성경도 동방의 작품이다.), 세계에서 가장 널리 읽힌 책도 바로『이솝 우화』와 이『천일야화』이다.

　이슬람 세계에서는 산문이라도 형식적 면에서는 시와 다르지 않다. 그 까닭은 예로부터 아랍인들은 강렬한 느낌이 드는 걸 좋아하는 기질이 있었고, 예법을 중시했던 페르시아인들은 미사여구로 말을 화려하게 치장하길 좋아했기 때문이었다. 더구나 당시에 두 민족이 공용어로 쓴 아랍어는 굴절 어미를 유사한 형태로 만들어 운을 맞추는 특징이 있었다. 그래서 산문이라도 운이 맞춰져 있는 것이 보통이었다. 설교가와 웅변가는 물론 재담가까지도 산문에 운을 넣어 썼고, 바디 알 하마다니(1008년 사망)도 이렇게 운이 들어간 산문 형식을 빌려『마카마트(Maqamat)』('모음집'이라는 뜻)라는 유명한 작품을 써 냈다. 이 책은 이래저래 모인 사람들을 만나 이곳저곳을 떠돌아다니는 무뢰한들 이야기를 들려주는 내용인데, 도덕심보다는 기지가 돋보이는 것이 특징이다. 인쇄술이 발명되기 전에는 인간이면 다 마찬가지였지만, 당시만 해도 이 근동 지역 민족들은 귀로 듣는 것을 더 좋아하는 성향이 있었다. 이슬람교도들은 문학 하면 으레 입으로 낭송하는 시 또는 이야기로 알았고, 시를 쓰는 이유도 크게 소리 내어 읽거나 노래 가사로 쓰기 위해서였다. 농부부터 칼리프에 이르기까지 이슬람 세계에서는 누구나 그렇게 귓전으로 들려오는 시구절을 즐겁게 들었다. 사무라이의 나라 일본도 그랬지만 이곳 이슬람에서도 시를 지을 줄 모르는 사람은 거의 없었다. 교육받은 식자층 사이에서는 시를 가지고 승부를 벌이는 게 인기여서, 한 사람이 2행시나 4행시 첫수를 던지면 다른 사람이 운을 맞춰 시를 마무리 짓기도 하고 또 서로 즉흥 가사나 풍자시를 짓는 시합을 벌이기도 했다. 시인들끼리는 누가 더 복잡한 형태의 운율과 운을 만들어 내는가로 경쟁을 벌였다. 그래서 이들 중에는 각운은 물론 요운까지 맞추어 시를 짓는 이들이 많았다. 이렇듯 아랍어 운문에 온갖 종류의 운이 정신없이 들어가는 걸 보자 유럽에서도 그 영향을 받아 시에 운을 많이 넣게 되었다.

　어느 문명 또 어느 시대에도(심지어는 이백과 두보가 살았던 중국이나, "시민은 백 명이었지만 시인은 만 명이었다던" 바이마르 공화국에서도) 이 압바스 왕조의 이슬람만큼 시 짓는 이들이 많고 또 유복했던 적은 아마 없었을 것이다. 이스파한의 아불 파라지는 압바스 왕조가 끝나갈 무렵 아랍어 운문들을 모으고 기록하여 『노래 모음집』이라는 책을 펴냈는데, 이 전집이 무려 스무 권에 이르렀던 것만 봐도 당시 이슬람 세계에 아랍어 시가 얼마나 풍성하고 또 다양했는지 짐작할 수 있다. 시인들은 나랏일 선전에 이용이 되다가도, 비수처럼 날카로운 풍자를 할 때는 두려움의 대상이었다. 돈 많은 부자들은 운율이 얼마나 잘 들어갔는가를 보고 송덕가를 사들이곤 했으며, 칼리프도 듣기 좋은 4행시를 지어 바치는 시인이나 자신의 행적 및 그의 부족을 칭송해 주는 시인이 있으면 그를 고위직에 올려 주고 돈까지 두둑이 쥐어 주었다. 한번은 히샴이라는 칼리프가 시한 작품을 기억해 내려는데 뜻대로 되지 않자 사람을 보내 함마드라는 시인을 데려왔다. 운 좋게도 함마드는 시를 구구절절 다 기억하고 있었고, 훗날 시인들은 결코 믿지 못할 이야기이겠지만, 칼리프는 시를 기억나게 해 준 보답으로 노예 아가씨 두 명과 5만 디나르(23만 7500달러)를 함마드에게 선물로 하사했다.[97] 그 옛날 베두인족이 노래 가사로 붙여 썼던 아랍어 시는 이제 이슬람 세계 곳곳의 뜰과 궁정에 울려 퍼지고 있었다. 그러는 사이 개중에는 인위적이고, 형식적이고, 자질구레하고, 진심 없이 예만 차리는 것들도 상당히 많아졌다. 나아가 옛 시와 현대 시 사이에 한바탕 싸움이 벌어졌으니 비평가들은 마호메트 이후로는 위대한 시인을 찾아볼 수 없다고 불평을 했다.[98]

한편 시의 주제로서는 종교에 비해 사랑이나 전쟁이 품평이 좋았다. 당시 아랍인이 지은 시를 봐도 신비주의적인 내용은 거의 찾아볼 수 없었으니(페르시아인들에게는 해당되지 않는 이야기겠지만.), 이들 시는 전쟁, 열정, 정한(情恨)을 노래하길 좋아했다. 더욱이 정복의 세기가 막을 내리면서 이제 아랍어 시는 마르스(로마 신화에 나오는 전쟁의 신 - 옮긴이)나 알라보다도 이브에게서 영감을 얻어 지어지는 경우가 압도적으로 많았다. 향긋한 머리카락, 보석 같은 눈동자, 앵두 같은 입술, 반지르르 윤이 나는 팔다리, 이렇게 여인의 아름다움을 노래하고 있으면 이슬람 시인들은 어느새 넋이 나가 자기도 모르게 몸을 부르르 떨곤 했다. 음유 시인풍의 서정시는 이제 아라비아의 사막과 신성한 도시들에도 자리를 잡기 시작해서, 시인과 철학자들은 아다브(adab, 전문적 학문을 의미하는 '이르므'와 구별하여 대체로 이슬람의 순문학을 가리키는 말이다. - 옮긴이)라 하면 일차적으로 사랑을 아는 사람이 갖춰야 할 윤리이자 예의라고 보았다. 이러한 서정주의의 전통은 이집트와 아프리카를 거쳐, 시칠리아와 스페인에 이르렀고, 여기서 다시 이탈리아와 프로방스까지 전해졌다. 이로써 이제 서정시는 운(韻)과 리듬 그리고 수많은 언어를 타고 세계 각처 사람들의 가슴을 저며 놓게 된 것이었다.

하산 이븐 하니에게 아부 누와스(곱슬머리 대부)란 별호가 붙은 것은 그의 풍성한 머리숱 덕분이었다. 그는 페르시아에서 나기는 하였으나 여차여차하여 바그다드까지 흘러들게 되었고, 그곳에 가서 하룬의 총애를 한 몸에 받았다. 『천일야화』에는 이 둘이 주인공으로 등장하는 모험담이 여럿 들어 있는데, 그중 한두 개는 이 둘이 실제 겪은 일일 수도 있다. 술, 여자, 자신이 지은 노래, 이 세 가지는 아부 누와스가 무엇보다 좋아하는 것이었다. 그러나 그의 주벽, 불가지론, 방탕한 생활은 도를 넘기도 했고, 칼리프도 그것은 참아 내지 못했다. 그래서 감옥에 갇혔다 풀려나기를 여러 차례 하였다. 나이가 들자 그는 사람들이 훌륭하다 칭송할 면들을 하나둘 서서히 갖춰 가기 시작해, 말년에 가서는 어딜 가든 염주와 코란을 들고 다닐 정도가 되었다. 그러나 수도 바그다드에서 상류층 사람들이 가장 좋아한 것들은 그런 모습이 아니라 그가 술과 죄악을 찬양한 다음과 같은 시들이었다.

> 이리 와 술레이만! 노래를 내게 불러 주오.
> 거기 그 술도 얼른 내게 가져다주오!
> 술병은 바삐 술자리를 돌고
> 내게도 한 잔 따르니 머리가 돌고
> 취해 보자 흠뻑, 언제 취했다고
> 악 쓰는 무에진 내버려 두고![99]

> 할 수만 있다면 그대여 많은 죄를 지으라.
> 주님은 언제고 노여움 보일 준비가 돼 계시니
> 심판의 날 그날에 그대는 용서를 구하리라.
> 거룩하시고 또 자비로우신 왕 그분 앞에 서서
> 잘근잘근 손톱을 물어뜯으며 아쉬워하겠지
> 지옥 불이 무서워 포기했던 그 모든 즐거움들을.[100]

궁궐에는 규모가 작은 곳에까지 이런 시인들이 머물고 있었고, 사이풀 다울라도 한 시인의 거처를 마련해 주고 있었으니, 유럽에는 이름이 거의 나 있지 않지만 아랍인들은 최고로 치는 인물이었다. 그의 이름은 아마드 이븐 후세인, 하지만 이슬람 사람들 사이에서는 알 무타나비('자칭 예언자')란 별칭으로 기억되고 있다. 그는 915년 쿠파 태생이었고, 다마스쿠스에 가서 공부를 하였다. 또 자신이 예언자임을 선언했다가 감옥에 갔다 와야 했고, 그 후에 알레포의 궁궐에 들어와 정착하였다. 아부 누와스처럼 그에게도 자기 나름의 종교가 있었기 때문에, 그는 단식이나 기도도 않고 코란 읽기도 무시하는 것으로 악명이 높았다.[101] 삶은 자기 기준에 영 안 맞는 것이라며 그것을 가차 없이 깎아내렸지만, 또 내세를 생각하기에는 삶을 너무 즐긴 면이 그에게는 있었다. 사이풀의 승전을 노래한 그의 시는 얼마나 열정적이고 또 말에 얼마나 기교가 넘쳤던지, 아랍어 시로 인기 많은 작품임에도 불구하고 영어로 번역해 내기가 참으로 곤란하다. 한편 다음의 2행시는 후일 그의 죽음을 재촉한 것으로 드러났다.

    기병대, 밤의 세계, 드넓은 사막, 나는 이곳의 유명 인사
    종이와 펜 그것만큼 칼과 창도 잘 다루지

알 무타나비가 한번은 도적 떼의 공격을 받는 일이 생겼다. 애초에 그는 도망칠 심산이었지만, 하필이면 그때 허세를 잔뜩 부린 이런 시 내용들을 노예가 들먹이는 것이었다. 알 무타나비는 시가 틀리지 않았음을 보여 주겠다며 결의를 다졌고, 결국 도적 떼와 맞붙어 싸우다 부상을 당하고 그 자리에서 목숨을 잃었다.(965년)[102]

이런 아랍의 시인들 중에도 최고의 기인으로 통하는 아불 알라 알 마아리, 그가 태어난 것은 그로부터 8년 뒤 알레포 근방의 알 마아라투라는 곳에서였다. 그는 네 살 때 천연두를 앓고 장님이 되었지만 그럼에도 불구하고 배움의 길을 걷겠다고 마음을 먹었다. 그리하여 맘에 드는 필사본이 있으면 그것을 도

서관에서 열성을 다해 익혔고, 유명한 대가의 이야기를 듣기 위해서 두루 여행을 다니기도 했으나, 결국에는 그가 살던 마을로 다시 돌아왔다. 그 후 15년 동안 그는 1년에 30디나르, 지금으로 따지면 한 달에 약 12달러가량을 벌어 생활했고, 그마저도 하인 그리고 스승과 나누어 썼다. 그는 시를 쓰면서부터 유명세를 타게 됐지만 송덕가는 지으려 하지 않았기 때문에 입에 겨우 풀칠만 하니 삶은 곤궁 그 자체였다. 1008년에는 바그다드를 찾았는데 그곳의 시인이며 학자들은 그를 환대해 주었고, 그 역시 수도의 자유사상가 무리에게서 회의주의를 받아들여 자기 시에 감칠맛을 더했다. 1010년 그는 다시 알 마아라투로 돌아왔고 이번에는 부자가 되었다. 하지만 마지막까지 계속 소박한 삶을 보여 주었으니 현자라 할 만했다. 그는 채식주의에서도 궁극의 경지여서 길짐승과 날짐승의 살을 먹지 않은 것은 물론 우유, 계란, 꿀도 입에 대지 않았다. 동물들 세계에서 어느 것 하나라도 가져오는 것은 추악한 도둑질에 지나지 않는다고 그는 생각했다. 그런 원칙이 있었기 때문에 그는 동물 가죽도 쓰려 하지 않았고, 귀부인들이 모피를 걸치고 다니는 것도 못마땅하게 생각했으며, 신발도 나무를 깎아 신고 다닐 것을 권하였다.[103] 알 마아리는 그렇게 세상을 산 후 84세에 세상을 떠났다. 깍듯했던 그의 제자가 당시를 전한 이야기를 보면, 그의 장례 행렬을 뒤따른 시인만 180명, 그의 무덤에서 추도문을 낭송한 학자만 84명이었다고 한다.[104]

오늘날 우리에게 알 마아리라는 시인이 있었음을 알려 주는 주요 작품으로는 그의 짤막한 시들을 모아 놓은 『루주미 야트(Luzumiy yat)』('의무가 아닌 의무')가 있다. 그의 동료 시인들이 시에서 여자와 전쟁을 이야기할 때, 알 마아리는 과감하게도 가장 근본적이라 할 질문들을 던졌다. "우리는 계시를 따라야 하는가, 아니면 이성을 따라야 하는가?", "삶은 진정 살아갈 가치가 있는가?", "죽음 그 뒤에도 삶은 존재하는가?", "신은 존재하는가?" 등등. 알 마아리는 시를 쓰다가 이따금 자신이 정통파 신도임을 피력하고는 한다. 그러나 한편으로 독자 눈에 비치는 그의 의중을 보면, 그것이 순교를 피할 합법적 예방책이었음을

(순교는 그의 취향에 맞지 않는 것이었으므로.) 알 수 있다. "내가 목소리 높여 내뱉는 말들은 거짓이네. 잘 들리지도 않게 웅얼대는 이야기 그것들이 진실이네." [105] 무조건 솔직한 것도 그는 좋지 않게 보았다. "악당들에게까지 네 종교의 본질을 일러 주지 말지어다. 그것은 스스로 망하는 지름길이 될 것이니."[106] 알 마아리, 그는 딱 봐도 합리주의자에 불가지론자 그리고 비관론자였다.

> 사람들은 그런 희망을 품지 어느 날 예언자의 눈을 가진 이맘이
> 이 땅에 나타나 조용히 기다리던 이들을 깜짝 놀라게 해 줄 것이라고.
> 아, 어리석도다! 이 세상에 이맘은 없고 오로지 이성뿐인 것을
> 그것이 아침과 저녁이 오는 길을 일러 주는 것을 ……

> 이 같은 옛날 이야기 그 속에 정말 진실은 있는가.
> 아이들에게나 들려줄 쓸데없는 우화는 아닌가.
> 우리 이성이 맹세하네 그것들은 거짓일 뿐이라고
> 이성의 나무 그곳엔 진리의 원칙이 열매 맺는다고 ……

> 젊은 시절 나는 그 얼마나 내 친구들을 헐뜯었던가
> 그들이 믿는 것과 나의 믿음이 같지 않다는 이유로
> 하지만 내 영혼이 어디고 다니지 않은 데가 없는 지금은
> 사랑 그것을 빼곤 모든 것이 내겐 그저 이름일 뿐이네.[107]

알 마아리에게 이슬람교 성직자 일부는 힐난의 대상이었으니, 그들은 "종교를 이용하여 일확천금을 모으려 하고", "모스크에서 설교하며 사람들을 한껏 공포에 떨게 하면서" 정작 그 자신은 "술에 취해 주정 부리는 사람" 정도로밖에 행동하지 못한다. "정직한 자여, 이제껏 당신은 속은 것이다. 여인네들을 상대로 설교하러 다니는 교활한 사기꾼에게."

설교단에 오르는 그에겐 자기만의 추악한 목적이 있도다.
더구나 부활이란 것을 자신은 믿지도 않으면서
사원에 온 신도들이 움츠러들도록 최후의 날 이야기를 늘어놓으니
최후의 날 그 섬뜩한 광경에 신도들은 잔뜩 겁에 질리네.[108]

그러나 알 마아리가 보기에 악당 중에서도 가장 악질은 메카에서 이른바 성지(聖地)를 관리하는 이들이었다. 돈을 벌기 위해서라면 이들은 무엇이든 할 사람들이었기 때문이다. 알 마아리는 자신을 찾는 사람들에게는 순례에 시간 낭비 말 것을 당부하였고,[109] 세계는 이곳 하나인 사실에 만족하라고 하였다.

영혼이 한 번 날아가 버리면 육신은 아무것도 느끼지 못하거늘
몸에서 나와 홀로 된 영혼 그것은 과연 무얼 느낄 것인가?[110]

우리는 잘도 웃지만, 웃음만큼 터무니없는 일 없네.
우리는 마땅히 울어야 할 터, 복받쳐서 서럽게
유리처럼 산산이 부서져 버리고 나면 이제 두 번 다시는
제 모습으로 돌아오지 못할 터이니.[111]

그러나 막바지에 가서 그는 이렇게 말한다. "이 몸이 신의 명에 따라 진흙으로 빚어졌고, 그것이 정화될 수 있다는 게 정말 사실이라면 나는 그저 감사하고 또 안도할 뿐이다."[112] 그는 신이 전능하고 또 지혜로운 존재라고 믿었기에, "어떤 의사가 해부학을 공부하고 나서 창조주를 부정할 때는 얼떨떨할 뿐이었다."[113] 그러나 이 대목에서도 그는 쉽게만 넘어가지는 않았으니, "인간의 본성이 악해지는 것은 스스로의 선택에 달린 문제가 아니라, 숙명적 명령에 달린 문제이다."고 한 것이다.

> 왜 세상을 탓하느냐고? 세상은 아무 죄도 없거늘,
> 모든 것은 너 그리고 나의 잘못이거늘,
> 그러나 포도, 술, 그것을 마신 자 이 셋은 별개이니
> 나는 모르겠네 과연 누가 잘못하는 것인지
> 포도를 짓이겨 술을 만든 자인지, 아니면 그 술을 입에 댄 자인지.

볼테르 특유의 빈정거리는 어조로 쓴 시들도 있다. "서로 물고 뜯는 것이 인간의 타고난 본성이라는 것을 이제 나는 알겠네. 하지만 이렇듯 정의롭지 못한 세상을 만드신 분, 그분이 정의롭다는 데에는 한 치의 의심도 있을 수 없다네."[114] 다음과 같은 시에서는 디드로(Diderot)를 보듯 벌컥 성을 내는 듯한 독단적 어조가 느껴지기도 한다.

> 아, 어리석은 자여, 깨어나라! 네가 그토록 신성하게 받드는 예법
> 옛날 사람들이 머리 굴려 짜낸 속임수에 지나지 않는 법
> 그들이 누구였던가, 부를 그렇게 탐내고 그 욕심을 채웠던 사람들
> 죽을 때는 누구보다 천했던 이들, 그들이 만든 법도란 쓰레기에 지나지 않거늘.[115]

인간들이 거짓과 잔혹함을 일삼는 모습에 알 마아리는 염증이 났고, 그래서 결국에는 비관주의에 빠져 은둔하며 지냈으니 이슬람의 티몬(기원전 4~3세기의 그리스 철학자 - 옮긴이)이라 할 만했다. 그가 보기에 사회가 악에 물드는 것은 인간의 본성에서 비롯되는 일이었고, 따라서 개혁이 이뤄진다는 것은 어림도 없는 일이었다.[116] 사람의 생활 방식도 시정(市井)에서 멀찍이 떨어진 곳에 지내며 절친한 벗 한둘과만 교유하는 것, 그렇게 평화롭지만 반쯤 외톨이인 동물로 유유자적 살아가는 것, 그것이 가장 바람직했다.[117] 하지만 이보다 더 바람직한 것은 아예 태어나지를 않는 것이었다. 일단 이 세상에 나면 죽음이 평화를 가져다줄 때까지는 "고통과 수난"에서 헤어날 수 없는 법이기 때문이다.

삶은 고통스러운 중병 그 치료약은 죽음 하나뿐 ……
집 지키는 아낙네도 떠도는 방랑자도 죽음에 이르기는 모두 마찬가지
일용할 양식 구하는 우리처럼 이 땅도 매일 양식 구하니
땅이 먹고 마시는 식량 그것은 바로 인간의 피와 살 ……
저 넓은 하늘에 반짝이는 저 초승달, 내 눈엔
목숨을 베어 버리는 죽음의 낫, 서슬이 퍼렇네.
동틀 녘 눈부신 빛줄기는 죽음의 장검, 새벽의 손이 칼집을 벗기네.

이 죽음의 낫을 피할 도리는 누구에게도 없지만, 혹여 우리 자식 될 인연들은 죽음의 낫을 피하게 할 수도 있다고 그는 말하였다.(이 대목에서 그는 흡사 충실한 쇼펜하우어주의자라도 되는 듯하다.)

그대가 자식을 끔찍이 사랑한다면
그 사랑을 행동으로 증명해 보이겠다면
지혜의 목소리 하나같이 외치네 그들만이라도
네 음부 속에 고이 가두어 두라고.[118]

그는 스스로의 말을 금과옥조처럼 따랐고, 결국 자신의 묘비에는 참으로 애처롭고 씁쓸한 이 글을 자기 손으로 적어야 했다.

아버지 가실 적 그 비문 내가 썼건만, 나 가는데 이 비문 아무도 적어 줄 이 없네.*[119]

---

* 에드워드 피츠제럴드(Edward FitzGerald, 『우마르 하이얌의 루바이야트』라는 작품으로 유명한 영국 작가 – 옮긴이)에 버금갈 정도로 번역이 출중한 이상의 번역문들은 니콜슨(R. A. Nicholson)이 쓴 세 권의 저작 속에 그 내용이 들어 있다.(참고 문헌 목록을 보면 책명을 확인할 수 있다.) 이 세 권의 책들은 제각각이 독자의 흥미를 대단히 자극하는 것들로, 이슬람의 시가 얼마나 다양하고 또 아름다운지를 서양의 학생들에게 알리는 데 상당한 공헌을 하였다.

당시 이슬람 세계에 알 마아리 같은 회의주의자가 얼마나 있었는지 지금의 우리로서는 알 길이 없다. 알 마아리가 죽자 정통 신앙은 부활했고 그러면서 후세에 전해 줄 문학을 (의식적으로나 무의식적으로나) 검열하고 나섰으니, 그렇게 검열을 통과한 문학만 보고 중세에 어느 때보다 의심이 적었다고 생각하는 건 오해일 가능성이 있다.(그리스도교 세계에서 그랬듯이 말이다.) 알 무타나비와 알 마아리, 이 둘은 아랍 시가 최고조에 이르렀음을 보여 준 시인들이었다. 이들이 세상을 떠나자 아랍 시는 예만 차리고 자질구레해져 겉치레, 인위적 열정, 미사여구만 가득했으니, 신학이 패권을 잡고 철학은 입 다문 때가 온 것이었다. 그러나 페르시아가 부활하여 점점 아랍의 통치에서 벗어나고 있던 이 시절이야말로 페르시아에는 진정한 르네상스였다. 사실 페르시아어는 아랍 정복이 있은 후에도 일반 대중의 입말로서 한 번도 아랍어에 자리를 내어 준 적이 없었다. 그러다 타브리즈, 사만, 가즈니 왕가 제후들이 정치 및 문화적으로 독립했음을 보여 주기라도 하듯, 10세기 들어 서서히 페르시아어가 통치 및 문학 언어로 다시 자리매김하기 시작했다. 나아가 신(新)페르시아어(혹은 현대 페르시아어)로 거듭나서는 아랍어로 풍성히 어휘를 갖추었고, 거기다 아랍어의 아름다운 글씨체까지 차용해 썼다. 페르시아에서는 이제 웅장한 건축물과 장엄한 시가 보란 듯 쏟아져 나오기 시작했다. 아랍 문학에는 이미 카시다(qasida, 송덕가), 키타(qita, 단편), 가잘(ghazal, 연애시) 등 여러 장르가 있었으나, 이란 시인들 덕에 마트나위(mathnawi, 시 형식의 서사)와 루바이(rubai, 4행시. 복수형은 루바이야트(rubaiyyat)이다.)까지 생겨났다. 그리하여 애국심, 열정, 철학, 남색, 신심 등 페르시아가 가진 모든 것이 시로서 꽃을 피웠다.

이 찬란한 시대를 처음 꽃피운 것은 루다기(954년 사망), 그는 보카라의 사만 왕조 궁정에 머물며 즉흥시를 짓고, 사랑 노래를 부르고, 하프를 뜯던 인물이었다. 이 궁정의 제후 누 이븐 만수르는 그로부터 30년 후 다키키라는 시인에게 『왕들의 서(書)』라는 책 속에 시를 넣어 달라고 청한다. 그 책은 다니슈와르가 (651년경에) 페르시아의 전설을 한데 모아 정리해 놓은 것이었다. 다키키는 그 뜻을 받들어 시를 천 줄을 지었으나 그러고 나서 그만 자신이 가장 아끼는 노예의 칼에 찔려 목숨을 잃고 만다. 그리하여 이 과업을 대신 완성하고 페르시아의 호메로스로 자리매김하는 이가 바로 피르다우시이다.

아불 카심 만수르(또는 하산)는 934년경 (마슈하드 근방의) 투스에서 태어났다. 사만 왕조에서 관료를 지낸 그의 아버지는 투스 근방의 땅 바즈의 안락한 대저택을 아들에게 유산으로 물려주었다. 고서(古書) 탐독을 여가 삼아 즐기던 아불 카심은 언젠가부터 『왕들의 서』를 눈여겨보게 되었고, 결국에는 그 산문체 이야기들을 애국적인 대서사시로 탈바꿈시키는 일에 매달리기에 이른다. 그는 자신의 그 작품에 『샤(shah)들의 서』라는 이름을 붙이고는, 당시의 유행에 따라 필명을 하나 지었는데 피르다우시('정원'이라는 뜻)라는 이름은 그의 땅에 올망졸망 자라던 관목들에서 따온 게 아닐까 한다. 피르다우시는 25년 동안 고된 작업에 매달린 끝에 시의 초판을 마무리 지을 수 있었고, 이로써 이제 그는 가즈니를 향하는 노정에 오른다.(999년) 위대하고도 포악한 군주 마무드에게 자신의 시를 헌상하겠노라는 희망을 가슴에 품고서.

페르시아의 초창기 역사가들이 확언하기로 당시 "마무드 술탄에게는 그의 곁을 한시도 떠나지 않는 시인만 400명이었다."[120] 이는 여간해서는 넘기 힘든 장벽이었지만 피르다우시는 용케 비지에의 관심을 끄는 데 성공했고, 덕분에 술탄도 어마어마한 양의 그 초고를 눈여겨보게 되었다. (일설에 따르면) 마무드는 피르다우시를 궁정 안에 들여 편안한 거처를 마련해 주고는 엄청난 양의 역사 기록물을 그에게 안기며 그 내용을 서사시 안에 한데 엮어 넣으라고 명했다. 당시의 이야기와 관련한 설은 한둘이 아닌데, 이때 마무드가 수정의 대가로 2행시 1연당 금화 1디나르를(4.70달러) 약속했다는 대목만큼은 한결같이 일치하고 있다. 피르다우시가 이 작업에 얼마 동안이나 매달렸는지는 알 수 없지만, (1010년경에) 최종적으로 6만 개 연으로 구성된 작품이 마침내 세상에 나와 술탄에게 전해졌다. 술탄은 약속한 돈을 피르다우시에게 보내려 했으나, 순간 궁정 대신 몇몇이 술탄을 만류하며 너무 많은 금액이라 하였다. 여기에 그들은 피르다우시가 시아파에 무타질라 이단을 믿는 자라는 말까지 함께 덧붙였다. 결국 마무드가 보낸 돈은 은화 6만 디르헴(3만 달러)이었다. 시인은 노발대발 욕을 퍼부으며 그 돈을 목욕 시종과 셔벗 상인에게 나눠 주고는 도망치듯 헤라트로 떠났다. 그러고는 마무드가 그를 잡아 오라며 보낸 자객들이 수색을 포기할 때까지, 한 서적상의 가게에서 6개월간을 숨어 지냈다. 그 뒤에는 타바리스탄 시르자드의 제후 샤리야르의 도움으로 은신처를 구했고, 그곳에서 마무드를 통렬히 풍자하는 작품을 하나 지었다. 그러나 샤리야르는 술탄이 두려운 나머지 그 시를 10만 디르헴에 사들여서 파기시켜 버렸다. 문헌상의 이러한 수치들이 정말로 맞는 것이라면, 그리고 그것을 오늘날 가치로 환산해 보면, 중세 페르시아에서 시를 쓴다는 것은 가장 돈벌이가 좋은 직업에 속했다. 그 후 피르다우시는 바그다드로 가서 요셉과 보디발의 아내 이야기의(성경 창세기의 일절이다. – 옮긴이) 변형판이라 할 수 있는 장편 서사시「유수프와 줄레이카(Yusuf and Zuleika)」를 지었다. 그러고는 일흔여섯의 노인이 되어 다시 투스로 돌아왔다. 그로부터 10년 뒤 마무드는 누군가가 인용한 시 한 소절에 몸서리치는 전율을 느꼈는데 알고 보니 피르다우시의 작품이었다. 그제서야 술탄은 시인에게 약속한 만큼의 돈을 주지 못한 데 대해 후회가 들었다. 그래서 마차 행렬에 금화 6만 디나르 어치의 인디고를 실어 사과 서한과 함께 피르다우시에게 보냈다. 그러나 투스로 들어가는 어귀에서 마차 행렬이 마주친 것은 다름 아닌 시인의 장례 행렬이었다.(1020년?)

『샤들의 서』는 그 양으로만 따지면 세계 문학사의 걸작으로 손꼽힐 만한 작품이다. 시인이 라면 얼마든 사소한 소재와 손쉬운 작업을 택할 수 있는데도, 피르다우시는 굳이 일생의 35년을 바쳐 자기 조국의 이야기를 12만 줄로(이는 『일리아드』와 『오디세이』를 합친 것보다도 훨씬 많은 양이다.) 풀어내었으니, 그 모습에서는 모종의 숭고함마저 느껴진다. 이제 노인이 된 그는 페르시아를 열렬히 사랑하고 있었고, 따라서 세세한 기록이라면 사실이건 전설이건 어느 것 하나 놓치지 않았다. 그가 써 낸 서사시는 역사의 틀을 반은 갖춘 셈이었다. 그의 서사시는 먼저 아베스타의 전설 속 인물들로 서두를 연다. 그래서 등장하는 것이 조로아스터교의 아담인 가야무르트, 그리고 막강한 힘을 가진 그의 손자 야므쉬드의 이야기이다. 야므쉬드는 "페르시아 땅을 700년 동안 다스린 인물로 …… 그로 인해 세상은 한결 더 행복해졌다. 사람들은 죽음은 물론 슬픔과 고통도 무엇인지 모르고 지냈다." 그러나 그로부터 몇 백 년이 흐르자 "야므쉬드는 자만심에 젖어 방약무인해졌고, 자신의 행복이 어디에서 비롯되는지도 잊고 말았다. …… 그의 눈에 세상에 존재하는 것은 그 자신뿐이었으며, 따라서 스스로를 신이라 부르며 자기를 닮은 성상을 각지에 보내어 사람들이 숭배하도록 했다."[121] 이 대목을 지나면 우리는 마침내 이 서사시의 영웅 루스탐을 만날 수 있다. 그의 아버지는 봉건 귀족인 잘(Zal)이었는데 루스탐이 500살일 때 한 노예 아가씨와 사랑에 빠져 그녀와의 사이에서 루스탐의 동생을 낳기도 했다. 루스탐은 세 명의 왕 밑에서 봉직하며 그들의 목숨을 지켜 내고는 400세가 되었을 때 군인의 자리에서 물러났다. 루스탐의 충직한 말 라흐시는 주인처럼 오래도록 천수를 누린 건 물론, 위대한 영웅으로서 루스탐에 버금가는 명성을 누렸으니, 페르시아인들이 준마를 만나면 누구나 그렇듯 피루다우시 역시 이 말에 각별한 애정을 쏟았다. 『샤들의 서』에는 멋진 사랑 이야기도 여럿 찾아볼 수 있으며, 어떤 부분은 이 음유 시인이 여인에게 일종의 존경심마저 갖고 있었다고 느껴지게 한다. 이 서사시가 아름다운 여인의 매혹적 모습을 그린 대목은 한두 군데가 아닌데, 일례로 수다베 여왕은 "온통 베일에 둘러싸여 그 아름다움을 제대로 본 이가 아무도 없을 정도였다. 더구나 태양이 구름 뒤로 행차를 하면 그녀 역시 남자들을 대동하고 자리에서 물러났다."고 한다.[122] 그러나 루스탐의 경우 사랑의 모티프는 소주제에 해당했다. 때로는 부모자식 간의 사랑이 남녀의 로맨스보다 더 애절할 수 있다는 사실을 피르다우시는 알고 있었던 것이다. 한번은 루스탐이 머나먼 타지의 전쟁에 나섰다가 투르크족의 한 여인, 타흐미네와 정을 나누게 되었다. 하지만 타흐미네는 그 후 영영 루스탐의 소식을 듣지 못하고, 여인은 슬픔과 자긍심을 함께 안은 채 그들의 아들인 소흐라브를 길러 내며 종종 위대하지만 다시 볼 수 없는 아버지의 젊은 시절 이야기를 아들에게 들려준다. 그러다 투르크족과 페르시아인 사이에서 전쟁이 일고, 아들과 아비는 누가 누구인지 전혀 모르는 채 칼을 부딪치며 서로 싸움을 벌인다. 루스탐은 그 잘생긴 젊은이의 용기에 탄복하여 목숨만은 살려 주겠노라고 한다. 하지만 청년은 죽으면 죽었지 그럴 수는 없다며 용맹하게 맞서 싸웠고 결국 부상을 입고 목숨을 잃을 위기에 처한다. 청년은 숨이 끊어져 가는 와중에 평생 아버지 루스탐을 한 번도 보지 못한 것을 애통해 하였다. 순간 승리자는 자기 손으로 자기 자식을 죽였음을 깨닫는다. 한편 소흐라브의 말[馬]은 주인을 태우지 못한 채 다시 투르크족 진영으로 돌아왔으니, 소흐라브의 어머니가 이 소식을 전해 듣는 장면이야말로 이 서사시의 백미로 손꼽힌다.

> 헐떡이던 그녀의 숨, 격한 감정을 못 이겨 그만 막혀 버리고
> 그녀의 핏줄, 덮어 오는 죽음의 한기에 그만 맥을 잃는 듯하네.
> 부인들 부리나케 달려와 그녀 곁에서 몸서리치며 슬퍼하네.
> 귀를 찢는 곡소리 팔딱거리는 생명을 다시 불러오네.
> 이윽고 눈을 뜬 그녀, 넋을 잃은 채 다시금 흐느끼네.
> 얼빠진 채로 안타까운 마음을 가눌 길 없는 가운데
> 그녀의 눈에 사랑스러운 말, 이제는 어느 때보다 소중해진 그 말이 보이네.
> 그녀는 그 다리에 입을 맞추고, 끝없이 흐르는 눈물로 그 몸을 적시네.
> 소흐라브가 전장에서 입었던 갑옷 그것을 꽉 움켜쥐고
> 타는 듯한 입술로 거기에 몇 번이고 입맞춤을 하네.
> 그가 입었던 군복을 두 팔로 꽉 끌어안고 놓아줄 줄 모르네.
> 갓난아기인 양 단단히 보듬어 안고 자기 젖가슴에 가져다 대네.[123]

그야말로 생생한 서사가 돋보이는 작품으로, 한 일화에서 다음 일화로 넘어가는 속도에 박진감이 넘치며, 사랑하는 조국의 존재를 매 구절 보이지 않게 드

러내고 있다는 점 말고는 이 긴 작품에는 어느 것 하나 똑같은 대목이 없다. 그러나 우리는 (우리 일손을 덜어 주는 장치들이 수도 없이 나왔음에도 불구하고) 옛사람들에 비해 그렇게 한가하지 못하니, 이 2행시들을 빠짐없이 다 읽고 그 수많은 왕들을 다 장사 지내 줄 시간이 없다. 그러나 생각해 보면 『일리아드』, 『아에네이드』, 『신곡』, 『실낙원』도 마찬가지일 것이니, 이 작품들을 한 줄도 빼 놓지 않고 다 읽은 사람이 과연 우리 중에 있을 것인가? 서사시 이야기들은 서사시 체질을 타고난 사람이라야 소화를 시킬 수 있는 법이다. 루스탐이 아무리 악마, 용, 마술사, 투르크족을 무찌르는 이야기라도 그것이 200쪽을 넘어가면 질리기 마련이다. 그러나 한편으로 이는 우리가 페르시아인이 아니기 때문이기도 하니, 원문의 구석구석에서 흘러나오는 그 감동적인 울림을 우리는 듣지 못한다. 페르시아에는 루스탐의 이름을 딴 촌락이 주(州) 하나에만 300개에 이르는 걸 보면, 우리가 이 시에서 그들만큼 감동받지 못하는 건 어쩌면 당연한 일이다. 1934년에는 아시아, 유럽, 아메리카 대륙의 지성계도 피르다우시 탄생 1000주년을 축하하는 자리에 함께했다. 그의 어마어마한 저작이 천 년의 세월 동안 페르시아의 영혼을 고이 지켜 온 건 분명 사실이므로.

7. 예술*

시리아 침략 당시에 아랍인들이 가진 예술은 시뿐이었다. 조각 및 회화는 마호메트가 우상 숭배의 공범이라며 금했고, 음악, 화려한 비단, 금은 장식품은 쾌락에 빠지는 길이라며 금했다고 사람들은 믿었다. 그리고 이러한 금기들 모

---

* 이 절에서는 아서 어펌 포프(Arthur Upham Pope) 편저의 『페르시아 예술 개론』에서 특히 많은 내용을 빌려 왔음을 밝힌다. 그중에서도 저자 자신이 직접 집필한 부분에서 많은 도움을 받았다. 제임스 H. 브레스테드(James H. Breasted)의 이집트 관련 저작이 그렇듯, 포프가 페르시아 예술 분야에 남긴 이 역작은 학자 특유의 세심함과 고상한 뜻이 담긴 기념비적 저작으로 역사에 길이 남을 것이다.

두가 차츰차츰 종적을 감춘 뒤에도, 이 시대 이슬람 예술은 거의 건축, 도자기, 장식품에만 한정이 되었다. 아랍인들은 극히 최근까지도 유목민 아니면 상인으로 지내 왔기 때문에, 예술에 대한 그들의 재간은 전혀 성숙하지 못했다. 아랍인들도 그러한 자신들의 한계를 잘 알았고, 따라서 비잔티움 제국, 이집트, 시리아, 메소포타미아, 이란, 인도의 예술가 및 장인들을 고용해 그들의 힘을 빌렸다.(즉 그들의 예술 형식 및 전통을 차용했다는 뜻이다.) 그래서 예루살렘의 바위 돔 사원은 물론 다마스쿠스의 왈리드 2세 모스크는 심지어 그 장식까지도 순전히 비잔티움 양식을 하고 있다. 그보다 동쪽에서는 고대 아시리아인과 바빌로니아인이 쓰던 타일 장식과 함께, 오늘날의 아르메니아와 네스토리우스파 교회 양식을 채용해 썼다. 한편 페르시아의 경우 사산 시대의 문학 및 예술품이 상당 부분 파괴당한 뒤여서, 이슬람교의 눈에는 수많은 기둥들, 뾰족한 끝을 가진 아치, 둥근 천장을 비롯해, 종국에는 아라베스크 꽃무늬로까지 발전하게 되는 여러 가지의 꽃 장식 및 기하학적 장식이 여러 모로 유용하게 보였다. 하지만 이런 차용이 탄생시킨 결과물을 단순한 모방품으로 보아서는 결코 안 되는 것이, 이슬람 예술에서는 그 모든 차용을 정당화할 만큼 기막힌 종합이 이루어졌기 때문이다. 스페인의 알람브라 궁전에서부터 인도의 타지마할 궁전에 이르기까지, 이슬람 예술은 시공간의 모든 제약을 뛰어넘었고, 인종과 혈통의 구별을 비웃었다. 뿐만 아니라 자신만의 독특하면서도 다채로운 특성을 발달시키며, 타의 추종을 불허할 정도의 엄청난 세심함으로 인간의 정신을 표현해 낼 줄 알았다.

신앙의 시대에 만들어진 대부분의 건축물이 그랬듯, 이슬람 건축물도 거의 전부가 종교적 성격을 띠고 있었다. 인간이 살 집이야 단명할 것임을 알고 만든다 해도, 신의 거처는 최소한 내부만이라도 영원한 아름다움을 간직한 것이어야 했다. 그렇긴 했으나 당시 건축 기술자들은 종교적 건축물 외에도 다리, 수도관, 분수, 저수지, 공중목욕탕, 요새, 망대(望臺) 성벽 등을 군데군데 만들어 놓았다고 전해진다. 이들 건축 기술자들은 아랍인 정복이 이루어지던 처음 백

년 동안에는 대체로 그리스도교도였으나, 그 후 몇 세기가 흐르고부터는 이슬람교도가 주류를 이루었다. 십자군도 이슬람과 전쟁을 벌일 때에 알레포, 바알베크는 물론 이슬람 동부 곳곳에서 빼어난 군사 건축물을 접할 수 있었다. 그리하여 이곳에서부터 총안(銃眼) 성벽의 쓰임새를 배워 간 것을 비롯해, 적으로부터 수많은 아이디어를 얻어 자신들만의 독자적인 성채를 지어 내기도 했다. 그렇게 궁과 요새를 겸한 건축물로는 세빌리아의 알카자르 궁과 그라나다의 알람브라 궁이 있었다.

우마이야 왕조의 궁전은 여러 채였으나 오늘날까지 살아남은 것은 거의 없다. 그나마 사해의 동부 연안 사막에 자리한 쿠사이르 암라의 시골 별채를 찾아가면 둥근 천장 목욕탕과 프레스코 벽화들을 만날 수 있는 정도이다. 그 밖에 우리가 기록으로 확신할 수 있는 바에 따르면, 시라즈의 아두드 아드 다울라 궁에는 일 년 동안 매일매일 다른 방을 쓸 용도로 총 360개의 방이 있었다고 하며, 방을 장식하는 색 배합 역시 방마다 다 달랐다고 한다. 그중 제일 큰 방 하나는 도서관으로서, 복층 구조에 회랑과 둥근 천장이 갖춰져 있었다. 한 열성 이슬람교도의 말에 따르면, "이곳 도서관에는 주제를 막론하고 세상의 모든 책이 적어도 한 권씩은 소장되어 있었다."고 한다.[124] 『천일야화』에서 세헤라자데가 바그다드의 대저택들을 묘사하는 대목은 허구이지만, 그럼에도 당시의 건물 내부 장식이 얼마나 화려하고 장엄했는지를 알려 준다 할 수 있다.[125] 부자들은 도시에 있는 집 외에도 시골에 따로 대저택을 갖고 있었다. 심지어 그들은 도시에도 정원을 만들고 구색을 갖췄다. 그러나 정원이 진정 "낙원"이 될 수 있으려면 대저택 주변에 자리 잡은 것이어야 했다. 공원을 방불케 하는 이들 정원에는 샘, 시냇물, 분수, 타일 수영장, 진귀한 꽃들, 그늘, 과일, 견과 나무는 물론, 이글거리는 태양을 피해 탁 트인 하늘을 즐길 수 있는 누각도 예사로 있었다. 당시 페르시아에서는 꽃이 종교로 대접을 받기도 했다. 곳곳에서 화려한 볼거리와 함께 꽃 축제가 열렸으며, 시라즈와 피루자바드의 장미는 세계적으로 유명했다. 꽃잎이 수십 장씩 달린 장미는 칼리프나 왕에게 진상품으로 올라가

기도 했다.[126]

  당시에도 빈민들이 살던 집은 지금과 마찬가지로 장방형 집터에 햇볕에 말린 벽돌을 진흙으로 발라 가며 쌓아 올린 형태였고, 여기에 진흙, 나무줄기, 가지, 야자수 잎, 짚 등을 섞어 지붕을 얹었다. 형편이 나은 집들은 안쪽에 수돗가가 딸린 마당이(아마 나무도 한 그루쯤 있었을 것이다.) 하나씩 있었고, 마당과 방 사이에 목재 줄기둥과 회랑이 있는 집도 더러 있었다. 주택들이 길을 향해 자리 잡거나 통로를 낸 경우는 좀처럼 찾아보기 힘들었다. 사람들에게 집이란 곧 자기만의 개인 성채로서, 안전과 평화를 목적으로 지어진 것이었기 때문이다. 그래서 불시에 체포나 공격의 위험이 닥치면 곧장 달아나기 위해, 또는 사랑하는 애인을 남몰래 집 안으로 들이기 위해 비밀 통로가 있는 집들도 있었다.[127] 극빈자의 집을 제외한 모든 집들에는 여자들만의 전용 구역이 따로 있었고, 여자들만 드나들 수 있는 마당이 따로 갖춰진 경우도 있었다. 부잣집에는 욕실 설비가 복잡하게 갖춰져 있었지만, 대부분 집들은 배관 시설이 따로 없었다. 그래서 손으로 직접 물을 길어 오고, 오수도 직접 내다 버려야 했다. 당시의 최신식 집은 2층으로 지어졌던 것으로 보이며, 중앙의 거실은 돔까지 뚫려 있고, 2층의 발코니는 마당을 향하고 있었다. 극빈층을 제외하면 모든 이의 집에는 (마시라비야(mashrabiyyah)라고 하는) 격자식의 창문 장식이 적어도 하나씩은 있었다. 이 목재 창살이 있으면 빛이 들어와도 안이 더워지지 않을 뿐 아니라, 안에서 밖을 내다보아도 그 모습이 눈에 띄지 않았다. 이러한 창살은 대개 우아한 무늬가 조각돼 있어서 이것들을 본떠 궁전이나 모스크를 장식할 석재 또는 철재(鐵材) 가림막이 만들어지기도 했다. 이곳 주거에는 벽난로는 따로 없었다. 숯으로 불을 지피는, 여기저기로 옮길 수 있는 화로가 난방 장치의 역할을 했던 것이다. 벽은 회칠이 되어 있었고, 보통 여러 가지 색을 입고 있었다. 바닥에는 손으로 짠 러그를 깔았다. 집 안에는 의자도 한두 개쯤 있었을 것이나, 이슬람교도들은 바닥에 앉는 편을 더 좋아했다. 방을 둘러싼 벽의 삼면은 그것과 면한 인접 바닥이 약 1피트쯤 위로 솟아 있었다. 이렇게 해서 생긴 "디완(diwan)"

이라는 공간에 사람들은 쿠션을 가져다 놓아두었다. 침실은 따로 없었고, 침대 역시 요를 깔면 만들어졌다. 요는 오늘날 일본에서 그러듯 낮에는 잘 개어 장롱에 넣어두었다. 가구는 단출했다. 꽃병 몇 개, 몇 가지 가재도구, 등불, 그리고 책을 놓아두는 벽감(壁龕) 정도가 있었던 것으로 보인다. 자신의 욕구를 단순하게 간추릴 줄 아는 마음, 그것이 동방인들에게는 참으로 넉넉하다.

가난하지만 신심 깊은 이슬람교도의 경우에는 다른 것은 몰라도 모스크만 아름다우면 그만이었다. 모스크야말로 그들의 땀과 돈이 들어간 곳, 그들의 모든 예술과 재주가 집적된 곳이었기에, 그것이 귀한 카펫처럼 알라의 발밑에 깔리기를 그들은 바랐다. 더구나 모스크가 크고 아름다우면, 모든 이들이 그것을 즐길 수 있을 것이었다. 모스크는 누구나 찾기 쉽게 시장 근처에 자리 잡는 것이 보통이었다. 밖에서 보는 모스크는 그 모습이 항상 멋지지는 않았다. 건물 정면을 제외하면 근방의 다른 구조물들과 잘 구별되지 않을 뿐더러, 심지어는 실제로 옆의 구조물과 붙어 있기도 했다. 거기다 모스크에는 아무리 좋은 자재라 해봤자 회칠한 벽돌을 쓰는 정도였다. 각 부분의 형태도 그 기능에 따라 정해지기 마련이었다. 직사각형의 마당은 신도들이 한자리에 모이는 곳이었고, 중앙의 수돗가 및 분수는 신도들의 재계를 위한 곳이었다. 모스크를 둘러싼 회랑식 현관은 대피소, 그늘, 학교의 역할을 해 주었다. 모스크 본당은 마당을 둘러싼 사면의 회랑식 현관 중에서도 메카를 향하는 면에 자리했고, 보통 그 면의 현관을 막아서 만들어졌다. 모스크 역시 직사각형이어서 신도들이 줄지어 길게 늘어설 수 있게 했는데 그 방향도 역시 메카를 향했다. 모스크 본당에는 돔이 올려지는 수도 있었으니, 이때에는 거의 백이면 백 벽돌이 이용되었다. 벽돌을 놓고 한 층씩 쌓을 때마다 맨 위에서 한 점으로 모이도록 위층 벽돌을 아래층보다 안쪽으로 들이는 식이었고, 겉면에 회칠을 하여 울퉁불퉁한 부분들을 가렸다.[128] 사산 양식 및 비잔티움 양식 건축물이 그렇듯, 이때에도 장방형의 기반에서 원형 돔으로 넘어가는 중간은 펜덴티브(pendentive)나 아치문(門)이 받쳐 주었다. 그러나 모스크 건축물에 나타나는 보다 뚜렷한 특징은 첨탑(尖塔, minaret)이라 할 수 있다.('마나라(manara)'라고도 하며 등대라는 뜻이다.) 시리아의 이슬람교도들은 이 첨탑을 발전시킬 때 바빌로니아의 지구라트 및 그리스도교 교회의 종탑에서 아이디어를 얻은 것으로 보이며, 페르시아의 이슬람교도들은 인도의 둥근 기둥, 아프리카의 이슬람교도들은 네 군데에 모서리가 있던 알렉산드리아의 파로스(등대)에서 설계의 영향을 받은 듯하다.[129] 더불어 다마스쿠스의 고대 사원터에도 네 모서리의 탑이 있는데, 이것 역시 첨탑의 형태에 영향을 끼친 것으로 보인다.[130] 초창기라 할 당시만 해도 첨탑은 형태도 단순하고 대체로 장식도 없는 편이었다. 그러던 것이 늘씬하게 높이 솟아오른 형태가 되어, 뚝 부러질 듯한 발코니에 화려한 회랑, 겉면의 파양스 장식까지 갖게 된 것은 그 후 수 세기를 거치면서의 일이었다. 퍼거슨(Fergusson)은 첨탑을 두고 "탑 건축으로서 세상에서 이보다 더 우아한 형태는 또 없을 것"이라 말하기도 했다.[131]

건물 장식 중에서도 가장 화려하고 다채로운 것들은 모스크 내부의 차지였다. 모스크의 바닥과 미흐라브(mihrab, 이슬람교 사원의 벽감(壁龕))는 모자이크는 물론 형형색색의 타일들이 뒤덮고 있었고, 창문과 등불에는 정교한 모양과 갖가지 색조를 자랑하는 유리가 사용되었다. 사람들이 오가는 본당 안의 보도에는 호화로운 카펫과 기도용 융단이 깔려 있었고, 벽 아래의 덧판은 색을 입힌 대리석으로 테두리가 장식돼 있었으며, 미흐라브 또는 코니스(cornice)를 따라서는 아라비아어가 새겨진 사랑스러운 프리즈(frieze)가 빙 둘러쳐져 있었다. 또 문이며, 천장이며, 설교단이며, 가림막에는 목재나 상아로 정교하게 조각이 들어가거나, 우아한 철제 쇠시리가 덧대어졌다. …… 설교단(아랍어로는 민바르(minbar)라고 한다.)은 목재를 정성스레 깎아 만든 것으로서, 표면에는 흑단(黑檀)이나 상아를 상감해 넣었다. 설교단 가까이에 자리한 독서대는 디카(diqqa)라 불렸으며, 자그마한 기둥들을 지지대 삼아 코란을 받쳐 들고 있었다. 코란부터가 아름다운 서체와 세밀화가 담긴 하나의 예술 작품이었던 건 물론이다. 모스크 안에는 키블라(qibla, 메카의 방향)가 어느 쪽인지 일러 주기 위해 벽 한쪽을 움푹 파서 벽감을 만들었는데, 이런 구조는 그리스도교의 앱스(apse, 후진(後

陣))를 모방하여 나온 것인 듯싶다. 미흐라브라고 하는 이 부분은 제단 또는 예배당을 방불케 할 정도까지 꾸며졌고, 이슬람 예술가들은 이 부분의 모습을 가급적 아름답게 연출하기 위해 자신이 가진 모든 기술을 총동원했다. 따라서 여기에는 파양스나 모자이크 기법, 꽃무늬 테두리나 글자체 테두리 또는 돋을새김 기법, 거기다 벽돌, 치장 벽토(壁土), 대리석, 테라 코타, 타일 등의 온갖 것들이 이용되었다.

이렇듯 모스크에 탁월한 장식이 들어갈 수 있었던 데 대해 우리는 동물이나 사람의 형상을 예술에 사용하지 못하게 한 셈족의 금기에 감사해야 할지 모른다. 이슬람 예술가들은 그것을 보상하기라도 하듯, 비구상적인 형태들을 그야말로 수도 없이 만들어 내고 또 차용해 썼던 것이다. 이슬람 예술가는 우선 선, 각, 정사각형, 정육면체, 다각형, 원뿔, 나선, 타원, 원, 구 등 기하학적인 형태에서 억제된 욕망의 배출구를 찾았다. 그런 다음에는 이것들을 갖가지의 소용돌이, 노끈, 그물, 식물, 별 모양으로 발전시켰고, 이어 꽃무늬로 넘어가서는 수많은 재료들을 가져다가 연꽃·아칸서스의 화환, 덩굴, 로제트(rosette) 장식은 물론 야자수의 덩굴손과 이파리까지 만들어 냈다. 10세기에 들어서는 이 모두를 하나로 통합시켜 아라베스크 무늬를 발전시켰으며, 아라비아 글자는 이것들 모두에 독특하고도 중요한 장식 역할을 해 주었다. 이슬람 예술가는 보통 쿠파 문자를 가져다 그 형태를 아래위 또는 양옆으로 늘리거나, 아니면 글자에 화려한 장식과 점을 입히는 방식으로 글자를 하나의 예술 작품으로 승화시켰다. 그러다 종교적 금기가 차츰 느슨해지자 그 틈을 타 새로운 장식 모티프들을 도입하였으니, 하늘을 나는 새, 들판을 뛰노는 짐승, 또는 자신의 기발한 상상 속에만 존재하는 몸의 각 부분이 기묘하게 조합된 동물을 묘사하는 식이었다. 이슬람 예술가가 가진 장식 방면의 천부적 감각 덕에 이슬람 예술은 모자이크, 세밀화, 도예, 직물, 깔개 등 어떤 형태든 한층 풍성해질 수 있었다. 나아가 거의 모든 경우에 있어 이러한 디자인은 마치 음악의 주제가 전개되듯 정교해서, 주류 형태나 모티프가 가진 절제된 통일성이 중앙에서 주변부로, 또는 시작에서 끝으로 발전해 나가는 식이었다. 더구나 이들 생각에 장식에 사용하기에 너무 딱딱하다 싶은 재료는 하나도 없었다. 추상적 형태가 써 내는 그 멋들어진 시를 표현하는 데에는 나무, 쇠, 벽돌, 치장 벽토, 돌, 테라 코타, 유리, 타일, 파양스 그 어떤 것도 무방했으니, 이는 그때까지 그 어떤 예술도 심지어는 중국조차도 이룩하지 못한 경지였다.

이렇게 눈부신 경지에 오른 이슬람 건축에 힘입어 아라비아, 팔레스타인, 시리아, 메소포타미아, 페르시아, 트란속시아나, 인도, 이집트, 투니시아, 시칠리아, 모로코, 스페인에는 수많은 모스크들이 끝도 없이 줄줄이 솟아올랐다. 이들 모스크의 외부 형태에서는 남성적 강인함이 엿보였으나, 그것은 늘 내부 장식이 가진 여성스러운 우아함 및 섬세함과 잘 균형을 이루었다. 그렇게 해서 메디나, 메카, 예루살렘, 라믈라, 다마스쿠스, 쿠파, 바스라, 시라즈, 니샤푸르, 아르다빌의 곳곳에 모스크들이 세워졌으나, 오늘날 우리가 이름을 댈 수 있는 것들은 더도 덜도 말고 바그다드의 자파르 모스크, 사마라의 대(大)모스크, 알레포의 자카리야 모스크, 구(舊)카이로의 이븐 툴룬 모스크와 엘 아자르 모스크, 카이루안의 시디 오크바 모스크, 코르도바의 청(靑)모스크 딱 이것들뿐이다. 수백 개에 달하는 모스크가 이 시기에 지어졌건만 오늘날까지 어엿한 형태로 남은 것은 오로지 10여 개뿐이기 때문이다. 나머지는 가차 없는 시간이 지진, 무관심, 전쟁 등으로 폭삭 주저앉혀 버렸다.

최근 있었던 학계의 요구에 응해 (이슬람 세계에서도 극히 일부인) 오직 페르시아만이 베일에 싸여 있던 대단한 건축물들을 공개했으니, 이는 과거를 재발견하는 우리의 노정에 있어 대사건으로 손꼽힐 만하다.* 그러나 이러한 공개는 너무도 늦은 감이 없지 않다. 페르시아의 걸작 건축물 중에는 이미 흔적도 없이 무너져 버린 것들이 상당수에 달하기 때문이다. 무카다시는 파사의 모스크

---

* 레자 칸(후일 페르시아의 샤로 즉위)은 1925년 아서 어펌 포프에게 페르시아 곳곳의 모스크들에 들어가 볼 수 있도록 권한을 주었다. 원래 이들 모스크는 비이슬람교도에게는 개방되지 않았으나, 모스크 내부를 촬영할 수 있도록 허가해 준 것이다. 그 결과 페르시아 건축이 기술적 및 예술적 면에서 얼마나 탁월한지가 만천하에 알려졌다.

를 메디나의 모스크와 동급에 놓았었고, 투르시즈의 모스크는 다마스쿠스의 대(大)모스크에 필적한다고 보았는데 말이다. 니샤푸르의 모스크에는 대리석 기둥, 황금 타일, 무수한 조각이 들어간 벽면이 자리 잡고 있어 당대의 기적 중 하나로 손꼽혔다. 또 헤라트의 사원은 "너무도 아름다워 호라산 또는 시스탄의 모스크는 감히 따라오지 못할 정도였다."[132] 9세기와 10세기에 페르시아에 훌륭한 건축물들이 많이 지어졌다는 사실을 우리는 그저, 나인(Nayin)의 회중 모스크에서 치장 벽토 돋을새김 조각, 조각 기둥, 미흐라브의 기둥머리를 보고서 (현재 대부분은 파괴된 상태이다.), 또 담간(Damghan)에 남아 있는 사랑스러운 두 기의 첨탑들을 보고서 막연하게나마 추측해 볼 수 있을 뿐이다. 아르디스탄의 금요일 모스크(Friday Mosque, 1055년)의 경우에는 근사한 모습의 미흐라브와 출입구를 지금까지도 간직하고 있으며, 이 건물이 가진 여러 건축 요소는 후일 고딕 양식에도 나타나게 되니, 끝이 뾰족한 아치, 궁륭(穹窿) 펜덴티브, 교차형 둥근 천장, 이랑 있는 돔 등이 여기에 해당한다.[133] 이들 모스크를 비롯해 페르시아 대부분의 모스크 및 궁전에는 먼 옛날 수메르와 메소포타미아에서 그랬던 것처럼 건축 자재로는 벽돌이 사용되었다. 석재는 귀해서 값이 비쌌지만, 진흙과 햇빛이라면 어디에나 널려 있었기 때문이다. 하지만 페르시아 예술가는 벽돌을 층층이 쌓아 거기에 음영을 주고, 독특한 패턴을 만들고, 다양한 분위기를 조성해 낸 바, 그 전에는 평범한 재료로 이토록 다양한 장식을 만들어 내리라고는 전혀 생각하지 못했었다. 출입구, 설교단, 미흐라브 같은 특별한 곳들에는 페르시아 도공이 벽돌 위에다 색색의 모자이크는 물론 제일 휘황찬란한 타일들을 가져다 붙였다. 더구나 11세기 들어서는 그렇게 반짝거리는 표면 위에 광택제를 바른 파양스를 붙여 표면이 한층 더 빛을 발하도록 했다. 이렇듯 이슬람에서는 모든 예술들이 겸허하게 그리고 자긍심을 가지고 모스크를 위해 봉사했다.

이슬람 사회에서 조각은 우상 숭배를 우려해 금기시되었고, 따라서 장식용의 돌을새김에만 조각이 사용되었다. 석재는 갖가지 기술로 조각된 한편, 치장 벽토는 단단히 굳기 전에 먼저 손으로 수없이 다양한 형태로 모양을 잡았다. 그렇게 만들어진 조각 중 아주 인상적인 것 하나가 오늘날까지 남아 있다. 왈리드 2세가 (743년경) 요르단의 시리아 사막 동부의 므샤타라는 곳에 건축하기 시작했다 미처 마무리 짓지 못한 겨울철 별궁이 그 실례이다. 이 별궁의 프리즈 부분은 그 어디서도 보지 못할 탁월한 솜씨로 조각되어 건물 정면 하부를 빙 두르고 있는데, 삼각형과 로제트 장식이 주가 되고 그 테두리를 갖가지 꽃, 과일, 새, 짐승, 아라베스크 줄무늬가 수놓고 있다. 이 걸작은 1904년에 베를린으로 옮겨 왔고, 덕분에 제2차 세계대전을 겪고도 살아남을 수 있었다. 이 외에도 목재 세공사들은 정교한 조각으로 창문, 문, 가림막, 발코니, 천장, 테이블, 독서대, 설교단, 미흐라브를 아름답게 꾸몄는데, 뉴욕의 메트로폴리탄 미술관에 가면 타크리트에서 가져온 벽널에서 그 모습을 감상할 수 있다. 상아 및 뼈 세공사들은 조각 및 상감 기법을 동원하여 코란, 가구, 가재도구, 신체 등을 꾸미는 일을 맡았다. 이런 물건 중 오늘날 우리에게까지 전하는 것은 단 하나 (피렌쩨 국립 박물관에 있는) 체스용 코끼리 말인데, 근거가 미흡하긴 하나 10세기의 것으로서 하룬이 샤를마뉴에게 보낸 체스 판에 들어 있었을 것으로 추측된다.[134] 한편 이슬람의 금속 세공인들은 사산 왕조의 기법을 습득하여 엄청난 크기의 청동, 놋쇠, 구리 램프, 커다란 물병, 그릇, 주전자, 크고 작은 잔, 대야, 화로를 만들어 내었다. 이런 용품들은 주물을 뜰 때부터 사자, 용, 스핑크스, 공작, 비둘기 등의 형상으로 재미나게 만들어졌고, 때로는 상감 기법으로 정교한 패턴을 넣기도 했으니, 시카고 미술관의 레이스 장식 램프가 그 실례이다. 몇몇 장인들은 상감 무늬를 은이나 금으로 채워 이른 바 "다마스쿠스식" 철을 만들기도 했다. 그러나 이 기법은 다마스쿠스에서 사용되기는 했으나 엄밀히 따지면 다마스쿠스가 기원은 아니다.[135] 다마스쿠스의 검들은 고강도로 담금질된 강철로 만들어졌으며, 돋을새김 조각으로 장식하거나, 금실 또는 은실로 아라베스크나 글자 등의 여타 패턴을 상감해서 장식했다. 당시 이슬람의 금속 세공인들의 세공 솜씨는 타의 추종을 불허할 정도로 탁월한 위치에 있었다.

이슬람 정복이 얼마간 안정을 이루어 이제 문화적 흡수가 가능해지게 되었을 때, 자기도 모르는 사이 이슬람교의 도기는 어느덧 다섯 가지 도예 전통의 계승자가 되어 있었다. 즉 아시아, 아프리카, 스페인에서 이집트, 그리스–로마, 메소포타미아, 페르시아, 중국의 양식을 물려받은 것이다. 사르(Sarre)는 사마라 지역에서 자기(瓷器)를 비롯해 중국 당 왕조의 도기를 몇 점 발견한 바 있으며, 초창기의 이슬람–페르시아 도자기는 누가 봐도 중국 도자기의 원형을 베낀 것이었다. 바그다드, 사마라, 라이 등을 비롯한 곳곳의 도시에는 도기 제조 단지가 조성되기도 했다. 그렇게 해서 10세기에 이르자 페르시아 도공들은 자기를 제외한 거의 모든 종류의 도기를 만들어 내었으니, 가래나 침을 뱉는 휴대용 그릇부터 "40인의 도적 중 최소한 한 사람은 들어갈 만한" 그야말로 괴물같이 큰 꽃병에 이르기까지 그 형태도 각양각색이었다.[136] 페르시아 도기는 그 실력이 절정에 올랐을 때는 섬세한 구상, 화려한 색감, 세련된 세공 솜씨를 보여 주어, 중국과 일본 외에는 따를 곳이 없었고, 파미르 고원 서쪽 지대에서는 600년 동안 이것들과 어깨를 견줄 만한 것이 없었다.[137] 도자기는 페르시아인들이 가장 좋아한 예술이자, 그들과 가장 죽이 잘 맞는 예술이었다. 귀족들은 도자기 걸작이라면 서로 질세라 모아들였으며, 알 마아리와 우마르 하이얌은 자신들의 철학에 사용할 비유를 도자기 속에서 수없이 찾아내곤 했다. 전하는 바에 따르면, 9세기에 열린 한 연회에서는 잔칫상을 장식하고 있던 그릇에게 시를 지어 바쳤다고도 한다.[138]

또 바로 이 9세기에 사마라와 바그다드의 도공들은 광택이 나는 도기를 만들어(아마도 그것을 처음으로 발명하여) 스스로를 차별화했다. 진흙에 유약을 바르고 그 위에 금속 산화제로 장식을 그린 후, 연기가 많이 나게 온도를 낮추고 그 불에 2차로 그릇을 구우면 안료가 얇은 금속 막이 되어 도기를 덮으면서 그릇의 광택 위에 은은한 빛이 감돌아 보는 각도에 따라 색이 달라진다. 페르시아 도공들은 이런 방식으로 사랑스러운 단색 도자기들을 만들어 낸 것은 물론 황금색, 녹색, 갈색, 황색, 적색의 유색 도자기들을 만들었으니 유색 도자기의 색조는 마치 물이라도 흐르는 듯하여 훨씬 더 사랑스러웠다. 이러한 광택 기법은 도자기에만이 아니라 고대 메소포타미아의 장식 타일 제조 기술에도 그대로 적용이 되었다. 정사각형 모양의 이 타일들은 색감이 풍부하고 색 배합이 조화로워 수십 군데 모스크의 출입구와 미흐라브, 그리고 곳곳의 성벽에 독특한 화려함을 더해 주었다. 한편 유리 세공 관련 기술에서는 이집트와 시리아가 갖고 있던 모든 기술을 이슬람교도들이 고스란히 물려받았다. 램프 갓등은 그 모습이 휘황찬란했는데, 먼저 유리로 만든 후에 원반 모양의 보석이나 글씨, 또는 꽃무늬로 장식을 넣었다. 시리아가 본격적으로 에나멜 유리 공법 시대를 연 것도 이 시기일 가능성이 크며, 이 기술은 13세기에 접어들어 절정에 이른다.

    그리스도교 대성당에서는 어딜 가든 회화와 조각을 무수히 찾아볼 수 있고, 더구나 이것들은 그리스도교의 교리와 이야기를 전하는 매개체로서 중요한 역할을 했다. 이러한 점을 감안할 때 이슬람 예술에 구상 예술이 존재하지 않는다는 사실은 우리로서는 도저히 납득이 되지 않는 대목이다. 코란은 조각에 대해서는 직접적으로 금지를 언명하고 있으나(5장 92절), 회화에 대해서는 일절 언급이 없다. 그러나 아이샤에게서 나왔다고 알려진 한 전승에 따르면, 예언자는 조각에 대해 그랬듯 그림 역시 못마땅하게 여겼다고 한다.[139] 하지만 수니파는 물론 시아파에서도 정작 이슬람 율법을 보면 회화에 이중적 금기가 적용되고 있었음을 알 수 있다. 살아생전 마호메트가 조각을 금기시한 데에는 필시 십계명 제2조와 유대교의 가르침이 영향을 끼쳤을 것이고, 여기에 예술가의 월권에 대한 생각, 즉 살아 있는 것에 형상을 부여하는 것은 창조자의 기능을 참칭하는 것이라는 생각도 일부 영향을 끼쳤을 것이다. 그러나 몇몇 신학자들은 이러한 금기를 보다 완화하여 생명이 없는 것이면 그것을 그림으로 그릴 수 있도록 하였다. 또 오직 신성한 용도로만 사용한다는 조건 아래, 물건 위에 동물이나 사람의 모습을 그리는 것을 눈감아 준 이들도 있었다. 뿐만 아니라 우마이야 왕조의 어떤 칼리프들은 이러한 금기들을 아예 무시해 버리기도 했다. 712년경 왈리드 1세는 쿠사이르 암라에 있는 자신의 여름 별궁을 헬레니즘 양식의 프레스코화로 꾸몄는데, 이 그림들은 다름 아닌 사냥꾼, 무희, 목욕하는 여인들, 그리고 옥좌에 앉은 자신의 모습을 담고 있었다.[140] 압바스 왕조의 칼리프들도 말로는 독실한 신심을 표했지만, 그들이 쓰는 곳곳의 개인 방에는 벽화가 그려져 있기 마련이었다. 알 무타심은 예술가들을 고용해(이들은 그리스도교도였던 것으로 보인다.) 사마라의 자기 궁전 벽에다가 수렵 장면이며, 성직자들, 그리고 나체의 무희들을 그리게 했다. 또 알 무타와킬은(그는 이단자들을 박해한 전력이 있었다.) 비잔티움 화가들이 이들 프레스코화에다 그림 하나를 추가하는 것을 허락하기도 했다. 그것이 그리스도교 수도사들과 그리스도교 교회의 모습을 담은 것이었음에도 말이다.[141] 가즈니의 마무드는 자기 자신은 물론 자신의 군대, 그리고 자신의 코끼리를 그린 그림으로 자기 왕궁을 장식했다. 뿐만 아니라 그의 아들 마수드는 셀주크 투르크족에게 폐위당하기 직전 헤라트에 있는 자기 왕실들의 벽을 그림들로 뒤덮었는데, 페르시아 또는 인도에 전해지는 춘화 기법을 바탕으로 한 풍경 그림들이었다.[142] 또 일설에 따르면, 한 비지에의 집에서는 두 명의 화가가 얼마나 사실적인 그림을 그릴 수 있는가를 두고 서로 경쟁을 벌였다고 한다. 이븐 아지즈는 무희가 마치 벽에서 걸어 나오는 것처럼 그림을 그려 보이겠다 하였고, 반면 알 카시르는 그보다 고난도의 작업으로서 무희가 벽 안으로 들어가는 것처럼 보이게끔 그림을 그리겠다고 하였다고 한다. 두 사람 모두 작업을 너무도 멋지게 성공시켰기 때문에 비지에는 둘 모두에게 명예의 예복과 함께 황금을 두둑이 하사했다.[143] 이 외에도 금기를 어긴 사례로 꼽힐 수 있는 것들은 여러 가지이다. 특히 페르시아에는 살아 있는 것들의 모습을 그린 작품이 흥겹도록 풍성할 뿐더러, 또 모든 회화 형태가 빠지지 않고 여기에 이용되고 있다. 그렇긴 하나 이러한 금기로 인해(일반인들은 이러한 금기를 적극 지지해서 이따금은 예술 작품을 훼손하거나 무참히 파괴했다.) 이슬람 회화의 발전이 지체된 것만은 분명한 사실이다. 이 때문에 이슬람 예술은 대체로 추상적인 장식에만 한정되어 초상은 거의 찾아볼 수 없었고(그럼에도 아비켄나의 초상화는 40점이 있었다고 전한다.), 또 이 때문에 예술가들은 왕족 또는 귀족들의 후원에 전적으로 의지하는 것 외에는 달리 방법이 없었다.

이 시대의 이슬람교 벽화 중 오늘날까지 살아남은 것은 단 몇 점, 쿠사이르 암라와 사마라의 벽화들뿐이다. 하지만 여기서 우리가 알 수 있는 것이란 그저 비잔티움 제국의 기법과 사산 왕조의 구상이 기묘하게 결합은 했으나 그 사이에선 아무 결실도 나오지 못했다는 사실뿐이다. 그러나 이를 보상이라도 하듯, 이슬람의 세밀화만큼은 역사를 통틀어 가장 훌륭한 것으로 손꼽힌다. 이슬람 세밀화는 그 결실로 비잔티움, 사산, 중국 세밀화 등의 다양한 유산을 낳았다. 더구나 그 그림들 속에서 우리는 열정에 불타는 손이 예술과 착 달라붙어 둘만이 빚어내는 아름다움을 볼 수 있으니, 때로는 그 모습에 구텐베르크가 다 원망스러워지기까지 한다. 근대 유럽에서 실내악이 소수 귀족층의 전유물이었듯, 중세 이슬람 사회에서도 필사본에 들어가는 세밀화 장식은 극소수 귀족층이나 즐길 수 있는 예술이었다. 세밀화 장식으로 불굴의 역작을 탄생시키기 위해 예술가는 가난을 사명처럼 받들고 살아가야 했는데, 그런 예술가의 생계를 유지시켜 줄 수 있는 건 부자들밖에 없었기 때문이다. 세밀화에서도 역시 구상보다는 장식이 우선이었다. 원근법과 입체감은 알면서도 무시되었고, 대신 한 가지의 중심 모티프나 형태를(하나의 기하학적 형상이나 또는 한 송이 꽃이 주로 이런 주제로 선택됐을 것이었다.) 택해 수십 가지로 변형해 쓰곤 했다. 그리하여 해당 페이지 본문 구석구석이, 심지어는 그 여백까지도 마치 끌로 새긴 듯 공들여 그린 선들로 가득 메워지곤 했다. 비종교적인 작품일 경우에는 남자, 여자, 동물을 대상으로 하여 사냥, 만담, 사랑의 모습이 그림에 들어가는 수도 있었다. 그러나 이슬람 회화에서 항상 주안점은 장식에 있었으니, 자유분방하게 뛰노는 듯 섬세한 선들의 움직임, 마치 물이 흐르는 듯한 색감의 자연스러운 조화, 어디에도 비할 바 없는 추상적인 미의 완벽함은 사람의 마음을 다 평화롭게 만들어 주었다. 우리는 형태를 통해 어떤 느낌을 갖게 함으로써 중대한 무언가를 발견하게 하는 것을 예술이라 한다. 그러나 그때의 느낌은 반드시 어떠한 법도를 따르지 않으면 안 되며, 형태 역시 어떤 구조와 의미를(때로는 그 의미가 말의 영역을 넘어서는 것이라 해도) 갖지 않으면 안 된다. 참으로 심오한 음악이 그렇듯, 이슬람 장식화의 예술성도 바로 여기에 있다.

이러한 장식화에 있어 서예는 빼놓을 수 없는 부분이었다. 글씨와 모양이 이렇듯 한 배에서 난 형제처럼 단단히 얽혀 있는 경우는 저 멀리 중국까지는 가야 볼 수 있는 일이다. 쿠파에서 만들어졌다 하여 쿠파체라 불린 아라비아어 글씨체는 뭉툭하게 각이 지고 멋없게 날이 선 모습이었다. 서예가들은 이 뼈대만 있는 듯한 글자들을 가져다 모음, 굴절 어미, 운율, 발음 구별 등의 부호를 붙여 옷을 입혔고, 여기에 약간의 꽃무늬 장식까지 더했다. 이렇게 재탄생한 쿠파체는 이후 이슬람의 건축 장식에서 자주 주연으로 등장하게 된다. 그러나 아라비아어 필기체로는 쿠파체보다도 나스키체가 훨씬 더 매력적인 것으로 드러났다. 나스키체의 둥글둥글한 글자 모양과 물 흐르듯 옆으로 구불구불 이어지는 선은 그 자체가 하나의 장식이나 다름없었기 때문이다. 아름답기로 따지면 나스키체는 오늘날의 그 어떤 글자나 활자도 따라잡지 못할 정도이다. 그리하여 10세기에 접어들면서부터는 기념비와 도자기류를 제외하고는 이 나스키체가 장식 서체로서 쿠파체보다 우위를 점하게 되었고, 따라서 오늘날 우리에게까지 전해지는 중세 시대의 이슬람 서적 역시 대부분은 이 나스키체로 씌어져 있다. 그리고 이렇게 살아남아 있는 책은 태반이 다름 아닌 코란이다. 신성한 경전인 코란의 경우 단순히 베껴 쓰는 것은 신의 은총을 받을 신심 어린 행동이었으나, 그것을 그림으로 꾸미면 곧 신성 모독으로 여겨졌다. 그러나 아름다운 손 글씨로 코란을 써서 그 내용을 돋보이게 하는 것은 예술 중에서도 제일 고상한 것으로 꼽혔다. 그리하여 세밀화가들은 급료도 몇 푼 못 받으며 장인으로 고용돼 일했던 반면에, 서예가들은 사람들이 이곳저곳에서 찾은 것은 물론, 왕실에서는 선물을 아끼지 않았고, 왕과 관리들은 서예가를 자신들과 같은 서열에까지 끼워 주었다. 대가의 손끝에서 나왔을 경우 글씨는 자투리 한 장이 값을 매길 수 없을 정도의 보물 대접을 받기도 했다. 이슬람 사회에는 10세기부터 벌써 애서가들이 있었으니, 이들은 양피지 위에 검정, 파랑, 보라, 빨강, 황금색 등의 잉크로 쐬어져 있는 그야말로 잘 만들어진 필사본들을 모으는 것에서 자기 삶과 이동의 이유, 그리고 존재의 의미를 찾았다. 이 시대에 이런 식으로 만들어진 책들 중에서 현재까지 우리에게 전해지고 있는 것은 단 몇 권에 불과하다. 그중 가장 오래된 것으로는 카이로 도서관에 보관돼 있는 코란을 꼽는데, 그 연대가 784년으로 거슬러 올라간다. 더구나 이 책들은 글씨만 아름다운 것이 아니었다. 이 책들은 당대에도 가장 부드럽고 또 강했다는 가죽으로 장정돼 있을 뿐 아니라, 책에 사용된 압형(押型) 기술은 타의 추종을 불허할 예술적 경지이며, 표지만 해도 고상한 디자인으로 장식된 것이 한두 개가 아니다. 이를 감안하면 9세기에서 18세기까지 나온 이슬람의 책들이야말로 이제까지 나온 그 어느 책보다 빼어나다 해도 과언이 아닐 것이다. 오늘날에 이렇게까지 화려한 책을 만들어 낼 수 있는 이가 우리 중에는 과연 있기나 할까.

　이슬람의 예술은 이슬람의 삶을 장식할 때면, 마치 하나의 장식 주제가 이곳저곳 모두를 휘감듯 모두가 하나로 어우러지는 모습을 연출하였다. 그리하여 채색화와 서예에 들어간 패턴은 직물의 무늬로도 짜여 들어갔고, 또 도자기 무늬로도 구워졌는가 하면, 건물의 출입구나 모스크의 미흐라브 위에도 얹혔다. 중세 문명은 예술가와 장인 사이에 거의 구별을 두지 않았다고 할 수 있는데, 만일 그렇다면 그것은 예술가를 경시해서가 아니라 장인을 높이 샀기 때문이었다. 당시 어떤 것이든 제조업이 가진 목적은 한 가지, 바로 예술의 경지에 오르는 것이었다. 물론 도예공들이 그랬듯, 직조공들의 손에서는 그저 한때 쓰고 말, 그다지 특별할 것 없는 물품들이 만들어져 나오는 게 보통이었다. 그러나 그렇게 예복 또는 가리개, 융단 또는 덮개, 자수 또는 양단을 만들다 보면 간혹 직조공의 기술과 불굴의 인내가 딱 맞는 표현법을 찾을 때가 있었고, 더불어 그의 꿈이 고스란히 물품의 형태 속에 구현되는 수도 있었다. 이런 물건들이 만들어지는 데에는 때로 몇 사람의 생이 들어가기도 했고, 그 디자인에는 세밀화를 그릴 때와 똑같은 장인 정신이 담겼으며, 그 빛깔은 동방이 그토록 애지중지하는 갖가지 멋진 색들로 염색이 되었다. 시리아, 페르시아, 이집트, 트란속시아나가 이슬람교도에게 정복당할 당시, 비잔티움, 콥트, 사산, 중국에서 만들어지는 직물들은 이때부터 이미 훌륭하기로 정평이 나 있었다. 이슬람은 이를 접하자마자 그 기술을 재빨리 배워 익혔다. 원래 비단은 예언자가 입지 말아야 한다고 금한 것이었으나, 언제 그랬느냐는 듯 이슬람교도들은 제조소를 지어 이 죄악의 원단을 무지막지하게 뽑아냈으니, 이를 걸침으로써 영혼만이 아니라 그 몸까지 용서받아야 할 사람들은 남자건 여자건 수도 없이 많았다. 그중에서도 이른 바 "명예의 예복"은 칼리프가 그의 종복에게 하사할 수 있는 최고의 선물이었다. 이제 이슬람교도들은 중세 시대의 비단 상인들 중에서도 선구적인 위치로까지 자리매김한다. 유럽의 귀부인들은 페르시아의 비단 타프타(taftah)를 태피터(taffeta)라 부르며 열심히 사들였다. 페르시아에서도 시라즈는 얼마 안 있어 울 산지로 유명해졌고, 바그다드는 닫집(baldachin)* 가리개와 줄무늬 비단으로 유명했으며, 후지스탄은 낙타 또는 염소 털로 만든 천, 호라산은 소파(sofa, 아라비아어로는 'suffah'라고 한다.) 덮개, 티레는 카펫, 보카라는 기도용 융단, 그리고 헤라트는 황금 양단의 산지로 명성을 떨쳤다. 그러나 이 시대에 만들어진 이러한 생산품 중에 시간에게 찢기고 뜯기기를 견디며 오늘날까지 살아남은 견본은 단 하나도 없다. 우리는 후대 작품들로 미루어, 또 당대를 살았던 작가들의 목격담으로 미루어, 당시 제품의 탁월함을 그저 짐작만 할 수 있을 뿐이다. 일례로 하룬 알 라시드 시절을 기록한 국가 문서의 한 항목은 그 시작이 다음과 같다. "비지에 야흐야의 아들 자파르에게 하사하는 명예의 예복 가격, 황금 40만 냥."[144]

---

* 바그다드를 가리키는 중세 라틴어명은 이 'Baldaq'라는 말에서 유래하였다.

8. 음악

조각이 그랬던 것처럼, 애초에 음악은 이슬람교에서 죄악으로 치부되었다.[145] 코란에서 음악을 직접 금하는 대목은 없으나, 미심쩍으나마 우리에게 전해지는 한 전승을 믿는다면, 예언자는 난잡한 여인들이 부르고 추는 노래와 춤을 두렵게 여겼으니, 음악을 연주하는 악기는 곧 악마의 무에진이 사람들을 지옥으로 떨어뜨리는 소리라며 깎아내렸고 한다. 여기에 신학자들은 물론 이슬람교 정통 율법의 4대 학파 역시, 음악은 열정의 바람만 불러일으킬 뿐이라며 탐탁지 않게 여겼다. 그러나 개중에는 음악 그 자체가 죄악은 아니라며 넓은 아량을 보이는 이들도 더러 있었다. 한편 일반 백성들의 건전성은 늘 교리보다는 행실에 있었으니, 따라서 다음과 같은 속담을 평상시 신조로 삼고 살았다. "술은 몸이요, 음악은 영혼이라, 그 사이에서 난 자식이 바로 기쁨이로다."[146] 음악은 이슬람의 삶의 무대를 어디든 늘 따라다녔으며, 사랑과 전쟁과 죽음을 이야기하는 노래들만 있으면 아라비아의 1001일 밤도 꼬박 채워질 수 있었다. 궁전은 어디건 말할 것도 없고, 수많은 대저택에는 늘 음악가들이 한자리를 차지하고서 시인이 만든 노래나 자신이 손수 지은 노래를 부르곤 했다. 한 역사가는 한껏 자신감에 차서 다음과 같이 놀라운 판단을 일말의 주저도 없이 내놓기도 했다. "아랍인들이 모든 분과에 두루 걸쳐 음악을 발전시켜 놓으니, 이로써 다른 모든 나라가 역사에 쌓은 예술의 공로는 한순간에 미미한 것이 되어 버리고 있다."[147] 그러나 오래도록 훈련을 받지 않는 한, 서양의 귀가 아랍 음악의 멋진 소리를 제대로 감상할 수 있을 턱이 없다. 아랍 음악은 조화와 대위법에 신경 쓰기보다는 (마치 소리로 아라베스크 무늬를 만들 듯) 멜로디를 정교하기 전개시키길 더 좋아하고, 음조도 2부보다는 3부로 나누고 있으며, 구조와 리듬 역시 동방의 무늬처럼 한껏 치장하기에 바쁘기 때문이다. 우리 귀에 아랍의 음악은 단순한 가락이 반복되고, 처음부터 끝까지 애절하기만 하며, 형식이 없어 이해할 수 없는 괴상한 소리로 들릴 뿐이다. 그러나 오히려 아랍인들의 귀에는 유럽의 음악이 음조의 풍부함과 미묘함을 제대로 살리지 못한, 쓸데없는 복잡성과 말도 안 되는 고음에 구질구질 매달리는 이상한 소리로 들릴 것이다. 아랍 음악의 명상이라도 하는 듯한 부드러운 소리에는 이슬람교도의 영혼을 저 깊은 곳에서부터 울리는 면이 있다. 페르시아의 시인 사디는 한 소년이 "어찌나 구슬픈 가락으로 노래를 했던지 날아가던 새가 그 자리에서 다 멈춰 버릴 정도였다."라고 말한다.[148] 알 가잘리는 황홀경의 상태를 "귓전에 음악 소리가 들려오는 상태"로 정의하기도 하였다.[149] 한 아라비아어 책을 보면 한 장(章) 전체가 이슬람의 음악을 듣다가 기절하거나 또는 죽어 버린 사람들의 이야기로 구성돼 있다. 그뿐인가. 애초에는 음악을 반대했던 종교 역시 나중에는 넋을 빼 놓는 데르비시 의식에 음악을 가져다 쓰지 않을 수 없었다.

처음 태동할 당시 이슬람 음악은 셈족의 형식과 음조를 지니고 있었다. 그러다 발달 과정에서 그리스 양식들을 접하게 되었는데, 그리스 음악은 아시아에 그 기원을 두고 있다. 그리고 나서 이슬람 음악은 페르시아와 인도로부터 강력한 영향력을 실감하게 된다. 이슬람 음악의 경우, 기보법을 비롯해 음악 이론의 상당 부분을 그리스에서 취하고 있었다. 알 킨디, 아비켄나, 성심의 형제단은 음악을 주제로 장문의 글을 써 낸 바 있으며, 알 파라비의 『음악대서(音樂大書)』는 중세 시대에 음악 이론을 다룬 빼어난 저작으로서, "오늘날 우리에게 전해지는 그리스의 음악 관련 고전보다 뛰어나다고는 못하나, 결코 그것들에 뒤지지 않는 작품이다."[150] 이슬람교도들은 7세기 때부터 이미 음악을 음의 단위로 표기할 줄 알았으며(유럽인들은 1190년 이전까지는 이를 몰랐던 것으로 보인다.),[151] 아랍인의 이 기보법은 각 음의 높낮이는 물론 길이까지도 표시해 주고 있었다.

이슬람 세계에서 음악 연주용 악기는 수십 가지에 이르렀으나 그중에서도 류트, 리라, 비파, 살터리(psaltery), 플루트가 주종으로 꼽혔고, 이따금 이들의 소리를 뿔피리, 심벌즈, 탬버린, 캐스터네츠, 드럼 등이 받쳐 주었다. 리라는 소형 하프 같은 모습을 하고 있었다. 류트는 오늘날 우리가 알고 있는 만돌린과 비슷한 형태로서, 기다린 목에 둥그런 몸체를 하고 있었는데 공명부인 몸체는 단풍나무를 조각조각 길게 잘라 그것을 이어 붙여 만들었다. 류트의 줄은 동물의 창자로 만들어졌고 이를 손가락으로 뜯어 연주했다. 당시 류트는 크기 및 종류가 여남은 가지는 되었다. 그중에서도 덩치가 커다란 것들은 그리스 악기 키타라(kithara)에서 그 이름을 따서 키타라(qitara)라고 불렀다. 오늘날 영어에 들어 있는 기타(guitar)와 류트(lute, 아라비아어로는 'al-ud'라고 한다.)라는 말도 다 아라비아어에서 온 것들이다. 현악기 중에는 활로 연주하는 것들도 몇 가지 있었다. 오르간은 기압식과 수압식의 두 종류가 모두 잘 알려져 있었다. 세빌리아 같은 이슬람의 특정 도시들은 훌륭한 악기를 잘 만들어 내는 것으로 명성이 자자했으니, 오늘날 이슬람 세계에서 만들어 낸 것들은 감히 비할 바가 아니었다.[152] 이런 악기들이 연주될 때면 거의 늘 노래가 함께 나오거나 중간에 도입되곤 했다. 공연에는 한 번에 네댓 가지의 악기만 사용하는 것이 보통이었으나, 대규모의 오케스트라단이 있었다는 이야기도 전한다.[153] 또 전승에 따르면 인류 역사상 지휘봉을 맨 처음 손에 든 것도 메디나의 음악가 수라이즈였다고 한다.[154]

음악을 광신적으로 좋아한 이슬람 사회였음에도 불구하고, 고명한 몇몇 대가들을 제외하면 음악가의 지위는 대체로 낮은 편이었다. 사람 넋을 빼 놓는 이 예술을 공부하겠다고, 상류층 사람이 자기가 가진 모든 걸 내려놓고 음악에 입문하는 경우는 거의 찾아볼 수 없었다. 부유한 가정에서 음악은 여자 노예들이 도맡아 하는 일이었고, 이슬람 율법의 한 학파에서는 음악가가 하는 증언은 법정에서 받아들여질 수 없다고 보기도 했다.[155] 춤 역시 특별한 경우 아니고는 따로 훈련을 받고 고용된 노예들이나 추는 것으로 여겨졌다. 당시의 춤은 종종 외설적이다가도, 종종 예술적이기도 했다. 아민 칼리프는 자신의 손으로 직접 하룻밤이 꼬박 걸리는 발레 공연을 연출하기도 하였는데, 수많은 아가씨들이 나와 춤을 추고 노래하는 모습을 볼 수 있었다. 그러다 아랍인들이 그리스와 페르시아의 문화를 접하게 되자, 음악가의 지위도 덩달아 올라갔다. 그리하여 우마이야와 압바스 왕조 칼리프들은 당대 최고로 꼽히는 위대한 연주자들에게 아끼지 않고 거금을 퍼 주었다. 술라이만 1세의 경우 메카에서 음악가들끼리 경연 대회가 열리자 상금으로 은화 2만 냥을(1만 달러) 내어 주었다. 왈리드 2세는 노래 경연 대회를 자주 연 칼리프였는데, 그중 한번은 일등의 상금으로 은화 30만 냥을(15만 달러) 내걸기도 했다.[156] 그러나 이 액수들은 동방의 문헌에서 나온 것이니만큼 과장되었을 여지가 없지 않다. 마흐디는 메카의 가수 시야트를 자기 궁으로 부르면서 "그의 영혼은 내 마음을 따뜻하게 덥히면서 또 시원하게 풀어 주니 뜨거운 목욕물보다도 낫다."고 하였다. 하룬 알 라시드는 이러한 시야트의 제자 이브라힘 알 마우실리를 종복으로 데려다 썼는데, 그러기 위해 그에게 15만 디르헴(7만 5000달러)을 주어야 했을 뿐 아니라 거기다 매달 1만 디르헴을 얹어 준 것은 물론, 노래 한 곡을 부를 때마다 10만 디르헴을 더 쳐주었다.[157] 음악에 대한 하룬의 사랑은 어찌나 지극했던지 그가 속한 상류 계급에는 좀처럼 없던 일임에도 불구하고, 그는 이복동생 이브라힘 이븐 알 마흐디더러 그가 가진 재능을 살려 음악을 하라고 권하기까지 했다. 알 마흐디는 엄청나게 우렁찬 목소리를 가진 것은 물론 3옥타브까지 올라가는 음역을 자랑하는 인물이었다. 그러나 세월은 그야말로 짓궂은 장난을 좋아하는 모양인지, 전하는 바에 따르면 후일 알 마흐디는 아라비아 음악에서 이른바 낭만파 운동을 이끌며 이샤크가 이끄는 고전파에 맞서게 되는데, 이 이샤크는 다름 아닌 하룬이 그토록 아끼던 알 마우실리의 아들이었다.[158] 이슬람이 배출해 낸 가장 위대한 음악가로 당대 사람들은 너나할 것 없이 이샤크를 꼽았다. 알 마문은 이샤크를 두고 종종 이런 말을 하기도 했다. "이샤크는 단 한 번도 나를 위해 노래한 적 없지만, 그것이 얼마나 다행인지 몰라. 안 그랬다면 내 재산이 다 날아가 버리지 않았을까 생각되니까."[159]

이브라힘 알 마우실리의 제자 무하리크는 당대의 모습을 담아 한 이야기를 전하는데, 이걸 들으면 당시 이슬람 사회의 분위기가 얼마나 화기애애했고, 또 음악이 이슬람교도의 심금을 얼마나 울렸는지 그 그림을 그려 볼 수 있다. 이 이야기가 말 그대로 믿기지 않는다 해도, 그 안에 담긴 진의만큼은 얼마든 느낄 수 있을 것이다.

칼리프를 모시고 하룻밤을 꼬박 새 가며 술을 마신 뒤였다. 나는 칼리프께 잠시 밖에 나가 바람을 쐬고 와도 되겠느냐고 물었다. …… 칼리프께서는 허락해 주셨다. 그렇게 해서 잠시 밖을 거니는데 한 아가씨의 모습이 눈에 들어왔다. 마치 떠오르는 태양이라도 되는 듯 그녀의 얼굴에서는 밝은 빛이 뿜어져 나오고 있었다. 나는 바구니를 하나 든 그녀의 뒤를 졸졸 따라갔다. 그녀는 길을 걷다 과일 장수 앞에 멈춰 서더니 과일을 몇 개 샀다. 그녀는 결국 내가 따라온다는 걸 알게 되었고, 그러자 뒤를 돌아다보며 몇 차례 욕을 했다. 그럼에도 나는 끝까지 그녀를 따라갔고 이윽고 그녀는 으리으리한 대문 앞에 당도하였다. …… 대문은 그녀를 들여보내고 나서 굳게 닫혀 버렸다. 나는 그녀의 아름다움에 넋을 잃은 채 한동안 대문 맞은편에 앉아 그대로 있었다. …… 그러는 사이 해는 뉘엿뉘엿 서쪽으로 넘어가고 있었다. 얼마나 지났을까, 잘생긴 용모의 젊은이 두 명이 나귀를 타고 와 그 집 대문을 두드렸다. 그 집에서는 둘을 들여보내 주었고 나도 그 틈을 타 함께 들어갔다. 집주인은 내가 그들 일행이라 생각할 터였고, 두 젊은이는 내가 주인 친구라고 생각할 터였다. 집으로 들어가자 음식이 한 상 차려져 나와 우리는 함께 식사를 하였다. 그리고 난 뒤 손을 씻자 향기로운 향을 몸에 뿌려 주었다. 주인은 (한 여자의 이름을 언급하며) "자네들은 내가 아무개를 불러 주었으면 하는가?"라고 물었다. 그러자 두 젊은이가 대답했다. "그래주면 참으로 고맙겠네." 주인이 부르자 그 여인이 모습을 드러내는데, 아, 내가 거리에서 본 바로 그 아가씨가 아닌가. …… 곧 계집종 하나가 그녀의 류트를 들고 나와 그녀 앞으로 오더니 류트를 무릎에 놓아 주었다. 방으로 술이 들어오자 그녀가 노래를 불렀다. 그 노래를 들어 가며 우리는 술을 마셨고 흥에 겨워 어깨까지 들썩거렸다. "이것은 누가 지은 곡인가?"라며 사람들이 물었다. 그러자 그녀가 답하길, "저의 스승이신 무하리크께서 만드신 곡입니다."라 하였다. 그리고 난 뒤 노래가 한 곡조 더 이어졌고, 그녀는 그 곡 역시 내가 만든 것이라 하였다. 사람들은 다

같이 술잔을 기울이며 술을 마시고 있었다. 그녀가 나를 의심스럽다는 듯 자꾸 곁눈으로 흘끗흘끗 바라보자, 나는 더 이상 참지 못하고 그녀에게 노래 한 곡조를 성심껏 제대로 불러 보라며 목소리를 높였다. 하지만 최선을 다하려는 바람에 세 번째 곡에서 그녀는 그만 목소리에 너무 힘을 주고 말았고, 그것을 놓칠세라 나는 "방금 그 부분은 잘못 불렀네."라고 말했다. 그러자 그녀는 화가 나 무릎에 있던 류트를 집어던지며 말했다. …… "그럼 직접 불러 줘 보시지요. 얼마나 잘하시는지 우리에게 한번 들려줘 보시라고요." 나는 "얼마든지 그러겠소."라고 대답했다. 나는 류트를 집어 들고 완벽하게 키 조절을 한 다음, 그녀가 내 앞에서 부른 첫 곡을 노래했다. 노래를 듣자 앉았던 이들이 하나같이 자리를 박차고 일어나 내 머리에 입을 맞추었다. 나는 두 번째와 세 번째 곡까지 마저 노래했다. 사람들은 황홀경에 빠져 거의 이성을 잃은 듯했다.

내가 누군지 손님들에게 물어도 그들이 알지 못한다고 하자 집주인이 직접 내게로 와서 손에 입을 맞추며 말했다. "알라께서 가호를, 당신은 누구십니까?" 나는 "알라께서 가호를, 저는 무하리크라는 가수입니다."라고 답했다. 그러자 그는 내 양손에 입을 맞추며, 이렇게 물었다. "도대체 당신 같으신 분께서 무슨 연고로 여기까지 오게 되셨습니까?" "지나가는 식객으로 들르게 되었습니다."라고 나는 답했다. 그러고는 그 하녀를 거리에서 본 사연을 주인에게 소상히 들려주었다. 그러자 주인은 자신의 두 친구 쪽으로 고개를 돌리고는 이렇게 말했다. "알라신의 이름을 걸고 자네들에게 말하노니, 자네들은 내가 저 아가씨를 3만 디르헴(1만 5000달러)에 산 것을 다들 알고 있지? 그리고 다른 사람이 산다고 해도 내가 그녀를 팔지 않은 것도?" 그러자 둘이 대답했다. "그랬지." 그리고 나서 주인은 말했다. "내가 자네 둘을 증인으로 삼고 말하노니, 나는 저 아가씨를 이분께 드리겠네." 그러자 두 친구가 말했다. "그러면 저 아가씨의 몸값 3분의 2는 우리가 분담하도록 하지." 그렇게 해서 나는 주인에게서 아가씨의 소유권을 넘겨받을 수 있었다. 밤늦은 시각에 이르러 그 집을 나서는데, 주인이 화려한 예복이며 갖가지 선물들을 내게 안겨 주었고, 나는 그것들까지 모두 안고 집으로 향했다. 아침에 그녀가 내게 욕지거리를 했던 거리를 지나치게 되자, 나는 그녀에게 "아까 했던 말을 다시 한 번 해 보아라."라고 말했다. 하지만 그녀는 부끄러운지 그 말들을 입에 올리려 하지 않았다. 나는 아가씨의 손을 잡고 함께 칼리프께로 갔다. 칼리프께서는 내가 오랫동안 자리를 비운 데 대해 단단히 화가 나 계셨다. 하지만 그간의 이야기를 소상히 전하자 놀랍다는 듯 웃음을 터뜨리면서, 내가 만난 집주인과 그 친구 둘을 자신 앞에 대령하라 명하시며 그들에게 자신이 보답을 할 것이라 하셨다. 이로써 집주인은 4만 디르헴을, 두 친구는 각자 3만 디르헴을, 더불어 나도 10만 디르헴을 받았다. 나는 칼리프의 발에 입을 맞추고는 자리에서 물러났다.[160]

THE AGE OF FAITH

13장 서(西)이슬람
  641~1086

1. 아프리카 점령

이슬람의 세계, 그곳엔 근동만 포함된 것이 아니었다. 이 시절 이슬람교도들은 이집트도 다스려 파라오 치세의 영광을 다시 한 번 되돌려 놓았고 투니스, 시칠리아, 모로코 역시 아랍인들의 통솔 속에 예전의 질서 잡힌 통치를 다시금 확립했으며, 카이르완, 팔레르모, 페즈에서도 비록 한때나마 휘황찬란한 아름다움이 이 시절 빛을 발했다. 스페인은 무어인이 다스리던 때가 문명의 역사에서 최고 전성기였고, 나중에 이슬람 무굴인들은 인도를 다스리며 "거인이라도 되듯 엄청난 규모로 건물을 지어 올려, 보석 세공사라도 되듯 갖가지 보물들로 마무리를 장식했다."

할리드를 비롯한 여타 정복자들이 동쪽 땅을 하나둘 이슬람 것으로 만들어 가는 동안, 아므르 이븐 알 아스는 마호메트가 죽고 7년밖에 되지 않았을 때 팔레스타인의 가자에서부터 정복의 노정에 올랐다. 그는 그 길로 펠루시움과 멤피스를 손에 넣었고, 세를 이어 알렉산드리아까지 진격해 갔다. 당시 아랍군에게는 해군 함대의 필요성이 대두하고 있었는데, 마침 이집트에는 항구며 해군 기지가 곳곳에 갖춰져 있었다. 또 옥수수 역시 아라비아에 요긴한 작물이 아닐 수 없었는데, 마침 이집트는 콘스탄티노플에 옥수수를 수출까지 하고 있었다. 당시 이집트의 비잔티움 제국 정부는 그곳을 다스리며 수백 년 동안 아랍인 용병들을 고용해 그들에게 치안을 맡기고 있던 터였다. 그러니 아랍인 정복자들은 이곳에서 아무 제지 없이 그저 무사통과였다. 더구나 이집트에서는 전부터 단성론파(單性論派) 그리스도교도들이 비잔티움 제국에게서 박해를 당하고 있었다. 이들은 이집트로 들어오는 이슬람교도들을 두 팔 벌려 환영했으니, 이슬람교도들이 멤피스를 점령하도록 도운 것은 물론, 알렉산드리아로 입성하도록 길까지 일러 주었다. 23개월의 포위전 끝에 알렉산드리아는 결국 아므르의 수중에 떨어졌고(641년), 그는 다음과 같은 서한을 써서 우마르 칼리프에게 그 소식을 전했다. "엄청나게 큰 이 도시에 재물이 얼마나 많은지는 일일이 다 헤아릴 수 없을 정도이며, 이 도시가 얼마나 아름다운지는 말로 다 표현할 수가 없습니다. 아마도 이렇게 말씀드리는 것으로 충분하지 않을까 여겨집니다. 여기에는 궁전만 4000채, 목욕탕만 400개, 극장만 400개가 있습니다."[1] 아므르는 병사들이 정복지를 약탈하지 못하게 했고, 대신 조세 징수의 방식을 선호했다. 더불어 그리스도교의 각 분파가 신학적인 면에서 어떤 차이가 있는지 잘 이해할 수 없었기에, 동맹인 단성론파에게도 그들의 적인 정교 신자에게 복수를 하지 못하게 금한 것은 물론, 몇 백 년 동안이나 이어 오던 관습을 뒤엎고 누구에게나 예배의 자유가 있음을 공식적으로 선언하였다.

한편 아므르가 이때 알렉산드리아 도서관을 파괴했다는데 과연 사실일까? 이 이야기를 역사상 맨 처음 언급한 사람은 이슬람교도 과학자 아브드 알 라티프(1162~1231년)이다.[2] 하지만 보다 온전한 설명은 바르 헤브라에우스(1226~1286년)에게서 접할 수 있는데, 동부 시리아 출신 유대인으로서 그리스도교를 믿은 그는 아부 알 파라즈라는 이름으로 세계사의 전범이라 할 만한 아랍어 저작을 써 낸 바 있다. 그의 설명을 보면, 당시 알렉산드리아에는 요하네스 필로포누스라는 문법학자가 있었는데, 그가 아므르에게 알렉산드리아 도서관에 있는 필사본들을 자신에게 양도해 줄 것을 청했다 한다. 아므르는 우마르 칼리프에게 서한을 보내 이를 윤허해 달라고 하였다. 이에 칼리프는, 전하는 이야기에 따르면, 다음과 같이 답했다. "만일 그 그리스어 글들이 신의 책(코란)과 한가지의 뜻이라면 곧 쓸모가 없는 셈이니 굳이 보존해야 할 필요가 없다. 반대로 그 글들이 코란에 어긋난다면 그것은 사특한 책이니 남겨 두어서는 안 될 것이다." 아무래도 낭설일 가능성이 큰 이 대답을 전설에서는 다음과 같이 짤막하게 전하고 있다. "알렉산드리아의 도서관은 불살라 버리도록 하라. 거기 있는 책의 내용은 모두 한 권의 책 속에 들어 있으니." 그 한 권의 책이란 바로 코란을 말한다. 바르 헤브라에우스의 이야기에 따르면, 이에 아므르는 도서관의 장서를 가져다 알렉산드리아 곳곳의 공중목욕탕에 고루 나누어 주었고, 목욕탕에서는 이 파피루스 및 양피지 두루마리들로 4000개에 이르는 아궁이의 불을 무려 6개월 동안 때었다 한다.(642년) 그러나 이 이야기를 곧이곧대로 믿을 수만은 없으니 다음과 같은 사실들 또한 전하기 때문이다. (1) 알렉산드리아 도서관은 테오필루스 대주교 재임 시절인 392년에 이미 그리스도교도들의 종교적 열의에 못 이겨 상당 부분이 파괴당한 뒤였다.³ (2) 그마저 남은 책들도 얼마나 심한 학대와 홀대를 당했던지 "642년에 이르렀을 때에는 장서 대부분이 모습을 감추고 없었다."⁴ (3) 분서(焚書)가 있었다고 여겨지는 시점과 그에 대한 첫 언급이 있기까지는 500년의 시간이 걸렸는데, 그 사이에 이 사건을 입에 올린 그리스도교의 역사가는 단 한 명도 없다. 더욱이 아랍인들의 알렉산드리아 점령기는 알렉산드리아의 대주교 에우티키우스가 933년 무척 상세히 서술한 바 있는데, 여기에도 분서 이야기는 전혀 등장하지 않는다.⁵ 따라서 오늘날 알렉산드리아 도서관의 분서는 대체로 꾸며진 이야기로 치부되고 있다. 그러나 그 사연이 어찌되었건 어느 순간부터인가 알렉산드리아 도서관이 차츰차츰 그 모습을 잃은 것은 실로 비극이 아닐 수 없다. 아이스킬로스, 소포클레스, 폴리비오스, 리비우스, 타키투스를 비롯하여 오늘날 우리에게 전해지는 수많은 고대 사상가들의 저작은 훼손이 심하여 꼴이 말이 아닌데, 옛날 알렉산드리아의 도서관에는 이 저작들이 완전한 저작 그대로 고스란히 보관돼 있었다고 하니 말이다. 더구나 오늘날 단편적으로밖에 전하지 않는 소크라테스 이전기 철학자들의 문헌 역시 알렉산드리아 도서관에는 온전히 남아 있었다고 한다. 여기에 그리스, 이집트, 로마의 역사·과학·문학·철학 관련 저작들도 무려 수천 권에 이르렀다.

아므르는 유능한 솜씨로 이집트를 다스려 나갔다. 백성들을 억압해 거둬들인 세금은 일부를 운하 및 수로를 보수하는 데 지원하였고, 이로써 나일 강과 홍해를 연결하는 길이 80마일의 운하가 다시 개통될 수 있었다. 이제 선박들은 먼 길을 돌 필요 없이 지중해에서 곧장 인도양으로 들어갈 수 있게 되었다.[6] (하지만 723년 운하는 다시 모래에 막혀 버렸고, 그 후로는 방치된 채 따로 보수가 이루어지지 않았다.) 아므르는 수도도 새로 하나 건설했으니, 641년에 아프리카를 점령할 당시 자신이 군대를 데리고 진을 쳤던 곳이었다. 이곳은 알 푸스타트라는 이름으로 불렸는데, 막사라는 뜻의 아라비아어에서 유래한 듯하다. 애초 이곳에서부터 터를 잡아 생겨나게 되는 도시가 바로 카이로이다. 이슬람교도 총독들은 이곳에 근거지를 잡고 이후 200년 동안(661~868년) 다마스쿠스 또는 바그다드의 칼리프들을 대신해 이집트를 다스리게 된다.

정복은 늘 새로운 변방을 만들어 내는 법, 그리고 위험 지대의 이 변방을 지키기 위해 정복은 다시 꼬리에 꼬리를 물고 이어진다. 이슬람교도의 경우에는 비잔티움 제국 키레네(북아프리카에 있던 식민 도시-옮긴이)의 측면 공격에 대비해 이집트의 이슬람령을 지켜 내야 했고, 따라서 4만에 이르는 이슬람 군사를 사막 너머의 바르카까지 진군시켰다. 이슬람 군대는 바르카를 점령하고는, 그 기세로 카르타고 근방까지 진격해 나갔다. 이슬람의 장군은 튀니스에서 약 80마일 떨어진 그 모래땅에 자신이 들고 있던 창을 푹 꽂고는 그곳에 진을 쳤으니, 이렇게 해서 건립된 도시가(670년) 이슬람 세계에서 주요 도시 중 하나로 손꼽히는 카이르완이다.(아랍어로 '휴식처'라는 뜻이다.) 이슬람 교도들이 카르타고를 점령하게 되면 지중해의 제해권은 물론 스페인으로 뚫린 길까지 그들에게 넘어간다는 것을 깨닫자, 비잔티움 제국의 황제는 가만있을 수 없었으니 여러 개 부대와 함께 함대까지 하나 출동시켰다. 한편 카르타고의 베르베르족은 로마와는 원래 원수였으나, 이슬람의 침공 소식이 들리자 그 사실은 잠시 잊은 채 비잔티움과 함께 도시의 방어에 나섰다. 그래서 카르타고가 이슬람군의 손에 들어올 수 있었던 건 698년이나 되어서의 일이었다. 카르타고를 점령하고 나자 대서양 연안의 아프리카 땅까지 정복하는 건 금방이었다. 베르베르족은 거의 자청하다시피 하여 이슬람교도의 지배를 받아들였고, 얼마 안 가서는 이슬람의 신앙까지도 받아들였다. 이제 아프리카 대륙은 크게 세 군데의 속주, 즉 알 푸스타트를 수도로 삼은 이집트, 카이르완을 수도로 삼은 이프리키야, 그리고 페즈를 수도로 삼은 마그레브(모로코)로 나뉘게 되었다.

그 후로 백 년 동안은 속주들도 동쪽 칼리프들을 주군으로 섬기며 그들의 권위를 인정하였다. 그러나 바그다드에서 칼리프가 없어지면서, 그러잖아도 어렵던 동쪽과의 의사소통이며 교통이 더욱 원활하지 못하게 되었다. 그러자 아프리카의 속주들은 하나둘씩 독립적 왕국으로 자리매김하기에 이르렀다. 그렇게 해서 페즈에서는 이드리스 왕조가(789~974년), 카이르완에서는 아글라브 왕조가(800~909년), 이집트에서는 툴룬 왕조가(869~905년) 각각 통치를 해 나갔다. 아득히 먼 옛날부터 아프리카에서 곡창 노릇을 해 오던 이집트는 외국의 주인들에게서 더 이상 자기가 만들어 낸 물품을 강탈당할 일이 없게 되자 소소하게나마 다시금 문예 부흥기에 접어들 수 있었다. 아마드 이븐 툴룬(869~884년)은 시리아를 정복하여 그곳을 이집트 땅으로 만드는 한편, (알 푸스타트의 교외 지역이던) 카타이에는 새로이 수도를 건설하였다. 그러고는 백성들에게 학문과 예술을 장려하고, 곳곳에 궁전이며 목욕탕은 물론 병원과 대(大)모스크까지 하나씩 지어 놓았고, 이 모스크는 오늘날까지도 그를 기념하는 건물로 자리를 지키고 서 있다. 하지만 그의 아들 쿠마라와이(884~895년)는 왕조의 이 에너지를 사치를 일삼는 데 써 버리니, 성곽을 금으로 만들어 자기 궁궐을 두르는 한편, 백성들의 세금을 거둬다가는 자신이 몸소 쓰겠다며 수은을 가득 채워 웅덩이를 하나 만들었다. 그는 웅덩이에다 폭신폭신한 가죽 쿠션을 침대 삼아 띄워 놓고, 살랑살랑 흔들리는 그 침대 위에 누워 잠을 청하곤 했다. 쿠마라와이가 죽고 40년이 흐르자 툴룬 왕조는 결국 무너졌고 대신 또 다른 투르크족 왕조인 이흐시드 왕조가 들어섰다.(935~969년) 이들 아프리카 군주국들은 그곳 백성과는 혈통이나 전통에 있어 전혀 한 뿌리가 아니었기에, 군대의 무력과 지도력에 기반 하지 않고는 도무지 나라를 통치해 나갈 수 없었다. 그러나 군대를 지키려던 열의마저 재물로 약해져 버리면, 그들이 쥐고 있던 권력도 어느덧 슬그머니 그들 손을 빠져나갔다.

아프리카 왕조 중에도 가장 위용을 자랑했던 곳들은 자신이 가진 군사적 우위를 강화하기 위해 거의 광신에 가까운 종교적 믿음을 따르기도 마다하지 않았다. 일례로 905년경 튀니지아에 아부 아브드알라라는 자가 나타난 일이 있었다. 그는 이스마일파의 일곱 이맘에 대해 설하면서 일찍이 마흐디(즉 구세주)가 도래하였음을 선포하였다. 그는 베르베르족 사이에서 엄청난 추종자들을 끌어 모았고, 세를 몰아 카이르완에 있던 아글라브 왕조까지 전복시켜 버렸다. 그리고 이맘에 대한 기대를 무너뜨리지 않기 위해 그는 아라비아에서 우베이둘라 이븐 무함마드라는 자를 데려와 이스마일파 예언자인 아브드알라의 손자라고 하였다. 그러고는 그를 구세주로 칭송하면서 왕으로 옹립하였으나(909년), 그로부터 얼마 안 있어 그 자신이 왕의 명에 의해 죽음을 당하고 만다. 우베이둘라는 파티마를 선조로 내세우며, 자기 왕조의 이름에도 그녀의 이름을 가져다 붙였다.

그 옛날 카르타고와 로마 제국 시절의 전성기에나 알고 지내던 풍요가 아글라브 왕조와 파티마 왕조의 통치 아래 북아프리카에서 다시 한 번 기지개를 켰다. 당시 이슬람 정복자들은 한창 기개를 떨치던 때라, 사하라 사막을 지나 차드 호수를 거쳐 팀북투로 가는 장장 1500~2000마일의 길을 9세기에 무려 세 개나 뚫어 놓았다. 뿐만 아니라, 북쪽과 서쪽으로는 본, 오란, 케우타, 탕헤르 등지에 항구도 여러 개 건설해 두었다. 또 상업이 풍성한 결실을 맺어 주면서 수단(Sudan)은 지중해와, 동(東)이슬람은 모로코 및 스페인과 하나의 상권으로 엮여 나갔다. 스페인의 이슬람 난민들은 모로코에 가죽 제조술을 전해 주기도 했으며, 페즈는 스페인과의 물물 교환 중심지로서 한창 때를 구가한 동시에, 염료, 향수, 솔기 없는 붉은색 원통형 모자의 산지로도 유명세를 자랑하게 되었다.

파티마 왕조가 갖은 수를 써서 이흐시드 왕조로부터 이집트 땅을 얻어 낸 것이 969년, 그러자 얼마 안 있어 그들의 통치권은 아라비아와 시리아로까지 뻗어 나가게 된다. 파티마 왕조의 칼리프 무이즈는 이제 수도를 카히라(카이로)로 옮긴다. 종전에 카타이로 수도를 옮긴 것이 푸스타트에서 북동쪽으로의 확장이었듯, 이번에도 카히라(아라비아어로 '승리자'의 뜻)는 카타이의 북동쪽 연장선상에 있었고, 옛 수도들처럼 카히라도 애초에는 군대 진지의 역할을 하던 곳이었다. 이 파티마 왕조에서 무이즈(953~975년)와 그의 아들 아지즈(975~996년) 치세 때 비지에로 봉직하던 이로 야쿠브 이븐 킬리스라는 인물이 있었다. 바그다드 출신 유대인이면서 이슬람교로 개종한 그는 이집트의 행정 체계를 전면 재편시켜 놓은 것은 물론 파티마 왕조를 당대 그 어느 왕조보다도 부유하게 만들었다. 그래서 무이즈의 누이 라시다는 죽을 때 270만 디나르(1282만 5000달러)의 돈과 함께 예복 1만 2000벌을 남길 수 있었고, 누이 아브다도 죽으며 은제 꽃병 3000개와 함께 다마스쿠스 금제 장식이 들어간 검 400개와 시칠리아 직물 3만 점, 그리고 갖가지 보석들을 무더기로 남길 수 있었다.[7] 그러나 성공, 그것만큼 무위로 돌아가기 쉬운 것도 없는 법. 그 뒤를 이은 칼리프 알 하킴은(996~1021년) 돈과 권력에 반쯤은 미친 인물이었다. 그는 비지에 여럿이 암살당하도록 손을 쓰는가 하면, 그리스도교도와 유대교도를 상대로 박해를 가하였고, 수많은 교회와 회당에는 불을 질렀다. 거기다 예루살렘에 있는 성묘 교회도 파괴해 버리라고 명했으니, 훗날 십자군 전쟁이 불붙은 것은 이 명령이 실제로 실행에 옮겨진 데에도 한 원인이 있다. 또 그는 칼리굴라의 전철을 그대로 되밟기라도 하듯, 스스로를 신으로 선포하였고 백성들 사이에는 사절단까지 파견해 그에 대한 광적 숭배가 일도록 하였다. 그러다 이들 설교자 일부가 죽임을 당하자, 다시 그리스도교와 유대교도들을 데려다 그들에게 호의를 베풀었고 교회도 다시 지어 주었다. 그는 결국 나이 서른여섯에 암살을 당하여 세상을 떠났다.

이렇듯 왕실이 제멋대로 특권을 누렸음에도 이 시절의 이집트는 한창 번영을 누렸으니, 유럽과 아시아를 잇는 상업적 길목 역할을 했기 때문이었다. 인도와 중국에는 페르시아 만을 지나고 홍해와 나일 강까지 거슬러 올라와 이집트로 들어오는 상인들이 점점 더 늘어났다. 그러자 바그다드가 쥐고 있던 재물과 권세는 점점 줄어들고, 대신 카이로의 재물과 권세가 불기 시작했다. 나시르 이 호스로우는 1047년 이집트의 이 새로운 수도에 가 보고 그 모습을 묘사하길, 2만 채에 이르는 주택들은 대부분이 벽돌로 지어져 5, 6층까지 솟아 있었고, 또 2만 개에 이르는 상점들은 "그 안에 황금, 보석, 자수, 공단(貢緞)이 그득그득 넘쳐나 앉을 자리가 다 없을 정도였다."[8] 도시의 큰길에는 한낮의 햇빛을 차단해 주는 시설이 있었고, 밤이면 등불이 켜져 길을 밝혀 주었다. 상품 매매 가격은 당국에서 따로 정해 주었으니, 누구라도 기준가 이상을 받았다가 걸리면 낙타를 타고 온 도시를 누비면서 딸랑딸랑 종을 흔들며 자신이 저지른 죄를 사람들에게 고해바쳐야 했다.[9] 당시에는 백만장자도 한둘이 아니었다. 일례로 그리스도교도였던 한 상인은 나일 강의 수위가 낮아져 사람들이 기근에 시달리자 자비를 들여 나라의 온 주민을 무려 5년 동안이나 먹여 살렸다고 한다. 비지에였던 야쿠브 이븐 킬리스 역시 죽을 때 3000만 디나르 가량의 재산을 남긴 것으로 전한다.[10] 바로 이런 부자들이 있었기에 파티마 왕조 칼리프들은 이들과 뜻을 합쳐 모스크며, 도서관이며, 학교들을 짓는 한편, 과학과 예술을 장려할 수 있었다. 파티마 왕조의 군주들은 이따금 잔학무도한 짓을 일삼고, 걸핏하면 백성들의 노동력을 착취하고, 또 심심찮게 전쟁도 벌였으나, 대체로 자비롭고 또 자유롭게 나라를 통치한 편이었다. 더구나 풍요로운 살림살이와 발달된 문화에 있어서는 이집트 역사의 그 어느 시대와 비교해도 손색이 없었다.[11]

이 파티마 왕조의 부가 절정에 달한 것은 무스탄시르(1036~1094년)의 치세가 오래도록 이어지던 시절이었다. 수단 출신 노예의 아들로 태어난 그는 자기 손으로 여흥용 누각을 하나 짓고는 일생 동안 음악과, 술과, 여유를 즐긴 인물이었다. "카아바의 그 검은 돌을 마냥 바라보는 것보다는, 무에진이 무어라고 웅얼대는 소리를 듣는 것보다는, 또 (메카의 성스러운 샘물 젬젬(Zemzem)에서 떠온) 그 깨끗하지도 못한 물을 마시는 것보다는 나는 이렇게 지내는 편이 더 즐겁다."라고 그는 말하였다.[12] 그러다 1067년, 그가 데리고 있던 투르크족 군대가 반란을 일으켜 궁궐을 습격하는 일이 발생했다. 투르크족은 값조차 매길 수 없는 귀중한 예술품과 엄청난 양의 금은보화는 물론, 낙타 스물다섯 마리에 실을 분량의 필사본까지 전리품으로 챙겨 갔다. 투르크족 장교들은 이 필사본의 일부를 가져다 자기들 저택의 난방 연료로 쓰는가 하면, 필사본 장정에 사용된 귀하디 귀한 가죽 끈은 노예들에게 신발 수선용으로 쓰라며 주기도 하였다. 무스탄시르가 죽자 파티마 제국은 이내 사분오열이 되고 말았다. 한때 강성함을 자랑하던 왕조의 군대였건만 이제는 베르베르족, 수단족, 투르크족으로 나뉘어 싸움이 그칠 줄 몰랐다. 이프리키야와 모로코는 왕조에게서 진작부터 분리 독립한 상태였고, 팔레스타인에서는 폭동이 일었으며, 시리아도 이제는 남의 땅이었다. 그러다 1171년 살라딘이 파티마 왕조의 마지막 칼리프를 끌어내리면서, 이집트에서 열린 또 하나의 왕조는 그렇게 선대 왕조들의 전철을 똑같이 밟아 권력과 쾌락을 거쳐 쇠망의 길로 접어들었다.

2. 아프리카에서의 이슬람 문명: 641~1058년

카이로, 카이르완, 페즈, 이 세 수도의 궁정들은 건축, 회화, 음악, 시, 철학에 대해서라면 서로 경쟁이라도 하듯 지원을 아끼지 않았다. 그러나 이 시기 이슬람령 아프리카에서 만들어진 필사본들은 오늘날까지 살아남았다 해도 거의 전부가 도서관에 숨겨져 있는 실정이며, 이들 도서관에 대한 탐사는 서양 학자들에 의해 이제야 막 시작이 된 참이다. 한편 이 시대의 예술품들은 상당수가 흔적조차 없이 사라진 뒤이고, 지금은 모스크들만이 남아 당대의 넘치던 활력과 기백을 증명해 주고 있다. 그중에서도 카이르완에 서 있는 시디 오크바라는 모스크는 원래 670년에 지어졌으나 총 일곱 차례의 복원을 거쳤으며, 복원은 대부분 838년에 이루어졌다고 전한다. 모스크의 회랑은 수많은 원형 아치들을 수백 개 기둥이 받치고 있는 형식인데, 이 기둥들은 코린트 양식으로서 옛날 카르타고의 유적지에서 가져다 쓴 것들이다. 모스크의 설교단은 목재 조각의 걸작으로 손꼽을 만하며, 반암(斑巖)과 파양스로 이루어진 미흐라브(mihrab, 이슬람교 사원의 벽감(壁龕)) 역시 그 모습이 화려하기 이를 데 없다. 뿐만 아니라, 모스크에 자리한 정방형의 둔중한 첨탑(尖塔, minaret)은(세계에서 가장 오래된 첨탑이기도 하다.)[13] 시리아 양식을 확립한 것으로서 후일 서(西)이슬람 첨탑들의 본보기가 된다. 이 모스크가 자리함으로써 카이르완은 이슬람 세계에서 네 번째의 성스러운 도시, 즉 "천국으로 통하는 네 개 관문" 중 하나가 될 수 있었다. 시디 오크바보다 성스러움과 장대함은 덜할지언정 페즈와 마라케시, 투니스와 트리폴리에도 충분히 훌륭한 모스크들이 곳곳에 자리하고 있었다.

카이로에 있는 모스크만 해도 수많았고 규모도 엄청났다. 이런 모스크는 지금까지도 300개가 남아 이 매혹적인 수도를 장식해 주고 있다. 그중에서도 아므르 모스크는 원래 642년에 지어졌으나, 10세기에 접어들며 재건축이 되었다. 그래서 애초 건축될 때 버리기 아깝다 하여 가져다 쓴 로마 및 비잔티움 제국 유적지의 코린트 양식 기둥들을 제외하고는, 본디 가지고 있던 건축적 요소는 전혀 찾아볼 수 없게 되었다. 한편 이븐 툴룬 모스크는(878년) 본래의 형태 및 장식을 위태위태하게나마 아직도 간직하고 있다. 그 구조를 보면 널찍한 안뜰을 높다란 총안 성벽이 빙 둘러싸고 있는데, 그 안에 자리 잡은 첨두형 아치들은 나일로미터(Nilometer, 865년, 나일 강의 수위 측정을 위해 나일 강 안쪽 섬에 세워진 구조물)를 제외하면 이집트에서 연륜이 제일 오래되었다. 우아함에다 편의성까지 갖춘 이 아치 형태는 이집트에서 처음 생겨나서는 시칠리아와 노르만 양식을 거쳐 후일 유럽의 고딕 양식으로까지 전해졌을 가능성이 크다.[14] 또 지구라트처럼 생긴 첨탑, 그리고 돔 형태를 한 이븐 툴룬의 고분 안에서는 말발굽형 아치들을 볼 수 있는데, 이슬람 예술이 보여 주는 특징 치고는 썩 근사해 보이지만은 않는다. 전하는 이야기에 따르면, 애초 이븐 툴룬은 이 모스크를 지을 때에 300개에 이르는 기둥 위에다 이 아치들을 얹을 작정이었다. 하지만 그러자면 로마와 그리스도교의 장엄한 건축물들을 허물지 않고는 도리가 없다는 걸 알자, 애초 계획을 접고 대신 벽돌로 엄청난 규모의 교각을 쌓아 그것으로 아치를 받쳤다고 한다.[15] 고딕 양식이 특유의 특성을 갖게 된 데에는 이 이븐 툴룬 모스크 역시 일조를 했으리라 여겨진다. 마지막으로, 이 모스크는 샤르트르 대성당으로 넘어가는 징검다리 역할이라도 하겠다는 듯, 창문 몇몇 개에 색유리가 끼워져 있는가 하면 일부에는 로제트, 별, 또는 기타 기하학적 무늬의 창살 장식이 되어 있다. 그러나 이런 요소들이 언제 들어갔는지 그 연대는 확실하지 않다.

파티마 왕조 치세에 자우하르라는 인물이 있었다. 그리스도교 노예였다가 이슬람교로 개종한 그는 이집트 땅을 점령하여 파티마 왕조 것으로 만들어 주었는데, 970~972년에는 엘 아즈하르(아라비아어로 '찬란한 곳'이라는 뜻) 모스크를 짓기도 했다. 이 모스크도 아직 지어질 당시의 구조를 일부 간직하고 있다. 우리는 여기서도 첨두형 아치가 사용된 걸 볼 수 있는데, 아치를 받치고 있는 대리석, 화강암, 반암 기둥이 무려 380개에 이른다. 또 알 하킴 모스크는 (990~1012년) 건축 자재에 주로 석재가 사용된 곳으로, 덕분에 오늘날까지도 대부분이 남아 있으나 그간 사용되지 않아 퇴락해 버렸다. 이 모스크가 중세에 얼마나 화려한 모습을 자랑했는지는, 회칠 벽토의 우아한 아라베스크 무늬와 프리즈(frieze)에 들어가 있는 근사한 쿠파 무늬를 종합해 보면 어느 정도 짐작할 수 있을 것이다. 지금은 흡사 성채처럼 삼엄한 모습을 하고 있지만(물론 애초 그런 용도로도 분명 설계되었을 것이지만.), 이들 모스크에도 영광의 시절은 있었을 터, 지금은 박물관에 고이 모셔져 있는 섬세한 조각이며 서체, 모자이크, 타일 장식 미흐라브, 샹들리에가 그 증거이다. 일례로, 이븐 툴룬 모스크는 램프만 해도 1만 8000개였고, 그중 상당수는 색색의 에나멜 유리로 만들어져 있었다.[16]

이슬람령 아프리카에서는 비주류 예술품들도 만들어져 나왔고, 이슬람교도의 인내심과 장인 정신은 여기에도 그대로 배어 있었다. 카이르완 모스크에 가면 일례로 광택 타일의 모습을 접할 수 있다. 나시르 이 호스로우는(1050년) 카이로에서 만들어진 도기를 두고, "도자기가 참으로 섬세하고 투명하여 바깥에 손을 놓아도 도자기 안에서 그 모습이 다 보일 정도이다."라고 말하였다.[17] 이집트 및 시리아에서 만들어진 유리는 먼 옛날이나 그때나 탁월한 품질을 자랑했다. 한편 파티마 왕조 때 만들어진 수정 그릇들은 천년의 세월이 지나는 동안에도 그 모습 그대로를 간직하고 있어 베네찌아, 피렌쩨, 루브르 같은 곳에서는 보물로 대접을 받고 있다. 또 모스크의 문이며, 설교단의 판, 미흐라브, 창문의 격자 창살에는 목재 세공가가 공들여 작업을 해 놓아 보는 이의 눈을 즐겁게 했다. 이 당시 이집트의 콥트인들은 목재, 상아, 뼈, 자개 등으로 상감 및 쪽매붙임(나무쪽이나 널조각을 바탕이 되는 널이나 바닥에 붙이는 것 – 옮긴이)을 할 줄 알았는데, 이집트의 이슬람교도들은 이 기법을 배워 각종 함이며, 궤 등의 여러 물건들을 장식하곤 했다. 각종 보석류도 이루 헤아릴 수 없게 많았다. 한때 투르크족의 용병들은 알 무스탄시르에 반해 난을 일으켰는데, 당시 그의 방을 습격해 가지고 나온 물건 중에는 잉크통, 체스 말, 꽃병, 새 모양 장식, 보석이 달린 인공 나무 등 금으로 만들어진 물품들이 일일이 셀 수 없을 정도였다.[18] 이들이 손에 넣은 전리품 중에는 양단으로 지은 커튼도 있었고, 여기에는 금실이 들어가 있었을 뿐 아니라 유명 왕들을 묘사한 그림과 그들의 약력까지 들어가 있었다. 이슬람교도들이 콥트인들에게서 배운 것은 이뿐만이 아니었으니, 직물 위에다 나무 블록으로 갖가지 모양을 찍거나 날염하는 법도 그들은 익힐 수 있다. 이 기법은 십자군에 의해 이슬람령 이집트에서 유럽으로 전해진 듯 보이며, 그러면서 인쇄술이 발달하는 데도 한몫했으리라 여겨진다. 당시 유럽의 상인들은 파티마 왕조 때에 만들어진 직물을 최고로 쳤으며, 카이로와 알렉산드리아산(産) 직물의 경우 천이 얼마나 얇고 고운지 가락지 사이를 다 통과할 정도라며 경탄을 했다.[19] 이뿐 아니라 파티마 왕조 때는 호화로운 융단이 만들어진 것은 물론, 벨벳, 공단, 다마스크 직물, 비단, 금란(金襴, 금실을 명주나 양털과 섞어 짠 천 - 옮긴이)으로 천막을 만들어 그 위에 그림으로 장식을 하기도 했다. 일례로 알 무스탄시르의 비지에 야주리가 쓸 용품으로도 천막이 하나 제작되었는데, 총 150명의 인력에다 9년의 세월 그리고 3만 디나르(14만 2500달러)의 비용이 들어갔다고 한다. 거기다 야주리는 늑대 인간을 제외하고 이 세상에 존재한다고 알려진 모든 동물들을 천막에 그려 넣을 것을 요구했다. 파티마 왕조 시절의 회화 작품은 카이로의 아랍 박물관에 프레스코화 몇 점이 단편으로나마 전하는 것이 전부이다. 파티마 왕조 시절 이집트의 세밀화 중 오늘날까지 살아남은 것은 단 하나도 없으나, 마크리지(Maqrizi, 15세기에 회화의 역사를 주제로 저술을 남긴 인물)가 전하는 이야기에 따르면, 파티마 왕조 칼리프들의 도서관에는 코란 2400권을 비롯해, 채색 장식이 풍성하게 들어간 필사본들이 수없이 많이 소장돼 있었다고 한다.

알 하킴 치세에는 카이로에 있던 칼리프용 도서관에 무려 10만 권의 장서가 소장돼 있었고, 알 무스탄시르 치세에는 그 수가 20만 권에 이르렀다. 전하는 이야기에 따르면, 이때에는 학생이기만 하면 누구든 별도로 요금을 내지 않아도 필사본들을 빌릴 수 있었다고 한다. 또 988년에 이르러서는 비지에 야쿠브 이븐 킬리스가 아지즈 칼리프에게 진언을 올려 엘 아즈하르 모스크의 학생

서른다섯 명에게 강의료며 생계비를 대 주도록 하였고, 이로써 현존 세계 최고(最古)의 대학이 탄생하게 된다. 이 학교는 날이 갈수록 발전하여 이슬람 세계 전역에서 학생들을 끌어들였으니, 그로부터 백 년 후 파리 대학이 유럽 전역의 학생들을 끌어들인 것과 흡사했다. 이 장학 제도를 통해 칼리프, 비지에, 부유한 개인들이 공부를 도운 이들은 해마다 꾸준히 늘어, 오늘날에는 학생만 1만여 명에 교사는 300명에 이르고 있다.[20] 천 년의 연륜을 자랑하는 모스크, 그 안의 회랑에 학생들이 모여 공부하는 모습은 우리가 세계 여행을 다니며 만날 수 있는 가장 흐뭇한 볼거리 중 하나이다. 학생들이 저마다 무리를 지어 기둥 발치쯤에서 빙 반원을 그리고 앉으면 스승이 그 앞에 마련된 좌석에 앉아 강의를 한다. 당시 이슬람 전역에서는 유명하다는 학자들이 모두 이곳에 찾아 들어 문법, 수사학, 수학, 시, 논리학, 신학, 하디스(이슬람교 전승 기록), 코란 해설, 법률을 학생들에게 가르치곤 했다. 학생들은 수업료를 한 푼도 낼 필요가 없었고, 교사 역시 급료를 일절 받지 않았다. 나라의 지원금 및 독지가의 자선금에 의지하다 보니 이 유명한 대학은 정통 교설을 지지하는 데 그 어느 때보다 열심이었고, 그 결과 파티마 왕조 때에는 이곳의 지도자격인 올라마들(ulema, 이슬람교의 법, 신학의 지도자 - 옮긴이)과 또 배웠다고 하는 식자층들에게 억눌려 문학, 철학, 과학은 제대로 자라나지를 못했다. 그래서인지 파티마 왕조 대에 걸출한 시인이 배출되어 나왔다는 이야기는 전혀 들을 수가 없다.

또 알 하킴은 카이로에다 다르 알 히크마('지혜의 전당'이라는 뜻)라는 곳을 짓기도 했다. 이곳은 이스마일의 시아파 교리를 가르치는 것을 주된 기능으로 삼긴 했으나, 그 교과 과정 안에는 천문학과 의학도 포함돼 있었다. 뿐만 아니라 알 하킴은 천문대에 자금 지원을 해 주는 것은 물론 알리 이븐 유누스(1009년 사망)라는 인물에게도 도움을 주었는데, 이슬람 세계에서 최고의 천문학자를 꼽으라면 아마도 이 유누스일 것이다. 그는 별의 움직임 및 주기를 관찰하여 「하킴 표」를 완성해 내었는가 하면 황도(黃道) 경사각, 춘분점 세차(歲差), 태양 시차(視差)에 대해서는 전에 비해 훨씬 정확한 값들을 내놓았다.

그러나 당시 이슬람 이집트 과학계에서 가장 밝은 빛을 발한 것은 무함마드 이븐 알 하이탐으로 중세 유럽에는 알하젠이란 이름으로 알려져 있었다. 965년 바스라 지방에서 태어난 그는 고향에서 살면서는 수학자이자 공학자로 널리 이름이 났던 인물이었다. 알 하이탐은 나일 강이 해마다 범람하는 걸 다스릴 계책이 있다 하였는데 알 하킴이 그 이야기를 전해 듣고는 그를 카이로로 불러들였다. 그러나 막상 실행을 시키려고 보니 계획은 불가능한 것으로 드러났고, 알 하이탐은 종잡을 수 없는 칼리프에게서 무슨 화를 당할지 몰라 종적을 감추고 숨어 지내지 않으면 안 되었다. 중세의 모든 사상가들이 그랬듯, 알 하이탐 역시 지식을 합리적으로 종합해 내려 했던 아리스토텔레스의 노력에 매료되지 않을 수 없었고, 그래서 아리스토텔레스의 저작과 관련해 주석서를 여러 권 써내기에 이른다. 하지만 그중 어느 것도 지금의 우리에게까지 전해지진 못하고 있다. 우리에게 알 하이탐이라는 이름은 주로 그가 써 낸 『광학서』라는 책으로 유명한데, 중세 시대에 만들어진 책 중 과학적 방법론과 사고 면에서 가장 치밀함을 자랑하는 책이 아닐까 한다. 알 하이탐은 공기나 물처럼 투명한 매개체를 통과할 때는 빛이 똑바로 뻗지 않고 굴절한다는 사실을 연구해 냈을 뿐 아니라, 확대경을 발견해 낼 수 있는 수준에도 거의 근접을 하여서 300년 후 로저 베이컨(Roger Bacon), 비텔로(Witelo) 등의 유럽인들은 그의 저작을 기반으로 현미경 및 망원경을 만들어 내는 성과를 이룩하게 된다. 또 유클리드와 프톨레마이오스와는 달리, 그는 눈에서부터 빛이 나가 사물에 도달하는 것이 아니라고 보았다. 그보다는 "우리가 인지하는 사물의 형상이 우리 눈 안에 들어오고, 그것이 투명체(오늘날 말로 '렌즈')를 통해 전달이 됨으로써 시각이 형성된다."라고 믿었다.[21] 여기에 알 하이탐은 태양이나 달이 지평선 가까이 있게 되면 대기의 작용으로 인하여 그 크기가 훨씬 커 보이는 현상에 대해서도 언급을 하였고, 대기에서 일어나는 빛의 굴절 현상 때문에 태양이 지평선 아래로 19도를 내려가도 우리 눈에는 계속 태양이 보이게 된다는 사실도 입증하였다. 나아가 이를 밑바탕으로 하여 대기의 높이는 10마일(영국 기준)(1958년 이전에는 마일의 길이가 영국과 미국 사이에 약간 차이가 있었으나 지금은 동일하게 '1마일 = 1609.444미터'를 활용하고 있다. - 옮긴이)이라고 계산해 내기도 했다. 또 대기의 질량과 밀도 사이에 어떤 관련이 있는지 그 상관성을 연구하였는가 하면, 대기의 밀도가 물체의 무게에 끼치는 영향도 연구를 하였다. 그뿐이 아니었다. 그는 빛을 구형 거울 또는 포물선형 거울 위에 비쳐도 보고, 나아가 빛을 볼록 렌즈에 통과도 시켜 보아 그때 일어나는 빛의 움직임을 복잡한 수학 공식을 가지고도 연구를 했다. 또 일식이 일어나는 동안 태양이 반달 모양이 되는 것도 관찰을 하였는데, 창문 덮개에다 조그만 구멍을 뚫고 그 반대편 벽에 비치는 상을 관찰하는 식이었다. 역사에서 "카메라 오브스쿠라(camera obscura, '암(暗)상자'라고도 한다.)"에 대한 언급이 등장한 것은 이때가 처음으로 알려져 있는데, 어떤 것이든 사진이 찍히기 위해서는 반드시 이 암상자 장치에 의지해야만 한다. 알 하이탐, 그가 유럽 과학에 얼마마한 영향을 끼쳤는가는 아무리 이야기를 해도 지나침이 없을 것이다. 그가 존재하지 않았다면, 우리가 로저 베이컨의 이름을 전해 듣는 일도 영영 없었을지 모르니 말이다. 로저 베이컨도 자신이 쓴 책에서 광학을 논할 때면 매 단계마다 어김없이 알 하이탐의 글을 인용하거나 그의 이야기를 등장시키고 있다. 뿐만 아니라 이 책 4부의 내용은 그 카이로 물리학자의 연구 성과에 거의 전적으로 의지하고 있음을 알 수 있다. 빛에 관해 연구할 때 유럽이 알 하이탐의 저작을 기반으로 삼는 경향은 후일 케플러(Kepler)와 레오나르도(Leonardo)의 시대에 접어들 때까지도 계속 이어진다.

아랍인들이 북아프리카를 점령함으로 인해 생겨난 효과는 한두 가지가 아니나, 그중에서도 단연 눈에 띄는 사실이 하나 있다. 바로 북아프리카에서는 그리스도교 신앙이 서서히 자취를 감추어 거의 사라지다시피 했다는 것이다. 베르베르족은 단순히 이슬람 신앙을 받아들이는 데에 그치지 않고 그것을 누구보다 열심히 광적으로 수호해 나갔다. 여기에는 물론 경제적인 면에 대한 고려도 있었을 게 분명하다. 당시 비이슬람교도에게는 인두세가 부과되었던 반면에, 개종자들에게는 한동안 이 세금이 면제가 되었기 때문이다. 이집트의 아랍인 총독이 처음 이 세금 면제안을 내놓은 것이 744년, 이때에만 2만 4000명의 신자들이 그리스도교에서 이슬람교로 넘어왔다.[22] 이에 더하여 이따금 그리스도교도에게 가혹한 박해가 가해진 것도 수많은 이들이 지배층의 신앙을 따르게 된 데 영향을 끼쳤을 것으로 보인다. 한편 이집트에서만큼은 소수의 콥트교도들이 자신의 신앙을 굳건히 지켜 나갔으니, 그들은 성채를 방불케 하는 교회를 지어 놓고 이슬람의 눈을 피해 몰래 자기들 식으로 예배를 드렸고, 이 전통은 오늘날까지도 살아남아 전해지고 있다. 그러나 한때 신자들로 북적이던 알렉산드리아, 키레네, 카르타고, 히포의 교회들은 텅텅 빈 채 퇴락을 면치 못했다. 아타나시우스, 키릴로스, 아우구스티누스에 대한 기억도 차츰 희미해져 갔으며, 논쟁에서도 아리우스파, 도나투스파, 단성론파 사이의 싸움은 자취를 감추고 대신 이슬람 수니파와 이스마일파 사이의 대결이 주를 이루었다. 파티마 왕조의 경우에는 복잡한 입문식과 위계질서를 지닌 비밀 결사를 만들어서는 그 안에 이스마일파를 결집시켜 그들을 권력 지지 기반으로 이용하기도 했다. 정치적으로 첩보 활동을 하거나 음모를 꾸밀 때에 이들 조직원을 데려다 이용한 것이다. 결사 조직의 이러한 형태는 고스란히 예루살렘과 유럽에까지 전해졌으니, 후일 템플러(Templar), 일루미나티(Illuminati) 등의 서유럽 비밀 결사 조직들도 그들만의 조직, 의식, 복장을 갖춤에 있어 애초 이 이슬람 조직의 영향을 강하게 받은 것이었다. 지금도 미국 사업가 중에는 때가 되면 열성적인 이슬람 신자가 되어, 가슴에 간직한 비밀스러운 교리와, 머리에 쓰는 이슬람식 페즈 모자(일부 이슬람 국가에서 남자들이 쓰는 빨간 빵모자같이 생긴 것 – 옮긴이)와, 자신이 다니는 이슬람 회당을 자랑스레 여기는 이들이 없지 않다.

3. 지중해의 이슬람: 649~1071년

이슬람 지도자들은 시리아와 이집트를 점령하고 나서 한 가지 깨달은 것이 있었다. 이 연안 지대는 함대를 갖추지 않는 한 지켜 낼 도리가 없다는 것이었다. 그리하여 이슬람이 함대를 갖게 되자 키프로스며 로도스가 순식간에 그들 것이 되었고, 그 여세로 이슬람 함대는 비잔티움 제국의 해군까지 격파해 버렸다.(652, 655년) 그 후 809년에는 코르시카를 점령한 것을 비롯하여, 810년에는 사르디니아, 823년에는 크레타, 870년에는 몰타 섬을 점령하기에 이른다. 그리스와 카르타고는 시칠리아를 서로 갖겠다고 싸움을 벌인 지 이미 오래였다. 827년 두 나라 사이에 그 해묵은 싸움이 다시금 불붙자, 그 틈을 타서 카이르완의 아글라브 왕조 칼리프들이 시칠리아로 수차례의 원정을 감행하더니, 결국에는 여유 만만하게 학살과 약탈까지 일삼아 가며 시칠리아를 그들 땅으로 만들어 버렸다. 그 뒤를 이어 831년에는 팔레르모가, 843년에는 메시나가, 878년에는 시라쿠사가, 902년에는 타오르미나가, 차례차례 이슬람의 수중으로 떨어졌다. 그러다 아글라브 왕조는 무너지고 대신 파티마 왕조가 권세를 잡게 되었을 때(909년), 그들은 영토의 일부로 시칠리아 땅까지 물려받을 수 있었다. 파티마 왕조는 애초 수도를 버리고 카이로로 자리를 옮겼고, 그러자 당시 시칠리아 총독이던 후세인 알 칼비는 스스로 에미르에 올라 시칠리아를 거의 주권국과 다름없게 만들어 놓았다. 그러고는 그곳에 칼비트 왕조를 여니, 시칠리아에서의 이슬람 문명은 이때에 절정에 올랐다.

지중해를 완전히 장악함으로써 방비가 강화되자 이제 사라센인들은 이탈리아 남부 도시들을 바라보며 입맛을 다시지 않을 수 없었다. 당시는 해적질이 얼마든 명예로운 관습으로 대우받던 터였고, 더구나 그리스도교도와 이슬람교도 사이에는 연안에 면한 땅을 습격해 서로를 불경자(不敬者)라며 잡아다 노예로 팔아 버리기 일쑤였다. 그러던 만큼 9세기에 접어들자 사라센인들은 자연스레 주로 튀니시아 또는 시칠리아로부터 함대를 출발시켜 이탈리아의 항구를 공격해 나가기 시작했다. 그리하여 841년 바리라는 곳을 손에 넣는데, 비잔티움 제국이 남동부 이탈리아에서 주요 기지로 삼고 있던 곳이었다. 그러고 일 년 후, 베네벤토의 롬바르드 공작으로부터 살레르노와의 항전에서 자신이 이기게 도와 달라는 청이 들어온다. 사라센인들은 이때다 하며 이탈리아에 발을 들여 반도 전역을 휩쓸고 다녔고, 돌아오는 길에는 발길이 닿는 족족 들판이며 수도원에서 약탈을 자행하였다. 846년에는 1100명의 이슬람교도들이 이탈리아의 오스티아에 상륙을 하더니, 그 길로 로마를 둘러싼 성곽까지 진군해 갔다. 그들은 로마의 교외 지역은 물론, 성 베드로 성당 및 성 바울 성당까지 닥치는 대로 약탈했지만 누구도 이들을 막지 못하니 자기들 배까지 돌아가는데 자못 여유까지 부렸다. 속세의 공권력으로는 도저히 이탈리아 방어군이 조직될 수 없다는 것을 알자, 결국 교황 레오 4세가 선봉에 나섰다. 그는 아말피, 나폴리, 가에타, 로마를 동맹으로 묶었고, 이로써 테베레 강을 가로질러 띠 모양으로 진을 형성시켜 어떤 적이라도 그냥 지나칠 수 없게 하였다. 849년, 사라센인들은 서(西) 그리스도교 세계의 성채를 손에 넣기 위해서 다시 한 번 시도에 나선다. 하지만 이번에는 이탈리아의 연합 함대가 교황의 축성을 받고서 사라센인들과 맞붙으니, 이 싸움에서는 사라센인들의 완패였다.(바티칸 궁의 객실에 가면 이 싸움을 묘사해 놓은 라파엘로의 그림을 볼 수 있다.) 866년에는 황제 루이 2세가 독일에서부터 군대를 이끌고 내려와, 툭 하면 남부 이탈리아에서 약탈을 일삼는 이슬람교도 무리를 다시 바리와 타란토 지방으로 몰아내 버렸다. 그리하여 884년에 이르자 이슬람교도는 이탈리아 반도에서 모조리 쫓겨나 하나도 남지 않게 되었다.

그럼에도 사라센인들의 공격은 계속해서 끊이질 않았고, 때문에 이탈리아 중부 지역은 30여 년 간을 매일 두려움에 떨며 지내야 했다. 876년에는 사라센인들이 캄파니아에 쳐들어와 약탈을 자행하니, 자칫 잘못하다가는 로마까지 함락당할 위기였다. 결국 교황은 평화를 위해 사라센인들에게 매년 2만 5000만 쿠시(mancusi, 약 2만 5000달러)의 돈을 내어 주지 않을 수 없었다.[23] 그러고서도 884년 사라센인들은 몬테 카시노의 대수도원에 불을 질러 흔적조차 남겨 놓지 않았고, 아니오 계곡 역시 잊힐 만하면 습격을 하여 마을을 쑥대밭으로 만들어 놓았다. 그러자 종국에는 교황, 비잔티움 및 독일의 황제들, 그리고 이탈리아

중남부의 도시들이 힘을 합치기에 이르렀고, 이들이 가리글리아노에서 사라센인들을 격파하면서(916년) 백 년 동안 이어지던 서러운 침공의 시대는 드디어 막을 내렸다. 사실 이탈리아에 있어, 어쩌면 그리스도교 세계 전체에 있어, 이 순간은 하마터면 목숨까지 잃을 뻔한 위태로운 순간이었다. 만일 당시에 사라센인들이 끝내 로마를 함락시켰다면 그들은 분명 베네찌아까지 진격해 갔을 터였고, 그렇게 해서 베네찌아까지 그들 손에 넘어갔다면 콘스탄티노플은 이슬람 세력의 두 거점 사이에 끼여 옴짝달싹 못하는 처지가 되었을 것이기 때문이다. 이때 치러진 몇 차례의 전쟁, 거기에 오늘날 수십억 사람들이 신봉하는 신학의 명운이 걸려 있었던 셈이다.

한편 시칠리아만큼은 하는 수 없이 새로운 정복자의 차지가 되고 말았다. 이 섬은 예로부터 다문화 혼합 지대였으나, 이제는 외관에서 이슬람의 색조가 배어 나오기 시작했다. 이 이슬람 땅의 주도(고대에는 파노르모스, 아랍어로는 발레름, 이탈리아어로는 팔레르모로 불렀다.)에서는 거리거리마다 시칠리아인, 그리스인, 롬바르드족, 유대인, 베르베르족, 아랍인들이 너나 가릴 것 없이 한데 뒤섞여 지냈다. 종교적인 면에서는 하나같이 서로를 미워할 수밖에 없는 처지였지만, 섬에서 다 같이 살아갈 때는 누구나 그저 열정적이고, 시를 사랑하고, 죄를 잘 짓는 평범한 한 사람의 시칠리아인에 지나지 않았다. 970년경에 이븐 하우칼이 알아본 바에 의하면, 이곳 팔레르모에는 모스크가 300여 개에, 학교 선생님도 300명에 이르렀다고 한다. 섬 주민들은 이들 교사들을 존경해 마지않았지만, 이 지리학자의 말에 따르면 그들은 "그렇게 존경을 받았음에도 불구하고 정신력이 약하고 머리가 비어 있기로 악평이 나 있었다."[24] 시칠리아는 볕이 좋은데다 비도 잘 내려 주어 식물이 쑥쑥 자라니, 농사를 짓기에는 천국과 다름없는 곳이었다. 나아가 머리 회전이 빨랐던 아랍인들은 관리가 잘 되는 이곳 경제로부터도 풍성한 수확을 거두어 갔다. 이제 팔레르모는 유럽의 그리스도교와 아프리카의 이슬람교가 만나 서로 교역을 하는 항구로 자리매김하게 되었고, 따라서 얼마 안 가 이슬람 세계 도시들 중 가장 부유한 축에 들게 되었다. 아랍인들은 멋진 차림새와 번쩍이는 보석류와 장식 예술에는 타고난 감각을 지닌 터라 이곳에서도 "화려하지만 경박하지 않은 삶"을 영위할 줄 알았다. 시칠리아 시인 이븐 함디스(1055~1132년경)는 팔레르모 젊은이들이 얼마나 신나게 청춘을 즐기는지 그 모습을 묘사한 바 있다. 그들은 밤을 꼬박 새워 가며 술잔치를 벌이는가 하면, 짓궂은 장난으로 수녀원을 침입해 들어가 깜짝 놀라고서도 그들을 상냥하게 대해 주는 수녀에게서 포도주를 사기도 했으며, 축제가 열릴 때면 남녀가 한데 뒤섞여 흥겹게 즐겼으니, "이때에는 법도에 어긋나는 행실이 있어도 연회의 왕이 돌보아 주신다."고 하였다. 또 노래하는 아가씨들은 가녀린 손가락으로 류트 줄을 튕기며 "낭창낭창한 나뭇가지 사이로 휘영청 빛나는 달처럼" 아름답게 춤을 추었다.[25]

시칠리아 섬에는 시인이 많기가 이루 헤아릴 수 없었는데, 무어인들이 무엇보다 좋아했던 것이 재담과 압운(押韻)이었던 데다, 시칠리아인의 연애담이 수도 없이 주제를 제공해 준 때문이었다. 또 시칠리아에는 학자들도 있었으니, 팔레르모에 자리한 학교는 이 도시의 자랑거리였다. 또 위대한 의사들도 배출되어 나왔는데, 이는 시칠리아의 이슬람 의학이 살레르노에 자리한 의학교에 영향을 끼친 덕분이었다.[26] 노르만족은 시칠리아를 정복하고 찬란한 문화를 이룩했으나 그중 절반은 아랍 시절의 영광이 다시 메아리친 것에 지나지 않았다. 노르만족의 젊은 문화는 인종과 교리를 막론하고 무엇이든 배우려 열심이었으니, 시칠리아의 갖가지 공예품과 장인들이 남긴 동방의 유산도 물려받은 것이다. 물론 노르만족의 시칠리아 점령으로 인하여(1060~1091년) 이 섬에 남아 있던 이슬람의 발자취가 세월의 힘에 쓸려 맥없이 사라져 간 것은 사실이다. 더구나 로저 백작은 "경이로운 솜씨로 지어진 사라센인의 도시며, 궁궐이며, 왕실을" 자기 손으로 산산이 무너뜨린 것에 대해 나름의 자부심을 느끼기까지 했다.[27] 그러나 라 지자 궁궐을 비롯해, 카펠라 팔라티나의 천장에는 아직도 이슬람 양식의 발자취가 고스란히 남아 있다. 즉 노르만족 왕들이 세운 궁궐임에도 불구하고 이 예배실 안에는 지금도 무어인들이 만든 장식이 그리스도의 사원을 떠받들고 있는 것이다.

4. 스페인의 이슬람: 711~1086년

1. 칼리프와 에미르

스페인을 애초 점령한 것은 아랍인이 아니라 무어인이었다. 타리크도 원래 베르베르족으로서, 그의 군대는 베르베르족 7000명에 아랍인 300명으로 구성돼 있었다. 지금도 스페인에 가 보면 그 옛날 타리크가 자기 부대를 이끌고 처음 발을 디뎠던 바위에 그의 이름이 새겨져 있는 걸 볼 수 있다. 후일 무어인들은 이 바위 이름을 "타리크의 바위산"이라 하여 게벨 알 타리크(Gebel al-Tariq)라고 불렀고, 이것이 유럽에 들어오면서 지브롤터(Gibralter)란 이름으로 짤막하게 축약되었다. 애초 타리크를 스페인으로 보낸 장본인은 북아프리카에서 총독을 지내던 무사 이븐 누사이르라는 아랍인이었다. 그러다 712년이 되자 무사도 아랍인 1만 명에 무어인 8000명을 이끌고 해협을 건너 스페인 땅으로 들어갔다. 그는 세빌리아와 메리다를 상대로 포위전을 전개하여 두 곳을 모두를 함락시키는가 하면, 타리크를 데려다가는 월권을 행하였다며 문책을 하고는 채찍으로 태형을 가한 후 감옥에 집어넣어 버렸다. 그러던 와중에 왈리드 칼리프가 무사를 다시 아프리카로 불러들이고 타리크는 자유롭게 풀어 주니, 이로써 타리크는 스페인 점령 길에 다시 오른다. 한편 무사는 아프리카로 돌아가기 전 아들 아브드 알 아지즈를 세빌리아의 총독으로 임명해 둔 터였는데, 왈리드의 형제 술레이만은 그 아들이 미심쩍게만 보였다. 결국 그는 아브드 알 아지즈가 스페인을 독립 주권국으로 만들려 한다며 암살단을 파견하여 그를 죽여 버렸다. 암살단이 아브드 알 아지즈의 머리를 갖다 바쳤을 때 술레이만은 칼리프 자리에 올라 다마스쿠스에 머물던 터였다. 술레이만의 부름을 받고 입궐한 무사는 칼리프에게 이렇게 애원했다. "부디 아들의 머리를 제게 주십시오. 아들

녀석의 눈을 제가 감기도록 허락해 주십시오." 무사는 아들의 죽음을 애달파하다 결국 1년이 안 되어 세상을 떠나고 말았다.[28] 그러나 이 이야기는 사실이라기보다는 유혈극이 가미된 전설 정도가 아닐까 한다.

땅을 차지는 했으나 정복자들이 피정복민들을 대하는 태도는 관대한 편이었다. 그들은 극렬하게 저항을 하는 자에 한해서만 토지를 몰수하였고, 세금 역시 서고트 왕들이 받던 수준 이상으로 올려 받는 일이 없었으며, 종교적 예배에 대해서도 자유를 허용하니 이는 스페인에서는 거의 유례가 없던 일이었다. 그렇게 하여 반도에서의 입지가 공고해지자 이슬람교도들은 이제, 유럽 지역도 다마스쿠스의 속주로 만들어 버릴 작정으로, 그 가파른 피레네 산맥을 넘어 갈리아 지역에까지 발을 들이기에 이른다. 그리하여 이들은 지브롤터에서 북쪽으로 약 1000마일 지점, 즉 투르와 푸아티에의 한 중간 지대에서 유럽의 연합군과 맞붙게 된다. 유럽 연합군은 아퀴텐의 공작 에우도와 아우스트라시아의 카를이 이끌고 있었다. 역사상 가장 중대한 일전으로 손꼽히는 이 싸움은 7일간이나 꼬박 이어졌고, 결국 패배한 것은 이슬람교도 쪽이었다.(732년) 이번에도 역시 전쟁의 승부가 달리 났다면 오늘날 수십억 사람들이 믿는 신앙의 명운은 어찌 됐을지 모른다. 이 일전이 있고 나서, 아우스트라시아의 카를은 카롤루스 마르텔루스(또는 마르텔, '망치'라는 뜻)라는 별호를 갖게 된다. 그러나 이슬람교도들은 여기서 멈추지 않았으니, 735년 다시 한 번 유럽 공략을 시도한 것이다. 그리고 이번에는 아를을 함락시키는 데에 성공한다. 이어 737년에는 아비뇽을 손에 넣은 것은 물론, 론 강에서부터 리옹에 이르는 계곡 지대는 쑥대밭으로 만들어 놓았다. 그러다 마침내 단신(短身) 왕 피핀(Pepin the Short, 프랑크 왕국의 왕으로 카를 마르텔의 아들이자 샤를마뉴의 아버지이다. 카롤링거 왕조를 창시하였다. - 옮긴이)이 나서서 759년 이슬람교도들을 남부 프랑스에서 완전히 쫓아내 버리는 데 성공한다. 그러나 이슬람교도들이 40년 동안이나 이곳 구석구석을 누비고 다닌 탓인지, 이후 프랑스 랑그도크 지역은 여느 지역과는 달리 신앙의 다양성에 관용적 태도를 보이고, 사람들 사이에는 생생한 활기가 넘쳤으며, 이루어질 수 없는 사랑을 노래하는 데 타고난 재능을 보였다.

당시 다마스쿠스의 칼리프들은 스페인을 그다지 대수롭지 않게 보고 있었다. 그래서 756년에 이를 때까지도 스페인 땅을 그저 "안달루시아 지방"이라 부르면서, 그곳은 카이르완에서 통치하면 그만이라 여겼다. 그런데 755년에 설마 하던 인물이 나타나 스페인 땅에 발을 디디면서 상황은 예기치 않게 흘러간다. 그가 가진 무기라곤 오로지 왕실의 혈통 그것밖에는 없었으나, 스페인 땅에 왕조를 개창할 운명, 나아가 바그다드의 칼리프들에 버금가게 그 왕조의 부와 영광을 이룩할 운명이 바로 그의 두 어깨 위에 있었다. 사연인즉슨, 그로부터 몇 년 전인 750년, 압바스 왕조는 권세를 잡자마자 우마이야 가의 왕자들을 하나도 남겨 두지 말고 모두 죽이라 명했었다. 그러나 그중 간신히 목숨을 건진 이가 하나 있었으니 바로 히샴 칼리프의 손자 아브드 에르 라흐만이었다. 그는 압바스 왕조의 추적에 쫓겨 이 마을 저 마을을 떠돌다 결국 그 드넓은 유프라테스 강을 혈혈단신 헤엄쳐 건너 팔레스타인 땅으로 들어갔고, 거기서 다시 이집트와 아프리카 땅을 거쳐 종국에는 모로코에 당도하였다. 한편 압바스 가문이 혁명을 일으켰다는 소식이 전해지자 스페인의 아랍인, 시리아인, 페르시아인, 무어인 사이에서는 파벌 간 경쟁이 한층 격심해진 터였다. 여기에 더하여 한때 스페인에서 우마이야 가를 위해 일하며 충성을 바치던 아랍인 무리는 옛날 우마이야 총독들에게서 하사받은 땅이 있었는데, 압바스 왕조 칼리프가 그 땅의 소유권에 대해서 토를 달지 않을까 걱정이 되었다. 그래서 그들은 아브드 에르 라흐만에게 청을 넣어, 자신들 무리로 들어와 그들의 지도자가 되어 달라고 하였다. 이렇게 해서 아브드 에르 라흐만은 스페인 땅으로 와서 코르도바의 에미르로 옹립이 된 것이다.(756년) 알 만수르 칼리프는 그를 끌어내기 위해 자신의 권한으로 군대를 출동시켰으나, 아브드 에르 라흐만이 이를 물리쳐 버렸다. 그리고 이 군대를 통솔하던 장군의 목을 베어서는 칼리프에게 보내어 메카에 있는 궁궐 앞에 걸어 두라고 하였다.

오늘날 유럽이 이슬람의 마호메트를 떠받들지 않고 있는 것은 어쩌면 이상에 걸친 일련의 사건들이 일어난 덕분인지 모른다. 이렇게 안에서는 내전이 벌어지고 동시에 밖에서는 스페인으로 들어오던 원조가 끊기면서, 이슬람의 스페인 점령은 일단 여기서 멈추게 되었을 뿐 아니라 스페인 북부에서는 아예 이슬람군을 철수시켰기 때문이다. 그리하여 9세기에서 11세기의 200년 동안에는 코임브라에서 사라고사를 거쳐 에브로 강에 이르는 선을 기준으로, 스페인 남부는 이슬람 지역으로 그리고 북부는 그리스도교 지역으로 양분이 된다. 이슬람이 점령한 이 남부 스페인은 아브드 에르 라흐만 1세와 그 후계자들에 의해 마침내 평화를 이룩하니, 이 시절 남부 스페인에는 부와, 시와, 예술이 활짝 꽃을 피웠다. 그리고 아브드 에르 라흐만 2세는(822~852년) 이러한 번영이 맺어준 결실을 한껏 맛보았다. 물론 그의 치세에도 접경 지대에서는 그리스도교와의 전쟁이 끊이지 않았고, 피정복민 사이에서는 수시로 반란이 일었으며, 노르만족도 곧잘 연안 지대를 공격해 왔으나, 그러는 중에도 그는 짬짬이 시간을 내어 코르도바를 궁궐과 모스크로 아름답게 단장해 놓는가 하면, 시인들에게는 넉넉히 후사를 해 주었다. 또 범법자들에게도 온화한 모습으로 자비를 베풀었는데, 그의 치세가 끝나고 사회적 무질서가 찾아온 데에는 그의 이러한 은덕이 일조했을 가능성이 있다.

스페인에 자리한 이 우마이야 왕조는 아브드 에르 라흐만 3세(912~961년)를 왕으로 맞으며 그 절정에 이른다. 그가 21세의 나이에 권좌에 올라 나라의 형세를 보니, 그의 땅 "안달루시아"는 인종 사이의 파벌과, 종교 사이의 적개심과, 또 수시로 자행되는 약탈 때문에 사분오열을 면치 못하고 있었다. 거기다 세빌리아와 톨레도 지방에서마저 코르도바의 지배에서 벗어나 따로 독립국이 되려는 움직임을 보이고 있었다. 아브드 에르 라흐만 3세는 평소 세련된 신사의 품행을 보이는 데다, 누구보다 도량이 넓고 예의가 깍듯하기로 유명했지만 이때는 상황이 상황인 만큼 단호한 태도를 밀고 나가지 않을 수 없었다. 그는 반란이 일어나는 도시를 무력으로 평정하는 한편, 아랍 제후들의 꿈, 즉 당대 프랑스 귀족들처럼 자신들의 부유한 영지를 가지고 봉건 제후로서 독립적 주권을 행사하고 싶어하던 뜻도 꺾어 놓았다. 아브드 에르 라흐만은 이에 그치지 않고 다양한 신앙을 가진 이들을 자신의 자문 위원단에 포함시켰을 뿐 아니라, 동맹의 고삐를 당겼다 풀었다 하며 이웃 국가와 적국 사이에 세력 균형이 이뤄지도록 했으며, 또 실질적인 행정 업무에 관해서는 나폴레옹에 버금갈 정도의 근면함과 세심함을 보여 주었다. 그는 휘하의 장군들이 벌일 군사 작전도 자기 손으로 직접 짰고, 자신이 친히 전장에 나서는 경우도 적지 않았다. 나바르 왕국의 산코 왕이 쳐들어왔을 때에는 그를 격퇴시키는 것은 물론, 그 뒤를 쫓아가 산코 왕의 수도를 함락시키고 그곳을 짓밟아 놓으니, 이로써 그의 치세에 그리스도교는 더 이상 이슬람 땅을 넘볼 엄두를 못 내게 되었다. 929년에 이르자 그는 이슬람 세계에 자기만큼 강력한 힘을 가진 통치자가 없다는 사실을 알게 되고, 더구나 바그다드 칼리프는 이제 투르크족 근위대의 꼭두각시로 전락해 있었다. 그리하여 그는 ('신도들의 우두머리이자 신앙의 수호자'라는 뜻의) 칼리프 자리도 자신이 맡아 수행한다. 그는 죽으면서 자필로 쓴 글을 한 편 남겼는데, 인간의 삶도 그리 대단할 건 없다는 그의 심정이 드러나 있는 듯하다.

나라를 다스리며 이곳에 승리와 평화가 깃들게 한 지도 (마호메트력으로) 어느덧 50년이다. …… 그동안 내 앞에는 늘 부와 명예, 권력과 쾌락이 자리하고서 언제든 나의 부름이 있기만을 기다렸다. 그러나 속세의 은총 그것은 아무리 있다 한들 내게 진정한 행복을 가져다주지 못했던 것 같다. 오죽하면 나는 내 생애 행복했던 날들 그것이 과연 얼마나 되는지 부지런히 헤아려 보기까지 했다. 순수하고 진실한 행복이 어쩌다 나를 찾아와 주었던 그런 날들을 말이다. 통틀어 딱 14일뿐이었다. 오, 사람들이여, 지금 눈앞에 펼쳐진 이 세상 그대들은 그것을 믿지 말지어다![29]

아버지가 반세기의 세월 동안 불행해 하며 이룩한 위업, 그것을 아들 하캄 2세(961~976년)는 지혜롭게 이용할 줄 알았다. 왕조가 안정세에 접어들며 외부의 위험은 물론 내부의 반란에서도 자유로워지자, 하캄 2세는 코르도바를 비롯한 나라 곳곳의 도시를 단장하는 데 자신의 힘을 쏟아붓는다. 그리하여 모스크, 학교, 병원, 시장, 공중목욕탕, 빈민 구호 시설들이 나라 곳곳에 세워지는가 하면,[30] 코르도바의 학교는 당대 최고의 교육 기관으로 거듭났으며, 수많은 시인, 예술가, 학자들이 그로부터 도움을 받았다. 이슬람 역사가 알 마카리는 이와 관련해 이렇게 썼다.

> 하캄 칼리프가 문학과 과학을 사랑하는 마음은 선대 그 어느 왕들보다 크셨으며, 문학과 과학의 육성, 발전에 그 자신이 직접 일익을 담당하기도 하셨다. …… 어느 나라건 문학 작품이 하나 나오면 사람들은 그걸 팔려고 득달같이 안달루시아로 달려오니, 하캄 칼리프 치세 들면서 이곳은 어느덧 커다란 문학 작품 시장으로 뒤바뀌어 있었다. 그뿐인가. 칼리프는 따로 중개상을 두어 먼 타국에 가서까지 장서를 수집해 오도록 하는가 하면, 이들에게 위탁하는 돈도 결코 적지 않았다. 그렇게 해서 종내 안달루시아로 실려 들어온 도서들은 그 양을 가늠조차 할 수 없을 정도로 많았다. 그것도 모자라 칼리프는 동방의 내로라하는 작가들에게까지 선물 조로 돈을 보내 주니, 작품의 출간을 독려하기 위한 것이기도 했고 초판본을 얻고자 하는 목적도 있었다. 그래서 이스파한의 아불 파라지가 『키탑 울 아가니』란 작품을 써 냈단 소식을 알게 되자, 그에게 순금으로 1000디나르(4750달러)를 보내 주었다. 그 보답으로 작가는 이라크에서는 아직 구경조차 할 수 없던 그 책을 칼리프에게 한 권 먼저 보내 주었다.[31]

이렇듯 호학 군주이던 칼리프는 삶의 소소한 즐거움들에 신경 쓰느라 나랏일 돌볼 여유는 없었으니, 국가의 행정을 비롯하여 심지어는 국가의 정책을 이끌어 가는 일은 그 밑의 유능한 유대인 총리, 하스다이 이븐 샤프루트에게 맡겼다. 그리고 칼리프의 군대를 지휘하는 일은 능력은 기가 막히나 도의는 찾아볼 수 없던 한 장군에게 맡겼다. 그리스도교 세계에서 만들어진 수많은 극작품 또는 연애담에는 알 만조르라는 이름으로 주로 등장하지만, 생전에 그가 썼던 본

명은 원래 무함마드 이븐 아비 아미르였다. 그는 예부터 대대로 내려오던 뿌리 깊은 아랍인 가문으로, 집안에 가진 재산보다 가진 족보가 더 많을 정도였다. 애초 그의 밥벌이는 사람들이 칼리프에게 간하고 싶은 일이 있을 때 그 청원서를 대신 써 주는 일이었고, 그 일을 하다 (오늘날의 법무부 장관에 해당하는) 수석 카디(qadi)의 집무실에서 사무관으로 일을 하게 된다. 그러다 967년, 스물여섯이 되던 해에 알 하캄의 장남(역시 아브드 에르 라흐만이라는 이름을 가진) 밑에서 그의 재산 관리를 책임지게 된다. 이 일을 하며 그는 그 젊은 왕자의 어머니, 즉 수브흐 여왕에게서까지 환심을 사게 된다. 여왕은 그의 깍듯하게 예의 바른 모습이며 칭찬 한 마디 한 마디가 마음에 쏙 들었던 데다, 지칠 줄 모르고 능력을 발휘하는 것에도 탄복을 하지 않을 수 없었다. 그리하여 얼마 안 있어 왕자는 물론 여왕까지도 그에게 재산 관리를 맡기게 되고, 그러고 일 년이 채 안 되어 그는 조폐국의 수장으로 임명이 되기에 이른다. 그런데 이 자리에 올라 자기 친구들에게 너무 후하게 인심을 쓴 것이 화근이 되어 정적들이 그를 공금 유용죄로 고발을 한다. 알 하캄 칼리프는 이븐 아비 아미르를 궁으로 불러들이면서, 그 일에 대해 명백히 밝힐 것을 명하였다. 이븐 아비 아미르는 자신이 사면초가에 빠진 걸 알고는 한 돈 많은 친구에게 미리 부탁을 하였다. 자신이 차후에 줄 테니 현재 비어 있는 공금의 부족분을 미리 메워 달라는 것이었다. 그런 다음 그는 무장한 채로 입궐을 하여 소송 상대를 앞에 놓고 자신은 한 치의 허물도 없다는 듯 기세등등하게 사태를 마무리 지었다. 그래서 칼리프는 오히려 이를 계기로 많은 돈이 나오는 요직 여러 개를 한꺼번에 이븐 아비 아미르에게 맡겼다. 하캄이 세상을 떠나자 이븐 아비 아미르는 칼리프 자리를 하캄의 아들 히샴 2세가(976~1009년, 이어 1010~1013년) 물려받을 수 있도록 미리 손을 쓰니, 미리 자객을 시켜 계승권이 있던 경쟁자를 죽인 것이다. 그리고 일주일 후, 이븐 아비 아미르는 비지에 자리에 오른다.[32]

사실 히샴 2세는 워낙 허약해서 나라를 통치해 갈 능력이 전혀 없었다. 그리하여 978년부터 1002년까지의 기간 동안 칼리프는, 칭호만 못 가졌다 뿐이지,

어느 모로 보나 이븐 알리였다. 한번은 그의 정적들이 그가 이슬람 신앙은 제쳐 두고 철학을 더 사랑한다며 공격을 하고 나왔는데, 사실 백번 옳은 이야기였다. 이븐 알리는 이 공격을 잠재울 양으로 궁에 정통파 신학자들을 불러들였다. 그러고는 그들로 하여금 알 하캄의 대(大)도서관을 샅샅이 뒤지도록 하였고, 수니파 교리에 의문을 제기하는 책들이 있으면 하나도 남기지 말고 모조리 불살라 버리라 하였다. 이렇게 도서관의 책들을 무자비하게 불살라 버림으로써 그는 자신이야말로 독실한 신심을 가진 신자라는, 그야말로 쓸모 있는 평판을 얻을 수 있다. 그러면서도 한편으로는 동시에 비밀리에 철학자들을 보호해 줌으로써 지식인 계층을 자기편으로 끌어들이는가 하면, 문인들이 궁궐을 찾으면 후하게 환대를 해 주었다. 일군의 시인들에게는 궁에서 먹고 잘 수 있도록 거처까지 마련해 준 것은 물론 국고를 털어 급료까지 내어 주었으니, 전장에 나서면서는 이들을 대동하여 자신의 승리를 시로 노래하게 했다. 또 코르도바를 그대로 본 떠 자히라라는 새로운 도시를 짓고는 자신의 궁궐 및 행정 관청을 거기에 들였지만, 정작 나이 어린 칼리프는 신학에만 빠져 지내도록 교묘히 교육을 시킨 채 옛날 왕궁에다 거의 죄수와 다름없는 신세로 방치해 놓았다. 또 이븐 아비 아미르는 군대도 주로 베르베르족과 그리스도교 용병을 들임으로써 자기 입지를 한층 굳건히 다졌다. 이들 용병들은 아랍인이라면 이를 갈았고, 따라서 나라에 대해 털끝만큼도 충절을 느끼지 않았다. 대신 이븐 아비 아미르가 관대하고 요령 있게 그들을 대해 주니 그에게만 개인적인 충성으로 보답하였다. 한번은 국내에서 아미르에 대항해 반란이 일었는데 그 뒤에서 그리스도교 국가 레온 왕국이 원조했다는 걸 알자, 그는 단순히 반란자 처단에만 그치지 않고 레온군까지도 처참히 쳐부수고 나서야 득의만만해 하며 자신의 수도로 돌아왔다. 그리고 나서부터는 자기 이름에 알 만수르('승리하는 자'라는 뜻)라는 성을 덧붙여 썼다. 당대에 그를 해하려는 음모는 사실 한두 차례가 아니었으나, 나라 구석구석에 밀정을 심어 두고 관련 인물을 주도면밀하게 암살하니 그런 음모들에 걸려들 수가 없었다. 그중에는 그의 아들 아브드알라가 가담했던 음모도 하나 있었는데, 그 사실이 발각되자 이븐 아비 아미르는 아들을 데려다 참수를 시켜 버렸다. 술라(로마 시대의 정치가이자 장군이다. 술수와 군사적 재능이 뛰어나 군대를 이끌고 로마에 두 번이나 진격하였고, 독재관이 되어서는 반대파를 무자비하게 숙청하여 공포 정치를 실시하였다. – 옮긴이)가 그랬듯, 그 역시 받은 호의는 반드시 되갚아 주고 당한 상처는 반드시 복수해 주는 그런 사람이었던 것이다.

하지만 백성들은 그가 저지른 죄를 용서하고 넘어갔는데, 이븐 아비 아미르는 자기 이외의 다른 범죄자들은 활개를 못 치도록 잘 다스렸을 뿐 아니라, 백성들에게는 부자와 빈자가 골고루 정의를 누리도록 여러 모로 방책을 강구하였기 때문이다. 그 전까지는 코르도바에서 생명과 재산이 이토록 안전하게 지켜진 적이 한 번도 없을 정도였다. 더구나 이븐 아비 아미르가 대단한 인내심과, 지력과, 용기를 지녔다는 것에는 어느 누구도 탄복하지 않을 수 없었다. 어느 날 그가 많은 사람들을 모아 놓고 재판을 연 적이 있었다. 재판 중간 갑자기 그는 다리에 격심한 통증을 느꼈다. 부름을 받고 달려온 의사가 증세를 보더니 다리에 뜸을 놔야 한다고 했다. 그러자 알 만수르는 재판을 중간에 끊지 않고 그대로 진행시킨 채 의사더러 그의 생살을 불로 지지도록 했고, 그러는 와중에도 불편한 기색 하나 내보이지 않았다. 알 마카리의 말에 따르면, "당시 재판에 모였던 사람들은 어디선가 살 타는 냄새가 진동해 오기 전까지는 무슨 일이 있었는지 전혀 눈치를 채지 못했다."고 한다.[33] 여기에 인기를 더 모아 볼 요량으로 그는 그리스도교도 포로들을 일꾼으로 데려다 코로도바 모스크 확장 공사를 벌였고, 자기 손으로 직접 공사 현장에서 곡괭이며 삽, 흙손과 톱을 들고는 그것들을 휘둘러 가며 일을 돕기까지 했다. 한편 정치가의 경우, 전쟁을 일으켜 그것을 성공으로만 이끌 수 있으면(그 전쟁이 정당하든 부당하든) 당대에는 물론 후대 사람들에게까지 길이길이 칭송을 받는 법이다. 이 사실을 알게 된 알 만수르는 그 길로 레온 왕국과 다시 전쟁에 돌입했고, 이번에는 왕국의 수도를 함락시켜 쑥대밭을 만들어 놓은 것은 물론 주민에게까지 대량 학살을 감행하였다.

그 후 알 만수르는 봄이면 거의 어김없이 북쪽의 불경자들을 무찌른다는 명분으로 군대를 출정시키니, 반드시 승리를 거머쥐어야만 고국으로 돌아왔다. 997년에는 산티아고 데 콤포스텔라를 손에 넣어서는 도시 곳곳을 짓밟아 놓았는데, 이곳의 명소였던 성 야고보 성당도 이때 산산이 무너져 내려 흔적도 남지 않게 되었다. 알 만수르는 이 성당의 문이며 종들을 떼어다 그리스도교도 포로들 어깨에 짊어지게 하고는 그들을 이끌고 의기양양하게 코르도바로 입성했다.[34] (알 만수르가 이때 가져간 종들은 후일 이슬람 전쟁 포로들의 등에 다시 짐 지워져 콤포스텔라로 돌아오게 된다.)

이때에도 이슬람령 스페인은 사실상 주권국이나 다름없었지만, 알 만수르는 그 상태로는 성에 차지 않았다. 즉 자기 나라가 명실상부하게 주권국이 되는 것이, 나아가 그 자신이 왕조를 하나 여는 것이 그에게는 절실한 염원이었다. 그리하여 991년 그는 맡고 있던 직에서 물러나 열여덟 살 된 아들 아브드 알 말리크에게 물려주고, 자신은 갖고 있던 갖가지 칭호에 "사이드(sayid, 군주)"와 "말리크 카림(malik karim, 신성한 왕)"을 갖다 붙여 이제야말로 나랏일에 절대 권력을 행사하기 시작한다. 그에게는 진작부터 소원이 하나 있었는데 바로 전장에서 싸우다 죽는 것이었다. 그리고 삶의 이러한 마무리에 단단히 대비라도 하는 듯, 그는 전장에 나설 때면 늘 자신의 수의까지 함께 챙겨 갔다. 그러다 1002년 나이 61세에 그는 카스틸리아 침공에 나서게 되는데, 여기서 도시 곳곳을 함락시키고, 수도원 여러 곳을 파괴하였으며, 논밭에서는 마구 약탈을 일삼았다. 그런데 전쟁을 마치고 본국으로 돌아오던 길에 그만 몸져 눕게 된다. 알 만수르는 의료진의 간호를 마다하고 대신 아들을 불러들여서는 자기 목숨은 이제 이틀도 남지 않았다고 말했다. 이에 아브드 알 말리크가 섧게 울자 알 만수르가 말했다. "그것은 곧 제국이 망할 날도 멀지 않았다는 뜻이다."[35] 과연 그 후 한 세대가 지나자 코르도바의 칼리프 왕국은 그대로 주저앉고 말았다.

알 만수르가 죽자 스페인은 무어인 왕이 다스리게 되는데, 몇 년이 멀다 하고 왕이 바뀌고, 툭 하면 암살, 인종 분쟁, 계급 전쟁이 일어나는 그야말로 혼란으로 점철된 역사였다. 애초 이슬람교가 스페인 땅을 점령할 수 있었던 건 다 베르베르족 군대 덕분이었음에도, 이제 베르베르족은 그 땅에서 핍박과 가난을 면치 못하는 신세가 되어 있었다. 그것도 모자라 이들은 에스트레마두라의 척박한 평원 지대나, 아니면 레온 왕국의 추운 산악 지대로 쫓겨나니, 아랍인 귀족 통치층에 반대해 반란을 일으키기 일쑤였다. 또 도시의 일꾼들도 그들을 착취하는 고용주들에게 이를 갈았으니, 여차 하면 살인까지 불사하는 반란을 일으켜 고용주를 다른 사람으로 갈아 치우곤 했다. 이제 사람들은 계층을 막론하고 어느 하나에 대한 증오로 똘똘 뭉쳐 있었고, 그 증오의 대상이란 다름 아닌 아미르 가문이었다. 알 만수르의 후계자들이 그의 아들 대에 접어들면서 궁정의 공직은 물론 권력자의 특전까지 전부 자기들끼리 독점하다시피 했기 때문이다. 그러다 1008년 아브드 알 말리크가 세상을 떠나게 되고, 그 뒤를 이어 형제 아브드 에르 라흐만 샨드줄이 총리의 직에 오른다. 그러나 샨드줄은 공적인 자리를 상관 않고 술을 마시는가 하면, 죄악에 대해서도 너그러운 발언을 서슴지 않았다. 그에게는 나라를 다스리는 것보다는 한바탕 술판을 벌이고 노는 편이 더 즐거웠다. 그러다 1009년에 이르자 이런 샨드줄도 권좌에서 내려오지 않을 수가 없었으니, 당파란 당파가 거의 모두 합심을 하여 혁명을 일으킨 것이다. 이 혁명의 물결은 걷잡을 수 없이 번져 나갔고, 급기야는 성난 군중이 자히라에 세워진 아미르의 궁궐을 약탈해 흔적도 없이 불살라 버리는 지경까지 갔다. 그러다 1012년에 접어들자 이번에는 베르베르족이 코르도바로 쳐들어왔다. 그들은 도시를 함락시켜 마구 약탈하는가 하면, 주민도 절반은 가차 없이 죽여 버리고 나머지 절반은 타지로 추방시켜 버렸다. 그러고는 코르도바를 베르베르족의 수도로 만들었다. 이슬람령 스페인에서 일어난 이 프랑스 혁명 급의 사건을 그리스도교 역사가는 이렇듯 짤막하게만 전하고 있다.

그러나 무언가를 파괴하려는 열망은 그것이 아무리 격하다 한들, 무언가를 건설해 낸 끈질긴 인내심까지는 당해 내지 못하는 법이다. 베르베르족이 통치를 맡자 나라 안에는 무질서와 약탈이 횡행하는 것은 물론 실업 사태도 심해져만 갔다. 한때 코르도바에 복속되었던 도시들도 하나둘 독립하여 더 이상 조공을 바쳐 오지 않았고, 심지어 대규모의 토지를 소유한 영주들은 자기 땅은 자신이 다스리겠다며 주권을 주장하고 나섰다. 그러자 살아남은 코르도바인들이 차츰차츰 기세를 회복하기 시작하더니, 1023년에는 베르베르족들을 수도에서 싹 몰아내 버리고 아브드 에르 라흐만 5세를 왕위에 올리기에 이른다. 그러나 무산자 계급들이 보기에는 구체제로 돌아가 봤자 좋을 것이 하나도 없었다. 그래서 이들은 왕실로 쳐들어가 그곳을 점령하고는, 이제 칼리프는 자신들의 지도자 중 한 사람인 무함마드 알 무스타크피라고 선언하였다.(1023년) 무함마드는 직물 짜는 일을 하던 한 직공을 데려다 총리 자리에 앉혔다. 그러나 이 직공은 암살을 당하고, 무산자들의 칼리프 역시 독살을 당하고 만다. 그래서 1027년 상류층과 중류층이 힘을 합쳐 히샴 3세를 칼리프로 옹립한다. 그러나 그로부터 4년 뒤 이번에는 군대가 자기들 차례라는 듯 히샴의 총리를 죽여 버리고는 히샴의 퇴위를 요구하였다. 그러자 이번에는 시민층 중진들이 나서서 이렇게 칼리프 자리를 놓고 승강이를 벌여서는 나랏일이 돌아갈리 없다는 인식 아래, 스페인에서의 칼리프 제도를 폐지시켜 버리고 대신 국무 회의를 출범시켰다. 여기서 제1대 콘술(consul)로 선출된 것이 이븐 자흐와르였는데, 그는 이 새로운 나라를 정의롭고 또 지혜롭게 통치해 나갔다.

그러나 때는 이미 너무 늦어 있었다. 정치적 권위도, 문화적 지도력도 되돌릴 수 없을 정도로 훼손된 지 이미 오래였던 것이다. 학자들이며 시인들은 내전이 일어날까 겁을 먹고는 "주옥같이 아름다운 그 도시"를 빠져나와 도망치듯 톨레도, 그라나다, 세빌리아 등지의 왕실로 숨어들었다. 이제 이슬람령 스페인은 스물세 개의 타이파(taifa, 도시 국가)로 나뉘게 되었고, 이들은 자기들끼리 서로 모함하고 다투기에 바쁘니 그나마 더딘 속도로 이슬람 문화를 흡수해 오던 그리스도교령 스페인도 이즈음 그 발걸음을 멈추게 된다. 이들 도시 국가 중에서도 그라나다는 번영을 누릴 수 있었는데(1038~1073년), 아랍인들 사이에는 이스마일 이븐 나그델라라고 알려진, 라비 사무엘 할레비의 유능한 행정력 덕분이었다. 한편 톨레도는 1035년에 코르도바로부터 공식적 독립을 선언하지만, 그로부터 50년 후 그리스도교에 굴복하고 그 통치를 받게 된다.

코르도바가 누리던 영광을 물려받아 그것을 계속 이어 나간 곳은 세빌리아였다. 혹자는 아름답기로 따지면 코르도바보다 이 세빌리아가 낫다고 생각했으니 그곳의 정원이며, 야자수, 장미는 사람들의 넋을 빼놓았으며, 거리거리마다에서는 늘 음악이며, 춤, 노래가 기다렸다는 듯 흘러나왔다. 세빌리아는 코르도바가 몰락할 것임을 미리 예견하여, 1023년에 진작부터 따로 독립을 한 상태였다. 그러던 어느 날 세빌리아의 수석 재판관 아불 카심 무함마드는 우연찮게 히샴 2세를 쏙 빼닮은 깔개 직조공을 발견한다. 그는 칼리프를 찾았다고 환호성을 질렀고, 그 직조공에게 거처를 마련해 주고는 자신의 뜻대로 할 것을 일렀다. 이어 아불 카심 무함마드는 발렌시아와 토르토사는 물론 코르도바까지 설득하여 그가 칼리프임을 인정하게 만들었다. 이렇게 해서 노회한 재판관은 단순하기 짝 없는 계책 하나로 짤막하나마 세빌리아에 아바드 왕조를 열었다. 그 아불 카심 무함마드가 죽자(1042년), 아들 아바드 알 무타디드가 뒤를 이어 27년 동안 세빌리아를 다스렸는데, 유능하지만 잔혹하기도 한 인물로 그의 치세 속에 세빌리아는 막강한 국력을 자랑하게 되니, 전성기 때에는 이슬람령 스페인 절반이 세빌리아에 조공을 바쳐 올 정도였다. 이 막강한 왕국을 이어받은 것이 그의 아들 알 무타미드(1068~1091년), 하지만 아버지가 가졌던 야망과 잔혹함은 아들은 하나도 물려받지 못한 터였다. 그보다 알 무타미드는 이슬람령 스페인에서 배출된 가장 위대한 시인이었다. 그로서는 정치인이나 장군과 어울리는 것보다는 시인이며 음악가와 어울리는 편이 더 즐거웠고, 자기와 쌍벽을 이룰 정도로 시를 잘 짓는 이들에게는 남부럽지 않게 은전도 베풀었으니, 짧은 풍자시 한 소절이라도 잘만 지으면 1000두카트(2290달러)도 흔쾌히 내주었다. 특히 그는 이븐 아마르의 시를 맘에 들어 하여 그를 비지에의 자리에 올려 주기까지 했다. 어느 날은 노예였던 루마이키야라는 아가씨가 앉은 자리에서 즉흥적으로 기막힌 시들을 지어 내는 것을 듣고는 그녀를 사들여 그녀와 결혼까지 하였으며, 목숨이 다하는 날까지 그녀를 열정적으로 사랑하였다. 물론 그러는 중에도 규방에 기거하는 아리따운 미녀들을 돌보는 일도 게을리하지 않았다. 궁궐에는 늘 루마이키야의 웃음소리가 낭자하게 울려 퍼졌으며, 그녀의 손에 이끌려 그녀와 함께할 때면 주군의 하루하루는 소용돌이치듯 신나게 휙휙 지나가곤 했다. 이에 신학자들이 루마이키야를 원망하고 나서니, 남편이 종교에 냉담한 것도, 세빌리아의 수많은 모스크들이 거의 텅텅 비다시피 하는 것도 다 그녀 탓이라는 것이었다. 그러나 알 무타미드는 사랑과 노래만 잘하는 것이 아니라 나라도 잘 끌어갈 줄 아는 인물이었다. 한번은 톨레도가 코르도바를 공격한 일이 있었는데, 이때 코르도바가 알 무타미드에게 원군을 요청하자 그는 군대를 보내어 톨레도의 손아귀에서 도시를 구해 주었다. 하지만 그 길로 즉시 톨레도를 세빌리아에 복속시켜 버렸다. 한 세대의 위태위태한 치세가 흘러가는 동안 이 시인 왕은 문명의 정점에서 버티었으니, 이때 세빌리아가 이룩한 문명은 하룬 치세의 바그다드나 알 만수르 치세의 코르도바에 버금갈 정도로 그 빛이 찬란했다.

2. 무어인 치세의 스페인 문명

"이 아랍인 정복자들의 통치는 이전의 안달루시아 땅 역사에서는 결코 찾아볼 수 없을 만큼 온화하고, 정의롭고, 또 지혜로웠다."[36] 이러한 판단은 그리스도교였던 한 위대한 동방학자에게서 나온 것으로서, 동방에 대한 그의 열정을 감안할 때 이러한 칭송에는 얼마간의 에누리가 있지 않으면 안 될 것이다. 그러나 필요 이상의 칭송을 적당히 눅여 놓고 보면 그의 평결에도 충분히 일리는 있다. 물론 스페인을 통치했던 에미르와 칼리프들은 잔혹하기가, 마키아벨리가 안정된 통치를 위해 필요하다 여겼던 수준까지 갔던 게 사실이다. 이들의 잔혹함은 때로 야만적인 데다 짐승처럼 비정하기까지 하여, 무타디드의 경우 죽은 적의 두개골을 가져다 그 안에다 화초를 기르는가 하면, 무타미드는 친구가 종국에 자신을 배신하고 모욕을 가하자 평생지기였음에도 불구하고 그를 능지

처참해 죽였다.37 그러나 알 마카리에 따르면 이는 어쩌다 엇나간 경우들로, 스페인의 우마이야 가(家) 통치자들은 이와 대비되게 공정하고, 관대하고, 품위 있게 나라를 다스린 사례가 수도 없이 많았다고 한다.38 그 훌륭함은 당대 비잔티움의 황제들과 비교해도 손색이 없었으며, 이들 바로 전에 스페인을 통치했던 서고트 왕족들은 아량이라곤 보일 줄 몰랐으니 스페인이 선대에 비해 훨씬 나은 통치자를 만난 것은 분명한 사실이었다. 또 이들의 공무 관리 수준은 당대 서방 세계에서 가장 효율적인 축에 속했다. 법률도 합리성과 인도주의가 담긴 것이었고, 재판부가 체계적으로 자리 잡아 법률 문제를 잘 처리해 나갔다. 그리고 피정복민들의 경우, 대체로 자기 지역 내 문제들은 법률 및 행정관을 독자적으로 두어 스스로 처리했다.39 도시의 치안 상태도 양호한 편이었다. 뿐만 아니라 나라에서는 시장은 물론, 무게를 비롯한 각종 도량형 기준도 효과적으로 관리 감독을 해 나갔다. 인구조사도 정기적으로 실시하여 당시 인구 및 재산의 동태를 기록으로 남겨 두었고 말이다. 세금 역시 로마 또는 비잔티움 제국에서 부과하던 것에 비하면 합리적인 수준이라 할 수 있었다. 아브드 에르 라흐만 3세가 칼리프로 통치하던 시절, 코르도바가 백성들에게서 거둬들인 조세는 금(金)으로 1204만 5000디나르(5721만 3750달러)였는데, 당시 라틴어권 그리스도교 국가들에서 거둬들인 조세를 전부 합한 금액보다 많았을 것으로 여겨진다.40 그러나 농업, 제조업, 교역이 효율적으로 관리되고 발전했던 만큼 이 정도 수령액은 적정한 것이었지 높은 세금이라고는 볼 수 없었다.41

아랍인의 지배, 그것은 스페인에서 살아오던 토박이 농부들에게는 잠시뿐이었다 해도 고마운 선물과 다름이 없었다. 전만 해도 스페인 땅은 서고트 귀족들의 독차지였는데 아랍인의 점령으로 그 대토지들이 죄다 임자 없는 논밭이 되면서 거기서 일하던 농노들이 땅을 대신 차지하게 된 것이다.42 그러나 수 세기에 걸쳐 이 시대를 지배하던 역사의 동력은 스페인에도 어김없이 작용을 하니, 얼마 안 가 이곳에도 봉건제의 막이 오른다.(물론 그 동력에 맞서 이곳 스페인에서는 일어난 반발은 프랑스에서보다 더 심했지만 말이다.) 이제는 아랍인 지도층이 자기들 차례라는 듯 스페인에서 대규모의 토지들을 차지하기 시작했고, 그 땅을 소작인들에게 임대해 농사를 짓게 하는데 말이 소작이지 거의 농노제나 다름없었다. 노예들에 대한 무어인*의 대우는 이 노예들의 이전 주인들에 비하면 조금은 나은 편이었다.[43] 뿐만 아니라 노예라 하더라도 주인이 비이슬람교도일 경우, 스스로가 이슬람교도임을 공언만 하면 얼마든 자유의 몸이 될 수 있었다. 아랍인들은 대체로 농사의 실제적 부분들은 피정복민들이 알아서 하도록 맡기는 편이었으나, 자신들이 알고 있던 농경학 관련 최신 지침들은 스페인에서도 그대로 활용을 했으니, 이들의 지도 아래 스페인의 농경 과학은 그리스도교 세계 유럽을 훨씬 앞질러 발전할 수 있었다.[44] 그때까지만 해도 쟁기질이나 무거운 짐을 끄는 건 천하태평의 소의 일이었지만, 이제는 노새, 나귀, 말도 많은 일들에 이용되기 이르렀다. 또 말의 경우 스페인 혈통과 아랍 혈통이 섞여 사육이 되니, 아랍 기병과 스페인 카바예로(caballero, 기사(騎士))들이나 타는 이른바 "지체 높으신 준마"가 탄생한 것이 이때이다. 이슬람령 스페인은 벼, 메밀, 사탕수수, 석류, 목화, 시금치, 아스파라거스, 비단, 바나나, 체리, 오렌지, 레몬, 마르멜로(모과와 비슷한 열매로 잼 등을 만드는 데 쓰인다.-옮긴이), 그레이프프루트(약간 신맛이 나고 큰 오렌지같이 생긴 노란 과일-옮긴이), 복숭아, 대추야자, 무화과, 딸기, 생강, 몰약(沒藥)의 제조 및 경작법을 아시아로부터 전수받았고, 나아가 그 요령을 그리스도교계 유럽에까지 일러 주었다.[45] 원래 이슬람교에서는 술 마시는 것이 금기였으나, 무어인들 사이에서 포도 재배는 주요 산업에 속했다. 당시 스페인 땅에서는 판매용 채소 농원이며, 올리브 나무 관목 숲, 과수원 등을 심심찮게 마주칠 수 있었고, 특히 코르도바, 그라나다, 발렌시아는 "세계 최고의 조경"을 갖춘 곳들로 그 명성이 자자했다. 한편 마요르카 섬은 8세기에 이 땅을 손에 넣은 무어인들이 지극정성으로 가꾼 결과 꽃과 과일이 피고 열리는 낙원으로 거듭났고, 그중에서도 대추야자는 이곳 제일의 명산

---

* 이 책에서 무어인이란 곧, 서북부 아프리카 및 스페인에서 살아가던 이슬람교 주민을 의미한다고 보면 될 것이다. 이 중 아랍인은 일부였고, 대다수가 베르베르족이었다.

물로 손꼽히니 나중에는 주도의 이름에까지 그 흔적을 남기게 된다.

스페인에는 곳곳에 광산이 있어서, 무어인들은 손에다 금, 은, 주석, 구리, 철, 납, 백반(白礬), 유황, 수은도 실컷 쥐어 볼 수 있었다. 안달루시아 해변을 죽 따라서는 산호가 널려 있었고, 카탈로니아 해안가를 따라서는 진주를 건져 올릴 수 있으며, 바하와 말라가에서는 루비가 채굴되어 나왔다. 당시 스페인은 야금술도 잘 발달돼 있었다. 무르시아는 철제 및 황동 제품을 잘 만들기로 유명했고, 톨레도는 검(劍), 코르도바는 방패를 잘 만들기로 유명했다. 수공예 제조업도 이때에 한창 꽃을 피웠다. 코르도바의 경우 코르도바산(産) 가죽이 유명하여 유럽의 구두장이들도(구두장이란 말도 영어로 하면 'cordwainer'로서, 'cordobanes'에 그 어원이 있다.) 이를 재료로 갖다 쓸 정도였다. 또 코르도바 한 곳에만 직조공이 무려 1만 3000명이었다. 카펫, 쿠션, 실크 커튼, 숄, 긴 의자는 무어인들이 만들었다고 하면 어디서든 사람들이 서로 사려 안달이었다. 알 마카리에 따르면,[46] 9세기에 코르도바에 살았던 이븐 피르나스라는 자는 그때 벌써 안경, 정교한 크로노미터(chronometer, 천문 관측, 경위도선 관측, 항해 따위에 쓰던 정밀도가 높은 휴대용 태엽 시계. 온도, 기압, 습도 따위의 영향을 거의 받지 않는다. - 옮긴이), 비행 기계를 발명해 내었다고 한다. 선박만 수백 척에 이르는 이곳 상인들의 선단은 스페인에서 난 상품을 아프리카와 아시아로 실어 날라 주었고, 반대로 바르셀로나, 알메리아, 카르타헤나, 발렌시아, 말라가, 카디즈, 세빌리아에 자리한 항구들에는 늘 수십 곳에서 출항한 배들이 들어와 정신없이 북적거렸다. 정기적으로 오가는 우편 제도도 나라 차원에서 운영이 되었다. 또 금으로 된 디나르(dinar), 은으로 된 디르헴(dirhem), 구리로 된 팔(fal) 등 공식 화폐도 마련돼 있었으니, 당대 라틴어권 그리스도교 세계에서 통용되던 통화에 비하면 비교적 안정성을 잘 유지하는 편이었다. 하지만 시간이 지나자 무어인들이 만든 이 동전들 역시 무게, 순도, 구매력 면에서 차츰 가치를 잃기는 마찬가지였다.

그리고 다른 모든 곳에서와 마찬가지로 이곳 역시 경제적 착취가 점점 도를 더해 가고 있었다. 나라의 재물이란 재물은 모두, 너른 땅을 소유한 아랍인들 아니면, 생산자와 소비자 양편 모두를 쥐어짜는 상인들에게 빨려 들어갔다. 돈 많은 부자들은 특별한 경우 아니면 자기들의 대저택이 있는 시골에서 생활했고, 도시는 가진 것 없는 무산층이 자기들끼리 모여 살게 내버려 두었다. 그래서 도시에서 마주치는 사람들은 대개 베르베르족이거나, 레니게이드(Renegade, 그리스도를 떠나 마호메트에게로 귀의한 이들)이거나, 모사라베(Mozarab, 이슬람교도는 아니나 이슬람의 생활 방식을 따르고 아랍어를 사용하는 이들)들이었다. 또 드넓은 궁궐에서 드문드문 보이던 몇몇 환관들, 슬라브족 관료 및 호위병들, 그리고 가내(家內) 노비들도 도시에 기거했다. 코르도바의 칼리프들은 경제적 착취를 종식시키기 위해선 어떻게든 사업열을 잠재우지 않고는 도리가 없다고 여겨졌고, 그리하여 고심 끝에 타협안을 내놓으니, 부자들은 토지에서 이익이 생기면 그 4분의 1을 빈민 구제 기금으로 환원하라 하였다.[47]

당시에는 없이 사는 사람들의 신앙심이 누구보다 절절했고, 덕분에 이른 바 파키(faqih, 율법학자)에게 신비한 힘이 있는 것으로 여겨졌다. 일반 백성들은 교리든 윤리든 혁명적인 것이라면 질색을 했고, 따라서 이단적인 사상과 추상적 사색은 모두 은연중의 장소 또는 말[言] 뒤에 숨어 그 얼굴도 드러내지 못하는 게 보통이었다. 철학은 아예 입을 다물거나, 아니면 개중에서 제일 점잖아 뵈는 결론들만 추려 공언해야 했다. 이슬람교를 버리고 변절하면 사형에까지 처해질 수 있었다. 코르도바의 칼리프들은 성품 자체는 관대한 편이었으나, 차마 떨치지 못하던 정치적 의혹 하나가 문제였다. 이집트의 파티마 왕조 칼리프들이 이곳저곳을 유랑하는 학자들을 데려다 밀정으로 쓰고 있을지 모른다는 것이었다. 그래서 이들도 이따금 파키들과 한편에 서서 독립적인 사상이 자라나지 못하도록 박해를 가했다. 한편 무어인 통치자들은 이와 대조적으로 비이슬람교 계통의 신앙이라도 모두 예배의 자유를 누릴 수 있도록 허용하였다. 유대인의 경우, 서고트족에게서 쥐 잡히듯 지독하게 괴롭힘을 당한 터라, 이슬람교도들이 서고트족을 몰아내고 스페인을 점령할 때 그들을 위해 애쓴 바 있었다. 따라서 이슬람 정복자들과는 (12세기에 접어들 때까지는) 스페인 땅에서 함께 평화롭게 지낼 수 있었다. 덕분에 이 시절 유대인은 재물을 늘리고 학문을 발달시킬 수 있었으며, 때로는 고위직에 진출하기까지 하였다. 이들에 비하면 그리스도교인이 요직에 오르기란 갑절이나 힘든 일이었으나, 그럼에도 불구하고 그에 성공한 이들이 적지 않았다. 이슬람인들의 통치 아래 그리스도교도 남자들은, 그 시절 모든 남자들이 그랬듯, 국가적 위생 차원에서 강제적으로 할례를 받아야 했다. 하지만 그 외 나머지 부분에 대해서는 서고트 – 로마 법률에 따라 독자적으로 통치를 해 나갔으며, 통치를 담당하는 행정관들 역시 자신들이 알아서 뽑았다.[48] 또 그리스도교도의 경우 군역을 면제받는 대가로 신체 건강한 자유민들은 토지세란 것을 내야 했다. 이에 따라 보통 부자에게는 매년 48디르헴(24달러)의 세금이, 중산층과 막노동꾼에게는 각각 24디르헴과 12디르헴의 세금이 부과되었다.[49] 그리스도교도와 이슬람교도들은 서로 자유롭게 통혼을 하였다. 뿐만 아니라 축일이면 이따금 상대방의 행사를 찾아가 자리를 함께 하기도 하고, 똑같은 건물 하나를 그리스교인들은 교회로 이슬람교도들은 모스크로 쓰기도 하였다.[50] 또 그리스도교도 중에서도 나라의 관습이라 하면서, 집 안에 따로 규방을 두거나 남색을 즐기는 이들이 생겨났다.[51] 유럽에서도 그리스도교도들이 성직자건 평신도건 할 것 없이 공부, 내방, 여행 등을 목적으로 코르도바, 톨레도, 세빌리아 등지를 안전하고 자유롭게 오가곤 했다. 이러한 세태를 두고 한 그리스도교도인은 다음과 같이 불만을 토로하는데, 먼 옛날 그리스 문화에 물들어 가던 유대인을 보며 히브리인이 안타까워하던 그 탄식을 듣는 듯하다.

나의 그리스도교 벗들, 그들은 오늘날 아랍인들이 써 놓은 시며 사랑 이야기에 흠뻑 빠져 헤어날 줄 모른다. 그뿐인가, 마호메트교 신학자와 철학자의 글들도 가져다 공부를 하니, 그 내용을 논박하기 위함이 아니요, 어떻게 하면 아랍 문체를 올바르면서도 우아하게 구사할지 그걸 배우기 위해서이다. …… 슬프도다! 그 누구보다 뛰어난 재능을 자랑하는 그리스도교 젊은이들, 그들도 아는 것이라고는 오로지 아랍어와 아랍 문학뿐. 아랍 책이라면 걸신들린 듯 읽어 젖히고, 아랍 책이라면 천금을 들여서라도 서재 채 사들이고, 어디를 가든 아랍의 가르침이 최고라며 노래를 하고 다닌다.[52]

당시 그리스도교도들이 이슬람 세계에 얼마나 매력을 느꼈는가는 1311년의 한 서간문을 통해서도 짐작해 볼 수 있다. 이에 따르면 당시 그라나다의 마호메트교 신자는 총 20만이었는데, 이 중 대부분은 그리스도교 후손들이 이슬람교로 개종을 한 것으로서 그렇지 않은 이들은 "단 500명"에 불과했다.[53] 그리스도교도들은 통치에 대해서도 그리스도교보다는 이슬람의 지배가 낫다고 수시로 의사 표명을 하였다.[54]

그러나 이런 그림 한구석에서는 또 다른 면도 연출되고 있었으니, 시간이 갈수록 그 암울은 더해져만 갔다. 이 시절 그리스도교는 신자들 자신은 자유였지만, 교회는 그렇지가 못했다. 누구든 이슬람의 점령에 극렬히 저항했다간 가진 토지를 몰수당한다고 법령에 정해진 바, 교회는 가지고 있던 부동산 대부분을 진작부터 몰수당한 터였다. 또 수많은 교회가 이슬람의 손에 파괴를 당했을 뿐 아니라, 이제는 새로 교회를 짓는 것마저 불가능하게 돼 버렸다.[55] 옛날 서고트족 시절 스페인에서는 주교의 임명 및 해임권이 왕들에게 있었다. 이슬람 에미르들은 이 권리를 고스란히 이어받은 것은 물론, 심지어 교회 차원의 종교 회의를 소집할 권한까지 자기들이 가져갔다. 주교직도 가장 비싼 값을 부르는 자에게 팔아 버리니, 그가 회의론자든 난봉꾼이든 개의치 않았다. 그리스도교 신학자의 경우 이슬람교도가 길거리에서 그에게 욕설을 해도 법적으로 문제되지 않았다. 여기에 이슬람 신학자는 그리스도교 신학에 부조리한 부분이 있다 싶으면 얼마든 지적을 할 수 있었으나, 그리스도교도들이 그에 응수해 답을 내놓았다간 험한 꼴을 당하기 쉬웠다.

이렇듯 둘 사이는 팽팽한 긴장 관계를 유지하고 있었으니, 급기야는 사소한 사건 하나가 큰 비극으로까지 이어진다. 이 시절 코르도바에는 플로라라고만 이름이 전해지는 한 아리따운 처녀가 있었다. 그녀는 이슬람교도와 그리스도교도 사이에서 난 자식이었는데, 어느 날 이슬람교도였던 아버지가 세상을 떠나자 플로라는 이제 그리스도교도가 되어야겠다고 결심을 굳힌다. 그리하여 자신을 보살피던 오빠 눈을 피해 몰래 그리스도교 가정으로 도망쳐 들어간다. 결국 그러다 오빠에게 붙잡혀 와 매질을 당하지만, 그럼에도 배교하겠다는 뜻은 굽히지 않으니 이에 집에서는 그녀를 이슬람 법정에 넘긴다. 플로라의 행동은 사형까지 받을 수 있는 중죄였으나, 재판을 맡은 카디(qadi)는 태형을 명하는 선에서 사건을 마무리 지었다. 그러나 플로라는 또다시 탈출을 감행하여 그리스도교 가정으로 들어가고, 거기서 에울로기우스라는 한 젊은 신부(神父)를 만나는데, 신부 쪽에서 그녀에게 강렬한 영적 애착을 품게 된다. 한편 플로라가 한동안 수녀원에서 숨어 지내는 사이, 페르펙투스라는 또 다른 신부가 순교자의 위치에 오르는 일이 발생한다. 그가 마호메트에 대한 평소 자기 생각을 거리낌 없이 발설한 것이 화근이었다. 애초 사람들은 배신을 하지 않겠다고 다짐하고 그의 이야기를 들은 것이었지만, 그가 워낙 열변을 토하며 마호메트에 대한 생각을 낱낱이 드러내는 바람에, 사람들은 너무도 충격을 받아 당국자에게 그를 고발하지 않고는 도저히 견딜 수 없었다. 이때 페르펙투스가 고발당하고 나서 자기주장을 철회하였다면 그는 어쩌면 목숨만은 부지했을지도 모른다. 그러나 페르펙투스는 철회는커녕 재판관 앞에서 자기주장을 그대로 되풀이하면서, 마호메트는 "사탄을 위해 일하는 하인"이나 다름없다고 말했다. 혹시나 그의 태도가 바뀔까 싶어 판관은 몇 달 간 그를 다시 옥에 가두어 보았다. 그러나 변화는 전혀 일지 않았고, 결국 페르펙투스는 사형 선고를 받기에 이른다. 그는 교수대를 향해 씩씩하게 걸어가면서 예언자를 두고 저주하길, 그는 "사기꾼에, 오입쟁이에, 지옥의 자식"이라고 하였다. 페르펙투스의 목이 잘리자 이슬람교도들은 당연지사라 여기고 흡족해 한 반면, 코르도바의 그리스도교도들은 그를 성인의 반열에 올리고 성대하게 장례를 치러 주었다.(850년)[56]

페르펙투스의 죽음이 불쏘시개라도 된 듯, 이제 그리스도교와 이슬람 양편에는 서로에 대한 신학적 적의가 활활 타오르게 되었다. 그리스도교 진영에서는 이른바 광신파(Zealots) 무리가 형성되었고, 그 수장자리를 맡은 것이 에울로기우스였다. 이들은 공석(公席)에서 대놓고 마호메트를 헐뜯기로 결의하고, 그러다 순교하는 것을 천국의 길이라 생각하고 기쁘게 받아들이자 하였다. 한번은 코르도바의 수도사 한 명이 카디를 찾아와 개종하고 싶다고 뜻을 밝혀 왔다. 카디는 몹시 흡족해 하며 그를 반겨 주었다. 그런데 막상 카디가 마호메트의 교리를 하나하나 설파하려는 순간, 수도사가 중간에 맥을 딱 끊더니 이렇게 말하는 것이었다. "당신의 예언자는 거짓말로 당신을 속여 왔습니다. 마호메트는 저주받으리로다. 셀 수도 없이 많은 가련한 이들이 그 자의 손에 질질 끌려 함께 지옥으로 갔으니!" 카디는 수도사를 엄히 꾸짖으며 혹시 취중에 하는 소리인가 물었다. "지금 제 정신은 아주 멀쩡합니다. 어서 저를 사형에 처하시지요." 하지만 카디는 수사를 감옥에 넣는 데 그쳤고, 아브드 에르 라흐만 2세에게도 실성한 사람이 한 짓일 뿐이니 구류형을 윤허해 달라고 당부했다. 그러나 마침 칼리프는 페르펙투스가 죽었을 때 그 장례식을 그리스도교도들이 성대히 치러 준 데 단단히 진노한 터라, 그 수도사를 사형시키라고 명을 내렸다. 그로부터 이틀 뒤에는 궁궐 근위대에 소속돼 있던 산코라는 한 프랑크족 병사가 마호메트를 공적인 자리에서 비난하고 나섰다. 그는 결국 목이 잘려 나갔다. 그다음 주 일요일에는 수도사 여섯 명이 카디를 찾아와 그의 면전에서 마호메트를 저주하였다. 그러면서 자신들을 그냥 죽이지 말고 "살을 에고 에는 가장 극심한 고문으로" 죽여 줄 것을 부탁했다. 이들 역시 목이 잘려 나갔다. 이들을 본보기 삼아 신부, 부제(副祭), 수도사 한 명씩이 차례로 갈마들며 그들 뒤를 이었다. 광신파는 뛸 듯이 기뻐했으나, 그리스도교도 중에는(사제나 평신도나 할 것 없이) 달갑지 않게 여기는 이도 많았으니 이들은 무조건 순교하고 보자는 열망은 옳지 않다고 보았다. 광신파를 두고 그들은 이르기를, "우리가 이 땅에서 나름대로 우리의 종교를 믿을 때 이슬람 술탄은 그것을 허락해 주었지 우리를 억압하지 않았다. 그런데도 이렇게 미쳐 날뛰는 이유가 도대체 무엇인가?"[57] 아브드 에르 라흐만은 그리스도교 종교 회의를 소집하여 주교들을 한자리에 모았고, 주교 회의에서는 광신파의 잘못을 책하면서 계속해서 소요를 일으킬 경우 그에 상응하는 조치를 취하겠다고 엄포를 놓았다. 이에 에울로기우스는 주교 회의는 다 겁쟁이들뿐이라고 악담을 퍼부었다.

그러는 사이 플로라도 광신파 운동에 고무되어 신심에 불이 붙으니, 몸담고 있던 수녀원을 떠나 마리라는 또 한 명의 처녀와 함께 카디를 찾아간다. 둘은 카디 앞에서 장담하기를, 마호메트는 "오입쟁이에, 사기꾼에, 불한당이며", 마호메트의 교리는 "악마가 자기 멋대로 지어낸 창작물"일 뿐이라 하였다. 카디는 그 둘을 금고형에 처했다. 친구들이 말리고 애원한 끝에 두 처녀는 간신히 자기들 말을 철회하기로 마음을 돌렸으나, 이때에 에울로기우스가 찾아와 둘을 설득하여 순교를 받아들이게 하였다. 결국 그 둘도 목이 잘려 나가는 지경에 이르고(851년), 에울로기우스는 더욱 득의만만해져 이를 계기로 순교자는 더 생겨나야 한다고 종용하였다. 이에 수많은 신부, 수도사, 여인들이 성큼성큼 이슬람의 궁을 향해 발을 내딛었고 그 길로 참수형에 처해졌다.(852년) 그리고 그로부터 7년 뒤에는 에울로기우스 자신도 순교의 위업을 이루었다. 그가 죽고 나자 순교 운동은 언제 그랬냐는 듯 잠잠해졌다. 전하는 바에 따르면, 859년부터 983년 사이에는 이른바 순교에 해당하는 경우가 단 두 건에 불과하며, 그 후로는 이슬람이 스페인을 다스리는 내내 순교는 단 한 건도 일어나지 않았다.[58]

이슬람교도 사이에도 종교적 열의는 강했으나, 하나둘 부(富)가 늘어 가자 그 열기는 차츰 식어 갔다. 그리하여 이슬람 율법이 워낙 엄격했음에도 불구하고 12세기에 접어들자 이곳에도 회의주의의 물결이 일렁이기 시작했다. 이단이지만 온건한 축에 드는 무타질라파(派) 사상도 마침내 스페인에 발을 들였다. 그러나 이뿐이 아니었으니, 모든 종교는 다 틀렸다고 나선 분파도 있었다. 그들은 이슬람의 계율, 기도, 단식, 순례, 자선의 의무를 가소롭게 여길 뿐이었다. 또 "보편 종교"라는 이름을 걸고 활동한 무리도 있었다. 이들은 교리란 교리는 죄다 흠이 있다면서, 윤리적으로 더없이 깨끗한 종교가 필요함을 역설하였다. 또 불가지론자들도 있었다. 그들 말에 따르면, 종교가 내세우는 교리는 "진리일 수도 있고 아닐 수도 있다. 따라서 우리는 그것을 긍정도 부정도 할 수 없으니, 우리는 그에 대해 아무 표명도 할 수가 없다. 그런데 교리를 받아들일 수 있으려면 우리의 분별심이 그것을 파악할 수 있어야 하는 바, 진리가 겉으로 표명되지 않으면 무슨 수로 그것을 파악할 수 있다는 말인가."59 이러한 움직임에 이슬람 신학자들도 있는 힘껏 맞서 싸웠다. 한번은 11세기 들어 스페인에 대재앙이 찾아들었는데, 그때 신학자들은 그 원인을 종교를 받들지 않은 데에서 찾았다. 또 이슬람 세계가 나중에 한동안 다시 번영을 누리게 되었을 때에도, 종교를 근본으로 삼은 통치자들의 은덕을 높이 샀다. 나라에 또 한 번 번영이 찾아온 것은 통치자들이 다시금 종교적 믿음을 근간으로 하여 권력을 다 잡은 덕분이자, 사석에서나 궁정 연회에서나 종교와 철학의 논쟁이 함부로 일지 못하도록 제지한 덕분이라는 것이었다.

이들 철학자들의 위세에도 불구하고, 수백 개 도시 및 성읍에서 단연 먼저 눈에 들어오는 것들은 다름 아닌 모스크의 번쩍이는 둥근 지붕과 화려하게 도금된 첨탑이었다. 덕분에 스페인은 10세기에 들자 전 유럽을 통틀어, 아니 어쩌면 전 세계를 통틀어, 가장 세련된 도시미를 뽐내는 지역이 되었다. 코르도바 같은 경우 알 만수르 치세 때에 도시에 한껏 품격이 돋보이니, 저 바그다드와 콘스탄티노플에까지 버금갈 정도였다. 알 마카리에 따르면, 당시 코르도바에는 주택이 20만 77채, 대궐이 6만 300채, 모스크가 600개, 공중목욕탕이 700개에 이르렀다고 한다.60 그러나 이 수치들엔 동방 특유의 과장이 약간이나마 섞여 있음을 감안해야 할 것이다. 이 시절에 스페인을 찾은 사람들은 상류층이 쥐고 있는 그 어마어마한 부에도 놀랐지만, 어찌하여 이곳 사람들은 다 같이 풍요롭게 사는 듯 보이는지 그저 신기할 따름이었다. 가정에는 집집마다 나귀가 한 마리쯤은 있어서, 탈것에 오르지 못한 채 거리를 다니는 것은 거지들뿐이었다.

도로는 골목골목마다 포장이 되어 있었고, 양 길가로는 보도가 볼록 솟아 있었으며, 밤이면 등이 켜져 가는 길을 밝혀 주었다. 그래서 밤에도 사람들은 가로등 불빛을 따라 족히 10마일은 길을 갈 수 있었고, 도로 양옆으로는 건물들이 즐비하게 이어져 길손의 행로 내내 끊길 줄을 몰랐다.[61] 또 소리도 없이 고요히 흐르는 과달퀴비르 강, 그 위에 아랍인 토목 기사들은 아치 열일곱 개를 이어 거대한 석조 다리를 하나 놓으니 아치는 하나하나가 폭이 50뼘(약 10미터 - 옮긴이)에 이르렀다. 아브드 에르 라흐만 1세가 권좌에 오르고서 가장 먼저 한 일도, 대수도관을 하나 건설하여 가정집이며, 정원, 분수, 목욕탕에 정갈한 물을 끌어다 준 것이었다. 또 이곳 코르도바란 도시는 곳곳에 정원과 산책로가 딸린 여가용 놀이동산이 있는 것으로도 유명했다.

아브드 에르 라흐만 1세는 어린 시절의 추억을 못내 그리워하던 사람이었다. 그래서 그 옛날 자신이 놀던 다마스쿠스 근방의 대저택을 그대로 본떠 코르도바에 커다랗게 정원을 하나 만들고는, 그 안에 자신이 쓸 양으로 "리사파의 궁"을 지었다. 후일 이슬람 칼리프들은 이 궁에 다른 구조물을 이것저것 더하여 지었고, 나아가 이슬람 특유의 정취가 배어나게 여러 화사한 이름들을 갖다 붙이니, 꽃의 궁전에서 시작하여 …… 연인의 궁전, …… 행복의 궁전, …… 왕관의 궁전에 이르기까지 그 종류가 다양했다. 나중에 세빌리아가 그랬듯, 코르도바에도 이른바 알카자르(Alcazar, 아라비아어로 알 카스르(al qasr), 영어로 'castle'이며, 라틴어 'castrum'에서 유래하였다.)라 하여 성과 요새를 결합한 형태의 성채가 자리를 잡고 있었다. 이슬람 역사가들이 전하는 바에 따르면, 이러한 대저택들은 호화롭고 아름답기가 네로 시대 로마를 방불케 했다. 출입구는 으리으리하고, 기둥은 대리석으로 만들어졌으며, 바닥에는 모자이크가 깔리고, 천장은 도금으로 반짝거리고, 곳곳에는 오직 이슬람 예술에서만 볼 수 있는 세련된 장식이 한층 멋을 더했다. 또 유유히 흐르는 강물의 양안에는 왕실의 궁궐이 자리한 것은 물론, 땅이나 장사로 부를 쌓은 영주 및 대부호의 대궐이 열을 짓듯 나란히 늘어서 있었다. 한번은 아브드 에르 라흐만 3세의 첩 하나가 세상을 떠나며 그에게 막대한 재산을 남겨 주었다. 애초 칼리프는 전쟁 포로가 된 병사들이 있으면 그들을 데려오는 몸값으로 그 돈을 쓸 생각이었다. 칼리프는 이름난 수색대에 일을 맡겨 보았지만 수색대에서는 포로가 된 병사는 하나도 없다고 알려 왔다. 그러자 칼리프가 제일 아끼는 아내 자흐라가 남편에게 제의하기를, 교외에 궁이 딸린 성읍을 하나 지어 거기에 자신의 이름을 붙여 주면 어떻겠냐고 하였다. 그녀의 이 꿈을 이뤄 주고자 1만 명에 이르는 인부와 1500마리의 짐승들이 노역에 동원되어 25년의 세월 동안(936~961년) 진땀을 흘렸다. 그리하여 결국 코르도바 남서쪽 3마일 지점에 우뚝 자흐라 궁궐이 솟아오르니, 이곳은 설계에서 설비에 이르기까지 어느 것 하나 빠지는 것이 없었다. 이 궁은 떠받치는 기둥만 1200개에 이르렀고, 규방에서 수용 가능한 여인의 인원수도 6000명에 달했다. 또 공연장은 천장이며 벽이 대리석과 금으로 장식돼 있었고, 여덟 군데 문은 흑단, 상아, 보석들로 상감돼 있었으며, 그것도 모자라 장식용 수반(水盤)에는 수은을 담아 놓으니 그 표면이 일렁이면 거기 비치는 햇살이 마치 춤을 추듯 반짝거렸다. 이윽고 이 알 자흐라(al Zahra)는 귀족층의 핵심 거주 지구가 되고, 여기에는 귀족 중에서도 오로지 이름난 인물들만, 즉 품위 있고 깍듯하게 예의 갖출 줄 알고, 세련된 취향을 갖고 있으며, 두루두루 모든 면에 지적 흥미를 가진 이들만 들어올 수 있었다. 이에 질세라 알 만수르도 알 자흐라 맞은편에 그에 버금가는 궁을 하나 지으니(978년), 알 자히라(al Zahira)라 불린 이곳 역시 교외 지역으로 명소가 되어 영주를 비롯한 하인, 음악가, 시인, 일류 기생들이 속속 모여들었다. 하지만 1010년에 일어난 혁명으로 이 두 교외 지구는 모두 불에 타 버려 흔적도 없이 사라져 버렸다.

군주들의 이런 사치를 백성들은 용납하는 편이었으나, 한 가지 단서가 붙었다. 즉 알라의 사원이 그를 계기로 궁궐보다 훨씬 더 화려하고 웅대해져야 한다는 것. 일찍이 코르도바에는 로마인들이 야누스에게 바치며 지어 놓은 신전이 하나 있었다. 이후 스페인의 그리스도교도들은 이 터를 가져다 성당으로 바꾸어 쓰고 있던 터였다. 아브드 에르 라흐만 1세는 그 터를 그리스도교도들에게 돈을 주고 사들였고, 그곳에 자리한 성당 건물을 완전히 허물고는 대신 청(靑) 모스크를 세우기에 이른다. 그리고 나중 일이지만 1238년 이 모스크는 그리스도교의 리콩퀴스타(reconquista, 재정복)가 이뤄지며 다시 성당 건물로 되돌아가니 진(眞), 선(善), 미(美) 이 세 가지 것은 늘 전쟁과 함께 그 명운이 수시로 왔다 갔다 하는 법인가 보다. 한편 아브드 에르 라흐만에게 있어 이 개조 공사는 그의 힘든 세월을 어루만져 주는 하나의 위안이었다. 칼리프는 공사 진행을 감독하기 위해 거처인 교외 지구를 떠나 고향 코르도바까지 왔고, 이때 그가 바라던 소원은 단 하나, 자신이 죽기 전 모스크가 새 모습으로 웅대하게 완공되어 신도를 이끌고 감사 기도를 드리는 것이었다. 하지만 기초 공사가 끝나고 불과 2년밖에 안 되어 아브드 에르 라흐만은 세상을 떠나고, 모스크 건설 작업은 그의 아들 알 히샴이 이어받게 된다. 그 후 200년 동안 칼리프들은 제각기 모스크에다 추가로 부속 건물을 지어 넣었으니, 그리하여 알 만수르 때에 이르러서는 이 모스크가 무려 742×472피트의 지역을 아우르게 된다. 모스크의 외부 모양새를 보면 우선 벽돌과 석재로 지어진 총안(銃眼) 성벽이 눈에 띠며, 그 뒤를 이어 불규칙한 모양의 탑들과 거대한 첨탑이 존재를 과시한다. 이 첨탑은 덩치나 그 아름다움에 있어 당대 모든 첨탑을 능가했고, 또 그 옛날 "세계의 불가사의"는 이루 헤아릴 수 없이 많아 이 첨탑도 그중 하나에 끼었다.[62] 모스크에는 출입구가 열아홉 군데였는데 모두 말발굽형 아치 위에 얹힌 형태였고, 석재로 만들어진 아치에는 꽃무늬며 기하학 무늬가 우아한 모습으로 조각돼 있었다. 이 출입구를 지나쳐 안으로 발걸음을 옮기면, 당시에는 "재계(齋戒)의 안뜰"이라 불렸고 오늘날엔 "오렌지나무 안뜰"이라 불리는 공간에 들어서게 된다. 직사각형의 이 공간에는 사람들 발길이 닿는 곳에 색색의 타일이 뒤덮고 있었고, 네 개의 분수대가 각각 한 자리씩을 차지하고 있었다. 분수대는 모두 딴딴한 대리석을 덩어리째 가져다 잘라 만든 것들로, 이때 돌의 덩치가 얼마나 컸던지 그것을 채석장에서부터 끌고 오는 데만 황소 70마리가 동원되었다. 모스크 본당은 내부에 기둥만 1290개에 이르러 흡사 숲을 방불케 했으며, 이 기둥들을 따라서 열한 개의 네이브(nave, 입구에서 안쪽까지 통하는 중앙의 주요한 부분 – 옮긴이)와 스물한 개의 측랑(側廊)이 나 있었다. 기둥머리에서는 다양한 형태의 아치들이 솟아올랐으니, 반원형도 있고 첨두형도 있고 아치형도 있었으나, 붉은색과 흰색 돌이 한 번씩 갈마들게 홍예석(虹霓石)을 사용한 점은 대체로 동일했다. 모스크의 기둥들은 로마 혹은 서고트족 통치 시절의 스페인 유적지에 가서 벽옥, 반암, 설화 석고(雪花石膏), 대리석을 슬쩍 빼내다 만든 것들로, 이 기둥들의 어마어마한 숫자 때문에 공간은 끝없이 넓어 보이는 동시에 사람을 갈팡질팡하게 만드는 효과가 있다. 목재로 만들어진 천장에는 갖가지 카르투슈(cartouche, 흔히 안에 국왕의 이름을 나타내는 이집트 상형 문자가 들어 있는 직사각형이나 타원형 물체를 말한다. – 옮긴이)가 조각돼 있었고, 그 안에는 코란을 비롯한 갖가지 명문(銘文)들이 들어 있었다. 천장에는 또 샹들리에가 200개 매달려 있었고, 샹들리에에는 또 7000개에 이르는 잔이 매달려 있었다. 잔에는 저마다 향유(香油)가 담겨 있었으니, 그리스도교 교회의 종들을 천장에 뒤집어 매달고 그 안에 기름을 부어 두면 거기서 잔으로 기름이 공급되는 식이었다. 바닥이며 벽은 모자이크로 장식돼 있었다. 그중에는 간혹 선명한 색을 입혀 불에 구워 낸 법랑 유리도 찾아볼 수 있었으며, 금이나 은이 들어 있는 경우도 적지 않았다. 유달리 색감이 도드라지는 이 장식들은 천 년의 세월이 지났음에도 아랑곳없이 지금까지 벽에 박혀 보석처럼 반짝반짝 빛을 발하고 있다. 하지만 이 모스크 안에도 지성소(至聖所)임을 알리는 곳은 따로 있었다. 여기로 들어가는 길에는 은을 비롯하여 갖가지 법랑 타일이 뒤덮여 있었고, 주위에는 화려하게 장식된 문들이 호위하듯 서 있었다. 또 주변을 갖가지 모자이크들이 장식하고 있었고, 지붕에는 돔이 세 개나 자리하였으며, 그것도 모자라 섬세하게 장식된 목재 차폐막이 이곳이 함부로 발 들일 장소가 아님을 말해 주었다. 이 지성소 안에 바로 모스크의 미흐라브(mihrab, 이슬람교 사원의 벽감(壁龕))와 설교단이 자리하고 있었으니, 이곳에다가 예술가들은 더는 완숙할 수 없는 자신의 경지를 마음껏 드러내었다. 우선 미흐라브만 봐도 칠각형의 벽감을 황금색 벽이 둘러싼 형태였다.

그것을 법랑 모자이크이며, 대리석 장식 격자가 형형색색으로 만들어져 있었고, 진홍색 및 청색 밑바탕의 황금색 명문이 여기에 한몫을 더했다. 또 미흐라브 위에는 늘씬하게 뻗은 기둥들과 함께 삼엽형(三葉形) 아치가 한 겹 왕관처럼 얹혀 있었으니, 고딕 예술의 그 어느 건축물도 이만큼 사랑스러운 모습을 연출하지는 못했다. 설교단 역시 그렇게 아름다운 것은 그때껏 없었다고 여겨졌다. 여기에는 상아를 비롯하여 갖가지 진귀한 목재(흑단, 시트론, 알로에, 자단, 황단)로 만들어진 작은 판들이 무려 3만 7000개가 들어가 있었고, 판들은 모두 금 못 아니면 은 못으로 접합돼 있었으며, 여기에 갖가지 보석들이 상감까지 되어 있었다. 이 설교단 위에는 보석함 하나가 놓여 있었고 황금 실로 수놓은 진홍색 비단이 그 위를 덮고 있었다. 바로 코란이 고이 모셔진 함이었다. 그 코란은 오스만 칼리프가 쓴 것이었으며, 책에는 그가 죽어 가며 흘린 피가 얼룩진 채 그대로 남아 있었다. 오늘날의 우리들은 성당 같은 곳을 각종 보석류며 황금으로 장식하기보다는 극장 정도를 금박이나 금관 정도로 치장하기 좋아하는 터라, 청모스크의 이런 화려한 장식이 거추장스러워 보일 수도 있다. 더구나 모스크의 벽면이 아무리 화려해도 그 안에는 수 세대 동안 착취당한 백성들의 피가 배여 있는 셈이고, 기둥들 숫자도 지나칠 정도로 많아 그 숫자가 다 헷갈릴 정도이다. 더구나 말발굽형 아치는 구조적으로 취약한 데다 미학적으로도 멋이 떨어지니, 마치 피둥피둥 살찐 몸을 알통 박힌 다리가 받치고 있는 모습이다. 그러나 어떤 이들은 똑같은 것을 보고도 사뭇 다른 판단을 내리기도 하였다. 일례로 알 마카리는(1591~1632년) "그 크기에 있어서나 설계의 아름다움에 있어서나, 나아가 장식을 배열하는 뛰어난 안목에 있어서나, 그 대담한 솜씨에 있어서나, 이 모스크를 따라잡을 만한 것은 어디에도 없다."고 여겼다.[63] 또 이 모스크의 형태는 그리스도교 교회를 그대로 축소해 놓은 것이었음에도 불구하고 "이 모스크가 전 세계에서 가장 아름다운 형태의 이슬람 사원이라는 데에는 그 어느 곳에서도 이견이 없다."고 평가하였다.[64]

이 시절 무어인이 다스리던 스페인에는 오며가며 흔히 들을 수 있는 말로 이런 것이 있었다. "코르도바에서 음악가가 죽어 그가 쓰던 갖은 악기를 갖다 팔아야겠거든 그것들을 들고 세빌리아로 갈 것이며, 세빌리아에서 부자가 죽어 그가 가진 서재의 책을 팔아야겠거든 그것들을 들고 코르도바로 갈 것이라."65 이렇듯 10세기 들어서의 코르도바는 스페인의 지적 삶에 있어 가장 중요한 초점인 동시에 가장 정점으로 여겨지는 곳이었다. 물론 그 시절의 정신적 흥취를 만끽하는 데 있어서는 톨레도, 그라나다, 세빌리아도 한몫하였음을 부인할 수는 없다. 이슬람 역사가들이 전해 주는 그림에 따르면, 당시 무어인들이 건설한 도시들에는 시인, 학자, 법관, 의사, 과학자들이 마치 벌 떼처럼 모여들곤 해서, 알 마카리의 역사서엔 이들의 이름이 장장 60쪽에 걸쳐 빼곡히 적혀 있을 정도이다.66 이 시절 스페인에는 초등학교가 넉넉히 있는 편이었으나, 다들 수업료를 받았다. 이에 하캄 2세는 가난한 이들이 무료로 교육을 받을 수 있도록 학교를 스물일곱 군데 더 짓기도 하였다. 학교에는 남자아이들은 물론 여자아이들도 다닐 수 있었다. 뿐만 아니라 문학이나 예술 면에서는 무어인 귀부인들도 심심찮게 두각을 나타내었다.67 한편 고등 교육을 받기 위해서는 모스크를 찾아가 독립적으로 활동하는 강사들에게서 배워야 했다. 이른바 느슨하게 짜였던 코르도바 전문학교의 체계는 모스크의 이런 강의들로 이루어진 것이었으니, 10세기와 11세기에 들면서는 이곳의 명성도 카이로와 바그다드에 자리한 유사 교육 기관에 버금갈 정도가 된다. 더불어 그라나다, 톨레도, 세빌리아, 무르시아, 알메리아, 발렌시아, 카디즈 등지에도 전문학교들이 속속 설립이 되기에 이른다.68 한편 바그다드로부터는 종이 제조 기술이 전해지니, 책은 권수도 많아졌을 뿐더러 양도 늘어났다. 이슬람령 스페인에는 도서관이 70군데에 이르렀다. 돈 많은 부자들은 모로코식 장정을 손에 넣어 그것을 자랑하듯 내보였고, 애서가들은 희귀본이 있거나 아름다운 장식의 책이 있으면 그것을 사서 모으는 게 일상이었다. 한번은 알 하드람이라는 학자가 코르도바에서 책 경매에 참가한 적이 있었다. 그런데 어떤 책 한 권은 그가 샀으면 하던 가격 이상을 계속 불러도 도무지 낙찰이 되지 않았고, 급기야 경매가는 계속 올라 그 책의 실제 값어치를 훨씬 넘어서는 수준이 되었다. 종국에 그 책을 낙찰 받은 이가 설명하기를, 지금 자기 집 서재에는 책이 들어차지 못하고 남은 공간이 있는데 그 책이 거기에 딱 맞는다는 것이었다. 당시의 일을 두고 알 하드람은 이렇게 덧붙였다. "순간 나는 울컥 화가 치밀어 올라 그에게 이런 소리까지 하고 말았다. '참나, 이빨도 하나 없는 사람이 호두를 까먹겠다고 들고 가네.'"[69]

이슬람령 스페인에서는 학자가 가지는 명성이 그야말로 대단하였고, 배움에 있어 이들은 그저 한 가지 단순한 신앙만 염두에 두면 되었다. 바로 학식이 곧 지혜요, 지혜가 곧 학식이라는 것이었다. 그리하여 당시 스페인에는 신학자 겸 문법학자가 족히 수백 명은 되었고, 수사학자, 문헌학자, 사전 편찬자, 선집 편찬자, 역사가, 전기 작가 역시 떼를 이루었다. 그중에서도 아부 무함마드 알리 이븐 하즘(994~1064년), 그는 우마이야 왕조 막바지 때 비지에를 지낸 인물이었지만, 그와 동시에 대단한 학식을 자랑하는 신학자 겸 역사가이기도 했다. 그가 써 낸 『종교 및 그 분파에 관하여』란 저작은 유대교, 조로아스터교, 그리스도교는 물론 마호메트 교설을 따르는 갖가지 주요 분파들을 논의한 책으로, 비교 종교학 차원에서 보자면 세계 최초라 할 만한 논집이다. 당시 식자층 이슬람교도들은 중세 그리스도교 신앙을 어떻게 생각하고 있었을까, 그것이 궁금하다면 우리는 다음과 같이 그가 써 놓은 관련 단락을 하나만 골라 읽어 보기만 하면 된다.

인간이 미신을 믿는다는 것은 우리로서는 하등 놀라운 일이 못 된다. 세계에서 가장 주민이 많고 또 가장 문명화되었다는 나라들, 그들이 미신에 단단히 사로잡혀 있는 형국이니 말이다. …… 이른바 그리스도교도란 자들은 그 수가 지극히 엄청나, 그 인원을 숫자로 헤아릴 수 있는 것은 오로지 신뿐이다. 더구나 예로부터 그들에게는 현명한 군주며 대가급의 철학자들이 여럿 있었다고 그들은 자랑스레 이야기한다. 그럼에도 불구하고 그들은 믿기를, 하나가 곧 셋이요, 셋은 곧 하나라 한다. 그

셋 중 하나는 성부요, 다른 하나는 성자이며, 나머지 하나는 성령이다. 그러면서 성부는 곧 성자이자 또 성자가 아니라 하고, 사람은 곧 신이자 또 신이 아니라 한다. 그뿐인가. 메시아는 무궁무진의 영원의 시간에서부터 존재하였으나, 또 한편으로는 창조된 존재라고 이야기한다. 또 그리스도교에는 단성론파라 하여 신도 수가 무려 수십만에 이르는 분파가 있다. 이들 믿음에 따르면 한때 창조주는 세상에 계시면서 채찍질과 시달림을 당하시다 십자가형에 처해졌고, 따라서 당시 우주에는 사흘 간 통치자가 존재하지 않았다고 한다.[70]

이런 논지를 편 이븐 하즘이었으나, 정작 그 자신도 코란에 씌어진 글자 하나하나를 곧이곧대로 믿기는 마찬가지였다.[71]

한편 이 시절 이슬람령 스페인에서는 과학과 철학이 기를 못 피고 억눌렸으니, 과학과 철학이 결국 백성들 신앙에는 해가 되리란 두려움 때문이었다. 이런 와중에도 마슬라마 이븐 아마드(1007년 사망)란 인물은 마드리드와 코르도바에서 지내면서 알 흐와리즈미가 만든 천문표 수치를 스페인의 실정에 맞게 조정하는 일을 하였다. 또 미심쩍지만 그가 썼다고 하는 한 저작을 보면, 수은을 이래저래 다루어 산화수은을 만들어 내는 실험이 등장하니, 이런 유의 수많은 실험을 통하여 연금술은 차차 화학으로 변모해 가고 있었다. 또 톨레도에는 이브라힘 알 자르칼리(1029~1087년경)라 하여 각종 천문학 장치를 개선시키면서 세계적 명성을 얻은 이도 있었다. 코페르니쿠스도 아스트롤라베(astrolabe)에 관해 논할 때는 그의 글을 인용할 정도였다. 알 자르칼리의 천문 관측 능력은 당대 최고 수준이었다. 그는 이를 토대로 세계 최초로 별들의 위치를 참조해 태양 원지점(遠地點, 천문학에서 달이나 인공위성이 지구에서 가장 멀리 떨어지는 점을 가리키는 용어 - 옮긴이)의 이동을 증명해 내는 일까지 해내었다. 그의 이른바 "톨레도 표"는 행성의 움직임을 관찰해 만든 것으로, 스페인뿐만 아니라 유럽 전역에서 두루 사용되었다. 아불 카심 알 자흐라위(936~1013년)라는 인물도 있었다. 그는 아브드 에르 라흐만 3세의 주치의였으며, 그리스도교 세계에는 아불카시스란 이름으로 널리 존경을 받았다. 이슬람 외과의로서 그는 타의 추종을 불허하는 최고의 경지였다. 그래서 그가 의학 백과사전 『알 타스리프(al Tasrif)』를 펴내자, 외과 수술을 다룬 세 편이 라틴어로 따로 번역이 되어 몇 백 년 동안 외과 수술의 표준 교과서로 톡톡히 역할을 하였다. 이 시절 유럽인들은 외과 수술을 받아야 할 때면 으레 스페인의 코르도바를 어디보다 선호했다. 그러나 문명화된 도시가 어디나 그렇듯, 이곳 코르도바에도 돌팔이를 비롯해 돈 밝히는 의사들이 얼마간은 있기 마련이었다. 일례로 하란 출신의 한 의사는 위장병에 잘 듣는 비밀 특효약이 있다고 하면서, 돈이 많은 빙충이들을 상대로 작은 약병 하나당 50디나르(237.50달러)를 받고 팔았다.72

알 마카리는 말하길, "히샴 2세와 알 만수르 치세에 시로써 자기 재능을 한껏 뽐낸 이들, 우리는 그들의 이름을 일일이 다 열거하려 들어선 안 될 것이다."라고 하였다. 이 시절 스페인에는 "그런 이들이 저 드넓은 바다의 모래알만큼이나 많았기 때문이다."73 이 무리 중에는 왈라다 공주(1087년 사망)도 끼어 있었다. 코르도바에 있던 그녀의 저택은 흡사 계몽주의 시대에 한참 프랑스를 풍미하던 살롱을 방불케 했다. 재담가며, 학자며, 시인들이 그녀 곁에 찾아와 그녀를 떠날 줄 몰랐다. 공주는 그중 십 수 명과 정을 통하였고, 자신의 정사를 글로 거침없이 써 내었으니 마담 레카미에(전 로망파 문인들과의 교우로 유명했던 여인으로, 나폴레옹 시대 프랑스 사교계에서 최고 미인으로 손꼽혔다. - 옮긴이)가 봤어도 충격을 받을 법한 내용이었다. 그러나 그녀의 친구 무하는 아름다운 용모에 있어서는 물론, 방탕한 시를 써 내는 데 있어서도 공주를 능가했다. 당시 안달루시아에서는 거의 누구든 입만 열면 시인이었다. 언제라도 흥이 일면 그 자리에서 자기들끼리 운을 맞춰 가며 툭툭 시를 주고받곤 했던 것이다. 이런 기예를 즐기는 데는 칼리프들도 빠지지 않았으니, 더구나 무어인 군주들은 궁궐 한편에 하나같이 시인을 두고, 단순히 예우만 차려 준 것이 아니라 돈까지 챙겨 주었다. 그러나 시에 대한 왕실의 이러한 후원은 그 성과 못지않게 해악도 컸다. 군주를 위해 지어진 탓인지 오늘날 우리에게 전해지는 이 시절의 시는 인위적인 데다 치렁치렁한 수사를 단 것들이 너무도 많기 때문이다. 또 부자연스러운 은유 때문에 묘미는 떨어지고, 시상(詩想)도 잡스러운 것들밖에는 찾아볼 수 없다. 한편 당시 시들은 주로 사랑을(육체적 사랑이든 정신적 사랑이든) 주제로 노래하였다. 동방에서도 그랬지만 이곳 스페인에서도 이슬람 시인들은 시를 노래하는 방법이나 정조나 철학에 있어 이미 트루바두르(troubadour, 중세 남부 프랑스의 음유 시인을 통틀어 이르는 말. 이들이 무훈(武勳)과 기사도를 소재로 하여 지은 연애시는 서정성이 강한 것이 특징이다. - 옮긴이)를 저만큼 앞질러 있었던 셈이다.[74]

이렇듯 기라성 같은 시인들 사이에서도 유독 반짝이는 별 하나가 있었다. 그의 이름은 사이드 이븐 주디, 코르도바의 귀족 집안에서 태어난 아들이었다. 그는 전사로서 출중한 능력을 가졌고, 여러 가지 의미에서 한시도 쉬지 않고 누군가를 사랑하였고, 이슬람의 판단 기준에서 봤을 때 완벽한 신사의 자질을 모두 갖춘 대인(大人)이었다. 즉 아량이 넓고 용감한 것은 물론, 말을 기막히게 모는 데다 용모도 준수하였으며, 언문에 힘이 넘치고 시적 재능까지 갖추었다. 그것도 모자라 힘도 세고 검술, 창던지기, 활쏘기에도 도가 터 있었다.[75] 그러나 사랑과 전쟁 둘 중 자신이 무엇을 더 사랑하는지는 그도 알 길이 없었다. 그는 그저 스칠 뿐인 여인의 손길마저도 민감하게 느꼈고, 그래서 걸핏하면 사랑의 열병에 빠져 헤어나질 못했으며, 그때마다 매번 영원한 사랑을 약속하였다. 그리고 시 잘 짓는 트루바두르가 그렇듯 그 역시, 제 두 눈으로 똑똑히 못 봐 못내 아쉬워하던 것을 가장 열렬히 사랑하였다. 그가 지은 시 중에서도 가장 애틋한 것이 제하네라는 여인에게 바친 시였는데, 당시 그가 보았던 그녀 모습은 한 떨기 백합 같던 그녀 손뿐이었다. 한편 그는 노골적인 쾌락주의자로서, 무언가의 곡직을 가리는 일은 윤리학자들이나 떠안는 짐이라고 여겼다. 그는 말하길, "일순이나마 우리가 삶의 가장 달콤한 순간 맛보는 때 언제인가. 좌중이 둘러앉은 가운데 술잔이 자리를 도는 바로 그때이다. 또 한바탕 싸움을 벌이고 난 연인들이, 이윽고 화해를 하여 서로를 꼭 끌어안고 각자의 품에 평온히 안겨 있을 때이다. 말이 전쟁에 나서면 이를 악물고서 미친 것처럼 전장을 누비듯, 나는 역시 쾌락의 굴레를 따라 돌고 또 도나니. 그 어떤 욕망도 나는 충족시키지 않고 그냥 남겨 두지 않으리라! 전장에서 싸움을 벌이는 날, 죽음의 천사들이 날아와 내 머리 위를 빙빙 맴돌아도 나의 이 결심은 군건하여 흔들리지 않으니, 반짝이는 두 개의 눈망울 그것은 언제든 내 마음을 자기 뜻대로 흔들어 놓을 수 있도다."[76] 더러 그는 남의 아내까지 유혹하는 일이 있었고, 그럴 때면 동료 전우들의 격노를 샀다. 결국 한 장교가 아내와 바람이 난 그를 현장에서 덮치게 되고, 장교는 그 자리에서 그를 죽였다.(897년)

그보다 위대했던 시인 세빌리아의 에미르 알 무타미드, 그나마 그에게 찾아온 종말은 이보다는 영웅적이었다. 이제 스페인 땅은 점점 사분오열되어 가고 있었고, 그곳의 다른 소왕(小王)들이 그랬듯 알 무타미드 역시 벌써 몇 년 동안 카스틸리아의 알폰소 4세에게 조공을 바쳐 오던 터였다. 그리스도교 세력과 평화를 유지하기 위한 일종의 뇌물이었다. 그러나 뇌물은 요구하는 쪽에서 언제나 받아야 할 잔금이 남아 있는 법. 알폰소는 먹잇감이 대 주는 돈을 전쟁 자금 줄 삼아서는, 1085년 별안간 잡아먹을 듯한 기세로 톨레도에 덤벼들었다. 알 무타미드가 보아 하니, 그 공격이 계속된다면 이제 다음 차례는 세빌리아였다. 그럼에도 이슬람 스페인의 도시 국가들은 계층 간은 물론 자기들끼리 서로 죽고 죽이는 전쟁을 벌이느라 국력이 약해질 대로 약해져 있었으니, 알폰소가 공격해 온다 해도 저항 한 번 제대로 못해 볼 판이었다. 그런데 지중해 건너편에 어느덧 새로운 이슬람 왕조가 버젓이 자리를 잡고 있었다. 알모라비드라는 이 왕조는 수호성인을 가리키는 북아프리카어 마라부(marabout)에서 그 이름을 따온 것이었다. 이곳 알모라비드 왕조는 무엇보다 광적인 신심을 바탕으로 나라가 세워진 터라, 남자란 남자는 거의 모두 알라를 모시는 병사로 변신해 있었고, 덕분에 왕조는 모로코 땅을 하나도 남김없이 손쉽게 점령할 수 있었다. 이 알모라비드 왕조에서 왕 노릇 하던 이가 유수프 이븐 타슈핀으로 그는 용감하지만 동시에 교활한 자였다. 그가 모로코에 왕조를 연 바로 이때 마침맞게도 스페인 군주들이 청해 오기를, 부디 스페인 땅에 들어와 카스틸리아의 그 포악한 그리스도교 괴물로부터 자신들을 구해 달라 하였다. 이에 유수프는 지브롤터 해협 건너까지 자기 군대를 이동시켜서 갔고, 그러자 말라가, 그라나다, 세빌리아에서도 가만있지 않고 원군을 보내 왔다. 이들과 함께 유수프가 알폰소의 군대를 만난 것이 바다요즈 근방 잘라카라는 곳이었다.(1086년) 그런데 알폰소가 이때 유수프에게 전언을 띄워 정중히 말하기를, "내일은(금요일) 당신들의 축일이고, 일요일은 우리들의 축일입니다. 그러니 우리들의 전투는 토요일에 만나서 벌이는 것으로 합시다."라고 하였다. 유수프도 이에 동의하였다. 하지만 알폰소가 정작 공격해 온 것은 금요일이었다. 그럼에도 알 무타미드와 유수프는 합심하여 잘 싸워 냈으니, 이슬람군은 승리의 학살로 축일에 잔치를 벌인 반면 알폰소는 병사 500만 데리고 간신히 싸움터를 빠져나갔다. 그러고 나서 유수프는 전리품 하나 챙기지 않고 맨몸으로 아프리카로 돌아갔고, 스페인로서는 그것이 그저 놀라울 따름이었다.

그로부터 4년 뒤 유수프는 스페인 땅에 다시 발을 들이게 되니, 이를 종용한 것은 다름 아닌 알 무타미드였다. 당시 알폰소는 재무장을 하여 이슬람 땅에 다시금 세찬 공격을 퍼부으려던 차였고, 알 무타미드는 그 알폰소의 힘을 유수프가 무너뜨려 주기를 바랐다. 그러나 유수프는 막상 그리스도교도와 맞붙어서는 싸우는 둥 마는 둥 하더니, 그 길로 이슬람령 스페인의 주권을 자신이 차지해 버렸다. 원래 없는 이들로서는 예부터 보아 오던 헌 주인보다 새 주인이 좋기 마련이라, 유수프의 통치가 빈자들에겐 그저 반갑기만 했다. 한편 종교적 움직임으로 비치는 그의 입성을 식자층에선 반대하지 않을 수 없었고, 반대로 신학자들은 열렬히 찬성하는 입장이었다. 그라나다의 경우 유수프는 주먹 한번 쓰지 않고도 그것을 손에 넣을 수 있었고, 따라서 코란에 명시된 것 외에는 일체의 세금을 폐지하여 그곳 백성들을 기쁘게 해 주었다.(1090년) 이런 유수프에 대항하여 스페인의 에미르들은 알 무타미드를 위시해 자기들끼리 동맹을 구성하였고, 여기서 한 발 나아가 알폰소와도 신성 동맹을 맺기까지 이른다. 이에 유수프는 코르도바로 가서 포위 공격을 감행하고, 그러자 코르도바 주민들이 자진해서 그에게 성을 내어 주었다. 이제 유수프의 군대가 둘러싼 곳은 세빌리아, 이곳의 에미르 알 무타미드는 유수프에 맞서 영웅답게 한번 싸워 보지만, 눈앞에서 자신의 아들이 죽는 걸 보자 그만 억장이 무너져 결국 항복을 하고 만다. 그리하여 1091년에 이르자 사라고사를 제외한 안달루시아 전 지역이 유수프의 수중에 들어가게 되었다. 이렇게 해서 이슬람령 스페인을 모로코가 다스리게 되면서 이곳은 다시 한 번 아프리카의 속주가 된다.

한편 알 무타미드는 죄수가 되어 탕헤르라는 곳에 유배를 당한다. 이곳에는 후스리라는 한 시인이 있었는데, 어느 날 그가 알 무타미드를 칭송하는 시를 몇 편 보내 주며 답례로 선물을 요청하였다. 하지만 알 무타미드는 이제 패가망신한 에미르, 가진 것 전부를 탈탈 털어 봐도 나오는 것은 고작 35두카트(87달러)뿐이었다. 알 무타미드는 그 돈을 후스리에게 보내면서 선물이 약소해 미안하다 전하였다. 이후 알 무타미드의 유배지는 모로코 근방의 아흐메트로 옮겨지고, 그곳에서 그는 쇠사슬에 묶인 채 내내 빈곤에 허덕이며 지냈다. 그러는 동안에도 그는 시 쓰기를 멈추지 않고 그렇게 얼마간을 더 살다 세상을 떠났다.(1095년)

다음에 소개하는 시 한 편은 마치 그가 남긴 비문과도 같이 읽혀 오지 않았을까 한다.

세상이 아무리 좋아 보여도 그것에 섣불리 달려들지 말지어다.
똑바로 보라, 형형색색의 비단과 양단 그 밑에 무엇이 있는지
그것은 믿을 수도 없거니와 한결 같지도 않으니.
잘 새겨듣게, 무타미드, 늙어 가는 노인네여.

그 옛날 우리는 꿈꾸었지, 청춘의 칼날 절대 녹슬지 않기를

또 소원을 했지, 신기루에서 샘이 솟고 모래에서 장미가 꽃피기를.

그러나 이제 풀어야 하네, 우리는 세상이 품은 수수께끼를

먼지 낀 법복과 함께 걸쳐야 하리, 우리는 지혜를.[77]

THE AGE OF FAITH

14장 이슬람의 웅대함과 쇠망
1058~1258

1. 동방의 이슬람: 1058~1250년

한편 바그다드에서는 투그릴 베그(셀주크족으로서 초대 술탄 자리에 올랐었다. 그의 지휘 아래 셀주크 투르크족이 바그다드를 장악한 이야기는 이 책 10장 3절에 들어 있다. - 옮긴이)가 죽고(1063년), 그 뒤를 이어 조카 알프 아르슬란이 셀주크족 술탄의 자리에 올랐다. 그의 나이 스물여섯 되던 해의 일이었다. 한 이슬람 역사가는 그에게 호의가 있었던 듯 알프 아르슬란의 모습을 다음과 같이 그려 내고 있다.

그는 훤칠하게 키가 컸다. 얼굴에 난 콧수염도 그 길이가 한참은 길어 활이라도 쏴야 할 때는 양 끝을 잡아 동여매지 않으면 안 되었다. 활은 쐈다 하면 백발백중이었다. 터번 역시 한참은 높은 걸 써서, 터번 꼭대기부터 시작해 콧수염 끝에 이르기까지가 족히 2야드는 된다고들 하였다. 통치자로서 그는 강인하고 정의로웠고, 대체로 너그러운 성품을 보여 주었다. 자기 밑에서 관료들이 학정이나 갈취를 일삼을 때는 발각 즉시 처벌을 내렸고, 반면 빈자들에게는 끝없이 자선을 베풀어 주었다. 또 역사 공부에도 열심이어서, 선대 왕들로 어떤 인물이 있었는지 그 연대기 듣는 것을 무엇보다 큰 낙이자 관심거리로 삼았다. 뿐만 아니라 어떤 저작들을 밑거름으로 하여 그들이 성품을 도야하고, 제도를 만들어 내고, 또 행정을 효율적으로 해 나갔는지 거기에도 지대한 관심을 가졌다.[1]

이렇듯 호학 군주의 성향을 가졌음에도, 그는 자기 이름에 무색지 않은 삶을 살기도 했다. 즉 "사자의 심장을 가진 영웅"이라는 이름 풀이에 걸맞게 치세 동안 헤라트, 아르메니아, 그루지야, 시리아 등 곳곳의 땅을 점령해 나간 것이다. 한번은 비잔티움 황제 로마누스 4세가 어중이떠중이들로 병사를 10만이나 모아서는, 싸움에 이골 난 아르슬란의 병사 1만 5000명과 맞붙으려 들었다. 이에 아르슬란은 타당한 선에서 화약(和約)을 맺자고 하였다. 하지만 로마누스는 가소롭다는 듯 그 제의를 물리치더니, 기어코 아르메니아에서도 만지케르트라는 땅에 와서 아르슬란과 싸움을 벌였다.(1071년) 휘하 병사들이 잔뜩 겁을 먹은 가운데서도 그는 적에 맞서 용감히 싸움을 벌였다. 하지만 결국 싸움에 져 포로가 되고, 그 신세로 사람들 손에 이끌려 술탄을 마주하게 되었다. 그를 보고 아르슬란이 물었다. "만일 행운의 여신이 그대 편을 들어주어 그쪽 군대가 이겼다면, 당신은 나를 어떻게 했겠소?" 그러자 로마누스가 대답했다. "당신을 데려다 그 몸뚱이를 수도 없이 매로 쳤을 거요." 이런 로마누스에게 아르슬란은 예우란 예우는 모두 갖추어 주었고, 황족의 몸값을 받기로 하고 그를 풀어 주었을 뿐 아니라, 떠나는 길에 그에게 한가득 선물까지 안겨 주었다.[2] 그로부터 1년 뒤 아르슬란은 한 자객의 검에 찔려 세상을 떠나고 만다.

아르슬란의 아들 말리크 샤(1072~1092년), 그는 셀주크족 술탄 중에서도 가장 위대한 인물로 손꼽혔다. 그의 휘하에서 장군 술레이만이 소아시아 정복의 대업을 이루어 가는 동안, 말리크 샤는 친히 트란속시아나 점령에 나서 저 멀리 보카라와 카슈가르 땅까지 영토를 넓혀 놓았다. 한편 이 시절에는 니잠 알 물크라는 인물이 총리를 지내며 출중한 능력과 함께 헌신의 노력을 발휘하기도 했다. 그의 공로에 힘입어 바그다드에서는 아르슬란 대는 물론 말리크 샤 치세에까지 찬란한 문화와 풍성한 부가 꽃을 피우니, 옛날 하룬 알 라시드 시절 바르마크 가(家)가 세운 위업에 버금갔다. 그는 장장 30년의 세월에 걸쳐 나라의 행정, 치안, 재무를 재편하고 통솔한 것은 물론, 산업과 교역 역시 더욱 융성하도록 힘을 썼다. 또 도로, 다리, 숙박 시설도 재정비하여 모든 길손들이 안심하고 길을 다닐 수 있도록 하였고, 바그다드 도시 곳곳에다는 웅장한 건물을 여러 개 세워 놓았다. 또 유명한 전문학교를 하나 설립하여 거기에 기금을 기부하는가 하면, 이스파한의 금요일 모스크에다가는 추가로 대(大)원형 지붕 예배당을 짓기에 나서 그 일을 직접 감독하고 자금까지 조달하였다. 한번은 말리크 샤가 우마르 하이얌을 비롯해 천문학자 여럿을 한꺼번에 불러들여서는 페르시아의 달력을 손보게 하였는데, 이 역시 애초 니잠이 제안하여 이뤄진 일로 보인다. 한 옛날이야기에 따르면 니잠, 우마르, 하산 이븐 알 사바흐, 이 세 사람은 젊었을 때 함께 공부한 사이로 동기 시절 맹세하기를 훗날 큰 재물이 생기거든 서로 나눠 가지자 했다고 한다. 하지만 이야기가 재미나면 으레 그러듯, 이 이야기 역시 전설일 가능성이 크다. 그 까닭은, 니잠의 경우 1017년에 출생을 하였고, 우마르와 하산은 모두 1123년에서 1124년 사이에 세상을 떠났는데, 셋 중 누구도 100세까지 살았단 흔적은 찾아볼 수 없기 때문이다.[3]

75세에 이르자 니잠은 그간 생각해 오던 자신의 통치 철학을 글로 남기기에 이르는데, 페르시아 산문 중에서도 백미로 손꼽히는 것으로서『통치술론』이라는 제목이 붙어 있다. 여기서 그는 백성에게나 왕에게나 정통 신앙 믿기를 권하였고, 나아가 종교적 기반이 없고서는 절대 안정된 통치가 이루어질 수 없다 보았으며, 술탄이 가지는 신성한 권리 및 권위도 종교에서 그 기원을 찾았다. 더불어 그는 군주가 지켜야 할 인간적 도리에 대해서도 몇 가지 조언을 잊지 않았다. 우선 모름지기 통치자가 되어서는 술과 경박한 언행을 삼가야 할 것이고, 항상 관료들이 부패와 학정을 저지르지 않는지 살펴 발각 즉시 엄벌에 처해야 한다. 나아가 일주일에 두 번은 공청회를 열어 제일 미천한 신분의 백성도 통치자에게 직접 자신의 청원이나 고충을 밝힐 수 있게 해야 한다. 이렇듯 니잠은 인도(人道)를 중히 여기긴 했지만 사람들 누구에게나 관용적인 편은 못 되었다. 나랏일 하는 데 그리스도교인, 유대인, 시아파 사람들이 가리지 않고 등용되는 것을 그는 통탄해 마지않았으며, 과하게 폭력을 일삼는 이스마일파에 대해서는 나라의 단결을 해친다며 혹독한 비난을 서슴지 않았다. 이에 결국 이스마일파의 열혈 신도 하나가 나서니, 그는 탄원자인 척 가장을 하고서 니잠에게 접근을 하여 그의 몸에 단도를 푹 찔러 넣어 죽여 버렸다.

    이 자객이 속해 있던 결사는 역사에서도 가장 기이한 분파에 속했다. 페르시아 북부에는 알라무트('독수리의 둥지'라는 뜻)라고 하여 산성(山城)이 하나 있었는데, 어느 날 이스마일파의 우두머리가(하산 이븐 알 사바흐, 위에서 우마르 및 니잠과 함께 전설에 등장한 바로 그 인물이다.) 1090년 무렵 이곳을 탈취하는 일이 발생한다. 그는 수평선에서 무려 1만 피트 고지에 자리한 그 난공불락의 요새에 터를 잡고는, 이스마일 신앙에 반대하거나 탄압하는 자들을 상대로 테러와 살육전을 감행해 나갔다. 니잠은 책에서 비난하기를, 마즈다크는 사산조 페르시아에서 공산주의를 외친 바 있는데 이스마일파는 그의 직계 후손과 다름없다고 하였다. 이 단체는 비밀 결사로 운영이 되었고, 반드시 여러 단계의 시험을 통과해야만 들어갈 수 있었으며, 이른바 십자군이 "산속의 우두머리"라 하였던 대스승이 따로 존재하였다. 조직 내 최하위급 중에서도 소위 피다이스(fidais)라는 자들은 우두머리의 명이라면 일말의 생각도 주저도 없이 무조건 그 일을 행해야 했다. 마르코 폴로가 1271년에 이 알라무트를 들러 보고 전해 준 바에 따르면, 이스마일파 대스승은 알라무트의 요새 뒤에다 정원을 하나 꾸며 놓았는데 흡사 마호메트의 낙원을 방불케 했다. "정원 구석구석에는 부인이며 처녀들이 자리 잡고 앉아 남자들과 농을 주고받아 가며 살랑살랑 그들 기분을 맞춰 주었다." 이곳에서 조직원 후보로 낙점되는 사람은 조직에서 가져다주는 물을 마시게 되는데, 그 안에는 해시시(hashish, 인도 대마가 결실을 맺는 초기의 이삭이나 잎을 말한다. 이슬람교도들은 이것을 마취제로 쓰거나 담배같이 만들어 쓴다. – 옮긴이) 성분이 들어 있다. 이 해시시 때문에 정신이 멍해지면 조직에서는 그를 데리고 정원 안으로 들어간다. 정원에 있으면서 차츰 정신을 찾아 가는 그에게 사람들은 이곳이 바로 낙원이라 일러 준다. 그러고는 4~5일 동안 술이며 여자, 맛 좋은 음식들로 그에게 후한 대접을 해 준다. 그런 다음에는 다시 해시시가 든 물을 먹여 이번에는 취한 그를 정원 밖으로 끌고 나온다. 이윽고 그가 약 기운에서 헤어 나와 온데간데없이 사라진 낙원을 찾으면, 사람들은 낙원에는 얼마든 다시 갈 수 있으며 그곳에서 영원히 사는 것도 가능하다고 말한다. 단 그러기 위해선 대스승을 굳건히 믿어 그 뜻을 거스르지 말아야 하며, 경우에 따라서는 그를 위해 죽음도 불사할 수 있어야 한다고 일러 준다.[4] 이렇듯 고분고분 조직의 명을 따르는 자를 아랍어로 해시시아신(hashshasheen)이라 하였는데, 뜻인즉슨 "해시시 마신 자"로서 영어 "assassin(암살자)"도 알고 보면 여기서 나온 말이다. 35년 동안 하산은 알라무트를 통치했고, 그의 통치를 받으며 이곳은 암살, 교육, 예술의 중심지로 자리를 잡았다. 나아가 이렇게 만들어 놓은 조직은 하산보다도 오래 살아남았다. 그들은 알라무트 이외에도 튼튼한 요새를 추가로 탈취하는가 하면, 십자군이 쳐들어오자 그에 맞서 항전을 벌였으며, (근거는 미약하나) 사자 왕 리처드의 청에 응하여 몬페라트의 콘라트를 죽였다고도 한다.[5] 그러다 1256년에 들자 알라무트를 비롯해 암살단의 핵심 근거지들이 모두 훌라구가 이끄는 몽골족의 손에 들어가게 된다. 그러자 나라에서는 이 결사가 무정부주의를 외치는 사회의 적이라며 닥치는 대로 잡아들이거나 죽여 버렸다. 그럼에도 불구하고 조직은 종교의 한 분파로 남아 꾸준히 명맥을 유지해 갔고, 얼마간 시간이 흐르자 평화롭고 점잖은 조직으로 거듭나기까지 했다. 지금도 인도, 페르시아, 시리아, 아프리카 등지에는 이 조직의 열혈 추종자들이 아직도 남아, 아그하 칸(Agha Khan)을 자기들 수장으로 받들며 매년 그

에게 십일조를 바치고 있다.[6]

비지에 니잠이 죽자 한 달 뒤 말리크 샤도 세상을 떠났다. 이에 왕자들 사이에는 왕위 계승을 두고 한바탕 난이 일었고 그 여파로 정국은 일대 혼란에 휩싸였다. 그러니 이슬람교도들은 십자군이 쳐들어와도 일치단결하여 저항 한 번 못해 본 채 그들을 맞아야 했다. 한편 바그다드에서는 신자르가 술탄이 되면서 그의 치세에서나마(1117~1157년) 잠시 셀주크족의 위용이 또 한 번 빛을 발하였고, 그의 후원에 힘입어 문학 역시 풍성한 결실을 맺었다. 그러나 신자르마저 죽자 셀주크족의 땅은 조각조각 독립 공국들로 쪼개졌고, 공국에서는 저마다 자잘한 왕조를 세우고는 왕들끼리 서로 싸워대기 바빴다. 한편 말리크 샤가 부리던 쿠르드족 노예 중에 장기(Zangi)라는 자가 있었다. 그는 모술에 아타베그('군주의 아버지'라는 뜻)라 하여 왕조를 하나 열었고, 십자군이 쳐들어오자 힘껏 맞서 싸우는 한편, 통치 영역까지 넓혀 메소포타미아 지역을 아울렀다. 장기의 아들 누르 우드 딘 마무드(1146~1173년)는 여기에 시리아 땅까지 점령하여 다마스쿠스를 자기 수도로 삼았다. 그는 군주 자리에 있으면서 정의롭고 근면 성실하게 나라를 다스려 갔으며, 파티마 왕조의 명운이 다하자 그 참에 얼른 이집트 땅까지 차지했다.

그 옛날 압바스 왕조는 퇴폐를 뿌리치지 못하여 부와이 왕조와 셀주크족의 지배를 면치 못한 바 있었다. 그로부터 200년 후 카이로의 칼리프들 역시 똑같은 모습을 연출하니, 칼리프라고 하나 이제 그들은 시아파 사제로 전락한 신세였고 실질적으로 나라를 통치하는 것은 군인 출신의 비지에들이었다. 정작 파티마 가(家) 왕족들은 궁궐의 수많은 규방에 틀어박혀 거기서 나올 줄 몰랐고, 늘 환관과 노예의 무리에 둘러싸여 그들 말만 들었으며, 안락과 첩들에 빠져 기력은 점점 바닥나니, 총리들이 왕의 호칭을 가져다 써도 허락해 준 것은 물론, 그들이 나라의 갖가지 직책과 특전을 제멋대로 도용해도 그냥 내버려 두었다. 그러다 1164년, 실질적 통치자인 비지에 자리를 두고 두 사람 사이에 각축전이 벌어지기에 이른다. 그 하나가 샤와르란 자였는데, 그는 모술의 누르 우드 딘에게 청을 넣어 자신을 도와 달라고 하였다. 이에 누르 우드 딘은 시르쿠라는 자에게 소규모 군대를 맡겨 샤와르에게 보내 주었다. 그러나 시르쿠는 카이로에 가자 도리어 샤와르를 죽여 버리고는 자신이 몸소 비지에 자리에 올랐다. 이 시르쿠가 세상을 떠나고(1169년) 그 뒤를 이은 것이 조카 알 말리크 알 나시르 살라헤드 딘 유수프 이븐 아유브이다. "왕, 수호자, 신앙의 영예, 욥의 아들 요셉"이라고 풀이되는 이 이름의 주인공이 바로 우리가 알고 있는 살라딘이다.

살라딘이 태어난(1138년) 곳은 티그리스 강 상류의 테크리트, 그는 비셈족 계열인 쿠르드족 출신이었다. 그의 아버지는 입신양명하여 장기(Zangi) 치세 때에는 바알베크 땅의 총독을, 이어서 누르 우드 딘 치세 때에는 다마스쿠스 땅의 총독을 지낸 바 있었다. 아버지 덕에 어린 시절을 이들 도시 및 그곳 궁궐에서 보낸 살라딘은 정치와 전쟁에 있어서 무엇이 도에 이른 경지인지 잘 배워 알고 있었다. 그러나 그뿐만이 아니었으니, 그는 정통파의 깊은 신앙심과, 신학에 대한 불타는 학구열과, 고행에 가까운 소박한 생활 방식도 두루 갖추고 있었다. 그래서 이슬람교도들은 오늘날에도 살라딘을 이슬람의 가장 위대한 성인 중 하나로 꼽는다. 그가 제일 좋다며 걸치는 옷은 기껏해야 까끌까끌한 모직 옷이었고, 음료도 오로지 물밖에는 입에 대지 않았다. 또 (젊었을 적 얼마간 방탕했던 세월이 지나고는) 성생활에서도 절제를 보여 주어 동시대 사람들은 그처럼만 할 수 있기를 바라 마지않았다. 누르 우드 딘이 시르쿠를 이집트로 파견할 때 살라딘도 함께 온 터였다. 파견지에서 살라딘은 스스로가 훌륭한 군인임을 얼마나 그럴싸하게 잘 이야기하였던지 그 길로 알렉산드리아 지방 전역의 지휘권을 갖게 되고, 이 자리에 있으면서 알렉산드리아로 쳐들어오는 프랑크족을 막아 내는 데 성공한다.(1167년) 그러다 나이 서른에는 비지에가 되었고, 이 자리에 올라서는 마호메트의 정통 교설이 이집트에 다시금 복원되는 데 자신의 온 힘을 다한다. 그래서 1171년에는 이집트에 명하길, 앞으로 공적인 예배를 드릴 때에는 시아파인 파티마 왕조 칼리프의 이름을 부르지 말고 (바그다드에서 정통 신앙의 수장 노릇밖에 하지 못하고 있던) 압바스 왕조 칼리프의 이름을 부르도록 하였다. 그 즈음 파티마 왕조의 마지막 칼리프 알 아디드는 몸져누워 궁 밖을 나서지 못하던 상태였고, 따라서 종교계에 이런 혁명이 인 것도 전혀 눈치채지 못하였다. 살라딘은 하릴없이 나랏돈만 축내는 이 칼리프가 "평온하게 눈감을 수 있도록" 이 모든 일을 일절 알리지 못하게 했다. 이윽고 칼리프는 그대로 그렇게 세상을 떠났고, 후계자 지명이 전혀 이루어지지 않은 터라 파티마 왕조도 그렇게 조용히 막을 내렸다. 그러자 비지에가 되어 이집트를 다스릴 수 있었음에도 불구하고 살라딘은 스스로 지방 총독의 직위만을 맡고서 이집트의 통치권은 누르 우드 딘에게 있다고 선언하였다. 그렇게 총독이 되고 나서 칼리프가 살았던 카이로의 궁궐에 발을 들여 보니 궁에 기거하는 사람만 1만 2000명, 그것도 칼리프의 남자 친척을 제외하면 하나같이 다 여자들이었다. 여기에다 각종 보석류, 가구, 상아, 자기류, 유리 등등 각종 예술품이 그득그득 넘쳐 나니 당대의 다른 고관대작은 누구도 상대되지 않을 정도였다. 살라딘은 이 물품 중 어느 하나도 자기 것으로 챙기지 않았고, 칼리프의 궁궐은 휘하의 장군들이 쓰도록 내어 주었다. 그리고 자신은 전과 변함없이 비지에의 집무실에 머물면서 소박하지만 복된 삶을 계속 이어 나갔다.

그러던 어느 날 누르 우드 딘이 세상을 떠났다.(1173년) 이에 식민지 총독들은 열한 살밖에 되지 않은 그의 아들을 왕으로 인정할 수 없다며 들고 일어섰고, 이로써 시리아는 다시금 혼란스러운 정국이 되었다. 이러다간 십자군이 쳐들어와 시리아를 차지해 버리지 않을까 지레 걱정이 된 살라딘은 700명의 기병으로 부대를 편성하여 이집트를 빠져나온다. 그는 시리아에 들어와서는 일사천리로 원정을 진행하고는 이제부터 시리아 땅은 자신이 다스린다고 선언하였다. 그러고는 다시 이집트 땅으로 들어와 결국 왕의 칭호를 갖기에 이르니, 이렇게 하여 아유브 왕조가 역사에 그 막을 열게 되었다.(1175년) 그로부터 6년 뒤 살라딘은 다시 한 번 출정에 올라, 이번에는 다마스쿠스를 자기 수도로 삼고 그 길로 메소포타미아 땅까지 점령해 버린다. 일전에 카이로에서 그랬듯 살라딘은 이곳에서도 자신이 정통 신앙을 굳건히 따르고 있음을 만천하에 드러내 보였다. 자신의 땅에다 그는 모스크와 병원, 수도원과 마드라사(전문학교)를 곳곳에 지어 올렸다. 건축에는 지원을 아끼지 않은 그였지만 세속의 과학 발전에는 별 관심이 없었으며, 플라톤이 그랬듯 시(詩)라면 아주 질색을 했다. 그는 자기가 아는 바에 비추어 잘못이라 여겨지는 일은 어느 것 하나 그냥 두지 않고 모조리 신속하게 시정을 가했다. 또 백성들이 내야 하는 세금을 낮추고서도, 그와 동시에 공공사업 분야는 확대시키는 한편 통치의 기능도 효율적이고 열성적으로 수행되게끔 하였다. 이렇듯 살라딘이 청렴하고 정의롭게 통치를 해 나가자 이슬람엔 영광의 시절이 찾아왔고, 그리스도교 세계에서도 그가 불경자(不敬者)이긴 하나 군자라고 인정을 해 주었다.

이 살라딘이 죽자(1193년) 동(東)이슬람은 사분오열이 되니, 그때 생겨난 잡다한 지방 왕조들에 대해서는 여기서 그 이름을 줄줄이 늘어놓을 필요가 없을 것이다. 살라딘의 아들들은 누구 하나 아버지의 출중한 능력을 가지지 못했고, 따라서 아유브 왕조는 불과 3세대 만에 통치의 막을 내리게 된다.(1260년) 그나마 이집트에서는 1250년에 이를 때까지 아유브 가의 통치가 꽃을 피웠고, 당대의 선각자이자 프레데리크 2세와도 친구였던 말리크 알 카밀의 치세에 들면서 그 번영은 절정을 이루었다.(1218~1238년) 한편 소아시아에서는 셀주크족이 "룸(Rum, 로마)" 식 술탄제를 확립하고는, 코냐 지방을(성 바울이 처음 전도를 행했다는 바로 그 이코니움을) 차지하고서 한동안 그곳을 문자 문명의 중심지로 삼게 된다. 이로써 소아시아는 호메로스 이래 예부터 절반은 그리스나 다름없었건만, 이제는 셀주크족의 점령 아래 차츰 그리스 문화를 벗어던지고 투르케스탄이라 하여 차차 투르크족의 땅이 되어 간다. 한때 히타이트족(소아시아와 시리아 북부를 무대로 하여 기원전 2000년경 활동한 인도유럽계의 민족 - 옮긴이)의 수도였던 곳에 오늘날 터키가 위태위태하게 자리를 보전하고 있는 것도 이 당시의 점령 덕분이다. 흐와리즘 지역은 투르크족에서 갈라져 나온 한 독립 부족이 통치를 해 나갔고(1077~1231년), 이들은 차차 세력을 뻗쳐 우랄 산맥부터 페르시아 만까지를 아우르게 된다. 칭기즈 칸이 발견했을 당시, 아시아의 이슬람은 이렇듯 개별 원자처럼 정치적으로 제각각으로 쪼개져 있었다.

이렇듯 쇠망기에 접어들었음에도 불구하고 시, 과학, 철학에 있어 이슬람은 전 세계를 통틀어 가장 앞서 있었고, 통치에 있어서도 저 호헨슈타우펜 가(독일의 귀족 가문 중 하나로 1138년부터 1254년까지 독일의 왕과 황제를 비롯하여 슈바벤 공작을 배출하였다. - 옮긴이)에 필적하는 역량을 보여 주었다. 셀주크족 술탄 중에서도 투그릴 베그, 알프 아르슬란, 말리크 샤, 신자르 같은 이들은 중세 시대를 통틀어 가장 유능한 군주에 속했고, 니잠 알 물크 같은 경우는 인류 역사를 통틀어 가장 위대한 정치인의 반열에 든다. 누르 우드 딘, 살라딘, 알 카밀 역시 리처드 1세, 루이 9세, 프레데리크 2세와 견주어 전혀 손색이 없다. 더구나 이들 이슬람 통치자들은 하나같이(심지어 지방에 할거하던 소왕(小王)들까지도) 옛날 압바스 왕조의 전통을 그대로 이어받아 문학과 예술에 지원을 아끼지 않았다. 따라서 찾으려고만 한다면 이들의 궁궐에서도 우마르, 니자미, 사디, 자랄 우드 딘 루미에 버금가는 시인들을 얼마든 발견할 수 있을 것이다. 한편 철학의 경우는 당대 군주들이 정통 신앙만을 일편단심 따르다 보니 그 위세가 차츰 시들고 있었지만, 이 시절의 건축만큼은 예전 그 어느 때보다 화려하게 꽃을 피웠다. 셀주크족 군주들과 살라딘은 이슬람교 이단에 대해서는 서슴없이 박해를 가하면서도, 그리스도교도와 유대인에 대해서는 더없이 후의를 베풀었다. 그래서 비잔티움 제국 역사가들에 따르면, 그리스도교 지역들이 자진해 나서서는 셀주크족 통치자들에게 비잔티움 제국 총독들을 몰아내고 자기들 땅을 대신 통치해 달라고 청했다 한다.[7] 서아시아는 이렇듯 셀주크족과 아유브 왕조의 통치를 받으며 몸과 마음을 다시 한 번 살찌울 수 있었다. 당대에 다마스쿠스, 알레포, 모술, 바그다드, 이스파한, 라이, 헤라트, 아미다, 니샤푸르, 메르브 하면 백인 세계에서도 그 단장한 모습이 참으로 아름답고 문화가 발달한 도시들로서 제일로 통했다. 한마디로 동방의 이슬람은 이울고 있었으나 그 모습은 찬란했다.

2. 서방의 이슬람: 1086~1300년

아유브 가에서 배출돼 나온 이집트의 마지막 술탄 알 살리흐, 그가 세상을 떠난 것은 1249년의 일이었다. 그 후 이집트의 정국은 과거 그의 노비였다 이제는 그의 미망인이 된 샤자르 알 두르의 손에 넘어간다. 그녀는 양아들이 살해당할 것을 알고도 가만히 지켜보고만 있다가, 막상 그가 죽자 몸소 나서서 자신이 이집트 여왕임을 선포하고 나섰다. 이집트를 그대로 두었다간 남자의 체면이 서지 않는다고 생각한 카이로의 이슬람 지도층에서, 역시 과거 노비 출신인 아이바크라는 인물을 골라 샤자르 알 두르와의 공동 통치자 자리에 앉힌다. 여왕은 그와 순순히 결혼은 했으나, 통치권은 여전히 내어 주지 않았다. 그러다 아이바크 쪽 사람들에게서 독립 선언을 꾀하는 움직임이 보이자, 여왕은 사람을 시켜서 아이바크가 목욕하는 사이 그를 죽여 버리도록 했다.(1257년) 하지만 얼마 안 가 그녀 역시 목숨을 잃으니, 아이바크를 모시던 여자 노예들이 그녀에게 달려들어 나막신을 신은 채로 그녀를 사정없이 짓밟아 버렸기 때문이다.

그러나 아이바크로 인해 맘루크 왕조가 열린 걸 보면 그도 살만큼은 살았던 셈이다. 맘루크(mamluk)는 "피소유자"의 뜻으로서, 주로 백인 노예들을 일컫는 말이었다. 그리고 당시 이집트에서 백인 노예라 하면 보통 아유브 술탄 밑에 고용돼 일하던 왕실 근위대, 즉 힘은 세고 겁은 없던 투르크족 또는 몽골족 병사를 가리켰다. 그 옛날 로마와 바그다드에서 그랬듯, 이곳 카이로에서도 근위병 출신들이 번갈아 왕위에 오르는 정국이 이어진 것이다. 그리하여 맘루크들이 이집트를 다스린 기간은 총 267년에 이르렀고(1250~1517년), 이들은 더러 시리아 지역까지 아울러 통치하였다.(1271~1516년) 수도는 이들이 일삼는 암살에 핏빛으로 물들었고, 또 이들이 가져다 놓는 예술품으로 아름답게 단장도 하였다. 맘루크들은 또 몽골군을 상대로 아인 잘루트에서 완승을 거두기도 하였으니(1260년), 당시 시리아와 이집트는(심지어는 유럽도) 이들의 용기 덕에 목숨을 부지한 것이나 다름없었다. 더불어 팔레스타인 땅을 프랑크족으로부터 구해 낸 것도, 나아가 아시아 땅에서 그리스도교 전사를 최후의 1인까지 몰아낸 것도 이 맘루크들이었으나, 이때에는 몽골군을 이겼을 때만큼 널리 환호를 받지는 못하였다.

맘루크 왕조에서도 알 말리크 바이바르스(1260~1277년)는 가장 위대한 동시에 도의(道義)를 전연 찾아볼 수 없던 통치자로 꼽혔다. 그는 태어나기는 투르크족 노예 출신으로 태어났으나, 용기와 책략을 겸비한 덕에 이집트 군대에서 고위 사령관직 자리까지 오를 수 있었다. 1250년에 있었던 만수라 전투에서 루이 9세를 물리친 장본인도 바로 그였다. 그로부터 10년 후에는 아인 잘루트 전투에 참가해 쿠투즈 술탄 밑에서 살기등등한 기세로 싸움을 벌였다. 그렇게 전투에서 승리하고서 카이로로 돌아오는 길, 바이바르스는 도중에 쿠투즈를 죽이고 스스로 술탄 자리에 올랐다. 그러고는 승리하고도 죽은 술탄을 위해 애초 카이로 시민들이 준비해 두었던 승리의 환영식을 마치 자기 것인 양 득의만만하게 받아들였다. 그는 십자군을 상대로도 몇 번이고 싸움을 걸었고, 그때마다 어김없이 승리를 거두었다. 이 성전(聖戰)의 치적에 대해서만큼은 이슬람 전승에서도 하룬과 살라딘 다음으로 바이바르스를 높이 친다. 동시대를 살았던 한 그리스도교 연대기 작자에 따르면, 싸움 없는 평화로운 나날이면 그는 "자기 백성들을 차분하고 정결하고 정의로운 언동으로 대했으며, 심지어는 자기 땅에서 살아가는 그리스도교도에게까지 호의를 베풀었다."고 한다.[8] 바이바르스는 이집트의 통치 체계도 얼마나 훌륭히 정비를 해 놓았던지 이후 그의 후계자들이 하나같이 변변찮은 능력을 보였음에도 불구하고, 맘루크 왕조는 1517년 오스만투르크족에게 전복을 당할 때까지 내내 건재를 과시했다. 또 그는 막강한 힘을 가진 육군 및 해군을 이집트에 양성하는 한편, 항구, 도로, 운하의 소통도 원활하게 하였으며, 자신의 이름이 들어간 모스크도 하나 세워 놓았다.

바이바르스의 아들을 폐위시킨 인물 역시 투르크족 노예 출신이었다. 그는 정국을 잡자 술탄의 자리에 올라 알 만수르 사이프 알 딘 칼라운(1279~1290년)이라는 이름을 썼다. 역사는 대체로 그를 카이로에 대규모 병원을 지은 사실로 기억하는데, 당시 이 병원을 위해 그가 내놓은 자금만 100만 디르헴(50만 달러)에 달했고 한다. 그의 아들 나시르는(1290~1340년) 왕좌에 오르기를 세 번, 하지만 폐위는 두 번만 당하는 것에 그쳤다. 그는 나라 곳곳에 대수도관, 공공 목욕탕, 학교, 수도원을 세우는 한편 모스크도 서른 개를 지어 놓았다. 또 알렉산드리아에서 나일 강으로 이어지는 운하를 하나 파니, 이를 위해 강제 노역에 동원된 인원만 10만 명에 이르렀다. 여기 더하여 그는 맘루크들이 어떻게 사는지 그 본보기라도 보이겠다는 듯, 2만 마리에 달하는 동물을 잡아 죽여 자기 아들 결혼 잔치연에 썼다. 한번은 나시르가 오랜 기간 사막을 거쳐 여행해야 할 일이 생겼는데, 낙타 마흔 마리가 등에 흙을 잔뜩 짊어진 채 이 여정을 따라나서야 했다. 그 흙에다 풀을 길러서 매일매일 하루도 거르지 않고 그의 식사에 신선한 야채를 내놓기 위해서였다.[9] 그의 거침없는 씀씀이에 국고는 거의 바닥을 드러내는 지경이 되었으나, 정작 그는 맘루크의 권세가 차차 기울어 가는 데 대해 자기 후계자들을 탓했다.

셀주크족 술탄이나 아유브 왕가의 술탄들에 비하면 이들 맘루크족 술탄은 인상이 그리 썩 좋은 편은 못 된다. 이들도 자기들 치세에 대규모 공공사업을 여럿 벌였으나 그 대부분은 농부와 무산 계급의 노역을 동원해 이루어진 데다, 노역 과정에서 이들은 인간의 인내심을 극한까지 짜낼 정도로 착취하기 일쑤였다. 더구나 그렇게 힘들여 일해도 궁정이라는 곳에서는 나랏일이나 귀족층 문제에 대해서는 전혀 책임을 지려 하지 않았다. 궁정이 백성들에게 그 존재를 환기시키는 길은 단 하나, 암살뿐이었다. 그러나 인면수심의 이 통치자들도 문학과 예술 방면에서는 뛰어난 안목과 시원한 기백을 자랑했다. 중세 이집트 건축의 역사를 더듬을 때 가장 찬란했던 시기를 꼽으라면 바로 이 맘루크 왕조 시기이다. 더구나 카이로가 인더스 강 서쪽을 통틀어 가장 부유한 도시가 된 것도 이즈음 들어서의 일이었다.(1250~1300년)[10] 카이로의 시장에는 온갖 생필품이며 수많은 사치품들이 거리거리마다에 널려 있었고, 노예 시장도 커다랗게 열려 누구든 여기 와서 장정이며 하녀를 마음대로 사고팔 수 있었다. 벽을 따라서는 조그만 가게들이 옹기종기 들어앉아, 물건들로 가게를 꽉꽉 채워 놓고는 가격을 얼마든 올렸다 내렸다 하며 손님들에게 팔았다. 내리쬐는 햇볕을 피해 그리고 적이 가해 올 공격에 대비해, 골목길은 꼬불꼬불 좁다랗게 나 있었다. 골목골목마다에는 늘 사람들과 짐승들이 어슬렁거렸고, 봇짐장수의 고함 소리며 마차 지나다니는 소리가 시끄럽게 울려 퍼졌다. 길가에 면한 건물 정면은 투박한 인상을 풍겼고, 그 뒤편으로 주거용 주택들이 숨바꼭질하듯 자리하고 있었다. 덕분에 밖은 불볕더위가 한창이고 거리가 아무리 복작거려도 이들 주택에 자리한 방들은 어둑어둑한데다 서늘하기까지 했고, 안뜰 또는 근방의 정원에서 바람이 불어와 숨통을 틔워 주었다. 주택 내부에는 벽걸이, 카펫, 자수, 공예품 등 갖가지 가재 용품들이 즐비하였다. 남자들은 해시시를 씹으며 꿈결처럼 몽롱하게 취하는 게 일상이었고, 여자들은 규방에 모여 이런저런 일로 잡담을 하거나, 아니면 혼자 몰래 내닫이창 곁으로 나와서는 창 사이로 애인과 밀담을 나누곤 하였다. 사방에서는 수백 대의 류트 줄 뜯는 소리에 음악이 그칠 줄 몰랐고, 도시의 성채에서는 기이한 음악회가 열리곤 했다. 곳곳에 자리한 공원은 늘 갖가지 꽃들과 야유회를 즐기러 온 사람들로 만원을 이루었다. 또 운하를 비롯하여 드넓은 강에는 화물 바지선, 여객선, 유람선이 점점이 박힌 채 유유히 떠 있었다. 바로 이것이 중세 시대의 이슬람, 그것도 카이로란 도시가 연출하던 풍경이었다. 카이로의 한 시인은 그 정경을 다음과 같이 노래하기도 했다.

    정원 옆으로 흐르는 저 잔잔한 나일 강
    나는 이따금 그 위에 배 띄워 노를 젓지.
    물에 배를 대고 잠시 쉬기도 하면서
    미소 짓는 태양 아래서 마음껏 햇살 쬐니

햇살 속 그 풍경 참으로 아름답구나.[11]

　한편 북아프리카 곳곳에서는 연달아 왕조가 일어나 나름의 번영을 이룩하고 있었다. 투니시아 땅에서는 자리드 왕조(972~1148년)와 하프시드 왕조(1228~1534년)가 차례로 일어나 통치를 하였고, 알제리 땅에서는 함마디드 왕조(1007~1152년)가 일어나 나라를 다스렸으며, 모로코 땅에서는 알모라비드 왕조(1056~1147년)와 알모하드 왕조(1130~1269년)가 그 위세를 떨쳤다. 알모라비드 왕가는 아프리카에 있을 때만 해도 근검절약이 몸에 밴 전사들이었으나, 스페인 땅을 차지하고부터는 언제 그랬냐는 듯 자신들이 밀어낸 그 코르도바와 세빌리아의 군주들에게서 사치스러운 생활 방식을 배워 그대로 몸에 익히게 되었다. 그러자 전시(戰時)에 왕조를 다잡아 주던 기강은 어느덧 사라지고, 화평한 때에 찾아드는 감언이설이 판을 쳤다. 이제 사람들은 용기보다는 돈을 훌륭함의 기준이자 욕망의 목표로 여기게 되었다. 또 여자들이 특유의 우아함과 매력을 뽐내며 막강한 권력을 손에 쥐니, 그에 필적하는 힘을 가진 것은 낙원에 가면 그와 비슷한 기쁨을 누릴 수 있다고 약속하는 신학자들뿐이었다. 여기에 관료들까지 부패에 젖어 들면서, 유수프 이븐 타슈핀 시절만 해도(1090~1106년) 효율성을 자랑하던 행정 체계 역시 그 아들 알리 대에 이르면서(1106~1043년) 벌써 제 기능을 잃고 삐걱대기 시작하였다. 이렇듯 통치가 점점 무력해지자 나라에서는 약탈 행위가 들끓기 시작했다. 도로는 안심하고 다닐 수 없게 되었으며, 상업 활동도 시들해졌고, 더불어 부(富)도 점점 줄어들어 갔다. 스페인 땅의 가톨릭 왕들은 놓칠 세라 얼른 이 기회를 잡아, 코르도바와 세빌리아를 비롯해 무어인이 차지하고 있던 여타 도시들을 습격해 들어왔다. 이에 이슬람교도들은 구조의 손길을 바라며 다시 한 번 아프리카에 눈을 돌릴 수밖에 없었다.

　아프리카 땅, 그곳에서는 1121년의 종교 혁명으로 나타난 새로운 분파 하나가 한창 위세를 떨치며 폭력을 일삼고 있었다. 혁명의 주역 아브드알라 이븐 투마르트는 정통 교설의 의인화와 철학의 합리주의 모두를 터무니없다며 깎아내린 인물이었다. 그의 주장에 따르면, 사람들은 이제 다시 예전의 소박했던 삶과 교리로 되돌아가야 했다. 그러다 종국에 그는 시아파 신앙에서 도래를 약속한 그 마흐디(Mahdi, 메시아)가 바로 자기 자신이라고 선언하고 나선다. 그러자 아틀라스 산맥 일대에서 살아가던 몇몇 야만 부족이 우르르 그의 밑으로 몰려들어서는 알모하드(Almohad, '일신론자'라는 뜻)라는 이름으로 세를 규합하였다. 이들은 모로코로 들어가 그곳을 통치하던 알모라비드 왕조를 전복시켰고, 그러면서 알모라비드 왕조가 차지하고 있던 스페인 땅도 어렵지 않게 자기들 땅으로 만들었다. 이 알모하드 왕조에서도 아브드 알 무민(1145~1163년)과 아부 야쿠브 유수프(1163~1184년) 에미르의 치세에는 안달루시아와 모로코에 다시금 질서와 번영이 찾아들었다. 문학과 학문 역시 다시 한 번 기지개를 폈다. 또 이들 군주는 철학자들도 보호를 해 주었으니, 단 철학 책을 써도 무슨 소리인지 모르게끔 해야 한다는 무언의 단서가 따라다녔다. 하지만 아부 유수프 야쿠브(1184~1199년)는 이전 통치자들과는 달리 완전히 신학자들 편으로 넘어가 철학자들에게는 등을 돌렸고, 급기야 나라의 철학서란 철학서는 모조리 불살라 버리라는 명까지 내렸다. 그의 아들 무함마드 알 나시르(1199~1214년)는 철학과 종교 그 어느 쪽에도 관심이 없는 인물이었다. 그는 통치도 등한시한 채 오로지 여가를 즐기는 일에만 열중하였다. 그러다 1212년 들어 라스 나바스 드 톨로사 전투에서 스페인의 그리스도교 연합군에게 대패를 당하고 만다. 이로써 알모하드 왕가가 다스리던 스페인 땅은 소규모 독립 국가들로 쪼개지고, 이들 국가들은 곧 그리스도교도들에게 차례차례 점령을 당하게 된다. 그리하여 1236년에는 코르도바가, 1238년에는 발렌시아가, 1248년에는 세빌리아가 그리스도교 땅이 되었다. 그리스도교도의 공격이 거듭되자 진저리가 난 무어인들은 그라나다 땅까지 퇴각해 들어가게 되었다. 이곳에는 시에라 네바다(Sierra Nevada, '눈 덮인 산등성이'라는 뜻)라고 하여 그 지형만으로 얼마간의 방어가 가능한 곳이 있기 때문이었다. 더구나 그라나다의 벌판에는 강물이 풍부하게 흘러들어 포도밭 농사가 잘될 뿐 아니라, 올리브 과수와 오렌지 관목도 무럭무럭 자랐다. 그 후 이곳에서는 현명한 통치자들이 연달아 배출돼 나왔고, 이들이 되풀이되는 그리스도교도의 침공을 막아 내면서 그라나다 땅은 물론 그에 딸린 보호령까지(크세레스, 하엔, 알메리아, 말라가) 무사히 지켜 내었다. 그러자 상업과 제조업은 명맥이 되살아났고, 예술은 활짝 꽃을 피웠으며, 이곳 백성들 역시 화사하게 잘 차려입고 즐거운 잔치를 열어 잘 노는 것으로 명성을 얻게 되었다. 이 조그만 왕국이 명맥을 다하여 사라진 것이 1492년이었다. 이슬람 세력이 들어오면서 몇 백 년 동안 인류 문화의 명소로 군림한 안달루시아였지만, 이 소왕국이 사라지자 유럽 땅에는 더 이상 이슬람이 발 디딜 곳은 남지 않게 되었다.

3. 이슬람 예술 일별: 1058~1250년

이슬람령 스페인, 그중에서도 그라나다 땅에 알람브라 궁전이 세워지고, 세빌리아에 알카자르와 히랄다가 솟아오른 것은 베르베르족이 이슬람을 지배하던 바로 그 시절이었다. 당시 건축계를 지배하던 새로운 양식을 사람들은 곧잘 "모리스코(Morisco)" 양식이라 일컫는데, 모로코에서부터 들어왔다 하여 붙여진 말이다. 그러나 이 건축 양식에 쓰인 다양한 요소들은 사실 시리아와 페르시아에서 유래한 것들이며, 그 뚜렷한 특징은 인도의 타지마할 같은 건축물에도 잘 나타나 있다. 이슬람 예술이 참으로 폭넓고 풍성한 영역을 자랑했음을 알 수 있는 대목이다. 또 이때의 건축물은 대체로 여성적인 스타일을 지향하여, 다마스쿠스, 코르도바, 카이로의 모스크들과는 달리 더 이상 위압적인 힘을 자랑하는 데 목적을 두지 않았다. 이제 건축가들은 힘보다 섬세한 아름다움을 표현해 내는 데 역점을 두니, 흡사 모든 역량을 장식에만 쏟아부은 듯했고, 건축물에는 어느 한 군데고 조각가의 손길이 닿지 않은 데가 없는 듯하였다.

알모하드 왕조 사람들은 건물을 짓는 데 있어서는 누구보다 열심이었다. 애초 이들이 지은 건물들은 방어용으로서, 주로 주요 도시들을 중심으로 그 주변을 튼튼한 성벽이며 탑들로 빙 에워싸는 식이었다. 세빌리아의 과달퀴비르, 그곳을 호위하듯 지키고 서 있는 토레 델 오로(Torre del Oro, '황금의 탑'이라는 뜻)도 그렇게 세워진 건축물 중 하나이다. 역시 세빌리아에 세워져 있는 알카자르 성은 요새와 궁을 한 건축물에 결합시킨 형태로, 수수한 모양새의 성채 정면이 무뚝뚝한 인상으로 세상을 마주하고 서 있다. 이 성채는 톨레도의 건축가 할루비가 아부 야쿠브 유수프를 위해 지은 것으로서(1181년), 1248년 이래로는 그리스도교 국가 왕들이 자기들의 거처로 애지중지하였다. 페드로 1세(1353년), 찰스 5세(1526년), …… 이사벨라(1833년) 등 그리스도교 국왕 중 이 성을 개조하고, 수리하고, 복원하고, 확장하기 위해 힘쓴 이들은 수없이 많다. 이곳의 건축 양식은 대체로 그리스도교 문화에 그 기원을 두고 있으나, 건축의 기량 및 스타일에서는 대체로 무어인(엄밀히 말하면 그리스도교 영향을 받은 무어인으로서 'Mudejar'라고도 한다.)의 특징이 많이 묻어나고 있다.

아부 야쿠브 유수프는 이 알카자르만 지어 놓은 것이 아니었으니, 1171년 들어 세빌리아 땅에 지어지기 시작한 대규모 모스크도 그의 작품이었다. 하지만 현재 이 건물은 흔적조차 없이 사라져 아무것도 남아 있지 않은 형편이다. 이 모스크 안에다 건축가 하비르가 웅대한 첨탑을 한 기 지어 올린 것이 1196년, 바로 우리에게 히랄다라고 알려져 있는 건축물이다. 그리스도교도들은 후일 세빌리아 땅을 손에 넣자 이 히랄다를 전면 개조하여 교회로 만들었는데(1235년), 1401년에 들면서는 그 건물마저 아예 헐어 버렸다. 그러고는 그 자리에 (첨탑에 사용되었던 자재를 일부 활용하여) 그 웅장한 세빌리아의 대성당을 세우기에 이른다. 그래서 오늘날 히랄다는 맨 아래부터 230피트까지는 본래 구조를 간직하고 있고 나머지 82피트는 그리스도교도들에 의해 증축된(1568년) 형태이다. 그러나 후일 덧대어졌음에도 불구하고 증축 부분은 애초 무어인들이 만들어 놓은 토대와 완벽한 조화를 보이고 있다. 탑의 상부 3분의

2까지는 풍성한 장식이 돋보이는데, 회랑식 발코니들이 빙 둘러 자리하고 있는 것을 비롯하여, 회칠 벽돌 및 석재로 만들어진 격자 울타리가 마치 레이스처럼 탑을 에워싸고 있다. 탑의 맨 꼭대기에는 신앙의 여신이라 불리는 청동상이 힘이 넘치는 자태로 서 있다.(1568년 제작) 그러나 이 조각상은 한편 풍향계이기도 해서 바람을 따라 이리저리 움직이기 때문에 이제껏 스페인이 지녀 온 그 독실한 신앙심을 표현해 주기에는 아무래도 역부족인 듯하다.(탑 이름 히랄다(Giralda)도 '이리저리 돌다.'의 뜻을 가진 스페인어 '히라(gira)'에서 유래한 것이다.) 무어인들은 이런 탑들을 마라케시와(1069년) 라바트에도(1197년) 세워 놓았는데 거의 히랄다에 필적할 정도의 아름다움을 자랑한다.

스페인에서도 가장 명성이 높은 대건축물, 그것이 솟아오른 것은 1248년의 일이었다. 무함마드 이븐 알 아흐마르가(1232~1273년) 그라나다 땅에 이른바 "붉은 성"이란 뜻을 가진 알람브라 궁전을 지으라고 명한 것이다. 이때 군주가 택한 궁궐터는 주변에 깊은 계곡들이 수도 없이 많은 험준한 바위산으로, 거기 서면 스페인 땅을 가로지르는 두 개의 강줄기인 다로 강과 제닐 강이 저 멀리에서 굽어보였다. 알 아흐마르가 궁궐터를 물색할 당시만 해도 이곳에는 알카자바라 하여 그 연대가 9세기까지 거슬러 올라가는 요새 하나가 자리 잡고 있었다. 에미르는 거기다 몇 가지를 추가로 지어 성을 완성한 것이었는데, 우선 알람브라 궁전을 두르는 거대한 외곽 성벽을 쌓고 그 안에 초창기의 궁궐을 여러 채 지었다. 그러고는 평소 갖고 있던 자신의 겸손한 좌우명을 성 구석구석에 이렇게 남겨 놓았다. "이 세상을 정복하시는 건 단 한 분, 오로지 알라신뿐이노라." 이 거대한 구조물은 무어인도 무어인이지만 그리스도교도 손에 의해서도 확장 및 보수 공사를 몇 차례나 거쳤다. 일례로 찰스 5세는 자신이 쓸 궁궐을 이 성에 따로 짓기도 하였는데, 이 건물은 정방향의 르네상스 스타일로 지어졌으나 그 모습이 투박한 데다 주변과 조화도 이루지 못하고 완성미도 떨어진다. 당시 동이슬람에는 군사 건축물이 많이 지어지면서 그와 관련된 갖가지 원칙들이 발달해 있었다. 이 성을 지은 이름 모를 건축가도 그 원칙들을 따랐고,

그래서 제일 먼저 한 일이 최대 4만 명까지 수용할 수 있게 요새 주변에 대규모의 담을 설계하는 일이었다.[12] 그 후 요새는 200년을 거치며 애초 모습을 찾아볼 수 없게 변모하는데, 보다 호화로워진 군주들 취향의 반영하여 각양각색의 홀이며 궁궐이 성곽 안쪽에 무더기로 세워졌다. 이들 홀과 궁궐들은 하나같이 그냥 지나칠 수 없다. 건물 곳곳에 꽃무늬며 기하학적 무늬가 어디서도 보지 못할 솜씨로 세세하게 수놓아져 있기 때문인데, 유색 회벽토, 벽돌, 석재 등에 조각 또는 압인(押印)을 한 방식이다. 이 성에서도 도금양(myrtle, 떨기나무의 한 종류로, 잎에 윤기가 돌고 분홍색이나 흰색의 꽃이 피며 암청색의 열매가 달린다. - 옮긴이) 뜰이라 불리는 곳에 들어서면, 나무들의 잎사귀며 주랑(柱廊) 현관의 조각이 수면 위로 아른거리는 연못이 눈길을 사로잡는다. 그리고 그 뒤로 우뚝 솟아 있는, 벽에 총안이 나 있는 건물이 바로 코마레스 탑이다. 당시 성 안 사람들은 적에게서 포위 공격이라도 받게 되면 이 탑을 최후의 보루이자 난공불락의 요새로 여겼을 터였다. 이 탑 안에는 이른바 "사절단의 홀"이라 하여 호화롭게 꾸며진 공간도 있다. 그라나다의 에미르들은 이곳에 옥좌를 마련해 놓고 거기 앉아서 사절단을 맞았고, 사절단은 어찌하여 이 조그마한 왕국이 이토록 엄청난 예술성과 부를 지닐 수 있는지 그저 감탄할 뿐이었다. 일례로 찰스 5세는 이 홀에 들어왔다가 발코니에 난 창에 서서는, 성 곳곳의 정원, 관목 숲, 물줄기들을 물끄러미 바라보며 이렇게 말했다고 한다. "이 모든 것을 가졌다 한순간에 잃고 만 사람, 그자의 운명도 참으로 가련하구나!"[13] 이 성에서도 한가운데를 차지한 뜰은 파티오 데 로스 레오네스라는 곳으로, 덩치만 컸지 생김새는 형편없는 대리석 사자 열두 마리가 설화 석고로 만들어진 웅장한 분수대를 호위하듯 지키고 서 있다. 여기에 늘씬하게 뻗은 기둥들 하며 주위의 회랑을 장식한 꽃무늬의 기둥머리를 보면, 또 종유석을 가져다 만든 장식 창도리(아치의 바깥쪽을 따라서 댄 장식용 틀을 말한다. - 옮긴이)하며 세월에 빛이 바래긴 했으나 금은 줄로 세공된 은은한 아라베스크 무늬를 보면, 이곳이 모리스코 양식 건물 중에서도 단연 으뜸에 속함을 알 수 있다. 그러나 무어인들의 열정과 사치가 너무 지나쳤던 것일까, 이 성의 예술은 그 압박을 못 이기고 우아함이 도를 넘은 듯하다. 물론 그 모습이 아름답고 거기 배인 솜씨도 숙련된 것이지만, 이곳의 장식은 온통 사람들 눈과 영혼을 피로하게 만드는 것들뿐이다. 더구나 너무나 섬세한 장식은 건물 자체에 취약한 느낌마저 들게 하니, 건축물이라면 모름지기 지녀야 할 안정적인 힘이 장식에 밀려 희생당한 인상이다. 그러나 유리 가루처럼 부서져 내릴 듯한 이 장식들은 지진을 열두 번이나 겪고도 거의 모두가 끄떡없이 살아남아 있다. 사절단의 홀 같은 경우 천장이 무너져 내리긴 했으나, 천장을 제외한 나머지는 예전 상태를 온전히 유지하고 있다. 이쯤에서 종합해 보자면, 각종 정원, 궁궐, 분수대, 발코니가 흡사 그림처럼 조화를 이루고 있는 이 알람브라 성은 스페인에서 피어난 무어인의 예술이 어떻게 절정에 이르렀다 쇠락했는지를 잘 보여 주는 실례이다. 이 속에서 우리는 쌓여 있던 부가 사치를 일삼는 데에 온데간데없이 사라져 버리는 풍경을, 또 스페인을 정복해 낸 그 맹렬한 기운이 어느덧 헤뜨려져 안락만을 찾게 되는 풍경을, 미에 대한 안목 역시 강인함과 웅대함 대신 우아함과 품위를 더 우러르게 되는 풍경을 눈에 선하게 그려 볼 수 있는 것이다.

12세기에 들자 스페인으로 흘러들었던 무어인의 예술은 다시 아프리카 쪽으로 방향을 꺾는다. 그리하여 이제는 마라케시, 페즈, 틀렘센, 튀니스, 스파크스, 트리폴리 같은 아프리카의 도시들이 화려함에 있어 그 절정을 맞으니 곧 멋들어진 궁궐과, 눈이 부시도록 번쩍이는 모스크와, 미로처럼 얽히고설킨 빈민가가 도시 곳곳에 자리 잡게 된다. 이집트를 비롯해 동방의 땅에도 셀주크족, 아유브 왕가, 맘루크 왕조의 후원에 힘입어 이슬람 예술이 전에 없던 활력을 찾았다. 일례로 살라딘을 필두로 하여 그 후계자들은 십자군을 포로로 잡아 두었다가 그들을 강제 노역에 동원하여 카이로 남동부에 엄청난 규모로 성채를 세우기에 이르는데, 프랑크족이 시리아에 지어 놓은 성들을 본뜬 듯하다. 아유브 왕가는 이에 그치지 않고 알레포에도 대(大) 모스크 겸 성채를 지어 올렸으며, 다마스쿠스에는 살라딘의 능을 조성하는 작업을 하였다. 한편 그 사이 모스크의 건축 양식에는 일대 혁명이 인 참이었으니, 안뜰을 중시하는 옛날 설계 방식을 탈피하여 마드라사(madrasa)라고 하여 전문학교를 겸한 모스크를 동이슬람 전역에 짓게 된 것이다. 모스크는 전부터 이곳저곳에 속속 생겨나며 그 수가 불대로 불어난 터라, 안뜰을 큼지막하게 만들어 놓고 거기에 대규모의 신도를 수용하던 모스크는 더 이상 설계할 필요가 없었다. 그 대신 학교에 대한 수요가 점점 늘고 있었기 때문에 나라에서는 새로이 교육 시설을 짓지 않으면 안 되는 형편이었다. 그리하여 모스크 본당에는(이 즈음에는 모스크 본당을 지을 때 그 위에 위압적 모양의 돔을 올리는 것이 거의 상례처럼 되어 있었다.) 트랜셉트(transept, 십자형 교회에서 좌우 날개 부분을 말한다. - 옮긴이) 형태로 측면에 부속동 네 개가 추가로 딸리게 되고, 각 부속동은 거기 속하는 첨탑 한 기씩은 물론 장식이 풍성하게 들어간 출입구 및 널찍한 강의실을 따로 하나씩 갖게 되었다. 이들 모스크에는 보통 이슬람 신학 및 율법과 관련한 네 가지의 정통 학파가 모두 들어와 부속동을 하나씩 차지하였다. 어느 술탄이 허심탄회하게 털어놓은 바 있듯, 통치자 입장에서는 네 학파 모두에게 지원을 제공하는 편이 바람직했다. 그러면 어떤 식으로 나랏일을 처리를 하든 적어도 한 학파만큼은 나서서 그 입장을 정당화해 줄 것이기 때문이었다. 모스크에 나타난 이러한 설계상 혁명은 맘루크 왕조 치세에도 그대로 이어졌다. 그리하여 맘루크 조에도 모스크와 고분들은 대체로 석재를 주재료로 하여 견고하게 지어졌으며, 다마스크 상감이 들어간 큼지막한 청동 문이 호위하듯 건물 곳곳에 자리를 잡았다. 빛이 쏟아져 들어오는 창문에는 스테인드글라스가 끼워져 있었고, 구석구석에는 가지각색의 모자이크가 형형색색의 빛을 발하였으며, 색을 입힌 회칠 벽돌에는 조각이 들어가 있었다. 더구나 이곳에 붙여진 타일들은 오랜 세월이 지나도 그 빛을 잃지 않으니, 그러한 타일을 만들어 내는 비법은 오로지 이슬람 세계만이 알고 있었다.

이렇듯 셀주크 술탄들은 나라 곳곳에 기념비적 건축물을 수도 없이 지어 놓았지만 오늘날까지 살아남은 것은 백 개에 한 개도 채 되지 않는다. 그중 지금까지 유적으로 남아서, 셀주크족 건축가들의 기량이 얼마나 뛰어났고 또 그 술탄들의 안목이 얼마나 고상했는지 증명해 주는 것을 몇 가지만 꼽아 보면 다음과 같다. 우선 아르메니아 지방에 아니(Ani) 모스크가 남아 있는 것을 들 수 있다. 코냐 지방의 경우 웅대한 모습의 출입구를 그대로 간직한 디브리기 모스크를 비롯해, 어마어마한 규모의 알라 우드 딘 모스크가 남아 있으며, 시르트옐리 마드라사에는 휑뎅그렁한 현관과 함께 수를 놓은 듯 정교한 건물 정면부가 보존돼 있다. 메소포타미아 지역에서는 모술 대(大)모스크와 함께 바그다드의 무스탄시르 모스크를 들 수 있고, 페르시아에서는 라이의 투그릴 베그 탑, 메르브의 신자르 능묘를 들 수 있다. 페르시아에서도 하마단이란 곳에는 알라비얀 모스크가 있는데 번쩍번쩍 빛을 발하는 미흐라브(mihrab, 이슬람교 사원의 벽감(壁龕))가 인상적이고, 또 카스빈의 금요 모스크에는 늑골 모양의 둥근 천장을 비롯해 독특한 모양의 스퀸치(squinch)가 남아 있는 것으로 유명하다. 하이다리아 모스크 역시 카스빈에 자리한 것으로서, 곳곳의 아치와 본당의 미흐라브가 웅대한 모습을 자랑한다. 그러나 이것들 중 그 어느 것도 아름답기로 따지면 셀주크 시대가 낳은 걸작, 이스파한의 마스지드 이 자미(금요 모스크)를 따르지 못한다.(이에 버금가는 건축물이 페르시아에 지어진 것은 나중 일인데, 마슈하드란 곳에 생겨난 이맘 리자의 능묘가 그 예에 해당한다.) 샤르트르 대성당이나 노트르담 대성당이 그렇듯, 이곳에도 사람들이 수 세기에 걸쳐 흘린 피땀의 흔적이 고스란히 배어 있다. 애초 공사가 시작된 것은 1088년이었으나, 그 후 복원 및 확장 공사 거치기를 여러 차례, 모스크는 1612년이나 되어서야 비로소 현재의 모습을 갖추게 된다. 여러 번 개조가 이루어지긴 하였으나 웅장한 규모의 벽돌 돔에는 구석구석 니잠 알 물크의 비문을 비롯해 1088년이라는 연대 표시가 남아 있는 곳이 더 많은 걸 알 수 있다. 모스크를 보면 현관은 물론 지성소의 출입구도(이 중 한 곳은 높이가 80피트에 달한다.) 파양스 도자기를 이용한 모자이크로 장식이 돼 있는데, 그 솜씨가 얼마나 훌륭한지 인류 역사를 전부 통틀어도 그에 필적할 만한 것은 거의 찾아볼 수 없을 정도이다. 모스크 안으로 들어가 보면 내부의 홀 곳곳을 뒤덮은 늑골 모양의 둥근 천장과 복잡한 형태의 스퀸치를 구경할 수 있고, 육중한 기둥에서부터는 첨두형 아치가 뻗어 나온 것을 볼 수 있다. 본당 안의 미흐라브에서는(1310년 조성) 포도나무 덩굴과 연꽃잎을 회벽토 위에 돋을새김 기법으로 조각해 놓은 것을 비롯해 쿠파체 글자 무늬를 볼 수 있는데, 이슬람 세계 내에서도 최고로 손꼽히는 걸작이다.

이런 기념비적 건축물을 보고 있노라면 투르크족을 야만인으로 보는 생각은 졸지에 우스운 것이 되고 만다. 정치가로서의 능력이 출중하기로 따지면 셀주크족 통치자나 비지에나 역사상 최고의 반열에 들었듯이, 셀주크족 건축가들 역시 이 신앙의 시대에 건물을 지어 올림에 있어 그 누구보다도 뛰어나고 또 용감했으니 특히 웅장한 규모로 담대한 설계를 하는 솜씨는 단연 출중했다. 페르시아인들은 원래 장식을 무엇보다 애호하는 성향이 있었는데, 셀주크 양식이 지닌 웅대한 멋과 결합이 되면서 그 열의는 어느 정도 누그러지는 양상을 보였다. 두 양식이 하나로 결합되자 소아시아, 이라크, 이란 등지에는 그 양식에 따라 수없이 많은 건축물들이 우후죽순 솟아올랐고, 신기하게도 이와 때를 같이하여 프랑스에서는 고딕 양식이 한창 꽃을 피우게 된다. 예전 아랍인들은 널따란 뜰 한구석에 숨기다시피하며 모스크를 지었다. 하지만 셀주크족은 이 방식에서 탈피해 모스크 정면을 대담하고 화려하게 꾸민 것은 물론, 건물 자체의 높이도 한층 높였으며, 종국에는 원형 또는 원뿔형 돔을 완성시켜 모스크라는 장엄한 건축물 전반에 통일성을 부여하였다. 첨두형 아치, 둥근 지붕, 돔의 세 가지 양식이 마치 한 몸처럼 완벽하게 결합된 것도 이때의 일이었다.[14]

웅대함과 쇠망이 공존한 기묘한 시대, 이때가 이슬람 세계에 있어서는 모든 예술이 다 같이 절정에 이른 시기였다. 페르시아인에게 도기(陶器)란 삶을 살아가는 데 없어서는 안 될 물품 중 하나였고, 따라서 도자기 공예가 이토록 다방면에서 탁월한 성취를 이룬 예는 역사에서 또 찾아보기 힘들다.[15] 이집트, 메소포타미아, 사산 왕조, 시리아가 이슬람 세계에 물려준 광택 장식 기법(유약을 바르기 전이나 혹은 후에 단색 및 다색의 장식을 넣거나, 에나멜, 타일, 파양스, 유리를 이용한 공법)도 이 시대 들어 완성을 이루었다. 또 이때부터 이슬람 도자기에, 특히 도자기 안에 여러 가지 형상을 그려 넣는 면에 있어, 중국의 양식이 하나둘 영향을 끼치기 시작하나 그렇다고 해도 페르시아 양식을 완전히 압도하지는 못하였다. 자기류는 중국에서부터 들여와 쓰기는 하였으나, 근동 및 중동에는 고령토가 워낙 귀했기 때문에 이슬람 세계에서 자기류 제조술은 제대로 발달할 수가 없었다. 그럼에도 불구하고 12, 13, 14세기 내내 페르시아의 도자기 공예술은 타의 추종을 불허하였으니, 각양각색의 다양한 형태, 우아한 비율, 화려한 장식, 품격과 섬세함을 함께 갖춘 유려한 선이 무엇보다 일품이었다.[16]

전반적으로 이슬람 세계에서 비주류 예술은 비주류라는 말이 무색할 정도로 그 수준이 뛰어났다. 일례로 이 시절 알레포와 다마스쿠스에서는 에나멜 디자인을 활용해서는 유리를 재료로 하여 금방이라도 부서질 듯한 신기한 물건들을 만들어 내었고, 카이로에서는 곳곳의 모스크며 궁궐에 걸 수 있도록 에나멜 유리 램프를 만들어 내곤 했다. 이들 램프는 오늘날에도 미술품 수집가들이 서로 앞다투어 손에 넣으려고 하는 물품 중 하나이다.* 살라딘이 권좌에 오르면서 각지로 뿔뿔이 흩어지게 된 파티마 왕조의 보물, 그중에는 수정이나 붉은 줄무늬 마노(瑪瑙)로 만들어진 꽃병이 수천 개 끼어 있었는데 거기 담긴 예술적 기량은 오늘날 우리도 따라잡지 못할 것처럼 보인다. 그 옛날 아시리아인이 발달시킨 금속 세공 기술 역시 시리아와 이집트에 들어오며 전례 없던 발전을 이루었고, 이 기술은 15세기 들자 베네찌아로까지 전파되기에 이른다.[18] 이 시절 이슬람인들은 구리, 청동, 놋쇠, 은, 금 등을 가져다가는 그것을 녹여 틀에 붓거나 두들겨 펴서 각종 가재도구, 병기 및 무기, 램프, 물병, 대야, 그릇, 쟁반, 거울, 천문학 기구, 꽃병, 샹들리에, 펜 꽂개, 잉크스탠드, 화로, 향로, 동물 조각상, 코란 함, 장작 받침대, 열쇠, 가위 등을 만들어 썼다. 이들 물품에는 하나같이 섬세한 조각이 들어가 있었고, 각종 귀금속과 보석으로 상감이 되어 있는 경우도 많았다. 놋쇠 테이블의 상판에는 갖가지 도안이 헤아릴 수조차 없이 많이 새겨져 있었고, 각종 금속으로는 큼지막한 격자 창살이 만들어져 곳곳의 지성소나 문, 또는 무덤 등에 활용되었다. 또 이 시대 만들어진 은 쟁반 중에 야생 염소와 거위 여러 마리와 알프 아르슬란의 이름이 들어간 것이 있는데, 1066년에 만들어진 이 작품

---

* 일전에 로스차일드 가문에서는 에나멜 유리로 만든 사라센풍의 조그만 물 주전자를 무려 1만 3650달러의 가격에 사 가기도 했다.[17]

은 현재 보스턴 미술관에서 소장하고 있다. 이제까지 세간에서는 이 은 쟁반을 "이슬람 시대에 만들어진 페르시아 예술품 중 은제 작품으로 가장 뛰어난 것"이자, "셀주크 시대 것으로서 그 중요성이 가장 부각되는 물품"으로 평가하고 있다.[19]

조각은 이 시절에도 여전히 부속적인 기능밖에 하지 못하였다. 즉 석재 및 회칠 벽토에 돋을새김 및 조각을 새겨 넣을 때나, 아니면 장식 글씨 또는 아라베스크 무늬를 그려 넣는 데에만 활용되고 말 뿐이었다. 대범한 성격의 통치자들은 자기 자신이나 아내나 또는 노래하는 처녀 모습을 조각상으로 남겨 놓았을 법도 한데, 이런 것은 만들어 두었다 해도 감추어야 할 죄악에 해당했기 때문에 일반 대중의 눈에까지 공개되는 경우는 드물었다. 하지만 목재 조각품만큼은 이 시절에도 풍성하게 만들어져 나왔다. 사람들은 나무를 가져다 문, 설교단, 미흐라브, 독서대, 가림막, 천장, 탁자, 격자 창살, 수납장, 함, 빗 등을 만들어 썼으니, 목재를 잘라 레이스처럼 고운 무늬를 만들어 내거나 아니면 목수가 바닥에 다리를 꼬고 앉은 채 열심히 활로 돌림판을 돌려 목재를 둥글게 깎아 내는 식이었다. 비단, 공단, 양단, 자수, 금실 벨벳, 벽걸이, 천막, 러그 등을 만들어 내는 데는 이보다도 훨씬 더한 인내가 동원되어야 했다. 당시 이 물품들은 무척 곱게 짜이고 무늬가 아름다워 온 세상 사람들이 탄성에 차서 부러워할 정도였다. 일례로 마르코 폴로는 1270년경 소아시아 지역을 찾았을 때 "그곳의 러그들이 이제껏 세상에서 본 것 중 가장 아름다웠다."고 평하였다.[20] 존 싱어 사전트(John Singer Sargent) 같은 경우는 페르시아에서 만든 한 러그를 보고는 "이제까지 인간이 그려 낸 그림들을 모두 합친 것과 맞먹는 가치를 지닌다."고 생각하기도 했다.[21] 그러나 오늘날 전문가들의 평에 따르면, 현재까지 전해지고 있는 페르시아산 카펫들은 그 완성도가 떨어져 수 세기 동안 세계 최고를 자랑했던 페르시아의 직물 생산 솜씨를 보여 주기에는 미진하다고 한다. 셀주크 시대에 만들어져 오늘날까지 남아 있는 이란의 러그 역시 해질 대로 해진 넝마 조각들뿐이다. 그러나 몽골 시대에 그려진 세밀화를 보면 셀주크인들의 묘사력이 돋보이는 바, 당시 그들이 얼마나 탁월한 수준의 직물을 만들어 냈는지 짐작하게 한다.

이슬람 세계에서 회화는 무엇보다 세밀화 부분에서 비중이 컸는데, 이 시절 들어서는 벽화 및 초상화에서도 결코 그 비중이 적지 않았다. 일례로 파티마 왕조의 아미르 칼리프는(1101~1130년) 자신이 쓰던 카이로의 궁궐로 일군의 화가들을 데려와서는 그 시대를 풍미하던 시인들의 초상화를 방에다 그리도록 하였다.[22] 아마도 이 무렵에는 우상을 금기시했던 옛날의 법속이 차츰 힘을 잃어 갔던 듯하다. 셀주크족의 회화는 다른 곳보다도 트란속시아나 지방에서 그 절정에 이르렀는데, 수도와 한참 떨어진 곳이다 보니 수니파가 구상화에 가지고 있던 편견이 많이 누그러진 덕분이었다. 더불어 투르크족도 필사본을 만들면서 그 안에 자기들이 받드는 영웅의 모습을 이곳저곳에 풍성하게 그려 넣고는 했다. 셀주크족이 그린 것이라고 확실시되는 세밀화는 현재 우리에게 한 점도 전하지 않으나, 이후 동이슬람에 몽골 시대가 이어질 때 세밀화가 한창 전성기를 누렸던 걸 보면 셀주크 시대에도 세밀화가 번성하였으리란 사실엔 거의 의심의 여지가 없다. 이 시절 사람들은 섬세한 마음과 손놀림으로 그 어느 때보다 아름다운 코란을 만들어 내었고, 이렇게 만들어진 코란은 셀주크, 아유브, 맘루크 치세에 두루 걸쳐 곳곳의 모스크와 수도원은 물론 고관대작의 집과 학교에까지 들어갔다. 그 섬세한 손과 마음은 가죽 또는 옻 장정에도 거미줄처럼 가느다란 무늬를 새겨 넣고는 했다. 돈 많은 부자들은 자기들 재산을 얼마간 축내면서까지 예술가들을 동원하여 이제껏 한 번도 본 적 없는 가장 아름다운 책을 만들어 내기도 하였다. 그래서 어떤 경우에는 책 한 권을 만드는 데에만 일군의 제지업자, 필사가, 화가, 제본업자가 동원되어 장장 17년의 세월 동안 작업에 공을 들이기도 하였다. 이때 책에 들어가는 종이는 반드시 최고급 품질이어야 했고, (전하는 바에 따르면) 붓 역시 생후 2년이 안 된 새끼 고양이에게서 목 부분의 흰 털만 뽑아서 만들었다고 한다. 청색 잉크는 때로 청금석(靑金石)을 가루로 빻아 그것을 원료로 사용했고, 시중에서 귀하게 취급된 이 잉크는 때로 금으로 그 무게를 달 정도였다. 이 시절에는 책 속의 선, 장식 글자 또는 본문 내용 같은 것들은 수금(水金)을 사용해 써 넣어도 전혀 아깝지 않다 여겼다. 당대의 한 페르시아 시인은 이렇게 말하기도 했다. "아름답게 그어진 한 획의 선, 그 안에서 이성(理性)이 끌어내는 기쁨은 그 어떤 상상으로도 표현이 되지 않는다네."[23]

4. 우마르 하이얌의 시대: 1038~1122년

이 시대에는 예술가도 많았지만 시인과 학자의 수도 그에 못지않게 많았던 듯하다. 카이로, 알렉산드리아, 예루살렘, 바알베크, 알레포, 다마스쿠스, 모술, 에메사, 투스, 니샤푸르를 비롯해 당시의 수많은 이슬람 도시들은 그곳에 소재한 전문학교를 자랑스레 여기곤 했고, 1064년에는 바그다드 한 곳에만 무려 30개 전문학교가 들어서 있었다. 니잠 알 물크는 여기에 일 년 뒤 니자미야라는 전문학교를 하나 더 지었는데, 무스탄시르 칼리프는 그것도 모자랐는지 1234년 바그다드에 학교를 하나 더 세웠다. 이곳은 규모, 건축, 설비의 면에 있어 나머지 모든 학교와 감히 비할 바가 아니었다. 한 여행객은 이 학교를 두고 바그다드 도시 전체를 통틀어 가장 아름다운 건물이라 이르기도 하였다. 이 학교에는 법과가 네 개 있어 각각 별개로 운영이 되었고, 학생들은 자격만 갖추면 이곳에 입학하여 무료로 강의, 음식, 의료 서비스를 제공받는 것은 물론 기타 생활비 용도로 매달 일정량의 금화까지 지급받을 수 있었다. 또 병원, 목욕탕, 도서관도 하나씩 자리하여 학생과 직원들은 돈 한 푼 들이지 않고 마음껏 이용할 수 있었다. 일부에 한정되기는 했지만 이 시절에는 여성들 역시 학교에 다닐 수 있었던 것으로 보인다. 당대에 "샤이카(shaikha, 여교수)"라는 말이 통용됐다고 전해지기 때문이다. 저 옛날 아스파시아(아테네의 장군 페리클레스의 애인으로서 여성의 사회적 지위가 낮았던 당시 아테네에서 학식으로 명성을 떨쳤다. - 옮긴이)와 히파티아가 그랬듯, 이들 여교수들이 여는 강연에는 늘 사람들이 구름처럼 몰려들곤 했다.(1178년경)[24] 또 도서관이 이때만큼 그 부와 수를 늘린 적은 과거 이슬람 역사에서는 찾아볼 수 없었다. 이슬람령 스페인에만도 공공 도서관이 무려 70군데나 자리하고 있었으니 말이다. 문법학자, 사전 편찬자, 백과사전 편찬자, 역사가도 예전의 번성을 그대로 누려 나갔다. 한편 이 시절 이슬람교도들에게는 취미이자 장기가 하나 있었으니, 선집 형식의 전기를 써 내는 데에 누구보다 능했다는 것이다. 이븐 알 키프티(1248년 사망)는 철학자와 과학자를 골라 그들의 생애를 두루 다룬 전기를 써 냈는가 하면, 이븐 아비 우사이비아(1203~1270년)는 400명에 이르는 의사들을 대상으로 그와 비슷한 작업을 해내었다. 무함마드 아우피의 경우에는 페르시아 시인들 300명을 골라 백과사전을 써 내는 위업을 이루었으나 우마르 하이얌에 대해서만큼은 한 마디 언급도 하지 않고 있다. 그러나 한 사람의 작자가 써 낸 이런 유의 작품 중 무함마드 이븐 칼리칸(1211~1282년)의 것을 따를 것은 없었으니, 그가 써 낸 『명사들의 생전 약력』이란 책을 보면 당대 명성이 높았던 마호메트교도 총 865명의 생전 일화가 짤막하게나마 일일이 기술되어 있다. 이 책의 특징이라면 엄청나게 방대한 영역을 다룬 책 치고는 꽤나 정확하다는 것인데, 그럼에도 작자인 이븐 칼리칸은 책 말미에 가서 자신이 책을 완벽하게 써 내지 못한 데 대해 이렇게 사과하고 있다. "단 하나의 결점도 갖지 않을 수 있게 신이 허락하신 책은 오로지 한 권, 코란뿐이도다." 이외에도 무함마드 알 샤라스타니는 『세계의 제 종교 및 교파에 대하여』를 써 낸 바 있는데(1128년), 당대 세계를 선도하던 갖가지 신학 및 철학을 분석함과 동시에 그것들이 지나온 역사를 간추려 정리한 책이었다. 그리스도교도는 동시대를 살았건만 어느 누구도 이 정도까지 학식이 풍부하고 또 공평무사한 글은 써 내지 못하였다.

　이 시절 이슬람의 소설은 갖가지 잡다한 일화를 피카레스크(picaresque, 16세기 중엽부터 17세기에 이르기까지 스페인에서 유행한 소설 양식을 말한다. 이 소설에서는 악한이 주인공으로 등장하여 그의 행적과 범행 등을 중심으로 갖가지 사건이 펼쳐지다 종국에는 그의 회개 및 결혼으로 결말이 지어진다. - 옮긴이)식으로 묶어 놓는 수준을 절대로 벗어나지 않았고, 따라서 한 인물이 시종일관 등장한다는 것 말고는 딱히 통일성을 찾아볼 수 없었다. 그중에서도 코란, 『천일야화』, 『비드파이 우화집』에 이어 이슬람 세계에서 사람들 사이에 가장 많이 읽힌 책이 있었는데, 바스라 출신의 아부 무함마드 알 하리리(1054~1122년)가 쓴 『이야기집』이었다. 이 책에서는 아부 자이드라는 매력적인 용모의 무뢰한을 주인공으로 등장시키고 그가 겪는 갖가지 모험들을 운을 맞춰 가며 아라비아 산문으로 풀어내고 있다. 아부 자이드는 책 속에서 갖은 장난을 치고, 범죄를 저지르고, 신을 모독하기까지 하나, 아무리 잘못을 저질러도 다 용서를 받으니 그럴 때마다 사람들 앞에 다음과 같이 특유의 쾌활한 유머, 번뜩이는 기지, 사람들을 꾀는 그럴싸한 철학을 선보이기 때문이었다.

바보들은 그대에게 이렇게 말하지. 아름다운 여인의 장미는 함부로 꺾어선 안 된다고. 장미가 아무리 활짝 피었어도, 그대가 그것을 얼마든 꺾을 수 있어도 그래선 안 된다고. 이런 말들을 그대는 듣지 말지어다, 오히려 그대는 그대의 목적을 끝까지 이뤄 가야 하리니. 설령 그것이 그대에게 능력 밖의 일로 보일지라도 괘념치 말라. 사람들은 멋대로 떠들게 그냥 내버려 두라. 그대는 그저 그대에게 주어진 쾌락을 받아 들고 그 행복에 감사하기만 하면 되리라![25]

이즈음의 이슬람교도들은 글을 읽고 쓸 줄만 알면 거의 누구나 시를 지어 냈으며, 통치자들도 으레 그런 분위기를 조성하곤 했다. 이븐 칼둔의 말을 우리가 사실로 믿어도 된다면, 당시 아프리카와 스페인 땅에 터 잡았던 알모라비드 및 알모하드 왕조의 경우 시인이라는 자들이 왕실에만 수백 명에 달했다.[26] 한번은 세빌리아에 내로라하는 시인들이 모여 경연을 벌인 적이 있었는데, 여기서 우승을 차지한 것은 엘 아아마 에트 토텔리('투델라의 눈먼 시인'이라는 뜻)라는 시인이었다. 당시 그가 지어 낸 시를 보면 세상의 시 절반을 다음과 같이 한 줄로 요약해 버린 내용이었다.

그녀가 웃음을 지으면 진주가 반짝이는 듯, 그녀가 베일을 벗으면 둥근 달이 떠오르는 듯.
그녀의 존재를 담기엔 이 우주도 비좁으나, 그녀를 나는 이 가슴 안에 꼭꼭 담아 두었네.[27]

일설에 따르면 경연에 참가한 다른 시인들은 이 시를 듣고는 자신들이 지었던 시들을 낭송도 하지 않은 채 발기발기 찢어 버렸다고 한다. 카이로에 살았던 주헤이르라는 한 시인은 백발이 되고 한참 지나서까지도 줄기차게 사랑 노래를 지어 부르고 다녔다. 당시 동이슬람은 커다랗던 제국이 무너져 자잘한 왕국들로 쪼개진 터였고, 그러자 나라 수에 맞추어 후원자 수도 덩달아 불어나 너도나도 후원을 하겠다고 나섰다. 덕분에 문학은 여러 모로 도움을 얻을 수 있었으니, 이러한 양상을 우리는 후일 19세기의 독일에서도 찾아볼 수 있다. 이런 소왕국들 사이에서도 시인이 가장 넘쳐 났던 나라를 꼽자면 페르시아였다. 호라산 출신의 시인 안와리(1185년경 활약)는 한창 시를 지어 내던 시절 군주 신자르의 궁궐에 머물기도 하였는데, 은덕을 베풀어 준 군주를 그는 훌륭하다 칭송했지만 그래도 자기 자신에게는 미치지 못한다고 여겼다.

> 나는 가지고 있지, 불처럼 활활 타오르는 영혼을, 청산유수로 말하는 혓바닥을
> 나는 가지고 있지, 예지로 바싹 날 세운 지성을, 어디고 흠잡을 데 없는 시를
> 아, 슬프도다! 그럼에도 내 송덕가를 받을 만한 후원자 하나 없으니!
> 아, 슬프도다! 그럼에도 내 시를 들어줄 애인 하나 없으니![28]

이토록 자신만만한 태도를 보이는 데 있어서는 한 시대를 살았던 하가니(1106~1185년)도 결코 뒤지지 않았다. 하가니의 스승은 그의 오만방자함을 보다 못하고 결국 그의 핏줄을 들먹이면서까지 이렇게 훈수를 두었다.

> 나의 사랑하는 하가니여, 너에게 공짜 귀띔을 하나 해 주리니
> 시를 지어 내는 네 솜씨 그것이 아무리 천하에 일품이라도
> 너보다 나이 많은 시인은 함부로 조롱하지 말지어다.
> 너는 몰라도 바로 그 사람이 너를 낳은 아비일 수 있으니.[29]

유럽에 페르시아의 시가 알려진 것은 주로 우마르 하이얌이란 인물을 통해서이다. 그러나 정작 페르시아에서는 우마르 하이얌 하면 페르시아가 낳은 과학자 중 한 사람으로 통할 뿐이며, 그의 4행시들은 "중세 시대를 통틀어 최고 반열에 들었던 이 수학자"가 평상시에 여가 삼아 써 낸 것으로만 여겨지고 있다.[30] 아불 파스 우마르 하야미 이븐 이브라힘, 그가 태어난 것은 1038년 니샤푸르 지방에서였다. 그의 성(姓)에는 원래 천막 제조업자란 뜻이 있으나, 그나 그의 아버지 아브라함이나 직업은 모두 이 말과는 전혀 상관이 없었다. 오늘날 미국 땅에서 스미스(Smith, 대장장이의 뜻을 가짐 – 옮긴이), 테일러(Taylor, 재단사), 베이커(Baker, 제빵사), 포터(Porter, 수위) 등의 성을 쓴다 해서 그 일을 하지는 않듯이, 우마르 시대에는 이미 직업을 나타내는 이름들이 그 표면적 의미를 잃은 뒤였던 것이다. 그의 삶에 관해서는 역사에 알려진 바가 거의 없고, 다만 그가 남긴 저작 몇 편이 기록되어 있다. 우선 그가 남긴 『대수학』이란 책은 알 흐와리즈미와 그리스인들의 수학을 진일보시킨 것으로서, 1857년에 프랑스어로도 번역된 바 있다. 이 책에 들어 있는 3차 방정식의 해법 일부는 "아마 중세 수학이 보여 줄 수 있는 최고의 경지"라 평가받기도 하였다.[31] 대수학에 관한 저작은 이 말고도 하나가 더 있는데(네덜란드의 라이덴 도서관이 필사본으로 한 권 소장하고 있다.), 유클리드가 세웠던 공리 및 정의들을 비판적으로 검토한 내용이다. 1074년에는 말리크 샤 술탄이 우마르 등의 여러 인물들을 불러서는 페르시아의 달력을 대대적으로 손보게 한 일이 있었다. 그리하여 이들 손에서 만들어져 나온 달력은 3770년마다 한 번씩 하루를 수정하면 되는 것이었다. 이는 오늘날 우리의 것보다 약간 더 정확하다 할 수 있는데, 오늘날 쓰는 달력은 3330년마다 한 번씩 하루를 수정해야 하기 때문이다.[32] 인류가 이 둘 중 어느 달력을 써야 좋을지는 후대 문명의 선택에 맡기도록 하자. 그러나 이 시절에는 이슬람의 과학보다 마호메트교 신앙이 더 강력한 힘을 가진 것으로 드러났고, 그리하여 우마르의 달력은 마호메트교도들 사이에서 널리 받아들여지지 못했다. 한때 우마르는 니샤푸르에서 니자미 이 아루디라는 사람을 알고 지냈는데, 그가 들려주는 다음과 같은 일화를 보면 당시 이 천문학자의 명성이 얼마나 대단했는지 알 수 있다.

    때는 1114~1115년 겨울의 일이었다. 왕이 메르브 지방으로 전령을 하나 보내어 그 지방 총독에게 전하기를, 자신이 머지않아 수렵 출행에 나서려하니 그곳에 사는 우마르 알 하야미에게 적당한 때를 이르도록 하라는 것이었다. …… 우마르는 이 문제를 두고 이틀 밤낮을 고민하였고 결국 신중에 신중을 기하여 출행하기 좋은 날을 하루 골라내었다. 그리고 자신이 몸소 나서서 왕의 수렵 출행을 감독하였다. 그런데 왕이 사냥에 나서 말을 얼마 달리지도 않았는데 하늘에 새까맣게 구름이 낀 것은 물론, 한바탕 바람이 일고, 눈이 뿌리고, 안개까지 자욱이 깔리는 것이었다. 그러자 좌중은 곧 웃음바다가 되었고 겸연쩍어진 왕은 말을 돌려 돌아가기를 바랐다. 하지만 우마르가 나서서 이렇게 말했다. "전혀 걱정하실 것 없습니다. 이 시각만 지나면 구름은 깨끗이 걷힐 것이고, 그러고 나면 앞으로 닷새 동안은 비 한 방울 떨어지지 않을 것이기 때문입니다." 그리하여 왕은 다시 말에 올랐다. 과연 그의 말대로 하늘은 언제 그랬냐는 듯 다시 맑게 개었으며, 이후 닷새 동안은 비 한 방울은커녕 구름 한 점 찾아볼 수 없는 날씨가 이어졌다.[33]

    루바이야트라 하면 곧 4행시를 뜻하는 말로서(루바이야트의 어원 '루바이(rubai)'가 '네 개로 이루어진'이라는 뜻을 가지고 있다.), 대체로 'aaba'의 압운(押韻) 형식을 갖춘 네 구의 페르시아어 시를 일컫는다. 그리스 문학으로 따지면 루바이야트는 에피그램(epigram, 짧은 풍자시)에 속한다 할 수 있는데, 하나의 완결된 사고를 짤막한 시 형식 속에 온전히 표현해 내는 까닭이다. 이 루바이야트는 언제 처음 생겨났는지는 알 수 없으나, 우마르가 나기 훨씬 전부터 있었던 것만은 분명하다. 페르시아 문학에서 루바이야트가 장편 시의 일부로 취급되는 경우는 절대 없고 오히려 하나의 독립 장르를 이룬다고 여겨진다. 그래서 루바이야트를 찾아 모으는 페르시아 수집가들의 경우 이 4행시의 배열하는 방법이 두 가지인데, 사고의 흐름에 따라 시를 배열하는 방법이 있는가 하면 압운 음절의 마지막 자모를 따서 시를 배열하는 방법도 있다.[34] 오늘날까지 남아 있는 페르시아 4행시는 그 수가 수천 편에 이르지만, 작자를 알 수 없는 것들이 대부분이다. 이 중 우마르가 지었다는 작품만 1200편 이상인데, 많은 경우 그 진위 여부가 확실하지 않다. 우마르가 저자로 된 루바이야트, 그것의 페르시아어 필사본은 가장 오래된 것이라고 해 봐야(옥스퍼드의 보들리 도서관 소장) 1460년 본이 고작이다. 여기에는 총 158편의 스탠자(stanza, 일정한 운율적 구성을 갖는 시의 기초 단위로서 4행 이상의 각운이 있는 시구를 이른다. – 옮긴이)가 들어 있고, 페르시아어 자모를 기준으로 시가 배열돼 있다.[35] 이 중에는 우마르의 선대 인물들 것으로 밝혀진 것도 여러 편 끼어 있는데, 아부 사이드 작품이 몇 편 있는가 하면 아비켄나의 작품도 하나 있다.[36] 따라서 아무리 우마르가 썼다고 전해지더라도 그가 정말 그 작품을 썼는지 여부는, 소수의 몇몇 경우를 제외하고는, 확실히 단정 짓기가 어렵다고 할 수 있다.[37]

이러한 우마르의 루바이야트에 유럽인들이 처음으로 관심을 갖게 된 것은 1818년 독일의 동양학자 폰 하머(Von Hammer)에 의해서였다. 그러다 1859년 에드워드 피츠제럴드(Edward FitzGerald)가 이들 시 중 75편을 영어로 번역해 내기에 이르는데 독특하고도 박력 있는 필치가 일품이었다. 이 번역본의 초판은 판매가가 단돈 1페니에 그쳤으나 그럼에도 사려는 사람들이 거의 없었다. 그러나 출판계가 이에 굴하지 않고 끈질기게 증보판을 펴낸 끝에, 페르시아의 위대한 수학자는 세계에서 그 작품이 가장 널리 읽히는 시인으로까지 탈바꿈할 수 있었다. 종국에 피츠제럴드가 번역해 낸 우마르의 시는 총 110편, 이 중에서 (원본에 정통한 이들의 판단에 따르면) 페르시아어 원전의 4행시를 한 수 한 수 그대로 옮겨 낸 경우는 총 49편이라고 한다. 나머지 중에서 44편은 4행시를 두 개 이상 가져다 이 부분 저 부분을 합쳐서 번역한 것이다. 또 "원본 시에 담긴 전반적 취지만 반영한" 경우가 2편이며, 이따금 우마르의 작품으로 들어가 있지만 그가 쓰지 않았을 가능성이 있는 4행시도 6편이 번역되었다. 또 피츠제럴드가 하피즈(페르시아의 시인으로서 신비주의적 상징을 가미하여 사랑과 술과 향토의 자연을 감미롭게 노래하였다. 그의 저서 『하피즈 시집』은 괴테의 『동서(東西) 시집』에 큰 영향을 끼친 것으로 알려져 있다. - 옮긴이)의 시집을 읽고서 거기서 영향을 받아 번역해 낸 시가 2편에 이른다. 이와 더불어 오늘날 남아 있는 우마르의 원전에서는 어디서도 그 출처를 찾을 수 없는 시도 3편 있는데, 아마도 이는 피츠제럴드 자신이 손수 지은 것처럼 보인다. 그래서인지 제2판이 발간되었을 때 이 3편은 피츠제럴드의 요청에 의해 책에서 삭제되었다.[38] 일례로 81편의 내용을 보면 다음과 같다.

> 오, 질 떨어지는 흙으로 인간을 빚어내신 분이여
>
> 천국을 이야기하느라 뱀을 만들어 내신 분이여
>
> 인간을 고개 떨구게 하는 하고많은 죄악,
>
> 그 모든 것에 인간의 용서를 내리소서, 그리고 용서를 받으소서!

우마르의 원래 시에서는 이것과 짝을 이루는 구절을 전혀 찾아볼 수 없다.[39] 이러한 부분들을 제하고서 나머지 내용들만 가지고 피츠제럴드의 번역과 페르시아 원본의 직역을 비교해 보면, 피츠제럴드가 항상 우마르의 본래 취지를 염두에 두고 시를 번역해 내었다는 사실을 알 수 있다. 더구나 시적 흥취가 돋게 너무도 아름답게 의역을 해냈다는 점을 감안하면, 이 정도면 충분히 원문에 충실한 번역이라 말할 수 있을 것이다. 한편 피츠제럴드 시대에는 다윈의 학설이 한창 유행하였는데, 그래서인지 피츠제럴드는 우마르의 시에서 해학이 녹아든 부분은 애써 무시하고 대신 우마르의 반(反)신학적 성향을 심화시킨 면이 없지 않다. 그러나 활동 연대가 우마르와 불과 백 년밖에 차이 나지 않는 페르시아 작가들의 말을 들어 보면, 피츠제럴드의 이러한 해석이 우마르의 실제 인물됨과 제법 잘 들어맞는다는 걸 알 수 있다. 미르사드 알 이바드 같은 작자는 (1223년) 우마르를 일러 "행복하지 못했던 철학자이자, 무신론자이자, 유물론

자"라 하였다. 또 알 키프티가 써 낸 『철학자들의 역사』란 책을 보면(1240년), 우마르에 대해 "천문학 및 철학에서는 따를 자가 없다."고 평가를 내리면서도 원래 그는 진보한 자유사상가이나 신중한 성격에 매여 마음껏 말을 하지 못하는 것뿐이라고 하였다. 13세기에 활동한 알 샤라주리는 우마르를 두고 아비켄나를 추종한 심술궂은 성격의 인물이라 하였다. 알 샤라주리는 우마르가 철학을 주제로 써 낸 책 두 권도 언급하였는데 이들 저작은 현재 유실되고 없다. 수피교도 중에도 우마르의 4행시를 가져다 거기서 신비주의의 알레고리를 찾고자 하는 이들이 있었으나 일부에 그쳤고, 나즈무드 딘 라지 같은 수피교도는 우마르를 두고 당대 제일의 자유사상가라며 비난을 서슴지 않았다.[40]

아마도 과학을 공부했던 까닭에, 또 알 마아리의 시에서 영향을 받은 까닭에, 우마르는 신학이라면 진저리를 치며 줄기차게 조롱거리로 삼았으며, 한번은 모스크에 들어갔다가 거기 있던 기도용 융단을 훔쳐 온 것을 자랑하기도 했다. 이슬람 교리에서 말하는 숙명론은 그 역시 받아들이는 입장이었으나, 대신 내세의 삶에 대해서는 일말의 희망도 품지 않았기 때문에 비관주의에서 헤어나지 못했다. 삶에서 그가 위안을 얻을 수 있는 부분은 학문 연구와 술뿐이었다. 보들리 필사본의 시 132-133편을 보면, 술에 취해 지내는 것만이 세상을 살아가는 지혜라고까지 말하는 듯한 다음과 같은 내용을 접할 수 있다.

> 술집 바닥을 비질하듯 수염으로 쓸고 다니는 자, 그가 나라네.
> 술집에서 나는 이 세상 저 세상 좋고 나쁜 것에 이별을 고하지.
> 잘못 때린 공이 저잣거리로 굴러들듯 이 세상 저 세상 모두가 하염없이 무너지는 날에는
> 그때에는 나를 찾으려거든 거리를 뒤져라, 고주망태처럼 취해 곯아떨어져 있을 테니……
> 세상만사 모든 것은, 술을 제외하고는, 적당히 절제하는 것이 좋도다.
> 단, 술에만은 잔뜩 취해서 추한 꼴로 거리를 어슬렁거리는 것이 좋도다.

술 한 모금이면 우리는 저 달에서부터 물고기자리까지 갈 수 있으니.[41]

마지막 구절의 이야기인즉슨, 술 한 모금이면 하늘 이 끝에서 저 끝까지도 갈 수 있다는 뜻이다. 그러나 페르시아 시인 중에는 이렇듯 술에 취한 무의식 상태를 우마르와 비슷하게 찬양한 이들이 한둘이 아니었던 바, 그렇다면 바쿠스를 숭배하는 듯한 이상의 내용은 일종의 겉치레 겸 문학적 형식이지 않았을까 하는 의문이 들 수 있다. 저 옛날 로마 시대의 호라티우스가 양성애에 대해 취했던 태도가 그러했던 것처럼 말이다.

아무래도 지엽적인 내용의 이러한 4행시는 우마르의 삶에 대해 오히려 그릇된 인상을 심어 줄 공산이 크다. 85세에 걸친 그의 일생에 있어 이런 생활은 기껏해야 부차적인 역할밖에는 하지 못했을 게 분명하기 때문이다. 만일에 우리가 그의 모습을 그려 낸다면 그것은, 술에 곤드레만드레 취해 길거리에 널브러져 있는 모습이 아니라, 자기 생활에 만족하며 묵묵히 살아가는 한 노학자의 모습이어야 할 것이다. 3차 방정식을 풀어내는 것에서, 몇몇 별자리와 천문 표를 들여다보는 일에서, 또 이따금 동료 학자들과 술을 한 잔 기울이며 "풀밭 위에 이리저리 별을 늘어놓는" 것에서 낙을 찾는 그런 사람으로 말이다. 메마른 땅에서 살아갈 수밖에 없는 사람들이 흔히 그렇듯 우마르도 생전에 꽃을 대단한 열정을 가지고 사랑했던 듯하다. 우리가 니자미 이 아루디의 다음과 같은 이야기를 믿을 수 있다면, 우마르는 꽃이 만발한 곳에 묻히고 싶다던 자신의 소원을 끝내 이루어 내었다.

1112~1113년 되던 해의 일이었다. 당시 우마르 하야미는 무자파르 이 이스피자리라는 자와 함께 발흐라는 도시에 들러 잠시 머물던 중이었다. …… 그들의 거처는 아부 사드 에미르의 저택에서 제공 해주고 있었는데, 한번은 나도 그들과 자리를 함께할 기회가 있었다. 화기애애한 분위기 속에서 한창 모임이 진행되던 중, 나는 진리의 증거(우마르)께서 이렇게 말하는 걸 들을 수 있었다. "나는 죽게 되거든 이

런 곳에 내 무덤 자리를 쓸 거요. 무덤 둘레에 나무들이 있고 그 나무에서 해마다 두 차례씩 내 무덤 위에다 만발한 꽃송이를 떨어뜨려 주는 그런 곳 말이오." 내가 보기에는 도무지 가능할 것 같지 않은 이야기였다. 하지만 그러면서도 우마르 같은 분이 허튼소리를 입에 담을 리 없다고 생각했다.

그러다 1135년 나는 니샤푸르에 갈 일이 있었는데, 그 위대한 분이 흙먼지 속에 얼굴을 묻은 지 약 13년 정도가 지난 무렵이었다. …… 나는 그분의 무덤을 찾아가 보았다. …… 정원을 둘러싼 담벼락 곁에 무덤은 자리하고 있었고, 담벼락 위로는 배나무며 복숭아나무가 비죽 고개를 내밀고 있었다. 그리하여 무덤 위로는 꽃잎들이 수북이 떨어져 있었으니 그 꽃잎들 속에 파묻혀 그분이 어디 계신지 분간도 할 수 없을 지경이었다. 순간 나는 그분이 발흐에서 했던 말이 떠올랐다. 그리고 그와 함께 왈칵 눈물이 솟아올랐다. 이제는 이 땅 어디에서도, 우리가 발 디디고 살아가는 곳 어디에서도, 그분의 모습을 볼 수 없었기 때문이었다.[42]

5. 사디의 시대: 1150~1291년

우마르가 죽고 5년 뒤, 티플리스 근방의 간자(오늘날의 키로바바드 지방)에서는 훗날 페르시아에서 우마르보다 훨씬 더 추앙을 받는 시인이 하나 태어난다. (후일 니자미라는 이름으로 세상에 널리 알려지게 되는) 일리아스 아부 무함마드, 그는 우마르와는 확실히 대조를 보여 주겠다는 듯 진정 성실한 모습으로 삶을 살아나갔다. 금주의 원칙을 철저히 지켜 술은 단 한 모금도 입에 대지 않은 것은 물론, 어버이 노릇을 하고 시를 써 내는 일에 자신의 열과 성을 다하였다. 그가 써 낸 『라일라와 마즈눈의 사랑』(1188년)은 페르시아 운문 중에서도 사람들이 가장 많이 읽는 사랑 이야기로 꼽힌다. 그 줄거리를 보면 우선 주인공 카이스 마즈눈('광인'이라는 뜻)이라는 남자가 라일라라는 여인과 사랑에 빠지는데, 그녀의 아버지가 그녀를 다른 남자와 강제로 결혼시키면서 둘이 맺어지지 못한다는 줄거리이다. 이에 마즈눈은 실의를 이기지 못하여 그만 넋이 나가 버리고 그리하여 문명을 등진 채 황야를 떠돌며 살아가게 된다. 그에게 제정신이 돌아오는 순간은 잠시, 라일라라는 이름이 그의 귓전에 들릴 때뿐이다. 그러다 남편을 저세상으로 떠나보낸 라일라가 마즈눈의 곁으로 돌아오지만, 그녀 역시 머지않아 세상을 떠나고 만다. 그러자 카이스는 로미오처럼 그녀의 무덤 위에 올라 스스로 목숨을 끊는다. 원문에서 무엇보다 압권은 노래하듯 이어지는 격한 감정인데, 번역문은 그 느낌을 고스란히 전달해 주지 못하는 면이 있다.

이 시절에는 심지어 신비주의자들까지도 사랑 노래를 지어서 부르곤 했다. 하지만 그들이 엄숙히 다짐했던 바에 따르면, 그들 노래에 드러난 열정은 다름 아닌 신에 대한 사랑을 상징하는 것이었다. 이런 사랑을 노래한 이 중 하나가 무함마드 이븐 이브라힘, 문학계에는 파리드 알 딘 아타르('신앙의 진주, 약제사'라는 뜻)란 이름으로 알려진 인물이다. 그의 출생지는 니샤푸르 근방으로서 (1119년), 이름 말미에 약제사라는 별호가 붙게 된 것은 종교에 귀의하기 전 향수를 팔았던 까닭이다. 향수를 팔아 생계를 이어 가던 그는 어느 날, 자신의 천분이 종교에 있음을 느끼자 가게를 박차고 나와 수피교 수도원으로 들어간다. 이후 그는 총 마흔 권의 책을 써 내기에 이르는데, 전부 아랍어로만 씌어진 이 책들에는 총 20만 줄의 시가 실려 있다. 그중에서도 가장 유명하다고 꼽히는 것이 『새들의 대화집』이라는 작품이다. 그 내용을 보면 먼저 서른 마리의 새가 모여(여기서 새들은 곧 수피교도들을 뜻한다.) 함께 계획을 짜기를, 자기들끼리 합심을 하여 모든 새를 다스리는 왕 시무르그(Simurgh, 진실)를 찾자는 것이다. 그리하여 새들은 여섯 계곡을 통과하게 되는데, 그 여섯 계곡이란 구도(求道), 사랑, 앎, (모든 개인적 욕망으로부터의) 초탈, (모든 것이 하나라는 인식을 갖게 되는) 합일, (개별적 존재에 대한 인식을 모두 놓음으로써 비롯되는) 망연(茫然)을 말한다. 여섯 계곡을 거치고 나자 남은 새는 세 마리, 이들은 일곱 번째 계곡인 (자아의) 소멸에 이르게 된다. 그들은 일곱 번째 계곡에 난 문을 두드리며 어딘가에 숨어 있는 왕을 찾으러 왔다고 했다. 그러자 왕궁의 시종이 나와 그들을 맞더니 그때껏 그들이 해 온 모든 행동의 기록을 각자에게 낱낱이 보여 준다. 이에 세 마리의 새는 부끄러움을 가누지 못하고 한 줌의 먼지로 화하고 만다. 그런데 먼지로 화한 그들은 다시 갖가지 형태의 빛으로 거듭난다. 그제야 그들은 자신들과 시무르그(시무르그는 곧 '서른 마리의 새'라는 뜻이다.)가 본래 하나라는 사실을 깨닫는다. 그 후부터 그들은, 그림자가 햇빛 속에서는 자취를 감춰 버리고 말듯, 시무르그 안에 있으면서 스스로를 잊은 채 살아가게 된다. 이외에도 아타르는 자신의 범신론을 작품들 속에서 보다 직접적으로 펼쳐 보이기도 하는데 다음과 같은 식이다. 즉 이성으로는 신을 안다는 것이 불가능하다. 그 까닭은 이성이란 것은 자기 자신까지는 이해하지 못하기 때문이다. 그러나 사랑과 무아경은 신에게까지 이를 수 있는데, 오로지 그분만이 만물에 거하는 본질적 실체이자 동력이고, 모든 행위와 움직임을 낳는 유일한 원천이며, 나아가 이 세상의 영혼이자 생명이기 때문이다. 전체를 이루는 이 영혼의 일부가 되어 스스로를 놓을 수 있을 때에만, 그때에만 모든 영혼은 비로소 행복을 찾을 수 있다. 따라서 이러한 합일을 추구하는 것만이 참된 의미의 종교이며, 이러한 합일 속에서 자아를 소멸시키는 것만이 오로지 하나뿐인 진정한 불멸의 길이다.[43] 정교 신앙에서는 이 모든 내용을 이단이라 몰아붙여 비난을 서슴지 않았고, 그러자 군중들이 아타르의 집으로 쳐들어가서는 그곳을 흔적도 없이 불살라 버렸다. 하지만 이런 수모에도 불구하고 아타르는 당대로 치면 비교적 불멸이라 할 삶을 살았다. 전승대로라면 그는 110세까지 천수를 누리다 세상을 떠났기 때문이다. 한편 전하는 이야기에 따르면 그는 죽음을 앞두고 한 아이의 몸에 손을 얹고는 은총을 내려주었다고 하는데, 이 아이는 자라 장차 아타르를 스승으로 떠받들게 되고 나아가 그를 무색하게 할 명성까지 자랑한다.

자랄 우드 딘 루미(1201~1273년), 그는 태어나기는 발흐에서 났으나 일생 대부분을 코냐에서 지낸 인물이었다. 한번은 이 코냐 지방에 샴스 이 타브리지라고 하는 베일에 싸인 한 수피교도가 찾아들어 사람들을 놓고 설교를 하였다. 자랄은 그의 설교에서 엄청난 감동을 받아 결국에는 마울라위라고 하는 유명한 교단까지 설립하기에 이른다. "춤추는 데르비시"라고도 불리는 이 교단은 지금도 코냐 지방을 본거지 삼아 활동하고 있다. 자랄은 비교적 짧은 생애를 살았으나 그동안에 수백 편에 이르는 시를 써 내었다. 그중에서도 단편만을 추려 묶은 것이 『디반(Divan)』(시 모음집)인데, 이 책의 특징이라 하면 이미지를 형상화해 내는 데 있어 그 감성이 극히 심오하고 또 진실성과 풍성함을 두루 갖추었다는 것이다. 그러면서도 본래의 자연스러움 또한 잃지 않았으니, 성경 시편의 성가가 나온 이래로 종교시로서 최고의 반열에 들 만하다. 자랄의 주요 작품으로는 『영혼의 2행시』가 꼽히는데, 곳곳에 수피교 교리가 드러나 있는 이 책은 호메로스가 남긴 유산을 모두 합친 것보다도 그 양이 많다. 이 책에서는 군데군데 대단히 아름다운 단락들이 눈에 띄는 것이 특징이다. 하지만 아름다운 것은, 더구나 치렁치렁 말이 많은 것은, 영원한 기쁨이 되지는 못하는 법이다. 앞서와 같이 이 책에서도 역시 주된 주제는 보편적 합일이다.

어느 날 한 사람이 '사랑받는 자'의 집을 찾아가 그 문을 두드렸다. 그러자 안에서 "누구세요?" 하는 목소리가 흘러나왔다. 그는 "나요."라고 대답했다. 그러자 안의 목소리가 말했다. "이 집에서는 '나'와 '너'라고 하는 것은 들이지 않아요." 문은 꽉 닫힌 채 열릴 기미를 보이지 않았다. 그리하여 '사랑하는 자'는 사막을 찾아 들어가고 그곳에서 홀로 지내며 식음도 전폐한 채 기도를 드렸다. 그렇게 사막에서 일 년의 시간을 보내고 나온 그는 다시 그 집을 찾아가 문을 두드렸다. 이번에도 안에서 목소리가 들려왔다. "누구세요?" "바로 그대 자신이요!" 그랬더니 꽉 닫혀 있던 문이 그의 앞에서 활짝 열리는 것이었다.[44]

그분이 계신 곳을 찾기 위해 나는 주변을 이곳저곳 한번 둘러보았다. 십자가 위, 그곳은 그분은 계신 데가 아니었다. 나는 성상이 모셔진 사원을 비롯해 먼 옛날 지어진 탑에도 한번 가 보았다. 하지만 그곳에서도 역시 그분의 흔적은 전혀 찾아볼 수 없었다. …… 그리하여 나는 카아바를 향해 말 머리를 돌렸다. 그러나 남녀노소가 두루 찾는 그곳에도 그분은 계시지 않았다. 그래서 나는 이제 이븐 시나(아비켄나)를 붙잡고 그분이 계신 곳이 어디인지 물었다. 그러나 그것은 이븐 시나조차도 알 수 없는 것이었다. 결국에 나는 나 자신의 마음속으로 눈길을 돌리지 않을 수 없었다. 그러자 그곳에 자리하신 그분 모습이 보였다. 그 외에 곳에는 그분은 어디에도 계시지 않았다.

네 눈에 비치는 형상, 그것들 모두는 공간을 초월한 세계 속에 자신의 원형을 갖고 있나니

형상이 네 눈앞에서 사라진다 해도 걱정하지 말아라, 그것의 본모습은 영원하나니.

네 눈에 비치는 그 모든 아름다운 모양, 네 귀에 들리는 그 모든 그윽한 음성

그것들이 사라진다 해도 풀 죽을 것 없도다. 그것들은 사라지는 게 아니니 ……

샘물이 솟아나는 한 강물은 거기서부터 끝없이 흐르는 법

머릿속의 슬픈 생각일랑 접어 두고 쉼 없이 이 강물을 들이마시라.

물이 마르지 않을까 걱정할 것도 없다, 이 물에 끝이란 없으니

존재의 세상 그곳에 발을 들이는 그 순간부터 네 앞에는

타고 올라갈 사다리가 하나 놓이는 셈이니

그 첫 단계에서 너는 원래 광물이었고, 그 다음에는 변모하여 식물이 되었다.

그리고 이어서는 동물이 되었으니, 이것이 어찌 네가 모르는 비밀이겠는가?

그런 연후에야 비로소 너는 인간으로 만들어져 지식과, 이성과, 신앙을 가지게 된 것 ……

앞으로도 이 여정을 계속 밟아 나간다면 너는 필시 천사로 거듭날 수 있을 것이며 ……

천사의 단계를 넘어서면 저 바다로 들어가리니,

한 방울 물이 된 너는 거기서 바다와 하나가 되리라.

이를 "성자"라 이르지 말지어다, 그보다는 네 온 영혼을 다하여 말하라, "하나"

라고.⁴⁵

이제 마지막으로 사디를 이야기할 차례이다. 사디라는 이름은 물론 별호로서, 무샤리프 우드 딘 이븐 무슬리흐 우드 딘 아브드알라라는 훨씬 긴 이름이 사디의 원래 본명이었다. 사디의 아버지는 아타베그 사드 이븐 장기가 시라즈에서 통치할 때에 그의 궁궐에서 고관을 지낸 인물이었다. 그러던 어느 날 사디의 아버지가 죽게 되자 아타베그는 나이 어린 사디를 데려다 양자로 키워 주었고, 이에 사디는 이슬람교의 전통 관습에 따라 자기 이름 맨 뒤에다 후견인의 이름을 갖다 붙였다. 사디가 이승에 머문 시간이 얼마였는지 그 생몰 연대를 두고 학자들 사이에서는 현재 의견이 분분하다. 1184~1283년이라 하는 이도 있고,⁴⁶ 1184~1291년이라 하는 이도 있으며,⁴⁷ 또 어떤 이는 1193~1291년이라 말하기도 한다.⁴⁸ 그러나 이 중 어느 설이 옳건 간에 사디가 백 년 가까이 세상을 살다 간 것만은 분명하다. 그가 자신의 입으로 전해 주는 바에 따르면, "젊은 시절에" 그는 "종교적 성향이 지나치게 과하였고 …… 누구보다 철저하게 독실한 신앙심과 금욕 생활을 지켰다."⁴⁹ 그러다 바그다드에 있던 니자미야 학교를 졸업하고 나서(1226년) 그는 결코 아무나 나설 수 없는 "기나긴 방랑길"에 오르는데, 그 후 무려 30년 동안 근동과 중동을 비롯하여 인도, 에티오피아, 이집트, 북아프리카 지방을 두루 돌아다니게 된다. 이때 그는 고초란 고초는 모두 맛을 보고, 가난이란 가난은 다 겪어 보게 된다. 한번은 그가 수중에 신발을 가지지 못해 불만이 잔뜩 쌓여 있었는데 아예 발이 없는 남자를 만나고서 불만이 싹 사라진 일도 있었다. "그의 모습을 보자 신의 섭리가 내게 참으로 많은 것을 내려 주었음을 알고 나는 감사하지 않을 수 없었다."⁵⁰ 또 인도에서 기적의 힘으로 움직인다는 성상을 보았을 때는 그 실제 작동 원리를 사람들에게 낱낱이 알려 주기도 했다. 그러고는 어딘가에 숨어 그 기계의 신 노릇을 하던 브라만을 찾아서 그를 죽여 버렸다. 후일 사디는 다음과 같이 호탕한 시를 한 편 지어 야바위꾼을 만날 때는 언제든 이처럼 단칼에 처리해야 한다고 사람들에게 권하였다.

> 그대도 언제든 속았다는 걸 알 때에는 반드시
> 그 사기꾼을 처단할지니, 단칼에 그자의 목숨을 앗아 버려라!
> 괜히 고통스레 그 악당을 살려 둬 봤자
> 그대에겐 분명 엽전 한 닢도 돌아오지 않을 터
> 그러니 아무리 그가 울며불며 애원해도 돌을 들어 그 불한당을 끝장내 버리라.
> 그대도 잘 알다시피 인간이란 죽고 나야 비로소 말이 없는 법.[51]

사디는 십자군이 쳐들어오자 그들과 맞서 싸우다 그 "불경자"들의 포로가 되는 신세에 이르고 결국에는 볼모살이까지 하게 된다. 그런데 어떤 이가 그런 사디를 돈을 대어 풀어 준 것은 물론 감사하게도 자기 딸과 결혼까지 시켜 주는 것이었다. 하지만 알고 보니 그녀는 누구도 못 말리는 잔소리꾼이었다. 사디는 이렇게 썼다. "그 사랑스러운 여인의 곱슬머리는 사슬과도 다름없었다. 그것에 발이 단단히 묶여 그녀의 이성은 도무지 꼼짝할 줄 몰랐으니."[52] 사디는 그녀와 이혼을 하고 다른 여인을 만났으나 그녀의 곱슬머리는 더 많았고 따라서 더 많은 사슬이 따라다녔다. 이 두 번째 부인을 저세상으로 먼저 떠나보냈을 때 그의 나이 50세, 이제 그는 시라즈의 한 정원에 은둔처를 마련하고는 거기서 남은 50여 년의 생을 보내게 된다.

  삶의 희로애락을 모두 겪은 그는 이제 글 쓰는 일에 들어간다. 전하는 이야기에 따르면 사디가 남긴 주요 작품은 모두 이 은둔지에서 생활할 때 지어진 것이라고 한다. 그중에서도 『판드나마(Pandnama)』는 "지혜의 책"이란 뜻이고, 『디반』은 그의 작품 중 단편 시만 추려 모은 것이다. 이 단편 시들은 대부분이 페르시아어로 그리고 일부는 아라비아어로 씌어져 있으며, 내용으로는 경건한 것들이 있는가 하면 외설적인 것들도 있다. 또 『부스탄(Bustan)』('과수원'이라는 뜻)이란 작품은 일종의 교훈 시로서 사디의 철학 전반을 담고 있는데, 이

글에서 사디는 다음과 같이 부드러운 관능미를 군데군데 부가하여 글의 무거움을 한결 덜어 주고 있다.

내가 아는 한 그때까지 내 인생에서 그토록 감미로운 순간들은 또 없었다. 그날 밤 나는 사랑하는 나의 여인을 가슴에 꽉 끌어안고 있었다. 그러고는 졸음에 겨운 듯 잠에서 헤어나지 못하는 그녀의 두 눈을 지그시 바라보고 있었다. …… 이윽고 나는 입을 떼어 그녀에게 말했다. "한 그루 사이프러스 나무처럼 가녀린 내 사랑, 지금은 잘 때가 아니오. 노래를 불러요, 나의 나이팅게일! 장미꽃이 봉오리를 열 듯 그 입술을 열어 내게 말을 해 봐요. 내 마음을 이렇게나 뒤흔들어 놓고 당신은 그렇게 계속 잠만 잘 거요!" 그러자 여인이 고개를 들어 나를 빤히 바라보더니 낮은 목소리로 이렇게 웅얼거렸다. "제가 당신 마음을 뒤흔들어 놨다고요? 이렇게 내 잠을 깨워 놓은 건 당신이잖아요?" …… 네가 사랑하는 그 여인은 아마 골백번도 이렇게 말할 것이다. 자신은 이제껏 한 번도 다른 남자의 것이 돼 본 일이 없다고. …… 그러면 당신은 살며시 미소를 지을 것인즉, 그녀의 말이 거짓이라는 걸 뻔히 알기 때문이다. 하지만 그것이 무엇이 그리 대수던가? 당신의 입술과 맞닿은 그녀의 입술은 여전히 따스하고, 당신의 손길이 닿는 그녀의 어깨는 여전히 그토록 부드러운데. …… 사람들은 말하지, 살랑이는 5월의 봄바람도, 향기로운 장미꽃 내음도, 나이팅게일의 노랫소리도, 푸르른 저 초원도, 파아란 저 하늘도, 참으로 아름답다고. 오, 하지만 그대는 알지 않는가, 그 모든 것들은 오로지 그녀가 곁에 있을 때에만 비로소 아름답다는 것을![53]

한편 『굴리스탄(*Gulistan*)』(장미 정원)이라는 책에는(1258년) 갖가지의 교훈적인 이야기와 함께 군데군데에 맛깔나는 시들이 여러 편 실려 있다.

어느 날 의롭지 못한 왕이 한 성자를 찾아가 이렇게 물었다. "성자여, 이 세상에 기도보다 더 훌륭한 것이 있다면 그것은 무엇입니까?" 그러자 성자가 대답했다. "해가 중천에 뜨도록 그대가 늦잠을 자는 것이오. 적어도 그렇게 잠을 자고 있는 동안에는 백성들을 괴롭히지 못할 테니까."[54] 깔개 한 장에서 수도승 열 명은 함께 잠잘 수 있어도, 드넓은 왕국에서 왕 두 명은 함께 살 수 없는 법이다.[55] 당신이 어떻게든 부를 얻으려 한다면, 거기에 만족이 있으리라고는 생각지 말라.[56] 종교에 귀의한 사람이 상처 하나에 신경이 곤두선다면, 그는 아직 얕은 여울의 깊이밖에는 되지 않는 것이다.[57] 이 세상에서 자신의 무지를 스스로 인정하는 사람은 오직 하나뿐이다. 상대방이 이야기를 하는 중이고 아직 그의 이야기가 끝나지 않았는데, 중간에 상대방 말을 자르고서 자기 이야기를 시작하는 사람이다.[58] 당신이 가진 완벽한 장점은 오직 하나뿐이고, 당신의 결점은 무려 70가지라 해도, 당신의 애인 눈에는 당신의 한 가지 장점밖에는 보이지 않을 것이다.[59] 만사에 서두르지 말라. …… 대신 차근차근 일해 나가는 법을 배워라. 아랍산(産) 말은 쭉 뻗은 길을 전속력으로 내달리다가 얼마 못 가 제풀에 쓰러진다. 하지만 낙타는 속력을 신중히 조절하여 낮이나 밤이나 쉼 없이 걸어가고 그리하여 마침내 자신의 목적지에 도착한다.[60] 지식 습득에 힘쓰도록 하라. 부나 재산은 우리가 의지할 것이 못 되기 때문이다. …… 전문 지식을 가진 사람은 자신이 가진 재산을 잃었다고 하여 안타까워 할 필요가 없다. 그가 가진 지식은 그야말로 보물이 쌓인 광산이나 다름없으니.[61] 집에서 아이를 응석받이로 키우는 아버지보다는 학교에서 아이를 엄하게 가르치는 선생님이 아이를 위해서는 더 낫다.[62] 이 지구의 땅 껍데기에서 지성인이란 지성인은 모두 찾아 그 뿌리를 뽑아 버린다면, 앞으로 "저는 아는 것이 없습니다."라고 말하는 사람은 단 하나도 찾아볼 수 없을 것이다.*[63] 나무 열매를 들어 가볍다는 것은 곧 그 안은 텅 비었다는 뜻이다.[64]

* 이와 관련해 다음과 같이 시작되는 데카르트(Descartes)의 「방법 서설」 첫머리를 참고하면 좋을 것이다. "인간이 자연으로부터 똑같이 분배받은 능력을 하나 꼽으라고 하면 뭐니 뭐니 해도 바로 지성의 원천이 되는 분별일 것이다. 왜 그런가 하면, 사람들은 누구나 자신이 분별만큼은 너무도 많이 타고났다고 생각하기 때문이다. 그래서 지적 활동 외의 다른 분야에서는 별달리 즐거움을 찾지 못하는 사람조차도 자신이 이미 가진 것 이상으로는 더 많은 분별을 갖추고자 하지 않는다."

사디는 원래 철학자였다. 그러나 누구나 알기 쉽게끔 글을 쓴 탓에 그는 철학자로서의 대접은 그다지 받지 못했다. 내용적인 면에서는 사디의 철학이 우마르의 철학보다 더 건전한 것이었음에도 말이다. 그의 철학은 신앙이 인간에게 위안을 가져다준다는 사실을 잘 이해하고 있었고, 또한 지식이 쓰라린 고통을 준다 하더라도 베푸는 삶을 통해 소박한 은총을 받으면 그 고통 역시 얼마간은 치유될 수 있다는 사실도 잘 알고 있었다. 한 편의 희극과도 같은 인생, 그 속에서 사디는 온갖 비극이란 비극은 다 겪어 본 사람이었고, 그런 모진 삶을 꿋꿋이 백 년이나 살아 내었다. 그러나 이렇듯 철학자이기도 했지만 사디는 아무래도 시인이었다. "사이프러스처럼 가녀린" 여인의 팔다리부터 시작해, 한순간이지만 밤하늘을 자기 것인 양 독차지하는 별에 이르기까지, 그는 이 세상에 존재하는 모든 아름다운 모양새와 고운 결을 민감하게 느끼는 사람이었다. 나아가 그는 자신이 터득한 삶의 지혜를(또는 뻔한 이야기들을) 간결하고, 섬세하고, 우아하게 표현해 낼 줄 알았다. 번뜩이는 비유나 기막힌 표현을 찾아내는 일에서라면 그는 단 한 번도 쩔쩔맨 적이 없었다. "되지도 않을 자를 교육시키는 것은 저 높다란 돔 지붕 위에 호두를 던져 올리는 것과 같다."[65] "나와 내 친구는 서로 꼭 붙어 지내기를 마치 하나의 껍질 속에 든 두 알의 아몬드처럼 하였다."[66] "만일 저 하늘의 동그란 태양이 이 인색하기 짝이 없는 구두쇠의 지갑 속에 들어 있었더라면, 아마 최후의 심판이 찾아온 날에야 비로소 사람들은 대낮의 날빛이란 게 어떤 건지 구경할 수 있었을 것이다."[67] 결국 사디는 지혜를 갖춘 인물이었음에도 끝까지 한 사람의 시인으로 남았고, 자신의 지혜도 얼마든 사랑의 노예가 될 수 있음을 다음과 같은 진심 어린 시로 노래하였다.

> 운명이 내게 고통을 주네, 사랑하는 여인을 가슴에 못 안게 하니
> 유배 시절을 통 못 잊게 하네, 그녀의 달콤한 입술에 입맞춤하던 그때를
> 그녀는 사냥감을 잡아들이려 저 멀리까지 늘 올가미를 던져 놓고는 했지
> 그 올가미에 걸려들리라 나는, 언젠가는 그녀가 내게 빠져 내 곁에 머물도록

하지만 그녀의 머리칼을 매만지려 함부로 손을 놀리진 않으리

덫 하나에 여러 마리 새가 잡히듯, 말 못하는 연정을 품은 자 여기에도 여럿 잡혀 있기에

그녀의 모습을 그리노라면 그 우아한 모습에 나는 그녀의 노예가 되네

자로 잰 듯 기품 있는 옷차림, 재단사가 옷을 맞춘 솜씨인 듯

오 한 그루 사이프러스, 은빛으로 빛나는 팔다리여, 그대의 빛깔과 그대의 향기에

저 향기로운 도금양 나무도, 저 활짝 핀 들장미 꽃송이도, 부끄러워 고개를 숙이네

부디 그대의 눈길로 잘 보아 가볍고도 자유롭게 그대의 발을 디디라

가만가만 밟으라 재스민이 깔린 저 길을, 유다 나무 꽃이 깔린 저 길을……

오 이윽고 봄이 찾아와 만물이 당신을 시샘한들 놀라지 말지어다

구름이 눈물을 떨구고 꽃들이 환하게 미소 짓는 건 다 그대 때문이니!

참으로 곱고 가벼운 그대의 두 발이, 어쩌다 죽은 이의 몸이라도 거닐 때는

시체를 싼 수의 사이에서 목소리가 흘러나와도 놀라울 것 없으리

위대한 왕께서 이 땅을 다스릴 때에 우리가 한눈파는 일은 없어야 하거늘

내가 사랑하는 그대에게 넋을 빼앗기는 것은, 또 나의 사랑 노래에 사나이들이 넋을 빼앗기는 것은 어쩔 수 없는 일이로다.[68]

6. 이슬람의 과학: 1057~1258년

당시 이슬람 학자들은 중세 시대의 민족들을 크게 두 부류로 나누었으니, 그 기준은 바로 과학을 육성시키느냐 혹은 그렇지 못하느냐였다. 이 기준에 따라 이슬람 학자들은 인도인, 페르시아인, 바빌로니아인, 유대인, 그리스인, 이집트인, 아랍인 등을 전자의 사례로 꼽았다. 그들 관점에서는 이들 민족이 당시의 세계를 이끌어 가

던 엘리트에 속했다. 한편 그 외의 다른 민족은(그나마 중국인과 투르크족은 개중에 가장 나은 축에 속했지만.) 인간이라기보다는 동물에 가깝다고 그들은 생각했다.[69] 당대 중국인에 대한 이러한 평가는 중국인들로서는 큰 결례가 아닐 수 없었다.

이 시기에도 과학의 선두 자리는 여전히 이슬람교도의 차지였고, 그 수준은 타의 추종을 불허할 정도로 뛰어났다. 한편 이 시절 수학계에 있었던 가장 의미 있는 발전은 대체로 모로코와 아제르바이잔에서 이루어졌는데, 이는 이슬람 문명의 권역이 얼마나 광범했는지를 다시 한 번 실감하게 하는 대목이다. 1229년에는 하산 알 마라쿠시('마라케시' 지방 출신이라는 뜻)라는 인물이 각도가 1도씩 변할 때마다 사인 값이 어떻게 달라지는지를 비롯하여, 버스트(versed) 사인 값, 아크(arc) 사인 값, 아크 코탄젠트 값에 대해 수치 표를 작성해 냈다. 그로부터 한 세대 뒤에는 나시르 우드 딘 알 투시('투스' 지방 출신이라는 뜻)란 인물이 소론 한 편을 써 내기에 이르는데, 삼각법을 천문학의 보조 수단이 아닌 하나의 독립적인 과학으로 다루고 있는 것이 특징이다. 「키탑 샤클 알 카타(Kitab Shakl al-qatta)」라는 제목의 이 소론은 삼각법 분야에서 내내 둘도 없는 최고의 저서로 손꼽히다 200년 후 레기오몬타누스의 『삼각법』이 나오면서 그 자리를 내어 주게 된다. 13세기 후반부 들어서는 중국에서도 삼각법이 등장을 하는데, 아마도 아랍의 삼각법에 그 기원이 있지 않았을까 한다.[70]

이 시대에 나온 물리학 방면의 뛰어난 저작으로는 『균형 잡힌 지혜의 서』를 꼽는데, 1122년경 소아시아 출신의 그리스인 노예 아불 파스 알 후지니가 쓴 책이다. 이 책에서 그는 물리학의 역사를 개괄하는 한편, 지렛대와 관련해 여러 개의 법칙을 만들어 내었으며, 갖가지의 액체 및 고체를 대상으로 그것들이 각각 얼마큼의 중력을 가지는지 표로 정리하였다. 나아가 그는 일종의 중력 이론을 제시하면서, 이 힘이 세상의 모든 물체를 지구 중심부로 끌어당긴다고 주장했다.[71] 물레바퀴는 그리스와 로마인들도 익히 알던 것이었지만, 이슬람교도들은 이를 한층 발전시켜 사용하였다. 당시 이런 물레바퀴들은 오론테스 강 군데군데에 설치되어 물을 퍼 올렸는데 십자군들이 그 모습을 보고 이 장치를 독일에 들여와 사용하기도 했다.[72] 이 시절에는 연금술사들도 무수히 많았다. 알 라티프의 이야기에 따르면, 이들 연금술사는 "사기를 치는 방법만 무려 300가지"를 알고 있었다.[73] 한 연금술사는 연금술 연구를 명목으로 누르 우드 딘에게서 상당량의 자금을 빌렸는데 수중에 돈이 들어오자 그길로 종적을 감춰 버렸다. 한 재담가는 당대의 유명한 얼간이들을 추려 책을 발간하기도 하였는데 누르 우드 딘의 이름이 단연 선두를 차지하고 있었다.(작자는 이런 책을 내고도 무사했던 것으로 보인다.) 여기에 한술 더 떠 그는 제안하기를, 누르 우드 딘을 속였던 그 연금술사가 다시 돌아오거든 그때에는 그의 이름을 술탄의 이름과 한 번 바꿔 보라고까지 했다.[74]

1081년에 들어서는 발렌시아 지방의 이브라힘 알 사흐디라는 인물이 세상에서 가장 오래되었다고 알려진 천구의(天球儀)를 만들어 내기에 이른다. 청동으로 만들어진 이 천구의는 직경이 209밀리미터에 달하는데, 표면을 보면 총 1015개의 별들이 47개의 별자리로 묶여서 각각의 크기에 맞게 새겨져 있다.[75] 한편 세빌리아의 히랄다(1190년), 그곳은 이슬람 사원의 첨탑이기도 했지만 동시에 천문대의 기능도 하는 곳이었다. 일례로 자비르 이븐 아플라흐는 『알마게스트의 수정』(1240년)이라는 저작을 쓸 때 이곳 히랄다에 올라 하늘을 관측하였다. 한편 코르도바에 살았던 아부 이샤크 알 비트루지(라틴어 이름은 알페트라기우스이다.)는 프톨레마이오스의 천문학에 반기를 들었다는 점이 연구의 주된 특징으로 꼽힌다. 결국 알 비트루지는 코페르니쿠스를 위해 길을 터 준 셈인데, 그가 프톨레마이오스에 통렬한 비판을 가하면서 프톨레마이오스의 이론, 즉 행성의 경로 및 움직임을 주전원(周轉圓)과 편심(偏心) 궤도로 설명해 내려던 노력이 대거 수정되지 않으면 안 되었기 때문이다.

이 시대에는 그 학식으로 중세를 두루 풍미한 지리학자가 둘이나 배출되었다. 우선 아부 아브드알라 무함마드 알 이드리시는 케우타에서 태어나(1100년) 코르도바에서 공부한 인물이었다. 그 후 그는 팔레르모 땅에 머물렀는데 이때 시칠리아 왕국을 다스리던 왕 로제르 2세의 명을 받아 『로제르의 서』라는 책을 써 내게 된다. 이 책에서 그는 우선 지구를 크게 일곱 개의 기후대로 나눈 후, 각 기후대를 다시 열 부분으로 나누고 있다. 그리하여 70개에 이르는 각 부분마다에는 세세하게 그려진 지도가 하나씩 딸려 있다. 이들 지도는 중세 시대 지도 제작술의 정점을 보여 주는 수작으로서 완전함, 정확성, 광범함에 있어서 이만한 전례를 찾아볼 수 없을 정도이다. 이슬람 과학자들 대부분이 그랬듯, 알 이드리시 역시 지구는 둥글다는 사실을 당연한 것으로 알았다. 한편 중세 시대의 가장 위대한 지리학자로서 이런 알 이드리시와 쌍벽을 이루었던 사람이 있으니 바로 아부 아브드알라 야쿠트였다.(1179~1229년) 원래 그는 소아시아에서 출생한 그리스인이었는데, 전쟁에 나갔다 그만 포로로 잡혀 노예가 되고 만다. 하지만 바그다드의 한 상인이 그를 사들여서는 수준 높은 교육을 시켜 준 것은 물론, 공부를 마치자 그를 노예에서 해방까지 시켜 주었다. 이후 그는 다양한 곳을 돌며 여행을 하게 되는데, 애초에는 상인의 입장에서 다닌 것이었다. 하지만 차차 세계의 여러 장소들과 그곳에서 살아가는 사람들의 다채로운 모습, 옷차림, 그리고 생활 방식에 매료되면서 후에는 지리학자의 입장에서 세상을 여행하게 된다. 메르브라는 도시에 갔을 때는 도서관이 열 군데나(그중 한 곳은 1만 2000권에 달하는 장서를 보유하고 있었다.) 있다는 걸 알고 뛸 듯이 기뻐하기도 했다. 그곳의 도서관장도 안목이 있던 사람이라, 야쿠트에게는 한 번에 최대 200권까지 책을 빌려 갈 수 있도록 배려를 해 주었다. 야쿠트가 이들 지성의 보고에 들어서서 책의 그 퀴퀴한 내음을 맡으며 느꼈을 쾌감은 독자들도 얼마간 공감할 수 있는 것이리라. 책 속에 위대한 인물들의 에너지가 응축돼 있는 것을 느끼며 늘 책을 탐독해 온 이들이라면 말이다. 메르브를 떠난 야쿠트는 이제 히바와 발흐로 발걸음을 옮긴다. 하지만 하필 여기서 그는 닥치는 대로 사람을 죽여 가며 행군해 오는 몽골군을 만나게 되고, 하마터면 그들에게 잡힐 뻔하기까지 한다. 간신히 이들에게서 도망친 야쿠트는 몸에는 옷가지 하나 걸치지 못하고서도 원고만은 어떻게든 잃어버리지 않으려 단단히 손에 쥔 채, 페르시아 땅을 가로질러 모술 지방으로 가게 된다. 그리고 그곳에서 필경사 일을 하며 겨우겨우 입에 풀칠을 하던 와중에 그의 역작 『무잠 알 불단(*Mu'jam al-Buldan*)』(1228년)을 완성해 내기에 이른다. 방대한 양의 이 지리학 백과사전에는 지구에 대해 알려진 중세 시대의 모든 지식이 거의 빠짐없이 정리되어 있다. 여기에 야쿠트는 천문학, 물리학, 고고학, 인종학, 역사 등 학문이란 학문은 거의 모두 다 동원하여 곳곳의 도시의 이야기에 그곳에서 살았던 유명한 인물들의 삶과 업적들과 잘 버무려 내었다. 이제까지 인류 역사에서 이 야쿠트만큼 지구를 사랑했던 이도 아마 드물 것이다.

한편 테오프라스토스 이래로 식물학은 관심 밖의 일이 된 지 오래였으나, 이슬람교도들의 노력으로 이 시대 들어 다시금 부흥기를 맞게 된다. 일례로, 알 이드리시는 이 시절 약초 의학서를 한 권 써 냈는데, 360종의 식물을 다룬 이 책은 단순히 의학적 차원의 관심보다는 식물학적 차원의 논의를 부각시킨 것이 특징이었다. 또 세빌리아 출신의 아불 압바스는 (1216년에) 세간으로부터 알 나바티('식물학자'라는 뜻)라는 성을 얻게 된 바, 대서양부터 홍해에 이르기까지의 다양한 식생을 그가 두루 연구한 까닭이었다. 말라가 출신의 아부 무함마드 이븐 바이타르는(1190~1248년) 그때까지 나와 있던 이슬람 세계의 식물학을 집대성하여 방대한 양의 저작을 펴내니 거기에는 아무나 따라올 수 없는 학식이 담겨 있었다. 그 후 16세기에 이를 때까지 내내 이 저작은 식물학의 표준 교과서로서의 역할을 하였고, 그 덕에 이븐 바이타르는 중세 시대에서도 가장 으뜸가는 식물학자이자 약제사로 손꼽히게 되었다.[76] 세빌리아 출신의 이븐 알 아완도 이에 못지않은 불후의 명성을 자랑했는데 다름 아닌 농경학 분야의 연구를 통해서였다. 그가 쓴 『농부의 서』라는 책을 보면 농경에 쓰이는 토양과 거름에 대한 분석이 실려 있는 것은 물론, 식물 585종과 과일나무 50종의 재배법이 하나하나 소개되어 있다. 여기에 수목을 접붙이는 다양한 방법들이 설명돼 있는 것을 비롯하여, 식물이 걸리는 각종 병의 징후와 그 치료법도 함께 논의되고 있다. 중세 시대를 통틀어 농경학을 가장 완벽히 다룬 책을 꼽으라면 바로 이븐 알 아완이 쓴 이 『농부의 서』이다.[77]

앞서 시대에도 마찬가지였지만 당대 아시아, 아프리카, 유럽에서는 내로라 하는 의사들은 모두 이슬람에서 배출되어 나왔다. 이슬람 의사들은 특히 안과학 분야에서 출중한 능력을 보였는데, 근동이 워낙 눈병이 잘 도는 지방이라 그러지 않았을까 싶다. 그리고 이곳 역시 다른 여느 곳과 마찬가지로 병원비는 대부분 치료비에 충당이 되었지, 질병 예방에 쓰이는 경우는 지극히 적었다. 이 당시 이슬람에서는 백내장을 수술하는 사례도 많았다. 알레포 출신의 할리파흐 이븐 아빌 마하신 같은 의사는 백내장 수술에 너무도 자신감을 보여서, 심지어는 눈이 하나인 환자에게도 백내장 수술을 해 줄 정도였다.[78] 한편 이븐 바이타르가 쓴 『키탑 알 자미(Kitab al-Jami)』는 의학·식물학의 양면에서 새 역사를 이룬 책이었다. 이븐 바이타르는 이 책에서 식물, 음식, 약재를 총 1400가지 열거하고 있는데, 이 중 새로운 것들이 300개에 달했다. 이븐 바이타르는 여기에 그치지 않고 그것들이 화학적으로 어떤 성분으로 구성돼 있고 또 병을 치료하는 데 어떤 효험이 있는지 분석해 낸 것은 물론, 이것들을 실제 치료에 활용하는 방법들을 예리하게 관찰하여 그 내용까지 덧붙였다. 그러나 이슬람 의학의 이 절정기에서 가장 위대했다고 손꼽히는 이는 따로 있었으니, 바로 세비리아 출신의 아부 마르완 이븐 주르(1091~1162년), 유럽에는 아벤조아르라는 이름으로 알려진 인물이다. 이 시절 이슬람에서는 총 6대에 걸쳐 대대로 유명한 의사들이 배출되어 나왔는데 이븐 주르는 그중 3대째 인물에 해당했다. 이들 의사들은 모두 한 가문 출신이었던 데다 어느 누구도 빠지지 않고 자기 분야에서 최고의 실력을 자랑한 것으로 유명했다. 애초 이븐 주르가 『치료법 및 섭식의 간소화에 대하여』라는 책을 쓰게 된 것은 그의 친구였던 아베로이스의 요청에 의해서였다. 아베로이스는 이븐 주르를 두고 갈레노스 이후의 최고 명의라며 극찬을 아끼지 않았었다.(아베로이스 자신 역시 당대 최고의 철학자로 꼽히는 인물이었다.) 이븐 주르는 특히 병을 임상적 차원에서 서술하는 능력이 누구보다 뛰어났다. 그 일환으로 그는 종격 종양(縱隔腫瘍), 심장막염, 장결핵, 인두(咽頭) 마비 등의 질환에 대하여 갖가지 고전적인 분석을 남긴 바 있다.[79] 한편 그의 『치료법 및 섭식의 간소화에 대하여』는 히브리어 및 라틴어로도 번역이 되어 유럽 의학에까지 심대한 영향을 끼쳤다.

　당시 이슬람의 병원들은 훌륭한 설비와 역량을 갖춰 놓는 데 있어서도 세계

일류를 자랑하였다. 일례로 누르 우드 딘은 1160년에 다마스쿠스에다 병원을 하나 지었는데, 이곳에서는 300년 동안이나 환자를 무상으로 치료해 주고 약까지 처방해 주었다. 그리하여, 일설에 따르면, 이 병원의 장작불은 무려 267년 동안 단 하루도 꺼지지 않았다 한다.[80] 또 이븐 주베이르의 경우에는 1184년에 바그다드를 찾았다가 그곳에 웅대한 규모의 비마리스탄 아다디(Bimaristan Adadi)가 지어져 있는 것을 보고 깜짝 놀라 입을 다물지 못하였다. 병원 시설로 지어진 이 건물은 흡사 티그리스 강변에 늘어서 있는 왕궁의 모습을 방불케 했던 것이다. 더구나 이곳에서는 환자들에게 음식과 약을 제공해 주고 비용을 일절 받지 않았다.[81] 1285년에 들어서는 칼라운 술탄이 카이로에 마리스탄 알 만수르라는 건물을 짓기 시작하였는데, 중세 시대에 지어진 병원 중에서 그 규모가 가장 컸다. 이곳은 사각형의 널찍한 공간을 건물 담이 빙 둘러싸고 있고 그 안에 건물 네 개가 우뚝 솟아 있는 형태였는데, 한가운데의 안뜰에는 아름답게 회랑이 늘어선 것을 비롯해 곳곳에는 분수와 개울물이 흘러 주변의 더위를 식혀주었다. 이 병원에는 다양한 질병별로 그리고 요양용으로 따로 병동들이 마련되어 있었다. 또 연구 실험실, 조제실, 외래 병동, 환자용 조리실, 목욕탕, 도서관, 예배실, 강의실이 갖춰진 것과 함께, 정신병자를 위해 별도로 쾌적한 숙박 시설이 마련되어 있는 것이 특기할 만했다. 병원에서는 남녀노소, 빈부, 신분을 따지지 않고 사람들을 무료로 치료해 주었다. 뿐만 아니라 치료를 다 받아 퇴원을 할 때에는 곧바로 일을 손에 잡는 일이 없게 요양비 명목으로 소정의 돈까지 나누어 주었다. 불면증 환자들에게는 쉬이 잠을 들 수 있도록 은은한 음악을 들려주거나, 직업 이야기꾼을 불러 주었고, 아마 역사책도 몇 권 가져다주었을 것으로 보인다.[82] 당시 이슬람 세계에서는 주요 도시라면 정신병자를 돌봐주는 수용소가 반드시 하나씩은 있었다.

7. 알 가잘리와 종교의 부흥

이렇듯 과학이 한창 발전하던 이때가 구(舊) 정교의 입장에서는 나름 고투를 벌이지 않으면 안 되는 시기였으니 식자층이 종교에서 등을 돌릴 판이었기 때문이다. 종교와 과학 사이에 본격적으로 갈등이 불거지자 회의주의로 발길을 돌리는 이들이 많아진 것은 물론, 일부는 공공연히 무신론까지 주장하고 나섰다. 이에 알 가잘리는 이슬람 사상가들을 총 세 부류로 나누면서(일신론자, 자연신론자 혹은 자연주의자, 유물론자), 이들 세 부류 모두 불경자(不敬者)이기는 매한가지라며 비난을 서슴지 않았다. 그의 말에 따르면, 일신론자는 신의 존재와 불멸성은 인정하지만 창조의 개념과 육체의 부활을 믿지 않으며, 나아가 천국과 지옥을 영적인 차원에서만 논의하는 경향이 있었다. 이에 비해 자연신론자들은 신은 인정하되 불멸성은 부정하고, 나아가 이 세상을 혼자 알아서 돌아가는 기계와 같은 것으로 보는 사람들이었다. 마지막으로 신의 개념을 아예 깡그리 무시해 버리는 것이 유물론자였다. 또 이즈음에는 다흐리야(Dahriyya)라고 하여 세가 완전하지는 못했던 신앙 운동이 일어나 불가지론을 노골적으로 공언하기도 했다. 이들 운동가들은 성 도마(요한복음 20장에서 도마는 십자가에 못 박힐 때 생긴 상처를 보기 전까지는 예수가 살아 있다는 것을 믿지 못하겠다고 말한 인물로 나와 있다. – 옮긴이)처럼 믿음에 의구심을 던졌고, 그중 몇몇은 사형 집행인의 손에 목이 날아가고 말았다. 이스바한 이븐 카라 같은 인물은 한 독실한 신자가 라마단 기간을 맞아 열심히 단식하는 걸 보고는 이렇게 말하기도 했다. "그렇게 당신 몸을 고문해 가며 애써 봤자 얻을 것은 아무것도 없습니다. 인간이란 곡식의 낟알과도 같아서 거기서 싹이 터서 자라난 후에는 다시 땅 속으로 들어가 영영 썩어 없어지게 되니까요. …… 그러니 지금 먹고 마시세요!"[83]

그러나 이렇듯 회의주의가 일어난 덕분에 마호메트교에서는 이슬람 역사상 가장 위대한 신학자, 어찌 보면 아우구스티누스나 칸트에도 비견될 만한 인물이 나오게 된다. 그 주인공 아부 하미드 알 가잘리는 1058년 투스 지방에서 태어났다. 그의 아버지는 어린 아들을 남겨 두고 일찌감치 세상을 떠났고, 그리하여 수피교도였던 한 친구가 그를 거두어 대신 키워 주었다. 자라면서 그는 법률, 신학, 철학을 두루두루 공부하였고, 서른셋에 이르자 바그다드에 자리한 니자미야 학교에서 법학 교수직을 맡았다. 그러고 나서 머지않아 알 가잘리는 힘찬 웅변, 뛰어난 학식, 기막힌 변증 기술을 선보이니 온 이슬람 세계가 그에게 탄복하지 않을 수 없었다. 그런데 이 영광의 시절도 4년, 그 뒤부터는 그만 정체 모를 병에 걸려 몸져눕게 되고 만다. 식욕 및 소화 기능 저하로 그는 음식을 입에 대지 못한 물론, 이따금은 혀가 마비되어 말이 꼬였고, 그러자 이내 그의 마음까지도 걷잡을 수 없게 무너져 내렸다. 당시 그를 진단한 한 명의는 정신적인 문제 때문에 그런 병증이 나타난 것으로 보았다. 후일 알 가잘리가 고백하여 밝혀진 일이지만, 사실 알 가잘리는 당시 이성의 힘으로는 도저히 마호메트교 신앙을 인정할 수 없던 상태에 있었다. 더구나 자신이 믿던 정교의 가르침이 위선으로만 여겨지자 도저히 그것을 참을 수 없었다. 그리하여 1094년 그는 자신이 살던 바그다드를 떠나 메카로 가기로 한다. 겉으로는 순례라는 명분을 내걸었지만 사실 그는 운둔 생활에 들어간 것이었다. 그 속에서 그는 침묵하고, 명상하고, 평화를 구하며 지낼 작정이었다. 이즈음 그의 신앙은 와르르 무너져 내리고 있었다. 하지만 과학에서는 도저히 신앙을 떠받칠 만한 힘을 찾을 수 없었고, 그리하여 그는 바깥에서 눈을 돌려 내면의 세계를 들여다보게 된다. 그러자 직접적이고 비물질적인 실체가 찾아지는 듯하였고, 이로써 영적인 우주를 믿을 수 있는 견고한 기반이 마련되는 듯하였다. 우선 그는 감각 작용을 화두로 삼아(유물론에서 인식 기반으로 삼는 것이 바로 감각인 듯 보였기 때문에) 그 속성을 치밀하게 따져 보았다. 그로서는 감각을 믿을 수 없던 것이, 원래는 지구보다 훨씬 더 커다랄 것이 분명한 저 하늘의 별들도 그 아득한 거리 때문에 우리 눈에는 작게만 비치게 되기 때문이다. 이와 같은 예를 수십 가지 더 든 끝에 알 가잘리는 감각 그 자체는 진리를 검증하는 데 있어 확실한 방편이 되지 못한다고 결론을 내린다. 한편 이성의 경우는 보다 고차원적인 것인 만큼, 감각의 오류를 하나하나 수정하는 구실을 할 수 있었다. 하지만 그런 이성도 결국에는 감각에 의지한다는 점에서는 매한가지였다. 하지만 인간 안에는 이성보다 확실한 방편으로서 우리를 진리로 인도해 주는 모종의 앎이 있지 않았던가? 알 가잘리는 신비주의에서 행해지는 내적인 명상 속에 그러한 앎이 있었다고 느껴졌다. 다시 말해 눈에 보이지 않는 본질적 핵심에 더 가까이 다가서 있는 건 철학자들보다는 수피교도들이었던 것이다. 가장 높은 앎은 결국 마음속에서 일어나는 그 기적을 응시하는 데에 있었다. 그러면 신이 자아 안에서 비로소 모습을 드러내고, 모든 것을 빨아들이는 그 일자(一者)를 바라보는 가운데 어느덧 자아는 녹아 홀연히 사라져 버린다.[84]

알 가잘리는 바로 이러한 상태에 있을 때 자신의 최고 역작 『철학의 붕괴』를 써 낸 것이었다. 여기서는 이성이 갖고 있는 모든 기술이 이성에 대해 등을 돌리게 된다. 이슬람의 이 신비주의자는 흡사 칸트와도 같은 솜씨로 정교하게 선험적 변증론을 전개시켜 주장하기를, 이성은 곧 모든 것에 대한 의혹으로 이어지고, 또 지성의 파산, 도덕적 해이, 사회의 붕괴로도 이어진다고 하였다. 흄(Hume)보다 700년이나 앞선 시대에 알 가잘리는 벌써 이성을 인과성의 법칙으로 환원시키고 있는 바, 인과성이란 것도 결국엔 사건의 순차적 배열에 지나지 않았다. 즉 우리의 인식에 들어 있는 내용은 알고 보면 A가 있고 나서 보통 그 뒤에 B가 따른다는 것일 뿐이지, A를 원인으로 해서 B가 일어난다는 것은 아니라는 것이다. 따라서 철학, 논리, 과학으로는 신의 존재나 영혼의 불멸성을 증명해 낼 수가 없다. 우리에게 그러한 믿음을 가져다주는 확실한 방도는 오로지 하나 직접적인 직관뿐이니, 어떠한 도덕적 질서도 나아가 어떠한 문명도 이러한 직관 없이는 그 명맥을 이어 나가는 것이 불가능하다.[85]

이렇듯 신비주의를 거치고 나자 알 가잘리는 종국엔 다시 정통 정교 쪽으로 완전히 되돌아오게 된다. 젊은 시절 그를 휩쌌던 그 모든 두려움과 기쁨이 다시금 그를 덮쳐 왔고, 이에 그는 자신의 머리 바로 위에서 신이 준엄한 얼굴로 자기를 지켜보는 것 같아 두렵다고 속내를 털어놓았다. 이제 그는 마호메트교에서 말하는 지옥이 얼마나 끔찍한 곳인지를 새로이 언명하고 다녔고, 더불어 대중의 윤리적 삶을 위해서는 그 내용을 설파하는 일이 꼭 필요함도 역설하였다.[86] 그가 코란과 하디스를 다시 받아들인 것도 이즈음이었다. 그리하여 『종교학의 부활』에서 그는 자신이 새롭게 개선시킨 정교의 내용을 세세히 설명하고 또 방어하기에 이르는데, 전성기에 그가 발휘하던 그 힘찬 웅변과 열정이 고스란히 담겨 있었다. 이슬람 회의주의자들과 철학자들로서는 자신들을 향해 그토록 죽기 살기로 달려든 적도 또 없을 정도였다. 그리하여 그가 세상을 떠날 때 즈음에는 불신앙의 물결은 이미 다 물러간 것이나 다름없었다. 알 가잘리 덕분에 정교에서는 다들 한시름 던 셈이었다. 심지어는 알 가잘리의 저작이 번역으로 전해지자 그리스도교 신학자들도 기쁨을 감추지 못하였는데, 아우구스티누스 이래로 종교를 그토록 잘 방어해 내고 또 신심을 그토록 절절히 표현해 낸 작가는 없다는 것이었다. 알 가잘리 이후 철학은, 아베로이스라는 인물이 났음에도 불구하고, 이슬람 세계의 한 귀퉁이로 밀려나 쥐 죽은 듯 지낼 수밖에 없었다. 이렇듯 과학을 뒤따르던 물결이 잦아들면서, 이제 이슬람계의 지성은 하디스와 코란을 다시 손에 들고 점점 더 그 속으로만 파고들었다.

한편 알 가잘리가 한때 신비주의로 귀의한 것이 수피교로서는 대승리와 다름없는 일이었다. 덕분에 이제는 정교에서도 수피교를 받아들이게 된 것은 물론, 한동안은 이슬람 신학이 온통 수피교 교리로 넘쳐 났던 것이다. 물론 당시에도 종교계와 법조계의 공적인 면은 여전히 물라(mullah, 이슬람교의 교리 및 율법을 해설해 주는 식자층)들이 주름잡고 있었다. 하지만 종교적 사상의 면에서는 이제 수피교 수도승과 성인들이 이들보다 한 수 위로 여겨지게 되었다. 그런데 이 대목에서 한 가지 신기한 사실이 있으니, 그리스도교 세계에 프란체스코 수도회가 한창 세를 이루던 것과 때를 같이하여, 이슬람 세계에서도 12세기에 들면서 본격적으로 수도원 체계가 형성되기 시작했다는 것이다. 수피교의 열성적 추종자들은 이제 가족을 등지고 출가를 하여 남자들로만 구성된 종교 공동체에 거주하면서 셰이크라는 우두머리의 지휘를 따랐다. 그러고는 자기들 스스로를 데르비시(dervish) 또는 파키르(faqir, 페르시아어이자 아랍어로서 '가난한 자' 또는 '탁발승'을 뜻한다.)라 칭하였다. 이들은 자아를 초월하고 나아가서는 신과의 합일을 이루어 기적이 행해지길 염원하였으니, 일부는 기도와 명상을 통하였고, 또 일부는 고행을 동반하는 자기 부정을 이용했는가 하면, 또 다른 이들은 격한 춤사위 뒤 완전히 탈진하는 방법을 통하여 합일에 이르고자 하였다.

한편 이들의 교리가 나름의 틀을 잡게 된 건 무히 알 딘 이븐 알 아라비가(1165~1240년) 써 낸 150권의 저작 속에서였다. 알 아라비는 스페인 출신의 이슬람교도이나 다마스쿠스를 주된 본거지로 삼은 인물이었다. 그는 이 세상은 절대 창조된 것이 아니라 하였는데, 알고 보면 이 세상은 내면의 관점에 자리한 신(神)이 외부로 드러난 양상과 다름없기 때문이다. 역사라는 것도 신이 자의식으로 발전해 나가는 과정에 지나지 않으며, 신은 이것을 인간 안에서 마침내 달성해 낸다. 한편 지옥은 영원히 존재하지는 않으니, 종국에 가서는 모든 것이 다 구원을 받을 터이기 때문이다. 또 우리가 일순의 덧없는 물리적인 형상을 사랑한다면 그것은 잘못된 것이라 할 수 있다. 사랑하는 것 안에 모습을 드러내는 것은 바로 신이기 때문이다. 따라서 어떤 것이 아름다울 때 진정 사랑하는 사람이라면 그 속에서 온갖 아름다움을 지어 내신 그분을 발견하고 또 사랑할 것이다. 당시에 알 아라비는 히에로니무스 시대의 몇몇 그리스도교도도 염두에 두고 있었던 모양이다. "죽는 날까지 사랑을 하되 정결을 지키는 자는 곧 순교자로 죽는 것과 다를 바 없으며", 나아가 이런 이들은 가장 높은 경지의 신앙심에 이른다고 가르쳤기 때문이다. 그리하여 데르비시 중에는 아내를 두고도 그의 가르침에 따라 아내와의 사이에서 그런 정결을 지키며 살아가겠다고 서약한 이들이 상당수에 이르렀다.[87]

사람들이 자진하여 헌납품을 바쳐 오자, 일부 이슬람교 수도회에는 점점 부가 쌓여 간 것은 물론 아예 삶을 즐기며 살아도 좋다고 말하는 곳까지 생겨났다. 그리하여 시리아의 한 셰이크는 1250년에 불만을 토로하기를, "옛날만 해도 수피교도 형제단은 몸은 다 제각각이어도 영혼만은 하나로 뭉쳐 있었건만, 지금 보면 몸에는 다들 번지르르 옷만 잘 차려입고 있지 거룩한 신비는 도리어 다 해진 누더기 꼴을 면치 못하고 있다."라고 하였다.[88] 성직에 몸담은 이 속물들을 대하면서 일반 백성들은 그저 억지 미소를 지어 보이는 수밖엔 없었지만, 그 가운데서도 진정 열의 있는 수도자가 발견되면 아낌없이 떠받드는 모습을 보였다. 사람들은 그들에게 기적을 행하는 신통력이 있다 믿으며 성인으로 추대하는가 하면, 그들이 태어난 탄신일을 기념일로 정하여 축하하였다. 또 알라신께서 그들의 중재를 통하여 자기들 소원을 들어주길 기도하였으며, 죽은 이들의 경우에는 그 무덤을 찾아 순례를 떠나기도 했다. 그리스도교 신앙도 그랬듯, 마호메트교 역시 세월이 흐르면서 발전과 변화를 거듭하였으니, 만일에 마호메트나 그리스도가 환생하여 그 변한 모습을 봤다면 아마 깜짝 놀라지 않을 수 없었을 것이다.

과학과의 힘겨루기에서 정교가 완전히 승세를 잡자, 이제 이슬람교는 예전만큼 관용을 베풀어 주지 않는 모습이었다. 예로부터 이슬람 세계에는 이른바 "우마르의 금지령"이라 하여 비이슬람교도에 대한 법령이 하룬 알 라시드 시절부터 존재하였는데, 전만 해도 잘 지켜지지 않던 이 법령의 내용들이 점점 엄격히 지켜지기 시작한 것이다. 그리하여 이슬람교도들은 이제 이론상으로는(물론 이런 명령이 항상 실행에 옮겨진 것은 아니었다.) 누가 보아도 한눈에 구별될 수 있게 자신들 옷 위에 노란색 띠를 덧대지 않으면 안 되었다. 또 말을 타는 것도 금지되었는데, 대신 당나귀와 노새 정도는 타고 다녀도 무방했다. 교회나 회당을 새로 짓는 것 역시 금지되었으나, 오래된 교회를 수리하는 것은 괜찮았다. 하지만 교회 바깥에 십자가는 절대 걸 수 없었고, 교회에서 종소리가 울려서도 안 되었다. 비이슬람교도들은 자식들을 이슬람 학교에 보낼 수는 없었으나, 대신 자기들 힘으로 학교를 짓는 건 상관없었다. 하지만 이는 법령의 문자적 내용에 해당할 뿐, 그것이 이슬람 세계에서 항상 실행되었던 것은 아니다.[89] 하지만 이렇듯 이슬람의 관용이 전 같지 않았음에도 불구하고 10세기 바그다드에는 여전히 그리스도교 인구가 4만 5000명에 달했다.[90] 뿐만 아니라, 이 시절 이슬람 세계에서는 그리스도교 장례 행렬이 거리를 지나다녀도 아무런 해코지도 당하지 않았다.[91] 여기에 그리스도교도와 유대교도를 고위직에 등용하지 말라는 이슬람교도들의 항의도 여전히 빗발쳤고 말이다. 심지어는 십자군이 가열한 기세로 쳐들어오는 마당에도 살라딘은 자기 영내의 그리스도교도에게 넉넉하게 도량을 베풀어 줄 줄 알았다.

8. 아베로이스

한편 이슬람령 스페인에서 철학은 한동안 명맥을 이어 나가는 데는 성공을 하였으니, 조심조심 비판적 가설을 내놓되 중간중간 머리를 굴려 정교에 대한 믿음을 약속하는 방법을 통해서였다. 사상 역시 위태위태하나마 몇몇 통치자들의 궁궐을 찾아들면서 자유를 찾을 수 있었다. 통치자들은 철학이 백성들에게는 해를 끼친다 여기면서도 정작 자신들은 남몰래 그런 사변을 즐겼던 것이다. 그리하여 사라고사에 자리한 알모라비드 왕조 통치자는 1106년경에 그곳 사라고사에서 태어난 아부 베크르 이븐 바자라는 인물을 조정 대신이자 자신의 친구로 삼기에 이른다. 유럽에서 아벰파세라고도 불리는 이븐 바자는 얼마 되지 않은 젊은 나이에 벌써 과학, 의학, 철학, 음악, 시의 다양한 방면에서 두루두루 통달한 경지를 보여 줄 정도로 역량이 대단하였다. 이븐 칼둔이 전하는 바에 따르면, 사라고사의 통치자는 이 젊은 학자가 지어 놓은 시 몇 수가 얼마나 마음에 들었는지 앞으로 이븐 바자가 자신을 알현하러 올 때에는 반드시 그의 발밑에 황금을 깔아 그 위를 걷게 하겠노라 약속하였다 한다. 이에 이븐 바자는 이 약속 때문에 도리어 자신을 환대하지 않는 것으로 비칠까 염려되어 그때부터는 꼭 자신의 신발 양짝에다 황금 동전을 한 닢씩 넣어 신고 다녔다. 그러던 어느 날 사라고사는 그리스도교도들의 수중에 떨어지게 되고, 시인이자 과학자이자 조정 대신이었던 이븐 바자는 그길로 페즈로 도망쳐 들어간다. 그러나 그곳엔 온통 그를 무신론자로 몰아세우는 이슬람교도들뿐이었고, 따라서 그는 어느덧 비렁뱅이 신세로 전락해 버리고 만다. 그렇게 이븐 바자는 페즈에서 지내다 서른의 나이에 세상을 떠났는데, 진위는 불분명하나 독살을 당한 듯하다. 그의 저작을 보면 우선 음악을 주제로 쓴 글이 한 편 있었는데, 서(西)이슬람의 문헌을 통해 음악이라는 까다로운 주제를 다루었다는 점에서 보기 드문 걸작으로 평가받았으나 지금은 유실되고 없다. 그의 저작 중에서도 가장 명저로 꼽히는 것은 『고독에의 안내서』라는 작품으로서, 아랍 철학의 기본 테마를 거듭 강조하고 있는 것이 특징이다. 이 책을 통해 이븐 바자가 하는 이야기에 따르면, 우리 인간이 지닌 지성은 다음과 같이 두 부분으로 이루어져 있다. 우선 "물질적 지성"이라는 것이 있는데, 이는 우리의 몸에 묶여 있어 몸과 생사를 함께한다. 나머지 하나는 "능동적 지성"(개인을 떠난 우주적 지성)으로서, 이는 모든 인간 안에 들어오게 되어 있으며, 나아가 이 능동적 지성만이 불멸성을 지닌다. 더불어 생각은 인간이 가진 가장 고차원적 기능에 해당한다. 그 까닭은, 신비주의에서 말하는 것과 달리, 인간이 능동적 지성(즉, 신)을 알고 그것과 합일을 이룰 수 있는 것은 무아경의 경지를 통해서가 아니라 바로 생각을 통해서이기 때문이다. 그러나 사고라는 것은 위험천만한 일이기도 한 만큼, 침묵 속에서 이루어지지 않으면 안 된다. 따라서 지혜로운 자라면 모름지기 조용히 혼자 은거를 하면서 의사도, 법률가도, 일반 대중들도 멀리하며 살아갈 것이다. 아니면 철학자 몇몇이 따로 모여 공동체를 구성해서 살아가는 것도 바람직할 수 있겠는데, 그러면 광기 어린 군중과는 멀리 떨어져서 자기들끼리 서로 베풀고 배려하며 함께 앎을 추구할 수 있을 것이기 때문이다.[92]

아부 바크르(유럽에는 아부바세르로 알려져 있다.) 이븐 투파일(1107?~1185년)은 이븐 바자의 이러한 사상을 계승한 것은 물론, 그가 꿈꾸던 이상을 거의 실현까지 시켰다. 이븐 투파일 역시 이븐 바자와 마찬가지로, 살면서 과학자, 시인, 의사, 철학자를 모두 겸한 인물이었다. 당시 알모하드 왕조는 모로코의 마라케시란 곳에 수도를 두고 있었는데, 이븐 투파일은 여기서 아부 야쿠브 유수프의 주치의 겸 비지에로 일하였다. 왕궁에서 일하는 동안 그는 깨어 있는 하루 일과 대부분을 왕실 도서관에서 보낼 수 있었고, 그 시간을 또 쪼개어 글을 쓰는 데 할애하였다. 그리하여 그가 이때 써 낸 저작으로는 한층 전문적인 수준의 것이 여러 권인데, 그중에서도 철학적 모험담을 담은 소설 한 편은 중세 시대 문학에서도 백미로 손꼽힌다. 이븐 시나의 작품 한 구절을 따서 제목이 지어진 이 책은 아마도, 디포(Defoe)가 『로빈슨 크루소』를 써 내는 데에도 얼마간 실마리가 되지 않았을까 한다.

『생생히 살아 있는, 눈 뜬 자의 아들』이라는 이 책의 제목은 이 책에 등장하는 주인공의 이름이기도 하다. 주인공 하이는 젖먹이 어린 시절 아무도 살지 않는 무인도 땅에 버려져 그곳에서 홀로 살아가게 된다. 그런 그를 암염소 한 마리가 돌보아 주게 되고, 그는 무럭무럭 자라나면서 갖가지 정보와 기술을 몸에 익힌다. 그리하여 동물들의 가죽으로 신과 옷가지를 지어 낼 줄 알게 되는가 하면, 밤하늘 별들을 바라보며 그것을 연구하기도 하였다. 또 동물들의 살아 있는 몸이나 사체를 가져다 해부해 보기를 주저하지 않으니, "그 방면에 있어서는 가장 높은 경지, 즉 역사상 가장 학식 높은 박물학자라야 다다를 수 있던 그런 경지에 도달하였다."[93] 그렇게 과학을 거쳐 철학과 신학까지 두루 섭렵한 그는 종국에는 전능하신 창조자가 존재한다는 사실을 혼자 힘으로 증명해 내기에 이른다. 뿐만 아니라 일상생활 속에서 고행을 실천하며 사는가 하면, 동물 고기를 끊어 일절 입에 대지 않았으며, 무아경에 들어가 능동 지성과 합일을 이루어 내었다.[94] 그렇게 하여 나이 마흔아홉에 이르게 된 하이는 이제 청중을 놓고 가르침을 펴도 손색이 없을 정도였다. 그리고 때마침 그 섬에는 홀로 수행을 할 양으로 아살이라는 한 신비주의자가 들어와 있던 터였다. 어느 날 이 둘이 섬에서 마주치게 되니, 하이로서는 인류가 존재한다는 사실을 처음 알게 되는 순간이었다. 아살은 하이에게 인간의 언어를 알려 주게 되고, 얼마 안 가 그는 하이가 누구의 도움도 없이 혼자서 신의 존재를 알았다는 사실을 알게 되니 그에겐 무엇보다 기쁜 소식이었다. 아살은 하이에게 터놓기를, 이 섬에 오기 전 살았던 저 뭍에서는 사람들이 두루 믿는 종교가 조야하기 짝이 없다는 것이었다. 뿐만 아니라 사람들은 천국을 약속하고 또 지옥으로 을러야만 그나마 조금은 윤리라는 것을 갖춘다고 탄식하였다. 이에 하이는 자신이 뭍으로 가서 그 무지몽매한 사람들을 보다 고차원적이고 보다 철학적인 종교로 이끌겠다고 굳게 다짐한다. 그리하여 뭍으로 건너간 하이는 사람이 많이 모이는 시장을 찾아가 자신의 범신론을 설파한다. 하지만 주민들은 그의 말에 아랑곳하지 않거나, 아니면 아예 그의 말을 전혀 이해하지 못하는 듯했다. 결국 하이는 마호메트가 옳았다고 결론 내린다. 사람들이 사회적 질서를 따르게 그 기강을 다잡으려면 신화, 기적, 의례, 초자연적 징벌 및 보상들을 종교와 버무리지 않으면 안 되는 것이었다. 하이는 주민들에게 자신이 무작정 나타난 것에 대해 사과하고는 살던 섬으로 되돌아갔다. 그리고 그곳에서 아살과 함께 살면서, 온순한 동물 그리고 능동 지성을 벗 삼아 하루하루를 지냈다. 그렇게 "그들은 한결같은 마음으로 신에게 봉사하는 삶을 살다 제명이 다하여 이 세상을 떠났다."

그러기 쉽지 않음에도 불구하고, 이 이븐 투파일이 아부 야쿠브 유수프에게 아무 사심 없이 한 젊은 인재를 소개시킨 것이 1153년경의 일이었다. 당시 법률가 겸 의사였던 이 젊은이의 이름은 아부 알 왈리드 무함마드 이븐 루시드 (1126~1198년), 중세 유럽에는 아베로이스라 알려진 그가 바로 이슬람 철학계에 가장 뚜렷한 발자취를 남긴 인물이었다. 그의 할아버지와 아버지는 코르도바에 머물며 차례로 대법관직을 역임한 유력자들이었고, 따라서 코르도바의 역량이 닿는 한에서 아베로이스가 배울 수 있는 것은 다 배우도록 교육을 시켜 주었다. 아베로이스의 한 제자가 남긴 다음과 같은 글을 보면, 아부 야쿠브 유수프 에미르를 처음 만날 당시 아베로이스가 어떤 심정이었는지를 그 자신의 입을 통해 들어 볼 수 있다.

신자들의 군주이신 그분을 알현하기 위해 왕궁에 들어섰을 때, 왕께서는 이븐 투파일과 독대 중이셨다. 이븐 투파일이 하는 이야기를 들으니 …… 나를 추켜세우는 말들이었으나, 내게는 과분하기만 한 칭찬이었다. …… 에미르께서는 날 보자마자 이렇게 물으셨다. "천국에 대해 철학자들은 어떤 의견들을 가지고 있더냐? 천국은 영원한 것이냐, 아니면 천국에도 시작은 있느냐?" 나는 두렵기도 하고 혼란스럽기도 하여 그만 말문이 막혀 버렸다. 그래서 제때 답하지 못한 데 대한 해명으로 뭔가 핑계거리가 될 만한 것을 찾으려 애를 썼다. …… 그러나 에미르께서는 내가 몹시 난감해 한다는 걸 이내 눈치채시고는 이븐 투파일 쪽으로 몸을 돌려 자신의 질문을 주제로 그와 대화를 나누기 시작하셨다. 그러면서 플라톤과 아리스토텔레스를 비롯하여 여러 철학자들이 어떤 견해를 가졌었는지 이야기하셨고, 나아가 이슬람 신학자들이 그들에 맞서 어떤 반론을 펼쳤는지도 일일이 나열하셨다. 에미르께서 기억하고 계신 내용은 한 치의 오류가 없을 정도로 완벽한 것이어서, 나는 전문적인 철학자들도 과연 이렇게까지 기억할 수 있을까 생각되었다. 에미르는 내 마음을 편하게 만들어 주신 후에 내가 가진 지식을 한번 시험해 보셨다. 그런 후 나는 왕궁에서 물러나 거처로 다시 돌아와 있었는데 곧 얼마간의 돈과, 타고 다닐 말 한 필과, 값비싼 법복이 한 벌 도착하였다. 에미르께서 보내신 물품들이었다.[95]

1169년 아베로이스는 세빌리아의 대법관으로 임명이 되었으며, 1172년에는 코르도바의 대법관을 역임하였다. 그로부터 10년 후에는 아부 야쿠브가 그를 마라케시로 불러들여 주치의로 일하게 하였다. 그 후로 당분간 아베로이스는 이 직에 머물렀으나, 왕이었던 야쿠브가 물러나고 야쿠브 알 만수르가 그 뒤를 잇자(1184년) 주치의 자리에서 물러나게 된다. 그러다 1194년에 들어서는 코르도바 근방의 루세나라는 곳으로 유배를 떠나게 되는데, 당시 세간에 들끓던 그의 이단성에 대한 민심을 달래려면 어쩔 수 없는 일이었다. 1198년, 성난 민심이 가라앉자 그는 다시 왕궁으로 복귀하지만 그해가 생애의 마지막이었다. 지금도 마라케시에 가면 아베로이스가 죽어 묻힌 자리를 구경 삼아 감상할 수 있다.

아베로이스는 철학자로서의 명성이 워낙 대단했던 터라 생전에 그가 남긴 의학 관련 저서는 사람들로부터 거의 잊히다시피 했다. 하지만 알고 보면 그는 "당대에 최고의 명의로 손꼽혔던 의사"로서, 망막의 기능을 맨 처음 설명해 낸 것도 그였다. 또 그는 천연두의 공격을 한 번 받고 나면 체내에 면역이 생긴다는 사실도 인식하고 있었다.[96] 뿐만 아니라, 그가 써 낸 의학 백과사전은 라틴어로 번역이 되어 곳곳의 그리스도교 학교에서 널리 교과서로 사용되기까지 했다. 한편 아부 야쿠브 에미르로서는 전부터 바라 오기를, 누군가 글을 써서 아리스토텔레스의 철학을 명확히 설명해 내었으면 좋겠다고 생각하고 있었다. 에미르의 이 의중을 알자 이븐 투파일은 아베로이스가 그 일에 적격이라며 추천하였다. 아베로이스 역시 이 제의를 흔쾌히 수락하였는데, 그는 진작부터 아리스토텔레스의 철학이 모든 철학을 아우른다고 결론 내리고 있었기 때문이다. 아리스토텔레스의 철학은 적절한 해설을 가해 주기만 하면 어느 시대건 그 시대에 맞는 의미를 지닐 수 있었다.* 제의 수락 후 아베로이스는 앞으로 만반의 준비를 다하여 아리스토텔레스의 주요 저작을 하나하나 해설해 낼 것이라고 굳게 결의하였다. 그 과정은 우선 내용을 요약 정리하고, 이어서는 짧막한 해설을 단 뒤, 고급 과정의 학생들을 위해 마지막으로 자세한 해설을 덧붙이는 식이 될 것이었다. 이렇듯 점차 복잡하게 해설을 다는 것은 이슬람 학교에서는 통상적으로 사용되는 해설 양식이다. 하지만 안타깝게도 아베로이스는 그리스어는 한 글자도 알지 못했고, 따라서 아리스토텔레스의 시리아어 번역본을 다시 아랍어로 번역해 낸 저작에 의지하는 수밖에 없었다. 그럼에도 불구하고 그는 불굴의 인내와, 명료한 이해와, 날카로운 분석을 저작 속에서 유감없이 보여 주니, 이로써 아베로이스는 아리스토텔레스의 해설자로서 유럽 전역에 명성을 굳히기에 이른다. 더불어 이슬람 철학계에서도 거의 최고의 위치에 올라, 이제 그를 넘어서는 것은 저 위대한 철학자 아비켄나밖에 없을 정도였다.

이렇듯 아리스토텔레스의 해설서를 펴낸 것 외에도 그는 논리학, 물리학, 심리학, 형이상학, 신학, 법학, 천문학, 문법에 대해서도 나름의 저작을 남겨 놓았고, 거기 더하여 알 가잘리의 『철학의 붕괴』에 응수해 『붕괴의 붕괴』라는 책도 내놓았다. 후일 프란시스 베이컨(Francis Bacon)과 유사하게 그는 별 볼 일 없는

---

* 산타야나가 『이성의 삶』에서 취하고 있는 원칙도 이와 동일한 것이었다.

철학이 인간을 무신론으로 이끄는 건 사실이지만, 학문이란 것은 모름지기 그 어디에도 구애받지 않을 때 비로소 종교와 철학의 차이를 더 잘 이해하게 해 주는 것이라고 주장하였다. 물론 철학자였던 만큼 그는 "코란과 성경 등의 각종 계시록" 내용을 글자 그대로 받아들이진 못했지만,[97] 일반 백성들 사이에 건전한 신심과 윤리가 발전하기 위해서는 그런 내용들이 어느 정도 필요하다는 사실은 충분히 인식하고 있었다. 보통 사람이 일상 속에서 늘 돈벌이에 찌들어 살다 보면, 시작과 끝에 대해서도 어쩔 수 없이 우연적이고, 피상적이고, 위험한 사고를 전개하게 될 뿐 그 이상의 사고를 발휘할 여유는 도무지 없기 때문이다. 따라서 성숙한 이 철학자는 기존의 신앙에 대해서는 그 어떤 불만이나 그 어떤 찬동의 말도 표하지 않았다.[98] 덕분에 어디서 제지당할 일이 없던 이 철학자는 마음껏 자유를 누리며 진리 추구의 길을 걸었다. 하지만 그때에도 자신의 논의는 늘 식자층이 이해할 수 있는 범위에만 한정시켰지, 일반 백성들을 상대로는 그 어떤 선동도 하려 들지 않았다.[99] 그는 상징적으로 해석되기만 한다면 종교의 교리도 얼마든 과학 및 철학의 연구 결과와 조화를 이룰 수 있다고 보았다.[100] 더구나 성직자들 자신이 이미 수백 년에 걸쳐서 신성한 경전을 그렇게 상징적으로 해석해 온 터였다. 그리스도교 쪽 비판가들은 아베로이스의 교조, 즉 철학적으로는(식자층 사이에서는) 참일 수 있는 명제가 종교적으로는(도덕적으로는) 그르다는(해롭다는) 교조를 문제 삼지만, 사실 이 주장도 아베로이스는 넌지시 암시만 했을 뿐 명시적으로 설파하지는 않았다.[101] 따라서 당시 아베로이스가 가진 견해가 어떤 것이었는지 확인하기 위해서는 일반 청중을 상대로 쓴 소론을 볼 것이 아니라, 다소 난해하더라도 반드시 아리스토텔레스에 대해 남겨 놓은 해설서를 들여다봐야만 한다.

아베로이스의 정의에 따르면 철학은 "존재의 의미를 탐구해 가는 활동"이 되, 그 목적은 인간을 보다 나은 존재로 발전시키는 데 있다.[102] 그에 따르면 이 세상은 영원무궁한 것이다. 따라서 애초 하늘의 움직임에 절대 시작이란 없었으며, 끝도 역시 절대 없을 것이다. 창조론은 허상에 불과하다.

창조론을 열렬히 신봉하는 자들의 주장에 따르면, 주(신)라는 존재는 어떤 물질이 반드시 선행하지 않더라도 거기에서부터 (새로운) 존재를 만들어 낼 수 있다고 한다. …… 오늘날 이 세상에 존재하는 세 가지 종교가 무에서 유가 창조되어 나왔다고 말하는 것도 바로 이러한 상상력에 근거해서이다.[103] 움직임이란 것은 영원무궁하며 또 지속적이다. 뿐만 아니라, 모든 움직임은 이전 움직임 속에 그 원인을 두고 있다. 움직임이 없는 한 시간도 있을 수 없다. 따라서 움직임에 시작이나 끝이 있다고 우리는 생각할 수 없다.[104]

그럼에도 불구하고 신은 이 세상을 창조했다고 할 수 있는데, 그 까닭은 신이 세상을 떠받쳐 주는 그 힘이 없으면 이 세상은 한순간도 존재할 수 없기 때문이고, 나아가 신의 신성한 에너지가 있어야만 세상은 창조의 작업을 멈추지 않고 해 나갈 수 있기 때문이다.[105] 즉 신은 이 우주의 질서요, 힘이요, 마음인 것이었다.

행성과 별들도 이 최고의 질서와 지성에 힘입어 질서와 지성의 빛을 내뿜게 된다. 그리고 천계에서도 가장 낮은 천체의 지성(즉 달의 지성)에서는 능동적 지성 혹은 실질적 지성이란 것이 나와 인간 개개인의 몸과 마음속으로 들어온다. 인간의 마음은 두 가지 요소로 구성되어 있다. 그중 하나는 수동적 혹은 물질적 지성으로, 사고 능력 또는 사고의 가능성을 뜻한다. 이 요소는 몸의 일부를 이루고 있는 만큼 몸이 죽으면 함께 죽게 되어 있다.(신경계를 말하는 것이 아닐지?) 한편 마음을 이루는 또 다른 요소는 능동적 지성으로서, 인간의 수동적 지성은 이 신성한 기운이 넘쳐 들어야만 비로소 실질적 사고로 변모할 수 있다. 그런데 이 능동적 지성이란 것은 개별성을 전혀 갖고 있지 않다. 모든 인간 안에서 그것은 동일한 특성을 지니는 것이다. 나아가 이 능동적 지성만이 유일하게 불멸성을 지닌다.[106] 아베로이스의 비유에 따르면, 능동적 지성이 개별적(혹은 수동적) 지성에 작용하는 모습은 태양빛이 가지는 영향력과 흡사하다. 즉 지구상의 수많은 물체들은 태양 덕분에 밝게 빛나지만, 태양은 어느 한 곳이 아닌 세상 모든 곳에 두루 존재하며 나아가 영원히 하나이다.[107] 또 개인의 지성은, 마치 불길이 태울 것을 찾아 손을 뻗듯, 이 능동적 지성과 합일되기를 염원한다. 이러한 합일의 상태에 들면 인간의 마음은 신의 마음과 유사해진다. 이때에야 비로소 온 우주를 사고로써 온전히 이해하는 것이 가능해지기 때문이다. 알고 보면 이 세상은, 그리고 그것이 품은 내용은, 지성으로써 이해되지 않으면 우리에게는 존재하지 않는 것일 뿐더러 그 어떤 의미도 가지지 못한다.[108] 더불어 우리의 마음은 오로지 이성으로써 진리를 인식할 때에만 그런 합일에 이를 수 있지, 수피교도들이 생각하였듯 금욕 수행을 하거나 무아경의 춤사위에 빠져드는 것으로는 그런 합일이 불가능하다. 현인이 지닌 고요하고도 온화한 지혜, 그것이 바로 아베로이스가 생각한 천국이었다.[109]

아리스토텔레스 역시 이런 결론을 내렸던 바 있었다. 사실 능동 지성과 수동 지성('nous poietikos'와 'nous pathetikos')의 개념부터가 아리스토텔레스의 『영혼론』(iii, 5)에 연원을 둔 것으로, 아프로디시아스의 알렉산드로스와 알렉산드리아의 테미스티오스도 아베로이스와 비슷한 해석을 한 바 있다. 그 후 능동 지성과 수동 지성의 개념은 신플라톤주의의 유출설(초월적인 절대자로부터 마치 태양에서 빛이 방사하고 또 샘에서 물이 흘러넘치는 것처럼 만물이 유출한다는 학설 – 옮긴이)로 거듭나게 되고, 이는 이슬람의 철학에서도 일가를 이루어 알 파라비, 아비켄나, 이븐 바자를 거치며 대대로 그 전통을 이어 온 참이었다. 그리고 종국에 이르러 아베로이스 대에 오자 이슬람 철학은 다시 태동 당시로 돌아가, 아리스토텔레스의 철학에 신플라톤주의를 입힌 양상을 띠었다. 그러나 이슬람이나 그리스도교 철학자 중에서는 신학의 필요에 맞게끔 아리스토텔레스의 철학을 다시 재단한 이들이 대부분이었던 데 반해, 아베로이스의 경우는 그 반대로 마호메트의 교조들을 최대한 간소화시켜 그것이 아리스토텔레스의 철학과 조화를 이루게끔 하였다. 이 때문에 아베로이스의 영향력이 더 강했던 곳은 이슬람 세계가 아니라 그리스도교 세계였다. 오히려 아베로이스가 이슬람 세계로부터 받은 대접이라곤 동시대인들의 박해 그리고 후세의 무관심이었으니, 이들은 아베로이스의 아랍어본 저작 대부분이 유실되어도 그냥 두고만 보았다. 한편 유대교도들은 아베로이스의 저작들을 히브리어로 번역해 그중 상당수를 잘 보존해 놓은 것은 물론, 마이모니데스 같은 사상가는 아베로이스의 길을 계승하여 종교와 철학을 화해시키려 계속 노력하였다. 한편 그리스도교 세계에서는 아베로이스가 써 낸 아리스토텔레스 주석서들이 히브리어에서 라틴어로 번역돼 나오기에 이르는데, 이를 자양분으로 시제 드 브라방(Siger de Brabant)의 이단설과 파두아 학파의 사상이 싹터 나오면서 그리스도교 신앙의 기반에 위협을 가하기도 하였다. 성 토마스 아퀴나스가 『대전(大全)』이란 저작을 써 낸 것도 당시 그리스도교 세계로 밀려들던 이 아베로이스주의의 물결을 어떻게든 잠재우기 위해서였다. 그러나 이러한 토마스 아퀴나스도 아베로이스를 계승한 면이 많았으니, 그는 아베로이스가 써 낸 아리스토텔레스 주석서의 방법론을 그대로 따랐을 뿐 아니라, 아리스토텔레스에 관한 해석에 있어서도 아베로이스와 동일한 입장을 보인 데가 한두 군데가 아니었고, 아베로이스와 똑같이 아리스토텔레스의 "개별화의 원리"를 주된 소재로 택하였다. 또 둘은 모두 의인화된 성서의 내용들을 상징적으로 설명해 내었는가 하면, 이 세상이 영원할 수 있다는 가능성을 똑같이 인정하였으며, 신비주의는 신학에 충분한 기반이 돼 주지 못한다며 거부하였다. 그러면서도 둘 모두 종교의 일부 교리들은 이성의 차원을 넘어서 있음을 인정하면서 그런 것들은 오로지 믿음을 통해서만 받아들일 수 있는 것이라 하였다.[110] 로저 베이컨의 경우 이런 아베로이스를 평하여 아리스토텔레스와 아비켄나 다음가는 위대한 철학자의 반열에 놓았는데, 그러면서 특유의 과장을 섞어 이런 말을 덧붙였다. "오늘날(1270년경) 아베로이스의 철학이 옳다는 데 있어서는 지혜로운 자들 모두 만장일치의 의견을 보이고 있다."[111]

1150년, 바그다드의 칼리프 무스탄지드는 명을 내려 아비켄나와 성심의 형제단이 남겨 놓은 철학서들을 모조리 불태워 버리라 명한다. 이어 1194년에는 세빌리아의 에미르 아부 유수프 야쿠브 알 만수르가 명을 내리니, 아베로이스가 써 낸 저작들을 자연 과학 저서 몇 권만 남기고 모두 불살라 버리라는 것이었다. 에미르는 이와 함께 백성들에게 철학 공부를 금기시하였을 뿐 아니라, 어디서건 철학 책이 발견되면 하나도 남김없이 불 속에 던져 넣을 것을 강권하였다. 에미르의 이런 명령을 백성들은 그저 열심히 따랐다. 신산하기만 한 그들의 삶에 있어 가장 소중한 위안이란 바로 신앙이었는데, 그런 신앙이 공격받는 것은 그들로서는 참을 수 없는 일이었기 때문이다. 이븐 하비브가 철학을 공부했다는 죄목을 쓰고 종국에 사형에까지 처해진 것도 이즈음의 일이었다.[112] 그리하여 1200년이 지나고부터 이슬람 세계는 되도록 사변을 멀리하는 모습이었다. 더구나 이슬람 세계의 정치력은 하루하루 쇠약해지고 있던 터, 나라는 정교의 신학자 및 율법학자들에게 점점 더 많은 도움을 구하지 않으면 안 되었다. 그렇게 해서 나라는 여차여차 운영은 되었으나 거기엔 대가가 따랐으니 더 이상 독립적인 사상은 일어나지 못했던 것이다. 그러나 정교의 도움이 있었다고는 해도 그것은 나라의 목숨을 완전히 구할 정도는 못 되었다. 스페인에서는 이제 그리스도교도들이 진격해 들어와 하나둘 도시를 점령해 버렸고, 그리하여 이제 이슬람 땅으로 남은 곳은 그라나다 단 한 곳뿐이었다. 동쪽으로는 또 십자군이 쳐들어와 예루살렘을 점령해 버린 터였다. 그리고 1258년에는 몽골족이 들어오니 그들은 바그다드 땅을 차지해서는 도시를 무참히 파괴시켜 버렸다.

9. 몽골족의 침입: 1219~1258년

야만인의 정복을 부르는 것은 결국은 문명의 안락함이다. 이 자명한 사실을 역사는 이 무렵 다시 한 번 실감나게 보여 준다. 셀주크 왕조의 창건이 동이슬람에 새로이 힘을 불어넣어 준 건 분명 사실이었다. 그러나 안락함에 무릎 꿇기는 그들 역시 마찬가지였고, 그 결과 말리크 샤가 이룩한 이슬람 제국은 자치를 주장하는 몇 개의 왕국으로 사분오열돼 버리기에 이르렀다. 이들 소왕국들은 문화적인 면에서는 절정을 구가하였으나 군사적인 면에서는 쇠약함을 면치 못했다. 더구나 백성들 역시 종교에 대한 광신과 인종 간의 적의로 인하여 서로 파를 나누어 싸우기 바빴으니, 십자군이 침략해 온 와중에도 이들은 다 같이 합심하여 그들을 막아 내는 데는 번번이 실패하였다.

한편 북서 아시아의 평원과 사막 지대에서는 몽골족이 터를 잡고는 고초 많은 생활과 태고부터의 척박한 땅에도 아랑곳없이 나날이 번영을 이뤄 가고 있었다. 그들은 천막을 치고 그 안에서 생활하거나 아니면 아예 허허벌판에서 지내기도 하였는데, 가축 떼를 이끌고 싱그러운 풀밭을 찾아다니는 것이 일이었다. 이들은 소가죽으로 손수 옷을 지어 입을 줄 알았고, 무예 익히는 것을 그 무엇보다도 좋아하였다. 800년 전 그들의 동족이 그러했듯, 새로이 등장한 이 훈족도 단검과 장검을 휘두르는 솜씨며, 달리는 말에서 활을 쏘아 목표물을 맞히는 솜씨가 아주 일품이었다. 또 당대에 그리스도교 선교사로 활동한 조반니 데 피아노 카르피니의 말대로라면, 몽골족은 "먹을 수 있는 것은 몽땅 다 음식으로 삼았으니 심지어는 이까지도 잡아서 먹었다."[113] 오늘날 누구보다 교양을 갖추었다는 문화인들이 뱀장어나 달팽이를 아무렇지 않게 먹듯이, 당시 몽골족은 생쥐, 고양이, 개, 인간의 피 등을 음식물로 섭취하는 데에 아무 거리낌이 없었다. 이런 몽골족을 칭기즈 칸(1167~1227년, '위대한 왕'이라는 뜻)은 가혹한 법률을 동원하여 엄격히 단련시켰고 이로써 곧 무적의 군대를 양성해 내었다. 그리고 이 군대를 이끌고 출정한 칭기즈 칸은 이내 볼가 강에서 시작해 만리장성에 이르기까지의 중앙아시아를 그들 땅으로 만들기에 이른다. 그런데 중앙아시아 정복을 위해 칭기즈 칸이 수도 카라코룸을 비운 사이, 몽골족의 추장 하나가 모반을 일으켜서는 흐와리즘의 독립국 수장인 알라 알 딘 무함마드 샤와 동맹을 맺기에 이른다. 칭기즈는 이 반란을 잠재운 후 화약을 맺을 것을 무함마드에게 청하게 된다. 무함마드 쪽에서도 이 청을 받아들였다. 하지만 그로부터 얼마 안 가 오트라르 지방을 다스리던 무함마드 측의 총독이 몽골족 상인 두 명을 잡아서는 그들을 밀정이라며 사형시켜 버렸다. 칭기즈는 무함마드에게 그 총독을 몽골로 보내 줄 것을 요구하였다. 하지만 무함마드는 그 청을 들어주기는커녕 칭기즈가 파견한 몽골 사절단의 수장을 참수시켜 버렸고 나머지도 턱수염을 싹둑 잘라서는 몽골로 돌려보냈다. 이에 칭기즈가 전쟁을 선포하니, 몽골의 이슬람 침략은 이렇게 해서 그 서막을 열게 된다.(1219년)

우선 칸의 아들 주지가 군대를 이끌고 전쟁에 나서서는 잔드 지방에서 무함마드의 40만 대군을 맞아 패퇴시켰다. 싸움에서 진 무함마드 샤는 전장에서 목숨을 잃은 병사 16만 명을 그대로 내버려 둔 채 사마르칸트로 줄행랑을 쳤다. 칭기즈의 또 다른 아들 차가타이도 군대를 이끌고 오트라르로 향하여 곧 그곳을 점령하고는 마구 약탈하였다. 세 번째 군대는 칭기즈가 몸소 이끌었다. 그의 군대는 보카라로 쳐들어가서는 도시를 깡그리 불살라 놓는가 하면, 주민들을 붙잡아서는 여인 수천 명을 겁탈하고 3만 명에 이르는 남자들을 대량 학살하였다. 사마르칸트와 발흐는 칭기즈가 발을 들이자마자 그에게 항복하였으나 약탈과 대량 학살을 당하기는 마찬가지였다. 이븐 바투타에 따르면 그로부터 꼬박 백 년이 흐른 뒤에도 이들 도시는 여전히 상당 부분이 폐허로 남아 있었다고 한다. 칭기즈의 또 다른 아들 툴레는 7만의 군대를 이끌고 호라산 지역을 횡단하였는데, 행군 길에서 만난 마을이란 마을은 모조리 쑥대밭을 만들어 놓았다. 당시에 몽골족은 포로를 잡게 되면 그들을 자기들 마차에 태우고는 두 가지 중 하나를 선택하게 했다. 하나는 최전선에 나가 아군을 상대로 싸우는 것이었고, 다른 하나는 등 뒤에서 날아오는 칼을 맞고 그대로 죽는 것이었다. 메르브 땅 같은 경우는 적군이 자기편을 배반하면서 몽골군의 손에 떨어졌고, 몽골군은 이 도시 역시 흔적도 없게 불살라 버렸다. 그리하여 한때 이슬람의 영광으로 손꼽히던 이곳의 도서관 여러 개도 활활 솟아오르는 불길 속에 온데간데없이 사라져 버렸다. 도시를 불태운 후 몽골군은 메르브 주민들에게 허락하기를, 갖고 있던 보물들을 몸에 지닌 채 성문을 나가도 좋다고 하였으나, 결국에는 이들도 가진 것 모두를 탈탈 털린 채 학살을 당하였다. (이슬람 역사학자들의 단언에 따르면) 이때의 학살은 장장 13일 동안 이어졌으며 무려 130만 명이 목숨을 잃었다고 한다.[114] 니샤푸르의 경우에는 몽골군의 침략을 오랫동안 버텨 내며 용감하게 항전하였으나 역시 종국에는 항복을 하고 말았다.(1221년) 주민들은 남녀노소 할 것 없이 모조리 학살을 당했는데, 다만 400명의 장인, 예술가들만 목숨을 건져 몽골로 보내졌다. 사람들이 죽은 자리에는 해골들이 수북이 쌓여 송장 피라미드를 이루었다. 라이 역시 폐허로 전락할 수밖에 없었는데 원래 이 곳은 모스크 3000개에 유명한 가마터까지 자리하고 있어 아름답기 그지없던 도시였으나, (한 이슬람 역사가가 전하는 이야기에 따르면) 몽골군에 의해 주민 전체가 몰살을 당했다고 한다.[115] 무함마드의 아들 자랄 우드 딘은 몽골군을 저지하기 위해 투르크족으로 새롭게 군대를 편성해서는 인더스 강까지 나아가 칭기즈의 군대와 맞붙었으나 그 역시 대패를 당하고 델리로 도망치고 만다. 헤라트 땅에서는 몽골족 총독에 반발하여 반란이 일었던 참이었는데, 몽골군은 헤라트에 당도하자 그곳 주민 6만 명을 학살함으로써 이 반란을 응징하였다. 몽골족의 이러한 흉포성은 사실 그들이 사용한 병법의 일환인 셈이었다. 처음부터 이렇듯 흉포한 모습을 보여 주면 나중에라도 몽골족에 맞설 자들의 가슴 속엔 심장이 다 멎을 듯한 공포가 새겨질 수 있을 테고, 또 전쟁에서 패배당한 자들 역시 감히 반란을 꿈꾸지 못할 터이기 때문이었다. 과연 이 계책은 성공적이었다.

이쯤해서 칭기즈는 고국 몽골로 되돌아오게 되고 그 후엔 500명에 이르는 정실부인 및 첩들과 여흥을 즐기다 결국에는 침실에 있던 사이 숨을 거두었다. 그 뒤를 이어 칸에 오른 것이 그의 아들 오고타이, 그는 30만의 군대를 출정시켜 자랄 우드 딘을 잡아 오라 명한다. 디아르베크르라는 곳에서 자랄 우드 딘이 병사들을 모아 군대를 하나 편성하고 있었기 때문이다. 자랄은 결국 이 싸움에서 패배하여 죽임을 당하고, 거칠 것이 없어진 몽골군은 이제 아제르바이잔, 메소포타미아 북부, 그루지야, 아르메니아 등지를 휩쓸고 다니며 그곳을 온통 쑥대밭으로 만들어 놓았다.(1234년) 그러던 어느 날 이란에서 "암살단"의 주도하에 반란이 일었다는 소식이 들려오니, 이에 칭기즈의 손자 훌라구가 몽골군을 이끌고 나서서 사마르칸트와 발흐 땅을 건너가게 된다. 이란에 당도한 훌라구는 우선 알라무트에 있던 암살단의 본거지부터 완전히 박살을 낸 뒤 이번에는 바그다드를 향해 말고삐를 돌렸다.

　동이슬람의 압바스 왕조에서도 그 마지막을 장식한 칼리프 알 무스타심 빌라흐, 그는 박학다식한 학자에, 글씨 잘 쓰던 서예가에, 모범적 덕행을 보여 주는 신사이기까지 했다. 거기에다 신앙, 독서, 자선에까지 열심이니, 정반대 취향을 가진 훌라구에게는 눈엣가시나 다름없었다. 그리하여 몽골군은 칼리프에게 혐의를 씌우길, 알 무타심은 그들 몰래 반란군에게 은신처를 제공한 것은 물론 몽골군이 암살단을 처단할 때에는 약속했던 지원을 해 주지 않았다고 했다. 훌라구는 이에 대해 알 무타심이 응분의 벌을 받아야 한다며 그 조건으로 칼리프 자신이 대(大)칸에게 신하의 예를 갖추어 복종할 것과, 바그다드를 완전히 무장 해제할 것을 요구하였다. 애초 알 무타심은 이 요구를 대놓고 거절하였으나, 한 달간을 포위에 시달리자 갖가지 선물과 함께 훌라구에게 항복의 뜻을 전하지 않을 수 없었다. 심지어 알 무타심과 그의 두 아들은 칸이 특별히 은전을 베풀 거란 말만 믿고는, 몽골군을 찾아가 직접 항복의 뜻을 전하기까지 했다. 그리하여 훌라구와 휘하의 병사들이 바그다드에 입성한 것이 1258년 2월 13일, 이때부터 바그다드에서는 무려 40일에 걸쳐 약탈과 학살이 이어지게 된다. 전하는 바에 따르면, 이때 학살당한 바그다드 주민만 무려 80만 명에 이르렀다고 한다. 당시 무차별로 학살당한 학자, 과학자, 시인만 수천 명에 이르렀고, 수 세기에 걸쳐 지어진 도서관과 국보급 건물들도 일주일 새에 깡그리 약탈당하거나 아니면 무참히 파괴되었다. 수십만 권에 이르던 장서들도 순식간에 자취를 감춰 버리고 말았다. 마지막으로 몽골군은 칼리프와 그의 가족들을 데려다 그들이 재산을 어디다 은닉했는지 강압적으로 불게 하였고, 은닉처를 알고 나서는 그들 역시 사형에 처해 버렸다.[116] 이리하여 아시아에 있으면서 누대에 걸쳐 칼리프를 배출해 오던 압바스 왕조는 역사에서 그 막을 내리게 된다.

이제 훌라구는 바그다드를 떠나 고국인 몽골로 다시 돌아오지만, 그가 이끌던 군대는 그대로 이슬람에 남겨 둔 채였다. 그의 군대는 다른 장군들의 통솔을 받아 이번에는 시리아 정복을 위해 진격을 하게 된다. 그러던 중 아인 잘루트에서 이집트 병사들을 마주치니, 당시 이집트에서 맘루크 왕조를 이끌던 쿠투즈와 바이바르스의 군대였다. 이들과의 싸움에서 몽골군은 무참히 패배당하고 만다.(1260년) 이 소식이 전해지자 이슬람과 유럽의 온 지역에서는 종교를 막론하고 다 같이 기쁨을 감추지 못하였다. 이제는 몽골군이라도 무작정 벌벌 떨 것만은 아니었기 때문이다. 이어 1303년 들어서는 다마스쿠스 근방 전투에서 결정적 승리를 일궈 내면서 몽골군의 위협을 완전히 저지하기에 이른다. 이때 승리하지 못했다면 시리아 땅은 맘루크 왕조 것으로 남지 못했을 테고, 그리스도교 역시 유럽 땅 전체를 고스란히 몽골군에게 내주어야 했을지 모른다.

문명이 이토록 순식간에 타격을 당한 것은, 더구나 모든 게 황폐화될 만큼 엄청난 타격을 입은 것은 그때까지의 인류 역사에서 전례를 찾을 수 없던 일이었다. 로마 제국도 물론 야만인의 정복을 당하긴 했지만, 그때는 2세기에 걸쳐 완만한 정복이 이루어진 것이었다. 따라서 수차례 타격은 있었어도 사이사이마다 얼마간 회복을 이루는 것이 가능했었다. 더구나 게르만족 정복자들은, 로마 제국을 무너뜨리는 데 일익을 담당했음에도 불구하고, 로마의 문명을 숭상했던 것은 물론 일부는 그것을 그대로 간직하려 노력까지 했었다. 이에 반해 몽골족 군대는 이슬람 세계에 등장해 다시 사라지기까지 걸린 시간이 불과 40년도 되지 않았다. 뿐만 아니라 몽골군은 주민을 학살하고, 재산을 약탈하고, 또 고국인 몽골로 전리품을 챙겨 가기 위해 이슬람 땅을 침입한 것이었지, 거기를 정복해 정착할 양으로 침입한 것은 아니었다. 그러다 보니 몽골군은 핏빛 살육전을 벌이며 바닷물처럼 도시를 한번 휩쓸고 지나가면 그만이었다. 그들이 거쳐 가고 난 자리에서 경제는 늘 회복 불능 상태에 빠져 휘청거렸고, 곳곳에 만들어졌던 운하는 무참히 파괴를 당하거나 아예 막혀 버렸으며, 학교와 도서관 건물은 잿더미가 되기 일쑤였다. 그뿐인가, 행정 조직은 사분오열된 채 빈곤해지고 허약해져 더 이상 통치가 불가능해졌고, 인구는 반 토막이 나는 것은 물론 살아남은 사람마저도 반실성한 채로 지내야 했다. 물론 외부의 타격이 있기 전에도 이슬람 세계는 이미 군데군데가 조금씩 허물어져 내리고 있었으니 쾌락주의에 빠져 나태하고, 신체와 정신 에너지는 고갈될 대로 고갈된 데다, 군사적으로는 무력하고 소심하였으며, 종교에서는 파벌주의와 반(反)계몽주의가 판을 쳤고, 정치적 부패와 무정부주의도 절정에 달해 있었다. 하지만 그때까지 세계 선두 자리를 지켜 오던 서아시아를 (더구나 어떤 식의 기후 변화도 없었음에도 불구하고) 단숨에 극빈의 상태로까지 전락시킨 것은 다름 아닌 바로 몽골군의 침략이었다. 이로써 한때 사람들로 북적이고 문화가 꽃피던 시리아, 메소포타미아, 페르시아, 카프카즈, 트란속시아나 지역의 수십 개 도시들은 오늘날 빈곤, 질병, 경기 침체에 빠져 근근이 살아가는 신세를 면치 못하고 있다.

10. 이슬람교와 그리스도교

이슬람 문명의 융성과 몰락은 역사에서도 중요하게 다뤄지는 현상 중 하나이다. 700년에서 1200년까지의 500년 세월을 거치는 동안 이슬람 문명은 권력, 질서, 통치 규모, 세련된 예의범절, 생활의 품격, 인도적인 법령 및 종교적 관용, 문학, 인문학, 과학, 의학, 철학 방면에 있어 세계 최고의 수준을 보여 주었다. 다만 건축에서는 예외였으니 12세기 들어서는 유럽에 지어진 대성당들에게 두 손을 들지 않을 수 없었기 때문이다. 또 이슬람은 조각에서는 몸을 사렸던 만큼 고딕 양식 작품만한 것들도 전혀 내놓지 못했다. 당시 이슬람 예술은 장식에만 너무 힘을 쏟은 면이 없지 않았던 데다, 규모는 협소하고 양식은 단조로운 것도 단점으로 작용하였다. 그러나 이렇듯 스스로가 부과한 한계에서 빠져나오지 못했음에도 불구하고, 이때가 이슬람 예술에 있어서는 최고 전성기였다. 더구나 이슬람의 예술과 문화는 중세 그리스도교의 것에 비하면 사람들 사이에서 훨씬 더 폭넓게 공유가 된 편이었다. 이슬람에서는 왕이 곧 서예가이곤 했고, 또 의사들이 그랬듯 상인들 중에서도 이따금 철학자가 나고는 했다.

이 5세기를 거치는 동안 성 윤리에 있어서는 이슬람교보다 그리스도교가 우위였던 듯하나, 그렇다고 그리스도교에 선택의 여지가 많았던 것은 아니다. 그리스도교의 일부일처제는(물론 실생활은 이와 어긋나는 부분이 많았지만) 사람들의 성적 충동을 일정 수준으로 유지시켜 주는 역할을 해 주었다. 덕분에 그리스도교 세계에서는 여성의 지위가 차차로 올라갈 수 있었던 반면, 이슬람 세계에서는 그와 반대로 푸르다(purdah)며 베일로 여자들 얼굴을 가리기에 바빴다. 또 그리스도교 교회에서는 이혼을 억제하는 데에도 나름의 성공을 거두었을 뿐 아니라, 동성애 취미 역시 이슬람 세계에서만큼 널리 확산되거나 자유롭지 못했다.(심지어는 르네상스 시대의 이탈리아에서조차도 그랬다.) 이슬람의 경우 동성애가 마호메트의 율법에는 어긋났지만 이슬람교도의 실생활에서는 어느 정도 널리 그리고 자유롭게 용인돼 왔던 것이다. 한편 동시대인을 놓고 누가 더 신사다웠나를 따졌을 때는 이슬람교도가 그리스도교도보다 한결 나았던 것으로 보인다. 한번 맺은 약속을 더 잘 지킨 것도, 패배자에게 더 많은 자비를 베푼 것도 이슬람교도들이었다. 여기에 그리스도교는 1099년 예루살렘 점령 당시 지독한 만행을 저지른 것으로 유명했는데, 이슬람교도들은 그런 만행 때문에 죄책감을 느낀 사례가 거의 없었다. 또 당시 그리스도교 법령은 결투, 물, 불 등을 이용해서 여전히 신성 재판을 행하고 있던 실정이었던 데 반해, 이슬람 율법은 법학 및 사법부 제도를 한 차원 수준 높게 발전시켜 가던 중이었다. 마호메트교가 창시한 종교는 히브리인들이 창시한 종교에 비해 독창성이 떨어졌던 데다 또 절충주의적 태도도 그리스도교에 비해 덜한 편이어서, 자기들이 만든 교리 및 의례를 보다 소박한 형태로 순수하게 지켜 나갔다. 여기 더하여 이슬람교는 그리스도교에 비해 극적 성격이나 다채로움도 덜한 편이어서, 인류가 자연적으로 믿기 마련인 다신론도 잘 인정하지 않는 특징이 있었다. 또 이슬람교도는 청교도주의와 흡사하게 지중해의 다신교가 인간의 상상력 및 오감에 해 준 기여와 역할을 비난하였으나, 그러면서도 낙원을 그려 낼 때는 대중의 육욕을 그대로 반영하였다. 이슬람교는 처음부터 끝까지 성직 제도에는 거의 얽매이지 않고 지냈다. 그러나 그런 이슬람교도 그리스도교 신앙이 한창 가톨릭 철학을 꽃피워 가고 있을 그 무렵에는 완전히 정교 쪽으로 빠져서는 편협하고 둔중한 분위기를 벗지 못했다.

그리스도교 세계가 이슬람 세계에 영향을 끼친 부분은 종교와 전쟁 이외에는 거의 찾아볼 수 없다. 이를테면, 마호메트교의 신비주의, 수도원 제도, 성인 숭배 현상 같은 것들은 그리스도교를 본보기로 하여 생겨났을 가능성이 크다. 또 당시에는 예수라는 인물과 그를 둘러싼 이야기가 이슬람교도의 영혼에도 큰 감동이었고, 따라서 이슬람의 시와 예술에서 예수는 곧잘 호의적 소재로 등장하곤 하였다.[117]

이슬람 세계가 그리스도교 세계에 끼친 영향은 이에 비해 훨씬 다양하고 또 엄청났다. 유럽의 그리스도교 세계가 당시 이슬람으로부터 받아들인 것들만 봐도 음식, 음료, 약재, 약품, 무기, 문장학(紋章學), 예술적 모티브 및 취향, 산업 및 상업 관련 물품 및 기술, 해상법 및 해로 등 한두 가지가 아니었다. 더구나 이런 것들을 가리키는 말 자체가 들어오기도 했으니, 영어의 orange(오렌지), lemon(레몬), sugar(설탕), syrup(시럽), sherbet(셔벗), julep(줄렙, 술이나 약이 든 시럽 같은 것 - 옮긴이), elixir(엘릭시르, 영약(靈藥)), jar(항아리), azure(하늘색), arabesque(아라베스크), mattress(매트리스), sofa(소파), muslin(모슬린, 속이 거의 다 비치는 고운 면직물 - 옮긴이), satin(공단(貢緞)), fustian(퍼스티언, 과거 옷감으로 쓰던 두껍고 질긴 면직물 - 옮긴이), bazaar(바자), caravan(대상(隊商)), check(수표), tariff(관세), traffic(교통), douane(세관), magazine(잡지), risk(리스크), sloop(외돛배), barge(바지선), cable(케이블), admiral(제독) 등이 모두 그 실례에 해당한다. 체스 게임은 애초 인도에서 생겨난 것이 페르시아를 거쳐서 유럽으로 전해졌는데, 그 과정에서 페르시아어가 그대로 게임 용어로 굳어지기도 했다. 예를 들어 영어의 'checkmate'(외통장군, 장기로 치면, 상대편의 궁이 피할 수 없는 수를 보고 부르는 장군 – 옮긴이)는 페르시아어 'shah mat'(왕이 죽게 되다.)에서 유래한 말이다. 오늘날 우리가 쓰는 악기 중에도 류트(lute), 레벡(rebeck), 기타(guitar), 탬버린(tambourine) 같은 것들에는 애초 그것들을 만든 주인공이 셈족이라는 증거가 이름 속에 고스란히 남아 있다. 뿐만 아니라 이슬람령 스페인에서 음유 시인들이 읊던 시와 음악은 그길로 프로방스 지방까지 전해졌는가 하면, 이슬람령 시칠리아에서 불리던 노래들은 그대로 이탈리아까지 전해졌다. 또 아랍인들은 천국과 지옥을 오간 여행담을 갖가지로 묘사해 놓곤 했는데, 『신곡』이 탄생하는 데에는 이것들도 한몫했을 가능성이 있다. 인도의 우화 및 숫자들도 제 모습이 아닌 아랍의 옷차림과 형태를 한 채로 유럽에 발을 들였다. 이슬람의 과학역시 그리스의 수학, 물리학, 화학, 천문학, 의학을 보존하고 발전시켜서는 상당히 풍성해진 그리스의 그 유산을 유럽에 전해 주었다. 대수학(algebra), 영(zero), 암호(cipher), 방위각(azimuth), 증류기(alembic), 천정(天頂, zenith), 책력(almanac)과 같은 아랍의 과학 용어들은 지금도 유럽 말에 그 흔적을 뚜렷이 남겨 두고 있다. 뿐만 아니라 이슬람 의학은 이 시절 장장 500년의 세월 동안 세계 최고 수준을 자랑하였다. 한편 이슬람 철학은 아리스토텔레스의 사상을 한편으로는 잘 간직하고 다른 한편으로는 다소 퇴색시켜서는 유럽의 그리스도교 세계에 전해 주었다. 아비켄나와 아베로이스는 스콜라 철학자들에겐 동방의 불빛과 다름없었으니, 그리스 철학자들 다음으로 전거로서 그들 입에 가장 자주 오르내린 이름이 바로 그 둘이었기 때문이다.

늑골 모양의 둥근 천장의 경우도 유럽보다는 이슬람에서 사용된 내력이 더 길다.[118] 물론 늑골 모양의 둥근 천장이 어떤 경로를 거쳐 고딕 양식으로 편입되었는지는 우리도 알 길이 없지만 말이다. 그리스도교 교회의 첨탑과 종탑 역시 이슬람의 첨탑에서 영향 받은 바가 적지 않으며,[119] 고딕 양식의 창문 장식 격자도 히랄다 탑의 회랑 장식에서 그 선례를 취했을 가능성이 크다.[120] 뿐만 아니라 이탈리아와 프랑스에서 도자기 예술이 다시금 활기를 띠게 된 것도 이슬람 덕분이었으니, 12세기에 들면서 이탈리아와 프랑스에 이슬람 도기가 대거 유입된 것과 함께 이탈리아의 도공들이 이슬람령 스페인을 견학 삼아 둘러본 데 그 원인이 있었다.[121] 베네찌아의 금속 및 유리 세공사, 이탈리아의 제본업자, 그리고 스페인의 무기 제작자는 이슬람 장인들로부터 그들이 쓰고픈 기술을 전수받곤 했다.[122] 그뿐인가, 유럽의 직조공들 역시 모델과 도안을 구해야 할 때면 거의 어김없이 이슬람으로 눈을 돌렸다. 심지어 유럽은 조경에서조차 페르시아로부터 영향을 받은 면이 없지 않았다.

이슬람의 이런 영향들이 과연 어떤 길을 통해 유럽에까지 전해졌는지는 나중에 차차 살펴보기로 하겠다. 다만 그 길은 여러 갈래였으니, 일부는 상업과 십자군 전쟁을 통해 전해지기도 했고, 또 일부는 아랍어본을 번역한 수백 권의 라틴어 책으로 전해지기도 하였으며, 또 일부는 게르베르트, 미카엘 스코트, 아델라르드처럼 생전에 이슬람령 스페인을 찾아가 그곳을 둘러본 여러 학자들에 의해 전해지기도 했다. 그뿐 아니라 스페인에서는 부모들이 그리스도교도인 자기 자녀들을 이슬람의 궁정으로 보내 기사(騎士) 교육을 받게도 하였는데,[123] 당시 세간에 이슬람 귀족들은 "무어인 혈통이기는 하나 그야말로 진정한 기사이자 신사"로 여겨진 까닭이었다.[124] 여기에 시리아, 이집트, 시칠리아, 스페인 등지에서는 그리스도교도와 이슬람교도들이 하루가 멀다 하고 서로 접촉을 하였으니 이 역시 전파의 한 경로였다. 스페인에서는 그리스도교도가 한 걸음 한 걸음 이슬람 땅으로 진격해 들어갈 때마다, 그곳에 넘실대던 이슬람 문학, 과학, 철학, 예술의 물결을 고스란히 그리스도 왕국 안으로 받아들이는 셈이었다. 그리하여 그리스도교는 1085년 톨레도 지방을 손에 넣음으로써 자신이 천문학에 갖고 있던 지식을 어마어마하게 늘릴 수 있었고, 덕분에 지구는 둥글다는 사실 역시 죽음을 면하여 계속 명맥을 유지할 수 있었다.[125]

그러나 이렇듯 차용은 있었어도 그 교류의 이면에는 늘 상대방에 대한 적의가 사그라질 줄 모르고 끓어올랐다. 생각해 보면, 빵을 제했을 때, 인류가 종교적 믿음만큼 소중하게 여기는 게 또 있을까. 인간이란 빵만으론 살 수 없는 법, 삶에 희망을 주는 신앙 역시 그에게는 더없이 소중한 것이다. 그러니 자신을 살게 하는 삶의 자양분, 즉 자신이 믿는 교리에 누구라도 도전장을 던지면 그로서는 가장 뿌리 깊은 적개심으로 응수하게 되는 것이다. 당시 그리스도교 신앙은 자기들 땅으로 진격해 들어오는 이슬람 신앙을 300년 동안 마냥 지켜보기만 한 터였다. 이슬람교는 그리스도교의 땅과 민족을 하나하나 차례로 점령해 자기 것으로 흡수한 것은 물론, 교역에서도 그리스도교를 압박하는 감이 없지 않았고, 더구나 그리스도교도를 두고 감히 불경자라 부르고 있었다. 즉 둘 사이엔 언제나 한판 붙을 조짐이 있었으니 마침내 실제로 싸움이 터져 막상막하의 두 문명이 서로 맞붙은 것이 바로 십자군 전쟁이다. 이로써 그야말로 동서양에서 날고 긴다는 최정예 병사들이 창검으로 서로를 죽이고 또 죽임을 당하게 된다. 사실 중세의 역사를 들여다보면 그 배후엔 항상 그리스도교와 이슬람교 사이의 적의가 끊이지 않았다. 제3신앙이었던 유대교는 그 사이에 끼어 고래 싸움에 새우 등 터지듯 양편 모두의 칼날에 상처를 입어야 했고 말이다. 서양은 십자군 전쟁에서는 패한 반면, 교리 싸움에서는 승리를 거둔 셈이었다. 십자군 전쟁의 결과, 그리스도교 전사들은 유대교와 그리스도교의 성지를 뒤로한 채 한 사람도 남김없이 축출을 당해야 했다. 그러나 이슬람 역시 천신만고 끝에 얻은 승리였기에 거기서 흘린 피가 만만치 않았고 얼마 안 가서는 몽골군에게마저 처참히 짓밟히니, 그길로 반계몽주의가 득세하고 빈곤이 만연한 암흑의 시대로 접어든다. 한편 패배를 당한 서양은 나름의 성숙을 이루게 되니 그 패배를 잊고 또 만회하기 위해 노력을 기울인 덕분이었다. 서양은 아무리 적이라도 그들에게서 배울 수 있는 것은 모두 배우려 들었고, 그리스도교 세계 곳곳에는 하늘을 찌를 듯 높게 대성당을 지어 올렸다. 또 이 시절 서양은 거친 파도가 이는 드넓은 이성의 바다를 헤매 보기도 하였고, 어눌하기만 하던 자신의 새로운 언어를 단테(Dante), 초서(Chaucer), 비용(Villon)의 작품으로 재탄생시키기도 하였다. 그리하여 서양은 이제 높은 기상과 함께 르네상스 시대로 진입하기에 이른다.

일반 독자들이 이 책을 읽는다면 아마 이슬람 문명을 개괄하면서 이토록 길게 이야기를 늘어놓은 것에 놀라움을 금치 못할 것인 반면, 학자들의 경우에는 아마 이슬람 문명을 이 정도로만 대강 간추려 놓은 것에 개탄을 금치 못할 것이다. 사회는 역사가 정점에 달해 있을 때, 오직 그때에만 같은 기간의 다른 때에 비해 걸출한 인물을(통치, 교육, 문학, 언어학, 지리학, 역사, 수학, 천문학, 화학, 철학, 의학 등의 갖가지 방면에서) 유독 많이 배출해 내는 법이다. 이슬람에서는 하룬 알 라시드에서 시작해 아베로이스로 끝나는 이 400년 역사가 바로 그러하였다. 이슬람 문명이 이토록 찬란하게 꽃핀 데에는 그리스가 남겨 놓은 유산도 한몫한 것이 사실이다. 그러나 이 시기에 이슬람이 이룩한 성과 상당 부분은, 특히 통치, 시(詩), 예술에서의 성과는, 이슬람 스스로가 이뤄 낸 독창적 산물로서 감히 그 가치를 따질 수가 없다. 어떤 의미에서 보면 이슬람의 이 절정은 근동이 비로소 그리스의 지배를 벗어나 옛날로 다시 돌아갔음을 뜻하기도 했다. 페르시아의 저 사산 왕조와 아케메네스의 시절이, 또 솔로몬이 다스리던 고대 유대 왕국, 아슈르바니팔의 아시리아, 함무라비의 바빌로니아, 그리고 사르곤이 다스리던 아카드 왕국의 시절이, 또 이름 모를 그 수많은 왕들이 다스리던 수메르의 시절이 다시 찾아온 것이다. 결국 역사는 맥이 끊기는 법이 없음을 이 대목은 재차 확인시켜 주고 있는 셈이다. 그간 이 지구에는 지진, 역병, 기근, 대이동, 파멸적 전쟁이 수도 없이 일어난 바 있지만, 그 와중에서도 문명은 그 본질적 과정을 결코 잃어버린 일이 없다. 개중에 더 어린 축에 드는 문화가 잿더미로 화할 뻔한 문명을 가까스로 위기에서 구해 내서는, 그것을 어떻게든 부여잡고 처음에는 모방으로 나중에는 창조로써 그 명맥을 계속 유지시켜 나가는 것이다. 그러다 보면 어느덧 싱그러운 젊음과 기백이 문명을 떠받치는 일에 함께 힘을 모은다. 많은 사람들로 구성된 사회 안에는 저마다의 개인들이 있고, 대대로 이어져 오는 가문에는 저마다의 세대가 존재하듯, 역사라는 이름의 보다 큰 덩어리는 문명이라는 개별 단위로 이루어져 있다. 그리고 인간은 바로 이 문명을 장(場)으로 삼아 자기네 삶을 펼쳐 간다. 나아가 문명은 다차원적 산물이다. 문명이 만들어지는 데에는 수없이 많은 민족, 계급, 신앙이 관여하게 되어 있다. 따라서 문명의 역사를 연구한다는 사람이 특정 인종이나 교리를 택해 그것만을 고집한다는 건 있을 수 없는 일이다. 문명을 연구하는 학자라면, 설령 그가 자신과 한 핏줄인 그의 조국을 애틋하게 아낀다 하여도, 그 자신이 지성의 나라에 몸담고 있는 한 시민임을 그는 누구보다 잘 알 것이니, 이 지성의 나라에는 그 어떤 적의도 그 어떤 국경선도 존재하지 않는다. 이러할진대 만일 문명을 연구하는 학자가 자신의 연구에다 정치적 편견, 인종 차별주의, 종교적 적의를 끌어다 넣는다면 그는 문명 연구가라 불릴 자격이 없는 사람일 것이다. 나아가 문명을 연구하는 역사가라면 누구든 그들 나름의 유산을 땀 흘려 지키고 또 풍요롭게 간직해 준 모든 이들에게 진심으로 감사한 마음을 가지지 않으면 안 될 것이다.

유대 문명

135~1300년

THE AGE OF FAITH

15장   탈무드

1. 추방: 135~565년

이슬람교와 그리스도교 세계 안에서 자신들의 교리에 위안과 영감을 받은 한 뛰어난 민족이 자체 법률과 도덕률에 따라 살아가면서 시인, 과학자, 학자, 철학자 들을 배출하고, 적대적인 두 세계 사이로 번식력 강한 씨앗을 나르는 전파자의 역할도 하면서 온갖 역경을 이기고 고유한 자체 문화를 유지했다.

바르 코크바(132~135년) 반란 이후에도 고대 유대에 폼페이우스와 티투스가 짓밟아 놓은 자유를 되찾아 주려던 유대인들의 노력은 그치지 않았다. 안토니누스 피우스(138~161년) 지배 당시 유대인들은 다시 한 번 반란을 시도했고 실패했다. 그들의 신성한 도시인 예루살렘은 파멸을 맞았던 씁쓸한 기념일을 제외하고는 그들의 출입을 금했으며, 그나마 산산이 부서져 버린 신전의 벽 옆에서 애도의 시간을 갖는 것도 돈을 내야 했다. 바르 코크바 반란의 와중에

985개의 읍락이 파괴되었고, 58만 명의 남녀가 살해당했던 팔레스타인에서 유대인 인구는 기존의 절반 수준으로 대폭 감소했으며, 극심한 빈곤에 시달리느라 문화생활은 거의 전멸하다시피 했다. 그럼에도 불구하고 바르 코크바 이후 30년 이내에 베트 딘(Beth din, 히브리어로 '심판의 집'을 뜻함 – 옮긴이) 또는 유대인 재판소가 티베리아스에 세워졌고, 유대교 회당 및 학교들이 문을 열자 다시금 희망이 생겨났다.

그리스도교의 승리는 새로운 난관을 초래했다. 개종 전 콘스탄티누스는 유대인들의 종교를 다른 백성들의 종교와 법적으로 평등한 위치에 두었었다. 그의 개종 후 유대인들은 새로 생겨난 규제 및 강제의 탄압을 받았으며, 그리스도교도들은 유대교도들과 어울리는 것이 금지되었다.[1] 콘스탄티우스는 랍비들을 추방하고(337년) 유대인이 그리스도교도 여성과 결혼하는 것을 중죄로 규정했다.[2] 율리아누스의 형제인 갈루스가 유대인들에게 중세(重稅)를 부과하는 바람에 유대인들은 세금을 납부하려고 자식까지 팔았다. 352년 유대인들이 또다시 반란을 일으켰으나 이번에도 진압되었다. 세포리스는 완전히 파괴되었고, 티베리아스와 그 밖의 도시들은 부분적으로 파괴되었으며 수천 명의 유대인들이 죽임을 당하거나 노예가 되었다. 팔레스타인 유대인들의 상황도 이제는(359년) 매우 처참해졌고, 다른 유대인 공동체와의 연락도 너무 힘들어져서 유대인 족장 힐렐 2세가 모든 유대인들을 대신하여 유대교의 축제일을 정할 권리를 포기하고, 이러한 날짜들을 각자 계산할 수 있도록 달력을 제정할 정도였다. 이 달력은 현재까지 유대인들 사이에서 쓰이고 있다.

율리아누스의 즉위로 인하여 유대인들은 잠시나마 구원을 받는 듯했다. 율리아누스는 감세를 해 주었고, 차별법을 폐지했으며, 히브리인의 너그러움을 치하하고, 야훼를 "위대한 신"으로 인정해 주었다. 그는 유대교 지도자들에게 짐승 제물을 중단한 이유를 물었는데, 예루살렘에 있는 신전을 제외하고 법이 짐승 제물을 허용하지 않기 때문이라는 대답을 듣고는 궁정 자금으로 신전을 다시 지으라고 명령했다.[3] 예루살렘이 또다시 유대인들에게 개방되자 팔레스타인 각지로부터, 로마 제국의 모든 속주로부터, 유대인들이 속속 모여들었다. 남녀노소 할 것 없이 모두 성전 재건축에 노동력을 제공하고 성전 내부를 채우라고 저축한 돈과 보석을 가져다주었다.[4] 3세기 동안 이날이 오게 해 달라고 기도했던 민족이 얼마나 기뻤을지 우리로서는 짐작할 수 있을 뿐이다.(361년) 그러나 기초 공사를 위해 땅을 파던 중 땅바닥에서 불꽃이 일면서 인부 몇 명이 불에 타 죽었다.[5] 이에 굴하지 않고 공사는 재개되었으나 똑같은 현상이 반복되어(아마도 천연가스 폭발 때문이었을 것이다.) 중단되자 이 대규모 사업은 좌절되었다. 그리스도교도들은 하느님이 금하는 것처럼 보이는 이 현상에 대단히 기뻐했지만 유대인들은 경탄과 애도를 보였다. 그때 율리아누스가 갑자기 죽자 궁정의 자금 제공이 중단되었고 예전 규제가 재가동되다가 더욱 가혹해졌다. 유대인들은 다시 예루살렘에서 쫓겨나 자신들의 마을로, 빈곤한 상태로, 오랜 기도로 돌아갔다. 그 후 얼마 안 가 히에로니무스가 보고한 바에 따르면 팔레스타인의 유대인 인구가 "기존의 10분의 1"이 되었다고 한다.[6] 425년 테오도시우스 2세가 팔레스타인의 총대주교직을 폐지했다. 그리스 정교 교회들이 유대교 회당과 학교의 자리에 대신 들어섰다. 614년 잠깐 동안의 횡포 후, 팔레스타인은 유대인 세계에 대한 지휘권을 내주게 되었다.

유대인들이 그리스도교의 위세가 덜한 지역에서 좀 더 잘해보려는 희망을 품었다고 해서 그들을 비난할 수는 없을 것이다. 일부는 동쪽으로 이동하여 메소포타미아와 페르시아로 갔고, 기원전 597년 바빌론 유수 이후 결코 좌절하지 않았던 바빌로니아 유대인들에게 새로운 힘을 불어넣었다. 페르시아에서도 유대인들은 공직에서 제외되었지만, 귀족을 제외하면 페르시아인이라도 공직에서 제외되는 건 마찬가지였고 규제에 있어서도 모욕적인 면이 덜했다.[7] 페르시아에서도 유대인들에 대한 박해는 있었다. 그러나 과세는 덜 가혹했고, 정부는 보통 협조적이었으며, 유대인 공동체의 족장도 페르시아의 왕들에게 존경과 인정을 받았다. 이라크의 토양은 관개수를 댄 땅이라서 비옥했기 때문에 그곳에서 유대인들은 영리한 상인뿐만 아니라 성공한 농부도 되었다. 유명한 학자들을 포함하여 일부 유대인들은 맥주 양조로 부유해졌다.[8] 페르시아의 유대인 공동체들은 급성장을 이룩했는데, 이는 우리가 마호메트 계율하에서 보아 왔던 이유 때문에 페르시아의 법이 일부다처제를 허용했고 유대인들이 이를 실천한 덕분이었다. 선량한 랍비들인 랍(Rab)과 나만(Nahman)은 여행할 때, 각 도시의 문란한 생활에 반대하여 현지 젊은이들에게 부부 생활의 모범을 제시하고자 임시 부인을 구한다는 광고를 내는 버릇이 있었다.[9] 네하르데아, 수라, 품베디타에서는 고등 교육을 제공하는 학교들이 생겨났는데, 이러한 학교들의 학문과 랍비들의 결정은 이산(離散, Dispersion, Diaspora) 지역 전역에서 존중되었다.

한편 유대인들의 분산은 지중해 국가 전체에 걸쳐 계속되었다. 일부는 시리아 및 소아시아에 있는 오래된 유대인 공동체에 합류했다. 일부는 그리스 황제들 및 총대주교들의 적대감에도 불구하고 콘스탄티노플로 갔다. 일부는 남하하여 팔레스타인에서 아라비아로 가서 아랍 동족들인 셈족들과 함께 평화롭게 종교적 자유를 누리며 살다가 카이바르 같은 지역 전체를 차지하여 야스리브(메디나)의 아랍인들과 맞먹을 만큼 수가 늘었고, 개종자를 다수 양산했으며 코란의 유대교에 대비하여 아랍인의 사고방식을 갖췄다. 일부는 홍해를 건너 아비시니아로 가서 그곳에서 그 수를 급격히 늘려 급기야 315년에는 그들이 인구의 절반을 차지했다고 한다.[10] 유대인들은 알렉산드리아 선박의 절반을 좌지우지했고, 이 격정적인 도시에서 그들이 이룩한 번영은 종교적 적대감의 불씨에 부채질을 하는 격이 되었다.

유대인 공동체는 북아프리카의 모든 도시들에서 생겨났고 시칠리아와 사르디니아에도 생겨났다. 이탈리아에도 유대인의 수는 많았다. 가끔씩 그리스도교도들에게 괴롭힘을 당하기는 했지만 대개는 이교도 황제들, 그리스도교도 황제들, 테오도리크, 교황들의 보호를 받았다. 스페인에는 카이사르 이전에 유대인 정착민들이 있었고 그곳의 유대인들은 이교도 황제 치하에서 박해를 전혀 받지 않고 성장했다. 유대인들은 아리우스파 서고트족 치하에서 번성했으나 레카르드 왕(586~601년)이 니케아 신조를 채택한 이후 절망적인 박해에 시달렸다. 갈리아에서 유대인 박해가 시작된 것은 아리우스파 서고트족 갈리아가 정통 그리스도교도인 클로비스에게 정복당한 지 30년 후, 제3차 및 4차 오를레앙 공의회(538년, 541년)에서 가혹한 법률이 제정되고 나서였다. 560년경 오를레앙의 그리스도교도들이 유대교 회당을 불태웠다. 유대인들은 프랑크 왕국의 왕이었던 군트람에게 앞서 테오도리크가 그랬던 것처럼 공공 비용으로 회당을 다시 지어 달라고 탄원했으나 군트람은 거절했다. 그러자 투르의 그레고리우스 주교가 "놀라운 지혜를 발휘하신 영예로운 왕이시여!"라며 탄성을 질렀다.[11]

그러한 시련으로부터 이산 유대인들은 늘 되살아났다. 그들은 끈기를 잃지 않고 자신들의 회당과 삶을 재건했다. 힘들게 일했고, 장사를 했고, 돈을 빌려주었으며, 기도하고 희구했으며, 인구를 늘려 번성했다. 각 정착지마다 공동체의 비용으로 학교를 적어도 하나씩 두게 되어 있었는데, 대개 이러한 학교는 회당에 자리를 잡았다. 학자들은 되도록 그러한 학교가 없는 마을에서는 거주하지 않는 것이 권장되었다. 종교 및 교육에서 쓰는 언어는 히브리어였다. 일상에서 쓰는 언어는 동방에서는 아람어, 이집트와 동유럽에서는 그리스어였고 그 밖의 지역에서는 주변 사람들이 쓰는 언어를 채택했다. 유대교 교육의 중심 주제는 종교였다. 세속의 문화는 이제 거의 무시되다시피 했다. 이산 유대인들은 영육(靈肉)에 있어서 오로지 율법을 통해서만 생활할 수 있었고 종교는 곧 율법에 대한 연구이자 율법의 준수를 뜻했다. 유대인들에게 선조들의 신앙은 공격을 받으면 받을수록 더욱더 소중해지기만 했으며, 탈무드와 회당은 삶을 희망에 의존하고 희망을 신에 대한 믿음에 의존하는 억압받고 혼란스러운 민족에게 없어서는 안 되는 버팀대이자 피난처였다.

2. 탈무드를 만든 사람들

팔레스타인과 바빌로니아의 성전, 회당, 학교 들에서는 필경사들과 랍비들이 팔레스타인 탈무드와 바빌로니아 탈무드로 알려진 방대한 분량의 법률과 주석을 편찬했다. 그들의 주장에 따르면 모세는 자신의 동족에게 모세 오경이라는 성문 율법뿐만 아니라, 여러 세대에 걸쳐 전수되고 확대된 구전 율법도 남겼다. 이러한 구전 율법도 신성하며 법적 구속력을 갖는지 여부는 팔레스타인의 바리사이파와 사두가이파 사이 논쟁의 요점이었다. 사두가이파가 서기 70년 이산 후 사라지고 랍비들이 바리사이파의 전통을 물려받게 되자, 구전 율법은 모든 정통 유대교도들에게 하느님의 계명으로 받아들여졌으며, 그들이 원칙으로 삼았으며 말 그대로 그들의 존재 자체인 율법 또는 법률을 구성하는 모세 오경에도 추가되었다. 구전 율법이 만들어지고 형태를 갖추고 미슈나로 성문화되기 위해 거친 천년이라는 오랜 과정, 미슈나에 관한 주석이 모여 두 권의 게마라가 생기기까지 펼쳐진 8세기 동안의 논쟁, 비판, 설명, 팔레스타인 탈무드를 만들기 위해 이러한 게마라 중 짧은 편은 미슈나와 통합시키고 바빌로니아 탈무드를 만들기 위해서는 긴 편을 미슈나와 통합시킨 것, 이는 인류의 지성사에서 가장 복잡하고 놀라운 이야기 중 하나이다. 성경이 고대 히브리인들의 문학이자 종교였다면, 토라(Torah)는 중세 유대인들의 생명이자 피였다.

모세 오경의 율법은 성문이었기 때문에 자유를 잃은 예루살렘 또는 예루살렘 없는 유대교, 또는 팔레스타인 없는 유대인들의 필요와 사정을 모두 충족시킬 수가 없었다. 모세의 율법을 새로운 시대나 장소에 맞게 이용하고 인도하기 위해 해석하는 것은 이산(離散) 전에는 산헤드린(Sanhedrin, 고대 이스라엘의 회의체 겸 법원 - 옮긴이) 판관들이 할 일이었고, 이산 후에는 랍비들이 할 일이었다. 그 해석과 논의는 다수의 의견과 소수의 의견 모두가 한 세대의 판관들로부터 다음 세대의 판관들에게로 전수되었다. 이러한 구전 전통을 탄력적으로 유지하기 위함이었는지 암기를 강제하기 위함이었는지는 몰라도 기록은 되지 않앉다. 율법을 상술한 랍비들은 때때로 이를 암기하는 놀라운 위업을 달성한 사람에게 도움을 청하기도 했다. 그리스도 이후 처음 여섯 세대 동안 랍비들은 "구전 율법을 가르치는 사람들"을 뜻하는 탄나임(tannaim)이라는 호칭으로 불렸다. 유일한 율법 전문가로서 탄나임은 성전 붕괴 후 팔레스타인의 유대인 공동체의 교사이지 판관이었다.

팔레스타인의 랍비들과 분산 지역의 랍비들은 역사상 유례없는 가장 독특한 귀족 계층을 구성했다. 그들은 폐쇄 계급도 세습 계급도 아니었다. 오히려 극빈층에서 입신한 경우가 많았고, 대개는 국제적인 명성을 얻게 된 후에도 직공으로 생계를 꾸렸으며 이 시기 막바지 즈음에는 교사 및 판관으로 일한 데 대한 보수를 전혀 받지 않게 되었다. 부유층이 이들을 고된 일로부터 벗어나게 해 주려고 사업체의 형식적인 동업자로 삼거나 자신들의 집으로 데려오거나 딸들과 결혼시키는 경우가 간혹 있었다. 이러한 랍비들 중에는 소수지만 공동체에서 자신에게 부여된 높은 지위 때문에 처신을 잘못하는 이들도 간혹 있었다. 랍비도 인간이다 보니 개중 분노, 시기, 증오, 과도한 비판, 자만에 빠지기도 했다. 따라서 지혜가 있어야만 부분을 전체의 관점에서 볼 수 있기 때문에 참된 학자는 겸손해야 한다는 사실을 때때로 스스로에게 일깨워 주어야만 했다. 사람들은 이들의 미덕과 단점을 두루 사랑했으며 이들이 지닌 학식과 헌신을 숭상했고, 이들의 판단력과 이들이 일으킨 기적에 관한 수많은 이야기를 주고받았다. 오늘날까지도 유대인들처럼 학생과 학자를 예우해 주는 민족은 없다.

랍비들의 판단이 쌓여 가면서 이를 암기한다는 것은 불가능한 일이 되었다. 힐렐, 아키바, 메이르는 다양한 분류 및 기억술을 시도했지만 이들 중 아무도 일반의 인정을 받지는 못했다. 율법 전수는 가장 중요한 과업이 되었다. 율법 전체를 암기하고 있는 사람의 수가 위험할 정도로 감소한데다 이러한 극소수마저 이산으로 인하여 머나먼 땅으로 흩어지고 있었다. 189년경 팔레스타인의 세포리스에서 랍비 예후다 하나시가 아키바와 메이르의 과업을 이어받아 이를 뒤바꿔 놓았는데, 구전 율법 전체를 재배열하여 기록한 다음 "랍비 예후다의 미슈나"라는 제명하에 개인적으로 몇 가지를 추가한 것이다.* 이는 매우 광범위하게 읽힌 나머지 이윽고 유대인들의 권위 있는 구전 율법이 되었다.

우리가 알고 있는 미슈나(즉 구전 율법)는 예후다 이후 수많은 편집과 해석을 거친 결과이다. 그렇기는 하지만 반복에 의한 암기를 위해 고안된 압축적인 요약본이므로 유대인 생활권에 속하지 않거나 유대인의 역사를 전혀 모르는 사람에게는 지나치게 간결하고 모호하여 알 듯 모를 듯 감질날 것이다. 팔레스타인 유대인뿐만 아니라 바빌로니아와 유럽의 유대인들도 이를 받아들였지만 각 학교에서는 각자의 해석을 격률로 삼았다. 여섯 세대(서기 10~220년)의 탄나임이 미슈나 편성에 참여함에 따라, 이제 또 다른 여섯 세대(220~500년)의 랍비 아모라임(amoraim, 해설자들)은 팔레스타인 게마라와 바빌로니아 게마라, 이 두 종류의 주석을 축적하게 된 것이다. 이 새로운 교사들은 탄나임이 구약 성서를 두고 했던 일을 예후다의 미슈나를 두고 벌였다. 즉 자신들이 살고 있던 시대와 장소에 생겨난 새로운 문제들과 정황들에 적용하기 위하여 본문에 관하여 논쟁하고 분석하고 설명하고 수정하고 해설한 것이다. 4세기 말쯤 팔레스타인의 학교들은 팔레스타인 게마라라고 알려진 형태로 자신들에게 맞게 주석을 조정했다. 비슷한 시기(397년) 수라(Sura) 학교의 학장인 랍 아시가 바빌로니아 게마라의 성문화 작업에 착수하여 한 세대 동안 이에 매달렸다. 백 년 뒤(499년) 라비나 2세 바르 사무엘(사무엘의 아들) 또한 수라에서 자신의 작업을 완료했다. 바빌로니아 게마라가 미슈나보다 11배나 길다는 점에 주목한다면, 그 편찬이 1세기에 걸쳐 이루어진 이유를 이해할 수 있을 것이다. 그 후로 150년을 더 거치면서(500~650년) 사보라임(Saboraim, 추론자들)이 이 방대한 주석을 수정하고 바빌로니아 탈무드에 마지막 손질을 했다.

---

* 예후다는 미슈나를 기록하지 않았으며, 미슈나는 8세기까지 구전되었다고 주장하는 학자가 소수 있다. 다수의 견해를 보려면 G. F. Moore, *Judaism in the First Centuries of the Christian Era*, Cambridge, Mass., 1932, Vol. I, p. 151; W. O. Oesterley와 G. H. Box, *Short Survey of the Literature of Rabbinical and Medieval Judaism*, London, 1920, p. 83 참조.

탈무드라는 단어는 가르침을 뜻한다. 아모라임 사이에서 탈무드는 오직 미슈나에만 적용되었으나 현대에 와서는 미슈나와 게마라 모두를 포함하게 되었다. 미슈나는 팔레스타인 탈무드와 바빌로니아 탈무드 모두 똑같고, 게마라나 주석에서만 차이를 보이는데 바빌로니아 편이 팔레스타인 편보다 네 배나 더 길다.* 두 게마라의 언어는 아람어이며 미슈나의 언어는 근접 국가의 언어들에서 유래한 차용어가 섞인 신(新)히브리어이다. 율법 하나를 두어 줄로 명시하는 미슈나는 간결하지만, 미슈나 원문에 관한 선구적 랍비들의 다양한 견해를 제시하고 해당 율법의 수정을 요할 수도 있는 여러 정황들을 설명하며 해설 자료를 추가한 게마라에서는 의도적인 산만함이 엿보인다. 미슈나는 주로 할라카(halacha), 즉 법규집이지만 게마라는 율법을 재명시하거나 이에 관해 논하면서 일부는 할라카를 다루고 일부는 하가다(haggada, 이야기)를 다룬다. 하가다를 대충 정의한다면 탈무드에서 할라카를 제외한 나머지 모두라고 할 수 있다. 대개 하가다는 설명에 도움이 되는 일화들이나 사례들, 전기(傳記) 일부, 역사, 의학, 천문학, 점성술, 마법, 신지학(神智學)과 선행의 장려 및 율법에 대한 복종을 담고 있다. 하가다는 종종 복잡하고 고단한 논쟁 후 학생들의 긴장을 풀어주곤 했다. 하가다를 하나 살펴보자.

---

* 바빌로니아 탈무드는 2절판짜리 페이지로 2947페이지, 혹은 장당 400단어짜리 페이지로 6000여 페이지에 달한다. 미슈나는 6개의 세다림(sedarim, 항목)으로, 이러한 항목은 각각 다시 총 63개의 평론으로, 이러한 평론은 각각 다시 페라킴(perakim, 장(章))으로, 이러한 장들은 각각 다시 미슈나요트(mishnayoth, 가르침)로 나뉘어 있다. 탈무드 현대판에는 보통 다음이 포함되어 있다. (1) 본문의 안쪽 여백에 나오는 라시(Rashi, 1040~1105년)의 주석, (2) 본문의 바깥쪽 여백에 나오는 12, 13세기 프랑스 및 독일 랍비들의 탈무드 논고인 토사포스(tosaphoth, 부록). 예후다 하나시의 미슈나에서 생략된 구전 율법의 나머지를 뜻하는 토세프타(Tosefta) 또는 보충판이 추가된 판본이 많다.

이 장에서는 탄나임이나 아모라임이 했다고 전해지지만 4세기에서 12세기 사이에 수집되어 성문화된 다음 구약성서에 관한 여러 가지 서적들을 대중적인 스타일로 설명한 연설 내용인 미드라시(Midrash, 해설)에서도 인용할 것이다. 주요 미드라시 중 일부는 다음과 같다. 창세기에 관한 주석인 창세기 라바(Rabbah), 레위기에 관한 주석인 바이크라 라바(Wayyikrah Rabbah), 에스더, 아가(雅歌), 룻기, 애가(哀歌), 집회서에 관한 주석인 5 메길라(두루마리 책), 출애굽기에 관한 주석인 므힐타(Mechilta), 레위기에 관한 주석인 시프라(Sifra), 민수기 및 신명기에 관한 주석인 시프레(Sifre), 성경 구절에 관한 설교집인 페식타(Pesikta).

랍 아미와 랍 아시가 랍비 이삭 나프하와 대화를 나누다가 둘 중 하나가 그에게 말했다. "선생님, 저희한테 듣기 좋은 전설을 들려주세요." 그러자 나머지 한 명이 말했다. "그보다는 미묘한 법률적 논점에 대해서 설명해 주세요." 랍비가 전설을 시작하자 한 명이 불만을 품었고, 랍비가 법률적 논점에 관해서 설명하기 시작하자 다른 한 명의 기분이 상했다. 그 때문에 랍비는 이어서 다음과 같은 우화를 들려주었다. "내가 마치 젊은 부인과 나이 많은 부인 둘을 둔 사람이 된 것 같구나. 젊은 부인이 남편의 흰머리를 모조리 뽑았더니 남편은 젊어 보였단다. 나이 많은 부인이 남편의 검은 머리를 모조리 뽑았더니 남편은 나이 들어 보였고 말이야. 그래서 둘 사이에 낀 남편은 대머리가 되었단다. 지금 너희 둘 사이에 낀 나처럼 말이다."[12]

3. 율법

무례할 정도로 간결하고 전반적으로 무지한 상태에서 중세 히브리인의 삶 곳곳에 개입했던 방대한 탈무드의 일부를 개관하려 한다면, 그건 수박 겉핥기에 불과하며, 외연적인 접근 방식으로 인하여 오류를 범할 수밖에 없다는 점은 밝히고 넘어가자.

1. 신학

첫째, 랍비들이 말하길, 성문이든 구전이든 율법을 공부해야 한다고 했다. "성전의 재건축보다 토라 공부가 더욱 위대한 일이다."[13] "매일매일을 율법 연구로 분주하게 보내는 가운데 '오늘 하루는 시나이 산에서 받은 것과 마찬가지이다.'라고 자신에게 다짐해야 한다."[14] 그 밖의 다른 공부는 불필요하다. 그리스 철학 같은 세속의 학문은 "낮도 밤도 아닌 바로 그 시간"에만 공부할 수 있다.[15] 구약 성서에 나오는 단어 하나하나가 모두 말 그대로 하느님의 말씀이다. 심지어 아가(雅歌)조차 야훼와 야훼가 선택한 신부인 이스라엘과의 결합을 우화적으로 그린 하느님에게 영감을 받은 찬송가이다.*16 율법이 없었다면 도덕적 혼돈이 있었을 것이므로, 율법은 천지 창조 이전에 존재했음이 틀림없다. 미슈나는 율법이 이후에 개정된 결과물이라면서 그 권위에 있어서 성서보다 미슈나를 상위에 두는 랍비들도 있었다.17 어떤 랍비의 법령은 모세 오경의 율법을 노골적으로 무효화하거나 도덕적으로 무해한 것으로 해석했다.18 중세기 동안(476~1492년) 독일 및 프랑스의 유대인들은 성서보다 탈무드 연구에 훨씬 더 많이 몰두했다.

탈무드도 성경처럼 전지전능한 신의 존재를 당연하게 여긴다. 유대인들 중에도 독실한 랍비 메이르와 친구였던 학자 엘리샤 벤 아부야처럼 간혹 회의주의자가 있었지만 누가 봐도 그들은 목소리가 작다 못해 거의 들리지 않던 소수였다. 탈무드의 신은 노골적으로 의인화된 신이다. 탈무드의 신은 사랑도 하고 증오도 하며, 화도 내고,19 웃기도 하고,20 눈물도 흘리고,21 양심의 가책도 느끼고,22 성구함(聖句函, 성경 구절이 담긴 작은 상자)도 착용하고,23 케루빔(cherubim)과 세라핌(seraphim)의 수호천사들이 둘러싼 옥좌에도 앉고, 하루 세 번 토라도 공부한다.24 랍비들도 이러한 인간적인 속성들은 다소 가상적인 것이라고 인정한 바 있다. "우리는 하느님의 피조물에서 어휘를 빌려 그분께 적용했는데 이는 이해를 돕기 위한 것이다."25라고 했다. 일반 대중이 그림으로만 이해할 수 있다고 해서 그게 그들의 잘못은 아니다. 그들은 또한 하느님을 눈에 보이지는 않지만 어디에나 있고 생명을 불어넣으며 동시에 초월적이면서 동시에 내재적이고 세상 위에 있으면서도 세상 구석구석 어디에나 존재하는 우주의 영혼으로 나타내기도 했다. 이처럼 신성한 우주적인 존재인 셰키나(Shekinah, 임재(臨在))는 특히 신성한 장소, 인간, 사물에 실재하며 연구 또는 기도의 순간에도 실재한다. 그럼에도 불구하고 이처럼 전능한 하느님은 유일하다. 모든 관념 중에서 유대교가 가장 혐오하는 것 중의 하나가 바로 신의 복수성(複數性)이다. 신

---

* 가톨릭 신학자들은 이를 그리스도와 그리스도가 선택한 신부인 교회와의 결합으로 상징적으로 설명한다.

의 유일성은 이교도들의 다신론 및 그리스도교 삼위일체의 명백한 삼신론(三神論)에 대비하여 열정적으로 되풀이하여 강조된다. 신의 유일성은 가장 유명하고 보편적인 유대교의 기도문인 셰마 이스라엘(Shema Yisrael, 유대교도들이 아침저녁으로 하는 기도 의식에서 중심을 차지하는 토라의 한 단락 중 첫 두 단어임 - 옮긴이)에 분명하게 드러나 있다. "너, 이스라엘아 들어라. 우리의 하느님은 야훼시다. 야훼는 한 분뿐이시다."[26] 그 어떤 메시아도, 예언자도, 성인도 야훼의 성전에서 야훼의 옆자리를 차지하지 못한다. 랍비들은 신성 모독 및 마술을 저지하고자 극히 드문 경우를 제외하고는 하느님의 이름을 소리 내어 말하지 못하게 했고, 야훼의 4자음 문자인 JHVH을 피하기 위해 나의 주님을 뜻하는 아도나이(Adonai)라는 단어를 사용했으며, 심지어 "신성한 분", "자비로우신 분", "하느님", "하늘에 계신 아버지"와 같은 말로 대체할 것을 권장하기까지 했다. 하느님은 기적을 행사할 수 있으며 실제로도 행사하고 있고, 특히 위대한 랍비들을 통해 행사하지만 이러한 경이로운 기적들을 자연법칙의 위반으로 간주해서는 안 된다. 하느님의 뜻 이외에 다른 법칙은 없기 때문이다.

창조된 모든 것에는 신성하고 은혜로운 목적이 있다. "하느님은 피부병을 치유하라고 달팽이를, 벌에 쏘인 상처를 치유하라고 파리를, 뱀에 물린 상처를 치유하라고 각다귀를, 종기를 치유하라고 뱀을 창조하셨다."[27] 하느님과 인간의 관계는 지속적이다. 인간은 삶의 매 단계마다 하느님의 시야에서 벗어날 수 없으며, 인간의 모든 행동이나 생각은 신의 존재를 찬미하거나 더럽히게 되어 있다. 모든 남자는 아담의 후손이다. 그렇기는 하지만 "남자는 처음에 짐승처럼 꼬리가 달린 채 창조되었고",[28] "에녹 세대까지 인간의 얼굴은 원숭이의 얼굴과 비슷했다."[29] 인간은 영(靈)과 육(肉)으로 이루어져 있으며, 인간의 영혼은 하느님이 주신 것이고 육신은 흙으로 지은 것이다. 영혼은 인간에게 선(善)을 재촉하고 육신은 죄악으로 이끈다. 어쩌면 사악한 충동은 사탄에서, 그리고 어디나 도사리고 있는 악의에 찬 수많은 영혼에서 유래하는 건지도 모른다.[30] 그러나 모든 악은 결국 선이 될 것이다. 세속적인 욕망이 없다면 인간은 고된 노동도 종족 번식도 하지 않을 것이다. 어떤 유쾌한 문구에서는 이렇게 말하고 있다. "자, 우리 조상들의 공로를 치하하도록 하자. 그들이 죄를 짓지 않았다면 우리들은 이 세상에 태어나지도 못했을 테니."[31]

죄악은 천부적인 것이지만 죄책감은 유전되지 않는다. 랍비들은 원죄 또는 그리스도의 속죄가 아닌 인류의 타락이라는 교의를 받아들였다. 인간은 자기가 저지른 죄에 대해서만 벌을 받는다. 인간이 현세에서 자신이 저지른 죄에 비해 더 큰 고통을 받는다면, 이는 우리가 그가 저지른 죄의 정도를 완전히 알지 못하기 때문일 것이다. 또한 그러한 과도한 처벌은 당사자에게 천국에서 극히 이례적인 보상을 받을 자격을 부여하므로 오히려 크나큰 축복일 것이다. 따라서 아키바는 인간이 자신의 수많은 불행을 오히려 기쁘게 받아들여야 한다고 했다.[32] 죽음에 관해 말하자면, 죽음은 죄악을 통해 세상에 나오게 되었으므로 정말로 죄가 하나도 없는 인간이라면 결코 죽지 않을 것이다.[33] 미드라시는 죽음과 랍비 메이르에 관한 감동적인 이야기를 하나 들려준다.

랍비 메이르가 안식일 오후 주간 담론을 하던 중, 그의 사랑하는 두 아들들이 갑자기 집에서 죽었다. 그들의 어머니는 아들들을 시트로 덮어 주고는 성스러운 날이라서 애도를 삼갔다. 랍비 메이르가 그날 저녁 기도 후 돌아와 회당에서 볼 수 없었던 아들들의 소재를 물었다. 그녀가 남편에게 하브달라(habdalah, 안식일의 끝을 기념하는 의식)를 암송해 달라고 하고 그에게 저녁을 차려 주었다. 잠시 후 그녀가 말했다. "당신한테 여쭤 볼 것이 있어요. 어떤 친구가 저한테 보석을 주면서 대신 맡아 달라고 했었는데 지금 다시 돌려받고 싶다네요. 제가 보석을 돌려줘야 할까요?" 랍비 메이르는 "의심의 여지없이 돌려주어야 하오."라고 대답했다. 그의 아내는 메이르의 손을 잡고 침실로 인도한 다음 시트를 끌어내렸다. 랍비 메이르가 통곡하자 아내가 말했다. "그 애들은 우리한테 잠깐 동안만 맡겨졌던 거예요. 이제 그 애들의 주인이 자기 걸 도로 가져간 거죠."[34]

구약 성서에는 보상과 처벌의 불멸성에 관한 내용이 거의 없었지만 그러한 관념은 이제 랍비 신학에서 아주 중요한 역할을 맡게 되었다. 지옥은 게 힌놈(Ge Hinnom) 또는 스올(Sheol)처럼 생겼고 천국처럼 7층으로 나뉘는데 층마다 고통의 등급이 다르다. 할례 받은 사람들 중에서 가장 사악한 사람들만 지옥에 들어갈 것이며,[35] 확정된 죄인들일지라도 영원히 벌을 받지는 않는다. "지옥에 떨어진 자들은 모두 다시 올라오게 되느니라. 단, 세 가지 예외가 있으니 이는 간통을 저지른 자, 공개적으로 남을 망신시킨 자, 남의 이름에 먹칠을 한 자이니라."[36] 천국은 간 에덴(Gan Eden)이라 불렸으며 영육이 누릴 수 있는 모든 즐거움이 모인 동산으로 묘사되었다. 천국의 포도주는 천지창조 6일째부터 저장된 빈티지이고, 대기는 향기의 축복을 받았으며, 무엇보다 하느님의 얼굴을 직접 볼 수 있는 최고의 기쁨을 맛볼 수 있는 연회에 하느님이 직접 구원받은 자들과 함께한다. 그러나 무덤 너머에 무엇이 있는지 알려 줄 수 있는 사람은 아무도 없다고 고백한 랍비들도 있었다.[37]

유대인들은 구원을 개인이 아닌 국가 측면에서 생각했다. 누가 봐도 비이성적인 무자비함 때문에 세계 곳곳으로 쫓겨 다닌 그들은 자신들이 하느님의 은총을 받아 선택된 민족이라는 믿음으로 버텼다. 하느님은 그들의 아버지이자 공평한 신이었다. 하느님이 이스라엘과의 계약을 어길 리가 없었다. 하느님이 그리스도교도들과 이슬람교도들이 모두 받아들이고 경외하는 성경을 준 대상은 다름 아닌 그들이 아니었던가? 절망의 수렁에서 그들은 보상에 대한 기대로 자만에 빠지기까지 해서, 그들을 그렇게 의기양양하게 만들어 주었던 다름 아닌 바로 그 랍비들이 이번에는 책망의 말로 그들을 겸손하게 만들어야 했다. 그러다가 이제 그들은 자신들의 국가가 탄생한 땅을 갈망하게 되었고 이를 애정 어린 기억 속에서 이상화했다. "팔레스타인에서 4엘(ell, 4.6미터)만 걸어도 영생을 확신하게 된다."고 그들은 말했다. "팔레스타인에 사는 사람은 죄가 없다.",[38] "팔레스타인에 사는 사람에 관한 이야기 자체가 토라이다."[39] 매일의 기도인 셰모네 에스레(Shemoneh Esreh, 18개의 축복 기도문)의 중심이 되는 부분에는 유대인들에게 다시 통일된 자유 국가를 만들어 줌으로써 자신들만의 성전에서 고대 의식과 노래를 부르며 하느님께 예배를 드릴 수 있게 해 줄 메시아인 다윗 왕의 아들이 나타나길 기원하는 내용이 들어가 있다.

2. 의식

신앙의 시대에 유대인들을 구별 지어 준 것, 뿔뿔이 흩어진 그들을 하나로 묶어 준 것은 신학이 아닌 의식이었고, 그리스도교가 조금 덧붙이고 이슬람교가 상당 부분 가져다가 채택한 교리가 아니라, 부담이 될 정도로 복잡하여 이들처럼 자부심 강하고 극도로 예민한 민족만이 준수에 요구되는 겸양과 인내를 보인 의식의 절차였다. 그리스도교는 획일적인 믿음을 통해 단결을 추구했고, 유대교는 획일적인 의식을 통해 단결을 추구했다. 압바 아레카는 율법이 "주어진 이유는 오로지 그 준수를 통해 인간을 수련하고 정화하는 것"이라고 했다.[40]

의식은 무엇보다도 예배에 적용한 법칙이었다. 회당이 성전을 계승했을 때, 짐승 제물은 봉헌물과 예배로 대체되었다. 그러나 회당에서도 성전에서처럼 하느님이나 인간의 형상은 허용되지 않았다. 우상 숭배로 여겨질 수 있는 것은 모두 차단되었고 성전에서는 허용되었던 기악(器樂)이 회당에서는 금지되었다. 바로 이 부분에서 그리스도교와 유대교가 갈렸고, 바로 여기서 이슬람교가 유래한 것이다. 셈족들은 음침한 신앙심을, 그리스도교도들은 음침한 예술을 발전시켰다.

정통파 유대교도에게 기도는 매일, 매 시간 이어지는 종교적인 경험이었다. 아침 기도는 이마와 양팔에 성구함을 부착한 채 이루어졌다. 식사 전에는 짤막한 감사 기도를, 식사를 마칠 때에는 그보다 더 긴 추수 감사 기도를 올려야 했다. 그러나 가정에서 하는 이러한 기도들로는 부족했다. 뭔가를 함께할 때 사람들은 단결을 할 수 있다. 따라서 동방다운 과장을 보태 랍비들은 "인간의 기도는 회당에서 올릴 때만 하느님께서 들으신다."고 했다.[41] 공동 예배식은 주로 셰모네 에스라, 셰마 이스라엘, 모세 오경과 예언서 및 시편 낭독, 성서를 이용

15장 탈무드 **717**

한 설교, 카디시(산 자와 죽은 자 모두를 위한 송축 기도), 그리고 마지막으로 축복의 기도로 이루어져 있었다. 이는 오늘날까지도 필수적인 회당 의식으로 남아 있다.

이러한 예배 규정보다 더욱 세부적이었던 것은 청결이나 의식의 순수성에 관한 규칙이었다. 신체 위생은 영적 건강에 유리한 것으로 여겨졌다.[42] 랍비들은 목욕탕이 없는 도시에서의 거주를 금했고,[43] 목욕에 대해서도 의학적이랄 수 있는 지시를 주었다. "뜨거운 물로 목욕한 다음 찬 물로 헹구지 않으면 용광로에 집어넣었다가 그 후 냉수에 담금질하지 않은 강철이나 다름없다."[44] 우리 몸도 강철처럼 담금질하여 강인해져야 한다. 목욕 후에는 성유를 발라야 한다.[45] 아침에 일어나자마자, 식사 전후, 의례 기도나 그 밖의 종교 의식 전에는 손을 씻어야 했다. 시신(屍身), 성행위, 월경, 출산, 해충, 돼지, 나병(즉 각종 피부병)은 의식에 따르면(즉 종교법에 따르면) 불결한 것이었다. 이 중 어느 것이라도 만지거나 감염된 사람은 회당에 가서 정화 의식을 수행해야 했다. 여자의 경우 아들을 낳으면 40일 동안, 딸을 낳으면 80일 동안 불결하게 여겨졌다.(따라서 성적으로 접근해서는 안 된다.)[46] 성경에 나오는 명령에 따라(창세기 17장 9~14절) 남자아이는 생후 8일째 할례를 했다. 할례는 야훼에게 바치는 제물이요, 야훼와의 계약이다. 그러나 이집트인, 에티오피아인, 페니키아인, 시리아인, 아랍인들 사이에 이 관습이 널리 퍼졌다는 것은 할례가 청결보다는 성적 조숙과 격하기 쉬운 성질에 더욱 우호적인 기후에서 나타난 위생적 조치라는 것을 시사한다. 이러한 결론은 유대인은 할례를 받지 않은 노예 상태로 12개월 이상을 지내서는 안 된다는 랍비의 엄명에 의해 확고해진다.[47]

탈무드는 때때로 종교 법전이라기보다 가정용 의학 안내서처럼 읽히곤 한다. 따라서 탈무드는 유대 민족을 위한 조언(助言) 백과사전임에 틀림없다. 4세기 및 5세기의 유대인들은 대부분의 지중해 민족들처럼 고립되고 가난한 사람들이 품고 있던 의학 관련 미신과 임시방편으로 슬그머니 돌아가고 있었기 때문에 이때 성행하던 미신적인 의학의 상당 부분이 탈무드에 들어가게 되었다.

그럼에도 불구하고 바빌로니아 게마라에는 식도, 후두, 기도, 폐, 뇌막, 생식기에 대한 뛰어난 설명과 폐종양, 간경화증 등의 여러 질병에 대한 설명이 나와 있다. 랍비들은 파리와 마시던 컵이 전염병을 옮길 수 있다는 점을 언급하고 있고,[48] 혈우병은 자손에게 할례를 권해서는 안 되는 유전 질환으로 인식되고 있다. 이러한 개념들과 함께 질병을 유발한다는 악마를 몰아내는 마법 공식 같은 것들이 섞여 있다.

랍비들도 오늘날 우리처럼 식이 요법 전문가였다. 식습관에 관한 지혜는 치아에서부터 시작된다. 치아는 아무리 아프더라도 뽑아서는 안 된다.[49] 왜냐하면 "자기 이로 잘 씹을 수 있는 사람은 발 또한 튼튼할 것이기 때문이다."[50] 대추야자를 제외한 채소와 과일은 적극 권장한다. 육류는 잘 씻은 사람만이 먹을 수 있는 사치 품목이다.[51] 짐승은 고통을 최소화할 수 있는 방식으로 도축되어야 하며 고기에서 피는 빼내야 한다. 피를 가진 살을 먹는 일은 피해야 한다. 그렇기 때문에 도축은 전문가에게 맡겨야 하며, 이 전문가는 내장을 검사하여 도축하려는 짐승이 질병에 걸리지 않았는지 확인할 것이다. 고기와 우유, 그리고 고기와 우유가 들어간 요리를 한 끼에 동시에 먹거나 부엌에서 서로 가까이 놓아서도 안 된다.[52] 돼지고기는 피해야 한다. 껍질을 벗긴 채 하룻밤을 지낸 계란이나 양파, 마늘을 먹어선 안 된다.[53] 정해진 시간에만 먹어야지 "암탉처럼 하루 종일 먹지 말라.",[54] "영양실조보다 과식으로 죽는 사람이 훨씬 많다.",[55] "마흔까지는 먹는 게 이롭지만 마흔 이후에는 술이 이롭다."[56] 적절한 음주는 절대 금주보다 나으며 포도주는 약이 되는 경우가 많고[57] "술을 전혀 안마시면 낙이 없다."[58] 식습관이라는 주제를 시시콜콜히 파고들면서 랍비들은 "변소에 머무는 시간이 긴 사람은 수명도 길다."고 주장했고 생리적 요구에 응하고 난 후 매번 감사 기도를 올릴 것을 권장했다.[59]

랍비들은 금욕주의를 못마땅하게 여겨 사람들에게 죄가 되지 않는 선에서 세상의 좋은 것들을 즐기라고 충고했다.[60] 특정 기간 및 일부 휴일에는 의무적으로 단식을 해야 했지만 이때도 어쩌면 건강에 대한 경각심의 수단으로 종교가 이용되었을지 모른다. 유대 민족의 지혜는 이들로 하여금 축제를 지속하고 가끔씩 잔치를 열게 했지만, 기쁜 와중에도 슬픔과 갈망이 엿보였다. "축일에 남자는 부인과 집안 식구들을 기쁘게 해주어야 한다." 될 수 있으면 그들에게 새 옷을 입게 해 주어야 한다.[61] 가장 위대한 유대인의 발명이랄 수 있는 안식일은 탈무드 시대에 큰 부담이었음이 분명하다. 당시 독실한 유대교도는 가능한 한 말은 적게 하고 집 안에 불을 지피지 않아야 하며, 회당에서 기도를 하며 보내야 했다. 안식일에 해도 되는 일과 해서는 안 되는 일에 관하여 미주알고주알 논한 방대한 양의 논문도 있다. 그러나 랍비들의 결의법은 신앙심에 대한 공포를 증대시키기보다 완화하는 데 초점이 맞춰져 있었다. 그들의 교묘함은 안식일에 해야 할 일을 왜 해야 하는지에 대한 설득력 있는 이유를 고안해 내기에 이르렀다. 게다가 선량한 유대인은 고대의 안식일 의식을 준수하는 데에서 남모를 기쁨을 발견했다. 그는 "축성(祝聖, kiddush)"이라는 간소한 예식부터 시작했다. 가족 및 손님들에 둘러싸인 채(이 날은 친구들과 즐거운 시간을 보낼 수 있는 가장 좋아하는 날이므로) 그는 포도주가 가득 찬 잔을 들고 축복 기도를 하면서 이를 마신 다음 잔을 손님들과 부인 그리고 자녀들에게 돌려 마시게 했다. 그런 다음 빵을 가져다가 식전 기도를 올리면서 "땅에서 빵이 나오게 하신" 하느님께 감사하고 빵 조각을 자리를 함께한 모두에게 돌렸다. 안식일에는 금식이나 애도가 허용되지 않았다.

한 해는 여러 휴일들로 나뉘었고 이러한 휴일들은 경건한 기억을 떠올리거나 감사한 휴식을 취할 수 있는 새로운 기회를 제공했다. 니산 달(Nisan, 4월. 유대력의 달 이름 - 옮긴이)의 14일째에 시작되는 유월절은 유대인들의 이집트 탈출을 8일 동안 기념했다. 유대인들이 아직 발효도 되지 않은 빵 반죽을 가지고 달아났기 때문에 성경 시대에는 유월절을 무교절(無酵節)이라 불렀고, 탈무드 시대에는 이집트인의 장자(長子)를 벌하시던 야훼께서 유대인 주민들이 양의 피를 문설주에 발라 놓아 표시해 둔 집들은 "넘어 갔기(passed over)" 때문에 페사크(Pesach), 즉 유월절(逾越節, Passover)라 불렀다.[62] 유월절 첫날 유대인들은 유월절 식사(만찬)를 기념했다. 각 가정의 아버지는 한자리에 모인 가족 중 의식을 진행하는 리더 역할을 맡아 가족과 함께 혹독했던 모세 시절을 상기하는 의식을 수행하고, 질의응답을 통해 자신이 소중하게 여기는 이야기를 젊은 세대에게 전해 주었다. 유월절 7주 후인 성령 강림절은 오순절(五旬節)로 밀의 수확과 시나이 산에서의 계시를 축하했다. 티슈리 달(Tishri)의 첫째 날(교회력의 일곱 번째 달, 유대력의 첫 번째 달로 대략 추분에 해당함.) 유대인들은 로시 하 샤나(Rosh-ha-Shana), 즉 나팔제와 첫 초승달을 축하하고 양의 뿔로 만든 나팔을 불어 토라의 계시를 기념하고 인간에게 회개를 상기시키고, 그토록 큰소리로 전 세계 유대인들을 모두 소환하여 예루살렘에서 자신들의 신을 경배하게 될 행복한 날을 기대했다. 로시 하 샤나 전날부터 티슈리 달의 열 번째 날까지는 회개의 열흘이었다. 열흘 중 아홉 번째 날을 제외한 나머지 날, 독실한 유대교도는 단식과 기도를 했다. 열 번째 날인 욤 키푸르(Yom-ha-Kippurim)는 속죄의 날로 하루 종일 아무것도 먹거나 마셔도 안 되고 신발을 신는 것도, 노동도 목욕도, 사랑에 빠져서도 안 되었다. 하루 종일 회당에 가서 예배에 참석하고 자신이 지은 죄와 자기가 아는 사람들이 지은 죄를 애석해 했으며, 심지어 금송아지를 숭배했던 조상들의 죄까지 애통해 했다. 티슈리 달의 열다섯 번째 날은 수코트(Sukkoth)로 초막절(草幕節)이었다. 7일 동안 유대인들은 초막에 살면서 조상들이 황무지에서 체류하며 40년 동안 잤다고 전해지는 천막을 기렸다. 이산으로 인하여 이처럼 오래되고 유서 깊은 전통이나 추수 감사절을 철저하게 지키는 데 어려움이 따르게 되자, 랍비들은 거주지를 상징할 수 있는 것이라면 무엇이든 의미하는 것으로 수카(sukka, 장막)를 재정의함으로써 성의를 표시했다. 아홉 번째 달인 키슬레브 달(Kislev, 12월)의 스물다섯 번째 날과 그 이후 7일 동안을 일컫는 하누카(Hanukkah), 즉 봉헌절(奉獻節)에는 안티오쿠스 에피파네스에 의해 성전이 더럽혀진 후 마카베오 혁명(기원전 165년)으로 정화한 것을 기렸다. 아다르 달(Adar, 3월)의 열네 번째 날에 유대교도들은 퓨림 축일(Purim), 즉 유대 민족이 에스더와 모르드개에 의해 페르시아의 총리대신인 하만으로부터 해방된 날을 축하했다. 포도주를 마시며 유쾌한 시간을 보내는 이 축제일에는 서로 선물과 인사를 주고받았다. 랍 라바는 이런 날, 남자는 "하만에게 저주를!"과 "모르드개에게 저주를!"이라는 말조차 구분할 수 없을 때까지 마셔야 한다고 했다.[63]

탈무드를 따르는 유대교도들을 괄시받은 인재들의 고통에 아파하고, 교리의 총공세에 어찌할 바를 모르고, 강탈당한 조국에 대한 갈망에 빠진 따분한 염세주의자들로 간주해서는 안 된다. 분산과 억압, 속죄와 빈곤의 와중에도 그들은 굴하지 않고 삶이 안겨 주는 고통과 문제, 무거운 짐을 진 유대 민족 여자들이 지닌 소박한 아름다움, 하늘과 땅이 지닌 변치 않는 장려함을 음미할 줄 알았다. "날마다 남자는 축복 기도를 백 번은 해야 한다."고 랍비 메이르는 말했다.[64] 또 다른 랍비는 우리 모두에게 "발걸음을 내딛을 때마다 고개 숙여 인사하지 않는다는 것은 하늘에 대한 모독이다. '온 땅이 하느님의 영광으로 충만하다.'고 씌어져 있지 않은가 말이다." 하고 말한다.[65]

3. 탈무드의 윤리

탈무드는 유대인의 역사, 신학, 의식, 의학, 전통문화에 대한 백과사전일 뿐만 아니라 농업, 원예, 산업, 전문직, 상업,[66] 금융, 과세 제도, 부동산, 노예제, 상속, 절도, 소송 절차, 형법에 관한 논문이기도 하다. 탈무드라는 책을 공정하게 평가하려면 대(大)학자의 지혜로 위에서 언급한 전 분야에서 탈무드가 내린 판단을 살펴봐야 할 것이다.

무엇보다도 탈무드는 윤리 규약이라고 할 수 있는데 그리스도교와는 전혀 다르고 이슬람교와는 아주 비슷해서, 오랫동안 탈무드를 연구한 사람은 탈무드가 중세 그리스도교에 대한 이야기에 지나지 않는다고 보는 중세의 관점에 이의를 제기한다. 세 종교는 모두 자연적(비종교적) 도덕성의 실행 가능성을 거부했다. 따라서 그들은 대부분의 인간은 오로지 신에 대한 두려움에 의해서만 용인되는 행동을 하도록 설득될 수 있다고 믿었다. 세 종교 모두 도덕률의 기반을 동일한 개념에 두었다. 만물을 꿰뚫어 보는 눈과 모든 걸 기록하는 손을 가진 신, 도덕률의 출처로서의 신, 사후 처벌 및 보상을 통한 선행과 행복의 궁극적 균등화. 셈족의 두 문화에서는 윤리뿐만 아니라 법률도 종교와 불가분의 관계였다. 범죄와 죄, 민법과 교회법 사이의 구분은 인정되지 않았다. 불명예스러운 행위는 모두 신에 대한 범죄였고 신의 존재와 신성한 이름에 대한 모독이었다.

나아가 세 종교 모두 도덕성의 특정 요소에서도 의견의 일치를 보였다. 가족 및 가정의 신성함, 부모 및 노인에 대한 공경, 자식에 대한 애정 어린 보살핌, 모두에 대한 자선. 가정생활의 아름다움에 있어서 유대인을 능가한 민족은 없었다. 유대교에서도 이슬람교에서와 마찬가지로 자발적인 독신이나 무자식은 크나큰 죄악이었다.[67] 가정을 이루어 가족을 만드는 것은 종교적인 의무로[68] 율법의 613가지 계율 중 맨 처음을 차지하고 있었다. 미드라시에 따르면[69] "자식이 없는 사람은 죽은 사람으로 간주한다."고 한다. 유대교도, 그리스도교도, 이슬람교도는 혈통에 대한 종교적 권한이 그 위력을 잃으면 적정 수준의 종족 유지가 위험에 처하게 된다는 데에도 의견을 같이했다. 그러나 특정 상황하에서 랍비들은 가급적 피임을 통한 산아 제한을 허용했다. "피임법을 이용해야 하는 여성들이 세 부류 있다. 그 세 부류란 첫째, 임신이 치명적인 미성년, 둘째, 낙태를 유발할 수도 있는 임신한 여자, 그리고 마지막으로 아이를 키우고 있는 여자로서 임신으로 인하여 너무 이른 시기에 젖을 떼면 아이가 죽을 수 있기 때문이다."[70]

유대인들도 동시대를 살았던 사람들과 마찬가지로 딸을 꺼리고 아들의 탄생을 기뻐하였다. 아버지의 이름, 가족, 재산을 이어받고 아버지의 무덤을 돌볼 수 있었던 것은 딸이 아니라 아들이었고, 딸은 십중팔구 먼 곳에 있는 집안으로 시집을 가므로 양육이 끝나자마자 부모 슬하를 떠날 것이기 때문이었다. 그러나 일단 자녀를 갖게 되면 유대인들은 편애하지 않고 소중히 여겼으며 훈육과 애정을 현명하게 조절해 가면서 길렀다. 어느 랍비는 "아이를 때려야겠으면 신발 끈으로 때리라."고 했으며,[71] 또 다른 랍비는 "아이에게 벌주기를 삼가면 아이는 결국 도덕적으로 타락하게 될 것이다."라고 하기도 했다.[72] 자녀 교육, 즉 율법과 예언서의 지식으로 사고방식을 가르치고 인성을 길러 주기 위해서는 모든 희생을 감수해야 한다. 히브리 속담 중에는 "세상은 교육을 받는 아이들의 숨결로 구원받는다."는 말이 있다.[73] 셰키나, 즉 하느님의 임재로 그 아이들의 얼굴은 광채가 나기 때문이다. 대신 자식은 어떤 상황이라도 부모를 끝까지 공경하고 보호해야 한다.

자선은 피할 수 없는 의무였다. "자선을 행하는 사람은 온갖 제물을" 바치는 사람보다 "위대하다."[74] 유대인 중에는 인색한 이들도 있었고 구두쇠도 있었지만, 대체로 유대인들만큼 인심이 후한 민족은 이제껏 없었다. 랍비들은 전 재산의 5분의 1 이상을 자선 단체에 기부하지 못하게 금해야 했다. 그럼에도 임종 때 자기 재산의 절반을 기부한 것으로 밝혀지는 경우도 있었다.[75] "압바 움나의 얼굴에는 늘 신성한 평화가 머물러 있었다. 그는 외과 의사였지만 자기 손으로 진료비를 받는 법이 절대 없었다. 그는 진료실 한 쪽 구석에 상자를 놓고 돈을 낼 수 있는 사람들은 성의껏 낼 수 있게 하고 형편이 어려운 사람들이 수치심을 느끼지 않게 조치했다."[76] 랍 후나는 "식사 자리에 앉을 때면 문을 열고 '누구든 배고픈 자는 들어와 먹으라.'고 외쳤다."[77] 샤마 벤 일라이는 빵을 구하는 모든 자에게 빵을 주었고, 집 밖을 걸어 다닐 때는 구걸하는 사람이 주저하는 일이 없도록 늘 손을 지갑에 넣고 다녔다.[78] 그러나 탈무드는 과시적인 기부를 나무라면서 겸허한 마음으로 남몰래 행하라고 조언했다. "다른 사람이 없는 데서 자선을 베푸는 사람은 모세보다 위대하다."[79]

랍비들은 자신들의 모든 학식과 달변을 총동원하여 결혼 제도에 관하여 고심했다. 유대 민족의 삶의 구조 전체가 결혼과 종교에 의존하기 때문이었다. 랍비들은 성욕을 비난하지는 않았지만 성욕이 지닌 위력을 두려워하여 이를 자제하는 데 노력을 기울였다. "정액을 감소시키려면" 빵을 먹을 때 소금을 함께 먹으라고 조언하는 이들도 있었고,[80] 성적 유혹에 대항할 수 있는 유일한 대비

책은 토라 연구와 고된 노동의 병행이라고 생각하는 이들도 있었다. 이런 방법도 소용이 없다면 "검은 옷을 입고 아무도 자신을 모르는 곳으로 가서 마음이 바라는 대로 하도록 하되 공공연하게 하느님의 이름을 더럽히는 짓은 못 하게 하라."[81] 남자는 자신의 욕정을 자극할 수도 있는 상황을 피해야 하며, 여자들과 말을 많이 해서도 안 되며, "길을 걸을 때도 여자 뒤에서 걸어선 안 된다. 이는 자기 부인인 경우에도 마찬가지이다. …… 남자는 여자 뒤보다는 사자 뒤에서 걸어야 한다."[82] 랍비들의 유쾌한 유머는 렙 카한 이야기에서 다시 한 번 드러난다. 렙 카한은

> 유혹에 노출되었을 당시 여성용 바구니를 팔고 있었다. 그는 자신을 유혹한 상대에게 잠깐만 자리를 뜨게 해 달라고 애원하고는 돌아오겠다고 약속했다. 그러나 돌아가는 대신 그는 집의 지붕 꼭대기로 올라가 몸을 던졌다. 그가 땅바닥에 닿기 직전 예언자 엘리야가 나타나 그를 잡더니 그를 자멸로부터 구하기 위해 400마일이나 되는 먼 길을 왔다며 그를 꾸짖었다.[83]

랍비들은 특정 시기에는 동정이 옳지만 영구적인 동정은 발육 지체라고 여겼던 것이 분명하다. 그들의 관점에서 가장 완벽한 여성상은 완벽한 어머니가 되는 것이며, 마찬가지로 가장 완벽한 남성상은 완벽한 아버지가 되는 것이다. 모든 아버지는 저축을 해 두었다가 딸들에게는 지참금을, 아들들에게는 결혼 정착금을 마련해 주어 자식들의 결혼이 건강상 문제가 될 정도로 지체되지 않도록 하는 것이다. 이른 결혼이 권장되어 여성의 경우 14세, 남성의 경우 18세가 결혼 적령기였다. 법적으로 여자는 12세 6개월, 남자는 13세에도 결혼할 수 있었다. 율법 연구에 매진 중인 학생에게는 결혼의 연기가 허용되었다. 남자는 결혼 전에 경제적 기반을 닦아 놓아야 한다고 주장하는 랍비들도 있었지만("남자는 먼저 집을 짓고 포도를 심은 다음 결혼해야 한다.")[84] 이는 소수의 의견에 지나지 않았으며, 부모가 필요한 재정적 지원을 제공한다면 아마도 아무도 이에 반

박하지 않을 것이다. 청년들은 외모가 아닌 어머니로서의 자질을 보고 배우자를 고르도록 권고받았다.[85] "부인을 고를 때는 눈을 낮추고 친구를 고를 때는 눈을 높여라."[86] 자기보다 높은 신분의 여자와 결혼하는 것은 모욕을 자처하는 것이다.

구약이나 코란처럼 탈무드도 일부다처제를 허용했다. "남자는 자기가 원하는 대로 몇 번이고 결혼할 수 있다."고 한 랍비는 말했다. 그러나 같은 글의 또 다른 구절에서는 그 횟수를 4회로 제한했으며, 세 번째 구절에서는 두 번째 부인을 맞이할 때 두 번째 부인이 요구할 경우 첫 번째 부인과 이혼을 해야 한다고 나와 있다.[87] 유대인이 죽은 자기 형제의 부인과 결혼하도록 되어 있는 역연혼(逆緣婚)은 일부다처제로 간주되었으며, 호의를 베풀려는 정서뿐만 아니라 모든 고대 및 중세 사회에서와 마찬가지로 높은 사망률에 시달렸던 공동체에서 출생률을 높이려는 바람에 기인했을 것이다. 남자에게는 대단히 자유로운 짝짓기를 허용했지만, 랍비들은 간통은 중범죄로 규정했다. 랍비들 중에는 "눈으로 보기만 해도 간통이 될 수 있다."는 예수님 말에 뜻을 같이한 이들도 있었다.[88] 일부는 한술 더 떠 "여성의 새끼손가락만 쳐다봐도 그 자는 이미 마음속으로 죄를 저지른 것이나 다름없다."고 한 이들도 있었다.[89] 그러나 랍 아레카는 좀 더 인도적이었다. "남자는 자신이 눈으로 본 모든 것과 거부한 모든 쾌락에 대하여 최후의 심판 날 죄과를 받게 될 것이다."[90]

상호 협의에 의한 이혼은 허용되었다. 남편은 본인이 이혼에 동의해야만 이혼을 할 수 있었지만 아내는 본인이 동의하지 않아도 이혼당할 수 있었다. 간통을 저지른 부인과의 이혼은 의무였으며, 결혼 후 10년 후에도 부인이 자식을 낳지 못하면 이혼이 권장되었다.[91] 샤마이 학파는 간통의 경우에만 남편에게 부인과의 이혼을 허용했고, 힐렐 학파는 남편이 부인에게서 "무엇이든 부적절한 것"을 발견한 경우 이혼을 허용했다. 탈무드 시대에는 힐렐의 견해가 우세했으며, 아키바는 심지어 남편은 "더 아름다운 여자를 발견하면 지금 부인과 이혼할 수 있다."는 말까지 했다.[92] 남자는 혼인 재산 계약을 포기하지 않고도 "머리를 내놓고 공공장소에 간다든가, 거리에서 질주를 한다든가, 외간 남자와 대화를 하는 등 유대교의 율법을 어긴 여자"와 이혼할 수 있었다. 또는 "목소리가 너무 큰 여자, 즉 자기 집에서 하는 말이 동네 사람한테 무슨 말인지 다 들리는 여자"와도 이혼할 수 있었다.[93] 여자가 남편한테 유기(遺棄)를 당하더라도 이혼의 사유가 되지 않았다.[94] 잔인하거나 생식 불능이거나 제대로 부양해 주지 않거나[95] 불구가 되었거나 악취를 풍기는[96] 남편과의 이혼은 부인이 법원에 신청해도 좋다고 허용한 랍비들도 있었다. 랍비들은 복잡한 법적 절차를 요구함으로써 이혼을 막으려고 노력했는데, 이러한 노력은 소수의 경우를 제외한 거의 모든 경우에서 부인 측의 결혼 지참금 및 부부 공동 재산 박탈로 끝났다. 랍비 엘레아자르는 "결혼식을 올렸던 제단이 젊은 시절 결혼한 부인과 이혼하는 남자를 보고 눈물을 뚝뚝 흘린다."고 했다.[97]

대체로 탈무드의 율법도 이슬람 율법처럼 남자가 만든 법이어서 남성 편향적 경향이 두드러지는데, 이야말로 여성의 힘에 대한 랍비들의 두려움을 암시하는 것이라 할 수 있다. 그리스도교의 신부들처럼 랍비들도 이브의 총명한 호기심 때문에 "세계영혼"이 사라졌다며 여자를 비난했다. 랍비들은 여자들을 "경박하다."고[98] 하면서도 남자들에게 없는 본능적인 지혜만큼은 인정했다.[99] 랍비들은 또한 여성들의 기나긴 수다를 매우 개탄했다. "세상에 주어진 말의 총 분량이 10이라고 할 때 9할은 여자가, 나머지 1할은 남자가 차지했다."[100] 랍비들은 비술(祕術),[101] 립스틱과 콜(kohl, 이집트와 아랍 여인들이 눈가에 바르는 검은 가루 – 옮긴이)에[102] 대한 여자들의 중독을 비난했다. 랍비들은 남자가 부인의 의복에 아낌없이 돈을 쓰는 것은 괜찮다고 생각했으나 대신 부인이 다른 남자들보다 자신의 남편을 위해 자신을 아름답게 꾸미는 것이길 바랬다.[103] 한 랍비에 따르면 율법 상 "여자 백 명은 단 한 명의 증인과 맞먹는다."고 했다.[104] 탈무드에서 정한 여자들의 재산권은 18세기 영국만큼이나 제한적이었다. 그들의 소득과 그들이 소유하고 있는 재산에서 얻은 수입은 남편의 소유였다.[105] 여자가 있어야 할 곳은 가정이었다. 이상적이었던 "메시아 시절" 여자는 "날마다 아이를 한 명씩 낳을 것"이라고 희망에 찬 어떤 랍비가 말했다.[106] "악처와 사는 남자는 절대로 지옥에 갈 일이 없다."[107] 한편 선행으로 유명한 부인을 둔 남자치고 부유한 남자는 없다고 아키바는 말했다.[108] 미드라시에서는 "모든 것이 여자에서 유래한다."고 했다.[109] 히브리 속담에 따르면 "한 집안의 모든 복은 부인을 통해 들어온다. 따라서 남편은 부인을 존중해야 한다. …… 남자들은 여자 눈에 눈물 나게 하는 일이 없도록 주의해야 한다. 왜냐하면 하느님은 여자들이 흘린 눈물방울을 모두 세고 계시기 때문이다."[110]

탈무드 중 가장 기분 좋은 부분인「피르케 아보트(Pirke Aboth)」에는 한 익명의 편집자가 수집해 놓은 기원전 2세기와 서기 2세기 동안 위대한 랍비들이 남긴 격언들이 있다. 이러한 경구들 중 다수가 지혜를 찬미하고 있고 지혜를 정의하고 있다.

벤 조마가 말했다. 지혜로운 사람이란 어떤 사람인가? 모두에게 뭔가를 배우는 자. …… 힘센 사람이란 어떤 사람인가? 자신의 (사악한) 성향을 억누르는 자. …… 자신의 영혼을 다스리는 자는 도시를 정복한 자보다 훌륭하다. 부유한 사람이란 어떤 사람인가? 자신의 운명을 기꺼이 받아들이는 자. …… 네가 네 손이 수고한 대로 먹을 것이라 네가 복 될 것이니라. ……(시편 128장 2절 - 옮긴이) 어떤 사람이 존경받을 만한 사람인가? 동포를 존경하는 자.[111] …… 사람이든 물건이든 경멸하지 말지어다. 누구든 전성기 없는 사람 없고 무엇이든 제자리 없는 물건은 없기 때문이다.[112] …… 나는 평생을 현자들 사이에서 자랐지만 인간에게 침묵보다 더 좋은 건 발견하지 못했다. ……[113]

랍비 엘레아자르는 말하곤 했다. 지식은 많으나 행동이 그에 못 미치는 자는 가지는 많으나 뿌리가 적어 바람이 불면 뿌리째 뽑혀 쓰러지고 마는 나무와 비교할 수 있다. …… 그러나 행동이 지식을 앞서는 자는 가지는 적지만 뿌리가 많아 세상 모든 바람이 몰려와도 꿈쩍도 하지 않을 나무와 비교할 수 있다.[114]

4. 삶과 율법

탈무드는 예술품이 아니다. 천 년 동안 축적된 생각을 일관성 있는 하나의 체계로 압축하는 일은 끈기 있는 랍비 백 명에게도 감당 못할 일로 판명되었다. 몇몇 글은 명백히 잘못된 분류에 속해 있고, 몇몇 장은 잘못된 글에 삽입되어 있고, 어떤 주제에 관하여 시작되었다가 갑자기 중단되더니 뜬금없이 다시 시작되고 있다. 탈무드는 심사숙고의 산물이 아닌 심사숙고 그 자체이다. 모든 견해가 기록되나 모순점이 미해결 상태로 남아 있는 경우가 비일비재하다. 마치 우리가 15세기를 가로질러 가서 여러 학파에 대한 매우 사적인 논의를 엿듣고, 아키바와 메이르와 예후다 하나시와 랍의 열띤 논쟁을 듣는 것과 같다. 우리가 침입자라는 사실과 이들을 비롯한 그 밖의 인물들이 편안하게 내뱉었던 말을 홱 낚아채다가 계획되지 않은 문맥 속에 집어넣고 전광석화와 같이 흐르는 세월 속으로 보내 버렸다는 점을 잊지 않는다면, 우리는 결의법, 궤변, 전설, 점성술, 악마론, 미신, 마술, 기적, 숫자 점(占), 계시몽(啓示夢), 복잡한 공상의 최고봉이랄 수 있는 오사(Ossa) 산(山) 위의 펠리온 산에 대한 논쟁, 좌절된 희망을 영원히 치유해 주는 위안을 주는 허영심을 모두 용서할 수 있을 것이다.

이러한 율법들이 엄중해서, 이러한 규제들이 세세한 일까지 참견해서, 또한 율법의 위반에 대한 동방의 처벌이 가혹해서 불쾌하다면, 이에 지나치게 신경을 써서는 안 될 것이다. 유대인들도 이러한 계율을 모두 준수하는 척 가식을 떨지는 않았으며, 랍비들도 책의 곳곳에서 자신들의 조언과 인간이 지닌 잠재적 약점 사이의 격차를 눈감아 주었다. "이스라엘이 단 한 번이라도 안식일을 제대로 준수한다면, 다윗 왕이 그 즉시 나타날 것"이라고 한 랍비는 조심스럽게 언급했다.[115] 탈무드는 엄격한 준수를 요하는 법전이 아니라 여유 있는 신앙으로 이끌기 위해 수집된 랍비들의 의견을 기록해 놓은 것이었다. 정식 교육을 받지 않은 대중들은 율법의 계율 중 소수만 선택적으로 따랐다.

탈무드에서는 의식(儀式)을 매우 강조했는데, 이는 부분적으로는 유대인으로 하여금 율법을 포기하게 하려는 교회와 국가의 시도에 대한 유대인의 반응 때문이었다. 의식은 정체성의 표시이자 단결과 지속성에 대한 합의, 결코 용서하지 않을 세상에 대한 반항의 증표였다. 스무 권짜리 책 곳곳에서 그리스도교에 대한 증오의 표현이 보이지만, 이는 그리스도의 관대함을 망각한 그리스도교, 그리스도가 그의 추종자들에게 준수하라고 명했던 율법의 신봉자들을 박해한 그리스도교, 랍비들의 견해에 따르면 양보할 수 없는 고대 신앙의 본질이었던 일신론을 버린 그리스도교를 겨냥한 것이었다. 이러한 의식의 복잡성과 논쟁의 여지가 많은 가시 돋친 표현들 가운데서 우리는 수많은 현명한 조언과 심리적 통찰, 그리고 구약 성서의 위엄과 신약 성서의 신비한 온화함을 상기시키는 구절들을 때때로 발견하게 된다. 유대인 특유의 기발한 유머는 기나긴 가르침의 부담을 덜어 준다. 따라서 어떤 랍비는 모세가 어떻게 자기 신분을 숨기고 아키바의 교실에 들어가서는 맨 뒷줄에 앉아 위대한 스승인 아키바에 의해 모세의 법률로부터 파생된 수많은 계율에 경탄을 금하지 못했는지 들려주었는데, 그러한 계율들은 필경사조차 꿈에도 생각 못한 것이었다.[116]

    1400년 동안 탈무드는 유대인 교육의 핵심이었다. 하루 일곱 시간씩 7년 내내 히브리 젊은이들은 탈무드를 숙독하고, 암송하고, 청각과 시각을 이용하여 암기했다. 암송과 반복이 교수법의 전부는 아니었다. 스승과 제자, 학생과 학생 사이의 논쟁을 통해서, 새로운 시대의 정황에 옛 율법을 적용함으로써 가르침은 이루어졌다. 그 결과 지성이 연마되고 기억력이 오래도록 유지되어 유대인들은 명확성, 집중력, 끈기, 정확성을 요하는 다수의 영역에서 유리한 위치에 설 수 있었지만, 그와 동시에 사고 범위와 자유가 제한되는 부작용 또한 겪게 되었다. 탈무드는 욱하기 쉬운 유대인의 기질을 길들였고, 개인주의를 억제했으며, 유대인들로 하여금 가정 및 공동체 내에서 정절과 절제를 갖추게 해 주었다. 남들보다 우수한 소수의 사람들은 "율법의 멍에"로 인하여 제약을 받았겠지만 유대인 전체는 구원을 받았다.

    추방당하고 궁핍하게 살고 억압받고 말 그대로 분열 위험에 처했던 한 민족에게 하나의 생존 기관과도 같았던 탈무드는 역사를 모르고서는 절대로 이해할 수 없다. 바빌론 유수 기간 중 유대인들의 사기를 떨어뜨리지 않기 위해 예언서가 했던 일을 이처럼 더욱 광범위하게 분산된 동포를 위해 랍비들이 했다. 엄청나게 충격적인 경험을 한 후, 긍지를 회복하고, 질서를 세우고, 신앙과 도덕을 유지하고, 몸과 마음의 건강을 추슬러야 했다.[117] 이처럼 투지 넘치는 수련을 통해, 뿌리를 뽑혀 버린 유대인들은 자신들의 문화에 다시 뿌리를 내림으로써 여러 대륙을 떠돌아다니고 수 세기 동안 크나큰 슬픔을 겪고도 안정과 단결을 회복했다. 하이네(Heine)가 말한 것처럼 탈무드는 휴대용 조국이었다. 유대인들은 어디에서건, 그곳이 설사 낯선 타국에 있는 끔찍한 소수 민족 집단 거주지일지라도 자신들만의 세계를 다시 구축하여 선지자들과 랍비들과 함께 살면서 자신들의 지성과 감성을 율법의 바다에 흠뻑 젖게 할 수 있었다. 우리에게는 백 명의 몽테뉴(Montaigne)보다도 더욱 변화무쌍하고 다채롭게 느껴지는 이 책을 유대인들이 사랑해 마지않는 것도 당연하리라. 유대인들은 심지어 탈무드의 일부분조차 맹렬한 애정을 가지고 보존했으며, 이 거대한 필사본의 단편들을 서로 번갈아 가며 읽었고, 나중에는 거금을 들여 탈무드를 대량 출간했다. 왕들과 교황들과 의회들이 탈무드를 금하고 몰수하고 태워 버렸을 때는 통곡했고, 로이힐린(Reuchlin)과 에라스무스(Erasmus)가 탈무드를 옹호했을 때는 떨 듯 기뻐했으며, 급기야 탈무드를 그들의 성전(聖殿)과 가정에서 가장 소중한 보물로 만들어 오늘날까지 그러한 분위기를 유지하고 있고, 유대인 영혼의 피난처이자 안식처, 그리고 감옥으로 만들기도 했다.

THE AGE OF FAITH

16장 중세의 유대인들
565~1300

1. 동방의 공동체들

이제 이스라엘에 법률은 생겼지만 국가가 없었으니 책은 있으나 집이 없는 형국이었다. 614년까지 예루살렘은 그리스도교 도시였고, 629년까지는 페르시아의 도시였다가 다시 그리스도교 도시가 되었다. 그러다가 1099년까지 이슬람의 주도(州都)였다. 그해 십자군이 예루살렘을 포위했다. 유대인들은 이슬람교도들의 예루살렘 방어에 합류했다. 예루살렘이 함락되었을 때 살아남은 유대인들은 유대교 회당으로 내몰린 다음 불에 타 죽었다.[1] 1187년 살라딘에 의한 예루살렘의 탈환 이후 팔레스타인 유대인들이 급성장했고, 살라딘의 형제인 술탄 알 아딜은 1211년 잉글랜드 및 프랑스에서 망명 온 300명의 랍비들을 기꺼이 받아들였다. 그러나 52년 뒤, 나흐마니데스가 예루살렘에서 발견한 유대인의 수는 소수였고,[2] 이 신성한 도시는 압도적으로 이슬람교의 도시가 되어

733

있었다.

개종과 가끔 있던 박해에도 불구하고 수많은 유대인들이 이슬람 시리아, 바빌로니아(이라크), 페르시아에 남아 왕성한 경제 활동과 문화생활을 영위해 나갔다. 내무(內務)에 있어서 유대인들은 사산 왕조하에서 포로 족장과 랍비들의 지도에 따라 계속 자치를 누렸다. 포로 족장은 칼리프들에게 바빌로니아, 아르메니아, 투르케스탄, 페르시아, 예멘에 있는 모든 유대인들의 수장으로 받아들여졌으며, 투델라의 베냐민에 따르면 칼리프의 백성들은 모두 "포로 족장이 등장하면 일어나서 그에게 공손하게 인사를 해야" 했다고 한다.[3] 포로 족장은 혈통의 근원이 다윗에게까지 이르는 한 가문 내에서 세습되었으며 종교적인 권력보다는 정치적인 권력을 지녔다. 포로 족장은 랍비들까지 쥐락펴락하려다가 결국 쇠하여 몰락했다. 762년 이후에는 랍비들의 지도자가 포로 족장을 뽑았고 그들을 지배했다.

수라와 품베디타에 있던 랍비 학교는 이슬람 유대인들과 그 수는 훨씬 적지만 그리스도교 국가의 유대인들에게도 종교적, 지적 리더십을 제공했다. 658년 칼리프 알리는 수라에 있는 학교를 포로 족장의 관할로부터 풀어 주었고, 그 결과 학교장인 마르 이삭이 가온(Gaon, 수라 및 품베디타의 유대인 학교 교장에게 주어진 칭호) 또는 각하라는 칭호를 획득하고 바빌로니아의 종교 및 학문에서 게오님(Geonim, 가온의 복수형 – 옮긴이) 시대라고 할 수 있는 시기에 가온으로 취임했다.[4] 품베디타의 학교는 바그다드와의 근접성 덕분에 수익과 위엄이 증가하여, 이 학교의 책임자들도 가온의 칭호를 갖게 되었다. 7세기부터 11세기까지 모든 유대인 세계로부터 이러한 가온들에게 탈무드 법률에 관한 질문이 도착했는데 그들의 답변은 유대교의 새로운 법률 문헌을 탄생시켰다.

가온들의 부흥은 동방의 유대인들을 뒤흔들고 분열시킨 이단과 동시에 일어났는데, 이는 어느 정도 필연이었다. 762년 포로 족장 솔로몬이 죽자 그의 조카 아난 벤 다윗이 후계자 1순위였으나 수라와 품베디타의 학교장들은 세습 원칙을 버리고 아난의 동생인 차난야를 포로 족장으로 취임시켰다. 아난은 두 가온을 비난하고 팔레스타인으로 망명한 다음 자신의 회당을 세우고 세계 곳곳의 유대인들에게 탈무드를 거부하고 오직 모세 오경의 법률에만 복종할 것을 요구했다. 즉 사두가이파로 회귀한 것이었다. 이는 이슬람 시아파가 "전통"을 거부하고 코란의 위상을 높인 것과 프로테스탄트가 복음서로의 회귀를 위해 가톨릭 전통을 버린 것과 마찬가지였다. 아난은 더 나아가 모세 오경을 검토하면서 성서 내용에 대한 비평적 연구의 굵직한 발전을 보여 준 주석을 달았다. 그는 탈무드 랍비들이 가변적 해석으로 모세 율법에 가한 변화에 반대하고 모세 오경의 법령을 엄격하게 따라야 한다고 주장했다. 이 때문에 그의 추종자들은 "원문 고수자들"을 뜻하는 카라이(Qaraites)*라는 별칭을 얻게 되었다. 아난은 예수를 모세의 성문 율법뿐만 아니라 필경자 및 바리사이파의 구전 율법 또한 무시하고자 했던 성자로 칭송했다. 아난의 관점에서 예수의 목적은 새로운 종교를 찾으려는 게 아니라 유대교를 정화하고 강화하려는 것이었다.[5] 카라이들의 수는 팔레스타인, 이집트, 스페인에서 증가했다. 이들은 12세기에 쇠퇴하다가 멸종을 겨우 면한 정도의 소수만이 터키, 남러시아, 아라비아에 남게 된다. 이슬람의 무타질라파(派)로부터 영향을 받았을 것으로 추정되는 9세기의 카라이들은 아난의 직해(直解) 원칙을 버리고 성경에 나온 예수의 부활과 하느님에 대한 특정 신체적 묘사를 곧이곧대로 받아들일 게 아니라 은유로 보자고 제안했다. 이번에는 정통 랍비파 유대교도들이 직해 주의로 회귀하여 정통 이슬람교도들처럼 "하느님의 손"이나 "앉아 계신 하느님" 같은 구절들을 문자 그대로 받아들여야 한다고 주장했다. 해설자들 중에는 하느님의 몸통, 사지, 턱수염의 정확한 치수를 계산한 이들도 있었다.[6] 키비 알 발키 같은 소수의 유대교 자유사상가들은 구속력 있는 법률로서 모세 오경조차 거부했다.[7] 유대교가 중세 최초의 이름난 철학자를 배출한 것은 경제적 번영과 종교적 자유, 그리고 활발한 토론이 이루어지던 이러한 환경에서였다.

---

* 'Qera'에서 파생, 아람어로 '텍스트(text)'를 뜻함. 'qara'는 '읽는다'는 뜻. Quran 참조.

사아디아 벤 요셉 알 파이유미는 892년 파이윰이라는 마을의 딜라즈에서 태어났다. 그는 이집트에서 자라 그곳에서 결혼했다. 915년 팔레스타인으로 이주했다가 다시 바빌로니아로 갔다. 서른여섯이라는 젊은 나이에 수라 학교의 가온 또는 교장이 된 걸 보면 그는 우수한 학생이자 믿을 만한 교사였음이 틀림없다. 카라이파 및 회의주의가 정통 유대교에 침투했다는 것을 인식한 그는 무타칼리문(mutakalimun, 무타질라 신학이 수립된 이후 이처럼 합리적인 논리 체계를 갖춘 사변 신학을 비로소 칼람이라 하고, 칼람을 연구하고 논거를 통해 교의의 타당함을 옹호하는 사변 신학자를 무타칼림('대화하는 이'라는 뜻, 복수는 무타칼리문)이라 불렀음. - 옮긴이) 이슬람에서 착수했던 과업, 즉 전통 신앙을 이성 및 역사와 완전히 합치시킬 수 있다는 것을 보여 주려는 과업에 노력을 기울였다. 50년이라는 짧은 생애 동안 사아디아는 엄청난 저술(대개 아라비아어로 씌어졌음.)을 남겼는데 중세 유대교 사상 기록에서 이에 필적할 만한 자는 마이모니데스밖에 없다. 사아디아의 『아그론(Agron)』은 히브리어의 아람어 사전으로 히브리의 철학을 창시했다. 그의 『언어(Kitab al-Lugah)』는 현존하는 가장 오래된 히브리어 문법 책이다. 그가 아라비아어로 번역한 구약 성서는 오늘날까지 남아 현재 아라비아어를 쓰는 유대인들이 사용하고 있다. 성서에 대하여 그가 남긴 몇몇 주석으로 그는 "아마도 역대 최고의 성경 주석가"로 등극하게 된 듯하다.[8] 철학서인 『믿음과 견해(Kitab al-Amanat)』(933년)는 유대교 신학의 『대이교도 대전(Summa contra Gentiles)』(토마스 아퀴나스의 저서 - 옮긴이)이다.

사아디아는 계시와 전통, 성문 율법과 구전 율법 모두 수용하지만 이성 또한 수용하기 때문에 계시와 전통의 진실을 이성으로 입증하자고 제안한다. 성경이 분명하게 이성을 거스를 때마다 우리는 해당 구절을 성인들의 사고방식으로 직역해서는 안 되는 구절로 상정해 버린다. 하느님에 대한 의인화된 묘사들은 은유적으로 해석되어야 한다. 하느님은 인간과 다르기 때문이다. 세상의 법과 질서는 전지전능한 조물주의 존재를 암시한다. 전지전능한 하느님이 선행에 대하여 보상을 해 줄 것이라는 가정은 비이성적이지만 현생에서 선행이 늘 보상을 받는 것은 아니다. 따라서 이처럼 명백한 부당함을 보완해 줄 또 다른 세상이 있어야만 한다. 어쩌면 이승에서 착한 자들이 받은 고통은 그들이 가끔 저지른 죄에 대한 처벌일지도 모르므로, 그들은 죽으면 천국에 들어갈 것이다. 반면 사악한 자들이 지상에서 거둔 승리는 그들이 어쩌다 베푼 선행의 보답이므로…… 그러나 지상에서 최고의 미덕, 번영, 행복을 달성한 사람들은 마음속으로 무한한 가능성과 제한적인 성취감보다 더 나은 상태가 있다고 느낄 것이다. 이처럼 경이로운 세상을 창조할 정도로 전지전능한 하느님은 어째서 인간으로 하여금 실현되지도 못할 희망을 품게 했을까?[9] 사아디아는 이슬람 신학자들을 본받아 그들의 설명 방법, 심지어 때때로 그들이 주장한 내용의 세부 사항까지 모방했다. 결국 그의 연구는 유대교 세계에 침투하여 마이모니데스에게 영향을 끼쳤다. "사아디아가 없었다면 토라도 사라질 뻔했다."고 벤 마이몬은 말했다.[10]

사아디아가 신랄했다는 점과 포로 족장 다윗 벤 자카이와의 싸움이 바빌로니아의 유대인들에게 손해를 끼쳤다는 점은 인정해야 할 것이다. 930년 다윗이 사아디아를 파문하자, 사아디아는 다윗을 파문했다. 940년 다윗이 죽자 사아디아는 새로운 포로 족장을 임명했지만 이 피지명인은 마호메트를 폄하했다는 이유로 암살되었다. 사아디아는 피해자의 아들을 후계자로 지명했으나 그 때문에 이 젊은이 또한 살해당했다. 낙심한 유대인들은 포로 족장 자리를 공석으로 남겨 두기로 했고, 942년 바빌로니아의 포로 족장은 7세기를 이어 온 그 이력에 종지부를 찍게 되었다. 그해 사아디아가 사망했다. 바그다드의 칼리프 왕조가 분열되고, 이집트, 북아프리카, 스페인이 이슬람 독립국으로 자리 잡으면서 아시아, 아프리카, 유럽의 유대인들 사이의 결속이 약화되었다. 바빌로니아의 유대인들은 10세기 이후 동(東)이슬람의 경기 침체를 함께 겪었다. 수라 학교는 1034년 문을 닫았고, 품베디타의 학교는 4년 뒤 폐교했으며, 1040년에는 가온 제도가 폐지되었다. 십자군으로 바빌로니아인들은 이집트인 및 유럽의 유대인들과 더욱 분리되어 1258년 몽골의 바그다드 약탈 이후 바빌로니아의 유대인 공동체는 역사의 뒤안길로 사라졌다.

이러한 대재앙이 일어나기 훨씬 전부터 동방의 유대인들은 아시아로, 아라비아로, 이집트로, 북아프리카로, 유럽으로 이주했다. 1165년 실론에는 히브리인들이 2만 3000명 있었고,[11] 아라비아의 몇몇 유대인 공동체들은 마호메트의 적대감에도 불구하고 살아남았다. 641년 아므르가 이집트를 정복했을 때, 그는 알렉산드리아에 "4만 명의 공물을 바치는"(납세하는) 유대인들이 있다고 보고했다. 카이로의 인구가 증가하면서 정통이든 카라이파건 유대교 인구도 늘었다. 이집트의 유대인들은 그들의 나기드(nagid, '우두머리'라는 뜻의 히브리어 - 옮긴이) 또는 군주하에서 자치를 누렸다. 그들은 상업으로 부를 이룩했고 이슬람 국가의 정부에서 고위직을 차지했다.[12] 960년 전통에 따라 네 명의 랍비가 이탈리아의 바리(Bari)에서 출항했는데 그들이 탄 배가 스페인의 이슬람 제독에게 나포되어 노예로 팔렸다. 랍비 모세와 그의 아들 하녹은 코르도바에, 랍비 셰마리아는 알렉산드리아에, 랍비 후시엘은 카이르완에서 팔렸다. 이들 랍비는 모두 방면되어 각자 노예로 팔린 도시에 학교를 설립했다고 한다. 이들은 모두 수라 출신의 학자였을 것으로 추정되지만 확실하지는 않다. 좌우간 이들이 서방에서 동방의 유대인들에게 배움을 가져다주었고, 유대교가 아시아에서 쇠퇴하는 동안 이집트와 스페인에서는 화평한 시기로 접어들었다.

2. 유럽 공동체

유대인들은 바빌로니아와 페르시아에서 트란속시아나(시르다랴 강과 아무다랴 강(혹은 옥소스 강)의 사이에 위치한 지역으로 현재의 우즈베키스탄 대부분, 타지키스탄 대부분, 카자흐스탄 남서부를 포함하는 지역이다. - 옮긴이)와 카프카즈 산맥을 통해 중세 러시아로 진출했다. 러시아의 수도에서, 그리고 비잔티움 왕국에서 유대인들은 8세기부터 12세기까지 크나큰 번영을 이룩했다. 그리스에도 상당히 큰 유대인 공동체가 몇몇 있었는데, 가장 주목할 만한 공동체는 실크 제조로 명성이 자자했던 테베였다. 유대인들은 테살리아, 트라키아, 마케도니아를 지나 위쪽 발칸 반도까지 이주했고 다뉴브 강을 따라 헝가리까지 갔다. 소수의 히브리 상인들이 10세기 독일에서 폴란드로 왔다. 유대인들은 기원전부터 독일에 있었다. 9세기에는 메츠, 슈파이어, 마인츠, 보름스, 스트라스부르크, 프랑크푸르트, 쾰른에 정착한 유대인의 수가 꽤 많았다. 이들은 상업으로 분주하고 이동이 잦았기 때문에 문화사에는 그다지 기여할 틈이 없었다. 그러나 게르숌 벤 예후다(960~1028년)가 마인츠에 랍비 학교를 설립했고, 탈무드에 관한 히브리어 주석을 달았으며, 탈무드 율법에 관한 의문이 생기면 바빌로니아의 게오님보다는 그를 찾을 정도로 크나큰 권위를 획득했다.

691년 잉글랜드에도 유대인들은 있었다.[13] 정복자 윌리엄 때 다수의 유대인들이 유입되었으며 처음에는 자본 제공 및 세입 창출 때문에 노르만 통치자들의 보호를 받았다. 런던, 노리치, 요크, 그 밖의 잉글랜드 중심지에 있던 유대인 공동체들은 현지 당국의 관할 밖이었고 오로지 왕의 지배만 받았다. 이와 같은 법적 분리는 그리스도교도와 유대교도 사이의 장벽을 높였고, 12세기에 자행된 집단 학살에 한몫했다.

갈리아에는 카이사르 때부터 유대인 상인들이 있었다. 600년 즈음 갈리아의 모든 주요 도시에는 유대인 집단 거주지가 생겨났다. 메로빙거 왕조는 신앙이라는 미명하에 유대인들을 잔인하게 박해했다. 힐페리크 왕은 유대교도들이 전원 그리스도교를 수용하지 않으면 두 눈을 뽑아 버리게 하겠다고 했다.(581년)[14] 샤를마뉴는 유대교도들에 대한 차별적인 법률을 유지한 채 그들을 유용하고 왕성한 농부 및 장인, 상인, 의사, 금융업자로 보호했으며 자신의 주치의로 유대인을 고용하기도 했다. 787년 샤를마뉴는 논쟁을 불러일으킨 전통에 따라 칼로니모스 가문을 루카에서 마인츠로 데려와 프랑크 왕국에 유대교 학문을 장려했다. 797년에는 한 유대인을 통역으로 하룬 알 라시드에게 보내기도 했다. 경건 왕 루도비쿠스는 상업 촉진자로 유대인을 편애했고, "유대인 수장(首長)"을 임명하여 그들의 권리를 지키도록 했다. 적대적인 전설들, 법적 장애, 간헐적인 소수 인종 박해에도 불구하고, 유대인들은 9세기 및 10세기 프랑스에서 프랑스 혁명 이전 유럽의 유대인들에게 다시는 찾아오지 않을 번영과 평화를 어느 정도 누렸다.[15]

트라니부터 베네찌아와 밀라노에 이르는 이탈리아 전역에는 유대인 집단 거주지가 거의 없었다. 파두아에는 유대인들이 특히 많았으므로 그곳 학교의 아베로이스설(說)에 영향을 끼쳤을 수도 있다. 라틴 그리스도교 세계 최초의 중세 의과 대학의 본거지였던 살레르노에는 유대인들이 600명 정도 있었으며,[16] 그중 몇몇은 의사로서 이름을 날렸다. 프레데리크 2세 황제는 포기아의 궁정에 유대인 학자들을 두고 있었고, 교황 알렉산데르 3세(1159~1181년)는 자신의 가사를 관리하는 사람으로 유대인 몇몇을 고위직에 앉히기도 했다.[17] 그러나 프레데리크는 그레고리우스 9세의 이탈리아 유대인에 대한 압제 수단에 동참했다.

스페인의 유대인들은 자신들을 세파르디라 불렀으며, 그 기원이 유다 왕족임을 밝혔다.* 레카르드 왕(586~601년)이 정통 그리스도교로 개종한 후, 서고트 왕국의 궁정이 스페인 교회의 강력한 체제와 결속하자 유대인들의 삶은 다소 고단해졌다. 유대인들은 공직에서 배제되었고, 그리스도교도와의 결혼이나 그리스도교도 노예의 소유가 금지되었다. 시세부트 왕은 모든 유대인들에게 그리스도교를 수용하지 않으면 다른 나라로 떠날 것을 명했고(613년), 그의 후계자가 이러한 칙령을 폐지했지만 633년 톨레도 공의회에서 세례를 받았다가 유대교로 복귀한 유대인들은 자식들과 분리되어 노예로 팔려야 한다는 결정이 내려졌다. 친틸라 왕은 시세부트의 칙령을 재개했고(638년), 에기카 왕은

---

* 세파르디(Sepharad)라는 명칭은 오바디야서(i, 20)에서 일부 유대인들이 네부카드레자르(느부갓네살) 왕(기원전 597년)에게 추방당한 지역, 즉 소아시아로 추정되는 지역에 적용된다. 이 단어는 나중에 스페인에 적용되었다. 독일 유대인들은 야벳의 손자인 아슈크나즈(창세기 10장 3절)로부터 파생되었다 하여 대략 아슈케나지(Ashkenazim)로 불렸다.

유대인의 토지 소유 및 그리스도교도와 유대인 사이의 상거래를 일절 금했다.(693년) 무어인들과 아랍인들이 이탈리아 반도를 침략했을 때(711년) 유대인들은 기회가 닿는 대로 그들을 도왔다.

정복자들은 국토의 인구를 늘리기 위하여 이민을 장려했고 그 결과 아시아 및 아프리카로부터 5만 명의 유대인들이 유입되었다.[18] 루세나처럼 거의 유대인들만 거주했던 소도시들도 있었다. 경제적 제약에서 벗어난 이슬람 스페인의 유대인들은 농업, 제조업, 금융, 여러 전문직 등 각종 분야에 진출했다. 아라비아의 의복, 언어, 관습을 채택하여 터번과 실크 로브를 입고 마차를 타던 그들은 비슷한 종족인 셈족과 분간이 어려웠다. 몇몇 유대인은 궁정 의사가 되었는데, 그중 한 명은 코르도바의 칼리프들 중 가장 위대했던 칼리프의 고문이 되었다.

하스다이 이븐 샤프루트(915~970년)와 아브드 알 라흐만 3세의 관계는 다음 세기 니잠 알 물크와 말리크 샤의 관계 같았다. 부유하고 교양 있는 이븐 에즈라 가문에서 태어난 그의 아버지는 그에게 히브리어, 아랍어, 라틴어를 가르쳤다. 그는 코르도바에서 의학과 그 밖의 과학을 공부했고, 칼리프의 자질구레한 질병들을 고쳐 주었다. 정치 분야에서 보여 준 박식함과 뛰어난 판단력 덕분에 스물다섯의 나이에 외교원으로 임명되었다. 국가의 재무 및 상업 부문에서 그에게 맡겨지는 책임은 점점 더 막중해졌다. 그러나 그에게 공식 직함은 없었다. 칼리프가 그를 공식적인 비지에(vizier)직에 임명함으로써 분노를 불러일으킬까 우려하여 주저했기 때문이었다. 그러나 수완이 워낙 뛰어났던 하스다이는 아랍인들, 유대인들, 그리스도교도들 모두로부터 호감을 샀다. 그는 배움과 문학을 장려했고, 학생들에게 장학금과 서적을 제공했으며, 시인들, 석학들, 철학자들로 구성된 사교 모임이 그를 주축으로 하여 모였다. 그가 죽자 이슬람교도들은 유대인들 못지않게 그를 추모했다.

이슬람 스페인에도 그에는 못 미치지만 유사한 인물들이 있었다. 세빌리아의 알 무타미드는 학자이자 천문학자였던 이삭 벤 바루크를 궁중으로 초청하여 왕자라는 칭호를 주고 그를 그곳의 모든 유대교 신도들의 최고 랍비로 임명했다.[19] 그라나다에서 사무엘 할레비 이븐 나그렐라는 권력과 지혜 면에서는 하스다이 이븐 샤프루트와 어깨를 나란히 했고, 배움 면에서는 그를 능가했다. 코르도바에서 나고(993년) 자란 그는 탈무드 연구와 아라비아 문학 연구를 병행했으며 게다가 동시에 향신료까지 팔았다. 코르도바가 베르베르인들에게 함락되자 말라가로 거처를 옮겼으며, 그곳에서 그라나다의 합부스 왕에게 탄원서를 올리는 사람들에게 편지를 대필해 줌으로써 소득을 늘릴 수 있었다. 이러한 편지들의 필체와 어법을 보고 놀란 왕의 비지에는 사무엘을 방문하여 그를 그라나다로 데리고 가서는 그를 알람브라의 서기로 취임시켰다. 얼마 안 가 사무엘은 그의 고문까지 겸임하게 되었고 그를 데리고 온 비지에는 "사무엘이 조언을 해 줄 때는 하느님의 목소리가 들렸다."고 하기까지 했다. 죽어 가면서 그 비지에는 사무엘을 자신의 후임으로 천거하여 1027년 사무엘은 이슬람 국가에서 공개적으로 비지에직(職)에 올라 비지에 칭호를 보유한 유일한 유대인이 되었다. 이는 11세기 인구의 절반이 유대인이었던 그라나다라서 실현이 가능했던 것이다.[20] 아랍인들은 곧 사무엘의 비지에 취임에 환호하게 되었다. 왜냐하면 사무엘의 지휘하에 이 작은 나라는 금융, 정치, 문화적으로 모두 번영을 누렸기 때문이다. 사무엘 자신이 학자이자 시인, 천문학자이자 수학자였으며, 일곱 개 언어에 능통한 사람이었다. 그는 문법에 관하여 스무 편의 글을 지었으며 (주로 히브리어로), 시와 철학에 관한 서적 몇 권, 탈무드 개론 한 권, 히브리 문학 선집 한 권을 썼다. 그는 자신의 재산을 다른 시인들에게도 나눠 주었고 시인이자 철학자였던 이븐 가비롤을 구제해 주었으며, 젊은 학생들에게 재정 지원을 해 주고, 세 대륙에 있는 유대인 공동체들에 기부금을 냈다. 왕의 비지에를 지내던 당시 랍비이기도 해서 탈무드 강의도 했다. 그에게 고마움을 느낀 유대 민족은 그에게 나기드(Nagid, 이스라엘어로 군주)라는 칭호를 수여했다. 그의 사후(1055년) 아들인 요셉 이븐 나그렐라가 그의 뒤를 이어 비지에 겸 나기드가 되었다.

10세기부터 12세기까지는 스페인 유대인들의 황금기이자 중세 히브리 역사상 가장 행복하고 유익한 시기였다. 바리에서 망명한 모세 벤 하녹(965년 사망)은 코르도바에서 몸값이 지불되자 그곳에서 하스다이의 도움을 받아 학교를 세웠는데, 이 학교는 곧 유대인 세계의 지적 리더십을 획득하게 되었다. 이와 비슷한 학교들이 루세나, 톨레도, 바르셀로나, 그라나다 등지에 세워졌는데, 동방의 유대인들이 종교 교육에 국한했던 반면 이러한 신생 학교들은 문학, 음악, 수학, 천문학, 의학, 철학 교육도 실시했다.[21] 그러한 교육으로 스페인에 있던 유대 인구의 상위 절반은 폭넓고 심도 있는 문화와 교양을 갖추게 되었는데 이에 필적할 만한 동시대인으로는 이슬람, 비잔티움, 중국인들밖에 없었다. 당시에는 부유하거나 관직에 있는 사람이 역사, 과학, 철학, 시를 잘 모르면 수치스러운 일이었다.[22] 유대인 귀족 계층이 형성되었는데 이들은 아름다운 여자들로 신분을 과시했다. 자신들의 우월성을 지나치게 의식한 감은 있었지만, 좋은 가문에서 태어난 부유층은 관용을 베풀고 남보다 뛰어나야 한다는 의식으로 자만심을 보완했다.

스페인 유대인의 쇠퇴는 요셉 이븐 나그델라가 몰락하면서 시작되었을 것이다. 그는 전임자였던 아버지 못지않게 왕을 보필하는 데 유능한 모습을 보였지만, 유대인 한 명의 통치를 받지만 인구의 절반을 차지하는 무어인들과 화합할 줄 아는 겸허한 요령이 부족했다. 그는 모든 권력을 손아귀에 쥐고서 왕처럼 화려하게 차려입고는 코란을 비웃었다. 무신론자라는 소문까지 돌았다. 1066년 아랍인들과 베르베르인들이 들고 일어나 그를 십자가에 매달아 죽이고 그라나다에 있던 유대인 4000명을 학살한 다음 그들의 집을 약탈했다. 살아남은 유대인들은 땅을 팔고 이주할 수밖에 없었다. 20년 뒤, 정교회에 대한 열의에 불타던 알모라비드 왕조가 아프리카로부터 왔다. 이로써 스페인 이슬람교도들과 유대교도들이 맺었던 오랜 우호 관계가 끝나게 되었다. 한 이슬람교 신학자가 유대교도들이 헤지라 500년 후에도 그들이 기다리던 메시아가 나타나지 않으면 이슬람교를 수용하기로 약속했었다고 발표했다. 이슬람교도들의 계산에 따르면 1107년이 약속한 5세기가 다하는 시점이었다. 유수프 왕은 스페인에 있던 모든 유대교도들에게 개종을 요구했지만 자신의 금고에 거액의 돈을 납입하는 자는 면해 주었다.²³ 모로코 및 이슬람 스페인의 통치자로 알모라비드 왕조가 알모하드 왕조로 대체되었을 때(1148년), 그들은 유대교도들 및 그리스도교도들에게 시세부트 왕이 535년 전 유대인들에게 요구했던 것과 똑같은 선택, 즉 배교나 망명 중에서 택하게 했다. 이슬람교로 개종한 양 가장했던 유대인도 많았고, 그리스도교도들을 따라 북부 스페인으로 망명한 유대교도들도 많았다.

처음에 그들은 그곳 왕실의 무한한 아량과 관용을 발견하여 이슬람 치하에서 4세기 동안 호시절을 보냈다. 카스틸리아의 알폰소 6세와 7세는 유대교도들에게 우호적이어서 유대교도와 그리스도교도 모두 법 앞에서 평등하도록 했고, 당시 유대교도가 7만 2000명이나 있었던 톨레도에서 발생한 반유대주의를 (1107년) 단호히 진압했다.²⁴ 아라곤에서는 한 세기 동안 모녀 사이와도 같은 두 종교 사이의 친선 관계가 성행했다. 특히 제임스 1세는 유대교도들을 불러들여 마요르카, 카탈로니아, 발렌시아에 정착하게 했는데, 유대교도 정착민들 대부분에게 무료로 집과 땅을 주었다.²⁵ 바르셀로나에서는 유대교도들이 상업을 장악했고 토지의 3분의 1을 이들이 소유했다.²⁶ 그리스도교 스페인의 유대교도들은 세금에 시달렸음에도 불구하고 번성하여 내부 자치권을 누렸다. 교역은 그리스도교도, 유대교도, 이슬람교도 사이에서 자유롭게 이루어졌다. 이 세 종교인들은 휴일에 서로 선물을 주고받기도 했다. 이따금 왕이 친히 회당 건설 기금을 쾌척하곤 했다.²⁷ 1085년부터 1492년까지 스페인의 그리스도교 주(州)들에서는 고위 공직자가 된 유대교도들을 심심찮게 볼 수 있어서 국가 재정 대리인 및 외교관으로 활약했으며 가끔 총리에까지 오르는 이들도 있었다.²⁸ 12세기 및 13세기에는 그리스도교의 성직자들도 그리스도교의 이러한 우호적인 분위기에 합류했다.²⁹

상호 관용에 어긋나는 최초의 사건은 유대교도들 사이에서 발생했다.

1149년 레온 카스틸리아 왕국의 알폰소 7세의 궁정 집사였던 예후다 이븐 에즈라는 자신이 모시던 알폰소 7세의 정권으로 하여금 톨레도의 카라이파 유대교도들에게 등을 돌리게 했다. 자세한 사항에 대해서는 알려진 바가 없으나 당시 헤아릴 수 없을 정도로 많았던 카라이파 유대교도들의 흔적이 그 이후에는 전무해졌다.[30] 1212년 그리스도교 십자군 일부가 스페인을 무어인들로부터 해방시켜 주겠다며 스페인에 입성했다. 그들 대부분은 유대교도들에게 우호적이었으나 어느 한 집단이 톨레도의 유대교도들을 공격하고 그들 다수를 죽였다. 톨레도의 그리스도교도들은 분연히 일어서 동료 시민들을 지켜 주었고 박해를 저지했다.[31] 카스틸리아의 알폰소 10세가 1265년 자신의 법전에 반유대인 법률을 포함시켰으나 그 법규는 1348년까지 발효되지 못했다. 한편 알폰소 왕은 유대교도 주치의와 재무상을 임용했고 세빌리아의 유대교도들에게 회당으로 개조하라고 모스크 세 개를 내어 주었으며,[32] 온화한 치세 덕에 유대교 및 이슬람교의 학문이 찬란하게 밝힌 광채를 한껏 누릴 수 있었다. 1276년 아라곤의 페드로 3세가 세운 대규모 군사 계획은 견딜 수 없을 정도로 가혹한 과세를 요했는데 마침 그때 그의 재무 책임자와 몇몇 고관들이 유대교도였다. 귀족 및 여러 도시들이 군주에 대항하여 반란을 일으키자 왕은 유대교도 측근들을 해임하고, 차후 정부에서의 유대교도 임용에 반대하는 스페인 의회의 결의안을 공식화할 수밖에 없었다.(1283년) 자모라 공의회(1313년)가 배지(badge) 달기 도입, 유대교도와 그리스도교도의 분리, 그리스도교도의 유대교도 의사 고용 금지 또는 유대교도의 그리스도교도 하인 고용 금지를 명하자 관용의 시대는 막을 내리고 말았다.[33]

3. 그리스도교 국가에서의 유대교도의 삶

1. 정부

팔레르모와 스페인의 몇몇 소도시를 제외한 중세 그리스도교 국가의 나머지 도시들에는 유대교도 인구의 분리 규정이 없었다. 그럼에도 유대교도들은 대개 사회적 편의, 신변의 안전, 종교적 단합 때문에 자발적 고립을 택했다. 회당은 유대교도 구역의 지리적, 사회적, 경제적 중심이어서 대부분의 유대교도 거주민들은 자연히 그 근처로 몰리게 되었다. 그 결과 그 지역에 인구가 과도하게 집중되어 공공 및 개인위생이 열악해졌다. 스페인에 있는 히브리인 구역에는 가축우리나 다름없는 집과 공동 주택들뿐만 아니라 으리으리한 저택들도 자리 잡고 있었으며, 유럽의 나머지 히브리인 구역들은 빈민가나 다름없었다.[34]

일반적으로 선거 및 임용에서 부유층의 영향력이 훨씬 막대하다는 사실을 감안하더라도, 유대인들의 공동체는 군주 국가에 존재하는 반(半)민주주의를 채택한 소수 인종 거주지였다. 신도들 중 납세자들이 회당의 랍비들과 관리들을 선발했다. 선출된 연장자들로 구성된 소규모 집단이 베트 딘(Beth Din) 혹은 랍비 법정을 맡았다. 이 법정은 세금을 부과하고, 가격을 책정하고, 법을 집행하고, 유대교도의 규정식(規定食), 춤, 도덕, 복장에 관한 조례를 발표했다.(항상 준수되지는 않았다). 베트 딘은 유대인 범죄자들을 유대교도의 율법으로 재판할 권한을 부여받았고 재판의 판결을 이행할 행정관들도 갖추고 있었다. 형벌은 벌금부터 파문 혹은 추방까지 다양했다. 사형은 베트 딘의 권한이나 관례 밖의 문제였다. 유대교 법정은 사형 대신 헤렘(herem), 즉 완전한 파문을 가했는데, 고발 · 저주 · 범죄자의 영적 죽음을 상징하기 위하여 하나씩 꺼지는 촛불로 이루어진 근엄하면서도 무시무시한 의식이 치러졌다. 유대교도들도 그리스도교도들처럼 파문을 남발하는 바람에 두 종교 모두 파문이 지닌 공포와 효능을 상실하고 말았다. 교회처럼 랍비들 또한 이단을 고발하고 추방했으며, 드물긴 하

지만 그들의 책을 불태우기도 했다.³⁵

유대인 공동체는 보통 현지 당국의 지배를 받지 않았다. 유일한 수장은 왕이었다. 유대인 공동체는 자신들의 종교적, 경제적 권리를 보호해 주는 정책에 대하여 왕에게 자유로이 얼마간 돈을 냈고 추후 그 대가로 해방된 공동 생활체는 자치권을 확정받았다. 그러나 유대인들은 국법의 지배를 받았고 국법의 준수를 원칙으로 삼았다. "왕국의 법도 법이다."라고 탈무드는 설파했다.³⁶ 또한 "정부의 번영을 기원하라, 왜냐하면 정부에 대한 두려움이 없다면 인간들은 서로를 산 채로 잡아먹을 것이기 때문이다."라는 구절도 있다.³⁷

정부는 유대인들에게 인두세, 33%까지 인상된 재산세, 육류, 포도주, 보석류, 수입품 및 수출품에 대한 세금을 부과했다. 뿐만 아니라 전쟁 기금이나 대관식(戴冠式), 또는 왕실의 순방을 위한 기금 원조를 위해 유대교도들에게 "자발적인" 기부금을 요구했다. 12세기 총인구의 0.25%에 불과했던 잉글랜드의 유대교도들이 납부한 국세는 8%였다. 유대교도들은 리처드 1세의 십자군을 위해 추가 부담금의 4분의 1을 모았고, 독일에 억류된 그의 몸값을 위해 5000마르크를 기부했다. 이는 런던이 제공한 금액의 세 배에 달하는 금액이었다.³⁸ 유대교도는 자기가 속한 공동체에도 세금을 납부해야 했고, 자선, 교육, 팔레스타인에서 시달리고 있는 유대인들의 지원을 위해 돈을 내라는 독촉에도 시달렸다. 명분이 있건 없건 왕은 아무 때고 "자신의 유대교도들"의 재산을 일부분 또는 전부 몰수할 수 있었다. 봉건법에 따르면 유대교도들도 전원 왕 자신의 "백성들"이기 때문이었다. 왕이 죽으면 유대교도들을 보호해 주기로 한 왕과의 협약도 만료되었다. 선왕의 후계자로 하여금 보호 협약을 갱신하도록 설득할 수 있는 유일한 수단은 어마어마한 선물밖에 없었다. 선물의 액수가 전국의 모든 유대교도가 보유한 재산의 3분의 1에 달한 경우도 가끔 있었다.³⁹ 1463년 브란덴부르크의 변경백(邊境伯)인 알브레히트 3세는 독일의 모든 신임 국왕은 "'오랜 관습에 따라' 모든 유대교도들을 화형시키거나 자비를 베풀어 목숨을 구해주고 그들이 가진 재산의 3분의 1을 가져가도 좋다."고 선포했다.⁴⁰ 13세기 잉글랜드의 선도적인 법학자였던 브랙턴은 이 문제를 다음과 같이 간결하게 요약했다. "유대인은 아무것도 소유할 수가 없다. 왜냐하면 무엇을 획득하건 그것은 그 자신이 아닌 왕의 것이 되기 때문이다."⁴¹

2. 경제

이와 같은 정치적 불편에 경제적 제약까지 더해졌다. 법적으로 혹은 일반적으로 유대인들의 토지 소유가 금지된 것은 아니었다. 중세에 한 번쯤 그들은 이슬람교나 그리스도교 스페인, 시칠리아, 실레지아, 폴란드, 잉글랜드, 프랑스에서 상당한 면적의 땅을 소유했었다.⁴² 그러나 정황으로 인하여 그러한 소유는 점점 더 불가능해져만 갔다. 그리스도교 법률에 의해 그리스도교도 노예의 고용이 금지되어, 유대교 율법에 의해 유대교도 노예를 고용해야 했던 유대인들은 구하기도 힘들고 구한다고 하더라도 계속 데리고 있으려면 비용이 많이 드는 자유민의 노동으로 땅을 경작해야 했다. 유대교 율법에서는 유대교도가 토요일에 일하는 것을 금했고, 그리스도교 법에서는 대개 일요일 노동을 금했다. 그러한 여가는 크나큰 곤란을 유발했다. 봉건 시대의 관습이나 법은 유대교도로 하여금 봉건제 내에서 일자리를 찾을 수 없게 만들었다. 일자리가 있다고 하더라도 그리스도교의 충성 서약과 병역을 요했는데, 설상가상으로 거의 모든 그리스도교 국가의 법이 유대교도의 무기 소지를 금하고 있었다.⁴³ 서고트 스페인에서는 시세부트 왕이 그의 전임자들이 유대교도들에게 허용했던 토지 소유권을 무효화했고, 에기카 왕은 어느 때고 그리스도교도가 소유한 적이 있던 모든 유대인들의 토지를 "국유화"했으며, 1293년 발라돌리드의 코르테스는 유대인에게는 토지를 팔지 못하게 했다. 9세기 이후 추방이나 공격의 가능성이 상존했기 때문에 유대인들은 대지가 넓은 건물이나 외진 시골은 피했다. 이러한 상황 때문에 유대인의 농업은 좌절되어 이들은 도시 생활로, 제조업이나 교역, 금융업으로 내몰렸다.

근동과 유럽 남부의 유대교도들은 제조업 분야에서 활발한 모습을 보였다.

특히 몇몇 경우 선진 수공예 기법을 이슬람이나 비잔티움에서 서양으로 들여온 것은 바로 유대교도들이었다. 투델라의 베냐민은 안티오크와 티레에서 수백 명의 유대인 유리 세공인들을 발견했다. 이집트와 그리스의 유대인들은 직물 염색 및 자수가 뛰어나기로 유명했다. 13세기까지만 해도 프레데리크 2세는 시칠리아에서 왕국의 실크 제조업을 관리하기 위하여 유대인 장인들을 불러 모았다. 시칠리아를 비롯한 그 밖의 지역에서 유대인들은 금속 거래, 특히 금세공과 보석 세공에 종사했다. 그들은 1290년까지 콘월의 주석 광산을 운용했다.[44] 유럽 남부의 히브리 장인들은 강력한 길드에 가입되어 있었으며, 그리스도교도 수공업자들과의 경쟁에서 우위를 점했다. 그러나 북유럽에서는 그리스도교도 길드가 다수의 교역 분야에서 독점권을 획득했다. 금속 세공인이건 목수건 재단사건 제화공이건 방앗간 업자건 제빵사건 의사이건, 시장에서 포도주를 팔건 밀가루를 팔건 버터를 팔건 기름을 팔건, 유대교도의 그리스도교도 대상 상업 활동을 금하거나[45] 유대인 구역 이외의 장소에서 집을 사지 못하게 금하는 국가가 하나둘 늘어났다.

이토록 크나큰 제약을 받게 된 유대교도들은 교역 쪽으로 전향하게 되었다. 바빌로니아의 탈무드 학자인 랍은 동족들에게 약삭빠른 대처법을 제시했다. "100플로린(2실링짜리 옛날 영국 동전 – 옮긴이)으로 교역을 하라. 그러면 고기와 포도주를 살 형편이 될 것이다. 똑같은 돈으로 농사를 지으면 잘해야 빵과 소금을 얻게 된다."[46] 유대인 등짐장수는 모든 도시와 마을에서 유명했고 유대인 상인은 모든 시장과 장터에서 유명했다. 국제 통상은 유대인들의 전문이어서 11세기 전까지는 유대인들이 거의 독점하다시피 했다. 그들은 무리를 이루어, 대상 행렬을 이루어, 배를 타고 사막, 산맥, 바다를 넘었고 그때마다 상품을 가지고 다녔다. 그들은 그리스도교 세계와 이슬람 세계, 유럽과 아시아, 슬라브 국가들과 서방 국가들 사이의 상업적 연결 고리 역할을 했다. 노예 매매의 대부분을 다룬 것도 그들이었다.[47] 그들은 여러 언어를 습득하는 데 필요한 기술과 끈기, 히브리어에 대한 이해력, 광범위하게 분산되어 있던 유대교 공동체들 사이에서 나타나는 율법 및 관습의 유사성, 매 도시마다 있던 유대인 구역에서 해외에 사는 같은 유대인들에게 베풀어 준 환대의 도움을 받았다. 따라서 투델라의 베냐민 세계의 절반을 여행하면서도 어디서든 집과 같은 편안함을 느낄 수 있었다. 870년 바그다드의 칼리프가 다스리는 지역의 우편물 총책임자였던 이븐 쿠르다드베흐는 『제(諸) 도로지』라는 자신의 저서에서 페르시아어, 그리스어, 아라비아어, 프랑크어, 에스파냐어, 슬라브어를 할 줄 알던 유대인 상인들에 관하여 언급했고, 그들이 스페인 및 이탈리아에서 이집트, 인도, 중국으로 이동한 육로와 해로에 관하여 설명했다.[48] 이 상인들은 환관들, 노예들, 양단, 모피, 검(劍)을 극동으로 가지고 갔다가, 사향, 알로에, 장뇌, 향신료, 비단을 가지고 돌아갔다.[49] 예루살렘이 십자군에 함락되고, 지중해가 베네치아 및 제노바 함대에 정복당하자, 이탈리아의 상인들이 유대인 상인들에 비해 유리한 입장에 서게 되었다. 유대인들이 잡고 있던 상업계의 주도권은 11세기가 도래하면서 종말을 맞이했다. 십자군 전에도 이미 베네치아는 유대인 상인들의 베네치아 선박 승선을 금했었고, 한자 동맹 직후에는 유대인과의 교역에서 북해 및 발트 해에 있던 항구들을 폐쇄했다.[50] 12세기까지 유대인의 상업은 주로 국내에 머물렀고, 그 좁디좁은 범위 내에서조차 유대교도에 의한 다양한 상품의 판매를 금하는 법률 때문에 제약을 받았다.[51]

유대인들은 이제 금융 쪽으로 방향을 틀었다. 이동이 불가한 상품일 경우 대중의 폭력으로 파괴될 수도 있고 왕실의 탐욕으로 몰수당할 수도 있는 적대적인 환경에서 유대인들은 자신들의 재산이 유동적이고 기동성 있는 형태여야 한다는 결론에 다다를 수밖에 없었다. 처음에는 환전이라는 단순한 사업 쪽으로 눈을 돌렸다가 상업적 투자용 자금을 받는 사업으로 전환했다가 다시 이자를 받고 대출해 주는 사업으로 옮겨 갔다. 모세 오경[52]과 탈무드[53]에서는 유대교도들 사이의 대금업을 금하고 있었지만 유대교도와 비유대교도 사이의 대금업까지 금한 건 아니었다. 경제생활이 점차 복잡해지고 통상 및 제조업이 확장되어 융자의 필요성이 점점 극심해짐에 따라, 유대교도들끼리도 그리스도교도

중개인[54]이나 대규모 사업에서의 은밀한 동업 및 그 수익(랍비들과 몇몇 그리스도교도 신학자들이 허용한 수단)[55]을 통해 서로 돈을 빌려 주었다. 코란과 교회 모두 이자 부과를 금했고 그 결과 13세기 전에는 그리스도교도 대금업자가 드물었으므로, 이슬람교도 및 그리스도교도 차용인들(성직자들, 교회들, 수도원들을 포함하여)[56]은 유대교도들에게 대부를 의뢰했다. 그런 이유로 링컨의 아론은 시토 수도회 아홉 개와 세인트 올반스 대성당의 건축에 자금을 제공하게 되었던 것이다.[57] 13세기 그리스도교도 금융업자들이 이 분야를 침범하여 유대교도들이 개발한 방법들을 채택했고, 머지않아 부와 보유금과 다양성에서 유대교도들을 추월하게 되었다. "그리스도교도 고리대금업자는 살인 및 강탈 가능성에 대비하여 자신을 보호할 필요가 추호도 없음에도 불구하고 유대교도 못지않게 가혹"했다.[58] 그리스도교도 대금업자나 유대교도 대금업자 모두 채무자를 가혹할 정도로 압박했고, 왕들은 그들 모두를 착취했다.

　모든 대금업자들은 높은 조세 부담을 져야 했으며 유대교도의 경우에는 아예 몰수를 당할 때도 가끔 있었다. 왕들은 원칙적으로 고금리를 허용했으며 정기적으로 금융업자들로부터 수익을 갈취했다. 회수 비용은 높았고, 대개 채권자는 받을 돈을 받아 내기 위해 관리들을 매수해야 했다.[59] 1198년 인노켄티우스 3세는 제4차 십자군에 대비하기 위하여 모든 그리스도교도 군주들에게 그리스도교도들이 유대교도들에게 물어야 할 이자를 전액 감면해 주라고 명령했다.[60] 프랑스의 성자 같은 왕 루이 9세는 "자신과 조상들의 영혼의 구원을 위해" 전 국민에게 금액이 얼마건 유대교도에게 빚진 채무의 3분의 1을 감면해 주었다.[61] 잉글랜드의 왕들은 때때로 구제 증서(이자나 원금 혹은 양자를 무효화하는)를 유대교도들에게 빚을 진 백성들에게 하사했다. 왕들이 그러한 증서를 팔고는 그들이 펼친 간접 자선 활동에 대하여 받은 액수를 명부에 기록해 놓는 경우도 적지 않았다.[62] 영국 왕실은 차용 계약서 사본을 요구했고, 이러한 계약서들을 보관 및 감독하고 관련 사건을 심리하기 위해 유대인들로 구성된 재무 부서가 결성되었다. 유대인 금융업자가 자신에게 부과된 세금이나 추가 부담금을 낼 수 없을 때면, 그의 대출 기록을 조사한 다음 대출금의 전액 혹은 일부를 몰수하고 채무자들에게 대금업자가 아닌 국고로 상환할 것을 통지했다.[63] 1187년 잉글랜드 사람들에게 특별세를 부과했을 때, 유대교도들은 전 재산의 4분의 1, 그리스도교도들은 전 재산의 10분의 1을 납부해야 했는데, 징수액의 절반 가까운 금액이 유대교도들이 납부한 돈이었다.[64] 가끔씩 "유대교도들이 왕국의 돈줄"이 되어 주곤 했다.[65] 1210년 존 왕은 잉글랜드에 있는 모든 유대교도들(남녀노소 할 것 없이)을 투옥하라고 명령하고는 그들로부터 지대(地代) 6만 6000마르크를 거둬들였다.[66] 비축물의 총액을 은폐한다는 의혹을 받은 자는 자백할 때까지 날마다 치아를 하나씩 뽑히는 고문을 당했다.*[67] 1230년 헨리 3세는 유대교도들이 왕국 주화의 가장자리를 깎아 냈다고 비난하면서(일부는 정말 그런 행위를 저지른 것으로 보인다.) 잉글랜드 유대인들의 총동산(動産)의 3분의 1을 몰수했다. 이 수법의 수익성이 입증된 바 있으므로 이는 1239년에 되풀이되었다. 2년 뒤 유대교도들로부터 은화 2만 마르크가 징수되었고, 1244년에는 왕실의 연간 총수익에 맞먹는 액수인 6만 마르크가 징수되었다. 헨리 3세는 콘월 백작으로부터 5000마르크를 빌리면서 잉글랜드의 유대교도 전원을 담보로 잡혔다.[68] 1252년부터 1255년에 부과된 일련의 세금으로 절망에 빠진 유대교도들은 일제히 잉글랜드를 떠나게 허락해 달라고 애원했지만 거절당했다.[69] 1275년 에드워드 1세는 이자를 받고 돈을 빌려 주는 것을 엄금했다. 그럼에도 불구하고 대출은 계속되었고 위험이 커질수록 이자는 치솟았다. 에드워드는 잉글랜드의 모든 유대교도들을 체포한 다음 그들의 재산을 몰수하라고 명령했다. 다수의 그리스도교도 대부업자들 또한 체포되었고 그중 세 명은 교수형에 처해졌다. 유대교도들 중에서는 280명이 런던에서 목을 매달고 내장을 발라내고 사지를 토막 내는 극형(잉글랜드에서 국가 반역죄에 적용했던 극형 – 옮긴이)을 당했다. 자치주들에서도 추가 처형이 있었으며 수백 명에 이르는 유대

---

* 1마르크는 은 반(半) 파운드에 해당되었고, 오늘날 동일한 액수에 비해 구매력이 50배나 컸다.(5.40달러)

교도들의 재산이 몰수되어 국가에 귀속되었다.⁷⁰

여러 번에 걸친 몰수 사이사이 불안정한 시기에도 유대교도 금융업자들은 번영을 이룩했고, 개중에는 눈에 띄게 부유해진 이들도 있었다. 이들은 성(城), 성당, 수도원 건축에 자금을 댔을 뿐만 아니라 자신들을 위한 크고 튼튼한 집을 지을 돈 또한 모았다. 잉글랜드의 경우 그들의 주택은 최초의 석조 주택들 중 일부에 속했다. "여자도 노예도, 부자도 가난뱅이도 만인은 신 앞에 평등하다."는 랍비 엘레아자르의 금언에도 불구하고 유대교도 사이에도 빈부의 격차는 존재했다.⁷¹ 랍비들은 다양한 경제 규제를 통해 빈곤을 완화하고 폭리 취득을 억지하려고 노력했다. 랍비들은 전체의 안녕을 위한 집단의 책임을 강조했으며, 조직적 자선으로 역경의 상처를 누그러뜨렸다. 랍비들은 부 자체를 비난하지는 않았지만 배움에 부가 지닌 위신에 맞먹는 위신을 부여하는 데는 성공했다. 랍비들은 독점과 "사재기"를 죄악으로 낙인찍었으며,⁷² 소매업자가 도매가의 6분의 1 이상 이윤을 취하는 것을 금했고,⁷³ 도량형을 예의 주시했으며, 상한가와 최저 임금을 정해 놓았다.⁷⁴ 이러한 규제 중 다수는 실패로 끝이 났는데, 랍비들도 유대교도들의 경제생활을 이슬람교도나 그리스도교도의 경제생활과 분리할 수 없었고, 재화 및 용역의 수요 공급 법칙이 모든 법규를 피해 제 길을 찾았기 때문이다.

3. 도덕

부자들은 충분한 자선 활동으로 자신들이 축적한 부를 속죄하려고 했다. 그들은 부에 따르는 사회적 책임을 인정했으며, 어쩌면 그들도 빈곤층의 비난이나 분노를 우려했을지도 모르겠다. 유대교도 공동체에 살면서 굶주림 때문에 죽었다는 유대인에 대해서는 알려진 바가 없다.⁷⁵ 일찍이 서기 2세기부터 정기적으로 아무리 가난하더라도 모든 신도는 노인이나 가난하거나 병든 자들과 고아들의 교육 및 결혼을 위해 마련되는 쿠파(kupah)라는 "공동 기금"에 내는 기부금을 위해 공인 감독관의 평가를 받았다.⁷⁶ 극진한 환대는 자유로이 베풀어졌는데, 특히 방랑하는 학자들이 그 대상인 경우가 많았다. 들어오는 나그네들을 신도 대표들이 자신의 살림집으로 데려가 재우는 공동체도 있었다. 중세가 진보하면서 유대교도의 자선 단체 수도 급증했다. 병원, 고아원, 구빈원, 양로원뿐만 아니라 포로에게는 몸값을, 가난한 신부에게는 지참금을, 병자에게는 방문을, 궁핍한 과부에게는 보살핌을, 망자에게는 무료 장례식을 제공해 주는 기관들도 생겨났다.[77] 그리스도교도들은 유대교도들의 탐욕에 대해 불평하면서도 유대교도들의 관대함을 본보기로 내세움으로써 그리스도교도들을 자선으로 유도하려고 노력했다.[78]

계급 차이는 의복, 식사, 언어를 비롯하여 수백만 가지 방면에서 극명하게 드러났다. 소박한 유대교도는 소매가 길고 허리띠가 있는 긴 옷이나 카프탄(caftan)을 입었는데 폐허가 된 성전과 능욕당한 국토 때문에 상복을 입고 있다는 듯 대개 검은색이었다. 그러나 스페인의 부유한 유대교도들은 자신들의 번영을 비단과 모피로 드러내 보였고, 랍비들은 그러한 과시로 인하여 적개심과 불평을 품게 될 구실을 주는 세태에 대하여 개탄했으나 허사였다. 카스틸리아의 왕이 화려한 의복을 금지했을 때 남자 유대교도들은 이에 따랐으나 자신들의 부인을 호화롭게 단장시키는 일은 멈추지 않았다. 왕이 해명을 요구하자 그들은 왕실의 정중한 관심이 여자들에게까지 적용되는 제약이었을 리가 없다고 단언했고,[79] 유대교도들은 중세 내내 자신들의 부인들을 잘 차려입게 했다. 그러나 부인들로 하여금 머리카락을 가리지 않고는 대중 앞에 나서지 못하도록 했고, 이를 위반하는 것은 이혼의 사유가 되었다. 유대교도는 머리카락을 드러낸 여자가 있는 자리에서는 기도를 하지 말라는 가르침을 받았다.[80]

율법의 위생적인 측면은 인구 과밀의 영향을 완화해 주었다. 할례, 주 1회 목욕, 포도주나 썩은 고기의 금지로 유대교도들은 인근에 사는 그리스도교도들 사이에서는 만연하는 여러 질병들에 대하여 훨씬 탄탄하게 방비할 수 있었다.[81] 나병은 염장 고기나 생선을 먹는 그리스도교도 빈민층에서는 빈번하게 발병했으나 유대교도에게서는 거의 나타나지 않았다. 유대교도들이 그리스도교도들에 비해 콜레라와 콜레라 유사 질병에 잘 안 걸렸던 것도 같은 이유 때문이었을 것이다.[82] 그러나 드넓은 습지에서 온 모기떼가 들끓었던 로마의 빈민가에서는 유대교도나 그리스도교도나 모두 말라리아에 벌벌 떨었다.

중세 유대교도의 도덕적인 삶은 유대교도에게 전수된 동방의 유산과 유럽의 무능을 반영했다. 가는 곳마다 차별당하고 약탈당하고, 자신들이 저지르지도 않은 범죄 때문에 모욕과 비난을 감내해야 했던 유대교도는 신체적 약자들처럼 약삭빠른 자기방어 술책에 의존했다. 랍비들은 "비유대인을 속이는 것은 유대인을 속이는 것보다 훨씬 나쁜 짓"이라고 누누이 강조했지만,[83] 일부 유대교도들은 기회를 이용했고[84] 아마도 그리스도교도들 또한 매우 약삭빠르게 흥정에 응했을 것이다. 유대교도든 그리스도교도든 일부 금융업자들은 자금 회수에 있어서 무자비한 모습을 보였다. 중세에도 분명 18세기의 로트 실트(rote Schild, 붉은 방패라는 의미로 마이어 안셀의 아버지가 운영하던 골동품 가게에 내걸었던 붉은 방패에서 가문의 이름 로트 실트를 따왔다고 함. – 옮긴이)의 마이어 안셀처럼 정직하고 신의 있는 대금업자가 있었을 것이다. 유대교도들과 그리스도교도들 중에는 동전의 가장자리를 깎아 내거나 훔친 물건을 받는 이들도 일부 있었다.[85] 재정 관련 고위직에 유대교도들을 자주 임용했다는 사실은 그리스도교도 일꾼들이 유대교도들의 청렴을 신뢰했음을 시사한다. 살인, 강도, 강간과 같은 강력 범죄 중 유대교도들이 유죄인 경우는 거의 없었다. 주취(酒臭)는 이슬람 영토에 사는 유대교도보다 그리스도교도 영토에 사는 유대교도에게서 더욱 드물게 나타났다.

일부다처제라는 배경에도 불구하고 유대교도의 성생활은 매우 건전했다. 그들은 동양 출신의 여타 민족들보다 남색에 탐닉하는 정도가 덜했다. 유대교도 여성들은 처녀 때는 얌전하고, 부인이 되어서는 부지런하며, 어머니가 되어서는 자식을 많이 낳고 성실했다. 조혼(早婚)으로 인하여 매춘은 인간이 도달할 수 있는 최저 수준으로 감소했다.[86] 총각들은 귀한 존재였다. 랍비 아셰르 벤 예히엘은 스무 살에 다다른 총각은 율법 연구에 몰두 중인 게 아니라면 결혼해야 한다는 법적인 판결을 내렸다.[87] 결혼은 부모들이 주선했다. 11세기 유대교 문헌에 따르면 "자신의 바람이나 기호를 드러낼 정도로 무례하거나 뻔뻔한" 소녀는 거의 없었다.[88] 그러나 쌍방의 동의가 없으면 법적으로 완전한 결혼이 될 수 없었다.[89] 아버지는 딸이 아주 어린 나이여도, 심지어 여섯 살에도 결혼시킬 수가 있었으나 그렇게 어린 나이에 결혼할 경우에는 성인이 될 때까지 성생활을 유보시켰으며, 딸이 성년이 되어 희망할 경우에는 혼인을 취소할 수 있었다.[90] 약혼은 여자를 법적으로 남자의 아내로 만드는 공식적인 절차였다. 따라서 약혼 당사자들은 이혼 증서가 아니면 갈라설 수 없었다. 약혼을 할 때에는 지참금과 혼전 재산 계약을 위해 계약서(ketuba)에 서명을 했다. 후자(혼전 재산 계약)는 남편이 부인과 이혼을 하거나 남편이 사망할 경우 남편의 재산으로부터 부인에게 지급되어야 할 액수를 확보하기 위한 것이었다. 최소 200주자(zuza)(단독 주택 한 채를 살 수 있는 수준)의 혼전 재산 계약이 없으면 처녀인 신부와의 결혼은 성립되지 않았다.

일부다처제는 이슬람 땅에 사는 부유한 유대교도들은 실행에 옮겼지만, 그리스도교 국가에 사는 유대교도들 중 이를 따르는 이들은 거의 없었다.[91] 후기 탈무드 시대의 랍비 문헌을 보면 남자의 "부인"이라는 말은 수천 번 등장할지언정 "부인들"이라는 표현은 찾아볼 수 없다. 1000년경 마인츠의 랍비 게르솜 벤 유다는 일부다처제를 따르는 유대교도는 누구든 파문하라는 칙령을 내렸으며, 그 후 얼마 안 가 스페인을 제외한 유럽 전역의 유대교도 사이에서 일부다처제와 축첩 풍습은 거의 폐지되었다. 그러나 부인이 결혼한 지 10년이 지나도 아이를 낳지 못해 남편이 첩을 두거나 부인을 한 명 더 얻은 경우는 왕왕 발생했다.[92] 혈통 유지가 필수였기 때문이다. 동일한 칙령에서 게르솜은 부인의 동의나 잘못이 없어도 부인과 이혼할 수 있었던 남편의 권리를 없애 버렸다. 아마도 요즘 미국보다는 중세 유대인들의 이혼율이 훨씬 낮았을 것이다.

결혼의 법적 구속력이 비교적 느슨해졌음에도 불구하고, 가족은 유대인들의 삶을 구원해 주는 중심축이었다. 외부의 위험은 내부의 단결을 초래했다. 적대적이었던 목격자들도 예나 지금이나 유대인 가정의 특징이랄 수 있는 "온정과 존엄, …… 사려, 배려, 부모의 자애와 형제간의 우애"를 증언하고 있다.[93] 일과 기쁨 그리고 시련으로 아내와 하나가 된 젊은 남편은 확대된 자아로서의 아내에 대하여 심오한 애착을 품었다. 그 남편이 아버지가 되면 곁에서 자라나는 아이들을 보면서 분발했고 깊은 충성심을 갖게 되었다. 남자는 아마도 혼전에 다른 여자를 품어 본 적이 없었을 것이고, 그 후에도 그토록 작고 친밀한 공동체에서 그에게 한눈을 팔 기회란 거의 없었을 것이다. 남자는 자식들이 태어나자마자 딸에게는 지참금, 아들에게는 혼전 재산 계약금으로 줄 돈을 모았다. 결혼시킨 후에도 초기에는 자식들을 지원하는 일을 당연하게 여겼다. 이는 젊은 이들이 문란하게 보낼 수 있는 10년을 일부일처제의 제약에 대한 준비로 보내게 하는 것보다 현명한 처사인 듯 보였다. 대부분의 경우 신랑은 장인의 집에서 신부와 함께 살았는데, 이러한 선택이 행복의 증대에 기여한 경우는 거의 없었다. 가정 내에서 최고 연장자로서 아버지가 갖는 권위는 로마 공화정 시대만큼이나 절대적이었다. 아버지는 자식들을 파문시킬 수도 있었고 자신의 재량에 따라 부인을 때릴 수도 있었다. 부인에게 중상을 입힌다고 해도 그가 속한 공동체는 그가 가진 재산의 한도 내에서 벌금을 물릴 뿐이었다. 대개 그의 권위는 열렬한 애정을 결코 숨기지 않으면서 엄하게 구는 방식으로 행사되었다.

여성의 경우 법적 지위는 낮았지만 도덕적 지위는 높았다. 플라톤처럼 유대교도들도 여성으로 태어나지 않은 것을 신께 감사하게 여겼고, 이에 대하여 여성은 "저는 하느님의 의지에 따라 만들어졌으므로 하느님께 감사한다."면서 겸허하게 대응했다.[94] 회당에서 여성들은 위층에 따로 마련된 좌석이나 남자들 뒤에 앉았는데, 이는 여성들의 매력에 대한 서툰 칭찬이었다. 여성들은 정족수에 포함될 수도 없었다. 여성의 아름다움을 찬양한 노래들은 탈무드가 허용했음에도 불구하고 상스러운 노래로 간주되었다.[95] 남녀 사이의 유희는, 있지도 않았지만 설사 있다손 치더라도, 편지로만 가능했고, 공공장소에서 남녀가 대화하는 것은 부부 사이일지라도 랍비들에 의해 금지되었다.[96] 춤은 허용되었지만 동성끼리만 출 수 있었다.[97] 남편은 법적으로 부인의 유일한 상속인이었던 반면, 미망인은 남편의 재산을 상속받지 못했다. 남편이 죽으면 부인은 지참금 및 혼전 재산 계약금만 받았다. 나머지 재산은 자연 상속인인 아들에게 상속되었으며, 아들은 어머니를 남부끄럽지 않게 모실 것이라는 기대를 받았다. 딸들은 아들이 없는 경우에만 상속을 받을 수 있었으며, 아들이 있는 경우에는 남자 형제의 보살핌에 의존해야 했는데 여자 형제를 외면하는 경우는 거의 없었다.[98] 여자아이들은 학교에 보내지 않았다. 아주 약간의 지식도 극히 위험한 것으로 여겨졌기 때문이다. 그러나 개인적으로 공부를 하는 것은 허용되었다. 비록 강사가 청중으로부터 자기 모습을 가리기는 했어도 우리는 율법에 관하여 공개 강의를 했다는 몇몇 여성들에 관해 종종 듣곤 한다.[99] 신체적, 법적 불이익에도 불구하고, 자격을 갖춘 유대인 여성은 결혼 후 완전한 존경과 헌신을 받았다. 유다 벤 모세 이븐 티본(1170년)은 다음과 같은 한 이슬람 현자의 말에 찬성하며 인용했다. "존중받을 만한 사람은 여성을 존중하지만 멸시받을 만한 사람은 여성을 멸시한다."[100]

　부모 자녀 관계는 부부 관계보다 완벽했다. 다른 부모들과 마찬가지로 자만심에 빠진 유대인 부모들도 자신의 생식 능력과 자식을 자랑스러워했다. 유대교도는 가장 엄숙한 맹세를 할 때 서약을 받는 당사자의 고환(testes)에 손을 얹었고 여기서 "testimony(증언)"라는 단어가 유래했다. 모든 남자에게는 최소 두 명의 자식을 낳을 의무가 있었지만 대개 두 명 이상 자녀를 낳았다. 자식은 하늘에서 온 손님이자 육화한 천사로 숭배의 대상이었다. 아버지는 하느님의 대리자에 가까운 존재로 존경을 받았고, 아들은 아버지가 있는 자리에서는 앉으라고 할 때까지 서 있어야 했으며, 아버지의 조언에 복종했다. 할례 의식 때 남자아이는 아브라함의 언약에 의해 야훼에게 바쳐졌고, 가족마다 아들 한 명은 랍비로 교육시켜야 할 의무가 있었다. 남자아이는 13세가 되면 엄숙한 성년 의례를 통해 성인이 되면서 율법의 모든 의무를 받아들여야 했다.* 종교는 매 발

---

* 바르 미츠바(bar mizvah, '율법의 아들', 즉 책임의 계승자라는 뜻)의 흔적은 14세기 이전에는 찾아볼 수 없지만[101] 그보다 더 오래되었을 것으로 추정된다.

달 단계마다 경외감과 신성함을 느끼게 해 주어 부모의 짐을 다소 덜어 주었다.

4. 종교

종교 또한 도덕률의 모든 부문에 걸쳐 영적인 경찰 역할을 수행했다. 율법에서도 빠져나갈 구멍은 발견되었고, 모험적인 사람들에게 없어서는 안 될 적용의 자유를 회복하기 위하여 법적 의제가 마련되었다. 그러나 중세 유대교도는 대체로 영원한 지옥살이뿐만이 아니라 더욱 가시적인 공포의 대상이었던 집단의 분열로부터 구원해 줄 방어물로 율법을 받아들였던 것으로 보인다. 율법은 언제나 성가신 존재였지만 그럼에도 유대교도는 율법이야말로 자신이 성장을 이룩할 수 있었던 근원지이자 학교요, 없어서는 안 될 인생의 수단으로 받들었다.

유대교에서는 모든 가정이 회당이었고, 모든 학교가 성전이었으며, 모든 아버지가 사제였다. 회당에서 올리는 기도와 의식은 가정에서도 수행할 수 있도록 모두 상응하는 간편한 형식을 보유하고 있었다. 유대교의 단식일 및 축일은 현재와 과거, 산 자와 죽은 자 및 태중의 아이를 아우르는 교육적인 의식과 함께 치러졌다. 매주 금요일 안식일 전야에 아버지는 자신의 아내, 자식들, 주변 하인들을 불러 일일이 신의 가호를 빌어 주고 기도, 성서 낭독, 성가를 시작했다. 집마다 중요한 방의 문설주에는 신명기의 두 구절(6장 4~9절, 11장 13~21절)이 새겨진 양피지 두루마리(mezuzah)를 붙여 놓아 유대교도로 하여금 신은 하나이며 "마음을 다 기울이고 정성을 다 바치고 힘을 다 쏟아" 야훼를 사랑해야 한다는 사실을 잊지 않게 했다. 어린이는 네 살 때부터 회당에 데리고 다님으로써 아이의 성격이 한창 형성되는 시기에 회당에서 종교를 각인시켰다.

회당은 단순한 사원이 아니라 유대인 공동체의 사교적 중심지였다. 'synagoge'는 'ecclesia(그리스도교의 교회당)', 'synod(종교 회의)', 'college(협회)'처럼 집합, 모임을 의미했다. 기원전 회당은 학교의 기능도 수행할 수밖에 없었으며,

아슈케나지 유대인들(프랑스, 독일, 동유럽 출신의 유대인들 - 옮긴이)은 아직도 회당을 '슐레(schule)'(독일어로 학교를 뜻함)라고 부른다. 이산(離散) 후 회당은 온갖 기능을 수행했다. 주말 동안 베트 딘이 내린 결정을 안식일에 공표하는 관습이 있던 회당도 있었고, 세금을 징수하고, 잃어버린 물품을 광고하고, 신도 사이의 불평을 접수하고, 부동산 매각을 발표하여 해당 부동산의 권리 청구인이 이의를 제기할 수 있게 해 준 회당도 있었다. 회당은 공동 자선기금을 나눠 주었고, 아시아의 경우에는 여행객들에게 숙소가 되어 주었다. 건물 자체도 언제나 유대인 구역에서 가장 좋은 건물이었다. 회당이 어마어마한 비용과 애정을 들여 장식된 건축의 걸작인 경우도 가끔 있었는데 스페인 및 이탈리아 같은 곳이 이에 해당되었다. 그리스도교 당국은 해당 도시에서 가장 높은 건물인 그리스도교 교회 높이에 맞먹는 회당의 건립을 수차례 금지했다. 1221년 교황 호노리우스 3세는 보르주에서 그런 회당의 철거를 명한 바 있다.[102] 14세기 세빌리아에는 회당이 스물세 개, 톨레도와 코르도바에도 그 비슷한 수가 있었다. 1315년에 코르도바에 건축된 회당은 현재 스페인 정부가 국가 기념 건조물로 관리하고 있다.

모든 회당에는 학교가 딸려 있었고(베트 하 미드라시(Beth ha-midrash), 학습하는 집, 이슬람교의 마드라사(madrasa)), 사립 학교와 가정 교사도 있었다. 중세 유대교도의 식자율(識字率)은 그리스도교도에 비해 상대적으로 높았지만[103] 이슬람교도보다는 낮았다. 교사들의 보수는 공동체나 부모들이 지급했으나 모두 공동체의 감독을 받았다. 남자아이들은 이른 시간에 등교했으므로(겨울에는 동이 트기도 전에) 몇 시간 후 아침 식사를 위해 귀가했다가 11시까지 다시 학교로 돌아갔다. 그리곤 점심시간에 다시 집에 갔다가 정오까지 학교로 돌아와 2시부터 3시까지 휴식을 취한 후 저녁까지 수업을 받았다. 마침내 학교에서 파하게 되면 돌아가서 저녁을 먹고 기도를 한 다음 잠자리에 들었다. 유대교도 소년에게 삶은 중대한 문제였다.[104]

히브리어와 모세 오경이 학업의 중심이었다. 학생은 10세에는 미슈나(구전 율법)를, 13세에는 탈무드의 주요 글들을 읽기 시작했다. 학자가 될 학생들은 13세부터 20세 넘어서까지 미슈나 및 게마라 연구를 계속했다. 탈무드에 등장하는 주제가 다양했기 때문에 학생들은 십여 가지 학문들을 조금씩이나마 두루 접했지만 유대교 역사 이외의 것에 대해서는 거의 접하지 못했다.[105] 학습은 주로 반복을 통해 이루어졌다. 단체 암송이 어찌나 격심했던지 일부 지역들은 학교를 몰아내기도 했다.[106] 고등 교육은 예쉬바(Yeshibah)나 전문학교에서 이루어졌다. 그러한 전문학교의 졸업생은 탈미드 하캄(talmid hakam, 율법학자)이라 불렸으며, 대개 주민세를 면제받았다. 탈미드 하캄이 반드시 랍비일 필요는 없었지만 학자가 아닌 사람들은 모두 그가 오갈 때 자리에서 일어서야 했다.[107]

랍비는 교사이자 법학자이며 사제였다. 랍비는 반드시 결혼을 해야 했다. 랍비는 자신이 수행한 종교 관련 임무에 대해서는 보수를 조금밖에 받지 않거나 아예 받지 않았다. 랍비는 대개 속세에서 생활비를 벌었다. 랍비는 설교는 거의 하지 않았으며 설교는 낭랑하고 위협적인 웅변술 배운 순회 설교자(maggidim)의 몫이었다. 신도 중 누구라도 기도를 주도하거나 성서를 낭독하거나 설교를 할 수 있었으나 이러한 영예는 대개 저명하거나 자비심이 깊은 유대교도에게 주어졌다. 기도는 정통파 히브리인에게 복잡한 의식이었다. 기도를 제대로 수행하기 위해 정통파 유대교도는 존경의 표시로 머리를 덮고 양팔과 이마에 출애굽기(13장 1~16절)와 신명기(6장 4~9절, 11장 13~21절)의 구절이 담긴 작은 상자를 끈으로 묶고 주님의 기본 계명이 새겨진 술 장식을 의복 가장자리에 달아야 했다. 랍비들은 이러한 형식들이 하느님의 유일성, 존재, 율법을 상기시키기 위함이라 설명했다. 평범한 유대교도들은 이러한 형식들을 기적의 힘을 지닌 마법의 부적으로 간주했다. 예배의 정점은 제단 위에 놓인 작은 언약궤 안에 든 율법 두루마리를 낭독하는 것이었다.

분산되어 각지에 흩어져 살던 유대교도들은 잃어버린 조국에 대한 애도의 분위기에 어울리지 않는다고 여겨 처음에는 종교에 음악이 개입된다는 점에 눈살을 찌푸렸다. 그러나 음악과 종교는 시와 사랑처럼 서로 밀접한 관계에 놓여 있다. 가장 깊은 곳에서 우러나오는 감정을 고상하게 표현하려면 가장 감정적인 예술이 필요한 법이다. 음악은 시를 통해 회당으로 돌아왔다. 6세기 "신(新)히브리어" 시인들이 종교시를 짓기 시작했는데, 이러한 시들은 이합체(離合體) 시 및 두운으로 인공미가 뒤섞였으나, 길게 울려 퍼지는 히브리어의 장려함으로 정신이 고양되고 유대교도에게 있어 곧 애국심과 신앙심을 의미하는 종교적 열의가 가득 차 있었다. 투박하지만 힘이 넘치는 엘레아자르 벤 칼리르(8세기)의 찬송가들은 지금까지도 일부 회당 의식에서 쓰이고 있다. 스페인, 이탈리아, 프랑스, 독일의 유대교도들에게서도 유사한 시가 출현했다. 그러한 찬송가 중 많은 유대교도들이 속죄일에 부르는 찬송가가 하나 있다.

> 당신의 왕국이 도래하면
> 언덕들은 노래하기 시작하고,
> 섬들은 기쁨에 넘쳐 환하게 웃네.
> 모두가 하느님의 것.
> 모든 신도들 모여
> 소리 높여 찬양하니
> 머나먼 곳에서 찬양 소리 들은 사람들
> 당신을 제왕이라 부르리.[108]

그러한 성스러운 시들이 회당의 의식에 도입되어 성가대 선창자에 의해 불리면서 음악이 의식에 재등장하게 되었다. 뿐만 아니라 성서 낭독 및 기도는 여러 회당에서 "영창(詠唱)"의 형태로 선창자 또는 신도들에 의해 불렸는데, 이러한 영창의 음조는 주로 즉흥적으로 지어졌지만 때때로 단순한 선율의 그리스도교 성가의 양식을 따르기도 했다.[109] 유대교의 유명한 노래인 콜 니드레(Kol Nidre, '모든 서약들'이라는 뜻)의 복잡한 성가는 스위스 생갈 수도원의 성악학교에서 11세기 이전 어느 때엔가 유래했다.[110]

유대교도의 마음속에서 회당은 성전의 완벽한 대체물이 되지 못했다. 시온 언덕의 지성소(至聖所) 앞에서 야훼에게 제물을 받치게 될 날이 언젠가 올지도 모른다는 희망은 유대교도의 상상력에 불을 지폈고 가짜 메시아에 몇 번이고 속게 만들었다. 720년경 한 시리아인이 자신이 모두가 기다리던 구세주라고 만방에 알리고는 팔레스타인을 이슬람교도들로부터 탈환하려는 작전을 세웠다. 바빌로니아 및 스페인의 유대교도들은 가정을 버리고 그의 모험에 동참했다. 자칭 구세주라는 그 사람은 포로로 잡혔는데 칼리프 야지드 2세에 의해 사기꾼으로 밝혀져 사형을 당했다. 그로부터 30년 정도가 흐른 뒤, 이스파한의 오바디아 아부 이사 벤 이샤크가 이와 비슷한 반란을 주도했다. 유대교도 만 명이 칼을 들고 나아가 그의 지휘하에 용감하게 싸웠으나 패하고 말았다. 아부 이사는 전사했고 이스파한의 유대교도들은 무분별한 처벌을 받았다. 제1차 십자군이 유럽을 자극했을 때, 유대교도 공동체들은 그리스도교도들이 승리한다면 팔레스타인을 유대교도들에게 돌려줄 거라는 꿈에 젖었다.[111] 잇따른 학살 끝에 유대교도들은 이러한 환상에서 깨어났다. 1160년 다윗 알루이는 자신이 메시아이며 예루살렘과 자유를 되찾아 주겠다고 발표하면서 메소포타미아의 유대교도들을 자극했다. 그러한 반란 사태로 유대교도들이 재앙을 겪을까 두려웠던 그의 장인은 다윗 알루이가 자는 동안 그를 죽였다. 1225년경 아라비아 남부에서 또 다른 메시아가 출현하여 유대교도들을 선동하고 집단 히스테리에 빠지게 했다. 마이모니데스는 유명한 「남쪽에 보내는 편지」에서 사기꾼의 주장을 폭로하고 아라비아 유대교도들에게 과거 그처럼 무모한 시도 끝에 따랐던 죽음과 파멸을 상기시켰다.[111a] 그럼에도 그 또한 메시아에 대한 희망을 이산 시기 유대교도의 사기를 북돋워 주는 없어서는 안 될 버팀목으로 받아들였고, 이를 유대교 신앙의 13가지 주요 교리에 포함시켰다.[112]

4. 반유대주의: 500~1306년

유대인과 비(非)유대인 사이에 존재했던 적대감의 근원은 무엇이었을까?

주요한 근원은 늘 경제적인 데 있었으나 종교적 차이점들이 경제적 대립 관계의 우위에 서다가 급기야 전자를 덮어 버리고 말았다. 마호메트에 따라 살던 이슬람교도들은 유대교도들이 자신들의 예언자를 거부하자 분개했다. 그리스도의 신성(神性)을 받아들였던 그리스도교도들은 그리스도 또한 일원이었던 민족이 그의 신성을 인정하지 않자 충격을 받았다. 선량한 그리스도교인들은 수 세기 동안 그리스도의 마지막 나날들 동안 극소수의 예루살렘 유대교도들이 취한 행동들에 대하여 한 민족 전체에게 책임을 지우고도, 이러한 처사가 그리스도교도답지 못하다거나 비인간적이라는 인식을 전혀 못했다. 누가복음서는 유대교도 "무리들"이 어떻게 그리스도를 예루살렘으로 맞아들였는가에 관하여 설명했다.(19장 37절) 그리스도가 십자가를 지고서 골고다 언덕을 오를 때, "애통해 하며 슬피 우는 여자들 또한 포함된 큰 무리의 사람들이 어떻게 그를 따라갔는지"(23장 27절), 그가 십자가에 못 박힌 후 "다 함께 현장으로 몰려갔던 모든 사람들이 가슴을 치며 괴로워했는지"(23장 48절)를 알려 주었다. 그러나 성주간(聖週間)마다 예수의 수난에 관한 비통한 이야기가 천 개의 설교단에서 흘러나오면서도 매번 유대교도들이 예수님에게 연민을 표했다는 이러한 증거들은 누락되었고 그리스도교도의 가슴에서는 분노가 치밀어 올랐다. 그럴 때마다 이스라엘인들은 몽매한 영혼들의 열정이 자극을 받아 집단 학살로 이어질까 두려워 자신들의 구역으로, 집 안으로 꽁꽁 숨었다.[113]

이러한 오해를 주축으로 수많은 의심과 적대감이 유발되었다. 유대교도 금융업자들은 대출금에 대한 회수 불안감을 반영한 이자율이 불러일으킨 적개심으로 큰 타격을 받았다. 그리스도교 국가들의 경제가 발전하고 그리스도교도 상인들 및 금융업자들이 한때 유대교도들이 지배했던 영역들을 침범하면서, 경제적 경쟁심이 증오심을 조장하게 되었다. 그리스도교도 대금업자들 중에는 적극적으로 반유대주의를 조성한 이들도 있었다.[114] 관리, 그중에서도 특히 왕실의 재무 부서에 있던 유대교도들은 자연히 세금과 유대교도들을 모두 증오하던 사람들의 표적이 되었다. 그러한 경제적, 종교적 원한을 고려할 때, 유대교도다운 것은 뭐든지 싫어하는 그리스도교도들이 생겨났고, 그리스도교도다운 것은 뭐든지 싫어하는 유대교도들이 생겨난 것은 당연했다. 그리스도교도는 유대교도가 자기들만 알고 배타적이라며 비난했으며, 이러한 배타성이 발생하게 된 배경이 차별과 간헐적인 물리적 폭력에 대한 반응 때문이었음을 인정하지 않았다. 유대교도의 외모, 언어, 관습, 식습관, 의식(儀式) 등 모든 것이 그리스도교의 눈에는 비위에 거슬릴 정도로 별나 보였다. 그리스도교도들이 단식할 때 유대교도들은 먹었고, 그리스도교도들이 먹을 때 유대교도들은 단식했다. 휴식을 취하면서 기도를 하는 안식일은 유대교도의 경우 옛날 그대로 토요일이었지만, 그리스도교도의 안식일은 일요일로 변경되었다. 유대교도들은 유월절 축제 기간에 이집트로부터 해방된 기쁜 날을 기념했는데, 유월절은 그리스도교도들이 그리스도의 죽음을 애도하는 성금요일과 지나치게 가까웠다. 유대교도들은 율법에 따라 유대교도가 아닌 사람이 조리한 음식을 먹거나, 그들이 짠 포도주를 마시거나, 그들이 만진 접시나 조리 기구를 사용할 수 없었고[115] 유대교도가 아닌 사람과는 결혼도 할 수 없었다.[116] 그리스도교도들은 이러한 고대의 율법(그리스도교 이전에 만들어진)을 유대교도들이 그리스도교도적인 것은 무엇이건 불결하게 여긴다는 의미로 해석하고는, 이에 대하여 이스라엘 민족 자체가 대개 개인의 청결이나 의복의 단정함 면에서 우수한 민족이 아니라는 식으로 응수했다. 상호 격리는 양쪽 모두에 관하여 어처구니없고 비극적인 전설을 낳았다. 로마인들은 그리스도교도들이 이교도 아이들의 피를 그리스도교 신에게 제물로 바치려고 이교도 아이들을 살해한다며 그들을 비난했고, 12세기의 그리스도교도들은 유대교도들이 그리스도교 아이들을 납치하여 야훼한테 제물로 바치거나 그 아이들의 피를 약으로 또는 유월절 축제 기간에 쓰일 누룩을 넣지 않고 만든 빵을 만드는 데 쓴다며 유대교도들을 비난했다. 유대교도들은 그리스도교도들이 마시는 우물에 독을 풀고, 축성(祝聖)된 제병(祭餠)을 훔친 후 이를 찔러 그리스도의 피를 뽑았다고 고발을 당하기도 했다.[117] 유대교도 상인들 몇몇이 값비싼 의복을 입고 부를 과시하자 그리스도교 국가의 부가 유대교도의 손아귀로 다 빠져나갔다면서 유대 민족 전체를 비난했다. 유대교 여성들은 마녀라는 의심을 받았고 수많은 유대교도들이 악마와 한통속이라는 생각이 만연해 있었다.[118] 유대교도들도 그리스도교도들에 관한 비슷비슷한 전설, 그리스도의 탄생 및 청년 시절에 관한 모욕적인 이야기로 보복했다. 탈무드에서는 유대교도가 아닌 사람들에게도 자선을 베풀라고 조언했고,[119] 바야는 그리스도교도의 수도원 생활을 칭송했으며, 마이모니데스는 "그리스도와 마호메트의 가르침은 인류를 완벽하게 이끌어 준다."고 쓴 적도 있지만[120] 평범한 유대교도는 이러한 철학적 정중함을 이해할 수 없었으므로 자신이 받은 증오를 증오로 되갚아 주었다.

이러한 광기의 와중에도 이성적인 시기가 간간이 존재했다. 국가와 교회법을 무시한 채 그리스도교도와 유대교도가 우정을 맺은 경우가 많았으며 드물지만 종종 결혼까지 했는데, 특히 스페인과 프랑스 남부에서 이런 사례가 빈번했다. 마이클 스코트와 아나톨리, 단테와 임마누엘처럼 그리스도교도 학자들과 유대교도 학자들이 협력을 하기도 했다.[121] 그리스도교도들은 회당에 선물을 만들어 주었고 보름스에는 한 그리스도교도 여성의 유산으로 유대교도 공원이 유지되었다.[122] 리옹에서는 유대교도들의 편의를 위해 장날이 토요일에서 일요일로 변경되었다. 유대교도들이 상업 및 금융에서 자산이 된다는 사실을 알게 된 세속 정부는 그들에게 가변적인 보호를 제공했다. 국가가 유대교도들의 단체 이동을 제한했거나 영토에서 유대교도들을 추방한 몇몇 경우, 이는 국가가 유대교도들을 편협성과 폭력으로부터 더 이상 보호해 줄 수 없었기 때문이었다.[123]

이러한 문제들에 있어서 교회가 보인 태도는 시간과 장소에 따라 달랐다. 이탈리아는 유대교도들을 구약 성서 "계율의 수호자들"이자 성서의 역사성 및 "하느님의 분노"의 산증인들이라며 보호해 주었다. 그러나 훌륭한 의도를 품었던 적은 많았지만 전면적인 지휘권까지 쥔 적은 거의 없었던 공의회는 정기적으로 유대교도들의 삶에 시련을 보태 주었다. 테오도시우스 법전(439년), 클레르몽 공의회(535년), 톨레도 공의회(589년)에서는 그리스도교도에게 처벌을 가할 수 있는 지위에 유대교도를 임용하지 못하게 했다. 오를레앙 공의회(538년)는 유대교도들에게 성주간에 실내에 머물 것을 명했는데, 이는 아마도 그들을 보호하기 위한 조치였을 것이며, 유대교도의 공직 임용을 전면 금지했다. 제3차 라테라노 공의회(1179년)는 그리스도교도 산파나 간호사들에게 유대교도를 돌보지 못하게 했고, 베지에 공의회(1246년)는 그리스도교도의 유대교도 의사 고용을 맹렬히 비난했다. 아비뇽 공의회(1209년)는 "유대교도 및 매춘부"들로 하여금 팔려고 내놓은 빵이나 과일을 만지지 못하게 금지함으로써 청결에 관한 유대교도의 율법에 앙갚음했고, 유대교도의 그리스도교도 하인 고용을 금하는 교회법을 갱신했으며, 신자들에게 오염원과의 접촉을 피하기 위하여 유대교도와의 품앗이를 하지 말라고 경고했다.[124] 몇몇 공의회에서는 그리스도교도와 유대교도의 결혼을 무효로 선언했다. 1222년에는 유대교로의 개종을 수용하고 유대교도 여성의 주례를 서 주었다는 이유로 부제(副祭)가 화형에 처해졌다.[125] 1234년 한 유대교도 과부는 남편이 그리스도교로 개종했다는 이유로 미망인의 상속 몫을 거부당했는데, 그 때문에 그들의 결혼은 무효로 선언되었다.[126] 제4차 라테라노 공의회(1215년)는 "때때로 그리스도교도 남성들이 실수로 유대인이나 사라센인 여성들과 관계를 맺고 유대교도나 사라센인 남성들이 그리스도교도 여성들과 관계를 맺는다."고 주장하면서 "모든 그리스도교 지역에서 유대인과 사라센인 남녀는 언제나 특정 옷을 통해 대중의 눈에 타민족과 구별되어야 한다."는 결정을 내렸다. 열두 살 이후 유대인과 사라센인 남녀는 특정 색깔의 옷을 입어야 했는데 남자는 모자나 망토, 여자는 베일이었다. 이는 일부분 그리스도교도 및 유대교도에게 적용했던 이와 비슷하지만 더욱 오래된 이슬람교의 율법에 대한 보복에 기인했다. 배지의 부호는 지역별로 정해졌으며, 보통 노란 헝겊으로 만든 바퀴 모양이나 원형을 약 7.5센티미터 직경으로 만들어 옷 위로 도드라지도록 꿰매어 붙였다. 이 칙령은 잉글랜드에서는 1218년, 프랑스에서는 1219년, 헝가리에서는 1279년에 시행되었다. 스페인, 이탈리아, 독일에서는 니콜라우스 쿠사누스와 카피스트라노의 산 죠반니가 완전한 준수 운동을 펼쳤던 15세기 전까지는 산발적으로만 이행되었다. 1219년 카스틸리아의 유대교도들은 이 칙령이 시행되면 일제히 나라를 떠나겠다고 협박했고 교회 당국은 철회에 동의했다. 유대교도 의사들, 학자들, 금융업자들, 여행자들은 이 칙령에서 면제되는 경우가 많았다. 이 칙령의 준수는 16세기 이후 시들해졌다가 프랑스 혁명과 함께 종말을 맞이했다.

대체로 교황들은 그리스도교 국가들에서 가장 관대한 고위 성직자들이었다. 비록 그리스도교 전파에 열성적이기는 했지만 그레고리우스 1세는 유대교도의 강제 개종을 금했고 그가 다스리던 영토에서는 로마 시민권을 유지해 주었다.[127] 테라키나와 팔레르모의 주교들이 회당들을 그리스도교용으로 도용했을 때, 그레고리우스는 그러한 회당을 전부 반환하게 했다.[128] 그레고리우스는 나폴리 주교에게 다음과 같은 편지를 보냈다. "유대교도들이 예배를 할 때 괴롭힘을 당하지 않도록 하시오. 선조들이 오랫동안 그러했듯 유대교도들이 자신들의 축일과 휴일을 마음껏 따르고 준수하게 해 주시오."[129] 에우게니우스 3세가 1145년 파리에 와서 당시 유대인 구역에 있던 대성당으로 위풍당당하게 갔을 때, 유대교도들은 대표단을 보내 그에게 토라를 선사했다. 그는 토라에 축성을 했고 유대교도들은 행복하게 집으로 갔으며, 교황은 왕과 함께 유월절 양고기를 먹었다.[130] 알렉산데르 3세는 유대교도에게 우호적이어서 유대교도를 고용해 자신의 재정 관리를 맡겼다.[131] 인노켄티우스 3세는 유대인 배지에 대한 요구와 관련하여 제4차 라테라노 공의회를 주도했고, 모든 유대교도들은 예수를 십자가에 매달아 죽게 했으므로 영원히 노예로 살아야 한다는 원칙을 정했다.[132] 다소 온화한 분위기에서 그는 강제 개종에 반대하는 교황의 명령을 되풀이하면서 다음과 같이 첨언했다. "그 어떤 그리스도교도도 유대교도에게 신체적 상해를 입히거나 그의 소유물을 빼앗거나 축일 도중 방해하거나 망자의 무덤을 파헤치겠다고 협박하여 금전을 갈취해서는 안 된다."[133] 종교 재판의 창시자인 그레고리우스 9세는 유대교도들이 그리스도교도를 유대교로 개종시키려 하거나, 그리스도교를 공격하거나, 그리스도교로 개종했다가 다시 유대교로 개종하려고 할 때를 제외하고 유대교도를 종교 재판의 진행이나 사법권에서 면제해 주었다.[134] 1235년 그레고리우스 9세는 유대교도를 대상으로 행해진 폭도의 폭력을 고발하는 교서를 발표했다.[135] 인노켄티우스 4세(1247년)는 유대교도가 의식을 위해 그리스도교도 아동을 살해한다는 전설을 공식적으로 부인했다.

성직자와 군주들, 귀족들과 위대한 영주들 중 일부가 유대교도에 대하여 사악한 계획을 궁리해 내어 부당하게 그들의 재산을 강제로 빼앗고 이를 자신들이 전용했는데 이는 그릇된 짓이다. 그들은 유대교도들이 유월절에 살해당한 소년의 심장을 자기들끼리 나눴다며 누명을 씌우기도 했다. 사실 그들은 악의를 품고 살인이 일어날 때마다 유대교도들의 탓으로 돌린 것이다. 이러한 이유를 비롯하여 그 밖의 조작에 근거하여 마음속에 분노가 들끓게 된 그들은 유대교도들을 기아, 투옥, 고문, 그 밖의 고통스러운 수단을 동원하여 압제하고, 때로는 사형을 구형하기도 했다. 그런 이유로 그리스도교도 군주하에서 살고 있는 유대교도들은 파라오 치하에서 살았던 그들의 조상보다도 못한 비참한 삶을 살고 있다. 그들은 유사(有史) 이후 조상들이 살아왔던 땅을 절망 속에서 떠날 수밖에 없는 처지로 내몰렸다. 그들이 고통 받지 않아야 우리도 즐거운 법이므로, 우리는 여러분이 그들에게 친절하고 상냥하게 대해 줄 것을 명하는 바이다. 부당한 공격이 눈에 띄면 그 즉시 그들의 상처를 고쳐 주고 그들이 앞으로 비슷한 시련으로 고통 받지 않도록 해 주라.[136]

이처럼 고귀한 호소를 귀담아듣는 사람은 거의 없었다. 1272년 그레고리우스 10세는 유대교도의 제례(祭禮) 살해 전설에 대하여 통렬한 비난을 되풀이해야 했고, 자신의 언급에 무게를 더하기 위하여 유대교도에 불리한 그리스도교도의 증언은 유대교도에게 확인받지 않는 이상 증언으로 채택되지 말아야 한다는 결정을 내렸다.[137] 이후 1763년까지 교황들이 유사한 교서를 발행했다는 사실은 교황들의 인간애와 악의 지속성을 동시에 입증한다. 교황들의 진정성 여부는 교황령의 유대교도들이 비교적 안전했고 박해로부터 상대적으로 자유로웠다는 사실로 알 수 있다. 어느 때고 이런저런 나라들로부터 추방을 당했던 유대교도들이 로마나 교황청이 있던 아비뇽에서 추방당한 일은 결코 없었다. 박식한 한 유대교도 사학자는 "가톨릭교회가 아니었다면 유대교도들은 중세의 그리스도교 유럽에서 살아남지 못했을 것"이라고 언급한다.[138]

십자군 이전 중세 유럽에서 유대교도에 대한 적극적인 박해는 산발적이었다. 비잔티움 황제들은 2세기 동안 유대교도에 대하여 유스티니아누스의 압제적인 정책들을 유지했다. 헤라클리우스(628년)는 유대교도들의 페르시아 원조에 대한 보복으로 그들을 예루살렘에서 추방했고 그들을 몰살시키기 위해 모든 수단을 동원했다. 이사우리아 왕조의 레오는 비잔티움 유대교도들에게 그리스도교와 추방 중에서 양자택일을 하라는 칙령(723년)을 내림으로써 자신이 유대교도라는 소문을 일축하려고 했다. 이에 굴복한 유대교도들도 있었고 굴종하느니 차라리 회당에서 분신자살을 택한 유대교도들도 있었다.[139] 바실리우스 1세(867~886년)는 유대교도에 대한 세례 강요 운동을 재개했고, 콘스탄티누스 7세(912~959년)는 그리스도교도의 궁정에 있던 유대교도에게 굴욕적인 형태의 서약을 요구했는데, 이 서약은 19세기까지 유럽에서 계속 쓰였다.[140]

1095년 교황 우르바누스 2세가 제1차 십자군을 선포했을 때, 일부 그리스도교도들은 진군하여 예루살렘에서 이슬람교도들과 싸우기 전에 유럽의 유대교도들을 죽이는 게 낫다고 생각했다. 십자군 지휘를 수락한 부이용의 고드프리는 예수님이 흘린 피를 유대교도에게 갚아 줄 것이며 한 명의 유대교도도 살려두지 않을 것이라고 선언했다. 그의 동지들은 그리스도교를 수용하지 않는 유대교도는 모조리 죽이겠다는 의지를 공표했다. 나아가 한 수도사는 예루살렘에 있는 성묘(聖墓)에서 발견된 비문에 따라 유대교도들을 전부 개종시키는 것이 모든 그리스도교도들의 도덕적 의무라고 언명함으로써 그리스도교도의 열의에 불을 붙였다.[141] 십자군은 북유럽에서 가장 부유한 정착지가 들어서 있던 라인 강을 따라 남쪽으로 이동할 계획을 세웠다. 독일의 유대인들은 라인 강 유역의 상권 발달에서 주도적 역할을 했고, 그리스도교도의 평신도 및 성직자들 모두가 존경해 마지않을 정도의 자제력과 신앙심을 보여 주었다. 슈파이어의 뤼디거 주교는 자기 구역의 유대교도들과 친밀한 관계를 맺고 있었으며, 그들의 자치권과 안전을 보장하는 법을 마련해 주었다. 1095년 황제 하인리히 4세는 자기 왕국 내 모든 유대교도들을 위해 이와 유사한 법률을 반포했다.[142] 이처럼 평화로운 유대교 신도들에게 십자군과 십자군의 경로, 십자군 지도자들의 위협 소식이 떨어지자 끔찍한 공포가 엄습했다. 랍비들은 며칠간의 금식과 기도를 선언했다.

슈파이어에 도착한 십자군은 유대교도 열한 명을 교회로 끌고 가 세례를 받으라고 명했다. 이를 거절한 열한 명은 살해당했다.(1096년 5월 3일) 슈파이어의 유대교도들은 요한센 주교에게 몸을 맡겼는데, 요한센 주교는 그들을 보호해 주었을 뿐만 아니라 교회에서 살인을 저지른 특정 십자군들의 처형을 야기하기도 했다. 십자군 일부가 트리어에 가까워지자 트리어의 유대교도들은 에길베르트 주교에게 호소했고, 주교는 세례를 받는 조건으로 보호를 제안했다. 유대교도들 대부분은 이에 동의했지만 여자들 몇몇은 자식들을 죽이고 모젤 강에 투신했다.(1096년 6월 1일) 마인츠의 대주교 루트하르트는 자신의 지하 저장고에 유대교도 1300명을 숨겨 주었다. 십자군이 강제로 들어와 1014명을 죽였다. 주교는 몇몇을 대성당에 숨겨 주어 살릴 수 있었다.(1096년 5월 27일) 네 명의 마인츠 유대교도들은 세례를 받아들였지만 이내 자살하고 말았다. 십자군이 콜로뉴로 다가오자 그리스도교도들은 유대교도들을 자신들의 집에 숨겨 주었고, 군중은 유대인 구역을 태워 버리고 찾아낼 수 있었던 몇 안 되는 유대교도들을 죽였다. 그 자신 또한 크나큰 위험에 처해 있던 헤르만 주교는 몰래 유대교도들을 그리스도교도의 은신처에서 관할 내 그리스도교도 가정으로 실어 날랐다. 순례자들이 이 작전을 알아내고는 마을마다 돌아다니며 먹이를 사냥하여 발견한 유대교도들을 빠짐없이 죽였다.(1096년 6월) 이러한 마을들 중 두 마을에서만 유대교도 200명이 살해당했고, 네 개 마을에서는 폭도들에 포위당한 유대교도들이 세례 당하기보다 서로를 죽이는 편을 택했다. 이러한 공격 도중 아이를 낳은 산모들은 신생아를 태어나자마자 죽였다. 보름스의 알레브란케스 주교는 그러한 유대교도들을 자신의 궁으로 받아들여 구했다. 익명성으로 인하여 흉포해진 십자군은 나머지 유대교도들을 덮쳐 닥치는 대로 죽인 다음 그들의 집을 약탈하고 태웠다. 이때 많은 유대교도들이 자신들의 신앙을 버리기보다 자살을 택했다. 7일 뒤, 한 무리의 군중이 주교 궁을 포위했다. 주교가 유대교도들에게 자신도 더 이상 폭도들을 저지할 수 없다고 말하면서 세례를 받으라고 조언했다. 유대교도들은 잠시만 자기들끼리 있게 해 달라고 부탁했다. 잠시 후 돌아온 주교는 유대교도들이 서로를 죽여 거의 전원이 죽어 있는 것을 발견했다. 포위하고 있던 무리가 침입하여 나머지를 죽였다. 대략 800명의 유대교도들이 보름스의 이 집단 학살에서 목숨을 잃었다.(1096년 8월 20일) 이와 유사한 광경은 메츠, 레겐스부르크, 프라하에서도 벌어졌다.[143]

제2차 십자군(1147년)은 제1차 십자군 사례를 보고 더 잘하려고 들었다. 클뤼니의 수도원장이었던 존자(尊者) 피터는 프랑스의 루이 7세에게 프랑스의 유대교도들부터 공격하라고 조언했다. "폐하께 이 저주받은 자들을 사형에 처하라는 말씀이 아니옵니다. …… 하느님께서 그들의 전멸을 바라지 않으십니다. 제 형제를 죽인 카인처럼 그들도 끔찍한 고뇌에 시달려야 하며 더 큰 모욕을 위해 살려 두셔야 합니다. 생존은 죽음보다 쓰라린 법이옵니다."[144]

생드니의 수도원장 쉬제가 이러한 그리스도교적 개념에 이의를 제기하자, 루이 7세는 부유한 유대교도들에게 자본 과세를 하는 것으로 만족했다. 그러나 독일의 유대교도들은 재산 몰수만으로 넘어가지 못했다. 허가 없이 수도원을 떠난 프랑스의 수도승 로돌프가 독일에서 집단 학살에 관한 설교를 했다. 콜로뉴에서는 경건한 시몬이 살해된 뒤 시신이 훼손당했다. 슈파이어에서는 한 여성이 그리스도교로 개종하라며 고문을 당했다. 다시 한 번 속세의 고위 성직자들은 유대교도들을 보호하기 위하여 할 수 있는 모든 일을 다했다. 콜로뉴의 주교 아르놀트는 유대교도들에게 성채를 주고 자체 무장을 허용했다. 십자군은 성채는 공격할 수 없었지만 그들의 손아귀에 떨어진 비개종 유대교도는 닥치는 대로 죽였다. 대주교 하인리히는 마인츠에서 군중에게 쫓기던 유대교도들을 자신의 집으로 들어오게 했다. 그러나 군중이 강제로 쳐들어와 그의 눈앞에서 그들을 죽였다. 대주교는 당시 가장 영향력이 큰 그리스도교도였던 성 베르나르에게 호소했다. 베르나르는 로돌프에 대한 맹렬한 비난으로 대응하고는 유대교도에 대한 폭력을 끝내라고 강력히 요구했다. 로돌프가 그의 작전을 지속하자 베르나르는 직접 독일로 와서 그를 수도원으로 돌려보냈다. 그 후 얼마 안 되어 훼손된 그리스도교도의 시신이 뷔르츠부르크에서 발견되었다. 그리스도교도들은 유대교도에게 죄책을 묻고 주교 엠비코의 항의에도 불구하고 그들을 공격하고는 스무 명을 죽였다. 그 밖에 부상을 입은 다수의 유대교도들은 그리스도교도들이 보살펴 주었고(1147년), 죽은 자들은 주교가 자신의 정원에 묻어 주었다.[145] 국내에서부터 십자군을 시작한다는 발상은 독일에서 프랑스로 다시 건너갔고 유대교도들은 카랑탕, 하메루, 쉴리에서 대학살을 당했다. 보헤미아에서는 유대교도 150명이 십자군에 의해 살해당했다. 공포가 지나간 뒤, 현지 그리스도교 성직자들은 살아남은 유대교도들을 최선을 다해 도왔으며, 강압하에 세례를 받았던 자들은 끔찍한 배교의 형벌을 받지 않고 유대교로 복귀하는 것이 허용되었다.[146]

이러한 여러 차례의 집단 학살로 일련의 맹습이 시작되어 오늘날까지 이어졌다. 1235년 바덴에서 일어났던 미해결 살인 사건의 책임이 유대교도들에게 전가되었고 대학살이 뒤따랐다. 1243년 베를린 근처 벨리츠의 유대교도 전원이 산 채로 화형을 당했는데, 그들 중 일부가 성체를 더럽혔다는 혐의를 받았기 때문이었다.[147] 1283년 제례(祭禮) 살해 혐의가 마인츠에서 제기되었고 대주교 베르너의 온갖 노력에도 불구하고, 열 명의 유대교도가 죽임을 당하고 유대교도의 집들이 약탈을 당했다. 1285년 비슷한 소문으로 뮌헨이 들썩거리자 180명의 유대교도들이 회당으로 피신했다. 군중이 몰려가 회당에 불을 질렀고 180명 모두가 불에 타 죽었다. 1년 뒤 오버베젤에서는 유대교도들이 어떤 그리스도교도의 피를 빨아 먹었다는 혐의로 살해되었다. 1298년 뢰팅겐에서는 성찬(聖餐)에 쓰는 누룩 없이 만든 빵을 훼손했다는 혐의 때문에 모든 유대교도가 화형에 처해졌다. 독실했던 남작 린트플라이시는 모든 유대교도를 죽이기로 맹세한 그리스도교도들로 구성된 무리를 조직하여 무장을 시켰다. 그들은 뷔르츠부르크에 있던 유대인 공동체를 전멸시키고 뉘른베르크에서는 유대교도 698명을 죽였다. 이러한 박해는 점차 확산되어 1년 반 동안 140개의 유대교 회당이 완전히 파괴되었다.[148] 그러한 공격을 수차례 겪고 나서도 자신들의 공동체를 몇 번이나 재건했던 독일의 유대교도들도 크게 상심하여 1286년 다수의 유대인 가족들이 마인츠, 보름스, 슈파이어, 그 밖의 독일 마을들을 떠나 팔레스타인으로 이주하여 이슬람 국가에서 살았다. 폴란드와 리투아니아가 이주민들을 불러들이고 있는데다 아직 집단 학살을 겪지도 않았기 때문에, 유대교도들의 라인 지방으로부터 슬라브 동쪽으로의 점진적 탈출이 시작되었다.

    토지 소유 및 길드로부터 배척당한 잉글랜드의 유대교도들은 상인과 금융업자가 되었다. 일부는 고리대금업을 통해 부를 쌓았는데, 모두에게 증오의 대상이 되었다. 영주들과 대지주들은 그러한 유대교도들한테 빌린 돈으로 십자군 원정 채비를 갖췄고 대신 토지에서 나온 수익을 담보로 맡겼다. 그리스도교도 농부는 자신의 노역으로 대금업자들의 배를 채워 주고 있다는 생각에 격노했다. 1144년 노리치의 젊은 윌리엄이 시체로 발견되었다. 유대교도들이 피를 이용하기 위해 그를 죽였다는 혐의를 받아 노리치의 유대인 구역이 약탈 및 방화를 당했다.[149] 헨리 2세 왕은 유대교도들을 보호해 주었고 헨리 3세도 보호해 주었지만 7년 동안 그들로부터 세금 및 자본 과세 명목으로 42만 2000파운드를 가져갔다. 런던에서 행해진 리처드 1세의 대관식에서(1190년)

유대교도들에게 진 빚으로부터 벗어나려는 귀족들이 부추겨서 벌어진 사소한 논쟁이[150] 집단 학살로 번져 링컨, 스탬퍼드, 린까지 확산되었다. 같은 해 요크에서는 "유대교도들에게 큰 빚을 진"[151] 말라베스티아의 리처드가 이끈 군중이 유대교도 350명을 죽였다. 뿐만 아니라 랍비 욤 토브의 주도하에 요크의 유대교도 150명이 스스로 목숨을 끊었다.[152] 1211년 랍비 300명은 잉글랜드와 프랑스를 떠나 팔레스타인에서 새로운 삶을 시작했다. 7년 뒤 하인리히 3세가 배지 칙령을 시행하자 다수의 유대교도들이 이주했다. 1255년 휴라는 이름의 소년이 꼬임에 넘어가 유대인 구역으로 간 다음 환호하는 유대인 군중이 보는 앞에서 매를 맞고 십자가에 매달린 채 긴 창에 찔렸다는 소문이 링컨 전체에 퍼졌다. 무장한 무리가 유대인 정착지에 침입하여 소문의 의식을 주재했을 랍비를 붙잡아 말꼬리에 묶은 채 끌고 거리를 다니다가 목을 매달았다. 유대교도 91명이 체포되고 그중 18명이 교수형에 처해졌다. 다수의 죄수들은 용기 있는 도미니크회 수도사들의 중재로 목숨을 구했다.*[153]

 1257년부터 1267년 사이 잉글랜드를 혼란에 빠뜨렸던 내란 도중 대중은 걷잡을 수 없는 지경에 이르렀고, 이때의 집단 학살로 런던, 캔터베리, 노샘프턴, 윈체스터, 우스터, 링컨, 케임브리지의 유대인 공동체들이 거의 전멸되었다. 가옥은 약탈과 철거를 당했고, 여러 증서 및 채권은 불태워졌으며, 살아남은 유대교도들은 무일푼이나 다름없는 신세가 되었다.[154] 잉글랜드의 왕들은 이제 플로렌스나 카오르의 그리스도교도 금융업자들로부터 돈을 빌리게 되었다. 더 이상 유대교도들이 필요 없게 된 그들에게 유대교도들을 보호하는 일은 골칫거리였다. 1290년 에드워드 1세는 잉글랜드에 남아 있던 유대교도 1만 6000명

---

* 링컨 대성당에는 과거 내부에 "꼬마 휴(Hugh)"를 위해 건립되었던 제단의 유물이 아직도 남아 있으며, 유물 곁에는 다음과 같은 경고문이 있다. "이 이야기에는 의심할 만한 사건들이 다수 포함되어 있으며, 잉글랜드를 비롯한 지역에 이와 유사한 이야기들이 존재한다는 사실은 그 기원이 중세 때 팽배했던 유대교도에 대한 광적인 증오와 제례 살해가 유대교의 유월절 의식의 특징이라는 이제는 전혀 신빙성을 얻지 못하게 된 보편적인 미신에 있음을 가리킨다. 대중의 증오로부터, 이러한 특정한 비난으로부터 유대교도를 보호하려는 교회의 시도는 일찍이 13세기부터 있었다."

에게 모든 부동산과 회수 가능한 대출금을 포기하고 11월 1일까지 떠나라고 명령했다. 다수가 조그만 배를 타고 해협을 건너던 도중 익사했고, 일부는 선원들에게 강도를 당했으며, 천신만고 끝에 프랑스에 도착한 사람들은 프랑스 궁정으로부터 1291년 사순절까지 떠나라는 말을 들었다.[155]

프랑스에서도 아시아의 터키인들 및 랑그도크의 알비파 이단들에 맞선 십자군 운동 때문에 유대교도에 대한 종교적 분위기가 바뀌어 있었다. 주교들은 민중을 자극하는 반유대주의 설교를 했고, 베지에에서는 유대인 구역에 대한 공격이 성주간의 정기적 의식이 되었다. 급기야(1160년) 그리스도교의 한 고위 성직자가 그러한 설교를 금했지만 유대인 공동체에 종려 주일(Palm Sunday)마다 특별세를 납부하라고 요구했다.[156] 툴루즈의 유대교도들은 죄책감을 영원히 상기시키기 위한 수단으로 만인이 보는 앞에서 양쪽 볼에 따귀를 맞으러 성금요일마다 성당으로 대표를 보내야 했다.[157] 1171년 유대교도 몇 명이 그리스도교도의 피를 유월절 의식에 사용했다는 혐의로 블루아에서 화형을 당했다.[158] 종교로 이윤을 챙길 수 있는 기회를 엿본 존엄 왕 필립은 자신의 왕국에 살던 모든 유대교도들을 그리스도교도의 우물에 죄수로 가두라고 명령한 다음[159] 과중한 몸값을 물면 풀어 주었다.(1180년) 1년 뒤, 그는 유대교도들을 추방하고 그들의 부동산을 모조리 몰수한 다음 회당을 교회에 내 주었다. 1190년 그의 대리인 중 한 명이 유대교도 살인죄로 오랑주 시 당국에 의해 교수형에 처해지자 그 도시의 유대교도 80명을 죽이라고 명했다.[160] 1198년 그는 유대교도들을 프랑스로 소환한 다음 거액의 이득을 확보하기 위하여 그들의 대금업을 규제했다.[161] 1236년 그리스도교도 운동가들이 앙주 및 푸아투의 유대인 정착지(그중에서도 특히 보르도와 앙굴렘의 정착지)를 침략하여 모든 유대교도들에게 세례를 받으라고 명령했다. 유대교도들이 거부하자 그리스도교도들은 유대교도 3000명을 말발굽에 깔려 죽게 했다.[162] 교황 그레고리우스 9세는 이러한 대량 학살을 규탄했지만 그도 죽은 자들을 되살리지는 못했다. 생루이는 사람들에게 유대교도와 종교를 논하지 말라고 조언했다. "평신도는 그리스도교에 대한 욕을 들으면 말이 아니라 검으로, 즉 검을 상대방의 뱃속 깊숙이 밀어 넣어 그리스도교를 옹호해야 한다."고 주앵빌에게 말했다.[163] 1254년 그는 유대교도들을 프랑스에서 쫓아낸 후 그들의 재산과 회당을 몰수했다. 몇 년 후, 그는 유대교도들을 다시 받아들이고는 회당을 돌려주었다. 공정왕 필립은(1306년) 유대교도를 모조리 투옥하라고 명한 후 입고 있던 옷을 제외한 융자금과 소지품 전부를 몰수하고는 준비 기간을 딱 하루만 주고 10만 명이나 되는 인원을 프랑스로부터 추방했을 때, 그들은 공동체를 재건 중이었다. 왕은 이 작전으로 상당한 수익을 챙긴 나머지 자신의 마부에게 회당을 하사하기까지 했다.[164]

2세기에 걸쳐 일어난 피비린내 나는 사건들을 죽 늘어놓으니 일방적인 그림이 그려질 것이다. 9세기 이후 프로방스, 이탈리아, 시칠리아, 그리고 비잔티움 제국에서는 유대교도에 대한 가벼운 박해만 있었으며, 그리스도교 스페인에서는 자위책을 강구했다. 심지어 독일, 잉글랜드, 프랑스에서는 평화가 오랫동안 이어지기도 했으며, 비극이 일어나도 매번 한 세대가 지나면 유대인들의 수는 다시 많아졌고 어떤 경우에는 번성하기까지 했다. 그럼에도 불구하고 사이사이 벌어진 비극적인 사건들에 대한 씁쓸한 기억을 후세에 전하는 것이 그들의 전통이 되고 말았다. 상존하는 집단 학살의 위험 때문에 평화로운 시기에도 결코 마음을 놓을 수가 없었고, 모든 유대교도는 순교의 순간에 암송할 수 있도록 기도문을 암기해야 했다.[165] 부를 쌓아도 자꾸 빼앗기고 보니 부의 추구에 더욱더 열을 올리게 되었다. 거리를 떠도는 부랑자들도 노란 배지를 단 이들을 보면 여지없이 조롱을 해댔고, 힘없고 소외된 소수 민족으로서의 수치심이 마음속 깊이 새겨져 개인의 자존감을 떨어뜨리고 다른 인종 간의 친교를 막았으며, 북쪽 유대인이 보기에 수천 번의 모욕과 상처를 상기시키는 음침한 "유대인의 애환(Judenschmerz)"을 남겼다.

아아, 십자가에서 죽은 그 한 명 때문에 얼마나 많은 사람들이 십자가형을 당했는지!

THE AGE OF FAITH

17장   유대인의 지성과 감성
500~1300

1. 학문

시대마다 유대인의 영혼은 적대적인 세상에서 출세하겠다는 결의와 마음의 양식에 대한 갈망 사이에서 고뇌에 빠졌다. 유대 상인은 죽은 학자이다. 부에 대한 열망을 멀리하고 평화로이 학문에 대한 애정과 지혜라는 신기루를 쫓는 사람을 부러워하고 존경하기 때문이다. 트루아 박람회에 갔던 유대 상인 및 금융업자들은 도중에 위대한 라쉬가 탈무드에 관하여 해설하는 것을 들으려고 강연회에 들렀다.[1] 이렇게 해서 중세의 유대인들은 상업적 용무나 심화되는 빈곤, 또는 극심한 굴욕을 당하는 와중에도 문법학자들, 신학자들, 신비주의자들, 시인들, 과학자들, 철학자들을 배출했다. 한동안(1150~1200년) 광범위한 식자율(識字率)과 지적인 부에 있어서 유대교도들에 필적할 만한 상대는 이슬람교도밖에 없었다.[2] 유대교도들에게는 이슬람교도들과 접촉하거나 교신을 주고

779

받으며 살 수 있는 이점이 있었다. 유대교도 중 다수가 아라비아어를 읽을 줄 알았으며 풍요로웠던 중세 이슬람 문화의 세계 전체가 그들에게 개방되어 있었다. 유대교도들은 과거 자신들이 마호메트와 코란에게 종교를 통해 주었던 것을 이슬람으로부터 과학, 의학, 철학으로 되찾아 갔다. 이들이 매개가 되어 서방 그리스도교 세계의 정신은 사라센 사상의 자극을 받게 되었다.

이슬람권 내에서 유대교도들은 일상 언어와 문어에서 아라비아어를 썼다. 시인들은 히브리어를 고수했지만 아라비아의 미터법과 시형(詩形)은 받아들였다. 그리스도교 세계에서 유대교도들은 자신이 사는 지역 사람들이 쓰는 언어와 같은 언어를 썼지만 문학과 야훼 숭배에는 고대 언어를 썼다. 마이모니데스 이후 알모하드 왕의 박해를 피해 망명한 스페인의 유대교도들은 학문적 매개로 아라비아어를 버리고 히브리어를 택했다. 히브리어의 부활은 유대교 문헌학자들의 헌신적인 노력 덕분에 가능했다. 구약 성서의 내용은 모음과 구두점이 없어서 이해하기가 어려워진 상황이었다. 7세기부터 10세기까지 3세기에 걸쳐 들인 학구적인 노력은 모음 부호, 강세 획, 구두점, 줄 구분, 방주(傍註)를 추가함으로써 전통을 지킨 본문을 탄생시켰다. 그 후 글자를 읽을 줄 아는 유대교도라면 누구나 유대교 경전을 읽을 수 있게 되었다.

그러한 연구는 히브리어 문법 및 사전학의 발달을 초래했다. 메나헴 벤 사루크(910~970년)의 시와 학식은 하스다이 벤 샤프루트의 이목을 끌었다. 이 위대한 수상은 사루크를 코르도바로 불러 그에게 성경 히브리어 사전 편찬 작업을 장려했다. 메나헴의 제자인 예후다 이븐 다우드 차유즈(1000년경)는 성경의 언어에 관한 세 편의 아라비아어 작품으로 히브리어 문법의 과학적 토대를 마련했고, 차유즈의 제자인 사라고사의 요나 이븐 야나흐(995~1050년)는 히브리어 구문론과 사전학을 발전시킨 아라비아어 책『비평서』한 권으로 스승을 뛰어넘었다. 모로코의 유다 이븐 쿠라이시(900년경 활약)는 히브리어, 아람어, 아라비아어 연구로 셈어족 비교철학을 창시했다. 카라이파 유대교도였던 아브라함 알 파시(즉 페즈의 알 파시,

980년경)는 여기서 더 나아가 구약 성서에 나오는 모든 단어의 어원을 알파벳순으로 정리했다. 로마의 나탄 벤 예히엘(1106년 사망)은 탈무드 사전에 있어서 다른 모든 유대어 사전 편찬자들보다 뛰어났다. 나르본 요셉 킴치와 그의 아들들 모세 그리고 다윗(1160~1235년)은 몇 대에 걸쳐 이 분야에 공을 들였다. 다윗의 『개론(Compendium)』은 수 세기 동안 가장 권위 있는 히브리어 문법서가 되었으며, 제임스 왕의 성경 번역자들의 꾸준한 조력자였다.[3] 여기 소개된 인명들은 천 개의 이름 중 엄선된 것이다.

이처럼 널리 확산된 학문 덕분에 히브리 시는 아랍의 전형에서 벗어나 고유한 형식과 주제를 발전시켰고, 스페인에서만 당대 이슬람 문학이나 그리스도교 문학의 그 어떤 3인조와 비교해도 결코 뒤지지 않을 인물이 셋이나 배출되었다. 그리스도교 세계에는 철학자 아비케브론으로 알려진 솔로몬 이븐 가비롤은 이스라엘의 정서를 소리 내어 말하기에 앞서 개인적인 비극을 겪었다. 하이네(Heine)가 "철학자들 사이에선 시인, 시인들 사이에선 철학자"라고 불렀던[4] 이 인물은 1021년경 말라가에서 태어났다. 일찍 부모를 여의고 가난하게 자란 그는 침울하게 생각에 잠기는 일이 많았다. 그의 시는 이슬람의 도시 국가 사라고사의 고관 예쿠티엘 이븐 하산의 호감을 샀다. 가비롤은 그곳에서 한동안 보호를 받으며 행복하게 지내며 삶의 기쁨을 노래했다. 그러나 예쿠티엘이 왕의 적들에게 암살당하자 가비롤은 망명했다. 수년 간 그는 이슬람 스페인 곳곳을 땡전 한 푼 없이 아픈 몸으로 떠돌아다녔는데 너무 야위어서 "이제는 파리 한 마리도 나를 손쉽게 버틸 수 있을 것"이라고 할 정도였다. 그 자신 또한 시인이었던 사무엘 이븐 나그델라가 그라나다에서 가비롤에게 안식처를 마련해 주었다. 그곳에서 솔로몬은 자신의 철학 저서들을 저술했고, 자신의 시를 지혜에 바치겠다고 맹세했다.

어찌 지혜를 저버리겠는가?

난 이미 지혜와 계약을 맺었는데.
지혜는 내 어머니요, 나는 지혜가 가장 아끼는 자식이라,
그녀는 금은보화를 내 목에 둘러 주었다.
목숨이 붙어 있는 한 내 영혼은 갈망할 것이다,
높디높은 그녀에게 맞닿기를.
그녀의 원천을 찾을 때까지 나 결코 쉬지 않으리.[5]

짐작건대 그의 충동적인 자만심으로 인하여 사무엘과 싸움이 있었던 것으로 보인다. 20대 후반으로 아직 젊은이랄 수 있었던 그는 무일푼으로 또 다시 방랑을 시작했다. 불행이 그의 영혼을 겸허하게 만들자 그는 철학에서 종교로 전향했다.

주여, 인간이란 무엇이옵나이까? 더럽혀지고 짓밟힌 살덩이,
기만으로 가득 찬 유해한 피조물,
더위에 쪼글쪼글 시드는 꽃이옵니다.[6]

그의 시는 때때로 시편에서 음울하고 장엄한 부분을 발췌하기도 했다.

우리에게 평화를 내려 주소서, 주여,
영원한 은총을 내리시어,
우리로 하여금 안식처인 당신을
미워하지 않게 해 주소서.

우리는 늘 이리저리 떠돌거나
황량한 망명지에서 쇠사슬에 묶여 앉아 있습니다.
그럼에도 저희가 어디를 가건

주님의 영광이 당도했다는 것을 분명하게 알 수 있습니다.[7]

그의 초기 시들이 자기 자신의 위대성을 찬미했다면, 걸작인 「왕관(Kether Malkuth)」은 신의 위대성을 찬미한 것이다.

> 여기저기 바삐 다닙니다.
> 안식처를 찾아, 그리고 당신의
> 그림자 안에, 당신의 분노를 피해 숨습니다,
> 당신의 분노가 누그러질 때까지요.
>
> 나는 당신의 자비에 매달릴 것입니다.
> 당신이 연민을 품고 귀 기울여 들어줄 때까지요.
> 그때까진 당신을 놓아 주지 않을래요.
> 당신의 축복이 내게 닿을 때까지.[8]

이슬람 스페인에 존재했던 유대 문화의 풍요로움과 다양성은 그라나다의 이븐 에즈라 가문에서 집대성되었다. 야콥 이븐 에즈라는 사무엘 이븐 나그델라 아래의 합부스 왕 궁정에서 요직을 차지하고 있었다. 그의 집은 문인들과 철학자들이 모이는 살롱이었다. 이와 같은 학구적인 분위기에서 양육된 그의 네 아들 중 셋이 두각을 나타냈다. 요셉은 나라의 고관이 되어 유대인 공동체를 이끌었고, 이삭은 시인이자 과학자 겸 탈무드 학자가 되었다. 모세 이븐 에즈라(1070~1139년)는 학자이자 철학자였으며 할레비 전(前) 세대의 시인 중 가장 위대한 유대인 시인이었다. 행복했던 그의 유년 시절은 아름다운 질녀와 사랑에 빠지면서 종말을 맞이했다. 그녀의 아버지(즉 형인 이삭)가 그녀를 동생인 아브라함에게 시집보냈기 때문이었다. 모세는 그라나다를 떠나 타향을 떠돌아다니면서 가망 없는 열정을 시에 쏟아부었다. "그대의 입술에선 꿀이 떨어지나 그 꿀을 홀짝이고 먹고 살 수 있는 건 내가 아닌 남들, 그대의 입술은 몰약(沒藥) 향기를 풍기지만 그 향기를 들이마실 수 있는 건 내가 아닌 남들. 그대는 나를 배반했지만 그럼에도 나는 이 차디찬 땅이 목숨을 거둬 갈 때까지 그대에게 충실하리. 내 심장은 나이팅게일의 노래에 마냥 기쁘네. 노래하던 새가 내 위로 저 멀리로 날아올라 가더라도."[9] 가비롤처럼 그 또한 결국 신앙에 기대어 신비주의에 빠진 찬송가를 노래했다.

브라우닝(Browning)이 빅토리아 시대 철학의 대변인으로 삼았던 아브라함 벤 메이르 이븐 에즈라는 모세 이븐 에즈라의 먼 친척이었으나 친구로는 가까운 사이였다. 1093년 톨레도에서 태어난 그는 어린 시절부터 지식에 대한 자신의 갈망을 알아채고 모든 분야에 대한 지식을 애타게 구했다. 그 또한 이 마을 저 마을을 돌아다니며 안 해 본 일이 없었는데 하는 일마다 운이 따라 주지 않았다. "내가 양초를 팔면 결코 해가 지지 않을 것이며, 내가 수의를 팔면 사람들은 영생을 누리게 될 것"이라며 쓸쓸하게 우스갯소리를 했다. 그는 이집트와 이라크를 지나 이란, 어쩌면 인도까지 갔다가 다시 이탈리아로 돌아온 다음에는 프랑스와 잉글랜드로 갔다. 75세에 스페인으로 돌아왔다가 죽었는데 여전히 찢어지게 가난했지만 시와 산문 모두 유대인들로부터 두루 칭송받았다. 그의 저서는 그가 옮겨 다닌 거주지만큼이나 다채로워서 수학, 천문학, 철학, 종교를 널리 섭렵했으며, 그의 시는 사랑과 우정, 신과 자연, 인체와 계절, 체스와 별까지 매우 다양한 주제를 다뤘다.

  오, 하늘과 땅을 다스리는 신이시여,
  영육이 모두 당신 것이옵나이다!
  당신께서는 지혜롭게도
  인간 내면의 빛에 성스러움을 부여해 주셨습니다.
  내 삶은 당신께 달렸나니,
  당신께서는 최선이 무엇인지 알고 계십니다.

내가 두려울 때

당신은 힘을 주시어 구원의 축복을 내리십니다.

당신의 망토는 저의 죄악을 감춰 주며,

당신의 자비는 저의 든든한 방패와도 같습니다.

너그러운 섭리를 베푸시고도

당신은 그 어떤 보답도 요구하지 않으십니다.[10]

그와 동시대를 살았던 사람들은 구약 성서에 대한 주석 때문에 그를 높이 평가했다. 그는 히브리 구약의 신빙성과 종교적 영감을 옹호했지만 하느님에게 적용된 의인화 구절들을 은유로 해석했다. 그는 이사야가 한 명이 아닌 두 명의 예언자가 남긴 내용이라고 주장한 최초의 해설가였다. 스피노자는 그를 이성적 성서 비판의 창시자로 여겼다.[11]

그가 살았던 시대에 가장 위대했던 유럽의 시인은 예후다 할레비(1086~1147년?)였다. 톨레도가 카스틸리아의 알폰소 6세에게 함락된 후 1년 뒤에 태어난 그는 당대 가장 개화되고 자유로웠던 그리스도교 왕조 치하에서 안정적인 성장기를 보냈다. 그의 초기 시 중 한 편이 모세 이븐 에즈라의 마음에 들어 이 연로한 시인은 예후다를 그라나다로 초청하기에 이르렀다. 그곳에서 모세와 이삭 이븐 에즈라는 자신들의 집에서 수개월 동안 예후다를 극진히 접대해 주었다. 예후다의 시와 경구는 스페인에 있는 모든 유대인 공동체에서 낭독되고 인용되었다. 그의 시는 그의 상냥한 인품과 행복했던 어린 시절을 반영했다. 그는 이슬람이나 프로방스 음유 시인이 지니고 있었을 법한 온갖 기교를 동원하여 아가(雅歌) 못지않게 관능적으로 사랑을 노래했다. 「기쁨의 동산」이라는 한 시에서는 에로틱한 걸작에 나오는 가장 노골적인 구절들을 넣어 열정적인 시를 만들었다.

내려와 주세요, 그대. 어째서 오래 머무르시나요?

동산 한가운데 그토록 먹을 것이 많던가요?
돌아서서 사랑의 침실을 봐 주세요,
동산의 백합꽃을 따 주세요.
가슴이 품은 은밀한 사과는
향기를 내뿜습니다.
그대 위해 목걸이에 숨겨 두었답니다,
빛처럼 반짝이는 소중한 과일들을.
그녀에게 베일이 없다면
저 하늘의 별들마저 모두 부끄러워 숨어 버리겠지요.[12]

이븐 에즈라의 정중한 환대를 뒤로한 채 할레비는 루세나로 가서 그곳의 유대교 학교에서 몇 년 간 공부를 했다. 의학 공부를 시작하여 그저 그런 의사가 되었다. 그는 톨레도에 히브리어 연구소를 설립하고 그곳에서 성경에 대한 강연을 했다. 결혼도 하고 자식도 넷이나 두었다. 나이가 들면서 점점 더 자신의 번영보다는 이스라엘의 불행을 의식하게 되었다. 그래서 그는 자신의 동족에 대해서, 자신의 슬픔에 대해서, 그리고 신앙에 대해서 노래하기 시작했다. 수많은 유대인들과 마찬가지로 그 또한 팔레스타인에서 여생을 보내고 싶어 했다.

오, 세계의 도시여(예루살렘), 위풍당당한 광채가 어여쁘구나!
아, 나한테 독수리의 날개가 있다면 너에게 훨훨 날아가련만,
내 눈물로 네 흙먼지를 적시는 날까지!
내 마음은 동쪽에 가 있건만 내 몸은 서쪽에 남아 있구나.[13]

안락했던 스페인의 유대인들은 그러한 시들을 시적 허영으로 받아들였지만, 할레비는 진심을 노래한 것이었다. 1141년, 가족의 안위를 해결해 놓은 그는 예루살렘을 향한 고된 순례 길에 나섰다. 역풍이 불어 그가 탄 배가 항로를 벗어

나 알렉산드리아로 갔다. 그곳의 유대인 공동체는 그를 환대하면서 위험을 무릅쓰고 예루살렘으로 가서 제 발로 십자군의 손아귀에 잡히지 말아 달라고 애원했다. 얼마간 지체한 후 그는 다미에타와 티레로 갔다가 무엇 때문인지 알 수는 없지만 다마스쿠스로 갔다. 그곳에서 그는 역사에서 흔적을 감췄다. 전설에 따르면 그는 예루살렘에 도착하여 그 땅을 보자마자 무릎을 꿇고 땅에 입을 맞추고는 아랍인 기수가 모는 말에 밟혀 죽었다고 한다.[14] 그가 그토록 꿈에 그리던 도시에 당도했는지 여부는 알 수 없다. 그러나 다마스쿠스에서 아마도 말년에 괴테가 세계의 문학 작품 중 가장 위대한 시라고 평가했던 「시온에 부치는 송가」를 작곡했다는 사실은 알고 있다.[15]

시온 산이여,
그대의 신성한 바위로부터
꼼짝 못하는 무리에게 기꺼이 안부를 전해 주지 않겠는가?
그러면 그들은 그대를 동족으로 열렬히 환영할 터이니.

그대의 비애에 애통해 할 때면 내 목소리는 갈라집니다.
하지만 꿈속에서
나는 그대의 자유를 보고, 바벨 강가에 매달린 하프 소리처럼 달콤한
그대의 바람 소리는 저 멀리까지 흘러갑니다.

그 옛날 하느님의 영혼이
그대의 신성한 영혼으로 흘러들어 갔던 곳에서 어쩌면
내 영혼 또한 흘러나오지는 않을지!
그대는 왕들의 처소이자 하느님의 옥좌였습니다.
그런데 어째서 지금은
그대의 왕들이 앉았던 그 자리에 노예들이 우글거릴까요?

오오, 누가 나를 이끌어 줄까요?
먼 훗날 천사들이 위풍당당하게
그대의 전령들과 예언자들을 밝혀 줄 그곳으로 말입니다.
오오, 누가 내게 날개를 줄까요?
저 멀리 날아갈 수 있도록 말입니다.
또한 그곳에서 방황을 마치고 영면에 들
너덜너덜해진 내 심장은 그대의 잔해 가운데 자리 잡을 수 있을까요?
나는 고개 숙여 그대의 흙에 얼굴을 묻고
그대의 돌덩이를 소중한 황금처럼 손에 쥐겠습니다.

그대의 숨결은 내 영혼에 생명을 불어넣고, 그대의
티끌은 몰약이며, 그대의 물줄기에는 꿀이 흐릅니다.
옷을 벗고 맨발로, 폐허가 된 그대의 신전으로
나 기꺼이 가겠습니다!
노아의 방주가 보존된 곳으로, 어두운
구석, 신성한 케루빔(cherubim)이 사는 곳으로.

완벽하게 아름다운 시온이여, 그대 안에서
사랑과 은총이 하나가 되는 모습이란 얼마나 아름다운지요!
그대의 동지들의 영혼은 가만히
그대에게 기댑니다. 그대의 기쁨이 곧 그들의 즐거움이었고,
그대의 황폐한 지금 모습에 그들은 눈물을 흘리며 비탄에 잠깁니다.
머나먼 타향에서요, 신성하게 우뚝 솟은 그대의 모습을
그들은 그리워합니다. 기도를 할 때면 그대의 성문을 향해 고개를 숙입니다.

주님께서 그분의 거처로 그대를 바라십니다.

그것도 영원히 말입니다. 축복이지요.
하느님께서 은총을 내리시기로 선택하셨고
그대의 안마당에서 쉬시기로 하셨으니까요.
그대의 영광스러운 빛이 차츰 가까워지는 것을
코앞에서 보는 자, 그리고 동방의 하늘에서
온 세상을 말갛게 비추며 밝아 오는 그대의 여명을
지켜보는 자는 행복한 겁니다.
하지만 환희에 빛나는 눈으로
구원받은 자들의 지복(至福)을 보게 될 자,
그대가 회춘하는 모습을 보게 될 자야말로
가장 행복한 법이지요.[16]

2. 탈무드의 모험

스페인의 황금기의 유대교도들은 번영에 눈이 멀어 시인들이 말년에 그랬던 것처럼 종교에 심취할 수가 없었다. 그들은 쾌활하고 관능적이며 우아한 시를 지었으며, 성경과 그리스 사상을 대담하게 조화시킨 철학을 표명했다. 알모하드 왕의 광신이 유대교도들을 이슬람 스페인에서 그리스도교 스페인으로 몰아냈을 때에도 그들은 계속해서 번영을 이룩해 나갔다. 유대인 학교들은 13세기 그리스도교도의 관용하에 톨레도, 게로나, 바르셀로나에서 번성했다. 그러나 프랑스와 독일의 유대교도들은 그렇게 운이 좋지 못했다. 그들은 좁아터진 유대 구역에 모여 두려움에 떨며 지내면서 탈무드 연구에 진력했다. 그들은 애써 속세에 자신들의 신앙을 정당화하려고 들지도 않았고, 자신들의 종교가 걸고 있는 전제에 대하여 의문을 제기하는 일도 없었으며, 율법에만 매진했다.

랍비 게르숌이 마인츠에 세운 학교는 당시 학교들 중 가장 영향력 있는 학교

중 하나가 되어 수백 명의 학생들이 그곳으로 몰려들었으며, 게르숌은 학생들과 함께 두 세대가 힘을 합하여 탈무드 원문을 편집하고 상술했다. 게르숌과 비슷한 역할을 프랑스에서는 랍비 셸로모 벤 이츠하크가 맡았다.(1040~1105년) 그는 자신의 칭호와 이름의 머리글자를 딴 라쉬(Rashi)라는 이름으로 불리는 것을 좋아했다. 샹파뉴 트루아에서 태어난 그는 보름스, 마인츠, 슈파이어의 유대교 학교에서 수학했다. 트루아로 돌아와서는 포도주를 팔아 가족을 부양했지만 여가 시간은 모조리 성경과 탈무드에 바쳤다. 공식적인 랍비는 아니었지만 트루아에 학교를 설립하고 그곳에서 40년간 가르치다가 점차 구약, 미슈나, 게마라에 주석을 달기 시작했다. 그는 스페인의 학자들이 그랬던 것처럼 철학 사상들을 종교적인 의미로 해석하려고 하지 않았다. 그보다 철학 사상들을 명석한 학식으로 해설하는 편이었는데, 그 때문에 그가 달아 놓은 탈무드 주석은 오늘날까지 탈무드에 실린다. 인품과 생활이 모두 순수하여 동족으로부터 성인으로 추앙받았다. 유럽 곳곳의 유대인 공동체들에서 그에게 신학과 율법에 관한 질문을 보냈으며 그의 답변에 법률적 권위를 부여했다. 노년에는 제1차 십자군의 집단 학살 때문에 깊은 슬픔을 느꼈다. 그의 사후, 손자들인 사무엘, 야곱, 이삭 벤 메이르가 그의 과업을 이어받았다. 야곱은 최초의 "토사피스트(tosaphist)"(탈무드 구절에 대한 주석가-옮긴이)였으며, 라쉬 사후 5대에 걸쳐 프랑스와 독일의 탈무드 학자들이 그의 주석을 토사포스(tosafoth) 또는 "부록"으로 변경 및 수정했다.

유스티니아누스가 탈무드를 "유치함, 꾸며 낸 이야기, 부당성, 모욕, 저주, 이단, 신성 모독투성이"라며 불법화했을 때, 탈무드는 미완성 상태였다.[17] 그 후 교회는 탈무드의 존재를 잊어버렸던 것처럼 보인다. 로마 가톨릭 교회의 신학자들 중 탈무드의 언어인 히브리어나 아람어를 아는 사람이 극히 드물었기 때문이다. 그 덕에 유대교도들은 700년 동안 애지중지하던 탈무드를 마음껏 연구할 수 있었다. 유대교도들이 탈무드 연구에 얼마나 열심이었냐면 이번에는 이쪽에서 성경의 존재 자체를 잊어버린 것처럼 보였다. 그러나 1239년 그리스도교로 개종한 프랑스 유대인인 니콜라스 도닌이 탈무드가 그리스도와 성모 마리아에 대한 모욕을 담고 있으며, 그리스도교도들을 다루는 데 있어 불신을 조장했다면서 그레고리우스 9세 앞에 고발장을 제출했다. 부지런한 편찬자들이 탄나임과 아모라임을 너무나 숭배한 나머지 게마라 중 하가다나 인기 많은 부분에 종종 격분한 랍비들이 유대교에 대한 그리스도교도의 비판을 되받아쳤다는 내용을 포함시켰기 때문에 고발 내용 중 일부는 사실이었다.[18] 그러나 이제 교황보다 더욱 열렬한 그리스도교 신자가 된 도닌은 입증될 수 없는 항목을 몇 가지 추가했다. 즉 탈무드가 제아무리 선량하더라도 그리스도교도를 속여도 좋다고 허용하고 그리스도교도를 죽이라고 부추긴다는 것과, 유대교도들은 성서에 선서한 약속일지라도 랍비들이 어겨도 된다고 했다는 것, 그리고 유대 율법을 공부한 그리스도교도는 사형에 처해진다는 것이었다. 그레고리우스는 프랑스, 잉글랜드, 스페인에서 탈무드란 탈무드는 눈에 보이는 대로 모조리 찾아내어 도미니크회 수도사들이나 프란체스코 수도사들에게 갖다 주라고 명령한 다음, 수도사들에게 탈무드를 꼼꼼히 조사하라고 하고는 기소 내용이 사실로 판명되면 탈무드를 태워 버리라고 명했다. 이 명령의 결과가 어떻게 됐는지에 대해서는 발견된 기록이 전무하다. 프랑스의 루이 9세는 모든 유대교도들에게 탈무드를 넘기라고 명령하고는 위반할 경우 사형에 처한다고 했으며, 랍비 네 명을 파리로 소환하여 왕과 블랑쉬 여왕, 도닌, 두 명의 선도적인 스콜라 철학자였던 오베르뉴의 윌리엄과 알베르투스 마그누스 앞에서 탈무드를 옹호해 보라고 시켰다.[19] 3일간의 심리 끝에 왕은 탈무드를 모조리 태워 버리라고 명령했다.(1240년) 상스의 대주교였던 월터 코르누투스가 유대교도들을 위해 중재에 나서자 왕은 다량의 탈무드를 주인에게 돌려주어도 좋다고 허락했다. 그러나 대주교가 얼마 안 가 죽자, 일부 수도사들은 대주교의 죽음을 왕실이 베푼 관대함에 대한 하느님의 심판이라 여겼다. 이들의 견해에 확신하게 된 루이 왕은 탈무드의 전량 몰수를 명했다. 탈무드를 실은 짐수레 스물네 대가 파리에 도착하여 불길 속으로 던져졌다.(1242년) 프랑스에서는 1248년 교황 특사에 의해 탈무드의 소유가 금지되었고, 그 후 율법 연구 및 히브리 문학은 프로방스를 제외한 프랑스 전역에서 쇠퇴 일로를 걷게 되었다.

1263년 바르셀로나에서 이와 비슷한 논쟁이 벌어졌다. 아라곤과 카스틸리아의 종교 재판을 담당하고 있던 도미니크회 수도사인 페냐포르트의 라이몬드는 자신이 담당하고 있던 주들의 유대교도들을 그리스도교도로 개종시키는 일에 착수했다. 전도사들을 준비시키고자 그는 그리스도교 스페인 내 신학 대학들에 히브리어 강습을 주선했다. 개종한 유대교도인 그리스도교도 바울이 그를 도왔는데, 그리스도교 신학과 유대교 신학에 대한 그의 방대한 지식에 깊은 감명을 받은 이 수도사는 바울과 랍비 게로나의 모세 벤 나흐만으로 하여금 아라곤의 왕 제임스 1세 앞에서 논쟁을 벌이게 했다. 패배 못지않게 승리 또한 두려웠던 나흐마니데스(나흐만)는 마지못해 참석했다. 논쟁은 4일이나 계속되어 왕은 크게 기뻐했는데, 그 논쟁에서 상당한 오락성을 발견했음이 분명하다. 1264년 그리스도교 교무(敎務) 위원회는 아라곤에서 탈무드를 전량 징발하여 반(反)그리스도교적인 구절들을 지운 다음 소유자에게 책을 돌려주었다.[20] 나흐마니데스가 아라곤의 유대교 회당에 대한 자신의 논쟁을 설명해 놓은 기록에서 그는 그리스도교에 관하여 라이몬드에게는 지독한 신성 모독으로 들렸을 법한 말을 했다.[21] 라이몬드는 왕에게 항의했지만 제임스 왕이 나흐마니데스를 스페인에서 추방한 것은 1266년이 되어서였고, 그것도 교황의 고집에 굴복한 때문이었다. 1년 뒤, 나흐만은 팔레스타인에서 죽었다.

3. 유대인의 과학

중세 유대인의 과학 및 철학은 거의 다 이슬람에 뿌리를 두고 있었다. 고립되어 멸시를 받는 와중에 주변의 영향을 받은 중세 그리스도교 세계의 유대교도들은 신비주의, 미신, 메시아에 대한 꿈에서 위안을 찾았다. 이보다 과학에 적대적이었던 상황은 없을 것이다. 그러나 각종 휴일의 올바른 측정이 천문학에 의존했으므로 종교 덕분에 천문학 연구는 촉진되었다. 6세기 바빌로니아의 유대인 천문학자들은 천체를 직접 관측하는 대신 천문학적으로 계산을 했다. 그들은 연(年)은 실제의 태양 운동에, 월(月)은 달의 위상에 근거했고, 각 달에 바빌로니아식 명칭을 붙인 다음 어떤 달은 30일이 있는 "꽉 찬" 달로, 어떤 달은 29일까지만 있는 "모자란" 달로 만들고는 19년 주기로 3, 6, 8, 11, 14, 17, 19번째 해마다 13번째 달을 삽입하여 음력과 양력을 결합했다. 동양의 유대인들은 기원전 312년에 시작된 셀레우코스력으로 각종 행사 날짜를 정했고, 유럽에서는 9세기에 현재의 "유대력", 즉 기원전 3761년 이른바 천지 창조 때부터 시작하는 세계 기원을 채택했다. 유대력도 우리 달력만큼이나 불편하고 종교적이다.

이슬람의 초기 천문학자들 중 한 명은 유대 학자인 마샬라(815년경 사망)였다. 그의 저서 『천체 운동의 과학에 관하여』는 크레모나의 게라르드가 아랍어에서 라틴어로 번역했는데, 그리스도교 국가들에서 널리 인정받았다. 그가 쓴 「가격에 관하여」는 과학적 방법으로 씌어진 현존 아랍어 저술 중 그 연대가 가장 오래된 것으로 꼽힌다. 당대 가장 유명했던 수학 관련 작품은[22] 바르셀로나의 아브라함 벤 히야(1065~1136년)가 대수, 기하학, 삼각법에 관하여 쓴 「측정 및 계산에 관한 글」로, 그는 수학, 천문학, 광학, 음악에 관한 백과사전을 편찬했는데 이는 현존하지 않고, 역법에 관한 히브리어 작품을 썼는데 이는 잔존하는 최고(最古)의 작품이다. 그 다음 세대 인물인 아브라함 이븐 에즈라는 시를 쓰고 조합론을 발전시키는 데 아무런 어려움을 느끼지 않았다. 이 두 명의 아브라함들은 아랍어가 아닌 히브리어로 과학 관련 저서를 남긴 최초의 유대인들이었다. 그러한 저서들과 히브리어로 번역된 아랍어 저술들을 통해 이슬람의 과학과 철학은 유럽의 유대인 공동체에 침투했고, 유대인들의 지적 생활을 랍비들의 구전 지식 너머까지 확대해 주었다.

이슬람의 과학으로부터 어느 정도 이득을 취하면서 동시에 자신들만의 의술 전통 또한 되찾은 이 시기의 유대인들은 의학에 관한 주목할 만한 작품들을 집필했으며, 그리스도교 유럽 세계에서 가장 존경받는 의사가 되었다. 이삭 이스라엘리

(855~955년경)는 이집트에서 안과의로 대단한 명성을 얻었는데, 급기야 카이르완의 아글라브 왕실의 어의로 임명되기까지 했다. 아랍어에서 히브리어 및 라틴어로 번역된 그의 의학 관련 저서는 유럽 전역에서 고전으로 칭송받았으며, 살레르노와 파리에서는 교과서로 쓰였고, 700년의 세월이 흐른 뒤에는 버턴(Burton)의 『우울증의 해부』(1621년)에서 인용되었다. 전해진 바에 따르면 이삭은 부(富)에 무관심했던 고집쟁이 독신남으로 백세까지 장수했다고 한다. 그와 동시대를 살았을 것으로 추정되는 인물은 아사프 하 예후디로 최근 발견된 원고의 저자로 밝혀졌는데 이 원고는 히브리어로 씌어진 의학 관련 저서 중 현존하는 최고(最古)의 저서로 여겨지며, 혈액이 동맥과 정맥을 타고 순환한다는 가르침으로 주목을 받았다. 그가 심장의 기능을 추측해냈더라면 하비(Harvey, 영국의 의사, 생리학자로 혈액 순환론을 제시함 – 옮긴이)를 한참 앞지를 수 있었을 것이다.[23]

이집트에서는 마이모니데스가 도착한 이후(1165년) 유대인 의사들과 저술이 의학계를 지배하게 되었다. 카이로의 아부 알 파다는 안과학에 관한 12세기의 주요 작품을 저술했으며, 알 쿠힌 알 아타르는 이슬람 세계에서는 지금까지도 통용되고 있는 약전(藥典)을 작성했다.(1275년경) 이탈리아 남부와 시칠리아의 유대인 의사들은 아랍의 의학을 살레르노에 도입하는 매개 역할을 했다. 도놀로라 불렸으며 오트란토 근방에서 태어난 샤바타이 벤 아브라함(913~970년)은 사라센인들에게 붙잡혀 팔레르모에서 아랍의 의학을 공부한 다음 돌아가서는 이탈리아에서 의술을 펼쳤다. 예루살렘 유대인인 벤베누투스 그라수스는 살레르노에서 수학하고 그곳과 몽펠리에에서 가르치면서 『입증된 안과 의술』(1250년경)을 저술했는데, 이는 이슬람과 그리스도교 국가들에서 모두 안과 질환에 관한 최고의 저술로 인정받았다. 출간 224년 후에는 해당 분야의 저서 중 가장 먼저 인쇄되어야 할 책으로 선정되기도 했다.

랍비 학교들, 그중에서도 특히 프랑스 남부에 있던 학교들은 의학을 가르쳤는데, 부분적으로는 랍비들에게 속세의 수입원을 제공하기 위함이었다. 몽펠리에에 있는 히브리 학교에서 수련한 유대인 의사들은 유명한 몽펠리에 의학교의 발전을 도왔다. 1300년 몽펠리에 의학교의 장(長)으로 유대인을 임용하자 파리 대학 의학부 당국의 분노가 유대인들에게 향했다. 몽펠리에 의학교는 유대인들의 입학을 금할 수밖에 없게 되었고(1301년), 몽펠리에 시의 히브리인 의사들은 1306년 다른 유대인들과 마찬가지로 프랑스에서 추방을 당했다. 그러나 이때쯤에는 그리스도교도의 의학도 유대교도 및 이슬람교도의 사례와 영향으로 대변혁을 맞이한 때였다. 셈족의 의사들은 벌써 오래 전에 질병은 악마에게 "홀린 상태"라는 이론을 버렸고, 그들이 내린 합리적인 진단과 치료가 성공하자 성유물(聖遺物)을 비롯한 기타 초자연적 치료 수단의 효능에 대한 유대 민족의 믿음은 약해졌다.

성유물을 소장하고 있고 순례자들이 모여드는 수도원 및 교회에서 생활하던 수도사들과 교구 거주 성직자들은 이러한 대변혁을 받아들이기가 힘들었다. 교회는 유대교 의사들을 그리스도교도 가정에 흔쾌히 맞아들이는 것을 비난했다. 교회는 유대교 의사들이 정말로 신앙보다는 의술 때문에 방문하는 것인지 의심했고, 그들이 병자에게 영향을 끼칠까봐 두려워했다. 1246년 베지에 공의회는 그리스도교도의 유대교도 의사 고용을 금했고, 1267년 비엔나 공의회는 유대교도 의사의 그리스도교도 환자 치료를 금했다. 그러한 금지 규정들도 저명한 그리스도교도들이 유대교도의 의술을 이용하는 것을 막지는 못했다. 눈병을 앓고 있던 교황 보니파키우스 8세는 이삭 벤 모데카이를 불렀다.[24] 라이몬드 룰리는 수도원마다 유대교도 의사가 한 명씩 있다며 항의했다. 교황 특사는 많은 수녀원들도 마찬가지라는 사실을 알고 충격을 받았다. 스페인의 그리스도교도 왕들은 페르디난드와 이사벨라 치세기까지 유대인의 의료 서비스를 누렸다. 아라곤의 왕 제임스 1세(1213~1276년)의 주치의였던 바르셀로나의 쉬셰트 벤베니스테는 부인과에 관하여 자기가 살았던 시대 최고의 책을 저술했다. 유대교도들은 그리스도교 학교들이 13세기 합리적 의학을 채택한 후에야 그리스도교 국가들에서 떨친 의학 분야에서의 우위를 상실했다.

워낙 이동이 잦고 흩어져 살던 민족이었기에 유대인들은 지리학에는 기여한 바가 거의 없었다. 그럼에도 불구하고 12세기의 주목할 만한 여행가들 중 두 명의 유대인이 있었다. 그들은 라티스본의 페타크야와 투델라의 베냐민으로 더없이 소중한 유럽 및 근동 기행문을 히브리어로 남겼다. 베냐민은 1160년 사라고사를 떠나 바르셀로나, 마르세유, 제노바, 피사, 로마, 살레르노, 브린디시, 오트란토, 코르푸, 콘스탄티노플, 에게 해 제도, 안티오크, 팔레스타인의 모든 주요 도시, 바알베크, 다마스쿠스, 바그다드, 페르시아를 느긋하게 두루 돌아다녔다. 그는 배를 타고 인도양과 홍해를 거쳐 이집트, 시칠리아, 이탈리아로 돌아간 다음 육로를 통해 스페인으로 갔다. 1173년 집으로 돌아온 지 얼마 안 되어 세상을 떠났다. 그의 주요 관심사는 유대인 공동체에 있었지만 자신의 경로 상에 있던 모든 나라의 지리학적, 민족적 특징들을 매우 정확하고 객관적으로 묘사했다. 그의 기술은 흥미 면에서는 다소 떨어지지만 한 세기 후 마르코 폴로가 남긴 기록보다는 아마도 훨씬 믿을 만한 기록이었을 것이다. 그의 기행문은 유럽의 거의 모든 언어로 번역되었으며, 유대인들에게는 오늘날까지 가장 선호하는 책으로 남아 있다.[25]

4. 유대 철학의 부흥

지성인의 삶은 두 가지 작용력으로 구성되어 있다. 그 두 가지란 살기 위해 믿어야 할 필요성과 진보를 위해 논리적으로 사고해야 할 필요성이다. 빈곤과 혼돈의 시대에 믿고자 하는 의지는 가장 중요하다. 그러려면 없어서는 안 될 한 가지가 바로 용기이다. 부의 시대에는 지력이 출세와 발전을 가능하게 하는 수단으로 크게 부상한다. 따라서 빈곤에서 부로 향하는 문명은 이성과 신앙 사이의 갈등, 즉 "과학과 신학의 전쟁"을 겪는 경향이 있다. 이러한 갈등에서 분별 있는 태도를 갖는 철학은 대개 쌍방의 조화, 평화 중재를 추구하다가 결국 과학으로부터는 멸시를, 신학으로부터는 의심을 받게 된다. 희망 없이 고단한 삶을 견디기 힘들었던 신앙의 시대에 철학은 종교의 손을 들어 주고 이성으로 신앙을 옹호함으로써 신학의 탈을 쓰게 된다. 중세 백인 문명을 나누었던 세 종교 가운데 가장 부유했던 이슬람교는 이러한 경향이 가장 덜했고, 이슬람교보다는 못하지만 유대교보다는 부유했던 그리스도교는 다소 덜했으며, 부의 정도가 가장 낮았던 유대교가 가장 심했다. 그런데다 유대 철학은 주로 이슬람 스페인의 유대인 부유층의 신앙에서 출발하는 위험까지 무릅써야 했다.

중세 유대 철학의 원천은 두 가지로, 히브리 종교와 이슬람 사상이었다. 유대인 사상가들은 대부분 종교와 철학이 내용과 결과 면에서 서로 유사하고 방법과 형식면에서만 다르다고 여겼다. 종교가 교리로 가르친 것을 철학에서는 이성으로 입증된 진리로 가르치려 한다는 것이 그들의 생각이었다. 사아디아에서 마이모니데스에 이르는 대부분의 유대인 사상가들이 이슬람 환경에서 이러한 시도를 했고, 그리스 철학에 대한 지식을 아랍어 번역물과 이슬람 주석에서 획득했으며, 유대교도뿐만 아니라 이슬람교도를 위해 아랍어로 글을 썼다. 아샤리가 이성이라는 무기로 무타질라파(派)에 맞서 이슬람 정통파를 구하자, 아샤리가 회의주의에서 전향했던 바로 그해에 이집트를 떠나 바빌로니아로 향했던 사아디아가 자신의 논쟁술과 끈기를 동원하여 히브리 신학을 구원했다. 사아디아는 이슬람교의 "무타칼리문(mutakallimun)"(변증술을 쓰는 신학자라는 뜻 – 옮긴이)의 방법뿐만 아니라 그들이 주장하는 내용의 세세한 부분까지 따랐다.[26]

사아디아의 승리는 알 가잘리가 동방 이슬람교에서 거둔 승리와 똑같은 효력을 발휘했다. 정치적 혼란 및 경기 침체가 가세하여 동방에서 히브리 철학이 발붙일 곳이 없어지게 된 것이다. 그 후 히브리 철학은 아프리카와 스페인의 차지가 된다. 카이르완에서 이삭 이스라엘리는 진료와 저술 작업 사이사이 틈을 내어 걸출한 철학 저서를 썼다. 그의 저서 『정의(定義)에 관한 소론』은 스콜라 철학의 논리에 몇 가지 조건을 부여했고, 그의 글 「원소에 관하여」는 아리스토텔레스의 『물리학』을 히브리 사상에 도입했으며, 『영혼과 정신에 관한 책』은 창세기의 천지 창조 이야기를 정신계에서 물질계로의 점진적 발산(광채)이라는 신플라톤주의적 사고로 대체했다. 이는 카발라의 한 근원이 되었다.

이븐 가비롤은 시인이라기보다 철학자로서 더 큰 영향력을 가졌다. 스콜라 철학자들이 그를 공손하게 아비케브론이라 불렀고, 이슬람교도나 그리스도교도일 거라고 생각했다는 사실은 기발한 역사의 한 단면이라 할 수 있다. 1846년에서야 살로몬 문크가 이븐 가비롤과 아비케브론이 동일인이라는 사실을 밝혀냈다.[27] 이러한 오해는 철학을 유대교와 전혀 무관한 관점에서 쓰려는 가비롤의 시도에 의해 빚어진 것이었다. 히브리 전통문화에는 날카로우면서 함축적인 경구가 유독 풍부함에도 불구하고 그의 격언집 『주옥같은 말들』에 나오는 거의 모든 격언은 유대교와 무관한 출처에서 인용한 것이었다. 주옥같은 말에 나오는 격언 중 하나는 매우 유교적이다. "적에게 과연 어떻게 원수를 갚아 줄 것인가? 자신의 훌륭한 자질을 기르는 것이다."[28] 이는 실질적으로 가비롤이 철학이 아직 어색한 옷처럼 느껴졌던 스물네 살에 작성했을 것으로 추측되는 작품 『도덕적 자질의 향상에 관하여』를 한 마디로 요약한 것이나 다름없다. 인위적인 도식화를 통해 이 젊은 시인은 모든 미덕과 부도덕을 오감(五感)에서 유래한 것으로 표현했는데 그 결과는 상투적이었다. 그러나 이 책은 신앙의 시대에 종교적 신념이 뒷받침되지 않은 도덕률을 구축하려고 했다는 점에서 탁월했다.[29]

   가비롤의 걸작 『생명의 샘』은 성경에서든, 탈무드에서든, 코란에서든 인용하는 것을 삼갔다. 랍비들이 이 책을 그토록 불쾌하고 여기고 라틴어인 "폰스 비타에(Fons Vitae)"('생명의 샘'의 라틴어-옮긴이)로 번역될 때 그리스도교 국가들에서 그토록 크나큰 영향을 끼칠 수 있었던 것은 바로 이러한 특이한 초국가주의 때문이었다. 가비롤은 모든 아랍 철학에 스며들어 있던 신플라톤주의는 받아들였지만 여기에 신과 인간의 의지의 작용을 강조하는 주의설(主意說)을 더했다. 가비롤에 따르면 만물의 존재 또는 운동을 이해하기 위해 우리는 으뜸 실체, 으뜸 본질, 또는 근본 의지로서 신의 존재를 가정해야만 한다. 그러나 우리는 신의 속성을 알 수 없다. 우주는 시간의 경과에 의해 창조된 것이 아니라 지속적이고 점진적인 신으로부터의 방출(放出) 안에서 계속 움직인다. 신을 제외한 삼라만상은 형상과 질료로 이루어져 있다. 이러한 형상과 질료는 늘 동시에 나타나며 생각 속에서만 분리될 수 있다.[30] 랍비들은 이러한 아비켄나식(式) 우주관을 위장한 유물론이라며 거부했지만 할레스의 알렉산데르, 성 보나벤투라, 둔스 스코투스는 신 아래 질료의 보편성과 의지의 으뜸성을 받아들였다. 오베르뉴의 윌리엄은 가비롤을 "모든 철학자들 중 가장 고귀한 자"로 지명하고 그를 훌륭한 그리스도교도라고 생각했다.

예후다 할레비는 헛된 주지주의라며 일체의 추측을 거부했고, 가잘리처럼 그 또한 교리에 의문을 제기하거나 교리 자체를 무시하거나 성경을 비유적으로 해석할 뿐만 아니라 종교적 헌신 자체를 버리고 주장만 함으로써 철학이 종교를 훼손하게 될까봐 두려워했다. 플라톤 및 아리스토텔레스의 유대교 침투와 이슬람교의 유대교도 현혹, 탈무드를 향한 카라이파 유대교의 지속적인 공격에 반대했던 예후다는 중세 철학에 관한 책 중 가장 흥미로운 책을 한 권 썼다. 그것은 바로 『알 카자리(Al-Khazari)』(1140년경)이다. 그는 이 책에서 자신의 견해를 극적인 미장센(mise-en-scène)을 통해 제시했는데 바로 카자르 왕을 유대교도로 개종시킨 것이었다. 할레비에게는 다행스럽게도 이 책은 아랍어로 저술되기는 했어도 히브리 문자를 사용했기 때문에 교육 수준이 높은 유대교도들로 그 독자층이 한정되었다. 주교, 물라(mullah, 이슬람교 율법학자 – 옮긴이), 랍비를 각각 한 명씩 호기심 많은 왕 앞에 데려다 놓은 이야기는 이슬람교와 그리스도교에 관한 짧은 작품이 된다. 그리스도교도와 이슬람교도가 구약 성서를 하느님의 말씀이라 인용하자, 왕은 그 둘을 물러가게 하고 랍비만 남게 한다. 이 책의 대부분은 할례를 받은 유순한 왕에게 유대교 신학과 의식을 가르치는 랍비의 대화이다. 학생이 된 국왕은 스승에게 다음과 같이 말한다. "당신네 종교는 전파 이후 천국과 지옥에 관한 세부 사항 일부가 바뀐 것 말고는 아무것도 달라진 것이 없습니다."[31] 이에 기운을 얻은 랍비는 히브리어가 하느님의 언어이며, 하느님께서 유대교도들에게만 직접 말씀하셨으며, 유대인 선지자만이 신에게 영감을 받은 것이라 설명한다. 할레비는 인간의 정신은 광대하고 복잡한 우주 만물 중 나약하고 극미한 일부에 지나지 않는데도 이성의 우월성을 공언하고 하느님과 천국을 그들의 삼단 논법과 범주에 종속시키는 철학자들을 일소에 부친다. 이 현인(그러나 식자랄 수는 없는)은 형이상학적인 문제에서 이성의 나약함을 인지하게 될 것이다. 그는 성경에서 그에게 부여한 믿음을 고수할 것이며 어린아이처럼 순박한 마음으로 믿고 기도할 것이다.[32]

할레비에도 불구하고 이성에 대한 매혹은 살아남아 아리스토텔레스 철학의 침략은 계속되었다. 아브라함 이븐 다우드(1110~1180년)는 할레비 못지않게 독실한 유대교도였다. 그는 카라이에 대항하여 탈무드를 옹호했고 『제2유대 연방 왕들의 역사』를 자랑스럽게 서술했다. 그러나 12, 13세기의 수많은 그리스도교도들, 이슬람교도들, 유대교도들과 마찬가지로 그 또한 자신의 신앙을 철학으로 증명하고 싶어 했다. 할레비처럼 그 또한 톨레도에서 태어나 의사로 생계를 꾸렸다. 그가 아랍어로 쓴 책 『지극한 신앙의 서』는 아퀴나스가 철학 분야에서 그리스도교도 적들에게 주었을 법한 것과 같은 답을 할레비에게 주었다. 그 답이란 비신자에 맞서 종교를 평화적으로 옹호하려면 이성적 사고가 필요하며 단순한 신앙에 의존해서는 안 된다는 것이다. 아베로이스(1126~1198년)보다는 몇 년, 마이모니데스보다(1135~1204년)보다는 한 세대, 성 토마스 아퀴나스(1224~1274년)보다는 한 세기 앞선 시대에 이븐 다우드가 선조들의 신앙과 아리스토텔레스 철학을 조화시키려 고심했다. 자신이 이처럼 세 명의 대가에 맞먹는 찬사의 수혜자가 되었다는 사실이나, 유대 철학자들이 불완전한 번역물과 신플라톤주의 위작을 통해 자신을 접했던 알 파라비와 아비켄나의 요약본으로만 자신을 알았다는 사실을 알게 되면 이 그리스인은 흥미진진해 했을 것이다. 성 토마스 아퀴나스나 이븐 다우드 모두 아리스토텔레스 철학을 근본으로 삼았지만 전자보다 더욱 아리스토텔레스 철학에 충실했던 이븐 다우드는 아베로이스와 마찬가지로 개인의 영혼이 아닌 보편적인 정신에 대해서만 불멸성을 주장했다.[33] 여기서 할레비는 아리스토텔레스가 코란뿐만 아니라 탈무드에 대해서도 승리를 거두었다고 투덜댔을지도 모르겠다. 유대 철학 또한 중세 철학 전반과 마찬가지로 신플라톤주의와 신앙심에서 출발했다가 결국 아리스토텔레스와 회의(懷疑)로 끝이 나려 하고 있었다. 마이모니데스라면 이븐 다우드가 취한 아리스토텔레스적 관점에서 출발하여 신앙과 모순되는 모든 이성 관련 문제들에 용감하고 노련하게 직면했을 것이다.

5. 마이모니데스: 1135~1204년

중세 유대교도 중 가장 위대한 이 인물은 코르도바에서 저명한 학자이자 의사이자 판관이었던 마이몬 벤 요셉의 아들로 태어났다. 소년 시절 모세라는 이름을 받았으며, 이로 인하여 유대교도들 사이에서는 "모세(십계명을 받은)에서 모세(마이모니데스의 아버지)에 이르기까지 모세(마이모니데스 본인)만한 인물은 없었다."는 격언이 생겨났다. 그의 동족인 유대 민족은 그를 모세 벤 마이몬 또는 좀 더 짧은 이름인 마이무니로 알았다. 그가 유명한 랍비가 되었을 때 칭호와 이름의 앞 자를 따서 람밤(Rambam)이라는 애칭이 탄생했다. 그리스도교 세계에서는 그를 마이모니데스라고 부름으로써 그의 혈통을 나타냈다. 전설적인 일화에 따르면 소년 시절 공부를 싫어했으며, 이에 실망한 그의 아버지가 그를 "백정의 아들"이라 부르며 짐을 챙겨 자신의 스승이었던 랍비 요셉 이븐 미가스에게 보내 버렸다고 한다.[34] 이처럼 미약한 시작에서 모세 2세는 성경 및 랍비 문학, 의학, 수학, 천문학, 철학에 통달하게 되었다. 그는 당대 학자들 중 가장 뛰어난 두 학자 중 한 명이었다. 그의 유일한 라이벌은 아베로이스였다. 이상하게 들리겠지만 동일한 도시에서 9년의 시차를 두고 태어난 이 뛰어난 사상가들은 한 번도 조우하지 못했던 것으로 보인다.[35]

1148년 베르베르의 광신도들이 코르도바를 함락시키고 교회와 회당을 파괴하고는 그리스도교도들과 유대교도들에게 이슬람교와 추방 중에서 고르도록 했다. 1159년 마이모니데스는 부인과 자식들을 데리고 스페인을 떠났다. 9년 동안 그들은 이슬람교도로 가장하여 페즈에서 살았다.[36] 그곳 역시 유대교도나 그리스도교도 모두 허용되지 않았기 때문이다. 마이모니데스는 "우리는 이단에 적극적인 경의를 표하는 것이 아니라 아무 의미 없이 판에 박힌 문구만 암송하면 되는 것이다. 이슬람교도들도 우리가 광신도를 피하기 위해 거짓으로 지껄일 뿐이라는 사실을 알고 있다."고 주장함으로써 모로코에서 위험에 처한 유대교도들이 이슬람교에 보이는 피상적인 굴종을 정당화했다.[37] 그와 견해를 달리한 페즈의 랍비 장(長)은 1165년 순교의 길을 갔다. 그와 똑같은 운명에 처해질 것을 두려워한 마이모니데스는 팔레스타인을 향해 떠났다가 알렉산드리아로(1165년)와 옛 카이로로 이주해서 그곳에서 죽을 때까지 살았다. 얼마 안 가 당대 가장 유능한 의사로 인정을 받게 된 그는 살라딘의 장손인 누르 우드딘 알리와 살라딘의 비지에인 알 카디 알 파딜 알 바이사니의 주치의가 되었다. 그는 왕실의 총애를 이용하여 이집트 유대인들의 보호를 확보해 냈다. 살라딘이 팔레스타인을 정복했을 때, 마이모니데스는 살라딘을 설득하여 유대교도들이 그곳에 다시 정착할 수 있게 해 주었다.[38] 1177년 마이모니데스는 카이로에 있는 유대인 공동체의 수장인 나기드(Nagid)가 되었다. 한 이슬람 재판관이 그를 이슬람교를 배반한 자라며 기소했고(1187년) 통상적인 형벌인 사형을 구형했다. 마이모니데스는 강제로 이슬람교로 개종한 자를 이슬람교도로 간주할 수 없다고 판결한 비지에 덕분에 목숨을 건졌다.[39]

그의 저서 대부분이 카이로에서 이처럼 분주하게 지내는 동안 저술되었다. 아랍어로 씌어진 열 권의 의학 서적은 히포크라테스, 갈레노스, 디오스코리데스, 알 라지, 아비켄나의 사상을 알렸다. 『의학 격언집』은 갈레노스를 1500개의 짧은 문장으로 압축하면서도 의학의 모든 분야를 다루고 있다. 이 책은 히브리어 및 라틴어로 번역되었으며, 유럽에서는 "랍비 모세 가라사대"라는 판에 박힌 문구와 함께 자주 인용되었다. 살라딘의 아들을 위해서는 식이 요법에 관한 글을 썼으며, 살라딘의 조카인 하마의 술탄 알 무자파르 1세를 위해서는 『동침에 관한 소론』을 저술했는데, 이는 성 위생, 발기 부전, 지속 발기증, 정력제에 관한 내용을 담고 있다. 이 글의 서론에는 다음과 같이 아주 참신한 의견이 드러나 있다.

> 우리의 국왕 폐하(알 무자파르) - 신이여 그분의 권능을 오래도록 보존해 주소서! - 께서 나에게 그분의 정력을 강화하는 데 도움을 줄 글을 쓰라고 명하셨다. 그분이 이 방면에 약간의 어려움을 겪고 있기 때문이다. …… 그분은 자신의 동침 습관에서 벗어나고 싶어 하지 않으신다. 육욕의 감퇴에 놀란 그분은 점점 늘어나는 여성 노예의 수 때문에 (정력) 증강을 바라신다.[40]

이러한 글에 마이모니데스는 소론 몇 편(독극물, 천식, 치질, 건강 염려증에 관한)과 학술적인 『약물 용어 사전』을 추가했다. 다른 모든 책과 마찬가지로 이러한 의학 서적들 또한 요즘 들어 절대 확실한 것으로 밝혀진 내용과 부합하지 않는 내용이 몇 가지 포함되어 있다. 가령 오른쪽 고환이 왼쪽 고환보다 크면 맏아이는 아들이 될 것이란 내용이 그렇다.[41] 그러나 이 책들에는 상반되는 견해들을 정중하게 고려해 보고, 처방 및 조언에 관한 지혜와 절제를 통해 병자를 도우려는 진심 어린 바람의 흔적이 뚜렷하게 드러나 있다. 마이모니데스는 식이 요법의 도움을 받을 수 있을 경우에는 절대로 약을 처방해 주지 않았다.[42] 그는 과식에 대하여 다음과 같이 경고했다. "위를 종양처럼 부풀어 오르게 만들어서는 절대로 안 된다."[43] 그는 적당히 마실 경우 포도주가 건강에 좋다고 생각했다.[44] 그는 무병장수에 도움이 되는 정신적, 도덕적 균형 및 안정의 훈련 수단으로 철학을 추천했다.[45]

스물셋의 나이에 마이모니데스는 미슈나에 주석을 달기 시작했고, 상업, 의술, 육로 및 해상을 통한 위험한 여정의 와중에 10년 동안 이 작업에 공을 들였다. 카이로에서 『빛이 되는 책』이 출간되자(1158년) 명쾌한 문체, 해박한 지식, 훌륭한 판단력으로 겨우 서른셋의 젊은이에 불과했던 마이모니데스는 단번에 탈무드 주석가로서 라쉬에 이어 2인자의 자리에 등극하게 되었다. 12년 후, 그는 신(新)히브리어로 씌어진 최대 걸작을 발표했는데 『미슈나 토라』라는 도발적인 제목으로 불렸다. 이 책에는 모세 오경의 모든 율법과 미슈나와 게마라의 거의 모든 율법이 논리적인 순서에 따라 명쾌하고 간결하게 정리되어 있다. 서문에는 "먼저 성문 율법(모세 오경)을 읽고 이 편집본을 읽는 사람은 다른 책을 참고할 필요 없이 구전 율법 전체를 알게 될 것이기 때문에 이 책의 제목을 '미슈나 토라(율법의 반복)'라고 지었다."고 나와 있다.[46] 그는 예언, 부적, 점성술에 관한 탈무드의 규정을 일부 생략했다. 그는 점성술을 거부했던 소수의 중세 사상가들 중 하나에 속했다.[47] 그는 율법의 613개 계율들을 14개의 표제하에 분류하고 각 표제에 책 한 권 분량을 할애했으며, 각 율법에 관한 해설뿐만 아니라 그 율법의 논리적 또는 역사적 필요성 또한 보여 주었다. 14권의 책 중 1권만이 영어로 번역되었는데, 그 분량이 상당한 것으로 보아 원본의 방대한 분량을 짐작할 수 있을 것이다.

이 책과 나중에 쓴 『방황하는 자들을 위한 안내서』를 보면 마이모니데스가 공공연한 자유사상가는 아니었다는 점을 분명하게 알 수 있다. 그는 성경에 나오는 기적들을 자연적 원인으로 축소시키지 않기 위해 최대한 노력했지만, 모세 오경에 나오는 모든 말씀의 종교적 영감과 구전 율법 전체가 모세에 의해 이스라엘의 원로들에게 전수되었다는 정통파 랍비의 교리를 가르쳤다.[48] 이는 마이모니데스가 아마도 유대교도들이 그리스도교도들과 이슬람교도들 못지않게 성경이 자기네들 것이라고 주장할 수 있다고 생각했기 때문인 듯하다. 어쩌면 그 또한 도덕률의 신성(神性)에 대한 믿음 없이는 사회 질서가 불가능하다고 여겼기 때문일지도 모른다. 그는 단호하고 독재적인 애국자였다. "모든 이스라엘인들은 바빌로니아 탈무드에 나오는 것이라면 뭐든지 따라야 하며, 우리는 어느 땅에 있든 모든 유대교도들에게 탈무드의 현자들이 세운 관습을 고수하게 만들어야 한다."[49] 당대의 이슬람교도들 및 그리스도교도들 대부분보다는 다소 자유로웠던 그는 도덕적인 일신교도라면 비유대교도라도 천국에 갈 수 있다고 생각했지만, 히브리 땅 안에서의 이단자에 관해서라면 신명기나 토르케마다(1420~1498, 도미니크회 수도사로 스페인의 초대 종교 재판소장을 지냄.

1만 220명을 화형하고 유대인을 박해했다. - 옮긴이) 못지않게 가혹했다. 또한 유대 율법을 거부한 유대교도라면 누구든 사형에 처해야 한다고 생각했다. "내 의견으로는 무례하고 뻔뻔하게도 신성한 계율 중 어느 것 하나라도 어긴 것이 있는 이스라엘 공동체가 있다면 그 공동체의 전 구성원들은 사형을 당해 마땅하다."고도 했다.[50] 그는 "대중을 오도하여 허영을 쫓게 하는 자들에 대한 학대는 이 세상에 있어 정말 관대한 처분"이라는 근거를 들어 이단에 대한 사형을 옹호하는 데 있어서 아퀴나스보다 한술 더 떴다.[51] 또한 마법, 살인, 근친상간, 우상 숭배, 강도, 납치, 자식의 불복종, 안식일 위반에 대하여 성경에서 내린 사형이라는 처벌을 어렵지 않게 받아들였다.[52] 고대 이집트에서 이주하여 궁핍하고 오갈 데 없는 무리로부터 나라를 이루려 노력하던 유대교도들의 당시 상황이 이러한 율법들을 정당하게 만들었을 수도 있다. 늘 공격이나 개종이나 사기 저하에 시달려 내일을 기약할 수가 없었던 그리스도교 유럽이나 이슬람 아프리카의 유대교도들에게는 질서와 단합을 구축할 엄격한 규칙이 필요했다. 그러나 이러한 문제들에 있어서(그리고 종교 재판 전에) 그리스도교의 이론 그리고 어쩌면 유대교의 실제(實際)는 유대 율법보다 훨씬 인간적이었을 것이다. 이처럼 엄격한 분위기의 장점은 마이모니데스가 당대의 유대교도들에게 건넨 조언에 드러나 있다. "만일 이교도들이 이스라엘인들에게 '우리가 처형할 수 있도록 너희 번호 중 하나를 우리에게 건네라.'고 한다면 이스라엘인 한 명을 그들에게 넘기느니 차라리 모두 죽음을 택해야 할 것이다."[53]

학자에서 점점 현자가 되어 가는 그의 모습은 보기에 더욱 흐뭇하다. 그는 "(율법) 학자인 사생아가 무식한 제사장보다 낫다."고 말함으로써 랍비를 인정하는 모습을 보였다.[54] 그는 매일 하루 3시간만 돈을 버는 데 쓰고 9시간은 토라를 연구하는 데 쓰라고 조언했다. 유전보다 환경의 영향력이 크다고 믿었던 그는 학생들에게 훌륭하고 현명한 사람과 교제하라고 충고했다. 학자는 배움이 무르익고, 직업을 구하고, 집을 살 때까지는 결혼해서는 안 된다.[55] 학자는 네 명의 부인을 둘 수 있지만 그들 모두와는 한 달에 한 번씩만 동침해야 한다.

부인과의 부부관계는 언제든 가져도 좋지만 학자인 남편은 이러한 관계에도 신성성을 부여해야 한다. 그는 수탉처럼 배우자 곁에 늘 붙어 있어서는 안 되지만 금요일 밤에는 매번 남편으로서의 의무를 이행해야 한다. …… 동침을 할 때는 남편이나 부인 모두 취한 상태이거나 무기력하거나 우울한 상태여서는 안 된다. 이때 부인은 잠들어서는 안 된다.[56]

그러면 마침내 현자가 탄생하는 것이다. 현자는

극도의 겸양을 함양한다. 현자는 머리나 몸을 드러내지 않는다. …… 말을 할 때에는 목소리를 지나치게 높이지 않는다. 누구와 대화를 하건 말투는 부드러워야 한다. …… 현자는 과장이나 아는 체하는 말투를 삼가야 한다. 현자는 누구든 긍정적으로 생각할 것이며 타인의 장점에 대해서는 숙고하되 남의 험담은 절대로 해서는 안 된다.[57]

현자는 매우 긴급한 상황이 아니면 식당에 가지 않는다. "현명한 사람이라면 자기 집, 자기 밥상에서만 식사를 할 것이다."[58] 현자는 평생 토라 연구를 하루도 거르지 않는다. 그는 가짜 메시아를 알아볼 수 있지만 언젠가는 진짜 메시아가 나타나 이스라엘에 시온을 되찾아 줄 것이라는 믿음을 절대로 잃지 않을 것이며, 온 세상을 참된 신앙과 풍요와 인류애와 평화로 이끌 것이다. "다른 나라들은 사라져도 유대인들은 영구히 지속될 것이다."[59]

『미슈나 토라』는 랍비들의 심기를 건드렸다. 감히 탈무드를 대신하려 한다는 주제넘은 생각을 용서할 랍비는 없었으며, 마이모니데스의 주장을 간접적으로 읊는 것만으로 분개하는 유대인들이 많았다.[60] 그럼에도 불구하고 이 책은 저자를 당대의 선도적 유대인으로 만들었다. 동방의 유대인들은 모두들 그를 상담역으로 받아들여 온갖 질문과 문제를 보냈다. 한 세대 동안은 가온제가 부활한 것처럼 보였다. 그러나 자신의 명성에 빠져 안일하지 않았던 마이모니데스는 즉시 다음 책의 저술 작업에 들어갔다. 정통파 유대교도들을 위해 율법을 성문화하고 해설한 그는 이집트나 팔레스타인, 또는 북아프리카에서 철학의 유혹에 넘어갔거나 이단 유대교도들이 모인 카라이파 공동체의 꾐에 넘어간 유대인 무리를 회복시키는 과업에 착수했다. 또다시 10년간 공을 들인 끝에 그는 유대인 세계에서 가장 유명한 작품인 『방황하는 자들을 위한 안내서』(1190년)를 발표했다. 히브리 문자를 이용하여 아랍어로 씌어진 이 책은 곧 히브리어로, 라틴어로 번역되어 13세기 사상 가장 격렬했던 지적 논쟁 중 하나를 유발했다.

서론에는 "내가 이 책을 쓴 주요한 목적은 예언서들(즉 구약 성서)에 나오는 특정 단어를 설명하기 위함"이라는 말이 나온다. 성경에 나오는 수많은 표현과 구절들은 다중적인 의미를 지니고 있다. 그 말 그대로를 뜻할 수도 있고 비유적으로 쓰였을 수도 있고 상징적으로 쓰였을 수도 있기 때문이다. 문자 그대로 받아들일 경우, 신앙심은 깊지만 이성을 인간 최고의 능력으로 존중하는 사람들에게 장애물이 되는 내용이 일부 있다. 그런 사람들이 이성 없는 종교나 종교 없는 이성 중에서 선택하라고 강요받아서는 안 된다. 이성도 하느님이 인간에게 주신 능력이므로 하느님의 계시에 반할 리가 없다. 그러한 모순이 일어나면 마이모니데스는 성경의 독자층인 단순하고 무지한 사람들의 상상력 넘치고 그림 같은 사고방식에 맞게 씌어진 표현들을 우리가 문자 그대로 받아들이기 때문이라는 이유를 제시한다.

현자들이 우리에게 말씀하셨다. 천지 창조에 대하여 인간에게 완벽하게 설명하기란 불가능한 일이다. …… 성경은 못 배운 자들은 못 배운 자들대로 빈약한 이해력에 따라 이해하고 학식 있는 사람들은 다른 의미로 받아들일 수 있도록 은유법으로 점철되어 있다.[61]

마이모니데스는 이러한 출발점에서 신에 관한 논의를 진행한다. 그는 자연에 드러난 신의 계획이라는 증거를 보고 신이 우주를 지배한다고 추론하면서도 만물이 인간을 위해 만들어졌다는 개념에는 조소를 보낸다.⁶² 사물은 오로지 사물의 근원이자 생명인 신이 존재하기 때문에 존재할 뿐이다. "신이 존재하지 않는다고 가정한다면, 그 결과 그 밖의 모든 만물도 존재할 수 없다고 할 수 있을 것이다." 이런 식으로 신의 존재는 필수가 되므로, 신의 존재는 신의 본질과 동일해진다. 이제 "그 자체로 존재의 필요성을 갖는 사물은 그 존재 자체로 그것이 무엇이건 다른 원인을 가질 수가 없다."*⁶³ 신은 지적인 무형의 존재이므로 하느님의 신체 기관이나 육체적 속성을 암시하는 성경 구절들은 비유적으로 해석되어야 한다. 마이모니데스에 따르면(십중팔구 무타질라파를 추종하여) 실상 우리는 신이 존재한다는 사실을 제외하면 신에 대하여 아무것도 알 수가 없다. 우리가 하느님을 일컬을 때 사용하는 비신체적 표현들, 이를테면 지능, 전능, 자비, 애정, 일체성, 뜻 등은 동음이의어들이다. 다시 말해서 이러한 단어들은 하느님께 적용될 때 인간과는 다른 의미를 갖는다는 뜻이다. 하느님의 경우에 그 단어들의 의미가 무엇일지 우리는 결코 알지 못한다. 우리는 절대로 그분을 정의할 수 없다. 우리는 그 어떤 긍정적 속성이나 자질, 술어도 그분께 부여해서는 안 된다. 성경에서 하느님이나 천사가 선지자한테 어떻게 "말"을 했는지 알려 줄 때, 우리는 목소리나 음성을 상상해서는 안 된다. "예언은 가장 완벽하게 발전된 상상력 안에 존재한다." 예언은 꿈이나 무아지경에서 본 환영을 통해 "하느님으로부터 발산된 것"이다. 선지자들이 들려주는 내용은 실제로 일어난 일이 아니라 그러한 환영이나 꿈에서 일어난 일일 뿐이므로 대개는 비유적으로 해석되어야 한다.⁶⁴ "우리의 현자들 중 욥이 결코 존재한 적 없었던 인물이며 중요한 진리를 드러내는 시적 허구라 언명했던 이들이 있었다."⁶⁵ 자신의 능력을 최대한 계발하기만 한다면 누구든 그러한 선지적 계시를 볼 수 있다. 인간의 이성은 근본적으로 선지자의 명확한 통찰력과 다르지 않은

---

* 아비켄나가 진술한 이러한 명제들은 성 토마스 아퀴나스에 의해 채택되었다가 스피노자에 의해 자기 존재 실체론으로 수정되었다.

연속적인 계시이기 때문이다.

하느님께서는 이 세상을 시간 안에서 창조하셨을까, 아니면 아리스토텔레스가 생각했던 대로 물질과 운동으로 이루어진 우주는 영원한 것일까? 마이모니데스 왈, 여기서 이성은 좌절된다. 우리는 영원성도 천지 창조도 입증할 수 없기 때문이다. 따라서 천지 창조에 대한 우리 선조들의 믿음을 고수하도록 하자.[66] 이어서 마이모니데스는 창세기에 나오는 천지 창조 이야기를 비유적으로 해석한다. 아담은 능동적인 형태 또는 영혼이고 이브는 수동적인 물질, 즉 모든 악의 근원이다. 뱀은 상상력이다.[67] 그러나 악은 결코 긍정적인 실체가 아니며 신의 정반대에 불과하다. 우리가 겪는 불행의 대부분은 우리 자신의 잘못에 기인하며, 그 밖의 악은 오로지 인간의 편협한 관점 때문에 사악할 뿐이다. 우주적인 관점으로는 모든 악에서도 전체의 선이나 필요를 발견할 수 있을 것이다.[68] 신은 인간에게 인간을 인간답게 하는 자유 의지를 허용했으며 인간은 가끔 악을 선택한다. 신은 그러한 인간의 선택을 예견하지만 결정하지는 않는다.

인간은 불멸의 존재인가? 이 문제에 관하여 마이모니데스는 자신의 역량을 최대한 발휘하여 독자들을 혼란에 빠트린다. 『방황하는 자들을 위한 안내서』(이하 『안내서』)에서 그는 "사후에 잔존하는 영혼은 인간이 태어날 때부터 가지고 있던 영혼이 아니다."라는 말만 할 뿐 인간의 불멸성 여부의 의문을 피한다.[69] "잠재적 이성"인 후자는 우리 몸의 한 기능이며 죽음과 동시에 소멸된다. 사후에 남아 있게 되는 것은 우리의 몸이 생겨나기 이전부터 존재했고 결코 우리 몸의 한 기능으로 볼 수 없는 "후천적" 또는 "능동적 이성"이다.[70] 보는 바와 같이 이러한 아리스토텔레스-아베로이스적 관점은 개인의 불멸성을 부정했다. 『미슈나 토라』에서 마이모니데스는 육신의 부활을 거부했고 육체적 쾌락이 있는 낙원이라는 이슬람교의 관점을 터무니없다고 비웃었으며, 이슬람교나 유대교 모두 이는 대중의 상상력과 도덕적 요구에 대한 양보라고 묘사했다.[71] 『안내서』에서 마이모니데스는 "무형의 실체는 육신에 존재하는 물리력

일 때에만 존재할 수 있다."*⁷² 이는 육신에 잔존하게 된 무형의 영혼에 개별적 의식이 없었다는 것을 암시하는 듯하다. 육신의 부활이 유대교와 이슬람교의 중추적 교리가 되자 이러한 회의적 시사점들로 인하여 이의가 제기되었다. 아라비아어로 옮겨지면서『안내서』는 이슬람 세계를 휘저어 놓았다. 이슬람 학자인 아브드 알 라티프는 이 책을 "모든 신앙을 지지하고 있는 바로 그 수단들을 동원하여 모든 신앙의 교리의 기반을 약화시킨다."며 맹렬히 비난했다.⁷³ 이 시기에 살라딘은 십자군들과 사투를 벌이고 있었다. 늘 정통파였던 살라딘은 이즈음 그 어느 때보다도 성전의 열기가 뜨거운 와중에 이슬람의 사기를 위협하는 이단에 크게 분개한 상태였다. 1191년 그는 신비주의 이단자인 수라와르디를 처형하라고 명령했다. 같은 달 마이모니데스는 "사자(死者)의 부활"에 관한 마칼라(Maqala), 즉 담론을 발표했다. 마이모니데스는 다시 한 번 육신의 불멸성에 대한 의심을 표명했으나 이를 신앙의 한 규약으로 받아들였다고 공표했다.

폭풍은 한동안 진정되었고 마이모니데스도 의사 노릇 하랴, 유대계에서 빗발치는 교리 및 윤리에 관한 질의에 대한 답변을 작성하랴 분주한 나날을 보냈다.『안내서』를 히브리어로 번역하고 있던 사무엘 벤 유다 이븐 티본이 그를 방문하겠다고 하자(1199년) 마이모니데스는 기대를 일찌감치 접으라며 다음과 같이 경고했다.

낮이든 밤이든 단 한 시간이라도 내게 과학적 주제에 관하여 상의하지 말 것. 왜냐하면 나의 일과가 다음과 같기 때문이다. 나는 푸스타트에 거주하며 술탄은 안식일 이틀이 걸리는 거리(약 2.5킬로미터)인 카이로에 산다. 섭정 왕자(살라딘의 아들)에 대한 내 의무는 아주 막중하다. 나는 매일 아침 일찍 그분을 알현해야 하며, 그분이나 그분의 자제들 혹은 후궁의 가까운 지인 중 그 누구라도 몸이 아프게 되면

---

* 물질을 '개별화의 원칙'으로 본 아퀴나스의 신조의 근원?

감히 카이로를 떠날 수가 없고 하루의 대부분을 궁에서 보내야 한다. …… 오후까지는 푸스타트로 돌아가지 못한다. …… 그때쯤 되면 나는 배고파 죽을 지경이 된다. 대기실에 가 보면 일반인들, 신학자들, 집사들, 친구들, 그리고 적들로 붐비고 있다. …… 그러면 나는 타고 온 짐승에서 내려 손을 씻은 다음 요기를 할 동안, 그러니까 24시간 만에 첫 끼니를 먹을 동안 잠깐만 기다려 달라고 환자들에게 간청한다. 잠시 후 나는 환자들을 돌본다. …… 한밤중까지, 때로는 새벽 2시 혹은 그 이후까지 진료는 계속된다. 피로에 지쳐 누운 상태로 약을 처방하는데, 밤이 깊어지면 녹초가 되어 말조차 잘 안 나온다. 이러한 연유로 이스라엘인은 안식일을 제외하고는 나와 개인 면담을 할 수가 없다. 안식일에는 신도 전체 또는 최소 한 무리 정도는 아침 예배 후 나를 찾아오는데, 그때 그들을 가르칠 수 있다. …… 우리는 함께 모여 정오까지 공부를 한 다음 파한다.[74]

그는 일찍부터 몸을 혹사했다. 잉글랜드의 리처드 1세가 그를 주치의로 초빙하려 했으나 마이모니데스는 이를 받아들일 수가 없었다. 마이모니데스의 극심한 피로를 알고 있던 살라딘의 비지에가 그를 퇴직시켰다. 마이모니데스는 1204년 69세를 일기로 생을 마감했다. 그의 유해는 팔레스타인으로 보내졌고, 오늘날 그의 무덤은 티베리아스에서 볼 수 있다.

6. 마이모니데스 전쟁

마이모니데스의 영향력은 유대인 세계뿐만 아니라 이슬람 및 그리스도교 세계에서도 느낄 수 있다. 이슬람교의 권위자들은 유대교 스승의 지도하에 『안내서』를 연구했고, 몽펠리에와 파두아의 학교들에서는 라틴어 번역본이 교재로 사용되었으며, 파리에서는 할레스의 알렉산데르와 오베르뉴의 윌리엄에 의해 곧잘 인용되었다. 알베르투스 마그누스는 여러 면에서 마이모니데스를 따랐고, 성 토마스는 랍비 모이세스의 견해를 자주 곱씹어 보고는 결국 거부했다. 역사적 이해가 부족해서였는지 스피노자는 성경에 대한 마이모니데스의 우화적 해석을 성경의 권위를 보존하려는 표리부동한 시도라고 비난하면서도 "성경을 이성에 접목시켜야 한다고 공개적으로 선언했던 최초의 인물"이라며 그를 위대한 랍비로 추켜세웠다.[75] 또한 예언, 기적, 하느님의 속성들에 관해서는 마이모니데스의 관념들을 일부 취하기도 했다.[76]

유대교 자체에 대한 마이모니데스의 영향력은 가히 혁명적이었다. 그의 후손들이 학자이자 유대교도로 그의 과업을 이어받았다. 그의 아들 아브라함 벤 모세는 1205년 그의 뒤를 이어 나기드와 어의가 되었다. 그의 손자인 다윗 벤 아브라함과 그의 증손자인 솔로몬 벤 아브라함 또한 선조의 뒤를 이어 이집트 유대교도의 지도자가 되었다. 이 셋은 모두 철학에 있어서 마이모니데스의 전통을 계승했다. 한동안 우화적 속임수를 통해 성경을 아리스토텔레스화하고 서사의 사실성을 거부하는 풍조가 유행했다. 가령 아브라함과 사라는 물질과 형상을 나타내는 전설에 불과하며, 유대교의 의식법(儀式法)은 상징적인 용도와 허상에 불과할 뿐이라는 식이었다.[77] 유대교 신학계의 토대가 모조리 무너져 이제 곧 랍비들의 머리로 떨어질 것만 같았다. 그들 중 일부는 격하게 맞서 싸웠다. 팔레스타인의 사무엘 벤 알리, 포스퀴에레스의 아브라함 벤 다윗, 톨레도의 메이르 벤 토드로스 할레비 아불라피아, 루넬의 돈 아스트루크, 몽펠리에의 솔로몬 벤 아브라함, 스페인의 요나 벤 아브라함 게룬디 등이 이에 속한다. 이들은 탈무드를 철학으로 대체하려는 시도라고 맹렬히 비난하면서 "성경을 그리스인들에게 파는 것"에 항의했고, 불멸성에 대한 마이모니데스의 의심을 공개적으로 개탄했으며, 단 한 명의 영혼도 신앙심이나 기도로 이끌지 못할 비유적인 추상으로서의 불가지(不可知)한 신이라는 마이모니데스의 견해도 거부했다. 신비주의 카발라의 추종자들이 이러한 공격에 가담하여 마이모니데스의 무덤을 훼손했다.[78]

정통 그리스도교가 프랑스 남부에서 알비파 이단에 맞서 박멸 전쟁을 수행하자 마이모니데스 논쟁으로 유대인 공동체들이 분열되었다. 그리스도교 정교가 아리스토텔레스와 아베로이스의 저서들을 학교 내 금서로 지정함으로써 합리주의로부터 자체 방어에 나서자, 몽펠리에의 랍비 솔로몬 벤 아브라함(십중팔구 그리스도교도들이 합리주의자들을 숨겨 준다며 유대교 신자들을 공격할 가능성을 미연에 방지하고자)은 마이모니데스의 철학 저서들을 파문하고 불경한 과학이나 문학을 연구하거나 성경을 비유적으로 다루는 모든 유대교도들을 파문하는 이례적인 조치를 취했다. 다윗 킴치와 야곱 벤 마히르 티본이 이끄는 마이모니데스의 지지자들은 프로방스의 루넬, 베지에, 나르본의 신도들과 스페인의 사라고사 및 레리다의 신도들을 설득하여 솔로몬과 그의 추종자들을 파문함으로써 앙갚음을 했다. 그러자 솔로몬은 더욱 놀라운 조치를 취하기에 이른다. 마이모니데스의 저서들이 유대교뿐만 아니라 그리스도교에도 위험천만한 이단적 내용을 포함하고 있다며 도미니크 수도회 종교 재판소에 그의 저서들을 고발하고 만 것이다. 도미니크회 수도사들은 이에 부응하여 몽펠리에에서는 1234년에, 파리에서는 1242년에 공개 의식을 통해 구할 수 있는 마이모니데스의 저서란 저서는 모조리 구해다가 태워 버렸다. 40일 후 파리에서는 탈무드조차 분서되었다.

    이러한 일련의 사건들로 마이모니데스의 지지자들은 격분하게 되었다. 이들은 몽펠리에에서 주도적으로 나섰던 솔로몬 지지자들을 체포하여 동료 유대교도들을 밀고한 죄로 유죄를 선고하고는 혀를 절단하는 형을 내렸다. 솔로몬 또한 사형에 처해진 것이 틀림없다.[79] 마이모니데스 저서의 분서에 가담한 것이 후회되었던 랍비 요나는 몽펠리에로 와서 회당에서 공개 참회를 한 다음 모세 벤 마이몬의 무덤까지 회개의 순례 길에 나섰다. 그러나 돈 아스트루크는 랍비들에게 불경한 과학에 대한 연구를 전면 금지함으로써 사그라지던 전쟁의 불씨를 다시 활활 타오르게 했다. 나흐마니데스와 아셰르 벤 예히엘이 그를 지지했다. 1305년 바르셀로나 유대교도들의 존경을 받던 막강한 지도자 솔로몬 벤 아브라함 벤 아드레트는 의학을 제외한 세속의 과학 또는 비유대교 철학을 가르치거나 스물다섯 이전에 공부하려는 유대교도는 누구든 파문하겠다는 칙령을 반포했다. 몽펠리에의 자유주의자들은 아들에게 과학 공부를 금한 유대교도를 파문함으로써 이에 대응했다.[80] 과학 공부에 대한 금지나 과학 공부 금지에 대한 금지 양쪽 다 별다른 영향을 끼치지 못했다. 유대교 청소년들은 도처에서 계속 철학을 공부했기 때문이다 그러나 아드레트와 아셰르가 스페인에서 끼친 막강한 영향력과 박해가 점점 심해져 이제 종교 재판에 회부될지도 모른다는 공포가 유럽 전역으로 확산되자 유대교 공동체들은 다시 민족적 고립뿐만 아니라 지적으로도 고립 상태로 내몰리게 되었다. 유대교도들 사이에서 과학 연구는 쇠퇴했다. 율법 연구가 히브리 학교들을 온전히 지배하게 되었다. 이성을 두고 벌인 무모한 전쟁 후 신학적 공포와 광범위한 적대감에 사로잡힌 유대교도들은 신비주의와 신앙에 푹 빠지게 되었다.

7. 카발라

과학과 철학의 제도(諸島)는 도처에서 신비주의라는 바닷물에 휩쓸렸다. 지성은 희망의 폭을 좁히며, 희망을 기꺼이 품을 수 있는 자는 운이 좋다고 할 수 있을 것이다. 중세의 유대교도들도 이슬람교도 및 그리스도교도들과 마찬가지로 수천 가지의 미신, 기적과 전조로 과장된 역사로 현실을 포장했고, 천사들과 악마들이 득시글거린다고 믿었으며 마술 주문과 부적을 실제로 사용했고, 마녀와 악귀에 관한 이야기로 부모인 자신들뿐만 아니라 자녀들까지 겁을 주었으며, 해몽(解夢)으로 수면에 대한 미스터리를 풀려고 했고 비전(秘傳)을 고대부터 전해 오는 책에 포함시켰다.

유대교 신비주의는 유대교만큼이나 그 역사가 길다. 유대교 신비주의는 빛과 어둠이라는 조로아스터교의 이원론, 창조로부터의 방출이라는 신플라톤주의, 수(數)에 대한 신피타고라스적 신비주의, 시리아 및 이집트에 대한 그노시스주의의 신지학(神智學), 초기 그리스도교의 경외(經外) 성경, 인도, 이슬람, 중세 교회의 시(詩)들 및 비법에서 영향을 받았다. 그러나 그 근원은 유대교의 사고방식과 전통 자체에 있었다. 그리스도 이전부터 유대교도들 사이에서는 창세기와 에스겔서 1장 및 5장에 나오는 천지 창조 이야기에 대한 은밀한 해석이 나돌았다. 미슈나에서는 단 한 명의 믿을 만한 학자에게 남몰래 털어놓는 것을 제외하고 이러한 미스터리를 상술하는 것이 금지되었다. 상상력은 그 날개를 활짝 펼쳐 천지 창조나 아담 이전에 일어난 일이나 세상의 멸망 후에 어떤 일이 일어날지에 관한 이야기를 만들어 냈다. 하느님을 대신하여 천지를 창조한 존재로 로고스(Logos)나 신지(Divine Wisdom)를 내세운 필론의 이론은 이러한 추측의 숭고한 표본이었다. 에세네파(派)는 세상으로 폭로되는 것을 열과 성을 다해 막았던 비밀문서를 보유하고 있었고, 희년서(禧年書)와 같은 히브리어 경외 성경은 신비주의 우주 생성론을 상술해 놓았다. 야훼라는 거룩한 이름에 대하여 미스터리가 만들어졌다. 4자음(이전에는 히브리어에 모음 표기가 없었기 때문에 4자음만 있다고 함. - 옮긴이) —— 테트라그라마톤(Tetragrammaton, 야훼의 4자음 문자. YHWH, YHVH) —— 은 숨은 의미와 기적의 효능을 발휘하고 성숙하고 신중한 자에게만 전달된다는 얘기가 은밀히 오갔다. 아키바는 천지 창조 때 하느님이 사용하신 도구가 토라 또는 모세 오경이었고, 이처럼 신성한 책들에 나오는 모든 단어와 문자는 주술적인 의미와 힘을 지니고 있다고 했다. 바빌로니아의 가온들 중에는 그러한 주술적 힘이 히브리 문자와 천사들의 이름 덕분이라고 주장한 이들도 있었다. 그러한 천사들의 이름을 아는 자는 자연에 존재하는 온갖 힘을 지배할 수 있다고 했다. 학자들은 천사나 악마와 영혼의 동맹을 맺음으로써 습득할 수 있다는 백마술이나 흑마술을 여러모로 활용했다. 마법, 성서점(聖書占), 퇴마술, 부적, 주문 외기, 점, 제비뽑기는 그리스도교도의 삶에서와 마찬가지로 유대교도의 삶에서도 일익을 담당했다. 별도 글자로서, 비법을 전수받은 자만이 읽을 수 있는 하늘의 신비한 글이라 하여 점성술이 지닌 그 모든 경이로움 또한 삶의 중요한 일부분을 차지했다.[81]

서기 1세기 중 어느 땐가 바빌로니아에 『창조의 책』이라는 비전(祕傳)이 등장했다. 예후다 할레비를 비롯하여 열렬한 신비주의 추종자들은 이 책의 저자로 아브라함과 하느님을 지목했다. 이 책은 천지 창조가 열 개의 세피로트(sefiroth, 숫자 혹은 원리)들의 중재를 통해 초래되었다고 가르쳤다. 하느님의 영(靈), 하느님으로부터의 세 가지 방출(공기, 물, 불), 왼쪽을 향하는 세 개의 공간 차원, 오른쪽을 향하는 세 개의 공간 차원이 이를 말한다. 이러한 원리들이 내용을 결정하는 반면 히브리어의 스물두 개의 문자들은 형식을 결정하는데 이를 통하여 인간은 천지 창조를 이해할 수 있는 것이다. 이 책은 사아디아부터 19세기까지 다수의 주석을 끌어냈다.

840년경 바빌로니아의 한 랍비가 이러한 신비주의 학설을 이탈리아의 유대교도들에게 소개했고, 거기서 다시 독일, 프로방스, 스페인으로 확산되었다. 이븐 가비롤도 십중팔구 하느님과 세계 사이의 중간 존재론에 있어서 신비주의 학설의 영향을 받았을 것이다. 포스쿠에레스의 아브라함 벤 다윗은 이러한 "은밀한 전통"을 유대교도들을 마이모니데스의 이성주의로부터 떼어 놓는 수단으로 이용했다. 그의 아들 장님 이삭과 제자 아즈리엘이 아마도 창세기 1장에 관한 신비주의적 주석을 달아 놓은 책 『광명의 서(Sefer-ha-Bahir)』의 공저자였을 것으로 추정된다.(1190년경) 이 책에서는 『세페르 예치라(Sefer Yezira)』에 나온 조물주의 방출이 빛과 지혜와 이성으로 바뀌었고, 이와 같은 3대 로고스가 유대교의 삼위일체로 제시되었다.[82] 보름스의 엘레아자르(1176~1238년)와 아브라함 벤 사무엘 아불라피아(1240~1291년)는 이러한 숨겨진 교의를 탈무드보다 더욱 심오하고 보람찬 연구로 권장했다. 이슬람과 독일의 신비주의자들과 마찬가지로 유대교 신비주의자들 또한 사랑과 결혼에 대한 육감적인 표현을 영혼과 하느님 사이의 관계에 적용했다.

13세기 즈음 전통을 뜻하는 카발라라는 말은 모든 단계와 결과물의 숨겨진 교의를 설명하는 데 널리 쓰이게 되었다. 1295년경 레온의 모세 벤 셈 토브가 카발라교의 세 번째 고전인 『광휘의 서(Sefer ha-Zohar)』를 발표했다. 그는 이 책의 완성을 2세기의 탄나(Tanna, 서기 1, 2세기에 활동했던 유대교 율법학자를 말함-옮긴이) 시몬 벤 요하이의 공으로 돌렸다. 모세에 따르면 시몬은 천사들과 열 개의 세피로트에 영감을 받아 곧 도래할 메시아의 나날들을 위해 아껴 두었던 비밀들을 비전을 읽은 독자들에게 발설하게 되었다고 한다. 조하르에는 카발라의 모든 요소들이 도입되었다. 오로지 사랑을 통해서만 알 수 있는 하느님의 포괄성, 테트라그라마톤, 세계를 형성하는 존재들과 방출들, 대우주 및 소우주에 관한 플라톤 철학의 비유, 메시아가 도래할 날짜와 방법, 영혼의 선재(先在)와 전생, 의식(儀式) 행위·숫자·문자·점·선이 지니는 신비주의적 의미, 암호·이합체(離合體) 시(詩)·역방향 판독의 사용, 성경 내용에 대한 상징적 해석, 여성을 죄악이면서 동시에 창조의 신비를 보여 주는 화신으로 보는 개념. 레온의 모세는 시몬 벤 요하이로 하여금 로마에서 1264년 일식을 언급하게 하고, 13세기 이전에는 알려졌을 리가 없는 개념을 몇 가지 이용하게 함으로써 자신의 명성을 훼손했다. 그는 다수를 속였지만 부인만은 예외였다. 그의 부인이 고백하기를 모세는 시몬을 뛰어난 돈벌이 수단으로 여겼다고 했다.[83] 『광휘의 서』의 성공은 유사한 위작을 초래했고, 추후 어떤 신비주의자들은 자신들의 추정을 모세의 이름으로 발표함으로써 모세가 자신의 위작으로 돈을 벌 수 있게 해 주었다.

카발라의 영향력은 광범위했다. 한동안 조하르는 유대교도들이 가장 선호하는 연구 대상으로 탈무드와 어깨를 나란히 했다. 카발라 연구가들 중에는 한물간 직해(直解)주의 억지라며 탈무드를 공격한 이들이 일부 있었고, 박식한 나흐마니데스를 포함하여 탈무드 학자들 중에도 카발라 학파의 영향을 농후하게 받은 이들이 일부 있었다. 카발라의 신빙성과 신적 영감에 대한 믿음이 유럽의 유대교도들 사이에서 확산되었다.[84] 이로써 과학 및 철학에서 이룬 그들의 노고가 수포로 돌아갔고 마이모니데스의 황금기는 그럴듯한 조하르의 헛소리와 함께 막을 내리고 말았다. 카발라는 심지어 그리스도교 사상가들에게조차 마력을 발휘했다. 라이몬드 룰리(1235?~1315년)는 이를 개작하여 자신의 저서에서 숫자 및 문자 신비주의를 만들어 냈다. 피코 델라 미란돌라(1463~1494년)는 자신이 카발라에서 그리스도의 신성에 관한 최후의 증거를 발견했다고 생각했다.[85] 파라켈수스, 코르넬리우스 아그리파, 로버트 플러드, 헨리 모어, 그 밖의 그리스도교 신비주의자들도 카발라의 추측들을 심심찮게 써먹었고, 요하네스 로이힐린(1455~1522년) 또한 자신의 신학 체계를 위해 카발라를 뒤적였노라고 고백했으며, 야곱 뵈메(1575~1624년)도 카발라의 아이디어들로부터 영향을 받았을 가능성이 농후하다. 신비주의 계시에서 위안을 찾았던 유대교도의 비율이 이슬람교도나 그리스도교도보다 훨씬 높았다면 그것은 이 세상이 그들에게 극도로 적대적이어서 그들로 하여금 목숨을 부지하기 위해 상상력과 욕망으로 짠 망토로 현실을 덮어 버리게 만들었기 때문이다. 하느님이 직접 자신들을 선택했다고 믿어야 하다니 이 얼마나 불행한 사람들인가.

8. 해방

신비주의로 인한 행복감, 메시아에 대한 환멸, 주기적인 박해, 경제생활로 인한 고된 일상을 이어 가고 있던 중세의 유대교도들은 신도가 되어 집단에 소속될 경우 생기는 익명성, 그리고 의식 및 교의가 주는 위안을 현실의 도피처로 삼았다. 그들은 자신들의 역사, 시련, 예전의 영광을 상기시키는 축일들을 경건한 마음으로 기렸으며 한때는 농업 연도를 나누었던 의식들을 도시 생활에 맞게 바꿨다. 사라져 가던 카라이파들은 불을 피우거나 등불을 밝힘으로써 율법을 어기지 않도록 어둡고 추운 곳에서 안식일을 지켰으나, 대부분의 유대교도들은 그리스도교도 친구들이나 하인들을 데리고 와서 불도 계속 지피고 등불도 밝혀 놓았고 랍비들도 이를 눈감아 주었다. 유대인들은 연회를 열 일이 있으면 늘 성대하고 후하게 열었다. 가족은 아들의 할례나 견진성사(堅振聖事), 아들이나 딸의 약혼이나 결혼, 저명한 학자나 친척의 방문, 종교적 축제가 있으면 잔치를 베풀었다. 랍비들이 정한 사치 금지 규정은 그러한 연회의 주최 측으로 하여금 남자는 20명, 여자는 10명, 여자아이는 5명 이상, 모든 일가친척을 통틀어 3대 이상 초대하지 못하게 했다. 결혼 피로연은 일주일이나 지속되는 경우도 가끔 있었으며 안식일조차 결혼 피로연을 중단시키지는 못했다. 신랑과 신부는 장미꽃, 올리브 가지로 만든 화관을 썼으며 둘이 걷게 될 길에는 견과와 밀을 흩뿌려 놓았다. 다산의 의미로 신랑과 신부에게 보리를 던졌고 결혼식의 매 단계에는 노래와 재담이 따랐다. 중세 후기에는 직업적 어릿광대가 고용되어 흥을 돋웠다. 가끔 어릿광대가 무자비할 정도로 정직할 때도 있었지만 거의 언제나 "모든 신부는 아름답다."는 힐렐의 상냥한 판결을 수용했다.[86]

이렇게 구세대는 세대교체를 축하하고 자식들의 자식들을 보고 기뻐하면서 괴롭힘에 시달렸음에도 인자한 노년으로 접어들었다. 우리는 렘브란트의 초상화들에서 그러한 노년을 맞은 유대교도들의 얼굴을 본 바 있다. 민족과 개인의 역사를 고스란히 간직한 이목구비, 지혜를 품고 있는 수염, 처연한 기억이 깃들었지만 관대한 사랑으로 한결 부드러워진 눈. 이슬람교나 그리스도교의 도덕률 중 그 어떤 것도 유대교에 존재하는 구세대와 신세대 상호 간의 애정, 모든 잘못을 눈감아 주는 사랑, 경험을 통해 미성숙한 부분을 조용히 이끌어 주는 미덕, 삶의 막바지에 이른 자가 죽음의 필연성을 품위 있게 받아들이는 모습을 능가하지는 못할 것이다.

유언장을 작성할 때 유대교도는 자손에게 세속의 물건들뿐만 아니라 영적인 조언도 남긴다. 마인츠의 엘레아자르의 유언장에는 다음과 같은 유언이 있다고 한다.(1337년경) "회당에는 항상 가장 먼저 도착할 것, 기도 중에는 말을 삼갈 것, 응창(應唱)할 것, 예배 후에는 친절을 베풀 것." 마지막 가르침은 다음과 같다.

생전에 내가 하던 대로, 안식일마다 회당에 갈 때처럼, 나를 깨끗하게 씻기고 머리를 빗기고 손톱을 깎아 주어 깨끗한 상태로 영면을 취하게 해 줄 것. 내 아버지의 오른편에 나를 묻을 것. 공간이 좁더라도 아버님께서는 그분 옆에 날 위한 자리를 내어 줄 만큼 나를 사랑하실 거라 믿어 의심치 않는다.[87]

마지막 숨을 거두고 나면, 장자 또는 가장 성공한 아들이나 친척이 망자의 두 눈을 감기고 입을 다물게 해 주었다. 시신은 씻은 다음 향이 나는 연고를 바르고 깨끗한 리넨으로 감쌌다. 거의 모든 사람들이 장례 조합에 소속되어 이제는 조합이 시신을 가져다가 보살피고 마지막 의식을 치러 준 다음 무덤까지 동행해 주게 되었다. 장례식을 할 때 관을 나르는 사람들은 맨발로 걸었고, 여자들은 상여 앞에서 가면서 장송곡을 부르고 북을 두드렸다. 운구 행렬을 우연히 마주친 이방인은 누구든 행렬을 따라 무덤까지 동행해야 했다. 보통 관은 죽은 친척들의 무덤 근처에 놓였다. 사람을 매장하는 것은 "선조들 옆에 눕고", "동족과 모이기" 위함이었다. 문상객들은 절망하지 않았다. 개인이 죽어도 이스라엘은 계속 이어질 거라는 사실을 알았기 때문이다.

암흑기

566~1095년

THE AGE OF FAITH

18장   비잔티움 세계
565~1095

1. 헤라클리우스

    우리가 동방과 서방 사이의 끝없는 결투에서 동방 쪽으로부터 고개를 돌리면, 이내 내부의 불화와 사방으로부터 공격해 오는 외세로 인하여 극심한 곤란을 겪은 한 위대한 왕국에 대한 동정심에 휩싸이게 될 것이다. 아바르인과 슬라브족이 다뉴브 강을 건너 황제의 땅과 도시의 소유권을 빼앗고 있었고, 페르시아인은 서아시아를 침략할 준비를 갖추고 있었으며 스페인은 서고트에 넘어갔다. 유스티니아누스 사후 3년 뒤, 롬바르드족은 이탈리아의 절반을 정복했다.(568년) 비잔티움 제국에서는 542년과 566년에 역병이, 569년에는 기근이 휩쓸고 지나갔다. 빈곤, 야만적인 행위, 전쟁은 통신을 두절시키고 상업을 방해하고 문학과 예술을 억압했다.
    유스티니아누스의 계승자들은 유능한 인재들이었지만 그들이 직면한 여러 문제들은 나폴레옹이 백 명쯤은 있어야 제대로 대처할 수 있었을 것이다. 유스티누스 2세(565~578년)는 영토 확장 중인 페르시아에 맞서 맹렬히 싸웠다. 거의 모든 신(神)들이 편애했던 티베리우스 2세(578~582년)는 아주 잠깐 동안 공정한 통치를 한 후 신들이 데려가 버렸다. 마우리키우스(582~602년)는 용맹하고 노련하게 침략해 들어오는 아바르족들을 공격했지만 백성의 지원은 거의 받지 못했다. 수천 명이 여러 수도원으로 들어가 병역을 기피했다. 이에 마우리키우스가 위험이 지나갈 때까지 수도원들로 하여금 새로운 회원을 받지 못하게 하자 수도사들은 그에게 물러나라며 아우성을 쳤다.[1] 백인대장 포카스는 귀족과 궁정을 상대로 군대와 대중을 규합하여 군사 혁명을 일으켰다.(602년) 마우리키우스는 다섯 아들들이 그의 눈앞에서 잔인하게 살해당하자 막내아들의 유모가 자기 아들과 그의 아들을 바꿔치기함으로써 아이를 살리려고 했는데 이마저 거절했다. 그 자신 또한 참수를 당했다. 여섯 개의 머리는 백성들을 위한 구경거리로 매달렸고 시신은 바다에 던져졌다. 황후와 세 딸들, 다수의 귀족들도 살해되었는데 대부분 고문을 당했으며, 재판을 받은 이들도 그렇지 않은 이들도 있었다. 눈이 찔리고 혀가 뽑히고 사지가 절단되었다.[2] 프랑스 혁명의 광경이 다시 한 번 재현된 셈이었다.

호스로우 2세가 이러한 무질서를 틈타 페르시아와 그리스 사이의 오랜 전쟁을 재개했다. 포카스는 아랍인들과 화해한 다음 비잔티움의 병력 전부를 아시아로 이동 배치했다. 페르시아한테 가는 곳마다 패배를 당하는 동안 파죽지세의 아바르인들은 콘스탄티노플의 농경 지역 거의 전부를 점령했다. 수도의 귀족들은 제국과 자신들의 재산을 구해 달라고 아프리카의 그리스 총독인 헤라클리우스에게 호소했다. 그는 자신의 나이가 너무 많다며 둘러대면서 그들에게 아들을 보냈다. 아들 헤라클리우스는 함대를 출항 준비시키고 보스포루스 해협으로 당당하게 들어가 포카스를 전복시키고 이 왕위 강탈자의 훼손된 시신을 대중에게 전시하여 황제로 일컬어지게 되었다.(610년)

헤라클리우스는 칭호와 이름에 걸맞은 인물이었다. 헤라클레스에 맞먹는 정력으로 만신창이가 된 국가를 열심히 재정비했다. 그는 국민의 사기, 군대의 기강, 재원을 재건하는 데 10년을 보냈다. 각 가정의 장자가 병역을 이행한다는 조건으로 농부들에게 토지를 증여했다. 한편 페르시아인들은 예루살렘을 차지하고(614년), 칼케돈까지 진군했다.(615년) 여전히 바다를 지배하고 있던 비잔티움 제국의 해군만이 수도와 유럽을 지켜 냈다. 그 후 얼마 안 가 아바르족 무리가 골든 혼(Golden Horn, 터키 이스탄불의 내항 – 옮긴이)까지 올라와 교외 지역들을 습격하고는 그리스인들 수천 명을 노예로 삼았다. 내륙 지역 및 이집트의 상실로 도시의 곡물 공급이 중단되어 실업 수당을 폐지할 수밖에 없었다.(618년) 절망에 빠진 헤라클리우스는 군대를 카르타고로 보내 이집트를 탈환하려고 했다. 그러나 백성들과 성직자들이 그를 못 가게 했고, 총대주교 세르기우스는 예루살렘 재탈환을 위한 성전에 조달하려던 그리스 교회의 돈을 이자를 받고 그에게 빌려 주었다.[3] 헤라클리우스는 아바르인들과 화해를 하고 마침내(622년) 페르시아에 맞선 원정길에 나섰다.

그 후 펼쳐진 군사 작전들은 구상과 실행에 있어서 가히 걸작이라 불릴 만했다. 6년 동안 헤라클리우스는 전세에서 우위를 점했고 번번이 호스로우를 이겼다. 그가 없는 사이 페르시아의 한 부대와 아바르인, 불가르족, 슬라브인들로 구성된 무리가 콘스탄티노플을 포위했다.(626년) 헤라클리우스가 파견한 부대가 칼케돈에서 페르시아군을 격파하자 총대주교에 의해 각성하게 된 수비대와 시민들이 이 오랑캐 집단을 혼비백산하게 했다. 헤라클리우스는 크테시폰의 성문까지 나아갔다. 호스로우 2세는 패했고 페르시아는 강화를 간청했으며 호스로우가 그리스 제국에서 약탈했던 것을 모두 넘겨주었다. 7년간의 부재 끝에 헤라클리우스는 콘스탄티노플로 개선했다.

그의 노년에 있었던 불미스러운 일은 그에게 가혹한 운명을 안겨 주었다. 병약해진 그는 마지막 남은 힘을 민정 강화에 바치고 있었는데, 이때 흉포한 아랍인들이 갑자기 시리아로 물밀 듯 쏟아져 들어와(634년), 지칠 대로 지친 그리스 군대를 패배시키고 예루살렘을 함락했다.(638년) 이 불운한 황제가 임종을 맞이하는 순간 이집트가 함락되었다.(641년) 페르시아와 비잔티움 제국이 서로 치열하게 싸워 얻은 거라곤 폐허밖에 없었다. 콘스탄스 2세(642~668년) 하에서도 아랍인들의 승전은 계속되었다. 제국을 구하기는 틀렸다고 생각한 콘스탄스는 만년을 서방에서 보내다가 시라쿠사에서 살해당했다. 그의 아들인 콘스탄티누스 4세 포고나투스(Pogonatus, '수염 있는 사나이'라는 뜻 – 옮긴이)는 아버지보다 능력이 더 뛰어났거나 그게 아니라면 운이 좋았던 모양이다. 이슬람교도들이 콘스탄티노플을 빼앗으려 재차 시도했던 혹독한 5년(673~678년) 동안 여기서 최초로 언급되는 "그리스의 불(Greek fire)"이 유럽을 구했다. 시리아의 칼리니쿠스가 발명했다고 알려진 이 신병기는 우리의 화염 방사기와 유사한 것으로 나프타, 생석회, 유황, 역청(瀝靑) 물질의 발화성 혼합물이었다. 이것을 불붙인 화살로 적의 배나 적군에게 던지거나 관을 통해 적에게 날리거나 기름에 적신 아마와 삼이 부착된 쇠공으로 만들어 발사했다. 또는 작은 배에 실어 적의 반대편에 표류시킨 다음 발사하기도 했다. 이 혼합물의 구성은 비잔티움 궁정에 의해 2세기 동안이나 철저히 비밀에 붙여졌다. 이에 관한 정보를 조금이라도 누설하면 반역 및 신성 모독이 되었다. 사라센인들도 마침내 제조법을 알아내어 십자군을 상대로 "사라센의 불"을 사용했다. 화약이 발명되기 전까지 이는 중세에서 가장 큰 관심을 받은 화제였다.

717년 이슬람교도들이 그리스의 수도를 재차 공격했다. 이슬람교라는 기치 아래 모인 8만 명의 아랍인과 페르시아인들이 아비도스의 헬레스폰토스 해협을 건너 후방에서 콘스탄티노플을 포위했다. 이와 동시에 아랍인들이 1800척의 선박으로 구성된 함대의 출항을 마쳤는데 아마도 이보다는 작은 규모였을 것이다. 한 연대기 작자에 따르면 이 함대는 보스포루스 해협에 그늘을 드리우며 들어왔는데 그 모습이 마치 숲이 움직이는 것 같았다고 한다. 이와 같은 위기 상황에서 유능한 장군, "이사우리아인" 레오를 보유하고 있었다는 것은 그리스인들에게 대단한 행운이 아닐 수 없었다. 그는 무능했던 테오도시우스 3세를 대신하여 제위에 올라 방어 편성권을 갖게 된 인물이었다. 그는 비잔티움의 소규모 해군을 노련한 전술을 이용하여 배치하고 모든 함선에 그리스 화약이 충분히 보급되도록 조치해 두었다. 순식간에 아랍의 선박들은 화염에 휩싸였고, 이 대규모 함대에 속한 거의 모든 배는 파괴되었다. 그리스 군대는 포위군을 향해 돌격하여 이슬람교도들을 시리아로 철수시키면서 결정적인 승리를 거두었다.

2. 우상 파괴주의자들: 717~802년

레오 3세는 자신의 이름을 킬리키아에 있는 이사우리아에서 따왔다. 테오파네스에 따르면 레오 3세는 그곳에서 아르메니아인 부모에게서 태어났다. 그의 아버지는 거기서 트라키아로 이사하여 양을 길렀는데 황제 유스티니아누스 2세에게 바치는 선물로 양 500마리를 보내면서 아들 레오를 덤으로 보냈다. 레오는 황궁의 근위병이 되었다가 아나톨리아 군단의 지휘관이 되었고 마침내 군대의 투표에 의해 황제의 자리까지 올랐다. 그는 야망이 크고 의지가 강하며 끈기가 있는 인물이었다. 자신의 병력보다 훨씬 우세했던 이슬람군을 몇 번이고 패배시킨 장군이자 법을 공정하게 집행하고, 세제를 개혁하고 농노제를 축소시키고 농부의 소유권을 확장하고 토지를 나눠 주고 버려진 지역에 다시 사람이 살게 하고 법을 건설적으로 수정함으로써 제국에 안정을 가져다준 정치가였다. 그의 유일한 잘못은 독재 정치를 했다는 것이었다.

아마도 아시아에서 보낸 유년 시절에 이슬람교, 유대교, 마니교, 그리스도 단성론, 파울리키우파(派)로부터 대중 그리스도교의 우상, 의식(儀式) 존중주의, 미신 중독을 비난했던 스토아 철학의 금욕주의적 개념을 흡수했을 것으로 추정된다. 구약 성서에서는(신명기 4장 15절) "남자의 형상이든지, 여자의 형상이든지, 땅 위에 있는 어떤 짐승의 형상이든지, 우상"을 명백하게 금하고 있다. 초기 교회는 이교도의 유물이라며 우상을 못마땅해 했고, 신을 나타낸다고 주장하는 이교도의 조각품들을 공포에 질린 눈으로 바라보았었다. 그러나 콘스탄티누스 대제의 그리스도교 공인과 콘스탄티노플 및 그리스 동부가 받은 그리스적 환경, 전통, 조소술(彫塑術)의 영향은 이러한 반감을 완화시켰다. 숭배의 대상이 된 성인(聖人)들의 수가 크게 증가함에 따라, 이러한 성인들을 식별하고 추모할 필요성 또한 커졌다. 성인들과 마리아의 그림이 대량 제작되었고, 그리스도의 경우에는 상상하여 제작된 그의 형상뿐만 아니라 그가 짊어졌던 십자가까지 숭배의 대상이 되었다. 무지한 서민들의 경우에는 심지어 부적마저 숭배의 대상으로 삼았다. 인간의 자연권이랄 수 있는 상상력은 성물(聖物), 성화, 성상을 경배의 대상으로 둔갑시켜 그러한 사물 앞에 엎드리기도 하고, 입을 맞추기도 하고, 초를 밝혀 놓기도 하고, 향을 피우기도 하고, 화관을 씌우기도 하고, 그러한 사물이 지녔다고 여겨지는 주술적 힘에 기적을 빌기도 했다. 특히 그리스 그리스도교의 경우 어디를 가도 성상이 있었다. 교회, 수도원, 집과 상점, 심지어 가구, 패물, 옷에서도 볼 수 있었다. 역병이나 기근, 전쟁의 위험이 큰 도시들은 인간의 노력보다 보유하고 있는 유물들의 힘이나 수호성인에 더욱 의존하는 경향을 보였다. 신부들과 공의회는 몇 번이고 우상은 하느님이 아니라 하느님을 떠올리게 하는 물건일 뿐이라는 해명에 나서야 했다.[4] 그러나 그러한 구분에 신경 쓰는 사람은 없었다.

레오 3세는 대중 종교의 이러한 도를 넘는 행위를 불쾌하게 여겼다. 그에게는 이단이 이런 식으로 그리스도교를 재정복하고 있는 것처럼 보였고, 이슬람교, 유대교, 그리스도교 종파들이 교회의 일반 대중들을 겨냥한 풍자를 그 자신 또한 통절히 느꼈다. 수도사들이 대중과 궁정에 행사하는 권력을 약화시키고, 네스토리우스 교파와 그리스도 단성론자들의 지지를 얻기 위해 그는 주교들과 원로원 의원들로 구성된 대규모 종교 회의를 소집하여 그들의 동의를 얻어 726년 교회에서 성상을 완전히 없앨 것을 요구하는 칙령을 반포했다. 그리스도와 성모 마리아를 표현한 사물은 금지되었으며, 교회의 벽화에는 회반죽이 덮였다. 고위 성직자들 일부는 이 칙령을 지지했지만 하위 성직자들과 수도사들은 반대했고 대중들은 반발했다. 이 법률을 집행하려는 병사들은 자신들이 믿는 종교의 소중한 상징물의 훼손 때문에 겁에 질리고 격노한 신도들로부터 공격을 받았다. 그리스 및 키클라데스 제도에서는 반군이 경쟁 상대를 황제라 선포하고 수도를 탈취하기 위해 함대를 보냈다. 레오는 이 함대를 멸하고 저항 세력의 주동자들을 투옥시켰다. 이교도식 숭배 방식이 결코 소멸된 적 없는 이탈리아에서 대중들은 거의 만장일치로 위 칙령에 반대했다. 베네찌아, 라벤나, 로마는 황제의 관리들을 추방했고, 교황 그레고리우스 2세가 소집한 서방 교회의 주교 회의는 황제의 이름을 밝히지 않은 채 성상 파괴자들(우상 파괴자들)을 파문했다. 콘스탄티노플의 총대주교가 이러한 반란에 합세하여 동방 정교회의 국가로부터의 독립을 되찾으려 했다. 레오는 총대주교를 해임했지만(730년) 그에게 폭력을 행사하지는 않았다. 레오 황제가 죽자(741년) 칙령의 시행 강도가 누그러져 대부분의 교회들이 프레스코 벽화와 모자이크를 무사히 보유하게 되었다.

레오 3세의 아들 콘스탄티누스 5세(741~775년)는 선친의 정책을 계속 유지하여 적대적인 역사가들로부터 코프로니무스(Copronymus, '똥에서 유래')라는 매우 다정한 별칭을 얻었다. 그가 콘스탄티노플에 소집한 동방 교회 주교들로 구성된 종교 회의(754년)는 우상 숭배를 "추악하다."며 맹렬히 비난하고 그런 식의 숭배를 통해 "사탄이 우상 숭배를 부활시켰다."고 책망하면서 "더러운 손으로 마음으로만 믿어야 할 존재에 형상을 부여한 무지한 예술가"를 고발하고는,[5] 교회 내 모든 우상들을 삭제하거나 파괴하라고 명했다. 콘스탄티누스는 절제나 요령 없이 이 칙령을 시행했다. 그리하여 저항하는 수도사들은 투옥시키고 고문했다. 다시 한 번 눈과 혀가 뽑히고 코가 잘려 나갔다. 총대주교 또한 고문당한 후 참수형에 처해졌다.(767년) 헨리 8세처럼 그 또한 수도원과 수녀원을 폐쇄하고 그 재산을 몰수하고, 보유 건물을 세속적 용도로 전용(轉用)한 다음 수도원의 토지를 자신의 총신들에게 하사했다. 에페소스에서는 제국의 총독이 황제의 승인을 받아 속주의 수도사들과 수녀들을 집합시킨 다음 강제

로 결혼시키고는 이를 거부할 경우 죽였다.[6] 박해는 5년 동안이나 계속되었다.(765~771년)

콘스탄티누스는 아들 레오 4세(775~780년)로부터 성상 파괴 정책을 계승하겠다는 다짐을 받아 냈다. 레오 4세는 나약한 성정에도 불구하고 최선을 다해 약속을 지켰다. 그는 죽어 가면서 열 살짜리 아들인 콘스탄티누스 6세(780~797년)를 황제로 지명하고, 아들이 성인이 될 때까지 미망인인 이레네 여제를 섭정으로 임명했다. 이레네는 유능하면서도 인정사정없는 지도자였다. 국민과 자신의 동성인 여성의 종교심을 측은히 여겨 소리 없이 성상 파괴 칙령의 시행을 종료시키고 수도사들에게 각자의 수도원과 설교단으로 복귀해도 좋다고 허락해 주었고 그리스도교의 고위 성직자들을 소집하여 제2차 니케아 공의회(787년)를 열었는데 여기서 교황 특사의 지휘하에 350명의 주교들이 성상에 대한 (숭배가 아닌) 존경을 그리스도교 신앙심에 대한 합법적인 표현 수단으로 회복시켜 주었다.

790년 콘스탄티누스 6세가 성인이 되었다. 자신의 어머니가 권력 이양을 꺼린다는 사실을 알게 된 콘스탄티누스는 어머니를 폐위시킨 다음 추방했다. 얼마 지나지 않아 이 인정 많은 젊은이의 분노는 가라앉았다. 어머니를 궁정으로 복귀시키고 함께 황제의 권력을 누렸다.(792년) 797년 그녀는 자기 아들을 투옥시키고 눈까지 멀게 한 다음 여제(女帝)의 칭호(basilissa)가 아닌 황제(basileus)라는 칭호하에 제국을 통치했다. 그녀는 5년간 지혜와 수완을 발휘하며 제국을 다스렸다. 세금을 감면해 주고, 빈민층에게 돈을 펑펑 나눠 주고, 자선 기구를 설립하고, 수도를 아름답게 꾸몄다. 제국민들은 그녀를 칭송하고 사랑했지만 군대는 웬만한 남자보다 훨씬 유능한 여자의 지배를 받는 걸 못마땅하게 여겼다. 802년 우상 파괴자들이 들고 일어나 그녀를 폐위시키고 재무 관리였던 니케포루스를 황제로 추대했다. 그녀는 순순히 항복하고 품위 있고 안전한 은신처 하나만 요구했다. 니케포루스는 이를 들어주겠다고 약속했지만 그녀를 레스보스 섬으로 추방하고 침모로 궁색한 삶을 이어 가게 했다. 아홉 달 후 죽은 그녀에게는 돈 한 푼, 친구 한 명 남아 있지 않았다. 그녀가 워낙 독실한 신자였기에 신학자들은 그녀의 죄악을 용서해 주고 교회는 그녀를 성인으로 시성했다.

3. 변화무쌍한 제국: 802~1057년

이 시점에서 비잔티움 문명을 폭넓은 관점으로 보려면 여러 황제들과 일부 여제들의 기록을 보아야 한다. 그들의 음모나 궁정 혁명, 암살에 대한 기록이 아닌 정책 및 법안, 점점 축소되고 있는 제국을 남쪽으로는 이슬람교도들과 슬라브족, 북쪽으로는 불가르족들로부터 수호하려던 장구한 노력에 대한 기록을 보아야 할 것이다. 어떤 면에서 그러한 기록은 영웅적인 그림이 된다. 이런저런 인물들이 나타났다 사라지는 그 모든 유동적인 변화를 겪으면서도 그리스의 유산은 꽤 보존이 잘 되었다. 경제 체제 및 지속성이 유지되었고 문명도 계속 이어졌는데, 마치 페리클레스와 아우구스투스, 디오클레티아누스와 콘스탄티누스가 고대부터 들인 노력이 지속적인 원동력을 제공하는 듯했다. 또 다른 면으로 그러한 기록은 장군들이 죽음을 당한 경쟁 상대를 밟고 올라 황제의 권력을 차지하고 자신 또한 죽음을 당하는 애석한 광경이 되기도 한다. 성대함과 호화로움, 눈알 뽑기와 코 베기, 향(香)과 경건함과 배신, 힘과 신화, 문(文)과 무(武) 둘 중 어느 걸로 제국을 다스려야 할지 그 여부를 놓고 물불 안 가리고 다투는 황제와 총대주교가 나오기도 한다. 따라서 우리는 니케포루스 1세 (802~811년)와 하룬 알 라시드와의 전쟁, 불가르족에 패했다는 이유로 폐위되고 삭발당하여 수도원으로 보내진 미카엘 1세(811~813년), 우상 숭배를 다시 한 번 금지했고 교회에서 성가를 부르는 도중 암살당한 아르메니아인 황제 레오 5세(813~820년), 수녀와 사랑에 빠져 그 수녀와 결혼하게 해 달라고 원로원을 설득했던[7] 문맹 "말더듬이" 미카엘 2세(820~829년), 성상 파괴 박해를 부활시키고 이질로 죽은 입법 개혁가이자 황족 건축가이자 양심적인 행정가였던 테오필루스(829~842년), 유능한 섭정으로(842~856년) 성상 파괴 박해를 종결시켰던 그의 미망인 테오도라, 온화하지만 무능하여 통치권을 처음에는 어머니에게, 어머니가 죽은 후에는 교양 있고 유능한 외삼촌인 카이사르 바르다스에게 넘겼던 "주정뱅이" 미카엘 3세(842~867년)는 넘어가도록 하자. 그러고 나니 돌연 독특하고 전혀 예상치 못했던 인물이 등장하여 폭력을 제외하고 모든 선례를 뒤엎더니 강력한 마케도니아 왕조를 창건했다.

마케도니아인 바실리우스(812년?)는 하드리아노폴리스 근처 아르메니아인 농부 가족의 아들로 태어났다. 어렸을 때 불가르족에게 포로로 잡혀 유년기를 그 당시에는 마케도니아로 불렸던 다뉴브 강 너머에서 보냈다. 25세 되던 해 탈출하여 콘스탄티노플에 당도한 그는 그의 강인한 신체와 큼직한 머리에 감탄한 한 외교관에 의해 마부로 고용되었다. 그는 주인이 사절단으로 파견되어 그리스에 갈 때 동행했고, 그곳에서 부유층 일부와 과부 다니엘리스의 눈에 띄었다. 수도로 돌아온 그는 미카엘 3세의 사나운 말을 길들여 황제의 개인 경호를 맡게 되었고 글을 거의 못 읽었음에도 불구하고 시종장까지 올랐다. 바실리우스는 그 누구보다 편리하고 유능한 사람이었다. 미카엘이 자기 정부(情婦)의 남편감을 구하자 바실리우스는 농부인 아내와 이혼하고 지참금을 넉넉히 주어 트라키아로 보내 버린 다음 에우도키아와 결혼했는데, 그녀는 그 후에도 황제와 계속 만났다.[8] 미카엘은 바실리우스에게도 정부를 제공했으나 이 마케도니아인은 자신이 보상으로 옥좌 정도는 받아야 한다고 생각했다. 그는 바르다스가 황제를 폐위시키려 모의하고 있다고 믿게끔 만들고는 큼지막한 자신의 손으로 직접 바르다스를 죽였다.(866년) 오랫동안 직접 통치하지 않는 황제 노릇에 익숙했던 미카엘은 바실리우스를 공동 황제에 앉히고는 정사(政事)를 모두 그에게 맡겨 버렸다. 곧 바실리우스는 미카엘을 암살하고 단독 황제가 되었다.(867년) 이렇게 해서 노예 상태였으며 범죄를 저지른 농부의 문맹 아들이 모든 비잔티움 왕조 중 가장 오래 지속된 왕조를 창건하고는 19년 동안 이어질 통치를 시작하게 되었다. 그 19년 동안 현명한 입법, 공정한 판단, 재정 보충, 점령 도시에 교회 및 궁전 신축으로 나무랄 데 없는 통치가 이루어졌다. 아무도 그에게 반기를 들지 않았다. 그가 사냥 중 일어난 사고로 죽었을 때 제위는 매우 이례적이게도 그의 아들에게 평화롭게 계승되었다.

레오 6세(886~912년)는 아버지의 부족한 점이 보완된 인물이었다. 박식하고 책을 좋아하며 정적이고 온화했다. 소문에 따르면 그는 바실리우스의 아들이 아니라 미카엘의 아들이라고 했는데 에우도키아도 확실히 몰랐을 것이다. "현제(賢帝)"라는 별칭은 그가 지은 시나, 신학, 행정, 전쟁에 관한 글들이 아니라 지방 행정 및 교회 재정비, 비잔티움 법률의 개정, 세심한 산업 규제로 얻은 것이었다. 학구적인 총대주교 포티우스의 애제자였고 그 자신 또한 독실한 신자였음에도 불구하고, 네 번의 결혼으로 성직자들을 충격에 빠트리고 사람들을 즐겁게 해 주었다. 처음 두 명의 부인들은 그에게 아들을 낳아 주지 못했다. 레오는 제위 계승 전쟁의 유일한 대안이라며 아들을 고집했다. 교회의 도덕 신학은 세 번째 결혼을 금했지만 레오는 완강히 버텼고, 그의 네 번째 부인인 조에는 아들을 하나 낳아 레오의 굳은 결심을 사수해 주었다.

콘스탄티누스 7세(912~958년)는 포르피로게니투스(Porphyrogenitus, 자주색으로 장식된 방에서 태어났다는 뜻)라 불렸는데, 이는 임신한 황후들만 사용할 수 있는 반암(斑巖) 장식이 있는 방에서 태어났으므로 정식으로 황궁에서 태어난 황태자임을 의미했다. 그는 선친의 통치 능력이 아닌 문학적 취향을 물려받았다. 그는 아들을 위해 통치의 기예(技藝)에 관한 책을 두 권 썼다. 한 권은 제국의 속주에 관한 책이었고, 다른 한 권은 황제에게 요구되는 의식 및 예절을 설명한 예식서이다. 그는 농업, 의학, 수의학, 동물학에 관한 저서의 편찬을 지휘했고, 역사가들 및 연대기 작가들로부터 발췌문을 선별하여 "역사가들의 세계사"를 만들어 냈다. 그의 후원하에 비잔티움 문학은 활기는 다소 부족해도 세련된 꽃을 피웠다.

로마누스 2세(958~963년)는 다른 아이들처럼 자기 아버지의 책들을 읽지 않았던 것 같다. 그는 테오파노라는 그리스 여자와 결혼했는데 그녀는 시아버지를 독살하고 로마누스의 죽음을 앞당겼다는 의심을 받았다. 그녀는 스물네 살이었던 남편이 죽기 전 금욕적인 장군 니케포루스 2세 포카스를 유혹했는데, 그는 그녀와 공모하여 제위를 장악했다. 니케포루스는 이미 이슬람교도들을 알레포와 크레타에서 몰아낸 전적이 있었다.(961년) 965년에는 이슬람교도들을 키프로스에서, 968년에는 안티오크에서 재차 몰아냈다. 압바스 왕조를 초토화시킨 것이 바로 이러한 전쟁에서 거둔 승리들 덕이었다. 니케포루스는 이슬람교도에 맞선 전장에서 스러져 간 병사들에게 순교에 따르는 모든 보상 및 포상을 약속해 달라고 총대주교에게 간청했다. 총대주교는 병사들 전원이 자신들이 흘린 피 때문에 일시적으로 더럽혀졌다는 이유를 들어 청을 거절했다. 총대주교가 이에 동의했더라면 십자군 원정은 한 세기 먼저 시작되었을지도 모른다. 니케포루스는 야망을 팽개치고 궁에 은둔하면서 은자처럼 살았다. 수도사처럼 사는 니케포루스에 싫증이 난 테오파노는 장군 요한 치미스케스의 정부가 되었다. 치미스케스는 테오파노와 공모하여 니케포루스를 죽이고(969년) 제위를 빼앗았다. 양심의 가책을 느낀 치미스케스는 테오파노를 추방한 후, 이슬람교도와 슬라브족을 상대로 일시적인 승리를 거두어 자신의 죄를 속죄하려 했다.

그의 후계자는 비잔티움 역사상 가장 강한 인물 중 한 명이었다. 로마누스와 테오파노 사이에서 태어난(958년) 바실리우스 2세는 니케포루스 포카스, 치미스케스와 함께 공동 황제의 직무를 맡았다. 18세의 나이에(976년) 바실리우스 2세는 단독 통치를 시작하여 반세기를 이어 갔다. 이런저런 문제들이 그를 둘러싸고 벌어졌다. 총리대신은 그를 몰아내려고 음모를 꾸몄고, 그가 세금을 물리려던 제후들이 그를 상대로 한 음모에 자금을 댔다. 동부군의 장군이었던 바르다스 스클레루스가 반란을 일으켰다가, 당시 자신의 부대에 의해 황제로 선포되었던 바르다스 포카스에 진압되었다. 이슬람교도들은 치미스케스가 시리아에서 획득했던 지역을 거의 모두 회수하고 있었다. 불가르족은 동과 서에서 제국을 잠식하면서 절정기를 맞이하고 있었다. 바실리우스는 반란을 진압하고, 사라센인들로부터 아르메니아를 탈환하고, 30년 동안 무자비한 전쟁을 치르면서 불가르족의 세력을 말살했다. 1014년 승전 후에는 1만 5000명의 포로들의 눈을 멀게 만들었는데 이 비극적인 무리가 불가르족의 군주인 사무엘에게로 돌아갈 수 있게끔 백 명마다 한 명씩 한쪽 눈을 남겨 두었다. 그리스인들이 그를 불가로크토누스(Bulgaroctonus), 즉 불가르인들 학살자라고 불렀던 것은 십중팔구 존경심보다는 공포심 때문이었을 것이다. 이러한 군사 작전의 와중에도 그는 "빈민층을 희생시켜 부자가 된 자들"에 맞선 전쟁을 치를 짬까지 냈다. 996년 법률로 그는 대규모 토지의 일부를 분할하여 자유 소농 계층의 확산을 장려하려고 했다. 시칠리아에서 사라센인들에 맞설 함대를 이끌려던 때, 죽음이 68세의 그를 기습했다. 헤라클리우스 이후로 제국은 그때만큼 영토를 확장하지 못했고, 유스티니아누스 이후 제국은 그때만큼 강성하지 못했다.

비잔티움은 노쇠한 바실리우스의 형 콘스탄티누스 8세(1025~1028년) 치하에서 다시 쇠퇴 일로를 걷게 되었다. 딸만 셋이라 후손이 없던 콘스탄티누스는 로마누스 아르기루스를 설득하여 오십이 다 된 자신의 장녀 조에와 결혼시켰다. 섭정으로서 조에는 동생 테오도라의 도움을 받으면서 로마누스 3세(1028~1034년), 미카엘 4세(1034~1042년), 미카엘 5세(1042년), 콘스탄티누스 9세(1042~1055년)의 치세기 동안 제국을 다스렸다. 이때보다 제국의 통치가 좋았던 적은 거의 없었다. 이 황실의 자매들은 나라와 교회의 부패 척결에 착수하여 관리들로 하여금 횡령한 재산을 토해 내게 했다. 총리대신이었던 자는 물을 담아 두는 큰 통에 숨겨 두었던 금화 5300파운드(222만 6000달러)를 내놓았고 총대주교인 알렉시스가 죽었을 때는 그의 방에서 은화 10만 파운드(2700만 달러)를 숨겨 놓은 은닉처가 발견되기도 했다.[9] 조에와 테오도라는 최고 재판소의 판관을 맡아 엄격하게 법을 시행했다. 공명정대에 있어서 조에를 능가할 이는 아무도 없었다. 62세에 콘스탄티누스 9세와 결혼했지만 자신의 화장술은 피상적인 매력만을 간신히 보존해 줄 뿐이라는 사실을 알았던 조에는 새 신랑이 정부인 스클레레나를 궁으로 데려와 같이 살 수 있게 해 주었다. 콘스탄티누스는 부인과 정부 사이에 있는 거처를 골랐지만 조에는 그가 혼자 있다는 사실을 확인하지 않고는 절대로 그의 방에 가지 않았다.[10] 조에가 죽자(1050년) 테오도라는 수녀원에 은거했고 콘스탄티누스 9세는 5년 동안 지혜롭고 고상하게 나라를 다스렸다. 그는 측근으로 유능하고 교양 있는 인재들을 뽑아 성 소피아 성당을 다시 꾸미고, 빈민을 위한 병원과 보호소를 지었으며 문학과 예술을 장려했다. 그가 죽었을 때(1055년) 마케도니아 왕조 지지자들은 대중 봉기를 일으켜 수녀원에서 은거하고 있던 테오도라를 데려와, 그녀가 사양했음에도 불구하고 여제로 옹립했다. 4년 동안 테오도라와 그녀의 관리들은 능률적으로 통치했지만 1056년 테오도라가 갑작스럽게 죽자 혼돈이 따랐다. 황실의 귀족들은 미카엘 6세를 황제로 임명했으나 군대는 장군인 이삭 콤네누스를 더 따랐다. 한 번의 전투로 둘의 운명은 갈렸다. 미카엘은 수도사가 되었고 콤네누스는 1057년 황제가 되어 수도에 입성했다. 마케도니아 왕조는 190년 동안의 폭력, 전쟁, 신앙심, 탁월한 통치 끝에 종말을 맞이했다.

　이삭 콤네누스는 2년 후 물러나면서 원로원 의장인 콘스탄티누스 두카스를 후계자로 지명한 다음 수도원에 들어갔다. 콘스탄티누스가 죽자(1067년) 그의 미망인 에우도키아가 4년 간 섭정 노릇을 했으나 전쟁에 대한 요구 때문에 보다 단호한 지도자가 필요해지자 로마누스 4세와 결혼하여 그를 제위에 앉혔다. 로마누스는 만지케르트에서 투르크족에게 패하고 불명예스러운 상태로 콘스탄티노폴에 돌아왔다가 폐위 후 투옥되어 두 눈까지 잃고는 돌보지 않은 상처로 죽었다. 이삭 콤네누스의 조카인 알렉시우스 콤네누스 1세가 제위에 올랐을 때(1081년) 비잔티움 제국은 망하기 직전처럼 보였다. 투르크족이 예루살렘을 점령하고(1076년) 소아시아를 지나 진격 중이었고, 노르만족은 아드리아 해에 있는 비잔티움 제국의 전초 기지들을 공격해 오고 있었다. 이때 황실과 군대는 반역, 무능, 부패, 비겁함으로 휘청거리고 있었다. 알렉시우스는 절묘하고도 용감하게 이러한 상황에 맞섰다. 대리인을 보내 노르만 이탈리아에 혁명을 조장했고, 노르만족과의 전쟁에서 해군 원조를 해 준 대가로 베네찌아에는 상업적 특혜를 주었으며, 군대를 재구축하기 위하여 교회의 재산을 몰수했다. 직접 전장에 나가 피보다는 전략으로 승리를 이끌어 냈다. 이러한 외무 틈틈이 그는 통치 체제를 재정비하고 위태로운 비잔티움 제국의 수명을 100년 더 연장해 주었다. 1095년 지대한 영향을 끼치게 될 외교적 수완을 발휘하여, 그는 그리스도교가 퍼진 동방을 원조해 달라고 서방의 여러 나라에 호소했고, 피아첸차 공의회에서는 이슬람에 맞서 유럽이 단결한 데 대한 답례로 그리스 정교회와 로마 가톨릭교회의 통합을 제안했다. 그의 호소는 다른 여러 요인들과 상호 작용을 일으켜 비잔티움 제국을 구원했다가 파멸로 이끌게 될 매우 극적인 십자군 원정의 첫 걸음을 촉발시켰다.

4. 비잔티움 제국의 삶: 566~1095년

11세기 초, 그리스 제국은 이사우리아 및 마케도니아 왕조의 무기와 통치 수완을 통해 유스티니아누스하에서 권력, 부, 문화의 전성기에 도달했다. 소아시아, 시리아 북부, 키프로스, 로도스 섬, 키클라데스 제도, 크레타 섬은 이슬람 세력에 빼앗겼고, 콘스탄티노플이 지배하던 이탈리아 남부는 다시 한 번 마그나 그라이키아(Magna Grecia, 그리스 정착민들이 식민화한 이탈리아 남부 및 시칠리아 지역을 일컬음 - 옮긴이)가 되었다. 발칸 지역은 불가르족과 슬라브족으로부터 재탈환되었고, 비잔티움의 산업과 상업이 다시 한 번 지중해를 장악하게 되었다. 그리스의 그리스도교는 발칸 지역 및 러시아에서 승리를 거두었고, 그리스의 미술과 문학은 마케도니아 르네상스를 누리고 있었다. 11세기 그리스의 수입은 현재 가치로 따졌을 때 24억 달러에 달했다.[11]

콘스탄티노플은 교역, 부, 호화로움, 아름다움, 세련됨, 예술에 있어서 고대 로마와 알렉산드리아, 당대의 바그다드 및 코르도바를 능가하며 정점에 도달한 참이었다. 이제 인구가 백만에 근접한[12] 콘스탄티노플은 대개가 아시아인이거나 슬라브족이었고 스칸디나비아, 러시아, 이탈리아, 이슬람에서 다양한 인종의 상인들과 병사들이 유입되어 아르메니아인, 카파도키아인, 시리아인, 유대인, 불가르인, 슬라브족과 그리스인 혼혈들도 있었다. 인종 구성의 최정상을 차지하는 그리스인 귀족들은 소수였다. 박공(牔栱)이나 테라스 또는 돔 지붕에 발코니나 로지아(loggia, 한쪽 또는 그 이상의 면이 트여 있는 방이나 복도 - 옮긴이)나 정원 또는 퍼걸러(pergola, 정원에 덩굴 식물이 타고 올라가도록 만들어 놓은 아치형 구조물 - 옮긴이)가 있는 각양각색의 주택들, 전 세계의 상품들이 냄새를 풍기며 가득 메우고 있는 시장들, 다세대 주택과 상점들이 들어선 진흙투성이에 비좁은 수많은 거리들, 위풍당당한 대저택들과 그늘이 드리워진 주랑(柱廊) 현관이 길을 따라 들어서 있고 조각상들이 세워져 있으며, 개선문들이 가로질러 놓여 있고 수비대가 지키고 있는 요새 벽에 난 성문들을 지나 시골까지 쭉 뻗어 있는 도로들, 테오필루스의 트리콘쿠스, 바실리우스 1세의 신축 궁전, 니케포루스 포카스의 부콜레온 황궁 등 대리석 계단을 내려오면 조각한 줄기둥이 있는 마르모라 해의 부두가 나오는 복잡한 궁전들, "1년 365일만큼이나 수많은 교회들"(한 여행가에 따르면)과 그중 보석이 건축에 쓰인 몇몇 교회들, 그리스도교 사상 가장 존경받고 소중한 유물들을 모셔 놓은 제단들, 자랑스러운 성인들도 없이 부끄러운 줄 모르고 으리으리하기만 한 수도원들과 자랑스러운 성인을 모셔 소란스러운 수도원들, 새로이 장식된 후 양초와 등불이 활활 타오르고, 향으로 가득 차고 엄숙한 소작농들로 붐비고, 희망찬 성가 소리가 낭랑하게 울려 퍼지는 성 소피아 성당, 이것이 바로 반은 황금으로 빛나고 반은 진흙투성이인 비잔티움 제국의 수도에서 볼 수 있는 바글바글한 삶의 한 단면이었다. 귀족들과 대상들이 사는 시내 대저택들 안에서, 해변과 내륙에 자리 잡은 별장에서, 이 시대에 구할 수 있었던 사치품이란 사치품은 모두 찾아볼 수 있었다. 셈족의 금기 사항의 제약을 전혀 받지 않는 장식들, 이를테면 다양한 결과 색조의 대리석들, 벽화 및 모자이크들, 조각상과 정교한 도자기 그릇들, 은 막대 위를 미끄러지듯 움직이는 커튼들, 태피스트리와 카펫과 실크들, 은이나 상아 세공을 한 문들, 우아한 조각이 들어간 가구, 은이나 금으로 만든 식기 세트들 등이 있었다. 바로 여기서 비잔티움의 사교계가 돌아갔다. 아름다운 얼굴과 몸매의 남녀들이 알록달록한 실크 옷을 입고 레이스와 모피를 두르고서 우아함, 정사(情事), 파리와 베르사유의 부르봉 왕가의 음모들을 두고 서로 경쟁을 벌였다. 이 시대 여자들보다 화장을 더 잘하고 향수를 더 많이 뿌리고 장신구를 더 많이 달고 머리를 꾸민 여자들은 없었고, 궁정에서는 황후와 공주들의 악취를 없애는 데 필요한 향수를 제조하기 위해 일 년 내내 불을 피워 놓았다.[13] 이때보다 더 화려하게 장식하고 형식을 따진 적도 없을 것이며, 이런저런 행렬, 연회, 구경거리, 게임으로 다채롭고 매사 지켜야 할 의전과 예절이 세세하게 다 정해져 있었던 적도 없을 것이다. 궁정에서뿐만 아니라 대경기장에서도 신분이 높은 귀족들은 가장 좋은 옷과 장신구를 과시했고, 길에서는 그들의 으리으리한 마차가 지나갔는데 지나치게 난폭하게 몰아서 보행하는 빈민 계층의 증오를 샀다. 클라리의 로베르[14]는 콘스탄티노플에는 "전 세계 부의 3분의 2"가 몰려 있다고 했으며, 투델라의 베냐민은 평범한 "거주민들조차 나머지 사람들의 눈에는 황제의 자식처럼 보였다."고 적었다.[15]

12세기의 한 작가는 "콘스탄티노플은 부에서도 나머지 모든 도시를 능가하지만 범죄에 있어서도 마찬가지"라고 썼다.[16] 위대한 도시에 존재하는 모든 죄악은 이곳 콘스탄티노플에서도 자리를 찾아 부자든 가난한 자든 가리지 않고 깃들었다. 똑같은 황실 사람한테서 야만성과 신앙심이 번갈아 나타났고, 사람들은 종교적 필요성의 강도를 부패나 정치 및 전쟁으로 인한 폭력에 맞게 조절할 수 있었다. 하렘이나 관리직에서 환관으로 부리려고 아이를 거세시키고 현재 또는 잠재적인 제위 경쟁자를 암살하거나 눈을 멀게 하는 일은 여러 왕조를 거치고 단조로운 만화경 같이 무미건조한 변화가 이어지는 내내 계속되었다. 인종이나 계급 또는 교리에 의해 분열된 대중들은 변덕스럽고 피에 굶주렸으며, 주기적으로 소요를 일으켰다. 국가가 나눠 주는 빵, 기름, 포도주에 매수되고 경마, 맹수 싸움, 줄타기, 외설 무언극 관람, 거리에서 펼쳐지는 황실 및 교회의 여러 행사들에 정신이 팔려 있었다. 도박장과 술집이 도처에 있었고 매음굴이 거리마다 들어서 있었는데 "다름 아닌 교회 문"이 매음굴인 경우도 있었다.[17] 비잔티움의 여자들은 방탕함과 독실한 신앙심으로 유명했고, 남자들은 기지와 악랄한 야망으로 악명 높았다. 전 계층이 마법, 점성술, 점술, 마술, 요술, 기적의 부적을 믿었다. 로마의 미덕은 라틴어보다 훨씬 이전에 자취를 감추었고 로마 및 그리스의 우수한 자질은 도덕성을 상실하고 입으로만 떠들던 부평초 같은 무수한 동방인 무리의 쇄도에 매몰되었다. 그러나 이처럼 고도로 종교적이고 관능적인 사회에서도 대다수의 남녀는 젊어서는 신나게 즐겼을지 몰라도 곧 가정생활의 기쁨과 슬픔에 정착하여 마지못해 세상사를 수행하는 견실한 시민이었다. 경쟁 상대의 눈을 멀게 했던 황제들이 병원, 고아원, 양로원, 여행객을 위한 무료 숙소에 기부금을 쏟아부었다.[18] 또한 사치와 안락함이 일상처럼 보이는 귀족 사회에도 매수(買收)에 의해 다소 누그러지긴 했어도 열의를 가지고 정무에 열중하여 하루아침에 손바닥 뒤집듯 바뀌는 정세와 음모에도 불구하고, 모든 재앙으로부터 그럭저럭 제국을 구하고 중세 그리스도교 세계에서 가장 번성한 경제를 유지해 낸 자들이 꽤 있었다.

　디오클레티아누스와 콘스탄티누스가 확립한 관료 체제는 7세기가 지나는 동안 효과적인 행정 병기가 되어 제국의 모든 지역에 정착되어 있었다. 헤라클리우스는 속주라는 제국의 예전 분할 방식을 제국의 스트라테고스(strategos), 즉 군사령관이 다스리는 군관구제(軍管區制)로 대체했다. 이는 이슬람의 위협이 바꿔 놓은 비잔티움 제국의 수많은 제도 중 하나에 불과했다. 각 군관구는 상당한 자치권을 보유하고 있었고 이러한 중앙 집권 체제하에서 번성했다. 군관구는 수도를 불안에 떨게 한 갈등과 폭력으로 인한 직접적 압박을 모면한 채 지속적인 질서를 누릴 수 있었다. 콘스탄티노플은 황제, 총대주교, 군중의 통치를 받았고 군관구는 비잔티움의 법률에 따라 통치되었다. 이슬람 세계는 법률과 신학을 혼동했고, 서유럽은 다수의 미개한 관례가 빚은 혼돈 속에서 허우적

대고 있던 반면, 비잔티움 제국은 유스티니아누스의 유산을 소중히 간직하면서 확장시켜 나갔다. 유스티누스 2세와 헤라클리우스의 신법(新法)인『에클로가(Ecloga)』(그리스어로 '발췌'라는 뜻 - 옮긴이), 즉 발췌법은 레오 3세가 반포했고,『바실리카(Basilica)』, 즉 칙령은 레오 6세가 반포했으며, 레오 6세의 신법은 유스티니아누스 법전을 5세기 동안 일어난 변화에 맞게 수정한 것이다. 군사, 교회, 해상, 상(商) 관습, 지방의 법규는 군대와 성직자, 시장과 항구, 농장과 바다에서 법적 판단이 필요할 때 그러한 판단에 질서와 신뢰를 부여해 주었다. 11세기 콘스탄티노플에 있던 법 학교는 세속 그리스도교 세계의 지성의 중심이었다. 이렇게 비잔티움은 로마 최대의 선물, 즉 로마법을 갖은 위험과 변화가 일어난 천 년 동안 보존할 수 있었고, 로마법은 마침내 12세기 볼로냐에서 부활하여 라틴 유럽의 민법과 로마 교회의 교회법에 혁신을 일으켰다. 고대 로도스 섬의 항해 규정에서 발전된 레오 3세의 비잔티움 해상법은 중세 그리스도교 세계 최초의 상법이었다. 이는 11세기에 트라니와 아말피의 이탈리아 공화국들에 존재했던 유사한 법률의 원전이 되었고 그러한 계보를 타고 근대 법률까지 전승되었다.

지방법은 봉건제를 억제하고 자유 소농을 확립하기 위한 훌륭한 시도였다. 소규모 경작지는 퇴역 군인들에게 주어졌고, 그보다 규모가 큰 경작지는 아시아에서 트라키아와 그리스로 유배된 이단 종파들에 의해 식민지화하였다. 이보다 더 규모가 큰 지역에는 외부보다는 제국 내에서 덜 위험한 것으로 판명된 이방인 집단이 당국의 강제나 보호하에 정착했다. 따라서 고트족은 트라키아와 일리리아에서 받아들여 주었고 롬바르드족은 판노니아에서, 슬라브족은 트라키아, 마케도니아, 그리스에서 받아들여 주었다. 10세기까지 펠로폰네소스 반도에는 슬라브족이 대부분이었고, 슬라브족은 아티카와 테살리아에도 그 수가 많았다. 국가와 교회는 노예제를 축소시키기 위해 힘을 모았다. 제국의 법률은 노예 매매나 자유민의 노예화를 금지하고, 입대하거나 성직자가 된 사람 또는 자유인과 결혼한 사람은 자동적으로 해방시켜 주었다. 콘스탄티노플에서 노예 제도는 집안일에만 국한되어 있었지만 매우 번성했다.

그럼에도 불구하고 크기와 접근성에 비하여 규모가 큰 농장이 매입이나 그 밖의 수단을 통해 더 작은 크기의 농지를 끌어들이고, 정기적으로 땅을 사들여 대규모 사유지가 되고 이윽고 부가 편중되었다가 과세나 혁명에 의해 토지가 재분배되고, 부의 편중이 재개되는 것은 역사에 있어서 거의 뉴턴의 만유인력 법칙과도 같다. 10세기까지 비잔티움 제국의 토지 대부분은 광대한 면적 단위로 부유한 지주들(dynatoi, 권력층) 또는 독실한 신자가 땅을 기부한 교회나 수도원 또는 병원들이 소유하고 있었다. 그러한 토지는 법률상 자유의 신분이지만 경제적으로 얽매일 수밖에 없는 소작농(colonus)에 의해 경작되었다. 예속 평민, 경비대, 가사 노예 수행단을 갖춘 소유주들은 별장이나 시내 대저택에서 호화로운 삶을 살았다. 우리는 바실리우스 1세의 후원자였던 다니엘리스 부인에 관한 이야기에서 이러한 위대한 영주들의 선과 악을 볼 수 있다. 다니엘리스 부인이 콘스탄티노플에 있는 바실리우스를 방문할 때 300명의 노예들이 그녀가 파트라스부터 타고 여행한 가마를 번갈아 운반했다. 그녀는 황제가 된 후견인에게 세상 그 어떤 군주가 비잔티움 황제에게 보낸 선물보다도 값비싼 선물을 가지고 갔다. 400명의 청년과 100명의 환관, 그리고 100명의 처녀는 그녀가 보내는 선물의 일부에 불과했다. 선물에는 예술적인 직물 400필, 케임브릭(cambric, 면이나 마로 아주 얇게 만든 흰색 천 - 옮긴이)(그 짜임이 아주 고와서 갈대 마디에도 들어갈 정도였다고 한다.) 100필, 금은으로 만든 식기 세트도 포함되어 있었다. 평생 동안 자신의 재산을 대부분 기부했고 임종 시에는 나머지 재산을 바실리우스의 아들에게 남겼다. 레오 6세는 하루아침에 자신이 여덟 채의 별장과 농장, 다량의 주화와 장신구와 그릇, 값비싼 가구, 부자들이 가지고 있을 법한 물건들, 수많은 소들, 수천 명의 노예들을 상속받았다는 사실을 알게 되었다.[19]

그러한 그리스식 선물이 황제들에게 늘 기쁨만 안겨 준 것은 아니었다. 수백만 명에 달하는 사람들의 피와 땀으로 축적한 재산은 그 재산을 소유한 당사자에게 어떤 군주든 위협을 느낄 정도의 권력을 가져다주었다. 인류애뿐만 아니라 사리사욕 때문에라도 황제들은 그러한 부의 편중 과정을 억지하려고 했다. 927년에서 928년에 걸쳐 이어졌던 혹독한 겨울은 기어코 기근과 역병을 몰고 왔다. 굶주린 농부들은 토지를 터무니없이 낮은 가격에, 또는 그저 생존의 대가로 대지주들에게 팔았다. 934년 섭정 로마누스는 "기근이나 역병보다 더욱 무자비한 모습을 보였다."면서 대지주들을 맹렬히 비난하는 신법을 반포했다. 이 신법은 공정가의 절반 이하에 매입된 부동산은 반환할 것을 요구했고, 모든 판매자는 3년 이내에 자신이 팔았던 땅을 자신이 받았던 값으로 되찾을 수 있다고 허용했다. 이 칙령의 효과는 극히 미미했다. 부의 편중 현상은 계속되었고 더군다나 다수의 자유농민들이 높은 세금을 불평하면서 자신들의 땅을 팔고 도시로, 가능하면 콘스탄티노플로 가서 실업 수당을 받았다. 바실리우스 2세는 이 문제로 인한 황제들과 귀족들 사이의 투쟁을 재개했다. 그가 996년 발표한 칙령은 어느 때든 판매자가 자신의 땅을 당시 판매가에 되찾을 수 있도록 허용했고, 934년 법령을 위반하여 획득한 토지에 대한 소유권을 무효화했으며, 그렇게 획득한 토지는 전 소유주에게 추가 비용을 받지 않고 즉각 반환할 것을 요구했다. 이러한 법령들은 지키는 사람보다 교묘히 빠져나가는 사람이 훨씬 많았고, 비잔티움 제국에서는 11세기 수정된 봉건주의가 산발적이나마 수립되었다. 그러나 황제들의 노력은 헛되지 않았다. 살아남은 자유 소농들은 소유권의 자극을 받아 땅을 농장, 과수원, 포도밭, 양봉장, 목장으로 채웠다. 대지주들은 과학적 농사법을 중세의 최고 수준으로 발전시켰고, 8세기부터 11세기까지 비잔티움의 농업은 비잔티움 산업의 번영과 보조를 맞추었다.

이 시기 비잔티움 제국은 알프스 산맥 북쪽의 라틴 유럽의 시골 분위기와는 전혀 다른 도시적, 반(半)산업적 성격을 획득했다. 광부들과 야금학자들은 활발한 탐구 활동을 벌여 토양에서 납, 철, 구리, 금을 개발했다. 콘스탄티노플뿐만 아니라 스미르나, 타르수스, 에베소, 두라초, 라구사, 파트라스, 코린토스, 테베, 살로니카, 하드리아노폴리스, 헤라클레아, 셀림브리아를 비롯한 비잔티움의 수많은 도시들에서도 무두장이들, 구두 수선공들, 마구 제조인들, 무기 제조자들, 금세공인들, 보석 세공인들, 금속 기술자들, 목수들, 수레바퀴 제조인들, 제빵사들, 염색공들, 직조공들, 도공들, 모자이크 기술자들, 화가들 등이 내는 우렁찬 소리가 울려 퍼지고 있었다. 제조 및 교환의 가마솥이자 동굴로서 9세기의 콘스탄티노플, 바그다드, 코르도바는 부산스러움과 소란스러움에 있어서 현대의 대도시와 맞먹었다. 페르시아와의 경쟁에도 불구하고 그리스의 수도는 여전히 미세 직물 및 실크 생산에서 백인 세계를 주도했다. 이 분야의 2인자는 아르고스, 코린토스, 테베였다. 섬유 산업은 매우 체계화되어 있었고 노예의 노동력에 의존하는 편이었다. 나머지 노동자들은 대개 자유민인 직공들이었다. 콘스탄티노플과 살로니카의 노동자 인구는 계급 의식이 강해서 수차례 반란을 일으켰지만 대부분 실패로 끝났다. 다수의 중산층을 형성한 그들의 고용주들은 소유욕이 강하고 자선을 베풀고, 근면하고, 지적이고, 지독하게 보수적이었다. 노동자, 예술가, 관리자, 상인, 법률가, 금융가들이 포함된 주요 산업들은 시스테마타(systemata), 즉 기업 조합으로 조직되어 있었는데 이는 고대의 콜레기아(collegia)와 아르테스(artes)의 직계이며, 현대의 "협동조합주의 국가"의 대규모 경제 단위와 비슷한 것이었다. 각 기업은 각자의 분야에서 독점권을 보유했지만 구입, 가격, 제조 방법, 판매 조건에 있어서 법규의 엄격한 규제를 받았다. 당국의 조사관들이 운영 및 회계를 늘 감시했으며 때로는 최고 임금이 법으로 책정되기도 했다. 그러나 비주류 산업들은 자유노동자들과 개인 기업에 맡겨졌다. 이러한 방식은 비잔티움 산업에 질서, 번영, 지속성을 부여해 주었지만 진취성과 창의력을 억제했고, 동방처럼 신분 및 삶이 고정되는 경향을 초래했다.[20]

상업은 부두 및 항구에 대한 국가의 유지 또는 감독, 선박 저당 계약에 대한 보험 및 대출의 규제, 해적과의 적극적인 전쟁, 유럽에서 가장 안정적인 화폐에 의해 촉진되었다. 상업 전반에 걸쳐 비잔티움 당국은 광범위한 규제를 시행했다. 특정 수출품을 금지하고 옥수수와 실크의 거래를 독점했으며, 수출입 관세를 부과하고 판매세를 매겼다.[21] 외국 상인들(아르메니아인, 시리아인, 이집트인, 아말피인, 피사 사람, 베네찌아인, 제노바인, 유대인, 러시아인, 카탈로니아인)이 사업의 대부분을 들여와 수도 안에 혹은 수도 근방에 반(半)독립적인 제조업장이나 점포를 차릴 수 있도록 허용하는 바람에 비잔티움은 에게 해 및 흑해 상업의 2인자로 밀려날 뻔 했다. 이자는 허용되었으나 법에 의해 12, 10, 8퍼센트 혹은 그 이하로 제한되었다. 대금업자들은 수없이 많았으며 아마도 환어음을 발전시키고,[22] 13세기 이전 그리스도교 세계에서 가장 광범위한 신용 제도를 체계화한 것은 이탈리아의 대금업자들이 아니라 콘스탄티노플의 대금업자들이었을 것이다.

5. 비잔티움의 르네상스

백성들의 노동과 기술 그리고 부유층의 남아도는 돈으로부터 9세기 및 10세기의 괄목할 만한 문예 부흥기가 찾아왔다. 비잔티움 제국은 멸망하는 날까지 로마 제국이라 불렸지만 로마법을 제외하면 비잔티움 제국에 라틴적 요소라고는 남아 있는 것이 거의 없었다. 헤라클리우스 이후 비잔티움 제국에서 그리스어는 행정, 문학, 예배식 뿐만 아니라 일상에서도 쓰이는 언어가 되었다. 교육은 이제 전부 그리스어로 이루어지게 되었다. 거의 모든 자유민 남자와 다수의 자유민 여자, 그리고 여자보단 훨씬 많은 수의 노예들까지 약간의 교육을 받았다. 학문 전반이 그랬듯 위기에 직면했던 헤라클리우스 시대에 쇠락했던 콘스탄티노플의 학교 또한 카이사르 바르다스(863년)에 의해 회복되었고, 문헌학, 철학, 신학, 천문학, 수학, 생물학, 음악, 문학의 교육 과정으로 평판이 높았으며, 심지어 이교도인 리바니우스와 무신론자인 루키아노스의 글 또한 탐구되었다. 자격을 갖춘 학생들에게 학비는 거의 무료에 가까웠으며 교사들의 보수는 나라에서 지급했다. 공립과 사립을 통틀어 도서관이 수없이 많았고 어수선한 서방 세계에서 잊혔던 고전 걸작들을 여전히 보존하고 있었다.

그리스의 유산이 풍부하게 전수됨으로써 고무적인 면도 있었지만 제약 또한 만만치 않았다. 사고를 명민하고 폭넓게 다듬어 주고 구태의연했던 설교조의 수사법과 신학적 논쟁에서 벗어나게 해 주었다. 그러나 바로 그러한 풍부함이 독창성을 저해했다. 학자보다는 무식한 사람이 독창성을 발휘하기가 더 쉬운 법이다. 비잔티움의 문학은 주로 교양 있고 한가한 부인들과 신사들을 겨냥했다. 우아하고 고상하며 예술적이면서 인공적이고 그리스적이지만 그리스어는 아니었던 비잔티움 문학은 인생의 표면만 다루고 인생의 핵심은 건드리지 않았다. 이 시대의 성직자들은 매우 관대한 편이었지만 자연히 젊은 시절에 형성된 습관을 통해 사고할 수밖에 없었고 정통파의 틀을 벗어나지 않았으며, 우상 파괴자들이 사제들보다 신앙심이 더욱 깊었다.

학문에 있어서는 제2의 알렉산드리아 시대를 맞이했다. 전문가들이 언어와 운율학을 분석했고, 발췌, 개요, 만국사를 썼고 사전, 백과사전, 선집을 편찬했다. 바야흐로(917년) 콘스탄티누스 케팔라스는 『그리스 명시 선집』을 편찬했고, 976년 수이다스는 백과사전적인 사전을 만들었다. 테오파네스(814년경)와 레오 디아코노스(950년 출생)는 자신들이 살았던 시대 또는 그보다 최근의 시대에 대한 귀중한 역사서를 썼다. 아이기나 섬의 바울(615~690년)은 이슬람의 이론 및 실제를 갈레노스와 오리바시우스의 유산과 결합시킨 의학 백과사전을 편찬했다. 이 백과사전은 유방암 수술, 치질, 방광에 도뇨관(導尿管) 삽입, 쇄석술, 거세에 관하여 현대의 용어로 논했다. 바울에 따르면 환관은 뜨거운 물이 담긴 욕조에 있는 어린아이의 고환을 으스러뜨려 만들어졌다고 한다.[23]

이 시대 비잔티움의 뛰어난 과학자는 빈곤한 무명의 교사, 살로니카의 레오(850년경)였다. 어느 칼리프가 그를 바그다드로 초대하기 전까지 콘스탄티노플은 그를 무시했었다. 그의 제자 중 한 명이 전쟁 포로가 되어 이슬람 고관의 노예가 되었는데, 그 고관은 이내 기하학에 대한 이 젊은이의 지식에 경탄하게 되었다. 이 소식을 들은 알 마문은 그 청년으로 하여금 왕실에서 열리는 기하학 문제 토론회에 참석하도록 설득했고, 토론회에서 보여 준 활약에 탄복하여 그가 자신의 스승에 관하여 들려준 이야기를 대단한 호기심을 가지고 듣고는 당장 레오를 바그다드로 불러오게 했다. 레오는 비잔티움의 관리에게 상의했고, 이 관리가 다시 황제 테오필루스에게 상담을 하자, 황제는 황급히 공식 교수직을 수여했다. 레오는 박식가였고 수학, 천문학, 점성학, 의학, 철학을 가르치고 이에 관한 글도 썼다. 알 마문은 레오에게 기하학과 천문학에 관한 문제를 몇 가지 제시했는데 그의 답들을 보고 너무 기쁜 나머지 테오필루스 황제가 한동안 레오를 빌려 준다면 그에게 항구적 평화와 금화 2000파운드를 주겠다고 제안했다. 테오필루스는 이를 거절하고 알 마문이 레오에게 계속 접근하지 못하게 하려고 레오를 살로니카의 주교로 임명했다.[24]

레오, 포티우스, 프셀루스는 이 시대의 출중한 전문가들이었다. 당대 최고의 박식가였던 포티우스(820?~891년)는 6일 만에 평신도를 졸업하여 총대주교가 되어 종교사에 길이 남게 되었다. 미카엘 프셀루스(1018?~1080년)는 세상 물정과 궁정의 생리에 밝은 사람으로 여러 황제 및 황후의 고문을 지냈으며 매사에 빠삭한 상냥한 정통파 볼테르 같은 사람이었지만, 신학에 관한 논쟁이나 궁정 혁명이 끝나고 나서도 감옥에 갇히거나 쫓겨나지는 않았다. 그렇다고 그가 책에만 파묻혀 따분한 생을 살았던 것은 아니다. 콘스탄티노플에서 철학을 가르쳤고 철학자들의 군주라는 칭호를 받았다. 수도원에 들어갔지만 수도원 생활이 너무 평온하다고 생각되어 다시 속세로 나와 1071년부터 1078년까지 총리대신을 역임했고 틈틈이 정치학, 과학, 의학, 문법, 신학, 법학, 음악, 역사에 관한 글을 썼다. 그의 저서 『연대기』는 한 세기 동안의 음모와 추문(976~1078년)을 솔직하고 생생하면서 과장되게 기록했다.(콘스탄티누스 9세를 "프셀루스의 세 치 혀에 좌지우지된다."고 묘사하고 있다.[25]) 프셀루스가 1055년 테오도라를 제위에 복귀시킨 반란에 대하여 설명해 놓은 부분 중 일부를 살펴보자.

각자(군중 속의 병사)는 모두 무장을 했는데 손도끼를 꼭 쥐고 있는 자, 큰 도끼를 들고 있는 자, 활을 든 자, 긴 창을 든 자도 있었다. 무리 중에는 큰 돌을 들고 있는 자도 있었으며 모두 우왕좌왕하며 달려 나갔다. …… 테오도라가 있는 궁궐의 방으로 …… 그러나 예배실에 몸을 숨기고 있던 그녀는 이 모든 함성을 전혀 모르는 체했다. 설득을 포기한 군중이 이번에는 완력을 사용했다. 단도를 잡아 빼어 마치 죽이기라도 할 것처럼 테오도라에게 덤벼들었다. 무엄하게도 그들은 테오도라를 성소로부터 끌어내어 호화로운 예복을 입히고 말에 태워 자신들이 그 주변을 빙 둘러싼 채 성 소피아 성당까지 끌고 갔다. 이제 신분의 높고 낮음을 떠나 모든 백성들이 테오도라에게 경의를 표하더니 그녀를 황제라고 선포했다.[26]

프셀루스의 사적인 편지들도 키케로의 편지들 못지않게 재미있고 흥미로운 사실들을 드러내고 있다. 그의 연설, 운문, 논설은 장안의 화제였고, 그의 악의적인 유머와 치명적인 재치는 지루하고 답답했던 당대 학자들 사이에서 흥미진진한 자극제 역할을 했다. 그와 포티우스와 테오파네스에 비하면 당대 서방의 알퀸, 라바니, 제르베르는 미개한 세계에서 지성인의 국가로 넘어온 소심한 이주민이었다.

비잔티움 르네상스에서 가장 두드러졌던 분야가 바로 예술이었다. 726년부터 842년 사이 우상 파괴 운동으로 신성한 존재를 조각이나 회화로 표현(이쪽이 다소 덜 엄격했다.)하는 것이 금지되었지만, 대신 예술가들이 성서에 관한 주제라는 획일적인 제약에서 벗어나 세속적 삶을 관찰하고, 그리고, 장식하는 쪽으로 관심을 돌릴 수 있었다. 신들은 황제의 일가, 예술가들의 후원자, 역사적인 사건, 숲 속의 동물들, 들판의 식물들과 과일들, 가정생활의 "사소한 일들"에 관한 주제로 대체되었다. 바실리우스 1세는 자신의 왕궁에 네아(Nea), 즉 신축 성당을 지었으며, 당대 사람의 말에 따르면 "모든 것이 이런저런 다양한 모양의 최상품 진주, 황금, 반짝이는 은, 모자이크, 실크, 대리석으로 이리저리 바꾸어 장식되어 있다."고 한다.[27] 성 소피아 성당에서 최근 발견된 장식 중 대부분이 9세기 것이다. 중앙 돔은 지진 후 975년에 재건축되었고, 그 후 그리스도가 무지개에 앉아 있는 뛰어난 모자이크가 들어갔다. 추가 모자이크는 1028년에 제작되었다. 이 거대한 성당은 마치 살아 있는 유기체처럼 부분 부분 죽음과 부활을 반복하면서 생을 이어 왔다. 838년에 세워진 청동 문짝은 그 우수성으로 명성이 자자하여 이와 비슷한 문짝을 로마 성곽 밖에 있던 몬테카시노 수도원, 아말피 대성당, 산 바오로 대성당이 콘스탄티노플에 주문할 정도였다. 1070년 콘스탄티노플에서 제작된 마지막 문짝이 지금까지 살아남아 비잔티움 예술의 산증인이 되어 주고 있다.

네아에 있는 예배실의 황궁 또는 "신성(神聖) 궁"은 방, 접견실, 교회, 목욕탕, 별관, 정원, 회랑, 안마당이 모여 있는 공간으로 나날이 커져만 갔다. 황제마다 거의 예외 없이 뭔가를 추가로 지었기 때문이다. 테오필루스는 트리콘코스(Triconchos)라 알려진 공식 알현실로 신성 궁에 동방적 색채를 가미했는데, 이 이름은 삼면이 후진(後陣, 교회(성당) 건축에서 가장 깊숙이 위치해 있는 부분으로서 내진(內陣) 뒤에, 주 복도에 둘러싸인 반원형 공간 - 옮긴이)으로 되어 있어서 붙은 이름으로 시리아에서 들여온 도면이었다. 트리콘코스 북쪽에는 진주실(Hall of the Pearl)을 지었고, 남쪽에는 일광욕실을 몇 개, 황금으로 만든 지붕에 녹색 대리석으로 만든 기둥이 있고 황금 바닥에는 남녀가 과일을 거둬들이는 모습을 표현한 최상급 모자이크가 제작되어 있는 방인 카밀라스(Kamilas)를 지었다. 이 모자이크조차 녹색의 모자이크 나무들이 황금빛 모자이크 하늘을 배경으로 서 있는 장면이 표현된 벽을 지닌 인접한 방과, 테세라(tessera, 모자이크에서 쓰는 작은 광물 조각 - 옮긴이)가 꽃이 활짝 핀 초원의 효과를 부여해 준 조화(調和)의 방의 바닥에 비하면 초라할 정도였다. 테오필루스는 자신의 별난 취향을 마그나우라 궁전을 통해 극한까지 보여 주었다. 알현실에는 황금빛 플라타너스가 옥좌 위에 드리워 있고 황금빛 새들이 그 나무의 가지와 옥좌 위에 앉아 있으며, 황금빛 그리핀(사자 몸통에 독수리의 머리와 날개를 지닌 신화적 존재 - 옮긴이)이 옥좌의 양편에 놓여 있고 황금빛 사자가 발치에 놓여 있다. 외국의 사절이 배알하면 기계로 작동되는 그리핀들이 일어서고, 기계로 작동되는 사자들이 기립하여 꼬리를 휘두르며 포효했고, 새들은 기계로 작동되는 노래를 부르기 시작했다.[28] 이 모든 것은 바그다드에 있는 하룬 알 라시드의 궁에서 볼 수 있었던 어리석은 행태를 노골적으로 모방한 것이었다.

콘스탄티노플은 상업세와 군관구가 내는 세금으로 아름답게 장식된 거였는데 속주의 수도들에도 약간의 장식을 더할 여력은 충분했다. 다시 부유해진 수도원들은 위용을 뽐냈다. 10세기 아토스에 있던 라브라와 이비론 수도원, 11세기 포키스에 있던 성 루가 수도원, 키오스 섬에 있던 네아 모니 수도원, 엘레우시스 근처의 다프니 수녀원(이 수녀원의 고전적인 모자이크는 비잔티움 중기의 양식을 가장 잘 보여 주는 최고의 예라고 할 수 있다.) 등이 그 예이다. 그루지야, 아르메니아, 소아시아도 비잔티움 양식을 공유했으며 비잔티움 예술의 전초 기지가 되었다. 안티오크의 공공건물들은 이슬람교도의 찬사를 끌어냈다. 예루살렘의 성묘 교회는 헤라클리우스가 여러 차례 승리를 거둔 후 얼마 안 되어 재건되었다. 이집트에서는 아랍 정복 전후, 콥트 그리스도교도들이 크기는 별로 크지 않지만 금속, 상아, 목재, 직물을 이용하여 예술적인 돔형 교회들을 지었는데, 마치 파라오, 프톨레마이오스, 로마, 비잔티움, 이슬람 이집트 때의 그 모든 기교들을 고스란히 물려받아서 가져다 쓴 것 같았다. 우상 파괴 운동으로 인한 박해 때문에 수천 명의 수도사들이 시리아, 소아시아, 콘스탄티노플에서 이탈리아 남부로 몰렸는데, 여기서는 교황의 보호를 받을 수 있었다. 이때 망명한 사람들과 동방의 상인들을 통해 비잔티움의 건축 양식 및 장식 방식이 바리, 오트란토, 베네벤토, 나폴리 심지어 로마에서도 번성했다. 라벤나는 예술에 있어서는 계속 그리스의 전통을 유지했으며, 7세기 클라세의 산 아폴리나리스의 웅장한 모자이크를 탄생시켰다. 살로니카는 비잔티움 양식을 따랐으며, 성 소피아 성당을 엘 그레코의 성인들 못지않게 수척한 모습의 사도들이 등장하는 엄숙한 분위기의 모자이크로 장식했다.

이 모든 지역과 도시들에서도 수도에서처럼 비잔티움 르네상스는 모자이크, 세밀화, 도예, 유약, 유리, 나무, 상아, 청동, 철, 보석, 전 세계가 숭상할 정도의 기교를 발휘하여 짜고 염색하고 장식한 직물로 제작된 걸작들을 배출했다. 비잔티움의 예술가들은 표면에 황금색 나뭇잎, 새들과 인간의 형상이 들어간 청색 유리컵을 만들었다. 이 유리잔의 목 부분에는 유약을 바른 다음 새겨 넣은 아라베스크 무늬와 꽃무늬가 있다. 그 밖의 유리 공예품들도 매우 아름답고 정교하여 비잔티움 황제들이 외국의 통치자들에게 줄 선물로 가장 선호하는 품목이었다. 이보다 선물로서 더욱 가치가 컸던 것은 제작에 비용이 많이 드는 예복, 숄, 코프(cope, 망토 모양의 긴 외투 - 옮긴이), 달마티카(dalmatic, 제의(祭衣)의 일종 - 옮긴이)로 모두 비잔티움의 방직 기술을 드러내는 것이었다. 이에 해당하는 예가 바로 메츠 대성당에 있는 "샤를마뉴 대제의 망토"인데 이를 제작하는 데 쓰인 정교한 실크는 아헨에 있던 관에서 발견된 것이다. 비잔티움 황제를 둘러싸고 있던 위풍당당함의 절반, 총대주교를 승격시켜 준 경외감의 상당 부분, 교회의 의식에서 구세주, 성모 마리아, 순교자들을 감싸고 있던 광채의 일정 부분은 모두 장인들 수십 명의 생애, 수 세기 동안의 기교, 육지와 바다에서 나는 풍부한 염료로 구체화된 화려한 제의 덕분이었다. 비잔티움의 금세공인들과 보석 연마공들은 13세기까지 그 분야에서 최정상의 자리에 있었다. 베네찌아의 성 마르코 대성당의 보고(寶庫)에는 그들의 기교가 빚어낸 성과물들이 그득하다. 현재 파리의 고등 연구소에 있는 놀라울 정도로 사실적인 성 루가 성당의 모자이크도 이 시대 것이다. 성 소피아 성당의 「디시스(Deesis)」에 나오는 눈부시게 빛나는 그리스도의 머리, 1935년 이스탄불의 마케도니아 황제들이 살았던 궁전의 폐허에서 발굴된 약 35제곱미터 이르는 거대한 모자이크도 역시 이 시대 것이다.[29] 우상 파괴주의가 잠잠해졌거나 우상 파괴주의의 손길이 닿지 않은 곳에서 교회들은 나무 위에 템페라로 그린 성화들, 때때로 보석 세공 액자에 넣은 성화로 신앙에 경건함을 더했다. 채색 역사를 통틀어 그 어떤 세밀화도 파리 국립 도서관에 있는 9세기 그레고리 나지아누스의 설교집에 나오는 「에스겔의 환상」을 능가하는 작품은 없다.[30] 바티칸에 소장 중인 메놀로구스(동방 정교회에서 쓰던 기도서) 필사본의 400여 점에 이르는 채색

(1000년경)이나 파리 시편(Paris Psalter)에 나오는 다윗의 그림들(900년경)과 비교해도 이 사실은 달라지지 않는다. 나지아누스의 그림에는 원근법도 음영을 이용한 입체감도 없지만, 그윽하고 감각적인 색채, 생기 넘치는 상상력의 발동, 인체 및 동물의 해부학적 구조에 대한 새로운 지식, 맹수들과 새들, 식물들과 꽃들이 성인들과 신들, 분수, 회랑, 주랑 사이에서 즐거이 노니는 모습(새들은 과일을 쪼아 먹고 곰들이 춤을 추고 수사슴과 황소들이 싸우고, 표범이 불경스러운 다리를 쳐들어 경건한 문구의 첫 자를 거침없이 쓰는 광경)이 있어 그러한 점을 모두 상쇄하고도 남는다.[31]

비잔티움의 도공들은 오래 전부터 유약 바르는 법, 즉 테라코타(점토)나 비금속에 가열하면 생기는 금속 산화물을 바르면 이러한 토대와 결합하여 단단해지고 광택도 생긴다는 사실을 알고 있었다. 이러한 기술은 동방에서 고대 그리스로 전래되었는데, 기원전 3세기에 소멸되었다가 서기 3세기에 다시 등장했다. 비잔티움 중기에는 유약이 풍부하여 초상화, 성화, 십자가, 성(聖)유물함, 컵, 성배, 책 표지, 마구 및 마차의 장식품 등에 두루 쓰였다. 일찍이 6세기에 비잔티움 제국은 페르시아의 사산 왕조로부터 칠보 공예 기술을 전수받았다. 채색한 반죽을 가는 철사나 금속 끈으로 막아 놓은 공간에 붓는다. 비금속에 납땜된 이러한 칠보는 미장(美匠)이 되었다. 비잔티움 칠보 공예의 유명한 예는 콘스탄티누스 포르피로게니투스를 위해 제작되었으며(948년경) 현재는 림부르크에 있는 성유물함이다. 세심하고 성실한 제작 솜씨, 화려하고 호화로운 장식이 비잔티움 시대 특유의 개성을 보여 준다.

비잔티움만큼 예술에서 종교색이 압도적으로 짙었던 적은 없었다. 787년 공의회에서 다음과 같은 법을 규정했다. "그림을 그리는 것은 화가들이 할 일이고 그림의 주제를 정하고 그 과정을 단속하는 일은 성직자들이 할 일이다."[32] 이런 이유로 비잔티움 예술은 엄숙하고 심각하기만 하고 주제의 다양성이 제한되었으며, 방법과 양식에서 단조로움을 면치 못했고 사실주의, 유머, 일상생활에 대한 탐구가 드물게 되었으며, 장식성과 화려함에서는 단연 우위였을지 몰라도 성숙한 고딕 예술이 지니고 있던 활기찬 다양성과 추악한 세속주의에는 도달하지 못했다. 바로 그렇기 때문에 우리는 비잔티움이 거둔 승리와 끼친 영향력에 더욱 경탄해야 한다. 키예프에서 카디즈에 이르는 모든 그리스도교 국가들은 비잔티움의 통솔력을 인정했으며 이를 모방함으로써 비잔티움을 추켜올려 준 셈이었다. 심지어 중국조차 내키지는 않았지만 때때로 비잔티움을 인정했다. 중국은 페르시아와 함께 건축, 모자이크, 이슬람 미술의 장식 문양에 있어서 시리아 양식을 공유했다. 베네찌아는 콘스탄티노플을 본받았고 성 마르코 성당도 콘스탄티노플에 있는 성 사도 교회를 본뜬 것이다. 비잔티움 건축은 프랑스에서도 나타났으며 저 멀리 북쪽의 아헨까지 뻗어 나갔다. 서방에 있는 채색 필사본은 그 어디에 있는 필사본이건 비잔티움의 영향을 받았다. 불가르족은 비잔티움의 신앙과 장식을 이어받았다. 블라디미르가 그리스 정교로 개종하자 비잔티움 예술의 러시아 유입 경로가 활짝 열리게 되었다.

5세기부터 12세기까지 비잔티움 문명은 행정, 외교, 세입, 예의범절, 문화, 예술에서 그리스도교 유럽을 선도했다. 비잔티움처럼 화려하게 장식된 사회나 감각적으로 다채로운 종교가 존재했던 경우는 아마 전무했을 것이다. 다른 모든 문명과 마찬가지로 비잔티움 문명 또한 농노들이나 노예들의 등골에 의존했고, 사원 및 궁전의 황금과 대리석은 땅 위 혹은 땅속에서 뼈 빠지게 일했던 노동자들의 땀방울이었다. 당대 다른 모든 문화처럼 비잔티움 문화도 잔인했다. 성모 마리아 앞에 꿇어앉아 기도를 했던 사람이 아비인 마우리키우스의 눈앞에서 그의 자식들을 죽일 수도 있었다. 민간의 미신, 광신, 문맹에 빠진 대중을 포장하면서 고상한 척하는 귀족들의 겉치장에는 어딘가 천박한 데가 있었다.* 비잔티움 문화의 절반은 그러한 무지를 영속시키는 데 바쳐졌다. 그러한 무지와 대립되는 것이라면 과학도 철학도 허용되지 않았고, 천 년 동안 그리스 문명은 전 세계 인류의 지식에 그 어떤 것도 보태지 못했다. 인류의 흥미를 끌

---

* 669년 동방의 군대인 "테마(theme)"는 삼위일체와 일치되려면 제국에는 동시에 세 명의 황제가 있어야 한다고 주장했다.[33]

거나 세월의 인정을 받은 비잔티움 문학 작품은 단 한 편도 없었다. 물려받은 유산이 지닌 완벽성에 눌리고 죽어 가던 비잔티움이 그리스도의 그리스도교를 잃어버렸던 바로 그 신학의 미로에 갇혀 버린 중세 비잔티움의 사고방식은 인간과 세계에 대한 성숙하고 현실적인 관점에 도달할 수가 없었다. 중세 비잔티움의 사고방식은 모음 하나에 그리스도교를 두 동강 내고 단어 하나에 또다시 그리스도교를 두 동강 내더니 모든 이단에서 반역죄를 찾아냄으로써 동로마 제국을 산산조각내고 말았다.

이 문명이 그토록 오래 지속되었다는 것이 놀라운 데에는 또 다른 이유가 남아 있다. 도대체 어떤 비장의 지략이나 내적인 활력이 있었기에 비잔티움 문명은 페르시아가 시리아에서 여러 차례 승리를 거두고 시리아, 이집트, 시칠리아, 스페인을 이슬람교도들에게 빼앗기고도 살아남을 수 있었던 걸까? 아마도 유물과 기적에 의존함으로써 방어 체제를 약화시켰던 바로 그 종교가 1년 내내 인내하다가도 주기적으로 소요를 일으키는 백성들에게 일종의 질서와 규율을 부여해 주고, 변화를 두려워했던 황제와 국가에 신성한 기운을 불어넣어 주었을 것이다. 집단의 불멸성을 보여 주는 관료제가 모든 전쟁과 혁명 내내 연속성과 안정성을 부여하고 대내 평화를 지켜 주고 경제를 단속하고 세금을 징수해 주었는데, 이 세금 덕분에 황제는 유스티니아누스 시대에 버금갈 정도로 다시 영토를 확장할 수 있었다. 칼리프들이 통치하는 국가들이 비잔티움보다 훨씬 광대했음에도 세입은 더욱 적었다. 이슬람 궁정의 해이, 의사소통 및 행정 기구의 부족으로 인하여 압바스조의 영토는 300년이 지나면서 분해된 반면 비잔티움 제국은 천 년을 버텼다.

비잔티움 문명은 영속에 필수적이었던 기능을 세 가지 수행했다. 천 년 동안 비잔티움 문명은 페르시아 및 이슬람 동부로부터 유럽을 지켜 주는 방어벽 역할을 했다. 1204년 십자군에게 약탈을 당하기 전까지 비잔티움은 고대 그리스의 문학, 과학, 철학을 전수해 준 원문들의 재필사본들을 그대로 보관하여 완전한 상태로 물려주었다. 우상 파괴주의 황제들로부터 망명한 수도사들은 이탈리아 남부로 갈 때 그리스 필사본들을 가지고 갔고, 그곳에서 그리스 학문에 대한 지식을 부활시켰다. 이슬람교와 십자군 모두 멀리했던 비잔티움의 신앙 고백자들은 콘스탄티노플을 떠나 이탈리아에 정착하여 고전의 싹을 틔우는 역할을 맡았다. 따라서 해마다 이탈리아는 그리스를 재발견했고 이탈리아 사람들은 지식의 자유라는 샘물을 원 없이 마음껏 들이킬 수 있었다. 마침내 불가르족과 슬라브족을 미개한 상태에서 그리스도교로 개종시켜 슬라브족의 영육이 지닌 막대한 힘을 유럽의 삶과 운명 속으로 끌어들인 것은 비잔티움 제국이었다.

6. 발칸 지역: 558~1057년

콘스탄티노플 북쪽에서 겨우 몇 백 마일 떨어진 곳에는 학문을 업신여기고 반쯤 전쟁과 사랑에 빠진 사람들이 모여 사는 골칫거리 바다가 있었다. 훈족의 물결이 빠져나가자마자 이들과 혈족인 새로운 민족 아바르족이 러시아 남부를 거쳐 투르케스탄으로 이동하여(558년) 수많은 슬라브족을 노예로 만들고, 엘베 강까지 독일을 침략하여(562년) 롬바르드족을 이탈리아로 내몰고(568년), 발칸 지역을 쑥대밭으로 만들면서 발칸 지역에 사는 라틴어를 말하는 인구는 거의 말살되다시피 했다. 한동안 아바르족의 세력은 발트 해에서 흑해까지 미쳤다. 626년 아바르족이 콘스탄티노플을 포위하여 점령할 뻔했다. 하지만 이때의 실패로 쇠퇴기가 시작되어 805년 아바르족은 샤를마뉴 대제에게 정복당했고 점차 불가르족 및 슬라브족에 흡수되었다.

원래 훈족, 우그리아족, 터키 혈통의 혼혈이었던 불가르족은 러시아에서 훈 제국의 일부를 차지하고 있었다. 아틸라 사후 한 씨족이 현재의 카잔 주변인 볼가 강을 따라 "고대 불가리아"라는 왕국을 세웠다. 수도인 볼가르는 하천 교역으로 부유해졌고 13세기 타타르족에게 멸망당할 때까지 번성했다. 5세기 또 다른 씨족이 남서쪽으로 돈 강 유역까지 이동했다. 이 때 이동했던 부족 중 우티구르족이 다뉴브 강을 건너(679년) 고대 모에시아에 제2 불가리아 왕국을 건설하고, 그곳의 슬라브족을 노예로 만들고 그들의 언어와 제도를 채택했는데 나중에 가서는 슬라브 혈통으로 흡수되었다. 이 신생 국가는 카간 혹은 크룸 칸 치하에서 전성기에 도달했는데(802년), 크룸은 야만인의 용감무쌍함과 문명인의 교활함을 지닌 인물이었다. 그는 동로마 제국의 속주인 마케도니아를 침략하고 금화 1100파운드를 노획하고 현재 불가리아의 수도인 소피아에 해당하는 도시 사르디카를 불태웠다.

황제 니케포루스는 크룸의 수도인 플리스카를 불태움으로써 우위를 점하는 듯 했으나, 크룸은 니케포루스의 군대를 산길에 가둬 격파하고는 니케포루스를 죽여 황제의 해골로 술잔을 만들었다. 813년 크룸은 콘스탄티노플을 포위하고 교외 지역에 불을 지르고 트라키아를 황폐화시켜 1913년에 일어날 사건의 예행연습을 하게 되었다. 크룸은 혈관이 파열되어 죽을 당시에도 또 다른 공격을 준비하고 있었다. 그의 아들인 오무르타그는 트라키아의 절반을 할양한 그리스와 강화를 했다. 보리스 칸(852~888년)하에서 불가리아는 그리스도교를 채택했다. 기나긴 치세 후, 보리스 자신은 수도원에 들어갔다가 4년 후 세상에 나와 장자인 블라디미르를 폐위시키고 셋째 아들인 시메온을 왕위에 앉혔다. 907년에 죽은 보리스는 불가리아 최초의 성인(聖人)으로 시성되었다. 시메온(893~927년)은 당대 최고의 왕이 되었다. 지배 영역을 세르비아 및 아드리아 해까지 확장하고는 자신을 "모든 불가르인과 그리스인들의 황제이자 절대 군주"라 불렀고 비잔티움 제국과 여러 차례 전쟁을 일으켰다. 그러나 그는 그리스 문학을 번역하여 백성들을 교화하고 다뉴브 강 유역의 수도를 그리스 예술로 아름답게 꾸미려고 했다. 한 당대 사람은 프레슬라브를 화려하게 장식된 "높다란 궁전들과 교회들"이 가득한 "경이로운 구경거리"라고 묘사하고 있다. 13세기 프레슬라브는 발칸 지역 최대의 도시가 되었으나 지금은 폐허만 겨우 남아 있다. 시메온 사후 불가리아는 내란으로 약해졌다. 이단인 보고밀파(派)가 소작농의 절반을 평화주의와 공산주의로 전향시켰다. 세르비아는 931년 독립을 되찾았고, 황제 요하네스 치미스케스는 972년 불가리아 동부를 재정복했다. 바실리우스 2세는 1014년 불가리아 서부를 정복했다. 그리하여 불가리아는 다시 비잔티움 제

국의 속주가 되었다.(1018~1186년)

한편 지칠 대로 지쳐 있던 제국은 새로운 야만족 무리의 방문을 받았다.(934~942년) 불가르족과 마찬가지로 마자르인들도 중국 서부 국경 지역을 유랑했던 우그리(Ugri) 또는 이구르(Igurs)(ogre(사람 잡아먹는 도깨비)가 여기서 유래함)라는 포괄적인 명칭에 속하는 여러 부족 중 하나에서 파생되었을 것이다. 오랜 교제를 통해 그들에게도 훈족과 터키인의 피가 섞였다. 그들은 핀족 및 사모예드족의 언어와 매우 비슷한 언어를 썼다. 9세기 그들은 우랄 산맥·카스피 해의 스텝 지대에서 돈 강, 드니에페르 강, 흑해에 인접한 땅으로 이동했다. 그곳에서 여름에는 땅을 갈고 겨울에는 낚시를 했으며, 사계절 내내 슬라브족을 잡아다가 비잔티움에 노예로 내다 팔면서 살았다. 약 60년 후 이들은 우크라이나에서 다시 한 번 서쪽으로 이동했다. 그 당시 유럽의 상황은 최악이었다. 콘스탄티노플의 서쪽에는 강력한 나라가 전무했고 앞길을 가로막는 연합군도 없었다. 889년 마자르족은 베사라비아와 몰다비아를 침략했다. 895년에는 족장 아르파트의 지휘하에 헝가리의 영구 정복에 나섰고, 899년에는 알프스를 넘어 이탈리아로 가서는 파비아와 파비아에 있던 교회 마흔세 개를 모조리 태우고 주민들을 학살한 후, 1년 내내 이탈리아 반도를 유린했다. 마자르족은 판노니아를 정복하고 바바리아를 습격했으며(900~907년) 카린티아를 파괴하고(901년) 모라비아를 장악하고(906년) 작센, 튀링겐, 슈바벤(913년), 독일 남부와 알자스(917년)를 약탈하고, 다뉴브 강의 지류인 레히 강에서 독일인들을 제압했다.(924년) 유럽 전역이 벌벌 떨며 기도했다. 왜냐하면 이들 침략자들이 여전히 이교도였기 때문에 그리스도교 국가 전체의 운이 다한 것처럼 보였기 때문이다. 그러나 933년 마자르족이 고타에서 패배를 당하여 진군이 중단되었다. 943년 마자르족이 다시 한 번 이탈리아를 침략했다. 955년 마자르족은 부르군트를 약탈했다. 그해 마침내 오토 1세의 지휘하에 독일의 연합군이 아우크스부르크 근처 레히펠트, 즉 레흐 강 유역에서 결정적인 승리를 거두었다. 북쪽에서는 노르만족, 남쪽에서는 이슬람교도, 동쪽에서는 마자르족과 싸우느라 끔찍한 한 세기를 보낸 유럽(841~955년)은 폐허 가운데서 한숨 돌릴 수 있었다.

진압된 마자르족이 그리스도교를 받아들임으로써 유럽은 더욱 안전해졌다.(975년) 게자 대공(大公)은 헝가리가 영토 확장에 나선 비잔티움 제국에 흡수될까봐 두려워했다. 그는 서쪽의 평화를 위해 라틴 그리스도교를 택하고 아들인 슈테판을 바바리아의 공작인 하인리히 2세의 딸 기젤라와 결혼시켰다. 슈테판 1세(997~1038년)는 헝가리의 수호성인이자 가장 위대한 왕이 되었다. 그는 마자르족을 독일 봉건제의 방침에 따라 편성하고, 교황 실베스테르 2세로부터 헝가리 왕국과 왕권을 받아들임으로써 새로운 사회의 종교적 토대를 강조했다.(1000년) 베네딕트회 수도사들이 모여들어 수도원과 마을을 건설하고 농업 및 제조업 등 서방의 기술들을 전했다. 이렇게 해서 헝가리는 백 년 동안의 전쟁 끝에 미개한 상태에서 문명으로 넘어갔다. 기젤라 여왕이 독일 친구에게 십자가를 건네주었을 때, 그 십자가는 이미 금세공인의 걸작 미술품이었다.

알려진 곳 중 가장 초창기에 해당하는 슬라브족의 발상지는 키예프, 모길레프, 브레스트 리토프스크에 둘러싸인 러시아의 습지였다. 슬라브족은 인도유럽계 혈통이며 게르만어와 페르시아어 계통 언어를 썼다. 주기적으로 유목민 무리의 침략을 받았고 노예가 되는 일이 잦았으며, 늘 억압받고 궁핍하게 살았던 슬라브족은 끝없는 고난을 겪으면서 인내와 강인함을 갖추게 되었다. 슬라브족 여자들의 다산은 기근, 질병, 상습적인 전쟁으로 인한 높은 사망률을 극복하게 해 주었다. 슬라브족은 동굴이나 진흙 오두막에서 살면서 사냥을 하고 짐승을 몰고 낚시를 하고 양봉을 했고, 벌꿀, 밀랍, 가죽을 팔다가 점차 정착과 농경을 받아들이게 되었다. 자신들 또한 인간이 접근하기 힘든 늪지와 숲 속으로 쫓기다가 짐승처럼 잡혀 무정하게 팔리곤 했던 슬라브족은 당대의 도덕을 채택하여 사람을 재화와 물물 교환했다. 춥고 습한 지역에 살았던 슬라브족은 독한 술로 몸을 따뜻하게 했다. 그렇기 때문에 알코올음료를 금지한 이슬람교보다 그리스도교를 선호했다.[34] 주취, 불결함, 약탈에 대한 열정은 슬라브족의 눈에 띄는 결점이었다. 검약, 조심성, 상상력은 이들에게 선악을 결정하기 힘든 갈등 요인이었다. 그러나 슬라브족은 온순하고 붙임성 있고 사교적이며 시합, 춤, 음악, 노래를 사랑했다. 족장들은 부인을 여럿 두었지만 가난한 사람들은 일부일처를 따랐고, 사거나 잡아 와서 결혼한 여자들은 이상할 정도로 헌신적이고 순종적이었다.[35] 가부장적인 가족은 씨족 및 부족을 이루어 살았으나 그 구분이 엄격한 것은 아니었다. 씨족은 초기 유목 시대에 공동으로 재산을 소유할 수 있었으나[36] 각기 다른 정도의 힘과 능력이 다양한 토양에 투입되어 각기 다른 결과를 산출하는 농업이 발달하면서 사유 재산 또는 가산(家産)이 생겨났다. 이동 및 동족 간 싸움으로 분열이 잦았던 슬라브족은 다양한 슬라브어파를 발전시킬 수밖에 없었다. 서부에서는 폴란드어, 웬드어, 체코어, 슬로바키아어, 남부에서는 슬로베니아어, 세르보 크로아티아어, 불가리아어, 동부에서는 대(大)러시아어, 백(白)러시아어, 소(小)러시아어(루테니아어와 우크라이나어)를 썼다. 그러나 이 언어들 중 어느 하나라도 할 줄 아는 사람이면 나머지도 거의 알아들을 수 있었다. 공간, 자원, 어려운 환경으로 인한 활력, 엄격한 도태, 소박한 음식과 더불어 언어 및 관습의 범슬라브주의로 슬라브족의 확산력이 탄생한 것이다.

게르만족이 남쪽과 서쪽으로 이동하여 이탈리아와 갈리아로 이주하면서 독일 중북부에는 저인구 구역이 생기게 되었다. 이러한 진공 상태에 이끌리고 침략 중인 훈족에 떠밀린 슬라브족은 서쪽으로 비스툴라 강을 건너 엘베 강까지 영역을 넓혀 나갔다. 이때 밟게 된 땅에서 슬라브족이 후에 웬드족, 폴란드인, 체코인, 블라크인, 슬로바키아인이 된 것이다. 6세기 말에 가까워지면서 슬라브족이 대거 그리스의 지방으로 물밀 듯 밀려들었다. 그리스의 도시들은 성문을 닫았지만 강인한 슬라브족의 피는 그리스의 피 속으로 침투하고 말았다.

640년경 같은 슬라브족에 속하는 두 부족인 세르비아족과 크로아티아족이 판노니아와 일리리쿰에 들어가 이곳을 다시 사람이 사는 땅으로 만들었다. 세르비아족은 그리스어를 받아들였고, 크로아티아족은 로마어와 그리스도교를 받아들였다. 종족 및 언어의 단일성을 저해하는 이러한 종교의 분열은 이웃 국가들에 대하여 국력의 약화를 초래했고, 세르비아는 독립 국가와 비잔티움 또는 불가리아의 속국 사이를 오갔다. 989년 세르비아의 황제 요한 블라디미르를 격파하고 함락시킨 불가리아의 차르 사무엘은 그를 자신의 딸 코사라와 결혼시킨 다음 속국의 군주로 만들어 수도인 치타로 돌아가게 해 주었다. 이것이 바로 세르비아 최고(最古)의 소설로 13세기에 씌어진『블라디미르와 코사라』의 주제이다. 고대 달마티아의 해안 도시들인 차라, 스팔라토, 라구사는 라틴어와 라틴 문화를 간직했고 세르비아의 나머지는 슬라브가 되었다. 군주 보이슬라프가 1042년 세르비아를 속국에서 풀어 주었으나 12세기에 또다시 비잔티움 제국의 종주권을 인정했다.

8세기 말 이처럼 놀라웠던 슬라브족의 이동이 완성되자 중유럽 전역과 발칸 지역, 그리고 러시아에는 슬라브족이 인산인해를 이루게 되었고, 이들은 콘스탄티노플, 그리스, 독일의 국경 지역을 호시탐탐 노렸다.

7. 러시아의 탄생: 509~1054년

슬라브족은 러시아의 비옥한 토양, 광활한 스텝 지대, 배가 다닐 수 있는 수많은 하천의 혜택을 누리다가도 독기 품은 늪지와 험악한 숲, 적군의 침략이나 한여름의 뙤약볕이나 한파를 막아 주는 자연 방벽의 부재에 애석해 했던 여러 민족 중 막내에 지나지 않았다. 그나마 사람이 살기 덜 힘든 해안 지역, 즉 흑해의 서쪽 및 북쪽 주변부에 그리스인들이 일찍이 기원전 7세기부터 올비아, 타나이스, 테오도시아, 판티카페움(케르치) 등 수십 개의 마을을 세웠고, 내륙 지역의 스키타이인들과 교역도 하고 전쟁도 치르면서 살았다. 이란 혈통으로 추정되는 이러한 원주민들은 페르시아 및 그리스로부터 문명을 일부 흡수했고 심지어는 아테네에 가서 솔론과 논쟁을 벌이기도 했던 아나카르시스(기원전 600년)라는 철학자까지 배출했다.

기원전 2세기 또 다른 이란 부족인 사르마티아인들이 스키타이인을 정복하고 쫓아냈다. 이러한 혼란의 와중에 그리스의 식민지들은 쇠퇴했다. 서기 2세기에 고트족이 서쪽에서 들어와 동고트 왕국을 세웠는데 이 왕국은 375년경 훈족에 의해 멸망했다. 그 후 수 세기 동안 러시아의 남쪽 평원 지대에는 문명이 들어서지 않았고 불가르족, 아바르족, 슬라브족, 하자르족, 마자르족, 파치나크족, 쿠만족, 몽골족과 같은 유목 민족 무리만 연달아 거쳐 갔다. 하자르족의 기원은 터키이다. 하자르족은 7세기 카프카즈 산맥을 지나 남러시아까지 뻗어 나갔고, 드니에페르 강에서 카스피 해에 이르는 평화로운 영토를 세우고 현재의 아스트라한에 해당하는 볼가 강 어귀에 수도 이틸을 건설했다. 하자르족의 왕들과 상류층은 유대교를 받아들였다. 이슬람교 제국과 그리스도교 제국 사이에 낀 이들은 위험천만하게 한쪽을 택하느니 둘 다의 심기를 거스르는 쪽을 택했을 것이다. 하자르족은 온갖 교리에 모두 자유를 주었다. 7개의 법정이 법을 집행했는데, 2개는 이슬람교도를 위한 법정, 2개는 그리스도교도를 위한 법정, 2개는 유대교도를 위한 법정, 나머지 하나는 비종교인을 위한 법정이었다. 항소는 이슬람 법정으로 할 수 있었는데, 당시에는 이슬람 법정이 최고로 간주되었기 때문이다.[37] 이처럼 개화된 정책 때문에 다양한 종교를 지닌 상인들이 하자르의 마을로 모여들어 발트 해와 카스피 해 사이에 있던 하자르의 마을들에서는 활발한 교역이 발달하게 되었고, 8세기에 수도인 이틸은 세계 최대의 상업 도시 중 하나가 되었다. 9세기 하자르족은 터키 유목 민족의 침략을 받았다. 하자르족은 더 이상 산적과 해적으로부터 교역 경로를 보호할 수 없게 되었다. 10세기 하자르 왕국은 왕국의 출발점이었던 다민족 혼돈의 상태가 되어 차츰 사라져 갔다.

6세기에 남러시아 및 중앙러시아에 형성된 뒤범벅판으로 카르파티아 산맥으로부터 슬라브 부족들이 이동해 왔다. 이들은 드니에페르 강과 돈 강 유역에 정착하여 북쪽에 있는 일멘 호(湖)까지 드문드문 뻗어 나갔다. 수 세기 동안 그 수가 크게 증가한 이들은 해마다 숲을 개척하고 늪을 말리고 야수를 죽이며 살다가 우크라이나를 이루었다. 인간의 번식력이 극에 달했던 이때 이들은 평원 지대로 널리 퍼졌는데, 이 점에 있어서 이들을 앞선 것은 힌두교도들과 중국인들밖에 없었다. 알려진 역사를 통틀어 슬라브 부족들은 행군을 멈춘 적이 없었다. 카프카즈 산악 지역과 투르케스탄으로, 우랄 산맥과 시베리아로 나아가고 또 나아갔다. 이러한 이주 과정은 오늘날까지 계속되고 있으며, 슬라브 부족의 인해(人海)는 매년 새로운 만(灣)에 자리를 잡고 있다.

9세기 초 슬라브족의 영역은 북서쪽으로부터 아주 사소한 공격을 받았다. 스칸디나비아 바이킹들이 스코틀랜드, 아이슬란드, 잉글랜드, 독일, 프랑스, 스페인을 공격하고도 인력과 정력이 남아 100~200명으로 구성된 무리를 러시아 북부로 내보내 발트족, 핀족, 슬라브족 마을들을 약탈하게 했고, 그러면 이들은 노획물을 가지고 돌아왔다. 자신들의 노략질을 안정적으로 보호하기 위하여 이러한 베링야르(Vaeringjar) 또는 바랑기아(Varangia)(족장의 추종자들)들은 자신들이 지나는 경로에 요새화한 주둔지를 세웠는데, 그러는 과정에서 점차 종속국의 소작농을 지배하는 무장한 상인들로 구성된 소수의 스칸디나비아인 집단으로 정착해 나갔다. 사회 질서와 안전의 수호자로 이들을 고용하는 마을들도 있었는데 보아하니 이들 수호자들은 자신들이 받던 보수를 공물로 바꿔 놓고 그 보수를 주던 고용주의 주인이 된 것이 틀림없었다.[38] 9세기 중반 이들은 노브고로드(Novgorod)('새 요새')를 지배하고 있었고, 이들의 지배 영역은 저 멀리 남쪽의 키예프까지 확장되어 있었다. 이들이 좌지우지했던 경로들과 부락들은 대략 그 유래에 대한 의견이 분분한 명칭인 로스(Ros) 또는 루스(Rus)라 불리는 하나의 상업 및 정치 왕국으로 묶여 있었다. 이 왕국의 영토를 가로지르는 큰 강들은 운하들과 단거리 육로를 통해 발트 해와 흑해로 이어졌고 이는 바랑기아의 교역 및 세력의 남진을 초래했다. 얼마 안 가 이 겁 없는 상인 전사들은 콘스탄티노플에서 재화와 용역을 팔고 있었다. 드니에페르 강, 볼호프 강, 서(西)드비나 강에서의 상업이 점점 정기적인 성격을 띠자 이슬람 상인들이 바그다드와 비잔티움 제국에서 올라와 향신료, 포도주, 실크, 보석을 모피,

호박(琥珀), 꿀, 밀랍, 노예와 거래했다. 이런 이유로 이슬람 및 비잔티움의 주화들이 대량 위의 강들을 따라 발견되었는데 심지어 스칸디나비아에서 발견된 적도 있다. 이슬람이 동(東)지중해를 장악하고 있어 유럽의 생산물이 프랑스와 이탈리아의 판로를 거쳐 레반트의 항구들로 유입되지 못하게 됨에 따라 9세기 및 10세기에 마르세유, 제노바, 피사는 쇠락의 길을 걸었고 반면 노브고로드, 스몰렌스크, 체르니고프, 키예프, 로스토프 같은 러시아의 도시들은 스칸디나비아, 슬라브, 이슬람, 비잔티움 무역을 통해 번영을 이룩했다.

러시아의 『고대 연대기』(12세기)는 "세 왕자 이야기"로 스칸디나비아의 이러한 침투에 개성을 부여했다. 바랑기아 지배자들을 몰아낸 노브고로드 및 인접 도시의 핀란드 및 슬라브족 주민들은 자기들끼리의 싸움이 너무 빈번해지자 바랑기아인들에게 통치자나 장군을 한 명 보내 달라고 요청했다.(862년) 이야기에 따르면 류리크, 시네우스, 트루보르, 이렇게 3형제가 와서 러시아를 세웠다고 한다. 후세의 회의론에도 불구하고 이 이야기는 사실일 수도 있고 어쩌면 스칸디나비아의 노브고로드 정복을 애국으로 포장한 것일 수도 있다.『연대기』는 나아가 류리크가 보좌관인 아스콜트와 디르를 보내 콘스탄티노플을 장악했고, 이 바이킹들이 도중에 키예프를 함락시킨 다음 류리크와 하자르 모두로부터 독립을 선언했다고 이야기하고 있다. 860년 키예프는 범선 200척으로 구성한 함대를 보내 콘스탄티노플을 공격할 수 있을 정도로 막강해졌다. 원정은 실패했지만 키예프는 여전히 러시아의 상업적, 정치적 중심으로 남았다. 키예프는 자력으로 광활한 내륙을 획득했으니 노브고로드의 류리크보다는 아스콜트, 올레그, 이고르 같은 초기 통치자들이 러시아의 건국자들이란 호칭에 더 걸맞을 것이다. 올레그, 이고르, 그리고 유능한 왕비 올가(이고르의 미망인)와 그녀의 전사 아들 스뱌토슬라프(962~972년)는 키예프의 영토를 확장시켜 급기야 슬라브 동부의 거의 모든 부족들과 폴로츠크, 스몰렌스크, 체르니고프, 로스토프의 도시들까지 아우르게 되었다. 860년부터 1043년 사이 이 신생 공국은 여섯 차례나 콘스탄티노플을 점령하려고 했다. 보스포루스 해협을 향한 러시아의 투지는 지중해로의 안전한 접근 경로에 대한 갈망만큼이나 그 역사가 오래되었다.

자칭 루스(Rus)라는 이 신생 공국 키예프의 제5대 대공 블라디미르(972~1015년)는 그리스도교도가 되었다.(989년) 블라디미르는 바실리우스 2세의 누이와 결혼했고 그 후 1917년까지 러시아는 종교, 문자, 주화, 예술에 있어서 비잔티움 제국의 속국이었다. 비잔티움의 사제들은 블라디미르에게 왕들의 신성(神性)과 권리, 그리고 사회 질서 및 군주제의 안정을 촉진하는 데 있어서 이러한 교리가 지니는 효용성에 대하여 설명해 주었다.[39] 블라디미르의 아들인 야로슬라프(1036~1054년) 치하에서 키예프는 전성기에 도달했다. 공국의 지휘권은 느슨하긴 하지만 하나의 국가로 인정받았고, 라도가 호(湖) 및 발트 해에서 카스피 해, 카프카즈 산악 지역, 흑해에 이르는 지역으로부터 세금도 받았다. 스칸디나비아의 침략자들은 흡수되었고 슬라브의 혈통과 언어가 보급되었다. 사회 조직은 노골적으로 귀족 위주였다. 대공은 행정 및 국방의 임무를 보야르(boyar, 10~17세기 러시아 봉건 귀족의 최상층을 일컫는 말 - 옮긴이)와 가신을 뜻하는 디에츠키(dietski) 또는 오트로키(otroki)라는 그보다 낮은 계급의 귀족에게 위임했다. 그 아래 계급은 차례대로 상인들, 일반 주민, 반(半)노예 농민, 노예였다.『러시아인의 권리』라는 법전은 사적인 복수, 결투형(刑), 면책 선서를 허가했지만 열두 명의 주민으로 구성된 배심원단에 의한 재판 제도를 설립했다.[40] 블라디미르가 키예프에, 야로슬라프가 노브고로드에 남(男)학교를 각각 하나씩 세웠다. 볼호프 강, 드비나 강, 드니에페르 강 하류에서 온 배들의 교차점이었던 키예프는 지나가는 모든 상품에 대하여 통행료를 징수했다. 얼마 안 가 키예프는 교회 400개와 비잔티움 양식의 대성당(제2의 성 소피아)을 하나 지을 정도로 부유해졌다. 그리스의 예술가들을 들여와 이러한 건물들을 모자이크, 프레스코, 그 밖의 비잔티움 장식물들로 꾸미게 했다. 그리스 음악이 들어와 러시아 합창곡의 대성공을 위한 포석을 깔아 놓았다. 러시아는 점차 먼지와 흙을 딛고 일어서 군주를 위한 궁전을 짓고, 진흙 오두막 위로 둥근 지붕을 올렸고, 백성들의 한없는 인내를 기반으로 여전히 야만적인 바다에 문명의 작은 섬을 건설했다.

THE AGE OF FAITH

19장

서방의 몰락
566~1066

이슬람은 진군하고 비잔티움은 표면적인 치명타에서 슬슬 회복하면서 유럽은 "암흑시대"에서 빠져나오고자 분투하고 있었다. 암흑시대라는 말은 사실 포괄적인 말로, 누구든 자신의 편향에 따라 정의 내릴 수 있을 것이다. 그러나 여기서는 암흑시대를 524년 보에티우스의 사망과 1079년 아벨라르 탄생 사이의 비잔티움 이외 유럽으로 임의 한정하기로 하자. 영토와 위신을 크게 잃기는 했지만 비잔티움 문명은 이 시기에도 계속 번성해 나갔다. 그러나 6세기의 서유럽은 정복, 분열, 재야만인화로 혼돈 그 자체였다. 이 시대에 살아남은 고전 문화의 대부분은 몇 개 안 되는 수도원들과 가문들이 쉬쉬하며 숨겨 온 것이었다. 그러나 이 시기에 와해된 사회 질서의 물리적, 심리적 토대가 복구되기까지는 수 세기가 흘러야 했다. 문자 애호, 예술을 향한 헌신, 문화의 통일과 지속, 지성인들 사이의 상호 교류는 전쟁으로 인한 격변, 운송 수단이 지닌 위험성, 빈곤 경제, 토속어의 성행, 동방에서의 라틴어 소멸 및 서방에서의 그리스어 소멸 앞에서 무릎을 꿇었다. 9세기 및 10세기 이슬람의 지중해 장악, 노르만족, 마자르족, 사라센족의 유럽 해안 지역 및 도시 약탈은 이러한 생활 및 방어 체제의 지역적 편협성, 사고 및 언어의 원시성을 가속화했다. 독일과 동유럽은 대규모 이주로 대혼란을 겪었고, 스칸디나비아는 해적들의 소굴이었으며, 영국에는 앵글로족, 색슨족, 주트족과 데인족이 들끓었으며 갈리아에는 프랑크족, 노르만족, 부르군트족, 고트족이 판을 쳤고, 스페인은 서고트족과 무어인들이 서로 갖겠다고 아귀다툼을 벌이고 있었다. 이탈리아는 고트족과 비잔티움 사이의 오랜 전쟁으로 산산조각 나버려, 한때는 세상의 절반을 호령했던 영토가 500년 동안 도덕, 경제, 통치의 분열에 시달려야 했다.

그토록 기나긴 암흑의 와중에도 간간이 샤를마뉴, 알프레드, 오토 1세 같은 왕들이 나타나 프랑스, 잉글랜드, 독일을 바로잡고 자극을 주었다. 에리게나는 철학을 부활시켰고, 알퀸 외 몇몇은 교육을 되돌려 놓았으며, 제르베르는 이슬람 과학을 그리스도교 국가로 들여왔고, 레오 9세와 그레고리우스 7세는 교회를 개혁하고 강화시켰으며, 건축에서는 로마네스크 양식이 전개되었다. 유럽은 11세기에 중세 중 가장 위대한 시기였던 12세기와 13세기로의 느린 발걸음을 딛기 시작했다.

1. 이탈리아: 566~1095년

1. 롬바르드족: 568~774년

유스티니아누스 1세가 죽고 3년 뒤, 비잔티움 제국은 롬바르드족의 침략으로 이탈리아 북부에서 사라지고 말았다. 롬바르드족의 일원이었던 파울루스 디아코노스는 롬바르드족 또는 롱고바르디족(Longobardi)의 이름이 그들의 기다란 턱수염에 기인한다고 여겼다.[1] 그들은 자신들의 발상지가 스칸디나비아였다고 믿었고,[2] 따라서 그들의 후손인 단테(Dante)는[3] 롬바르드족을 돈호

법(頓呼法)으로 불렸다.⁴ 오늘날 우리는 그들을 1세기에는 엘베 강 하류에서, 6세기에는 다뉴브 강에서 찾을 수 있다. 다뉴브 강으로 말할 것 같으면 나르세스 장군이 552년 롬바르드족을 물리치기 위한 작전에서 이용했던 곳이다. 나르세스 장군은 승리 후 판노니아(유럽 중부, 다뉴브 강 남쪽 및 서쪽의 옛 지방. 고대 로마의 속주. 현재는 대부분 헝가리와 유고슬라비아에 포함되어 있다. - 옮긴이)로 소환되었지만 죽을 때까지 비옥한 이탈리아 북부가 지닌 아름다움을 잊지 않았다. 568년 아바르족이 북쪽과 동쪽으로 압박해 오자, 13만 명의 롬바르드족(남자와 여자, 아이들 그리고 그들이 가지고 있던 짐까지)은 힘겹게 알프스를 넘어 무성한 포(Po) 평원, "롬바르디아"로 이동했다. 이들을 저지할 수도 있었던 나르세스 장군은 1년 전 해임되어 실각당한 처지였다. 비잔티움은 아바르인과 페르시아인 때문에 정신이 없었고, 고트족과의 전쟁으로 기진맥진했던 이탈리아는 싸울 용기도, 대신 나서서 용감하게 싸워 줄 용병에게 줄 돈도 없었다. 롬바르드족은 573년까지 베로나, 밀라노, 피렌체, 그리고 수도가 된 파비아를 장악했다. 601년에는 파두아를 603년에는 크레모나와 만투아를, 640년에는 제노바를 차지했다. 롬바르드 최강의 왕, 리우트프란트(712~744년)는 이탈리아 동부에서는 라벤나를, 중부에서는 스폴레토를, 남쪽에서는 베네벤토를 장악한 다음 이탈리아 전체를 자신의 지배하에 통일하려는 뜻을 품고 있었다. 교황 그레고리우스 3세는 교황이라는 자신의 지위를 포기하고 가만히 앉아 롬바르드의 주교가 될 수는 없었다. 그는 아직 정복되지 않았으며 비잔티움을 위해 라벤나를 탈환한 베네찌아인들에게 도움을 청했다. 리우트프란트는 이탈리아 중북부에 고트의 테오도리크 이후 최고의 정부랄 수 있는 정부를 선사하는 선에서 만족할 수밖에 없었다. 테오도리크와 마찬가지로 리우트프란트 또한 글을 읽을 수 없었다.⁵

롬바르드족은 점차 문명을 발전시켜 나갔다. 왕은 선출되었고 귀족 회의로부터 자문을 받았으며, 보통 자신의 법안을 전원 징병 연령에 이른 자유인 남성으로 구성된 대중 의회에 제안했다. 라타리 왕은 원시적이면서 동시에 고차원적이기도 한 법전을 공포했다.(643년) 이 법전에서는 살인을 돈으로 보상하는 것을 허용했고 부자에 대하여 빈자를 보호해야 한다고 제안했으며, 마법에 대한 믿음을 비웃었고 가톨릭교도와 아리우스파, 이교도 모두에게 종교의 자유를 주었다.[6] 종족 간 결혼으로 게르만 침략군들은 이탈리아의 혈통으로 흡수되었고 라틴어도 배울 수 있었다. 롬바르드족은 푸른 눈, 금발, 이탈리아어에 존재하는 몇몇 게르만 단어를 통해 자신들의 특징을 곳곳에 남겼다. 법률 제정으로 정복의 후폭풍이 잠잠해지자 포(Po) 계곡의 특성에 적합한 상업이 재개되었다. 롬바르드 시대가 끝날 때쯤엔 이탈리아 북부의 여러 도시들이 부유하고 강성해져서 중세 절정기의 예술 및 전쟁을 맞을 준비가 되어 있었다. 문학은 휘청거렸다. 이 시대 및 왕국에서 시간을 이기고 살아남은 중요한 책은 단 한 권, 파울루스 디아코노스의『롬바르드족의 역사』(748년경)밖에 없다. 그러나 이 책은 지루하고 편집이 산만한데다 철학적 흥미가 전혀 느껴지지 않는다. 그럼에도 롬바르디아는 건축과 재정(財政)에 그 이름을 남겼다. 건축에서는 옛날 롬바르디아의 로마식 구조와 기술 중 일부를 오늘날까지 이용하고 있다. "코모의 거장들"이라는 사람들은 이후 로마네스크 양식으로 무르익게 될 롬바르드 건축 양식을 혼합하는 데 선도적인 역할을 해 왔다.

리우트프란트 이후 한 세대 만에 롬바르드 왕국은 바위처럼 단단한 교황의 권력 앞에 무릎을 꿇었다. 아이스툴프 왕은 751년 라벤나를 점령했고 비잔티움 총독의 지배권을 종식시켰다. 로마 공국(公國)은 법률상 총독의 지배를 받았지만 아이스툴프는 로마가 자신의 확장된 영역에 속한다고 주장했다. 교황 스테파노 2세는 콘스탄티누스 5세에게 도움을 요청했고, 이 비잔티움의 황제는 아이스툴프에게 별 효력 없는 문서를 보냈다. 성과를 찾아 끊임없이 움직이던 스테파노 교황은 프랑크의 피핀 단신(短身) 왕에게 간청했다. 제국의 기미를 감지한 피핀은 알프스를 건너 아이스툴프를 제압하여 롬바르디아를 프랑크의 영지로 만든 다음 교황에게 이탈리아 중부를 몽땅 바쳤다. 교황들은 비잔티움 황제들의 형식적인 종주권은 계속 인정해 주었지만 비잔티움의 지휘권은 이제 이탈리아 북부에서 끝난 셈이었다. 롬바르드의 봉신인 데시데리우스 왕이 롬바르디아의 독립과 정복지를 되찾으려고 하자 교황 하드리아누스 1세는 새로운 프랑크족을 소환했다. 그 새로운 프랑크족이 바로 샤를마뉴였고, 샤를마뉴는 파비아를 급습하여 데시데리우스를 수도원으로 보내 버리고 롬바르드 왕국을 끝장 낸 다음 이를 프랑크의 속주로 만들어 버렸다.(774년)

2. 이탈리아의 노르만족: 1036~1085년

이탈리아는 앞으로 오랫동안 분열과 외세의 통치를 겪게 되는데 여기서 천년 동안의 격변을 연대순으로 일일이 기록하지는 않겠다. 1036년 노르만족은 비잔티움으로부터 이탈리아 남부를 빼앗아 정복하기 시작했다. 노르망디의 영주들은 근대 프랑스에서와 마찬가지로 영토를 모든 아들들에게 똑같이 물려주는 관습이 있었으나, 그러한 법률로 인하여 가문이 여러 갈래로 나뉘었던 프랑스에서와 달리 중세 노르망디에서는 소규모 경작지가 생겨나게 되었다. 평화로운 빈곤을 택할 의향은 전혀 없이 모험에 대한 열정과 아직 식지 않은 바이킹 시절의 약탈에 대한 기억을 품고 있던 원기 왕성한 노르만족 일부는 이탈리아 남부의 라이벌 군주들의 용병이 되어 베네벤토, 살레르노, 나폴리, 카푸아를 얻기 위해 이들과 용감하게 맞서 싸웠고 그 보상으로 아베르사라는 도시를 받았다. 약간의 폭력으로 땅을 얻을 수 있다는 소식을 들은 노르만족의 젊은이들은 노르망디를 떠나 이탈리아로 향했다. 얼마 지나지 않아 남이 아닌 자신들을 위해 싸울 수 있을 만큼 노르만족들의 수는 크게 늘었다. 1053년, 가장 대담했던 노르만족 로베르 기스카르(즉, 현자 혹은 윌리)는 이탈리아 남부에 노르만족의 왕국을 개척하기에 이르렀다. 그는 신화적인 인물이었다. 자신이 거느리고 있던 그 어느 병사보다도 키가 컸고 팔 힘이 셌고 의지가 강했으며 금발의 머리카락과 콧수염이 난 얼굴은 잘생겼고 의복을 입은 모습이 늠름하고 당당했으며 황금에 대한 욕심이 많았으나 그 소비에는 아낌이 없었고 때때로 잔인한 모습을 보였지만 늘 용감했다.

완력과 권모술수 이외의 원칙은 따르지 않은 로베르는 칼라브리아를 침략했고 완강히 버티던 교황 레오 9세를 물리치고 베네벤토를 차지했으며(1054년), 니콜라스 2세와의 동맹을 깨고 그에게 공물과 종속을 맹세하게 한 후, 칼라브리아, 아풀리아, 시칠리아를 받아 냈다.(1059년) 시칠리아 정복은 동생 로제르에게 맡겨 두고 그 자신은 바리를 함락시켜(1071년), 아풀리아에서 비잔티움을 몰아냈다. 아드리아 해라는 장벽 때문에 고민하던 로베르는 아드리아 해를 건너 콘스탄티노플을 정복하고 그 자신이 유럽 최강의 군주가 되고자 했다. 그는 즉흥적으로 함대를 구축하여 비잔티움의 해군을 물리쳐 두라초까지 몰아냈다.(1081년) 비잔티움은 베네찌아에 도움을 요청했고 베네찌아는 응답했다. 왜냐하면 베네찌아야말로 아드리아 해의 여왕이었기 때문이다. 1082년 베네찌아의 노련한 갤리선 선단은 기스카르가 최근 승리를 거두었던 현장에서 그다지 멀지 않은 곳에서 기스카르의 선단을 궤멸시켰다. 그러나 그다음 해, 로베르는 전제 군주로서의 정력을 발휘하여 자신의 군대를 두라초로 이동하게 했고 바로 거기서 알렉시우스 1세의 부대를 물리친 다음 에피로스와 테살리아, 그리고 살로니카 코앞까지 진군했다. 그러나 꿈의 실현을 목전에 둔 상황에서, 황제 하인리히 4세로부터 자신을 구해 달라는 교황 그레고리우스 7세의 다급한 요청을 받게 된다. 로베르는 자신의 군대를 테살리아에 남겨 두고 황급히 이탈리아로 돌아가 노르만족, 이탈리아인, 사라센인들로 구성된 병력을 새로이 구성하여 교황을 구하고 로마를 게르만족으로부터 탈환한 후 자신의 군대에 저항하는 민중 봉기를 진압한 다음 성난 병사들에게 도시를 불태우고 철저히 약탈해도 좋다고 허락했다. 그 정도가 어찌나 심했던지 451년 반달족이 저질렀던 만행조차 이들의 파괴성에 비하면 약과였다.(1084년) 한편 로베르의 아들인 보에몽은 돌아와 그리스에서 자신의 군대가 알렉시우스에게 패했다는 사실을 털어놓았다. 이제는 늙어 버린 해적 로베르는 세 번째 함대를 구축하여 베네찌아 해군을 무찔러 코르푸까지 보내 버리고(1084년), 이오니아 제도의 케팔로니아 섬을 차지하고는 그곳에서 70세의 나이에 감염인지 중독인지 모를 이유로 죽었다.(1085년) 그는 최초이자 가장 위대한 콘도티에리(condottieri, 특정인을 위해 일하고 돈을 받거나 명예와 부를 얻기 위해 전투에 나가던 이들을 일컬음 – 옮긴이), 이탈리아의 용병 대장이었다.

3. 베네찌아: 451~1095년

한편 이탈리아 반도의 북단에서는 이탈리아의 대부분이 무정부 상태로 쇠퇴 일로를 걷는 동안 권력과 명성을 크게 떨칠 운명을 지닌 새로운 국가가 탄생했다. 5세기와 6세기 야만족들이 침략(그중에서도 특히 568년 롬바르드족의 침략)을 일삼던 시기, 아퀼레이아, 파두아, 벨루노, 펠트레 등 도시의 주민들은 안전한 곳을 찾아 피난을 떠났고, 결국 아드리아 해 상류의 피아베 강과 아디제 강에 의해 형성된 작은 섬에 정착해 살고 있던 어부들과 합류하게 되었다. 피난민 중 일부는 위기가 지나간 후에도 그곳에 계속 남아 헤라클레아, 멜라모코, 그라도, 리도, 리보 알토(Rivo Alto, '깊은 강') 등의 공동체를 세웠다. 리보 알토는 리알토가 되고 나중에 통일 정부가 들어서게 된다.(811년) 베네티라는 부족은 카이사르보다 훨씬 이전에 이탈리아 북동쪽을 점유했었다. 피난민 정착지에서 출발하여 성장한 이 독특한 도시에 베네찌아라는 이름이 붙은 것은 13세기였다.

초기 베네찌아에서의 생활은 만만치 않았다. 담수를 확보하기가 어려워 물이 포도주처럼 여겨졌다. 자신들이 바다에서 얻은 물고기와 소금을 밀을 비롯한 여러 가지 상품과 교환하기 위해서 본토에서 매매를 할 수밖에 없었던 베네찌아인들은 배를 잘 다루는 상인들이 되었다. 북유럽 및 중유럽과 근동 사이의 교역이 점차 베네찌아의 항구들을 통해 이루어지게 되었다. 이 새로운 연방 정부인 베네찌아는 게르만족과 롬바르드족으로부터의 보호를 위해 비잔티움을 지배자로 인정해 주었지만, 수심이 얕아 섬에 접근할 수 없으므로 육로로든 수로로든 공격할 수 없었다는 점, 시민들의 근면과 불굴의 용기, 교역 범위의 확산으로 인한 부의 증가 덕분에 천년 내내 자주권을 누릴 수 있었다.

열두 명의 호민관(열두 개의 주요 섬에 각각 한 명씩 배정되었던 것으로 보인다.)이 통치하다가 697년 통합된 하나의 지배권이 필요하다고 느낀 여러 공동체는 최초의 둑스(dux, 라틴어로 총독이란 뜻 - 옮긴이), 즉 총독(지도자 또는 통치자)을 선출하였고, 선출된 총독은 사망이나 결의안에 따라 폐위될 때까지 복무하게 하였다. 총독 아그넬로 바도어(809~827년)는 프랑크족에 대항하여 도시를 철옹성같이 방어하여 942년까지 차기 총독은 그의 후손 중에서 선출되었다. 오르세올로 2세(991~1008년) 치하에서 베네찌아는 달마티아 해적의 소굴을 기습하여 달마티아를 흡수하고 아드리아 해에 대한 제해권을 확립함으로써 달마티아 해적들에게 통쾌하게 복수했다. 998년 베네찌아인들은 그리스도 승천일마다 이러한 해상에서의 승리와 그로 인한 지배권 획득을 스포살리치아(sposalizia, 결혼이라는 뜻)라는 상징적인 예식으로 축하하기 시작했는데, 화사하게 꾸며진 갤리선에서 총독이 봉헌 반지를 물속에 던지면서 라틴어로 이렇게 외쳤다. "우리는 우리의 진실 되고 영원한 지배권의 표시로서 그대, 바다와 결혼하노라."[7] 비잔티움은 기꺼이 베네찌아를 하나의 독립적 동맹국으로 인정해 주었고 콘스탄티노플에서의 상업 특혜로 베네찌아의 쓸모 있는 우정에 보답했다. 그 결과 베네찌아의 교역은 흑해, 심지어 이슬람의 항구들에까지 뻗어 나갔다.

1033년 상업 귀족은 군주 권력의 세습을 종식시켰고, 시민 회의에 의한 선출 방식으로 회귀하여 차기 총독부터는 원로원과 협력하여 다스리도록 했다. 이즈음 베네찌아는 이미 "황금기"로 불렸으며, 베네찌아 시민들은 화려한 의복, 광범위한 식자율(識字率), 시민들의 헌신과 자부심으로 유명했다. 이들은 소유욕이 끝이 없고, 영리하고 예민하며, 용감하고 호전적이며, 신앙심은 깊었지만 부도덕한 부족이었다. 베네찌아인들은 그리스도교도 노예를 사라센에 팔아넘겼고[8] 거기서 얻은 이익의 일부로 성인(聖人)들을 위한 사원을 지었다. 리알토에 있는 상점들은 고대 이탈리아의 산업 기술을 전수한 유능한 장인들을 보유하고 있었다. 분주한 지방 무역은 운하를 따라 곤돌라 사공들의 간결한 외침을 제외하고는 아무런 소리도 없이 운하를 따라 움직였다. 섬의 부두는 유럽과 동양의 제품들을 가득 싣고서 모험을 마친 갤리선들로 한 폭의 그림 같았다. 상선들은 자본가들로부터 돈을 빌려 운영되었는데 보통 20퍼센트를 지불했다.[9] 가난한 사람들의 형편은 별로 달라지지 않았으나 부유층의 부는 기하급수적으로 늘어 빈(minori)부(maggiori) 격차는 점차 벌어졌다. 빈자에 대한 자비 따위는 없었다. 빠른 경주자가 선착하고 유력자가 전쟁에 승리했다. 미노리(minori), 즉 빈곤층은 맨땅을 걸어 다녔으며 그들 집에서 나온 쓰레기가 거리 위를 돌아다니다가 운하로 흘러들어 갔다. 마지오리(maggiori), 즉 부자들은 휘황찬란한 저택을 짓고 라틴 세계에서 가장 화려한 대성당으로 하느님과 하느님의 백성을 달래려고 했다. 814년에 처음 건설되었다가 976년 화재로 소실된 두칼레 궁전(베네찌아 총독의 공식적인 주거지 - 옮긴이)은 무어(Moor) 장식과 르네상스 양식이 우아하게 어우러지기 전까지 외양이 수차례 바뀌었다.

828년 베네찌아 상인들 몇몇이 알렉산드리아 교회에서 성 마르코의 유골이라고 일컬어지는 것을 훔쳤다. 베네찌아는 사도 성 마르코를 베네찌아의 수호성인으로 제정하고 그의 뼈를 모시기 위해 세상의 절반을 유린했다. 830년에 시작된 초기 성 마르코 성당은 976년 화재로 크게 훼손되어 피에트로 오르세올로 2세가 더 크게 다시 짓기 시작했다. 비잔티움의 장인들이 소환되어 십자형 위에 다섯 개의 돔 지붕으로 이루어진 콘스탄티노플 소재 유스티니아누스 1세의 12사도 성당을 본떠서 짓도록 하였다. 이 작업은 근 백 년 동안 진행되어 1071년 현재와 흡사한 형태로 완성되었고 1095년 봉헌되었다. 976년 화재로 성 마르코의 유골이 소실되어 대성당의 신성성이 위협받게 되자 봉헌 당일에 신도들이 성당에 모여 유골을 찾게 해 달라고 기도하기로 정해져 있었다. 선량한 베네찌아인들이 소중하게 여기는 전언에 따르면 기둥 하나가 그들의 기도에 굴복하여 땅바닥으로 쓰러졌고 성 전도자 마르코의 뼈가 드러났다고 한다.[10] 교회 건물이 손상을 입어 수리된 것만도 수차례였다. 10년도 채 안 되어 뜯어고치고 장식하기 일쑤였다. 우리가 알고 있는 성 마르코 성당은 단순히 어떤 날짜나 시대가 아니라 천년이 고스란히 기록된 돌과 보석이다. 대리석 외장은 12세기에 벽돌담에 추가된 것이다. 하나도 같은 것이 없는 원기둥들은 열두 도시에서 들여온 것이었다. 12세기와 13세기에 대성당의 모자이크를 완성한 것은 베네찌아로 귀화한 비잔티움의 예술가들이었고, 네 마리의 청동 말 조각상은 1204년 정복당한 콘스탄티노플에서 훔쳐 와 대성당 정문 위에 놓였다. 작은 첨탑들, 창문의 트레이서리(tracery, 교회 창문 윗부분의 돌에 새긴 장식 무늬 – 옮긴이), 성단 칸막이를 추가한 것은 14세기 고딕 예술가들이었다. 모자이크의 절반을 그저 그런 벽화로 덮어 버린 것은 17세기 르네상스 화가들이었다. 이러한 변화와 수백 년의 세월을 거치는 동안에도 이 기묘한 건물은 개성과 통일성을 잃지 않았고 언제나 비잔티움 양식과 아라비아 양식이 혼합된, 화려하면서도 기괴한 모습을 유지했다. 아치형 입구, 버팀벽, 큰 첨탑, 작은 첨탑, 기둥, 정문, 여러 가지 색을 입힌 대리석, 조각된 처마 돌림띠, 웅장하게 불룩 솟은 돔 지붕이 보이는 외관은 압도적인 아름다움을 뽐내며, 실내에는 채색한 원기둥들 사이의 어두컴컴한 공간, 조각되거나 채색된 스팬드럴(인접한 아치가 천장, 기둥과 이루는 세모꼴 면 – 옮긴이), 흐릿한 프레스코화, 약 4200제곱미터에 달하는 모자이크, 벽옥(碧玉), 반암(斑巖), 마노(瑪瑙), 그 밖의 보석용 원석들로 무늬를 새긴 바닥이 있다. 976년 콘스탄티노플에서 값비싼 금속과 칠보로 제작되었고 2400개의 보석이 잔뜩 박혀 있는 황금 장식 벽은 1105년 중앙 제단 뒤에 세워졌다. 성 소피아 성당과 마찬가지로 성 마르코 성당의 경우도 장식에 대한 비잔티움의 열정이 과도한 편이다. 하느님은 대리석과 보석으로 찬미되고, 인간은 천지 창조부터 세상의 멸망에 이르기까지 그리스도교 서사시에서 인용한 수백 개의 장면을 보며 두려움에 떨고, 스스로를 벌하고, 때로는 용기를 얻거나 위안을 받게 될 터였다. 성 마르코 성당은 동양 예술에 심취한 라틴 민족을 가장 잘, 특색 있게 표현했다고 볼 수 있다.

4. 이탈리아 문명: 566~1095년

동(東)이탈리아와 남(南)이탈리아에는 여전히 비잔티움 문화가 남아 있었지만, 이탈리아 반도의 나머지 지역에서는 고대 로마의 유산으로부터 새로운 문명이 발달하여 새로운 언어, 종교, 그리고 미술이 생겨났다. 침략과 혼돈, 빈곤의 와중에도 그러한 유산은 절대로 소멸되지 않았다. 옛날 서민들이 쓰던 조악한 라틴어에 불과했던 이탈리아어는 점차 모든 언어 중 가장 음악적인 언어로 탈바꿈하였다. 이탈리아의 그리스도교는 낭만적이고 다채로운 토속 신앙, 현지의 수호성인들에 관한 애정 어린 다신교, 전설과 기적에 대한 노골적인 신화였다. 이탈리아의 미술은 고딕 양식이 상스럽다고 여겨 바실리카 양식을 고수하다가 마침내 르네상스 시대에 아우구스투스 시대 양식으로 회귀했다. 봉건 제도는 이탈리아에서 한 번도 번성한 적이 없었다. 도시의 영향력은 늘 시골보다 우세했다. 부에 이르는 수단은 농업이 아닌 제조업과 상업이었다.

결코 상업 도시랄 수 없는 로마는 쇠퇴 일로를 걸었다. 로마의 원로원은 고딕 전쟁 때 사라졌으며, 로마의 옛 지방 자치 제도들은 700년 뒤, 공허한 수단이자 반란의 꿈이 되었다. 성적 방종과 교황의 자선금으로 완화되기는 했지만 곤궁하게 살던 잡다한 신분의 평민들은 외국 주인이나 마음에 들지 않는 교황에 대항한 잦은 반란을 통해서만 자신들의 정치적 정서를 표출할 수 있었다. 오래된 귀족 가문들은 교황에 대한 지배권을 얻거나, 교황과 함께 로마에 대한 지배권을 얻기 위해 자기들끼리 경쟁하는 데만 골몰했다. 집정관들, 호민관들, 원로원 의원들이 매와 도끼로 법의 토대를 마련했던 곳에서 이제 사회 질서는 교회 회의의 법령, 주교의 설교와 대리인, 게으름을 피우는 법은 거의 없지만 성적(性的)으로 떳떳할 수만은 없었기에 수상쩍은 본보기를 보였던 온갖 국적을 지닌 수천 명의 수도사들에 의해 간신히 유지하게 되었다. 교회가 공중목욕탕이 문란하다며 맹렬히 비난하자 온천장의 크나큰 홀과 탕은 버려졌고 이교도식 청결법은 쇠퇴했다. 제국의 송수로는 방치나 전쟁으로 인하여 못 쓰게 되었기 때문에 사람들은 테베레 강의 물을 마셨다.[11] 피로 물든 기억을 품고 있는 원형 경기장은 더 이상 사용되지 않았다. 7세기에 시작된 포룸(광장)은 그 처음 형태인 소를 위한 목초지로 돌아갔고 유피테르 신전은 진창길이 되었으며, 오래된 사원과 공공건물들은 그리스도교 교회와 대저택을 짓기 위한 자재를 제공하기 위해 분해되었다. 로마가 병들어 간 것은 반달족과 고트족이 아닌 로만인들 탓이 컸다.[12] 로마의 카이사르는 죽었고 레오 10세는 태어나기 전이었다.

오래된 도서관들은 해체되거나 허물어졌고, 지적인 생활은 교회에서만 가능했다. 과학은 빈곤을 포장하는 미신에 굴복했다. 갈레노스파 의술을 고수한 수도사들 덕분에 의학만이 자존심을 지키고 있었다. 헬레니즘의 영향을 받은 남(南)이탈리아가 그리스 문화와 중세 문화 사이의 간극을 메웠듯, 고대 의학과 중세 의학 사이의 간극을 메우게 된 건 아마도 9세기 살레르노의 베네딕트 수도원이었을 것이다. 살레르노는 천년도 넘는 세월 동안 건강 휴양지였다. 현지 전통에서는 의학교가 10명의 의학 강사로 구성되었다고 설명했는데, 그 10명 중 1명은 그리스인, 1명은 사라센인, 1명은 유대인이었다고 한다.[13] 1060년경 아프리카와 바그다드에 있는 이슬람 학교에서 의학을 공부한 로마 시민 콘스탄티누스 아프리카누스가 몬테 카시노(여기서 수도사가 되었다.)와 근처 살레르노에 이슬람 전승 의학 지식이 담긴 흥미로운 화물(貨物)을 들여왔다. 그가 번역한 그리스어와 아라비아어로 된 의학 및 기타 분야 관련 저술들은 이탈리아에서 과학이 부활하는 데 일조했다. 그가 사망할 즈음(1087년경) 살레르노 의학교는 서방 그리스도교 세계에서 의학 지식 분야의 최정상에 올라 있었다.

이 시대에 예술 분야에서 이룬 가장 눈에 띄는 업적은 로마네스크 건축 양식의 확립이었다.(774~1200년) 로마 양식이 지닌 견고함과 내구성을 계승한 이탈리아의 건축업자들은 바실리카(basilica, 끝 부분이 둥그렇고, 내부에 기둥이 두 줄로 서 있는 큰 교회나 회관 – 옮긴이)의 담장을 두텁게 했고, 신도석은 십자형으로 만들었으며 버팀벽으로 탑을 추가하거나 기둥을 붙였고, 지붕을 받드는 아치는 원기둥이나 다발 기둥으로 지지했다. 로마네스크 양식 특유의 아치는 고상하고 품격 높은 형태인 단순한 반원으로 무게를 지탱하기보다 공간을 확장하는 데 더욱 적합했다. 초기 로마네스크 양식의 통로(후기 로마네스크 양식의 신도석과 통로)는 천장이 둥글었다. 즉 지붕을 아치형 석조로 얹었다는 뜻이다. 외관은 대개 소박하고 마감 처리를 하지 않은 벽돌로 지어졌다. 그러나 모자이크, 프레스코화, 조각으로 적절히 장식된 실내는 비잔티움 양식의 화려한 장식을 지양했다. 로마네스크는 로마의 스타일이었다. 따라서 고딕 양식의 높이와 우아함보다는 안정과 힘을 추구했고, 영혼을 천국에 있는 것 같은 황홀경 상태로 고양시키기보다 겸손한 상태로 차분하게 가라앉히는 데 목표를 두었다.

이탈리아는 이 시기에 로마네스크 양식 건축물 중 가장 위대한 역작 두 개를 배출했다. 하나는 밀라노에 있는 산탐브로조 교회이고 다른 하나는 피사 대성당이다. 황제의 출입을 금지하기도 했던 산탐브로조 교회의 문은 789년 베네딕트 수도회 수도사들에 의해 재건되었다가 또다시 퇴락했다. 1046년부터 1071년까지 대주교 귀도가 주랑을 갖춘 이 교회를 아치형 천장 교회로 완전히 개조하게 했다. 전에는 나무 지붕이 덮었던 신도석과 통로를 이제는 복합벽(로마네스크와 고딕 건축에서 네이브(nave)의 아치들을 지탱하고 아치와 벽이 서로 조화를 이루도록 설계한 특징적 기둥 – 옮긴이)에서 유래한 둥근 아치들, 벽돌과 돌로 제작된 둥근 천장이 덮게 되었다. 교차하는 석공(石工) 아치에 의해 아치형 천장에 생겨난 궁륭 또는 이랑들은 늑골을 이루는 재료로 벽돌을 써서 강화하였다. 이것이 바로 유럽에서 가장 오래된 "늑재(肋材) 궁륭"이다.

산탐브로조 교회의 소박한 정면을 보면 피사 대성당의 복잡한 앞면과는 전혀 다른 세상에 온 것 같지만 양식의 구성 요소는 동일하다. 팔레르모 근처에서 피사가 사라센 함대에 대항하여 거둔 결정적인 승리 후(1063년), 피사는 건축가 부스케토(아마도 그리스인?)와 리날도에게 팔레르모 해전을 기념하고 이탈리아 반도 전체가 시기하고도 남음직한 제단을 세워 전리품의 일부를 동정녀 마리아에게 헌납하려고 건축을 의뢰했다. 거대한 건물의 거의 전체가 대리석으로 지어졌다. 웅장한 서문(西門) 위로(나중에는(1606년) 더할 나위 없이 훌륭한 청동 문으로 교체되었다.) 네 개 층으로 죽 서 있는 뻥 뚫린 회랑들이 불필요하게 반복되면서 정면을 이루고 있다. 내부를 들여다보면 다수의 우아한 원기둥(다양한 곳에서 노획한 전리품)들이 교회를 신도석과 이중 통로로 분할해 준다. 트랜셉트(transept, 십자형 교회의 좌우 날개 부분 – 옮긴이)와 신도석의 교차 지점에는 타원형의 돔이 눈에 거슬리게 솟아 있다. 이는 이탈리아 최초의 대성당이었으며, 지금까지도 중세 시대 인간이 만든 작품 중 가장 인상적인 것 중 하나이다.

2. 그리스도교 스페인: 711~1095년

이 시기 그리스도교 국가 스페인의 역사는 기나긴 십자군 원정의 역사나 다름없다. 십자군 원정은 무어인들을 쫓아내려는 결의에서 결성된 봉기이다. 무어인들은 부유하고 강했으며, 가장 비옥한 땅을 보유하고 있었고 최고의 정부를 가지고 있었다. 그리스도교도들은 가난하고 약했으며, 이들의 땅은 거칠었고 높다란 산이 막고 있어 나머지 유럽으로부터 격리되어 있었다. 또한 소(小)왕국들로 나뉘어 있어 지역 우월주의와 형제간 다툼을 조장했다. 이처럼 열정적인 반도에서 그리스도교도들이 흘린 피는 무어인들보다 같은 그리스도교도들 때문인 경우가 많았다.

711년 이슬람교도들의 침략으로 정복되지 않은 고트족, 수에비족, 그리스도교로 개종한 베르베르인, 이베리아 반도의 켈트족이 스페인 북서쪽 칸타브리아 산악 지역으로 내몰렸다. 무어인들은 이들을 뒤쫓았지만 고트족의 펠라요가 이끄는 소규모 군대에 의해 코바동가에서 패배를 당했다.(718년) 펠라요는 이를 계기로 아스투리아 왕국의 왕위에 올라 스페인 군주제를 창시했다. 투르에서 무어인들을 격퇴함으로써 알폰소 1세(739~757년)는 아스투리아 왕국의 국경을 갈리시아, 루시타니아, 비스카야까지 확장할 수 있었다. 알폰소 1세의 손자인 알폰소 2세(791~842년)는 레온 주를 합병하여 오비에도를 수도로 만들었다.

알폰소 2세 치하 시기, 스페인 역사의 중심축이랄 수 있는 사건 중 하나가 일어났다. 한 양치기가, 전해진 바에 따르면 별의 인도를 받아 산속에서 대리석 관을 발견했는데, 많은 사람들이 그 관의 내용물이 주(主)의 형제, 사도 야고보의 유해라고 믿었다. 유해가 발견된 현장에는 예배당이 세워졌고, 이 예배당은 나중에 아주 멋진 대성당, 산티아고 데 콤포스텔라(별이 빛나는 들판에 있는 야고보의 무덤이란 뜻)가 되는데 이 대성당은 예루살렘과 로마 다음으로 가장 많이 찾는 그리스도교 순례지가 되었다. 게다가 이 성스러운 유골은 무어인들과의 전쟁을 위한 사기 진작과 자금 조달에 더할 나위 없이 요긴한 것으로 드러났다. 성 야고보는 스페인의 수호성인으로 추대되었고 산티아고라는 이름을 세 개 대륙으로 퍼뜨렸다. 믿음은 역사를 만들며, 특히나 잘못된 믿음일 경우에는 더욱더 그러하다. 가장 고귀하다는 인간의 죽음도 알고 보면 오류 때문이다.

아스투리아 왕국의 동쪽, 피레네 산맥의 바로 남쪽에는 나바르 왕국이 있었다. 주민은 대개 바스크 혈통이었으며, 아마도 켈트계 스페인인과 아프리카계 베르베르족의 혼혈이었을 것이다. 사방을 둘러싼 산맥 덕분에 이들은 이슬람족, 프랑크족, 스페인인들에 대항하여 자신들의 독립을 지켜 낼 수 있었다. 905년 가르시아 산초 1세가 팜플로나를 수도로 삼고 나바르 왕국을 세웠다. 산초 "대왕"(994~1035년)은 그리스도교 국가 스페인이 통일을 이룩하기 직전 레온, 카스틸리아, 아라곤을 흡수하여 대왕이라는 칭호를 얻게 되었으나 죽기 직전 왕국을 네 아들에게 나눠 줌으로써 자신이 이룬 평생의 업적을 무효로 만들었다. 아라곤 왕국은 이때의 분할로 생겨났다. 남쪽에서는 이슬람교도들을 압박하고 북쪽에서는 나바르 왕국을 평화적 수단으로 편입시킴으로써(1076년), 아라곤 왕국은 1095년 중북부 스페인의 대부분을 아우르게 되었다. 바르셀로나 주변의 스페인 북동부인 카탈로니아는 788년 샤를마뉴 대제에게 정복당한 후, 프랑스 백작의 지배를 받았다. 백작은 카탈로니아를 반(半)독립적인 "스페인의 변경"으로 만들었다. 카탈로니아어는 프로방스 방언과 카탈로니아어가 흥미롭게 절충되어 생긴 결과물이다. 북서쪽의 레온은 너무 무거워서 수행원에게 기대지 않고서는 걸을 수조차 없었던 비만 왕 산초와 함께 역사에 등장했다. 귀족들에게 폐위당했던 그는 유명한 의사이자 정치가였던 유대인 하스다이 벤 샤프루트가 있던 코르도바에 가서 비만을 고쳤다. 이제 돈키호테처럼 유연해진 산초는 레온으로 돌아와 자신의 왕위를 탈환했다.(959년)[14] 스페인 중부에 있던 카스틸리아의 이름은 그 성(城)에서 유래하였다. 카스틸리아는 이슬람 스페인과 면하고 있었으므로 언제든 전쟁에 임할 태세를 갖추고 살았다. 930년 카스틸리아의 기사들은 더 이상 아스투리아의 왕에게도, 레온의 왕에게도 복종하지 않기로 하고 부르고스를 수도로 삼아 독립 국가를 세운 다음 톨레도와 세빌리아의 왕들에게 해마다 공물을 바치게 해 놓고는, 산초 대왕처럼 죽으면서 자신의 왕국을 세 아들들에게 나눠 줌으로써 공들여 쌓은 탑을 무너뜨렸다. 이 아들들은 그리스도교 국가 스페인의 왕들과 번갈아 가며 대살육전을 벌이던 전통을 열성적으로 따랐다.

농민 빈곤과 정치적 분열 때문에 그리스도교 국가 스페인은 남쪽의 이슬람교 라이벌 국가들 및 북쪽의 프랑크족 라이벌 국가들보다 생활 편의 시설과 문명화 기술에 있어서 크게 뒤처진 신세를 면하지 못했다. 작은 왕국 내부에조차 틈이 있었다. 귀족들은 전시가 아니면 왕을 무시하다시피 했고 자신들의 농노와 노예를 봉건제에 입각하여 다스렸다. 성직자 계층은 제2의 귀족이나 다름없어서 주교들도 토지, 농노, 노예들을 소유했고 전시에는 자신의 군대를 이끌었으며, 대개 교황을 무시하고서 독립 상태나 다름없는 교회 자격으로 스페인의 그리스도교를 지배했다. 1020년 레온에서는 귀족들과 주교들이 전국 회의에 입회하여 레온 왕국 의회로서 법률을 제정했다. 레온 의회는 레온에 자치 정부 헌장을 승인함으로써 중세 유럽 최초의 자치 구역이 되었다. 스페인의 다른 도시들에도 이와 비슷한 헌장이 승인되었는데 십중팔구 무어인과의 전쟁에 필요한 열정과 자금을 얻기 위해서였을 것이다. 봉건 제도의 와중에 제한적이나마 도시 민주주의의가 스페인의 군주제하에서 시작된 것이다.

로드리고 (루이) 디아즈의 경력은 11세기 그리스도교 국가 스페인의 용맹, 기사도, 혼돈을 잘 보여 준다. 그는 그리스도교식 별명인 엘 캄페아도르(El Campeador, 투사 또는 챔피언이라는 뜻)보다 무어인들이 그에게 붙여 준 호칭, 엘 시드(El Cid, 아라비아어로는 사이드(Sayid))로 우리에게 더 잘 알려져 있다. 1040년경 부르고스 근방 비바르에서 태어난 그는 수지만 맞으면 어디서든 싸워 주는 모험적 군인이었다. 서른의 나이에 전투에서 보여 준 대담한 기술로 카스틸리아 전체에서 숭상받았지만 그리스도교도들을 위해 무어인과 싸워 주기도 하고 무어인들을 위해 그리스도교인들과도 싸워 주는 등 손바닥 뒤집듯 아무런 망설임 없이 아군을 바꿨기 때문에 불신을 받았다. 세빌리아의 시인 왕 알 무타미드에게서 공물을 받아 오라는 카스틸리아의 알폰소 6세의 명을 받고 떠난 그는 귀국 즉시 공물의 일부를 챙겼다는 혐의를 받고 카스틸리아에서 추방을 당했다.(1081년) 그는 약탈자가 되어 소규모 군대를 조직한 다음 자신의 군사력을 그리스도교 국가의 통치자든 이슬람 국가의 통치자든 가리지 않고 팔았다. 8년 동안 사라고사 왕을 섬겼고 아라곤을 희생시켜 무어인의 영토를 확장시켰다. 1089년 그는 대부분 이슬람교도들로 구성된 7000명의 장정들을 이끌고서 발렌시아를 함락시켰고, 발렌시아로부터 매달 1만 디나르의 금화를 공물로 받게 되었다. 1090년에는 바르셀로나 백작을 붙잡아다가 8만 디나르의 몸값을 받기 위해 감금하였다. 이번 원정에서 돌아가는 길에 발렌시아가 가까이 있다는 걸 알게 된 그는 발렌시아를 1년 동안 포위했다. 발렌시아는 항복했지만(1094년) 발렌시아의 무기와 관련하여 규정한 모든 조항을 위반하고 재판관을 산 채로 불태우고 발렌시아 시민들의 재산을 자신의 추종자들에게 나눠 주었다. 발렌시아와 그의 휘하에 있던 병사들이 반대의 목소리를 높이지 않았다면 재판관의 부인과 딸들까지 화형시켜 버렸을 것이다.[15] 이렇듯 시드는 자신이 살던 시대의 방식대로 행동했다. 그는 발렌시아를 유능하고 정의롭게 다스리고 알모라비드 무어인들을 막을 성곽을 쌓음으로써 속죄했다. 그가 죽자 (1099년) 그의 부인 히메나가 도시를 3년간 방어했다. 그를 찬양해 마지않던 후손들은 전설을 통해 그가 스페인을 그리스도교로 돌려놓기 위한 거룩한 열정에 의해서만 움직였던 기사인 양 완전히 다른 사람으로 뒤바꿔 놓았다. 부르고스에 있는 그의 유골은 성인(聖人)의 유골 못지않게 추앙받고 있다.[16]

자체 분열이 심했음에도 불구하고 그리스도교 국가 스페인은 레콩키스타(reconquista, 국토 회복 운동 - 옮긴이)를 통해 실지(失地)를 서서히 되찾았는데, 그럴 수 있었던 이유는 이슬람 스페인이 급기야 분열과 무정부 상태에 있어서 그리스도교 스페인을 추월했기 때문이었다. 1036년 코르도바 칼리프국의 함락으로 절호의 기회를 얻은 카스틸리아의 알폰소 6세는 이를 제대로 활용하였다. 세빌리아의 알 무타미드의 원조를 받아 알폰소 6세는 톨레도를 차지하고 (1085년) 이를 자신의 수도로 정했다. 그는 정복당한 이슬람교도들을 이슬람교의 예법에 따라 대우해 주었고, 무어 문화의 그리스도교 스페인으로의 흡수를 장려하였다.

3. 프랑스: 614~1060년

1. 카롤링거 왕조의 시작: 614~768년

클로테르 2세가 프랑크 왕국의 왕이 되었을 당시, 메로빙거 왕조는 확고해 보였다. 메로빙거 왕조처럼 광대한 통일 왕국을 다스렸던 왕조는 전무했기 때문이다. 그러나 클로테르는 집권할 때 아우스트라시아와 부르군트 귀족들의 신세를 졌다. 그는 이 귀족들에게 독립성 증대와 영토 확장으로 보답했고, 그들 중에서 노(老) 피핀 1세를 "궁전의 행정관"으로 선택했다. 궁재(宮宰, 왕실의 실세)는 원래 왕실을 관리하고 왕실 소유의 땅을 감독하는 사람이었다. 그러나 메로빙거 왕조의 왕들이 방탕과 음모에만 골몰하여 궁재의 관리 임무는 점점 방대해졌고, 급기야 법정, 군대, 재정까지 궁재가 장악하게 되었다. 클로테르의 아들인 다고베르트 왕(628~639년)은 한동안 궁재와 상류 귀족들의 권력을 억제하였다. "그는 부유한 자와 가난한 자 모두 똑같이 공평하게 대했다."고 연대기 작가 프레데가르는 적고 있다. "그는 잠도 거의 자지 않고 먹지도 않은 채 모든 사람들이 자기를 만나고 나서 완전한 기쁨과 존경을 느낀 채 물러날 수 있도록 행동하는 데에 온 신경을 곤두세웠다."[17] 그러나 프레데가르는 "그에게는 세 명의 왕비와 다수의 후궁이 있었으며 음란했다."고 덧붙이고 있다.[18] 그의 태만한 후계자들(게으름뱅이 왕들 또는 무위(無爲) 왕들) 치하에서 권력은 다시 궁전의 행정관에게로 넘어갔다. 연소(年少) 피핀 2세는 테스트리 전투에서 라이벌들을 무찌르고(687년) 자신의 칭호를 궁재에서 프랑크의 백작 및 공작으로 확대시킨 뒤 아퀴텐을 제외한 갈리아 전역을 지배했다. 명목상 궁전 행정관이자 아우스트라시아 공작이었던 그의 사생아 아들 샤를 마르텔(망치라는 별칭이 있음)는 클로테르 4세하에서 갈리아 전역을 지배했다.(717~719년) 그는 프리지아족과 색슨족에 의한 갈리아 침략을 단호하게 물리치고 투르의 이슬람교도들을 송환함으로써 유럽의 그리스도교를 구원했다. 그는 독일의 개종 시 보니파키우스 교황을 비롯한 선교사들을 지원했으나, 자신의 왕위 유지에 필요한 자금이 절대적으로 부족해지자 교회의 땅을 몰수하고 주교직을 돈을 받고 일반에 팔았으며, 자신의 군대를 수도원에서 숙영하게 했고, 이에 항의한 수도사를 참수시켰다.[19] 그 결과 그는 수많은 설교와 소책자에서 지옥에 떨어졌다.

751년 힐데리크 3세의 궁재였던 그의 아들 피핀 3세는 메로빙거 왕조의 꼭두각시를 폐위시키고 자신이 명목상이 아닌 사실상의 왕이 된다면 죄악이겠느냐고 묻기 위해 교황 자카리아스에게 대사를 파견했다. 야심만만한 롬바르드족에 대항하려면 프랑크족의 지원이 필요했던 자카리아스 교황은 듣기 좋은 말로 포장한 부정적인 답변을 주었다. 피핀은 수아송에서 귀족 및 고위 성직자들로 구성된 회의를 소집했다. 피핀은 이 회의에서 만장일치로 프랑크족의 왕으로 선출되었고(751년), 무위 왕들 중 마지막 왕은 삭발당한 뒤 수도원으로 보내졌다. 754년 교황 스테파노 2세가 파리 외곽에 있는 생드니 수도원에 와서 피핀에게 "하느님의 은총을 왕에게"

라며 성유를 발라 주었다. 이로써 메로빙거 왕조는 끝이 났고(486~751년), 카롤링거 왕조가 시작되었다.(751~987년)

단신 왕 피핀 3세는 인내심이 강하고 선견지명이 있으며, 신앙심은 깊지만 실용적이고, 평화를 사랑하지만 전쟁에서는 천하무적인 통치자이자, 도덕과 수 세기 갈리아 역사의 전례를 뛰어넘는 인물이었다. 샤를마뉴 대제의 그 모든 업적은 사실 피핀이 다 차려 놓은 밥상이나 다름없었다. 63년이라는 두 왕의 통치 기간 중(751~814년) 갈리아는 마침내 프랑스로 탈바꿈되었다. 피핀은 종교의 도움 없이는 통치가 어렵다는 사실을 인지하고는 교회의 재산, 특권, 면책권을 되찾아주었다. 신성한 유물을 프랑스로 가지고 와서 이 유물들을 화려한 행사에서 어깨에 얹고 나타났다. 롬바르드 왕들로부터 교황의 권한을 구해 주고 "피핀의 기진(寄進)" 약속에 따라 세속적 권력을 선사하였다.(756년) 그는 그 대가로 교황의 지위를 지켜 준다는 의미에서 "성좌의 수호자"라는 칭호를 받고는 만족해 했는데, 프랑크족에 대한 교황의 명령은 자신의 자손이 아니면 왕을 선택하는 법이 결코 없었기 때문이었다. 그는 프랑크 왕국을 자신의 아들들인 카를로만 2세와 샤를에게 공동 상속해 주고 768년 권력의 최절정기에 도달했을 때 죽었다. 두 아들 중 샤를은 후에 샤를마뉴 대제가 된다.

2. 샤를마뉴: 768~814년

역대 중세 왕들 중 가장 위대했던 이 왕은 742년 미상의 장소에서 태어났다. 그는 게르만족의 혈통과 언어를 물려받았지만, 강인한 신체, 용맹함, 인종에 대한 자부심, 근대 프랑스의 세련미보다 수 세기 앞선 자연 그대로의 소박함과 같이 자신의 백성이 지니고 있던 특성을 그도 지니고 있었다. 샤를마뉴는 책에서 배운 지식은 별로 없었다. 책은 많이 읽지 않았지만 얼마 안 되는 읽은 책은 모두 좋은 책이었다. 노년에 글 쓰는 법을 배워 보려고 했지만 제대로 성공하지는 못했다. 그럼에도 옛 튜턴어와 문어적 라틴어를 말할 줄 알았고 그리스어를 알아들었다.[20]

771년 카를로만 2세가 죽자 29세의 샤를마뉴는 단독 왕이 되었다. 2년 후, 그는 교황 하드리아누스 2세로부터 교황이 다스리고 있던 주를 침략하려는 롬바르드족 데시데리우스와 대치하고 있던 상황에서 원조를 바라는 긴급한 요청을 받았다. 샤를마뉴는 파비아를 포위하여 장악한 다음 롬바르디아의 왕위에 앉은 후 피핀의 기진을 확정해 주고 교회의 세속적 권력을 보장해 주는 교회의 수호자라는 역할을 받아들였다. 수도 아헨으로 돌아온 샤를마뉴는 바바리아와 작센을 정복하여 그리스도교로 개종시키고, 골칫거리인 아바르인들을 처리하여 이탈리아를 사라센의 습격으로부터 보호하고 영토 확장 중인 스페인의 무어인들에 대항하여 프랑키아의 방어력을 강화함으로써 자기 왕국을 완성하기 위해 고안된 53회의 연속 군사 작전에 돌입하였다. 동쪽 국경 지역의 색슨족들은 이교도였다. 이들은 그리스도교 교회를 불태우고 때때로 갈리아 지역을 급습했다. 샤를마뉴에게는 이 두 가지 이유만으로도 열여덟 차례 군사 작전을 벌이면서(772~804년) 처음부터 끝까지 지치지 않고 흉포하게 맞서 싸우기에 충분했다. 샤를마뉴는 정복당한 색슨족에게 세례와 죽음 둘 중 하나를 고를 선택권을 주었고, 4500명의 색슨족 반란군을 단 하루 만에 참수시킨 후[21] 그리스도 강탄(降誕)을 축하하러 티옹빌로 이동했다.

777년 파더본에서 바르셀로나의 이슬람 총독, 이븐 알 아라비는 코르도바의 칼리프에 맞서기 위하여 그리스도교 왕의 원조를 요청했다. 샤를마뉴는 군대를 이끌고 피레네 산맥을 넘어 그리스도교 도시 팜플로나를 포위하여 장악한 다음 그리스도교도이지만 헤아릴 수 없이 많은 스페인 북부의 바스크인들을 적으로 간주하고 사라고사까지 진군했다. 그러나 칼리프에 대적하기 위한 전략의 일환으로 알 아라비가 약속했던 이슬람 봉기가 불발되었다. 샤를마뉴는 원조를 받지 않는다면 자신의 군대가 코르도바에 맞설 수 없다는 걸 알고 있었다. 정복당한 색슨족들이 격렬한 반란을 일으켜 분노에 가득 찬 상태에서 콜로뉴로 행진하고 있다는 소식이 도착했다. 그러자 샤를마뉴는 무모하게 나서기보다는 병사들을 길고 좁은 열로 세워 피레네 산맥의 산길을 통과하게 하여 복귀시켰다. 이들이 지나간 산길 중, 나바르에 있던 론세스발레스에서 바스크 군대가 프랑크족의 후위 부대를 덮쳐 그 부대원을 거의 전멸시켰다.(778년) 바로 거기서 3세기 후 프랑스에서 가장 유명한 시가 문학, 「롤랑의 노래」 속의 남자 주인공이 될 귀족 롤랑이 전사했다. 795년 샤를마뉴는 또 다른 군대를 피레네 산맥 너머로 파견했다. 스페인의 변경(스페인 북동쪽의 가늘고 긴 땅)이 프랑키아의 일부로 통합되었고, 바르셀로나가 항복했으며 나바르와 아스투리아는 프랑크 왕국의 주권을 인정했다.(806년) 그 사이 샤를마뉴는 색슨족을 진압했고(785년), 진군해 오는 슬라브족을 격퇴했으며(789년), 아바르족을 물리쳐 내쫓았고(790~805년), 치세 34년째이자 63세가 되던 해 전쟁을 단념하기로 했다.

사실 그는 늘 전쟁보다 행정을 더 좋아했기 때문에, 전투에 나선 것도 부족과 교리에 의해 수 세기 동안 분열되어 있던 서유럽에 어느 정도의 통일된 통치와 신앙의 수용을 강요하기 위해서였다. 이제 그는 이탈리아 반도의 거의 모든 지역 및 발칸 지역과 더불어 비스툴라 강과 대서양 사이, 그리고 발트 해와 피레네 산맥 사이의 모든 부족들을 통일시켜 놓았던 것이다. 그토록 광대하고 각양각색인 왕국들을 도대체 무슨 수로 한 사람이 다스릴 수 있었던 걸까? 끝없는 책무, 위험, 위기, 심지어 자신을 살해하려는 아들들의 공모까지도 감내할 정도로 그의 육체와 정신이 모두 강인했기에 가능한 일이었다. 또한 그의 내면에는 현명하고 신중했던 피핀 3세와 인정사정없던 샤를 마르텔(피핀 3세의 아버지 - 옮긴이)의 혈통 또는 가르침이 자리 잡고 있었고, 그 자신도 망치를 잘 다루었다. 그는 자신의 권력을 확장한 다음, 이를 확고한 군사 조직으로 수호하고 종교적 제재와 의식으로 지탱했다. 그는 원대한 목표를 내다볼 줄 알았으며, 목적을 겨냥하기만 한 것이 아니라 이를 위한 수단까지 마련하여 실천할 줄 아는 사람이었다. 그는 군대를 이끌고, 회의체를 설복시키고, 귀족을 잘 다루고, 성직자를 지배하고, 후궁들을 다스릴 줄 아는 왕이기도 했다.

그는 병역을 시시한 돈벌이 이상으로 만들어 국토방위와 영토 확장에 입각한 사기 충전을 처음으로 가능케 하였다. 소집을 받으면 모든 자유인은 군장을 완벽하게 꾸려서 현지 백작의 지시를 받아야 했고, 귀족은 귀족대로 자기 휘하 병사들의 신체 단련을 책임졌다. 국가의 구조는 이러한 조직적 군대에 기초하고 있었고, 성별(聖別)된 왕권의 신성성에서 동원할 수 있는 모든 심리적 요인, 황제가 참석하는 정도의 의식의 호화로움, 기존 규범에 복종하는 전통에 의해 지탱되었다. 왕을 중심으로 행정 귀족 및 성직자들, 즉 왕궁의 집사 또는 왕궁의 최고 관리인, "팔라틴 백작"(자기 영지 내에서 왕권 행사가 허용된 영주―옮긴이) 또는 수석 재판관, "팔라틴 백작령의 영주들" 또는 왕실 법정의 재판관들, 백 명의 학자들, 하인들, 서기들이 포함된 행정 귀족 및 성직자들이 모였다. 대중의 정치 참여 의식은 군사적 편의나 그 밖의 이유에 따라 보름스, 발랑시엔, 아헨, 제네바, 파더본에서 반년마다 모이곤 했던 병력을 보유한 지주들의 집회에 의해 더욱 발전하였다. 모임 장소는 대개 야외였다. 그러한 집회에서 왕은 좀 더 작은 규모의 귀족 집단 또는 주교 모임에 법안을 제출했다. 그러면 이 귀족 또는 주교들이 법안을 헤아려 본 후 몇 가지 제시 사항과 함께 왕에게 돌려주었다. 그러고 나면 왕은 카피툴라(capitula), 즉 법률 조항을 만들어 이를 일반 대중에 제시하여 크나큰 환호와 함께 승인을 받았다. 드물기는 해도 집회에서 다들 한뜻이 되어 불만에 가득한 소리를 내어 반대하는 경우도 있었다. 랭스의 대주교 힝크마르는 이러한 집회 중 한 군데에서 샤를마뉴의 친밀한 모습을 전해 들었는데, "명사들과 인사를 나누고, 일면식도 없던 자들과 대화를 나누고, 연장자들에게는 상냥한 관심을 보여 주었으며, 젊은이들과는 까불며 장난치고 놀았다."고 한다. 이러한 모임에서 각 주의 주교와 행정관은 지난번 집회 이후 자신의 관할 지역에서 일어난 중요한 사건을 왕에게 보고하도록 되어 있었다. 힝크마르는 "국왕께서는 왕국의 어디서든 백성들이 불안해 하고 있지는 않은지, 그렇다면 그 까닭은 무엇인지 알고자 하셨다."고 했다.[22] 때때로(고대 로마의 종교 재판을 계승하여) 왕의 대리인들이 방문 구역의 주요 주민들을 소환하여 심문을 하면 선서 후 과세 대상 재산, 공공질서 상태, 범죄 또는 범죄자 존재 여부에 대하여 "거짓 없는 진술"(veredictum, 진실을 말한다는 뜻의 라틴어)을 하곤 했다. 9세기 프랑크 왕국 땅에서, 주라타(jurata), 즉 선서한 심문관 집단의 이러한 판결은 토지 소유나 형법상 유죄와 같은 여러 가지 현지 사건들을 판결하는 데 쓰였다. 현대의 배심 제도는 바로 이러한 주라타가 노르만 정복 후 잉글랜드를 통해 발전하여 성립된 것이다.[23]

    제국은 여러 개의 자치주로 나뉘었으며, 각 자치주는 종교적 문제에 관하여서는 주교나 대 주교의 지배를, 세속적인 문제에 관하여서는 코메스(comes, 왕의 동료) 또는 백작의 다스림을 받았다. 지주들의 지방 집회는 1년에 두세 번 각 주의 수도에서 소집되어 해당 지역 당국에 의견을 알렸고 상소 법원 역할도 하였다. 국경 지역이나 변경에 있는 위험천만한 주들은 백작(graf), 후작(margrave), 또는 변경공(markherzog)과 같은 특별 총독이 있었다. 예를 들어 론세스발레스의 롤랑은 브르타뉴 변경주의 총독이었다. 모든 지방 행정은 샤를마뉴가 자신의 뜻을 지방 관리들에게 전하고, 그들의 활동, 재판, 의견을 검토하고, 뇌물 수수, 왜곡, 족벌주의, 착취를 감시하고, 불평이 있으면 듣고 잘못된 점은 고치며, "교회, 빈곤 계층, 피보호자와 미망인들, 백성 전체"를 부정행위와 압제로부터 보호하고 왕국의 상태를 왕에게 보고하라고 파견한 순찰관(왕의 특사)에 보고해야 했다. 이러한 특사 제도를 규정한 어사(御史) 칙령은 잉글랜드에서 귀족들 때문에 마그나 카르타가 반포되기 400년 전에 프랑크 왕국의 백성들을 위해 반포된 마그나 카르타나 다름없었다. 이 법령이 지켜졌다는 사실은 이스트리아 공작의 판례에서 알 수 있다. 제반 불공정 행위와 왜곡으로 순찰관에게 고발당한 그는 도둑질로 얻은 것을 모두 돌려주고, 부당한 취급을 받은 사람 모두에게 보상을 해 주며, 자신의 죄상을 대중 앞에서 자백하고 다시는 전술한 범죄를 저지르지 않겠다는 다짐을 하라는 왕의 명령에 따라야 했다. 수차례의 전쟁을 제외하면, 샤를마뉴의 통치는 고트의 테오도리크 대왕 이후 유럽에서 행해졌던 통치 중 가장 공정하고 개화된 것이었다.

    샤를마뉴의 법안 중 지금까지 남아 있는 65개 조항은 중세 시대 법 중 가장 흥미로운 법 체제이다. 샤를마뉴의 법령은 체계적인 체제라기보다 기존 "미개인들"의 관례를 새로운 시대와 필요에 맞게 확대 적용한 경우에 가까웠다. 세부 사항 중 일부는 롬바르디아의 리우트프란트 왕의 법보다 개화 정도에 있어서 뒤처진 모습을 보인다. 롬바르디아에서는 고대의 속죄금 제도, 시죄법(試罪法), 결투 재판, 신체 절단 형벌이 존속되었으며,[24] 이교도로 돌아가거나 사순절에 고기를 먹으면 사형을 당했다. 단, 이때 사제가 감형을 해 줄 수 있었다.[25] 이러한 법령들이 모두 법률 조항이었던 것은 아니다. 질문에 대한 답인 것도 있었고, 샤를마뉴가 관리들에게 제기한 질문인 것도 있었으며 도덕적 조언인 것도 있었다. 한 조항을 보면 "모든 인간은 하느님을 섬기고 하느님의 계율에 따른 삶을 살 수 있도록 힘과 능력을 단련해야 한다. 황제 폐하께서 한 사람 한 사람의 자기 수양을 일일이 지켜볼 수 없기 때문이다."라고 나와 있다.[26] 몇몇 조항을 보면 백성들의 성관계와 부부 관계에 좀 더 질서를 불어넣고자 힘쓴 흔적이 보인다. 이러한 조언들이 모두 지켜진 것은 아니었지만 법령 전반에는 야만 상태를 문명화하기 위한 성실한 노력이 확연히 드러나 있다.

샤를마뉴는 정치 및 도덕뿐만 아니라 농업, 제조업, 재정, 교육, 종교를 위한 법률도 제정하였다. 그의 치세기는 남(南)프랑스와 이탈리아의 경제가 사라센인들에 의한 지중해 지배를 겪으면서 침체되었던 시기에 해당되었다. 이븐 칼둔은 "그리스도교도들은 더 이상 바다 위에 널빤지 한 장 띄울 수 없을 것이다."라고 말하기까지 했다.[27] 서유럽과 아프리카와 레반트 사이의 상업 관계 구조 전체가 불안정한 상태였다. 이러한 이유 때문에 샤를마뉴가 공들여 보호해 주고 있던 유대인만이 이제는 적대 관계에 처하게 된 로마하에서의 연합 경제계의 절반과 연결해 줄 수 있었다. 상업은 슬라브와 비잔티움 유럽, 튜턴 북쪽에서만 존속하고 있었다. 영불(英佛) 해협과 북해는 교역으로 활기를 띠었으나 이 또한 샤를마뉴가 눈을 감기도 전에 노르웨이의 해적질과 습격으로 혼란에 빠지게 될 터였다. 북쪽으로는 바이킹족, 남쪽으로는 이슬람교도들 때문에 항구들이 폐쇄되다시피 하여 프랑스는 내륙 국가이자 농업 국가가 되었다. 상업에 종사하던 중산층이 쇠락하여 시골 귀족과 겨룰 만한 계층이 없어지게 되었다. 프랑스의 봉건 제도는 샤를마뉴의 무상 토지 불하와 이슬람의 승리로 촉진되었다.

샤를마뉴는 농노제 확산에 대하여 자유 소농을 보호하려고 분투했지만 귀족들의 권력과 불가항력적인 상황 때문에 번번이 좌절되었다. 이교도 부족에 맞선 카롤링거 왕조의 전쟁으로 인하여 한동안 노예제조차 발달하게 되었다. 몰수, 기증, 유언을 남기지 않은 토지의 반환, 개간에 의해 주기적으로 확장된 왕 자신의 사유지가 왕실의 주요 수입원이었다. 이러한 토지를 관리하기 위하여 샤를마뉴는 놀라울 정도로 상세한 왕령지 관리 칙령을 반포했는데, 이 칙령을 보면 그가 국가의 수입과 지출을 얼마나 꼼꼼하게 감독했는지 알 수 있다. 삼림, 황무지, 공공 도로, 항구, 지하 광물 자원은 국유 재산이었다.[28] 살아남은 상업에 대하여서는 온갖 지원을 아끼지 않아, 시장은 보호를 받았고, 도량형 및 가격은 규제를 받았으며, 통행료는 경감되었고, 사재기는 감시를 받았으며, 도로 및 다리는 건설되거나 수리되었고, 마인츠에 있는 라인 강을 가로지르는 거대한 교량이 세워졌으며, 수로는 늘 열어 놓았고, 북해와 흑해를 연결하기 위하여 라인 강과 다뉴브 강을 잇는 운하가 계획되었다. 안정적인 통화가 유지되었지만 프랑스에서 금이 희귀해지고 교역이 쇠퇴하자 콘스탄티누스의 금화인 솔리두스(solidus)가 파운드 은화로 대체되었다.

샤를마뉴의 기운과 관심은 모든 생활 영역에 두루 미쳤다. 그는 우리가 오늘날 사용하는 사방(四方)에 이름을 붙여 주었다. 빈민 구제 제도를 설립하고 귀족과 성직자에게 과세하여 그 비용을 충당케 했으며 구걸을 범죄로 규정했다.[29] 성직자를 제외하고는 글을 읽을 줄 아는 사람이 거의 없었던 당대의 문맹률에 경악했던 그는 외국의 학자들을 불러들여 프랑스의 학교들을 부활시켰다. 몬테 카시노에서 파울루스 디아코노스가, 요크에서 알퀸이 꼬임에 넘어가 (782년) 샤를마뉴가 아헨의 왕궁에 세운 학교에서 가르치게 되었다. 알퀸 (735~804년)은 요크 근처에서 태어난 색슨족으로 에그버트 주교가 그곳에 세운 성당 학교에서 교육을 받았다. 8세기 브리튼 섬과 아일랜드 섬은 문화적으로 프랑스보다 앞서 있었다. 메르키아의 오파 왕이 알퀸을 샤를마뉴에게 사절로 보냈을 때, 샤를마뉴는 알퀸에게 떠나지 말아 달라고 간청했다. 데인족이 "잉글랜드를 황폐화시키고 수도원을 간음으로 망신시키고 있을" 때,[30] 잉글랜드에서 벗어나 있게 된 것이 다행스러웠던 알퀸은 남아 있겠다고 했다. 알퀸은 책과 교사를 데리러 잉글랜드를 비롯한 여러 곳으로 사람을 보냈고, 머지 않아 궁정 학교는 활발한 연구, 필사본의 수정 및 복사, 왕국 전역으로 확산된 교육 개혁의 중심지가 되었다. 학생 가운데에는 샤를마뉴, 그의 부인 리우트가르트, 그의 아들들과 딸 기젤라, 그의 서기관 아인하르트, 수녀 한 명을 포함하여 다수가 있었다. 샤를마뉴가 그중 가장 열성적인 학생이었다. 그는 왕국을 흡수할 때처럼 배움에 달려들었다. 그는 수사학, 변증법, 천문학을 공부했다. 아인하르트에 따르면 샤를마뉴는 글을 쓰려고 각고의 노력을 기울였으며, "여가 시간에 자기 손으로 글자의 형태를 익힐 수 있도록 베개 밑에 평판을 놓아두곤 했지만 이러한 노력들이 너무 늦게 시작된 탓에 그 보답이 시원찮았다."[31]고 한다. 그는 라틴어 공부에 맹렬히 매달렸지만 궁정에서는 계속 게르만어로 말했다. 그는 게르만어의 문법책을 편찬했으며, 게르만어로 씌어진 초기 게르만 시의 표본을 수집했다.

궁정 학교에서 8년을 보낸 알퀸이 조용한 곳으로 보내 달라고 애원하자, 샤를마뉴는 내키지는 않았지만 그를 투르의 수도원장으로 임명했다.(796년) 그곳에서 알퀸이 수도사들로 하여금 라틴 교부인 성(聖) 히에로니무스의 불가타 성서와 그 밖의 라틴 고전들을 더욱 완전하고 정확하게 필사하도록 장려하자 다른 수도원들도 이를 본받아 알퀸을 따르게 되었다. 오늘날 최고라고 평가받는 고전의 원문들은 9세기 이러한 수도원들의 필사실로부터 우리에게로 전해졌으며, 카툴루스, 티불루스, 프로페르티우스를 제외하고 실질적으로 현존하는 거의 모든 라틴 시와 바로, 타키투스, 아풀레이우스를 제외하고 실질적으로 현존하는 거의 모든 라틴 산문은 카롤링거 왕조 시대의 수도사들이 보전한 덕에 우리가 볼 수 있게 된 것이다.[32] 카롤링거 왕조의 필사본들에는 이러한 수도사들이 인내심을 가지고 그린 멋진 삽화들이 들어가 있다. 샤를마뉴 이후 게르만 황제들이 대관식 선서를 할 때 등장한 비엔나 대관식 복음서도 이러한 궁정학교 삽화 및 채색 필사본에 속했다.

787년 샤를마뉴는 프랑키아의 모든 주교들과 수도원장들에게 역사적인 칙령인 문자 연구에 관한 지령을 반포했다. 이 칙령은 "상스러운 언어"를 쓰고 "글을 읽지 못한다."며 성직자들을 비난하면서 성직자나 일반 신도가 다 같이 읽고 쓰는 법을 배울 수 있도록 학교를 세우라고 모든 성당과 수도원에 촉구했다. 789년 반포된 추가 칙령은 이러한 학교들의 책임자들에게 "농노의 자식이건 자유민의 자식이건 똑같은 의자에 앉아 문법, 음악, 산수를 배울 수 있도록 이들 사이에 어떠한 차별도 두지 않게 주의하라."고 당부했다. 805년에 반포된 칙령으로 의학 교육이 가능해졌으며, 또 다른 칙령에서는 의학 관련 미신을 규탄했다. 현재 프랑스와 서부 독일에 산재하는 성당 학교나 수도원 학교를 보면 샤를마뉴의 호소가 전혀 실효가 없었던 것이 아니었음을 알 수 있다. 오를레앙의 주교 테오둘프는 자신의 교구에 속하는 모든 교회구에 학교를 세워 모든 아이들을 기꺼이 받아들였으며 교사였던 사제들로 하여금 학비를 받지 못하게 하였다.[33] 이는 역사상 최초의 무상 일반 교육 사례이다. 거의가 수도원 부속 학교에 속했던 주요 학교들은 9세기 투르, 오세르, 파비아, 생갈, 풀다, 겐트 등지에서 시작되었다. 교사의 수요를 충족시키기 위하여 샤를마뉴는 아일랜드, 브리튼, 이탈리아에서 학자들을 불러들였다. 이러한 학교들로부터 유럽의 대학들이 탄생하게 된 것이다.

그러나 이 시대의 지식수준을 결코 과대평가해서는 안 된다. 이러한 학업의 부활은 그 당시 콘스탄티노플, 바그다드, 코르도바에 존재했던 문화의 성숙이라기보다 아이들에 대한 자각이었다. 이를 계기로 위대한 작가가 배출된 것도 아니었다. 현존하는 알퀸의 작품들은 답답할 정도로 무미건조하다. 편지와 가끔씩 쓴 시만이 그가 젠체하는 현학자가 아니라 행복과 신앙심을 조화시킬 줄 알았던 가슴 따뜻한 인간이었음을 보여 준다. 이처럼 단명한 부흥기에 많은 사람들이 시를 썼으며, 테오둘프의 시는 나름대로 유쾌한 맛이 있다. 그러나 이 시대 작품 중 유일하게 지금까지 남아 있는 작품은 아인하르트가 쓴 짧고 간결한 샤를마뉴 전기밖에 없다. 이 전기는 수에토니우스의 『카이사르의 생애』의 구성을 따르고 있으며, 심지어 그 책에서 몇몇 단락을 가져다가 샤를마뉴에게 적용하기까지 했다. 그러나 자신을 "로마어에 서툰 미개인"이라고 겸손하게 소개한 저자이기에 모든 게 용서가 된다.[34] 그럼에도 아인하르트는 재주가 매우 뛰어난 사람이었음에 틀림이 없다. 왜냐하면 샤를마뉴가 그를 왕실의 집사이자 회계원으로 임명했으며, 가까운 친구로 지내면서 창의적이었던 그의 치세기에 지어진 건축물의 대부분을 감독할, 어쩌면 설계까지 할 사람으로 그를 선택했기 때문이다.

황제를 위한 궁전들이 인겔하임과 네이메헨에 건설되었으며, 그가 가장 좋아했던 수도인 아헨에다가는 2차 세계대전 때 쏟아진 포탄과 폭탄으로 무너질 위기를 천 번쯤은 넘기고 살아남은 유명한 궁전이자 예배당을 세웠다. 이름 모를 건축가들은 아헨의 궁전을 설계할 때 그 형태를 비잔티움과 시리아 양식의 전형에서 따온 라벤나의 산 비탈레 성당을 본으로 삼아 만들었다. 그 결과 서양에 갇힌 동방적인 성당이 탄생했다. 팔각형 구조 위에는 원형 돔이 얹혀 있고, 2단 원형 주랑에 의해 분리된 내부는 "금과 은, 램프들, 순 청동으로 만든 난간과 문짝, 로마와 라벤나에서 가지고 온 원기둥과 도가니로 장식되어 있으며",[35] 돔 천장에는 유명한 모자이크가 있다.

샤를마뉴는 교회에 대하여서는 아낌없이 베풀었다. 자신이 직접 주인이 되어 교회의 교리와 인원을 교육과 통치의 도구로 삼았다. 그의 서신은 대부분 종교에 관한 내용을 담고 있었다. 그는 부패한 관리나 세속에 물든 성직자들에게 성경 구절을 인용하며 호령했고, 이때 그의 목소리가 어찌나 우렁찬지 그가 정치적 목적을 위해 신앙심을 이용할지도 모른다는 의심이 끼어들 여지가 없었다. 그는 이국땅에서 곤경에 처한 그리스도교도들에게 돈을 보냈으며, 이슬람 통치자들과의 교섭에서는 그네들의 땅에 사는 그리스도교도들도 정당하게 처우해 주어야 한다고 주장했다.[36] 그의 회의체, 행정에서는 주교들이 주도적인 역할을 맡았으나 그는 주교들을 하느님의 대리인으로 간주하되 정중하게 대했다. 그럼에도 그는 서슴지 않고 주교들에게 명령을 내렸고, 심지어 교리나 도덕에 관한 문제에서도 이는 마찬가지였다. 그는 교황들이 수호하던 우상 숭배를 맹렬히 비난하면서 모든 사제에게 각자의 소교구에서 세례가 어떻게 시행되는지 자세히 적어서 보낼 것을 요구했고, 교황에게는 선물만큼이나 많은 지령을 보냈으며, 수도원에서의 불복종을 금했고, "오입질, 주취, 탐욕"을 막고자 수녀원을 엄중하게 감시하라고 명하기도 했다.[37] 811년에 반포한 칙령에서 그는 일부 성직자들이 "날마다 갖은 수단을 동원하여 재산 불리기에 힘을 쓰다가, 이제는 오로지 앞서 말한 목적을 위하여 영원한 지옥 불로 위협했다가 다시 영원한 지복(至福)을 약속하며 하느님이나 어느 성인의 이름으로 아둔한 백성들의 재산을 빼앗아 그들의 합법적인 상속자에게 무한한 손해를 끼친다는 걸 우리가 다 알고 있는 마당에" 세상을 등지겠다고 천명한 것은 대관절 무슨 의도냐고 성직자들에게 물었다. 그럼에도 그는 성직자들의 대저택 소유를 허용했고, 십일조나 토지에서 나온 모든 농산물의 10분의 1은 교회로 환수하라고 명했으며, 성직자에게 결혼 및 유언장 관리를 맡겼고 그 자신은 사유지의 3분의 2를 왕국의 주교 관할 지역에 물려주었다.[38] 그러나 주교들에게 때때로 통치에 필요한 비용을 충당하기 위하여 상당량의 선물을 요구하곤 했다.

이처럼 긴밀했던 교회와 국가 사이의 협력 관계에서 정치 역사상 가장 기발한 아이디어가 탄생했다. 그것은 바로 샤를마뉴의 왕국을 황제의 로마와 교황의 로마가 가지고 있던 그 모든 위신과 신성성과 안정성을 배후에 품고 있는 신성(神聖)로마제국으로 탈바꿈시키는 것이었다. 교황들은 그들을 보호해 주지도 않았고 안정을 가져다주지도 않은 비잔티움에 영토상 예속되어 있는 것이 오랫동안 못마땅했었다. 그러던 차에 총대주교가 점점 더 콘스탄티노플의 황제에게 의존하는 모습을 보이자 자신들의 자유가 슬슬 걱정되기 시작했다. 교황으로 하여금 샤를마뉴를 로마 황제로 즉위시키자는 계획을 누가 생각해 냈고 주선했는지 우리는 알지 못한다. 알퀸, 테오둘프, 그 밖에 그와 가까운 측근 몇몇이 그 가능성에 관하여 논한 적은 있었다. 아마도 초안은 이들로부터 나왔을 것이며, 어쩌면 교황들의 고문관들도 동참했을지 모른다. 그 과정은 실로 험난 그 자체였다. 그리스의 군주가 이미 로마 황제라는 칭호를 쓰고 있었고, 그러한 칭호에 대한 역사적 전권(全權) 또한 보유하고 있었다. 게다가 교회에는 황제라는 칭호를 전달하거나 이양해 줄 정식 권한이 없었다. 이를 라이벌인 비잔티움에 수여하면 동쪽 그리스도교도 진영과 서쪽 그리스도교도 진영 사이에 어마어마한 전쟁이 촉발되어 정복 중인 이슬람교도들의 손아귀에 초토화된 유럽을 쥐어 주는 꼴이 될 터였다. 이레네가 그리스의 왕위에 오르자 상황이 다소 유리해지게 되었다.(797년) 혹자는 그로 인하여 그리스의 황제가 없어지게 되었으므로 이제 황제 칭호는 누구든 청구하는 자에게 돌아가게 되었다고 했다. 대담한 계획이 완성된다면 서쪽에서도 다시 로마 황제가 탄생할 수 있는 상황이었다. 그렇게 되면 라틴 그리스도교는 종파가 분립된 비잔티움과 위협적인 사라센인들에 맞서 하나로 뭉쳐 꿋꿋하게 맞설 수 있을 것이고, 황제라는 호칭이 지니고 있는 경외감과 마력에 의해 야만화된 유럽은 수 세기에 걸친 암흑기로 돌아가 고대의 문명과 문화를 물려받아 고대 세계를 그리스도교화할 수 있을지도 몰랐다.

795년 12월 26일, 레오 3세가 교황으로 선출되었다. 로마의 대중은 그를 좋아하지 않았다. 갖은 악행으로 그를 비난하더니 급기야 799년 4월 25일, 그를 공격하여 학대하고는 수도원에 감금해 버렸다. 레오 3세는 탈출하여 신변 보호를 위해 파더본의 샤를마뉴에게로 피신했다. 샤를마뉴는 그를 흔쾌히 받아들였고 무장 호위대와 함께 로마로 돌려보낸 다음 교황과 레오 3세를 비난했던 사람들에게 내년에 그 장소에서 자신이 참석한 가운데 재판을 열라고 명했다. 800년 11월 24일, 샤를마뉴는 옛 수도인 로마에 입성했다. 12월 1일에는 프랑크 왕국과 로마 제국의 고관들을 불러 회합을 열고 레오 3세가 엄숙한 선서 후 자신의 죄목을 부인한다면 공소를 취하하기로 합의했다. 레오 3세가 합의한 대로 하자 성대한 성탄제가 준비되었다. 성탄절 날 성좌의 수호자답게 클라미스(고대 그리스의 망토의 일종 - 옮긴이)와 샌들을 신은 샤를마뉴가 성 베드로 대성당 제단 앞에 무릎을 꿇고 기도를 올리고 있을 때, 레오 3세가 돌연 보석을 박은 왕관을 꺼내 보이더니 기습적으로 왕의 머리에 씌웠다. 아마도 로마의 원로원과 인민(senatus populusque Romanus, 로마 공화정의 정부를 이르는 말이었으며, 로마 정부의 공식 표어로 쓰였다. - 옮긴이)이 즉위를 확정할 때 했던 고대 의식에 따라 행동하도록 사전에 지시를 받았을 신도들이 "위대하신 하느님께서 제위에 앉히셨으며 평화를 가져오실 우리 로마인들의 황제, 샤를 아우구스투스 만세!"를 세 번 외쳤다. 국왕의 머리에는 성유가 발라졌고, 교황은 샤를마뉴에게 황제이자 아우구스투스로서 경의를 표했으며 476년 이후 동로마 제국 황제 때문에 보류 중이었던 충성의 맹세를 바쳤다.

우리가 아인하르트의 말을 믿는다고 가정하면, 샤를마뉴는 레오 3세가 그에게 왕관을 씌워 줄 줄 알았다면 교회에 들어가지 않았을 거라고 한다. 아마도 샤를마뉴도 이 계획에 대해 들은 바가 있어 어렴풋이 알고는 있었을 것이다. 그러나 샤를마뉴는 이 계획을 너무 성급하게 실행에 옮겼다는 것, 그리고 계획이 실행된 상황을 못내 아쉬워했다. 왕관을 교황으로부터 받았기 때문에 그의 심기가 불편했을지도 모른다. 왜냐하면 주는 쪽과 받는 쪽의 상대적 자존감과 권력에 관한 수 세기 동안의 논쟁에 돌입하는 문을 열게 되기 때문이다. 모르긴 몰라도 샤를마뉴는 비잔티움과의 분쟁을 예상하고도 남았을 것이다. 이후 그는 화해를 위해 콘스탄티노플로 대사와 서한을 자주 보냈고, 꽤 오랫동안 황제라는 새로운 칭호도 사용하지 않았다. 802년 그는 각자의 석연치 않은 칭호에 정당성을 부여하기 위한 수단으로 이레네에게 혼인을 제안했으나,[39] 이레네가 권좌에서 추락하는 바람에 이 우아한 계획은 좌절되었다. 비잔티움의 군사 공격을 막기 위하여 샤를마뉴는 하룬 알 라시드와의 우호 조약을 주선했는데, 하룬 알 라시드는 코끼리 몇 마리와 예루살렘에 있는 그리스도교 성지들의 열쇠를 보냄으로써 합의를 확정지었다. 이에 동로마 제국은 보복할 심산으로 코르도바의 왕을 부추겨 바그다드에 대한 충성심을 버리게 했다. 마침내 812년 그리스의 바실레우스(아우구스투스에 해당하는 칭호-옮긴이)는 샤를마뉴가 베네찌아와 이탈리아 남부를 비잔티움의 영토로 인정하자 답례로 샤를마뉴를 공동 황제로 인정해 주었다.

샤를마뉴 대관식의 여파는 천 년이나 이어졌다. 대관식으로 행정 당국이 성직자 서임으로 구성되게 됨으로써 교황과 주교의 권력이 강해졌다. 그레고리우스 7세와 인노켄티우스 3세는 800년에 로마에서 벌어진 사건들을 기반으로 더욱 강성한 교회를 만들게 될 터였다. 또한 샤를마뉴도 하느님의 대리자가 됨으로써 귀족을 비롯한 기타 계층의 불만에 맞설 더욱 강력한 힘을 갖게 되었다. 샤를마뉴의 대관식은 왕권신수설(王權神授說)을 크게 발전시켰다. 라틴 그리스도교에서 파생된 그리스 분파주의에도 기여했다. 그리스 정교회는 비잔티움과 라이벌 관계인 황제와 동맹을 맺은 로마 교회에 복종한다는 것이 마음에 들지 않았다. 샤를마뉴가 (교황이 바라던 대로) 로마가 아닌 아헨을 계속 수도로 삼았다는 사실은 정치권력이 지중해에서 북유럽으로, 라틴 민족에서 튜턴족으로 이동했다는 것을 분명하게 보여 주었다. 무엇보다도 대관식은 허상이 아닌 실제의 신성로마제국을 설립했다. 샤를마뉴와 그의 고문들은 샤를마뉴의 새로운 권위를 예전 황제 권력의 회복으로 여겼다. 정권에 새로 등장한 눈에 띄는 인물이라고는 오토 1세밖에 없었으며 신성로마제국은 프레데릭 바르바로사가 1155년 자신의 칭호에 신성하다는 뜻의 라틴어 "사크룸(sacrum)"을 도입했을 때에만 "신성"했다. 지성인과 시민들의 자유가 위협을 받기는 했어도 신성로마제국은 대체로 고결한 구상이자 안정과 평화에 대한 꿈이었고, 야만, 폭력, 무지로부터 영웅적 승리를 거둔 세상에서 되찾은 질서와 문명이었다.

이제 제국이 되면서 여러 절차가 생기는 바람에 국가 행사 시 황제는 이것저것 따라야 할 것이 많아졌다. 황제는 자수가 놓인 예복을 입고, 황금 혁대 장식을 달고, 보석이 박힌 신발을 신고, 금은보화가 박힌 왕관을 써야 했고, 참관인들은 부복하여 황제의 발이나 무릎에 입을 맞추었다. 샤를마뉴는 비잔티움으로부터 많은 것을 배웠으며, 비잔티움은 크테시폰으로부터 많은 것을 배웠다. 그러나 아인하르트가 확인해 준 바에 따르면 평상시 샤를마뉴의 옷차림은 프랑크 왕국 시절의 일상복과 별반 다르지 않아서 맨몸에 리넨 셔츠와 반바지를 입고 그 위에 테두리에 비단 장식이 달린 울 소재 튜닉을 입었으며, 밴드로 조인 몸에 딱 붙는 바지로 다리를 감싸고 발에는 가죽 신발을 신었다고 한다. 겨울에는 여기에 몸에 꼭 맞는 수달이나 담비 가죽 코트를 입었다. 칼은 늘 옆구리에 차고 있었다. 키는 2미터에 가까웠으며 균형 잡힌 체구였다. 머리는 금발에 눈은 생기가 넘쳤고 코는 강인해 보였으며, 콧수염은 길렀지만 턱수염은 없었다. "늘 위풍당당하고 품위 있는" 풍모였다.[40] 음식을 절제했고 음주를 혐오했으며 늘 유해 환경에 노출되고 곤란을 겪었음에도 불구하고 건강을 유지했다. 자주 사냥을 나가거나 말을 타고 격렬한 운동을 즐겼다. 또한 수영을 아주 잘했으며, 아헨의 따스한 봄볕 아래 일광욕을 즐겼다. 먹는 동안 음악을 듣거나 책 읽기를 선호해서 손님을 접대하는 일은 거의 없었다. 모든 위인이 그랬듯 그 또한 시간을 소중히 여겼다. 오전에 옷을 입고 신발을 신으면서 접견과 사건 심리를 했다.

침착하고 위엄 있는 이면에는 열정과 에너지가 있었으나 통찰력 있는 지혜로 이를 자신의 목적에 맞게 이용할 줄 알았다. 그의 활력은 50번에 가까운 군사 작전으로도 소모되지 않았으며 결코 시들지 않는 열정을 가지고 과학, 법학, 문학, 신학에 몰두했다. 그는 광활한 세계의 일부나, 모든 지식 분야의 일부분이라도 정복하지 못하거나 탐구하지 못한 채 방치하게 될까 조바심을 냈다. 어떤 면에서 그는 정신적으로 순진했다. 미신을 경멸했고 점쟁이와 예언자를 공식적으로 금했으나 신화에 나오는 경이로운 일들을 다수 수용했고, 법률이 선(善)이나 지(智)를 유도할 수 있다고 과신했다. 그의 이러한 단순한 측면은 나름의 장점을 가지고 있었는데, 그것은 바로 그의 생각과 말이 정치가에게는 허용되지 않는 솔직성과 정직함을 함유하고 있었다는 것이다.

정치적으로 필요할 때는 무자비하게 굴 수 있었으며, 특히 그리스도교를 전파하려는 노력에 있어서는 더없이 잔혹했다. 그럼에도 그는 매우 친절했고, 자선을 베풀었으며, 따뜻한 우정을 나누고 두루 사랑할 줄 아는 사람이었다. 그는 자신의 아들들, 딸, 교황 하드리아누스가 죽었을 때 눈물을 흘렸다. 「샤를마뉴 왕에게」라는 시에서 테오둘프는 가정에서 황제가 보여 준 유쾌한 장면을 그리고 있다. 그가 바깥일을 마치고 돌아오자 아이들이 그의 주변에 모여든다. 아들 샤를이 아버지의 망토를 벗기자 아들 루도비쿠스가 그가 차고 있던 칼을 내려놓는다. 여섯 딸들이 그를 포옹하고, 빵이며 포도주, 사과, 꽃을 가지고 온다. 이때 주교가 들어와 왕의 발에 축성을 한다. 알퀸이 편지를 가져와 그와 상의하려는 찰나 아인하르트가 개미처럼 이리저리 분주히 다니며 거대한 책을 가지고 들어온다.[41] 그는 딸들을 매우 좋아한 나머지 딸들이 없으면 적적해서 못 견딜 거라 말하면서 결혼을 만류했다. 딸들은 금지된 연애로 쓸쓸한 마음을 달래다가 사생아를 낳았다.[42] 샤를마뉴는 선왕들의 관습을 따라 자신 또한 4명의 부인과 5명의 정부나 첩을 두고 있었기 때문에 딸들의 사생아 출산을 기분 좋게 받아들였다. 넘치는 활력 탓에 그는 여성의 매력에 극도로 민감했고, 그 결과 그의 여자들은 다른 남자를 온전히 독차지하느니 그를 다른 여자들과 나눠 갖는 편을 더 좋아했다. 그의 아내들과 첩들은 모두 18명이나 되는 자식을 낳았으며, 그중 8명만이 적출이었다.[43] 궁중과 로마의 성직자들은 그토록 그리스도교를 열렬히 신봉하는 왕의 이슬람적인 정조 관념을 너그러이 눈감아 주었다.

이제 그는 비잔티움보다 훨씬 위대한 제국의 수장이 되어 백인 세상에서 그를 능가하는 왕국은 압바스 왕조의 칼리프가 다스리는 왕국밖에 없었다. 그러나 모든 왕국 혹은 지식이 그렇듯 그 경계가 확장되자 새로운 문제들이 속출하였다. 서유럽은 자체 문명을 이룩함으로써 게르만족으로부터 스스로를 보호하려고 했었지만, 이제 게르만 왕국이 노르웨이인과 슬라브족에 맞서서 보호받아야 할 상황이었다. 800년경 바이킹족은 유틀란트 반도에 왕국을 세워 프리지아의 해안지방을 습격하고 있었다. 카롤루스 왕은 로마로부터 서둘러 북상하여 해안과 강변에 함대와 요새를 구축하고 위험한 지점에는 수비대를 주둔시켰다. 810년 유틀란트의 왕은 프리지아족을 공격했다가 격퇴를 당했으나 그 후 얼마 안 가, 생갈의 수도사가 쓴 연대기에 따르면, 샤를마뉴는 나르본에 있던 자신의 궁전에서 덴마크의 해적선들이 리옹 만에 들어오는 것을 보고 큰 충격을 받았다고 한다.

아마도 그 또한 디오클레티아누스처럼 지나치게 확장한 자신의 제국 내 여러 지점에 신속한 방어가 필요하리라는 사실을 예견했기 때문인지, 806년 자신의 제국을 세 아들들, 피핀, 루도비쿠스, 샤를에게 분할해 주었다. 그러나 피핀이 810년 사망하고, 샤를마저 811년에 죽어 신앙에 깊이 빠져 있어 거칠고 위험한 세상을 다스리기에 부적합해 보였던 루도비쿠스만 남게 되었다. 그럼에도 불구하고 813년 엄숙한 의식을 통해 루도비쿠스는 왕에서 황제의 지위로 격상되었고, 이제는 나이가 든 군주가 자신의 눈크 디미티스(nunc dimittis, 시메온의 노래로 알려진 누가복음 2:29~32 - 옮긴이)를 읊조렸다. "제 아들이 옥좌에 오르는 모습을 제 두 눈으로 볼 수 있는 은총을 내려 주신 주 하느님 축복받으시옵소서!"⁴⁴ 그로부터 네 달 뒤, 아헨에서 겨울을 보내던 그에게 고열이 엄습하더니 그만 흉막염에 걸리고 말았다. 그는 유동식만 섭취하여 병을 고쳐 보려고 했으나 이레 동안 앓다가 치세 47년째이자 72세의 나이에 죽었다.(814년) 그의 시신은 아헨 성당의 돔 아래 황제의 망토를 입은 채 매장되었다. 곧 온 세상이 그를 카롤루스 대제(Carolus Magnus), 칼 대제(Karl der Grosse), 샤를마뉴(Charlemagne)라 불렀다. 1165년, 세월이 흘러 그의 통치에 대한 기억조차 모조리 사라지자 그가 그토록 극진히 받들어 모셨던 교회는 그를 성인(聖人)으로 추증했다.

3. 카롤링거 왕조의 쇠퇴

카롤링거 왕조의 부흥기는 기나긴 중세 암흑기 사이사이 가뭄에 콩 나듯 영웅이 등장했던 시기 중 하나였다. 샤를마뉴 사후 제위 계승자들의 다툼과 무능, 귀족들의 아귀다툼, 교회와 국가 간의 파괴적인 분쟁, 이러한 어리석은 처신이 불러들인 노르만족, 마자르인, 사라센인들의 침략만 아니었다면, 카롤링거 왕조는 아벨라르보다 3세기 앞서 암흑기를 종식시킬 수 있었을지도 모른다. 한 사람, 한 평생으로는 새로운 문명을 이룩하는 데 아무런 소용이 없었다. 단명한 부흥기는 성직자가 끼어들 틈이 없었고, 일반 시민들과는 무관했으며, 귀족들은 콧방귀도 뀌지 않아서 그중 글을 배워 보려고 노력한 수는 극소수에 불과했다. 제국이 몰락한 데에는 샤를마뉴의 책임도 일부 있다. 그가 성직자의 배를 너무 불려 준 바람에 뒤늦게 고압적인 태도를 보였음에도 주교들의 권력이 황제의 권력을 능가했고, 군사 및 행정적 이유 때문에 어쩔 수 없이 각 지방의 신하 및 호족들에게 위험할 정도의 독립을 인정해 줄 수밖에 없는 지경에 이르렀기 때문이다. 그는 황실에 부담을 주는 정부의 재정을 이러한 무례한 귀족들의 충성과 청렴, 그리고 자신의 사유지와 광산에서 나오는 얼마 안 되는 수입에 의존하도록 방치했다. 그는 비잔티움 황제들처럼 중앙 정부에만 책임을 지고 황제의 조직원들을 거쳐 정부와 소통할 수 있는 관리들로 구성된 관료제를 구축할 수가 없었다. 샤를마뉴가 죽고 한 세대도 지나지 않았건만 그의 권위를 전국으로 확산시킨 순찰관들은 해체되거나 무시당했고, 지방 영주들은 중앙 정부의 통제를 벗어나게 되었다.

    샤를마뉴의 계승자들에게 당대 사람들이 붙인 별칭들을 보면 다채롭다. 경건(敬虔) 왕 루도비쿠스, 대머리 왕 샤를, 말더듬이 왕 루도비쿠스, 비대(肥大) 왕 샤를, 단순(單純) 왕 샤를. 경건* 왕 루도비쿠스(814~840년)는 아버지 못지않은 훤칠한 미남이었다. 겸손하고, 온화하며, 우아하고 카이사르처럼 대책 없이 관대했다. 사제에게 양육을 받은 그는 아버지 샤를마뉴가 적당히 따랐던 계율들을 가슴속 깊이 새겼다. 부인은 한 명이었고 첩은 두지 않았다. 또한 그는 아버지의 정부들과 누이들의 애인들을 궁에서 내쫓았다. 누이들이 반발하자 수녀원에 유폐시켜 버렸다. 그는 사제들의 말을 곧이곧대로 믿고 수사들에게

---

* '숭배하다', '충실하다', '친절하다', '온화하다' 등을 뜻하는 'pius'가 시간이 지나면서 오역된 경우.

베네딕트 수도회의 규칙을 따르도록 명하였다. 어디서든 불평등이나 착취가 발견되면 이를 근절하고, 잘못된 일은 바로잡으려고 노력했다. 그가 늘 약자나 빈자의 편을 든다는 사실을 알고 사람들은 경탄해 마지않았다.

프랑크 왕국의 관습에 얽매인 것 같다는 생각에 그는 제국을 왕국으로 나누어 자신의 아들들인 피핀, 로타리우스, "게르만" 루도비쿠스(우리가 루드비히라고 부르게 될)에게 다스리게 했다. 그는 두 번째 부인 유디트와의 사이에서 역사에 대머리 왕 샤를이라고 알려진 네 번째 아들을 얻었다. 루도비쿠스는 손자뻘 되는 이 막내아들을 무척 아껴서 817년의 제국 분할을 무효화한 후 그도 제국의 일부를 갖길 바랐으나 세 아들들이 반대하는 바람에 아버지를 상대로 한 8년 동안의 내전이 시작되었다. 귀족 및 성직자의 대다수가 이러한 아들들의 반란을 지지했다. 소수이긴 했지만 충직해 보였던 측근들은 로스펠트(콜마르 근처)에서 위기의 순간에 루도비쿠스를 버렸고, 그 후 로스펠트는 거짓말의 전장을 뜻하는 뤼겐펠트(Lügenfeld)로 알려지게 되었다. 루도비쿠스는 잔류한 지지자들로 하여금 각자의 신변을 보호하기 위해 자신을 떠나라고 명한 다음 아들들에게 항복하였다.(833년) 아들들은 아버지인 그를 투옥하고 유디트는 삭발을 시켰으며 어린 샤를은 수녀원에 가둔 다음, 아버지에게 퇴위 및 공개 참회를 명했다. 수아송에 있는 교회에서, 서른 명의 주교들에 둘러싸이고 그의 아들이자 제위 계승자인 로타리우스가 참석한 가운데 루도비쿠스는 상반신을 드러낸 채 모포에 납작 엎드려 자신의 죄를 큰소리로 자백해야 했다. 그는 참회자가 입기로 되어 있는 회색 옷을 입고 1년 동안 수도원에 투옥되었다. 이때부터 연합 주교단이 프랑스를 지배했고 카롤링거 왕조는 붕괴되었다.

루도비쿠스에 대한 로타리우스의 처우 때문에 민심이 동요하였다. 다수의 귀족들과 일부 고위 성직자들은 폐위를 취소해 달라는 유디트의 호소에 응하였다. 그 결과 아들들 사이에서 다툼이 시작되었다. 피핀과 루드비히는 아버지를 석방하고 복위시켜 주었으며, 어머니인 유디트와 동생 샤를을 아버지의 품으로 돌려보냈다.(834년) 루도비쿠스 왕은 복수하는 대신 모두를 용서했다. 피핀이 죽자(838년) 영토가 재분할되었다. 루드비히는 새로운 영토 분할이 마음에 들지 않자 작센을 침략했다. 노쇠한 황제가 다시 전장에 나가 루드비히의 침략을 격퇴했지만 귀환 도중 병에 걸려 인겔하임 근처에서 사망했다.(840년) 여러 유언 중에는 루드비히를 용서한다는 전언과 당시 황제였던 로타리우스에게 유디트와 샤를을 보호해 달라는 부탁이 포함되어 있었다.

로타리우스는 샤를과 루드비히를 봉신의 지위로 강등시키려고 했지만 둘은 퐁트네에서 로타리우스를 무찌르고(841년), 스트라스부르크에서 프랑스어로 된 가장 오래된 문서로 유명한 상호 충성 맹약을 맺었다. 그러나 843년 둘은 로타리우스와 베르됭 조약을 맺어 샤를마뉴의 제국을 현재의 이탈리아, 독일, 프랑스에 가까운 형태로 분할했다. 루드비히는 라인 강과 엘베 강 사이의 땅을 받았고, 샤를은 프랑스의 대부분과 스페인 변경 지역을 받았다. 로타리우스는 이탈리아와 라인 강 동쪽과 스켈트 강, 손 강, 론 강 서쪽 사이의 땅을 받았다. 네덜란드에서 프로방스에 이르는 이 다채로운 지역은 로타리우스의 이름을 따 로타리우스의 영지(Lothari regnum)를 뜻하는 로타링기아(Lotharingia), 로트링가(Lothringar), 로렌(Lorraine)이라고 불렸다. 이 지역에는 민족이나 언어의 단일성이 없다 보니 예상대로 독일과 프랑스 사이의 전쟁터가 되었고, 피로 얼룩진 승패를 오가며 그 주인 또한 자주 바뀌었다.

큰 희생이 따른 이러한 여러 번의 내전 중, 서유럽의 통치권과 노동력, 그리고 부와 사기가 약화되면서, 영토 확장에 나선 스칸디나비아의 부족들이 4세기 앞선 게르만족의 대이동의 대혼란과 공포를 재개하여 완성한 야만인 물결의 일환으로 프랑스를 침략했다. 스웨덴인들이 러시아에 침투할 때 노르웨이인들은 아일랜드에 발판을 마련하고 있었고, 데인족은 잉글랜드를 정복 중이었으며, 노르웨이인 또는 바이킹이라고도 칭하는 스칸디나비아 혼혈족들은 프랑스의 해안 및 강안(江岸) 도시들을 침략했다. 경건 왕 루도비쿠스 사후 이러한 습격들은 노도 젓고 싸움도 할 수 있는 전사들로 가득 찬 백 척의 배로 구성된 함대를 갖춘 대규모 원정군이 되었다. 9세기 및 10세기에 프랑스는 노르웨이인들로부터 마흔일곱 번의 공격을 견뎌 냈다. 840년 침략자들이 루앙을 약탈하면서 노르망디에 대한 백 년 동안의 공격이 시작되었다. 843년 이들은 낭트에 진입하여 제단에서 주교를 살해했고, 844년에는 가론 강에서 툴루즈 상류까지 항해했다. 845년 센 강에서 파리까지 진출했지만 은화 7000파운드의 공물을 받고 파리를 손아귀에서 놓아주었다. 846년 사라센인들이 로마를 공격하고 있을 때, 바이킹들은 프리지아를 정복하고 도르드레흐트를 불태우고 리모주를 약탈했다. 847년 그들은 보르도를 포위했지만 격퇴당했다. 848년 재시도하여 보르도를 함락시킨 후 약탈을 하고 주민들을 학살하고 마을을 잿더미로 만들어 버렸다. 다음 해 그들은 보베, 베이유, 생로, 모, 에브루, 투르에도 같은 운명을 선사했다. 투르가 853년, 856년, 862년, 872년, 886년, 903년, 그리고 919년에 약탈을 당했다는 사실에 주목하자. 그들이 느꼈을 공포가 어떠했을지는 상상에 맡기겠다.[45] 파리는 856년과 861년에 약탈을 당했고 865년에 화염에 휩싸였다. 오를레앙과 샤르트르에서는 주교들이 군대를 조직하여 침략자들을 몰아냈으나 (855년), 856년 덴마크 해적들이 오를레앙을 약탈했다. 859년 노르웨이 함대가 지브롤터를 지중해로 항행하여 론 강을 따라 들어선 마을들부터 북쪽에 있는 발랑스까지 습격했다. 그러고는 제노바 만을 가로질러 피사를 비롯한 이탈리아의 도시들까지 약탈했다. 귀족들이 구축한 성채를 보고 당황한 침략자들은 무방비 상태의 교회들과 수도원들이 보유하고 있는 보물들을 강탈하거나 파괴해 버렸고, 보물과 함께 도서관까지 불태워 버린 경우도 비일비재했으며, 가끔은 사제와 수도사들까지 죽였다. 이러한 장구한 암흑의 나날에 사람들은 "저희를 노르웨이인들의 분노로부터 구해 주소서."라고 기도했다.[46] 바이킹과 공모라도 한 듯, 사라센인들이 810년에는 코르시카와 사르디니아를 장악하고, 820년에는 프랑스쪽 리비에라 해안 지방을 초토화하고, 842년에는 아를을 약탈하고, 972년에는 프랑스 쪽 지중해 연안 지역의 대부분을 차지했다.

파괴로 점철된 이 반세기 동안 왕과 귀족들은 뭘 하고 있었을까? 자기들 문제로 이미 지칠 대로 지쳐 있던 귀족들은 다른 지역 원조에 나서기를 극도로 꺼려 단체 행동 요청에만 무기력하게 응했다. 왕들은 영토나 황제 자리를 놓고 싸우느라 분주했고, 때로는 경쟁자의 해안 지역을 습격하라고 노르웨이인들을 부추기기도 했다. 859년 랭스의 대주교 힝크마르가 대머리 왕 샤를이 프랑스 방어를 소홀히 했다며 직접 비난하고 나섰다. 샤를의 뒤를 이은 것은(877~888년) 더욱 한심한 약골들인 말더듬이 왕 루도비쿠스 2세, 루도비쿠스 3세, 카를로만, 비대 왕 샤를이었다. 시간과 죽음이라는 우연한 사건에 의해 샤를마뉴의 제국 전체는 또다시 비대 왕 샤를하에 통일되어, 이 죽어 가는 제국에 필사적으로 싸울 수 있는 또 한 번의 기회가 생겼다. 그러나 880년 노르웨이인들이 네이메헨을 장악하여 불태우고, 코트라이와 겐트를 노르만족의 요새로 바꿔 놓았다. 881년 그들은 리에주, 콜로뉴, 본, 프륌, 아헨을 불태웠다. 882년에는 트리어를 장악하고 이곳의 방어를 주도한 대주교를 죽였다. 같은 해 그들이 랭스를 점령하자 힝크마르는 싸우다가 죽고 말았다. 883년 이들은 아미앵을 점령했지만 카를로만 왕으로부터 은화 1만 2000파운드를 받고 퇴각했다. 885년에는 루앙을 치고 700척의 배에 3만 군사를 태우고 파리까지 항행했다. 파리의 총독이었던 오도 또는 외드 백작과 주교 고즐린은 용맹한 저항군을 이끌었다. 13개월 동안 파리는 포위 공격을 견디면서 열두 번 돌격했다. 급기야 비대 왕 샤를은 구조에 나서는 대신 바이킹들에게 은화 700파운드를 지불했고 그들에게 센 강까지, 겨울에는 부르군트까지 올라가도 좋다는 허가를 내렸다. 그러자 그들은 마음껏 약탈을 일삼았다. 샤를은 폐위당했다가 888년에 죽었다. 외드 백작이 프랑스 왕으로 추대되었고, 전략적 가치가 입증된 파리에 궁정이 들어섰다.

외드의 후임인 단순 왕 샤를(898~923년)은 센 강과 손 강 지방은 보호했지만 나머지 프랑스에서 벌어지는 노르웨이인들의 약탈에 대해서는 아무런 조치도 취하지 않았다. 911년 단순 왕 샤를은 노르만족의 족장인 롤프 또는 롤로에게 루앙, 리지외, 에브루 구역을 내주었는데, 이 구역들은 노르만족들이 이미 점령하고 있었다. 그들은 왕에게 봉토 서약을 하기로 동의했으나 의식이 거행되는 동안 대놓고 왕을 비웃었다. 롤로가 세례를 받기로 동의하여 그의 부족들도 그를 따라 세례반(洗禮盤)으로 나아갔고, 점차 농업과 문명에 젖어 들어갔다. 노르만족이 프랑스를 정복하면서 노르망디는 그렇게 시작되었다.

단순했던 왕은 최소한 파리를 위한 해결책은 찾아냈으니, 이제 노르만족들이 알아서 센 강을 통해 쳐들어오는 침략자들을 막아 낼 터였다. 그러나 파리를 제외한 다른 곳에서는 노르웨이인들의 습격이 계속되었다. 샤르트르는 911년에, 앙제는 919년에, 아퀴텐과 오베르뉴는 923년에 약탈을 당했다. 아르투아와 보베 지역은 924년에 침탈당하였다. 그와 거의 비슷한 때에 독일 남부를 쑥대밭으로 만들어 놓은 마자르인들이 917년 부르군트에 진입하여 아무런 방해도 받지 않고 프랑스의 국경 지역을 가로지르고 또 가로질러 랭스와 상스 근처에 있는 수도원들을 털고 불태워 버린 다음(937년), 메뚜기 떼처럼 아퀴텐을 통과하여(951년) 캉브레, 라온, 랭스 근교에 불을 지르고(954년) 느긋하게 부르군트에서 노략질을 했다. 노르웨이인들과 훈족의 상습적인 공격하에서 프랑스의 사회 체제의 구조는 완전히 붕괴될 위기에 처했다. 909년 한 성직자는 트로즐에서 열린 종교 회의에서 다음과 같이 울부짖었다.

> 도시의 인구는 줄었고, 수도원은 폐허가 되고 불에 탔으며, 시골은 적막해졌다. …… 최초의 인간은 법 없이 살았으나 …… 이제 모두들 인간의 법이든 하늘의 법이든 무시하면서 제 눈에 옳아 보이는 대로 행동하고 있다. …… 강자는 약자를 짓밟고 세상에는 빈자를 겨냥한 폭력, 성물(聖物)의 약탈 행위가 넘쳐나고 있다. …… 인간들은 바닷속의 물고기들처럼 서로를 잡아먹고 있다.[47]

카롤링거 왕조의 마지막 왕들인 루도비쿠스 4세, 로타리우스 4세, 루도비쿠스 5세는 선량했지만 만천하의 폐허에서 삶의 질서를 구축하는 데 필요한 강단이 선천적으로 결핍되어 있었다. 루도비쿠스 5세가 자손 없이 죽자(987년), 프랑스의 귀족들과 고위 성직자들은 카롤링거 왕조 외의 다른 가계에서 지도자를 찾으려 했다. 그들은 그러한 후보를 강자(强者) 로베르(866년 사망)라는 의미심장한 이름을 가진 네우스트리아의 자손들 중에서 찾았다. 파리를 구했던 외드가 그의 아들이었고, 손자인 대(大)위그(956년 사망)는 노르망디, 센 강, 루아르 강 사이의 거의 모든 지역을 돈이나 전쟁을 통해 자신의 봉건 왕국으로 획득하여 왕들보다 더 큰 부와 권력을 행사했다. 위그 카페라 불리는 그의 아들은 이러한 부와 권력은 물론 이를 가능케 했던 능력까지 물려받은 것이 분명해 보였다. 영리한 학자였던 제르베르의 지휘하에 대주교 아달베로가 위그 카페를 프랑스 왕으로 추대하자고 제안했다. 위그 카페는 만장일치로 왕으로 선출되었고(987년), 직계든 방계든 프랑스 혁명까지 프랑스를 지배할 카페 왕조는 이렇게 시작되었다.

4. 문예: 814~1066년

어쩌면 우리가 노르웨이인들과 마자르인들의 습격 때 입은 피해를 과장하고 있는지도 모른다. 그들을 간결하게 한 페이지에 담으려다 보니 분명 간간이 찾아왔을 안정과 평화의 시대에 살았던 삶의 모습을 지나치게 어둡게 그린 듯하다. 이처럼 끔찍했던 9세기에도 수도원들은 계속 지어져 분주한 제조업의 중심지가 되곤 했다. 습격과 화재에도 불구하고 루앙은 브리튼 섬과의 교역으로 더욱 강성해졌다. 콜로뉴와 마인츠는 라인 강의 상업을 지배했고, 플랑드르에서는 제조업 및 교역의 중심이 겐트, 이프르, 릴, 드웨, 아라스, 투르네, 디낭, 캉브레, 리에주, 발랑시엔에서 발달하였다.

수도원의 도서관들은 습격 도중 귀중한 고전이 상실되는 비극을 겪었으며, 이때 샤를마뉴의 칙령에 따라 학교를 열었던 교회들 또한 다수 파괴되었다. 풀다, 로르슈, 라이헤나우, 마인츠, 트리어, 콜로뉴, 리에주, 라온, 랭스, 코르비, 플뢰리, 투르, 보비오, 몬테 카시노, 생갈의 수도원이나 교회에 있던 도서관들은 살아남았다. 생갈에 있던 베네딕트 수도원은 부속 학교와 소장 도서뿐만 아니라 작가들 때문에도 칭송을 받았다. 이 수도원의 노트커 발불루스(말더듬이)

(840~912년)는 뛰어난 찬송가와 『생갈 수도사 연대기』를 썼다. 노트커 라베오(두꺼운 입술)(950~1022년)는 보에티우스, 아리스토텔레스, 그 밖의 고전을 독일어로 번역했으며, 최초의 독일 산문 작품에 속하는 이러한 역서들은 신생 언어의 형태와 구문론을 바로잡는 데 도움을 주었다.

시달릴 대로 시달린 프랑스에서조차 수도원 학교들이 이러한 암흑기를 밝혀 주고 있었다. 오세르의 레미기우스가 900년 파리에 공립 학교를 열었고, 10세기 오세르, 코르비, 랭스, 리에주에 학교들이 세워졌다. 1006년경 샤르트르의 풀베르투스 주교(960~1028년)가 설립한 학교는 아벨라르 전까지 프랑스에서 가장 유명한 학교였다. 이 학교에서는 학생들이 "존경하는 소크라테스"라 불렀던 풀베르투스 주교가 신학, 성서, 예배식뿐만 아니라 과학, 의학, 고전 문학까지 가르쳤다. 풀베르투스는 고귀한 헌신, 성자 같은 인내심, 끝없는 자비심을 지닌 인물이었다. 한편 당시 콩피에뉴, 라온에 샤를마뉴가 설립한 궁정 학교는 대머리 왕 샤를의 격려와 보호하에 전성기에 도달했다.

845년 샤를은 이 궁정 학교로 다수의 아일랜드 및 잉글랜드의 학자들을 초빙하였다. 그중 가장 독창적이고 대담했던 중세의 지성인 중 한 명이었으며, 9세기라 할지라도 "암흑시대"라는 고정적인 표현이 과연 타당한지 의심을 품게 만든 존재가 있었다. 그의 이름은 그의 출신을 두 번 드러낸다. 요하네스 스코투스 에리우게나(에린에서 태어난 아일랜드인 존이라는 뜻), 앞으로 우리는 그를 간단히 에리게나로 부르게 된다. 분명 성직자는 아니었지만 그는 해박한 지식을 보유하고 있었고, 그리스어의 대가였으며 플라톤 및 여러 고전의 애호가에다 뛰어난 재치까지 지니고 있었다. 문학적 상상력의 전형적인 특성을 모두 갖춘 한 이야기에서는 에리게나와 식사를 함께 하던 대머리 왕 샤를이 그에게 "바보와 아일랜드인을 구분 짓는 것(말 그대로 가르는 것)은 무엇인가?"라고 묻자 그가 "테이블입니다."라고 답했다고 한다.[48] 그럼에도 샤를 왕은 그를 좋아하여 그의 강의에 출석했다고 하며, 십중팔구 그의 이단설도 즐겼을 것이다. 성체 성사에 관한 에리게나의 책은 성체를 상징적으로 해석했으며, 축성된 빵과 포도주에 진정 그리스도가 존재하는지 여부에 대하여 넌지시 의문을 제기했다. 게르만 수사인 고트샬크가 절대적인 운명 예정설에 관하여 설교하면서 인간의 자유 의지를 부인하자, 대주교 힝크마르가 에리게나에게 이에 대한 답변을 써 달라고 부탁했다. 그 결과 나온 작품 『신적 예정에 관하여』(851년경)는 충격적인 철학적 발로로 포문을 열었다. "만물의 사유를 발견하기 위한 진심 어린 연구와 시도에 있어서, 경건하고 완벽한 교리를 얻을 수 있는 모든 수단은 그리스인들이 철학이라 부른 과학이자 지식 분야에 존재한다." 사실상 이 책은 운명 예정설을 부인했다. 신과 인간은 모두 자유 의지를 지니고 있으며, 신은 악을 알지 못한다. 왜냐하면 신이 악을 알고 있다면 신이 곧 악의 원인이 될 것이기 때문이다. 해결책은 고트샬크의 그것보다 이단적이어서 855년과 859년 교회 회의로부터 두 번 비난을 받았다. 고트샬크는 죽을 때까지 수도원에 갇혀 지냈지만 에리게나는 샤를이 보호해 주었다.

824년 비잔티움의 황제 말더듬이 미카엘은 경건 왕 루도비쿠스에게 그리스도교 정교회에서 디오니시우스 아레오파기타가 지었다고 믿고 있는 『천계 위계론(天界位階論)』이라는 책의 그리스어 필사본을 보냈다. 경건 왕 루도비쿠스는 이 필사본을 생드니 수도원에 넘겼지만 그곳에는 그리스어를 번역할 수 있는 사람이 없었다. 왕의 요청에 따라 에리게나가 번역 작업을 맡게 되었다. 이 책을 번역하면서 깊은 영향을 받은 에리게나는 비공인 그리스도교 신학 안에서 신으로부터 진화하거나 발생하여 각기 다른 여러 단계나 정도를 거치면서 완성도가 떨어지다가 다시 여러 단계를 거쳐 점차 신의 모습으로 되돌아가는 신플라톤주의의 우주의 모습을 다시 그렸다.

이는 에리게나의 걸작 『자연 구분론』(867년)의 중심 사상이 되었다. 아벨라르보다 2세기 앞서 나온 이 책에는 허튼소리가 많지만 그중 몇 가지 예를 들어 보면 신학과 신의 계시가 이성에 좌우된다는 대담한 주장과 그리스도교를 그리스 철학과 조화시키려던 시도가 있겠다. 에리게나는 성경의 권위를 수용하지만 그 의미가 모호할 때가 많으므로 이성, 즉 상징이나 우화로 해석되어야 한다고 했다. 에리게나는 "권위가 이성에 기인하는 경우도 가끔 있지만 이성이 권위에 기인하는 법은 결코 없다. 왜냐하면 진정한 이성의 승인을 받지 못한 모든 권위는 박약해 보이기 때문이다. 그러나 진정한 이성은 그 자체의 힘에 의존하므로 진정한 이성은 권위를 통한 강화를 필요로 하지 않는다."고 했다.[49] "우리는 교황의 의견을 내세워서는 안 된다. …… 추론에 서툴러 이성보다 권위에 굴복하는 범인(凡人)들이 생각하기에 그렇게 함으로써 주장을 공고히 해야 하는 게 아니라면 말이다."[50] 이런 식으로 이성의 시대는 신앙의 시대에 그 씨앗을 뿌리내리게 된다.

에리게나는 자연을 "존재하는 만물과 존재하지 않는 만물을 아우르는 총칭", 즉 모든 사물, 과정, 원칙, 원인, 사고(思考)라고 정의 내린다. 그는 자연을 네 가지 존재로 분류해 놓았다. (1) 창조하지만 창조되지 않은 존재, 즉 신, (2) 창조되고 창조하는 존재, 즉 제1원인, 원형(原型), 플라톤의 이데아, 로고스 등 그 작용에 의해 특정 사물의 세계가 만들어지는 것들, (3) 창조되지만 창조하지는 않는 존재, 즉 앞서 말한 특정 사물의 세계, 마지막으로 (4) 창조하지도 창조되지도 않은 존재, 즉 만물의 최후이자 포괄적인 끝으로서의 신. "신은 만물을 만드시고 만물에 존재하시기 때문에 신은 실존하는 모든 것이다." 시간에는 창조가 없었다. 왜냐하면 이는 신의 변화를 암시하기 때문이다. "신이 만물을 만들었다는 말을 들으면 우리는 만물에 신이 존재할 뿐이라는 사실, 즉 신은 만물의 본질로서 유효할 뿐이라는 사실을 이해해야만 한다."[51] "신 자체는 지력으로 이해되는 것이 아니며, 신이 창조한 것 중 어떤 것이든 이해할 수 있는 것의 은밀한 본질도 아니다. 우리가 인지하는 것은 본질이 아닌 사건일 뿐이다."[52] (칸트의 표현을 빌리자면 본체가 아닌 현상) 만물의 지각할 수 있는 특성들은 사물 그 자체에 내재하는 것이 아니라 우리가 지각한 형태에 의해 초래되는 것이다. "신이 바라고, 사랑하고, 선택하고, 보고 듣는다는 말을 들으면 …… 우리는 형언할 수 없는 그분의 본질과 권능이 우리에게 자연 발생하는 (우리의 본질과 통하는) 의미들에 의해 표현되고 있을 뿐이라고 생각해야만 한다." "독실한 그리스도교도가 조물주에 관하여 침묵을 강요받고, 아마도 어수룩한 사람들의 가르침 때문에 그분에 관하여 아무 말도 하지 못하게 되어서는 안 될 것이다."[53] 비슷한 목적을 위해서만 우리는 신을 남성 또는 여성으로 의인화할 수 있다. "그"는 둘 중 어느 것에도 해당되지 않는다.[54] 우리가 "성부"를 창조의 실체 또는 만물의 본질이라는 의미로, "성자"를 만물이 만들어지거나 다스려지는 신성한 지혜라는 의미로, 마지막으로 "성신"을 생명 또는 창조의 생명력이라는 의미로 받아들인다면, 신을 삼위일체로 간주할 수 있을 것이다. 천국과 지옥은 장소가 아닌 영혼의 상태를 일컫는다. 지옥은 죄악의 고통이고 천국은 선행의 행복과 순수한 영혼에게는 만물에서 드러나게 되어 있는 신성한 환영(신성(神性)에 대한 지각)으로 인한 황홀감이다.[55] 에덴동산은 그러한 영혼의 상태이지 지구상에 존재하는 장소가 아니다.[56] 만물은 죽지 않는다. 동물도 인간처럼 사후에 신 또는 그들을 존재하게 한 창조의 신에게로 환원되는 영혼을 지니고 있다.[57] 모든 역사는 유출에 의한 창조의 거대한 외향류(外向流)이고, 만물을 마침내 신의 품으로 돌려놓는 거부할 수 없는 내향류(內向流)이다.

이보다 못한 철학도 많았고, 계몽의 시대에도 그랬다. 그러나 교회는 이에 대하여 이단의 냄새를 풍긴다며 의심을 품었는데 적절한 태도였다. 865년 교황 니콜라스 1세는 대머리 왕 샤를에게 에리게나를 로마로 보내 재판을 받게 하든지 "빵을 구하는 자들에게 더 이상 독을 주지 못하도록" 궁정 학교에서 내보내라고 요구했다.[58] 샤를 왕이 어느 쪽을 선택했는지 우리는 알지 못한다. 맘스베리의 윌리엄[59]은 "전언에 따르면 요하네스 스코투스가 잉글랜드에 있는 우리 수도원으로 왔으며 그가 자신이 가르치던 소년들의 철제 펜촉에 찔렸고" 그 때문에 죽었다고 하는데 이 이야기는 아마도 남학생들의 헛된 바람이었을 것이라고 언급하고 있다. 제르베르, 아벨라르, 길베르투스 포레타누스와 같은 철학자들도 은연중 에리게나의 영향을 받았지만 혼돈과 암흑의 시대에 그는 거의 잊혀졌다. 13세기 그의 저서가 망각으로부터 부활하였을 때, 상스 공의회가 비난하자(1225년), 교황 호노리우스 3세는 저서 모두를 로마로 보내 불태우라고 명령했다.

　이처럼 불안한 시대답게 프랑스의 예술은 답보 상태에 빠졌다. 샤를마뉴가 보인 모범에도 불구하고, 프랑스인들은 교회를 바실리카 양식의 도면에 따라 건축했다. 996년경 이탈리아 출신의 수도사이자 건축가였던 볼피아노의 빌리암은 노르만 양식의 페캉 수도원장이 되었다. 부임하면서 롬바르드 및 로마네스크 양식의 장치들을 다수 가지고 왔는데 로마네스크 양식의 뛰어난 취미에 주 대수도원 성당을 지은 것은 분명 그의 학생들이었을 것이다.(1045~1067년) 1042년 또 한 명의 이탈리아인, 란프랑쿠스가 베크에 있는 노르만 양식의 수도원에 들어갔는데, 얼마 안 가 이 수도원은 활기찬 지식인의 중심지가 되었다. 학생들이 대거 몰려들어 건물을 새로 지어야 될 정도였다. 란프랑쿠스가 신축 건물의 설계를 맡았는데 아마도 전문가의 도움을 일부 받았을 것이다. 이 건물은 현재 석재 하나 남아 있지 않지만 캉의 남자 수도원이 살아남아 란프랑쿠스와 그의 동료들에 의해 노르망디에서 발전된 강렬한 로마네스크 양식의 증거가 되어 주고 있다.

　11세기 프랑스와 플랑드르 전역에는 교회들이 신축되었는데, 이러한 교회는 예술가들에 의해 벽화, 모자이크, 조각상들로 장식되었다. 샤를마뉴는 교회의 실내는 신도들의 지시에 따라 채색되어야 한다고 명령했고 아헨과 인겔하임에 있는 궁들은 프레스코로 장식되었는데, 수많은 교회들이 이를 본보기로 삼았음이 분명하다. 아헨 프레스코의 마지막 단편은 1944년에 파괴되었으나 이와 비슷한 벽화들이 오세르에 있는 생제르맹 교회에 남아 있다. 전자와 후자는 당대 필사본 채색의 양식 및 도해에 있어 비율만 다르다. 대머리 왕 샤를의 통치 기간 중 투르에서는 수도사들에 의해 성경이 필사 및 채색되어 왕에게 헌정되었는데, 그 성경책은 현재 파리 국립 도서관의 라틴어 고문서 1호이다. 이 시기에 투르의 수도사들에 의해 제작된 것 중 이보다 훨씬 아름다운 것이 바로 "로테르" 복음서이다. 이와 같은 시기인 9세기 랭스의 수도사들은 유명한 "위트레흐트" 시편집을 제작했는데 찬송가와 사도 신경이 담긴 108장의 피지에는 사실적으로 묘사된 야생 동물들과 제반 도구 및 직업들이 박물관을 보듯 나열된 삽화가 풍성하게 들어가 있다. 이러한 생생한 그림들을 보면 활기찬 사실주의가 한때는 경직되고 진부했을 축소판 예술품의 형상을 바꿔 놓고 있다.

5. 대공(大公)들의 봉기: 987~1066년

위그 카페가 지배했던(987~996년) 프랑스는 이제 별개의 국가로 두각을 나타내게 되어 더 이상 신성로마제국의 종주권을 인정하지 않았다. 샤를마뉴가 달성한 서쪽 유럽 대륙의 통일은 나폴레옹과 히틀러가 일시적으로 통일시켰을 때를 제외하고 결코 복구되지 못했다. 그러나 위그의 프랑스는 우리가 아는 프랑스가 아니었다. 아퀴텐과 부르군트는 사실상 독립적인 공국이었고, 로렌은 7세기 동안이나 독일에 소속될 예정이었다. 이때의 프랑스는 인종과 언어가 제각각인 프랑스였다. 프랑스 북동부는 프랑스라기보다 플랑드르에 가까웠으며 혈통에는 게르만적 요소가 크게 자리 잡고 있었다. 노르망디는 노르웨이다웠으며, 브르타뉴는 켈트족이 주를 이루었고 냉담했는데 브리튼 섬에서 온 피난민들이 수적으로 우세했다. 프로방스는 혈통과 언어의 측면에서 여전히 로마-갈리아의 "속주"였다. 피레네 산맥 근처의 프랑스는 고트족의 프랑스였다. 카탈로니아는 엄밀히 따지자면 프랑스 군주제에 속했지만 고트족이 많아 고탈로니아(Goth-alonia)였다. 루아르 강은 프랑스를 다양한 문화와 언어가 공존하는 두 지역으로 나누었다. 프랑스 군주의 과업은 이러한 다양성을 통합하여 여러 민족들로 구성된 하나의 국가를 이루는 것이었다. 이 과업은 자그마치 800년이나 걸릴 예정이었다.

평화로운 왕위 계승의 가능성을 높여 보고자 위그는 치세 첫해에 아들 로베르를 공동 왕으로 앉혔다. 경건 왕 로베르(996~1031년)는 "보통 왕"[60]으로 통하는데 아마도 전쟁의 영예를 기피했기 때문인 듯하다. 독일의 황제 하인리히 2세와 국경 분쟁을 겪었던 그는 선물을 교환하고 평화 협정을 맺었다. 루이 9세, 앙리 4세, 루이 16세처럼 로베르도 약자와 빈자에 대하여 애정을 가지고 있었기 때문에 그들을 부도덕한 강자로부터 최대한 보호해 주었다. 그는 사촌인 베르타와 결혼을 함으로써(998년) 교회의 눈 밖에 났고 파문을 끈기 있게 견디느라 베르타를 마녀라고 생각한 사람들의 비웃음마저 사게 되었다. 급기야 베르타와 결별했지만 그 후로 쭉 불행하게 살았다. 그가 죽자 "크나큰 애도와 견딜 수 없을 정도의 깊은 슬픔이 느껴졌다."고 한다.[61] 그의 아들들 사이에서는 왕위 계승권을 둘러싼 분쟁이 벌어졌다. 큰아들인 앙리 1세(1031~1060년)가 이겼지만 노르망디의 공작인 로베르의 도움이 없었다면 불가능한 승리였다. 오랜 갈등(1031~1039년)이 종식되었을 때, 왕가는 재정과 인력이 메마르게 되어 힘 있고 독립적인 영주들에 의한 프랑스의 분열을 더는 막을 수 없었다.

1000년경 대지주들에 의한 주변 영토의 점진적인 착복을 거치면서 프랑스는 대공들의 지배를 받는 일곱 개의 주요 공국으로 분할되었다. 일곱 개의 공국은 아퀴텐, 툴루즈, 부르군트, 앙주, 샹파뉴, 플랑드르, 노르망디이다. 이러한 대공들은 십중팔구 병역이나 공무를 제공하고 메로빙거나 카롤링거 왕조의 왕들로부터 대규모 토지를 하사받은 족장이나 장군의 후계자들이었다. 왕은 군대를 동원하고 국경에 인접한 지역들을 보호하기 위해 이러한 거물들에게 의존하게 되었다. 888년 이후 왕은 더 이상 왕국 전체를 위한 법률을 제정하거나 왕국 전역에서 세금을 징수하지 않게 되었다. 대공들이 법안을 통과시키고 세금을 거두고 전쟁을 수행하고, 재판 및 처벌을 하는 등, 실질적으로 자신들의 땅에서 주권을 행사했고 왕한테는 형식적인 충성과 제한적인 병역 의무만 제공할 뿐이었다. 법률, 재판, 재정에서 왕의 권위는 자신의 왕토에만 한정되어 나중에는 일데프랑스(Île de France)로 불리게 되었다. 일데프랑스란 프랑스 섬이란 뜻으로 오를레앙에서 보베, 샤르트르에서 랭스에 이르는 손 강과 센 강 중류 지역을 일컫는 말이었다.

상대적으로 독립적인 모든 공국 중, 노르망디가 권위와 권력 면에서 가장 빠른 성장을 이룩했다. 바이킹족에게 양도된 뒤 백 년도 채 안 되어 노르망디는 프랑스에서 가장 진취적이고 흥미진진한 지역이 되었다. 이는 아마도 바다에 근접한 데다 잉글랜드와 파리 사이라는 지리적 조건 때문이었을 것이다. 노르웨이인들은 이제 열성적인 그리스도교 신자가 되어 뛰어난 수도원과 수도원 학교를 보유하고 있었고 닥치는 대로 자손을 낳았으므로, 노르만족의 젊은이들은 머지않아 예전 국가로부터 신생 왕국을 개척해야 할 상황에 내몰리게 되었다. 바이킹족의 자손은 도덕률에 지나치게 얽매이지도 않았고 그렇다고 양심이 마비되지는 않은 강인한 총독이 되어, 갈리아인들, 프랑크족, 노르웨이인들로 구성된 격동적인 주민들을 확고하게 지배할 수 있었다. 팔레즈 출신 무두장이의 딸이었던 아를레트에게 반했던 해인 1026년 로베르 1세(1028~1035년)는 아직 노르망디의 공작이 아니었다. 아를레트는 덴마크의 오래된 관습에 따라 그가 가장 아끼는 정부가 되었고 곧 그에게 당대 사람들에게는 서자(庶子) 왕 윌리엄으로, 오늘날 우리에게는 정복 왕 윌리엄으로 알려진 아들을 선사해주었다. 죄책감에 짓눌렸던 로베르 1세는 1035년 노르망디를 떠나 예루살렘으로 참회의 성지 순례에 나섰다. 떠나기 전 주요 귀족들과 고위 성직자들을 불러 다음과 같이 일렀다.

> 나의 신앙에 따라 나는 그대들을 군주 없이 내버려 두지 않으려 하오. 내게는 장차 어른이 될 어린 서자가 있으니, 간절히 바라건대, 그 아이가 가진 훌륭한 자질에 나는 큰 기대를 걸고 있다오. 그대들에게 간청하나니, 그 아이를 군주로 받아들여주시오. 그 아이가 적출이 아니라는 사실은 문제가 되지 않을 것이오. 그 아이는 전투에서나 정의 구현에서나 결코 기대를 저버리지 않을 것이오. 내 그 아이를 후계자로 정하고 지금 이 순간부터 그 아이에게 노르망디 공국 전체를 물려주노라.[62]

로베르가 도중에 죽자 귀족들은 한동안 그의 아들을 위해 공국을 다스렸다. 그러나 머지않아 윌리엄이 직접 명령을 내리기 시작했다. 그를 권좌에서 몰아내려는 반란이 일어났지만 그는 냉혹하되 위엄 있게 이를 진압했다. 기교에 능하고 용감하며 선견지명이 있었던 그는 친구들에게는 신과 같은 존재였지만

적에게는 악마였다. 자신의 출생에 관한 재담도 유머로 넘겼으며 때때로 서자왕 윌리엄이라는 의미로 "윌리엄(Gulielmus) 새끼(Nothus)"라고 사인하곤 했다. 그러나 알랑송을 포위했을 때, 농성군이 넌지시 그의 외할아버지의 직업을 암시하고자 성벽에 짐승의 가죽을 걸어 놓자 포로들의 손과 발을 절단하고 눈알을 뽑아낸 다음 이러한 신체 부위를 투석기로 마을 안으로 쏘아 올렸다. 노르망디는 그의 잔인성과 냉혹한 통치를 숭배했고 번성했다. 윌리엄은 영세 농부들에 대한 귀족들의 착취를 완화하고 선물로 귀족들의 불편한 심기를 달랬다. 그는 종교 관련 의무를 충실히 이행했고 전례 없이 충실한 결혼 생활로 아버지를 부끄럽게 했다. 그는 플랑드르의 백작 보두앵의 딸, 마틸다와 사랑에 빠졌다. 그는 마틸다의 두 아이와 그녀의 생활 방식이 아니라 별거 중인 남편 때문에 당혹스러워했다. 마틸다는 "서자와 결혼하느니 차라리 수녀가 되겠다."고 모욕적인 언사를 퍼부어서 윌리엄을 쫓아 버렸다.[63] 그는 이에 굴하지 않고 그녀를 얻어 성직자들의 공개적인 비난에도 불구하고 그녀와 결혼했다. 마틸다와의 결혼을 비난했다는 이유로 말거 주교와 란프랑쿠스 수도원장을 면직하고, 격노하여 베크에 있는 수도원 일부를 태워 버렸다. 란프랑쿠스는 교황 니콜라스 2세를 설득하여 마틸다와의 결합을 인정하게 했고, 윌리엄은 속죄의 뜻으로 캉에 유명한 노르만 양식의 남자 수도원을 지었다. 이 결혼을 통해 윌리엄은 플랑드르 백작과 동맹을 맺게 되었다. 1048년에 이미 그는 프랑스 왕과 우호조약을 체결했다. 측면을 물 샐 틈 없이 방어해 놓은 그는 39세의 나이에 잉글랜드 정복을 향해 나아갔다.

THE AGE OF FAITH

20장   북방의 부흥
566~1066

1. 잉글랜드: 577~1066년

1. 알프레드와 데인족: 577~1016년

더럼 전투(577년) 후, 잉글랜드의 앵글로 – 색슨 – 주트족 정복은 아주 사소한 저항만 겪었을 뿐이다. 얼마 안 가 침략자들은 나라를 분할했다. 주트족은 켄트에 왕국을 세웠고, 앵글로족은 메르키아, 노섬벌랜드, 동(東)앵글리아 이렇게 세 개의 왕국을 만들었고, 색슨족은 웨섹스, 에섹스, 서섹스, 다시 말해 웨스트 색소니, 이스트 색소니, 사우스 색소니 이렇게 세 개의 왕국을 수립했다. 이렇게 일곱 개의 작은 왕국들과 이보다 훨씬 작은 왕국들은 웨섹스의 에그버트 왕이 무력 또는 술책으로 이러한 왕국들을 통일하여 통치할 때까지(829년) "잉글랜드의 역사"를 제공했다.

그러나 색슨 왕 에그버트에 의해 이러한 새로운 앵글로족의 영토가 형성되기 전부터 덴마크족의 침략은 시작되어 섬 전역을 괴롭혔고, 문맹에 거칠기까지 한 이교도가 초기 그리스도교를 위협했다. 앵글로색슨족의 연대기에서는 "787년에 웨스트 색슨의 해안으로 세 척의 배가 다가오더니 사람들을 죽였다."고 나와 있다. 793년 덴마크의 또 다른 원정대가 노섬벌랜드를 습격하여 유명한 린디스판 수도원을 약탈하고 수도사들을 살해했다. 794년 데인족이 위어에 들어와 학자 베다가 반세기 전에 공들인 곳, 위어마우스(Wearmouth)와 자로(Jarrow)를 약탈했다. 838년에는 습격대가 동앵글리아와 켄트를 공격했고, 839년에는 350척의 배를 거느린 해적 함대가 템스 강에 정박 중, 선원들이 캔터베리와 런던을 약탈했다. 867년 노섬벌랜드는 데인족과 스웨덴의 무장 병력에 정복을 당했고, "잉글랜드인들" 수천 명이 살해당했고 수도원들이 털렸으며 도서관들은 사방으로 흩어지거나 파괴되었다. 샤를마뉴에게 알퀸을 선사해 준 학교가 있던 요크와 그 주변 지역에는 극빈과 무지가 만연하게 되었다. 871년 템스 강 북쪽 잉글랜드의 대부분은 침략자들에게 넘어가고 말았다. 그해 구스럼 휘하의 한 덴마크 부대가 남쪽으로 진군하여 웨섹스의 수도인 레딩을 공격했다. 에셀레드 왕과 그의 동생 알프레드는 애쉬다운에서 데인족을 대적하여 이겼으나, 머튼에서 있었던 2차 교전에서 에셀레드가 치명상을 입었고 잉글랜드군은 달아났다.

알프레드는 스물두 살의 나이에 웨스트 색소니의 왕위에 올랐다.(871년) 아세리우스는 알프레드를 문맹이라고 묘사하고 있는데, 이는 당시 상황을 고려할 때 글을 못 읽는다거나 라틴어를 모른다는 뜻 둘 중 하나일 수 있다.[1] 알프레드는 간질 환자였고 결혼 피로연에서 발작이 일어났던 것 같다. 그러나 그는 건장한 사냥꾼이었고, 잘생기고 우아했으며, 지혜와 무술 면에서 형제들을 능가했던 것으로 그려진다. 즉위 한 달 후 그는 윌튼에서 소규모 병력을 이끌고 데인족과 싸우다가 대패했는데, 자신의 왕위를 구하기 위해 적으로부터 평화를 매수해야만 했다. 그러나 878년 에탄던(에딩턴)에서 결정적인 승리를 거두었다. 덴마크 무리의 절반은 영국 해협을 건너 약체가 된 프랑스를 습격했고, 나머지 반은 웨드모어 강화에 의해 잉글랜드 북동쪽을 벗어나지 않기로 동의했는데, 이는 후에 데인법(法)으로 불리게 되었다.

다소 수상쩍은 아세리우스에 따르면 알프레드는 "순전히 약탈을 위해" 자신의 군대를 동앵글리아로 이끌었고, 그곳을 정복한 다음 (아마도 데인족에 맞서 잉글랜드를 통일하기 위하여) 스스로 웨섹스뿐만 아니라 동앵글리아와 메르키아의 왕이 되었다고 한다. 그러고 나서 샤를마뉴처럼 그도 복구와 통치 작업에 착수했다. 그는 군대를 재정비하고, 해군을 구축하고, 세 왕국을 위한 관습법을 확립하고, 사법 제도를 개혁하고, 빈자에게 법적 보호를 제공하고, 도시를 건축 또는 재건축하고, 늘어나는 관리(官吏) 인력을 위해 "석재와 목재로 왕실의 홀과 알현실"을 건립했다.[2] 세입의 8분의 1이 빈민 구제에 쓰였고, 또 8분의 1은 교육에 투입되었다. 수도인 레딩에는 궁정 학교를 세웠고 교회와 수도원의 교육 및 종교 관련 사업에는 돈을 아끼지 않았다. 그는 소년 시절 데인족이 "파괴하고 불태우기 전의 교회에는 보물과 책이" 얼마나 많았는지를 회상하며 통탄했다.[3] 그는 외국에서 학자들을 불러오기도 했다. 아세리우스 주교는 웨일스에서, 에리게나는 프랑스에서 불러들였으며, 그 밖의 많은 학자들을 초빙하여 신민과 그 자신을 가르치게 했다. 그는 책을 읽을 시간이 별로 없다는 사실을 애석하게 여겼으며, 수도사처럼 종교적이고 학구적인 연구에 몰두했다. 여전히 읽기는 어려워했지만 "낮이고 밤이고 그에게 책을 읽어 주기를 여러 사람에게 명령"했다. 그 어떤 유럽인보다 먼저 토착어의 중요성 증가를 인식하고 있던 그는 특정 기본서들을 영어로 번역하라고 지시했고 그 자신도 보에티우스의 『철학의 위안』, 그레고리우스의 『목회적 돌봄』, 오로시우스의 『세계사』, 그리고 베다의 『잉글랜드 교회사』를 공들여 번역했다. 이번에도 역시 샤를마뉴처럼 자기 민족의 노래를 모아 그 노래들을 자신의 자녀들에게 가르쳤고, 아이들이 노래를 부를 때 궁정의 음악가들도 함께 부르게 했다.

894년 데인족의 새로운 침략이 켄트까지 도달하자 데인법에 동의한 데인족들이 증강 병력을 파견해 주었다. 아직은 앵글로색슨에게 정복당하지 않은 웨일스 - 켈트의 애국자들이 데인족과 동맹을 맺었다. 알프레드의 아들 에드워드는 해적 진영을 습격하여 파괴했고, 알프레드의 신설 해군은 데인족의 함대를 패주시켰다.(899년) 2년 뒤, 28년이나 나라를 다스렸던 알프레드 왕이 겨우 52세의 나이에 죽었다. 우리는 알프레드를 샤를마뉴 같은 위인과 비교해서는 안 된다. 왜냐하면 알프레드의 진취적 기상은 제한적이었지만, 도덕적 자질, 즉 그의 독실함, 젠체하지 않는 강직함, 자제력, 인내심, 공손함, 애민 정신, 교육열의 측면에서 그는 잉글랜드라는 국가에 하나의 귀감이자 자극이 되어 주었기 때문이다. 그러나 잉글랜드는 그의 본보기와 그가 준 자극을 수용했다가 얼마 안 가 망각하고 말았다. 어쩌면 볼테르(Voltaire)가 그를 과하게 숭상한 것인지도 모르겠다. "나는 알프레드 대왕보다 후세로부터 더 큰 존경을 받을 만한 사람이 이 세상에 존재한다고 생각하지 않는다."4

10세기가 끝나 갈 무렵 잉글랜드에 대한 스칸디나비아의 공격이 재개되었다. 991년 올라프 트뤼그바손의 지휘하에 노르웨이의 바이킹 무리가 잉글랜드 해안 지방을 습격하여 입스위치를 약탈하고 몰던에서 잉글랜드인들을 패배시켰다. 더는 버틸 수 없던 에셀레드 왕(978~1013년, 귀족들의 충고를 거부해서 독불장군이라 불렸음.) 치하의 잉글랜드인들은 은화 1만 파운드, 1만 6000파운드, 2만 4000파운드, 3만 6000파운드, 4만 8000파운드를 연속으로 바쳐서 데인족을 매수했다. 데인족에게 바친 돈은 잉글랜드에서 징수된 최초의 국세로 마련되었는데, 이 국세는 수치스럽고 부담스러운 데인 돈(Danegeld)이라고 불렸다. 외국의 원조를 구하려던 에셀레드는 노르망디와의 동맹을 성사시키고, 노르망디의 공작 리처드 1세의 딸 엠마와 결혼했다. 바로 이 결혼으로부터 엄청난 역사가 비롯될 터였다. 잉글랜드의 데인족들이 자신과 나라의 현인(賢人) 회의 또는 의회를 죽이려 음모를 꾸미고 있다고 믿고 있었던 건지, 아니면 그렇게 믿고 있었던 척한 건지는 모르겠지만, 아무튼 에셀레드는 비밀리에 섬을 샅샅이 뒤져 데인족을 모두 학살하라고 명령했다.(1002년) 이 명령이 얼마나 철저하게 수행되었는지 현재의 우리는 모른다. 아마도 잉글랜드에서 무기 소지가 가능한 연령에 속하는 데인족 남자들은 전원, 그리고 여자들도 일부 학살당했을 것이다. 이때 덴마크의 왕 스벤의 누이도 희생되었다. 복수를 다짐한 스벤은 1003년 잉글랜드를 침략했다가 1013년 전 병력을 동원하여 재침략했다. 에셀레드의 귀족들이 에셀레드를 버려 그가 노르망디로 도망치자 스벤이 잉글랜드의 주인이자 왕이 되었다. 스벤이 죽자(1014년) 에셀레드는 투쟁을 재개했고, 이번에도 귀족들은 그를 버리고 스벤의 아들 크누트와 화해했다.(1015년) 에셀레드가 포위당한 런던에서 숨을 거두자 그의 아들 "강건 왕" 에드먼드가 용감하게 싸웠지만, 아싱던에서 크누트에게 패하였다.(1016년) 크누트는 이제 잉글랜드 전역에 의해 왕으로 받아들여졌으며, 데인족의 정복은 완성되었다.

2. 앵글로색슨 문명: 577~1066년

정복은 정치 분야에만 한정되었다. 앵글로색슨의 제도, 언어, 방식은 6세기에 걸쳐 그 뿌리를 내렸기 때문에 뿌리를 알지 못하면 오늘날 영국의 정치든 기질이든 언어든 이해가 불가능하다. 전쟁과 전쟁, 범죄와 범죄 사이 뉴스가 없는 기간에는 경작지와 교역의 재정비, 문학의 부활, 법질서의 점진적 형성 등이 일어났다.

역사를 살펴보면 앵글로색슨 잉글랜드가 민주적인 촌락 사회에 사는 자유 소농들의 낙원이었다는 착각의 근거는 어디에도 없다. 앵글로색슨 무리의 지도자들은 토지를 착복했다. 7세기쯤에는 소수의 가문들이 잉글랜드 국토의 3분의 2를 소유했고,[5] 11세기경에는 종사(從士)(귀족)나 주교 또는 왕의 사유지에 편입되는 마을이 더욱 많아졌다. 데인족의 침략 시기에는 많은 농민들이 신변 보호를 위해 토지 소유권을 넘겨 1000년경에는 농민 대부분이 영주에게 농산물이나 노동력으로 지대를 지불했다.[6] 이 시대에는 마을 회의와 민회라는 것이 있었는데 지역의 입법 기관 및 법원 역할을 했다. 그러나 이러한 모임에는 지주만 참석이 허용되었고, 8세기 이후 그러한 모임들은 권위와 빈도가 대폭 감소하여 대부분 영주 재판소로 대체되었다.

잉글랜드 궁정은 종사들, 주교들, 주요 관리들로 구성된 비교적 작은 규모의 모임인 국가 현인(賢人) 회의를 필수 조직으로 여겼다. 이러한 초기 의회의 동의가 없으면 잉글랜드의 왕으로 뽑힐 수도 왕위를 유지할 수도 없었고, 왕 자신의 정기 수입에서 파생된 사유지를 한 뼘도 추가할 수가 없었다. 동의가 없으면 왕은 법률을 제정할 수도, 세금을 부과할 수도, 재판을 할 수도, 전쟁을 벌일 수도, 평화 협정을 맺을 수도 없었다.[7] 이러한 귀족 계층에 맞설 수 있는 군주의 유일한 지략은 왕권과 교회의 비공식적 동맹이었다. 노르만 정복 전후 잉글랜드 궁정은 공공 교육, 사회 질서, 국민적 화합, 심지어 정치 운영까지도 성직자에 의존했다. 글래스턴베리 수도원의 성 던스탄은 에드먼드 왕(940~946년)과 에드레드 왕(946~955년)의 치하에서 주요 고문이 되었다. 성 던스탄은 귀족들로부터 중산층과 하층 계급을 보호해 주었고, 대담하게도 군주들과 왕자들을 비판하는 바람에 에드위그 왕(955~959년)에 의해 추방을 당했다가 에드가(959~975년)의 부름을 받았으며, 순교 왕 에드워드(975~978년)에게 왕위를 획득해 주었다. 그는 글래스턴베리에 세인트 피터 교회를 지었고 교육과 예술을 장려했으며, 캔터베리의 대주교로 죽음을 맞이했다.(988년) 그는 성 토마스 베케트 전까지 잉글랜드에서 가장 위대한 성인으로 존경받았다.

이처럼 지방 분권적인 상황에서 국법의 발전 속도는 더뎠고, 구절과 정황에 수정을 가한 옛날 게르만법으로도 충분했다. 면책 선서, 속죄금, 시죄법(試罪法)은 살아남았지만 결투 재판은 알려진 바가 없다. 앵글족의 법에서 속죄금은 제각각이었는데 이는 어떤 가르침을 주려는 것이었다. 이를테면 누구를 죽였느냐에 따라 벌금이나 화해금의 액수가 달랐는데 왕의 경우는 3만 트림사(thrimsa, 3페니에 해당하는 앵글로색슨의 주화 - 옮긴이)(1만 3000달러), 주교의 경우 1만 5000트림사, 종사나 사제는 2000트림사, 차지(借地) 자유인 또는 자유 소농의 경우 266트림사였다. 색슨족의 법에 따르면 1인치의 상처를 입혔을 경우 1 또는 2실링을, 귀 하나를 자르면 30실링을 내야 했다. 참고로 당시 1실링이면 양을 한 마리 살 수 있었다. 에셀버트의 법률에 따르면 간통을 범한 자는 남편에게 벌금도 내고 다른 부인까지 사 주어야 했다.⁸ 법원 명령을 거스르는 자는 누구든 "추방자"로 공표되었다. 추방자가 되면 그의 재산은 왕에게 몰수되었고, 누구든 그를 죽여도 처벌받지 않았다. 어떤 경우에는 속죄금이 인정되지 않고 노예화, 태형, 거세, 신체 절단(손이나 발, 윗입술이나 코 또는 귀), 교수형, 참수형, 화형, 투석형, 익사형, 심해 투신형 등과 같이 엄중한 형벌이 가해졌다.⁹

법률과 마찬가지로 경제 또한 원시적이어서 로마 시대 브리튼보다 훨씬 미개했다. 벌채와 배수 작업에 큰 공을 들였지만 9세기 잉글랜드 국토의 절반은 여전히 삼림, 황야, 늪이었고 곰, 멧돼지, 늑대와 같은 야수들이 숲 속에 도사리고 있었다. 농지 경작은 주로 농노나 노예들이 도맡았다. 남자들은 빚이나 범죄를 통해 노예 신세로 전락했고, 부인들과 아이들은 곤궁에 빠진 남편이나 아버지들에 의해 노예로 팔리기도 했으며, 노예의 자식은 설사 아비가 자유인이라 하더라도 예외 없이 노예가 되었다. 주인은 자신의 노예를 마음대로 죽일 수 있었다. 여자 노예를 임신시킨 다음 팔 수도 있었다. 노예는 재판을 걸 수 없었다. 이방인이 노예를 살해할 경우, 대단찮은 금액의 속죄금이 주인에게 돌아갔다. 노예가 도망을 쳤다가 잡히면 태형으로 죽일 수 있었다.¹⁰ 브리스톨의 주된 교역은 노예를 대상으로 이루어졌다. 전 인구의 거의 대부분이 시골에 살았고 소도시는 부락 수준이었으며, 대도시는 소도시 규모였다.* 런던, 엑세터, 요크, 체스터, 브리스톨, 글로스터, 옥스퍼드, 노리치, 우스터, 윈체스터는 처음엔 작았지만 알프레드 시대 이후 급성장했다. 멜리투스 주교가 601년 설교를 하러 런던에 와 보니 "얼마 안 되는 이교도들"만 있었다고 한다.¹¹ 그러나 로마 시대 기준으로 보면 당시 런던은 대도시였다. 8세기 런던은 템스 강을 이용할 수 있는 전략적 요충지로 또 한 번 성장했다. 크누트의 지배하에서 런던은 나라의 수도가 되었다.

제조업은 대개 지역 시장에서 발달했다. 그러나 직조업과 자수업은 여타 업종보다 크게 발전했고, 지역 시장은 그들의 상품을 유럽 대륙으로 수출했다. 수송이 어

---

* 오늘날 영국의 도시 이름들은 앵글로색슨의 접미사인 'tun(town)', 'ham(home)', 'wick(house 또는 creek)', 'thorp(village)', 'burb(borough, burg)'를 그대로 유지하고 있다.

20장 북방의 부흥: 566~1066 **925**

렵고 위험해서 외국과의 거래는 드물었다. 가축을 교역 매개물로 사용하던 관습은 8세기까지 잔존했지만 당시 실링과 파운드라는 은화를 발행한 왕도 몇 있었다. 10세기 잉글랜드에서 4실링이면 암소를 한 마리 살 수 있었고, 6실링이면 황소를 한 마리 살 수 있었다.[12] 임금 수준도 그에 맞게 낮았다. 빈민은 목재 초막에서 채식을 하며 살았다. 밀가루 빵과 고기는 부유층이나 특별한 날을 위한 음식이었다. 부자들은 자신들의 조야한 성(城)을 무늬가 있는 장식용 벽걸이 천들로 장식했고, 털가죽 옷으로 따뜻하게 지냈으며 의복을 자수로 화려하게 지었고 보석으로 몸에 광채를 더했다.

예의와 도덕은 후기 잉글랜드 때처럼 고상하거나 세련되지는 않았다. 우리는 무례함, 조잡함, 잔인성, 거짓말, 사기, 절도, 그 밖의 상습적인 문제들이 많았다는 얘기를 자주 듣곤 한다. 1066년 노략질을 일삼던 노르만족들 중에는 질 나쁜 족속도 일부 포함되어 있었는데 자신들이 노린 희생자들의 도덕 및 문화 수준이 낮은 걸 보고 경악을 금치 못했다고 공언했다. 축축한 기후 때문에 앵글로색슨족들은 과식과 과음을 일삼았고, "맥주 축제"는 그들에게(우리에게도) 모임이나 휴일과 같은 개념이었다. 성 보니파키우스는 8세기의 잉글랜드인들을 "정식 배우자를 갖기를 거부하고 시끄럽게 울어대는 말이나 나귀를 따라 음란 행위와 간음을 저지르며 살아가고 있는 그리스도교도들과 이교도들"로 마치 그림을 보듯 생생하게 과장하여 묘사했으며,[13] 756년에는 에셀발트 왕에게 다음과 같은 편지를 썼다.

합법적 결혼에 대한 전하의 경멸은, 순결만 지켜진다면, 칭찬받아 마땅할 것입니다. 그러나 전하께서는 사치에 빠져 계시옵고 심지어 수녀들과 간통을 저지르고 계시니 이는 심히 수치스럽고 욕되다고 할 수 있사옵니다. …… 메르키아의 거의 모든 귀족들이 전하를 본보기 삼아 그들의 정실을 버리고 간음녀와 수녀들과 동침하는 죄를 저지르며 살고 있다고 저희는 들었사옵니다. …… 이 점에 유념해 주시옵소서. 앵글족의 나라가 합법적 결혼을 무시하면서 간통에만 몰두한다면, 그러한 결합으로부터 신을 경멸하는 야비한 종족이 탄생하여 그들의 방종한 태도로 이 나라를 망칠 것이 분명하옵니다."[14]

앵글로색슨이 지배하던 초기에 남편은 언제든 부인과 이혼하고 재혼을 할 수 있었다. 허트포드 종교 회의(673년)에서는 이러한 관습을 맹렬히 비난했고, 교회의 영향으로 결혼의 안정성은 점차 증진되었다. 여자들은 크게 존경을 받았지만 그렇다고 종종 일어나는 노예화의 가능성마저 사라진 것은 아니었다. 정식 교육은 거의 받지 못했지만 그로 인하여 남자들을 유혹하고 조종하는 데 지장을 받은 것은 아니었다. 왕들은 끈기를 가지고 자존심 강한 여자들에게 구애하면서, 자신의 부인들과는 국책을 상의했다.[15] 알프레드의 딸 에셀플레드는 섭정 여왕의 자격으로 한 세대 동안 메르키아를 효과적이고 양심적으로 다스렸다. 그녀는 여러 도시를 건설하고, 군사 작전을 짰으며, 더비, 레스터, 요크를 데인족으로부터 빼앗았다. "첫 번째 출산에서 어려움을 겪은 이후 그녀는 얼마 안 가 불쾌한 결과를 초래할 것이 뻔한 쾌락에 굴복하는 것은 왕의 딸답지 않다고 주장하면서 남편의 포옹을 거부했다."고 맘스베리의 윌리엄은 기록했다.[16] 이 시기는(1040년경) 메르키아를 통치하던 레오프릭 백작의 부인으로 전설에서 매력적 역할을 맡아 코벤트리에 조각상으로 남게 된 고다이버 부인이 살았던 시기이다.*

다른 모든 것과 마찬가지로 교육도 앵글로색슨 정복에 시달렸다가 정복자들이 개종한 후 점차 회복되었다. 베네딕트 비스코프가 660년경 위어마우스에 수도원 학교를 열었다. 베다가 바로 이 학교의 졸업생 중 한 명이었다. 대주교 에그버트는 요크에 잉글랜드 중등 교육의 중심지가 된 대성당 학교와 도서관을 설립했다. 이러한 학교와 그 밖의 학교들로 인하여 잉글랜드는 8세기 후반 알프스 산맥 북쪽 유럽 교육의 선두가 되었다.

수도원 교육자들이 보인 훌륭한 헌신은 당대의 가장 위대한 학자 가경자(可敬者) 베다(673~735년)에게서 가장 두드러졌다. 그는 자신의 생애를 다음과 같이 간

---

* 전설에 따르면 레오프릭은 고다이버가 나체로 말을 타고 마을을 돌면 무거운 세금을 감면해 주기로 했다고 한다. 나머지는 만천하가 알고 있으니 생략하겠다.

결하게 압축해서 보여 주었다.

> 베다, 그리스도의 종이요, 신성한 사도들 베드로와 바울이 있던, 즉 위어마우스와 자로에 있는 수도원의 사제이니라. 그 수도원이 있는 땅에서 내 나이 일곱에 친척에 의해 양도되어 가장 존경받는 수도원장 베네딕트 비스코프에게 양육을 받았다. 그로부터 내 전 생애를 해당 수도원에서 보내면서 나는 내 모든 노력을 성서 연구에 바쳤고 정기적인 수양을 거르지 않고 성가 부르기라는 나날의 성무를 지키면서 늘 배우거나 가르치거나 글을 쓰는 일에서 즐거움을 느꼈다. 열아홉 살이 되던 해, 나는 부제가 되었고 서른 살 되던 해 사제가 되었다. …… 그로부터 쉰아홉 살이 될 때까지 나는 성서에 종사했고, 다음과 같은 작업을 하면서……17

이 글은 전문(全文) 라틴어로 작성되었다. 여기에는 성서에 관한 해설, 설교, 세계사 연대표, 문법, 수학, 과학, 신학에 관한 글, 그리고 무엇보다도 『잉글랜드 교회사』(731년)가 포함되어 있었다. 수도사들이 저술한 여타 역사서들과 달리 이 역사서는 무미건조한 연대기가 아니다. 끝으로 가면서 지나치게 기적이 많이 등장하고 일곱 살짜리 아이처럼 매번 천진난만할 정도로 잘 속지만 그럼에도 불구하고 묘사가 분명하고 매력적인데다 앵글로색슨 정복에 대한 묘사에서와 같이 심심찮게 간결한 수사법을 발휘하고 있다.18 베다는 지식인으로서의 양심을 지니고 있었다. 그는 연대표 작성에 큰 공을 들였고 그 내용은 대체로 정확하다. 그는 출처를 명시하고 직접 증거를 구하려고 노력했으며 적절하고 유효한 문서를 인용했다. "나는 내 자손들이 거짓말을 읽게 하지는 않을 것이다."19라고 말하기도 했는데, 여기서 자손들이란 그가 가르쳤던 600명의 학생들이기를 바라 마지않는다. 그는 위에서 언급한 자서전을 쓰고 나서 4년 뒤에 죽었는데, 중세 신앙이 지닌 애정과 믿음이 다음 구절에 고스란히 담겨 있다.

자비로운 예수님께 간청하노니 당신의 지혜의 말씀에 귀 기울일 수 있도록 다정하게도 당신의 선함을 베풀어 주셨으니 자애심을 발휘하사 언젠가 지혜의 원천인 당신께 돌아가 당신의 면전에 영원히 설 수 있게 해 주실 것입니다.

베다는 잉글랜드에서 다섯 개의 언어가 통용되었다는 점을 언급하고 있다. 다섯 개의 언어란 영어, 켈트어, 아일랜드어, 픽트어(스코틀랜드어), 라틴어였다. "영어"란 앵글족의 언어였지만 색슨족의 언어와는 약간 달랐고 프랑크족, 노르웨이족, 데인족도 알아들을 수 있었다. 이 다섯 종족은 게르만어의 이형(異形)들을 썼으며, 영어는 게르만어가 발달한 것이다. 일찍이 7세기부터 앵글로색슨 문학은 상당히 많이 존재했다. 그러나 그리스도교로 인하여 라틴 문자가 도입되고(앵글로색슨의 룬(rune) 문자를 대체함), 데인족의 정복으로 수많은 도서관들이 파괴되고, 노르만 정복으로 영어에 프랑스어 단어들이 넘쳐나게 되면서 앵글로색슨 문학의 대부분이 소멸되었기 때문에 우리는 주로 단편만을 가지고 앵글로색슨 문학을 평가할 수밖에 없다. 더욱이 이러한 앵글로색슨의 시들 중 대다수가 이교도적인 내용에 관한 것이었고, 생활 및 언어에서 다소 문란하여 수도사들과 사제들이 못 듣게 했던 방랑 시인이나 음유 시인들에 의해 수 세대 동안 구전되었다. 그러나 현존하는 최고(最古)의 앵글로색슨 작품의 단편 중 하나로, 원작만큼 탁월하진 않지만 창세기를 운문으로 바꾼 사람은 8세기의 수도사였을 것으로 추정된다. 이 시에 삽입된 부분은 에덴동산으로부터의 추방에 대한 게르만 서사를 번역해 놓은 것이다. 여기서 시는 활기를 띠는데, 그 주된 이유는 사탄이 반항적이고 열정적인 반역자로 표현되기 때문이다. 아마도 밀턴(Milton)은 자신의 루시퍼에 대한 힌트를 여기서 얻지 않았을까 싶다. 앵글로색슨 시들 중 일부는 애가(哀歌)였다. 따라서 방랑자는 귀족의 저택에서 이제는 지나가 버린 행복했던 나날들의 이야기를 들려준다. 영주가 죽자 "단단히 자리 잡은 이 지구가 텅 비게 되고", "슬픔보다 더 슬픈 왕관은 행복했던 지난날을 떠올리고 있다."[20] 단테조차 화자가 받은 인상에 대한 이러한 표현을 뜯어고치지 않았다. 대개 이런 오래된 시들은 유쾌하고 활기찬 어조로 전쟁을 노래한다. 「몰던 전투 찬가」(1000년경)는 잉글랜드가 패배했음에도 여기서 영웅적 행위만을 부각시키고 있다. 그래서인지 살해당한 자신의 영주 곁에 선 늙은 용사 비르트볼트는 적군에 압도당한 색슨족들에게 맬로리(잉글랜드의 작가로 아서 왕과 원탁의 기사들의 성공과 몰락에 대해 영어로 쓴 최초의 산문『아서의 죽음』을 쓴 작가로 유명하다. - 옮긴이)의 전조(前兆)나 다름없는 달변으로 "용기를 가르쳤다."

힘이 떨어질수록 생각은 더욱 어려워지고, 가슴은 더욱 통렬히 아파 오며, 기분은 저조해질 것이다. 여기 우리의 군주께서 엎드려 계신다, 저 놈들이 이 분을 칼로 죽였기 때문이다! 이번 전쟁을 뒤로하고 가신 분께 영원한 비탄과 슬픔을! 나 또한 늙었지만 나이 때문에 죽지는 않을 것이다. 때가 되면 나는 영주님 곁에, 내가 그토록 아꼈던 분 곁에 누울까 한다.[21]

앵글로색슨 시들 중 가장 길고 웅장한 시인「베오울프(Beowulf)」는 잉글랜드에서 7세기나 8세기쯤 지어졌을 것으로 추정되며, 1000년경 제작된 필사본이 대영 박물관에 보존되어 있다. 3183행이나 되는 길이로 보아 작품 전체가 보전된 것이 분명하다. 이 시는 무운시(無韻詩)이지만 오늘날 우리들은 이해할 수 없는 웨스트 색슨 방언으로 두운(頭韻) 작시법을 따르고 있다. 이야기는 유치한 듯하다. 스웨덴 남부 기트족(고트족?)의 왕자인 베오울프는 덴마크 왕 흐로드가르를 그렌델이라는 용으로부터 구하기 위해 바다를 건넌다. 그는 그렌델, 심지어 그렌델의 어미까지 무찌르고 기틀란트로 귀항하여 50년 동안 나라를 공정하게 다스린다. 이때 세 번째 용인 불을 내뿜는 용이 나타나 기트 땅을 파괴한다. 베오울프가 나서 그 용을 공격하다가 중상을 입자 그의 전우인 위글라프가 돕고 둘은 함께 맹수를 죽인다. 베오울프는 부상으로 죽어 화장용 장작더미에 올라 화장된다. 이 이야기는 들리는 것처럼 천진난만하지만은 않다. 중세 문학에서 용은 유럽 마을들의 인근 숲에서 출몰했던 야수를 나타낸다. 그러한 야수들에 대하여 멋진 환상을 품게 된 것은 공포에 질린 사람들의 상상력 탓이 크므로 이 점은 용서해야 할 듯하다. 게다가 그들의 상상력은 고맙게도 그러한 짐승들을 정복하여 작은 마을들을 안전하게 지켜 준 인물에 관한 전설을 만들어 주었다.

이 서사시의 특정 구절은 어울리지 않게 그리스도교적 내용을 담고 있어, 마치 어떤 수도사 같은 친절한 편집자가 여기저기 경건한 시구들을 삽입하여 이 이교도적인 걸작을 보존하려고 노력한 것 같은 인상을 준다. 그러나 어조와 사건들은 전적으로 이교도적이다. 이러한 "아름다운 여자들과 용맹한 남자들"의 관심을 끈 것은 무덤 너머에 존재하는 어떤 분쟁 없는 낙원이 아닌 지상에서의 삶과 사랑과 전투였다. 덴마크의 왕 쉬펑이 바이킹식으로 매장되어 선원 없는 배를 타고 바다로 나아가는 첫 장면에서 저자는 덧붙인다. "진실의 짐을 지게 된 인간은 진실을 말할 수 없다." 그러나 「베오울프」는 이교도에 관한 밝고 가벼운 내용이 아니었다. 음침한 어조가 시 전체에 스며들어 있고 흐로드가르 왕의 홀에서 열린 연회 장면에서조차 어조는 바뀌지 않는다. 거침없이 이어지는 시구의 억양과 탄성을 통해 우리는 방랑 시인의 비탄에 젖은 하프 소리를 듣는다.

그때 베오울프가 벽 근처에 자리 잡고 앉았다. …… 그는 자신이 입은 상처, 치명적인 부상에 관해 이야기했다. 자신이 생을 마감하리라는 사실을 그는 알고 있었다. …… 그때 전투에서 용맹을 떨친 사내들이 말을 타고 봉분 주변을 맴돌았다. 그들은 비통한 심정을 입 밖에 내고, 군주를 애도하고, 그에 관한 구호를 만들고, 그에 관한 이야기를 하고 싶었다. 그들은 군주의 영웅적 생애를 칭송하고 그의 용감한 행동을 온 힘을 다해 찬미했다. …… 그들은 이 세상 왕들 중 그야말로 백성에게 가장 온화하고, 가장 친절하고, 가장 인자한 왕이었으며 칭송에 대한 열망도 가장 강했다고 했다. …… 군주가 그의 육신을 떠나 세상과 이별을 할 때, 남자가 이처럼 다정했던 그의 군주를 극찬하고 …… 진심으로 사랑하는 것은 당연한 일이다.[22]

「베오울프」는 아마도 영국 문학에서 현존하는 가장 오래된 시일 것이다. 그러나 이름으로는 캐드몬(680년 사망)이 가장 오래된 이름이다. 우리는 그를 베다의 멋진 구절을 통해서만 알 뿐이다. 『교회사』[23]에 따르면 휘트비 수도원에는 노래 부르는 게 너무 어려워서 성가를 부르다가 자기 차례가 올 때마다 은신처로 도망가 버렸던 소박한 형제가 있었다고 한다. 어느 날 밤 그가 자신의 은신처인 마구간에서 자고 있는데 천사가 나타나 이렇게 말했다. "캐드몬, 내게 노래를 해 다오!" 이 수도사는 자신은 노래를 못 한다며 항변했지만 천사의 명령이었기에 시도를 했는데 뜻밖에 성공하자 깜짝 놀랐다. 아침에 일어나 그 노래를 기억해 내고 불렀다. 그 후 그는 혀 짤배기소리로 노래를 불렀는데 창세기, 출애굽기, 복음서들을 "매우 감미롭고 심금을 울리는" 시로 바꿔 놓았다는 것이 베다의 전언이다. 베다가 라틴어로 번역한 시행 몇 줄을 제외하면 그중 현존하는 것은 아무것도 없다. 노섬브리아 궁정의 음유시인인 키니울프(750년경 출생)는 여러 가지 종교적인 이야기들을 시로 만들어서 이 이야기를 구현하려고 했고 그 결과 「그리스도」, 「안드레아스」, 「율리아나」 같은 작품을 남겼지만 「베오울프」와 같은 동시대 작품들에 비해 이러한 작품들은 수사법 및 기교에 있어서 생기가 전혀 없다.

　상상력이 꽃을 피우고 난 후 한참이 지나서야 지성이 무르익듯 산문은 모든 문학에서 시보다 나중에 출현했다. 인류는 산문을 예술로 연마할 여유나 허영심이 생기기 전부터 수 세기 동안 "부지불식간에" 산문에 관한 이야기를 했다. 잉글랜드 산문 문학에서 최초로 두각을 드러낸 인물은 알프레드 대왕이다. 그의 번역서와 서문들은 간결한 진정성을 잘 드러냈으며, 원체스터 대성당의 서기들이 보관하고 있던 "주교 명부"를 편집하고 추가하여 영어 산문 작품의 실질적 최초랄 수 있는 『앵글로색슨 연대기』에서 가장 활기차고 생생한 부분으로 탈바꿈시켜 놓은 것은 다름 아닌 그였다. 그의 스승이었던 아세리우스가 『알프레드 대왕의 생애』의 대부분을 썼을지도 모르고 어쩌면 나중에 편찬된 것일지도 모른다.(974년경)[24] 아무튼 이는 유럽 대륙에서 "저속한" 언어로 그렇듯 품위 있는 내용을 쓸 때는 여전히 얼굴을 붉혀야 했던 반면, 잉글랜드인들은 역사서든 신학 서적이든 라틴어 대신 영어를 쓸 준비가 되어 있었음을 보여 주는 초기 예이다.

시와 전쟁의 와중에도 남자들과 여자들 모두 형태에 의미를 부여하고 실용적인 사물들에 미를 부여할 시간과 정신적 여유를 찾아냈다. 알프레드는 애셀니에 예술 학교를 세워 잦은 출정 중에도 자신의 금세공업자들과 온갖 기능공들을 계속 가르치기 위해 "공예 솜씨가 뛰어난 수도사들을 곳곳에서 데려왔다."[25]고 아세리우스는 전하고 있다. 정치가이자 성인이었음에도 성에 차지 않았던 던스탄은 금속 및 금세공 솜씨도 좋았으며 훌륭한 음악가였던 데다 글래스턴베리에 있던 자신의 대성당을 위해 파이프 오르간까지 제작했다. 목재, 금속, 칠보를 이용한 예술품들이 계속 제작되었다. 보석 연마공들은 조각가들과 협력하여 보석을 박고 조각하여 루스웰 십자가 및 뷰캐슬 십자가를 제작했고(700년경), 그 유명한 카드월론 왕(677년 사망)의 기마상은 루드게이트 근처에서 황동으로 주조되었으며, 여자들은 침대보와 벽걸이 융단을 만들고 가장 섬세한 실로 자수를 놓았고,[26] 윈체스터의 수도사들은 휘황찬란한 색채로 10세기 기도문을 채색했다. 윈체스터와 요크는 석조 대성당을 일찍이 635년에 벌써 건축했고, 베네딕트 비스코프는 그가 674년 위어마우스에 지은 교회로부터 잉글랜드로 롬바르드 양식을 들여왔으며, 캔터베리는 950년 로마 시대부터 남아 있던 대성당을 재건축했다. 베다 덕분에 우리는 베네딕트 비스코프의 교회가 "일자무식인 사람일지라도 일단 들어서면 어느 방향으로 돌아서든 그리스도와 그의 성도들이 지닌 가장 아름다운 면을 응시하거나 눈앞에 펼쳐진 최후의 심판 장면을 보고 좀 더 엄격한 자성의 시간을 갖도록" 이탈리아에서 제작된 회화들로 장식되어 있었다는 사실을 알고 있다.[27] 전반적으로 7세기 브리튼에서는 건축이 활기를 띠었다. 앵글로색슨의 정복은 완성되었고, 데인족의 정복은 아직 시작되지 않은 때였다. 지금까지 목재로 건물을 짓던 건축가들이 이제는 석재로 성소를 세울 자원과 의지를 갖게 되었다. 그러나 베네딕트가 건축가들, 유리 제작자들, 금세공사들을 갈리아에서 불러들였고, 윌프리드 주교가 7세기 헥삼 교회를 장식하기 위해 이탈리아에서 조각가들과 화가들을 데려왔으며, 아름답게 채색된 린디스판 복음서(730년경)는 은둔 또는 선교에 대한 열의에 의해 노섬벌랜드 해안에 위치한 음산한 린디스판 섬으로 파견된 아일랜드 수도사들의 작품이었다. 데인족의 도래로 인하여 이러한 단기 부흥기는 종말을 맞았으며, 크누트의 확고한 통치권이 수립된 후에야 잉글랜드 건축의 최정상으로의 여정은 재개되었다.

3. 정복 사이 기간: 1016~1066년

크누트는 단순한 정복자가 아니라 정치가였다. 강건 왕 에드먼드의 자식들을 추방했고 앵글로색슨의 복위를 미연에 방지하기 위해 에드먼드의 형제를 사형시켰기 때문에 치세 초기에는 잔혹성으로 얼룩졌다. 그러나 에셀레드 왕의 미망인과 아들들이 생존하여 루앙에 있다는 사실에 주목한 후, 미망인인 엠마에게 청혼을 함으로써 여러 가지 난국을 극복했다.(1017년) 엠마는 서른세 살이었고 그는 스물세 살이었다. 그녀가 동의함으로써 크누트는 일거에 부인과 엠마의 오빠인 노르망디 공작과의 동맹과 안전한 왕위를 확보하게 되었다. 그 후부터 그의 치세는 잉글랜드에게 축복이 되었다. 그는 잉글랜드의 통합과 기상을 해친 난잡한 귀족들을 단속했다. 더 이상의 침략으로부터 섬을 보호했고 12년 동안 섬에 평화를 안겨 주었다. 그리스도교를 받아들여 교회를 많이 지었고 아산된에서 싸운 데인족들뿐만 아니라 앵글로색슨족 또한 추모할 수 있는 성소를 아산된에 건립했으며, 몸소 에드먼드의 무덤에 가서 참배를 했다. 그는 잉글랜드의 기존 법률과 제도를 따르기로 약속했고 이를 지켰는데 두 가지 예외가 있었다. 횡포한 귀족들에 의해 권위가 바닥으로 떨어진 지역은 자신이 직접 임명한 인력이 다스리도록 해야 한다고 주장했고, 왕실의 최고 고문을 대주교에서 평신도 성직자로 대체했다. 또한 전례 없는 연속성을 부여해 준 행정 인력 및 관리(官吏) 조직을 개발했다. 불안정했던 치세 초기 이후 그가 임명한 사람들은 거의 전원 잉글랜드인들이었다. 그는 늘 국무에 힘썼고 사법 행정과 법률 집행을 감독하기 위하여 왕국 곳곳을 쉬지 않고 방문했다. 그는 데인족으로 왔다가 잉글랜드인으로 죽었다. 그는 잉글랜드 왕이었을 뿐만 아니라 덴마크 왕이기도 했으며, 1028년에는 노르웨이의 왕도 되었으나 그가 이 세 왕국을 다스린 곳은 윈체스터였다.

데인족의 정복은 외세의 침략과 혼혈이라는 기나긴 과정을 계속해 나가다가 결국 노르만 정복에 이르렀고, 이로써 마침내 영국 국민이 탄생되었다. 켈트족과 갈리아족, 앵글족과 색슨족, 주트족, 데인족과 노르만족은 결혼이나 그 밖의 수단으로 피를 섞어 평범하고 미숙했던 로마 시대의 고대 영국인을 엘리자베스 시대의 강경한 해적, 미래의 소리 없는 세계 정복자로 탈바꿈시켰다. 데인족도 게르만족 및 노르웨이인들과 마찬가지로 잉글랜드에 바다에 대한 신비에 가까운 애정, 머나먼 땅에서의 모험과 교역으로의 위험천만한 유혹을 기꺼이 받아들이는 성향을 가져다주었다. 문화적인 측면에서 데인족의 침략은 재앙이었다. 건축은 제자리걸음을 했고 750년부터 950년까지 장식 기술은 퇴보했으며, 갈리아 노르웨이족의 습격 시 샤를마뉴 대제의 노고가 수포로 돌아간 것과 마찬가지로 알프레드 대왕에 의해 촉진된 지적 진보 또한 저지되었다.

크누트에게 더욱 긴 시간이 주어졌다면 그의 동족들이 초래한 악영향을 좀 더 많이 바로잡을 수 있었을지도 모른다. 그러나 전쟁이나 정치에 뛰어들면 인간은 급속하게 노쇠하기 마련이다. 크누트는 1035년 40세의 나이로 사망했다. 노르웨이는 그 즉시 데인족의 굴레를 벗어던졌다. 크누트의 아들이자 지정된 왕위 계승자였던 하레크누트는 노르웨이의 침략에 대항하여 덴마크를 보호하고자 최선을 다했다. 크누트의 또 다른 아들인 해랄드 토끼발은 5년 동안 잉글랜드를 통치하고 나서 사망했다. 하레크누트는 잉글랜드를 2년간 통치하다가 세상을 떠났다.(1042년) 죽기 전에 그는 에델레드와 엠마의 살아남은 아들을 노르망디로부터 소환하여 이 앵글로색슨족 이복동생을 잉글랜드 왕위의 후계자로 인정했다.

그러나 참회 왕 에드워드(1042~1066년)는 데인족 만큼이나 머나먼 타국 출신이었다. 아버지 손에 이끌려 열 살 때 노르망디에 온 그는 30년을 노르만 궁중에서 보냈고, 노르만 귀족 및 사제들에게 양육되어 표리가 없는 독실한 신자로 교육받았다. 그는 잉글랜드에 그의 프랑스의 언어, 관습, 친구들을 들여왔다. 이러한 프랑스 친구들은 고위 관리 및 고위 성직자가 되어 하사금을 받았고, 잉글랜드에 노르만 양식의 성을 지었으며, 잉글랜드의 언어와 방식을 대놓고 비웃었고, 정복자 윌리엄보다 한 세대 앞서 노르만 정복을 시작했다.

유약하고 귀가 얇았던 왕에 대한 영향력에 있어서 이들 프랑스 출신들과 겨룰 수 있었던 잉글랜드인이 딱 한 명 있었다. 웨섹스의 총독이자 크누트, 해랄드, 하레크누트 치세에서 왕국의 최고 고문이었던 고드윈 백작은 부와 지혜를 모두 갖췄으며, 끈기 있는 외교의 일인자이자 설득력 있는 화술과 행정 기량을 소유한 인물이었다. 그는 잉글랜드 역사상 최초의 위대한 평신도 정치가였다. 그는 정치 경력 덕분에 왕에게 영향력을 행사할 수 있었다. 그의 딸 이디스는 에드워드의 부인이 되었으므로 고드윈을 왕의 외할아버지로 만들어 줄 수도 있었겠지만 에드워드는 후손을 보지 못했다. 고드윈의 아들 토스티그가 플랑드르 백작의 딸 유디트와 결혼하고 고드윈의 조카인 스벤이 덴마크의 왕이 되자, 고드윈 백작은 이러한 결혼들로 북유럽의 최강자가 되어 왕보다 더욱 큰 권세를 누리게 해 준 삼중 동맹을 구축하게 되었다. 에드워드의 노르만 친구들이 왕의 시기심을 부추겼고 그 결과 왕은 고드윈을 퇴위시켰다. 백작이 플랑드르로 망명했을 때, 그의 아들 해롤드는 아일랜드로 가서 참회 왕에 대항할 군대를 모집했다.(1051년) 노르만족이 행사하던 영향력에 분개한 잉글랜드의 귀족들은 고드윈에게 귀환을 권했고 그에게 무력 지원을 약속했다. 해롤드가 잉글랜드를 침략하여 왕의 군대를 물리치고 남서 해안 지역을 유린하고 약탈한 다음 그의 아버지와 합류하여 템스 강 상류로 진격했다. 런던의 대중들은 고드윈 부자에게 환호를 보냈고 노르만의 고관 및 고위 성직자들은 망명했다. 잉글랜드의 귀족 및 주교들로 구성된 현인 회의는 고드윈에게 승전 축하연을 열어 주었고 고드윈은 몰수당했던 재산과 정치권력을 되찾았다.(1052년) 1년 후, 고난과 승리에 지친 그는 죽었다.

해롤드가 웨섹스의 백작으로 임명되어 아버지의 권력을 일부 물려받았다. 이제 서른한 살이 된 그는 훤칠하고 잘생긴데다 힘세고 용감했지만 무모했다. 그는 전시에는 무자비했고 평화 시에는 너그러웠다. 대담한 군사 작전이 정신없이 이어지던 와중에 그는 잉글랜드를 위해 웨일스를 정복했고, 웨일스의 족장 그리피스의 머리를 기쁜 한편 공포에 질린 왕에게 선사했다.(1063년) 격정적인 재임 기간 중 다소 온화했던 기간에는 월섬(Waltham)에 대수도원 성당을 짓고(1060년), 성당 학교에서 발전한 대학을 지원하는 데 돈을 물 쓰듯 썼다. 잉글랜드 전역이 이 낭만적인 젊은이에게 미소를 보냈다.

에드워드의 치세 당시 위대한 건축사적 사건은 웨스트민스터 사원의 시작(1055년)이었다. 루앙에 사는 동안 그는 노르만 양식에 익숙해졌다. 장차 잉글랜드의 천재의 성지이자 무덤이 될 수도원을 의뢰하면서 에드워드는 쥐미에주에서 겨우 5년 전에 건축이 시작된 웅장한 대수도원 성당의 방침과 마찬가지로 신축 성당도 노르만 로마네스크 양식으로 설계하라고 명했다. 이것 역시 윌리엄 이전의 노르만 정복이었다. 웨스트민스터 성당은 잉글랜드에 유럽에서 가장 정교한 로마네스크 양식의 건축물들을 안겨 줄 건축사적 개화의 시작이었다.

에드워드는 바로 그 성당에 운명적인 해였던 1066년 초 영면에 들게 되었다. 1월 6일 소집된 현인 회의는 해롤드 왕을 선출했다. 해롤드가 왕위에 앉자마자 노르망디 공작인 윌리엄이 왕권을 주장하면서 전쟁을 준비한다는 소식이 들려왔다. 윌리엄은 에드워드가 1051년 노르망디에서 보호해 준 30년의 세월에 대한 감사의 뜻으로 왕위를 약속했다고 주장했다. 약속이 있었던 것은 분명해 보였으나,[28] 에드워드는 이를 후회했는지 망각했는지 죽기 직전 해롤드를 그의 후계자로 추천했다. 어쨌든 그런 약속은 현인 회의의 구성원들이 승인하지 않는 한 유효성이 없었다. 그러나 윌리엄은 해롤드가 루앙에 있던 그를 방문했을 때(날짜 알 수 없음) 자신에게 기사 작위를 받아 자신의 수하(手下)가 되었으니 봉건법에 따라 자신에게 복종해야 하며, 자신을 에드워드의 왕위 후계자로 인정하고 지지하기로 약속했다고 주장했다. 해롤드는 이러한 서약을 맺은 일이 있다고 시인했다.[29] 그러나 다시 한 번 그의 서약을 잉글랜드라는 국가가 지켜야 할 의무는 없었다. 잉글랜드의 대표들이 기꺼이 그를 자기네 왕으로 선출해 준 이상 해롤드는 그들의 선택을 방어하기로 마음먹었다. 윌리암은 교황에게 호소했다. 힐데브란트와 상의한 교황 알렉산데르 2세는 해롤드를 왕위 찬탈자라고 비난하고 그와 그의 지지자들을 파문한 다음 윌리암을 잉글랜드 왕좌의 합법적인 계승권자로 선포했다. 그는 윌리암이 제안한 침략에 신의 가호를 빌고 그에게 축성한 깃발과 다이아몬드 안에 성 베드로의 머리카락이 들어 있는 반지를 보냈다.[30] 힐데브란트는 교황이 왕위를 처분하고 왕을 폐위시킨 선례를 만들게 되어 기뻤다. 10년 뒤 그는 독일의 하인리히 4세에게 이 선례를 적용하게 되고 1213년 존 왕의 경우에 요긴하게 써먹게 된다. 베크의 수도원장 란프랑쿠스는 윌리암과 함께 (모든 국가 중에서 특히 관련 있는) 노르망디 사람들에게 파문당한 왕에 맞선 성전(聖戰)에 참여할 것을 촉구했다.

철없던 해롤드가 저질렀던 죄악들이 이제 자애로운 어른이 된 해롤드를 벌하게 되었다. 오래전 현인 회의에 추방당한 이후로 이때까지 그의 동생 토스티그는 돌아와 정권을 잡아 달라는 해롤드의 부름을 받지 못한 상황이었다. 이제 윌리암과 손을 잡은 토스티그는 북쪽에서 군사를 일으킨 다음 노르웨이의 하랄드 하르드라다 왕에게 잉글랜드의 왕위를 약속한다는 말로 그를 설득하여 참전하게 했다. 1066년 9월 1400척의 배로 구성된 윌리암의 함대가 노르망디에서 출항할 때, 토스티그와 하르드라다가 노섬벌랜드를 침략했다. 요크가 그들에게 항복했고 하르드라다는 그곳에서 잉글랜드의 왕이 되었다. 해롤드는 자기 휘하의 군대를 데리고 서둘러 북상하여 스탬포드 브리지에서 북방의 침략자들을 물리쳤다.(9월 25일) 이 전투에서 토스티그와 하르드라다가 전사했다. 해롤드는 축소된 병력을 거느리고 남하했으나 군사의 규모가 너무 작아서 윌리암의 대군과 맞설 수 없는 상황이었기 때문에, 모든 고문이 그에게 기다리라고 했다. 그러나 윌리암이 잉글랜드 남부를 불태우고 약탈하고 있어서 해롤드는 한때 그가 유린했지만 지금은 사랑해 마지않는 땅을 방어해야만 할 것 같았다. 헤이스팅스 근처 센락에서 두 편의 군대가 만나(10월 14일) 아홉 시간 동안 싸웠다. 화살에 한쪽 눈을 관통당한 해롤드는 피 때문에 앞이 안 보여 쓰러졌고 노르만 기사들에게 사지가 절단되었다. 한 명이 머리를 잘라 내자 다른 한 명이 한쪽 다리를 동강 냈고 또 다른 한 명은 해롤드의 내장을 전장에 흩뿌렸다. 잉글랜드 병사들은 자신들의 수장이 죽는 걸 보자 혼비백산했다. 살육과 혼돈이 어찌나 극심했던지 나중에 해롤드의 시신을 수습하기 위해 불려 온 수도사들은 그의 시신을 찾지 못해 급기야 그의 정부였던 이디스 스완스넥을 현장으로 데리고 와야 할 정도였다. 그녀가 심하게 훼손된 애인의 시신을 알아보았고 시신 조각들은 그가 지은 월섬 성당에 매장되었다. 1066년 크리스마스 날, 윌리엄 1세는 잉글랜드의 왕으로 옹립되었다.

2. 웨일스: 325~1066년

웨일스는 서기 78년 프론티누스와 아그리콜라가 로마를 위해 탈취했었다. 로마인들이 브리튼에서 물러나자, 웨일스는 자유를 되찾고 여러 왕들을 겪었다. 5세기 웨일스 서부는 아일랜드 정착민들이 점거하고 있었다. 나중에 웨일스는 앵글로색슨 정복자들로부터 망명 중이던 잉글랜드인들 수천 명을 받아들였다. 앵글로색슨족들은 웨일스 장벽에서 추적을 멈췄고 정복되지 않은 웨일스 사람들을 외국인을 뜻하는 "웨일하스(Wealhas)"라고 불렀다. 아일랜드인과 잉글랜드인은 웨일스에서 자신들과 비슷한 켈트족의 후손을 발견했고, 곧 이 세 집단이 섞여 "동포"를 뜻하는 킴루(Cymru)가 되었다. 이는 전국으로 널리 퍼져 그들이 사는 땅의 이름이 되었다. 대부분의 켈트족들처럼 잉글랜드인들, 콘월 사람들, 아일랜드인들, 북(北)스코틀랜드의 게일 사람들도 자신들의 사회 질서의 기반을 거의 온전히 가족과 씨족에 두었고, 시기심이 강해서 국가에 분개했고 개인이나 혈통이 다른 씨족은 절대적인 불신의 눈길로 바라보았다. 그들의 씨족 정신은 계산하지 않는 환대와, 무질서는 용맹과, 고단한 삶과 기후는 음악과 노래와 충실한 우정과, 빈곤은 소녀란 소녀는 모두 공주로 만들고 시시

각각 남자를 왕으로 만들어 버리는 풍부한 상상력과 균형을 이루었다.

왕 다음으로 높은 사람들은 음유 시인들이었다. 음유 시인은 시인일 뿐만 아니라 백성들의 예언자이자 역사가, 왕실의 고문이기도 했다. 그중 역사에 길이 이름을 남긴 두 명의 음유 시인이 있었으니 바로 6세기의 탈리에신과 아나이린이다. 이들 외에도 수백 명의 음유 시인이 있었고, 그들이 영국 해협에서 브르타뉴로 전파한 이야기들은 세련되게 다듬어져 프랑스까지 도달했다. 음유 시인들은 성직자 계급에 속하는 시인이었다. 자신이 속한 종족에 관한 지식 분야의 엄격한 훈련을 받지 않고는 음유 시인 조직에 입회할 수가 없었다. 입회 후보는 마비노그(mabinog)라 불렸고, 그가 공부한 교재는 마비노기(mabinogi)라 불렸다. 이런 이유로 그들에 관한 이야기는 마비노기온(Mabinogion)이라는 명칭으로 잔존하게 된 것이다.[31] 현재 남아 있는 마비노기온 중 14세기 이전의 것은 없지만 아마도 그리스도교가 웨일스를 장악하지 않았던 이 시기가 기원일 것이다. 마비노기온은 원시 시대답게 단순하고, 이교도답게 물활론적(物活論的)이며, 기이한 동물들 및 초자연적인 사건들로 기묘하다. 또한 추방, 패배, 죽음에 대한 암울한 확실성으로 어둡지만 그럼에도 부드러운 분위기에 휩싸인 온 세상은 아이슬란드의 『에다(Edda)』(북유럽의 신화, 시가집 - 옮긴이), 노르웨이 영웅의 전설, 그리고 『니벨룽겐의 노래』의 정욕과 폭력과는 동떨어져 있다. 세상으로부터 고립된 웨일스의 산악 지대에서는 국가, 여인, 그리고 나중에는 성모 마리아와 예수에 대한 헌신을 다룬 낭만적인 문학이 발전했는데, 모두 기사도를 낳았다는 공통점을 지니고 있다. "이교도를 무찌르고 그리스도를 받들기로" 맹세한 아서 왕과 용맹하지만 사랑에는 약한 그의 기사들에 관한 놀라운 이야기도 여기서 생겨났다.

6세기 웨일스에도 그리스도교가 도래했고, 얼마 안 가 수도원과 대성당에 학교도 문을 열었다. 알프레드 대왕의 서기관이자 전기 작가를 맡을 정도로 박식했던 주교 아세리우스는 펨브록셔와 그곳의 성 다윗 대성당 출신이었다. 이러한 그리스도교 성지들과 정착지들은 노르망디에서 온 해적의 공격으로 가장 큰 타격을 입었으나 로드리 대왕(844~878년)이 이들을 몰아내고 섬에 활력 넘치는 왕조를 선사했다. 선인(善人) 왕 하우얼(910~950년)은 웨일스 전역을 통일하고 획일적인 법체계를 제공했다. 그루피드 압 리웰린(1039~1063년)은 자신도 감당 못할 성공을 이룩했다. 잉글랜드의 주들과 가장 가까운 메르키아를 물리치자 장차 잉글랜드의 왕이 될 해롤드가 예방 차원의 방위 전쟁을 포고하고 브리튼을 위해 웨일스를 정복했다.(1063년)

3. 아일랜드 문명: 461~1066년

성 패트릭이 사망하고 11세기가 될 때까지 아일랜드는 일곱 개의 왕국으로 나뉘어 있었다. 얼스터에 세 개, 그리고 나머지 네 개는 콘노트, 렌스터, 먼스터, 미드에 있었다. 더욱 광범위한 분쟁 영역으로 나아갈 운송 수단이 없었기 때문에 이러한 왕국들은 자기들끼리 싸우기가 일쑤였다. 그러나 3세기가 가까워지면서 브리튼 서쪽 해안에서 아일랜드가 습격하고 정착했다는 흔적이 보이기 시작했다. 연대기 작가들은 이때 습격한 이들을 스코틀랜드인이라 부르는데 이는 방랑자를 뜻하는 켈트어이다. 이 시기에는 스코틀랜드인이 아일랜드인을 의미한다. 전쟁은 이 지역의 고질적인 문제였다. 590년까지는 여자들도, 804년까지는 수도사들과 사제들도 더욱 많은 수의 보통 전사들과 싸워야 했다.[32] 유럽 대륙의 미개한 법규와 비슷할 수밖에 없었던 법체계는 브리혼(brehon)에 의해 집행되었는데, 브리혼이란 게일어로 일찍이 4세기에 벌써 법률 학교에서 가르쳤고 법학 관련 글을 썼던 고도의 훈련을 받은 변호사, 재판관들을 말한다.[33] 아일랜드도 스코틀랜드처럼 로마에 의한 정복을 피했고, 따라서 로마법과 체계적인 통치 체계 또한 놓치게 되었다. 법률도 복수를 판결로, 정욕을 절제로 대체하는 데는 성공하지 못했다. 통치 체제도 여전히 부족 기반이었고 아주 가끔씩만 통합을 달성했다.

사회 및 경제 단위는 가족이었다. 몇몇 가족이 하나의 일족을 이루고, 몇몇 일족이 하나의 씨족을 이루었다. 한 부족의 구성원 전체가 한 명의 공통 조상의 후손이었을 것이다. 10세기에는 많은 가족들이 자신들의 혈통을 나타내기 위해 부족 이름에 Ui나 O'(손자(孫子))를 앞에 붙였다. 따라서 오닐 일가(O'Neills)는 916년 아일랜드의 왕이었던 니알 글룬두(Niall Glundubh)의 후손이라고 주장했다. 그 밖의 많은 가문들이 아버지의 이름 앞에 'Mac' 같은 접두어를 붙여 아들임을 나타냈다. 7세기 아일랜드 국토의 대부분은 씨족이나 일가가 공동 소유하고 있었고[34] 사유 재산은 가재도구에 국한되었지만,[35] 10세기 즈음에는 개인 소유가 확산되었다. 얼마 안 가 대규모 사유지, 많은 수를 차지하는 자유 소농 계층, 소규모 소작농들, 그리고 소수의 노예 계층을 거느린 소규모 귀족 가문이 생겨났다.[36] 그리스도교 도래 후 3세기 동안(461~750년) 아일랜드인들은 물질적으로나 정치적으로나 잉글랜드인들보다 훨씬 낙후된 상태였다. 아마도 문화적으로는 피레네 산맥 및 알프스 산맥 북쪽에 거주했던 모든 민족 중에서 가장 발달한 민족이었을 것이다.

이처럼 기이한 불균형의 원인은 여러 군데 있었다. 우선 5세기 게르만족의 침략으로부터 망명한 갈리아 및 브리튼의 학자들이 유입되었고, 브리튼과 갈리아와의 상업적 접촉이 증가했으며, 9세기 전까지 아일랜드가 외세의 침략으로부터 면제를 받았기 때문이다. 수도사들과 사제들 그리고 수녀들이 규모와 과정이 다양한 학교들을 설립했다. 520년 클로나드에 세워진 한 학교는 학생 수가 자그마치 3000명이나 되었고(애국정신에 불타던 역사가들 말을 믿을 수 있다면 말이다.),[37] 클론막노이즈(544년), 클론퍼트(550년), 뱅고르(560년)에도 학교가 문을 열었다. 몇몇은 철학, 성서 연구를 포함한 신학, 라틴 및 그리스 고전, 게일어 문법과 문학, 수학과 천문학, 역사와 음악, 의학과 법학에서 박사 학위를 획득할 수 있는 12년 과정을 제공했다.[38] 부모의 지원을 받을 수 없는 가난한 학생들은 공공 기금을 지원받았는데 학생들 대부분이 사제를 준비하고 있었고, 아일랜드는 사제라는 직업을 발전시키기 위해 어떤 희생도 마다하지 않았기 때문이다. 이러한 학교들은 서유럽의 다른 국가들에서 그리스어에 대한 지식이 거의 사라진 이후에도 오랫동안 그리스어를 계속 가르쳤다. 알퀸은 클론막노이즈에서 공부했고, 에리게나가 자신을 프랑스의 대머리 왕 샤를의 궁정에서 경이로운 존재로 만들어 준 그리스어를 배운 것도 아일랜드에서였다.

이 시대의 분위기와 문학은 전설과 로맨스를 선호했다. 여기저기서 일부 지성인들이 과학에 눈을 돌리기 시작했는데, 이를테면 천문학자 둥갈이나 기하학자 퍼길은 지구가 둥글다고 가르쳤다. 825년경 지리학자 디퀼은 795년 아일랜드 수도사들이 아이슬란드를 발견했다고 보고했고, 아일랜드 여름의 백야를 예로 들면서 셔츠에서 벼룩을 골라낼 수 있을 만큼 충분한 빛을 찾을 수 있다고 언급했다.[39] 문법학자들은 셀 수 없을 만큼 많았는데, 그도 그럴 것이 아일랜드의 운율 체계는 당대 그 어떤 언어보다도 복잡했기 때문이다. 사회에는 시인들이 넘쳐 났으며 그들은 높은 지위를 보유했다. 시인들은 대개 교사, 변호사, 시인, 역사가의 기능을 병행했다. 선도적인 시인을 중심으로 한 음유 시인 학교에 모여 그들은 그리스도교 이전 드루이드 사제들의 권력과 특권 중 다수를 물려받았다. 그러한 음유 시인 학교들은 6세기부터 17세기까지 끊이지 않고 번성했으며, 대개 교회나 국가의 토지 양도로 지원을 받았다.[40] 10세기에는 국가적으로 이름을 떨친 시인이 네 명이나 배출되었다. 플란 맥로나인, 케네스 오하티간, 요히 오플라인, 그리고 브라이언 보루 왕이 계관 시인으로 선정했던 맥리아그가 그 네 명이다.

이 시대에 아일랜드의 영웅 전설은 문학의 형태를 갖추게 되었다. 대부분의 내용이 패트릭보다 앞선 시대의 것이었지만 구전되었고 이제는 운율 있는 산문과 발라드가 혼합된 양상을 보이게 되었다. 비록 이러한 작품들이 11세기 이후 필사본을 통해서만 우리에게 전달되었지만, 이를 엄연한 문학으로 만든 것은 이 시기의 시인들이다. 이러한 영웅 전설은 여러 개의 장대 서사로 구성되는데, 그중 하나는 아일랜드인들의 신화적인 조상들을 기념하는 것이었다. 일례로 페니아(Fenia)나 오시안(Ossian) 전설은 전설적인 영웅 핀 맥쿰헤일과, 피아나(Fianna) 또는 페니언(Fenians)이라고 하는 그의 후손들이 겪은 모험담을 신명 나는 스탠자로 그려 낸 경우이다. 전승에 따르면 이 작품들은 대부분 핀의 아들 오시안이 쓴 것으로 알려져 있으며, 그는 300살까지 살다 성 패트릭 시대에 세상을 떠났는데 죽기 전에 성 패트릭에게 자신이 가지고 있던 이교도적 사상을 심어 주었다고 한다. 그러한 영웅 전설 중 하나에서는 고대 아일랜드의 왕 쿠훌린을 주인공으로 하여 이야기가 펼쳐지는데, 수십 가지 역동적인 상황을 만나 전쟁과 사랑을 수없이 겪는다는 내용이다. 이 일련의 영웅담 중에서도 백미로 꼽히는 것이 데어드레이의 이야기인데 그녀는 코너 왕 시절 일류 시인으로 명성을 날린 펠림의 딸이었다. 그녀가 태어났을 때의 일이었다. 그녀의 집으로 한 드루이드교 사제가 찾아와 예언하기를, 앞으로 그녀로 인해 얼스터 땅에는 슬픈 일들이 많이 생길 것이라고 했다. 이에 백성들은 다 같이 목소리 높여 "차라리 아기를 죽이자."고 청하지만 코너 왕은 아기를 잘 보호해 준 것은 물론 그녀를 정성껏 길러 주고 나아가서는 그녀와 결혼할 계획까지 세운다. 데어드레이는 하루가 다르게 아름다운 모습으로 성장해 간다. 그러던 어느 날 아침 데어드레이는 니시라는 한 잘생긴 청년이 다른 젊은이들과 어울려 공놀이 하는 모습을 보게 된다. 구경 중 그녀는 잘못 던진 공을 주워 니시에게 건네주는데, "나의 손을 꽉 잡는 그의 손길이 무척 기분 좋게 느껴졌다." 이 사건으로 인해 데어드레이는 니시에게 연정을 품게 되고 결국 자신의 시녀를 불러 이렇게 간청한다. "오, 마음씨 좋은 시녀야, 네가 내 목숨을 살리고 싶거든 제발, 니시에게로 가서 이렇게 좀 전해 다오. 오늘 밤 나를 찾아와 단둘이 이야기를 좀 나누자고." 전갈을 전해 듣고 데어드레이를 찾아온 니시는 그녀의 아름다움에 흠뻑 취하게 된다. 다음 날 밤 니시는 형제인 아이늘, 아르단과 함께 데어드레이를 찾아와 함께 궁을 나가자고 한다. 데어드레이는 흔쾌히 형제를 따라나서고 그들은 함께 바다 건너 스코틀랜드 땅에 이른다. 그런데 스코틀랜드의 왕이 데어드레이를 보자 사랑에 빠졌고, 그를 피해 형제들은 데어드레이를 산속으로 데려가 숨겨 둔다. 그로부터 얼마 후에는 코너 왕으로부터 전갈이 들어오는

데, 데어드레이를 데리고 다시 아일랜드로 돌아오면 모든 일을 용서해 주겠다는 것이었다. 니시는 그간 자신의 고향 땅과 청춘의 즐거운 기억들을 못내 그리워하고 있던 터라 결국 코너 왕의 이 제안을 받아들인다. 왕이 순순히 용서해 줄 리 없다고 데어드레이는 니시를 만류했지만 소용이 없었다. 결국 이들은 아일랜드 땅에 다시 발을 들이나 고국에 당도한 순간 코너의 병사들이 그들을 공격한다. 형제들은 그들에게 맞서 용감하게 싸움을 벌여 보지만, 종국에는 셋 모두 죽음을 당하고 만다. 슬픔을 가누지 못한 데어드레이는 실성을 한 채 땅바닥에 풀썩 쓰러져 죽어 버린 애인의 피를 들이마시고는 다음과 같은 기묘한 내용의 애도가를 노래한다.

> 알바(스코틀랜드)에 사는 귀족들이 떠들썩하게 잔치를 벌이던 날 ……
> 던트론 군주의 딸을 만난 니시는
> 남몰래 그녀에게 입 맞춰 주었지.
> 폴짝폴짝 뛰노는 암사슴도 한 마리 보내 주었지.
> 파우누스가 기슭에 살던 숲, 그곳의 사슴 한 마리를
> 인버네스의 영주를 만나고 돌아오는 길이면
> 니시는 슬며시 빠져나가 그녀를 만났지.
> 그 소식이 나에게 전해지는 순간
> 내 머리는 온통 질투심으로 가득 찼지.
> 그래서 넘실대는 파도 위에 내 자그만 배를 띄웠어,
> 살지 죽을지 몰랐지만 아무 상관없었지.
> 그런 내 뒤를 둘이, 맨몸으로 헤엄쳐 따라왔네.
> 아이늘과 아르단, 이 둘은 결코 거짓말을 하는 법이 없었지,
> 결국 그들에게 이끌려 나는 다시 아일랜드 땅으로 돌아왔네.
> 둘은 장정 백 명과 싸워도 이길 정도였으니
> 니시는 내게 맹세했네, 자기 말이 진실임을

무기를 걸고 내 앞에서 세 번이나 맹세했네.

앞으로 다시는 내 얼굴에 근심 끼는 일 없도록 할 것임을

그랬건만 기어이 나를 떠나 죽은 자의 대열에 합류해 버리네.

아, 슬퍼라! 만일 그녀가 오늘 밤의 이 소식을 듣게 된다면

니시가 죽어 땅속에 묻혀 버린 걸 안다면

그녀는 누구보다도 서럽게 울 터

나 역시 그녀와 함께 일곱 번은 서럽게 곡을 하겠지.

"비련의 데어드레이" 이야기는 종류가 많은데 그중 가장 오래전에 지어진 것은 다음과 같이 간결하고도 강렬한 결말로 끝을 맺는다. "그녀 곁에는 커다란 바위가 하나 있었다. 데어드레이는 바위로 다가가 그 위에다 세차게 머리를 찧었다. 두개골이 부서지면서 그녀는 그 자리에서 목숨을 잃었다."[41]

중세 시대의 다른 곳도 다 그랬지만, 이 당시 아일랜드에서 시와 음악은 서로 가깝게 얽혀 있는 사이였다. 아가씨들은 옷을 짜거나, 실을 잣거나, 우유를 짜면서 노래를 흥얼대었고, 사내들은 밭을 갈거나 전쟁터로 행군을 하며 노래를 불렀으며, 선교사들은 하프를 뜯어 아름다운 가락으로 청중들을 모으곤 했다. 당시 사람들에게서 제일 사랑받던 악기로는 하프와 팀판(timpan), 백파이프를 들 수 있다. 이때 사용되던 하프는 보통 30줄로서 손으로 뜯어서 연주를 했고, 팀판은 바이올린 형태의 8줄 현악기로 연주할 때는 픽(pic, 기타, 만돌린 같은 악기를 칠 때 사용하는 작은 채. 금속, 플라스틱 따위를 작은 삼각형이나 사각형으로 오려 만든 것 - 옮긴이)이나 활을 이용하였으며, 백파이프는 어깨에 걸쳐 메고 입으로 불어 연주했다. 기랄두스 캄브렌시스는 아일랜드인들이 연주하는 하프 소리를 듣고는 그때까지 자신이 들은 하프 연주 중 최고라 평하였는데(1185년), 음악을 유독 사랑하는 웨일스인의 평이니만큼 대단한 찬사가 아닐 수 없다.

이 시기 아일랜드에서 만들어진 예술품으로는 아다(Ardagh) 성배도 유명하

지만(1000년경 작품으로 이 잔에는 청동, 은, 금, 호박, 수정, 칠보, 유리가 무려 354조각이나 들어가 있다.), 최고의 걸작으로 꼽히는 예술품은 따로 있다. 바로『켈스의 서(書)』인데, 9세기에 미드 지방에 살던 켈스 수도원 수도사들이(혹은 이오나 섬의 수도사들이) 사대 복음서의 내용을 양피지에 필사해 놓은 책이다. 이 책은 애초 켈스 수도원이 소장하고 있었으나 현재는 더블린의 트리니티 대학에서 일종의 전리품으로 소장하고 있다. 당시 비잔티움 제국과 이슬람 세계의 접경지대에서는 수도사들 사이에 더디게나마 상호 교류가 이루어지고 있었는데, 그 과정에서 비잔티움 및 이슬람 양식의 채색화 기법이 아일랜드로 들어와 한동안 이곳에서 완성된 경지를 보여 주었다. 이슬람 세밀화가 그렇듯 이『켈스의 서』에서도 사람이나 동물의 형상은 미미한 수준의 역할밖에는 하지 못한다. 글자 한 자 한 자가 이런 무늬들보다 훨씬 큰 가치를 갖는 것이다. 이 세밀화 예술에서 화가가 혼을 담아 공들이는 부분은 다름 아니라, 한 글자 또는 하나의 장식 모티브를 택하되 그것이 푸른색 또는 황금색 바탕 위에서 도드라지는 형상을 갖도록 하는 것이다. 그런 다음에는 한 페이지 전체가 미로처럼 얽힌 복잡한 선들로 거의 다 덮이도록 쾌활한 분위기의 기상천외한 장식들을 글자 주변에도 빼곡히 그려 넣는다. 이『켈스의 서』야말로 그리스도교가 만들어 낸 채색 필사본 중에서도 단연 최고라 할 수 있다. 웨일스의 제랄드는 아일랜드에 대해서는 늘 시샘을 멈추지 않았으나, 이 책에 대해서 만큼은 천사가 인간의 모습을 가장하고 만든 작품이라며 칭찬을 아끼지 않았다.[42]

이 시절 아일랜드가 황금기를 맞았던 데는 이유가 있었다. 다른 라틴어권 유럽은 게르만족의 침공을 받아 몇 백 년의 역사가 퇴보하는 지경에 처했으나 아일랜드는 이런 게르만족의 침공을 받지 않은 터였다. 하지만 아일랜드의 이 황금기도 결국엔 이민족의 침입으로 막을 내리니, 9세기와 10세기에 노르웨이족이 쳐들어와서는 샤를마뉴와 알프레드가 힘들여 가며 프랑스와 잉글랜드에 이뤄 놓은 그 모든 발전들을 일거에 무위로 만들어 놓은 것이다. 당시 노르웨이와 덴마크의 두 국가로는(둘 모두 여전히 그리스도교를 믿지 않는 이교도 국가였다.) 아마도 풍문이 흘러들었을 것이니 그 내용인즉슨, 아일랜드에 자리한 곳곳의 수도원에는 금은보석이 넘쳐 나고 있으나 아일랜드 땅은 정치적으로 사분오열돼 있어 그곳에 쳐들어가더라도 아일랜드가 합심하여 저항하지는 못하리라는 것이었다. 그리하여 795년 그들은 시험 삼아 습격을 감행해 본다. 시험적이었던 만큼 피해는 거의 입히지 않았으나 아일랜드가 무방비의 먹잇감이라는 소문은 사실인 것으로 드러났다. 823년에 들자 이들은 보다 대규모의 침공을 감행하여 코크와 클로인을 약탈하는가 하면, 뱅고르와 모빌을 침략해서는 그곳의 수도원을 처참히 파괴하고 성직자들을 대량 학살하였다. 이후로 거의 해마다 침략이 이어졌다. 아일랜드는 이따금 소규모의 용맹한 군대를 조직해 이들을 본국으로 내쫓아 버리기도 했으나, 침략자들은 이내 다시 돌아와 아일랜드 전역의 수도원을 돌며 약탈을 일삼았다. 노르웨이족 같은 경우에는 침략자 무리들이 아일랜드 해안가 근처에 더블린, 리머릭, 워터포드 등을 세우고는 아일랜드 북부 지방을 상대로 공물을 거두어 갔다. 이들 지방을 다스린 건 소게스트라는 왕인데, 그는 성 패트릭의 도시 아마(Armagh)를 자기 이교도국의 수도로 삼은 건 물론, 종교와는 담쌓고 있던 자기 아내를 데려다 클론막노이즈에 있던 성 키에란 교회의 주교직에 앉혔다.[43] 이들 이민족의 침략에 아일랜드의 왕들은 저마다 맞서 싸우기는 했으나, 그 와중에 서로 간의 싸움도 멈추지 않았다. 그리하여 미드 지방의 왕 말라키는 소게스트를 잡아다 그를 수장시켜 버리기도 했다.(845년) 그러나 노르웨이족 왕자였던 올라프가 851년에 소게스트의 뒤를 이어 더블린 왕국을 세웠고, 이곳은 12세기에 접어들 때까지 내내 노르웨이의 영토로 남았다. 이제 아일랜드에서 학문과 시가의 시대는 물러가고 대신 잔혹한 전쟁의 시대가 찾아들었다. 이교도 병사들에 더하여 그리스도교도 병사들까지 나서서는 아일랜드 곳곳의 수도원을 약탈하고 방화를 저질렀고, 고대의 필사본을 마구 훼손해 놓는가 하면, 수백 년 동안 쌓아 온 예술품을 쓸어가 곳곳에 뿔뿔이 흩어 놓았다. 이를 두고 아일랜드의 한 나이 든 역사가는 이렇게 말하였다. "이제 아일랜드 땅에서는 시인, 철학자, 음악가들은 누구 하나

자신이 해 오던 본업에 더 이상 매달릴 수가 없었다."⁴⁴

그러다 마침내 자잘한 왕국들을 하나로 통일해 낼 만한 강력한 힘을 가진 인물이 아일랜드에 나타나게 된다. 그 주인공인 브라이언 보룸하(혹은 '보루', 941~1014년)는 먼스터의 왕 마혼과 형제로서 애초 그는 달가스 씨족 사이에서 수장 노릇을 하고 있었다. 이들 형제는 덴마크의 군대가 아일랜드로 쳐들어왔을 때 티퍼레리 근방에서 그들을 물리친 뒤(968년) 동전 한 닢 내주지 않고 완전히 짓밟아 놓은 적이 있었다. 그런 다음 탈취한 곳이 리머릭으로 그들은 거기 남아 있던 노르웨이 병사들을 이 잡듯 잡아내 모두 추방시켜 버렸다. 그런데 아일랜드의 소왕국 두 곳이(데스몬드의 몰로이와 하이카베리의 도노반) 문제였으니, 이들은 형제의 거침없는 진군에 자기들 영토까지 빼앗길까 두려워진 나머지 이민족이었던 데인족과 동맹을 맺어서는 마혼 왕을 납치해 그를 죽여 버린 것이다.(976년) 마혼이 죽자 그 뒤를 이어 왕위에 오른 브라이언은, 이참에 데인족을 다시 한 번 격파한 뒤 몰로이를 찾아내서는 그를 죽여 버렸다. 브라이언은 이제 아일랜드 전역을 기필코 통일하겠다고 마음먹었고, 그 대업을 위해서 수단과 방법을 가리지 않아 이번에는 스스로가 원수나 다름없는 더블린의 데인족과 동맹을 맺었다. 브라이언은 그들의 원조하에 미드 지방의 왕을 끌어내렸고, 이로써 이제 그는 아일랜드 땅 전역을 대표하는 유일한 군주로 인정받기에 이른다.(1013년) 40년간 이어진 전쟁 끝에 찾아온 평화, 그 평온한 나날들 속에서 브라이언은 나라의 재정비 작업에 들어갔다. 그리하여 다리와 도로가 보수되고, 학교가 세워지는가 하면, 사회 질서가 바로잡히고 범죄도 억제되었다. 상상력이 풍부한 후대의 한 인물은 "왕이 이룩한 평화" 덕분에 당시 아일랜드가 얼마나 안전해졌는지를 실감나게 이야기했는데(이런 유의 이야기는 다른 곳에서도 종종 찾아볼 수 있다.), 이를 테면 아리따운 아가씨가 금은보석으로 잔뜩 치장을 하고 아일랜드를 두루 여행해도 누구 하나 그녀에게 해를 입히지 않았다는 식이다. 한편 그 사이 아일랜드의 노르만족은 군대를 다시 양성해서는 한 해 한 해 노쇠해져 가는 왕을 상대로 또 한 번 싸움을 걸어왔다. 이에 왕은 성(聖)금요일에 해당하는 1014년 4월 23일에 더블린 근방의 클론타프에서 이들과 맞붙었고 승부는 브라이언의 대승리로 마감되었다. 하지만 이 싸움에서 그만 왕자 머로가 목숨을 잃었고, 왕 역시 막사에 머물다 누군가에게 죽임을 당하고 말았다.

    나라가 통일되자 조용할 날 없던 아일랜드도 한동안은 평화롭게 여유로운 생길을 다시 즐길 수 있었다. 그리하여 11세기에 들어서자 예술과 문학이 다시금 기지개를 펴게 된다. 이 시절 아일랜드에서 나온『렌스터 서(書)』및 각종 찬송가는 아름다운 채색 장식에 있어『켈스의 서』에 절대 뒤지지 않았으며, 수도원에 부설된 학교에서는 수많은 역사가와 학자들이 터를 잡고서 왕성하게 활동을 펼쳤다. 하지만 이때에도 아일랜드의 혼은 여전히 온전히 길들여지지는 못한 채였다. 얼마 안 가 아일랜드는 다시 여러 개의 왕국으로 쪼개져 서로 싸워대기 바빴고, 그간 비축한 힘도 내전을 치르는 데 다 소모되고 말았다. 그리하여 1172년 웨일스와 잉글랜드에서 일단의 모험가들이 발을 들였을 때 이곳 "박사와 성인이 많은 섬나라"는 점령에 있어서만큼은(통치는 별개의 문제겠지만) 어디보다도 수월한 땅이었다.

4. 스코틀랜드: 325~1066년

    5세기 말 아일랜드 북부의 게일 스코티라는 부족은 스코틀랜드 남서부로 이주하여 트위드 북쪽 그림 같은 반도의 일부에 자신들의 이름을 남겼다. 이 지명은 후일 반도 전체로 확대됐다. 다른 세 부족이 이 고대 "칼레도니아"에 대한 소유권을 두고 다투었는데, 켈트족이었던 픽트 사람들은 포스 만(灣) 위에 나라를 세웠고, 앵글로색슨의 침략으로 브리튼 섬을 떠나 망명했던 브리튼족은 더웬트 강과 클라이드 만 사이에 정착했다. 그리고 앵글족, 즉 잉글랜드인들은 타인 강과 포스만 사이에 자리를 잡았다. 이들 모두로부터 스코틀랜드라는 나라가 형성됐다. 언어는 잉글랜드어, 종교는 그리스도교였다. 이들은 아일랜드 사람들처럼 불같은 기질을 갖고 잉글랜드 사람들처럼 실용적이었으며, 켈트족처럼 영리하고 창의적이었다.

아일랜드인들처럼 스코틀랜드인들은 자신들의 친족 집단을 포기하려 하지 않았고 씨족 사회를 국가로 대체하기를 꺼려했다. 그들은 격렬히 계급 투쟁을 벌인 만큼이나 그들 씨족에 의연한 충성을 바쳤고 외부의 적들에 집요하게 저항했다. 로마는 그들을 정복하지 못했다. 오히려 솔웨이 만과 타인 강 사이에 놓인 하드리아누스의 방벽(서기 120년)도, 60마일 더 북쪽으로 포스 만과 클라이드 만 사이에 놓은 안토니누스 피우스의 방벽(140년)도, 셉티미우스 세베루스(208년)나 테오도시우스(368년)의 전투도 주기적으로 브리튼을 침략하던 굶주린 픽트족을 막는 데 도움이 되지 못했다. 617년 노섬브리아의 왕 에드윈은 픽트족의 언덕 근거지를 점령하고, 그곳의 이름을 에든(에드윈)버러(Ed(w)inburgh)라고 명명했다. 844년 케네스 맥알핀은 스코트족과 픽트족을 통일하고 왕위에 올랐다. 954년 이 부족들은 에든버러를 재점령하여 자신들의 수도로 삼았다. 1018년 말콤 2세는 로디안(트위드 북쪽 지역)을 점령하고, 그곳을 픽트족과 스코트족의 영토에 통합시켰다. 켈트족의 패권은 보장된 듯 보였다. 그러나 거듭된 덴마크족의 잉글랜드 침략은 수천 명의 잉글랜드인들을 스코틀랜드 남부로 내몰았고, 스코트족의 핏속에 강한 앵글로색슨족의 요소를 쏟아부었다.

던컨 1세(1034~1040년)는 픽트와 스코트, 켈트브리튼, 그리고 앵글로색슨 등 네 부족을 모아 스코틀랜드라는 하나의 왕국을 세웠다. 던컨이 더럼에서 잉글랜드인들에게 패배하자 그의 장군이었던 맥베스에게는 기회가 열렸다. 맥베스는 자신의 아내 그루치가 케네스 3세의 손녀라는 이유로 왕위를 노리고 있었다. 맥베스는 던컨을 살해하고(1040년) 17년 동안 왕국을 다스리다 던컨의 아들인 말콤 3세에게 살해당했다. 844년에서 1057년까지 스코틀랜드를 통치했던 열일곱 명의 왕들 중 열두 명은 암살로 사망했다. 당시는 먹을 것과 마실 것, 자유와 권력을 얻기 위해 격렬히 투쟁하던 폭력의 시대였다. 그 암울한 시대에 스코틀랜드는 문명이라는 사치를 거의 누리지 못했다. 스코틀랜드 문학은 세 세기가 흐른 뒤에야 시작되었다. 스칸디나비아 침입자들은 오크니 제도와 파로스 섬, 셰틀란드, 그리고 헤브리디스 제도 등을 점령했고, 스코틀랜드는 자신들의 권력과 핏줄을 서방 세계에 퍼뜨린 겁 없는 바이킹들로부터 정복당할 위협에 시달렸다.

5. 고대 스칸디나비아인들: 800~1066년

1. 왕들의 전설

고대 스칸디나비아인들은 튜턴 사람들로 그 선조들은 덴마크를 통해 스카게라크 해협과 카테가트 해협을 건너 스웨덴과 노르웨이로 들어갔다. 그리고 그곳에서 라플란드 사람이나 에스키모인들과 비슷한 몽골 사람들을 쫓아냈던 켈트족을 쫓아냈다.[45] 초기 족장이었던 단 미킬라티(Dan Mikillati)의 이름에서 덴마크라는 명칭이 유래했는데, 이는 단의 국경(Dan's march) 또는 단의 지방(Dan's province)이라는 뜻이다. 타키투스가 큰 반도를 지배한다고 묘사했던 고대 부족 수이오네스(Suiones)는 스웨덴(스베리예(Sverige))에 그 이름을 남겼고, 많은 왕들은 스벤(Sweyn)이라고 불렸다. 노르웨이(노르게(Norge))는 단순히 북쪽 길(the northern way)이었다. 대(大)플리니우스가 스웨덴에 붙인 이름인 "스카네(Skane)"는 라틴어로 "스칸디아(Scandia)"가 되었고, 지금은 비슷한 혈통에 상호 이해 가능한 언어를 사용하는 세 개 국가를 아우르는 "스칸디나비아(Scandinavia)"라는 명칭을 낳았다. 세 나라 모두 여성들의 생식력, 또는 남성들의 상상력이 토양의 생식력보다 월등했다. 젊은이들이나 불만을 품은 사람들은 자신들의 배를 타고 식량이나 노예, 아내, 또는 황금을 찾아 해안을 돌아다녔다. 굶주린 배는 어떠한 법도, 어떠한 국경도 무시했다. 노르웨이 사람들은 스코틀랜드와 아일랜드, 아이슬란드, 그리고 그린란드로 흘러들어 갔고, 스웨덴 사람들은 러시아로, 덴마크 사람들은 잉글랜드와 프랑스로 건너갔다.

수명이 짧은 신이나 왕들은 열거하기 어렵다. 고름(860~935년)은 덴마크를 통일했다. 그의 아들 하랄 블로탄(945~985년)은 덴마크를 그리스도교로 개종했다. 스벤 포크발드(985~1014년)는 잉글랜드를 정복하고 덴마크에 유럽 최강국의 한 세대를 선사했다. 올라프 쉐트코눙(Olaf Skottkonung, 994~1022년)은 스웨덴을 그리스도교국으로 만들고 웁살라를 수도로 삼았다. 800년 노르웨이는 서른한 개 공국들의 복합체였는데, 이 공국들은 산이나 강, 피오르 해안 등으로 분리되어 있었고 각각 전사인 수장의 지배를 받았다. 850년경 그러한 수장 중 한 명이었던 할브단 스바르테(검은 머리 할브단)는 자신의 수도였던 트론헤임에서부터 다른 공국들 대부분을 진압하고 노르웨이의 초대 왕에 올랐다. 그의 아들 하랄 호르파게르(860~933년)는 족장들의 반란에 부딪혔다. 하랄이 구애했던 귀다는 그가 노르웨이 전체를 정복할 때까지 결혼하지 않겠다며 거절했다. 그는 정복을 실현할 때까지 절대 머리를 자르거나 빗지 않겠다고 맹세했다. 그리고 10년 만에 목표를 완수하여 귀다와 결혼하고 다른 아홉 명의 부인을 더 두었으며, 머리를 자르고 "아름다운 머리"라는 독특한 이름을 얻었다.[46] 그가 낳았던 많은 아들들 중 선량(善良) 왕 호콘(935~961년)은 27년 동안 노르웨이를 훌륭히 통치했다. "평화가 오래 이어져, 침대 위에서 늙어 죽게 될까 봐 걱정이었다."라고 한 바이킹 전사는 불평했다.[47] 또 다른 호콘은 노르웨이를 30년 동안 능숙하게 지배했다.(965~995년) 하지만 그는 자유 소농들의 딸을 첩으로 데려갔다가 한두 주 후에 돌려보내는 식으로 그들을 농락했다. 자유 소농들은 올라프 트뤼그바손을 불러들여 그를 왕위에 올렸다. 트뤼그바의 아들인 올라프는 아름다운 머리 하랄의 증손자였다. 아이슬란드의 스노리는 그에 대해 "매우 명랑하고 장난기 많은, 유쾌하고 사교적이며 무척 관대하지만 옷에 대해서는 까다로운 사람이었다. …… 강하고 튼튼하며 누구보다도 잘생졌고, 육체적인 운동에서는 알 만한 스칸디나비아인들을 모두 능가했다."라고 말했다.[48] 그는 사람들이 노를 젓는 배를 맨몸으로 따라잡았고, 날카로운 단도 세 개로 요술을 부릴 수 있었으며, 창 두 개를 한 번에 던질 수도 있었다. 그리고 "양 손날을 똑같이 능숙하게 사용했다."[49] 그는 다툼도 많이 했고, 모험도 많이 했다. 브리튼 제도에 머무는 동안 그는 그리스도교로 개종하고 무자비한 그리스도교 옹호자가 되었다. 왕위에 오른(995년) 올라프는 이교 사원들을 부수고 그리스도교 교회를 지었는데, 정작 자신은 일부다처제를 유지했다. 자유 소농들은 새 종교를 거세게 반대하며 올라프에게 고대 의식에서처럼 토르(Thor, 천둥의 신)에 제물을 바치라고 요구했다. 그는 알겠다고 하면서도, 토르에게 가장 적당한 제물, 즉 살아 있는 자유 소농의 지도자들 자신을 바치자고 제안했다. 그 후로 그들은 그리스도교인이 되었다. 그중 란드라는 사람이 계속 이교도로 남자, 올라프는 그를 묶고 뱀 꼬리에 불을 붙여 그의 목구멍 속으로 들어가게 했다. 독사는 그의 위장을 통과해 옆구리로 나왔고 란드는 죽었다.[50] 올라프는 스웨덴 여왕인 시그리드에게 청혼했다. 시그리드는 청혼에는 응했지만 이교 신앙을 버리는 것은 거부했다. 올라프는 그녀의 얼굴에 장갑을 던지며 말했다. "내가 왜 그대를 얻으려고 애써야 하는가, 늙고 시든 여자여, 이교도의 계집아." 시그리드는 말했다. "언젠가 당신은 이 일로 목숨을 잃게 될 것입니다." 2년 후 스웨덴과 덴마크의 왕들, 그리고 노르웨이 백작 에리크는 올라프에 반대하는 전쟁을 벌였다. 그는 뤼겐 섬 인근에서 벌어진 대대적인 해전에서 패배했다. 완전 무장을 한 채 바다로 뛰어든 그는 다시는 떠오르지 않았다.(1000년) 노르웨이는 승자들의 땅으로 분할되었다.

성인이라 불린 또 다른 올라프는 노르웨이를 재통일하고(1016년) 질서를 회복하였으며, 올바른 판단을 하고 영토를 그리스도교로 바꾸는 작업을 완수했다. 스노리는 "그는 선량하고 매우 점잖은 사람이었는데, 말이 거의 없고 인심이 후했지만 돈에 대한 탐욕이 있었다."고 말했다. 그는 첩들에 대한 약간의 중독도 있었다.[51] 이교를 선호했던 한 자유 소농은 혀를 잘렸고, 다른 이교도는 눈을 잃었다.[52] 자유 소농들은 덴마크와 잉글랜드의 왕 크누트와 공모했고, 그는 50척의 배를 끌고 와 올라프를 노르웨이에서 몰아냈다.(1028년) 올라프는 군대를 이끌고 돌아와 스티클레스타드에서 왕좌를 되찾기 위한 전투를 벌였지만 패배하고 부상으로 사망했다.(1030년) 후손들은 그 자리에 그에게 헌정하는 성당을 짓고 그를 노르웨이의 수호성인으로 삼았다. 그의 아들 선량 왕 망누스(1035~1047년)는 왕국을 재정복한 후 적절한 법과 통치 체계를 만들었다. 그의 손자 냉혹 왕 하랄(1047~1066년)은 노르망디의 윌리엄이 잉글랜드를 정복할 때까지 가차 없는 공정성으로 노르웨이를 지배했다.

860년경 노르웨이나 덴마크 출신의 스칸디나비아인 무리는 아이슬란드를 재발견했는데, 그곳이 자신들이 사는 땅처럼 엷은 안개와 피오르 해안을 갖고 있다는 것을 알게 되었다. 하랄 호르파게르의 새로운 절대주의 체제에 속이 탔던 노르웨이 사람들은 874년에 섬으로 이주했다. 그리고 934년까지 2차 세계대전 전에 그랬던 것처럼 많은 인구가 정착했다. 네 개 주는 각각 자신들만의 "싱(thing)", 즉 회의체를 가졌다. 930년에는 "알싱(allthing)", 즉 연합 회의체가 만들어져 당시의 아이슬란드를 세계 유일의 완전한 자유 공화국으로 만들었다. 하지만 이주를 촉발하고 회의체를 만들었던 그러한 활력과 독립심 때문에 공동 정부와 법들의 유효성은 제한됐다. 대토지에 기반을 둔 힘센 개인들은 그들 땅의 법이 되고 곧 노르웨이의 왕들을 그토록 힘들게 만들었던 불화를 아이슬란드에 부활시켰다. 1000년에 "알싱"은 공식적으로 그리스도교를 채택했다. 그러나 왕인 성인(聖人) 올라프는 아이슬란드 사람들이 여전히 말고기를 먹고 영아 살해를 계속한다는 소식을 듣고 분개했다. 아마도 겨울밤이 길고 추웠기 때문에, 신화와 영웅 전설에 관한 문학이 질과 양에서 스칸디나비아인들의 고향 땅에서 들을 수 있던 이야기들을 능가하여 발달했던 것인지도 모른다.

아이슬란드를 재발견한 지 16년이 지난 후, 노르웨이의 선장 군비요른 울프손은 그린란드를 발견했다. 985년경 토르발과 그의 아들 붉은 에리크는 그곳에 노르웨이 식민지를 건설했다. 986년 비에르네 헤르율프손은 라브라도를 발견했다. 그리고 1000년 붉은 에리크의 아들 레이프는 아메리카 대륙에 다다랐다. 그곳이 라브라도였는지 뉴펀들랜드였는지 아니면 케이프코드였는지는 알 수 없다. 레이프 에릭손은 "빈란드(Vinland, 와인랜드(Wineland))"에서 겨울을 나고 그린란드로 돌아갔다. 1002년 그의 형제인 토르발은 서른 명의 남자들과 함께 빈란드에서 일 년을 지냈다. 1395년 이전 스노리 스툴루손(1179~1241년)가「올라프 트뤼그바손 전설」에 써넣은 이야기는 985년에서 1011년까지 아메리카 대륙을 탐험한 스칸디나비아인들의 다섯 가지 원정에 대해 들려준다. 1477년 크리스토퍼 콜럼버스는 본인의 말에 의하면, 아이슬란드로 항해하여 신세계의 전통을 조사했다고 한다.[53]

2. 바이킹 문명*

스칸디나비아인들의 사회적 질서는 다른 여느 곳들처럼 가정의 훈육과 경제적 협력, 그리고 종교적 신념에 바탕을 두었다.「베오울프」에는 이런 구절이 있다. "신중한 그의 마음속에서 혈족의 연대감을 억누를 수 있는 것은 없었다."[54] 원치 않은 아이들은 죽음에 노출되었지만 한 번 받아들여진 아이는 합당한 훈육과 사랑을 함께 받았다. 성은 없었고, 아들들은 자신의 이름에 아버지의 이름을 붙일 뿐이었는데, 올라프 하랄손, 망누스 올라프손, 오콘 망누손 하는 식이었다. 그리스도교가 들어오기 오래전, 스칸디나비아 사람들은 아이의 이름을 지을 때 그 가족의 일원이 되었다는 상징으로 아이에게 물을 부었다.

교육은 실용 위주였다. 여자아이들은 맥주 양조를 비롯한 가사 기술을 배웠고, 남자아이들은 수영과 스키, 나무나 금속 공예, 씨름, 노 젓기, 스케이트, 하키(덴마크어로 갈고리를 뜻하는 'hoek'에서 유래했다.), 사냥, 그리고 활이나 칼, 창

---

* 바이킹은 구(舊) 노르웨이어로 작은 만을 뜻하는 'Vik'에서 유래한 단어다. 'vik'는 이런 의미에서 나르비크(Narvik), 슐레스비히(Schleswig), 레이캬비크(Reykjavik), 버윅(Berwick), 위클로(Wicklow) 등에도 쓰인다. 바이킹은 피오르에 인접한 나라를 습격했던 이들을 의미했다. "바이킹 문명"은 여기서는 "바이킹 시대", 즉 서기 700년에서 1100년 사이 스칸디나비아 주민들의 문화를 의미하는 용어로 사용될 것이다.

등으로 하는 싸움을 배웠다. 높이뛰기는 특히 좋아하는 운동이었다. 어떤 노르웨이 사람들은 완전 군장을 한 채로 본인의 키보다 더 높이 뛰거나 몇 마일을 헤엄쳐 갈 수도 있었다. 어떤 이들은 가장 빠른 말보다 더 빨리 달렸다.[55] 많은 아이들이 읽기와 쓰기를 배웠다. 어떤 아이들은 의술과 법률 교육을 받았다. 남녀 모두 활기차게 노래했다. 그중 악기를 다루는 사람은 소수였고 대개는 하프였다. 『구(舊)에다』를 보면 군나르 왕이 발가락으로 하프를 연주하고 그 음색으로 뱀들을 매료시켰다는 이야기가 나온다.

일부다처제는 13세기까지 부자들 사이에서 유지되었다. 결혼은 부모가, 흔히 매매혼을 통해 주선하였다. 자유민 여성은 그러한 결혼을 거부할 수 있었지만,[56] 부모의 의지에 반한 결혼을 한 경우에는 그 남편이 범법자가 되었고, 여자의 친척들은 합법적으로 그를 살해할 수 있었다. 남자들은 마음대로 이혼할 수 있었지만 합당한 이유를 대지 많으면 마찬가지로 여자의 가족들에게 암살당할 수 있었다. 배우자가 자신의 성별에 반하는 옷을 입는 경우, 즉 여성이 바지를 입거나 남성이 가슴이 파인 셔츠를 입는 경우는 부부 양측 모두 이혼을 제기할 수 있었다. 남자는 자신의 아내와 부적절한 관계에 있는 다른 남자를 잡았을 경우 후환 없이, 즉 반복되는 유혈의 복수를 유발하는 일 없이 그를 죽일 수 있었다.[57] 여자들은 열심히 일했지만 그래도 무척 매력적이어서 남자들의 마음을 뒤흔들었고, 남자들은 그 때문에 서로를 죽이기도 했다. 공직에서 권력을 휘두르는 남자는 여느 곳에서나 그렇듯이 집에서는 열세였다. 대체로 여성의 지위는 후일 그리스도교로 개종한 스칸디나비아일 때보다 이교일 때 더 높았다.[58] 여자들은 죄를 잉태한 존재가 아니라 강하고 용감한 남성들을 잉태하는 존재였다. 남편이 습득한 모든 재산에 대해 3분의 1(결혼 20년 후에는 2분의 1)의 권리를 보유했었다. 남편은 사업상의 일들을 아내와 상담했고, 집 안에서는 남자와 여자가 자유롭게 어우러졌다.

노동은 존경의 대상이었고 모든 계급이 노동에 참여했다. 어업이 주요 산업이었고, 사냥은 오락이라기보다는 불가피한 필요였다. 스웨덴의 숲을 깨끗이 밀어낸, 그리고 노르웨이 언덕의 꽁꽁 언 비탈들을 경작지로 길들인 그 의지와 노력의 힘을 생각해 보라. 미네소타의 밀밭은 노르웨이의 특징이 교차하는 아메리카 토양이 낳은 열매이다. 넓은 토지는 많지 않았지만, 스칸디나비아는 자유 소농들 사이에 땅이 널리 배분되어 있다는 점에서 뛰어났다. 불문법(不文法)처럼 존재하는 보호책 덕에 재난도 완화됐다. 한 농부의 집이 불에 무너지면 이웃들이 함께 집을 다시 지었다. 질병이나 천재지변으로 가축들이 죽으면, 이웃들은 그 주인이 잃은 양의 절반에 해당하는 짐승들을 나누어 주었다. 거의 모든 스칸디나비아인들은 공예가였고, 특히 목공 기술을 갖고 있었다. 스칸디나비아인들은 철을 다루는 데 낙후되어 있었는데, 그들이 철을 알게 된 것은 8세기가 되어서였다. 하지만 그들은 청동과 은, 금 등으로 튼튼하고 본새도 좋은 도구와 무기, 장식품들을 두루 만들었다.[59] 방패와 상감 세공한 칼, 반지, 바늘, 마구 등은 흔히 아름다움과 자부심의 대상이었다. 스칸디나비아의 조선공들은 고대 로마 시대보다 더 크지는 않지만 확실히 더 견고한 군함과 배들을 만들었다. 이 배들은 안정을 위해 바닥이 평평하고 뱃머리가 뾰족하여 적을 들이받을 수 있었다. 깊이는 4피트에서 6피트 정도고, 길이는 60피트에서 100피트나 80피트까지였다. 부분적으로는 돛으로 전진하기도 했지만 대부분은 노의 힘으로 나아갔는데, 노는 한쪽에 10개나 16개, 또는 60개까지 있었다. 이러한 단순한 배들을 타고 스칸디나비아의 탐험가들과 교역상들, 해적들, 그리고 전사들은 러시아의 강들을 건너 카스피 해와 흑해로, 대서양을 건너 아이슬란드와 라브라도로 나아갔다.

바이킹들은 스스로를 귀족과 소(小)자작농, 그리고 노예로 구분했다. 그리고 (플라톤의 『국가론』에 등장하는 수호자(guardian)처럼) 아이들에게 각 개인의 계급은 신의 칙령으로 믿음이 있는 사람들은 감히 바꾸려 하지 않는다고 엄히 가르쳤다.[60] 왕은 왕족들 중에서 선택되었고, 지방의 통치자는 귀족들 중에서 선택되었다. 군주제와 귀족 제도를 전쟁과 농경에 자연스럽게 수반되는 일로 솔직하게 수용하면서, 민주주의도 눈에 띄게 발달하여 가구주(家口主)들의 후스

싱(hus-thing), 즉 지역 회의와 마을 회합, 지방의 싱(thing, 지방 회의), 그리고 국가의 알싱(allthing, 연합 회의)에서 지주들이 입법자와 판관 역할을 했다. 이것들은 단지 사람들이 좌우하는 기구가 아니라 법에 입각한 기구였다. 폭력은 이례적인 일이었고 법의 판결을 받았다. 반목과 복수의 이야기는 영웅담을 붉게 물들였지만 무력이 횡행하던 바이킹 시대에조차 속죄금은 사적인 복수를 대신했다. 승패가 전부인 무법의 세계에 사는 사람들은 오직 해적들뿐이었다. 자연과의 사투로 둔감해진 사람들에게 질서와 평화를 설득하기 위해 가혹한 형벌이 사용되었다. 간통을 범한 사람은 교수형에 처해지거나 말에 밟혀 죽었다. 방화범은 화형대에서 불에 타 죽었다. 존속 살인을 범한 사람은 굶주린 늑대 옆에 거꾸로 매달렸다. 반란을 일으킨 사람들은 제각기로 달리는 말들에 매여 사지가 찢기거나, 사나운 황소 뒤에 묶여 끌려 다니다 죽었다.[61] 아마도 이러한 야만성 안에서 법은 아직 복수를 대신하지 못하고 다만 사회화했던 것 같다. 마침내 해적들조차 법 앞에 무너졌다. 강도들은 상인들 속으로 들어갔고, 무력은 기지(機智)로 대체되었다. 유럽의 해상법은 원래 스칸디나비아의 것으로 한자 동맹을 통해 전파되었다.[62] 선량 왕 망누스(1035~1047년) 치하의 노르웨이 법들은 양피지 위에 새겨졌는데, 이 양피지는 그 색깔 때문에 "회색 거위(Grey Goose)"라고 불렸다. 이 양피지는 아직 남아 있어 도량형의 관리와 시장 및 항구의 치안 유지 활동, 병자와 빈자에 대한 국가 원조 등에 관한 진보된 칙령들을 보여 준다.[63]

종교 덕에 법과 가정에서는 동물도 시민으로 둔갑했다. 튜턴족의 신들은 스칸디나비아 사람들에게는 근거 없는 신화가 아니라 실제로 두려움이나 사랑의 대상이었고, 수백 가지 기적과 통정(通情)으로 사람과 밀접하게 연결되어 있었다. 원시 영혼에 대한 경이와 공포 속에 자연의 모든 힘과 중요한 구현들은 개별의 신이 되었다. 그리고 더 강력한 신일수록 인간 제물을 받기 직전까지 나아가는 정성스러운 속죄를 요구했다. 그렇게 신들은 발할라(Valhalla)에 모여 살았다. 그곳에는 열두 명의 신과 열두 명의 여신이 있었는데, 다양한 거인족(요툰(Jotun))과 운명의 신들(노른(Norn)), 그리고 신들의 전령이자 맥주 운반자였던 발키리(Valkyries)들과, 드문드문 마녀와 요정들, 그리고 트롤(troll)들도 있었다. 신은 인간의 확장형으로 출생과 굶주림, 잠, 질병, 격정, 비애, 죽음 등을 겪었다. 그들이 인간을 능가하는 것은 크기와 수명, 그리고 힘뿐이었다. 모든 신의 아버지 오딘(Odin, 독일에서는 보단(Woden))은 카이사르 시대 아조프 해 근처에 살았다. 그곳에 아스가르드(Asgard), 즉 신들의 정원을 짓고 그의 가족과 고문들을 거주하게 했다. 영토 확장에 열을 올린 오딘은 북유럽을 정복했다. 그에게 난관이 없었던 것은 아니었다. 그는 전지전능하지도 않았다. 로키(Loki)는 잔소리쟁이 여자[64]처럼 그를 꾸짖었고, 토르(Thor)는 그를 전적으로 무시했다. 그는 지혜를 찾아 세상을 헤맸고, 한쪽 눈을 주는 대가로 지혜의 샘물을 한 모금 마셨다. 그 후 그는 문자를 발명하여 사람들에게 쓰기와 시, 그리고 예술을 가르쳤고 법률도 만들었다. 그는 속세의 삶을 끝내기를 고대하며 스웨덴 사람들과 고트 사람들을 불러 회의를 열었고, 아홉 장소에서 스스로 부상을 입어 죽었으며, 아스가르드로 돌아가 신으로 살았다.

아이슬란드에서는 토르가 오딘보다 위대한 신이었다. 토르는 천둥의 신이자 전쟁과 노동, 그리고 법률의 신이었다. 먹구름은 그의 찡그린 눈썹이었고 천둥은 그의 목소리였으며 번개는 그가 하늘에서 내던진 망치였다. 아마도 이미 호메로스만큼이나 회의적이었을 스칸디나비아의 시인들은 그리스인들이 헤파이스토스나 헤라클레스를 두고 그랬던 것처럼 토르를 두고 흥을 즐겼다. 그들은 온갖 고난과 궁지에 몰린 토르의 모습을 묘사했다. 그럼에도 불구하고 토르는 매우 사랑받는 신이어서, 아이슬란드 사람들은 다섯 명 중 거의 한 명꼴로 토롤프(Thorolf)나 토르발(Thorwald), 토르스테인(Thorstein) 등등처럼 그의 이름을 자신의 이름으로 차용할 정도였다.

위대한 전설 속 인물이지만 추앙하는 이는 적은 오딘의 아들 발데르는 "외모와 이목구비가 눈부시고 …… 어떤 신보다도 온화하고 현명하며 언변이 유창했다."[65] 초기 선교사들은 그를 그리스도로 여기고 싶은 유혹에 시달렸다. 그는 자신에게 죽음이 닥치는 끔찍한 꿈을 꾸고 그 사실을 신들에게 말했다. 여신 프리가는 모든 광물과 동물, 식물로부터 그를 해하지 않겠다는 맹세를 받아냈다. 그의 아름다운 몸은 그 후로 모든 해로운 물체들을 밀어냈다. 그러자 신들은 재미 삼아 그에게 돌과 화살, 도끼, 칼 등을 던졌다. 어떤 무기도 다 튕겨져 나와 그는 아무런 상처도 입지 않았다. 하지만 프리가는 "겨우살이라는 한 작은 관목"이 사람을 해치기에는 너무 여리다는 이유로 맹세를 지키는지 살피는 일을 소홀히 하고 있었다. 신들 중 나쁜 장난을 많이 치던 말썽꾸러기 로키는 겨우살이의 작은 가지 하나를 꺾어 눈이 보이지 않는 한 신에게 주고는 발데르에게 던지라고 설득했다. 가지는 그를 꿰뚫었고, 발데르는 숨을 거두었다. 그의 아내 네프는 가슴이 찢어져 죽었고, 화려하게 장식한 그의 멋진 말 위에서 발데르와 함께 화장대에 올라 화장되었다.[66]

"전사자(戰死者)를 고르는 자"인 발키리들은 각각의 영혼들이 죽는 날을 결정하는 권한을 가졌다. 천하게 죽은 사람들은 죽음의 여신인 헬(Hel)의 영토로 떨어졌다. 전사한 사람들은 발키리들에 의해 "선택된 자의 저택"인 발할라로 인도되었다. 그곳에서 그들은 오딘의 총애하는 아들로 환생하여 힘과 아름다움을 지니고 낮에는 남자다운 전투를 벌이며, 밤에는 맥주를 마시며 나날을 보냈다. 하지만 어느 날 (최근 스칸디나비아 신화에 의하면) 난동과 파괴의 거인족 요툰들이 신들에 대한 전쟁을 선포하고, 그들을 상대로 싸워 함께 절멸하였다. 이 신들의 황혼기에 전 우주는 폐허가 되었다. 태양과 행성들과 별뿐 아니라 결국에는 발할라와 그곳에 기거하던 모든 전사들과 신들도 파멸에 빠졌다. 완만한 시간의 흐름 속에 새로운 땅이 형성되고 새로운 하늘과 더 나은 정의가, 그리고 오딘이나 토르보다 더 높은 신이 나타날 거라는 호프(Hope)만이 살아남았다. 어쩌면 이것은 그리스도교의 승리를 상징하는 장대한 우화이자, 두 올라프가 그리스도를 위해 날린 강한 타격일 수도 있다. 그게 아니라면 바이킹 시인들이 자신의 신들을 의심했던(그리고 묻어 버렸던) 것은 아닐까?

이 이야기는 놀라운 신화이고 그리스 신화에 버금가도록 매혹적이다. 이 이야기를 만날 수 있는 가장 오래된 사례는 실수로 "에다"라는 이름을 갖게 된 낯선 시를 통해서다.* 1643년 한 주교는 코펜하겐 왕립 도서관에서 아이슬란드의 옛 시들이 실린 원고를 발견했다. 이중의 오류로 인해 그는 원고를 아이슬란드의 학자이자 사제인 현자 사이문드르(1056~1133년경)의 "에다"라고 불렀다. 지금은 이 시들이 노르웨이와 아이슬란드, 그리그 그린란드에서 8세기와 12세기 사이 알 수 없는 시기에 알려지지 않은 작가들에 의해 창작된 시들이라는 데 보편적인 합의가 이루어져 있고, 사이문드르는 그 시를 쓴 것이 아니라 수집한 것이고, 그 제목도 "에다"가 아니라는 데 대체로 의견이 일치한다. 하지만 시간이 지나면서 오류도 도둑질만큼 제재를 받았고, 원고는 "시(詩) 에다" 또는 "구(舊) 에다"로 부르는 것으로 절충되었다. 시의 대부분은 오래전 스칸디나비아나 게르만의 영웅들 또는 신들에 대한 서술형 연가다. 이 작품에서 우리는 처음으로 볼숭 가의 지구르트(Sigurd the Volsung)와 다른 남녀 영웅들, 악당들을 만나는데, 이들은 『볼숭 전설』과 『니벨룽겐의 노래』에서 더 뚜렷한 형태를 얻게 된다. 『에다』에서 가장 힘 있는 시는 「볼루스파(Voluspa)」인데, 시에서 예언녀 뵐바는 차분하고 장엄한 표현으로 천지 창조와 도래하는 파멸, 그리고 궁극적인 부활에 대해 묘사한다. 상당히 다른 양식으로 서술된 「높으신 분의 시」에서 오딘은 모든 종류의 상황과 사람을 만난 후 꼭 신답지만은 않은 지혜에 관한 격언을 만들었다.

나는 많은 곳에 너무 일찍 이르렀다. 아니면 너무 늦었거나. 맥주는 아직 준비되지 않았다. 아니면 이미 마셨거나.[67] …… 가장 좋은 주취는 모든 사람이 취한 후 이성을 되찾는 것이다.[68] …… 처녀의 말 속에는 아무도 신의를 두지 않는다. 여인의 말도 마찬가지다. 그녀들의 젖가슴 안에는 간교한 속임수가 들어있기에.[69] …… 조

---

* 에다라는 단어는 10세기의 한 단편에서 처음 발견되는데, 증조할머니를 가리키는 말이었다. 어떤 시간의 장난으로 이 말은 노르웨이의 운율 기법을 뜻하게 되었고, 스노리 스툴루손(1222년)이 같은 제목으로 노르웨이 신화와 시 예술에 관한 글을 썼을 때도 그렇게 사용되었다. 그리고 그 글이 우리가 아는 신 에다(Younger Edda)이다.

심성 많은 처녀를 유혹하려고 애쓰다가 얻은 경험이었다. …… 나는 그 처녀에게서 어떤 것도 얻지 못했다.[70] …… 전날 밤 칼은 검증을 거친 후에, 여자는 화장(火葬)을 당한 후에야 칭찬을 받는다.[71] …… 남자들은 서로 나누는 말로 값을 치르기도 한다.[72] …… 혀는 머리의 골칫거리다.[73] 세 마디 말에서조차 더 나쁜 사람에게는 이의를 달지 않는다. 대개는 더 나은 사람이 양보하고, 더 나쁜 사람은 공격한다.[74] …… 남의 재산이나 아내를 탐하는 자는 일찍 일어나야 한다.[75] …… 사람은 적당히 현명해야지, 지나치게 똑똑해서는 안 된다. …… 어떤 인간도 자신의 운명을 미리 알게 하지 말자. 그래야 그의 마음에 근심이 없을 것이다. …… 현명한 사람의 마음은 좀처럼 기쁨을 느끼기 어렵다.[76] …… 누구나 집이 가장 좋다. 비록 그 집이 조그마할 지라도.[77] …… 최고의 것은 사람의 마음이고, 태양의 광경이다.[78]

아마도 『구 에다』의 시들은 12세기까지 구전으로 보존되다가 문자화되었을 것이다. 바이킹 시대의 글자는 북부 독일과 앵글로색슨계 잉글랜드에서처럼 룬 문자였다. 이 스물네 개의 기호(말 그대로 "수수께끼" 같은)는 그리스어와 라틴어 필기체에서 대략적으로 형성된 자모음을 구성했다. 하지만 그 당시 문학은 문자를 생략할 수 있었다. 튜턴족 신들의 시와 게르만족이 유럽에 위세를 떨치던 "영웅 시대"(4~6세기)의 담시들은 음유 시인이 암기하고 낭송하며 구전시켰다. 스툴루손과 다른 이들은 단편 시들과 많은 음유 시인들의 이름을 보전하였다. 이들 중 가장 유명한 사람은 시그바트 토르타르손으로, 성인 올라프 곁에서 궁중 시인이자 솔직한 고문관으로 봉직한 이였다. 또 한 사람은 에길 스칼라그림손(900~983년)인데, 당대 아이슬란드의 거물로 강한 전사이자 개인주의적 귀족이며 열정적인 시인이었다. 노년에 그는 익사로 막내아들을 잃었고, 슬픔에 겨워 자살할 뻔했으나 딸의 권유로 시를 쓰게 되었다. 그의 시 「아들의 죽음」은 신을 공격적으로 비난하며, 신에게 아들의 죽음에 대한 책임을 묻는다. 그리고 다른 적들과 싸웠던 것처럼 오딘을 찾아내 싸우지 못했던 것을 애석해 한다. 그러고는 분위기가 부드러워지며 신이 그에게 슬픔뿐 아니라 시라는 선물도 주었다는 것을 회고한다. 그는 체념하며 살기로 결심하고 고국의 자문위 고관의 자리로 돌아간다.[79]

이 시대 스칸디나비아 문학은 저널리즘과 역사적 기록에서처럼 바이킹 사회의 폭력성을 과장하며 독자들을 이례적인 사건들로 꾀어 평범한 일상사의 흐름들을 놓쳐 버린다. 그럼에도 불구하고 혹독했던 초기 스칸디나비아의 환경 탓에 존재를 위한 투쟁이 들끓었고, 가장 강한 근성을 지닌 사람들만이 살아남을 수 있었다. 또한 니체(Nietzsche) 철학의 무원칙한 용기라는 윤리 의식이 움틀 수 있었던 터전은 반목과 복수, 그리고 지배되지 않는 바다에서의 무법적 해적 행위라는 고대의 관습이었다. "네 종교가 무엇인지 말해 보아라." 한 바이킹이 다른 바이킹에게 물으면 "내가 믿는 건 내 힘뿐이야."라는 대답이 돌아왔다.[80] 골 하랄은 노르웨이의 왕좌를 손에 넣고 싶어 했고, 무력으로 그것을 얻고자 작정했다. 그의 친구인 호콘은 충고했다. "자네 스스로에 대해 잘 생각해 보게. 자신이 그런 일을 할 만한 사람인지. 그런 목적을 이루려면 대담하고 단호해서 의도한 바를 달성하기 위해 좋은 일이든 나쁜 일이든 서슴지 않는 인물이어야 하거든."[81] 어떤 이들은 전투에서 거의 부상도 인지하지 못할 만큼의 즐거움을 찾았다. 또 어떤 이들은 미친 듯이 전장으로 들어갔는데, 이는 "베르세르케르의 길"이라고 알려져 있다. 베르세르케르(berserker, 곰 가죽을 입은 자)들은 갑옷도 없이 전투로 뛰어들어 짐승처럼 싸우고 울부짖는 투사들이었다. 그들은 격분하여 방패를 물어뜯고, 전투가 끝나면 기진맥진하여 정신을 잃고 쓰러졌다.[82] 용감한 자만이 발할라에 들어갔다. 그리고 전쟁에서 자신의 편을 위해 죽은 사람은 모든 죄를 용서받았다.

역경과 거친 활동 등으로 단련된 "피오르의 사람들"은 노를 저어 나아갔고, 러시아와 포메라니아, 프리지아, 노르망디, 잉글랜드, 아일랜드, 아이슬란드, 그린란드, 이탈리아, 그리고 시칠리아 등지의 왕국들을 스스로를 위해 정복하였다. 이러한 모험들은 이슬람이나 마자르의 진출처럼 대대적인 군사력에 의한 침략이 아니었다. 소수의 사람들이 무모하게도 벌인 기습 공격이었다. 그들은 약한 것은 죄악이요 강한 것이 선이라고 생각하고, 땅과 여자, 부, 그리고 힘에 굶주려 있으며, 땅에서 나는 열매는 함께 나누는 것이 신성한 권리라고 여기는 사람들이었다. 그들의 시작은 해적과 같았으나 끝은 정치가와 같았다. 롤로는 노르망디에, 정복자 윌리암은 잉글랜드에, 로제르 2세는 시칠리아에 창조적 질서를 부여했다. 그들은 활기를 북돋는 호르몬처럼 북방의 생기 넘치는 피를 시골의 일상으로 무기력해진 사람들의 피와 뒤섞었다. 역사는 사라질 이유 없는 이들 혈통을 거의 망가뜨리지 않았다. 잡초를 태우면 다음 씨앗을 뿌릴 더 풍요로운 밭이 마련된다.

6. 독일: 566~1106년

1. 권력의 구성

스칸디나비아인들의 침입은 5세기 전 독일에서 비롯되었던 그러한 이방인의 침략의 마지막 국면이었고, 로마 제국을 서유럽 국가들로 산산조각 냈다. 독일에 남았던 독일인들은 어떻게 되었을까?

대(大)부족(고트와 반달, 부르군트, 프랑크, 그리고 롬바르드)의 이동으로 독일은 한동안 인구 부족 현상을 겪었다. 슬라브 웬드족은 발트 해 국가들에서 서쪽으로 이동하며 진공 상태를 메웠다. 6세기경 엘베 강은 오늘날 그곳이 정치적 국경의 역할을 하듯 슬라브족과 서방 세계의 민족적 국경 역할을 했다. 엘베 강과 잘레 강 서쪽에는 잔존한 독일 종족들이 거주했다. 독일 북중앙에는 색슨족이, 라인 강 하류를 따라 동(東)프랑크족이, 그 두 종족 사이에는 튀링겐족이, 다뉴브 강 중류에는 바이에른족(한때 마르코만니족이었던)이, 그리고 라인 강 상류와 다뉴브 강 상류 사이, 동부 쥐라 산맥과 북부 알프스 산맥을 따라 슈바벤족(한때 수에비족이었던)이 있었다. 독일은 없었고 독일 종족들만 존재했다. 샤를마뉴는 한동안 그들에게 정복이라는 일체성과 공동의 질서라는 본질적 요소를 제공했다. 그러나 카롤링거 제국의 붕괴로 그들 간의 유대는 느슨해졌다. 비스마르크 시대에 이르기까지 부족 의식과 지역주의는 모든 중앙 집중적 힘에 맞서 싸웠고, 적들과 알프스와 바다로 불편하게 둘러싸인 사람들을 약화시켰다.

베르됭 조약(843년)은 샤를마뉴의 손자인 독일 왕 루드비히를 독일의 초대 왕으로 등극시켰다. 메르센 조약(870년)은 그에게 더 많은 영토를 주었고, 라인 강과 엘베 강 사이의 땅에 로렌 지역 일부, 마인츠와 보름스, 슈파이어의 주교 관구를 더한 곳을 독일 영토로 규정했다. 루드비히는 일류 정치인이었지만 그에게는 아들이 세 명 있었다. 그리고 그가 죽자(876년) 그의 영토는 세 아들 앞으로 분할되었다. 혼돈스러운 10여 년이 지난 후, 스칸디나비아인들이 라인 강의 도시들을 습격하는 동안 루드비히의 아들 카를로만이 낳은 서자인 아르눌프는 동(東)프랑키아의 왕으로 선출되고(887년) 침략자들을 물리쳤다. 그러나 그의 뒤를 이은 "어린이 왕" 루드비히(899~911년)는 마자르를 물리치기에는 너무 어리고 약했다. 그는 바이에른(900년)과 카린티아(901년), 작센(906년), 튀링겐(908년), 그리고 알레만니아(909년)를 피폐화시켰다. 중앙 당국은 이 지역들을 지키지 못했다. 지역들은 제각기 나름의 방어책을 제시해야 했다. 지역의 귀족들은 군역의 대가를 지불하는 신하들에게 영지 내의 땅을 주는 방법으로 군대를 조직했다. 그렇게 모인 군대는 귀족들에게 왕권으로부터 사실상의 독립을 가능하게 했고, 봉건 독일을 만들었다. 루드비히가 사망하자 왕의 선출권을 손에 넣는 데 성공한 귀족들과 고위 성직자들은 프랑코니아 공국의 대공 콘라트 1세(911~918년)에게 왕권을 주었다. 콘라트는 작센의 하인리히 공과 싸우는 데 사력을 다했지만 그를 후계자로 추천하는 기지를 발휘했다. 사냥을 무척 좋아하여 "들새 사냥 왕"으로 불렸던 하인리히 1세는 슬라브 웬드족을 오데르 강까지 물리치고 독일을 요새화하여 마자르족에 맞섰으며, 933년에는 그들을 격퇴하고 끈질긴 노력으로 아들의 업적을 대비하는 기반을 마련했다.

오토 대제라고 불렸던 오토 1세(936~973년)는 독일의 샤를마뉴였다. 그는 왕으로 즉위할 때 스물네 살이었지만 태도와 능력에 있어 이미 왕이었다. 의식(儀式)과 상징주의의 가치를 감지한 그는 로렌과 프랑코니아, 슈바벤, 그리고 바이에른의 귀족들을 설득하여, 아헨에서 대주교 힐데베르트가 집도한 자신의 근엄한 대관식에 참석하는 소임을 다하도록 했다. 후일 귀족들은 점점 커지는 그의 힘에 맞서 반란을 일으키고 그를 폐위시키려는 책략에 그의 동생 하인리히를 동참하게 했다. 오토 1세는 음모를 발각하고 이를 진압하고는 하인리히를 용서하였는데, 하인리히는 재차 음모를 꾸몄지만 다시 용서받았다. 영리한 왕은 친구와 친지들에게 새로운 영지를 주고 점차 그들을 자신의 아래로 종속시켰다. 후세의 군주들은 그의 결단력과 수완을 물려받지 못했고, 중세 독일은 봉건 제도와 왕권 사이의 갈등으로 많은 힘과 시간을 소모하였다. 이런 다툼에서 독일의 고위 성직자들은 왕의 편에 섰고, 그의 행정적 참모이자 고문이, 때로는 그의 장수가 되었다. 왕은 궁정의 다른 관직을 임명할 때 주교와 대주교도 지명했다. 그리고 독일 교회는 교황권에 느슨하게 소속된 국가 기관이 되었다. 그리스도교를 통합의 힘으로 이용한 오토 1세는 독일 종족들을 하나의 강력한 국가 안으로 녹여냈다.

    주교들의 재촉을 받은 오토 1세는 웬즈족을 공격하고 그들을 칼로써 그리스도교로 개종시키려 하였다. 그는 덴마크의 왕과 폴란드, 보헤미아의 귀족들에게 자신을 봉건 종주(宗主)로 받아들이도록 강요했다. 신성로마제국의 왕좌를 염원하던 그는 이탈리아 국왕 로타르의 아름다운 미망인 아델라이드의 초대를 기꺼이 받아들였고, 새로운 왕 베렝가르 2세로부터 수모를 당하던 그녀를 구해냈다. 오토 1세는 통치와 연애를 교묘히 연결시켰다. 그는 이탈리아를 침략하고 아델라이드와 결혼했으며, 베렝가르에게는 오직 독일 왕권의 봉지로만 그의 왕국을 유지하도록 허락했다.(951년) 로마의 귀족들은 독일인을 황제로, 따라서 이탈리아의 주인으로도 인정하려 하지 않았다. 이렇게 3세기 동안 이어질 싸움이 시작되었다. 아들 루돌프와 사위 콘라트가 반란을 일으키자 오토 1세는 독일로 돌아가 황제가 되려는 노력 때문에 왕위를 잃지 않기 위해 분투했다. 마자르족이 다시 독일을 침략했을 때(954년) 루돌프와 콘라트는 그들을 환영했을 뿐 아니라 그들에게 지침도 제시했다. 오토 1세는 반란을 진압하고 루돌프를 용서한 후 자신의 군대를 재편성하여 아우크스부르크 부근 레히펠트에서 마자르족을 깨끗이 물리쳤고(955년), 그 후로 독일은 오랜 시간 동안 평화와 안정을 누렸다. 오토 1세는 다시 내정에 전념하여 질서를 회복하고 범죄를 다스렸으며 한동안 통일 독일을 창조하며 당대의 가장 번영하는 나라를 이끌었다.

황제가 될 기회가 다시 찾아온 것은 교황 요한 12세가 베렝가르에 맞서 그의 도움을 요청했을 때였다.(959년) 오토 1세는 강력한 병력으로 이탈리아를 침략하여 로마로 평화롭게 진입하였고, 962년 요한 12세에 의해 서로마 제국의 황제로 즉위했다. 자신의 행동을 후회하던 교황은 오토 1세가 라벤나 교구를 교황권으로 복원하겠다는 약속을 이행하지 않았다며 불평했다. 오토 1세는 로마로 행진하는 극단적인 조치를 취하여 이탈리아의 주교 회의를 소집하고, 요한 12세를 폐위할 것과 레오 8세를 평신도 교황으로 세울 것을 설득했다.(963년) 교황의 영토는 로마의 공작 영지와 사비네 지역으로 국한되었다. 중앙 이탈리아와 북(北)이탈리아의 나머지 영토는 독일 왕권 속지(屬地)가 된 신성로마제국으로 흡수되었다. 이런 사건들로 인해 독일의 왕들은 이탈리아를 그들 세습지의 일부로 결론짓고, 교황들은 교황의 대관식 없이는 어느 누구도 서로마 제국의 황제가 될 수 없다고 단정하려 하였다.

죽음을 눈앞에 둔 오토 1세는 혼돈을 미연에 방지하기 위해 교황 요한 13세로 하여금 자신의 아들 오토 2세를 공동 황제로 즉위시키도록 하였고(967년), 비잔티움의 황제 로마누스 2세의 딸인 테오파노와 아들의 결혼을 주관하도록 하였다.(972년) 샤를마뉴가 꿈꾸었던 두 제국의 군사 동맹이 일시적으로 실현되었다. 행동은 노쇠했지만 나이는 아직 육십 세였던 오토 1세가 사망하자(973년), 온 독일이 가장 위대한 왕으로 그를 애도했다. 오토 2세(973~983년)는 남(南)이탈리아를 자신의 영토로 삼으려는 노력에 힘을 소모하다 이른 나이에 세상을 떠났다. 오토 3세(983~1002년)는 당시 세 살배기 아이였다. 그의 어머니인 테오파노와 할머니 아델라이드는 8년 동안 섭정으로 나라를 다스렸다. 테오파노는 영향력을 행사했던 18년 동안 비잔티움의 세련된 요소들을 독일 왕궁으로 들여왔고, 문자와 예술에서 오토 왕조의 르네상스를 자극했다.

16세가 되면서(996년) 오토 3세는 독자적인 권력을 행사했다. 제르베르와 다른 성직자들에게서 영향을 받은 그는 로마를 수도로 삼고, 모든 그리스도교 국가를 부활한 로마 제국 밑으로 통일하며, 황제와 교황이 공동으로 제국을 다스리자고 제안했다. 로마와 롬바르디아의 대중과 귀족들은 이 제안을 이탈리아에 독일계 비잔티움의 지배 체제를 확립하려는 음모로 해석하였다. 그들은 오토에 저항하고 "로마 공화국"을 건립하였다. 오토 3세는 이 움직임을 진압하고 그들의 지도자였던 크레센티우스를 처형했다. 999년 그는 제르베르를 교황에 임명했다. 그러나 오토 3세가 생존했던 24년과 제르베르가 교황직을 수행했던 4년은 그의 정책을 완수하기에는 너무 짧은 시간이었다. 절반은 성인이었고 어느 정도는 인간의 면모도 지녔던 오토 3세는 크레센티우스의 미망인 스테파니아와 사랑에 빠졌다. 스테파니아는 그의 정부가 되고 동시에 그를 독살하기로 결심했다. 젊은 왕은 죽음을 예감하고 속죄자가 되어 눈물 흘리다 비테르보에서 스물세 살의 나이로 세상을 떠났다.[83]

작센 왕조의 마지막 독일 국왕이었던 하인리히 2세(1002~1024년)는 이탈리아와 독일에서의 왕권을 회복하기 위해 노력했다. 두 나라가 어린 두 왕을 거치는 동안 귀족들은 힘을 키우고 이웃 나라들도 대담해져 있었다. 프랑코니아 또는 잘리에르 왕조를 열었던 황제 콘라트 2세(1024~1039년)는 이탈리아에 평화를 가져오고 부르군트 왕국과 아를 왕국을 독일과 병합하였다. 돈이 필요했던 그는 큰돈을 받고 주교구를 팔았는데 그 일로 양심의 가책을 느꼈다. 그러고는 두 번 다시 종교직을 임명하는 대가로 돈을 받지 않겠다고 맹세했고, "그 맹세를 지키는 데 거의 성공했다."[84] 그의 아들 하인리히 3세(1039~1056년)는 새 제국을 정점으로 이끌었다. 1043년 "면죄부의 날", 콘스탄츠에서 그는 자신을 해쳤던 사람들을 전부 사면했고, 신하들에게는 모든 복수를 중단하고 증오를 버리라고 촉구했다. 10여 년 동안 그는 설교와 본보기로(더불어 아마도 권력으로) 귀족들의 불화를 줄였고, 당대의 "하느님의 휴전"에 협조하여 중앙 유럽을 짧은 황금기로 인도했다. 그는 배움을 후원하고 학교를 건립했으며, 슈파이어와 마인츠, 보름스의 성당들을 완공했다. 하지만 그는 영원한 평화를 약속하는 성인이 아니었다. 그는 자신을 봉건 종주로 인정할 때까지 헝가리와 전쟁을 벌였다. 교황권을 주장하는 세 명의 경쟁자를 폐위시키고 잇따라 두 명의 교황을 임명했다. 유럽 전체를 통틀어 그의 권력에 필적할 사람은 아무도 없었다. 마침내 그는 자신의 권한을 극단으로까지 밀고 나아가 고위 성직자들과 귀족들 양 세력의 저항을 불러일으켰다. 하지만 그 자신은 풍랑이 일기 전에 눈을 감았고, 하인리히 4세에게 적대적인 교황권과 뒤숭숭한 영토를 물려주었다.

하인리히 4세는 네 살에 아헨에서 왕위에 올랐고, 여섯 살에 아버지의 죽음을 맞았다. 그의 어머니와 두 대주교가 1065년까지 섭정으로 역할했다. 그러다가 열다섯 살의 나이에 성년이 선포되었고, 제국의 권력을 손에 넣게 되었다. 그러한 권력은 어떤 소년이든 자만하게 만들었을 것이다. 그는 자연스럽게 절대 군주제를 믿게 되었고 그에 따른 통치를 추구했다. 곧 그는 대귀족들과 다툼을 일으키거나 전쟁을 벌였고, 그로 인해 거의 속수무책으로 영토를 훼손당했다. 작센족은 자신들에게 부과된 세금에 분개하고 왕실 소유지들을 복원하라는 왕의 요구를 거부했다. 17년 동안(1072~1088년) 그는 간간히 그들과 전쟁을 벌였다. 1075년 승리를 거둔 그는 가장 자존심 강한 귀족과 그들 군대의 주교들을 비롯하여 전체 병력을 무장 해제시켜 줄지어 선 자신의 병사들 사이를 맨발로 걷게 하고, 자신의 발밑에서 항복의 자세를 취하게 했다. 같은 해 교황 그레고리우스 7세는 평신도 서임권, 즉 평신도가 주교나 수도원장을 임명하는 권한에 반대하는 칙령을 발표했다. 한 세기 동안 지속된 관례에 의지하고 있던 하인리히 4세는 성직자를 임명할 자신의 권리를 조금도 의심하지 않았다. 그는 10년 동안 외교술과 전쟁을 반복하여 그레고리우스와 싸우면서 말 그대로 죽는 순간까지 중세사에서 가장 격렬했던 충돌 중 하나를 빚어냈다. 독일의 저항 귀족들은 그 싸움을 이용하여 자신들의 봉건 권력을 강화했고, 굴욕을 당한 작센족은 저항을 재개했다. 하인리히 4세의 아들들은 그러한 저항에 가담했다. 그리고 1098년 마인츠의 집회에서 하인리히 5세를 왕으로 선포했다. 아들은 아버지를 사로잡고 강제로 퇴위시켰다.(1105년) 아버지 왕은 탈출하여 새로운 군대를 조직하다가 나이 57세에 리에주에서 사망했다.(1106년) 교황 파스칼리스 2세는 뉘우칠 줄 모르고 파문당한 자에게 교회장(葬)을 허락할 수 없었다. 그러나 교황과 왕에게 저항하던 리에주 사람들은 왕실장으로 하인리히 4세의 장례를 치르고, 그를 자신들의 성당에 매장했다.

2. 독일 문명: 566~1106년

이 5세기 동안 논밭을 갈고 아이들을 부양한 남녀의 노동은 독일을 정복하여 문명의 발판을 마련했다. 숲은 어마어마하게 광대하고, 사나운 짐승들에게 은신처를 주었으며, 소통과 통일을 방해했다. 숲 속의 이름 없는 영웅들은 나무를(짐작건대 너무 무분별하게) 베어 넘어뜨렸다. 작센에서는 자생력 강한 숲과 전염병을 옮기는 습지에 맞선 싸움이 수백 년 동안 계속되었고, 인간은 불과 13세기가 되어서야 이 싸움에서 승리하였다. 세대를 거듭하는 동안 강인하고 쾌활한 소농들은 짐승들과 황무지를 밀어내고 곡괭이와 쟁기로 땅을 길들였으며, 유실수를 심고 가축 떼를 몰고 포도나무를 돌보고 사랑과 기도로, 꽃과 음악과 맥주로 외로움을 달랬다. 광부들은 땅에서 소금과 철, 구리, 납, 그리고 은을 캤다. 영지와 수도원과 가내 수공예는 로마의 기술과 독일의 기술들을 결합시켰다. 교역은 강을 따라 어느 때보다 분주히 북해와 발트 해로 흘러들어 갔다. 대대적인 전투는 마침내 승리했다. 야만은 아직 법 안에도, 핏속에도 도사리고 있었다. 하지만 5세기 종족의 혼돈과 10세기 오스만 제국의 르네상스 사이에는 격차가 존재했다. 955년에서 1075년까지 독일은 유럽에서 가장 번영하는 나라였고, 그에 견줄 곳은 독일 왕들로부터 법과 질서를 물려받았던 북이탈리아뿐이었다. 트리어와 마인츠, 그리고 콜로뉴 같은 로마의 옛 도시들은 계속 존재했다. 슈파이어와 마그데부르크, 그리고 보름스 등의 성당들을 중심으로 새로운 도시들이 성장했다. 1050년경부터 우리는 뉘른베르크라는 도시를 만날 수 있다.

이 시대의 교회는 독일의 교육가이자 행정가였다. 풀다와 테게른제, 라이헤나우, 간더스하임, 힐데스하임, 그리고 로르슈에 수도원 학교가 문을 열었다. 라바누스 마우루스(776?~856년)는 투르의 알퀸 밑에서 수학한 뒤 프로이센 내 풀다의 대수도원 수도원장이 되었고, 학자들의 산실이자 스물두 개 연계 기관들의 어머니로 유럽 전역에 그곳 학교의 이름을 알렸다. 그는 많은 학문들을 가르치도록 교육 과정을 확대하고, 자연 현상들의 원인을 주술적 힘으로 돌리는 미신들을 비난했다.[85] 풀다의 도서관은 유럽 최대 규모에 속할 정도로 성장했다. 이 도서관 덕에 수에토니우스와 타키투스, 그리고 암미아누스 마르켈리누스 같은 인물도 존재할 수 있었다. 확실하지는 않지만 전해 내려오는 이야기에 따르면 교황이나 주교, 왕 등의 서품식에서 부르는 장엄한 찬송가 「생명의 창조주여 오소서」를 만든 이도 라바누스라고 한다.[86] 로렌의 대공이며 콜로뉴의 대주교였고 오토 대제 밑에서 제국의 재상에 올랐던 성 브루노는 왕궁 안에 행정 인력을 육성할 학교를 개설했다. 그는 비잔티움에서 학자들과 함께 책을 들여오고, 그 자신도 그리스어와 철학을 가르쳤다.

독일어로 된 문학은 아직 없었다. 글을 쓰는 사람은 거의 모두 성직자들이었고 문자는 거의 라틴어였다. 이 시대의 가장 위대한 독일 시인은 발라프리트 슈트라보(809~849년)로 라이헤나우의 슈바벤 수도사였다. 잠시 그는 아헨에 있는 루도비쿠스 경건 왕의 궁에서 대머리 왕 샤를의 개인 교사로 있었다. 루도비쿠스의 아내인 아름답고 야심찬 유디트는 개화된 여성으로 그를 후원했다. 라이헤나우에 수도원장으로 돌아온 그는 종교와 시, 그리고 원예에 전념했다. 자신의 유쾌한 책 『정원 가꾸기에 대하여』에서 그는 자신이 애정을 듬뿍 갖고 가꾸는 허브와 꽃들을 하나하나 설명했다.

이 시대 독일 문학에 있어 그의 가장 큰 경쟁자는 한 수녀였다. 로스비타는 이 시대에 교양과 품위로 유명한 많은 독일 여성들 중 한 명일 뿐이었다. 935년 경 태어난 그녀는 간더스하임의 베네딕트회 수녀원에 들어갔다. 아마도 이곳의 교육 수준은 우리가 예상했던 것보다 더 높았을 것이다. 로스비타가 이교 로마의 시인들에 정통하게 되었고, 라틴어로 능숙하게 글 쓰는 법을 배웠기 때문이다. 그녀는 라틴어 6보격 시로 몇몇 성인들의 생애를 써 내렸고, 오토 대제에 관한 서사시 몇 편도 만들었다. 하지만 그녀를 기억하게 할 만한 작품들은 테렌티우스의 양식으로 쓴 여섯 편의 라틴어 산문 희곡이다. 로스비타의 말에 따르면 그녀의 목표는 "하늘이 나에게 내려 준 작은 재능으로, 기도라는 망치 아래 신을 찬양하는 희미한 소리를 내는 것"이었다.[87] 로스비타는 라틴어 희극의 무례함을 슬퍼하며 그리스도교적 희극을 만들겠다고 제안한다. 하지만 그녀의 희극마저 신성 모독적인 사랑을 주제로 삼고 육체적 욕망의 식지 않는 저의(底意)를 거의 감추지 못했다. 그녀의 최고의 단편극 「아브라함」에서 한 그리스도교도인 은둔자는 부모를 잃은 질녀를 돌보기 위해 운둔처를 떠난다. 질녀는 바람둥이와 눈이 맞아 달아났다가 곧 버림받고 매춘부가 된다. 아브라함은 질녀를 쫓다가 변장을 한 채 그녀의 침실로 들어간다. 질녀는 그에게 키스하다가 그를 알아보고 수치심에 흠칫 놀란다. 다정하고 시적인 대화를 나누며 그는 그녀에게 죄를 지으며 사는 삶을 버리도록 설득하고 그들의 집으로 돌아간다. 이 극적인 촌극이 상연된 적이 있는지는 알 수 없다. 현대극은 그러한 테렌티우스적 반향이 아니라 교회의 의식과 "신비주의"가 종잡을 수 없는 무언극과 교차하는 지점으로부터 발달했다.

 교회는 시와 극, 그리고 역사 기록학에 보금자리를 만들어 준 것처럼, 예술을 위한 주제와 재정도 제공했다. 비잔티움과 카롤링거의 본보기들에 마음이 동한, 그리고 독일 왕가의 여자들의 후원을 받은 독일의 수도사들은 백여 편의 뛰어난 채색 필사본을 만들어 냈다. 993년에서 1022년까지 힐데스하임의 주교였던 베른발트는 거의 그 시대 문화의 초록(抄錄)이었다. 화가이자 금속 공예가였으며 모자이크 기술자였고 행정가인 동시에 성인이었으니 말이다. 베른발트는 다양한 기원과 솜씨를 지닌 예술가들을 불러 모아 자신의 도시를 예술의 중심지로 만들었다. 그리고 그들의 도움을 받기는 했지만 손수 작업하여 보석 장식된 십자가와 꽃과 동물 무늬 등이 새겨진 금은 촛대, 그리고 골동품 보석들을 박은 성배 등을 만들었는데, 그중 한 작품은 예의 그 나체의 미의 여신들 셋을 표현한 것이었다.[88] 그가 모은 예술가들이 그의 성당을 위해 만든 유명한 청동 문들은 나무에 덧붙인 평평한 널판이 아니라, 튼튼하게 주조된 중세 시대 최초의 가장자리 장식 금속 문이었다. 독일 내 건축은 아직 르네상스 시대에 독일 도시들을 아름답게 장식한 매력적인 형태의 징조를 보이지 않았다. 하지만 교회 건축은 롬바르디아 로마네스크의 익부(翼部, 건물 따위의 좌우 돌출 부분 – 옮긴이)와 성가대석, 후진(後陣, 교회 건축에서 가장 깊숙이 위치해 있는 부분으로서 내진(內陣) 뒤에, 주 복도에 둘러싸인 반원형 공간 – 옮긴이), 탑 등의 개념을 들여와 목재를 벗어나서 석조로 넘어갔고, 힐데스하임과 로르슈, 보름스, 마인츠, 트리어, 슈파이어, 그리고 콜로뉴 대성당 등을 짓기 시작한 단계였다. 외국의 비평가들은 평평한 목재 천장이나 과도한 외부 장식 등을 단 "라인 강 지방의 로마네스크"에 불만을 토로했지만, 이들 교회들은 독일의 특징인 견고한 힘과 힘겹게 문명을 향해 오른 당대의 정신을 잘 표현하고 있다.

THE AGE OF FAITH

21장   그리스도교의 대립
　　　　　　　　　　529~1085

1. 성 베네딕트: 480년경~543년

　아테네 철학 학교가 폐쇄된 529년은 라틴 그리스도교 세계에서 가장 유명한 수도원인 몬테 카시노가 문을 연 해이기도 하다. 수도원을 설립한 누르시아의 베네딕트는 스폴레토에서 몰락해 가는 로마 귀족의 자제로 태어났다. 교육 때문에 로마로 보내진 그는 성적 방종으로 추문을 일으켰는데, 일각의 이야기에 따르면 실연을 당했을 수도 있다.[1] 열다섯 살이 되면서 그는 수비아코에서 5마일 떨어진 외지의 사비네 언덕으로 달아났다. 베네딕트는 벼랑 밑 동굴을 수도실로 삼고 그곳에 혼자 거주하는 수도사로 몇 년간 생활했다. 교황 그레고리우스 1세의 『대화집』을 보면 베네딕트가 옛 여인을 기억에서 단호히 지웠음을 알 수 있다.

그의 마음에 들어앉은 사악한 영혼에 대한 기억과, 그 기억이 신의 종의 영혼을 강한 욕정으로 흥분시켜 …… 쾌락에 압도당한 그는 마음에서 황무지를 버리고 싶은 심정이었다. 그러나 신의 은총이 도와 돌연 그는 본모습으로 돌아왔다. 힘겹게 자라나는 울창한 찔레와 쐐기 덤불을 본 그는 옷을 벗어던지고 몸소 그 한복판으로 뛰어들었고, 그곳에서 한참을 뒹굴다 일어나니 가련하게도 살들이 찢어져 있었다. 그렇게 그 몸의 상처로 말미암아 그는 영혼의 상처를 치유했다.[2]

그곳에서 몇 년간 지내면서 착실함으로 명성을 얻자 인근 수도원의 수도사들은 그에게 수도원장으로 와 달라며 졸라댔다. 그는 수도사들에게 자신의 규율이 엄격할 것이라고 경고했다. 그래도 수도사들은 끈질기게 청했고, 베네딕트는 그들과 함께 수도원으로 들어갔다. 몇 달 동안 그의 엄중한 지도를 겪은 수도사들은 그의 포도주에 독을 탔다. 베네딕트는 고립된 수도사의 삶으로 돌아갔다. 그러나 젊고 열성적인 신자들이 찾아와 근처에서 생활하며 그의 지도를 간청했다. 아버지들은 심지어 로마에서부터 아들들을 데리고 와 그의 가르침을 받게 했다. 520년경 각각 열두 명의 수도사가 머무는 열두 개의 작은 수도원들이 그의 동굴 주변으로 세워졌다. 이들 수도사 중에서도 그의 규율이 너무 엄하다고 여기는 이들이 많아지자, 그는 가장 열성적인 추종자들을 몬테 카시노로 보냈다. 몬테 카시노는 해발 고도 1715피트로서, 카푸아로부터 북서쪽으로 40마일 떨어진 고대 마을 카시눔을 굽어보는 언덕이었다. 그곳에서 그는 이교 사원을 허문 뒤 수도원을 설립하고(529년경), 서방의 거의 모든 수도원들이 지침으로 삼게 될 베네딕트회의 수도 규칙을 만들었다.

이탈리아와 프랑스의 수도사들은 동방의 고립적 금욕주의를 모방하는 실수를 범했다. 서유럽의 기후와 활동적인 정서 때문에 그러한 고행은 비관적일 정도로 힘들었고, 많은 신자들이 빠져나갔다. 베네딕트는 은둔자들을 나무라지도 않고 금욕주의를 비난하지도 않았지만, 금욕 생활을 개인이 아닌 공동으로 실천하는 것이 더 지혜롭다고 생각했다. 그 안에는 가식이나 경쟁의식이 없어야 했다. 모든 단계가 수도원장의 통제 아래 있어야 하며, 건강이나 마음을 해치기 직전에 멈추어야 했다.

그때까지 서방에서는 수도자로 입문하는 사람들에게 맹세를 요구하지 않았다. 베네딕트는 출세를 바라는 사람들에게 수련 기간을 거쳐야 하고, 자신에게 내핍 상태가 필요하다는 것을 경험으로 배워야 한다고 생각했다. 그런 훈련을 거친 뒤에야 수사가 될 수 있다고 여겼다. 그리고 그때에도 여전히 원한다면, "영원한 머무름과 영원한 태도의 개선, 그리고 영원한 순종"을 글로서 서약하고 나서, 증인 앞에서 서명한 그 서약을 엄숙한 의식하에 수사 자신이 직접 제단 위에 올려 두어야 했다. 그 후로 수도사는 수도원장의 허락 없이는 수도원을 떠날 수 없었다. 수도원장은 수도사들에 의해 선출되고 모든 중요한 문제는 수도사들과 상의해야 했다. 그러나 최종 결정은 수도원장의 몫이었고, 수도사들은 침묵과 겸손으로 그에게 순종해야 했다. 수도사들은 필요할 때에만 말을 하며, 농담을 하거나 크게 웃어도 안 되었다. 걸을 때는 시선을 바닥으로 떨어뜨려야 했다. 아무것도, "책 한 권도, 노트 한 권도, 펜 하나도 소유해서는 안 되고 …… 모든 것을 공동의 것으로 지녀야 했다."[3] 과거의 재산이나 노예 신분 등은 불문에 부치고 잊어야 했다. 수도원장은

> 수도원 안에서 사람을 차별해서는 안 되며 …… 다른 합당한 이유 없이 자유민 출신자를 노예 출신자보다 더 선호해서도 안 된다. 노예이건 자유인이건 간에, 우리는 모두 그리스도 안에서 하나이며 …… 하느님은 인간을 차별하지 않기 때문이다.[4]

구호와 접대는 수도원의 재력 안에서 청하는 모든 이들에게 주어져야 했다. "수도원을 찾는 모든 방문객은 그들이 그리스도인 양 대접해야 했다."[5]

모든 수도사는 수도원의 밭이나 상점에서, 부엌에서 노동하고 가사를 돌보며 원고를 필사하는 등의 일을 해야 했다. 정오까지는 아무것도 먹지 않으며, 사순절에는 일몰 때까지 금식했다. 9월 중순에서 부활절까지는 식사를 했지만

하루에 한 끼였다. 여름에는 낮이 길어지므로 두 끼를 먹었다. 포도주는 허용되었지만 네 발 달린 짐승의 고기는 먹지 못했다. 일이든 잠이든 간에, 공동의 기도로 빈번히 중단됐다. 전형적인 동유럽의 방식에 영향을 받아 베네딕트는 하루를 "정시과(定時課)", 즉 교회법이나 규율로 정한 기도 시간들로 나누었다. 수도사들은 새벽 두 시에 일어나 예배당으로 가서 "저녁 기도(nocturns)", 즉 성서를 낭독하고 기도하고 시편을 암송했다. 동이 틀 무렵에는 "조과(朝課, matins)" 또는 "찬과(讚課, lauds)"를 위해 모였고, 여섯 시에는 "1시과(prime)", 아홉 시에는 "3시과(tierce)", 정오에는 "6시과(sext)", 오후 세 시에는 "9시과(none)", 일몰 때에는 "만과(晚課, vespers)", 취침 시간에는 "종과(終課, compline)"를 위해 모였다. 취침 시간은 해 질 녘이었다. 수도사들은 인공 불빛을 거의 없앴다. 옷은 입고 잤고 목욕은 잘 하지 않았다.[6]

이런 독특한 규제에, 베네딕트는 그리스도교적 완벽을 추구하는 보편적 조언을 더하였다.

　1. 우선 온 마음과 온 영혼과 온 힘을 다하여 주 하느님을 사랑할 것. 2. 다음으로 이웃을 자신처럼 사랑할 것. 3. 다음으로 살인하지 말고 …… 간음하지 아니하며 …… 도둑질하지 말고 …… 남의 것을 탐하지 말며 …… 거짓 증언을 하지 말 것……. 8. 모든 인간을 존중할 것. 11. 몸을 단련할 것……. 13. 금식을 사랑할 것. 14. 빈민을 구제할 것. 15. 벌거벗은 자에게 옷을 줄 것. 16. 병자를 찾아갈 것……. 30. 남에게 해를 가하지 말고, 해를 입으면 인내심을 갖고 견딜 것. 31. 원수를 사랑할 것……. 53. 말을 많이 하는 버릇을 갖지 말 것……. 61. 성인으로 불리기를 바라지 말고 …… 성인이 되기를 바랄 것……. 71. 다툰 후에는 해가 지기 전에 화해할 것. 72. 하느님의 자비를 체념하지 말 것.[7]

전쟁과 혼돈의 시대, 의심과 방랑의 시대에 베네딕트회 수도원은 치유를 주는 피난처였다. 베네딕트회는 재산을 빼앗기거나 파산한 소농들과 학생 등 조용한 도피처를 갈망하던 사람들, 세상의 갈등과 소란에 지친 사람들을 데리고 와서 말했다. "너의 오만과 자유를 버리고, 이곳에서 안도와 평화를 찾으라." 비슷한 베네딕트회 수도원들이 유럽 도처에 건설되는 것도 놀랄 일이 아니었다. 이들은 서로 관계없이 독자적으로 설립되었고 오직 교황에게만 종속되어, 사나운 개인주의의 바다에 솟은 공산주의적 섬들로서의 역할을 했다. 베네딕트회의 규율과 질서는 중세 시대 인간의 창조물 중에서도 오랜 생명력을 지닌 것이었다. 몬테 카시노 자체도 영구성의 상징이다. 롬바르디아의 야만인들은 589년 그곳을 약탈했다. 롬바르디아인들이 퇴각하자 수도사들은 돌아왔다. 884년에는 사라센인들이 그곳을 파괴했다. 수도사들은 수도원을 재건했다. 1349년에는 지진으로 수도원이 무너졌다. 수도사들은 이번에도 수도원을 복원했다. 1799년 프랑스 병사들이 그곳을 약탈했다. 1944년 제2차 세계 대전의 포탄과 폭탄들이 수도원을 무너뜨렸다. 오늘날(1948년) 성 베네딕트의 수도사들은 몸소 한 번 더 수도원을 짓고 있다. 잘린 가지에서 새순이 돋는다.

2. 그레고리우스 대교황: 540?~604년

베네딕트와 그의 수도사들이 몬테 카시노에서 평화롭게 일하며 기도할 때, 고트 전쟁(536~553년)이 위세 등등한 불길처럼 요동치며 이탈리아에 무질서와 빈곤을 남기고 지나갔다. 도시 경제는 혼돈에 빠졌다. 정치 제도들은 엉망이 되었다. 로마에 살아남은 세속의 지휘부라고는 멀리 떨어진 곳의 병력이 보수도 없이 무기력하게 지원하는 황제 사절단뿐이었다. 이렇게 세속의 권력이 무너진 상황에서 살아남은 그리스도교 조직을 황제들마저도 국가에 대한 구원으로 보았다. 554년 유스티니아누스 1세는 "지방 정부를 운영할 수 있고, 각 지방의 '최고 권위자와 주교들'에 의해 지역 통치자로 선출된, 적합하고 알맞은 사람"을 요구하는 칙령을 반포했다.[8] 그러나 유스티니아누스의 시신이 채 식기도 전에 롬바르디아가 침략하여(568년) 북이탈리아는 다시 한 번 야만인들과 아리우스주의의 지배 밑으로 들어갔고, 이탈리아 교회의 전체 구조와 지도력은 위협받았다. 위기는 한 사람을 불러일으켰고, 역사는 천재의 영향력을 한 번 더 증언했다.

그레고리우스는 베네딕트가 사망하기 3년 전 로마에서 태어났다. 고대 원로원 가문 출신인 그는 유년을 카일리우스 구릉의 멋진 궁에서 지냈다. 아버지가 죽자 그는 많은 재산의 상속인이 되었다. 그리고 순식간에 고위직 정치가로 출세했다. 서른세 살에는 로마의 총독이 되었다. 그러나 그는 정치에 취미가 없었다. 임기를 마친 그는 이탈리아의 상황으로 보아 이미 예견된 세상의 종말이 가까이 다가왔다고 확신한 듯했다.[9] 그는 많은 재산을 들여 수도원 일곱 곳을 건설하고 나머지는 빈민 구호금으로 나누어 주었다. 그리고 자신의 모든 계급적 흔적들을 지우고 궁을 성 안드레아 수도원으로 개조한 후 그곳의 첫 번째 수도사가 되었다. 그는 스스로 극단적인 금욕주의를 실천하고, 대개는 생채소와 과일을 먹고 살았으며, 금식을 너무 자주 한 나머지 특별히 금식이 요구되는 성(聖) 토요일이 되면 하루만 더 끼니를 걸러도 숨이 끊어질 것처럼 보일 정도였다. 그래도 그는 수도원에서 생활하던 3년을 언제나 인생에서 가장 행복한 기간으로 회고했다.

이 평화를 벗어나 밖으로 끌려 나온 그는 교황 베네딕트 1세에게 "일곱 번째 부제(副祭)"로 봉직했다. 579년에는 교황 펠라기우스 2세에 의해 콘스탄티노플의 황궁으로 파견되었다. 외교 책략과 장려한 궁의 한복판에서 그는 의복과 식사와 기도 등의 면에서 수도사다운 생활을 지속했다.[10] 그런 와중에도 그는 세상과 그 교묘한 속임수들에 대한 유용한 경험을 얻었다. 586년 그는 로마로 소환되었고, 성 안드레아 수도원의 수도원장이 되었다. 590년 끔찍한 선(腺)페스트가 많은 로마 시민들을 죽음으로 몰아넣었다. 교황 펠라기우스도 역병을 피해 가지 못했다. 그리고 그 즉시 도시의 성직자와 시민들은 그레고리우스를 펠라기우스의 후임자로 선택했다. 그레고리우스는 자신의 수도원을 떠나기를 꺼려 했고, 비잔티움 황제에게 당선 확정을 거부해 달라는 서한을 보냈다. 로마 총독이 서한을 가로채자 그레고리우스는 도피를 준비하다가 붙잡혀, 강제로 성 베드로 대성당으로 보내졌다. 그리고 그곳에서 교황으로 임명되었다. 어쨌든 또 한 명의 그레고리우스(Gregory)가 우리에게 들려준 이야기는 그렇다.[11]

오십 세가 된 그는 큰 머리가 이미 벗겨지고 낯빛은 어두웠으며, 매부리코에 황갈색 턱수염이 드문드문 나 있었다. 그는 생각이 확고하고 말투가 온화하였으며 황제와 같은 결단력에 소박한 정서를 지닌 인물이었다. 금욕 생활과 책무들 때문에 건강을 해친 그는 소화 불량과 통풍을 앓았다. 그레고리우스는 교황궁에서도 수도원에서처럼 생활했다. 수도사의 거친 의복을 입고 가장 싼 음식들을 먹었으며 자신을 돕는 수도사 및 사제들과 공동의 생활을 나누었다.[12] 대개 종교와 나라에 관계된 문제들에 몰두해 있던 그가 긴장을 늦출 수 있는 것은 부성애를 담은 말과 행동에서였다. 방랑하는 한 음유 시인이 오르간과 원숭이를 데리고 교황궁 문 앞에 나타났다. 그레고리우스는 그에게 들어오라고 명하고 먹을 것과 마실 것을 주었다.[13] 그는 교회에 들어온 세입을 새 건물을 짓는 데 쓰는 대신 범그리스도교 국가들 내의 종교 기관들에 기부하거나 구호 활동에 쓰고, 전쟁 포로를 구하는 데에 사용했다. 로마 안의 가난한 가정마다 매달 약간씩의 곡식과 포도주, 치즈, 채소, 기름, 생선, 고기, 옷, 그리고 돈을 나누어 주었다. 그리고 그의 사절들이 요리된 음식을 병자와 노약자들에게 매일 전달했다. 태만한 성직자들이나 정치적 강자들에게는 엄했던 그의 편지가 고통받는 이들에게는 보석처럼 귀중한 동정을 전했다. 교회 땅에서 착취를 당하는 소농들에게, 수녀가 되고 싶어 하는 노예 소녀들에게, 자신의 죄를 괴로워하는 귀족 부인에게도 마찬가지였다. 그의 생각으로는, 사제는 말 그대로 목회자이며 양들을 돌보는 목자였다. 이 선량한 교황은 『목회서』(590년)를 집필할 전권을 지녔었는데, 주교들에 대한 조언을 담은 설명서인 이 책은 그리스도교의 고전이 되었다. 비록 항상 아프고 조로(早老)하였지만, 그는 그리스도교 행정과 교황권 정치, 농업 관리, 군사 전략, 신학 논문, 신비주의적 희열, 그리고 인간 삶의 수백 가지 자잘한 일들에 대한 세심한 배려 등에 온 힘을 다 쏟았다. 그는 겸손의 교리로 교황이라는 직위의 오만을 훈계했고, 현존하는 그의 첫 번째 서한에서 스스로를 "하느님의 종들 가운데 종"이라고 불렀다. 그리고 가장 위대했던 교황들은 그 고귀한 수식을 받아들였다.

그의 교회 운영은 경제적 지혜와 엄격한 개혁으로 특징지을 수 있다. 그는 성직자들의 성직 매매와 축첩을 억제하기 위해 분투했다. 라틴 수도원들의 기강을 회복하고, 수도원에 들어가지 않은 성직자들 및 교황과의 관계를 규제했다. 그는 미사의 규칙들을 개선하고, 아마도 그레고리우스 성가를 발전시키는 데에도 기여한 것으로 보인다. 교회 사유지에서 착취를 억제하고 소작농들에게는 선금을 주었으며 이자는 물리지 않았다. 하지만 정해진 세입은 신속하게 징수하고, 개종한 유대인들에게는 영리하게도 소작료를 낮춰 주었으며, 세상의 종말이 다가오고 있다는 그의 설교에 겁먹은 귀족들에게서 교회를 위해 땅을 유산으로 받았다.[14]

한편 그는 당대의 정치적 다툼에서 가장 능력 있는 통치자를 만나 대개는 이기고 가끔 패했지만, 결국에는 교황직의 명망과 권력, 그리고 "베드로 세습령(즉 중앙 이탈리아의 교황령)"을 엄청나게 넓히고 강화하였다. 그는 공식적으로는 동방 황제의 통치권을 인정했지만 실제로는 대체로 무시하였다. 라벤나의 제국 총독과 전쟁을 벌일 때 스폴레토의 공작이 로마를 위협하자, 그레고리우스는 총독이나 황제와 상의 없이 공작과 평화 조약에 서명했다. 롬바르디아가 로마를 포위했을 때에는 함께 방어를 준비했다.

그는 세속에 대한 염려에 빠져 매 순간 슬퍼했고, 세속적인 걱정들이 마음을 괴롭혀 편안한 설교를 하지 못하는 자신의 무능에 대해 신도들에게 사과했다. 그는 몇 년의 짧은 평화가 허락되었을 때 기꺼이 유럽 전역에 복음을 전도하는 과업으로 돌아갔다. 그레고리우스는 롬바르디아의 반란 주교들을 복종시키고, 아프리카에 정통 가톨릭교를 회복시켰으며, 아리우스파였던 스페인의 개종을 받아 냈고, 사십 명의 수도사들과 함께 잉글랜드를 개종하는 데도 성공했다. 성

안드레아 수도원의 수도원장으로 재임하는 동안 그는 몇몇 잉글랜드 포로들이 로마의 노예 시장에서 매매되려 하는 것을 목격한 적이 있었다. 애국자 베다에 따르면,

> 그레고리우스는 그들의 흰 피부와 반듯한 용모, 뛰어나게 아름다운 머리카락 등에 충격을 받았다고 한다. 그리고 잠깐 그들을 바라보다 그들이 어느 지역에서 왔는지 물었다. 그들은 브리튼에서 왔고, 그곳의 주민들은 모두 그렇게 생겼다는 대답이 돌아왔다. 그레고리우스는 다시 그 섬의 사람들이 그리스도교도들인지 물었고 …… 그들은 이슬람교라고 했다. 그는 말하였다. "아아, 가련하게도 어둠을 만든 자가 이토록 환하고 아름다운 이들을 가졌구나. 그리고 이들은 겉으로는 우아하게 빛나지만 내면의 우아함은 공허하구나." 그러고는 그의 이름이 무엇인지 물었다. 그들은 "천사들"이라고 불린다고 했다. 그에 그레고리우스는 말했다. "그렇게 불릴 만도 하군. 얼굴은 천사와 같고, 그런 사람들이 천국에 사는 천사들의 후계자들이었을 테니."[15]

너무 동화 같아서 믿기 힘든 이 이야기는 계속해서 그레고리우스가 교황 펠라기우스 2세에게 청하여 일단의 선교사들을 이끌고 잉글랜드로 향한다는 허락을 받았다고 이어진다. 그레고리우스는 잉글랜드로 떠나지만 그가 읽고 있던 성서 위로 떨어진 메뚜기 한 마리 때문에 길을 멈추었다. "메뚜기(locusta)라니! 머물러 있으라(loco sta)는 의미로다!"라고 그는 외쳤다.[16] 교황직에 오른 직후 깊은 감명을 받은 그는 잉글랜드를 잊지 않았다. 596년 그레고리우스는 성 안드레아 수도원의 부원장이었던 아우구스티누스를 대표로 세워 잉글랜드에 사절단을 보냈다. 갈리아에 도착한 수도사들은 작센족이 흉포하다는 프랑크족의 이야기를 접하고 걸음을 돌렸다. 그들이 들은 이야기는 그 "천사들은 사나운 짐승으로, 사람을 죽여 먹는 것을 좋아하고, 인간의 피에 굶주려 있으며, 그중에서도 그리스도교도들의 피를 가장 좋아한다."라는 것이었다. 아우구스티누

스는 이러한 전언을 갖고 로마로 돌아왔지만, 그레고리우스는 그를 꾸짖고 다시 잉글랜드로 출발하라고 격려했다. 그리고 그들은 로마가 90년의 전쟁으로 덧없이 성취한 성과를 2년 만에 평화롭게 이루어 냈다.

그레고리우스는 위대한 아우구스티누스처럼 철학과 신학에 능한 학자도 아니었고, 재기 넘치는 히에로니무스처럼 문체의 귀재도 아니었다. 하지만 그의 글들은 중세의 정신을 매우 잘 표현했을 뿐더러 큰 영향을 끼치기도 하여, 그에 비하면 아우구스티누스와 히에로니무스는 고전적으로 보일 정도이다. 그는 대중적인 신학에 관한 책들을 남겼는데, 터무니없는 내용이 너무 많아 읽는 사람들이 이 위대한 행정가는 과연 자신이 쓴 내용을 믿었는지, 아니면 단지 단순하고 죄 많은 영혼들이 쉽게 믿을 거라고 생각한 내용들을 쓴 것인지 궁금해 할 정도였다. 그가 쓴 베네딕트 전기는 이런 책들 중에서 가장 만족스러운 작품으로, 비판적 체질로 사실과 전설을 거르는 가식 없이 매력적인 숭배의 목가였다. 그의 서한 800통은 그가 남긴 최고의 문학적 유산이다. 서한들을 통해 이 다채로운 인물은 스스로의 수십 가지 모습들을 드러내며, 자신의 생각과 시대에 대한 은밀한 심상을 무의식중에 노출한다. 그의 『대화집』은 사람들의 사랑을 받았는데, 이 책이 역사와 같이 이탈리아 성자들의 통찰력과 예지력과 기적에 관해 매우 놀라운 이야기를 보여 주었기 때문이다. 이 책에서 독자들은 기도로 움직인 거대한 바위, 스스로를 투명 인간으로 만들 수 있었던 한 성인, 십자 성호로 해롭지 않게 된 독물, 기적처럼 주어져 점점 많아진 식량, 병이 나은 환자와 생명을 되찾은 죽은 자의 이야기를 읽었다. 이들 대화 안에는 성유물의 힘에 관한 이야기들이 녹아들어 있지만, 무엇보다 놀라운 것은 베드로와 바울을 묶었다고 믿겨지는 사슬들이었다. 그레고리우스는 이 사슬들을 경배하며 소중히 간직했다. 그는 사슬의 줄밥을 친구들에게 선물로 보내기도 했다. 그리고 시력이 악화되어 힘들어 하는 사람에게 선물과 함께 서한을 전했다. "이것들을 계속 눈에 발라 보십시오. 똑같은 선물을 받고 기적을 경험한 사례가 많았습니다."[17] 노동 대중의 그리스도교는 위대한 교황의 마음과 펜을 사로잡았다.

　더 깊이 신학을 파고들었던 그의 여행은 『대윤리학』이라는 욥기에 대한 여섯 권짜리 주해서의 형식으로 나타났다. 그는 글의 행마다 극적인 사건들을 일반적인 역사로 서술하였다. 그러나 또한 매 행마다 우의적이거나 상징적인 의미들을 추구하였고, 욥기에서 완전한 아우구스티누스 신학을 발견하며 끝을 맺는다. 성서는 모든 의미에서 하느님의 말씀이다. 그 자체로 완벽한 지혜와 미의 체계이다. 그 누구도 이교의 고전을 읽으며 시간을 낭비하고 도덕률을 잃어서는 안 된다. 그러나 성서는 이따금 모호하고, 대개는 통속어나 그림 문자로 기록되어 있다. 숙달된 지식으로 신중하게 해석해야 한다. 그리고 성스러운 전통의 관리자인 교회는 성서 해석에 유일하게 적합한 존재이다. 개별 이성은 약하고 분열적인 기구로서, 초자연적 현실들을 다루기 위해 만들어진 것이 아니다. 그리고 "지성이 그 힘 너머의 것을 이해하고자 한다면, 이미 이해했던 것까지 잃게 된다."[18] 신은 우리의 이해 범위 너머에 있다. 우리가 말할 수 있는 것은 신이 어떤 존재인지가 아니라, 어떤 존재가 아닌지에 대한 것뿐이다. "신에 대해 말해지는 거의 모든 것은 무가치하다. 그것이 말해질 수 있다는 바로 그 사실 때문이다."[19] 이런 이유로 그레고리우스는 공식적으로는 신을 증명하려는 어떠한 시도도 하지 않았다. 하지만 그는 우리가 인간의 영혼을 곰곰이 생각해 보면 그분을 막연하게나마 그려 볼 수 있다고 주장한다. 그분은 살아 있는 힘이자 인체의 지표가 아니겠는가? 그레고리우스는 말한다. "우리 시대의 많은 이들이 …… 몸으로부터 영혼이 벗어나는 것을 흔히 목격했다."[20] 인간의 비극은 원죄로 인하여 그 본성이 타락하고 악으로 경도된다는 것이며, 이 근본적인 영적 기형이 유성 생식을 통해 모체에서 아이에게로 전달된다는 데 있다. 그대로 둔다면 인간은 죄 위에 또 죄를 쌓아 영원히 지옥살이를 해야 마땅한 존재가 될 터였다. 지옥은 그저 하는 말이 아니었다. 그곳은 세상이 시작될 때 창조된 끝없고 어두운 지하 수렁이었다. 지옥은 꺼지지 않는 불구덩이로 물질적으로 존재하지만 살뿐만 아니라 영혼까지 태울 수 있는데, 지옥에 떨어진 자들은 죽지도 않고 고통을 느끼는 감도가 줄어들지도 않는다. 그리고 고통스러운 매 순간마다 다가올 고통에 대한 공포와 지옥에 떨어진 다른 사랑하는 이들이 고통을 받는 모습을 바라보아야 하는 참담함, 탈출이나 죽음이라는 축복이 허락될 것인지에 대한 절망감 등을 함께 맛보아야 했다.[21] 그레고리우스는 한층 누그러진 분위기로 아우구스티누스의 교리를 발전시켜, 죽은 자들이 용서받은 죄에 대하여 속죄를 끝내는 곳으로 연옥이라는 개념을 추가했다. 그리고 아우구스티누스처럼, 자신이 겁을 주었던 사람들을 위로하며 신의 은총과 성인의 중재, 그리스도의 희생이 낳은 열매, 그리고 모든 그리스도교도 속죄인들이 이용할 수 있는 신비한 성체의 구원 효과 등을 상기시켰다.

어쩌면 그레고리우스의 신학은 그 시대의 무서운 혼돈뿐 아니라 그 자신의 건강도 반영한 것이었는지 모른다. 599년 그는 이렇게 적었다. "열한 달 만에 나는 거의 침대를 떠날 수 없게 되었다. 통풍과 고통스러운 근심들로 너무 괴로운 나머지 …… 매일 죽음의 안식을 기다린다." 600년에는 이렇게 썼다. "근 2년 동안 나는 침상 위에 매여 있었다. 통증이 너무 괴로워서 축일에조차 세 시간 동안 일어나 미사를 올리기가 버겁다. 나는 매일 죽음의 문턱에 서고, 매일 그 앞에서 내쳐진다." 그리고 601년에는 다음과 같은 글을 남겼다. "오랫동안 침상을 떠나지 못했다. 나는 애타게 죽음을 기다린다."[22] 그의 바람이 이루어진 것은 604년이었다.

그는 6세기 초의 유스티니아누스가 그러했던 것처럼 6세기 말을 지배했다. 그리고 그가 종교에 끼친 영향은 이 시대 마호메트가 끼친 영향을 넘어서지 못했다. 그는 학술적 조예가 깊은 사람도 아니고 심오한 신학자도 아니었다. 하지만 그의 순박함 덕에 그는 자신이 겸손함을 갖고 따랐던 아우구스티누스보다 더 깊이 사람들에게 영향을 끼칠 수 있었다. 정신적인 면에서 그는 최초의 완전한 중세인이었다.[23] 그의 손이 흩어진 제국을 경영하는 동안, 그의 머리는 인간의 타락과 여기저기 산재한 악마의 유혹, 그리고 도래하는 세상의 종말에 대해 곱씹었다. 그는 몇 세기 동안 인간의 마음을 우울하게 만들어 온 공포의 종교를 힘 있게 설교했다. 그는 통속적인 전설 속의 모든 기적, 그리고 성유물과 성상과 신조의 모든 마법적 효험을 인정했다. 그는 천사와 악마, 마법사, 그리고 유령들이 출몰하는 세계에 살았다. 우주의 합리적 질서에 관한 모든 감각은 그를 떠나 있었다. 그가 사는 세계는 과학이 불가능하고, 오직 지독한 신앙만이 남아 있는 곳이었다. 그 후 7세기 동안 그의 신념은 신학으로 받아들여졌다. 위대한 스콜라 철학자들은 그 위에 이성이라는 형식을 부여하기 위해 힘들게 노력했다. 그리고 그것이 『신곡』의 비극적 배경이 되었다.

하지만 미신을 믿고, 어수룩하며, 두려움에 찬 신앙심으로 몸이 산산이 부서진 이 인물은 의지와 행동에서 목표에 집요하고, 판단이 단호하고, 신중하고 실리적이고, 법과 규율을 사랑한, 고대의 기질을 지닌 로마인이었다. 그는 베네딕트가 수도 생활에 규율을 부여한 것처럼, 수도 생활에 법을 부여했다. 교황의 세속적 권력을 확립하고, 그 권력을 제국의 지배로부터 자유롭게 했으며, 지혜와 진실성을 갖고 그 권력을 집행하여 사람들은 격동의 세기에 몸을 피할 든든한 피난처로 교황권을 바라보았다. 그에게 감사하는 후임자들은 그를 성인으로 시성했고, 그를 찬미하는 후세는 그를 그레고리우스 대(大)교황(Gregory the Great)이라고 불렀다.

3. 교황의 정치: 604~867년

그의 초기 후계자들은 그의 높은 덕목이나 힘을 따라가기가 버거웠다. 보통 그들은 제국 총독이나 황제의 지배를 받아들였고, 저항하려는 노력은 거듭 굴욕을 당했다. 반환을 받은 영토들을 통일하기 위해 애썼던 황제 헤라클리우스는 그리스도 단성론파(單性論派, 그리스도에게는 오직 하나의 본성이 존재한다고 주장하던)였던 동방을 정통파였던 서방과 화해시켰는데, 서방 교회는 두 개의 본성을 구분하였다. 헤라클리우스의 칙령 "에크테시스(Ekthesis, 638년)"는 그리스도에게 단 하나의 의지만이 존재한다고 주장하는 단의론(單意論)의 교리까지 승낙했다. 교황 호노리우스 1세는 동의하며, 의지가 하나인지 두 개인지의 문제는 "별로 중요하지 않아 내가 문법 학자들에게 넘긴 부분"이라고 덧붙였다.[24] 하지만 서방의 신학자들은 그의 승낙을 맹비난했다. 황제 콘스탄스 2세가 단의론을 지지하는 선언문을 반포하자, 교황 마르티누스 1세는 그 선언문을 거부했다. 콘스탄스는 라벤나의 총독에게 그를 체포하여 콘스탄티노플로 데려 오라고 명령했다. 항복하기를 거절한 교황은 크림 반도로 유배되어 그곳에서 사망했다.(655년) 680년 콘스탄티노플에서 열린 6차 공의회는 단의론을 공식적으로 부인하고, 이미 세상을 뜬 교황 호노리우스를 "이단의 보호자"로서 파문했다.[25] 단성론파인 시리아와 이집트를 이슬람에 빼앗기고 잘못을 깨달은 동방 교회는 결정에 동의했고, 동방과 서방에는 잠시 신학적 평화가 맴돌았다.

그러나 교황권이 거듭 동로마 황제에게 수모를 당하고, 이슬람이 아시아와 아프리카, 스페인에서 세를 넓히고 지중해를 통제하며, 콘스탄티노플이나 라벤나는 롬바르디아의 공격으로부터 이탈리아 내의 교황령을 보호하지 못하는 등 비잔티움이 약화되자, 교황들은 기울어 가는 제국을 버리고 떠오르는 프랑크 왕국에 지원을 구했다. 롬바르디아가 로마를 탈취하여 교황권이 롬바르디아 왕들의 지배를 받는 지역 주교구로 전락할 것을 두려워한 교황 스테파노 2세(752~757년)는 황제 콘스탄스 5세에게 청원하였다. 하지만 그는 아무런 도움도 주지 않았다. 교황은 정치적으로 닥칠 결과들을 우려하는 가운데 프랑크 왕국으로 돌아섰다. 단신(短身) 왕 피핀은 롬바르디아를 진압하고, 중앙 이탈리아 전체를 넘기는 "피핀의 기진(寄進)"으로 교황권을 부강하게 해 주었다.(756년) 이렇게 해서 교황의 세속 권력이 확립되었다. 이 눈부신 교황의 외교술은 레오 3세가 거행한 샤를마뉴의 대관식으로 막을 내렸다.(800년) 그 후로 서유럽에서는 어느 누구도 교황의 도유식(塗油式) 없이는 황제로 인정받지 못했다. 괴롭힘을 당하던 그레고리우스 1세의 주교직은 유럽에서 가장 큰 권력 중 하나가 되었다. 샤를마뉴가 죽자(814년), 프랑크 왕국에 의한 교회 지배는 역전되었다. 프랑스의 성직자들은 조금씩 조금씩 그 왕을 경시했다. 그리고 샤를마뉴의 제국이 몰락하는 동안 교회의 권위와 영향력은 증가했다.

프랑스와 독일 왕들의 다툼과 약화로 가장 먼저 이득을 본 것은 주교 제도였다. 독일에서는 왕들과 연합한 대주교들이 부를 누렸고, 주교와 사제들은 교황들에게 말로만 떠들어대는 봉건 권력을 얻었다. 확실히 "위조 교령집"이 만들어진 이유는 대주교들의 독재에 약이 오른 독일 주교들의 억울함 때문이었을 것이다. 훗날 교황권을 강화하게 될 이 교령집은 무엇보다도 대도시 주교들이 교황에게 청원할 권리를 확립하기 위한 것이었다. 교령집의 출처나 날짜는 알 수 없다. 아마도 842년경 메츠에서 만들었을 것으로 보인다. 교령집을 만든 이는 자칭 이시도루스 메르카토르라는 프랑스 성직자였다. 교령집은 재기 넘치는 편찬물이었다. 공의회나 교황이 반포한 많은 진본 칙령들을 본떠 만든 이 작품에는 클레멘스 1세(91~100년)에서부터 밀티아데스(311~314년)까지, 교황들을 출처로 여기게 만들었던 칙령들과 서한들이 실려 있다. 이러한 초기 문서들은 가장 오래된 교회의 전통과 관행에 의거, 교황의 동의 없이는 어떤 주교도 폐위당하지 않고, 어떠한 종교 회의도 소집되지 않으며, 어떠한 주요 현안도 결정될 수 없다는 것을 보여 주기 위해 계획되었다. 초기 교황들조차 이를 증거로 지상에 있는 그리스도의 대리자로서 절대적이고 보편적인 권위를 주장했다. 교황 실베스테르 1세(314~335년)는 "콘스탄티누스의 기진"을 통해 서유럽 전역에 대한 세속적, 종교적 권한을 받았던 것으로 기록되었다. 그러다 보니 "피핀의 기진"은 도둑맞은 재산에 대한 한낱 불완전한 복구에 지나지 않았다. 그리고 샤를마뉴의 대관식에서 교황이 비잔티움의 종주권을 부정한 것은, 동로마 제국의 창건자 자신으로부터 파생된 권리를 오랜 지체 끝에 재천명한 것이었다. 불행하게도 출처 불명의 많은 문서들은 성 히에로니무스 번역본인 성서를 인용하고 있다. 히에로니무스는 밀티아데스 사망 26년 후에 태어났다. 문서의 위조 여부는 웬만한 학자들이 보기에도 분명한 사실이었겠지만, 9세기와 10세기는 학문 활동이 침체된 시기였다. "교령집"에서 초기 로마 주교들의 것으로 소개한 주장의 대부분이 그 후 교황들의 것이었다는 사실은 비판을 무장 해제시켰다. 그리고 여덟 세기 동안 교황들은 이 문서들을 진품이라고 생각하고, 자신들의 정책을 뒷받침하는 데 사용하였다.*

다행스러운 우연의 일치로 "위조 교령집"이 등장한 것은 역사상 가장 위풍당당한 교황 중 한 명이었던 인물이 선출되기 직전이었다. 니콜라스 1세(858~867년)는 교회의 법률과 전통에 대해 유난히 철저한 교육을 받았고, 몇몇 교황들 옆에서 특출한 참모로 역할함으로써 견습 시절을 거쳐 고위직으로 올라갔다. 그는 의지력에서는 두 그레고리우스 대교황(1세와 7세)에 필적했고, 권리를 주장한 범위와 성취에서는 두 사람을 능가했다. 전제로부터 출발하여 모든 그리스도교도들에게 받아들여진(하느님의 아들이 교회를 세우고 베드로를 그 최초의 머리로 삼으셨던 것과, 로마의 주교들은 베드로의 권한을 직계로 물려받았다는 것) 니콜라스는 지상에 있는 신의 대리자로서 교황이 최소한 신앙과 도덕률의 문제에서는 모든 그리스도교도들(피지배자뿐 아니라 지배자까지 포함하여)의 종주의 권한을 누려야 한다는 합리적인 결론을 도출했다. 니콜라스는 이 단순한 주장을 유창한 언변으로 상세히 설명했고, 라틴 그리스도교 국가들 안에서는 어느 누구도 감히 그 주장을 반박하지 않았다. 왕들과 대주교들은 그가 그 말을 너무 진지하게 여기지 않기를 바랄 뿐이었다.

그러나 그들은 좌절해야 했다. 로렌의 왕이었던 로타르 2세가 왕비인 토이트베르가와 이혼하고 정부(情婦) 발트라다와 결혼하고 싶어 하자, 왕국의 최고위 성직자들은 그의 바람을 허락했다.(862년) 토이트베르가는 니콜라스에게 청원했고, 니콜라스는 메츠로 사절단을 보내 그 문제를 검토하게 했다. 로타르는 사절들을 매수하여 이혼을 확정지었다. 트리어와 콜로뉴의 대주교들은 이 결정을 교황에게 전달했다. 니콜라스는 속임수가 있다는 것을 발견하고 주교들을 파문하였고, 로타르에게 정부를 내보내고 다시 아내를 받아들이라고 명령했다. 로타르는 이를 거절하고 군대를 이끌고 로마로 행군했다. 니콜라스는 48시간 동안 성 베드로 성당에서 금식하며 기도했다. 로타르는 낙담하여 교황의 명령에 굴복했다.

랭스 대주교이자 라틴 유럽에서 교황 자신 다음으로 높은 성직자인 힝크마르는

---

* 1440년 로렌쪼 발라(Lorenzo Valla)가 "위조 교령집"에서 날조된 내용을 매우 결정적으로 폭로하여, 지금은 이 논쟁적 문서들이 위조라는 데 모든 교파가 동의한다.[26]

주교 로타드를 파면했고, 로타드는 니콜라스에게 상고했다.(863년) 사건을 살펴본 니콜라스는 로타드의 복귀를 명했다. 힝크마르가 망설이자, 교황은 그의 지역에 모든 교회의 성사를 중단하는 금지 제재를 가하겠다고 협박했다. 힝크마르는 씩씩대며 항복했다. 니콜라스는 고위 성직자들과 왕들에게 최고의 권위를 지닌 존재로서 서한을 보냈고, 콘스탄티노플의 포티우스만이 감히 그를 부정했다. 후일 전개되는 거의 모든 사례들을 보면 교황이 공정한 편이었다는 것을 알 수 있다. 그리고 도덕성에 대한 그의 엄격한 수호는 타락의 시대를 비추는 등이요, 탑이었다. 그의 사후 교황권의 권력은 과거 어느 때보다 더 널리 인정을 받았다.

4. 그리스 정교회: 566~898년

동방 교회의 총대주교들은 단순한 이유로 로마 주교의 우선적 관할권을 인정하지 못했다. 그들은 오랜 기간 비잔티움 황제에게 종속되어 있으면서, 871년까지도 로마와 그 교황들에 대한 자주성 주장을 멈추지 않았다. 총대주교들은 이따금 황제들을 비판하고, 그에게 불복하고, 심지어 맹비난하기도 했다. 하지만 그들을 임명하고 폐위시키는 사람은 황제였고, 황제는 종교 회의를 소집하고 국법으로 교회 성무를 규제하며 그리스도교 세계의 신학적 견해와 지침을 공표했다. 동방 그리스도교 국가들 내에서 황제의 종교적 독재를 견제할 수 있는 것이라고는 수도사들의 권한과 총대주교의 조언, 그리고 총대주교가 집전하는 대관식에서 황제가 했던 서약(교회에 새로운 것을 도입하지 않겠다는)뿐이었다.

콘스탄티노플(사실상 그리스 동부 전체)에는 이제 서방보다 훨씬 더 많은 수도원과 수녀원들이 군데군데 세워져 있었다. 수도원 열풍은 비잔티움의 몇몇 황제 자신들까지 사로잡았다. 그들은 화려한 궁 한복판에서 금욕주의자처럼 생활하며 매일 미사에 참석하고 절제하여 먹으며 죄를 지을 때만큼이나 부지런히 그 죄를 탄식했다. 황제들과 빈사 직전의 부자들은 독실한 신앙심으로 기부하고 유산을 남겨 수도원들을 넓히고 증가시켰다. 고위층의 남녀들은 죽음의 징조들에 겁을 먹고 수도원에 들어갈 길을 모색하며 환심을 사기 위해 재산을 짊어지고 오기도 하였는데, 그런 재산에는 더 이상 세금을 매기지 않았다. 어떤 이들은 일부 재산의 증서를 수도원에 넘겼고, 그러면 수도원은 그들에게 연금을 지급했다. 많은 수도원들은 존경받는 성인들의 성유물을 소유하고 있다고 주장했다. 사람들은 이 성유물들이 기적을 행하는 힘을 통제할 수 있다는 수도사들의 말을 믿고 동전을 기부하며 투자에 비해 얼토당토않게 많은 이익을 돌려받기를 바랐다. 소수의 수도사들은 게으름이나 성적 유희, 파벌 싸움, 탐욕 등으로 자신들의 종교에 먹칠을 했다. 다수는 평화와 선행에 융화된 삶을 살았다. 전체적으로 수도사들은 대중의 존경과 물질적 부, 그리고 어떠한 황제도 무시할 수 없는 정치적 영향력까지 누렸다. 콘스탄티노플 스투디온 수도원의 수도원장 테오도루스(759~826년)는 수도사의 독실함과 힘을 보여 주는 전형적인 사례였다. 어린 시절 어머니에 의해 교회에 바쳐진 그는 그리스도교적 감성을 너무 완벽히 받아들인 나머지, 어머니가 마지막으로 병에 걸렸을 때 어머니에게 다가오는 죽음과 영광을 찬미했다. 그는 수도사들을 위해 서방의 베네딕트의 것에 비견될 수 있는 노동 및 기도, 순결, 지적 연마에 관한 관례를 작성했다. 테오도루스는 종교적 성상의 이용을 옹호했고, 황제 레오 5세 이전에는 세속의 권력이 그리스도교 문제에 어떠한 심판권을 갖는 것에 대해서도 대담히 반대했다. 그는 이 비타협적 태도 때문에 네 번이나 추방을 당했지만, 유배지에서도 죽을 때까지 우상 파괴자들에 저항했다.

이 시대의 서로 다른 언어와 예배식, 그리고 교리 등으로 라틴 교회와 그리스 정교회는 마치 생물의 종이 공간적으로 떨어진 후 시간과 함께 변화를 겪는 것처럼 점점 더 멀어져 갔다. 비잔티움의 예배식과 제의(祭衣), 그릇, 그리고 장식 등은 서방보다 더 복잡하고 화려하고 정교해졌다. 그리스 정교회의 십자가는 네 팔의 길이가 같다. 그리스 정교회는 서서 기도했고, 라틴 교회는 무릎을

끓었다. 그리스 정교회는 침례에 의한 세례를, 라틴 교회는 살수례(撒水禮)에 의한 세례를 치렀다. 라틴 교회의 신부들은 결혼이 금지되었고, 그리스 정교회 신부들은 허용되었다. 라틴 교회의 신부들은 수염을 밀었고, 그리스 정교회의 신부들은 명상가의 턱수염을 길렀다. 라틴의 성직자들은 정치를, 그리스 정교회의 성직자들은 신학을 전문적으로 다루었다. 무한한 것을 정의하려는 그리스의 열정을 물려받은 동방에서는 거의 항상 이단이 분기했다. 오래전 시리아 바르데사네스의 그노시스주의 이단들과 서쪽으로 이동한 마니교 사상으로부터 660년경 아르메니아에서는 바울파라는 종파가 일어났다. 성 바울의 이름을 차용한 바울파는 구약 성서와 성체, 성상 숭배, 십자가의 상징성 등을 거부했다. 이들 집단과 이론들은 근동 지역을 통해 발칸 반도와 이탈리아, 그리고 프랑스로 빠르게 확산되어 갔다. 그들은 가장 무자비한 박해를 용맹스럽게 견디고 지금도 몰로하니와 할리스토구스토보, 그리고 두호보르파 등에 남아 있다.

그리스도 단의론 논쟁은 일반 백성들보다는 황제들이 더 많이 일으켰다. 의심할 나위 없이 대중들은 그리스 정교와 라틴 그리스도교의 비극적 분립을 유발한 필리오케(filioque) 논쟁에 아무런 책임이 없었다. 니케아 신조는 "성신은 성부에게서 나왔다.(ex patre procedit.)"라고 말했다. 250년 동안은 이것으로 충분했다. 그러나 589년 톨레도에서 열린 종교 회의는 "성부와 성자에게서 나왔다.(ex patre filioque procedit.)"라고 표현을 추가했다. 이렇게 추가된 내용은 갈리아에서 받아들여졌고, 샤를마뉴도 열광하여 채택했다. 그리스 정교회의 신학자들은 성신은 성자로부터 나온 것이 아니라 성자를 통하는 것이라며 항의했다. 교황들은 당분간 참을성 있게 결정을 미루었고, 11세기가 되어서야 "필리오케"는 공식적으로 라틴 신조로 들어갔다.

한편 견해의 대립에 의지의 대립이 더해졌다. 우상 파괴주의자들의 탄압을 피해 달아났던 수도사들 중에는 황제 미카엘 1세의 아들 이그나티우스도 있었다. 840년 황후 테오도라는 그 수도사를 불러들여 총대주교로 삼았다. 그는 독실하고 용감한 남자였다. 이그나티우스는 재상 카이사르 바르다스를 맹비난했다. 바르다스는 아내와 이혼하고 아들의 미망인과 함께 살고 있었다. 바르다스가 근친상간을 계속하자 이그나티우스는 그를 교회에서 제명하였다. 바르다스는 이그나티우스를 추방하고, 당대의 가장 뛰어난 학자를 총대주교의 직에 올렸다.(858년) 포티우스(820?~891년)는 문헌과 웅변술, 과학, 그리고 철학의 거장이었다. 콘스탄티노플 학교에 개설된 그의 강의에는 열성적인 학생들이 모여들었고, 그는 학생들에게 자신의 도서관과 집을 개방했다. 총대주교의 직에 오르기 직전 그는 백과사전 같은 책 『미리오비블리온(*Myriobiblion*)』을 완성했다. 280개 장으로 이루어진 이 책은 각 장마다 중요한 책을 한 권씩 검토하고 발췌했다. 이 표본집을 통해 고전 문학의 많은 구절들이 보전되었다. 그는 폭넓은 교양 덕에 일반 대중들의 광신을 초월해 있었다. 대중은 그가 크레타 섬의 왕과 그토록 좋은 관계로 남아 있는 것을 이해하지 못했다. 그가 평신도에서 총대주교로 수직 상승하자 콘스탄티노플의 성직자들은 불쾌해 했다. 이그나티우스는 사임을 거부하고 로마 주교에게 청원했다. 니콜라스 1세는 콘스탄티노플에 사절을 보내 사건을 조사했다. 그리고 황제 미카엘 3세와 포티우스에게 서한을 보내, 어떠한 중대한 순간에도 그리스도교 국가 내의 종교적 문제가 교황의 동의 없이 결정되어서는 안 된다는 원칙을 정하였다. 황제는 종교 회의를 소집하여 포티우스의 임명을 재가했고, 교황의 사절단도 이를 확정짓는 데 동참했다. 사절단이 로마로 돌아오자 니콜라스는 그들이 지시받은 범위를 넘어선 행동을 했다는 이유로 내쫓았다. 그는 황제에게 이그나티우스를 복귀시키라고 명령했고, 황제가 자신의 명령을 무시하자 포티우스를 파문했다.(863년) 바르다스는 군대를 파견하여 니콜라스를 퇴위시키겠다고 위협했다. 교황은 웅변적인 어조로 답장을 보내, 황제가 약탈적인 슬라브와 사라센인들에게 굴복했다며 경멸적으로 꼬집었다.

우리는 크레타 섬을 침략하지 않았다. 우리는 시칠리아의 주민들을 몰아내지 않았다. 우리는 그리스를 정복하지 않았다. 우리는 콘스탄티노플 근교의 교회들을 불사르지 않았다. 그러나 이러한 이교도들이 활개 치며 (그대들의 영토를) 침략하고 불사르고 초토화하는 동안, 우리 가톨릭 그리스도교도들은 그대들의 무기에 대한 헛된 두려움으로 위협받는다. 그대들은 바라바들을 풀어 주고 그리스도를 죽이고 있다.[27]

포티우스와 황제는 한 번 더 종교 회의를 소집하여 교황을 파문하고(867년), 로마 교회의 "이설들", 즉 그중에서도 성부와 성자로부터 성신이 나왔다는 주장과 사제다운 턱수염을 면도하는 것, 성직자의 금욕 생활을 강화하는 것 등을 맹비난했다. 포티우스는 말했다. "이런 관습 때문에 서방의 많은 아이들은 그들의 아버지를 알아보지 못한다."

그리스의 전령들이 이런 기분 좋은 소식을 로마로 가지고 가는 동안, 상황은 바실리우스 1세의 취임으로 급변했다.(867년) 바실리우스는 카이사르 바르다스를 살해하고 미카엘 3세의 암살을 진두지휘한 인물이었다. 포티우스는 새로운 황제를 살인자라며 비난하고, 그에게 성례식을 베풀기를 거부했다. 바실리우스는 종교 회의를 소집했고, 회의는 고분고분하게 포티우스를 폐위시키고 모욕하며 추방하는 한편, 이그나티우스를 복권시켰다. 하지만 이내 이그나티우스가 죽자 바실리우스는 포티우스를 다시 불러들였다. 종교 회의는 그를 총대주교로 복귀시켰고, (니콜라스 1세가 죽었으므로) 교황 요한 8세가 이를 인준했다. 동방과 서방의 분립은 그 주역의 죽음으로 잠시 유예되었다.

5. 그리스도교의 유럽 정복: 529~1054년

이 시대 종교사에서 가장 중대한 사건은 그리스 정교와 라틴 교회의 다툼이 아니라, 동방과 서방 모두에서 그리스도교에 도전하는 이슬람의 발흥이었다. 그리스도교가 이교 제국과 이단들에 대해 좀처럼 승리를 굳히지 못하는 동안,

가장 열렬히 신봉하던 지역들은 그리스도교 신학과 윤리학을 모두 경멸하던 종교에 의해 깜짝 놀랄 정도로 쉽게 찢겨져 나갔다. 이슬람의 관용 덕에 안티오크와 예루살렘, 알렉산드리아 등의 주교구에는 아직 총대주교가 자리를 지켰다. 하지만 그리스도교의 영광은 그러한 지역들을 떠나 있었고, 그들 지역에 남은 그리스도교는 이단적이거나 국수주의적인 믿음들이었다. 아르메니아와 시리아, 그리고 이집트는 콘스탄티노플이나 로마로부터 상당히 독립적으로 교회 체계를 건립해 둔 상태였다. 그리스는 그리스도교 안에 머물렀다. 이곳의 수도사들은 철학자들에게 승리했고, 961년 아토스 산에 건립된 대수도원 홀리 라브라(Holy Lavra)는 파르테논 신전의 웅장함에 필적할 정도였는데, 파르테논 역시 그리스도교 교회로 전용된 바 있었다. 아프리카에는 9세기까지도 여전히 그리스도교도들이 많이 존재했지만 이들은 이슬람의 지배라는 장애물 앞에서 급속도로 약화되었다. 711년 스페인의 대부분은 이슬람으로 넘어갔다. 아시아와 아프리카에서 패배한 그리스도교는 북쪽으로 방향을 틀어 유럽 정복을 재개했다.

사라센인들로부터 용맹하게, 그러나 간신히 살아남은 이탈리아는 그리스 정교와 라틴 교회 형태로 분리되었다. 거의 그 경계선 위에 몬테 카시노가 있었다. 수도원장 데시데리우스가 장기간 지배(1058~1087년)하는 동안, 수도원은 그 명성의 정점에 도달했다. 그는 콘스탄티노플에서 두 개의 아름다운 청동 문짝을 가져왔을 뿐 아니라 금속, 상아, 나무 등을 다루는 예술적 수완과 모자이크와 에나멜로 내부를 장식할 공예가들도 들여왔다. 수도원은 거의 학교가 되어 문법 및 고전과 더불어 그리스도교 문학, 신학, 의학, 법학 등의 강좌를 두고 있었다. 비잔티움의 본보기를 따라 수도사들은 이례적으로 아름다운 채색 원고들을 만들었고, 이교 로마의 고전들을 아름답게 수기 필사했다. 어떤 고전 작품들은 그렇게 필사된 원고로만 보존되었다. 교황 보니파키우스 4세와 그 후계자들의 지배하에 있던 로마 교회는 이교 사원들을 계속 붕괴시키기보다, 그것들을 다시 축성하여 그리스도교의 것으로 이용하고 관리했다. 파르테논 신전은 성모 마리아와 모든 순교자들에게 봉헌되었고(609년), 야누스 신전은 성 디오니시오스 성당이, 사투르누스 신전은 구세주 교회가 되었다. 레오 4세(847~855년)는 성 베드로 성당을 새로 고치고 장식했다. 그리고 교황의 지위가 성장하고 순례자들이 찾아오면서 교회 건물들 주변에는 여러 언어 집단으로 이루어진 교외 도시가 발달하였는데, 도시는 고대 바티칸 언덕으로부터 자신의 이름을 차용했다.

프랑스는 이제 라틴 교회가 가진 가장 부유한 나라였다. 축첩과 살인을 즐기다가 돈으로 천국을 살 수 있다고 생각한 메로빙거 왕조의 왕들은 주교들에게 땅과 세입을 쏟아부었다. 여느 곳에서처럼 이곳에서도 교회는 참회하는 부호들과 독실한 상속녀들의 유산을 물려받았다. 그러한 유증을 금지한 힐페리크의 조치는 군트람에 의해 곧 무효화되었다. 역사가 던지는 농담을 살펴보면, 갈리아의 성직자들은 거의 전부 갈로 로만(Gallo-Roman), 즉 로마화한 켈트인 출신이었다. 개종한 프랑크족은 자신들이 한때 정복했던 이들의 발밑에 무릎을 꿇었고, 전쟁으로 훔친 땅을 종교적 기부의 행위로 돌려주었다.[28] 성직자는 갈리아에서 가장 능력 있고 가장 학식 높으며 부도덕한 요소는 가장 적었다. 읽기와 쓰기는 거의 그들의 전유물이었다. 또한 일부 성직자 몇몇은 추문을 달고 다녔지만, 대부분은 왕과 귀족들의 탐욕과 전쟁으로 고통을 받는 대중에게 충직하게 교육과 도덕률을 제시했다. 주교는 그들 교구 내에서 종교적으로나 세속적으로나 최고의 권위자였다. 그리고 주교 재판소는 비종교적 문제들에서조차 소송 당사자들이 선호하는 수단이었다. 어디에서나 그들은 고아와 과부, 극빈자, 그리고 노예들을 보호했다. 많은 교구들에서 교회는 병원을 세웠다. 그중 "오텔디외(hôtel-Dieu, 하느님의 숙소)"는 651년 파리에서 문을 열었다. 6세기 후반 파리 주교였던 생제르맹은 노예 해방을 위한 재정 확보 활동(과 사비 지출)으로 유럽 전역에 이름을 알렸다. 마인츠의 주교 시도니우스는 라인 강에 제방을 쌓았다. 낭트의 주교 펠릭스는 루아르 강의 흐름을 곧게 바로잡았다. 카오르의 주교 디디에는 송수로를 건설했다. 리옹의 대주교 성 아고바르(779~840년)

는 종교의 모델이자 미신의 적이었다. 그는 결투나 시련에 의한 재판과 성상 숭배, 폭풍에 대한 주술적 해석, 그리고 마녀의 고발과 관련된 잘못된 생각 등을 비난했다. 그는 "그 시대의 가장 냉철한 두뇌"였다.[29] 랭스의 귀족이자 고위 성직자였던 힝크마르(845~882년)는 많은 종교 회의를 주재하고, 66권의 책을 저술하였으며, 대머리 왕 샤를의 재상으로 봉직했고, 프랑스에 신권 정치를 거의 확립했다.

각 나라마다 그리스도교는 그 나라의 기질을 덧입었다. 아일랜드에서 그리스도교는 신비주의적이고 감성적이며 개인주의적이고 열정적으로 되었다. 켈트족의 사납고 부드러운 상상력과 시, 우화를 택했다. 사제들은 드루이드교의 마법적 힘들과 음유 시인들의 신화를 물려받았다. 부족 집단은 원심력으로 느슨해진 교회 구조를 선호했고, 거의 모든 지역마다 독립적인 "주교"가 존재했다. 주교와 사제들보다 더 많고 더 영향력이 센 사람들은 수도사들이었다. 이들은 열두 명을 넘기지 않는 수로 무리를 이루어 섬 전역에 반쯤은 고립적이고 대개 자치적으로 운영되는 수도원들을 형성했고, 교황을 교회의 수장으로 인정하였지만 어떠한 외부의 통제에도 복종하지 않았다. 초기 수도사들은 독립된 수도실에서 생활하며 엄숙한 금욕주의를 수련하고 오직 기도할 때에만 서로 만났다. 후대, 즉 "아일랜드 성인들의 제2교단"은 이 이집트적 전통에서 갈라져 나와 함께 공부하고, 그리스어를 배우며, 원고를 필사하고, 성직자와 평신도들을 위한 학교를 설립했다. 6세기와 7세기의 아일랜드 학교는 유명하고 경외할 만한 성인들을 연달아 배출했는데, 이들은 스코틀랜드와 잉글랜드, 갈리아, 독일, 이탈리아로 건너가 캄캄했던 그리스도교에 교육을 제공하고 새로운 활력을 불어넣었다. 850년경 한 프랑크인은 이렇게 썼다. "거의 전 아일랜드가 철학자 부대와 더불어 떼를 지어 우리 해안으로 왔다."[30] 게르만족이 갈리아와 브리튼 섬을 침략하여 그곳의 학자들이 아일랜드로 몰려들었던 것처럼, 파도는 다시 휩쓸려 가고 빚은 상환되었다. 아일랜드 선교사들은 승승장구하는 잉글랜드의 이교 데인족과 노르웨이인들, 앵글족과 색슨족 안으로, 문맹에 야만스러운 갈리아와 독일의 그리스도교도들 사이로, 한 손에는 성서를, 다른 한 손에는 고전 원고들을 들고 뛰어들었다. 그리고 잠시 동안은 그들이 무력으로 잃었던 땅들을 그리스도교를 통해 되찾는 것처럼 보였다. 암흑 시대에 아일랜드의 정신은 가장 강렬한 빛으로 반짝였다.

이들 선교사 중 가장 위대한 인물은 성 콜룸바였다. 콜룸바는 그의 제자였던 이오나의 아담난이 저술한 전기(679년경)를 통해 잘 알려져 있다. 콜룸바는 521년 도네갈에서 왕족으로 태어났다. 부처처럼 그도 왕이 될 수 있었던 성인이었다. 모빌의 학교에서 그는 매우 헌신적으로 공부하였는데, 그를 가르치던 교사가 그를 콜룸브킬레(Columbkille), 즉 교회의 기둥(Column of the Church)이라고 부를 정도였다. 25세의 나이로 그는 많은 교회와 수도원들을 설립했는데, 그중 가장 유명한 곳은 데리와 더로, 그리고 켈스였다. 하지만 그는 성인인 동시에 투사이고, "건장한 골격과 우렁찬 목소리를 지닌 사람"이었다.[31] 그는 급한 성격 때문에 많은 다툼을 일으켰고, 종국에는 디어미드 왕과의 전쟁에 휘말렸다. 한 전투에서는 5000명의 병사가 죽었다고 한다. 콜룸바는 승리를 거두었음에도 불구하고 아일랜드에서 피신하여(563년), 쿨드레브나의 교전에서 쓰러진 영혼만큼의 사람들을 개종시키기로 결심했다. 그는 스코틀랜드 서부 해안에서 떨어진 섬 이오나에 중세에서 가장 위대한 수도원 중 하나를 건립했다. 그 뒤로 그와 그의 제자들은 헤브리디스 제도와 스코틀랜드, 그리고 북부 잉글랜드로 복음을 전파했다. 그리고 수천 명의 이교도들을 개종하고 300권의 "고귀한 책들"을 채색한 후, 78세의 나이로 그곳의 제단에서 기도하며 눈을 감았다.

그와 이름도, 정신도 비슷했던 인물로 성 콜룸반이 있었다. 543년경 렌스터에서 태어난 그가 역사 속에 등장한 것은 그의 나이 서른두 살에 프랑스 보주 산맥에 수도원들을 설립하면서부터이다. 그는 뤽세이유에서 수련 수사들을 지도했다.

매일 금식하고, 매일 기도하며, 매일 노동하고, 매일 낭독하여야 한다. 수도사는 한 아버지의 규율 아래에서, 그리고 여러 교우들과의 관계 안에서 생활해야, 한편에서 겸손을 배우고, 또 한편에서 인내를 배우며, 다른 한편에서 침묵을 배우고, 또 다른 한편에서 온화함을 배운다. …… 피곤한 몸으로 잠자리에 들어야 잠을 이룰 수 있다.[32]

벌은 가혹했고 대개 태형이었는데, 찬송가를 시작할 때 기침을 하거나, 미사를 올리기 전에 손톱 손질을 게을리하거나, 예배 중 웃음을 짓거나, 성찬식 중 성배에 이를 부딪는 행위 등에 채찍 6대를 맞았다. 식사 전 감사 기도를 잊으면 12대, 기도회에 늦으면 50대, 분쟁을 일으키면 100대, 여성과 친밀하게 대화하면 200대였다.[33] 이렇게 공포가 지배하는 가운데에서도 수련자들은 늘 가득했다. 뤽세이유에는 60명의 수도사가 있었는데 많은 이들이 부유한 가문 출신이었다. 주식은 빵과 채소, 물이었다. 이들은 숲을 개간하고 밭을 갈았고, 씨앗을 심고 작물을 수확했으며, 금식하고 기도했다. 이곳에서 콜룸반은 "끊임없는 기도"를 확립했다. 밤낮으로, 수도사들이 돌아가며 암송하는 호칭 기도는 예수와 마리아, 그리고 성인들에게 닿기 위한 것이었다.[34] 뤽세이유 같은 1000여 곳의 수도원들은 중세 시대에 깊이 스며 있는 요소들이다.

이러한 규율을 형성할 만큼 엄격하던 기질은 다른 견해와의 타협을 허락하지 않았다. 그 때문에 논쟁을 금했던 콜룸반 자신은 주교들(그는 주교들의 권위를 무시했다.)과 세속의 공직자들(그는 이들의 간섭을 뿌리쳤다.), 심지어는 교황들과도 거듭되는 다툼에 직면했다. 아일랜드 사람들은 초기 교회가 축일로 삼았다가 343년에 폐기했던 계산법에 따라 부활절을 기념했기 때문이다. 그로 인하여 갈리아 성직자들과 충돌을 일으키던 이들은 그레고리우스 대교황에게 청원했다. 콜룸반은 교황의 지시를 거부하며 이렇게 말했다. "아일랜드인들은 당신들 로마인들보다 더 뛰어난 천문학자들이다." 그리고 그레고리우스에게 아일랜드의 계산법을 받아들이든, 아니면 "서방의 교회들에게 이단으로 치부되고 경멸당하며 버려지든" 하라고 주문했다.[35] 이 반항적인 아일랜드인은 브륀힐트 여왕의 부정을 비난했다는 이유로 갈리아에서 추방당했다.(609년) 그는 아일랜드 행 선박에 강제로 태워졌다. 배는 프랑스로 돌아왔다. 콜룸반은 금지된 땅을 횡단하며 바이에른의 이교도들에게 설교했다. 그는 그 자신의 규율과 경력이 보여 주었던 것처럼 무서운 사람은 아니었던 것 같다. 다람쥐들도 대담하게 그의 어깨에 앉아 고깔 안팎으로 뛰어다녔다고 한다.[36] 그는 동료 아일랜드인에게 보덴 호수에 생갈 수도원을 건설하게 하고(613년), 자신은 성 고타르드 고개를 고통스럽게 넘어 613년 롬바르디아의 보비오에 수도원을 설립했다. 그리고 2년 후 그곳의 독실에서 금욕 생활을 하던 중 눈을 감았다.

테르툴리아누스는 208년 브리튼 섬에 있던 그리스도교도들에 대해 언급했다. 베다는 디오클레티아누스의 박해로 죽은 성 알바누스를 거론했다. 영국의 주교들은 사르디카 공의회에 참석했다.(347년) 오세르의 주교 게르마누스는 429년 브리튼 섬으로 건너가 펠라기우스주의 이단을 진압했다.[37] 맘스베리의 윌리엄은, 주교가 아마도 나중에 다시 찾아가 영국의 개종자들에게 "할렐루야!"라고 외치게 함으로써 작센의 군대를 움직이게 했던 것이라고 주장한다.[38] 이 격렬한 상황 속에서 영국의 그리스도교는 앵글로색슨 침략 중 시들고 거의 생명이 꺼졌다. 그리스도교에 관한 기록을 다시 접할 수 있는 것은 6세기 말, 콜룸바의 제자들이 노섬벌랜드로 들어가고, 아우구스티누스가 다른 일곱 명의 수도사들과 함께 로마를 떠나 잉글랜드에 도달했을 때부터이다. 의심할 바 없이 교황 그레고리우스는 켄트의 이교도 왕 에셀버트가 그리스도교도인 메로빙거 왕가의 공주 베르타와 결혼했다는 것을 알게 되었다. 에셀버트는 아우구스티누스의 말을 정중히 경청했고, 여전히 확신을 갖지 못했지만 그에게 설교의 자유를 주었으며, 그와 동료 수도사들에게 먹을 것과 캔터베리의 숙소를 제공했다. 결국 599년, 왕비는 왕이 새로운 종교를 받아들이게 만들었다. 많은 백성들이 그들의 본보기를 뒤따랐다. 601년 그레고리우스는 아우구스티누스에게 영대(領帶)를 보냈다. 아우구스티누스는 성공한 대주교들의 눈부신 계보가 이어질 캔터베리의 첫 번째 대주교가 되었다. 그레고리우스는 잉글랜드의 끈질긴 이교도적 관습에 관대했다. 그는 오랜 신전들에 새 이름을 주어 교회에 속하게 하는 것을 허락했고, 신들에게 황소를 제물로 바치는 관습을 조금씩 "소들을 죽여, 죽은 소들이 하느님에 대한 찬양으로 다시 태어나는 것"으로 바꾸어가도록 허용했다.[39] 그리하여 잉글랜드인들은 단지 신을 찬양하며 소고기를 먹던 것에서 소고기를 먹으며 신을 찬양하는 것으로 바꾸었을 뿐이다.

또 다른 이탈리아 선교사 파울리누스는 노섬벌랜드에 그리스도교를 전파했다.(627년) 노섬벌랜드의 왕 오스왈드는 이오나의 수도사들을 초대하여 자신의 백성들에게 설교하게 했다. 그리고 그들의 일을 돕기 위해 동부 해변에서 멀리 떨어진 린디스판 섬을 그들에게 주었다. 성 아이단은 그곳에 수도원을 건설하고, 헌신적인 선교와 화려한 채색 원고들로 그 이름을 드높였다. 이곳과 멜로즈 수도원에서 성 커스버트(635?~687년)는 인내심과 신앙심, 뛰어난 양식과 유머로 자애로운 기억들을 남겼다. 그런 신성한 인물들은, 그리고 되풀이되는 전쟁의 와중에 그들이 누렸을 평화와 안정은 많은 개종자들을 이제 일어서기 시작한 잉글랜드의 수도원과 수녀원들로 이끌었다. 이따금 범인(凡人)들의 길로 일탈하기는 하였지만, 수도사들은 숲과 밭에서의 노동을 통해 작업에 존엄성을 부여했다. 프랑스와 독일에서처럼 이곳에서도 수도사들은 습지와 밀림뿐 아니라 문맹과 폭력, 색욕, 주취, 그리고 탐욕 등에 맞서 문명의 진보를 이끌었다. 베다는 수도원으로 들어가는 잉글랜드인들이 너무 많다고 생각했다. 그리고 귀족들이 수도원을 너무 많이 세우고 그곳으로 재산을 이전하여 세금을 피한다고 생각했다. 그리고 토지 세금을 면제받는 교회가 잉글랜드에서 너무 많은 땅을 흡수하고 있다고 여겼다. 그는 잉글랜드가 침략당할 경우 영토를 지킬 병사들이 거의 남아 있지 않다고 경고했다.[40] 곧 덴마크인들이, 그리고 이어서 노르만족이 이 노련한 수도사의 지혜를 입증해 주었다.

평화로운 수도원에도 갈등이 찾아들어, 로마의 의식과 역법을 따르던 남부 잉글랜드는 북부 아일랜드 수도사들과 역법, 그리고 예배식 등을 접하고 충돌했다. 휘트비 교회 회의(664년)에서 성 윌프리드의 능변은 이 문제를(엄밀히 말하자면 부활절로 적절한 날을) 로마에 유리하게 결정지었다. 아일랜드 선교사들은 체념하여 그 결정에 따랐다. 통일된 영국 교회는 경제적, 정치적 권력을 얻었고, 사람들을 교화하고 나라를 지배하는 데 주도적인 역할을 맡게 되었다.

그리스도교는 아일랜드와 잉글랜드 수도사들의 재주로 독일로 건너갔다. 690년, 아일랜드에서 수학하던 노섬브리아의 수도사 빌리브로드는 모험심 강한 열두 명의 측근들과 함께 북해를 건너 위트레흐트에 자신의 주교좌를 정하고, 프리지아인들을 개종하기 위해 40년 동안 노력했다. 그러나 이들 현실적인 저지인은 빌리브로드에게서 그의 보호자 청년 왕 피핀을 보고, 개종을 하면 프랑크 왕국에 속하게 될 것을 두려워했다. 게다가 세례를 받지 않은 조상들이 모두 지옥에 있다는 말을 듣는 것도 유쾌한 일이 아니었다. 세례를 받기 직전에 이 말을 들은 한 프리지아의 왕은 세례 받기를 거부하며 자신은 조상들과 영원히 함께하겠다고 말했다.[41]

716년 빌리브로드보다 더 강한 한 남자가 개종 활동을 다시 시작했다. 잉글랜드의 귀족이자 베네딕트회 수도사였던 윈프리드(680?~754년)는 교황 그레고리우스 2세로부터 보니파키우스라는 이름을, 독실한 후대인들로부터 "독일의 사도"라는 별칭을 얻었다. 헤센 인근 프리츨라 근처에서 그는 한 신의 발원지로 숭배받는 오크 나무를 발견했다. 그는 그 나무를 베어 넘어뜨렸다. 그렇게 하고도 그가 죽지 않자, 이에 놀란 주민들은 우르르 몰려와 세례를 받았다. 큰 수도원들이 라이헤나우(724년)와 풀다(744년), 그리고 로르슈(763년)에 설립되었다. 748년 보니파키우스는 마인츠의 대주교가 되었다. 그는 주교들을 임명하고 독일 교회를 도덕적, 경제적, 정치적 질서를 위한 강력한 엔진으로 체계화했다. 헤센과 튀링겐에서 사명을 다한 그는 순교로서 일생을 완성하기 위해 자랑스러운 주교직을 포기하고 프리지아로 들어갔으며, 그곳에서 빌리브로드가 남긴 과업을 완수하기로 결심했다. 그는 일 년 동안 전도를 위해 애쓰다가 이교도들의 공격을 받아 살해당했다. 한 세대 후 샤를마뉴는 불과 검으로서 작센에 그리스도교를 전파했다. 완강한 프리지아인들도 이제 무릎을 꿇을 때라고 생각했다. 그렇게 로마 그리스도교는 로마 정복자들에 대한 정복을 완수했다.

유럽에서 종교가 거둔 최후의 승리는 슬라브족의 개종이었다. 861년 모라비아의 로스티슬라프 왕자는 예배식에서 토착어를 무시하는 라틴 그리스도교가 자신의 영토에 등장했다는 것을 알아채고, 비잔티움에 토속어로 설교하고 기도하는 선교사들을 요청했다. 황제는 그에게 두 수사, 메토디우스와 키릴로스를 보냈다. 이들은 살로니카에서 자라 슬라브 말을 자유자재로 구사하였다. 그들은 환영받지만, 슬라브족에게는 아직 그들의 언어를 글로 온전히 표현할 문자가 없다는 것을 깨달았다. 극소수의 슬라브인들만이 그리스어와 라틴어 문자를 이용하여 자신들의 언어를 표현했다. 이에 키릴로스는 9세기경 그리스 용법에 따른 그리스 문자(B는 V로, H는 I[영어의 E]로, chi는 스코틀랜드식 ch로 발음되는)를 채택하여 슬라브 문자를 발명했다. 그리고 그리스 문자로 표현할 수 없는 슬라브어의 음들을 위해 독창적인 문자들을 고안했다. 이 문자로 칠십인역(七十人譯) 그리스어 구약 성서와 그리스 전례서를 슬라브어로 번역함으로써 키릴로스는 새로운 문자와 새로운 문학의 시대를 열었다.

그리스 정교회와 라틴 교회 사이에서 슬라브 왕국들을 점령하려는 다툼이 뒤따랐다. 교황 니콜라스 1세는 키릴로스와 메토디우스를 로마로 초대했다. 키릴로스는 그곳에서 수도 서원을 한 후 병사했다.(869년) 메토디우스는 교황 서임을 받은 대주교가 되어 모라비아로 돌아갔다. 교황 요한 8세는 슬라브식 예배를 허락했지만, 스테파노 5세는 이를 금지했다. 모라비아와 보헤미아, 그리고 슬로바키아(이 세 나라가 구 체코슬로바키아였다.)와 함께 후일 헝가리와 폴란드까지 라틴 교회 밑으로 들어가 그에 따른 의식을 치르게 되었다. 반편 불가리아와 세르비아, 그리고 러시아는 슬라브 예배식과 문자를 수용하고 그리스 정교회에 헌신하였으며 비잔티움의 문화를 받아들였다. 이러한 종교적 변화에는 정치적인 계산이 영향을 미쳤다. 독일인들의 개종은 그들을 프랑크족의 영토 안으로 확고하게 통합하려는 목적이었다. 국왕 하랄 블로탄은 황제 오토 2세가 평화를 약속하며 요구했던 대가의 일환으로 덴마크에 그리스도교를 들여왔다.(974년) 불가리아의 보리스는 교황권의 환심을 사려다 팽창하는 독일로부터 보호받기 위해 그리스 교회로 건너갔다.(864년) 그리고 블라디미르 1세는 러시아를 그리스도교 국가로 만들어(988년) 비잔티움 황제 바실리우스 2세의 누이와 결혼 승낙을 얻고, 크림 반도 일부까지 신부의 지참금으로 손에 넣었다.[42] 러시아 교회는 2세기 동안 콘스탄티노플의 총대주교를 인정했다. 13세기가 되면서 러시아 교회는 독립을 선언했고 동로마 제국이 몰락한 후(1453년) 그리스 정교 내에서 지배적인 세력이 되었다.

이 유럽 그리스도교 점령지에서 승리한 병사는 수도사요, 종군 간호사는 수녀들이었다. 수도사들은 소농의 개척자들을 도와 황무지를 경작하고, 숲과 덤불을 개간했으며, 습지의 물을 빼고 개울에 다리를 놓고 길을 다듬었다. 제조업의 중심지를 조직하고 학교와 구호 단체도 만들었다. 그들은 원고를 필사하고 소소한 장서들을 수집했다. 자신들의 전통이나 관습, 의식 또는 가정들로부터 뿌리째 뽑혀 갈팡질팡하는 사람들에게 도덕적 질서와 용기, 위안을 주었다. 아니안의 베네딕트도 수도사들과 함께 노동하고 땅을 파고 작물을 수확했다. 그리고 수도사 테오둘프는 랭스 부근에서 22년 동안 충직하게 쟁기질을 하여, 그가 죽고 난 후에도 쟁기는 숭배의 대상으로 보존되었다.

초인적인 선행과 헌신, 그리고 활기로 지고한 경지에 올라선 수도사와 수녀들은, 시시때때로 인간의 본성으로 복귀했고, 거의 매 세기마다 수도원 개혁 운동을 벌여 그들을 다시 비정상적일 정도로 드높은 규율에 맞추어 끌어올려야 했다. 일부 수도사들은 지나가는 분위기에 휩쓸려 입문하고 수도 생활에 몰두하였지만, 황홀감이 시들해진 후에는 기율에 적응하지 못했다. 어떤 이들은 봉헌 회원으로 일곱 살 남짓한 어린 시절에 부모 손에 이끌려 들어와 수도 서원을 했는데, 그중에는 아기일 때 요람에 쌓여 들어온 이들도 있었다. 그리고 이러한 대리 서원은 되돌릴 수 없는 것이었는데, 1179년 교황 칙령을 통해 열네 살이 되면 무효 선언을 할 수 있도록 허용되었다.[43] 817년 프랑스 수도원들의 해이한 규율에 충격을 받은 경건 왕 루도비쿠스는 아헨에서 수도원장들과 수도사들이 참석하는 전국 회의를 소집하고, 영토 안의 모든 수도원에 누르시아의 성 베네딕트의 규율을 재확립할 것을 아니안의 베네딕트에게 주문했다. 아니안의 베네딕트는 힘껏 노력했지만 821년에 눈을 감았고 프랑크 제국은 곧 왕들의 전쟁으로 혼란에 빠졌다. 그리고 노르만과 마자르, 사라센인들이 수도원 수백여 곳을 습격하여 약탈했다. 수도사들은 정처 없이 세속을 떠돌았다. 대대적인 파괴의 물결이 밀려간 뒤 돌아온 수도사들은 세속의 생활 방식들을 들여왔다. 봉건 영주들은 수도원을 장악하고 수도원장을 임명했으며 수도원의 수입을 전용했다. 900년경 서방의 수도원들은 라틴 유럽의 거의 모든 기관들처럼 중세 역사상 가장 밑바닥으로 가라앉아 있었다. 클뤼니의 성 오도(942년 사망)는 이렇게 말했다. 세속과 성직을 막론하고 일부 수도사들은 "성모의 아들을 무시하여 바로 그분의 궁 안에서, 그 울타리 안에서, 안전하게 순결을 지키기 위해 신자들이 헌신적으로 지었던 바로 그 숙소에서 간음했다. 그들의 욕정이 넘쳐흘러 마리아가 아기 예수를 누일 공간조차 없었다."[44] 대대적인 수도원 개혁이 시작된 곳은 바로 클뤼니 수도원이었다.

910년경 열두 명의 수도사들은 부르군트의 언덕에, 독일과 프랑스가 거의 경계를 이루던 곳에 수도원을 건설했다. 927년 수도원장 오도는 도덕적으로는 더 엄격하지만 육체적으로는 관대하게 규율을 개정했다. 금욕주의는 거부하고 목욕은 권장했다. 식사는 넉넉히 했고 맥주와 포도주도 허용했다. 그러나 오랜 청빈과 순종, 순결의 서약은 끊임없이 강화되었다. 비슷한 관행이 프랑스의 다른 곳에서도 시작되었다. 하지만 그때까지 각각의 수도원들은 스스로에게 무법적 법을 적용하거나, 지역 주교나 영주에게 느슨하게 종속되어 있었던 반면,

클뤼니 수도원과 연합한 새로운 베네딕트회 수도원들은 클뤼니의 수도원장과 교황에게 모두 속한 소수도원 원장들의 지도를 받았다. 클뤼니의 수도원장을 역임한 마욜로(954~994년)와 오딜로(994~1049년), 그리고 후고(1049~1109년) 밑에서 수도원 입회 운동은 프랑스로부터 잉글랜드와 독일, 폴란드, 헝가리, 이탈리아, 그리고 스페인으로 퍼져 나갔다. 많은 오래된 수도원들이 "클뤼니의 신도"로 동참했다. 1100년경 약 2000여 명의 "소(小)수도원 원장들"이 클뤼니를 자신의 어머니이자 지배자로 인정했다. 그렇게 조직된 권력은 국가의 간섭과 주교의 감독에서 벗어나 있어, 교황권이 세속의 교회 체계를 통제할 새로운 무기가 되었다. 동시에 수도사들이 직접 주도하는 용감한 수도원 개혁도 가능하게 했다. 무질서와 나태함, 사치, 부도덕, 성직 매매 등은 단호한 규율 앞에 놓였다. 그리고 이탈리아에서는 프랑스 수도사 오도가 이탈리아로 초대되어 몬테 카시노를 개혁하는 기이한 광경이 벌어졌다.[45]

6. 바닥에 떨어진 교황권: 867~1049년

개혁은 마지막으로 로마에 도달했다. 도시민들은 항상 다루기 어려웠다. 제국의 독수리가 그 발톱으로 무력을 휘두를 때조차 그러했다. 오직 힘없는 민병대와 자리의 위엄, 그리고 칙령의 공포로만 무장한 교황들은 이제 질투심 많은 귀족들과 베드로의 권좌와 가까워 신앙이 고통스러운 시민들의 포로였다. 로마인들은 너무 자존심이 강해 왕들에게 감동을 느끼지 못했고, 너무 익숙해서 교황들에게 경외감을 갖지 못했다. 그들은 그리스도의 대리자들에게서 자신들처럼 병과 오류, 죄, 그리고 패배로부터 자유롭지 못한 인간을 목격했다. 그리고 교황권을 질서의 요새이자 구원의 탑으로서가 아니라, 유럽의 돈으로 로마에 구호품을 제공하는 매개 집단쯤으로 보게 됐다. 교회의 전통에 따라 모든 교황은 로마 성직자와 귀족, 그리고 시민들의 동의가 있어야만 선출될 수 있었다.

스폴레토와 베네벤토, 나폴리, 그리고 투스카니의 통치자들과 로마의 귀족들은 옛날과 같이 파벌로 나뉘었다. 어느 쪽이든 도시 안에서 우세한 힘을 잡으면 교황을 선택하고 흔들 음모를 꾸몄다. 그들 사이에서 10세기의 시민들은 역사상 가장 낮은 밑바닥으로 교황권을 끌고 갔다.

878년 스폴레토의 공작 람베르트는 군대를 이끌고 로마로 들어가 교황 요한 8세를 체포한 후, 카를로만이 제위에 오르는 데 유리하도록 그를 굶겨 죽이려 하였다. 897년 교황 스테파노 6세는 교황 포르모수스(891~896년)의 시체를 파내 자주색 법복을 입히고, 종교 회의 앞에서 특정 교회법들을 위반한 죄로 재판했다. 시체는 유죄를 선고받고 옷이 벗겨져 훼손당한 후 테베레 강에 던져졌다.⁴⁶ 같은 해 로마에서 발발한 정치 혁명으로 스테파노는 자리에서 쫓겨나 교도소에서 교살당했다.⁴⁷ 그 후 몇 년 동안 교황의 자리는 뇌물이나 살인 또는 도덕성 낮은 상류층 여자들의 청탁 등으로 채워졌다. 반세기 동안 교황궁의 최고 실력자였던 테오필락투스 가문은 마음대로 교황을 세우고 끌어내렸다. 그의 딸 마로치아는 자신의 정부(情夫)를 교황 세르기우스 3세(904~911년)로 선출되게 했다.⁴⁸ 테오필락투스의 아내 테오도라는 교황 요한 10세(914~928년)의 선출을 알선했다. 요한 10세는 테오도라의 정부로 비난을 받았지만 증거가 충분치 않았다.⁴⁹ 확실히 그는 뛰어난 세속의 지도자였다. 연합 정부를 조직하여 916년 로마에서 사라센족을 격퇴한 사람이 바로 그였던 것이다. 연이어 정부들과 즐긴 마로치아는 투스카니 공작인 귀도와 결혼했다. 두 사람은 요한 10세를 자리에서 몰아낼 음모를 꾸몄다. 그리고 사람들을 시켜 요한 10세의 동생 페테르(Peter)를 그의 눈앞에서 살해했다. 교황은 감옥에 갇혔고, 몇 개월 후 그곳에서 알 수 없는 이유로 사망했다. 931년 마로치아는 요한 11세(931~935년)를 교황직에 앉혔는데, 그는 이른바 마로치아와 세르기우스 3세 사이의 사생아로 소문난 인물이었다.⁵⁰ 932년 그녀의 아들 알베리쿠스는 요한 11세를 산탄젤로 성에 감금했지만, 그 안에서 교황으로서 종교적 역할을 하는 것은 허락하였다. 22년 동안 알베리쿠스는 "로마 공화국"의 독재자가 되어 로마를 지배했다. 그는 눈을 감으며 자신의 아들 옥타비아누스에게 권력을 물려주었고, 성직자들과 시민들로 하여금 아가페투스 2세 사후에 옥타비아누스를 교황으로 선출한다는 약속을 하게 했다. 그의 명령은 실현되었다. 955년 마로치아의 손자는 요한 12세가 되었고, 라테라노 궁에서 흥청망청한 생활로 교황 임기를 탕진하여 이름을 남겼다.51

962년 요한 12세의 대관식으로 제위에 오른 독일의 오토 1세는 교황권의 수모를 직접 보고 들었다. 963년 트란살피나 성직자들의 지지를 얻은 오토 1세는 로마로 돌아왔고, 요한 12세를 소환하여 종교 회의에 세웠다. 추기경들은 그가 주교를 서임하는 대가로 뇌물을 받고, 10세의 소년을 주교로 세웠으며, 부친의 첩과 간통하고 부친의 미망인 및 그녀의 질녀와 근친상간을 하고, 교황궁을 사창가로 만들었다는 죄목 등으로 고발했다. 요한 12세는 종교 회의에 참석하기를 거부하고, 고발당한 죄에 대해서도 답변을 거부했다. 그러고는 사냥에 나섰다. 회의에서는 그를 파면하고, 만장일치로 오토 1세가 추천한 평신도를 레오 8세(963~965년)로 선출했다. 오토 1세가 독일로 돌아가자 요한 12세는 로마에 남은 제국 분파의 지도자들을 체포하여 팔과 다리 등을 자르고, 교황에게 순종하는 종교 회의를 통해 위치를 회복했다.(964년)52 요한 12세가 사망한 후(964년) 로마인들은 레오 8세를 무시하고 베네딕트 5세를 교황으로 선출했다. 오토 1세는 독일에서 돌아와 베네딕트를 파면하고 레오를 교황으로 복위시켰다. 레오 8세는 그 후로 오토 1세와 그의 후임 황제들이 미래에 선출될 교황들에 대해 거부권을 행사할 권리를 공식적으로 인정했다.* 레오가 사망하자 오토 1세는 요한 13세(965~972년)를 교황으로 선출시켰다. 베네딕트 6세(973~974년)는 투옥되어 한 로마 귀족에게 교살당했다. 스스로 한 달 동안 교황을 자임했던 보니파치오 프란코네는 그 후 챙길 수 있을 만큼의 교황청 보석들을 챙겨 콘스탄티노플로 달아났다. 9년 후 돌아온 보니파치오는 교황 요한

---

* 로마 가톨릭 교회는 레오 8세를 대립 교황으로 간주하여, 그의 행동이나 칙령에 아무런 효력도 인정하지 않는다.

21장 그리스도교의 대립: 529~1085 **1009**

14세(983~984년)를 살해한 후 다시 한 번 교황 직책을 무단 도용하고, 잠자리에서 편안히 세상을 떠났다.(985년) 다시 부상한 로마 공화국은 권위를 주장하며 크레센티우스를 집정관으로 내세웠다. 오토 3세는 대항하기 힘든 병력과 독일 성직자 위원단을 이끌고 로마를 급습하여 혼돈을 정리하고 자신의 밑에 있던 사제를 교황 그레고리우스 5세(996~999년)로 세웠다. 젊은 황제는 공화국을 진압한 뒤 크레센티우스를 용서하고 독일로 돌아갔다. 크레센티우스는 그 즉시 공화국을 재건하고 그레고리우스를 퇴임시켰다.(997년) 그레고리우스는 그를 파문했지만, 크레센티우스는 웃으며 요한 16세의 교황 선거를 준비했다. 오토 3세는 로마로 돌아와 요한 16세를 퇴임시킨 후, 그의 눈을 도려내고 그의 혀와 코를 베었으며, 그의 얼굴을 나귀 꼬리에 묶어 로마 거리를 행진했다. 크레센티우스와 열두 명의 공화국 지도자는 참수를 당했고, 그들의 몸은 산탄젤로 성 흉벽(胸壁)에 매달렸다.(998년)[53] 그레고리우스는 교황직으로 돌아왔지만 999년 독살로 추정되는 죽음을 맞았다. 오토 3세는 그 자리에 다른 인물을 세웠고, 그는 역대 가장 훌륭한 교황 중 하나가 되었다.

제르베르는 오베르뉴의 오리악 인근에서 미천한 가문 출신으로 태어났고(940년경), 어린 나이에 그곳의 수도원에 들어갔다. 수도원장의 권유에 따라 그는 스페인으로 건너가 수학을 공부했다. 970년에는 바르셀로나의 보렐 백작이 그를 로마로 데려갔다. 교황 요한 13세는 수도사의 학식에 깊은 감명을 받고 그를 오토 1세에게 천거했다. 일 년 동안 제르베르는 이탈리아에서 학업을 가르쳤는데, 그 당시였는지 그 후였는지 확실치 않지만 오토 2세도 그의 제자 중 한 명이었다. 그 후 랭스로 간 그는 성당 학교에서 논리학을 공부했고, 나중에는 그 학교의 교장이 되었다.(972~982년) 제르베르는 고전 시인들을 비롯하여 매우 다양한 과목을 가르쳤다. 직접 뛰어난 라틴어 시와 서한을 쓰기도 하였는데, 그가 쓴 서한들은 가끔 시도니우스의 서한들에 견줄 정도였다. 그는 어느 곳을 가든 책들을 수집하고, 다른 도서관의 원고들로 만든 필사본을 얻는 데 아낌없이 돈을 썼다. 오늘날 키케로의 연설문을 보존할 수 있었던 것도 그의 덕분이었는지 모른다.⁵⁴ 그는 그리스도교 세계를 수학으로 이끌었고, 초기 형태의 아라비아 숫자를 도입했으며, 주판과 아스트롤라베(astrolabe)에 관한 기록을 남겼고, 기하학에 관한 글을 작성했다. 그는 기계식 시계와 증기로 작동되는 오르간을 발명했다.⁵⁵ 또한 무척 많은 과학적 업적을 남겼는데, 그 때문에 그가 죽은 후 마술적인 힘을 지녔었다는 소문이 돌기도 하였다.⁵⁶

아달베로가 사망한 후(988년), 제르베르는 그의 뒤를 이어 랭스 대주교가 되려고 하였다. 그러나 위그 카페는 그 대신 몰락하는 카롤링거 가문의 서자 아르눌프를 지명했다. 아르눌프는 위그에 반하는 모의를 꾸몄고, 종교 회의는 교황의 항의에도 불구하고 그를 퇴임시킨 후 제르베르를 대주교로 선출했다.(991년) 4년 후 교황 특사는 무아송에서 열린 종교 회의를 설득하여 제르베르를 몰아냈다. 굴욕을 당한 학자는 독일 오토 3세의 궁을 찾아가 그곳에서 온갖 환대를 받고, 어린 왕의 마음을 주물러 로마를 수도로 삼은 로마 제국의 부활을 꿈꾸게 했다. 오토는 그를 라벤나의 주교로 삼고, 999년에는 교황으로 세웠다. 제르베르는 마치 세계를 통일한 두 번째 콘스탄티누스를 만난 두 번째 실베스테르가 되겠다고 말하기라도 하듯 실베스테르 2세라는 이름을 택했다. 만약 오토와 그가 다른 시대를 살았다면, 그들은 각자의 꿈을 실현하였을 것이다. 오토는 비잔티움 왕녀의 아들이고, 제르베르는 철학자 왕이 되었을 수도 있었기 때문이다. 그러나 제르베르는 교황직에 오른 지 4년 만에 세상을 등졌는데, 로마의 우스갯소리에 따르면 그는 오토를 독살했던 스테파니아에 의해 독살되었다고 한다.

그들이 품었던 포부와 그들을 둘러싸고 숨가쁘게 돌아간 정치 상황을 보면, 세상이 1000년에 종말을 맞을 것이라는 생각을 진지하게 받아들인 그리스도교도는 거의 없었던 것으로 보인다. 10세기가 시작될 때 종교 회의는 역사의 마지막 세기가 시작되었다고 공표했다.⁵⁷ 10세기가 끝날 무렵에는 소수만이 그 말을 믿고 최후의 심판에 대비했다. 대다수 사람들은 늘 하던 대로 일을 하고 놀고 죄를 짓고 기도하고 더 오래 살려고 노력했다. 1000년에 공포와 공황이 존재

했다는 증거도, 심지어 교회로 들어오는 기부가 증가했다는 증거도 없다.[58]

제르베르가 죽은 후 교황권은 다시 부패했다. 투스쿨룸의 백작들은 독일 황제들과 동맹을 맺고 숨기려는 노력도 없이 주교직을 사고 교황직을 팔았다. 그들이 후보로 지목한 베네딕트 8세(1012~1024년)는 활기 넘치고 똑똑한 사람이었다. 그러나 열두 살에 교황이 된 베네딕트 9세(1032~1045년)는 수치스럽고 방종한 생활을 일삼다가[59] 봉기한 시민들에 의해 로마에서 쫓겨났다. 투스쿨란 가문의 도움으로 그는 자리를 되찾았지만, 자리에 싫증을 느끼고는 금화 1000(또는 2000)파운드를 받고 그레고리우스 6세(1045~1046년)에게 교황직을 팔았다.[60] 그레고리우스는 거의 모범 같은 교황이 되어 로마를 깜짝 놀라게 했다. 확실히 그는 교황직을 개혁하고 권력자들로부터 해방시키고자 하는 진실한 바람을 갖고 자리를 샀던 것으로 보인다. 투스쿨란 가문은 그러한 개혁에 찬성할 수 없었다. 그들은 베네딕트 9세를 다시 교황에 앉혔고, 제3의 파벌은 실베스테르 3세를 옹립했다. 이탈리아 성직자들은 황제 하인리히 3세에게 이러한 불명예를 종식시켜 달라고 간청했다. 황제는 로마 인근의 수트리로 와서 교회 회의를 소집했다. 회의는 실베스테르 3세를 투옥하고 베네딕트 9세의 사임을 받아들였으며 그레고리우스 6세는 교황직을 매수한 대가로 자리에서 물러나게 했다. 하인리히는 오직 황제의 보호를 받는 외국의 교황만이 교회의 타락을 끝낼 수 있다며 교회 회의를 설득했다. 그리고 밤베르크의 주교가 클레멘스 2세(1046~1047년)로 선출되었다. 그는 일 년 후에 사망했다. 뒤를 이은 다마수스 2세(1047~1048년)도 배수가 안 된 캄파니아의 주기적으로 발생하는 말라리아에 무릎을 꿇었다. 마침내 레오 9세(1049~1054년)에 이르러 교황직은 오랫동안 로마에서 볼 수 없었던 용기와 학식, 진실성, 그리고 신앙심을 갖고 문제들을 직면할 수 있는 인물을 맞게 되었다.

7. 교회 개혁: 1049~1054년

이 시기에는 내부의 문제들이 교회를 휘저었다. 교황직과 주교직 등의 성직 매매와 재속(在俗) 성직자들의 결혼이나 축첩, 그리고 수도사들 간의 음행도 간혹 한 번씩 발생했다.

성직이나 성례 등을 매매하는 행위는 이 시대의 정치적 타락에 교회가 연관되어 있었다는 것을 보여 준다. 성직 매매의 한 축은 선량한 대중들이었다. 아들을 교회에 봉헌하고 싶었던 노장의 기베르의 어머니는 그의 나이 열한 살에 성당 참사회 회원을 만들기 위해 교권(敎權)에 대가를 지불했다. 1099년 로마에서 열린 교회 회의는 그러한 사례가 빈발하는 상황을 애통해 했다. 잉글랜드와 독일, 프랑스, 이탈리아의 주교들은 교회의 성무뿐 아니라 세속의 일들까지 관리하고 봉건적인 기부로 땅이나 마을, 심지어 도시까지 받아 필요한 세입을 충족하면서, 야망 높은 사람들은 세속의 권력자들에게 큰돈을 주고 그러한 직위에 임명되었고 탐욕스러운 통치자들은 온갖 체면과 품위도 저버린 채 그러한 뇌물들을 긁어모았다. 나르본에서는 열 살짜리 소년이 10만 솔리두스를 내고 대주교에 올랐다.(1016년)[61] 프랑스의 필립 1세는 주교가 되려다 패한 한 지원자에게 태평스럽게 조언했다. "그대의 경쟁자로 하여금 짐에게 재물을 바치게 하라. 그러면 그 자를 성직 매매로 좌천시킬 수 있다. 그런 연후에 우리는 그대가 만족할 만한 결과를 도모할 수 있을 것이다."[62] 샤를마뉴가 확립한 전통에 따라, 프랑스 왕은 정기적으로 상스와 랭스, 리옹, 투르, 그리고 보르주의 주교들을 임명했다. 그 외 프랑스 지역들의 주교는 공작이나 백작이 지명했다.[63] 11세기 많은 지역에서 주교직은 귀족 가문의 세습 지위가 되었고, 서자나 작은 아들들을 위한 자리로 이용되었다. 독일에서는 귀족 한 사람이 여덟 개의 주교직을 갖고 자손에게 물려주었다.[64] 독일의 한 추기경은 주교직이나 유급 성직을 매수한 사람들이 거기에 들어간 비용을 변제하기 위해 교회의 대리석 외장재, 심지어 지붕의 타일들까지 팔아치웠다고 주장(1048년경)했다.[65] 그렇게 임명된 사람들은 속물이었다. 많은 이들이 사치스럽게 생활하고 전쟁을 벌였으며 주교궁 내의 뇌물 수수를 허용했고[66] 친척을 성직에 임명하였으며 완전한 충심으로 마몬(Mammon, 부의 신)을 숭배했다. 교황 인노켄티우스 3세는 나르본의 한 대주교에 대해, 마음이 있어야 할 곳에 지갑이 있었다는 말을 하곤 했다.[67] 주교직 매매는 매우 흔한 일이 되어, 현실적인 사람이라면 그것을 정상으로 받아들일 정도였다. 그러나 개혁가들은 마술사 시몬이 교회를 함락시켰다며 비명을 질렀다.[68]

일반적인 성직자들에게 도덕성의 문제는 결혼과 축첩 사이에 머물렀다. 9세기와 10세기 잉글랜드와 갈리아, 그리고 북이탈리아에서 사제들의 결혼은 관례였다. 교황 하드리아누스 2세(867~872년) 자신도 기혼남이었다.[69] 주교인 베로나의 라테리우스(10세기)는 사실상 그의 교구 안의 모든 사제들이 결혼을 했다고 기록했다. 11세기 초 재속 성직자들의 독신 생활은 이례적인 경우였다.[70] 성직자의 결혼을 부도덕한 일로 여기는 것은 잘못이다. 비록 교회의 법과 이상에 반대되는 경우가 흔했지만, 그것은 그 시대의 관습과 도덕적 관점에 상당히 부합하는 행동이었다. 밀라노에서는 결혼한 사제가 결혼하지 않은 사제보다 더 높은 명성을 얻기도 하였다.[71] 후자는 내연 관계를 맺고 있다는 의심을 샀다. 내연 관계(미혼 남성과 미혼 여성의 지속적인 동거)라 하더라도 여론은 관대했다. 유럽 성직자들의 절대다수는 분명 도덕적으로 괜찮은 생활을 영위했다. 그리고 중세 시대 내내 우리는 신도들에게 성인처럼 헌신하며 생활한 사제와 주교들이 있었다는 것을 알고 있다. 하지만 여기저기에 수치스러운 예외도 존재했다. 742년 주교 보니파키우스는 주교직이 "탐욕스러운 평신도들과 간음하는 성직자들"에게 돌아가고 있다며 교황 자카리아스에게 불평하고,[72] 일부 부제들이 "너덧 명의 첩을 두고 있다."라며 불만을 터뜨렸다.[73] 그리고 같은 세기에 가경자 베다는 잉글랜드의 "일부 주교들"이 "웃고 떠들고 농담하며 흥청거리고 술에 취하는 등 …… 방종한 생활"을 한다는 이유로 맹비난했다.[74] 첫 1000년이 끝나 가면서 그런 죄목은 더 많아졌다. 랄프 글라베르는 그 시기의 성직자들이 시대의 보편적 부도덕에 참여하고 있다고 묘사했다. 이탈리아 수도사 베드로 다미아노(1007~1072년)는 교황에게 『고모라 서(書)』라는 불손한 제목의 책을 선물했는데, 책에는 그의 존엄함으로부터 예측할 수 있는 과장과 함께 사제들의 악덕을 기술했다. 한 장의 제목은 "순리에 어긋나는 다양한 죄악들에 대하여"였다. 다미아노는 성직자들의 금혼을 강력하게 촉구했다.

교회는 오래전부터 성직자의 결혼을 반대했는데, 결혼한 성직자는 부지불식간에 교회에 헌신하기보다 아내와 아이들에게 충실하게 되어 있다는 이유에서였다. 또한 결혼하면 가족을 위해 돈과 재물을 모으려는 유혹에 빠져들고, 자신의 관구나 유급 성직 등을 후손에게 물려주려 하기 때문이기도 했다. 이런 식으로 유럽에도 인도처럼 세습되는 종교 카스트 제도가 생성될 것이며, 재력을 쌓은 사제들이 연합하여 경제적 권력을 행사하면 그 힘이 너무 강해 교황이 통제하기 어려워질 것이라는 이유도 있었다. 사제들은 온전히 신과 교회에, 그리고 동료 사제들에게 헌신해야 했다. 사제의 도덕적 기준은 일반 대중의 도덕적 기준보다 높아야 하고, 대중적인 신뢰와 경의를 얻는 데 필요한 위신을 세울 수 있는 것이어야 했다. 몇몇 종교 회의에서도 성직자들의 금욕주의를 요구했었다. 1018년 파비아에서 열린 한 회의는 사제들의 모든 자녀들에 대해 영원한 노예의 신분과 모든 세습적 권리의 박탈을 명령하기도 하였다.[75] 하지만 성직자들의 결혼은 계속되었다.

레오 9세는 교회의 유급 성직을 성직자의 자손들이 세속 받는 성직 유증과 귀족들의 교회 소유지 장악, 그리고 로마로 기도와 탄원서와 봉헌물들을 가져오는 순례자들에 대한 노상강도 등으로 교황청이 가난해졌다는 것을 알게 됐다. 그는 순례자들을 위한 보호책을 체계화하고, 떨어져 나갔던 교회 토지들을 되찾았으며, 스스로 성직 매매와 성직자의 결혼을 종식시킬 무거운 과제를 짊어졌다. 교황의 내부 행정과 관리 책임을 후일 그레고리우스 7세가 될 기민하고 헌신적인 수도사에게 맡긴 레오 9세는 1049년 로마를 떠나며, 유럽 주요 도시에서 성직자들의 도덕성과 교회의 활동을 직접 조사하기로 결심했다. 그의 위엄 있는 태도와 진실한 금욕 생활은 한때 사람들이 교회의 가장 높은 성직자에게 가졌던 존경심을 일거에 되살렸다. 그가 다가가면 악덕은 자취를 감추었다. 교회들을 약탈하고 왕들을 거역하던 로렌의 고드프리는 교회의 파문 앞에 벌벌 떨고, 자신이 짓밟았던 베르됭의 교회 제단 앞에서 공개적인 채찍질을 달게 받았으며, 교회를 보수하기로 동의하고 직접 그 작업에 나서 열심히 일했다. 콜로뉴에서 레오 9세는 교황궁을 소유했고, 독일인 교황을 자랑스러워하는 독일 성직자들로부터 온갖 환대를 받았다. 프랑스로 건너간 레오는 랭스에서 재판을 주재했고, 평신도 및 성직자들의 도덕성과 성직 매매, 교회 재산에 대한 약탈, 수도원 규율의 완화, 그리고 이단의 증가 등에 대해 조사했다. 출석한 주교들은 모두 죄를 자백할 것을 명령받았다. 대주교를 비롯하여 성직자들이 잇따라 스스로를 고발했다. 레오는 그들을 엄준히 꾸짖고, 일부는 퇴임시키고 일부는 용서했으며, 네 명을 파문하고 다른 이들은 로마로 소환하여 공개 참회에 나서게 했다. 그는 성직자들에게 아내와 첩들을 내보내고, 무기 사용을 포기하라고 주문했다. 랭스 공의회는 나아가 주교와 수도원장들은 성직자와 대중들에 의해 선출되어야 하고, 성직 매매는 금지하며, 성직자들이 성체 성사를 집전하거나 병자를 방문하거나 죽은 이를 매장하는 대가를 받아서는 안 된다고 공표했다. 마인츠 공의회(1049년)는 레오 9세의 촉구 아래 독일에 대해서도 비슷한 개혁안들을 제정했다. 1050년 그는 이탈리아로 돌아와 베르첼리 공의회를 주관하고 투르의 베렝가르를 이단으로 고발했다.

길고도 고된 북방 순회를 통해 레오는 교황권의 위엄을 회복하고, 독일 황제를 대신하여 독일 교회의 수장으로 거듭났으며, 프랑스와 스페인의 주교들로 하여금 교황의 권위를 인정하게 했다. 그리고 돈과 쾌락에 빠진 성직자들을 정화하는 데 어느 정도의 진전을 이루었다. 1051년과 1052년에는 독일과 프랑스에서 더 많은 활동을 벌여, 보름스와 만투아에서 대대적인 종교 회의를 주관했다. 마침내 로마로 돌아온 그는 군사적 수단으로 교황령을 방어하는 마음에 들지 않는 과제를 떠맡았다. 황제 하인리히 3세가 그에게 베네벤토의 공작령을 주었는데, 카푸아의 공작 판둘프가 이를 인정하지 않고 로베르 기스카르의 노르만 병력의 도움을 받아 영지를 붙들고 있었던 것이다. 레오는 판둘프를 몰아낼 수 있도록 독일 병력을 요청했다. 그러나 그에게 온 병사는 고작 700명이었다. 그는 이 병력에 훈련되지 않은 일부 이탈리아인들을 추가했다. 그리고 그 선두에 서서 노르만인들을 향해 진격했다. 적들은 노르만의 기사들만 해도 전쟁에서 숙련된 3000여 명의 해적들이었다. 노르만인들은 레오의 병력을 압도했는데, 그를 생포한 후 그 앞에 무릎을 꿇고 그의 병사 500명을 살해한 것에 대해 용서를 구했다. 그들은 레오를 베네벤토로 이송하고, 그곳에서 모든 예우를 갖춰 그를 아홉 달 동안 포로로 잡아 두었다. 칼을 들었던 것을 참회하며 비통해 하던 레오는 부대 자루만을 걸친 채 카펫과 돌 위에서 잠을 잤고, 거의 온종일을 기도하며 지냈다. 노르만은 그가 죽어 가는 모습을 보며 그를 풀어 주었다. 그는 모두가 크게 기뻐하는 가운데 로마로 들어가, 자신이 파문했던 모든 사람들의 무죄를 선언하고, 성 베드로 성당에 관을 가져다 두도록 지시했다. 그리고 그 옆에 앉아 하루를 보낸 뒤 제단에서 눈을 감았다. 이탈리아 방방곡곡에서 절름발이들과 벙어리들과 나환자들이 모여들어 그의 죽은 몸을 만졌다.

8. 동방의 대분립: 1054년

성 레오의 교황 임기 중 그리스 정교회와 라틴 교회는 마침내 갈라섰다. 서유럽이 9세기와 10세기의 어둠과 빈곤, 무지에 뒤덮여 있는 동안, 마케도니아 황제들의 치하에 있던(867~1057년) 동방 제국은 아랍에게 빼앗겼던 영토를 어느 정도 회복하고, 남이탈리아에 대한 지배권을 재천명하였으며, 문학과 예술의 새로운 흐름을 경험했다. 그리스 정교회는 비잔티움 제국의 소생한 부와 권력으로부터 힘과 자부심을 끌어내어, 러시아와 불가리아, 그리고 세르비아를 동방 종교의 것으로 차지했다. 그리고 품위가 떨어지고 가난해진 교황권이 그리스도교 세계의 군주를 자임하는 것에 대해 어느 때보다도 격하게 분개했다. 이 시대의 비잔티움인들에게 동시대 서방의 독일인들과 프랑크족, 앵글로색슨족 등은 미개한 야만인들이고, 세속적이고 부패한 주교들의 지도를 받는 폭력적이고 글도 모르는 평신도들로 보였다. 교황은 비잔티움의 황제를 거부하고 프랑크의 왕을 추대하였고, 라벤나의 총주교직을 도용하였으며, 경쟁자인 로마 황제의 대관식을 집전했고, 그리스령 이탈리아를 침범했다. 경미한 교리의 차이점이 아닌 이러한 짜증나는 정치적 사건들 때문에 그리스도교 세계는 동방과 서방으로 분리되었다.

1043년 미카엘 케룰라리우스는 콘스탄티노플의 총대주교로 임명되었다. 그는 귀족 출신으로 풍부한 교양과 예리한 지성을 갖추고 단호한 의지까지 겸비한 인물이었다. 비록 수도사였지만 그는 종교적이라기보다는 정치적인 이력을 지니고 있었다. 그는 제국의 고위 대신이었는데, 만약 총대주교직이 로마에 굴복해야 하는 자리였다면 쉽게 승낙하지 않았을 터였다. 1053년 한 그리스 수도사가 쓴 라틴어 작품을 유포했다. 작품은 로마 교회가 사도적 모범과 종교적 전통에 반하여 성직자들의 독신주의를 강화하고, 성체 성사에 발효하지 않은 빵을 사용하며, 니케아 신조에 "필리오케(filioque)"를 추가하였다는 이유로 강력히 비난하는 내용이었다. 같은 해 케룰라리우스는 라틴 의식을 준수하는 교회들을 모두 폐쇄하고 라틴 방식을 고집하는 사제들을 전부 파문했다. 한창 교황 임기 중에 있던 레오 9세는 케룰라리우스에게 서한을 보내, 총주교에게 교황의 권한을 인정해야 한다고 요구했고 그렇게 인정하기를 거부하는 교회들은 "이단자들의 집합이고 종파주의자들의 집회소이자 사탄의 회당"이라고 낙인찍었다.[76] 그리고 조금 더 누그러진 기세로 콘스탄티노플에 사절단을 보내 그리스도교를 두 개의 지류로 나눈 차이점들에 대해 황제와 총주교와 함께 논하게 했다. 황제는 사절단을 따뜻이 맞았지만, 케룰라리우스는 그들에게 해당 문제를 다룰 권한이 없다며 거부했다. 레오가 1054년 4월에 사망한 후 교황직은 일 년 동안 공석으로 비어 있었다. 7월, 알아서 움직이던 사절단은 케룰라리우스를 파문한다는 교황 칙서를 성 소피아 제단에 가져다 놓았다. 미카엘은 동방 그리스도교 전체를 대표하는 종교 회의를 소집했다. 회의는 턱수염 면도를 비롯하여 로마 교회에 대한 그리스 교회의 불만 사항을 정리했다. 그리고 사절단의 칙서와, "조언으로든 기도로든 칙서를 작성하는 데 기여한 모든 사람"을 공식적으로 유죄에 처했다.[77] 이렇게 분립이 완료되었다.

9. 그레고리우스 7세 힐데브란트: 1073~1085년

레오 9세의 교황 임기 이후 교회 역사상 가장 강력했던 교황 중 한 명이 등장하기까지 혼돈과 나약함의 시대가 끼어들었던 것은 그리스도교의 커다란 불행이었다.

힐데브란트(Hildebrand)는 독일식 이름으로, 그의 독일 혈통을 암시한다. 그레고리우스의 동시대인들은 그 이름을 헬브란드(Hellbrand), 즉 "순수한 불꽃"이라는 뜻으로 해석했다. 그는 투스카니 습지의 소바노라는 아주 작은 마을에서 미천한 가문 출신으로 태어났다.(1023년?) 로마 아벤티누스 언덕 위의 성 마리아 수녀원에서 교육을 받은 그는 베네딕트 수도회에 들어갔다. 1046년 교황 그레고리우스 6세가 퇴임당해 독일로 추방되었을 때, 그는 수행 사제로 그를 따라갔다. 일 년 동안 콜로뉴에서 지내면서 그는 독일에 대해 많은 점을 배웠고, 그 경험은 후일 하인리히 4세와의 싸움에 큰 도움이 되었다. 로마로 돌아온 직후 레오 9세는 그를 차부제(次副祭) 추기경으로 지명했고, 교황령의 행정관이자 동시에 프랑스 특사로도 임명했다. 스물다섯 살이라는 젊은 나이에 이렇게 주목할 만한 승진을 이루었던 것으로 미루어 그는 매우 빠르게 정치적, 외교적 능력들을 습득한 것으로 보인다. 교황 빅토르 2세(1055~1057년)와 스테파노 9세(1057~1058년)는 계속해서 그를 높은 자리에 중용했다. 1059년 니콜라스 2세는 거의 힐데브란트의 영향력을 통해 교황이 되었다. 그리고 아직 사제는 아니지만 없어서는 안 될 존재가 된 이 수도사는 교황청 상서원장(papal chancellor)이 되었다.

그의 촉구에 따라 니콜라스와 1057년 라테라노 공의회는 교황 선출권을 추기경단으로 이관하는 칙령을 반포했다. 이를 계기로 힐데브란트는 로마 귀족들과 독일의 황제들로부터 교황권을 구제하기로 작정했다. 이미 이 젊은 그리스도교 정치가는 원대한 정책을 만들어 두고 있었다. 독일의 지배로부터 교황권을 보호하기 위해 그는 남이탈리아를 습격한 허세 넘치는 노르만인들을 눈감아 주었고, 그들의 토지 몰수를 인정하고 야욕을 승인해 주는 대가로 군사적 보호의 서약을 받아 냈다. 1073년, 25년 동안 여덟 명의 교황 밑에서 봉직했던 힐데브란트 자신도 교황직에 올랐다. 그는 권좌 뒤에서 지배력을 행사하는 쪽을 더 선호하여 이를 거부했지만, 추기경들과 성직자들과 대중들은 "성 베드로의 뜻에 따라 힐데브란트를 교황으로!"라고 외쳤다. 그는 사제로 임명되었고, 교황에 서임되어 그레고리우스라는 영예로운 이름을 얻었다.

그는 키가 작고 못생겼으며, 눈매가 날카롭고 자존심이 강했다. 의지가 확고하고 진리를 확신했으며 승리에 대한 자신감에 차 있었다. 네 가지 목표가 그를 고무시켰다. 레오가 못 다한 성직자들의 도덕성 개혁을 완수하는 것과 평신도 서임권을 끝장내는 것, 전 유럽을 교황이 이끄는 하나의 공화국과 하나의 교회 안으로 통일시키는 것, 그리고 그리스도교 군대를 이끌고 동방으로 나아가 투르크로부터 성지를 되찾는 것이 그 목표였다. 1074년 초 그는 부르군트와 사보이의 백작들 및 황제 하인리히 4세에게 서한을 보내 자신이 몸소 이끌 십자군 원정을 위한 병력과 자금을 모아 달라고 요청했다. 백작들은 움직이지 않았고, 하인리히는 자신의 자리가 너무 불안정하여 십자군 원정을 생각할 여력이 없었다.

니콜라스 2세와 힐데브란트가 주관한 1059년 라테라노 공의회는 아내나 첩을 계속 유지하고 있는 사제들은 모두 파문하고, 그리스도교 신자가 여성과 동거하는 것으로 알려진 사제의 미사에 참석하는 것을 금지한 바 있었다. 수하 성직자들의 가정을 깨뜨리는 것을 주저하던 많은 롬바르디아 주교들은 이 칙령을 널리 알리지 않았고, 투스카니의 유력 성직자들은 도덕적으로나 교회법상으로 성직자의 결혼을 옹호했다. 이 법안은 집행되지 못했다. "죄악" 속에 생활하는 성직자들은 유효한 성례를 집전할 수 없다는 발상은 이단 목사들의 열광적인 호응을 얻었다. 그로 인해 교황청도 신도들에게 법안을 호소하기를 포기했다.[78] 힐데브란트는 그레고리우스 7세가 된 후(1073년) 타협할 수 없는 결의를 갖고 이 문제에 대처했다. 1074년에 열린 종교 회의는 1059년의 칙령들을 새로이 강조했다. 그레고리우스는 이들 칙령을 전 유럽의 주교들에게 보내는 동시에, 그것을 널리 알리고 집행하라고 엄히 명령했다. 그리고 평신도들은 칙령을 무시하는 사제들에게 순종할 책임이 없음을 선언했다. 반응은 이번에도 격렬했다. 많은 사제들은 아내와 헤어지느니 소명을 포기하겠다고 선언했다. 어떤 사제들은 이들 칙령이 인간 본성에 불합리한 요구를 하고 있다며 비난했고, 그 내용을 집행하면 은밀한 난혼 행위들이 증가할 것이라고 예측했다. 주교인 콘스탄츠의 오토는 자기 교구의 결혼한 성직자들을 공공연히 편들고 옹호했다. 그레고리우스는 그를 파문하고, 그에게 순종할 책임이 없음을 신도들에게 선언했다. 1075년 그레고리우스는 더 나아가 슈바벤과 카린티아의 공작들 및 다른 대공들에게 필요하면 무력을 사용해서라도 저항하는 성직자들이 사제의 역할을 수행하지 못하도록 막으라고 명령했다. 몇몇 독일 대공들은 그에게 복종했다. 아내와 헤어지기를 꺼리던 많은 사제들은 교구를 박탈당했다.[79] 그레고리우스는 살아생전에 승리를 하지는 못했다. 하지만 우르바누스 2세와 파스칼리스 2세, 그리고 칼릭스투스 2세는 그의 칙령들을 재차 확인하고 집행했다. 인노켄티우스 3세가 주관한 1215년 라테라노 공의회는 최종 선고를 선언했고, 성직자들의 결혼은 조금씩 사라졌다.

 서임권 문제는 성직자 결혼 문제보다 간단해 보였다. 왕과 교황들이 동의하는 바처럼 그리스도가 교회를 세웠다고 상정하면, 그 주교와 수도원장은 평신도가 아닌 성직자들이 선출해야 한다는 점이 분명한 듯했다. 게다가 확실히 왕이 주교를 임명할 뿐 아니라 그 참모들과 영적 권능의 신성한 상징인 주교 반지까지 하사하는(독일에서처럼) 것은 언어도단이었다. 그러나 왕들은 그 반대의 결론을 그만큼 명확히 여겼다. 독일의 대다수 주교와 수도원장들이 그랬듯이, 그들이 왕에게서 땅과 세입과 세속의 책무까지 부여받았던 점을 인정한다면, 봉건법에 따라 이들 고위 성직자, 최소한 주교는 콘스탄티누스와 샤를마뉴 치하에서 항변 없이 그렇게 했던 것처럼 왕에 의해 임명되고 왕에게 세속의 충성을 바치는 것이 적절하고 정당해 보였다. 만약 그들이 그러한 복종과 충성으로부터 해방된다면 독일 영토의 절반(당시 주교 관구와 수도원에 수여되었던[80])은 국가의 통제를 벗어나고 국가에 대한 세금과 늘 하던 의식들도 제어할 수 없을 터였다. 독일의 주교들과 독일 출신이거나 독일에서 임명된 많은 롬바르디아 주교들은 그레고리우스가 그들과 관계된 종교적 자치권을 없애려고 하는 것은 아닌지, 자신들을 로마 교구에 완전히 종속시키려고 하는 것은 아닌지 의심했다. 그레고리우스는 주교들이 왕에게 봉건적 의무를 지속하는 것을 반대하지는 않았지만,[81] 왕이 수여하여 갖게 된 땅들에 대한 권리를 포기하는 데에는 반대했다.[82] 교회법에 의거해 교회의 재산은 양도할 수 없는 것이었다. 그레고리우스는 평신도 서임권이 독일과 프랑스 주교단들 사이에 나타나던 성직 매매와 속념, 그리고 배덕의 대부분을 초래했다며 불평했다. 그는 주교들이 교황의 권위 아래로 들어와야 하며, 그렇지 않으면 동방에서처럼 서방 교회도 국가에 굴종하는 부속물이 될 것으로 생각했다.

이렇게 역사적으로 중요한 충돌 뒤에는 "누가 유럽을 통일하고 지배해야 하는가?"라는 교황권 대 제국의 문제가 드리워 있다. 독일 황제들은 자신들의 권력 역시 사회적 질서를 유지해야 할 필요에 따른 천부(天賦)의 것이라고 주장했다. 성 바울도 "하느님이 명하신 권한"이라고 말하지 않았던가? 교황들 자신의 말에 따르면, 그들은 로마 제국의 계승자가 아니었던가? 그들이 부분의 자유를 옹호했다면 그레고리우스는 전체의 통일과 질서를 옹호했다. 그들은 세금과 베드로 헌금으로 독일에서 이탈리아로 흘러들어 가는 금들에 대해(종교 개혁 훨씬 이전에) 남몰래 억울해 했다.[83] 그리고 교황청의 정책 안에서 이탈리아가 야만적인 북방 튜턴족으로 멸시하는 대상에 대해 고대와 같은 통제력을 강화하려는 라틴 로마의 노력을 목격했다. 그들은 종교적인 문제에서는 교회의 우위를 거리낌 없이 인정했지만, 세속의 일에 대해서는 국가에 대해서도 비슷한 우위를 주장했다. 그레고리우스에게 이러한 입장은 무질서한 이원론으로 들렸다. 그는 태양이 달을 지배하듯이, 영적인 고찰은 물질적 문제들을 지배해야 한다고 생각했다.[84] 교리나 교육, 도덕률, 공정성 또는 종교 기관 등이 관련된 모든 문제에서 국가는 교회, 즉 인간의 도시는 하느님의 도시에 종속되어야 한다. 프랑스의 왕들이나 신성로마제국의 황제들도, 대주교나 교황의 도유식이나 축성을 받아들임으로써 종교 권력은 세속 권력의 원천이자 군주라는 점을 암암리에 인정하지 않았던가? 신이 세운 기관으로서 교회는 보편적 권위를 지닐 자격이 있었다. 신의 대리자인 교황은 나쁜 왕들을 물러나게 하고, 인간이나 환경이 선택한 통치자에 대해서도 승인하거나 거부할 권리와 의무가 있었다.[85] 메츠의 헤르만에게 보내는 열정적인 서한에서 그레고리우스는 이렇게 물었다. "하느님에 대해 무지하고, 자존심과 폭력, 배은으로 사실상 자신들의 거의 모든 범죄를 방어하며 …… 맹목적인 성욕과 견디기 힘든 오만에 물든 같은 족속(즉 인간)을 지배한다고 주장하는 이들이 왕과 대공들의 태생일진대, 누가 무지한 것인가?"[86] 유럽의 정치적 분할과 혼돈과 전쟁 등을 지켜보며, 그레고리우스에게 그 해묵은 고통을 벗어날 수 있는 유일한 출구는 이 국가들이 그토록 고수하고 싶어 하는 통치권 같은 것을 포기하고 교황을 그들의 봉건 종주로, 범그리스도교 공화국의, 적어도 유럽 그리스도교 공화국의 위풍당당한 수장으로 인정하는 세계 질서뿐이었다.

이 목표를 향한 첫 걸음은 독일의 통제로부터 교황권을 해방시키는 것이었다. 그 다음은 모든 주교들을 교황의 권위 밑으로 들어오게 하고, 주교들은 교황이나 수도 대주교가 지명한 주교의 후원 아래에서 교구 시민들과 성직자들이 선출하며, 선거 결과는 교황이나 대주교가 확정을 지어야 유효하도록 하는 것이었다.[87] 그레고리우스는 샬롱의 주교에게 보내는 서한으로 이 과업을 시작하였는데(1073년), 그 서한에서 프랑스 국왕 필립 오귀스트를 주교직 매매의 사유로 파문한다고 협박했다. 1074년 그는 프랑스 주교단에 단체 서한을 보내 왕의 범죄를 그의 면전에서 비난할 것과, 왕이 개혁을 거부할 경우 프랑스에서의 모든 종교 의식을 중단할 것을 요청했다.[88] 그럼에도 불구하고 평신도 서임권은 그대로 유지되었지만, 프랑스 주교들은 계속 경고를 보냈고 이 문제는 독일에서의 싸움으로 넘어갔다.

1075년 2월, 그레고리우스의 주도로 로마에서 열린 이탈리아 주교 회의는 성직 매매와 성직자의 결혼, 그리고 평신도 서임권에 반대하는 칙령을 발표했다. 그레고리우스는 이상하리만치 서두르며 하인리히 4세의 자문 위원인 주교 다섯 명을 성직 매매의 사유로 한꺼번에 파문했다. 그는 파비아와 투린의 주교를 정직시키고, 피아첸차의 주교를 퇴임시켰으며, 주교인 밤베르크의 헤르만에게 로마로 들어와 성직 매매의 책임에서 결백함을 입증하라고 명령했다. 헤르만이 교황 재판소의 조사관들을 뇌물로 매수하려 하자 그레고리우스는 인정사정없이 그를 자리에서 내쳤다. 그는 하인리히에게 밤베르크 주교직에 적당한 후임자를 지명하여 달라고 정중히 요청했다. 하인리히는 왕실의 입맛에 맞는 사람을 지명하였을 뿐 아니라, 교황의 승인도 기다리지 않고 그를 초대하여 주교 반지와 지팡이를 수여했다. 교황의 승인은 관행에 따른 절차였는데도 하인리히는 로마 주교 회의의 칙령에 공공연히 반항한 것이었다. 하인리히는 그레고리우스의 요구에 대해 거절의 의사를 더 분명히 하려는 것처럼 밀라노와 페르모, 그리고 스폴레토 등 거의 교황의 코앞에 있던 관구들에 주교를 임명했고, 자신의 마음대로 파문당한 자문 위원들을 계속 자리에 두었다.

1075년 12월, 그레고리우스는 하인리히에게 항의 서한을 보내면서, 계속해서 로마 주교 회의의 칙령들을 무시한다면 그를 파문하겠다고 위협하는 전갈을 구두로 첨부하라고 전령들에게 주문했다. 하인리히는 독일 주교들을 보름스 종교 회의(1076년 1월 24일)로 소집했다. 회의에는 스물네 명이 참석했고, 오지 않은 주교들도 있었다. 이 회의에서 로마의 추기경 후고는 그레고리우스를 호색과 잔인함, 사술 등의 혐의, 그리고 뇌물과 폭력으로 교황직을 얻었다는 혐의로 고발했다. 그리고 주교들에게 교황 선출에 있어 수 세기 동안 독일 황제의 인가를 얻었던 관행이 있었던 점과, 그레고리우스는 황제에게 그러한 인가를 구하지 않았던 점을 상기시켰다. 최근 작센의 반란을 진압하고 대담해진 황제는 교황 폐위를 제안했다. 참석한 주교들은 전부 칙령에 서명했다. 피아첸차에서 열린 롬바르디아 주교 회의는 이 칙령을 승인했다. 하인리히는 그레고리우스에게 보내는 칙령에 "찬탈이 아니라 신의 법으로 제위에 오른 하인리히가 교황이 아닌 거짓 수도사 힐데브란트에게"라는 표제를 붙였다.[89] 전갈은 로마 종교 회의(1076년 2월 21일) 때 그레고리우스에게 전달되었다. 회의에 참석한 주교는 110명으로, 모두 이탈리아와 갈리아에서 온 이들이었다. 그들은 전령을 죽이라고 하였지만 그레고리우스는 그를 보호했다. 종교 회의는 보름스 칙령에 서명한 주교들을 파문했다. 교황은 파문과 저주, 그리고 폐위라는 세 가지 형으로 황제를 공격했고, 하인리히의 신하들을 순종의 서약으로부터 해방시켰다.(1076년 2월 22일) 하인리히는 위트레흐트의 주교를 설득하여 성당의 설교단에서 그레고리우스('위증한 수도사')를 저주하게 했다. 온 유럽은 교황이 황제를 폐위시킨 것에 충격을 받고, 황제가 교황을 퇴임시키고 주교가 교황을 저주한 것에 더 큰 충격을 받았다. 종교적 정서는 국가적 정서보다 더 강했다. 대중은 급속도로 황제에 대한 지지를 거두었다. 작센 주에서는 다시 반란이 일어났다. 그리고 황제가 보름스와 마인츠로 영토 안의 주교와 귀족들을 소환하여 회의를 열고자 하였을 때, 그의 소환 명령은 전체적으로 무시를 당했다. 그와는 반대로 상황을 살피며 왕에 맞서 봉건 권력을 키울 기회를 엿보던 독일 귀족들은 트리부르(1076년 10월 16일)에 모여 황제 파문을 승인하고, 황제가 1077년 2월 22일까지 교황의 면죄 선언을 얻지 못하면 자신들이 그의 뒤를 이을 황제를 정하겠다고 선언했다. 트리부르의 교황 사절단과 귀족들 사이에 1077년 2월 2일 아우크스부르크에서 교황이 주재하는 회의를 열어 교회와 왕국의 일들을 결정하자는 약속이 맺어졌다.

하인리히는 패배하고 거의 완전히 버림받은 채 슈파이어로 물러났다. 아우크스부르크 회의에서 자신의 폐위를 확정할 것이라고 믿었던 하인리히는 로마로 전령을 보내, 그곳으로 가서 용서를 구하겠다고 청했다. 그레고리우스는 곧 아우크스부르크로 떠나야 하기 때문에 로마에서 그를 만날 수 없다는 답장을 보냈다. 북쪽으로 가던 중 교황은 만투아에서 친구이자 후원자인 투스카니 백작 부인 마틸다의 대접을 받았다. 그러던 중 하인리히가 이탈리아로 들어왔다는 소식을 들었다. 그가 반(反)교황 세력이 있는 롬바르디아에서 군사를 일으킬까 두려웠던 그레고리우스는 레지오 에밀리아 부근 아펜니노 산악 지대의 높은 곳, 카노사에 위치한 마틸다의 요새 성으로 대피했다. 1077년 1월 25일, 이탈리아 역사상 가장 극심한 혹한에 속했던 어느 날, 독일 대공들에게 전달된 그레고리우스의 전언에 따르면 하인리히는

> 카노사로 직접 …… 소규모 수행원들만 데리고 왔다. …… 맨발에 허름한 양모 의복만 걸치고 성문으로 출두하여, 두려움에 떨며 면죄 선언과 용서를 간청했다. 이렇게 하기를 사흘이 지나는 동안 우리는 모두 그가 처한 곤경에 연민을 느꼈고, 눈물과 기도로서 그를 위해 탄원했다. …… 종국에 우리는 그에게서 파문을 거두었고, 그를 다시 성모 교회의 품 안으로 받아들였다.[90]

그레고리우스가 오랫동안 망설인 이유는 그가 냉정하게 판단했기 때문이 아니었다. 그는 독일 대공들과 상의 없이 하인리히와 화해하지 않겠다고 합의를 했었다. 또한 그는 만약 용서를 받은 하인리히가 다시 반란을 일으킨다면, 두 번째 파문은 효과가 줄어들 것이고 귀족들의 지지마저 떨어질 것이라는 점을 알고 있었다. 또 한편으로 그리스도교 세계는 왜 그리스도의 대리자가 그토록 겸허히 참회하는 자를 용서하지 않는지 이해하지 못할 터였다. 이 사건은 종교적으로는 그레고리우스의 승리였지만, 하인리히에게 절묘한 외교적 승리가

돌아갔다. 그는 자동적으로 자신의 제위를 되찾았다. 그레고리우스는 로마로 돌아가 2년 동안 주로 성직자의 독신주의를 시행하기 위한 그리스도교 입법에 몰두했다. 하지만 독일의 대공들은 슈바벤의 루돌프를 독일의 왕으로 선포하고(1077년), 하인리히의 전략은 실패로 돌아간 것처럼 보였다. 그러나 이제 교황의 금지령에서 해방된 그는 귀족들에게 현혹되지 않은 대중들에게서 새로이 연민을 얻었다. 그를 옹호하는 새로운 군대가 모집됐다. 그리고 2년 동안 경쟁자 왕들은 내전을 벌이며 독일을 황폐화시켰다. 그레고리우스는 긴 고심 끝에 루돌프를 지지하기로 하고 하인리히를 다시 한 번 파문하는 한편, 그리스도교도들로 하여금 그 밑에서 봉직하는 것을 금하였으며 루돌프의 깃발 아래 서는 모든 이들에게 그 죄를 면해 주었다.(1080년 3월)[91]

하인리히는 예전처럼 치밀하게 움직였다. 그는 호의적인 귀족과 주교들을 모아 마인츠에서 회의를 소집했다. 회의는 그레고리우스를 퇴임시켰다. 브릭센에서 열린 독일 및 북이탈리아 출신 주교 회의는 교황의 퇴임을 확정하고, 라벤나 대주교 기베르를 교황으로 선포했으며, 하인리히에게 그 칙령들을 집행하라고 주문했다. 두 적이 작센 주의 잘레 강둑 위에서 마주쳤다.(1080년 10월 15일) 하인리히는 패배했고, 루돌프는 죽었다. 반란을 일으킨 귀족들은 루돌프의 후계자를 놓고 갈라졌고, 하인리히는 이탈리아로 들어가 아무런 저항에도 부딪치지 않고 롬바르디아를 통해 행군하면서 새로운 군대를 모은 후 로마를 포위했다. 그레고리우스는 로베르 기스카르에게 도움을 요청했지만 로베르는 멀리 떨어진 곳에 있었다. 교황은 자신이 잉글랜드 정복을 승인하고 도와주었던 윌리엄 1세에게 도움을 청했지만, 윌리엄은 이 큰 다툼에서 하인리히가 지도록 도와야 할지 확신을 갖지 못했다. 로마 시민들은 용감하게 교황을 방어했지만 하인리히는 성 베드로 성당을 비롯하여 로마의 많은 지역을 점령할 수 있었다. 그레고리우스는 산탄젤로 성으로 피신했다. 하인리히의 명령으로 라테라노 궁에서 소집된 종교 회의는 그레고리우스를 퇴임시키고 파문한 후, 기베르를 클레멘스 3세로 임명했다.(1084년 3월 24일) 그리고 일주일 뒤 클레멘스는 하인리히를 제위에 앉혔다. 하인리히는 일 년 동안 로마를 지배했다.

그러나 1085년 비잔티움으로 출정하던 로베르 기스카르가 3만 6000의 병사들을 이끌고 로마로 다가왔다. 하인리히는 그러한 군대에 저항할 병력이 없었다. 그는 독일로 달아났고, 로베르는 수도로 들어와 그레고리우스를 풀어 주고 로마를 약탈하여 그 절반을 폐허로 만든 뒤 그레고리우스를 몬테 카시노로 데려갔다. 로마 대중들이 노르만인들에게 너무 격분하여, 그곳에서는 자신의 동맹인 교황이 안전히 머물 수 없었던 것이다. 클레멘스는 명약관화한 교황으로서 로마로 돌아왔다. 그레고리우스는 살레르노를 향해 나아가며 다시 종교 회의를 열어 또다시 하인리히를 파문했고, 그 후 심신이 쇠약해졌다. 그는 말했다. "나는 올바름을 사랑하고 부당함을 증오했다. 그리하여 망명지에서 죽는다." 그의 나이 불과 예순두 살이었다. 하지만 격렬한 논쟁들을 겪으며 신경을 짓누른 중압감은 그를 지치게 했다. 그리고 자신이 카노사에서 용서해 준 사람에게 당한 패배는 그에게서 삶의 의욕을 앗아 갔다. 1085년 5월 25일 살레르노에서 그는 눈을 감았다.

어쩌면 그는 올바름을 너무 고압적으로 사랑했고, 부당함을 너무 열렬히 증오했는지 모른다. 적의 입장에서 공정함이라는 요소를 보는 것은 철학자에게는 운명이요, 활동가에게는 금지된 일이다. 한 세기 후 인노켄티우스 3세는 그리스도의 대리자에 의해 통일된 세계라는 그레고리우스의 꿈을 많은 부분 실현했다. 하지만 그의 정치는 좀 더 온화한 정신과 현명한 외교술에 의한 것이었다. 그럼에도 불구하고 인노켄티우스의 승리가 가능했던 것은 그레고리우스의 패배 덕분이었다. 힐데브란트는 자신의 손이 닿는 것보다 더 높은 곳을 움켜잡았지만, 10여 년 동안 교황권을 일찍이 전례 없던 높이와 권력의 위치로 승격시켰다. 성직자들의 결혼에 맞서 벌인 그의 비타협적 전쟁은 성공했다. 그리고 그의 후계자들을 준비시켰다. 그들은 반으로 나눌 수 없는 충심으로 교회를 헤아리기 힘들 만큼 강화했다. 성직 매매와 평신도 서임권에 맞서 치른 전쟁은 더딘 승리를 거두었지만, 끝내 그의 견해는 널리 퍼지고, 교회의 주교들은 교황권의 적극적인 종이 되었다. 그가 이용한 교황 사절단은 교황들의 권력을 그리스도교 세계의 모든 교구 안으로 확대했다. 그가 주도한 덕분에 교황 선거들은 왕실의 지배로부터 해방되었다. 그로 인해 곧 교회에는 실력자들이 놀랄 만큼 연이어 등장한다. 그리고 그레고리우스 사후 10년이 되어 세상의 왕들과 귀족들은 우르바누스 2세를 그리스도교와 봉건주의, 기사도, 그리고 제국주의를 아우르는 전체, 즉 우리가 알고 있는 십자군 원정에서 유럽의 수장으로 인정한다.

THE AGE OF FAITH

22장 봉건 제도와 기사도
600~1200

1. 봉건 제도의 기원

유스티니아누스 사망 이후 6세기에는 상황과 환경들이 인상적으로 작용하면서 서유럽 세계의 경제 활동에 조금씩 근본적인 변화가 일어났다.

이미 언급한 몇몇 상황들은 동시에 발생하며 봉건 제도를 준비했다. 독일의 침략이 있던 기간 동안 이탈리아와 갈리아의 도시들이 불안해지자 귀족들은 시골 별장으로 거처를 옮겨, 그곳에서 소작인들과 부하 가족들, 그리고 군사 부관들에 둘러싸여 지냈다. 수도사들이 땅을 경작했고, 수공예품을 만들던 수도원들은 시골 지역의 반쯤 고립된 경제 단위를 향한 원심 운동을 강화했다. 길은 전쟁으로 파손되고 가난 때문에 방치되고 노상강도로 인해 위험해져, 더 이상 충분히 교류하고 소통할 수 없었다. 상업이 위축되고 제조업이 몰락하면서 국가 세입도 떨어졌다. 가난해진 궁정들은 더 이상 생명과 재산, 그리고 교역을 보호할 수 없었다. 상업이 가로막히면서 별장들은 경제적 자급자족을 도모할 수밖에 없었다. 이전에는 도시에서 사오던 많은 제조품들이 대(大)영지 위에서 생산됐다. 5세기 시도니우스 아폴리나리스의 편지는 굽실거리는 소작인들이 경작하는 널찍한 소작지에서 사치스럽게 생활하는 시골 영주들의 모습을 보여준다. 이들은 이미 자신들의 재판장[1]과 군대[2]를 보유한 봉건 귀족이었는데, 크게는 글을 읽을 수 있다는 점에서 뒤에 등장하는 귀족들과 다르다.

3~6세기에 봉건 제도를 위한 길을 닦은 요소들은 6~9세기에 봉건 제도를 확립했다. 메로빙거 가문과 카롤링거 가문의 왕들은 관리와 장수들에게 토지를 지급했다. 9세기 이러한 봉지들은 세습지가 되고 카롤링거 왕들의 세가 약해지면서 어느 정도 독립성을 갖게 되었다. 8세기와 9세기, 10세기에 걸친 사라센인과 스칸디나비아인들, 그리고 마자르족들의 침략은 6세기 전 독일의 침략으로 초래된 결과를 반복하고 강화했다. 중앙 집중적인 방어책이 실패하자, 지역 귀족이나 주교들은 국지적인 질서와 수비를 조직하고 자신만의 병력과 재판소를 보유했다. 침략자들은 흔히 말을 탔기 때문에 말을 제공할 수 있는 수비군이 요구됐다. 기병들은 보병대보다 더 중요해졌다. 그리고 초기 로마 당시 기사 계급이 귀족과 서민들 사이에서 형성되었던 것처럼, 프랑스와 노르만 잉글랜드, 그리고 그리스도교 스페인에서는 말을 탄 기사들의 계급이 귀족과 소농들 사이에서 성장했다. 사람들은 이러한 현상을 억울해 하지 않았다. 언제든 공격받을 수 있는 공포 분위기 속에서 군사 조직을 간절히 바랄 뿐이었다. 사람들은 될 수 있으면 귀족들의 성이나 요새화된 수도원 가까이에 집을 지었다. 그리고 영주(領主, 즉 법의 보호를 받는 사람)나 대공(大公, 즉 지도할 수 있는 사람)에게 쉽게 충성을 바쳤다. 그들의 의존성을 이해하기 위해서는 그들이 가졌던 공포심을 생각해 보아야 한다. 더 이상 스스로를 보호할 수 없었던 자유민들은 일정 정도의 실력자들에게 땅이나 노동력을 제공하고 숨을 곳과 기댈 곳을 얻었다. 이렇게 "탁신(託身)"이 이루어지는 경우 영주들은 대개 "자기 사람"에게 땅을 "가점유" 상태로 맡겼는데, 이러한 임대차 계약은 기증자가 원하면 언제든

취소할 수 있었다. 이와 같이 불안정한 사용권은 농노가 토지를 소유하는 일반적인 형태가 되었다. 봉건 제도는 더 높은 사람에게 경제적 복종과 군사적 충성을 바치는 대가로 경제 조직과 군사적 보호를 얻는 것이었다.

봉건 제도를 엄격히 규정하기는 힘들다. 시대와 장소에 따라 수십 가지 변형된 모습을 띠기 때문이다. 그 기원은 이탈리아와 독일에 있지만, 가장 고유한 형태로 발달한 곳은 프랑스였다. 브리튼에서는 앵글로색슨 정복자들이 브리튼 사람들을 노예로 삼는 과정에서 시작되었을 테지만,[3] 대부분은 갈리아인들이 노르망디에서 들여온 것이었다. 봉건 제도는 북이탈리아나 그리스도교 스페인 내에서는 충분히 발달하지 못했다. 동로마 제국에서는 대지주들이 군사적, 사법적 독립성을 키우지 못했을 뿐 아니라 서방 세계에서는 봉건 제도를 발달시키는 데 필수적으로 보였던 충성 서약의 위계도 자리 잡지 못했다. 많은 유럽 소농들은 봉건화하지 않았다. 발칸 지역과 동이탈리아, 스페인의 목장주나 양치기들, 서부 독일과 남프랑스의 포도 재배자들, 스웨덴과 노르웨이의 건장한 농부들, 엘베 강 너머 튜턴의 개척자들, 카르파티아와 알프스, 아펜니노, 피레네 산맥 등의 산지인들도 그러했다. 물리적으로나 기후적으로 그토록 다양한 대륙이 단일한 경제 체제를 갖기는 어려웠다. 봉건 제도 내에서조차 계약과 신분의 조건들은 나라마다, 영지마다, 시대마다 달랐다. 우리가 검토하는 대상은 주로 11세기와 12세기의 프랑스와 잉글랜드가 될 것이다.

2. 봉건 조직

1. 노예

이 시대의 사회는 자유민과 농노, 그리고 노예들로 구성되었다. 자유민에는 귀족과 성직자, 직업 군인, 전문 직종인, 대다수 상인과 장인, 그리고 소농 중 봉건 영주에 대해 지닌 의무가 거의 또는 전혀 없이 자기 땅을 소유하거나 영주에게 돈으로 소작료를 지불하고 땅을 임대한 자들이 속했다. 이러한 소농 소유주들은 11세기 잉글랜드의 농업 인구 중 약 4퍼센트를 차지했다. 서부 독일과 북이탈리아, 남프랑스에는 이들의 수가 더 많았는데, 아마도 서유럽 전체 소농 인구의 4분의 1은 되었을 것이다.[4]

농노 제도가 확대되면서 노예 제도는 수그러들었다. 12세기 잉글랜드에서는 노예 활동이 가사 노동으로 거의 한정되었다. 루아르 강 이북의 프랑스에서는 무시해도 좋을 정도의 규모였다. 독일 노예 제도는 10세기에 발흥했는데, 이들은 아무런 죄책감 없이 이교 슬라브족을 잡아 잡일을 시키거나 이슬람 또는 비잔티움 영토에서 매매했다. 역으로 이슬람교도들과 비잔티움인들은 흑해나 서아시아, 북아프리카 등지의 해안에서 노예 상인들에게 납치되어, 이슬람이나 그리스도교 국가의 농장 머슴이나 가정부, 환관, 첩 또는 매춘부 등으로 팔렸다.[5] 노예 무역은 특히 이탈리아에서 성업을 이루었다. 아마도 이슬람 국가들과 근접해 있었고, 그곳들을 양심에 거리낌 없이 희생양으로 삼을 수 있었기 때문일 것이다. 사라센인들의 습격에 대한 정당한 보복으로 여겼던 듯하다.

우리에게 알려진 모든 역사를 통하여 지속되던 제도는 심지어 성품 곧은 도덕주의자들에게도 필연적이고 영원한 것처럼 보였다. 교황 그레고리우스 1세가 천부의 자유권에 관한 감탄스러운 말들과 함께 자신의 노예 두 명을 해방시킨 것은 사실이었다.[6] 그러나 그는 교황 사유지에서 계속해서 수백 명의 노예들을 부렸고,[7] 노예들이 성직자가 되거나 자유민인 그리스도교도와 결혼하는 것을 금지하는 법안을 승인했다.[8] 그리스도교 포로들을 이슬람에 파는 행위는 맹비난했지만, 이슬람교도들이나 아직 그리스도교로 개종하지 않은 유럽인들을 노예화하는 것은 허락했다. 포로로 잡힌 슬라브인과 사라센인 수천 명은 여러 수도원에 노예로 퍼져 나갔다. 그리고 교회 소유지와 교황 사유지의 노예 노역은 11세기까지 지속되었다.[9] 이따금 교회법은 교회 토지의 부를 돈보다 노예로 추산했다. 세속의 법처럼 교회법도 노예를 재산으로 여겼던 것이다. 교회법은 교회의 노예들이 유언을 남기는 것을 금하였고, 노예가 죽을 당시 소유하고 있던 재산이나 저축 등은 교회에 속하는 것으로 정하였다.[10] 나르본의 대주교는 1149년 유언을 통해 자신의 사라센인 노예들을 베지에의 주교들에게 남겼다.[11] 성 토마스 아퀴나스는 노예 제도를 아담이 지은 죄의 한 귀결이며, 다른 이들이 마음껏 그들을 방어할 수 있도록 누군가는 힘든 노역을 맡아야 할 세상에서 경제적으로 편리한 방책이라고 해석했다.[12] 그러한 견해는 아리스토텔레스 사상의 전통이자 시대의 정신이었다. 자신의 재산은 완전한 시장 가치에 의하지 아니하고는 절대 양도하지 않는다는[13] 교회의 규율은 그 안의 노예와 농노들에게는 유감스러운 것이었다.[14] 그럼에도 불구하고 교회는 그리스도교가 급속도로 확산되고 있던 시대에 그리스도교도의 노예화를 금지함으로써 노예 밀거래를 억제하는 진보적 조치를 취하였다.

노예 제도가 축소된 것은 도덕적 진보가 아닌 경제적 변화 때문이었다. 직접적인 물리적 강요 아래에서 이루어지는 생산은 소유욕을 자극하여 이루어지는 생산보다 수익성과 편리성이 모두 떨어졌다. 노예 신분은 계속 존재했고, "세르부스(servus)"라는 단어는 노예와 농노를 모두 지칭했다. 그러나 이윽고 그 말은 "농노(serf)"라는 단어가 되었고, "빌런(villein)"이 "악당(villain)"이 된 것처럼 "슬라브(Slav)"는 "노예(slave)"가 되었다. 중세 시대에 빵을 만든 이들은 노예가 아닌 농노들이었다.

2. 농노

일반적으로 농노는 작은 토지를 경작했는데, 이러한 토지의 실소유주인 영주나 귀족들은 매년 작물이나 노역 또는 화폐로 임대료를 받는 조건으로 토지에 대한 종신 보유권과 군사적 보호를 제공했다. 농노는 소유주의 마음대로 쫓겨날 수도 있었다.[15] 그리고 농노가 사망하면, 그의 자식은 영주의 승낙을 받고 대가를 지불한 후에야 땅을 물려받을 수 있었다. 프랑스 농노들은 약 40실링(400달러?)이면 자의로 땅을 팔 수 있었다. 때로는 그 자신(즉 그의 노동력)이 주인에 의해 이 사람, 저 사람에게 부분적으로 팔리기도 했다. 프랑스 농노들은 땅과 모든 소유물을 영주에게 양도하면 봉건 계약을 파기할 수 있었다. 잉글랜드에서는 이러한 이주의 권리가 거부당했고, 도망친 중세 농노들은 근대의 도망 노예처럼 끈질기게 쫓기고 붙잡혔다.

농노가 땅의 소유주에게 마땅히 지불해야 할 봉건적 의무는 매우 많고 다양했다. 그 의무들을 다 기억하려면 머리가 좋아야 했을 것이다. (1) 농노는 매년 세 가지의 세금을 금전으로 지불해야 했다. (a) 영주를 통하여 나라에 납부하는 소액의 인두세. (b) 소액의 임차료. (c) 소유주가 매년 또는 더 빈번히 부과하는 임의의 조세(taille). (2) 매년 수확물과 가축의 일정 몫(금전이나 물량의 10분의 1)을 영주에게 납부했다. (3) 영주에게 여러 날 동안 무급 노역(corvée, 부역)을 제공해야 했다. 이는 오래전 경제 체제에서부터 이어져 내려온 의무인데, 숲을 개간하고 습지를 간척하고 운하를 뚫고 제방을 쌓는 일 등이 지역 사회나 왕에 대한 의무로서 소작농에 의해 집단적으로 이루어졌다. 어떤 영주들은 거의 일 년 내내 매주 사흘을 부역에 동원했고, 파종기나 수확기에는 4~5일까지 동원했다. 식사만 지급되는 추가 노역일 등은 비상시에 요구되기도 했다. 이러한 부역 의무는 각 가정마다 남자 한 명씩에게만 부과됐다. (4) 농노는 영주의 제분소에서 곡식을 빻고, 영주의 화덕에서 빵을 굽고, 영주의 통에서 맥주를 양조하고, 영주의 압축기로 포도를 짜면서 약간의 이용료를 내야 했다. (5) 영주의 영토에서 낚시나 사냥을 하고, 가축을 방목할 수 있는 권리에 대해 수수료를 지불했다. (6) 재판을 걸려면 우선 영주의 재판소로 가야 했고, 사건의 중대성에 따라 차등적인 수수료를 지불했다. (7) 전쟁 때에는 소환에 응하여 영주의 군대에 복무해야 했다. (8) 영주가 포로로 잡히면 농노는 몸값을 지불하는 데 일정 금액을 보태야 했다. (9) 영주의 아들을 기사로 만들 때 지불하는 상당한 기부금에도 이바지해야 했다. (10) 시장 등에 매매하기 위해 가져가는 모든 생산물에 대하여 영주에게 세금을 지불했다. (11) 영주가 맥주나 포도주를 팔기 시작하여 2주일의 시간이 지나기 전까지는 자신의 맥주나 포도주를 팔지 못했다. (12) 많은 경우 농노는 매년 영주에게서 정해진 양의 포도주를 구매해야 했다. 만약 때에 맞추어 구매하지 않을 경우, 관례서(영지 법전)에 따르면 "영주는 그 사람의 지붕에 4갤런에 달하는 양을 붓는다. 포도주가 밑으로 흐르면 임차인은 그 양에 해당하는 값을 지불해야 하고, 만약 위로 흐르면 값을 지불하지 않아도 된다."[16] (13) 농노가 아들에게 고등 교육을 시키기 위해 떠나보내거나 아들을 교회에 헌납하면 벌금을 물었는데, 영주가 일손을 잃게 되기 때문이었다. (14) 농노 또는 그 자녀가 영지에 속하지 않은 사람과 결혼하려면 세금을 내고 영주의 동의를 얻어야 했는데, 이 경우 영주가 그 자손의 일부 또는 전부를 잃게 되기 때문이었다. 많은 영지에서는 어떤 식으로 결혼하든 동의를 얻고 세금을 내야 했다. (15) 간간이 들리는 바에 의하면,[17] "초야권(初夜權)", 즉 영주가 농노의 신부와 "첫날밤을 보낼 권리"를 가졌다. 그러나 거의 대부분의 경우 농노는 영주에게 수수료를 지불하고 신부를 구원할 수 있었다고 한다.[18] 이런 형태로 초야권은 바이에른에 18세기까지 잔재했다.[19] 일부 잉글랜드 영지에서는 영주가 죄를 지은 딸을 둔 소작농에게 벌금을 매겼고, 몇몇 스페인 영지에서는 간음한 소작농의 아내에 대해 그 소유물을 영주가 모두 몰수하였다.[20] (16) 소작농이 함께 거주하는 자녀 없이 사망하면, 그 집과 땅은 몰수권에 의해 영주에게 되돌아갔다. 상속인이 미혼의 딸일 경우에는 같은 영지에 거주하는 남자와 결혼을 해야만 보유 재산을 유지할 수 있었다. 어떤 경우든 영주는 임차인 농노가 사망할 경우 상속세의 일환으로 보유 재산 중 가축이나 가구와 같은 공예품, 의복 등을 가져갈 권리를 지녔다. 어떤 경우에는 교구 목사가 그와 비슷한 "사후 처치"를 행했다.[21] 프랑스에서 이러한 사망세는 농노가 공동 거주하는 상속인 없이 사망했을 경우에만 부과됐다. (17) 일부(특히 그리스도교) 영지에서 농노는 영지에 군사 방어를 제공하는 관리(Vogt)에게 정규 세금과 상속세를 납부했다. 소작농은 교회에 매년 십일조나 수확물의 10분의 1을 납부했다.

이토록 다양한 세금과 수수료(한 가정에 모두 부과되는 것은 아니다.)를 모아 놓고 보니, 농노가 져야 할 의무 금액의 총합이 얼마인지 계산하기조차 어렵다.

중세 후기 독일의 경우에는 수확물의 3분의 2 정도 되었던 것으로 추산되었다.[21a] 농경 체제에서 두드러진 관습의 힘은 농노에게 유리하게 작용했다. 대개 금전이나 현물로 지불하던 의무금은 수확량이 증가하고 통화 가치가 떨어져도 몇 세기 동안 동일하게 유지됐기 때문이다.[22] 이론적으로 또는 법적으로 농노에게 작용하던 장애와 의무 사항은 영주의 관용이나 효과적인 저항, 또는 세월의 흐름에 따라 완화되거나 사라졌다.[23] 어쩌면 전체적으로 중세 농노들이 당하던 고통은 과장되었는지도 모른다. 그들에게 부과된 의무금들은 대체로 소유주에게 납부해야 하는 현금 임차료 대신, 또는 지역 사회에 납부해야 하는 세금 대신으로, 공무와 공공사업을 유지하기 위한 것이었다. 어쩌면 그들이 수입 대비 부과받은 세금의 비율은, 오늘날 우리의 수입에 대해 부과되는 연방세나 주세(州稅), 지방 자치 단체 세금, 또는 교육세에 비해 더 적었을지도 모른다.[24] 12세기 평균 소작농은 최소한 근대 국가들의 일부 소작인들만큼 쉴 수 있었고, 아우구스티누스 시대의 로마 무산 계급들보다는 더 많은 휴일을 가졌다.[25] 영주들은 자신을 착취자라고 여기지 않았다. 그는 영지에서 능동적으로 역할했고, 엄청난 부를 누리는 경우는 거의 없었다. 13세기까지 소작농들은 그들을 존경했고, 흔히 애정을 갖고 대했다. 만약 영주가 아이 없이 홀아비가 될 경우, 농노들은 대표단을 보내 재혼을 촉구하기도 했다. 땅이 정해진 상속자 없이 방치되거나 잇따른 전쟁으로 훼손되지 않도록 하기 위한 것이었다.[26] 역사 속 대부분의 경제 체제나 정치 체제처럼, 봉건 제도는 시대와 장소, 그리고 인간 본성의 필수 요소들을 충족하기 위한 최선의 제도였다.

    소작농의 작은 집은 부서지기 쉬운 나무로 만들었는데, 대개 짚과 풀을 엮거나 가끔 지붕널을 이용하기도 했다. 1250년 이전에는 소방 조직이 없었다고 한다. 이런 집에 불이 나면 대개 전소 피해를 입었다. 대체로 집에는 방이 한 칸이고, 많아도 두 칸이었다. 장작을 태우는 벽난로와 화덕, 나무로 된 반죽통, 식탁과 긴 의자, 찬장과 접시, 요리 기구와 장작 받침쇠, 가마솥과 냄비 걸이, 그리고 솥 가까이 동쪽 바닥에 깃털이나 짚으로 만든 커다란 매트가 있었고, 매트 위에서 소작농과 그의 아내, 그리고 아이들이 생활했다. 하룻밤을 묵어가는 손님들도 그 위에서 모두 부둥켜안고 서로의 체온을 느끼며 잠을 잤다. 돼지와 가금류들은 집 안으로 자유로이 드나들었다. 여자들은 환경이 허락하는 한 집을 깨끗하게 유지했지만 바쁜 소작농들은 청결이 귀찮기만 했다. 사탄들이 그들의 냄새를 견디지 못해 지옥에 농노를 데려가지 않는다는 이야기도 있다.[27] 집 근처에는 말과 소를 기르는 외양간이 있었는데, 양봉장과 양계장도 있었던 것 같다. 외양간 부근에는 전체 가족들과 가축들이 만들어 놓은 퇴비 더미가 있었다. 그 주변으로는 농사와 가내 공업에 사용하는 도구들이 있었다. 고양이는 쥐를 쫓았고, 개는 모두를 지켰다.

천이나 맨가죽으로 만든 작업복 상의와 가죽이나 양모 소재의 재킷, 허리띠와 바지, 목이 높은 신발이나 장화를 걸친 소작농은 오늘날 프랑스의 소농과 크게 다르지 않은 건장한 인상을 풍겼을 것이다. 우리는 그들의 모습을 억압받고 지쳐 빠진 모습이 아니라, 강하고 참을성 많은 쟁기를 든 영웅으로, 누구나 그렇듯 아무리 비합리적이더라도 남몰래 꺾이지 않는 자존심을 지닌 영웅의 모습으로 상상해야 한다. 그 아내들도 동틀 무렵부터 한밤중까지 농노 못지않게 열심히 일했다. 게다가 여자들은 아이까지 낳았다. 그것도 아이들은 농장의 자산이었기 때문에 많은 아이들을 출산했다. 그럼에도 불구하고 프란체스코회 수도사 펠라기우스(1330년경)의 글을 보면, 어떤 농노들은 "흔히 아내들을 멀리했는데, 아이들을 낳지 않기 위해서였다. 이들은 가난을 핑계로 대며 그 많은 아이들을 양육하지 못할까 봐 걱정했다."[28]

소작농들의 음식은 양이 많고 몸에 좋은 유제품과 달걀, 채소, 고기 등이었다. 하지만 고상한 역사학자들은 이들이 검은(즉 통곡) 빵을 먹어야 했다며 애달파 했다.[29] 그들은 마을에서 사회생활을 함께했지만 문화적 관심은 없었다. 글은 읽지 못했다. 글을 읽고 쓸 줄 아는 농노가 있었다면 문맹인 영주는 굴욕감을 느꼈을 것이다. 농노들은 농사일 외에는 모든 것에 무지했고, 농사일에도 그다지 전문적이지 못했다. 행동이나 태도는 거칠지만 따뜻했고, 아마도 무례했을 것이다. 역사적 혼란을 겪던 이 시기 유럽의 농노들은 온순한 짐승이 되어 살아남아야 했고, 그렇게 살아 냈다. 가난했기 때문에 탐욕스러웠고, 두려움이 많아 잔인했으며, 억압받기 때문에 폭력적이었고, 무례한 대접을 받았기 때문에 무례했다. 그들은 교회의 대들보였지만, 종교보다는 미신을 더 많이 믿었다. 펠라기우스는 그들이 십일조를 낼 때 교회를 속이고, 성일(聖日)과 금식을 준수하지 않는다며 비난했다. 고티에 드 코앵시(Gautier de Coincy, 13세기)는 농노들이 "하느님을 양 한 마리보다도 두려워하지 않으며, 신성 교회의 법 앞에 단추 하나 내놓지 않는다."라고 불만을 토로했다.[30] 그들도 무겁거나 저속한 농을 즐길 때도 있었지만 밭에서나 집에서나 입이 무겁고 말수가 적었으며 분위기가 근엄했는데, 고된 노역과 잡일에 온 힘을 다 쓴 나머지 말이나 꿈 같은 데 기운을 낭비할 여력이 없었다. 농노는 미신을 믿었지만 현실주의자들이었다. 그들은 하늘이 인정사정 봐줄 것 없이 변덕을 부리며, 죽음은 확실하다는 것을 알았다. 한 계절 가뭄이 들면 자신과 가족들에게 굶주림이 찾아온다는 것도 알았다. 970~1100년에 발생한 60차례의 기근은 프랑스에서 사람들을 살육했다. 영국의 소작농들은 1086년과 1125년 즐거운 잉글랜드에 찾아든 기근을 잊을 수 없었다. 12세기 트리어의 주교는 굶주린 소작농들이 자신의 말을 죽여 그 고기를 먹는 모습을 보고 충격을 받았다.[31] 홍수와 역병과 지진도 가세하여 모든 희극을 끝내 비극으로 만들었다.

3. 마을 공동체

영주들의 시골 별장 주변에는 50~500명에 달하는 소작농들, 즉 농노나 반(半)자유농 또는 자유민이 마을을 형성하고, 안전을 위해 고립된 농가가 아닌 벽을 세운 정착지에서 서로 가까이에 모여 생활했다. 대개 마을은 한 개 이상 영지들의 일부였다. 그곳의 관리들은 대부분 영주에 의해 임명되었고, 오직 그에게만 보고할 의무가 있었다. 하지만 소작농들은 지방 행정관 또는 지역 단체장을 선출하여 자신들과 영주 사이를 중재하게 했고, 자신들의 농경 활동을 조정했다. 시장에서는 주기적으로 모여들어 영지 내의 자급자족 후에 남은 물건들을 물물 교환하였다. 마을의 시골 가정들은 각자 채소를 기르고 일부 고기도 가축으로 해결하였으며 양모와 리넨을 잣고 옷도 대부분 직접 만들었다. 마을 대장장이는 쿵쾅거리며 철제 도구를 만들고 무두장이는 가죽 제품을 만들었다. 목수는 집을 짓고 가구를 만들고, 수레 목수는 수레들을 만들었다. 천을 바래고 다듬는 직공과 염색공, 석공, 마구 제조인, 구두 수선공, 비누 제조인 등등이 마을에 거주하거나 잠깐 다니러 와서 요구만 있으면 자신들의 기술을 선보였다. 고기와 빵을 준비할 때면 대중 정육점이나 빵집이 소작농과 주부들과 경쟁했다.

봉건 경제의 10분의 9는 농업이었다. 대개 11세기 프랑스와 잉글랜드에서는 영지 내의 경작되는 땅이 매년 세 개의 밭으로 나뉘었다. 한 곳은 밀이나 호밀을, 다른 한 곳은 보리나 귀리를 심고 나머지 한 곳은 휴경지로 남겨 두었다. 각각의 밭은 1에이커나 반 에이커의 더 작은 땅뙈기로 나누어졌고 각각 잔디를 엎지 않은 "이랑"으로 구분되었다. 마을 관리들은 소작농에게 각 밭의 땅뙈기들을 여러 개수로 맡기고, 공동체가 정한 계획에 따라 윤작하게 만들었다. 전체 밭은 모든 사람의 공동의 노동력으로 쟁기질과 써레질을 하고 작물을 심고 재배하며 수확했다. 한 사람이 맡은 땅뙈기들이 서너 개 밭에 여기저기 흩어져 있었던 것은 생산력이 고르지 않은 땅들을 놓고 그 사람에게 공정한 몫을 주기 위한 노력이었을 것이다. 협동하여 밭을 가는 행위는 흔적이 별로 남아 있지 않은 원시 공산제에서 잔존한 관행이었을 것이다. 이러한 땅뙈기에 더하여 봉건 의무를 다하고 있는 소작농들은 영지 내의 숲 또는 "녹지"에서 나무를 베고 소를 먹이고 건초를 모을 권리를 가졌다. 그리고 대개는 집 주변으로 땅이 충분해서 정원을 만들고 꽃을 가꿀 수 있었다.

봉건 그리스도교 국가의 농경학은 콜루멜라 시대의 로마 농경학이나 이슬람 메소포타미아나 스페인의 농경학과는 비교도 할 수 없었다. 그루터기나 다른 쓰레기들은 밭에서 태워 땅을 비옥하게 하고 곤충과 잡초를 함께 제거했다.

이회토(泥灰土)나 그 외의 석회질 토양들은 가공되지 않은 거름이 되었다. 인공 비료는 존재하지 않았고, 운송 비용 때문에 동물의 배설물을 사용하는 데에도 한계가 있었다. 루앙의 대주교는 자신이 키우는 말들의 배설물을 드빌 근처에 있는 자신의 밭으로 운반하는 대신 센 강에 흘려보냈다. 소작농들은 돈을 모아 쟁기나 써레를 사서 공동으로 사용했다. 11세기까지 황소는 짐을 끄는 짐승이었다. 황소는 먹이가 비교적 저렴하고, 나이를 먹은 후에는 말보다 더 경제적으로 먹을 수도 있었다. 하지만 1000년경에는 마구 제조인들이 말의 목을 조르지 않고 끌 수 있는 질긴 고리를 발명했다. 고리를 착용한 말은 황소보다 하루 네 배 더 많은 밭을 갈 수 있었다. 습한 기후에서는 밭을 가는 속도가 중요했다. 따라서 11세기를 지나며 말은 황소를 대신하여 점점 더 많이 이용되었고, 여행과 사냥, 그리고 전쟁을 예비하던 높은 지위를 잃었다.[32] 동방 이슬람권에는 오래 전부터 알려져 있던 물레방아가 12세기 끝 무렵 서유럽에 들어왔다.[33]

교회는 일요일과 성일들로 소작농들의 고된 노역을 덜어 주었는데, 그런 날 "노예 노동"을 하는 것은 죄악이었다. 소작농들은 이렇게 말했다. "우리 황소들은 언제가 일요일인지 알아. 그리고 그날은 일하지 않지."[34] 그런 날 미사를 마친 소작농들은 노래하며 춤을 추었고, 쾌활한 시골 사람 특유의 웃음으로 재미없는 설교와 농장 일의 부담을 잊었다. 에일(ale) 맥주는 저렴했고, 말투는 자유롭고 불경스러웠으며, 여자들에 관한 문란한 이야기들이 성인들의 굉장한 전설 속에 섞여들었다. 풋볼과 하키, 레슬링, 포환던지기 등의 거친 경기들로 사람 대 사람 또는 마을 대 마을이 겨루었다. 닭싸움과 소 곯리기도 유행했다. 원 안에서 눈가리개를 한 두 사람이 곤봉을 들고 거위나 돼지를 죽이는 경기를 할 때면 재미가 최고조에 올랐다. 때로는 저녁이 되면 소작농들이 서로를 방문하여 실내에서 하는 놀이를 즐기며 술을 마셨다. 하지만 거리에 전등이 없었기 때문에 대개는 집에 머물렀다. 그리고 집에서는 초가 비쌌기 때문에 날이 어두워지면 곧바로 잠자리에 들었다. 긴 겨울밤에는 소도 기꺼이 집안에 들였고 그 온기를 감사히 누렸다.

그렇게 적절한 보상이 불러오는 진취성과 기술이 아니라, 고된 노역과 말[言] 없는 용기로 유럽의 소작농은 자기 스스로와 주인, 병사와 성직자와 왕 들을 먹여 살렸다. 그들은 습지를 간척하고 제방을 쌓고 숲을 개간하고 수로를 뚫고 도로를 놓고 집을 짓고 경작의 한계를 넓히고 밀림과 인간과의 전투에서 승리했다. 근대 유럽은 그들의 창조물이다. 이들의 깔끔한 울타리와 질서 정연한 밭을 보면 고된 노역과 고난의 시대를, 풍부한 자연의 원료를 우리 생활의 경제적 토대로 빚어 만들었던 등골 빠지고 비참했던 노동의 세기를 상상하기 어렵다. 여자들 역시 이 전쟁의 병사들이었다. 땅을 정복한 것은 그들의 인내심 많은 생식력이었다. 수도사들도 시대를 위해 누구 못지않게 용감하게 싸웠다. 그들은 황야의 전초 기지처럼 수도원을 세웠고, 혼돈 속에서 경제를 구축했으며, 황무지에 마을을 만들었다. 중세 시대가 시작될 때 유럽 땅의 대부분은 경작되지 않고 사람도 살지 않는 숲이자 불모지였다. 중세 시대가 끝날 무렵 대륙은 문명을 떨쳤다. 어쩌면, 적절한 관점에서 보자면 이것이야말로 신앙의 시대에서 가장 커다란 전투이자 가장 고귀한 승리이고 가장 중요한 성취였을 것이다.

4. 영주

어떤 경제 체제에서든 인간을 관리할 수 있는 사람들은 사물밖에 관리하지 못하는 인간들을 관리한다. 봉건 유럽에서 인간들의 관리자는 영주(領主)였다. 이들을 라틴어로는 "도미누스(dominus)", 프랑스어로는 "세니에르(seigneur, 로마의 연장자(senior))", 독일어로는 "헤어(Herr, 주인(master))", 영어로는 "로드(Lord)"라고 한다. 영주의 역할은 세 가지로, 자신의 땅과 그 거주민들에게 군사적 방어를 제공하고, 이러한 영지에서의 농사와 제조업과 교역을 체계화하며, 전쟁 때에 자신의 영주(liege lord)나 왕에게 복무하는 것이었다. 몇 세기에 걸친 이주와 침략, 약탈, 그리고 전쟁들로 조각나 버린 경제 안에서 사회는 지역의 독립과 충분한 식량 공급, 그리고 군대에 의해서만 생존할 수 있었다. 군사적 방어와 논밭 경작을 체계화할 수 있는 사람들은 그 땅의 자연스러운 영주가 되었다. 땅의 소유와 관리는 부와 권력의 원천이 되었고, 많은 토지를 소유한 귀족들의 시대가 시작되어 산업 혁명이 발생할 때까지 지속되었다.

봉건주의의 근본 원칙은 상호 간의 충성 서약이었다. 농노나 봉신이 영주에 대해, 영주가 종주(宗主)나 더 높은 영주에 대해, 종주가 왕에 대해, 왕이 종주에 대해, 종주가 영주에 대해, 영주가 봉신과 농노에 대해 경제적, 군사적 의무를 지녔던 것이다. 농노의 노역에 대한 대가로 영주는 그들에게 토지와 함께 소유권에 가까운 종신 보유권을 주었다. 영주는 소액의 수수료를 받고 농노가 자신의 화덕과 압축기, 제분소, 물, 나무, 밭을 이용할 수 있게 해 주었다. 많은 노동 의무를 소액의 현찰 납부로 대체해 주었고, 어떤 의무는 세월과 함께 사라지도록 놔두었다. 의지할 데 없이 아프거나 나이 든 농노의 소유물들을 빼앗지 않았고, 대개는 농노를 보살폈다.[35] 축제일이 되면 가난한 자들에게 성문을 열고 찾아온 모든 사람에게 먹을 것을 주었다. 다리와 도로, 수로, 교역 등을 관리했다. 영지의 잉여 생산품을 팔 시장, 작업할 "일손", 물건을 매입할 돈을 구했다. 새끼를 칠 목적으로 혈통 좋은 가축들을 들여왔고, 농노들에게도 선택된 수컷을 허락하여 가축을 늘릴 수 있게 해 주었다. 영주는 농노를 폭행해도(지역이나 상황에 따라서는 살해해도) 처벌을 받지 않았지만, 경제 감각을 갖고 자신의 야만성을 다스렸다. 자신의 영토 안에서 사법권과 군사권을 행사하며 영지 재판소에서 부과한 벌금들로 과도한 이익을 챙겼다. 비록 종종 법정 관리원에게 협박을 당하기도 했지만, 이 재판소에서 일하는 사람들은 대부분 농노들 자신이었다. 그리고 농노들이 기꺼이 이 사법 기관에서 일하며 보상을 얻고자 했던 것으로 보아 판결을 내리던 무례한 재판관도 그다지 억압적이지 않았던 것 같다. 관심이 있거나 용기가 있는 농노는 누구라도 영지 재판소에서 생각을 터놓고 말할 수 있었다. 몇몇 농노들은 감히 그렇게 했다. 그리고 단발적이고 의도되지 않은 그러한 행동 속에서, 이들 재판소는 농노 제도를 종식시킨 자유를 구축하는 데 일조했다.

봉건 영주는 영지나 사유지를 한 곳 이상 소유할 수 있었다. 그런 경우 그는 자신의 영토(즉 모든 영지)를 감독하기 위해 "지방 판관"을 임명했고, 각 영지들에 대해 "집사"나 "법정 관리원"을 지명했다. 그러고는 가족들과 함께 영지마다 돌아다니며 그곳의 생산품들을 현장에서 소비했다. 각 사유지마다 성을 갖고 있기도 했다. 고대 로마 군대의 벽을 두른 진지나 고대 로마 귀족들의 요새화된 별장, 또는 독일 부족장들의 요새나 성시(城市)에서 유래한 봉건 성이나 대저택은 편리함보다는 방어 능력을 중점에 두고 지어졌다. 성의 가장 바깥쪽 방어책은 넓고 깊은 해자나 수로였다. 해자에서 파낸 흙은 안쪽으로 언덕을 형성하였고, 그 안으로 네모진 기둥들을 한데 묶어 찔러 넣어 이어지는 방책을 만들었다. 해자 위로 밧줄에 걸린 도개교가 철문이나 내리닫이 쇠창살 문으로 이어졌는데, 이들 문은 성벽 안의 육중한 문을 보호했다. 이 벽 내부에는 마구간과 부엌, 창고, 별채, 빵집, 세탁소, 예배당, 하인 숙소 들이 있었는데, 대개는 모두 목재였다. 전쟁 시에 영지의 소작인들은 소와 그 밖의 운반할 수 있는 것들을 가지고 이 울타리 안으로 모여들었다. 그 중심에는 내성(內城), 즉 주인의 집이 세워져 있었다. 대개의 경우 그 집은 정사각형 탑이었고, 역시 목재였다. 12세기 무렵에는 방어가 더 수월하도록 둥근 형태의 석조 건물이 되었다. 내성의 맨 밑의 층은 창고와 지하 감옥이었고, 영주와 가족들은 그 위에서 생활했다. 11세기와 12세기에 이러한 내성들로부터 잉글랜드와 독일, 그리고 프랑스의 성과 대저택들이 발달했다. 이들 난공불락의 석탑은 자신의 소작인들과 왕에 대해 영주가 지닌 권력의 군사적 근간이 되었다.

내성의 내부는 어둡고 좁았다. 창은 거의 없는데다 그나마 크기도 작았으며, 유리를 단 것도 별로 없었다. 대개는 캔버스 천이나 기름종이, 덧문 또는 격자 문 등으로 비를 막고 빛도 거의 차단했다. 인공조명 역할을 하는 것은 양초나 횃불이었다. 대개의 경우 세 개 층 각각에 방은 단 한 개씩이었다. 각 층은 사다리나 뚜껑 문 또는 나선 계단으로 연결됐다. 2층에는 중앙 홀이 있어서 영주의 재판소와 식당, 거실, 그리고 거의 모든 가족들이 사용하는 침실로서의 역할을 했다. 한쪽 끝에는 연단이 세워져 있었는데, 영주와 그 가족과 손님들이 그 위에서 식사했다. 다른 사람들은 통로의 긴 의자 앞에 가져다 놓은 이동 식탁에서 식사했다. 잘 시간이 되면 바닥이나 통로의 낮은 나무 침대 틀 위에 매트리스를 얹었다. 모든 가족이 이 한 방에서 잠을 잤으며 칸막이로 개인 공간을 만들었다. 벽에는 회반죽을 바르거나 페인트를 칠했다. 벽은 휘장과 무기, 갑옷 등으로 장식했고, 벽걸이 천이나 태피스트리 등을 이용해 방으로 들어오는 찬바람을 막았다. 타일이나 돌로 포장된 바닥에는 골풀이나 큰 나뭇가지를 덮었다. 방 가운데에는 난로의 장작불로 열을 발생시키는 일종의 중앙난방이 설치되어 있었다. 중세 시대 후기까지 굴뚝은 없었다. 연기는 지붕창이나 지붕의 채광창으로 빠져나갔다. 연단 뒤에는 "개인 방"으로 통하는 문이 있었는데, 영주와 가족, 그리고 손님들은 그 방에서 편히 쉬며 햇볕을 쬐었다. 그곳의 가구는 양탄자와 벽난로, 호화로운 침대 등으로 더 편안한 것들이었다.

    영지의 영주는 튜닉(tunic)을 입었는데, 흔히 염색된 실크 소재에 기하학적 무늬나 꽃 그림 문양으로 장식되어 있었다. 어깨를 덮는 망토는 머리 위로 들어 올릴 수 있을 만큼 헐렁했다. 짧은 속바지와 반바지를 입고, 넓적다리까지 올라가는 스타킹을 신었으며, 긴 신발은 코가 뱃머리처럼 동그랗게 올라와 있었다. 허리띠에는 칼집과 칼을 매달았다. 목에는 대개 십자가 같은 펜던트를 걸쳤다. 1차 십자군 원정 당시 투구를 쓰고 갑옷을 입은 기사들을 식별하기 위해[36] 유럽 귀족들은 이슬람의 관례를 채택하여,[37] 옷과 상징 색, 군기, 갑옷, 그리고 장비 등에 문장이나 칠 등을 입혔다. 그 후로 문장관(紋章官)들과 기사들만 이해할 수 있는 문장학 용어들이 발달했다.* 온갖 겉치레에도 불구하고 영주는 기생충 같은 게으름뱅이가 아니었다. 그는 새벽에 일어나 탑 위로 올라가

---

* 노란색과 흰색, 파란색, 빨간색, 초록색, 검은색, 그리고 보라색은 각각 'or(gold)'과 'argent(silver)', 'azure', 'gules', 'vert', 'sable', 그리고 'purpure'라는 명칭을 얻었다. 'azure blue'는 동방에서 선택한 색이고, 그로부터 그 명칭 중 군청색(ultramarine)이라는 표현도 생겨났다. 'gules'는 깃털 테두리 장식으로 흔히 붉은색으로 염색되어, 십자군들이 손목과 목 주변에 착용했다.(라틴어로 'gula', 즉 목) 13세기 이러한 문장 상징물이나 가문의 장식(즉 방패)은 가문뿐 아니라 수도원과 작은 도시, 그리고 나라에서도 사용했다. 오랜 가문은 자신의 문장 상징물이나 휘장 위에 대개 "정직하게(En bonne foi)"나 "과하지도 부족하지도 않게(Ni plus ni moins)" 같은 간결한 표현를 새겼다.[38]

서 어떤 위험이 닥치지 않았는지 점검하고, 서둘러 아침 식사를 마친 후 아마도 미사에 참석했을 것이고, 오전 9시에 "정찬(dinner)"을 가졌다. 그러고는 영지의 다양한 작업을 감독하고, 그중 어떤 일에는 적극적으로 참여하는 한편, 관리인과 집사, 마부, 그 밖의 종들에게 그날 할 일을 지시하고, 여행자들이나 방문객을 받아 다섯 시 "저녁 식사(supper)"에 가족들과 동석하게 하고, 대개는 9시에 잠자리에 들었다. 어떤 날은 그러한 일상이 사냥 때문에 바뀌기도 하고, 드물게는 마상 시합으로, 또 때때로 전쟁 때문에 깨지기도 했다. 빈번히 사람들을 접대했고, 손님들과는 푸짐하게 선물을 교환했다.

아내도 남편만큼 바빴다. 아내들은 많은 아이들을 낳고 양육했다. 많은 하인들을 총괄하고(가끔은 따귀도 때렸다.) 빵집과 부엌, 세탁소 등을 계속 감시했으며, 버터와 치즈 만들기, 맥주 양조, 겨울에 먹을 고기 소금에 절이기, 뜨개질과 바느질, 실잣기, 직조, 자수 등 가족 대다수의 옷을 만드는 주요 가내 제조를 지휘했다. 남편이 전쟁에 나가면 아내는 사유지 내의 군사적, 경제적 관리 책임을 인계받았고, 남편이 전투를 치르는 동안 필요한 자금을 대야 했다. 남편이 포로로 잡히면 농노들의 노역을 통해 몸값을 쥐어짜거나 가지고 있던 화려한 옷과 보석들을 팔아야 했다. 남편이 아들 없이 죽으면 아내는 영지를 물려받았고, 그곳의 "여주인(dame)"이자 "여(女)영주(domina)"가 되었다. 하지만 곧 재혼하여 자신의 토지와 종주권을 지킬 군사적 방어책이나 병력을 얻곤 했다. 그리고 종주권 때문에 이러한 의무를 충족시킬 능력이 있는 배우자를 고르는 데 후보군이 제한됐다. 성 안의 사생활에서 여자는 여전사가 되기도 하고 잔소리꾼이 되기도 했으며, 눈에는 눈, 이에는 이라는 태도로 남편을 대하기도 했다. 여가 시간에는 건강한 몸에 옷깃이 나부끼는 실크 로브를 입고, 앙증맞은 쓰개와 신발과 반짝이는 장신구 등을 걸쳤는데, 이러한 것은 음유 시인들을 연심이나 문학적 황홀경에 빠뜨리기 좋은 앙상블이었다.

아이들은 학교와는 상당히 다른 교육을 받았다. 귀족의 아이들은 공중 교육을 받는 경우가 드물었다. 많은 경우 아이들에게 읽는 방법을 가르치려는 노력은 전혀 없었다. 읽기와 쓰기 능력은 성직자나 쥐꼬리만 한 봉급으로 고용할 수 있는 필경사들의 몫이었다. 대부분의 봉건 기사들은 지식을 무시했다. 기사도에서 가장 명예로운 인물 중 한 명인 뒤 게클랭(du Guesclin)은 스스로 전술과 병법을 연마하고 모든 날씨를 완강히 견디는 방법을 공부했지만, 읽는 방법을 배우기 위해 애쓰지는 않았다. 오직 이탈리아와 비잔티움에서만 귀족들은 문학의 전통을 이어 갔다. 기사 가족의 아들들은 학교에 가는 대신 일곱 살쯤 되면 견습 기사로 복무하기 위해 다른 귀족 가정으로 보내졌다. 그곳에서 아이들은 복종과 기율, 예의범절, 기사다운 예법, 그리고 마상 창 시합과 전쟁의 기술 등을 배웠다. 아마도 지역 목사들은 여기에 문자와 계산에 관한 몇 가지 훈련을 추가했을 것이다. 여자아이들은 단순히 보고 따라하는 방식으로 유용하거나 보기 좋은 기술 수십 가지를 배웠다. 이들은 손님들을 돌보고, 전투나 마상 시합에서 돌아온 기사들을 보살폈다. 기사의 갑옷 버클을 풀어 주고, 목욕물을 받고, 그들을 위해 깨끗한 리넨 천과 옷과 향수를 준비했다. 그리고 식탁에서 겸손하고 공손한 태도와 교육된 우아함으로 그들의 시중을 들었다. 이들은 남자아이들과 달리 오히려 읽고 쓰는 방법을 배웠다. 그리고 음유 시인과 방랑 시인, 또 당대의 연애 산문과 시들을 듣기 위해 모인 청중들 대부분을 거들었다.

영주의 가정에는 흔히 봉신(封臣)이나 종자(從者)들이 포함되었다. 봉신은 병역을 제공하거나 직접 시중을 들거나 정치적 지지를 보낸 대가로 영주로부터 상당히 요긴한 것들이나 특혜를 받는 사람들로, 그가 받는 것은 주로 넓은 일대의 땅과 농노들이었다. 이런 경우 용역권은 봉신에게 속했지만 소유권은 영주에게 남아 있었다. 너무 자존심이 세거나 강고해서 농노가 되지 못하지만, 스스로 군사적 안전을 보장하기에는 모자란 사람들은 봉건 영주에게 "충성"의 행동을 취했다. 즉 머리에 아무것도 쓰지 않고 무기도 없이 그 앞에 무릎을 꿇고, 자신의 양 손을 영주의 두 손 안에 얹은 뒤 자신을 영주의 "사람"(자유민으로서의 권리는 여전히 보유한)으로 선언하고, 성유물이나 성서에 손을 얹는 서약으로 영주에게 영원한 충성을 맹세했다. 영주는 그를 일으켜 세워 입을 맞추고 그에게 자신의 봉토*를 부여했으며, 그 상징으로 짚이나 막대기, 창 또는 장갑을 주었다. 그때부터 영주는 봉신에게 보호와 친선, 신의, 그리고 경제적, 법적 조력을 베풀어야 했다. 중세 법률가에 따르면 영주는 봉신을 모욕해도 안 되고, 그의 아내나 딸을 꾀어서도 안 되었다.[39] 만약 그런 일을 저지를 경우 봉신은 "장갑을 집어던져" 거부, 즉 충성 서약으로부터 풀려남을 표할 수 있었지만, 그 후에도 봉토는 계속 보유했다.

봉신은 더 낮은 봉신에게 영지를 재분봉(再分封)할 수 있었다. 영지를 받은 자는 봉신이 영주에게 갖는 관계 및 책임을 봉신에 대해 동일하게 가졌다. 한 사람이 여러 영주에게서 봉토를 받고, 그들에게 "단순한 충성"과 한정된 노역을 바치기도 했다. 그러나 한 명의 "영주(liege lord)"에게는 "신하로서의 충성(liege homage)", 즉 전시에나 평시에나 완전한 충성과 노역을 서약해야 했다. 하지만 영주 자신도 얼마나 높은 위치에 있는지와 상관없이, 다른 사람의 봉토에서 특혜와 재산을 얻는다면 다른 영주에 대한 봉신이 되었다. 심지어는 다른 영주의 봉신의 봉신(그에게서 봉토를 받음으로써)이 되기도 했다. 모든 영주는 왕의 봉신이었다. 이렇듯 복잡하게 얽힌 관계 속에서 가장 중요한 결합은 경제적인 것이 아니라 군사적인 것이었다. 사람들은 영주에게 병역과 개인적 충성을 바치거나 그럴 의무를 지녔다. 토지는 단지 그 보상일 뿐이었다. 이론상 봉건 제도는 도덕적 상부상조의 참으로 아름다운 제도로서, 위험에 처한 사회의 주민들을 상호 의무와 보호, 그리고 신의의 복잡한 거미줄 안에 하나로 묶었다.

5. 봉건 교회

때때로 영지의 영주는 주교이거나 수도원장이었다. 많은 수도사들이 직접 노동하고, 많은 수도원과 성당이 교구 십일조에 몫을 보태기는 했지만, 거대한 종교 기관을 관리하는 데는 더 많은 지원이 필요했다. 그리고 이러한 지원은 대

---

* 라틴어로 페우둠(feudum)이라고 하는 봉토(fief)는 소를 뜻하는 구 독일어 또는 고트어의 'faihu'에서 유래됐다. 라틴어 'pecus(황소)'와 친척 관계이며, 두 단어 모두 상품 또는 돈이라는 2차적 의미를 갖게 됐다.

부분 왕과 귀족이 땅을 기부하거나 봉건 세입의 일부를 증여함으로써 이루어 졌다. 이러한 기부가 쌓이면서 교회는 유럽에서 가장 큰 지주이자, 가장 높은 봉건 종주가 되었다. 풀다의 수도원은 1만 5000채의 작은 별장을 소유했고, 생갈 수도원은 2000명의 농노를 두었었다.[40] 투르의 알퀸은 2만 농노를 둔 영주였다.[41] 대주교와 주교, 그리고 수도원장들은 왕으로부터 서임을 받고 다른 봉건 가신들처럼 왕에게 충성을 서약했으며, 화폐를 주조하고, 주교 재판이나 수도원장 재판을 주관하고, 병역과 농사를 관리하는 등의 봉건적 업무를 맡았다. 주교나 수도원장이 갑옷을 입고 창을 든 모습은 독일과 프랑스에서 흔히 볼 수 있는 광경이 되었다. 1257년 콘월의 리처드는 잉글랜드에 그런 "호전적이고 기개 있는 주교들"이 없다며 한탄했다.[42] 그렇게 봉건 거미줄에 걸려든 교회는 스스로 종교뿐 아니라 정치적, 경제적, 군사적 기관이 되었다. 교회의 "세속적 소유물", 즉 물질적 소유들과 교회의 "봉건적 권리와 의무들"은 엄격한 그리스도교도들에게는 수치가 되었고, 이단들에게는 화두가 되었으며, 황제와 교황들 사이에서는 소모적인 논쟁의 근원이 되었다. 봉건 제도는 교회를 봉건화하였다.

6. 왕

12세기의 교회가 상호 간의 보호와 이용, 충성이라는 봉건적, 계급적 구조 안에 있었고, 이 구조가 유급 성직자들에 의해 허락되며 그 최정상에 종주인 교황이 존재했던 것처럼, 세속의 봉건 체제가 완성되는 데에도 모든 봉신들의 영주, 모든 세속적 종주들의 종주, 즉 왕이 요구됐다. 이론적으로 왕은 하느님의 봉신이었고, 신이 그 통치를 허락하고 권한을 부여했다는 점에서 신권에 의한 지배를 행사했다. 하지만 실질적으로 왕은 선거나 세습 또는 전쟁으로 세워졌다. 샤를마뉴나 오토 1세, 정복자 윌리엄, 필립 오귀스트, 루이 9세, 프레데리크 2세, 그리고 공정 왕 루이 같은 왕들은 물려받은 권력을 인격이나 무기의 힘으로 확대했다. 하지만 대개 봉건 유럽의 왕들은 민중들의 통치자라기보다는 봉신들의 대표였다. 그들은 대(大)영주나 성직자들에 의해 선출되거나 인정받았다. 왕들은 봉건 영토나 영지들에 대한 직접적인 권력이 제한되어 있었다. 왕국 내 다른 곳들의 농노와 봉신은 자신들을 보호하는 영주에게 충성을 서약했고, 멀고도 약한 힘이 닿지 않아 드문드문 산재한 벽지 소도시들을 보호하지 못하는 왕에게 충성을 맹세하는 일은 드물었다. 봉건 제도에서 국가는 그저 왕의 사유지였다.

갈리아에서는 이렇게 통치권의 원자화(原子化)가 가장 많이 진행되었는데, 카롤링거 왕조의 왕자들이 제국을 나누어 스스로를 약화시켰기 때문이기도 했고, 주교들이 그들에게 종교적 복종을 강제했기 때문이기도 했으며, 또 고대 스칸디나비아의 침략이 프랑스를 가장 맹렬하게 덮쳤기 때문이기도 했다. 이렇게 완벽해진 봉건 제도 아래에서 왕은 "동류(同類) 중 최상위자"였다. 즉 왕자와 공작, 후작, 그리고 백작들보다 1~2인치 더 위에 있을 뿐이었다. 실제로 왕은 이러한 "왕국의 동류들"처럼 자신의 땅에 세입이 한정된 봉건 영주로, 먹고살기 위해 이곳저곳의 왕실 영지를 옮겨 다녀야만 했고, 부유한 봉신들의 군사적 원조나 외교적 도움에 전쟁과 평화를 의지할 수밖에 없었다. 그리고 이들 봉신은 40일 이상의 무장 수행을 약속하는 일이 거의 없었고, 틈만 나면 왕을 자리에서 몰아낼 음모를 꾸몄다. 왕은 지원을 얻거나 그러한 지원에 보답하기 위해 힘이 있는 사람들에게 계속해서 사유지를 수여했다. 10세기와 11세기에는 프랑스 왕에게 남은 영토가 너무 작아서 봉신들에 대해 지배권을 안전히 지키기도 어려울 정도였다. 봉신들이 사유지를 세습화하고, 그들 나름의 치안과 재판소를 확립하며 주화를 주조하기 시작했을 때 왕에게는 그들을 막을 힘이 부족했다. 그리고 자신에게 항소된 살인 사건을 제외하고는 봉신들이 자신의 땅에서 행사하는 사법권을 방해할 수 없었다. 왕의 관리나 세금 징수원을 봉신의 영토에 보내지도 못했다. 그들이 독자적으로 조약을 맺거나 전쟁을 벌여도 제지할 수 없었다. 봉건적 이론상 프랑스 왕은 그를 군주라 칭하는 모든 영주들의 땅을 소유했다. 실제로는 왕도 지존이라기보다는 한낱 상위 지주에 불과했다. 그리고 그가 가진 땅은 결코 교회의 땅에 필적하지 못했다.

하지만 자신의 영토를 지키지 못하는 왕들의 무능력 덕에 봉건 제도가 만들어진 것처럼, 자신들 간의 질서를 유지하지 못한, 또는 확대되는 상업 경제에 단일한 통치를 제공하지 못한 봉건 영주들의 무능력 덕에 그들의 힘이 약해지고 왕들은 강해졌다. 전쟁과 다툼에 대한 열의는 사적 또는 공적 전쟁으로 봉건 유럽의 귀족들을 집어삼켰다. 십자군 원정과 백년 전쟁, 장미 전쟁, 그리고 종국에는 종교 전쟁들까지 그들의 피를 집어삼켰다. 가난해지고 법이 없다는 것을 인식한 어떤 이들은 마음대로 약탈하고 살해하는 노상강도 귀족이 되었다. 그리고 지나친 자유 때문에 영토 전체에 질서를 유지해 줄 통합된 권력이 필요해졌다. 상업과 제조업은 봉건적 속박을 벗어난 유산 계급을 증가시켰다. 상인들은 봉건 세금들과 봉건 영토 내의 불안정한 수송 체계에 대해 분개했다. 그리고 사법(私法)이 중앙 정부의 법으로 대체되어야 한다고 주장했다. 왕은 그들 계급과 부상하는 작은 도시들과 연합했다. 그들은 왕이 권한을 행사하고 확대하는 데 필요한 자금을 제공했다. 영주들 때문에 억압당하고 손해를 봤다고 생각한 모든 사람들이, 왕이 그들을 구제하고 바로잡아 주기를 기대했다. 그리스도교도 영주들은 대개 왕의 봉신이고 그들에게 충성을 바쳤다. 교황들은 왕족과 아무리 자주 다투었어도 여기저기 산재하고 절반은 무법적인 귀족보다 왕을 다루는 것이 더 쉽다고 여겼다. 이렇게 다양한 세력들의 옹호에 힘입어, 프랑스와 잉글랜드의 왕들은 권력을 선거에 의하지 않고 세습화하기 위해 죽기 전에 아들이나 형제에게 왕위를 물려주었다. 그리고 사람들은 세습적 군주제를 봉건적 무정부 상태의 대안으로 받아들였다. 통신과 소통이 개선되고 화폐의 순환이 증가하자 정기적인 과세가 가능해졌다. 왕실 세입이 증가하자 더 규모를 키운 왕실 군대의 재원도 댈 수 있었다. 신흥 법률가 계급도 왕의 편에 서서, 복원된 로마법의 중앙 집권적 영향력으로 왕권을 강화했다. 1250년경, 법률가들은 영토 내의 모든 개인에 대해 국왕의 사법권을 주장했다. 그 시기 즈음 모든 프랑스인은 영주가 아닌 왕에게 충성 서약을 하고 있었다. 13세기 말,

공정 왕 필립은 귀족들뿐 아니라 교황권까지 억누를 정도로 힘이 있었다.

프랑스 왕들은 귀족들을 위해 개인 주조 화폐와 재판, 전쟁 등의 권리들을 국왕 재판소에서의 직함과 특혜로 대체함으로써 이러한 이행기를 완화했다. 높은 봉신들은 "왕실 회의", 즉 왕의 재판소를 형성했고, 독단적 지배자가 되는 대신 조신(朝臣)이 되었다. 그리고 귀족들의 성에서 치르는 의식은 왕의 침실과 식탁, 청중들을 형식적으로 수행하는 것으로 바뀌었다. 귀족의 아들딸들은 왕이나 왕비의 명예로운 하녀나 시동으로 보내져 궁중 예법을 배웠다. 왕가는 프랑스 귀족들의 학교가 되었다. 의식의 절정은 랭스에서 열리는 프랑스 왕의 대관식, 또는 아헨이나 프랑크포르트에서 열리는 독일 황제의 대관식이었다. 그런 때에는 나라 안의 모든 상류층 사람들이 휘황찬란한 옷과 장신구를 걸치고 모였다. 교회는 모든 신비주의와 웅장함을 동원하여 새로운 지배자의 즉위 의식을 엄숙히 거행했다. 그로써 왕의 권력은 신의 권한이 되었고, 그 누구도 뻔뻔스러운 신성 모독을 통하지 않고서는 왕의 권력을 부정하지 못했다. 봉건 영주들은 자신들을 억누르던 군주의 궁에 운집했고, 교회는 유럽에서 자신의 지도력과 권력을 무너뜨릴 왕에게 신권을 부여했다.

3. 봉건 법률

민법의 심판자와 집행자가 대부분 문맹이었던 봉건 체제 아래에서, 관습과 법은 대체로 하나였다. 법이나 형벌에 관해 논란이 제기될 때면 공동체의 가장 연로한 성원들은 그들이 젊었을 때 그런 문제에 대해 어떤 관행이 있었느냐는 질문을 받았다. 따라서 공동체는 법의 주요 원천이었다. 귀족이나 왕은 명령을 할 수 있었지만 그것은 법이 아니었다. 또한 그들이 관습이 허락하는 것 이상을 요구할 경우에는 유언 무언의 보편적 저항에 부딪혀 좌절을 맛보았다.[43] 남프랑스는 고대 로마의 유산으로 성문법을 갖고 있었다. 그보다 봉건적이었던 북프랑스는 프랑크 왕국의 법률 대부분을 보존했다. 그리고 13세기에 이르러 이러한 법들도 성문화되자 과거보다 더 고치기가 어려워졌고, 수십 가지 법적 의제(擬制)들이 발생하여 법과 현실을 조화시켰다.

재산에 관한 봉건 법은 복잡하고 독특했다. 이 법은 세 가지 형태의 토지 소유를 인정했는데, (1) 완전 소유지는 무조건적인 소유권을 상정하고, (2) 봉지는 귀족에 대한 노역을 조건으로 소유권이 아닌 토지의 사용권이 봉신에게 양도된 것이며, (3) 보유지는 토지 사용권이 농노나 임차인에게 양도되고, 그 대가로 봉건적 의무를 지는 것이었다. 봉건 제도의 이론에서는 오직 왕만이 절대적 소유권을 누릴 수 있었다. 아주 높은 귀족조차 임차인이었고, 그 소유권은 용역을 조건으로 했다. 영주의 소유권도 완전히 개인의 것이 아니었다. 모든 아들은 조상의 땅에 대한 생득권이 있었고, 그 땅의 매매를 막을 수 있었다.[44] 대개 전체 사유지는 장남에게 유증되었다. 로마법이나 이민족 법에서는 알려진 바 없는[45] 이 장자 상속제의 관습은 봉건적 환경 아래에서 바람직한 것이 되었는데, 이러한 관습 덕에 토지에 대한 군사적 보호와 경제적 관리가, 추정컨대 가장 성숙한 한 명의 책임자 아래 놓였기 때문이다. 그 동생들에게는 모험을 감행하여 다른 땅에 새로운 사유지를 개척하도록 장려했다. 소유권의 한계에도 불구하고, 봉건 법은 토지에 대한 숭배에서나 재산권 위반에 대한 형벌의 가혹함에서 그 무엇에도 뒤지지 않았다. 독일 법전에는 제방을 지탱하는 버드나무의 껍질을 벗긴 사람에 대해 "배를 갈기갈기 찢어 그 창자로 그가 입힌 상처를 감는다."라는 조항이 있었다. 그리고 1454년 베스트팔렌 법령에는 형법상 이웃의 지형물을 치운 사람은 고개만 내어놓고 땅에 묻은 후 한 번도 땅을 갈아 본 적 없는 사람에게 황소를 끌고 땅을 갈게 하되, "땅에 묻힌 사람은 최선을 다해 피해도 좋다."라는 내용이 있다.[46]

봉건 법의 절차는 대체로 야만족의 법전을 따랐고, 사적인 복수를 공적 처벌로 대체하려는 노력이 확대되었다. 교회와 시장, "도피 장소들"은 성소의 권리를 부여받았다. 그런 제한을 통해 복수는 법이 그 죄를 물을 때까지 중단될 수 있었다. 영지 재판소는 소작인과 소작인 또는 소작인과 영주 사이의 사건을 재판했다. 영주와 봉신 또는 영주와 영주 간의 다툼은 "동급의 영주들"의 배심원단, 즉 원고와 최소한 동일한 지위에 동일한 봉지⁴⁷에 있는 사람들이 다루었고, 저택의 홀에서 재판을 열었다. 주교 재판소 또는 수도원 재판소는 성직에 있는 사람들과 관련된 사건을 재판했다. 반면 최상위 상고는 영토의 동급자들로 구성된 국왕 재판소에서 진행됐고, 때로는 왕이 주관했다. 영지 재판소에서는 피고뿐 아니라 원고도 판결이 공표될 때까지 수감됐다. 모든 재판에서, 패소한 원고는 피고가 유죄였을 경우 받았을 형벌과 똑같은 처벌을 받았다. 뇌물 수수는 모든 재판소에서 일반적으로 존재했다.⁴⁸

가책(苛責)에 의한 재판은 봉건 시대 내내 지속되었다. 1215년경, 캉브레의 몇몇 이단들은 달군 쇠로 검증을 받았는데, 이들은 화상을 입고 화형대에 올라야 했다. 하지만 한 명은 자신의 잘못을 자백한 후 갑자기 손목이 치유되었고 화상의 흔적조차 사라져 화형을 면했다고 한다. 12세기를 지나며 철학이 발달하고 로마법에 대한 연구가 재개되면서, 이러한 "하느님의 가책"에 대한 불쾌감이 초래됐다. 교황 인노켄티우스 3세는 1216년 4차 라테라노 공의회에서 이러한 재판에 대한 완전한 금지법을 확보했다. 헨리 3세는 이 금지법을 잉글랜드 법으로 채택했고(1219년), 프레데리크 2세는 나폴리 법전에 적용(1231년)했다. 독일에서는 예전의 검증법들이 14세기까지 끈질기게 계속되었다. 사보나롤라는 1498년 피렌체에서 불에 의한 가책을 겪었고, 이러한 검증은 16세기 마녀 재판에서 다시 부활했다.⁴⁹

봉건 제도는 한편으로 하나의 증거 형태로, 또 한편으로는 사적인 복수의 대신으로 결투 재판을 장려했다. 노르만 사람들은 앵글로색슨족이 폐기했던 결투 재판을 브리튼 섬에 재확립했고, 이러한 재판 방식은 19세기까지도 잉글랜드 법령집에 남아 있었다.⁵⁰ 1127년 기(Guy)라는 이름의 한 기사는 플랑드르의 선량 왕 샤를 암살에 공모한 혐의로 헤르만이라는 다른 기사에게 피소를 당했다. 그가 혐의를 부인하자 헤르만은 그에게 결투 재판을 신청했다. 몇 시간 동안 싸우다가 두 사람 모두 말에서 떨어지고 무기를 놓쳤다. 싸움은 검술에서 육탄전으로 이어졌고, 헤르만은 기의 고환을 잡아 뜯음으로써 자신이 행한 고소의 정당성을 입증했다. 그 일로 기는 숨을 거두었다.⁵¹ 아마도 그러한 만행에 대한 수치심 때문에, 결투 신청권에 제한 사항을 두는 봉건적 관행이 쌓였을 것이다. 그 권리를 획득하려면 고소인은 사건을 개연성 있게 주장해야 했다. 피고소인은 자신의 알리바이를 입증할 경우 결투를 거부할 수 있었다. 농노는 자유민에게 결투를 신청할 수 없었고, 나환자는 건강한 사람에게, 서자는 적자에게 결투를 제기할 수 없었다. 일반적으로 사람은 자신과 같은 계급의 사람에게만 결투 신청을 할 수 있었다. 몇몇 공동체의 법에 따르면, 재판소는 재량껏 결투 재판을 금지할 권한을 보유했다. 여성과 성직자, 신체적 장애를 지닌 사람들은 결투 신청을 면제받았지만, 자신을 대신할 "결투사", 즉 전문적으로 싸우는 결투사를 선택할 수는 있었다. 10세기에 이미 신체 건강한 사람들의 결투까지 보수를 받고 대신 싸워 주는 결투사들도 있었다. 신이 고소의 정당성에 따라 문제를 심판하실 것이기 때문에, 결투사의 신분은 상관이 없었던 것 같다. 오토 1세는 자기 딸의 정조 문제와 분란이 많던 특정 사유지들의 승계 문제에 대해 결투사에 의한 결투를 제기했다.[52] 그리고 13세기 카스틸리아의 왕 알폰소 10세는 자신의 왕국에 로마법을 도입해야 하는지의 문제를 결정하기 위해 그러한 결투를 벌일 의지를 갖고 있었다.[53] 이따금 사절들은 외교적 다툼을 해결하기 위해 결투가 허락될 경우를 대비하여 결투사를 지원받기도 하였다. 1821년까지도 그러한 결투사는 잉글랜드 왕들의 대관식 행사에서 중요한 위치를 차지했다. 이 무렵 결투사는 장식 그림 같은 유물이었다. 그러나 중세 시대의 그들은 갑옷용 장갑을 바닥에 던지며, 어느 누구와 싸우더라도 왕위에 오르는 새로운 군주의 신권을 옹호할 준비가 되어 있다고 큰소리로 선언해야 했다.[54]

결투사를 대신 내보내면서 결투 재판은 신빙성을 잃었다. 신흥 부르주아 계급은 집단적 입법으로 그러한 재판을 금지했다. 서유럽에서는 13세기에 로마법이 그 자리를 대신했다. 교회는 거듭하여 그러한 재판을 비난했고, 인노켄티우스 3세는 완전히 금지시켰다.(1215년) 프레데리크 2세는 나폴리 영토에서 결투 재판을 제거했다. 루이 9세는 자신의 통치권에 직속된 지역에서 이 재판을 폐지했다.(1260년) 그리고 공정 왕 필립은 프랑스 전역에서 이 재판을 금했다.(1303년) 결투는 사법적 다툼이라기보다는 사적 복수라는 고대의 권리에서 비롯된 것이다.

봉건 형벌들은 야만스러울 정도로 가혹했다. 벌금형은 셀 수 없이 많았다. 구속은 형벌이라기보다는 재판을 위한 구금으로 사용되었다. 하지만 감방에 해충이나 쥐, 뱀 등이 들끓을 경우 그 자체로 고문이 되기도 했다.[55] 남자든 여자든 공개적인 비판이나 차꼬의 형을 선고받을 수 있었고, 공개적인 조롱을 받거나 썩은 음식, 돌멩이 세례 등을 받기도 했다. 물고문은 가벼운 범죄에 대한 형벌이기도 했고, 소문이나 험담을 방지하는 용도로도 사용되었다. 이 형을 선고받은 사람은 의자에 끈으로 묶였고, 의자는 긴 지렛대에 고정된 채로 개울이나 저수지 등에 잠겼다. 더 가혹한 벌로 갤리선의 노예가 되기도 했다. 옷은 헐벗고 제대로 먹지도 못하며 긴 의자에 쇠사슬로 묶여, 가장 가혹한 태형에 더해 지쳐 쓰러질 때까지 노를 저어야 했다. 채찍이나 막대를 이용한 태형은 일반적인 형벌이었다. 피부(때로는 얼굴)에 죄를 상징하는 문자로 낙인을 찍기도 했다. 위증죄와 신성 모독죄는 달군 쇠로 혀를 뚫는 벌을 받을 수 있었다. 신체 절단은 흔한 형벌이었다. 손이나 발, 귀 또는 코를 베었고, 눈은 도려냈다. 정복자 윌리엄은 범죄를 근절하기 위해 "어떠한 악행에 대해서도 그 행위자를 사형하거나 교수형에 처하지 아니하고, 눈을 도려내고 손과 발과 고환을 베어 남은 몸뚱이로 하여금 그의 모든 범죄와 부정의 살아 있는 표지로 삼을 것이다."라고 공표했다.[56] 봉건 제도에서 고문은 거의 사용되지 않았다. 로마법과 교회법은 13세기에 고문을 부활시켰다. 절도나 살인은 때때로 추방의 형을 받았고, 대개는 참수형이나 교수형을 당했다. 여성 살인범은 산 채로 매장됐다.[57] 인간을 죽인 짐승도 마찬가지로 산 채로 매장하거나 목을 매달았다. 그리스도교는 자비를 설교했지만 교회 재판소는 비슷한 범죄들에 대해 세속의 재판소에서 정한 형벌과 같은 벌을 내렸다. 생주네비에브 수도원 재판소는 절도를 범한 여성 일곱 명을 생매장했다.[58] 아마도 이러한 거친 시대에는 무법자들을 막기 위해 잔혹한 형벌이 필요했을 것이다. 그러나 이러한 야만성은 18세기까지 지속되었다. 그리고 최악의 고문은 영주들과 살인자들 사이에서가 아니라 그리스도교 수도사들과 독실한 이단들 사이에서 일어났다.

4. 봉건 전쟁

봉건 제도는 전쟁에 시달리는 농경 사회의 군사적 체계로 발생했다. 그 미덕은 경제적인 것이 아니라 군사적인 것에 있었다. 봉신과 귀족들은 스스로 전쟁을 대비하여 훈련하고, 언제든 쟁기 날을 놓고 칼을 들 준비를 하고 있어야 했다.

봉건 군대는 봉건적 충성이라는 구속 관계로 조직된 봉건 계급이었고, 귀족의 지위에 따라 엄격하게 층을 이루었다. 왕자와 공작, 후작, 백작, 그리고 대주교들은 장군이었다. 남작, 주교, 그리고 수도원장들은 지휘관이었다. 기사나 훈작사(勳爵士, chevalier)는 기병이었다. 시골의 대지주(squire)는 영주나 기사의 종자였고, "병사(men-at-arms)"들은 보병이 되어 싸웠다. 봉건 군대 뒤로는 십자군 원정에서 볼 수 있듯이 일단의 "견습 기사"들이 인솔 장교나 군율도 없이 보행으로 따라왔다. 이들은 정복지를 약탈하는 데 한몫하거나, 쓰러지고 부상당한 적들을 큰 도끼나 곤봉으로 죽여 고통을 덜어 주었다.[59] 그러나 본질적으로 봉건 군대는 거구의 기마병이었다. 기동성이 부족한 보병대는 하드리아노폴리스(378년) 이후 그 출중함을 잃었고, 14세기까지 영예를 되찾지 못했다. 기병은 기사의 전투 부대였다. 그리고 카발리에(cavalier, 기사)와 슈발리에(chevalier, 훈작사), 그리고 카발레로(caballero, 스페인 기사)는 말에서 딴 이름들이었다.

봉건 전사는 창과 검 또는 활과 화살을 사용했다. 기사는 검을 자신의 일부로 여겼고 다정하게 이름도 지어 주었다. 하지만 샤를마뉴의 검을 주아외즈(Joyeuse)로, 롤랑의 검을 두란델(Durandel)로, 그리고 아서의 검을 엑스칼리버(Excalibur)로 부른 것은 의심할 바 없이 음유 시인들이었다. 활에는 여러 종류가 있었다. 단궁은 가슴 부분에서 당겼고, 장궁은 눈과 귀에서 겨누었으며, 석궁은 자루에 달린 홈으로 시위를 팽팽히 당겼다가, 어떤 것들은 방아쇠를 이용하여 순간적으로 쇠나 돌로 된 살을 쏘았다. 석궁은 오래되었다. 장궁이 처음 눈에 띈 것은 에드워드 1세(1272~1307년)가 웨일스와 전쟁을 벌일 때였다. 잉글랜드에서 궁술은 군사 훈련의 주된 요소이자 스포츠의 주요 요소였다. 활의 발달은 봉건 제도의 군사적 참패를 불러왔다. 기사들은 땅 위에서 싸우는 것을 경멸했지만, 궁수들은 말을 죽이고 기사들을 마뜩지 않은 땅 위로 끌어내렸다. 봉건 군사력에 결정타가 된 일격은 14세기, 화약과 대포와 함께 찾아왔다. 이들 무기는 안전 거리에서 갑옷을 입은 기사를 죽이고 그의 성을 산산이 부수었다.

말에 몸을 실은 봉건 전사들은 갑옷을 두른 자신의 몸을 지탱할 수 있었다. 12세기 완전 무장한 기사들은 목부터 무릎까지 소매가 달린 쇠사슬 갑옷으로 몸을 덮고, 눈과 코, 입을 제외한 머리 전체를 쇠 모자로 감쌌다. 다리와 발은 쇠사슬 갑옷의 정강이받이 안에 들어가 있었다. 전투에 나가면 여기에 더하여 강철 투구를 써서 돌출된 "쇠 콧날"로 코를 보호했다. 얼굴을 가린 투구와 금속판으로 만든 갑옷은 14세기 긴 활이나 석궁에 대한 방어 수단으로 보였고, 17세기까지도 그러했다. 그 후로는 모든 갑옷이 이동성이라는 이점을 위해 폐기됐다. 보호막으로 기사들은 나무와 가죽, 쇠 띠로 만든 둥근 방패를 목에 걸고, 왼손으로 안쪽에 달린 끈을 붙잡았다. 그리고 중앙에는 금박을 입힌 쇠로 버클을 만들어 장식했다. 중세 기사는 움직이는 요새였다.

요새는 봉건 전쟁에서 핵심이면서도 대개 적합한 방어책이었다. 야전에서 패한 병사들은 영지의 성벽 안으로 은신했고, 내성의 탑 안에서 최후의 저항을 벌이기도 했다. 포위 작전은 중세 시대에는 감소했다. 적의 성벽을 때려 부수는 데 필요한 복잡한 조직과 장비들은 품위 있는 기사들에게는 너무 힘들고 비용도 많이 들었다. 그러나 공병이나 군 광부의 기술은 꾸준히 유지됐다. 전쟁 수단이 전쟁에 대한 의지에 미치지 못하던 시대에 해군 역시 축소됐다. 전투 갤리선은 고대의 것과 비슷했는데, 갑판 위의 전투 탑으로 무장하고, 자유민들이나 갤리 노예들이 노를 저었다. 힘이 부족한 부분은 사람에게 하는 것처럼 배에도 장식을 달아 만들었다. 배의 나무를 물과 공기로부터 보호하는 방수재를 덧바른 위에, 중세 조선공과 화가들은 흰색과 주황색, 군청색 등 밀랍을 섞은 멋진 색상을 이용해 그림을 그렸다. 이들은 뱃머리와 난간을 금빛으로 도색하고, 뱃

머리와 고물에 사람과 짐승, 신들의 형상을 조각했다. 돛은 자주색으로, 때로는 금색으로 화사하게 칠했다. 영주의 배에는 문장을 선명하게 새겼다.

봉건 전쟁은 훨씬 더 빈번하고 비용과 사망률은 적었다는 점에서 고대나 근대의 전쟁과 달랐다. 영주들은 자신과 봉건적 구속 관계로 묶이지 않은 사람들에 대하여 사적인 싸움을 벌일 권리를 주장했고, 왕들은 어느 때든 자유롭게 다른 통치자의 영토를 명예로이 강탈했다. 왕이나 영주가 전쟁에 나가면, 그의 모든 봉신과 7촌까지의 친척들은 40일 동안 그를 따라 싸우겠다는 서약을 했다. 12세기에는 현재 프랑스에 속하는 모든 지역에서 하루라도 전쟁을 치르지 않은 날이 거의 없었다. 훌륭한 전사가 되는 것은 기사가 오를 수 있는 최고의 자리였다. 그들은 맹격을 가하거나 당할 때도 즐기거나 의연히 받아들여야 한다고 여겼다. 그들이 갖는 마지막 포부는 침대에서 "암소처럼" 죽는 것이 아니라 "전장"에서 전사로서 죽는 것이었다.[60] 라티스본의 베르톨트는 "대지주들은 거의 적령기까지 살지 못하거나, 정상적으로 죽지 못한다."라고 불평했지만[61] 그는 수도사였다.

전투가 그렇게 위험한 것은 아니었다. 오르데리쿠스 비탈리스는 브레뮐 전투(1119년)에 대해 서술하면서, "싸움에 임했던 기사 900명 중 단 3명만이 목숨을 잃었다."라고 기록했다.[62] 잉글랜드의 헨리 1세가 노르망디 전체를 손에 넣었던 팅슈브레 전투(1106년)에서는 400명의 기사가 생포되었지만 헨리의 기사들은 단 1명도 죽지 않았다. 중세 시대에 가장 많은 피를 흘리고 가장 결정적인 전투였던 부빈 전투(1214년)에서는 1500명의 기사들 중 170명이 목숨을 잃었다.[63] 갑옷과 요새는 방어에 유리했다. 완전 무장한 사람을 죽이려면 그 사람이 바닥에 누워 있을 때 목을 베는 것이 거의 유일한 방법이었다. 그리고 이런 방법은 기사들이 허락지 않았다. 게다가 기사를 생포하여 몸값을 받는 것이, 그를 죽이고 봉건적 복수를 부르는 것보다 더 현명한 행동이었다. 프루아사르는 한 전투에서 "40만 프랑은 족히 되었을 많은 포로들"을 학살한 것에 대해 한탄했다.[64] 기사의 규율과 상호 간의 신중함으로 포로는 정중히 대하고 몸값은 적당히 요구할 것이 권장되었다. 대개 포로들은 석방될 때 몸값을 가지고 정해진 날까지 돌아오겠다는 명예의 맹세를 하였으며, 이러한 맹세를 깨는 기사는 흔치 않았다.[65] 봉건 전쟁으로 인해 가장 고통을 받는 계층은 소작농이었다. 프랑스와 독일, 그리고 이탈리아의 각 병사들은 영토를 습격하여 적국의 봉신과 농노의 집을 약탈하고, 방어 방벽 안에 끌려가지 않은 소들은 모두 잡아가거나 죽였다. 그런 전쟁이 지나간 후면 많은 소작농들이 직접 쟁기를 끌었고, 또 많은 이들이 곡물이 없어 굶어 죽었다.

  왕과 왕자들은 막간의 내부 평화를 유지하기 위해 분투했다. 노르만 대공들은 노르망디와 잉글랜드, 그리고 시칠리아에서 평화를 지키는 데 성공했다. 플랑드르의 백작은 자신의 영토에서, 바르셀로나의 백작은 카탈로니아에서, 하인리히 3세는 한 세대 동안 독일에서 평화를 유지했다. 그 외에 전쟁을 제한하는 데 앞장선 것은 교회였다. 989~1050년 프랑스의 다양한 교회 회의들은 "하느님의 평화(Pax Dei)"를 명하고, 전쟁에서 비전투원에게 폭력을 행사한 모든 사람을 파문하겠다고 약속했다. 프랑스 교회는 여러 중심지들에 평화 운동을 조직했고, 사적 전쟁을 포기하고 그것을 불법화하는 데 동참하도록 많은 귀족들을 설득했다. 주교 샤르트르의 풀베르투스(960?~1028년)는 유명한 찬송가를 통해 익숙하지 않은 평화에 대해 신에게 감사했다. 이 운동은 민중들의 열렬한 환호를 받았고, 선량한 사람들은 5년 안에 평화의 일정이 모든 그리스도교 국가에서 받아들여질 것이라고 예언했다.[66] 프랑스 교회 회의들은 1027년부터 계속 "하느님의 휴전(Treuga Dei)"을 선언하면서 아마도 성지 순례 기간 동안 전쟁을 금하는 이슬람 법령을 상기시켰을 것이다. 이슬람에서는 사순절과 수확기나 포도 수확기(8월 15일~11월 11일까지), 특정 성일, 그리고 일주일 중 일부(대개는 수요일 저녁부터 월요일 아침까지) 기간에는 폭력을 삼가야 했다. "하느님의 휴전"은 최종적으로 일 년에 80일간 사적 전쟁 또는 봉건적 전쟁을 허용했다. 이러한 간청과 질책은 효과가 있었다. 사적 전쟁은 교회와 더불어 군주제가 힘을 키우고, 소도시와 부르주아지가 부상하면서, 그리고 군사적 기운을 십자군 원정이 흡수하면서 점차 사라졌다. 12세기 "하느님의 휴전"은 서유럽에서 교회법뿐 아니라 민법에서도 수용되었다. 2차 라테라노 공의회(1139년)는 인간에 대하여 군사적 수단을 사용하지 못하도록 금지했다.[67] 1190년 라이허스부르크의 게르호흐는 교황이 그리스도교도들 사이의 모든 전쟁을 금지하고, 그리스도교 통치자들 사이의 모든 논쟁은 교황의 중재를 받아야 한다고 제안했다.[68] 왕들은 이 제안이 조금은 너무 앞서 나갔다고 생각했다. 그들은 사적 전쟁이 감소하면서 국제 전쟁을 더 활발히 벌였다. 그리고 13세기에는 교황 자신들도 인간을 볼모로 권력 다툼에 나서면서 전쟁을 정책 수단으로 사용했다.

5. 기사도

페르시아와 시리아, 그리고 스페인 사라센인들의 영향을 받은 게르만식 군사 활동의 오랜 관습과, 헌신과 성례라는 그리스도교적 사상에서 비롯되어 불완전하지만 풍성한 기사도의 열매가 피어났다.

기사는 귀족 출신(작위가 있고 토지를 소유한 가문)의 사람으로 기사단에서 정식으로 받아들인 이들이었다. "신사(紳士, 즉 성별이나 혈통으로 선별된 남자)"라고 해서 모두 기사 작위를 받을 수 있는 것은 아니었다. 왕족을 제외하고 아들 가운데 작은 아들들은 보통 가장 적은 재산에 국한되기 때문에 값비싼 기사들의 부속물을 감당하지 못했다. 그런 사람들은 자기 힘으로 새 토지와 작위를 손에 넣지 않는 이상 기사의 종자가 되었다.

기사가 되려는 젊은이들은 길고도 고된 수련을 받아야 했다. 일곱 살이나 여덟 살쯤 수습 기사로 입문하고, 열두 살이나 열네 살에는 기사의 종자가 되어 영주에게 봉사해야 했는데, 식탁과 침실에서, 영지에서, 마상 창 시합이나 전투에서 영주의 시중을 들었다. 위험한 운동과 경기들로 자신의 영과 육을 강화하고, 흉내 내고 따라하며 봉건 전쟁에서 무기를 다루는 법을 배웠다. 견습 기간이 끝나면 신성한 경외감을 일으키는 의식을 통해 기사단에 받아들여졌다. 지원자는 아마도 육체를 정화하고 더불어 영적 정화를 상징하기도 하는 목욕으로 절차를 시작했다. 이때부터 이 지원자는 "바스 기사(knight of the bath)"로 불릴 수 있었으며, 전장에서 용감한 행위의 대가로 즉석에서 포상을 받은 "검의 기사(knight of the sword)"와는 구별되었다. 이들은 하얀 튜닉과 붉은 로브, 검은 외투를 걸쳤는데, 각각 그 자신의 도덕성에 대한 희망과 신이나 명예를 위해 흘릴 피, 그리고 의연하게 대면할 날을 준비해야 하는 죽음을 상징했다. 하루는 금식을 했고, 교회에서 기도로 밤을 새며 신부에게 죄를 고해하고 미사에 참석하며, 성체 성사를 받았다. 그리고 기사의 도덕적, 종교적, 사회적, 군사적 의무에 대한 설교를 듣고 그 의무를 지킬 것을 엄숙히 약속했다. 그런 다음 목에 검을 걸고 제단으로 나아가면, 신부가 검을 받아 축복을 내린 후 다시 그의 목에 걸었다. 지원자는 자신이 기사 작위를 받고자 했던 영주의 앉은 자리로 갔고, 엄중한 질문을 받았다. "무엇을 위하여 그대는 기사단에 들기를 바라는가? 부자가 되고자 한다면, 편히 쉬고자 한다면, 또한 기사 작위에 경의를 표함 없이 명예를 얻고자 한다면, 그대는 그 작위를 받을 자격이 없으며, 기사단에서 그대의 존재는 고위 성직자들에게 성직 매매자의 존재와도 같은 것이다." 지원자는 확실한 답변을 준비했다. 그 후 다른 기사들이나 부인들이 쇠사슬 갑옷과 동체 갑옷이나 흉갑, 팔찌, 갑옷용 장갑, 검, 그리고 박차 등 기사들이 걸치는 옷과 장신구들을 입혀 주었다.* 영주는 일어서서 그에게 (목에) 포상을 내렸는데, 칼의 몸체로 목이나 어깨를 세 번 두드리고, 때로는 보상 없는 마지막 모욕을 상징하여 뺨을 철썩 때리기도 했다. 그리고 "하느님과 성 미카엘, 그리고 성 게오르기우스의 이름으로 그대를 기사로 명하노라."라는 정해진 문구로 그에게 작위를 수여했다. 새로운 기사는 창과 투구, 그리고 말을 받았다. 그는 투구를 바로 쓰고 말 위로 뛰어올라 창과 검을 휘두르며 말을 타고 교회를 나온 뒤에

---

* 금 박차는 기사를 상징했고, 은 박차는 종자를 표시했다. "(금색) 박차를 얻다."는 것은 기사 작위를 받았다는 뜻이었다.

자신의 수행원들에게 선물을 나누어 주고 친구들을 위해 연회를 열었다.

이제 그는 특권을 갖고, 기술과 인내, 그리고 용맹함에서 자신을 더 단련할 수 있는 마상 시합에 목숨을 걸고 임했다. 10세기에 시작된 마상 시합은 프랑스 전역에서 번성했고, 봉건적 일상을 어지럽히는 열정과 기운을 일부 바람직한 방향으로 승화시켰다. 왕이나 높은 영주는 기사 서임이나 군주의 방문 또는 왕족의 결혼 등을 기념하여 전령관을 통해 마상 시합을 선포하기도 했다. 시합 참여를 제안받은 기사들은 지정된 도시로 와서, 자신이 묵는 방의 창으로 문장을 내걸고, 성과 수도원, 그 밖의 공공장소 등에 문장을 부착했다. 관중들은 이를 살펴보다가 참가 지망자가 잘못을 행할 경우 이를 기탄없이 항의했다. 시합 임원은 사건 내용을 청취하고, 책임자의 참가 자격을 박탈했다. 여기에서 "가문의 오명(blot on his 'scutcheon, 문장이 새겨진 방패에 남은 오점)"이라는 말이 나왔다. 이 흥미진진한 인파들 사이로, 말[馬] 장수가 와서 기사들의 장비를 구비해 주었고, 바느질 도구 판매상들이 와서 기사와 말의 옷을 정돈하였으며, 대부 업자들이 와서 떨어진 기사들의 몸값을 댔다. 그 외에 점쟁이와 곡예사, 무언극 극단, 음유 시인, 방랑 학자, 행실 나쁜 여자들과 지체 높은 부인들도 있었다. 시합은 전체적으로 노래와 춤, 밀회와 싸움, 그리고 시합에 대한 무모한 내기 등이 다채롭게 존재하는 축제였다.

마상 시합은 일주일 동안 지속되기도 했고 하루 만에 끝나기도 했다. 1285년 마상 시합에서 일요일은 집회와 축제의 날이었다. 월요일과 화요일은 마상 창시합이 열렸다. 수요일은 쉬는 날이었다. 목요일은 마상 시합(tournament)이라는 이름의 유래가 된 "투어니(tourney)"가 있었다. 시합 장소는 마을 광장이나 외딴 공터였고, 시합장을 부분적으로 에워싼 관중석과 발코니에서는 온갖 휘황찬란한 중세 의복을 입은 부유한 상류층들이 시합을 지켜보았다. 평민들은 공터 주변에 서서 관람했다. 관중석은 태피스트리와 휘장, 삼각기, 그리고 문장들로 장식되었다. 음악가들은 음악으로 대결의 서곡을 연주하고, 팡파르로 경기의 가장 빛나는 승리를 축하했다. 시합과 시합 사이에 귀족과 귀부인들은 걸어 다니는 인파 사이로 동전을 뿌렸고, 사람들은 "기부금이다(Largesse)!", "선물이다(Noël)!" 등을 외치며 동전을 주웠다.

첫 번째 시합에 앞서 기사들은 멋진 장비와 위풍당당한 걸음으로 시합장 위를 행진했고, 말을 탄 종자들이 그 뒤를 따랐다. 때로는 그들이 영광을 돌리기 위해 싸우는 귀부인들이 금 목걸이나 은 목걸이를 두르고 앞장을 서기도 했다. 대개 각 기사들은 방패와 투구 또는 창에 자신이 선택한 귀부인이 자신의 옷 중에서 택해 준 스카프나 베일, 망토, 팔찌 또는 리본 등을 매달았다.

마상 창 시합은 경쟁 기사들 간의 일 대 일 결투였다. 두 기사는 서로를 향해 "전속력으로" 달리며 강철 창을 던졌다. 만약 어느 한쪽이 말에서 떨어지면, 규칙상 다른 한쪽도 말에서 내렸다. 그리고 싸움은 둘 중 한 사람이 종료를 청할 때까지, 또는 지치거나 부상을 입거나 죽어서 전투력을 상실할 때까지, 또는 심판이나 왕이 중단을 요구할 때까지 땅 위에서 계속되었다. 승자는 심판 앞으로 나와 그들에게서, 또는 미녀에게서 엄숙히 상을 받았다. 그러한 시합 중 어떤 경우는 꼬박 나흘을 채우기도 했다. 축제의 절정은 "투어니"였다. 참가 기사들은 스스로 반대편에 선 두 무리로 나뉘어 실제와 같은 전투를 벌였는데, 물론 보통은 무딘 무기를 사용했다. 노이스에서 열린 한 투어니(1240년)에서는 60명의 기사들이 죽임을 당했다. 이런 투어니에서는 전쟁 때와 마찬가지로 포로를 잡아 몸값을 요구했다. 포로의 말과 갑옷은 승자의 것이 되었다. 기사들은 돈을 전쟁보다 더 좋아했다. 프랑스의 우화시(寓話詩)에서는 교회가 마상 창 시합을 정죄(定罪)하자, 자신의 유일한 생계 수단이 사라질 것이라는 이유로 이에 항의한 한 기사의 이야기를 들려준다.[69] 모든 시합이 끝나면 생존자들과 귀족 관중들은 노래와 춤이 있는 저녁 연회로 모였다. 승리한 기사들은 아름다운 여성들과 입맞춤을 하는 특권을 누렸고, 그들의 승리를 기념하여 만들어진 시와 노래들을 들었다.

이론상 기사들은 영웅이자 신사이고 성인이 되어야 한다는 요구를 받았다. 야만적인 기질을 길들이기 위해 애쓰던 교회는 기사 제도를 종교적 형식과 서약으로 에워쌌다. 기사는 항상 진실을 말할 것과 교회를 방어할 것, 가난한 이들을 보호할 것, 자신의 지역을 평화로이 유지할 것, 그리고 이단들을 쫓을 것 등을 맹세했다. 자신의 영주에게는 부모에 대한 사랑보다 더 구속력 있는 충성을 바쳐야 했다. 모든 여자의 수호자가 되어 그녀들의 순결을 구해 주어야 했고, 모든 기사들의 형제가 되어 서로 돕고 예를 차려야 했다. 전쟁에서는 다른 기사들과 싸워야 했지만, 그들을 포로로 잡게 되면 반드시 손님으로 대우해야 했다. 그래서 크레시와 푸아티에서 붙잡힌 프랑스 기사들은 몸값이 지불될 때까지 잉글랜드 억류자들의 사유지 안에서 자유롭고 편안하게 생활하며 주인들과 함께 연회와 운동 경기들을 즐겼다.[70] 봉건 체제는 서민들의 양심보다 기사의 노블레스 오블리주(noblesse oblige)와 귀족적 명예, 즉 무용(武勇)과 봉건적 충성, 모든 기사와 여성, 약자나 빈자에 대한 아낌없는 봉사의 서약을 더 높이 칭송했다. 그렇게 그리스도교에서 여성적 미덕을 강조하던 천 년의 세월이 지나, "용기", 즉 남성다움은 고대 로마의 남성적 감각을 회복하였다. 그 종교적 분위기에도 불구하고, 기사도 정신은 그리스도교에 대한 게르만과 이교도, 아랍식 개념의 승리를 상징했다. 사방에서 공격을 당하던 유럽에 다시 한 번 전쟁의 덕목들이 필요해진 것이다.

하지만 이 모든 것은 기사도 이론이었다. 소수 그리스도교도들이 그리스도교적 자기희생의 고된 경지에 도달한 것처럼, 이 이론에 부합하는 생활을 하던 기사들도 소수였다. 밀림의 야수와 같은 천성을 갖고 태어나는 인간들은 한 이상을 다른 이상처럼 더럽혔다. 어느 날 마상 시합이나 전투에서 용맹하게 싸우던 영웅이라 하더라도 다른 전투에서는 신의 없는 살인자가 될 수 있었다. 그들은 자신의 깃털 장식처럼 자랑스럽게 명예를 앞세우고 다니기도 했고, 랜슬롯(Lancelot)과 트리스트럼(Tristram), 그리고 실제 기사들처럼 간통으로 아름다운 가정을 깨기도 했다. 약자를 보호해야 한다고 투덜대기도 하고, 무기가 없는 농부를 검으로 쓰러뜨리기도 했다. 자신의 성채를 지어 올린 육체 노동자를 멸시하고, 자신이 소중히 여기고 보호하겠노라고 서약한 아내를 거칠게, 어떤 때는 야만스럽게 대했다.[71] 아침에는 미사에 참가했다가 오후에는 교회를 약탈하고 밤에는 술에 취해 외설스러운 행동을 할 수도 있었다. 그 때문에 그들과 함께 생활하던 길다스는 일부 시인들이 아서 왕과 "원탁의 기사단"의 시대라고 노래하는 6세기의 영국 기사들에 대해 묘사했다.[72] 그는 충성과 정의에 관해 이야기하며 프루아사르의 지면들을 배신과 폭력으로 채웠다. 독일의 시인들은 기사도 정신을 노래했지만, 독일의 기사들은 난투극과 방화, 무고한 여행객을 약탈하는 노상강도를 저질렀다.[73] 사라센인들은 십자군의 야비함과 잔인함을 놀라워했다. 위대한 보에몽조차 비잔티움 황제에 대한 멸시를 표하기 위해 그에게 잘린 코와 엄지를 화물로 보냈다.[74] 그런 사람들은 이례적인 경우였지만 그 수가 적지 않았다. 물론 군인에게 성인이 되기를 기대하는 것은 터무니없는 일일 것이다. 잘 죽이는 데에는 그 나름의 덕목이 요구된다. 이들 거친 기사는 무어인을 그라나다로 쫓아내고, 슬라브족을 오데르 강에서, 마자르족을 이탈리아와 독일에서 몰아냈다. 그들은 스칸디나비아인을 노르만족으로 길들이고, 프랑스 문명을 그들의 칼끝에 임해 있던 잉글랜드로 들여왔다. 그들은 그들 본연의 몫을 하고 있었다.

    기사도에 영향을 끼쳐 야만성을 완화시킨 것이 두 가지 있는데, 여자와 그리스도교였다. 교회는 봉건적 호전성을 십자군 원정으로 돌리는 데 부분적으로 성공했다. 아마도 새롭게 떠오르는 성모 마리아에 대한 숭배도 이에 일조했을 것이다. 다시 한 번 여성적 미덕들이 격렬한 남자들의 피비린내 나는 열정을 억눌렀다. 하지만 전사를 신사로 탈바꿈시키는 데에는 영혼뿐 아니라 감각적으로도 호소력을 지닌, 살아 있는 여자들이 더 많은 영향력을 미쳤을 것이다. 교회는 거듭 마상 시합을 금지했지만 기사들은 이를 보기 좋게 무시했다. 부인들은 마상 시합에 참여했고 무시를 받지 않았다. 교회는 마상 시합에서, 그리고 시 안에서 여자들의 역할을 못마땅하게 여겼다. 귀부인들의 윤리관과 교회의 도덕률이 갈등을 일으켰다. 그리고 봉건 사회 안에서는 부인들과 시인들이 승리했다.

낭만적인 사랑, 즉 그 대상을 이상화하는 사랑은 모든 시대에 존재했고, 어느 정도는 욕망과 욕망의 실현 사이에 존재하는 장애물로 느슨하게 역할 했다. 지금 이 시대까지도 그러한 연애가 결혼으로 이어지는 사례는 드물었다. 그리고 기사도가 절정에 달했을 때 사랑과 결혼이 별개였던 점을 보면, 그것이 우리 시대에서보다 더 평범한 환경이었다는 것을 이해해야 한다. 대부분의 시대에, 그리고 어느 때보다 봉건 체제 아래에서, 여성들은 재산을 보고 남자와 결혼했고, 다른 남자가 지닌 매력을 흠모했다. 가진 것이 없는 시인들은 하층민과 결혼하거나 오랫동안 연애를 해야 했고, 가장 아름다운 노래를 지어 접근하기 힘든 여자들에게 바쳤다. 사랑을 노래하는 자와 사랑받는 사람의 격차는 꽤 커서, 더없이 열렬한 시조차 듣기 좋은 찬사 정도로 받아들여졌고, 예의 바른 영주는 자기 아내에게 육욕적 애정을 담아 지은 시구에 사례를 하기도 했다. 그렇게 보(Vaux)의 자작은 자신의 아내에게 사랑의 시구들을 보낸 음유 시인 페이르 비달을 계속 환대하고 호의를 베풀었는데(페이르가 자신의 아내를 꾀어내려 한 다음에도),[75] 물론 이는 어느 정도 친절을 보인 것으로 항상 이용당했던 것은 아니었다. 음유 시인은 결혼하면 기회는 최대치가 되고, 유혹은 최소치가 되어 낭만적인 사랑을 만들거나 유지하기 어렵다고 주장했다. 독실했던 단테조차 자신의 아내에게 시를 바치는 것은 꿈도 꾼 적이 없어 보이고, 독신이든 기혼이든 다른 여자에게 시를 바치는 것은 꼴사나운 일이라고 생각하지 않았던 것 같다. 기사들은 기사다운 사랑은 자신의 아내가 아닌 다른 여성, 대개는 다른 기사의 아내에게 바쳐야 한다는 데 시인들과 생각이 같았다.[76] 그들의 군사적 충정까지 의심해서는 안 되지만, 대부분의 기사들은 "기사도적 사랑"을 비웃었고, 때가 되면 체념하여 자신들의 배우자를 받아들였으며, 전쟁으로 스스로를 위로했다. 연애를 거는 부인들에게 전혀 관심을 주지 않은 기사들도 있었다고 한다.[77] 롤랑은 죽을 때 자신의 약혼녀 오드를 한 번도 떠올리지 않았지만, 오드는 그가 죽었다는 소식을 듣고 비탄에 빠져 죽었다. 여성들 역시 연애만 한 것은 아니었다. 하지만 12세기 후로 정신적인 사랑이든 비장한 사랑이든 남편 외에 연인 한 명을 두는 것은 많은 부인들에게 관례가 되었다. 중세의 연애담을 그대로 믿는다면, 기사는 자신에게 걸칠 깃발을 준 부인에게서 의무나 봉사를 약속받았다. 여자들은 위험한 공적을 요구하여 그를 시험하거나 떼어 놓았다. 만약 기사가 부인을 잘 호위하면 부인은 그에게 포옹이나 그 이상의 것으로 보상을 주었다. 이것이 기사가 요구하던 "포상(guerdon)"이다. 기사는 여자에게 자신의 무공을 모두 헌납했다. 기사들은 전투에서 위기에 처하거나 죽을 고비를 맞을 때면 여자의 이름을 불렀다. 이 부분 역시 봉건 체제가 그리스도교의 일부가 아니라 그 적이자 맞수였던 지점이다. 신학적으로 연애를 삼가는 여성들은 해방을 선포하고 그들 나름의 도덕률을 만들었다. 현실의 여자를 숭배하는 것은 성모에 대한 경배와 경쟁하는 일이었다. 사랑은 그 나름의 독립된 가치의 원칙을 표명하며 봉사의 이상과 행동 규범을 제공했고, 종교의 형식과 용어들을 차용할 때조차 그 종교를 지독하리만큼 무시했다.[78]

연애와 결혼의 분리는 매우 복잡하여 도덕률과 예의에 많은 문제가 발생했다. 그리고 오비디우스의 시절처럼, 글을 쓰는 사람들은 궤변가의 꼼꼼함으로 이 문제를 다루었다. 1174~1182년의 언젠가 안드레아스 카펠라누스(Andreas Capellanus, Andrew the Chaplain, 사제 앤드류)라는 사람은 『사랑과 그 치유에 대하여』라는 글을 작성해 책으로 출간했는데, 그는 이 책에서 여러 문제와 함께 "기사도적 사랑"의 규칙과 원칙을 정하였다. 앤드류는 그러한 사랑을 귀족에 국한했다. 그는 그것을 다른 기사의 아내에 대한 기사의 부적절한 욕정이라고 염치없이 상정하면서도, 여성에 대한 남성의 봉사와 경의, 종속이라는 특이성을 고찰했다. 이 책은 중세 시대 "사랑의 법정(courts of love)"의 존재를 보여 주는 최고의 권위서로서, 이 법정에서 작위가 있는 여성들은 심문에 대답하고 "고귀한 사랑(l'amour courtois)"에 대한 판결을 받았다. 앤드류의 시대에 이 절차에 앞장섰던 여성은 공주이자 여류 시인이었던 샹파뉴 백작 부인 마리였다고 한다. 한 세대 앞서 그 자리는 봉건 사회에서 가장 아름다웠던 그녀의 어머니, 아퀴텐의 공작 부인이자 한때 프랑스의 왕비였고 후일에는 잉글랜드의 왕비가 된 엘레아노르의 것이었다. 『사랑과 그 치유에 대하여』에 따르면 이따금 어머니와 딸이 함께 재판관이 되어 푸아티에 사랑의 법정에서 재판을 주재했다고 한다.[79] 앤드류는 마리와 잘 알았고 사제로서 그녀에게 봉사했으며, 이 책을 펴낸 이유도 그녀의 사랑의 이론과 판결들을 공표하기 위해서였던 것 같다. "사랑은 모든 사람에게 바른 예절을 행하는 데 소홀함이 없도록 가르친다."라고 그는 말한다. 확언컨대 마리의 지도 아래, 푸아티에의 거친 귀족들은 너그러운 여인들과 용맹한 남성들의 집단이 되었다.

음유 시인들의 시에는 피에르푀와 아비뇽 등 상류층 부인들(나르본의 자작부인, 플랑드르의 백작 부인 등)이 지켰던 프랑스의 그러한 사랑의 법정 몇 군데에 대한 언급이 들어 있다.[80] 10명, 14명 또는 60명의 여자들이 재판관석에 앉아 사건을 다루었는데, 사건들은 대부분 여자들이 제기하고 가끔 남자들도 청구했다고 한다. 논쟁은 합의가 되고 연인들 간의 다툼은 치유되었으며, 위법자에 대해서는 형벌이 내려졌다. 앤드류에 따르면, 그렇게 샹파뉴의 마리도 1174년 4월 27일 "기혼자들 사이에 진정한 사랑이 존재하는가?"라는 질문에 대한 "회답서(responsum)"를 발표했다. 마리는 "연인들은 어떠한 필요라는 동기에 속박당하지 않고 아무런 보상 없이 모든 것을 허락하지만, 기혼자들은 서로의 바람에 굴복해야 할 의무를 지닐 수밖에 없다."라는 이유로 이 질문을 부정했다.[81] 우리의 즐거운 앤드류는 모든 법정이 서른한 가지 "사랑의 법칙"에 동의했다고 말한다. (1) 결혼은 사랑을 거부하기 위한 변명이 될 수 없다. …… (3) 두 사람을 동시에 진심으로 사랑할 수 있는 사람은 없다. (4) 사랑은 결코 정지해 있지 않으며, 항상 커지거나 작아진다. (5) 마지못해 건넨 친절은 무미건조하다. …… (11) 오직 결혼을 바라며 사랑하는 여자들은 사랑하기에 어울리지 않는다. …… (14) 너무 쉽게 소유하면 사랑은 경멸스러운 것이 된다. 어려움이 수반된 소유야말로 사랑을 …… 고귀하게 만든다. …… (19) 사랑은 한번 약해지기 시작하면 순식간에 사라져 회복되는 경우가 거의 없다. …… (21) 사랑은 질투의 영향력 아래에서 예외 없이 커진다. …… (23) 사랑의 제물이 된 사람은

거의 입지도 못하고 자지도 못한다. …… (26) 사랑은 사랑에 관해 아무것도 부정할 수 없다.[82]

이러한 사랑의 법정은 정말로 존재했다 하더라도 귀족 부인들이 즐기던 일종의 실내 유희의 한 부분이었다. 바쁜 영주들은 부인들에게 주의를 기울이지 않았고, 육체적 사랑을 원하는 기사들에게도 그들 나름의 규율이 있었다. 하지만 점증하는 부와 나태함으로 인하여, 음유 시인들과 초기 르네상스 시대의 시들을 사로잡은 사랑의 예의와 낭만이 만들어졌던 것에는 의심의 여지가 없다. 피렌쩨의 역사학자 빌라니(1280?~1348년)는 이렇게 적었다.

> 1283년 6월 성 요한 대축일, 피렌쩨가 행복과 고요와 평화에 빠져 있을 때 …… 한 사회단체가 형성되었는데, 단체를 구성하는 1000여 명의 대중은 모두 흰 옷을 입고 자신들을 사랑의 종(Servants of Love)이라고 불렀다. 그들은 일련의 경기와 떠들썩한 놀이, 그리고 여자들과 함께 춤추기 등을 연달아 주선했다. 귀족과 부르주아들은 트럼펫과 음악 소리에 맞추어 행진했고, 정오와 밤에 축하연을 열었다. 이 사랑의 법정(Court of Love)은 거의 두 달 동안 지속되었는데, 투스카니 역사상 가장 아름답고 가장 유명한 행사였다.[83]

10세기에 시작된 기사도는 13세기에 절정에 달했고 야만스러운 백년 전쟁을 겪은 후 장미 전쟁에서 잉글랜드 귀족들을 분열시킨 무자비한 증오 속에 시들해졌다가 16세기 종교 전쟁들에 대한 신학적 격분 안에서 사멸했다. 하지만 기사도는 중세와 근대 유럽의 사회와 교육, 예절, 문학, 예술, 그리고 어휘에 결정적인 흔적을 남겼다. 가터(Garter), 바스(Bath), 황금 양털(Golden Fleece) 등 기사단의 수는 브리튼과 프랑스, 독일, 이탈리아, 스페인 등지에서 234개로 급증했다. 그리고 이튼과 해로(Harrow), 원체스터 같은 학교들은 기사도적 이상과 "자유주의적" 교육을 결합시켜 교육학 역사상 가장 효과적인 정신과 의지와 인격을 훈련시켰다. 기사들은 귀족이나 왕의 궁중에서 예절과 의

협심을 배우는 동안 이와 같이 정중한 품행을 자신들보다 낮은 사회적 계급에 있는 사람들에게 전파시켰다. 근대 사회의 예절은 묽게 희석된 중세 기사도다. 유럽의 문학은 『롤랑의 노래』에서 『돈키호테』에 이르기까지 기사도적 인물과 주제를 다루면서 번성했다. 그리고 18세기와 19세기 문학의 낭만주의 운동에서 기사도의 재발견은 흥미로운 요소 가운데 하나였다. 얼마나 지나치고 부조리하든, 사실 그 이상향에 얼마나 못 미치든, 기사도는 인간의 영혼이 거둔 중대한 성취 중 하나이며, 어떠한 예술보다 더 아름다운 삶의 예술이다.

이런 점에서 봉건 제도라는 그림에는 단지 농노나 문맹, 착취, 폭력만 있는 것이 아니었다. 그 안에는 황무지를 개간하는 건장한 농부가 있고, 언어와 사랑, 그리고 전쟁에서 격렬하고 다채로운 사람들이 있으며, 명예와 봉사를 맹세하고 편리와 안전보다 모험과 명성을 추구하며 위험과 죽음, 그리고 지옥을 멸시하던 기사들도 있었다. 또한 농부의 작은 집에서 인내심을 갖고 고된 노동과 양육을 견디던 여인들과 성모 앞에 더없이 부드러운 기도를 올리는 한편으로 관능적인 시와 기사도적 사랑에 대한 자유를 누리던 귀부인들도 있었다. 어쩌면 봉건 제도는 여성들의 지위를 끌어올리는 데 그리스도교보다 더 많은 역할을 했는지 모른다. 봉건 제도가 떠안은 커다란 과제는 파괴적인 침략과 재난의 한 세기가 지난 후 유럽에 정치적, 경제적 질서를 복구한 것이었다. 결과는 성공적이었다. 봉건 제도가 쇠락했을 때, 근대 문명은 그 폐허와 유산들 위에서 일어섰다.

암흑 시대는 학자들이 경멸 어린 우월성을 가지고 내려다볼 수 있는 시대가 아니다. 학자들은 더 이상 그 시대의 무지와 미신, 그들의 정치적 분열과 경제적, 문화적 빈곤을 몰아세우지 않는다. 그보다는 유럽이 고트족과 훈족, 반달족, 이슬람, 마자르족, 그리고 스칸디나비아 사람들로부터 입은 잇따른 타격에서 회복하고, 혼란과 비극을 겪으면서도 그 많은 고대의 문자와 기술을 보존했다는 데 경이로워한다. 그들은 이제 이 혼돈 위에 질서를 강제하던 샤를마뉴와 알프레드, 올라프, 그리고 오토 들에게 경의를 느낄 뿐이다. 황무지 같던 그들 시대에 도덕률과 문자를 다시 부활시킨 베네딕트와 그레고리우스, 보니파키우스, 콜룸바, 알퀸, 브루노 들에게도, 대성당을 지어 올린 고위 성직자와 장인, 그리고 전쟁과 전쟁의 틈바구니에서 노래하던 이름 모를 시인들에게도 존경을 표한다. 국가와 교회는 천 년 전 로물루스와 누마가 그러했던 것처럼 다시 한 번 바닥에서 시작해야 했다. 밀림에서 도시를 건설하고, 미개인들을 시민으로 키우는 데 요구되는 용기는 샤르트르와 아미앵, 그리고 랭스 대성당을 건설할 때 필요했던 용기보다, 또는 단테의 복수열을 식혀 계산된 시구(詩句)로 주조하는 데 들였던 용기보다 더 컸다.

주

1장

1. Ammianus Marcellinus, xxi, 16.
2. Philostorgius, ii, 9, in Gibbon, *Decline and Fall of the Roman Empire*, II, 78.
3. Sozomen, *Ecclesiastical History*, ii, 3.
4. Lot, Ferdinand, *End of the Ancient World*, 71; Bury, J. B., *History of the Later Roman Empire*, I, 87.
5. *Cambridge Medieval History*, IV, 748
6. 위의 책, I, 593.
7. Dudden, F. H., *Gregory the Great*, I, 129.
8. Duchesne, L., *Early History of the Christian Church*, II, 127.
9. Socrates, *Ecclesiastical History*, i, 37-8.
10. 위의 책, ii, 7-11.
11. Boissier, G., *La Fin du paganisme*, I, 68; Duchesne, II, 250.
12. Boissier, I, 82.
13. Eunapius, *Lives of the Sophists*, 487.
14. Capes, W. W., *University Life in Ancient Athens*, 66.
15. Boissier, I, 178.
16. Wright, W. C., Introd. to Eunapius, p. 333.
17. Inge, W. R., *Philosophy of Plotinus*, I, 11.
18. Murray, A. S., *History of Greek Sculpture*, I, 100.
19. Boissier, I, 96.
20. Ammianus, xxii, 5; Duchesne, II, 262.
21. Boissier, I, 102.
22. Socrates, iii, 1.
23. Julian, *Letter to the Athenians*, 278D-280C; Ammianus, xvi, 11-12.
24. Ammianus, xvi, 53; Duchesne, II, 199.
25. Ammianus, xviii, 1.
26. 위의 책, xvi, 10.
27. Boissier, I, 107.
28. Ammianus, xxv, 4.
29. Julian, *Misopogon*, 338B.
30. Socrates, iii, I; Ammianus, xxii, 4.
31. *Misopogon*, 340B.
32. Ammianus, xvi, 1.
33. Gardner, Alice, *Julian, Philosopher and Emperor*, 260.
34. Ammianus, xxii, 7.
35. Eunapius, 477.
36. Julian, Letter 441, in *Works*, III, 7.
37. Julian, *To Edicius*, 23, in *Works*, III.
38. Julian, *Against the Galileans*, 89A-94A, 106DE, 168B, 351D, 238A, 319D.
39. Julian, *To the Cynic Herakleios*, 205C.
40. 위의 책, 217B.
41. 위의 책, 237B.
42. Ammianus, xxii, 12.
43. Lucian, *Panegyric*, in Boissier, I, 140.
44. Julian, *Letter to a Priest*, 305B; *To Arsacius*.
45. Julian, *To the High Priest Theodorus*, 16.

46. *Letter to a Priest*, 290D.
47. Ammianus, xxii, 10.
48. Sozomen, v, 5, 18; Julian, *Works*, III, 41n.
49. Boissier, I, 122.
50. Julian, Letter 10; Boissier, I, 127.
51. Julian, *Misopogon*, 368C.
52. Ammianus, xxii, 13.
53. Sozomen, vi, 2.
54. Ammianus, xxv, 3.
55. Milman, H. H., *History of Latin Christianity*, I, 112; Sihler, E. g., *From Augustus to Augustine*, 217.
56. Theodoret, iii, 28, in Lecky, W. E. H., *History of European Morals*, II, 261.
57. Duchesne, II, 268.

2장

1. Dopsch, A., *Economic and Social Foundations of European Civilization*, 89.
2. William of Malmesbury, *Chronicle of the Kings of England*, i, 4.
3. Lea, H. C., *Superstition and Force*, 451.
4. Boissier, II, 180.
5. Rostovtzeff, M., *Social and Economic History of the Roman Empire*, 479.
6. Dill, S., *Roman Society in the Last Century of the Roman Empire*, 297.
7. Jordanes, *Gothic History*, #247.
8. Thompson, J. W., *Economic and Social History of the Middle Ages*, 106.
9. Jordanes, #26f; Gibbon, III, 38.
10. Ammianus, xxxi, 13.
11. Socrates, iv, 31.
12. Broglie, Duc de, *St. Ambrose*, 120-4.
13. Gibbon, III, 168.
14. Bury, J. B., *History of the Later Roman Empire*, I, 129; Gibbon, III, 175.
15. Pirenne, H., *Medieval Cities*, 36.
16. Louis, Paul, *Ancient Rome at Work*, 231.
17. Boissier, I, 417; Dill, 앞의 책, 228, 272.
18. Salvianus, *De Gubernatione Dei*, v, 28, in Frank, T., *Economic Survey of Ancient Rome*, III, 260.
19. Boissier, II, 416.
20. 위의 책.
21. Louis, Paul, 235.
22. Hodgkin, T., *Italy and Her Invaders*, I, 423.
23. Augustine, Ep. 232.
24. Salvian, iv, 15; vii.
25. Dill, 56.
26. Symmachus, Ep. vi, 42; ii, 46; in Dill, 150.
27. Friedländer, L., *Roman Life and Manners under the Early Empire*, II, 12.
28. Lot, 178; Dill, 58; Friedländer, II, 29.
29. Ammianus, xiv, 6.
30. Symmachus, Ep. iii, 43.
31. Ammianus, xxii, 10.
32. 위의 책, xxi, 1; Thorndike, L., *History of Magic and Experimental Science*, I, 285.
33. Ammianus, xvi, 1.
34. Macrobius, *Opera accedunt integrae*, Saturnaila, *ad fin*.
35. 위의 책, i, 11.

36. Claudian, *Poems*, "On the Consulate of Stilicho," III, 130.
37. Voltaire, *Works*, XIII, 77.
38. Boissier, II, 180.
39. Shotwell, J. T., and Loomis, R., *The See of Peter*, 675.
40. Symmachus, Ep. x, 3, in Boissier, II, 224.
41. Boissier, II, 280.
42. Jordanes, 167f.
43. Procopius, *History of the Wars*, iii, 3.25.
44. Jordanes, #168.
45. Procopius, iii, 5.
46. Jordanes, #181.
47. 위의 책, #254f.
48. Procopius, iii, 4.
49. Gibbon, III, 461; Sihler, 302.

3장

1. Paul, I Cor. vii, 32.
2. Gibbon, II, 318; Lecky, *History of European Morals*, II, 49; Duchesne, II, 189.
3. Robertson, J. M., *Short History of Free Thought*, 242; Bury, *History of the Eastern Roman Empire*, 352f.
4. Hefele, C. J., *History of the Christian Councils*, III, 12.
5. Milman, I, 281f.
6. Davis, H. W. C., *Medieval England*, 128.
7. Ammianus, xxvii, 3.
8. Gibbon, II, 485n.
9. Ammianus, xxvii, 3; Duchesne, II, 364.
10. Cutts, E. L., *St. Jerome*, 30f.
11. Jerome, *Letters*, xxii, 30.
12. 위의 책, xxxviii, 3; xxii, 13, 27.
13. Ep. cxvii, 7.
14. Ep. xxii, 14
15. 위의 책.
16. Ep. cvii, 3.
17. Ep. xxii, 21.
18. Ep. xxiii.
19. Adv. Jovin., i, 2.
20. Ep. xxii, 25.
21. Duchesne, III, 74.
22. 위의 책, 446.
23. Cutts, 150.
24. Jerome, Ep. lx, 17.
25. Socrates, iv, 30.
26. Broglie, 10-13.
27. Augustine, *Confessions*, ix, 7.
28. Davis, W. S., and West, W. M., *Readings in Ancient History*, II, 297.
29. Guizot, F., *History of Civilization*, I, 341.
30. Gregory of Tours, *History of the Franks*, 15.
31. Guizot, *History of Civilization*, II, 69.
32. Duchesne, II, 391.
33. Lecky, *Morals*, II, 107.
34. Cutts, 137.
35. Lecky, 앞의 책.
36. 위의 책, 210.
37. 위의 책, 107, 158.
38. Boissier, II, 55.
39. Jerome, Ep. cxxv, 11.
40. Lecky, II, 115.

41. 위의 책, 109.
42. Sozomen, vi, 33.
43. Lecky, II, 110; Nöldeke, Th., *Sketches from Eastern History*, 212f.
44. Lecky, II, 118.
45. Taylor, H. O., *Classical Heritage of the Middle Ages*, 78.
46. 위의 책.; Glover, T. R., *Life and Letters in the Fourth Century*, 349.
47. Gibbon, III, 75.
48. Socrates, vi, 3.
49. Bury, *Later Roman Empire*, I, 138-9.
50. Socrates, vi, 4-5.
51. Clanham and Power, 116.
52. McCabe, J., *St. Augustine and His Age*, 228.
53. 위의 책, 35.
54. Augustine, *Confessions*, ii, 3.
55. 위의 책, vi, 3.
56. Augustine, *City of God*, ii, 14.
57. *Confessions*, v, 8.
58. Encylopaedia Britannica, II, 682.
59. McCabe, *Augustine*, 254.
60. Catholic Encyclopedia, II, 88; Augustine, *Letters*, introd., xvi-xviii.
61. Augustine, Ep. 86.
62. Ep. 93.
63. Ep. 173.
64. Ep. 204.
65. Eps. 103, 133.
66. *City of God*, v, 9; vi, 22, 27.
67. Sermon 289.
68. Sermon 165.
69. Duchesne, III, 143.
70. Sermon 131.
71. Ep. 181A.
72. Comment. in Joan. Evang., xxix, 6; Sermon 43.
73. *Cambridge Medieval History*, I, 581.
74. *De Trinitate*, i, 1.
75. *De vera religione*, xxiv, 45.
76. Solil. i, 7.
77. *Confessions*, xiii, 16.
78. *City of God*, iv, 27.
79. *De libero arbitrio*, ii, 16.
80. *De Gen. ad litt.*, vii, 28; De Wulf, *History of Medieval Philosophy*, I, 118; Catholic Encyclopedia, II, 90.
81. De Wulf, I, 117.
82. *Confessions*, Book xi.
83. *De Trin.*, x, 10.
84. 위의 책, viii, 6; *Confessions*, x, 6.
85. *De bono conjugali*, x; Figgis, J. N., *Political Aspects of St. Augustine's City of God*, 76; Lea, H. C., *Sacerdotal Celibacy*, 47.
86. *Confession*, x, 30.
87. 위의 책, vii, 14; x, 6, 22; xiii, 9.
88. *City of God*, vi, 9.
89. Philippians, iii, 20; Ephesians, ii, 19.
90. Figgis, 46.
91. Marcus Aurelius, *Meditations*, iv, 19.
92. *City of God*, xv, 1.
93. 위의 책, i, 34.
94. 위의 책, xxix, 7; xx, 9.
95. Boissier, II, 331.
96. Augustine, *Letters*, P. 38.
97. Comm. on Psalm cxxii.

98. Funk, F. X., *Manual of Church History*, I, 198.
99. Frazer, Sir J. G., *Adonis, Attis, Osiris*, 315.
100. 위의 책, 306.
101. Boissier, II, 118.
102. Renan, E., *Marc Aurèle*, 629.
103. Duchesne, III, 11.
104. 위의 책, 16.
105. Lecky, *Morals*, II, 61.
106. 위의 책, 72.
107. 위의 책, 83.
108. 위의 책, 81.
109. Fisher, H. L., *The Medieval Empire*, I, 14.
110. Guignebert, C., *Christianity Past and Present*, 151.
111. Ambrose, Ep. 2, in Boissier, II, 424.

4장

1. *Cambridge Ancient History*, XII, 287.
2. Haverfield, F., *The Roman Occupation of Britain*, 220; Home, G., *Roman Britain*, 104.
3. Quennell, M., *Everyday Life in Roman Britain*, 103.
4. Mommsen, Th., *Provinces of the Roman Empire*, I, 211.
5. Bede, *Ecclesiastical History*, v, 24.
6. Gildas, *Chronicle*, xxiii; *Anglo-Saxon Chronicle*, p. 25.
7. Bede, i, 15; *Anglo-Saxon Chronicle*, 26.
8. Collingwood, R. G., and Myres, J., *Roman Britain*, 320.
9. Geoffrey of Monmouth, *British History*, vii-xi.
10. William of Malmesbury, *Chronicle*, 11.
11. Collingwood, 324.
12. Joyce, P. W., *Short History of Ireland*, 123; Hyde, D., *Literary History of Ireland*, 77.
13. Hyde, 19.
14. Lecky, *Morals*, II, 253.
15. Joyce, 123.
16. Briffault, R., *The Mothers*, III, 230, quoting De Jubainville, Le Droit du roi dans l'épopée irlandaise, in Révue archéologique, XLIII, 332f.
17. Hyde, 71.
18. 위의 책, 83.
19. From the seventh-century "Voyage of Brand," in Hyde, 96f.
20. Bede, i, 13; Bury, J. B., *Life of St. Patrick*, 54.
21. Duchesne, III, 425.
22. Bury, *Patrick*, 172.
23. Nennius, *History of the Britons*, 11, in Giles, *Six Old English Chronicles*, P. 410.
24. Bury, *Patrick*, 121.
25. Ausonius, *Poems, Commemoratio Professorum Burdigalensium*.
26. Waddell, H., *Medieval Latin Lyrics*, 32.
27. Ausonius, *Poems, Parentalia*, x.
28. 위의 책, Ep. xxii, 23f.
29. Stevens, *Sidonius Apollinaris*, 68-9.
30. Guizot, *History of Civilization*, I, 343.
31. Dill, *Last Century*, 206.

32. Stevens, 134-8.
33. 위의 책, 160f.
34. Sidonius Apollinaris, *Poems and Letters*, Ep. i, 2.
35. Francke, K., *History of German Literature*, 10.
36. Sidonius in Lacroix, P., *Manners, Customs, and Dress*, 514.
37. Gibbon, IV, 65.
38. Gregory of Tours, viii, 9.
39. Lea, *Superstition and Force*, 318.
40. Sophocles, *Antigone*, 11, 264-7.
41. Gibbon, IV, 70.
42. Schoenfeld, Hermann, *Women of the Teutonic Nations*, 41; Dill, *Roman Society in the Merovingian Age*, 47.
43. Salic law, xiv and xli, in Ogg, F., *Source Book of Medieval History*, 63-5.
44. Schoenfeld, 40.
45. Brittain, A., *Women of Early Christianity*, 203.
46. Lot, 397.
47. Gregory of Tours, ii, 37.
48. 위의 책.
49. ii, 40.
50. II, 43.
51. V, 132-6; vi, 165.
52. Dill, *Merovingian Age*, 279.
53. Gregory of Tours, vii, 178; x, 246.
54. iv, 100.
55. Michelet, J., *History of France*, I, 107.
56. Gregory, introd., p. xxii.
57. Gregory, i, 5.
58. II, prologue.
59. Gregory, introd., p. xxiv.
60. Guizot, *History of Civilization*, I, 58.
61. Lecky, *Morals*, II, 204.
62. Isidore of Seville, *Etymologies*, in Brehaut, E., *An Encyclopedist of the Dark Ages*, 215.
63. Dieulafoy, M., *Art in Spain and Portugal*, 54.
64. Mahaffy, J. P., *Old Greek Education*, 52.
65. Thompson, J. W., *Economic History of the Middle Ages*, 120.
66. Cassiodorus, *Letters of, Variae*, ii, 27.
67. Procopius, v, 1.26.
68. Milman, I, 433.
69. 위의 책, 439.
70. Cassiodorus, *Variae*, ii, 6; iii, 28.
71. Milman, I, 442.
72. Boethius, *Consolation of Philosophy*, ii, 3.
73. 위의 책, 4.
74. 위의 책, iii, 10.
75. Procopius, v, 1.

5장

1. *Justiniani Institutionum libri quattuor*, Introd., I, 63.
2. Procopius, *Buildings*, i, 7.
3. Procopius, *Anecdota*, viii, 24.
4. John Malalas in Bury, *Later Roman Empire*, II, 24.
5. Procopius, *Anecdota*, xv, 11.
6. Procopius, *History of the Wars*, i, 24.
7. Procopius, *Buildings*, i, 11.
8. Diechl, C., *Byzantine Portraits*, 58.
9. Procopius, *Anecdota*, xi.

10. 위의 책, ix, 50.
11. Bury, *Later Roman Empire*, II, 29.
12. Procopius, *Anecdota*, xvii, 5.
13. Diehl, *Portraits*, 70.
14. Bouchier, E., *Life and Letters in Roman Africa*, 107.
15. Procopius, *History of the Wars*, iv, 6
16. 위의 책, vii, 1.
17. 위의 책, 5-8.
18. Lot, 267
19. Gibbon, IV, 359.
20. Lot, 267.
21. *Justiniani Inst.*, Proemium.
22. Cod. I, xiv, 34.
23. Cod. IV, xliii, 21.
24. Cod. Xi, xlviii, 21; lxix, 4.
25. Bury, *Later Roman Empire*, II, 406; Milman, I, 501.
26. Procopius, *History of the Wars*, vii, 32.
27. Gibbon, V, 43.
28. Procopius, *Buildings*, i, 1.

6장
1. Frank, *Economic Survey of Ancient Rome*, IV, 152.
2. Rostovtzeff, M., *History of the Ancient World*, II, 353-4.
3. Procopius, *History*, viii, 17.
4. Lopez, R. S., in *Speculum*, XX, i, 3, 7, 19.
5. 위의 책, 10-12.
6. Novella 122 in Bury, *Later Roman Empire*, II, 356.
7. Dalton, O. M., *Byzantine Art*, 50.
8. Bury, 357.
9. Diehl, C., *Manuel d'art Byzantin*, 248.
10. Procopius, *Anecdota*, xvii, 24.
11. Himes, N., *Medical History of Contraception*, 92-6.
12. Boissier, *La fin du paganisme*, I, 168.
13. Gibbon, I, 382.
14. Schneider, H., *History of World Civilization*, II, 640.
15. Castiglione, A., *History of Medicine*, 252; Garrison, F. H., *History of Medicine*, 123.
16. Thorndike, L., *History of Magic and Experimental Science*, I, 147.
17. O'Leary, D., *Arabic Thought*, 53.
18. Himes, 95.
19. Thorndike, I, 584.
20. Augustine, *Confessions*, vii, 6.
21. Heath, Sir T., *History of Greek Mathematics*, II, 528.
22. Socrates, vii, 15.
23. Lecky, *Morals*, II, 315.
24. Bury, *Later Roman Empire*, I, 217.
25. Duchesne, III, 210.
26. Socrates, vii, 15.
27. Gregory Nazianzen, *Panegyric on St. Basil*, in Monroe, P., *Source Book of the History of Education for the Greek and Roman Period*, 305.
28. Bury, *Later Roman Empire*, I, 377.
29. Diehl, *Manuel*, 218.
30. Higham and Bowra, *Oxford Book of Greek Verse*, 654.
31. 위의 책, 665.

32. Socrates, vii, 48.
33. Procopius, *History*, viii, 32; v, 3.
34. Winckelmann, J., *History of Ancient Art*, I, 360-1; Finlay, G., *Greece under the Romans*, 195.
35. Strzygowski, J., *Origin of Christian Church Art*, 4-6.
36. Procopius, *Buildings*, i, 10.
37. 위의 책, i, 1.
38. 위의 책.
39. 위의 책, i, 3.
40. Dalton, 258.
41. Lot, 143.
42. Diehl, *Manuel*, 249; Dalton, 579; Lot, 146.
43. Boethius, ix.

7장

1. Ammianus, xxii, 6.
2. 위의 책.
3. Dhalla, M. N., *Zoroastrian Civilization*, 371.
4. Rawlinson, G., *Seventh Great Oriental Monarchy*, 29.
5. Procopius, *Persian War*, ix, 19.
6. Bury, *Later Roman Empire*, I, 92.
7. Ammianus, xxiii, 6.
8. Talmud, Berachoth, 8b.
9. Dhalla, 301f.
10. Ameer Ali, *Spirit of Islam*, 188.
11. Macrobius, *Saturnalia*, vii, 1.
12. Gottheil, R. J., *Literature of Persia*, I, 159.
13. Firdousi, *Epic of the Kings*, retold by Helen Zimmern, 191; Sykes, Sir P., *History of Persia*, I, 466.
14. Gottheil, I, 166.
15. Dhalla, 377.
16. 위의 책, 305.
17. Browne, E. G., *Literary History of Persia*, I, 107.
18. Sarton, G., *Introd. to the History of Science*, I, 435.
19. Browne, E. G., *Arabian Medicine*, 23.
20. Dhalla, 354.
21. 위의 책, 362.
22. 위의 책, 274; Bury, *Later Roman Empire*, I, 91.
23. Rawlinson G., *Seventh Great Oriental Monarchy*, 636.
24. Bright, W., *Age of the Fathers*, I, 202.
25. Sykes, I, 414.
26. Lowie, R. H., *Are We Civilized?*, 37.
27. Pope, A. U., *Survey of Persian Art*, I, 755.
28. Dhalla, 356.
29. Pope, 761.
30. Baron, S. W., *Social and Religious History of the Jews*, I, 256.
31. Ammianus, xxiii, 6.
32. Pope, 716.
33. Browne, *Literary History*, I, 127.
34. Ibn Khaldun, *Prolégomènes*, I, 80.
35. Eunapius, #466.
36. *Cambridge Ancient History*, XII, 112.
37. Sykes, I, 403.
38. Rawlinson, 141.
39. Browne, *Literary History*, I, 171.

40. Pope, 755.
41. Procopius, *History of the Wars*, ii, 9.
42. Nöldeke, Th., *Geschichte der Perser ... aus Tabari*, 160, in De Vaux, *Les Penseurs de l'Islam*, I, 92.
43. Rawlinson, 446.
44. Sykes, I, 460.
45. Procopius, *History*, i, 26.
46. Mommsen, *Provinces*, II, 47.
47. Graetz, H., *History of the Jews*, III, 18.
48. Sykes, I, 480f.
49. Pope, 524.
50. Creswell, K. A., *Early Muslim Architecture*, I, 101.
51. Dieulafoy, *Art in Spain*, 13.
52. Theophylactus Simocatta in Rivoira, G. T., *Moslem Architecture*, 114.
53. Gottheil, I, 167.
54. Arnold, Sir T., *Painting in Islam*, 62.
55. Pope, *Survey*, I, 717; Dieulafoy, 21.
56. Ackerman, P., in *Bulletin of the Iranian Institute*, Dec., 1946, p. 42.
57. Pope, A. U., *Introd. to Persian Art*, 144, 168.
58. Sykes, I, 465.
59. Pope, A. U., *Masterpieces of Persian Art*, 182.
60. Pope, *Introd.*, 64.
61. Fenollosa, E., *Epochs of Chinese and Japanese Art*, I, 21.
62. Riefstahl, R. M., *The Parish-Watson Collection of Mohammedan Potteries*, P. viii; Pope, *Survey*, I, 779; Lot, 141.
63. Sir Percy Sykes in Hammerton J. A., *Universal History of the World*, IV, 2318.
64. Sarre, F., *Die Kunst des alten Persien*, 143.
65. Pope, *Introd.*, 100.
66. Pope, *Survey*, I, 775.
67. Dhalla, 273.
68. Sykes, I, 490.
69. Browne, *Literary History*, I, 194.
70. Sykes, I, 490.
71. 위의 책, 498.

8장

1. Burton, Sir R. F., ed., *Thousand Nights and a Night*, I, vii.
2. Hell, J., *The Arab Civilization*, 7; Dawson, Christopher, *The Making of Europe*, 136.
3. Encyclopaedia Britannica, II, 184.
4. Doughty, Chas., *Travels in Arabia Deserta*, I, xx.
5. Margoliouth, D. S., *Mohammed and the Rise of Islam*, 29; Nöldeke, *Sketches*, 7.
6. Burton, R. F., *Personal Narrative of a Pilgrimage to al-Medinah and Meccah*, II, 93.
7. Blunt, Lady A. and Sir W. S., *The Seven Golden Odes of Pagan Arabia*, 43.
8. 위의 책.
9. Koran, ix, 98; tr. and ed. Pickthall, *The Meaning of the Glorious Koran*.
10. Sale, G., in Wherry, E. M., *Commentary on the Qur'an*, with Sale's tr., I, 43.
11. Herodotus, iii, 8.
12. Ali Tabari, *Book of Religion and Empire*, Prologue, ix; Margoliouth, *Mohammed*,

59. Muir, Sir W., *Life of Mohammed*, 512.
13. Browne, E. G., *Literary History of Persia*, I, 261.
14. al-Tabari, Abu Jafar Muhammad, *Chronique*, Part III, ch. xlvi, p. 202.
15. Pickthall, p. 2.
16. Browne, *Literary History*, I, 247.
17. Tisdall, W. S., *Original Sources of the Koran*, 264, quoting Ibn Ishaq; Lane-Poole, S., *Speeches and Table Talk of the Prophet Mohammed*, xxiv.
18. Nicholson, R. A., *Translations of Eastern Poetry and Prose*, 38-40.
19. Muir, *Life*, 51.
20. Koran, xliii, 3; lvi, 76; lxxxv, 22.
21. II, 91.
22. Lxxxvii, 6.
23. Ali, Maulana Muhammad, *The Religion of Islam*, 174.
24. Macdonald, D. B., *Religious Attitude and Life in Islam*, 42.
25. Margoliouth, *Mohammed*, 45.
26. Dozy, R., *Spanish Islam*, 15.
27. Hell, 19.
28. Sale in Wherry, I, 80.
29. al-Baladhuri, Abu-l Abas, *Origins of the Islamic State*, i, 1.
30. Ameer Ali, Syed, *Spirit of Islam*, 54.
31. Muir, *Life*, 214, 234.
32. 위의 책, 236.
33. 위의 책, 238.
34. 위의 책.
35. Andrae, Tor, *Mohammed*, 206.
36. Ameer Ali, *Spirit of Islam*, 58f.
37. Muir, 252f.
38. al-Baladhuri, i, 2.
39. 위의 책, i, 4.
40. Ameer Ali, 94.
41. Andrae, 238.
42. Koran, ii, 100; Macdonald, D. B., *Development of Muslim Theology, Jurisprudence, and Constitutional Theory*, 69.
43. Koran, xli, 6.
44. XXXIII, 37.
45. Andrae, 267.
46. Koran, xxxiii, 51.
47. Muir, 77, 244.
48. Koran, xxxiii. 51.
49. Muir, 201.
50. Bukhsh, S. K., *Studies, Indian and Islamic*, 6.
51. Muir, 511.
52. Lame-Poole, *Speeches*, xxx.
53. Ameer Ali, *Spirit of Islam*, 110.
54. Bukhsh, *Studies*, 6.
55. Irving, W., *Life of Mahomet*, 238.
56. Margoliouth, 105; Irving, 231.
57. Koran, xxxi, 19.
58. Sa'di *Gulistan*, ii, 29.
59. Margoliouth, 458.
60. Gibbon, V, 254.
61. Margoliouth, 466.

9장

1. Lane-Poole, *Speeches*, 180.
2. Koran, xliv, 53; xxxv, 33.

3. XLVII, 15, lxxvi, 14-15.
4. LV, 56-8, lxxviii, 33; xxxvii, 48.
5. LVI, 17; lxxvii, 19.
6. Margoliouth, 69.
7. Koran, xvii, 35; Lane-Poole, 157.
8. 위의 책, 158.
9. Ali, Maulana M., *Religion of Islam*, 587.
10. Lane-Poole, 161, 163.
11. 위의 책, 162.
12. 위의 책.
13. Ali, Maulana, 390.
14. Koran, lv, 10; iv, 31-2.
15. Ali, Maulana, 655.
16. Koran, xxxiii, 53.
17. Ali, 602.
18. Koran, ii, 232; Ali, 632.
19. 위의 책, 684.
20. Pickthall, p. 594n.
21. Lane-Poole, 161.
22. Koran, xxxi, 14; xlvi, 15.
23. Ameer Ali, 183.
24. Lane-Poole, 167.
25. Lane-Poole, 159.
26. 위의 책.
27. Sale in Wherry, I, 122.
28. Deut. xviii, 15-18; Hag. ii, 7; Song of Songs, ii, 3, xxi, 7; John xvi, 12-13.
29. Talmud, Pirke Aboth, ii, 18.
30. Nöldeke, *Sketches*, 44.
31. Koran, v, 35 with Talmud, Sanh., ii, 5; Koran, ii, 183 with Ber., i, 2; and Nöldeke, 31.
32. Lane-Poole, xl.
33. Bevan, E. R., *Legacy of Israel*, 147; Hitti, P. K., *History of the Arabs*, 125.
34. Baron, S. W., *Social and Religious History of the Jews*, I, 335-7.
35. Hurgronje, C. S., *Mohammedanism*, 65

10장

1. *Cambridge Medieval History*, II, 331.
2. Burton, *Personal Narrative*, I, 149.
3. Finlay, G., *Greece under the Romans*, 367.
4. Muir, Sir W., *The Caliphate*, 56.
5. 위의 책, 57.
6. 위의 책, 198.
7. Hitti, 176.
8. Gibbon, V, 296.
9. Macdonald, *Development of Muslim Theology*, 23.
10. Hitti, 197.
11. Sykes, Sir P., *History of Persia*, I, 538.
12. Hell, J., 59-60.
13. Muir, *Caliphate*, 376; Hitti, 222.
14. Dozy, 161; Hitti, 227.
15. Muir, *Caliphate*, 428-37; Hitti, 285.
16. Nöldeke, 132.
17. Sa'di, *Gulistan*, i, 3.
18. Burton, Sir R. F., *The Thousand Nights and a Night*, I, 186.
19. Palmer, E. H., *The Caliph Haroun Alraschid*, 30, 78.
20. Arnold, Sir T. W., *Painting in Islam*, 16.
21. Abbott, Nabia, *Two Queens of Baghdad*, 183.
22. Muir, *Caliphate*, 482.
23. Palmer, 221.

24. 위의 책, 35; Abbott, 113.
25. Palmer, 81f.
26. Ibn Khaldun, *Les Prolégomènes*, I, 26.
27. Hitti, 300.
28. Eginhard, *Life of Charlemagne*, xvi, 3.
29. Palmer, 121.
30. Nicholson, R. A., *Translations of Eastern Poetry and Prose*, 64.
31. Utbi, Abul-Nasr Muhammad, *Historical Memoirs of the Emir Sabaktagin and Mahmud of Ghazni*, ch. 50, p. 466.
32. Saladin, H., et Migeon, G., *Manuel d'art musulman* I, 441.

11장

1. Lestrange, G., *Palestine under the Moslems*, quoting Masudi, ii, 438.
2. Hitti, 351.
3. Milman, H. H., *History of Latin Christianity*, III, 65n.
4. Lane, E. W., *Arabian Society in the Middle Ages*, 117.
5. Usher, A. P., *History of Mechanical Inventions*, 128-9.
6. De Vaux, Baron Carra, *Les Penseurs d'Islam*, I, 8.
7. Barnes, H. E., *Economic History of the Western World*, 111.
8. Renard, G., *Life and Work in Prehistoric Times*, 113.
9. Hitti, 344.
10. Thompson, J. W., *Economic and Social History of the Middle Ages*, 373
11. Ibn Khaldun, *Les Prolégomènes*, 416.
12. Hitti, 348.
13. Muir, *Caliphate*, 501.
14. Hitti, 344.
15. Hurgronje, 128.
16. Browne, E. G., *Literary History*, I, 323.
17. 위의 책, 318.
18. Dawson, 158.
19. Browne, I, 323; Muir, *Caliphate*, 510.
20. Nöldeke, 146-75.
21. Arnold, *Painting in Islam*, 104.
22. Guillaume, A., *The Traditions of Islam*, 13.
23. 위의 책, 134-8; Becker, C. H., *Christianity and Islam*, 62.
24. Guillaume, 47-52, 77.
25. Margoliouth, *Mohammed*, 80.
26. Guillaume, 80.
27. Sykes, I, 521.
28. Andrae, 101.
29. Sale in Wherry, I, 172.
30. Ali, Maulana, 730
31. Philby, H., *A Pilgrim in Arabia*, 40.
32. Doughty, I, 59.
33. Burton, *Pilgrimage*, I, 325.
34. Ali, Maulana, 522.
35. Burton, *Pilgrimage*, II, 63; Sale in Wherry, I, 185.
36. Graetz, H., *History of the Jews*, III, 87; Hitti, 234.
37. Lestrange, *Palestine*, 212; Arnold, Sir T., and Guillaume, A., *The Legacy of Islam*, 81.
38. Baron, S. W., *History*, I, 319.
39. Guillaume, 132.

40. Catholic Encyclopedia, VIII, 459.
41. Becker, 32.
42. Hitti, 685; Sarton, G., *Introduction to the History of Science*, Vol. II, Part I, 80.
43. Westermarck, E., *Origin and Development of the Moral Ideas*, II, 476.
44. Kremer, A. von, *Kulturgeschichte des Orients unter den Khalifen*, 52.
45. Abbott, 98.
46. Lane, E. W., *Arabian Society*, 219-20.
47. Bukhsh, S. K., *Studies*, 83.
48. Hitti, 239.
49. Ali, Maulana, 390.
50. Lane-Poole, S., *Saladin*, 247.
51. Macdonald, D. B., *Aspects of Islam*, 294; Ameer Ali, *Spirit of Islam*, 362.
52. Müller-Lyer, F., *Evolution of Modern Marriage*, 42.
53. Lane-Poole, *Saladin*, 217.
54. 위의 책, 251; Sumner, W. G., *Folkways*, 353.
55. Lane, E. W., *Arabian Society*, 221.
56. 위의 책, 223.
57. Hitti, 342.
58. Bukhsh, *Studies*, 88.
59. Abbott, 137, 149.
60. Bukhsh, 84.
61. al-Ghazzali, Abu Hamid, *Kimiya'e Saadat*, tr. as *The Alchemy of Happiness* by C. Field, 93.
62. Himes, N. E., *Medical History of Contraception*, 136.
63. Lane-Poole, *Saladin*, 415.
64. Guillaume, *Traditions*, 115.
65. Westermarck, *Moral Ideas*, I, 94.
66. Sale in Wherry, I, 168.
67. Hitti, 338.
68. De Vaux, II, 272f; Chardin, Sir J., *Travels in Persia*, 198.
69. Muir, *Caliphate*, 347.
70. 위의 책, 519.
71. Lane, *Saladin*, 285.
72. Bury, J. B., *History of the Eastern Roman Empire*, 236.
73. Hurgronje, 98.
74. Macdonald, *Muslim Theology*, 84; Guillaume, 69; Burton, *Personal Narrative*, I, 148, 167.
75. Arnold and Guillaume, *Legacy*, 305.
76. Macdonald, *Theology*, 66.
77. Muir, *Caliphate*, 170.
78. Lestrange, *Palestine*, 24.
79. Hitti, 236f.
80. Lestrange, 120.
81. 위의 책, 342.
82. 위의 책, 301.
83. 위의 책, 295-301, 342, 348, 353, 361, 377.
84. 위의 책, ,265.
85. 위의 책, 237.
86. Creswell, K. A. C., *Early Muslim Architecture*, I, 137; Rivoira, G. T., *Moslem Architecture*, 110.
87. Yaqub, ii, 587, in Lestrange, 262.
88. Lane, *Saladin*, 184.
89. Ameer Ali, *Spirit of Islam*, 339.
90. Baron, I, 320.
91. Abulfeda, in Rowbotham, J. F., *The*

Troubadours and the Courts of Love, 16n.
92. Lestrange, G., *Baghdad during the Abbasid Caliphate*, 253.
93. Lane, E. W., *Arabian Society*, 203.
94. Lane-Poole, S., *Studies in a Mosque*, 185.

12장

1. Ameer Ali, *Spirit of Islam*, 331.
2. Lane, *Saladin*, 86.
3. Lane-Poole, S., *Cairo*, 183.
4. Hitti, 409.
5. Macdonald, *Aspects of Islam*, 289, 301.
6. Bukhsh, *Studies*, 195.
7. Carter, T. F., *The Invention of Printing in China*, introduction and p. 85; Thompson, Sir E. M., *Introduction to Greek and Latin Palaeography*, 34; Barnes, *Economic History*, 113.
8. Bukhsh, 49-50.
9. 위의 책, 197.
10. Gibbon, V, 411.
11. Browne, *Literary History*, I, 275.
12. Pope, *Masterpieces of Persian Art*, 151.
13. Sarton, I, 662.
14. Gibbon, V, 298.
15. al-Tabari, *Chronique*, i, 1.
16. 위의 책, i, 17.
17. 위의 책, i, 118.
18. Sarton, I, 637.
19. De Vaux, I, 78.
20. Ibn Khaldun, I, 78.
21. Sarton, I, 530.
22. Arnold and Guillaume, *Legacy*, 385.
23. Sarton, I, 602.
24. Bukhsh, 168.
25. De Vaux, II, 76.
26. 위의 책, 78.
27. al-Biruni, Abu Rayhan Muhammad, *Chronology of Ancient Nations*, introd., xiii.
28. al-Biruni, *India*, I, 3.
29. Boer, T. J. de, *History of Philosophy in Islam*, 146.
30. De Vaux, II, 217; Arnold and Guillaume, 395.
31. al-Biruni, *India*, I, 198.
32. Bukhsh, 181.
33. Sarton, I, 707.
34. 위의 책, 693.
35. Lane, *Arabian Society*, 54n.
36. Ibn Khaldun, III, 250-5.
37. Thompson, J. W., *Economic and Social History*, 358.
38. Grunebaum, G. von, *Medieval Islam*, 331.
39. Ameer Ali, *Spirit of Islam*, 392.
40. Kellogg, J. H., *Rational Hydrotherapy*, 1928, 24.
41. 위의 책.
42. Lane, *Arabian Society*, 56.
43. Garrison, F., *History of Medicine*, 1929, 137.
44. Arnold and Guillaume, 336.
45. Bukhsh, 197.
46. Hitti, 364.
47. 위의 책.
48. Campbell, D., *Arabian Medicine*, 66f.

49. Sarton, I, 609
50. Ibn Khallikan, Muhammad, *Biographical Dictionary*, I, 440.
51. 위의 책, 443.
52. Draper, J. W., *History of the Intellectual Development of Europe*, I, 411.
53. John, i, 1-3.
54. Bukhsh, 59.
55. Boer, 101; Arnold and Guillaume, 255.
56. Aristotle, *De Anima*, iii, 5.
57. Macdonald, *Muslim Theology*, 150.
58. Barhebraeus in Grunebaum, 182; Hitti, 353; Muir, *Caliphate*, 521.
59. Ameer Ali, *Spirit of Islam*, 408.
60. Dawson, 155.
61. Ibn Khallikan, III, 308.
62. O'Leary, DeL., *Arabic Thought and Its Place in History*, 153.
63. Ueberweg, F., *History of Philosophy*, I, 412.
64. De Vaux, IV, 12-18.
65. Boer, 123.
66. 위의 책, 81f.
67. Husik, I., *History of Medieval Jewish Philosophy*, xxxix.
68. Salibu, D., *Étude sur la metaphysique d'Avicenne*, 21.
69. 위의 책, 106., 114, 121, 151; Hastings, *Encyclopedia of Religion and Ethics*, XI, 275-6; Boer, 136.
70. Salibu, 170; Gruner, O. C., *Treatise on the Canon of Medicine of Avicenna*, introd., p. 9.
71. Boer, 138-42.
72. Salibu, 208.
73. Ameer Ali, 395.
74. Boer, 144.
75. al-Baladhuri, i, 6; Bacon, Roger, *Opus Maius*, tr. R. B. Burke, Vol. I, p. 15.
76. Salibu, 27.
77. Arnold and Guillaume, 311.
78. *Avicennae Canon Medicinae*, p. 118.
79. Nicholson, R. A., *Mystics of Islam*, 7.
80. Ibn Khaldun, III, 106.
81. Browne, *Literary History*, I, 426.
82. Hitti, 435.
83. Nicholson, R. A., *Studies in Islamic Mysticism*, 4-5.
84. Macdonald, *Religious Attitude*, 169-71; Nicholson, *Studies in Mysticism*, 78.
85. 위의 책, 25.
86. Arnold and Guillaume, 219.
87. Hitti, 438.
88. Browne, II, 261.
89. Nicholson, *Studies in Mysticism*, 6-21.
90. Nicholson, *Translations of Eastern Poetry*, 98-100.
91. Browne, II, 265.
92. Nicholson, *Mysticism*, 28-31, 38.
93. Browne, I, 404; Dawson, 158.
94. Hitti, 443.
95. Browne, I, 404.
96. al-Masudi, Abu-l Hasan, *Meadows of Gold*, French tr., IV, 89.
97. Lane-Poole, *Cairo*, 154.
98. Nicholson, *Studies in Islamic Poetry*, 48.

99. Nicholson, *Translations*, 33.
100. Nicholson, R. A., *Literary History of the Arabs*, 295; Ibn Khallikan, I, 393.
101. De Vaux, IV, 252.
102. Browne, I, 369.
103. Nicholson, *Islamic Poetry*, 133-7.
104. Rihani, A. F., *The Quatrains of Abu'l 'Ala* (al-Ma'arri), vii.
105. Nicholson, *Literary History*, 319.
106. Nicholson, *Islamic Poetry*, 148.
107. 위의 책, 102, 145; Rihani, 120.
108. Nicholson, *Islamic Poetry*, 108-10.
109. 위의 책, 191-2.
110. 위의 책, 121.
111. Nicholson, *Translations*, 102.
112. Nicholson, *Islamic Poetry*, 150.
113. 위의 책, 160.
114. 위의 책, 161-5.
115. Nicholson, *Translations*, 102.
116. Nicholson, *Islamic Poetry*, 119.
117. 위의 책, 127.
118. Nicholson, *Translations*, 102.
119. Nicholson, *Islamic Poetry*, 140.
120. Browne, II, 120.
121. Firdousi, *The Epic of Kings*, retold by Helen Zimmern, 4.
122. Firdousi, *The Shah Nameh*, in Gottheil, R. J., ed., *The Literature of Persia*, I, 54.
123. 위의 책, 156, tr. Jas. Atkinson.
124. Pope, *Survey of Persian Art*, II, 975.
125. "The Nazarene Broker's Story" in Burton, *Thousand Nights and a Night*, I, 270.
126. Pope, *Survey*, II, 1439.
127. Lane-Poole, *Saladin*, 29.
128. Lane, *Arabian Society*, 54-61.
129. Pope, II, 927; Hell, 109.
130. Creswell, I, 329.
131. Lane, *Arabian Society*, 58.
132. Pope, II, 975.
133. Pope, IV, 317-28.
134. Pope, Arthur U., *Introduction to Persian Art*, 200.
135. Arnold and Guillaume, 117.
136. Pope, II, 1447.
137. Fenollosa, E. F., *Epochs of Chinese and Japanese Art*, I, 21; Pope, *Survey*, I, 2.
138. Pope, II, 1468.
139. Guillaume, 128.
140. Encyclopaedia Britannica, XV, 645.
141. 위의 책; Hitti, 420.
142. Arnold, *Painting in Islam*, 85.
143. 위의 책, 21.
144. Lane, *Arabian Society*, 117.
145. 위의 책, 15.
146. Hitti, 274.
147. Farmer, H. G., in Arnold and Guillaume, 358.
148. Sa'di, *Gulistan*, ii, 26.
149. Arnold and Guillaume, 359.
150. Farmer in Arnold and Guillaume, 367.
151. 위의 책, 372.
152. 위의 책, 361; Farmer, H. G., *History of Arabian Music*, 154.
153. Farmer in Arnold and G., 359.
154. Hitti, 214.

155. Farmer, 31.
156. 위의 책, 112.
157. 위의 책, 60-4; Lane-Poole, *Cairo*, 156.
158. Farmer, 120.
159. 위의 책, 124.
160. Lane, *Arabian Society*, 172-6.

13장

1. Gibbon, V, 344.
2. Sarton, I, 466; II (ii), 599.
3. Ueberweg, I, 409.
4. Tarn, W. W., *Hellenistic Civilization*, 217; Sarton, I, 466.
5. Gibbon, V, 346.
6. Munro, D. C., and Sellery, G. C., *Medieval Civilization*, 170.
7. Lane-Poole, *Cairo*, 65.
8. Browne, II, 223.
9. Hitti, 625.
10. Browne, II, 223; Margoliouth, D. S., *Cairo, Jerusalem, and Damascus*, 46.
11. Nöldeke, 3.
12. Hitti, 626.
13. Arnold and Guillaume, 163.
14. Pope, Arthur U., *Iranian and Armenian Contributions to the Beginnings of Gothic Architecture*, 237.
15. Lane, *Arabian Society*, 54f.
16. Lane-Poole, *Cairo*, 44, 60.
17. Pope, II, 1488.
18. Arnold and Guillaume, 116.
19. Dimand, M. S., *Handbook of Muhammadan Art*, 255; Arnold, *Painting in Islam*, 127.
20. Margoliouth, *Cairo*, 69.
21. Arnold and Guillaume, 333.
22. Arnold, Sir T. W., *The Preaching of Islam*, 102.
23. Pirenne, Henri, *Mohammed and Charlemagne*, 160f.
24. Hitti, 605.
25. Waern, Cecilia, *Medieval Sicily*, 20.
26. Arnold and Guillaume, 241.
27. Waern, 25.
28. Calvert, A. F., *Moorish Remains in Spain*, 239.
29. al-Maqqari, Ahmed ibn Muhammad, *History of the Mohammedan Dynasties in Spain*, ii, 146.
30. 위의 책, vi, 6.
31. 위의 책.
32. Dozy, 458-65.
33. Maqqari, vii, I.
34. Dozy, 516.
35. 위의 책, 522; Calvert, A. F., *Seville*, 11.
36. Lane-Poole, S., *Story of the Moors in Spain*, 43.
37. Dozy, 633, 689.
38. Maqqari, vi, 3.
39. Dozy, 234.
40. Gibbon, V, 376.
41. Chapman, C. E., *History of Spain*, 50.
42. 위의 책, 41; Dozy, 236; Lane-Poole, *Moors*, 50.
43. Chapman, 41.
44. Clapham, J. H., and Power, E., *Cam-*

bridge Economic History of Europe, 136; Barnes, Economic History, 114.
45. Clapham, 354-5; Thompson, J. W., Economic and Social History, 547.
46. Cambridge Medieval History, III, 432.
47. Pirenne, Jacques, Les grands courants de l'histoire universelle, II, 117.
48. 위의 책, 19.
49. Arnold, Preaching, 134; Dozy, 235.
50. Chapman, 49, 58.
51. Dozy, 268.
52. 위의 책.
53. Arnold, Preaching, 144.
54. Dozy, 235; Lane-Poole, Moors, 47.
55. Rivoira, Moslem Architecture, 240.
56. Dozy, 278.
57. 위의 책, 286.
58. Arnold, Preaching, 141.
59. Dozy, 534.
60. Maqqari, iii, 1.
61. Thompson, J. W., Economic and Social History, 549.
62. Maqqari, iii, 2.
63. 위의 책, iii, 1.
64. Calvert, Moorish Remains, 189.
65. Calvert, A. F., Cordova, 107.
66. Maqqari, Vol. II, 139-200.
67. Dozy, 455; Chapman, 50.
68. Pirenne, J., II, 20.
69. Maqqari, II, 3.
70. Dozy, 576.
71. Sarton, I, 713.
72. Dozy, 281.
73. Maqqari, vii, 1.
74. Arnold and Guillaume, 186.
75. Dozy, 326.
76. 위의 책.
77. Tr. by Dulcie Smith in Van Doren, Mark, Anthology of World Poetry, 99.

14장

1. Browne, II, 176.
2. 위의 책, 177; Gibbon, V, 17.
3. Browne, II, 190.
4. Marco Polo, Travels, i, 24.
5. Ameer Ali, Spirit of Islam, 313.
6. Hitti, 446.
7. Thompson, J. W., Economic and Social History, 391; Arnold, Preaching, 96.
8. William of Tripoli in Lane-Poole, Cairo, 84.
9. Hitti, 679.
10. Adams, Brooks, Law of Civilization and Decay, 128.
11. Lane-Poole, Cairo, 27.
12. Irving, W., The Alhambra, 47.
13. Lane-Pool, Moors, 225.
14. Pope, Introduction, 30; Pope, Survey, II, 1043.
15. Migeon, G., Les arts musulmans, II, 11.
16. Fry, Roger, in Persian Art: Souvenir of the Exhibition of Persian Art at Burlington House, xix.
17. Dillon, E., Glass, 165.
18. Lane, Arabian Society, 200.
19. Pope, Masterpieces, 65.
20. Dimand, Handbook, 280.
21. Time Magazine, Jan. 23, 1939.

22. Arnold, *Painting*, 127.
23. *N.Y. Times Book Review*, May 19, 1940, p. 2.
24. Bukhsh, 96.
25. Nicholson, *Translation*, 116.
26. Ibn Khaldun, III, 438.
27. 위의 책., 426.
28. Browne, II, 375.
29. 위의 책, 329.
30. Sarton, I, 759.
31. 위의 책, II (i), 8.
32. 위의 책, I, 760.
33. Browne, II, 246.
34. Nicholson, *Islamic Poetry*, 4-5.
35. Weir, T. H., *Omar Khayyam The Poet*, 21.
36. Browne, II, 108.
37. 위의 책, 256.
38. Heron-Allen, Edw., in Houtsma, M., de., *Encyclopedia of Islam*, III (ii), 988.
39. Weir, 16; Nicholson, *Islamic Poetry*, 5.
40. Browne, II, 249.
41. Weir, 71.
42. Browne, II, 247.
43. Smith, Margaret, ed., *The Persian Mystics: Attar*, 20-7.
44. Jalal ud-Din Rumi, *Selected Poems from the Divani Shamsi Tabriz*, de. and tr. by R. A. Nicholson, 107.
45. 위의 책, 47.
46. Sarton, II (ii), 872.
47. Browne, II, 521.
48. Sa'di, *Rose Garden*, 12.
49. Sa'di, *Gulistan*, ii, 7.
50. 위의 책, iii, 19.
51. Browne, II, 530.
52. *Gulistan*, ii, 30.
53. Bustan in Grousset, R., *The Civilizations of the East, Vol I: The Near and Middle East*, 272.
54. *Gulistan*, i, 12.
55. I, 3.
56. II, 27.
57. II, 40.
58. IV, 7.
59. V, 5.
60. V, 4.
61. VII, 2.
62. VII, 4.
63. VIII, 31.
64. VIII, 38.
65. I, 4.
66. V, 8.
67. III, 11.
68. Browne, II, 534.
69. Grunebaum, 39.
70. Sarton, II (i), 12.
71. 위의 책, 216.
72. 위의 책, 27; II (ii), 632.
73. 위의 책, II (i), 31.
74. Margoliouth, *Cairo*, 220.
75. Sarton, II (ii), 1014.
76. 위의 책, II (i), 51; II (ii), 663.
77. 위의 책, II (i), 424.
78. Hitti, 686.
79. Sarton, II (i), 232.
80. Garrison, 136.
81. Lestramge. *Baghdad*. 104.

82. Garrison, 136; Hell, 117; Lane-Poole, *Cairo*, 34. Margoliouth, *Cairo*, 124-9; Hitti, 677.
83. Baron, S., ed., *Essays on Maimonides*, 112.
84. al-Ghazzali, *Some Religious and Moral Teachings*, 138.
85. al-Ghazzali, *Destruction of Philosophy*, 155f.
86. Macdonald, *Muslim Theology*, 239.
87. Asin y Palacios, Miguel, *Islam and the Divine Comedy*, 273-5.
88. Sa'di, *Gulistan*, ii, 25.
89. Muir, *Caliphate*, 146.
90. Arnold, *Painting*, 54.
91. Becker, 31.
92. Boer, 175; Duhem, P., *Le système du monde*, IV, 522, 526; Macdonald, *Muslim Theology*, 250.
93. Abu Bekr ibn Tufail, *History of Hayy ibn Yaqzan*, 68.
94. 위의 책, 99, 139.
95. Renan, E., *Averroès et l'averroïsme*, 16.
96. Sarton, II (i), 305.
97. Averroës, *Exposition of the Methods of Argument Concerning the Doctrines of the Faith*, 230.
98. Averroës, *A Decisive Discourse on the Relation between Religion and Philosophy*, 52.
99. Averroës, *Exposition*, 190; *Discourse*, 50-1; Gilson, E., *Reason and Revelation in the Middle Ages*, 40f.
100. Averroës, *Exposition*, 193.
101. Sarton, II (i), 358.
102. Averroës, *Discourse*, 14.
103. Commentary on Aristotle's *Metaphysics*, xii, in Renan, 108.
104. Commentary on Aristotle's *Physics*, viii, in Renan, 112; Duhem, IV, 549.
105. De Vaux, IV, 70.
106. Commentary on Aristotle's *De Anima*, bk. iii, in Renan, 122; Duhem, IV, 573.
107. *Destruction of the Destruction*, in Renan, 137n.
108. Renan, 143.
109. 위의 책, 146.
110. Arnold and Guillaume, 277-9; Tornay, S. C., *Averroës' Doctrine of the Mind*, Philosophical Review, May, 1943, 282n.; De Vaux, IV, 71; Duhem, IV, 566.
111. Bacon, R., *Opus maius*, i, 6; De Vaux, IV, 87.
112. Renan, 32.
113. Browne, II 440.
114. 위의 책, 439.
115. Pope, *Survey*, II, 1542.
116. Lestrange, *Baghdad*, 350; Browne, II, 460.
117. Arnold, *Painting*, 99.
118. Pope, *Survey*, II, 1044.
119. Burton, *Personal Narrative*, 90-2.
120. Arnold and Guillaume, 169.
121. Encyclopaedia Britannica, XVIII, 339.
122. Arnold and Guillaume, 121; Pope,

Introduction, 241; Encyclopaedia Britannica, XV, 657.
123. Dennis, Geo., *Cities and Cemeteries of Etruria*, I, 37.
124. Browne, II, 432.
125. Arnold and Guillaume, 93.

15장
1. Abbott, G. F., *Israel in Egypt*, 43.
2. Baron, S., *Social and Religious History of the Jews*, I, 266; Graetz, H., *History of the Jews*, II, 566.
3. Socrates, *Ecclesiastical History*, iii, 20; Julian, *Works*, III, 51.
4. Abbott, 45.
5. Ammianus Marcellinus, *Works*, xxiii, 1.
6. Jerome, *Commentary on Isaiah*, vi, 11-13, in Baron, I, 261.
7. Baron, I, 255.
8. Baeder, Gershom, *Jewish Spiritual Heroes*, III, 46.
9. Talmud, Yebamoth, 37b.
10. Friedländer, L., *Roman Life and Manners under the Early Empire*, III, 173.
11. Gregory of Tours, *History of the Franks*, 1916, viii, 1.
12. Baba Kama, 60b.
13. Megilla, 16b.
14. Tanhuma, ed. Buber, Yitro, sect. 7, in Moore, G. F., *Judaism in the First Centuries of the Christian Era*, II, 242.
15. Menachoth, 99b.
16. Pesikta Rabbati, 10, 4, in Newman, L., and Spitz, S., *Talmudic Anthology*, 300.
17. Chagiga, 10a.
18. Moore, I, 259.
19. Berachoth, 6b.
20. Aboda Zara, 3b; Newman, 31.
21. Chagiga, 3b.
22. Succah, 52b.
23. Barachoth, 6a.
24. Aboda Zara, 3b.
25. Mechilta, 65a, on Exod. xix, 18.
26. Deut. vi, 4.
27. Shebuoth, 77b.
28. Erubin, 18a.
29. Bereshit Rabbah on Gen. xxiii, 9.
30. Berachoth, 6a.
31. Aboda Zara, 5a.
32. Sifre on Deut. 32.
33. Shebuoth, 55a.
34. Midrash Mishle, 28, in Newman, 90.
35. Genesis Rabbah, xlviii, 8.
36. Baba Metzia, 58b.
37. Berachoth, 34a.
38. Ketuboth, 111a.
39. Wayyikra Rabbah, 34, in Newman, 108.
40. Bereshit Rabbah, 44, 1, in Newman, 292.
41. Cohen, A., *Everyman's Talmud*, 89.
42. Aboda Zara, 20b.
43. Kiddushin, 66d.
44. Shebuoth, 41a.
45. Cohen, A., 258.
46. Leviticus xxi, 2-5.
47. Yebamoth, 48b.

48. Ketuboth, 27; Cohen, A., 257.
49. Pesachim, 113a.
50. Shebuoth, 152.
51. Pesachim, 49b.
52. Exod, xxiii, 19; xxiv, 26; Deut. xiv, 21.
53. Nidda, 17.
54. Yoma, 75.
55. Shebuoth, 33.
56. 위의 책, 152a.
57. Baba Bathra, 58b.
58. Pesachim, 109a.
59. Berachoth, 55a, 60b.
60. Taanith, 11a.
61. Pesachim, 108.
62. Exod. xii, 13.
63. Megilla on Esther, 7b, in Moore, II, 51.
64. Oesterley, W. O., and Box, G. H., *Short Survey of the Literature of Rabbinical and Medieval Judaism*, 149.
65. Kiddushin, 31a; Isaish vi, 1.
66. Baba Bathra, 8b; Baron, I, 277-8.
67. Berachoth, 10a.
68. Gen. i, 28; Kiddushin, 29b.
69. Genesis Rabbah, lxxi, 6.
70. Yebamoth, 12b; Himes, N. E., *Medical History of Contraception*, 72
71. Baba Bathra, 21.
72. Exodus Rabbah, i. 1.
73. Harris, M. H., ed., *Hebraic Literature: Translations from the Talmud, Midrashim, and Kabbala*, 336.
74. Baba Bathra, 9a.
75. Ketuboth, 50a, 67.
76. Taanith, 22.
77. 위의 책, 20b.
78. Graetz, II, 486, 545.
79. Baba Bathra, 9.
80. Gittin, 70a.
81. Chagiga, 16a.
82. Berachoth, 61a.
83. Kiddushin, 29b.
84. Sota, 44a.
85. Taanith, lv, 8.
86. Yebamoth, 63a.
87. 위의 책, 65a, 44a.
88. Pesikta Rabbati, 25, 2, in Newman, 3.
89. Berachoth, xxiv, 1.
90. Kiddeshin, 4.
91. Yebamoth, xlv, 1; 64b.
92. Gittin, lx, 10.
93. Ketuboth, vii, 6.
94. Cohen, A., 179.
95. Ketuboth, 77a; Neuman, A. A., *The Jews in Spain*, Philadelphia, 1942, II, 59.
96. Yebamoth, xix, in Baeder, III, 66.
97. Gittin, 90b.
98. Kiddushin, 80b.
99. Nidda, 45.
100. Kiddushin, 49b.
101. Yoma, 83b.
102. Mikvaoth, 9b, in Cohen, A., 170.
103. Hai Gaon in Newman, 540.
104. Yebamoth, 88b.
105. Ketuboth, 47b.
106. Shebuoth, 30b.

107. Erubin, 41b.
108. Baeder, III, 15.
109. Bereshit Rabbah, xvii, 7.
110. Harris, M. H., *Hebraic Literature*, 340.
111. Pirke Aboth, iv, 1.
112. 위의 책, iv, 3.
113. 위의 책, i, 17.
114. 위의 책, iii, 17.
115. Shemot Rabbah, xxv, 16, in Newman, 397.
116. Menachoth 29b, in Moore, II, 187.
117. Renan, E., *Origins of Christianity: The Christian Church*, 131; Baron, I, 305-6.

16장

1. Graetz, III, 308.
2. Abrahams, Israel, *Jewish Life in the Middle Ages*, 219.
3. Benjamin of Tudela, *Travels*, in Komroff, M., ed., *Contemporaries of Marco Polo*, 290.
4. Graetz, III, 90.
5. Graetz, III, 133.
6. 위의 책, 148.
7. Druck, D., *Yehuda Halevy*, 66.
8. Baron, I, 353.
9. Husik, I., *History of Medieval Jewish Philososphy*, 35, 42f.
10. Malter, H., *Saadia Gaon*, 279, 291.
11. Benjamin of Tudela, in Komroff, 310.
12. Baron, I, 318.
13. Friedländer, III, 181.
14. Dill, Sir S., *Roman Society in Gaul in the Merovingian Age*, 246.
15. Graetz, III, 143, 161, 241, 389.
16. Benj. of Tudela, in Komroff, 260.
17. 위의 책, 257.
18. Ameer Ali, Syed, *The Spirit of Islam*, 260.
19. Druck, 26.
20. Dozy, R., *Spanish Islam*, 597f.
21. Abbott, G. F., 71.
22. Abrahams, *Jewish Life*, 366.
23. Dozy, 721.
24. Graetz, III, 617.
25. Neuman, A., *Jews in Spain*, I, 5.
26. 위의 책, 164.
27. 위의 책, II, 184.
28. 위의 책, II, 221; Graetz, III, 281.
29. Neuman, II, 221.
30. Graetz, III, 360f.
31. Baron, II, 37; Graetz, III, 506.
32. Neuman, II, 149.
33. 위의 책, 247.
34. Abrahams, *Jewish Life*, 67.
35. Sholom Asch in Browne, Lewis, ed., *The Wisdom of Israel*, 698.
36. Baba Kama, 113a.
37. Pirke Aboth, iii, 2.
38. Baron, II, 17.
39. 위의 책, 26.
40. 위의 책.
41. Bracton, *De Legibus*, vi, 51, in Baron, II, 24.
42. Pollock, F., and Maitland, F. W., *History of English Law before Edward I*, I, 455.

43. *Cambridge Medieval History*, VII, 643.
44. Rickard, T. A., *Man and Metals*, II, 602.
45. Abrahams, *Jewish Life*, 241.
46. Rapaport, S., *Tales and Maxims from the Talmud*, 147.
47. Graetz, III, 229.
48. Arnold, Sir T., and Guillaume, A., *The Legacy of Islam*, 102.
49. Pirenne, H., *Medieval Cities*, 258.
50. Baron, II, 8f.
51. Jewish Encyclopedia, IV, 379.
52. Deut, xxiii, 20.
53. Baba Metzia, v, 1-2, 11.
54. Abrahams, *Jewish Life*, 110.
55. Baron, II, 120.
56. Pirenne, H., *Economic and Social History of Medieval Europe*, 134.
57. *Cambridge Medieval History*, VII, 644.
58. 위의 책, 646.
59. Neuman, A., I, 202; Lacroix, P., *Manners, Customs, and Dress during the Middle Ages*, 451.
60. Coulton, G. G., *Medieval Panorama*, 352.
61. Abbott, *Israel*, 113.
62. Lacroix, *Manners*, 451.
63. Ashley, W. J., *Introduction to English Economic History and Theory*, 202.
64. Abbott, 117.
65. Pollock and Maitland, 451.
66. *Cambridge Medieval History*, VI, 226.
67. Abbott, 122.
68. Husik, 508.
69. Abbott, 125; Graetz, III, 588.
70. Abbott, 135; Lacroix, *Manners*, 445.
71. Foakes-Jackson, F., and Lake, K., *Beginnings of Christianity*, I, 76.
72. Baba Bathra, 90.
73. Baba Metzia, iv, 3.
74. Baron, I, 277-8; II, 108.
75. Baron, II, 99.
76. Moore, II, 174-5.
77. Abrahams, *Jewish Life*, 141, 319, 326, 335; Baron, II, 99.
78. Coulton, *Panorama*, 357.
79. Abrahams, 277.
80. 위의 책, 281.
81. Burton, Sir R. F., *The Jew, the Gypsy, and El Islam*, 128; Baron, II, 169.
82. Abrahams, 331.
83. Baba Kama, 113b.
84. Abrahams, 106.
85. 위의 책, 104.
86. 위의 책, 90.
87. Baron, II, 112.
88. Abrahams, 166.
89. Kiddushin, 41a; Neuman, II, 21.
90. 위의 책.
91. Moore, II, 22.
92. Abrahams, 117.
93. Burton, *The Jew*, 43.
94. White, E. M., *Woman in World History*, 176.
95. Abrahams, 155.
96. Brittain, A., *Women of Early Christianity*, 10.
97. White, 189.

98. Neuman, II, 63.
99. White, 185.
100. Marcus, J., *The Jew in the Medieval World*, 313.
101. Abrahams, 32.
102. Neuman, II, 153.
103. Baron, I, 288; II, 97.
104. Abrahams, 126.
105. Brittain, 12.
106. Moore, I, 316.
107. Maimonides, *Mishneh Torah*, Book I, tr. Moses, Hyamson, 63a.
108. Waxman, M., *History of Jewish Literature*, I, 241.
109. Jewish Encyclopedia, IX, 122.
110. *Oxford History of Music*, introd. volume, 60.
111. Jewish Encyclopedia, III, 453.
111a. Zeitlin, S., *Maimonides*, 44.
112. Baron, II, 83.
113. Lacroix, *Manners*, 439.
114. Baron, II, 35.
115. Abrahams, 411; Moore, II, 74.
116. Deut. vii, 3; Nehemiah xiii, 25.
117. Klausner, J., *From Jesus to Paul*, 515.
118. Baron, II, 55.
119. Gittin, 61.
120. Abrahams, 413-4.
121. 위의 책, 418.
122. 위의 책, 424; Baron, II, 40.
123. Baron, II, 36.
124. Abbott, 93.
125. Coulton, *Panorama*, 352.
126. 위의 책.
127. Graetz, IV, 33.
128. Gregory I, Epistle ii, 6, in Dudden, F. H., *Gregory the Great*, II, 154.
129. xiii, 15, in Dudden, II, 155.
130. Belloc, H., *Paris*, 170.
131. Graetz, III, 421.
132. Coulton, *Panorama*, 352.
133. Thatcher, O. J., and McNeal, E. H., *Source Book of Medieval History*, 212.
134. Lea, H. C., *History of the Inquisition in the Middle Ages*, II, 63.
135. Graetz, III, 563.
136. 위의 책, 583.
137. Marcus, 151.
138. Baron, II, 85.
139. Abbott, 51; Jewish Encyclopedia, III, 453.
140. *Camb. Med. H.*, VII, 624; Jewish Encyclopedia, IX, 368.
141. Graetz, III, 299.
142. 위의 책, 300.
143. 위의 책, 301f; *Cambridge Medieval History*, V, 275f; VII, 641.
144. Graetz, III, 350; Abbott, 88.
145. Jewish Encyclopedia, IV, 379.
146. Graetz, III, 356.
147. *Cambridge Medieval History*, VII, 642.
148. Graetz, IV, 35; Jewish Encyclopedia, IX, 358.
149. Abbott, 124.
150. Coulton, *Panorama*, 359.
151. Cunningham, W., *Growth of English Industry and Commerce*, 204.
152. Jewish Encyclopedia, IV, 379.

153. Lacroix, *Manners*, 439; Coulton, 352.
154. Graetz, III, 642; Abbott, 130.
155. Abbott, 131.
156. 위의 책, 68.
157. Lacroix, *Manners*, 447.
158. Abbott, 68.
159. Montesquieu, C. Baron de, *The Spirit of Laws*, I, xii, 5.
160. Joseph ben Joshua ben Meir, *Chronicles*, I, 197.
161. Marcus, 24.
162. Graetz, III, 570.
163. Villehardouin, G. de, *Chronicles of the Crusades*, 148.
164. Abbott, 113.
165. *Cambridge Medieval History*, VII, 641.

17장

1. Abrahams, *Jewish Life*, 210.
2. Sarton, G., *Introduction to the History of Science*, II(i), 295.
3. Abrahams, I., *Chapters on Jewish Literature*, 116.
4. Waxman, I, 226.
5. Graetz, III, 269.
6. Gabirol, S. ibn, *Selected Religious Poems*, tr. Israel Zangwill, 52.
7. 위의 책, 30.
8. Abrahams, *Literature*, 109.
9. Abrahams, *Jewish Life*, 163.
10. Wilson, E., ed., *Hebrew Literature*, 383.
11. Sarton, II(i), 188.
12. Halevi, J., *Selected Poems*, tr. Nina Salaman, 58.
13. Abbott, 72.
14. Druck, 97.
15. 위의 책, 94.
16. Wilson, *Hebrew Literature*, 365-6.
17. Novella 146 in Burton, *The Jew*, 105.
18. Graetz, III, 573.
19. Sarton, II(ii), 557.
20. Schechter, S., *Studies in Judaism*, I, 107.
21. Graetz, III, 604.
22. Sarton, II(i), 145.
23. *N. Y. Times*, June 2, 1937.
24. Sarton, II(i), 145.
25. Komroff, M., *The Contemporaries of Marco Polo*.
26. Husik, 24.
27. Munk, S., *Mélanges de Philosophie juive et arabe*, 153.
28. Marcus, 312.
29. Gabirol, S. ibn, *Improvement of the Moral Qualities*, tr. Stephen Wise, 4, 27.
30. Gabirol, *Fons Vitae*, i, 3, in Munk, 6.
31. Halevi, J., *Kitab al-Khazari*, tr. H. Hirschfeld, i, 116.
32. 위의 책, III, 5, 7.
33. Husik, 215.
34. Yellin, D., and Abrahams, I., *Maimonides*, 11; Zeitlin, *Maimonides*, 1.
35. Ueberweg, F., *History of Philosophy*, I, 427.
36. Zeitlin, *Maimonides*, 5.
37. "Letter of Consolation" in Yellin, 46.
38. Zeitlin, 178.
39. Arnold,, Sir T., *Preaching of Islam*, 421.

40. Baron, S., ed., *Essays on Maimonides*, 290.
41. Maimonides, Aphorisms, in Thorndike, L., *History of Magic and Experimental Science*, I, 176.
42. Zeitlin, 172.
43. Baron, *Essays*, 288.
44. Zeitlin, 174.
45. Baron, *Essays*, 284.
46. Maimonides, *Mishneh Torah*, Introd., 4b.
47. Zeitlin, 214.
48. *Mishneh Torah*, Introd., 16, 3a.
49. Baron, *Essays*, 117.
50. Maimonides, *Guide to the Perplexed*, tr. M. Friedländer, III, xli.
51. 위의 책, III, 35, in Baron, *Essays*, 139.
52. *Guide*, III, xxxvii, xli; Deut. xxiii, 17; Exod. xxii, 1; xxxi, 15.
53. *Mishneh Torah*, 40b.
54. 위의 책, 59a.
55. 위의 책, 54a.
56. 위의 책, 53a.
57. 위의 책, 53ab.
58. 위의 책, 52b.
59. Baron, *Essays*, 110.
60. Zeitlin, 132.
61. *Guide*, I, Introd.
62. 위의 책, II, xix; III, xiv.
63. II, Pt. II, Introd. and Prop. xx.
64. 위의 책, xxxvi-xlvi.
65. III, xxii.
66. II, xviif.
67. II, xxx.
68. III, x, xii.
69. III, lxx.
70. Zeitlin, 151.
71. 위의 책, 103; Baron, *Essays*, 143.
72. *Guide*, II, Pt. II, Introd.
73. Baron, *Essays*, 119-21; Zeitlin, 209.
74. Marcus, 307-9.
75. Spinoza, *Tractatus Theologico-Politicus*, xv, 4.
76. Roth, L., *Spinoza, Descartes, and Maimonides*, 66; Baron, *Essays*, 7.
77. Husik, 302; Graetz, IV, 23.
78. 위의 책, III, 631.
79. Neuman, A., II, 122.
80. 위의 책, 118; Graetz, IV, 29-41.
81. Jewish Encyclopedia, III, 457, 479.
82. Sarton, II(i), 366.
83. Graetz, IV, 21.
84. Baron, *History*, II, 136.
85. 위의 책, 142.
86. Abrahams, *Jewish Life*, 143, 157, 193.
87. Marcus, 314.

18장

1. Thompson, J. W., *Economic and Social History*, 173
2. Gibbon, IV, 504.
3. *Cambridge Medieval History*, II, 289
4. 위의 책, IV, 6; Gibbon, V, 142.
5. Diehl, *Manuel*, 335.
6. *Cambridge Medieval History*, IV, 115f.
7. Voltaire, *Works*, XIII, 190.
8. Diehl, *Portraits*, 159; Bury, *Eastern*

Roman Empire, 169.
9. McCabe, J., *Empresses of Constantinople*, 174.
10. *Cambridge Medieval History*, IV, 108; Diehl, *Portraits*, 264.
11. Boissonnade, P., *Life and Work in Medieval Europe*, 56.
12. *Cambridge Medieval History*, IV, 750.
13. Diehl, *Portraits*, 236.
14. *Cambridge Medieval History*, IV, 745.
15. Komroff, *Contemporaries of Marco Polo*, 266.
16. *Cambridge Medieval History*, IV, 760.
17. 위의 책.
18. Clapham and Power, 212.
19. Diehl, *Portraits*, 153; Gibbon, V, 458; Brittain, *Women of Early Christianity*, 318.
20. Lopez, R. S., in *Speculum*, Vol. XX, No. 1. pp. 17-18; Boissonnade, 46-7; *Cambridge Medieval History*, IV, 761.
21. Boissonnade, 50.
22. 위의 책, 51.
23. Castiglione, 254.
24. Bury, *Eastern Roman Empire*, 436; Grunebaum, *Medieval Islam*, 54.
25. Psellus, *Chronographia*, vi, 46.
26. 위의 책, v, 25-37.
27. Diehl, *Manuel*, 405.
28. Luitprand in Grunebaum, 29.
29. Walker Trust Report, *The Great Palace of the Byzantine Emperors*, plates 24-37 and 57.
30. Diehl, *Manuel*, 580.
31. Diehl, 590.
32. 위의 책, 381.
33. Finlay, *Greece under the Romans*, 21.
34. Thompson, J. W., *Feudal Germany*, 458.
35. Kluchevsky, V. O., *History of Russia*, I, 46; Thompson, *Feudal Germany*, 456.
36. Pokrovsky, M. N., *History of Russia*, 11.
37. *Cambridge Medieval History*, IV, 186.
38. Mavor, J., *Economic History of Russia*, I, 15.
39. Kluchevsky, I, 88.
40. Rambaud, A., *History of Russia*, I, 84.

19장
1. Paul the Deacon, *History of the Longobards*, i, 9.
2. Bury, *Later Roman Empire*, II, 299.
3. Munro and Sellery, 538.
4. Dante, *Eleven Letters*, 135.
5. Note by W. D. Foulke in Paul the Deacon, 309.
6. Voltaire, *Works*, XIII, 80.
7. Molmenti, P., *Venice*, I, I, 212-4.
8. *Cambridge Medieval History*, III, 170.
9. Pirenne, *Medieval Cities*, 110.
10. Ruskin, *Stones of Venice*, II, 55.
11. Lanciani, R., *Ancient Rome*, 57.
12. 위의 책, 275.
13. Castiglione, 301.
14. Dozy, *Spanish Islam*, 440.
15. Coulton, G. G., *Five Centuries of Religion*, I, 174.

16. Hume, M., *The Spanish People*, 129; *Spain*, 191; Encyclopaedia Britannica, V, 699.
17. Guizot, *History of France*, I, 171.
18. 위의 책, 168.
19. Pirenne, *Cities*, 243; Voltaire, XIII, 131.
20. Freeman, E. A., *Historical Essays*, First Series, 179.
21. *Cambridge Medieval History*, II, 613
22. Guizot, *France*, I, 229f; Guizot, *History of Civilization*, II, 193-6
23. Pollock and Maitland, I, 117; Barnes, H. E., *History of Western Civilization*, I, 775.
24. Lea, *Superstition and Force*, 469.
25. Guizot, *Civilization*, II, 225f.
26. 위의 책, II, 222.
27. Pirenne, *Cities*, 166.
28. 위의 책, 58; *Cambridge Medieval History*, II, 665; Rickard, *Man and Metals*, II, 510.
29. *Cambridge Medieval History*, II, 657.
30. Letter of Alcuin in William of Malmesbury, i, 3, p. 66.
31. Eginhard, *Life of Charlemagne*, 61.
32. Hodgkin, T., *Life of Charlemagne*, 312.
33. West, A. F., *Alcuin*, 55.
34. Eginhard, p. 14.
35. 위의 책, 62.
36. 위의 책, 64.
37. Bebel, A., *Woman under Socialism*, 60.
38. Eginhard, 33.
39. Bury, *Eastern Empire*, 318.
40. Eginhard, 56-8.
41. Raby, F. J., *History of Secular Latin Poetry in the Middle Ages*, I, 190.
42. Eginhard, 52.
43. 위의 책, 48; Russell, C. E., *Charlemagne*, 262.
44. Guizot, *France*, I, 241.
45. Morey, C. R., *Medieval Art*, 207.
46. 위의 책, 191.
47. Davis, *Medieval England*, 266.
48. Guizot, *Civilization*, II, 375.
49. Erigena, J. S., *De divisione naturae*, i, 69.
50. Guizot, *Civilization*, II, 383.
51. Erigena, #517.
52. 위의 책, #443.
53. #518.
54. #896.
55. #919-26, 937-40.
56. #861.
57. Poole, R. L., *Illustrations of the History of Medieval Thought*, 61.
58. Guizot, *Civilization*, II, 388.
59. William of Malmesbury, ii, 4.
60. Guizot, *France*, I, 303.
61. 위의 책, 311.
62. 위의 책, 329.
63. 위의 책, 336.

20장

1. Asser, *Alfred the Great*, 51.
2. Asser, 66, 78, 85.
3. Alfred, Preface to tr. of Gregory I's *Cura pastoralis*, in Ogg, *Source Book of*

Medieval History, 191.
4. Voltaire, *Works*, XIII, 176.
5. Boissonnade, *Life and Work in Medieval Europe*, 83.
6. Green, J. R., *Conquest of England*, 135, 329, 359-60.
7. Stubbs, W., *Constitutional History of England*, I, 146, 157.
8. Hume, D., *History of England*, I, 181.
9. Pollock and Maitland, II, 450.
10. William of Malmesbury in Coulton, G. G., *Social Life in Britain*, 20; Green, J. R., *Making of England*, 192.
11. Traill, H. D., *Social England*, I, 204.
12. Hume, D., *History of England*, I, 188.
13. Briffault, R., *The Mothers*, II, 419.
14. William of Malmesbury, i, 4.
15. 위의 책, i, 2.
16. 위의 책, ii, 5.
17. Bede, v, 24.
18. 위의 책, i, 15.
19. 위의 책, Introd., xvi.
20. Gordon, R. K., *Anglo-Saxon Poetry*, 81-2.
21. Ker, W. P., *Epic and Romance*, 63.
22. Beowulf, xxxvii and xliii, in Gordon, *Anglo-Saxon Poetry*, 60, 70.
23. Bede, iv, 23.
24. Plummer, *Life and Times of Alfred the Great*, 14.
25. Addison, J., *Arts and Crafts in the Middle Ages*, 4.
26. Aldhelme (c. 709) in Addison, 199.
27. Bede, iv, 18.
28. Freeman, E. A., *Norman Conquest*, II, 298.
29. William of Malmesbury, iii, 238; Ordericus Vitalis, *Historia Ecclesiastica*, 492A; Freeman, *Norman Conquest*, II, 244.
30. Guizot, *France*, I, 345; Freeman, *Norman Conquest*, III, 320.
31. *Mabinogion*, 1f.
32. Hyde, *Literary History of Ireland*, 233.
33. Joyce, *Short History of Ireland*, 39-46.
34. Thompson, J. W., *Economic History*, 148.
35. Boissonnade, 78.
36. Joyce, 80.
37. 위의 책, 163.
38. 위의 책, 155, 158.
39. Hyde, 222.
40. 위의 책, 239.
41. 위의 책, 279f.
42. Thompson, Sir E. M., *Introd. to Greek and Latin Palaeography*, 374.
43. Joyce, 189-92.
44. Keating in Hyde, 488.
45. Horn, F. W., *Literature of the Scandinavian North*, 13; *Cambridge Medieval History*, II, 481.
46. Sturluson, S., *Heimskringla*, Harald the Fairhaired, ch. 3.
47. 위의 책, Haakon the Good, ch. 23.
48. 위의 책, Olaf Tryggvesson, ch. 7.
49. 위의 책, ch. 92.
50. 위의 책, ch. 87.
51. 위의 책, St. Olaf, ch. 56, 131.

52. 위의 책, ch. 74.
53. 위의 책, Appendix to Olaf Tryggvesson's Saga; Encyclopaedia Britannica, art. Columbus.
54. *Beowulf*, xxxv.
55. Sturluson, Son of Magnus, ch. 33; DuChaillu, P., *The Viking Age*, II, 370, 379.
56. Saxo Grammaticus, *Danish History*, I, 23.
57. Hastings, *Encyclopedia*, III, 499c.
58. DuChaillu, II, 1.
59. Haskins, *Normans in European History*, 36.
60. Duchaillu, I, 486.
61. Saxo, 25.
62. Thompson, J. W., *The Middle Ages*, I, 327.
63. Sturluson, Magnus the Good, ch. 16.
64. Sigfusson, Saemund, *The Elder Edda*, 22-56.
65. 위의 책, 23.
66. 59.
67. 66.
68. 14.
69. 84.
70. 102.
71. 81.
72. 65.
73. 73.
74. 121.
75. 58.
76. 55-6.
77. 36.
78. 68.
79. Horn, *Literature of the Scandinavian North*, 41.
80. Faereyinga Saga in Ker, *Epic and Romance*, 236.
81. Sturluson, Olaf Tryggvesson's Saga, ch. 9.
82. Sturluson, Ynglinga Saga, ch. 6. and note; Hodgkin, *Charlemagne*, 154; Saxo, 44.
83. Milman, III, 216.
84. *Cambridge Medieval History*, 270.
85. West, *Alcuin*, 127.
86. Raby, F. J. E., *History of Christian Latin Poetry in the Middle Ages*, 183.
87. Welch, Alice K., *Of Six Medieval Women*, 5.
88. Addison, *Arts and Crafts*, 16.

21장

1. *Cambridge Medieval History*, I, 536.
2. Russell, B., *History of Western Philosophy*, 379.
3. Rule of St. Benedict, ch. 3, in Ogg, 87.
4. Ch. 2.
5. Ch. 53.
6. Dudden, I, 111.
7. Maitland, S. R., *Dark Ages*, 196-8.
8. Dudden, I, 58.
9. 위의 책, 289.
10. Bede, ii, 1.
11. Gregory of Tours, 227.
12. Dudden, I, 245.
13. Thompson, J. W., *Middle Ages*, I, 178.

14. Dudden, II, 156; McCabe, J., *Story of Religious Controversy*, 307.
15. Bede, ii, 1.
16. 위의 책, 198.
17. Gregory I, Ep. xiii, 45, in Dudden, I, 278.
18. Abélard, *Ouvrages inédits, Quaestio*, 1a.
19. Gregory I, *Magna Moralia*, in Dudden, II, 313.
20. *Dialogues*, iv, 7, in Dudden, I, 330.
21. Dudden, II, 434f.
22. 위의 책, 38.
23. Thompson, I. W., *Middle Ages*, I, 178.
24. Voltaire, *Works*, XIII, 90.
25. *Cambridge Medieval History*, II, 690.
26. Funk, I, 287; *Cambridge Medieval History*, V, 710.
27. Milman, III, 25.
28. Gibbon, IV, 82.
29. Sarton, I, 555.
30. Poole, R. L., *Illustrations*, 20.
31. Taylor, H. O., *Medieval Mind*, I, 136.
32. Dudden, I, 86.
33. 위의 책.
34. Montalembert, Comte de, *Monks of the West*, I, 553.
35. Guizot, *Civilization*, II, 113-9; Toynbee, A. J., *Study of History*, II, 331.
36. Waddell, H., *Wandering Scholars*, 34.
37. Bede, i, 17.
38. William of Malmesbury, i, 2.
39. Bede, i, 30.
40. Bede, Letter to Egbert.
41. Green, *Making of England*, 413.
42. Gibbon, V, 534.
43. Coulton, *Five Centuries of Religion*, I, 222.
44. 위의 책, 352.
45. *Cambridge Medieval History*, V, 662.
46. 위의 책, III, 67.
47. Milman, III, 111.
48. *Cambridge Medieval History*, III, 455.
49. Milman, III, 160; McCabe, *Crises in the History of the Papacy*, 128f.
50. 위의 책, 131.
51. Milman, III, 171; *Cambridge Medieval History*, III, 455.
52. Milman, III, 178.
53. 위의 책, 185f.
54. Sandvs, Sir John, *Companion to Latin Studies*, 847.
55. Vincent of Beauvais, *Spec. Hist.*, in Milman, III, 221.
56. Thorndike, *Magic and Experimental Science*, I, 704.
57. *Cambridge Medieval History*, III, 199.
58. Hulme, E. M., *Middle Ages*, 339; Coulton, G. G., *Life in the Middle Ages*, I, 1; Sarton, I, 734.
59. Funk, I, 262.
60. Stephens, W. R. W., *Hildebrand*, 14; Milman, III, 230; McCabe, *Crises*, 140.
61. *Cambridge Medieval History*, 510.
62. Guizot, *France*, I, 160.
63. Porter, A. K., *Medieval Architecture*, II, 2.
64. 위의 책.
65. Carlvle, R. W., *History of Medieval*

Political Theory in the West, IV, 52.

66. Coulton, *Five Centuries of Religion* IV, 187.
67. Coulton, *From St. Francis to Dante*, a tr. of *The Chronicle of Salimbene*, 286.
68. *Cambridge Medieval History*, V, 9-10.
69. Catholic Encyclopedia, I, 156.
70. *Cambridge Medieval History*, V, 12.
71. Lea, *Sacerdotal Celibacy*, 210.
72. Lecky, *Morals*, II, 237.
73. Lea, *History of Auricular Confessions*, I, 46.
74. Letter to Egbert in Bede, p. 4.
75. Catholic Encyclopedia, III, 486.
76. *Cambridge Medieval History*, IV, 268.
77. 위의 책, 272.
78. Lea, *Sacerdotal Celibacy*, 194, 223; Thompson, *Social and Economic History*, 662.
79. Lea, *Celibacy*, 226.
80. Bryce, Jas., *Holy Roman Empire*, 158.
81. *Cambridge Medieval History*, V, 99.
82. Thompson, *Social and Economic History*, 663.
83. Taylor, *Medieval Mind*, II, 55.
84. Letter of Gregory VII to William I of England, 1080, in Bryce, 160.
85. Catholic Encyclopedia, X, 871c.
86. Figgis, *Political Aspects of St. Augustine's City of God*, 88.
87. Catholic Encyclopedia, X, 871c.
88. Carlyle, R. W., *Medieval Political Theory*, IV, 64.
89. Stephens, *Hildebrand*, 116.
90. Thatcher and McNeal, 159.
91. *Cambridge Medieval History*, V, 74f.

22장

1. Lot, *End of the Ancient World*, 125.
2. Dopsch, 283.
3. Seebohm, F., *English Village Community*, 126f, 179.
4. Seignobos, C., *Feudal Regime*, 34; Barnes, *Economic History*, 139.
5. Clapham and Power, 237-8.
6. Letters, iv, 2.
7. Coulton, G. G., *Medieval Village*, 151.
8. McCabe, *Story of Religious Controversy*, 325.
9. Thompson, *Social and Economic History*, 679.
10. Coulton, *Medieval Village*, 492.
11. Coulton, *Medieval Panorama*, 322.
12. Thomas Aquinas, *Summa Theologica*, I IIae, xciv, 5.
13. Decree of Fourth Council of Orléans, in Dopsch, 250.
14. Lecky, *Morals*, II, 70; Sarton, II(ii), 799.
15. Ashley, *Introd. to English Economic History*, II, 276.
16. Coulton, *Medieval Village*, 59.
17. Westermarck, E., *Short History of Marriage*, 14; Coulton, *Medieval Village*, 80.
18. Seignobos, 14; Coulton, *Medieval Village*, 464.
19. Bebel, 57.
20. *Cambridge Medieval History*, VII, 721.

21. Coulton, *Life in the Middle Ages*, III, 123-5.
21a. *Cambridge Medieval History*, VII, 722.
22. Seignobos, 21.
23. Coulton, *Medieval Village*, 65.
24. Cram, R. A., *Substance of Gothic*, 181.
25. Lynn White, Jr., in *Speculum*, Apr. 1940, p. 151.
26. Taine, H., *Ancient Regime*, 9; Carlyle, T., *Past and Present*, 55f.
27. Barnes, *Economic History*, 145.
28. *Cambridge Medieval History*, VII, 741.
29. Coulton, *Medieval Village*, 311-18.
30. 위의 책, 21, 243.
31. Coulton, *Panorama*, 92.
32. *Speculum*, Apr. 1940, 154.
33. 위의 책, 155.
34. Chateaubriand, Vicomte de, *The Genius of Christianity*, iv, 1.4.
35. Coulton, *Medieval Village*, 119.
36. Lacroix, Pail, *Military and Religious Life in the Middle Ages*, 165.
37. Hitti, *History of the Arabs*, 663; Arnold, *Legacy of Islam*, 131.
38. Lacroix, Paul, *Science and Literature in the Middle Ages*, 299f.
39. Beaumanoir in Seignobos, 55.
40. Coulton, *Panorama*, 50.
41. Voltaire, *Works*, XIII, 131.
42. Thompson, *Feudal Germany*, 301.
43. Carlyle, R. W., *Medieval Political Theory*, 463.
44. Pollock and Maitland, II, 242.
45. Maine, Sir H., *Ancient Law*, 135.
46. Coulton, *Medieval Village*, 528.
47. Jenks, E., *Law and Politics in the Middle Ages*, 23.
48. Coulton, *Medieval Village*, 187.
49. Lea, *Superstition and Force*, 286, 297, 314.
50. Coulton, *Panorama*, 379.
51. Lea, *Superstition*, 178.
52. 위의 책, 140f, 179.
53. Seignobos, 79.
54. Lea, *Superstition*, 129.
55. Sumner, W. G., *Folkways*, 522.
56. Barnes, *Western Civilization*, I, 798.
57. Seignobos, 81.
58. Coulton, *Medieval Village*, 248.
59. Lacroix, *Military Life*, 49.
60. Davis, W. S., *Life on a Medieval Barony*, 176.
61. Coulton, *From St. Francis to Dante*, 20.
62. Seignobos, 74.
63. Coulton, *Chaucer and His England*, 199.
64. Coulton, *Panorama*, 247.
65. Prestage, E., *Chivalry*, 72.
66. *Speculum*, Apr. 1930, 189.
67. Thorndike, *Magic and Science*, II, 31.
68. Hoover, H., and Gibbons, H. A., *Conditions of a Lasting Peace*, 29.
69. Prestage, 75.
70. Coulton, *Panorama*, 239.
71. Traill, I, 379.
72. Briffault, *Mothers*, III, 383, 394-5.
73. Bebel, 63.
74. Prestage, 9.
75. Rowbotham, 283.

76. Prestage, 98.
77. Davis, *Life on a Medieval Barony*, 77.
78. Vossler, K., *Medieval Culture*, I, 299; Taylor, *Medieval Mind*, II, 562.
79. Miss Amy Kelly in *Speculum*, Jan. 1937, 5.
80. Rowbotham, 224, 235.
81. 위의 책, 249.
82. 위의 책, 245.
83. Vossler, I, 323.

연대표(본문 25~303쪽)

226	아르다시르, 사산 왕조 창건	379~395	테오도시우스 1세 황제
241~272	페르시아의 샤푸르 1세	382~392	승리의 제단 사건
251~356	이집트의 성 안토니우스	383~392	발렌티니아누스 2세 서로마 황제
293~373	아타나시우스	386~404	히에로니무스 성경 번역
300~367	푸아티에의 힐라리우스	390	테오도시우스의 참회
309~379	페르시아의 샤푸르 2세	392~394	에우게니우스 서로마 황제
310~400	아우소니우스, 시인	394	올림피아 경기 종식
311~381	울필라스, 고트족에게 그리스도교 전파	394~423	호노리우스 서로마 황제
		395~408	아르카디우스 동로마 황제
325	니케아 공의회	395~410	알라리크 1세, 서고트족의 왕
325~403	오리바시우스, 의사	397	성 아우구스티누스의 『고백록』
325~391	암미아누스 마르켈리누스, 역사가	400년경	마크로비우스의 『사투르날리아』
329~379	성 바실리우스	402	알라리크, 폴렌티아에서 패배
329~389	그레고리우스 나지안젠	403	라벤나, 서로마의 수도가 됨
331	배교자 율리아누스 출생	404	검투사 경기 종식
337	콘스탄티누스 사망	407	브리타니아에서 로마군 철수
340~398	성 암브로시우스	408~450	테오도시우스 2세 동로마 황제
340~420	성 히에로니무스	409	펠라기우스, 신학자
345~407	성 요한 크리소스토무스	410	알라리크, 로마 약탈
345~410	심마쿠스, 원로원 의원	410~485	프로클루스, 수학자
348~410	프루덴티우스, 시인	413	오로시우스, 역사가
353~361	콘스탄티우스 단독 황제	413~426	아우구스티누스의 『신국론』
354~430	성 아우구스티누스	415	히파티아 살해
359~408	스틸리코, 파트리키우스(총리)	425	콘스탄티노플의 학교
361~363	율리아누스 황제	425~455	발렌티니아누스 3세 서로마 황제
363~364	요비아누스 황제	428~431	네스토리우스, 콘스탄티노플 총대주교
364~367	발렌티니아누스 1세 서로마 황제	429	반달족, 아프리카 점령
364~378	발렌스 동로마 황제	431	에페소스 공의회
365~408	클라우디아누스, 시인	432~482	시도니우스 아폴리나리스
366~384	교황 다마수스 1세	432~461	아일랜드의 성 패트릭
372	훈족, 볼가 강 도강	433~454	아이티우스, 파트리키우스
375~383	그라티아누스 동로마 황제	438	테오도시우스 법전
378	하드리아노폴리스 전투	439	가이세리크, 카르타고 점령
379	알렉산드리아의 테온, 수학자	440~461	교황 레오 1세

*통치자 및 교황과 병기된 연대는 그들의 치세 기간을 나타냄. 표기된 연도는 모두 기원후를 나타냄.

연대표(본문 25~303쪽)

449	앵글로색슨족, 브리타니아 침략	491~518	아나스타시우스 1세 동로마 황제
450~467	마르키아누스 동로마 황제	493~526	테오도리크, 이탈리아 통치
450~550	라벤나의 건축 및 모자이크 황금기	525~605	트랄레스의 알렉산데르, 의사
451	아틸라, 트루아에서 패배	527~565	유스티니아누스 1세 동로마 황제
452	레오 1세, 아틸라를 로마에서 퇴각시킴	529	유스티니아누스, 아테네의 학교 폐쇄. 성 베네딕트 몬테 카시노 수도원 설립.
453	아틸라 사망		
454	발렌티니아누스 3세, 아이티우스를 죽임	530~610	포르투나투스, 시인
		531~579	페르시아의 호스로우 1세
455	가이세리크, 로마 약탈	532~537	성 소피아 대성당
456	리키메르, 서로마 통치	533	벨리사리우스, 아프리카 재점령
457~461	마요리아누스 서로마 황제	535~553	이탈리아에서의 고트족 전쟁
466~483	서고트족, 스페인 점령	538~594	투르의 그레고리우스, 역사가
474~491	제논 동로마 황제	546~553	토틸라, 이탈리아 통치
475~476	로물루스 아우구스툴루스	552	유럽에 비단 문화가 유입
475~526	테오도리크, 동고트족 왕	570~636	세빌리아의 이시도르, 백과사전 편찬자
475~524	보에티우스, 철학자		
476	서로마 제국 멸망	577	앵글로색슨족, 더럼에서 승리
480~573	카시오도루스, 역사가	589~628	페르시아의 호스로우 2세
481	클로비스 및 프랑크족, 갈리아 지역 점령 시작	616	페르시아인, 이집트 점령
		637~642	아랍인, 페르시아 점령
483~531	카바드 1세, 마즈다크식(式) 공산주의	641	사산 왕조 멸망
490~570	프로코피우스, 역사가		

연대표(본문 307~700쪽)

570~632	마호메트	754~775	알 만수르 칼리프. 바그다드가 수도가 됨.
610	마호메트의 환시(幻視)	755~788	아브드 에르 라흐만 1세, 코르도바의 에미르(emir)
622	마호메트, 메디나로 탈출		
630	마호메트, 메카 점령	757~847	무타질라파(派) 철학자들
632~634	아부 바크르 칼리프	760	이스마엘파(派)의 흥기
634~644	우마르 칼리프	775~786	알 마흐디 칼리프
635	이슬람교도, 다마스쿠스 점령	786 이후	코르도바에 청(靑)모스크 건립
637	이슬람교도, 예루살렘과 크테시폰 점령	786~809	하룬 알 라시드 칼리프
641	이슬람교도, 페르시아와 이집트 점령	803	바르마크 가문의 몰락
641	이슬람교도, 카이로(푸스타트) 발견	808~909	카이르완의 아글라브 왕조
642	카이로에 아므르 모스크 건립	809~810	이슬람교도, 코르시카와 사르디니아 점령
644~656	오스만 칼리프		
656~660	알리 칼리프	809~877	후나인 이븐 이샤크, 학자
660~680	무아위야 1세 칼리프	813~833	알 마문 칼리프
660~750	다마스쿠스의 우마이야 칼리프조	820~872	페르시아의 타히르 왕조
662	시리아에 인도 숫자 유입	822~852	아브드 에르 라흐만 2세, 코르도바의 에미르
680	후세인, 케르벨라에서 죽임을 당함		
680~683	야지드 1세 칼리프	827 이후	사라센인, 시칠리아 점령
683~684	무아위야 2세 칼리프	830	알 흐와리즈미 『대수학』
685~705	아브드 알 말리크 칼리프	844~926	알 라지, 의사
691~694	예루살렘에 알 아크사 모스크와 바위의 돔 건립	846	사라센인, 로마 공격
		870~950	알 파라비, 철학자
693~862	이슬람교도, 아르메니아 통치	872~903	페르시아의 사파르 왕조
698	이슬람교도, 카르타고 점령	873~935	알 아샤리, 신학자
705~715	왈리드 1세 칼리프	878	카이로에 이븐 툴룬 모스크 건립
705 이후	다마스쿠스의 대모스크 건립	909	카이르완에 파티마 칼리프조 개창
711	이슬람교도, 스페인에 진입	912~961	코르도바의 아브드 에르 라흐만 칼리프
715~717	술라이만 1세 칼리프		
717~720	우마르 2세 칼리프	915	알 타바리, 역사가
720~724	야지드 2세 칼리프	915~965	알 무타나비, 시인
724~743	히샴 칼리프	934~1020	피르다우시, 시인
732	이슬람교도, 투르에서 회군	940~998	아부 알 와파, 수학자
743~744	왈리드 2세 칼리프	945~1058	부와이 왕조, 바그다드 지배
750	아부 알 압바스 알 사파흐, 압바스 칼리프조 개창	952~977	아쇼트 3세. 가기크 1세(990~1020): 중세 아르메니아의 황금기

연대표(본문 307~700쪽)

961~976	코르도바의 알 하캄 칼리프	1126~1198	이븐 루시드(아베로이스), 철학자
967~1049	아부 사이드, 수피교 시인	1130~1269	모로코의 알모하드 왕조
969~1171	카이로의 파티마 왕조	1138~1193	살라딘
970	카이로에 엘 아즈하르 모스크 건립	1148~1248	스페인의 알모하드 왕조
973~1048	알 비루니, 과학자	1162~1227	칭기즈 칸
976~1010	코르도바의 알 히샴 칼리프	1175~1249	아유브 왕조
980~1037	이븐 시나(아비켄나), 철학자	1179~1220	야쿠트, 지리학자
990~1012	카이로의 알 하킴 모스크	1184~1291	사디, 시인
998~1030	가즈니의 마흐무드	1187	살라딘, 하틴에서 십자군을 물리치고 예루살렘을 점령
1012	코르도바에서 베르베르족 혁명 발발		
1017~1092	니잠 알 물크, 비지에(vizier)	1188	니자미, 시인
1031	코르도바에서 칼리프제 종식	1211~1282	이븐 칼리칸, 전기 작가
1038	셀주크 투르크족, 페르시아 침공	1212	그리스도교도, 라스 나바스에서 무어족을 물리침
1038~1123	우마르 하이얌, 시인		
1040~1095	알 무타미드, 에미르 겸 시인	1218~1238	카이로의 알 카밀 술탄
1058	셀주크족, 바그다드 점령	1219	칭기즈 칸, 트란속시아나 침공
1058~1111	알 가잘리, 신학자	1245	몽골족, 예루살렘 점령
1059~1063	바그다드의 투그릴 베그 술탄	1248	알람브라 성
1060	셀주크 투르크족, 아르메니아 점령	1250~1517	맘루크 왕조, 이집트 통치
1071	투르크족, 만지케르트에서 비잔티움 군을 패퇴시킴	1252	무어인들이 스페인에서 그라나다 지역만을 지배하게 됨
1072~1092	말리크 샤 술탄	1258	몽골족, 바그다드 약탈. 압바스 칼리프조 멸망
1090	'암살단' 창립		
1090~1147	스페인의 알모라비드 왕조	1260	맘루크 왕조, 아인 잘루트에서 몽골족을 몰아냄
1098	파티마조, 예루살렘 점령		
1100~1166	알 이드리시, 지리학자	1260~1277	바이바르스 맘루크족 술탄
1107~1185	이븐 투파일, 철학자		

연대표(본문 703~820쪽)

1~220	탄나임 시대	1086~1147	예후다 할레비, 시인
189	예후다 하나시의 미슈나	1093~1168	아브라함 이븐 에즈라, 시인
219	수라에 유대교 학교 설립	1096	제1차 십자군의 집단 학살
220	품베디타에 유대교 학교 설립	1110~1180	아브라함 이븐 다우드, 철학자
220~500	아모라임 시대	1135~1204	마이모니데스
280~500	탈무드 편찬	1147	제2차 십자군의 집단 학살
359	힐렐 2세, 유대 달력 제정	1160	다윗 알루이, 가짜 메시아
500~650	사보라임 시대	1160~1173	투델라의 베냐민의 여행
658~1040	바빌로니아에서 가온제 시작	1170	마이모니데스의 미슈나 토라
815	천문학자 마샬라 사망	1181, 1254,	유대인들, 프랑스에서 추방당함
855~955	이삭 이스라엘리, 철학자	1306	
892~942	사아디아 가온, 철학자	1190	『방황하는 자들을 위한 안내서』
915~970	하스다이 이븐 샤프루트, 정치가	1190	카발라 등장
1000	랍비 게르숌, 일부일처제 칙령	1190	잉글랜드에서의 집단 학살
1021~1070	이븐 가비롤, 시인이자 철학자	1215	4차 라테라노 공의회, 유대인들에게
1038~1055	사무엘 이븐 나그델라, 비지에(vizier)		배지(badge) 달기 명령
1040~1105	셸로모 벤 이츠하크(라쉬), 탈무드 주석가	1234	마이모니데스의 저서들이 몽펠리에서 분서(焚書)됨.
1055~1066	요셉 이븐 나그델라, 비지에	1242	파리에서 탈무드 분서
1065~1136	아브라함 바르 히야, 수학자	1290	유대인들, 잉글랜드에서 추방당함.
1070~1139	모세 이븐 에즈라, 시인	1295년경	레온의 모세의 『광휘(光輝)의 서』

연대표(본문 823~1073쪽)

486~751	메로빙거 왕조 갈리아에서 창시
490~543	성 베네딕트
520~560	아일랜드 학교의 발달
521~598	성 콜롬바
543~615	성 콜롬바노
568~774	이탈리아의 롬바르드 왕국
568 이후	베네찌아 건국
582~602	마우리키우스, 동로마 제국의 황제
590~604	그레고리우스 대(大)교황 1세
590~616	에텔베르트, 켄트 왕
597	아우구스티누스, 잉글랜드를 개종시킴
600~1100	그레고리우스 성가(聖歌) 번성
602~610	포카스의 제위 찬탈
610~641	헤라클리우스, 동로마 제국의 황제
625~690	아이기나 섬의 의사 바울
629~638	다고베르트, 프랑크 왕국의 군주
640	슬라브족의 발칸 지역 진입
651	파리에 오텔 디유 병원 설립
673~735	가경자(可敬者) 베다, 역사가
680~754	보니파키우스, 독일의 사도
687~714	연소(年少) 피핀, 프랑크 왕국을 지배
697	베네찌아 최초의 총독
713~716	아나스타시우스 2세, 동로마 제국의 황제
717~741	이사우리아 왕조의 레오 3세, 동로마 제국의 황제
726 이후	비잔티움에서 우상 파괴 운동 시작
735	요크 학파
735~804	알퀸, 교육가
751~768	단신(短身) 왕 피핀, 프랑크 왕국을 지배
751~987	프랑크 왕국의 카롤링거 왕조
756	피핀의 기진(寄進)으로 교황권이 일시적으로 확립
768~814	샤를마뉴, 프랑크 왕국의 군주
772~804	샤를마뉴, 색슨족과 대립
774	샤를마뉴, 롬바르드를 합병
774~1200	로마네스크 건축
776~856	라바누스 마우루스, 교육가
778	스페인의 샤를마뉴, 론세스발레스의 롤랑
780~790	이레네, 콘스탄티노플에서 섭정
787	데인족, 잉글랜드 습격 시작
795	데인족, 아일랜드 습격 시작
797~802	이레네, 동로마 제국의 '황제'
800	교황 레오 3세, 샤를마뉴를 로마 제국의 제위에 앉힘
802	크룸 칸(Khan)하에서 불가리아 번성
813~820	레오 5세, 동로마 제국의 아르메니아인 황제
814~840	경건(敬虔) 왕 루이, 프랑크 왕국의 군주
815~877	요한 스코투스 에리게나, 철학자
820년경	바이킹, 러시아에 진입
829	에그버트, 앵글로색슨 7두(頭) 정치체제를 수립하고 최초의 잉글랜드 왕이 됨
829~842	테오필루스 1세, 동로마 제국의 황제
841~924	노르웨이인들, 프랑스를 습격
843	베르됭 분할. 루도비쿠스, 독일 최초의 왕이 됨
845~882	힝크마르, 랭스의 주교
848 이후	살레르노 의학교
850년경	살로니카의 레오, 수학자
852~888	불가리아의 보리스, 칸이자 성인(聖人)
857~891	포티우스, 콘스탄티노플의 총대주교
858~867	교황 니콜라스 1세
859	루릭, 러시아의 대공
860~933	하랄 1세, 노르웨이 최초의 왕
863	키릴로스와 메토디우스로 구성된 전도단, 모라비아로 파견
867~886	바실리우스 1세, 마케도니아 왕조

	창건	976~1014	브라이언 보루, 먼스터의 왕
871~901	알프레드 대왕	976~1026	바실리우스 2세, 동로마 제국의 황제
872	노르웨이, 아이슬란드를 식민지로 만듦	976~1071	베네찌아의 성 마르코 대성당
		980~1015	블라디미르 1세, 키예프의 대공
875~877	대머리 왕 샤를, 서로마 제국의 황제	983~1002	독일의 오토 3세
886	노르웨이, 파리를 포위	987~996	위그 카페, 프랑스의 카페 왕조 창건
886~912	현명(賢明) 왕 레오 6세, 동로마 제국의 황제	989	러시아, 그리스도교로 개종
		992~1025	볼레수아프 1세, 폴란드 최초의 왕
888	프랑스의 외드 왕	994 이후	클뤼니 수도원 개혁
893~927	시메온, 불가리아의 황제	997~1038	성 스테파노, 헝가리의 왕
899~943	마자르인들, 유럽 유린	999~1003	교황 실베스테르 2세(제르베르)
905	산코 1세 나바르 왕국 건설	1002~1024	독일의 하인리히 2세
910	클뤼니 수도원 설립	1007~1028	퓔베르, 샤르트르의 주교
911	콘라트 1세, 독일의 왕. 롤로, 노르망디 공작	1009~1200	독일의 로마네스크
		1013	덴마크의 스웨인, 잉글랜드를 정복
912~950	콘스탄티누스 7세 포르피로게니투스(Porphyrogenitus, 정식으로 황궁에서 태어난 황태자라는 뜻 - 옮긴이)	1014	브라이언 보루, 클론타프에서 노르웨이를 대패시킴
		1015~1030	성 올라프, 노르웨이의 왕
919~936	하인리히 1세, 독일의 매사냥꾼 왕	1016~1035	잉글랜드의 크누트 왕
925~988	성(聖) 둔스탄	1018~1080	미카엘 프셀루스, 역사가
928~935	바츨라프 1세, 보헤미아의 왕	1022~1087	콘스탄티누스 아프리카누스, 번역가
930	아이슬란드의 국회 설립	1024~1039	독일의 콘라트 2세
934~960	선량(善良) 왕 호콘, 노르웨이의 왕	1028~1050	조에와 테오도라, 동로마 제국을 다스림
936~973	오토 1세, 독일의 왕		
950	아일랜드 중세 문학의 절정기	1033~1109	성 안셀무스
955	오토, 레히펠트에서 마자르족을 무찌름	1034~1040	던컨 1세, 스코틀랜드의 왕
		1035~1047	선량 왕 망누스, 노르웨이의 왕
961	아토스 산의 성 라브라 수녀원	1039~1056	독일의 하인리히 3세
962	오토 1세, 서로마 제국의 황제	1040~1052	맥베스, 스코틀랜드의 왕위 찬탈
963	오토, 교황 요한 12세를 폐위시킴	1040~1099	로드리고 디아즈 엘 시드
963~969	니케포루스 2세, 동로마 제국의 황제	1043~1066	참회 왕 에드워드, 잉글랜드의 왕
965~995	위대한 백작 왕 호콘, 노르웨이의 왕	1046~1071	밀라노의 성 암브로시우스 대성당
968	흐로스비타, 극작가	1048 이후	쥐미에주 수도원
973~983	독일의 오토 2세	1049~1054	교황 레오 9세
975~1035	산코, 나바르의 대왕	1054	그리스 정교회의 가톨릭교회로부터의 분립
976	수이다스의 『사전(Lexicon)』		

연대표(본문 823~1073쪽)

1055~1056	테오도라, 동로마 제국의 여제	1063	해롤드 왕자, 웨일스 정복
1056~1106	독일의 하인리히 4세	1063 이후	피사의 대성당
1057~1059	이사키우스 콤네누스, 동로마 제국의 황제	1066	해롤드, 잉글랜드 왕. 헤이스팅스 전투. 노르만의 잉글랜드 정복
1057~1072	베드로 다미아누스, 오스티아의 주교	1073~1085	교황 그레고리우스 7세 힐데브란트
1058	스코틀랜드의 말콤 3세, 맥베스를 폐위시킴	1075	세속인의 서임(敍任)을 금하는 칙령. 하인리히 4세의 파문
1059~1061	교황 니콜라스 2세, 추기경단 창단	1077	하인리히 4세, 카노사의 굴욕
1060	로베르 기스카르, 아풀리아 공작	1081~1118	알렉시우스 1세, 동로마 제국의 황제
1061~1091	노르만의 시칠리아 정복	1085	로베르 기스카르, 로마를 약탈

왕수민 서강대학교에서 철학과 역사를 전공했다. 옮긴 책으로 『문명이야기 – 동양 문명』, 『영웅들의 세계사』, 『집중력의 탄생』, 『포르노 보는 남자, 로맨스 읽는 여자』, 『인간욕구를 경영하라』, 『부의 제국』(공역), 『마이크로트렌드』(공역) 등이 있다.

박혜원 덕성여대에서 심리학을 전공했으며 현재 전문 번역가로 활동하고 있다. 옮긴 책으로 『고대 문명의 역사와 보물 – 중국』, 『친애하는 교회 씨에게』, 『젊은 소설가의 고백』, 『똑똑한 뇌 사용설명서』, 『황토 – 살아 있는 자연치료제』, 『본능의 경제학』, 『벤 버냉키의 선택』(공역) 등이 있다.

문명 이야기

신앙의 시대 4-1

1판 1쇄 펴냄 2013년 8월 9일
1판 2쇄 펴냄 2021년 8월 18일

지은이　윌 듀런트
옮긴이　왕수민, 박혜원
발행인　박근섭, 박상준
펴낸곳　(주)민음사

출판등록 1966. 5. 19.(제16-490호)
서울특별시 강남구 도산대로1길 62(신사동) 강남출판문화센터 5층 (우편번호 06027)
대표전화 02-515-2000, 팩시밀리 02-515-2007
홈페이지 www.minumsa.com

한국어판 ⓒ (주)민음사, 2013. Printed in Seoul, Korea.

ISBN 978-89-374-8805-4 04900
ISBN 978-89-374-8361-5 (세트)

* 잘못 만들어진 책은 구입처에서 교환해 드립니다.